Romano Luperini
Anna Baldini
Riccardo Castellana
Pietro Cataldi
Paola Gibertini
Lidia Marchiani

La letteratura e noi

Dal testo all'immaginario

| FORME | TEMI | GRANDI LIBRI |

1 • Il Duecento e il Trecento

contiene la riscrittura inedita di **Andrea Camilleri**
di due novelle del *Decameron*

Prometeo

Webook

Libro interattivo

LIM

G. B. PALUMBO EDITORE

Per un nuovo paradigma didattico

Romano Luperini

Il progetto di *La scrittura e l'interpretazione*, elaborato agli inizi degli anni Novanta, nacque da un rinnovamento del paradigma didattico prodotto soprattutto da due eventi, molto diversi fra loro eppure convergenti negli effetti: i programmi Brocca e il manuale di Ceserani-De Federicis *Il materiale e l'immaginario*. La discussione che allora si sviluppò, e a cui gli autori di *La scrittura e l'interpretazione* parteciparono attivamente, determinò un rinnovamento fondato sui seguenti criteri: **1.** proposta della centralità del momento della lettura come libera interpretazione dei testi e, di conseguenza, della classe come comunità ermeneutica e dello studente come soggetto attivo dell'apprendimento; **2.** approccio interdisciplinare e non strettamente specialistico allo studio della letteratura, con raggruppamenti dei testi anche sulla base di percorsi tematici e per genere; **3.** apertura alle letterature straniere come momento importante dello studio della letteratura italiana, vista come articolazione e provincia di una letteratura almeno continentale, e della formazione di una identità non solo italiana ma europea; **4.** rifiuto di procedere unicamente o esclusivamente per medaglioni di autori e di movimenti e per via cronologica lineare e unidirezionale (di qui, fra l'altro, l'idea di percorsi che attraversino anche periodi storici diversi).

Rispetto a questo orizzonte l'ultimo decennio ha segnato indubbiamente un momento di arretramento e talora persino di restaurazione. Si sta assistendo infatti al ritorno a una concezione passiva della letteratura intesa come insieme di nozioni e di competenze neutrali impartite da un docente sempre più inquadrato e burocratizzato e sempre meno posto nelle condizioni di svolgere la propria funzione intellettuale di mediatore culturale. Nella scuola italiana si sta ripristinando un disciplinarismo angusto fatto di stanche convenzioni, che tendono a disperdere la lezione di quegli anni lasciando cadere l'apertura alle letterature straniere, la sottolineatura del momento ermeneutico, i raggruppamenti per genere e per tema. Le cause di questo atteggiamento sono molteplici. Anzitutto c'è molta stanchezza in giro. Gli insegnanti tutti, ma forse quelli di lettere più degli altri, sono stati umiliati e frustrati, costretti a vivere in un clima che spesso toglie loro ogni possibilità di sperimentare e di rischiare. Per anni si sono succedute misure governative che hanno contribuito a far coincidere sempre più la docenza con il ruolo burocratico, incoraggiando la tecnicizzazione e la quantificazione dell'insegnamento e scoraggiando invece lo svolgimento di una funzione di mediazione culturale capace di stabilire un collegamento fra valori diversi e diverse visioni del mondo, fra l'orizzonte del passato e quello del presente, e di distribuire perciò non solo competenze ma anche porzioni di senso e di significato. Inoltre l'insegnante di materie umanistiche si è trovato a che fare con discipline sempre più neglette e disprezzate nell'orizzonte tecnocratico e specialistico in cui viviamo e di cui i giovani sono imbevuti; mentre il trionfo dei mass media e della pubblicità, della spettacolarizzazione della vita e della digitalizzazione ha prodotto un senso crescente di estraneità al testo letterario e anzi al linguaggio scritto in quanto tale. Da un lato l'autorità della cultura umanistica e della letteratura è scomparsa nell'Italia di oggi, dall'altro la predisposizione stessa alla lettura sembra quasi del tutto venuta meno fra i giovani al di sopra dei quindici anni. A questa situazione generale bisogna aggiungere il peggioramento delle condizioni didattiche specifiche: le classi sono diventate molto più numerose e composte anche da studenti stranieri immigrati che richiedono particolari attenzioni, proprio mentre il numero degli insegnanti è invece diminuito; infine il programma si è ampliato includendo ormai tutto il Novecento e il canone si è dilatato (le indicazioni ministeriali del 2011 elencano addirittura ventisei autori italiani, evidentemente giudicati indispensabili), mentre l'orario complessivo di italiano è stato diminuito di un'ora settimanale.

In questa situazione non basta limitarsi a riproporre il paradigma degli anni Novanta. Troppa acqua è passata sotto i ponti, e troppo torbida. Piuttosto occorre ispirarsi a quegli anni per operare un movimento analogo di rinnovamento. La crisi dell'insegnamento della letteratura è tale che solo una proposta alta, e culturalmente fondata, di un nuovo approccio alla didattica della letteratura può salvare le discipline letterarie impedendo che facciano la fine di una materia pur fondamentale nel nostro paese, la storia dell'arte (per non dire della musica). Detto in breve: si tratta di mantenere l'essenziale delle acquisizioni degli anni Novanta ma nello stesso tempo di adeguarsi in modo problematico e creativo alla nuova situazione imposta dalla realtà della scuola italiana e dei programmi vigenti. Per compiere questa operazione, riteniamo indispensabile attenersi a tre criteri: **1.** l'apprendimento della letteratura non è riducibile a una semplice successione di nozioni impartire dall'alto, ma implica un necessario costante raffronto fra l'immaginario del passato e quello del presente quale è vissuto dai giovani, che pertanto devono essere comunque sollecitati a divenire protagonisti attivi della interpretazione dei testi: la *letteratura* e *noi* sono i due poli obbligati di questo confronto, e non per nulla forniscono il titolo che abbiamo scelto per questo manuale; **2.** è necessario, oggi più che mai, puntare sulla qualità piuttosto che sulla quantità, su una proposta selettiva fondata soprattutto sulla conoscenza dei "grandi libri" (i *great books* come vengono chiamati nelle università americane) della civiltà italiana, e anche europea e occidentale, piuttosto che sullo studio minuto e specialistico di ogni articolazione della storia letteraria nazionale; **3.** è indispensabile dare all'insegnamento della letteratura un taglio culturale, e cioè eminentemente storico-antropologico, piuttosto che strettamente specialistico in senso tecnico-retorico, o erudito e filologico, e in questa prospettiva può essere utile attribuire un giusto rilievo ai percorsi per genere e per tema, che, tra l'altro, da un punto di vista pratico, possono anche consentire di "tagliare", attraversare e abbreviare il programma. D'altronde, su quest'ultimo punto anche le indicazioni ministeriali sono esplicite, là dove sottolineano la capacità che il testo letterario possiede, e che l'insegnante deve enucleare, di «rappresentare, nelle forme simboliche che gli sono proprie, i più vari contenuti dell'esistenza umana, sotto un profilo antropologico, psicologico, ideologico».

L'importanza data al tema non è d'altronde un mero espediente per coinvolgere l'attenzione dei giovani o per raggruppare i testi secondo un criterio diverso da quello dei movimenti letterari e della storia letteraria tradizionale. È una acquisizione culturale che si è diffusa con forza nella cultura occidentale nell'ultimo trentennio e che ormai caratterizza ampiamente, per esempio, l'insegnamento delle letterature comparate in tutta Europa e in Nordamerica. Nelle università americane, attraverso i *cultural studies*, la ricerca tematica è diventata la base dell'insegnamento della letteratura. Ciò è dovuto ad alcune buone ragioni: il tema permette di collegare il vissuto e l'immaginario dei giovani a quelli della storia passata, avvicinando così i due poli dell'apprendimento che oggi rischiano la reciproca estraneità; consente di collegare strettamente la letteratura italiana e le letterature straniere, la prospettiva delle quali altrimenti rischia di andare perduta (con un arretramento paradossale rispetto a quasi cent'anni fa, se si pensa che già Gentile, pure alla vigilia dell'autarchia fascista, aveva sentito il bisogno di indicare, nella sua riforma, i nomi degli autori francesi, tedeschi, inglesi e americani che uno studente liceale doveva conoscere); infine fornisce un ausilio indispensabile sia allo studio delle forme letterarie, dato che ha a che fare con i generi letterari (i quali, a veder bene, si sviluppano dall'incontro fra una forma e un tema specifico), sia a un approccio interdisciplinare alla storia dell'immaginario quale si rivela nelle arti, nella filosofia e in generale nella civiltà di un'epoca. Semmai bisognerà evitare i pericoli che i *cultural studies* hanno evidenziato particolarmente negli Stati Uniti: la sottovalutazione degli aspetti formali della specificità letteraria e una destoricizzazione dello studio a vantaggio esclusivo della prospettiva di lunga durata. Per evitare questi due rischi occorrerà prestare cura costante da una parte all'analisi formale (linguistica e stilistica) dei testi letterari e all'intreccio fra temi e forme nella evoluzione dei generi letterari, dall'altra alla storia sociale, economica e politica del nostro paese e della civiltà europea e alla relazione che essa stabilisce con la evoluzione delle poetiche e delle forme letterarie.

Con questo manuale, *La letteratura e noi*, abbiamo cercato anzitutto di attenerci ai principi che abbiamo appena esposto. Nello stesso tempo abbiamo voluto anche sperimentare un modo nuovo di insegnare la storia letteraria invertendo il metodo di insegnamento, passando cioè dal tradizionale procedimento deduttivo a uno prevalentemente (anche se non esclusivamente) induttivo e puntando così sulla storicità implicita nella testualità letteraria. Al centro, insomma, abbiamo posto i testi, e dai testi siamo partiti nel capitolo iniziale di ogni Parte del manuale, appunto intitolato *I testi di accesso*: i movimenti letterari, le poetiche, la storia letteraria sono ricostruiti partendo dalla concretezza formale e contenutistica delle opere e non solo da un quadro delineato *a priori* in assenza di verifiche testuali. Ciò fra l'altro consente di accorciare lo spazio dedicato allo sviluppo lineare della storia letteraria, ai medaglioni consacrati agli autori, agli innumerevoli "minori", e di delineare nel complesso un procedimento di apprendimento più svelto, agile e veloce. Si tenga inoltre presente che un uso intelligente e problematico del materiale multimediale può agevolare una impostazione didattica che sappia essere eminentemente culturale e storico-antropologica e dunque anche transdisciplinare o interdisciplinare, dato che esso può consentire l'esperienza di immagini, di voci e di musiche capaci non solo di approfondire alcuni aspetti dello specifico letterario, ma anche di documentare la storia dell'arte, del cinema, del teatro, della musica e di metterla a confronto con quella della letteratura. Da questo ultimo punto di vista il sistema integrato multimediale messo a punto dall'editore Palumbo attraverso il progetto Prometeo si presenta come un supporto utilissimo, che spalanca all'insegnante i nuovi orizzonti di una moderna didattica della letteratura.

Così l'obiettivo di mettere opere e temi in rapporto concreto con l'immaginario d'oggi si è unito a quello di delineare, come risucchiata in essi, la storia dell'immaginario occidentale e della civiltà italiana ed europea. La storia del romanzo è stata vista, per esempio, come un capitolo della antropologia del moderno (a partire dal Settecento compare infatti, in ogni Parte del manuale, un capitolo intitolato *Il romanzo come antropologia del moderno*): attraverso le principali opere di narrativa italiana e straniera, si è infatti ricostruita una vera e propria enciclopedia dei comportamenti dell'uomo occidentale. Considerare il romanzo come immagine dell'uomo moderno, quasi come uno specchio in cui si riflettono il vissuto quotidiano e anche la civiltà e il destino dell'Europa negli ultimi tre secoli, a nostro avviso può contribuire a riaccostare i giovani a questo genere e alla letteratura in generale.

È questa, d'altronde, lo scommessa che ci attende: o la scuola riuscirà a ri-legittimare la letteratura come grande serbatoio di simboli, di immagini e di esperienze ancora attuali o comunque da ridefinire e rivivere sulla base di interessi e di esperienze contemporanei, e come spazio interpretativo di ricerca del senso della vita attraverso le opere, oppure l'insegnamento di questa disciplina diventerà inevitabilmente marginale. Alla fin fine a ogni lettore un romanzo o una poesia interessano come grande fatto culturale e umano e non nella loro dimensione tecnico-specialistica. L'uso di strumenti specialistici è certamente utile e spesso necessario, ma a patto che questi vengano considerati appunto come strumenti, come mezzi, e non si dimentichi che il fine è la fusione di orizzonte fra il mondo del testo e il mondo del lettore e la ricerca di senso che ne deriva.

In un momento come l'attuale di forte degrado non solo del costume e della cultura nazionali ma dello stesso senso comune, se la scuola pubblica in Italia non fosse capace di offrire un terreno di resistenza etico-culturale e di proporre una grande riforma pedagogica a partire proprio dall'insegnamento delle materie umanistiche che da sempre ne definiscono la storia e il profilo, sarebbe inevitabilmente travolta dalla crisi e sostituita, più che da quella privata, dal ricorso alle strutture educative di paesi stranieri. Già oggi, si sa, sempre più numerose famiglie abbienti italiane mandano i loro figli a studiare all'estero. Per le classi dirigenti sudamericane, o africane o asiatiche, ciò sta succedendo da decenni. Che ciò cominci ad accadere anche in un paese che ha le tradizioni culturali e umanistiche dell'Italia è un segno allarmante.

La letteratura e noi

è suddivisa in **sette scansioni cronologiche**:

PARTE PRIMA
Il Duecento e il Trecento

PARTE SECONDA
Il Quattrocento e il Cinquecento

PARTE TERZA
Il Seicento e il Settecento

PARTE QUARTA
Il primo Ottocento

Leopardi: il primo dei moderni

PARTE QUINTA
Il secondo Ottocento

PARTE SESTA
Il primo Novecento

PARTE SETTIMA
Dal secondo Novecento a oggi

Ogni **epoca** è presentata attraverso una breve sezione di apertura, in cui un corsivo e alcune schede offrono agli studenti un primo approccio al periodo che studieranno: sollecitati da un cortocircuito tra passato e presente, i ragazzi sono invitati a misurare la prossimità o la distanza fra il mondo loro contemporaneo e quello che è oggetto di studio.

1 Coordinate

I testi di accesso

Il capitolo ***I testi di accesso*** presenta cinque o sei "testi", in gran parte letterari, ma di volta in volta anche artistici, cinematografici o musicali. I **testi di accesso** sono esaminati in modo specifico: un percorso di ragionamento induttivo guida gli studenti a individuare, a partire da singole opere, i tratti significativi di un'epoca. Lo studente che abbia assimilato i contenuti di questo capitolo possiede gli strumenti fondamentali con cui interpretare un dato periodo culturale.

Storia, immaginario, letteratura: i concetti-chiave

I **concetti-chiave**, ricavati dall'analisi dei **testi di accesso**, sono approfonditi nel secondo capitolo, ***Storia, immaginario, letteratura: i concetti-chiave***. La relazione tra il primo e il secondo capitolo rivela la specificità della *Letteratura e noi* rispetto alla didattica tradizionale: la priorità è qui assegnata all'incontro con le opere. Il secondo capitolo riordina e sistematizza la conoscenza dei concetti individuati dalle analisi dei **testi di accesso**: i tratti fondamentali di un'epoca sono ora collocati in un quadro storico-sociale, all'interno dei movimenti artistici e letterari e delle grandi costruzioni dell'immaginario.

Mappe di storia letteraria

Le ***Mappe di storia letteraria*** hanno un andamento che non si ritrova altrove nell'opera, in quanto inquadrano in maniera più tradizionale l'evoluzione interna della letteratura attraverso la storia dei generi e l'avvicendarsi delle poetiche, dei movimenti e degli autori.

Ogni **parte**, corrispondente ad una delle scansioni cronologiche, è organizzata in quattro macrosezioni funzionalmente distinte:

1. **Coordinate**: ha il compito di costruire le basi culturali di accesso all'epoca trattata ed è costituita da tre capitoli:
   - **I testi di accesso**
   - **Storia, immaginario, letteratura: i concetti-chiave**
   - **Mappe di storia letteraria**
2. **Grandi libri**, cioè i testi esemplari del canone maggiore
3. **Percorsi per generi e temi**
4. **Il romanzo come antropologia del moderno**

2 Grandi libri

Il cuore del manuale sono i capitoli dedicati ai ***Grandi libri***, le opere fondamentali del canone della letteratura italiana ed europea. I **grandi libri** sono visti innanzitutto in relazione al loro autore, al cui profilo biografico e letterario è dedicata la prima parte del capitolo. La seconda si apre con un'immersione diretta nel testo, a partire dal suo ***incipit***, che viene analizzato con modalità analoghe a quelle già incontrate per i **testi di accesso**. L'analisi dell'***incipit*** valorizza gli elementi fondamentali di un'opera quali sono ricavabili all'atto di iniziarne la lettura, puntando sulla presenza, nella parte iniziale delle opere, dei loro specifici tratti formali, tematici e ideologici. La ricognizione dell'opera è affidata ai ***Percorsi di lettura***, che costituiscono percorsi didattici di attraversamento del testo secondo prospettive tematiche coerenti e motivate.

3 Percorsi per generi e temi

Nei ***Percorsi per generi e temi*** la letteratura è studiata come grande serbatoio dell'immaginario. Ogni percorso esamina in che modo i generi della letteratura abbiano affrontato nei secoli le costanti dell'esistenza umana, e come le diverse epoche le hanno interpretate dando loro forme e significati diversi.

4 Il romanzo come antropologia del moderno

Dalla quarta parte del manuale (*Il primo Ottocento*) compare una sezione (***Il romanzo come antropologia del moderno***) dedicata al genere egemone della modernità. I romanzi più significativi dell'Ottocento e del Novecento vengono interpretati quali strumenti per conoscere i cambiamenti dei modi di vivere e di pensare, cioè delle società e dell'immaginario. Per ognuno dei romanzi viene presentato un breve profilo dell'autore, la trama e le caratteristiche più rilevanti, e vengono antologizzati alcuni brani. Un breve "lessico" conclusivo propone dei *flash* sui temi più importanti del testo, letti alla luce delle costanti che caratterizzano la modernità.

La letteratura e noi

ha un **apparato didattico** adeguato alla novità dell'opera, e che mira a queste finalità:

- sostenere l'impianto del libro, seguendone le linee innovative;
- fornire agli insegnanti strumenti utili ma mai vincolanti;
- facilitare lo studente nell'acquisizione del metodo di studio;
- far esercitare lo studente in maniera graduale e costante alle prove dell'esame di Stato.

Le tipologie degli esercizi sono così articolate:

- **Per studiare** (**testi d'accesso** e ***incipit*** dei **grandi libri**): esercizi che valorizzano il procedimento induttivo e facilitano la focalizzazione. In questo caso gli esercizi hanno lo scopo di sostenere e far acquisire il metodo di studio connesso al nuovo paradigma didattico. Non sono esclusi esercizi di analisi, ma hanno un peso ridotto.
- **Per studiare - guida all'analisi** (testi letterari nei capitoli **Grandi Libri** e nei **Percorsi per generi e temi**): sono strutturati come guide all'analisi del testo, secondo i tre momenti *comprendere*, *analizzare, interpretare e approfondire*, in linea con la tipologia A della prima prova dell'esame di Stato.
- **Per fare il punto - autoverifica delle conoscenze e verifica delle competenze** (a conclusione dei capitoli e dei percorsi): esercizi riassuntivi che verificano l'apprendimento di conoscenze e l'acquisizione di competenze. Gli esercizi finalizzati alle conoscenze prevedono l'**autoverifica** attraverso il rimando alle pagine in cui lo studente può trovare la risposta. Per la **verifica delle competenze** vengono proposti riassunti, esercizi di abbinamento, riformulazione, completamento ecc. Sono anche presenti esercizi di lingua, riflessione stilistica e metrica.
- **Per l'esame di Stato**: sezioni di lavoro specifiche per la preparazione all'esame di Stato: tipologia A, analisi del testo, tipologia B, il saggio breve, e tipologie C e D, il tema storico e il tema di ordine generale.
- **Testi a confronto**
- **Invito all'argomentazione**: esercizi a corredo delle schede **Passato e presente**.

Molte delle tipologie degli esercizi sono coerenti con le prove **INVALSI**: si tratta di prove in linea con una didattica sempre più curvata sul versante delle competenze che esige il ricorso a strategie che permettano di verificare le competenze acquisite dagli studenti in modo il più possibile uniforme, certo ed esteso.

Storia della lingua: già le analisi che corredano i testi letterari seguono la bipartizione *le forme/i temi e i motivi*, come richiesto dal MIUR. A queste, là dove necessario, si affiancano le schede **Storia della lingua,** in cui vengono messi a fuoco gli elementi morfologici, lessicali e sintattici della lingua italiana. Tali schede consentono allo studente una progressiva e complessiva coscienza della storicità della lingua italiana.

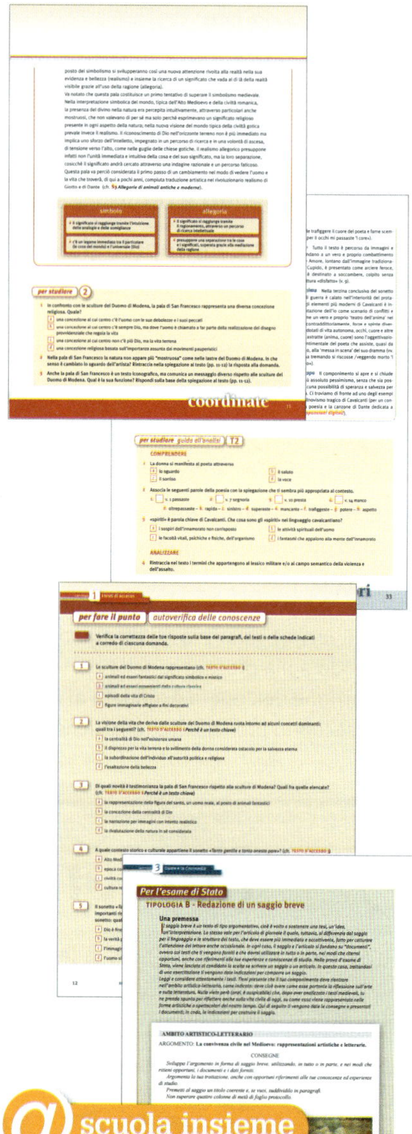

@ scuola insieme

Quest'opera fa parte di un progetto della casa editrice che prevede:

- W **come Webook** materiali per il libro misto (per docenti e studenti)
- L **come LIM** materiali per la Lavagna Interattiva Multimediale (per i docenti)
- S **come Servizi e soluzioni** assistenza post vendita e tutoring online (per i docenti)
- A **come Accessibilità** materiali e soluzioni per studenti diversamente abili (richiedibili dal docente)

prometeo

sistema didattico integrato multimediale

La casa editrice Palumbo mette a disposizione di tutti i docenti che adottano questa letteratura uno strumento multimediale innovativo, **Prometeo**, un sistema multimediale integrato con il manuale e didatticamente assistito, in costante aggiornamento, con centinaia di video, interviste, testi ed esercizi, percorsi di approfondimento, proposte per il saggio breve e l'analisi del testo, esempi di programmazione e verifiche, materiali di aggiornamento (riviste, convegni), indicizzato e fruibile attraverso un motore di ricerca.
L'insegnante potrà selezionare i materiali, salvarli, preparare la sua videolezione.
Potrà inoltre, all'interno del sistema, creare una "classe virtuale" nella quale interagire con i suoi studenti.

Tutte le informazioni sul sito della casa editrice **www.palumboeditore.it**

Libro interattivo

L'opera viene proposta anche sotto forma di **libro interattivo**.
Il libro interattivo è la versione digitale interattiva del libro di testo: dall'indice e dalle pagine digitali si possono "chiamare" elementi interattivi ed espansioni digitali.
Inoltre nelle pagine del libro interattivo è possibile:

- inserire note;
- sottolineare ed evidenziare i passaggi di maggior interesse;
- ingrandire e portare in primo piano aree specifiche;
- scrivere o disegnare sulle pagine simulando un pennarello;
- selezionare il testo e ricercare i vocaboli all'interno dell'intero libro;
- richiamare velocemente glossari, schede grammaticali o altri materiali.

Il libro interattivo è *multidevice*, ovvero fruibile su computer, tablet e, in classe, attraverso la LIM.

Si può scaricare il libro interattivo collegandosi con il sito della Casa Editrice e seguendo le istruzioni.

L'interattività e le espansioni digitali consentono:

- al docente di svolgere efficacemente una lezione attraverso la LIM;
- agli studenti di fruire ulteriori contenuti e sfruttare l'interattività per migliorare lo studio e il ripasso.

L'indice e le pagine del libro evidenziano attraverso icone la dotazione digitale di base, **ma essa potrà incrementarsi attraverso il Webook del libro sul sito della Casa Editrice.**

espansioni digitali

video
- → videolezioni su epoche e autori
- → videolezioni: analisi del testo
- → video didattici
- → testo in scena: la messinscena dei brani teatrali

immagine attiva
- → analisi interattive di opere d'arte

testo attivo
- → testi interattivi
- → linee del tempo interattive

testo
- → espansioni testuali
- → materiali per il recupero (per gli studenti non madrelingua o con difficoltà di apprendimento)
- → indicazioni bibliografiche

INDICE

PARTE I

Il Duecento e il Trecento

Coordinate

CAPITOLO 2

Storia, immaginario, letteratura: i concetti-chiave

Grandi libri

Percorsi per generi e temi

PARTE I

Il Duecento e il Trecento

Il Medioevo e noi

L’immagine negativa del Medioevo costruita fra il Cinquecento e il Settecento ha lasciato tracce profonde nel nostro linguaggio e nella nostra concezione. Usiamo tranquillamente espressioni come “una mentalità medievale” per indicare un modo di pensare arretrato, e di certo molti di noi, chiamati a dare una raffigurazione sintetica del Medioevo, parlerebbero innanzitutto di pestilenze, di carestie e di invasioni barbariche, di idee antiquate e faziose, di battaglie selvagge e di castelli assediati. A poco è valso un vasto movimento di rivalutazione del periodo, anticipato dall’interesse dei romantici nell’Ottocento e rilanciato nel corso del Novecento con argomenti solidi e documentazione convincente. Ogni giudizio complessivo e generico sul Medioevo si scontra innanzitutto con la sua straordinaria durata: oltre mille anni secondo la periodizzazione prevalente, dalla caduta dell’Impero romano d’Occidente nel 476 alla scoperta dell’America nel 1492. Inoltre, al di fuori dell’Europa, conoscono periodi di splendore la cultura islamica, alcune lontane civiltà orientali, come la cinese, e americane, come gli Incas, gli Aztechi, i Maya.

Miniatura tratta dal Codice di Manesse, manoscritto copiato e illustrato tra il 1304 e il 1340 circa. Heidelberg, Biblioteca dell’Università.

E anche guardando ai momenti più “bui” e ai luoghi più sfortunati d’Europa, le arretratezze e perfino gli orrori che si incontrano non sembrano proprio superare quelli di cui siamo stati capaci – e talvolta continuiamo a essere capaci – nei secoli della modernità. Nell’ultimo, anzi, abbiamo avuto le due guerre più sanguinose della storia, alcuni tentativi di genocidio (come la Shoah, termine con cui si indica lo sterminio degli ebrei a opera dei nazisti) che non hanno eguali nel passato, l’invenzione e l’uso di armi, come la bomba atomica, di inaudita potenza; per non dire degli effetti spaventosi di miseria e di fame nei paesi economicamente colpiti dallo sfruttamento coloniale, nonché dei rischi corsi dall’ambiente. Perfino i sintomi più specifici dell’arretratezza medievale sono tutti ancora attivi: sconfitta la peste, abbiamo malattie come l’Aids e il cancro; nella maggior parte dei paesi del mondo la tortura è praticata, ed è prevista nei sistemi di legge la pena di morte.

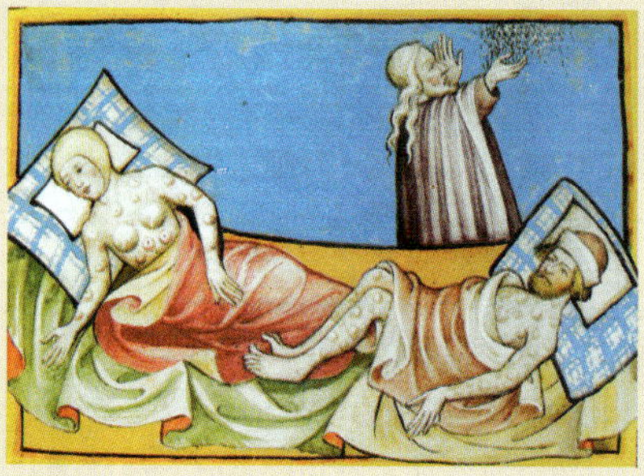

Miniatura dalla Bibbia di Toggenburg (Svizzera), 1411. L’immagine raffigura la peste bubbonica.

Usciamo allora da schemi semplicistici e illusori e cerchiamo di capire dove si colloca questo periodo. Alle sue spalle c’è il mondo antico: quello dei Romani con le loro legioni e le loro leggi, in lotta con varie popolazioni che premono ai confini spinte da immensi movimenti migratori; alle sue spalle ci sono i gladiatori e l’imperatore; c’è l’attrito fra le antiche religioni politeiste del mondo latino e la nuova religione cristiana, monoteista e portata a espandersi per il suo stesso carattere universalista. Dopo il Medioevo c’è l’Europa cristiana e inquieta degli Stati nazionali, con i re e le regine in Inghilterra in Francia e in Spagna, con le

Vetrate della cappella della Vergine nella Basilica di Saint-Denis.

armi da fuoco e le banche e la stampa, con le navigazioni per conoscere nuove zone del mondo e aprirvi nuovi mercati. E c'è un mondo che si trasforma per l'intensificarsi delle relazioni fra regioni anche lontane. Come dice il suo stesso nome, il Medioevo sta in mezzo a due cose che sono, o ci sembrano, più chiaramente caratterizzate: l'antico e il moderno. Si apre mentre va disfacendosi un'immensa struttura politica unitaria, l'Impero romano, e si chiude quando una nuova struttura, organizzata per Stati nazionali in larga misura simili a quelli che ancora oggi conosciamo, è già affermata. Si apre mentre un'unica lingua colta, il latino, ha unificato innumerevoli parlate che premono dal basso e le governa nei vari registri del parlato e dello scritto; e si chiude quando da tempo a ogni Stato nazionale corrisponde una lingua specifica e nuova, ora derivata da quel latino ora invece da ceppi diversi.
Proprio per questa ragione il Medioevo è l'incubatrice, a volte un po' misteriosa, nella quale la nostra civiltà ha assunto la sua identità. Questo aspetto di rielaborazione del passato perduto resta uno dei più suggestivi e trova la sua incarnazione simbolica nell'attività secolare dei monaci amanuensi che nei monasteri tramandavano il patrimonio culturale dell'antichità.

Mercante di spezie, miniatura del 1453. Norimberga, Stadtbibliothek.

Ma il Medioevo non è solo rielaborazione e preparazione. È esso stesso una fase della civiltà colma di risultati splendidi: dai sistemi filosofici alle cattedrali romaniche o gotiche al canto gregoriano ad alcuni capolavori della letteratura. Negli ultimi secoli del Medioevo, anzi, la letteratura italiana vede comparire alcune delle sue opere più alte, dalla *Commedia* di Dante al *Canzoniere* di Petrarca al *Decameron* di Boccaccio. Sono tre capolavori che contribuiscono fra l'altro a stabilire il primato culturale del nostro paese nel Trecento.

La *Commedia* di Dante è l'opera che fonda la nostra lingua nazionale e costituisce il primo vincolo dell'identità italiana. Essa consiste in un imponente atto d'accusa contro la nuova civiltà del guadagno e contro i nuovi valori borghesi che le si accompagnavano. Il *Canzoniere* di Petrarca crea l'idea nuova di interiorità che noi stessi consideriamo nostra, fondata su contraddizioni e dubbi, su ambivalenze e conflitti interiori. Il *Decameron* di Boccaccio è l'epopea dei nuovi valori terreni dell'intraprendenza e del relativismo culturale: in bilico fra l'esaltazione del nuovo mondo borghese e la nostalgia per la stabilità dei valori perduti. Tutte e tre ci parlano del passato, del Medioevo che le ha prodotte, e ci parlano di noi: sta soltanto alla nostra pazienza di aggiungere un'altra generazione alle molte che già hanno riconosciuto in esse tale vitalità.

espansioni digitali

videolezione

Il Medioevo: sulle strade che uniscono l'antico al moderno

A CURA DI Pietro Cataldi

- Noi e il Medioevo: molti pregiudizi da ripensare [ca. 4 min.]
- Il Medioevo degli altri: le grandi civiltà del mondo [ca. 2 min.]
- Un periodo lunghissimo [ca. 2 min.]
- Prima del Medioevo: i Romani, le migrazioni, il politeismo [ca. 2 min.]
- Dopo il Medioevo: gli stati nazionali, la stampa, le banche, le armi da fuoco [ca. 4 min.]
- Dall'antico al moderno: l'incubazione misteriosa della nostra identità [ca. 3 min.]
- Una splendida stagione di cultura e arte [ca. 3 min.]
- Camminare oggi sulle strade del Medioevo [ca. 4 min.]

La nascita delle lingue moderne

Dopo che l'Unione Europea ha abbattuto le barriere doganali tra gli Stati membri, i suoi cittadini possono viaggiare liberamente al suo interno. Ogni volta che arriviamo in una nazione che non è la nostra, però, ci troviamo di fronte un'altra barriera: quella linguistica. Se attraversiamo le Alpi incontriamo il francese e il tedesco; se ci spostiamo via terra o via mare nella penisola balcanica troviamo lo sloveno, il croato, l'albanese e il greco; se attraversiamo il Mediterraneo sbarchiamo in Paesi in cui si parla arabo. Questa distribuzione delle lingue ha preso forma nei secoli del Medioevo: all'842 risale la prima testimonianza scritta del francese e del tedesco, e intorno all'anno 1000 cominciano a prendere forma le varie letterature nazionali. Questo non significa che possiamo indicare date di nascita precise per il francese o il tedesco, perché il processo di formazione di una lingua è lento e graduale: le date che abbiamo indicato significano che tra l'800 e il 1000 si comincia ad avvertire l'esigenza di mettere per iscritto non solo il latino ma anche le lingue parlate quotidianamente dalle varie popolazioni europee. Già al tempo dell'Impero romano il latino che studiamo oggi in alcune scuole – sui testi di Cicerone e Cesare, di Virgilio e Tacito – era la lingua della politica e dell'alta cultura, mentre il latino parlato era diverso nelle varie regioni dell'Impero, dove spesso sopravvivevano anche le lingue originarie delle varie popolazioni conquistate. Nel Medioevo il latino mantenne questa funzione: era la lingua di comunicazione tra le classi dirigenti politiche e intellettuali, soprattutto all'interno della Chiesa (che ancora oggi lo mantiene come lingua ufficiale). Fino a circa l'anno 1000 chi voleva scrivere un trattato diplomatico, un libro di storiografia o anche una poesia d'amore, lo faceva esclusivamente in latino; e questo primato verrà scalzato completamente, a vantaggio delle lingue nazionali, solamente dopo il Seicento, quando ancora Galileo e Cartesio scrivono alcune opere in latino.

Le lingue neolatine

I vari latini parlati si sono differenziati nei secoli tanto radicalmente da essere diventati nuove lingue: le lingue romanze (cfr. p. 78). Per esempio, dal latino *frigidus* derivano l'italiano *freddo*, il francese *froid*, lo spagnolo e il portoghese *frío*, il rumeno *frig*. La diffusione di queste lingue copre un'area territoriale compatta (con l'eccezione della Romania) che corrisponde ai domini centro-occidentali dell'Impero romano. In questi territori le istituzioni, la tecnologia, le forme sociali e la cultura latine erano penetrate in maniera più profonda che nel resto dell'Impero.

Le lingue germaniche

Nell'area che circonda quella delle lingue neolatine troviamo lingue di origine germanica: tedesco, inglese, danese, olandese, norvegese, svedese. Sono le lingue delle popolazioni che cominciarono ad affluire ai confini dell'Impero intorno al III secolo d.C. e che, alla dissoluzione delle istituzioni militari e civili romane, si organizzarono in regni territoriali a partire dal V secolo d.C.

Le lingue slave

Per tutti i secoli del Medioevo e fino all'età moderna, dalle steppe dell'Asia centrale continuarono ad affluire sempre nuove ondate di popolazioni nomadi in cerca di territori in cui stanziarsi. All'esterno dell'area linguistica germanica troviamo perciò regioni in cui si parlano lingue slave (polacco, russo, serbo-croato, bulgaro, ucraino) e ugro-finniche (ungherese e finlandese), che derivano dalle parlate delle popolazioni giunte in Europa dopo quelle di lingua germanica.

L'arabo

Nei territori che si affacciano sulla sponda meridionale del Mediterraneo troviamo oggi una comunità linguistica e culturale molto simile a quella latina dell'antichità. L'espansione dei califfati musulmani a partire dal VII secolo d.C. ha creato in questi territori strutture politiche, militari, civili e culturali altrettanto salde che quelle dell'Impero romano in Europa occidentale, e come quello unificate da una lingua comune. Benché l'arabo effettivamente parlato da queste popolazioni sia distinto in diverse varietà regionali, come già il latino, l'arabo classico è la lingua di comunicazione unitaria tra queste nazioni, oltre che la lingua della cultura scritta (dal Corano agli odierni quotidiani).

Il Medioevo e noi

Il Medioevo nel cuore delle nostre città

Nei secoli del Medioevo le nostre città prendono l'aspetto che conosciamo. I nostri centri storici, sia quelli delle grandi città sia quelli dei più piccoli paesi, oggi sono circondati da periferie di cemento o isolati in zone montagnose, hanno subìto sventramenti e demolizioni o sono perfettamente ristrutturati ad uso turistico: qualunque sia il loro stato attuale, la maggior parte di essi ha preso forma dopo l'anno 1000, quando – come ha scritto un cronista dell'epoca – «quasi tutta la terra [cioè l'Europa] sembrò ricoprirsi di un bianco mantello di chiese». Grazie a una rinnovata prosperità, le comunità medievali gettarono le fondamenta delle grandi cattedrali, e non solo: in Europa settentrionale e orientale si edificarono nuove città mentre a sud si costruiva sopra i resti delle antiche città greche, etrusche o romane (a Lucca, per esempio, l'anfiteatro romano venne trasformato nella piazza del mercato). I cittadini dei Comuni costruivano case, strade, edifici pubblici secondo le proprie esigenze, che erano molto diverse dalle nostre. È per questo che è così difficile per noi preservare questo patrimonio storico facendolo convivere con le infrastrutture di una città moderna (autostrade, metropolitane, ferrovie); ma è anche grazie al fatto che si sono modellati "a misura d'uomo" (e non di automobile!) che i centri medievali delle nostre città, o i borghi ancora intatti, esercitano su di noi un fascino così forte. Siena è una delle città italiane che ha meglio conservato la struttura urbanistica di una città medievale. La prenderemo perciò a modello per evidenziare gli elementi tipici che troviamo ancora oggi anche in altre città: i Palazzi Pubblici, la cattedrale, le piazze, le fontane, le mura.

1 **Piazza del Campo e Palazzo Pubblico**. Sulla piazza in cui ancora oggi si svolge il Palio e che nel Medioevo ospitava anche manifestazioni religiose si affaccia il Palazzo Pubblico, sede del potere politico-amministrativo. I Palazzi Pubblici riprendono la tipologia edilizia del castello ad uso dei cittadini e delle loro istituzioni: merlature e fortificazioni erano necessarie per difendere le autorità durante i frequenti disordini civili.

2 **Torre del Mangia**. È la torre del Palazzo Pubblico, una delle molte torri che definivano il profilo della città. Le famiglie nobiliari più potenti costruivano torri sopra i loro palazzi per difendersi, ma anche per ostentare il loro potere e la loro ricchezza. La maggior parte delle torri delle città italiane furono abbattute a seguito di conflitti interni alle fazioni cittadine, oppure per ordine del Comune, che intendeva ridurre l'autorità e il potere dei nobili.

3 **Banchi di sopra, Banchi di sotto**. I nomi di queste vie indicano che qui avevano sede i banchi dei pegni. Nel Medioevo Siena era una potenza finanziaria inferiore solo a Firenze e Genova. Nel 1472 fu fondato il Monte dei Paschi, che esiste tuttora.

4 **Piazza del Duomo e Duomo**. Nella piazza del Duomo, su cui si affaccia anche il palazzo del Vescovo, ha sede il potere ecclesiastico. La magnificenza della cattedrale era un segno della grandezza della città: al culmine della loro potenza, all'inizio del Trecento, i senesi pensarono di allargare il Duomo facendone la più grande cattedrale della cristianità, ma venne la peste del 1348, che decimò i cittadini e stroncò il progetto. Sulla piazza si affaccia anche lo Spedale di Santa Maria della Scala, ospizio per i pellegrini e ricovero per i poveri e i malati senza risorse: questi compiti che oggi diremmo di "assistenza sociale" nel Medioevo erano assolti quasi sempre dalla Chiesa.

5 Fonte Ovile (A), Fontebranda (B), Fonte Gaia (C). L'approvvigionamento idrico nelle città medievali era fondamentale non solo per le esigenze dei cittadini, ma anche per l'industria tessile, la più importante dell'epoca. A Siena l'acqua scarseggiava, perciò furono costruite grandi fonti (in realtà cisterne) intorno alla città.

6 Piazza del mercato. È il luogo del commercio e degli affari.

7 Le mura. Come in molte altre città, a Siena fu costruita più di una cinta muraria per seguire l'espansione urbana; l'ultima risale agli inizi del Trecento. Le mura non dividevano nettamente città e campagna: all'esterno si trovavano i "sobborghi", case di recente edificazione addossate alle mura.

8 Gli orti. Negli avvallamenti all'interno delle mura si aprono spazi non edificati, occupati da orti e giardini. La cinta muraria, di forma grosso modo circolare, non corrisponde alla conformazione della città, che si sviluppa invece sul crinale e lungo i fianchi delle colline. L'edilizia medievale segue l'andamento del terreno: di qui l'andamento curvilineo e ascendente-discendente delle vie.

CAPITOLO 1 coordinate

I testi di accesso

Dio al centro del mondo

Nell'Alto Medioevo (cioè nella prima fase del Medioevo, che va dal V secolo d.C. al Mille), in una società essenzialmente contadina, la cultura e l'educazione erano interamente affidate alla Chiesa, che imponeva così la propria concezione del mondo. Le sculture delle cattedrali mostrano efficacemente come anche attraverso gli affreschi e i bassorilievi il clero mirasse a educare un pubblico povero, sottomesso e in massima parte analfabeta. Le figurazioni costituivano infatti dei *biblia pauperum*, cioè 'libri per chi non sapeva leggere' (letteralmente: 'libri dei poveri'). Si trattava, nella maggior parte dei casi, di animali o esseri mostruosi: idre, draghi, ippogrifi, sirene che per l'immaginario del tempo non erano, come avviene invece nella modernità o nella produzione *fantasy* del nostro tempo (cfr. ***espansioni digitali*** **S Medioevo *fantasy*, S Mostri e magia del *fantasy***), invenzioni artistiche o ludiche. In quanto simboli dei valori trascendenti, essi pretendevano di avere la medesima verità di ciò che esisteva davvero.
Nel Medioevo l'uomo era infatti molto lontano dall'idea di conoscenza scientifica che domina la modernità: la dimensione terrena e naturale veniva intesa solo come tramite per giungere a Dio. La concezione della vita, della natura e della storia inoltre non solo era intrinsecamente religiosa ma tutta concentrata sull'insidia incombente del male e del peccato. L'uomo non partecipava con gioia al creato; schiacciato dalla colpa e dalla paura del giudizio finale, non poteva fare altro che mettersi nelle mani di Dio e tendere alla propria salvezza mentre aspettava la fine del mondo.
Solo con il passaggio dalla civiltà romanica* (che si sviluppò in Italia all'incirca fra il Mille e l'inizio del Duecento) alla gotica* (dal Duecento alla fine del Trecento), si affermeranno uno spirito più fiducioso e ottimistico verso la vita e si avrà una prima rivalutazione della concretezza terrena dell'esistenza.

espansioni digitali

S INFORMAZIONI E APPROFONDIMENTI
Medioevo *fantasy*

S PASSATO E PRESENTE
Mostri e magia del *fantasy*

TESTO DI ACCESSO 1

Le sculture del Duomo di Modena

Questi bassorilievi appartengono al Duomo di Modena (1099), un magnifico esempio di stile romanico. Nell'Alto Medioevo, in genere, il nome dell'autore resta ignoto. In questo caso, invece, sono riportati il nome sia dell'architetto (Lanfranco) sia del maestro scultore (Wiligelmo). I Leoni che combattono serpenti *e* Il lupo e la gru *sono attribuibili alla scuola di Wiligelmo; la* Sirena *è, molto probabilmente, opera del cosiddetto "Maestro delle metope*", un artigiano famoso per la sua grazia e per la precisione nei particolari. Il tema è comunque costituito da animali o creature insoliti o mostruosi tutti allusivi dei peccati e dei pericoli che insidiano la vita dell'uomo sulla terra.*

* **Civiltà romanica**: si caratterizza, in scultura e soprattutto in architettura, per il valore plastico e chiaroscurale dei rilievi e degli edifici, che danno un'impressione di gravità e di robustezza volte a comunicare l'immediata presenza di Dio.

* **Civiltà gotica**: nata in Francia nel secolo XII, si sviluppa in Italia nel corso del Duecento e del Trecento, sostituendo la civiltà romanica. Riguarda la pittura, la scultura e soprattutto l'architettura, caratterizzata dallo slancio verso l'alto delle guglie delle chiese. Se l'arte romanica dà un'idea di stabilità, quella gotica suggerisce il movimento e l'elevazione, e appare in genere più realistica, più capace di rivalutare l'elemento naturalistico e la concretezza della vita umana.

* **Metopa** è il nome con cui si indicano gli spazi rettangolari o quadrangolari, detti anche "formelle", che costituivano il fregio scolpito dei monumenti greci (come il Partenone) e della successiva architettura romana, medievale e moderna a essi ispirata.

1

2

3

[1] *Leoni che combattono serpenti*, attribuiti alla scuola di Wiligelmo.
[2] Formella in pietra dell'architrave di anonimo continuatore di Wiligelmo di scuola borgognona.
[3] La *Sirena*, molto probabilmente opera del cosiddetto "Maestro delle Metope".

perché è un testo-chiave

Le sculture del Duomo di Modena precedono di oltre vent'anni il primo testo artistico della nostra letteratura, il *Cantico delle creature* di Francesco d'Assisi. Ma non è questa l'unica ragione della loro presenza qui come "testi": possiamo infatti considerare quali testi, oltre alle opere scritte della letteratura, anche le opere di altre forme artistiche, dalla pittura alla musica, dalla scultura al cinema. Viene infatti espressa e formalizzata in esse un'idea della vita e della realtà, e nei casi più significativi possiamo riconoscervi l'identità di un'epoca storica.
Le sculture mettono in luce l'enorme distanza che separa il nostro tempo dal Medioevo e dalla concezione che in quel periodo storico si aveva della vita, della natura e dell'uomo. Vi si possono scorgere tre elementi significativi dell'immaginario medievale.

1 La realtà come specchio simbolico della verità trascendente

Le idre e la sirena a due code sono entrambi esseri fantastici. La loro raffigurazione, a noi che viviamo nel terzo millennio, può apparire ridicola e insensata. Non era così per gli uomini del secolo XI; abituati a nutrirsi di un'infinità di credenze e pratiche magiche ereditate dal paganesimo, essi vedevano la natura popolata da mostri (l'etimologia del termine rimanda al latino *monstrum* = 'cosa inusuale', 'che suscita stupore', prima ancora che 'orribile'), da esseri straordinari e strani, pur essendo di solito invisibili (cfr. **S1**). Ai loro occhi, infatti, i vari aspetti della natura (anche quelli inventati dalla fantasia umana) costituiscono una foresta di simboli, cioè di immagini dal significato pregnante, che rimandano ad altri concetti e valori più elevati, ad una realtà spirituale profonda. L'intero universo è interpretato come una manifestazione di Dio, che parlerebbe agli uomini anche attraverso forme paurose e straordinarie tramandate dal mito antico e dalle leggende.
In base all'interpretazione simbolica del mondo tutta la realtà sensibile nasconde un senso "altro" più autentico, quello trascendente, che rappresenta l'unica verità; tra la dimensione terrena e quella ultraterrena esiste una corrispondenza diretta e immediata. Il simbolo infatti non richiede, per essere compreso, alcuna mediazione logica o razionale. Così per l'uomo medievale ogni aspetto della vita o della natura non vale di per sé, ma rimanda sempre a qualcosa che va oltre le apparenze. Egli vive in un contesto fatto di sovrasensi continui: un leone non è soltanto un leone, e mostri come unicorni, serpenti a due teste o ippogrifi (cavalli alati) non sono meno reali degli animali esistenti, in quanto tutti rinviano ugualmente a Dio. La vicenda del lupo e della gru assume, invece, probabilmente, una valenza politica e forse proprio per questo decora insistentemente, anche in epoche successive, molti edifici civici. Essa ricorda che le classi dominanti hanno potere di vita e di morte sugli umili, e che a nulla vale, in questo mondo, cercare di cambiare le cose.

2 Concezione gerarchica e teocentrica della vita

La visione medievale del mondo è religiosa e teocentrica. Il centro della realtà è Dio, origine e fine di tutto. Nulla di quanto accade o esiste è casuale: ogni fatto anche minimo ha il proprio posto nel disegno provvidenziale, che attraverso i diversi frammenti di creazione rivela all'uomo qualche aspetto del suo mistero.
Secondo questa concezione gerarchica e teocentrica del reale, per cui Dio è al vertice e al centro della vita, l'uomo del Medioevo percepisce la propria esistenza come rigidamente

subordinata all'autorità politica (Impero) e religiosa (Chiesa e papa), le due istituzioni volute da Dio. Il potere e la verità discendono dunque dall'alto al basso. Tutto all'origine è determinato dalla volontà celeste, che ha costituito e garantisce al mondo un ordine immobile ed eterno nel quale l'uomo deve limitarsi a riconoscere i segni del suo creatore. Nella lastra n. 1 il leone maschio rappresenta l'Impero mentre il leone femmina rappresenta la Chiesa: entrambi combattono il serpente, emblema del male e del peccato sulla Terra.

3 Il disprezzo della vita terrena: la vita, un ponte per l'aldilà

Poiché la verità ultima è unicamente in Dio, la mentalità e l'immaginario medievali sono dominati dal disprezzo dell'esistenza terrena, vista come cumulo di false apparenze e di dolore, come momento transitorio rispetto a una mèta – l'aldilà, la vita dell'anima dopo la morte – che deve costituire il vero obiettivo dell'uomo.

La lastra n. 2 rilegge in chiave cristiana e più articolata una favola tratta dal repertorio classico, esemplificando chiaramente l'incombenza del male sulla terra. Il lupo, che rappresenta i potenti e gli ingiusti (fino a incarnare l'immagine stessa del Demonio), finge di avere inghiottito un osso e implora l'aiuto della gru, garantendole una ricompensa. Questa, che simboleggia i buoni e gli umili, si predispone, con ingenua generosità, a soccorrerlo, ma finisce inesorabilmente nelle fauci fameliche del temibile predatore. L'essere stata troppo disponibile e sicura di sé si è, insomma, rivelato, per il volatile, una colpa, tanto che il suo gesto temerario non solo non è stato premiato ma ha richiamato addirittura la punizione divina. Nella metopa della Sirena la fusione tra donna e serpente genera un mostro che rimanda immediatamente all'idea del male; la coda biforcata è sconciamente aperta e allude alla colpa della sessualità. Definita dai Padri della Chiesa (i pensatori e scrittori che hanno posto le basi della dottrina e cultura cristiana) *diaboli ianua* (in latino 'porta del demonio'), la donna, nell'Alto Medioevo, rinnova con la sua sola esistenza il peccato originale (cfr. **S2**, p. 15). Rappresentando le brame del corpo, essa è troppo vicina alla natura e troppo lontana da Dio; è l'ostacolo massimo alla salvezza dell'anima.

per studiare 1

1 Le sculture del Duomo di Modena sono "testi" anche se mancano di scrittura. Perché?

2 Le sculture non sono rappresentazioni realistiche, ma simboliche del mondo. Qual è la funzione dei simboli nella concezione dell'Alto Medioevo?

- a hanno una funzione soprattutto ornamentale di luoghi pubblici e di culto
- b sono rappresentazioni fantastiche e puramente immaginarie
- c hanno la funzione di collegare per analogia eventi della vita quotidiana e terrena
- d rimandano ad una realtà profonda e sconosciuta, fondata su credenze religiose

3 Tutte le sculture riprodotte raffigurano degli esseri "mostruosi". Tenendo conto dell'etimologia latina (*monstrum*), che cosa significa propriamente il termine "mostro"?

- a una cosa orribile
- b una cosa brutta
- c una cosa straordinaria
- d una cosa terrificante

4 Agli occhi degli osservatori medievali, le immagini rappresentate rimandavano a significati simbolici. Scegli una delle lastre del Duomo, descrivila e spiegane il significato.

5 Scegli le affermazioni corrette.

La mentalità e l'immaginario dell'Alto Medioevo sono dominati da

- [a] fiducia nell'operato dell'uomo
- [b] disprezzo della vita terrena
- [c] ambizione alla realizzazione dei propri progetti
- [d] preoccupazione per la salvezza eterna

S1 PASSATO E PRESENTE

La sirena oggi

La sirena ritorna anche nel marchio della Starbucks, una famosa catena americana di caffetterie ora diffusa in molte parti del mondo. Confrontando le varie versioni, da quella originale degli anni Settanta, **B**, (identica a quella di un testo del XV secolo, **A**) all'attuale, **C**, si nota un progressivo processo di riduzione ed astrazione dell'immagine. Nella prima è ancora visibile il seno, nascosto poi dai capelli su richiesta dei consumatori perché ritenuto fastidioso. Successivamente al colore marrone è subentrato un verde brillante mentre si sono rimossi la pancia e l'ombelico e si è occultata la divaricatura delle code. Nell'ultima versione la zoommata sul primo piano del volto ha definitivamente "castigato" la sirena che, a distanza di secoli, continua, così sembra, a turbare l'uomo con il suo potere ammaliante.

Nell'*Invenzione collettiva* del 1935, René Magritte, ribaltando la tradizione, rappresenta la sirena così com'è concepibile nella modernità: "spiaggiata" e muta come un pesce. In questa inquietante soluzione l'immagine tradizionale risulta invertita; la parte superiore, di animale, annulla, oltre alla femminilità del volto, anche la possibilità del canto ammaliatore, mentre la parte inferiore, di donna, esibisce provocatoriamente il valore sessuale che, da sempre, la sirena ha avuto nell'immaginario collettivo. L'età degli incanti è finita: il mostro è solamente un mostro.

René Magritte, *L'invenzione collettiva*, 1935. Düsseldorf, Kunstsammlung Nordrhein-Westfalen.

A

B

C

S2 ATTRAVERSO LE DISCIPLINE

Sotto il segno del dolore e del peccato: le lastre di Wiligelmo

1

2

La centralità divina, la vita terrena come esperienza di fatica e di dolore, grazie a cui l'uomo sconta la propria colpa originale, e l'identificazione della sessualità con il peccato, sono tutte mirabilmente riassunte nelle lastre della facciata del Duomo di Modena, opera di Wiligelmo, ispirate alle storie del Vecchio Testamento. Tra queste, che sono le sculture più famose della cattedrale, due appaiono particolarmente interessanti sia per l'eccezionale qualità artistica sia perché, narrando l'inizio del genere umano con una durezza insolita rispetto alle rappresentazioni coeve, acquistano notevole significato simbolico. All'estremità sinistra della prima lastra (**fig. 1**) appare il busto dell'Eterno che troneggia dentro la mandorla* sorretto da due angeli colti nella fatica dello sforzo, poi Adamo nudo si alza faticosamente sotto le mani di Dio che lo sovrasta. Segue la creazione di Eva: Adamo è appoggiato sulla nuda terra, vicino a un corso d'acqua, mentre dal suo fianco sorge la donna; entrambi sono qui, ancora, completamente privi di attributi sessuali (la donna non ha alcun accenno di seno), ad indicarne la completa innocenza. La quarta scena è quella emotivamente più intensa: posta in mezzo tra i due, Eva, con espressione serena, prende dal serpente il frutto proibito e lo porge a un Adamo sbigottito per la spaventosa disobbedienza. Nella mano destra hanno già entrambi la foglia di fico per coprirsi: compiere il peccato ha fatto sviluppare in loro i genitali, simbolo della colpa.

La seconda lastra (**fig. 2**) è interamente dedicata alle conseguenze del peccato originale. Dio tiene in mano un cartiglio e punta il dito sul petto di Adamo mentre sia lui che Eva, sempre coperti dalla foglia, si portano al viso la mano sinistra in segno di disperazione. Nella seconda scena un angelo con la spada sguainata scaccia dal paradiso terrestre i due, condannati ora a una condizione di finitezza: dovranno lavorare e soffrire. Nel terzo riquadro, infatti, sono già entrambi curvi sulle loro zappe, intenti a lavorare un blocco di terra compatta: la fatica dei campi è il prezzo da pagare per avere commesso il peccato. A questo proposito occorre ricordare che la maggior parte degli uomini del tempo era costretta a simili condizioni di vita: ecco, dunque, che nella rappresentazione scultorea essi trovavano la spiegazione teologica dei loro duri obblighi quotidiani.

* **Mandorla**: elemento decorativo tipico dell'architettura soprattutto nei secoli XI, XII, e XIII e XIV. Consiste in una formella ogivale, dipinta o a rilievo, sempre di soggetto sacro (contiene in genere l'immagine dell'Eterno, di Cristo o della Vergine).

La rivalutazione della vita terrena

Tra la fine del XII e l'inizio del XIII secolo, con lo sviluppo della civiltà comunale, assistiamo a un miglioramento generale delle condizioni di vita nella società; tra ampie fasce di popolazione si diffonde una concezione più ottimistica e fattiva dell'esistenza, che contempla un ruolo attivo dell'uomo sulla terra. Nata dal nuovo spirito cittadino e mercantile dell'epoca, fiduciosa e ottimistica, l'arte gotica accoglie e valorizza il nuovo senso realistico e concreto della vita umana. La dimensione terrena, il mondo sensibile e la natura si impongono ormai di per sé, nella loro materialità autonoma. Viene rivalutata la ragione. Al simbolismo subentra via via un modo diverso di considerare la vita, che tende a essere realistico e razionalistico. Al simbolo, che era fondato sull'intuizione immediata, si sostituisce l'allegoria, che esige invece il ricorso alla ragione e un percorso di ricerca e di investigazione. In questa nuova ottica la dimensione terrena, non più condannata e temuta, è sottoposta a un nuovo tipo di interpretazione, che mira a conoscerla nella sua precisa scansione temporale e spaziale, a misurarla, a considerarla in modi sempre più scientifici o comunque meno fantasiosi e ingenui che in passato.

TESTO DI ACCESSO 2

Bonaventura Berlinghieri

La pala di San Francesco

La pala d'altare di Bonaventura Berlinghieri è uno splendido esempio di arte gotica medievale. Si tratta di una tipica icona destinata al culto cristiano, ed è forse la prima raffigurazione del santo che ci è pervenuta (1235).

espansioni digitali

IMMAGINE ATTIVA

Bonaventura Berlinghieri, *Pala di San Francesco*, 1235. Pescia, Chiesa di San Francesco.

perché è un testo-chiave

La pala di San Francesco è un testo-chiave perché mette in luce tre aspetti significativi.

1 Una nuova religiosità: la lezione francescana

Lo sviluppo della cultura e un'articolazione più varia della società fanno sì che nel corso del Duecento si diffondano un interesse e una partecipazione religiosi spontanei e più autentici. Tra i numerosi movimenti pauperistici* (dal latino *pauper* = 'povero', 'semplice') che esprimono l'esigenza di un ritorno alla purezza e semplicità della lezione evangelica originaria, spicca in particolare il francescanesimo. Grazie al carisma del suo fondatore, Francesco d'Assisi, esso seppe proporre con particolare intensità un messaggio ancora oggi molto suggestivo.

Agli occhi dei contemporanei, Francesco rappresenta la testimonianza concreta e attuale di un nuovo modello di religiosità, lontano dalla corruzione e dalla

* **Pauperismo**: dottrina che predica l'ideale di povertà assoluta originario del Cristianesimo. Nel Medioevo è sostenuto ed elevato a regola da alcuni ordini religiosi e da alcune comunità mendicanti.

secolarizzazione* dell'istituzione ufficiale e basato su una spiritualità radicale, ingenua e fervida. L'idea evangelica della fratellanza accomuna non solo gli uomini ma tutti gli esseri della Terra: la dimensione fisica della natura perde la sua connotazione peccaminosa e si offre, al contrario, come segno dell'armonia del creato. Nella nuova visione del mondo, Dio mantiene la propria posizione di preminenza assoluta, ma è proprio attraverso l'apprezzamento e la lode delle creature che si avvalora il suo disegno.

* **Secolarizzazione**: compromissione della Chiesa con gli interessi terreni, laici, mondani o secolari (di qui il termine). Comportando un accantonamento della vita spirituale e delle pratiche esclusivamente religiose, determina talvolta fenomeni di corruzione.

2 Dio nel creato: la rivalutazione della vita terrena

Il rifiuto delle cose terrene, l'incubo del peccato e il senso di oppressione che avevano schiacciato l'uomo nei secoli precedenti lasciano posto in Francesco d'Assisi a una rivalutazione della natura e della vita. Superando il cupo pessimismo che allora era ripreso dalla setta eretica dei càtari*, Francesco intende comunicare, con le sue stesse scelte di vita prima ancora che con la predicazione e con gli scritti, un'umile e gioiosa integrazione nell'armonia del creato. La mentalità del tempo resta dunque profondamente religiosa e Dio è sempre al centro del disegno provvidenziale che regola la vita umana, ma l'uomo è ora chiamato a contribuire concretamente alla sua realizzazione. Con il lavoro, l'umanità non riscatta più solo la colpa del peccato originale (come si è visto nella lastra di Wiligelmo), ma contribuisce alla rinascita economica della società e al suo progresso materiale. La valorizzazione, parallelamente, della razionalità e delle capacità organizzative alimenta una nuova spinta alla conoscenza.

* **Càtari**: sostenitori di una dottrina eretica medievale (catarismo) che predicava un profondo rinnovamento morale. La setta si fondava sull'opposizione assoluta del bene e del male e comportava una condotta di vita rigidamente ascetica.

La rivalutazione della vita terrena trova un esempio concreto nella pala d'altare di Berlinghieri. Qui l'artista ribadisce con forza l'assolutezza del divino: lo dimostrano lo sfondo dorato e l'imponente figura centrale, posizionata frontalmente e immobile nella sua sacralità trascendente. Tuttavia al posto di Cristo, il figlio di Dio, compare Francesco, un uomo capace di seguire il messaggio evangelico alla lettera. Nelle due sezioni laterali della pala sono poi raccontati, in sei scene simmetriche, episodi famosi della vita del santo nei quali è sintetizzata la sua coraggiosa scelta: rinunciare alle ricchezze paterne per una umiltà e una povertà assolute vissute in mezzo ai poveri e agli esclusi. Si tratta di vere e proprie narrazioni nelle quali hanno spazio, realisticamente, gli uomini e la loro vita sulla Terra e che traducono un nuovo bisogno della Chiesa del tempo: non limitarsi a imporre d'autorità i propri dogmi, ma educare l'osservatore attraverso la partecipazione emotiva, fornendogli modelli esemplari che egli senta vicini e praticabili. In un episodio laterale, poi, vediamo Francesco impegnato nella predica agli uccelli. La scena mantiene ancora una fissità complessiva ma i volatili appollaiati sui rami non hanno più nulla delle figurazioni mostruose e sinistre che animano le cattedrali romaniche: proprio in quanto cose belle e buone, 'parlano' con evidenza di Dio. Lo sguardo dell'uomo si sofferma, cioè, sulle varie forme della vita reale che, invece di essere un simbolo della realtà nascosta, acquistano immediato valore in sé e provocano gioia e compiacimento in chi le osserva.

3 Realismo e allegoria

La natura ora viene considerata in sé, separata da Dio; gli aspetti del creato hanno un valore autonomo, e solo con uno sforzo razionale è possibile andare al di là di essi e trovare Dio. Al

posto del simbolismo si svilupperanno così una nuova attenzione rivolta alla realtà nella sua evidenza e bellezza (realismo) e insieme la ricerca di un significato che vada al di là della realtà visibile grazie all'uso della ragione (allegoria).
Va notato che questa pala costituisce un primo tentativo di superare il simbolismo medievale. Nella interpretazione simbolica del mondo, tipica dell'Alto Medioevo e della civiltà romanica, la presenza del divino nella natura era percepita intuitivamente, attraverso particolari anche mostruosi, che non valevano di per sé ma solo perché esprimevano un significato religioso presente in ogni aspetto della natura; nella nuova visione del mondo tipica della civiltà gotica prevale invece il realismo. Il riconoscimento di Dio nell'orizzonte terreno non è più immediato ma implica uno sforzo dell'intelletto, impegnato in un percorso di ricerca e in una volontà di ascesa, di tensione verso l'alto, come nelle guglie delle chiese gotiche. Il realismo allegorico presuppone infatti non l'unità immediata e intuitiva della cosa e del suo significato, ma la loro separazione, cosicché il significato andrà cercato attraverso una indagine razionale e un percorso faticoso. Questa pala va perciò considerata il primo passo di un cambiamento nel modo di vedere l'uomo e la vita che troverà, di qui a pochi anni, compiuta traduzione artistica nel rivoluzionario realismo di Giotto e di Dante (cfr. **S3**, p. 20).

simbolo	allegoria
• il significato si raggiunge tramite l'intuizione delle analogie e delle somiglianze	• il significato si raggiunge tramite il ragionamento, attraverso un percorso di ricerca intellettuale
• c'è un legame immediato tra il particolare (le cose del mondo) e l'universale (Dio)	• presuppone una separazione tra le cose e i significati, superata grazie alla mediazione della ragione

per studiare 2

1 In confronto con le sculture del Duomo di Modena, la pala di San Francesco rappresenta una diversa concezione religiosa. Quale?

- a una concezione al cui centro c'è l'uomo con le sue debolezze e i suoi peccati
- b una concezione al cui centro c'è sempre Dio, ma dove l'uomo è chiamato a far parte della realizzazione del disegno provvidenziale che regola la vita
- c una concezione al cui centro non c'è più Dio, ma la vita terrena
- d una concezione religiosa basata sull'importanza assunta dai movimenti pauperistici

2 Nella pala di San Francesco la natura non appare più "mostruosa" come nelle lastre del Duomo di Modena. In che senso è cambiato lo sguardo dell'artista? Rintraccia nella spiegazione al testo la risposta alla domanda.

3 Anche la pala di San Francesco è un testo iconografico, ma comunica un messaggio diverso rispetto alle sculture del Duomo di Modena. Qual è la sua funzione? Rispondi sulla base della spiegazione al testo.

S3 ATTRAVERSO LE DISCIPLINE

Allegorie di animali antiche e moderne: Giotto e Pasolini

La predica agli uccelli di Giotto

Quando Giotto dipinge le scene della *Vita di san Francesco* (1290-1295 circa) nella Basilica di Assisi, il suo sguardo sul mondo esprime un profondo cambiamento. La pala di Berlinghieri manteneva ancora una forte carica simbolica e un esemplare valore edificante, cioè celebrava la centralità esclusiva di Dio, magari attraverso un suo rappresentante sulla Terra, san Francesco appunto. Gli affreschi di Giotto si pongono invece come vere e proprie narrazioni, sia sul versante formale sia per quanto riguarda l'autonomia dei soggetti. I corpi non sono più irrigiditi e schiacciati su un solo piano. Per esempio, nella *Predica agli uccelli*, pur nell'assenza ancora di prospettiva, uomini e animali acquistano spessore e si muovono in uno spazio realisticamente definito. Gli alberi sono a grandezza naturale e fronzuti; Francesco, che ha un volto molto espressivo e dolce, appare invecchiato e, con un gesto composto e affettuoso, si china verso gli uccellini. Questi gli si avvicinano, carichi di vita, ognuno

espansioni digitali
IMMAGINE ATTIVA

Giotto, *La predica agli uccelli*, affresco della Basilica di San Francesco ad Assisi.

con la propria modalità, volando, saltellando, ciascuno distinto per posizione o colore della livrea. Nella pala del Berlinghieri, invece, è possibile distinguere tre tipi diversi di uccelli: sia che rappresentassero gli agricoltori, i poveri e i diseredati, sia che stessero a indicare le tre classi in cui era divisa la società alto medievale (coloro che pregano, coloro che combattono e coloro che lavorano; cfr. **S2** ***Una società "trinitaria"***, p. 47), essi avevano, in ogni caso, un significato simbolico che Giotto non è interessato a confermare.

Uccellacci e uccellini di Pasolini

Nel 1965 con il film *Uccellacci e uccellini* Pier Paolo Pasolini rivisita in chiave contemporanea la celebre leggenda francescana. A due viandanti, Totò (Totò) e il figlio Ninetto (Ninetto Davoli), mentre vagano nella campagna romana, si accompagna uno strano corvo parlante che racconta loro una storiella. La scena si sposta con un balzo temporale nella campagna umbra del 1200. Qui Francesco incarica frate Ciccillo e frate Ninetto di continuare la sua opera di evangelizzazione dei volatili, cominciando dai falchetti e dai passeri. Dopo anni di concentrazione spirituale, e tra mille difficoltà, frate Ciccillo sembra riuscire nell'impresa, ma proprio mentre i due camminano sulla strada del ritorno un falchetto ghermisce, piombando all'improvviso dall'alto, un povero passero, posato sul terreno alla ricerca di cibo. La predicazione che inneggiava all'amore di Dio non è riuscita a far desistere i rapaci dalle loro sanguinose abitudini e a portare l'armonia tra le due specie. Come riferisce Ciccillo, sconsolato, a Francesco, le due classi di uccelli «per conto loro je sta 'bbene, l'adorano il Signore. Ma il fatto è che fra loro se sgrugnano, s'ammazzano». Nel film gli uccelli sono metafora delle classi sociali: i falchi rappresentano gli oppressori, i passeri gli oppressi, e tra le due categorie non può esserci armonia. Pasolini ribalta dunque il senso complessivo della predica agli uccelli, calandola nella realtà sociale e politica e nelle dinamiche storiche del proprio tempo.

Locandina e fotogramma del film di Pier Paolo Pasolini, *Uccellacci e uccellini*, 1965.

La preesistenza del significato e l'amore come sua rivelazione

Dopo due testi iconografici, è il momento di presentare un raffinato esempio di simbolismo letterario. Si tratta di un capolavoro della letteratura italiana, e cioè del sonetto* più famoso della *Vita nuova* (1293-1295 ca.), la prima opera organica di Dante. Essa raccoglie una parte di testi poetici composti dall'autore in giovinezza, inseriti lungo un racconto in prosa che assume anche l'aspetto di un commento alla materia dei testi poetici. La vicenda riguarda l'amore di Dante per Beatrice: l'autore si sofferma sul significato eccezionale di tale esperienza e su alcuni episodi collaterali, fino alla conclusione, in cui promette di dedicare in futuro a Beatrice un'opera nuova e meravigliosa (sulla *Vita nuova*, cfr. p. 104). Rispetto alla visione della vita dell'Alto Medioevo, totalmente religiosa, Dante, poeta d'età comunale, apre a una concezione dell'uomo più complessa e dinamica: il riscatto delle aspirazioni individuali e la valorizzazione della dimensione terrena sono sicuri elementi di novità. In quanto uomo del Medioevo, egli concepisce però l'amore in termini di verità collettiva e sacra, laddove esso è per noi esperienza essenzialmente laica, individuale, intima e soggettiva. Dante si presenta insomma come profeta di verità universali, oggettive e indiscutibili, confermando una grande distanza dal relativismo e dal soggettivismo che caratterizzano il mondo contemporaneo (cfr. **S4** ***L'incontro fra l'uomo e la donna nel romanzo moderno***, p. 26).

* **Sonetto**: è una forma metrica molto antica, probabilmente inventata dai poeti della Scuola siciliana. È costituito da quattro strofe: due quartine e due terzine di versi endecasillabi variamente rimati. Per un approfondimento sul sonetto cfr. **S4** di p. 609.

TESTO DI ACCESSO 3

Dante Alighieri
«Tanto gentile e tanto onesta pare»

[*Vita nuova*, XXVI]

In questo sonetto, composto probabilmente nel 1295, il poeta loda la bellezza e le virtù della donna amata, che appare, per la via, circondata da un'aura sacra e miracolosa. A chiunque la incontri essa può concedere il saluto, che non è solo un gesto di benevolenza ma un pegno di salvezza eterna.

espansioni digitali

- **videolezione: analisi del testo a cura di Pietro Cataldi** [25' 15"]
- **testo interattivo**
- **MATERIALI PER IL RECUPERO**

John William Waterhouse, *Dante e Beatrice*, 1914-1917 ca. New York, Dahesh Museum of Art.

Tanto gentile e tanto onesta pare
la donna mia quand'ella altrui saluta,
ch'ogne lingua deven tremando muta,
e li occhi no l'ardiscon di guardare.

Ella si va, sentendosi laudare,
benignamente d'umiltà vestuta;
e par che sia una cosa venuta
da cielo in terra a miracol mostrare.

Mostrasi sì piacente a chi la mira,
che dà per li occhi una dolcezza al core,
che 'ntender no la può chi non la prova:

e par che de la sua labbia si mova
un spirito soave pien d'amore,
che va dicendo a l'anima: Sospira.

D. Alighieri, *Opere minori*, a cura di D. De Robertis, Ricciardi, Milano-Napoli 1984, vol. I, parte 1ª.

1-4 *La mia signora, quando saluta qualcuno, si rivela a tal punto nobile e dignitosa che ogni lingua diventa muta per il tremore e gli occhi non osano guardarla.*

È la sintesi perfetta del motivo del 'saluto': alle virtù della donna corrisponde una reazione stupefatta e smarrita del soggetto. **gentile** e **onesta**: i due aggettivi si riferiscono entrambi alla nobiltà della donna. Il primo riguarda la sua nobiltà interiore, il secondo il decoro e la grazia che traspaiono negli atti esterni. **pare**: è il termine chiave del sonetto. Si tratta di un latinismo che significa 'si manifesta nella sua evidenza'; riguarda la rivelazione meravigliosa e indubitabile costituita dalla donna e trova rispondenza nel **par** dei vv. 7 e 12, nonché nel **Mostrasi** del v. 9.

5-8 *Sentendosi lodare, ella procede atteggiata a cortese benevolenza; e si rivela un essere venuto dal cielo a mostrare la sua natura straordinaria.*

vestuta: si tratta di una metafora per indicare che le virtù adornano anche esteriormente la donna, come fossero un abito. **a miracol mostrare**: il miracolo è Beatrice, la quale non compie miracoli ma incarna sulla terra la perfezione divina.

9-14 *Si mostra così bella a chi la guarda, che trasmette attraverso gli occhi una tale dolcezza al cuore che chi non la sperimenta direttamente non può capirla: ed è evidente come dal suo volto emani uno spirito dolce, pieno d'amore che dice all'anima: Sospira.*

mira: il verbo indica guardare con stupore e ammirazione. Chiunque s'imbatta nella bellezza di Beatrice è immediatamente coinvolto nell'esperienza di dolcezza e di turbamento; chi invece non può contare sull'esperienza diretta dell'incontro resta escluso dalla comprensione del suo significato, che non è esprimibile a parole. **labbia**: il termine indica l'intero viso.

perché è un testo-chiave

Questo componimento rivela in modo efficace la concezione della vita e dell'uomo nel passaggio dalla cultura altomedievale (secoli V-X) a quella bassomedievale (secoli X-XV). Vi compaiono, infatti, tre aspetti importanti.

1 La vita urbana e la valorizzazione delle vicende individuali

Il testo allude a una dimensione urbana: nella nuova società, più moderna e in parte simile all'attuale, si conduce una vita ormai distante da quella chiusa e isolata dei castelli feudali.

Favorito dal contesto cittadino, l'incontro con la donna avviene per strada, magari durante una passeggiata o quando si va alla messa nei giorni festivi. In questo senso si racconta un fatto non molto lontano da quanto ancora oggi potrebbe accadere.

È importante sapere che nell'Italia dei Comuni (vere e proprie città-stato che si affermano soprattutto nel corso del secolo XIII nell'Italia centrale e settentrionale) la cultura esce dall'ambito ecclesiastico nel quale i religiosi l'avevano fino ad allora confinata. Legata alla ripresa della città e alla nascita di una nuova borghesia mercantile e artigianale, essa rispecchia una società più moderna, complessa, dinamica rispetto a quella altomedievale, dominata dal castello feudale e da un'economia agricola. Si passa dalla civiltà romanica a quella gotica. Posto al centro della vita terrena, che non viene più rifiutata e di cui diventa responsabile, l'uomo coltiva ora interessi e aspirazioni individuali perseguendo obiettivi di utilità ma anche di elevazione spirituale. La nobiltà d'animo – fino all'epoca precedente privilegio degli spiriti aristocratici per sangue – può diventare valore di tutti.

2 L'amore come esperienza complessa ed esempio di simbolismo medievale

L'immagine femminile che si ricava dal componimento è però saldamente ancorata alla cultura medievale di Dante. Beatrice rappresenta, infatti, la donna-angelo, una creatura preposta non solo a fare innamorare l'uomo, ma anche a mediarne il rapporto con Dio. Suscitando nel poeta l'Amore al massimo grado, la donna ne eleva l'animo e ne determina il riscatto spirituale. Strumento della sua azione è il saluto (l'origine etimologica del termine rimanda al latino *salus, salutis* = 'salvezza'), che non si limita a essere un gesto di cortesia, bensì è il simbolo, cioè la manifestazione immediatamente visibile, della salvezza che la donna concede (una formula tipica di saluto era, tra l'altro, *Dominus vobiscum* = 'Il Signore sia con voi').

Va considerato che l'esperienza d'amore viene concepita come strumento privilegiato non solo di innalzamento ma anche di salvezza dell'anima. Lontanissima dalle immagini diaboliche che

Dante Gabriel Rossetti, *Il saluto di Beatrice*, 1859. Ottawa, National Gallery of Canada.

la vedevano, nella cultura monastica altomedievale, come il simbolo del male per eccellenza, la donna è ora, al contrario, lo strumento di una privilegiata esperienza intellettuale e morale. E tuttavia siamo ancora all'interno di un'ottica medievale: infatti la donna non rappresenta solo se stessa ma è manifestazione di valori assoluti, è un simbolo che rimanda a Dio. È il segno tangibile, la personificazione terrena di una verità trascendente e collettiva.

3 L'esistenza di un significato oggettivo e collettivo, preesistente al soggetto

Ma c'è di più. L'apparizione di Beatrice per strada è un evento sacro e miracoloso, capace di conferire senso e valore alla vita non solo di Dante bensì di chiunque la incontri e ne riceva il saluto. Il tema del miracolo (v. 8) è sottolineato dai termini che indicano l'azione di apparire: «pare» e «par» (vv. 1-7), «mostrare» (v. 8), «Mostrarsi» (v. 9). I vv. 7-8 dichiarano in modo esplicito la natura di Beatrice quale tramite della divinità. Nella concezione medievale, perciò, il significato dell'esistenza è oggettivo e collettivo; esso esiste, cioè, di per sé, nell'oggettività dell'apparizione femminile, e si impone, in modo necessario ed evidente, a tutti.
Va tenuto presente che questo significato 'superiore' dell'esistenza non è attribuito dal soggetto, non è cioè il frutto di una sua ipotesi interpretativa. Esso preesiste all'uomo in quanto esiste di per sé e non dipende dall'elaborazione dell'individuo. La sacralità di Beatrice è posta dunque come dato vero in sé e la sua funzione salvifica si offre in modo oggettivo che non esige una verifica e una dimostrazione razionale da parte del soggetto interpretante. Nel mondo moderno, all'opposto, è l'individuo ad attribuire significato e valore alla vita e al mondo che lo circonda. Solo con Petrarca, come vedremo fra poco, comincerà a rivelarsi questa nuova disposizione dell'uomo a cercare dentro se stesso le ragioni e il senso della propria vita.

per studiare 3

1 La poesia è testimonianza della vita urbana del periodo comunale. Individua nel testo le parole, i passaggi espliciti o impliciti che esprimono i seguenti aspetti, che sono caratteristici della nuova società borghese.
  a. la poesia presenta un contesto cittadino
  b. l'uomo non è più legato ad un'economia esclusivamente agricola e pratica, ma coltiva sentimenti raffinati e interessi elevati
  c. la donna non è più rappresentata come simbolo

2 La poesia testimonia che la donna è rappresentata in quanto manifestazione di valori superiori e trascendenti: a tale rappresentazione concorrono alcuni termini chiave. In che cosa consiste il "saluto" di Beatrice, e quali sono i suoi effetti?

3 In che senso Beatrice è un "miracolo"?

4 Che cosa significa l'espressione "donna-angelo"?

5 Da quali termini o passaggi del testo si capisce che l'influenza di Beatrice non vale solo per il poeta, ma è un'esperienza collettiva?

S4 PASSATO E PRESENTE

L'incontro tra l'uomo e la donna nel romanzo moderno

Nell'età moderna, venuto meno il terreno comune delle verità religiose e di idealità condivise, tutto ciò che capita agli individui si inserisce in un contesto di provvisorietà che deve essere ogni volta faticosamente definito in termini di dignità e valore. Spetta al singolo uomo riconoscere il senso della propria esperienza. La giustificazione e il significato dell'esistenza non sono più, infatti, qualcosa di reale, di oggettivo e di preesistente rispetto al soggetto, bensì vanno trovati dal soggetto all'interno del proprio 'io', che diventa l'unico riferimento possibile.
Questa condizione di incertezza e di smarrimento, tipica dell'uomo moderno, è ben rappresentata in letteratura proprio dal tema dell'incontro e, in particolare, dell'incontro con la donna.
Mentre nelle grandi narrazioni epiche e religiose del passato gli eventi, e quindi anche gli incontri, accadevano per volontà divina e si collocavano all'interno di un disegno provvidenziale, ora l'incontro interpersonale perde questo carattere di necessità.
È quanto avviene, per esempio, in un romanzo moderno, **Senilità** *(1898) di* ***Italo Svevo****. Il romanzo si apre, non casualmente, con l'imbattersi fortuito di Emilio in Angiolina per concludersi, altrettanto significativamente, con la loro definitiva separazione. Mai Angiolina riesce a soddisfare il bisogno affettivo di Emilio o a determinare una svolta nella sua esistenza. Per il protagonista la donna resta sempre, sin dalla sua prima apparizione, misteriosa e sfuggente; essa ci appare ora rozza, corruttrice e*

August Macke, *Promenade*, 1913. Monaco, Städtische Galerie im Lenbachhaus.

sensuale, ora 'angelica', materna e protettiva. In ogni caso Angiolina è per Emilio alterità pura che egli tenta in ogni modo, e inutilmente, di comprendere. Tutto il romanzo racconta il vano sforzo soggettivo del protagonista di dare senso e significato all'incontro con la donna. Il senso della vita non sta più nella vita stessa, non è collettivo, non preesiste all'individuo, come nella concezione del mondo di Dante, ma l'uomo deve cercarlo dentro di sé, ognuno per conto proprio, spesso senza riuscirci. La distanza della modernità dal mondo medievale è dunque massima.

Angiolina, una bionda dagli occhi azzurri grandi, alta e forte, ma snella e flessuosa, il volto illuminato dalla vita, un color giallo di ambra soffuso di rosa da una bella salute, camminava accanto a lui, la testa china da un lato come piegata dal peso del tanto oro che la fasciava, guardando il suolo ch'ella ad ogni passo toccava con l'elegante ombrellino come se avesse voluto farne scaturire un commento alle parole che udiva. [...] Egli s'era avvicinato a lei con l'idea di trovare un'avventura facile e breve, di quelle che egli aveva sentito descrivere tanto spesso e che a lui non erano toccate mai o mai degne di essere ricordate. Questa s'era annunziata proprio facile e breve. [...]

Emilio poté esperimentare quanto importante sia il possesso di una donna lungamente desiderata. In quella memorabile sera egli poteva credere d'essersi mutato ben due volte nell'intima sua natura. Era sparita la sconsolata inerzia che l'aveva spinto a ricercare Angiolina, ma erasi anche annullato l'entusiasmo che lo aveva fatto singhiozzare di felicità e di tristezza. Il maschio era ormai soddisfatto ma, all'infuori di quella soddisfazione, egli veramente non ne aveva sentita altra. Aveva posseduto la donna che odiava, non quella ch'egli amava. Oh, ingannatrice! Non era né la prima, né – come voleva dargli ad intendere – la seconda volta ch'ella passava per un letto d'amore. Non valeva la pena di adirarsene perché l'aveva saputo da lungo tempo. Ma il possesso gli aveva data una grande libertà di giudizio sulla donna che gli si era sottomessa. – Non sognerò mai più – pensò uscendo da quella casa. E poco dopo, guardandola, illuminata da pallidi riflessi lunari: – Forse non ci ritornerò mai più –. Non era una decisione. Perché l'avrebbe dovuta prendere? Il tutto mancava d'importanza.

I. Svevo, *Senilità*, Dall'Oglio Editore, Milano 1984, pp. 10-11 e p. 155.

invito all'argomentazione

Il nome di Angiolina contiene un indubbio riferimento letterario alla donna-angelo cantata nel sonetto *«Tanto gentile e tanto onesta pare»*. Ma l'Angiolina di Svevo è assai diversa dalla Beatrice di Dante. Se l'incontro di Dante con Beatrice appare provvidenziale perché dà inizio ad un processo di elevazione, quello di Emilio con Angiolina è dovuto a un assai più banale desiderio di avventura. I passi di *Senilità* che ti sono forniti riguardano l'inizio e la conclusione dell'avventura del protagonista.

Completa le affermazioni che seguono.

A in *«Tanto gentile e tanto onesta pare»* l'incontro di Dante con Beatrice ha un carattere rivelatore perché

....

B L'incontro moderno di Emilio con Angiolina, in *Senilità*, si qualifica subito come

....

La scoperta dell'interiorità e del paesaggio-stato d'animo

Francesco Petrarca rappresenta un'altra fase del Medioevo, quella successiva all'età comunale, quando cominciano a diffondersi in Italia le Signorie (secolo XIV), stati a dimensione regionale governati da un signore o principe dotato di potere assoluto. In questo nuovo contesto l'orizzonte dei beni terreni si impone con forza alla coscienza del poeta e ne fa un uomo moderno rispetto a Dante; il disegno universale della Provvidenza non è più evidente, ed è dato a ogni uomo il compito di ricostruirlo dentro di sé attribuendo un senso personale alla propria esistenza. Capace di apprezzare la dimensione terrena e individuale, Petrarca non riesce, però, a conciliarla con i valori religiosi e l'aspirazione alla salvezza eterna. L'esperienza d'amore rappresenta emblematicamente questo lacerante conflitto dell'anima.
L'io del poeta, tormentato da conflitti e da contraddizioni, diventa protagonista nel *Canzoniere*, che si presenta come una raccolta ordinata di 366 componimenti poetici di varie forme metriche. Nella sua forma definitiva il libro ha una struttura diaristica e autobiografica (sul *Canzoniere* cfr. p. 252).

TESTO DI ACCESSO 4

Francesco Petrarca
«Solo et pensoso i più deserti campi»

[*Canzoniere*, XXXV]

Questo testo è uno dei più celebri del Canzoniere, *opera che raggiunse la sua struttura definitiva solo nel 1374, poco prima della morte dell'autore. Il poeta si rappresenta solitario, immerso in meditazione e desideroso di fuggire i luoghi frequentati. Causa della sua sofferenza è, come apprendiamo dalla conclusione, l'amore per Laura.*

espansioni digitali

videolezione: analisi del testo
a cura di Pietro Cataldi
[16' 16"]

MATERIALI PER IL RECUPERO

Manoscritto del XV secolo di scuola fiorentina delle opere di Petrarca, realizzato per il duca di Urbino Federico III di Montefeltro (1444-1482). Contiene il *Canzoniere* e i *Trionfi*. Madrid, Biblioteca Nacional de España.

Solo et pensoso i più deserti campi
vo mesurando a passi tardi et lenti,
et gli occhi porto per fuggire intenti
ove vestigio human l'arena stampi.

Altro schermo non trovo che mi scampi
dal manifesto accorger de le genti,
perché negli atti d'alegrezza spenti
di fuor si legge com'io dentro avampi:

sì ch'io mi credo omai che monti et piagge
et fiumi et selve sappian di che tempre
sia la mia vita, ch'è celata altrui.

Ma pur sì aspre vie né sì selvagge
cercar non so ch'Amor non venga sempre
ragionando con meco, et io co llui.

F. Petrarca, *Canzoniere*, testo critico di G. Contini, Einaudi, Torino 1964.

1-4 *Solo e pensieroso vado misurando i campi più deserti con passi lenti e legati, e giro gli occhi attenti ad evitare i luoghi in cui ci siano segni della presenza di uomini.*
— **tardi et lenti**: è quasi una sinonimia. **gli occhi...intenti**: l'iperbato accresce il senso di ansia che si aggiunge al raccoglimento del poeta.

5-11 *Non trovo altro riparo che mi salvi dall'evidente accorgersi [da parte] della gente della mia condizione [di innamorato] perché nei gesti privi di allegria si capisce come io bruci dentro: così che io credo ormai che monti e pianure e fiumi e boschi sappiano di che qualità sia la mia vita, che è nascosta agli altri.*
— L'evidenza del suo amore e della sofferenza che esso gli provoca, spinge il poeta a cercare luoghi solitari per preservare da sguardi indiscreti il proprio mondo interiore. In questo modo la natura diventa l'unica testimone della sua condizione. **«schermo / manifesto»**; **«spenti / avampi»**; **«di fuor / dentro»**: il testo abbonda di antitesi che sottolineano la lacerazione dell'animo del poeta. **monti...selve**: Petrarca ricorre alle tipologie consuete di paesaggi indeterminati che indicano luoghi non abitati dall'uomo, coinvolgendo l'intera natura a partecipare al suo tormento.

12-14 *Ma tuttavia non so cercare vie abbastanza impervie né abbastanza isolate che Amore non venga sempre parlando con me, e io [vada parlando] con lui.*
— Non c'è isolamento che possa sottrarre il poeta alla propria condizione di innamorato: non c'è luogo nel quale egli possa sfuggire a se stesso e alle sue pene. **Amor**: da notare la personificazione. L'amore di cui parla il poeta è la sua passione per Laura. **ragionando con meco, et io co llui**: è ribadito, anche da un punto di vista formale, il legame indissolubile tra il poeta e l'amore, suo unico interlocutore.

perché è un testo-chiave

Il sonetto condensa in modo esemplare alcune importanti novità rispetto a *«Tanto gentile e tanto onesta pare»* di Dante.

1 L'abbandono della militanza civile e politica

Superando il modello che Dante aveva offerto (quello di cittadino e intellettuale impegnato a diffondere una verità universale), Petrarca rappresenta e mette a punto un nuovo concetto di individuo, concentrato essenzialmente sulla propria interiorità. Alla

centralità di Dio tipica della cultura precedente viene sostituendosi la centralità dell'"io" uomo e poeta.
Occorre ricordare che le salde convinzioni ideologiche di Dante erano strettamente ancorate all'impegno politico e alla partecipazione alla vita del Comune, un'istituzione, per quel tempo, democratica. In pieno Trecento, invece, nella nuova realtà delle Signorie non era più possibile ai letterati partecipare direttamente alla lotta politica, intervenire nella regolazione della vita sociale, e tanto meno promuovere l'educazione "popolare". Nato in esilio, dove era stato mandato il padre durante i conflitti comunali, Petrarca vede nel proprio sradicamento il segno oggettivo di una condizione anche psicologica. Ben lontano dalle intenzioni di legarsi a qualunque realtà civile, egli sceglie la via di un nomadismo ansioso nella speranza di approdare almeno alla pace interiore. Nel componimento che abbiamo letto, infatti, il poeta è rappresentato «Solo et pensoso», cioè tormentato da una segreta malinconia, che lo spinge ad allontanarsi dagli altri, sfuggendo alla società e cercando la solitudine della natura.

2 La scoperta dell'interiorità

Viaggiare – un viaggio tanto diverso da quello cui fu costretto Dante – significa per Petrarca andare alla scoperta del proprio 'io', cercare, soprattutto dentro di sé, le ragioni capaci di restituirgli il senso della vita. Il significato della vita non preesiste all'uomo, come avviene per Dante, ma l'individuo deve trovarlo dentro di sé, cercarlo e rielaborarlo di continuo nella propria soggettività.
Conoscere se stessi, nella propria specificità rispetto agli altri, significa intraprendere un percorso di autoanalisi psicologica e sentimentale. Questo viaggio è ben diverso dal viaggio nell'aldilà che Dante racconta nella *Commedia*, e conduce alla scoperta della coscienza come luogo di complessità e contraddizioni laceranti. Chiamato ad attribuire in prima persona un significato alla propria vita, l'uomo si dibatte tra verità trascendenti e passioni terrene, incapace di trovare una conciliazione. Le antitesi che attraversano il sonetto, e in particolare la contrapposizione «fuor»/«dentro» e «spenti»/«avampi» nella seconda quartina, restituiscono il senso di una lacerazione, che trova rasserenamento solo nell'armonia della forma, nel calibrato bilanciamento della struttura: così alla simmetria della sintassi, per cui ad esempio ogni quartina è divisa in due coppie di versi, risponde la disposizione per coppie degli aggettivi («Solo et pensoso», «tardi e lenti», nella prima quartina) e dei sostantivi («monti et piagge et fiumi et selve» nella prima terzina).

3 La contraddizione lacerante tra passioni terrene e amore di Dio

Non più investito unicamente del significato religioso che Dante gli attribuiva, l'amore per la donna è ora sentito soprattutto come fenomeno interiore e psicologico, e anche come sentimento che rischia di distogliere l'uomo dalla fede. La consapevolezza di questa interna contraddizione (tensione alla trascendenza da un lato e attrazione per le passioni mondane dall'altro) e l'impossibilità a risolverla gettano Petrarca in uno stato di sofferenza inquieta.
È importante notare che, se Dante aveva saputo sublimare l'amore per Beatrice nell'amore verso Dio e proporre la propria esperienza come ideale percorso di redenzione per tutti i cristiani, questo non è più possibile per Petrarca. Benché le convinzioni religiose restino in

lui sostanzialmente immutate rispetto al passato, non c'è più la capacità di viverle in modo organico, unitario e assoluto. L'io del poeta è invece scisso, lacerato. L'apparizione pubblica e manifesta di Beatrice imponeva e confermava a tutti il miracolo divino della salvezza dell'anima; l'amore per Laura è invece sentito da Petrarca come colpevole e traviante. Per questo è gelosamente custodito dal poeta, che lo nasconde agli altri uomini senza tuttavia essere capace di rinunciarvi.

4 La malinconia d'amore

Lo stato di profondo abbattimento che il poeta sperimenta è un sentimento fortemente individuale e soggettivo che induce chi lo prova a isolarsi dagli altri e a richiudersi in se stesso. Il tema dell'isolamento malinconico, che predomina in questo testo, apre la via alla concezione moderna dell'amore.

5 Il paesaggio-stato d'animo

Anche la natura perde la propria autosufficienza per farsi manifestazione dell'interiorità del poeta e interlocutrice privilegiata della sua anima. Comincia a profilarsi un paesaggio-stato d'animo, cioè un modo soggettivo di vedere la natura che sarà anch'esso tipico della modernità (cfr. **S5**, p. 32).

La percezione di questa impotenza morale e malattia esistenziale determina nell'individuo uno stato di profonda malinconia, uno struggimento, un dolore imprecisato che, incomunicabile nelle sue vere ragioni agli altri uomini, trova invece perfetta corrispondenza nel paesaggio circostante. Questo non è più semplicemente uno sfondo naturale, ma diviene una vera e propria manifestazione dell'interiorità del poeta. La corrispondenza tra la natura e Dio è infatti soppiantata da quella tra la natura e l'"io" del poeta.

per studiare 4

1 Nel passaggio tra secolo XIII e XIV, cioè tra età dei Comuni e diffondersi delle Signorie, le certezze che avevano sostenuto l'assoluta preminenza dei valori religiosi vacillano. La poesia di Petrarca è testimonianza dell'imporsi di una coscienza moderna e problematica. Ricerca nel sonetto *«Solo et pensoso i più deserti campi»* le parole, i versi, le espressioni che possono testimoniare le importanti novità che caratterizzano la poesia di Petrarca rispetto a quella di Dante, e che vengono elencate di seguito. Tieni presente che una singola espressione può valere ad esemplificare più concetti e, viceversa, lo stesso concetto può trovare espressioni diverse.

- **a.** il "viaggio" è metafora del percorso che il soggetto deve fare all'interno di sé
- **b.** il percorso dell'esistenza individuale non è più sostenuto da un disegno provvidenziale evidente
- **c.** la donna amata non è più un «miracolo» collettivo, ma amarla è una sofferenza da celare agli altri
- **d.** l'amore diventa un fatto individuale che scatena il conflitto doloroso fra l'attrazione per le passioni terrene e l'amore di Dio
- **e.** nel vacillare delle certezze il poeta cerca scampo nella solitudine
- **f.** la natura diventa specchio dell'intima sofferenza del soggetto poeta

S5 ATTRAVERSO LE DISCIPLINE

Il tema della natura come specchio dell'interiorità fra Settecento e Ottocento

Il tema della natura come specchio dell'interiorità è assai rilevante nella cultura europea tra Settecento e Ottocento. Alla bellezza ideale dei paesaggi classici, espressione di equilibrio e di serenità dell'animo, subentrano altri aspetti caratterizzati in senso più individuale: l'immagine reale viene ora trasfigurata dall'emotività di chi la osserva. A essere profondamente cambiata è infatti, in quegli anni, la concezione stessa della natura, ora vista come un organismo vivente di cui l'uomo è parte. Diffuso nell'arte e nella letteratura romantica, il tema assume caratterizzazioni diverse a seconda degli autori.
«Sono dunque solo sulla terra, senza fratelli, né parenti, né amici, né altra compagnia che me stesso». *L'affermazione apre* **Le fantasticherie del passeggiatore solitario** *(1762) di* ***Jean-Jacques Rousseau,*** *dieci monologhi sorretti dallo sforzo continuo di trasformare il proprio senso di esclusione dal mondo, e l'estremo dolore, in piacere. Nella* Quinta passeggiata *troviamo un esempio preromantico di paesaggio-stato d'animo, declinato nel senso della nostalgia. Lo struggimento del protagonista per un amore tormentato, e, più in generale, la difficoltà a riconoscersi nel mondo degli altri sono sottolineati da una natura quieta e malinconica. La corrispondenza simbolica tra questa e i sentimenti del protagonista è totale: grazie a una "fantasia", la natura entra nell'anima del protagonista e l'anima gli si ingrandisce fino a contenere tutta la natura.*

Fra tutti i luoghi in cui ho soggiornato (e alcuni sono stati davvero meravigliosi) nessuno mi ha reso la vita tanto felice e mi ha lasciato tanti dolci rimpianti come l'isola di saint-Pierre in mezzo al lago di Bienne. Questa isoletta che a Neuchâtel chiamano l'isola di La Motte è pochissimo conosciuta anche in Svizzera: nessun viaggiatore, ch'io sappia, la ricorda; eppure è tanto bella e adattissima a rendere felice un uomo che ama la solitudine... Le rive del lago di Bienne sono più selvagge e romantiche di quelle del lago di Ginevra perché le rocce e i boschi si spingono più presso all'acqua e non sono meno ridenti. Se vi sono meno vigne e campi coltivati, meno cittadine e case, esistono però più vegetazione naturale, più praterie, luoghi pieni di ombrosi boschetti, contrasti più frequenti e maggiore varietà. Siccome su queste rive felici non esistono grandi e comode strade per le vetture, il paese è poco frequentato dai viaggiatori; ma presenta grande interesse per i contemplatori solitari che amano inebriarsi delle bellezze naturali e raccogliersi in un silenzio non turbato da altro rumore che dal grido delle aquile, dal gorgheggio intermittente di qualche uccello e dallo scrosciar dei torrenti che scendono dalla montagna.[...] Al calar della sera scendevo dalle cime dell'isola e andavo a sedermi volentieri in riva al lago, sulla spiaggia in qualche luogo nascosto; là il mormorio delle onde e il movimento dell'acqua avevano il potere di fermarmi i sensi, scacciandomi dall'animo ogni agitazione, di modo che m'immergevo in una fantasticheria deliziosa, e spesso la notte mi sorprendeva senza che me ne fossi neanche accorto. Il flusso e riflusso dell'acqua, lo sciacquio continuo ma a intervalli più forte, giungendomi di continuo agli orecchi e agli occhi, supplivano ai movimenti interni che il sogno spegneva in me, ed erano sufficienti per darmi un senso piacevole dell'esistenza senza la fatica di pensare. Di tanto in tanto mi nasceva qualche debole e breve riflessione sull'instabilità delle cose di questo mondo, di cui la superficie dell'acqua mi offriva l'immagine; ma subito queste lievi impressioni scomparivano nell'uniformità del movimento continuo che mi cullava, e, senz'altro concorso attivo del mio animo, mi incatenava [...]. Tutto è in un flusso continuo sulla terra: nulla mantiene una forma costante e fissa, e i nostri sentimenti verso le cose esteriori passano e cambiano di necessità come esse.

J.J. Rousseau, *Le fantasticherie del passeggiatore solitario*, Rizzoli, Milano 2002, pp. 254-255 e 261-263, con tagli.

[A DESTRA] Caspar David Friedrich, *Il mattino*, 1822. Hannover, Niedersächsisches Landesmuseum.
[SOTTO] Caspar David Friedrich, *La sera*, 1822. Hannover, Niedersächsisches Landesmuseum.

Alcuni anni dopo, nei dipinti del ciclo delle *Ore del giorno* (1820-1822) di **Caspar David Friedrich,** ritroviamo dei paesaggi dell'anima che, nati non tanto dall'osservazione quanto dall'interiorità dell'artista, sembrano la trasposizione figurativa delle fantasticherie di Rousseau. In tutti la figura umana, quasi sempre solitaria, compare piccolissima, come assorbita dalla tela; di fronte allo spettacolo della natura l'uomo sparisce o può fungere, al massimo, da testimone, addirittura da semplice unità di misura di quella grandiosità. Dal *Mattino*, con la sua foschia, alla *Sera*, con il sorprendente tramonto, la passeggiata di un ipotetico viandante ci conduce attraverso tappe di un percorso nel quale momento del giorno e paesaggio si compenetrano l'un l'altro; e tuttavia l'occhio dello spettatore finisce sempre sulla figuretta umana del quadro. La sinfonia cromatica dei paesaggi oltrepassa, cioè, la dimensione fisica per trasfigurarsi in spazio di quell'interiorità che è, a sua volta, tramite dell'anima universale. Lo stesso Friedrich concepiva così le proprie opere: «il compito dell'artista non è la rappresentazione fedele dell'acqua, delle rocce, degli alberi... [ma] riconoscere lo spirito della natura, comprenderlo, registrarlo e renderlo con tutto il cuore e il sentimento».

Una nuova etica laica

Boccaccio, contemporaneo di Petrarca, scrive con il *Decameron* (1349-1351) un'importante raccolta di novelle rivelando un altro aspetto, più realistico e borghese, della complessa società tardomedievale. In quest'epoca, alla cultura religiosa del periodo precedente subentra una valorizzazione dell'uomo basata sulla dimensione terrena e sull'intraprendenza individuale. I valori della civiltà medievale, fondati sull'umiltà e sul disprezzo del corpo e del mondo, sono insomma entrati in crisi.

Il *Decameron* ha una struttura fondata su una cornice che contiene vari racconti. Si tratta di cento novelle narrate in dieci giorni (da cui il titolo *Decameron*) da una brigata di dieci giovani, ognuno dei quali racconta una novella al giorno (sul *Decameron*, cfr. p. 378).

***Currado Gianfigliazzi e Chichibìo*. Manoscritto del *Decameron* di Boccaccio del XV secolo. Parigi, Bibliothèque Nationale de France.**

TESTO DI ACCESSO 5

Giovanni Boccaccio

Chichibìo e la gru

[*Decameron*, VI, 4]

La novella è ambientata nella Firenze di inizio Trecento. La stessa città che Dante presenta come luogo di incontro con Beatrice è qui teatro di un gustoso episodio di vita quotidiana. Protagonisti della vicenda sono Currado Gianfigliazzi, cittadino nobile e noto per la sua generosità, rappresentante della vecchia classe feudale, e il suo cuoco Chichibìo, veneziano, un individuo del popolo semplice e un po' sciocco. I personaggi sono, dunque, molto lontani per origine, stili di vita e idealità, ma in seguito a uno scontro finiscono con il trovare, per caso, un'intesa singolare.

espansioni digitali

- **videolezione: analisi del testo** a cura di Pietro Cataldi [25' 15"]
- **testo interattivo**
- **MATERIALI PER IL RECUPERO**

[1-20] Currado Gianfigliazzi affida al proprio cuoco Chichibìo il compito di cucinare una gru da lui catturata. Brunetta, una giovane donna di cui Chichibìo è innamorato, passando per caso dai paraggi sente uscire il profumo della bestia arrostita e ne pretende una coscia. Dopo avere inizialmente esitato, Chichibìo cede e gliela dà.

Currado Gianfigliazzi, sì come ciascuna di voi e udito e veduto puote avere,[1] sempre della nostra città è stato notabile cittadino, liberale e magnifico, e vita cavalleresca tenendo continuamente in cani e in uccelli s'è dilettato,[2] le sue opere maggiori al presente lasciando stare. Il quale con un suo falcone avendo un dì presso a Peretola una gru ammazzata, trovandola grassa e giovane, quella mandò a un suo buon cuoco, il quale era chiamato Chichibio e era viniziano; e sì gli mandò dicendo che a cena l'arostisse e governassela bene.[3] Chichibio, il quale come nuovo bergolo era così pareva,[4] acconcia[5] la gru, la mise a fuoco e con sollecitudine a cuocer la cominciò. La quale essendo già presso che cotta e grandissimo odor venendone, avvenne che una feminetta della contrada, la quale Brunetta era chiamata e di cui Chichibio era forte innamorato, entrò nella cucina, e sentendo l'odor della gru e veggendola pregò caramente Chichibio ne le desse una coscia.

Chichibio le rispose cantando e disse: «Voi non l'avrì da mi,[6] donna Brunetta, voi non l'avrì da mi».

Di che donna Brunetta essendo turbata, gli disse: «In fé di Dio, se tu non la mi dai, tu non avrai mai da me cosa che ti piaccia», e in brieve le parole furon molte; alla fine Chichibio, per non crucciar la sua donna, spiccata l'una delle cosce alla gru, gliele diede.

[21-35] Al banchetto serale, in presenza di ospiti, viene dunque posto sul tavolo l'animale privo di coscia. Subito Currado chiama il cuoco e gli chiede ragione della stranezza; Chichibìo, mentendo, risponde al padrone che la gru ha sempre una gamba sola. Ne nasce una breve discussione che Currado, tuttavia, rimanda al giorno seguente.

Essendo poi davanti a Currado e a alcun suo forestiere[7] messa la gru senza coscia, e Currado, maravigliandosene, fece chiamare Chichibio e domandollo che fosse divenuta l'altra coscia[8] della gru. Al quale il vinizian bugiardo subitamente rispose: «Signor mio, le gru non hanno se non una coscia e una gamba».

Currado allora turbato disse: «Come diavol non hanno che una coscia e una gamba? non vid'io mai più gru che questa?».[9]

Chichibio seguitò: «Egli è, messer, com'io vi dico; e quando vi piaccia, io il vi farò veder ne' vivi».[10]

Currado per amore de' forestieri che seco avea non volle dietro alle parole andare, ma disse: «Poi che tu di' di farmelo veder ne' vivi, cosa che io mai piú non vidi né udi' dir che fosse, e io il voglio veder domattina e sarò contento; ma ti giuro in sul corpo di Cristo che, se altramenti sarà, che io ti farò conciare[11] in maniera, che tu con tuo danno ti ricorderai, sempre che tu ci viverai, del nome mio».

1. **sì come...avere**: *così come ciascuno di voi può avere udito e visto.* La novella è raccontata da una giovane, Neifile, a un gruppo di amici.
2. **in cani e in uccelli s'è dilettato**: si è divertito nella caccia.
3. **gli mandò...governassela bene**: *gli mandò a dire che l'arrostisse e la preparasse* (**governassela**) *con cura per cena.*
4. **come nuovo... così pareva**: *era uno stupidotto* (**nuovo bergolo**) *proprio come sembrava.*
5. **acconcia**: *preparata.*
6. **Voi non l'avrì da mi**: *Da me non l'avrete mai.* Chichibìo è veneziano e con le persone di pari livello sociale si esprime in dialetto.
7. **forestiere**: *ospite.*
8. **che fosse divenuta l'altra coscia**: *dove fosse andata a finire l'altra coscia.*
9. **non vid'io...questa?**: *pensi che non abbia visto altre gru a parte questa?*
10. **ne' vivi**: *negli animali vivi.*
11. **conciare**: *castigare.*

[36-58] La mattina successiva Currado conduce Chichibìo sulle rive di un fiume, nel quale è solito vedere delle gru. Gli animali se ne stanno lì tutti quieti, in posizione di riposo, appollaiati su una gamba sola. Il cuoco li indica a Currado che, però, prontamente, grida e batte le mani. Subito gli animali tirano fuori l'altra zampa e cominciano a fuggire. Pronto a punirlo, Currado si rivolge con parola di sfida al sempliciotto.

Finite adunque per quella sera le parole, la mattina seguente, come il giorno apparve, Currado, a cui non era per lo dormire l'ira cessata, tutto ancor gonfiato[12] si levò e comandò che i cavalli gli fossero menati; e fatto montar Chichibio sopra un ronzino, verso una fiumana,[13] alla riva della quale sempre soleva in sul far del dì vedersi delle gru, nel menò[14] dicendo: «Tosto vedremo chi avrà iersera mentito, o tu o io».

Chichibio, veggendo che ancora durava l'ira di Currado e che far gli conveniva pruova[15] della sua bugia, non sappiendo come poterlasi fare cavalcava appresso a Currado con la maggior paura del mondo, e volentieri, se potuto avesse, si sarebbe fuggito; ma non potendo, ora innanzi e ora adietro e dallato si riguardava, e ciò che vedeva credeva che gru fossero che stessero in due piè.[16]

Ma già vicini al fiume pervenuti, gli venner prima che a alcun[17] vedute sopra la riva di quello ben dodici gru, le quali tutte in un piè dimoravano, sì come quando dormono soglion fare; per che egli, prestamente mostratele a Currado, disse: «Assai bene potete, messer, vedere che iersera vi dissi il vero, che le gru non hanno se non una coscia e un piè, se voi riguardate a quelle che colà stanno».

Currado vedendole disse: «Aspettati,[18] che io ti mostrerò che elle n'hanno due», e fattosi alquanto più a quelle vicino, gridò: «Ho, ho!», per lo qual grido le gru, mandato l'altro piè giù, tutte dopo alquanti passi cominciarono a fuggire; laonde Currado rivolto a Chichibio disse: «Che ti par, ghiottone?[19] parti[20] che elle n'abbian due?».

[59-66] Ma ecco, all'improvviso, quasi per miracolo, la battuta risolutiva di Chichibìo: se il padrone, la sera precedente, avesse battuto le mani anche quell'animale avrebbe estratto la seconda gamba. Spiazzato dalla sconcertante risposta, Currado riconosce la spiritosaggine di Chichibìo e si riappacifica immediatamente con lui.

Chichibio quasi sbigottito, non sappiendo egli stesso donde si venisse,[21] rispose: «Messer sì, ma voi non gridaste 'ho, ho!' a quella d'iersera; ché se così gridato aveste ella avrebbe così l'altra coscia e l'altro piè fuor mandata, come hanno fatto queste».

A Currado piacque tanto questa risposta, che tutta la sua ira si convertì in festa e riso, e disse: «Chichibio, tu hai ragione: ben lo doveva fare». Così adunque con la sua pronta e sollazzevol risposta Chichibio cessò la mala ventura [22] e paceficossi[23] col suo signore.

G. Boccaccio, *Decameron*, a cura di V. Branca, Einaudi, Torino 1962.

12. gonfiato: *pieno d'ira.*
13. fiumana: *palude.*
14. nel menò: *lo portò.*
15. far...pruova: *gli toccava di dare la prova.*
16. e ciò che vedeva...piè: *e credeva di vedere dappertutto delle gru su due zampe.* Chichibìo teme la resa dei conti con il padrone e la paura gli fa vedere ovunque gli animali ritti su entrambe le zampe.
17. prima che a alcun: *prima che ad altri.* Per caso – e per fortuna! – alcune gru stanno dormendo, come d'abitudine, appoggiate su una sola zampa dopo avere ritratto la seconda. Chichibìo cerca di approfittare della situazione.
18. Aspettati: *Aspetta un momento.*
19. ghiottone: *briccone.*
20. parti: *ti sembra.*
21. donde si venisse: *da dove gli uscisse [la risposta].* La battuta del cuoco non è, dunque, frutto del suo ingegno; a volte la sorte aiuta gli sciocchi mettendo loro in bocca pensieri e parole che mai, consapevolmente, avrebbero saputo formulare.
22. cessò la mala ventura: *scampò alla punizione.*
23. paceficossi: *si riappacificò.*

perché è un testo-chiave

La novella, pur nella sua estrema brevità, si presta a evidenziare il mutato panorama sociale del XIV secolo e il trionfo di una nuova etica laica. Presenta infatti alcuni tratti significativi, tipici di quest'epoca di trasformazioni e cambiamenti.

1 Una società più articolata: nobili, borghesi e popolo

La vicenda del racconto ci mostra come le trasformazioni storiche dell'Italia nel Trecento abbiano modificato l'assetto della società. L'affermarsi della civiltà borghese e mercantile ha determinato, nella Firenze di Boccaccio, un allargamento del panorama sociale, ora divenuto aperto e contraddittorio: accanto al vecchio ceto della nobiltà compaiono rappresentanti della borghesia e del popolo minuto, figure di uomini e donne che si fanno portavoce di istanze e valori nuovi.

L'emergere di nuove classi sociali e di nuovi rapporti tra gli uomini è testimoniato nella novella dall'irruzione, insieme con i due protagonisti, di modelli comportamentali molto diversi, che tuttavia coesistono realisticamente. Alla liberalità di Currado, rappresentante della nobiltà cortese, dedito alla caccia e ai banchetti, si affianca la natura semplice, ingenua ma non priva di arguzia, del sottoposto Chichibìo, un subordinato destinato ai lavori domestici (è il cuoco). Alla compostezza e superiorità culturale del primo corrisponde l'ingenuità maldestra del secondo e, tuttavia, in un mondo governato non più dalla Provvidenza ma dal caso, è proprio il cuoco a sfruttare a proprio vantaggio le pericolose circostanze. Con una battuta tanto arguta quanto involontaria, e proprio quando tutto sembra perduto, Chichibìo riesce a trarsi d'impaccio annullando provvisoriamente la distanza che lo separa dal padrone e a convertirne l'ira in una risata liberatoria.

2 L'emergere di una morale laica e relativa

Questa realtà variegata, nella quale ognuno si muove in base alla propria 'arte del vivere', comporta l'affermazione di una morale aperta e problematica e pone le basi di un nuovo modello umano. Coraggioso, ingegnoso, colto e raffinato o semplicemente fortunato, ogni individuo recita una parte diversa nella 'commedia umana' della vita, cercando di parare i colpi della sorte e di affermare i propri valori e i propri interessi. Emerge, dal contesto, una rivisitazione dei valori e della morale in senso laico e problematico. Il furto di Chichibìo è stato un errore, e tuttavia la sua battuta fortunata lo ha in un certo senso riscattato. Siamo cioè di fronte non più ad un sistema di princìpi rigidamente precostituito e normativo, ma a una concezione etica relativistica, che rispecchia una nuova filosofia di vita, meno rigida di quella dantesca, più aperta e flessibile. A differenza di Dante, che nella *Commedia* formula un giudizio perentorio e assoluto assumendo un punto di vista universalistico, Boccaccio non si espone mai in valutazioni personali o direttamente moralistiche. È il segno non del sottrarsi a una responsabilità, non di una mancanza di eticità, ma di una mentalità nuova, disposta ad accogliere la crisi dei vecchi modelli di comportamento e di pensiero e a far emergere valori nuovi, capaci di dare importanza alla arguzia e alla intraprendenza degli individui: quelli utili ad emergere nella nuova società della borghesia urbana e dei mercanti.

3 L'amore come legge naturale

Nell'umanità del *Decameron* l'amore (in questa novella quello fra Chichibìo e Brunetta) occupa una spazio fondamentale, ma ha una valenza molto diversa che lo distingue dalla idealizzazione di Dante e dal tormento interiore di Petrarca. A muovere l'uomo è ora la 'potenza' d'amore, che qui appare come una forza tutta terrena, capace di coinvolgere e sconvolgere il corpo e i sensi, non riconducibile ad alcuna spiritualità e, anzi, coincidente con un interesse assai materiale che l'autore non condanna né reprime.

A stimolare l'ingegno degli uomini sono, normalmente, un interesse e la prospettiva di un guadagno. Nella novella di Boccaccio il motore dell'intera vicenda sono la sventatezza di Chichibìo, ma anche l'irresistibilità della passione amorosa per la bizzosa Brunetta. Il ricatto della donna si traduce in poche e sbrigative parole che fanno abilmente leva sugli appetiti sessuali del cuoco, presto disposto a strappare la coscia: «se tu non me la dai, tu non avrai mai da me cosa che ti piaccia». Boccaccio non mette in discussione i princìpi della fede cristiana e, tuttavia, libera la passione dalla necessità della sublimazione religiosa; non più percepita in contrasto con Dio, essa si impone come legge naturale a cui è impossibile opporsi e che risulta più forte di ogni regola e convenzione. Perciò va anzitutto accettata e magari poi regolata senza inutili ipocrisie.

4 Fine della religiosità medievale e affermazione del realismo

Pur non mettendo mai in discussione la fede religiosa, Boccaccio punta a una totale valorizzazione della vita terrena e delle passioni umane che egli descrive nella loro naturalità senza sensi di colpa. Sul piano stilistico ne deriva una tendenza alla rappresentazione realistica della natura e della società. È evidente insomma la fine dell'interpretazione tutta religiosa della realtà che aveva caratterizzato la civiltà medievale fino a quel momento.

Va tenuto presente che Boccaccio crede ancora fermamente nella religione cristiana, ma la visione unitaria di Dante e il legame, in lui saldissimo, tra religione e morale sono definitivamente tramontati. Nello stesso tempo, usciti dall'interiorità in cui le aveva confinate Petrarca – che in quel modo ne percepiva tragicamente l'inconciliabilità –, valori e passioni distanti tra loro hanno finalmente uguale diritto di cittadinanza. L'amore, per esempio, non solo non è più sentito come colpevole traviamento dell'anima ma si impone a tutti gli uomini di tutte le classi sociali come forza naturale alla quale è impossibile resistere. Ne consegue il riconoscimento di una realtà valida di per sé che segna la fine della religiosità medievale.

per studiare 5

1 Nella novella Boccaccio rappresenta Firenze come

- [a] città simbolo dei valori del buon governo comunale
- [b] luogo simbolo del potere nobiliare
- [c] agglomerato urbano popolare e confuso
- [d] città realisticamente articolata in strati sociali diversi

2 Nella novella sono rappresentate classi sociali diverse. Quale classe rappresenta Currado? Quali sono le sue caratteristiche? In quali spazi si muove? (fai riferimento al testo e trascrivi brevemente i passaggi significativi)

- classe sociale ....
- caratteristiche del personaggio ....
- spazio in cui si muove ....

3 Quale classe rappresenta Chichibìo? E quali sono le sue caratteristiche? In quali spazi si muove? (fai riferimento al testo e trascrivi brevemente i passaggi significativi)

- classe sociale ....
- caratteristiche del personaggio ....
- spazio in cui si muove ....

4 La novella mette in scena lo scontro/incontro tra le classi sociali rappresentate dai due personaggi principali. Su quale piano si verifica l'incontro?

5 Nella novella si afferma un nuovo modello umano, che si muove secondo una nuova "morale" sottratta all'ingerenza religiosa. Quale principio è alla base di tale "morale laica"?

- [a] l'affermazione di valori e interessi individuali
- [b] la negazione della fede nell'esistenza di Dio
- [c] la superiorità del popolo rispetto al clero e ai nobili
- [d] la prevalenza del denaro in ogni aspetto della vita

6 Il personaggio di Chichibìo rappresenta un nuovo tipo umano, che si distingue sia dalla tensione morale di Dante sia dai tormenti di Petrarca. In quale delle seguenti definizioni riconosci il tipo incarnato da Chichibìo?

- [a] è un uomo che si abbandona fatalisticamente alla sorte, buona o cattiva che sia
- [b] è un uomo che combatte per affermare ideali superiori di giustizia
- [c] è un uomo che si lascia dominare totalmente dagli istinti
- [d] è un uomo che cerca di ingegnarsi per parare i colpi della sorte o i danni della propria sventatezza

7 Nella novella anche la donna ha un ruolo. La figura della donna è idealizzata o realistica? A quale classe appartiene? Qual è il suo ruolo?

8 Nella novella, in modo inedito rispetto a Dante e a Petrarca, l'amore viene collegato al cibo, ovvero è rappresentato come forza naturale. Quale passaggio della novella lo dice esplicitamente?

per fare il punto | autoverifica delle conoscenze

Verifica la correttezza delle tue risposte sulla base dei paragrafi, dei testi o delle schede indicati a corredo di ciascuna domanda.

1 Le sculture del Duomo di Modena rappresentano (cfr. TESTO DI ACCESSO 1)

- a animali ed esseri fantastici dal significato simbolico e mistico
- b animali ed esseri provenienti dalla cultura classica
- c episodi della vita di Cristo
- d figure immaginarie effigiate a fini decorativi

2 La visione della vita che deriva dalle sculture del Duomo di Modena ruota intorno ad alcuni concetti dominanti: quali tra i seguenti? (cfr. TESTO DI ACCESSO 1 *Perché è un testo chiave*)

- a la centralità di Dio nell'esistenza umana
- b il disprezzo per la vita terrena e lo svilimento della donna considerata ostacolo per la salvezza eterna
- c la subordinazione dell'individuo all'autorità politica e religiosa
- d l'esaltazione della bellezza

3 Di quali novità è testimonianza la pala di San Francesco rispetto alle sculture di Modena? (cfr. TESTO DI ACCESSO 2 *Perché è un testo chiave*)

- a la rappresentazione della figura del santo, un uomo reale, al posto di animali fantastici
- b la concezione della centralità di Dio
- c la narrazione per immagini con intento realistico
- d la rivalutazione della natura in sé considerata

4 A quale contesto storico e culturale appartiene il sonetto *«Tanto gentile e tanto onesta pare»*? (cfr. TESTO DI ACCESSO 3)

- a Alto Medioevo
- b epoca comunale
- c civiltà contadina
- d cultura religiosa

5 Il sonetto *«Tanto gentile e tanto onesta pare»* è saldamente legato alla cultura medievale, ma presenta novità importanti rispetto ai testi precedenti. Nel seguente elenco, sono comprese due novità specifiche di questo sonetto: quali? (cfr. TESTO DI ACCESSO 3 *Perché è un testo chiave*)

- a Dio è fine ultimo dell'esistenza individuale
- b la verità preesiste all'individuo
- c l'immagine femminile è esaltata come tramite fra l'uomo e Dio
- d l'uomo si mostra stimolato da interessi di elevazione spirituale e individuale

6 Nel sonetto *«Tanto gentile e tanto onesta pare»* il poeta rappresenta (**TESTO DI ACCESSO 3** *Perché è un testo chiave*)

- [a] un episodio specifico della vita di Beatrice
- [b] l'amore come tormento e conflitto interiore
- [c] l'apparizione pubblica di Beatrice come miracolo divino
- [d] uno spaccato realistico di vita fiorentina

7 Nel sonetto *«Solo et pensoso i più deserti campi»* il poeta rappresenta (**TESTO DI ACCESSO 4** *Perché è un testo chiave*)

- [a] il proprio desiderio di isolamento malinconico
- [b] il proprio cammino di salvezza spirituale
- [c] la figura femminile come tramite tra l'uomo e Dio
- [d] l'amore come sentimento capace di elevare l'animo

8 Nel sonetto *«Solo et pensoso i più deserti campi»* il paesaggio (**TESTO DI ACCESSO 4** *Perché è un testo chiave*)

- [a] fa da sfondo al conflitto interiore del poeta
- [b] è rappresentato in modo oggettivo e realistico
- [c] è indifferente alla sofferenza del poeta
- [d] è interlocutore privilegiato dell'anima del poeta

9 La novella di Chichibìo mostra che, a metà del Trecento, i rigidi princìpi medievali sono tramontati per lasciare il passo ai valori della vita terrena e dell'intraprendenza individuale. Chichibìo giustifica il furto commesso e si riscatta (**TESTO DI ACCESSO 5** *Perché è un testo chiave*)

- [a] grazie alla propria arguzia
- [b] confidando nel disinteresse del suo padrone
- [c] per mezzo di un sotterfugio
- [d] grazie ad un colpo di fortuna

10 Tra il primo testo di accesso (le sculture del Duomo di Modena) e l'ultimo (la novella di Boccaccio) intercorre un arco temporale di circa .... In questo arco temporale, profonde trasformazioni intervengono in campi decisivi dell'esistenza. Spiega in modo sintetico come cambiano gli aspetti seguenti (cfr. **TESTO DI ACCESSO 5** *Perché è un testo chiave*)

a. il rapporto tra la fede religiosa e la morale individuale

b. la concezione dell'amore

c. la struttura della società

CAPITOLO 2 coordinate

Storia, immaginario, letteratura: i concetti-chiave

espansioni digitali

MATERIALI PER IL RECUPERO
- Nascita delle letterature europee
- La letteratura della civiltà comunale
- Il Trecento: l'età di Petrarca e di Boccaccio

MAPPA RIASSUNTIVA
Alto e Basso Medioevo: due epoche allo specchio

1 Il Medioevo: un lunghissimo periodo

Il Medioevo è un lunghissimo periodo (oltre mille anni) che si stende fra il 476 d.C. (caduta dell'Impero romano d'Occidente) e il 1492 (l'anno in cui gli europei raggiunsero l'America). Si distingue tradizionalmente in due lunghe fasi all'incirca di eguale durata: un Alto Medioevo (fino al 1000) e un Basso Medioevo (dopo il 1000). L'Alto Medioevo è segnato dalle invasioni barbariche e da una gravissima crisi economica e demografica che raggiunse il culmine nella seconda metà del secolo VII; nel Basso Medioevo si verifica invece una ripresa dello sviluppo economico e demografico, con la rinascita delle città, con la diffusione dei commerci e degli scambi culturali, con il primo avvio di un artigianato preindustriale (cfr. **S1**).

L'anno Mille fa da spartiacque anche per la questione della lingua: se fino al secolo XI il latino era l'unica lingua scritta e si andava progressivamente separando dalle varie lingue parlate, successivamente assistiamo al progressivo affermarsi delle letterature nazionali. L'espressione "Medioevo latino" indica la cultura medievale in latino, di argomento classico o cristiano.

Qui ci concentreremo soprattutto sul Basso Medioevo, quando si affermano in Europa le nuove lingue neolatine e nascono le varie letterature nazionali. Nei secoli XI-XIII prevalgono i modelli francesi, mentre la letteratura italiana prende il via solo nel Duecento, raggiungendo tuttavia rapidamente un enorme prestigio internazionale grazie a Dante, Petrarca e Boccaccio, che compongono i loro capolavori nella prima metà del Trecento.

Il Cavaliere di Bamberga, statua equestre che si trova nella cattedrale di Bamberga, in Germania. Prima metà del XIII secolo.

Il Medioevo: l'età di mezzo (476 - 1492)

- **Alto Medioevo (476 d.C. - anno Mille)**
  - crisi economica e culturale
    - feudalesimo
    - primato del latino come unica lingua scritta ("Medioevo latino")
- **Basso Medioevo (anno Mille - 1492)**
  - ripresa economica e culturale
    - verso il superamento del feudalesimo
    - affermazione dei volgari e nascita delle letterature nazionali

2 Universalismo e particolarismo

Dopo il crollo dell'Impero romano d'Occidente l'uomo medievale oscilla tra l'attaccamento all'orizzonte ristretto e protettivo del villaggio e la coscienza di appartenere alla dimensione universale della cristianità. Tutta la sua vita trascorre cioè tra la necessità quotidiana della sopravvivenza terrena e la prospettiva di un destino celeste oltremondano nel quale si individua il vero fine del disegno provvidenziale di Dio. Questa interpretazione dell'esistenza è sorretta dalla presenza storica di due grandi istituzioni universali, Papato e Impero, che, nei primi secoli del Medioevo, regolano la Storia e dispongono della sorte degli uomini. Progressivamente però una simile concezione entra in crisi. A un modello unico di potere politico, religioso e culturale, subentra un processo di differenziazione che porta all'emergere di sempre maggiori autonomie e particolarismi. Sarà, infine, la nascita dei moderni Stati nazionali a decretare, oggettivamente, la fine delle istituzioni universali.

In gran parte del Medioevo il papa e l'imperatore rappresentano due autorità universali; ma a partire dal XII secolo esse entrano progressivamente in crisi. Per primo entra in crisi l'Impero, che deve fare i conti con la nascente società comunale. L'imperatore Federico I (il Barbarossa), in lotta con la Lega delle città lombarde, riconosce infine con la pace di Costanza (1183) larga autonomia ai Comuni. Nel frattempo la Chiesa è impegnata nella repressione delle eresie e nelle crociate (sette fra il 1096 e il 1270). Il progetto teocratico di Bonifacio VIII (papa tra il 1294 e il 1303) fallisce soprattutto per le pretese di autonomia del re di Francia Filippo IV il Bello. Il Trecento è infine il secolo delle grandi carestie ed epidemie, ma anche dell'affermazione degli Stati nazionali (in Inghilterra, Francia e Spagna) e regionali (in Germania e in Italia).

S1 INFORMAZIONI E APPROFONDIMENTI

L'età di mezzo

La parola Medioevo significa letteralmente 'età di mezzo'; indica, infatti, il periodo intercorso tra la fine del mondo classico-pagano e l'affermazione della nuova cultura umanistica del XV secolo.
La storiografia illuminista, nel XVIII secolo, ha connotato l'espressione in senso decisamente negativo, sottolineando gli aspetti di decadenza economica, sociale e culturale che caratterizzarono l'epoca. Oggi nessuno sostiene più un'ipotesi così semplicistica. Se è vero che con la dissoluzione dell'Impero romano d'Occidente il vecchio mondo entra irrimediabilmente in crisi, è vero pure che, in quello stesso periodo, vengono poste le basi della nostra civiltà (cfr. *espansioni digitali* **S *Il flusso delle civiltà***). È anche grazie alle invasioni barbariche e alla mescolanza di popoli che ne seguì che ebbero insomma origine le nuove lingue e culture d'Europa. Benché sia possibile individuare alcune caratteristiche comuni dell'intero Medioevo, occorre tenere presente che nel corso dei secoli ci sono stati molti mutamenti. Alla disgregazione e al disfacimento delle vecchie strutture urbane, politiche e sociali che caratterizzano i primi secoli, dominati dalla Chiesa e improntati al senso del peccato (Alto Medioevo), a partire dall'anno Mille subentrano processi ricostruttivi di deciso ammodernamento (Basso Medioevo). Nelle città rinate si affermano attività economiche differenziate e la rigida organizzazione sociale lascia il posto a una vivace e mobile articolazione. Mentre la spiritualità cristiana si rasserena e comincia a svilupparsi una visione del mondo più laica e ottimista, la rilettura dei classici latini e successivamente anche greci spinge a una nuova fioritura culturale e a una concezione più moderna della conoscenza, intesa come strumento di ricerca della felicità.

espansioni digitali

S INFORMAZIONI E APPROFONDIMENTI
Il flusso delle civiltà (M. Yourcenar)

Il papa e l'imperatore, particolare dell'affresco *Esaltazione dell'Ordine domenicano* di Andrea di Bonaiuto. Firenze, Santa Maria Novella, Cappellone degli Spagnoli.

2.1 Le istituzioni universali

Il potere universale della Chiesa Nell'Alto Medioevo dominano le grandi istituzioni universali: dopo il disgregarsi dell'Impero romano, determinato dalla crisi interna e dalle invasioni barbariche, la Chiesa ha saputo riempire il vuoto di potere che ne è conseguito. In un quadro storico disarticolato e confuso è proprio la Chiesa a costituire l'unico fattore unificante non solo dal punto di vista religioso ma anche da quello dell'organizzazione sociale, che è considerata come una struttura gerarchica immutabile (cfr. **S2**). Il rafforzamento della sua egemonia avviene attraverso il dominio culturale promosso e perseguito dal monachesimo, cioè dall'attività dei monaci nei monasteri.

Monaci, monasteri e amanuensi Nati come luoghi di preghiera, per contrastare il processo di corruzione e imbarbarimento in atto (cfr. ***espansioni digitali* S *Il monastero come prefigurazione della città di Dio***), ben presto i monasteri diventano, nell'Alto Medioevo, vere e proprie aziende agricole, oasi di fervida attività economica, oltre che centri di studio e di produzione culturale. L'opera paziente degli amanuensi, che copiano e tramandano gli scritti dei padri della Chiesa e dei classici latini, è decisiva per la salvaguardia del patrimonio culturale della nostra civiltà (cfr. ***espansioni digitali* S *Il valore e il destino dei libri***).

espansioni digitali

S INFORMAZIONI E APPROFONDIMENTI
Il monastero come prefigurazione della città di Dio (F. Finotto)

S INFORMAZIONI E APPROFONDIMENTI
Il valore e il destino dei libri nel *Nome della rosa* di Umberto Eco

[A SINISTRA]
Il monaco Eadwine, miniatura del *Salterio di Eadwine*, 1147 ca. Cambridge, Trinity College Library.
[A DESTRA]
Sacra di San Michele, XI-XII secolo. Piemonte, Val di Susa.

L'universalismo del Sacro Romano Impero Fino al IX secolo, mentre ancora in Oriente fiorisce l'Impero romano, l'Europa è costituita dal mosaico disordinato dei regni romano-barbarici nati dalla disgregazione dell'Impero d'Occidente e dalle invasioni barbariche. È il re dei Franchi Carlo Magno a ripristinare, soprattutto dopo la vittoria decisiva sui Longobardi, una nuova forma di organizzazione statale unitaria capace di superare la frantumazione politica precedente.

La sua incoronazione, avvenuta nella notte di Natale dell'800 per mano di papa Leone III, è un evento di alto valore simbolico che segna il trasferimento del potere universale romano a un altro popolo (è la *translatio Imperii*, cioè il 'trasferimento dell'Impero'): divenendo imperatore

S2 INFORMAZIONI E APPROFONDIMENTI

Una società "trinitaria"

Il vescovo della città francese di Laon, ***Adalberone****, teorizza, intorno al Mille, l'articolazione sociale della società feudale, che, a perfetta corrispondenza del modello trinitario, risulta suddivisa rigidamente in tre ordini: gli* oratores *(coloro che pregano, il clero), i* bellatores *(coloro che combattono, i guerrieri) e i* laboratores *(coloro che sono addetti al lavoro, i contadini innanzitutto). Secondo tale schema, che, nonostante la semplificazione, rispecchia le condizioni concrete di vita del tempo, i primi due costituiscono i ceti dominanti, mentre il terzo è, di fatto, costretto a mantenere gli altri, vivendo in condizione di servitù. Poiché l'assetto dell'universo deve essere, in tutte le sue manifestazioni, espressione del perfetto progetto provvidenziale, non è concepibile alcun mutamento in tale disposizione: in base a un principio di complementarità ogni ordine è infatti chiamato da Dio ad assolvere obblighi diversi. In questo modo l'ingiusta società feudale tracciava un'immagine ideale di sé.*

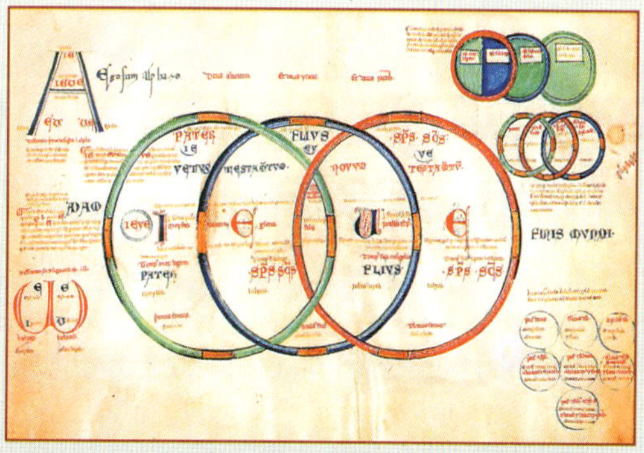

Gioacchino da Fiore, *I cerchi trinitari*, tavola XI b del Codice Reggiano, metà del XIII secolo ca., dal *Libro delle figure*. Centro Internazionale di Studi Gioachimiti, presso Abbazia Florense, San Giovanni in Fiore (CS).

La società dei fedeli forma un solo coro, ma lo Stato ne comprende tre[1] [...]. Due personaggi occupano il primo posto: uno è il re, l'altro l'imperatore; dal loro governo vediamo assicurata la solidità dello Stato; il resto dei nobili ha il privilegio di non essere soggetto ad alcun potere, purché si astenga dai crimini che vengono puniti dalla giustizia regale.[2] Essi sono i guerrieri, protettori delle chiese; sono i difensori del popolo, dei grandi come dei piccoli, di tutti, insomma, e garantiscono al tempo stesso la propria sicurezza. L'altra classe è quella dei servi: questa razza infelice non possiede nulla se non al prezzo della propria fatica[3] [...]. La casa di Dio, che si crede una, è dunque divisa in tre: gli uni pregano, gli altri combattono, gli altri infine lavorano. Queste tre parti coesistono e non sopportano di essere disgiunte; i servizi resi dall'una sono la condizione delle opere delle altre due;[4] e ciascuna a sua volta s'incarica di soccorrere l'insieme. Perciò questo legame triplice è nondimeno uno; così la legge ha potuto trionfare, e il mondo godere della pace.

G. Duby, *L'anno Mille. Storia religiosa e psicologia collettiva*, Einaudi, Torino 1976, pp. 58-59.

1. **lo Stato...tre**: sono le tre classi con diritti e doveri diversi: gli addetti alla preghiera, i guerrieri, i lavoratori.
2. **il resto...regale**: non risultano sottoposti ad alcun potere purché non commettano delitti contro la regalità.
3. **L'altra classe...fatica**: i lavoratori (*servi*) si oppongono ai *liberi*, ossia a coloro che non compiono lavori manuali: i guerrieri e gli uomini di Chiesa.
4. **Queste tre parti...altre due**: le varie parti sociali sono funzionali le une alle altre e la loro correlazione determina l'armonia sociale.

Carlo sogna la rinascita dell'Impero e della civiltà romani spostando la capitale ad Aquisgrana, nel nord dell'Europa. Nello stesso tempo essa sancisce il ruolo sempre più decisivo della Chiesa negli affari politici e temporali. Il Sacro Romano Impero mostra, già nel nome, questo stretto rapporto fra potere religioso e potere politico.

Il sistema feudale Per governare saldamente il nuovo dominio, i cui confini si sono ampliati a dismisura, Carlo Magno, ispiratosi al diritto germanico, fa ricorso a una fitta rete di signori (i vassalli) legati a lui da rapporti di fedeltà personale. In cambio della protezione e di un beneficio (una carica o un appezzamento di terreno) i vassalli offrono al loro imperatore fedeltà e aiuto in guerra. Si crea così l'organizzazione economica e politica della società nota con il nome di feudalesimo.*

* **Feudalesimo**: la parola 'feudo' deriva da una radice germanica *feh* = 'bestiame', e indica i beni (terra o animali) che il sovrano assegna in beneficio al vassallo in cambio della sua fedeltà politica e dei suoi servizi militari.

2.2 Il particolarismo feudale, comunale e nazionale

La crisi dell'Impero Per qualche tempo un tale sistema sembra funzionare e l'Impero riesce a mantenere la propria unità, ma dopo la morte di Carlo Magno il modello subisce importanti trasformazioni che aprono un nuovo periodo di crisi. Si avvia, infatti, un processo di progressiva e inarrestabile decadenza: venuta a mancare la figura forte dell'imperatore, il potere centrale si indebolisce e i feudi diventano ben presto ereditari. Elevati, di fatto, a padroni delle proprie terre, i vassalli cercano essi stessi appoggio in subordinati fedeli (i valvassori), che, a loro volta, sono signori di un feudo più piccolo e possono disporre di sottoposti (i valvassini). Il potere imperiale, così, si frantuma e nell'Europa carolingia, indebolita, riaffiorano i particolarismi.

Statuetta equestre di Carlo Magno. Bronzo, IX secolo. Parigi, Museo del Louvre.

La struttura bronzea (solo 22 centimetri di altezza) rappresenta l'imperatore Carlo Magno come il nuovo padrone del mondo. Nella mano destra è visibile, infatti, un globo, segno del dominio terreno universale, mentre sulla testa spicca la corona, già nell'età classica simbolo del potere. Carlo porta anche i baffi, abitudine tipicamente nordica: dal mondo classico l'Impero passa, cioè, al mondo germanico, disposto a sposare la causa cristiana. Pur non completamente originale (il cavallo è una copia di epoca rinascimentale) il gruppo è interessante per il valore simbolico che assume: la civiltà medievale nasce dall'incontro-scontro di tradizioni diverse che trovano un lungo periodo di conciliazione nei poteri universalistici di Chiesa e Impero.

[SOPRA] Simone Martini, *Guidoriccio da Fogliano*, 1330. Siena, Palazzo Pubblico.
[A DESTRA] Miniatura tratta dal *Codice di Manesse*, manoscritto copiato e illustrato tra il 1304 e il 1340 circa. Heidelberg, Biblioteca dell'Università.

L'incastellamento dell'Europa Epicentro di questo nuovo sistema è il castello, elemento caratteristico del paesaggio medievale. Generalmente collocato su un'altura, il castello è concepito come un luogo chiuso. Strette feritoie ed alte torri sono elementi architettonici che nascono da esigenze concrete (difesa dagli attacchi esterni) ma assumono valore simbolico. Nel territorio il castello costituisce infatti un centro di potere politico, amministrativo e militare via via più autonomo. Subentrato al monastero, intorno a cui ha gravitato la vita dei secoli precedenti, il castello rappresenta, dal IX al XII secolo, non solo la residenza della classe egemone, ma anche il centro di elaborazione di una cultura diversa e talora persino alternativa rispetto a quella offerta dalla Chiesa.

I cavalieri Nel castello vivono, oltre al feudatario, i suoi signori della guerra: i cavalieri. La figura del cavaliere, che originariamente (X-XI secolo) era un soldato di professione al servizio dei grandi feudatari in lotta tra loro, finisce per normalizzarsi anche grazie alla capacità della Chiesa di farne un proprio *miles Christi* ('soldato di Cristo'). Il cavaliere diventa 'crociato', portatore di una nuova etica in cui valore guerresco e carità cristiana tendono a coincidere. Più dinamico del monaco, il cavaliere difende il Vangelo con la spada: obbedienza al signore feudale e a Dio sono i poli su cui si basa la sua 'prodezza'. Nel XII secolo, quando diminuiscono le occasioni di guerra, i cavalieri riparano nelle corti, dove ridefiniscono il loro ruolo sociale. All'obbedienza al signore e alla fede in Dio si aggiunge ora l'ideale di un amore per la donna inteso come strumento di elevazione e perfezione spirituale.

La fine dell'universalismo imperiale A partire dal XII secolo il panorama del Basso Medioevo presenta elementi di sconvolgente novità. Fallito il progetto di Federico II, volto a ricostruire un grande organismo unitario e universalistico, l'affermarsi in Europa delle monarchie feudali e, in Italia, delle città comunali testimonia la crisi irreversibile dell'Impero.

L'affermazione dei Comuni Nati inizialmente come associazioni volte a ottenere statuti che consentano l'autogestione economica e amministrativa, in breve tempo i Comuni diventano vere e proprie strutture di governo capaci di soppiantare il vecchio ordinamento feudale. L'affermazione di questa autonomia particolaristica non è, però, semplice. Allo scontro violento con l'imperatore si aggiungono il manifestarsi e poi l'acuirsi di contrasti tra diverse città o interni alle città stesse.

Le lotte comunali Per tutto il XIII secolo i contrasti fra le città e al loro interno assumono la forma del conflitto tra i Guelfi, filo-papali, e i Ghibellini, filo-imperiali. Al di là delle motivazioni ideologiche, tuttavia, rivalità e conflitti, spesso feroci e sanguinosi, hanno la loro origine reale in interessi particolaristici locali e in ambizioni politiche o personali.

Verso il modello signorile Successivamente, nel XIV secolo, il popolo grasso (grandi mercanti e imprenditori) finisce con il favorire l'ascesa delle Signorie (governi concentrati nuovamente intorno a famiglie di grande nobiltà), che, contenendo le rivendicazioni più democratiche e ponendo fine agli scontri di parte, garantiscono la pace interna alle città.

Sorte come poteri di fatto che si aggiungono alle istituzioni comunali, anche le Signorie vanno rivendicando la propria indipendenza rispetto agli imperatori tedeschi. Riconosciute, in cambio di tributi e di un formale atto di vassallaggio, quali autorità legittime nella loro città e verso i loro sudditi, molte si trasformano presto in veri e propri principati con dinastie ereditarie.

L'Italia nella seconda metà del Trecento.

La fine del potere universale della Chiesa Contemporaneamente anche la politica egemonica del Papato è destinata a un'inarrestabile decadenza. I nuovi Stati nazionali, infatti, impegnati nella difesa della propria autonomia, non solo non riconoscono più a un imperatore il potere di governare su tutta la cristianità, ma non permettono nemmeno al papa di intervenire nella loro vita politica.

Lo schiaffo di Anagni Un episodio indicativo è quello che vede opposti Bonifacio VIII e il re di Francia Filippo IV il Bello (1268-1334). In risposta alla politica teocratica* del pontefice, il sovrano francese, con la complicità della famiglia Colonna, invia una delegazione ad arrestarlo. L'incontro avviene ad Anagni, città laziale nei pressi di Roma, dove il pontefice si era rifugiato. Il tentativo fallisce, ma la leggenda narra che, in quell'occasione, Bonifacio VIII abbia ricevuto uno schiaffo in segno di spregio. Indipendentemente dalla sua veridicità storica, l'aneddoto assume un chiaro valore emblematico: è la fine della potenza e del prestigio universali della Chiesa medievale. A partire da questo momento, gli uomini cominciano a considerare se stessi su due piani distinti: come cristiani sul versante religioso, come cittadini (o sudditi) su quello politico.

* **Politica teocratica**: si intende una concezione o una forma di governo in cui il potere civile e politico è subordinato a quello religioso. In tale sistema l'autorità è esercitata da una persona, una carica o un'istituzione che si ritiene investita del potere direttamente da Dio.

Un nuovo modello di civiltà In questa fase si afferma infatti in Italia e nel resto d'Europa, in alternativa al vecchio ordine feudale, un nuovo modello di civiltà. L'economia e il paesaggio si trasformano profondamente e, sulla base di tali modificazioni, cambiano anche il sistema di vita delle persone e la loro visione del mondo.

Giovanni di Ventura, *La Battaglia di Montaperti*, combattuta il 4 settembre 1260 tra i Guelfi di Firenze e i Ghibellini di Siena.

Arnolfo di Cambio, Tomba di Bonifacio VIII (particolare), 1294-1296. Roma, Musei Vaticani.

3 Campagna e città

Lo spazio dell'uomo altomedievale è prevalentemente agricolo; un appezzamento di terreno, la propria casa e il monastero, oppure, più tardi, il castello del signore sono il suo orizzonte di riferimento. Al di fuori di questi confini si apre per lui l'ignoto e pauroso mondo della foresta, delle terre lontane, inaccessibili, favolose per bellezza o popolate da mostri. Progressivamente le prospettive si modificano: intorno al Mille al chiuso sistema tipico dell'organizzazione feudale subentra il nuovo e più articolato modo di vita cittadino; alla campagna come luogo esclusivo di produzione si aggiunge il dinamismo delle città e dei mercati. Nell'XI secolo l'uomo del Medioevo riprende fiducia nelle proprie capacità e comincia a imporsi sul mondo: il dominio della natura cede il passo al dominio della cultura.

Benedetto Antelami, *Giugno*, rilievo dal ciclo dei mesi, XII-XIII secolo. Parma, Battistero.

Un mondo in rovina Nell'Alto Medioevo, fino all'anno Mille, l'Europa patisce un disastroso regresso economico e un forte calo demografico. Il crollo dell'Impero romano, la violenza delle invasioni barbariche, il terribile flagello della 'peste nera' e le carestie hanno determinato lo spopolamento delle città fondate dai Romani, la diminuzione drastica dell'artigianato e degli scambi commerciali e l'aumento degli spazi incolti. Strade in rovina, ponti e acquedotti crollati, vie di scambio rese incerte dalla presenza di predoni, insicurezza e fame spingono la gente in campagna, dove è più facile trovare rifugio e nutrimento.

Padroni e servi In questo contesto il lavoro agricolo è organizzato sulla base del sistema curtense. Nella corte (dal latino *curtis*) il complesso di terre appartenente al signore è diviso in due parti: una gestita direttamente dal padrone, che la fa col-

Ambrogio Lorenzetti, *Veduta di città sul mare*, Pinacoteca di Siena.

Il dipinto di Ambrogio Lorenzetti raffigura, con qualche esasperazione, la tipica città medievale italiana, dotata di cittadella fortificata, di mura circolari e di grandi porte. Per sottolineare l'orgoglio degli abitanti l'artista ha conferito particolare evidenza alle torri, proiettate verso il cielo, e ha esaltato la verticalità di tutti gli edifici. La veduta dall'alto, una delle testimonianze più antiche di questa soluzione, sembra evocare una Manhattan medievale.

tivare da schiavi e contadini; l'altra divisa in piccoli appezzamenti detti 'mansi', distribuita a famiglie affittuarie. Nonostante l'arretratezza tecnica, lo scarso rendimento della terra e i molti servigi obbligatori e gratuiti pretesi dal padrone, queste riescono a trarne sostentamento sufficiente.

La foresta Al di fuori del sistema curtense, nelle regioni d'Europa più scarsamente popolate si sono sviluppate foreste impenetrabili popolate da orsi e lupi, steppe e paludi raramente interrotte da scarsi villaggi abitati da pochissimi uomini. Questi vivono di caccia e raccolta nei boschi, dove vengono anche mandati a pascolare pecore e maiali. Boschi e foreste sono anche la fonte del legno, un materiale a quel tempo preziosissimo, che lo stesso Carlo Magno ordina di salvaguardare. Di legno erano fatti mobili e suppellettili, attrezzi agricoli, i carri, ma anche le macchine da guerra. Il legno alimenta i focolari delle case, le cucine, e, opportunamente trasformato in carbone, i forni delle attività artigianali.

La rinascita dei borghi Intorno all'anno Mille questo mondo apparentemente immutabile ritrova la propria dinamicità. Mentre cambia il quadro

[SOPRA] Il campanile di Giotto della Cattedrale di Santa Maria del Fiore a Firenze.
[A SINISTRA] Le città nell'Europa del XII secolo.

La cartina permette di cogliere a colpo d'occhio la diffusione delle città in Europa fra XI e XII secolo. Come si vede, l'area con la maggiore densità di centri urbani è l'Italia centro-settentrionale; mentre nel Sud della penisola la concentrazione è più bassa a causa del controllo centralizzato che vi esercitano i Normanni.

storico, vengono delineandosi un nuovo panorama economico, sociale e culturale e un nuovo modo di concepire l'esistenza.

In tutta l'Europa, Italia compresa, l'assetto feudale si modifica profondamente; punto di riferimento del nuovo sistema di vita non sono più la foresta o il castello, bensì prima il borgo – piccolo villaggio sorto ai margini della residenza signorile – e poi i veri e propri centri urbani.

Un circolo virtuoso di aumento della produzione agricola e di espansione demografica ha infatti sollecitato l'affermazione di un nuovo ceto produttivo (quello borghese) che, interrompendo la rigida ripartizione sociale ed economica dell'Alto Medioevo, ridà impulso alle attività commerciali.

Il mercato L'incremento delle imprese artigianali, degli scambi mercantili e della circolazione monetaria ha messo in campo nuove forze sociali che, successivamente, vorranno liberarsi dal dominio feudale per affermare la propria autonomia, pretendendo un riconoscimento politico del proprio ruolo economico. Nasce la nuova figura sociale del mercante, che costituisce un primo embrione di borghesia.

La città A partire dall'anno Mille iniziano dunque a rifiorire le città. Sebbene vi fosse, non di rado, una certa contiguità geografica tra le vecchie città dell'epoca antica, poi abbandonate e distrutte, e le nuove città medievali, non dobbiamo pensare che esse si assomigliano nella forma. A differenza delle ariose città romane, tagliate da vie a perpendicolo tra loro, quelle medievali risultano in genere più anguste e disordinate. La struttura 'chiusa' dei borghi medievali e la presenza di mura possenti di recinzione assolvono al bisogno diffuso di sicurezza e di protezione. Calate al tramonto le saracinesche e serrate in tal modo le porte, la città si isola dai pericoli del mondo esterno (cfr. ***espansioni digitali*** **S** ***Le 'mura' delle città di oggi***).

La cattedrale e il Palazzo del Comune Dentro le possenti cinta murarie le città medievali hanno il loro fulcro in due edifici: la cattedrale (cfr. **S3**, p. 56), costruita nel nuovo stile gotico, centro del potere religioso, e il Palazzo del Comune, sede del nuovo sistema politico. Entrambi si affacciano sulla piazza, luogo nel quale si concentrano tutte le attività principali della città. Spazio collettivo di incontro e di scambio, la piazza è meta dei pellegrini, accoglie le processioni religiose, ospita i mercati e, in un primo periodo, è sede delle assemblee pubbliche. Tutta la struttura urbana si organizza, quindi, in base alle esigenze delle nuove funzioni amministrative e commerciali. Allo stesso modo la supremazia nel campo dell'arte e della cultura, che nell'epoca precedente è stata appannaggio dei monasteri, isolati e rurali, passa nel XIII secolo alle città, diventando espressione e promozione dei suoi bisogni, delle sue istituzioni e dei suoi interessi (cfr. **S4**, p. 58 ed ***espansioni digitali*** **S** ***Svaghi dei nobili e lavori dei contadini***).

Una nuova mobilità sociale Nel XIII secolo la rappresentazione tripartita della società feudale in *oratores* (il clero), *bellatores* (il ceto militare) e *laboratores* (i contadini) è ormai entrata in crisi, sostituita da un'articolazione più complessa in funzioni e mestieri diversi. Tra questi spicca la figura del mercante (che diventa più importante di quelle del monaco e del cavaliere), capace, attraverso l'investimento e l'accrescimento del proprio capitale, di dare un impulso decisivo allo sviluppo della città e della nuova vita urbana.

espansioni digitali

- **S** PASSATO E PRESENTE **Le 'mura' delle città di oggi** (C. De Seta-J. Le Goff)
- **S** ATTRAVERSO LE DISCIPLINE **Svaghi dei nobili e lavori dei contadini**

Il mercante Detentore del ruolo economico dominante, spesso banchiere (o usuraio) che presta a interesse il proprio denaro, il mercante non tarda a rivendicare anche il potere politico, dando avvio, in aperta rottura con l'universalismo imperiale, all'organizzazione comunale, che può essere considerata la prima amministrazione laica e civile che l'Europa abbia conosciuto.

Un nuovo pubblico Desideroso di acculturarsi, il ceto mercantile rappresenta anche un pubblico nuovo: non conoscendo più il latino, i mercanti contribuiscono all'affermazione dei volgari e alla nascita della letteratura in volgare. Questo nuovo pubblico favorisce la nascita di una nuova figura di intellettuale e di un nuovo tipo di letteratura, laica e mondana e non più legata solo ai temi religiosi.

Un nuovo tipo di intellettuale Segno della secolarizzazione della cultura sono la nascita delle scuole pubbliche e lo sviluppo di un nuovo organismo culturale autonomo dalla Chiesa: l'università. Sia il maestro di scuola sia il professore universitario sono figure sociali nuove, che vivono del loro lavoro intellettuale, con uno stipendio pagato dagli studenti o direttamente dall'amministrazione comunale. Nel Duecento l'intellettuale appare dunque organicamente coinvolto nelle attività politiche e civili del Comune.

[SOPRA] **Botteghe di diversi artigiani. Miniatura dal codice «De sphaera», 1480-1490. Modena, Biblioteca Estense.**
[A SINISTRA] **Veduta di Firenze. Particolare della Madonna della Misericordia. Affresco di anonimo, datato 2 settembre 1352, a Firenze, Orfanotrofio del Bigallo.**

Nell'affresco non si ha naturalmente una veduta rigorosamente precisa e accurata della Firenze del tempo, ma la rappresentazione simbolica e, nell'insieme, anche un po' convenzionale di una città del Medioevo, nella quale sono immessi i più importanti edifici monumentali fiorentini. Si possono riconoscere: il Battistero, il campanile del Duomo, la facciata di S. Maria del Fiore, il Palazzo Vecchio. L'affresco attesta la grandiosa espansione edilizia della Firenze trecentesca e la prosperità economica del Comune.

S3 ATTRAVERSO LE DISCIPLINE

Cattedrale romanica e gotica: simbolo e allegoria

«Arte monastica – scrive Duby – la chiesa romanica (secoli XI-XII) è nata dall'oppressione signorile e dalla genuflessione del popolo alle forze oscure che provocano la carestia, le epidemie, le invasioni». Imponente e massiccia come una fortezza, essa separa la comunità religiosa che l'ha edificata dal resto della popolazione: solo entrando e riconoscendo la potenza di Dio e della sua Chiesa, gli uomini troveranno rifugio sicuro contro gli attacchi delle forze del male (**fig. 1**). Con l'oscurità delle sue possenti strutture, negli spazi interni raccolti e accentrati, nella cupa gravità delle cripte essa trasmette il senso di colpa, oppressione e sfiducia nell'affermazione mondana dell'uomo (**fig. 2**). Nella scultura e nelle decorazioni, pensate in stretto rapporto con l'architettura, ogni forma è legata ai valori cristiani e costituisce un ammonimento ai fedeli: l'intento didascalico prevale, cioè, su quello descrittivo e realistico. Attraverso un procedimento analogico e intuitivo il fedele deve essere in grado di cogliere la lezione evangelica. Per la mentalità simbolica del Medioevo, infatti, pietre, piante, animali, gesti, numeri, nomi rimandano sempre, direttamente, come emblemi del Male o del Bene, al progetto provvidenziale di Dio.

1

2

3

Promosse e finanziate dalle corporazioni dei mercanti, le nuove cattedrali gotiche (**figg. 3-4**) sono, invece, espressione di una concezione ottimistica della vita terrena. Tra il XII e XIII secolo erano entrati in crisi i due grandi poteri universalistici di Chiesa e Impero e ciò induce l'uomo a ridefinire i propri rapporti con l'autorità. Lo slancio verticale delle strutture architettoniche e le linee elastiche degli archi rampanti esprime, così, una mentalità protesa a stabilire tra l'uomo e Dio un rapporto più razionale e sereno, mentre le facciate, alleggerite con grandi rosoni e finestre, permettono alla luce di entrare inondando gli ariosi spazi interni. Le vetrate policrome si sostituiscono agli affreschi murari e, pur continuando ad educare i fedeli attraverso le storie sacre, li rallegrano con i loro colori brillanti e intensi (**fig. 5**). Nella nuova mentalità allegorica, insomma, il mondo esterno e l'opera dell'uomo acquistano valore in sé. Costituiscono certamente un'espressione del volere di Dio e un tassello di un universo armoniosamente organizzato; e tuttavia, per essere compresi, esigono uno sforzo e un'indagine intellettuale. La conoscenza non è più semplice accettazione, ma si apre all'indagine e alla ricerca.

4

5

[1-2] L'abbazia di Sant'Antimo nei pressi di Montalcino (Siena).
[3] Cattedrale di Notre-Dame di Reims.
[4] Cattedrale di Notre-Dame di Amiens.
[5] Resurrezione dei morti. Vetrata proveniente dalla Sainte-Chapelle, 1200 ca. Cluny, Museo Nazionale del Medioevo.

S4 ATTRAVERSO LE DISCIPLINE

Valori civici nel Medioevo: Ambrogio Lorenzetti

L'opera di Ambrogio Lorenzetti costituisce un bell'esempio medievale di affresco con finalità didascaliche etico-politiche. L'artista intraprende da una parte un'indagine realistica (si vedano i numerosi e minuti dettagli), ottenendo, dall'altra, l'effetto di un ritratto morale ideale (confermato dall'allegoria delle fanciulle danzanti, in primo piano, a indicare l'armonia e la concordia). Arricchite da scritte e cartigli* in latino, le immagini intendevano, infatti, testimoniare l'efficacia delle virtù repubblicane e i benefici effetti del Buon Governo. Nella città pulsa la vita; in strade e botteghe trovano posto, riprodotte con dovizia di particolari, tutte le attività operose che garantiscono ricchezza al Comune. Lo stesso ordine che vige nel borgo domina la campagna circostante, dove colli, fiumi, filari di alberi da frutto e coltivazioni regolari testimoniano la prosperità di un territorio ben tutelato.

In particolare l'affresco evidenzia proprio il rapporto strettissimo esistente tra campagna e città nell'Italia comunale. Se la prima appare subordinata alla seconda, poiché è in città che vivono i proprietari terrieri, d'altra parte il sostentamento economico della città dipende quasi totalmente dalla campagna. È qui che si coltiva il grano e lo si macina, da qui provengono le pietre e i marmi per la costruzione degli edifici, da qui transitano le materie prime utilizzate per la produzione tessile e artigianale del borgo. La porta che si apre nelle mura costituisce, dunque, non solo un passaggio funzionale all'accesso, ma il luogo simbolico di incontro di due dimensioni contigue: la rurale e l'urbana, la natura e la civiltà, la produzione e il consumo. Per lo storico Lewis Mumford essa metteva in relazione mondo interno ed esterno: «dava il primo saluto al mercante, al pellegrino e al viandante in genere: era contemporaneamente una dogana, un ufficio passaporti, un centro di controllo per gli immigrati e un arco di trionfo» (L. Mumford, *La città nella storia*, Ed. di Comunità, Milano 1963).

* Il **cartiglio** consiste nella raffigurazione di un rotolo di carta, in gran parte svolto, che contiene qualche iscrizione. Si trova come elemento decorativo in scultura e in pittura.

Ambrogio Lorenzetti, *Effetti del Buon Governo nella città e nella campagna*, 1338-1340. Siena, Palazzo Pubblico.

espansioni digitali

IMMAGINE ATTIVA

4 Spazio e tempo

Durante il Medioevo l'uomo modifica sensibilmente la propria percezione del tempo e dello spazio. Nell'Alto Medioevo egli si sente in balìa di entrambi. Nell'epoca precedente al Mille, infatti, la concezione dell'esistenza si riduce all'ottica ristretta di una sopravvivenza materiale e quotidiana. La realtà empirica viene considerata simbolicamente e percepita come un travestimento della superiore verità religiosa. A partire dall'anno Mille, però, le cose cambiano; il trionfo di un'agricoltura moderna, la nuova economia di mercato, le conoscenze geografiche e le modificazioni apportate all'ambiente inducono a ridefinire lo spazio e il tempo sulla base di criteri del tutto diversi da quelli precedenti. Nei borghi e nei comuni del Basso Medioevo l'uomo instaura un rapporto attivo e dinamico con lo spazio, funzionale non più a un'ottica simbolico-religiosa bensì alle nuove esigenze di concretezza e di profitto economico.

Lo spazio della natura Nei secoli dell'Alto Medioevo il paesaggio è interamente ruralizzato. Foreste fittissime, steppe e paludi sono raramente interrotte da quanto rimane delle antiche città: mura e palazzi in rovina, ampi spazi trasformati in pascoli, pochissimi abitanti. Gli spostamenti sono resi difficili quando non preclusi dalle condizioni disastrose delle vie di comunicazione; prive di manutenzione, le strade sono impercorribili per le buche, le frane, i ponti crollati. La vita di ognuno è, perciò, ridotta in ambiti locali ristretti, nell'orizzonte chiuso della propria casa e dell'appezzamento di terra coltivato.

Il tempo di Dio Per questi uomini, costretti all'immobilità, chiusi nell'orizzonte spaziale a cui li induce il bisogno di protezione e di difesa, la vita quotidiana è calata in una dimensione non misurabile e sfuggente. I contadini vivono immersi nel ciclo naturale della terra e nel ritmo delle stagioni, mentre solo la Chiesa offre una concezione della storia più lineare del tempo, scandita dalle tappe del pensiero cristiano e della liturgia religiosa (la creazione, il peccato originale e la cacciata dall'Eden, la nascita di Cristo e il Giudizio Universale). Ogni avvenimento piccolo o grande, felice o drammatico della storia si risolve, per tutti, all'interno di un tempo che appartiene unicamente a Dio. In questa concezione unitaria, il passato si confonde con il presente e Alessandro, Cesare e Carlo Magno sono considerati contemporanei in quanto tutti partecipi del progetto della Provvidenza. Tempo individuale, tempo della storia e tempo della natura si risolvono, cioè, indistintamente nella dimensione eterna della salvezza ultraterrena.

Tempo del mercante Nei centri urbani del Basso Medioevo, la rinnovata composizione sociale e il nuovo assetto degli spazi determinano una nuova percezione del tempo. Ora le corporazioni artigiane gestiscono razionalmente la propria produzione, notai e giuristi pianificano gli impegni professionali, i mercanti viaggiano, raggiungono terre e popoli diversi, scambiano prodotti, ritornano in città. Tutte queste operazioni presuppongono che l'uomo disponga in prima persona del proprio tempo, lo misuri, lo distribuisca, lo economizzi in funzione, esclusivamente, del guadagno. La nuova ottica contribuisce in modo determinante anche alla riorganizzazione dello spazio urbano, condizionandolo con le proprie esigenze.

Gli orologi Non è un caso infatti che nei borghi, in questo periodo, si costruiscano le torri campanarie; al tempo religioso, scandito dai rintocchi della chiesa, si aggiunge quello laico dei mercati, delle fiere, del lavoro. Le campane di città battono le ore dei turni e delle transazioni commerciali, ma la loro approssimazione non è ancora funzionale al nuovo ordine economico, che esige esattezza e regolarità. Compaiono, così, gli orologi meccanici, emblema del tempo moderno, uniforme, divisibile in momenti uguali tra loro (due volte dodici durante l'intera giornata), completamente autonomo rispetto al tempo naturale e religioso (cfr. **S5**, p. 62).

Il tempo in arte e in letteratura La nuova concezione del tempo influisce sull'immaginario artistico e letterario dell'epoca. Alla giustapposizione di quadri indipendenti, appiattiti nella prospettiva idealizzante di una vicenda emblematica, alla scarsa caratterizzazione spaziale, alla staticità complessiva dell'insieme, subentrano ora avventure individuali, intreccio e intrighi: alla dimensione simbolica e assoluta si va sostituendo la più moderna visione 'narrativa' della vita e del mondo (cfr. ***espansioni digitali*** **S *Le storie della passione di Cristo* di Duccio di Boninsegna: un racconto in pittura**).

Il tempo dei viaggi È iniziata, nel frattempo, l'epoca degli spostamenti, dei viaggi. I cavalieri partono all'avventura in cerca di fama e conquiste, i religiosi per dovere di predicazione missionaria, i mercanti perché spinti dalla loro intraprendenza economica. Nel suo muoversi disinvoltamente tra il Baltico e l'Estremo Oriente, l'uomo del Basso Medioevo si è impadronito, ormai, dello spazio e del tempo.

espansioni digitali

S ATTRAVERSO LE DISCIPLINE ***Le storie della passione di Cristo*** **di Duccio di Boninsegna: un racconto in pittura**

Maestro del Biadaiolo, *Il mercato del grano*, miniatura del libro di Domenico Lenzi detto il Biadaiolo, *Specchio umano* (1340 ca.). Firenze, Biblioteca Laurenziana.

Dio Architetto dell'Universo. Illustrazione tratta dalla Bibbia Moralizzata, manoscritto del XIII secolo. Vienna, Österreichische Nationalbibliothek.

S5 INFORMAZIONI E APPROFONDIMENTI

Il dominio del tempo

Nel passo che segue, lo storico ***Jacques Le Goff*** *osserva come il controllo del tempo – esercitato prima attraverso la campana cittadina e poi con la diffusione dell'orologio meccanico – si riveli funzionale alle esigenze del ceto borghese e mercantile, scandendo il tempo dell'economia, del lavoro e dell'interesse. Più tardi, con il trasformarsi degli assetti storici e sociali, con l'avvento del capitalismo industriale e del proletariato, questa moderna invenzione tecnologica diventerà anche strumento di dominio sugli uomini.*

Due tipi di potenti accrescono, grazie al loro dominio sul tempo, la loro presa sulla società. Il primo è la borghesia urbana. È padrona della campana della città che non serve solo a far rispettare il tempo di lavoro[...]. Questa campana convoca anche i borghesi del consiglio municipale, chiama alla difesa della sicurezza pubblica – la ronda contro i malfattori, l'incendio – e anche alla rivolta contro i signori, il conte il principe o il re [...]. Ma la macchina per misurare il tempo più rivoluzionaria, l'orologio meccanico, è uno strumento di forza più utile al potere centrale, quello del principe o del re, che a quello borghese. La diffusione dell'orologio è contemporanea al rafforzamento della macchina statale nelle nazioni della cristianità. In Francia, per esempio, il re Carlo V nel 1370 decreta che tutti gli orologi di Parigi debbano essere regolati su quelli del palazzo reale dell'Île de la Cité, ancora oggi visibile. Così come solo la moneta regia può circolare nel regno, nella capitale deve scorrere solo il tempo regio. In questo modo tende ad affermarsi un tempo dominante, unificato, continuo, regolare, aritmeticamente e automaticamente misurabile, nelle mani dei nuovi poteri.

J. Le Goff, *I riti, il tempo, il riso*, Laterza, Bari 1977.

Costruito nel 1386 per la torre della Cattedrale di Salisbury, in Inghilterra, è probabilmente il più antico orologio meccanico ancora funzionante. Non aveva quadrante ma batteva le ore su una campana.

5 L'Occidente e le altre culture

Sin dai primi secoli del Medioevo, nonostante le difficoltà oggettive di comunicazione, non è mai completamente cessato il rapporto tra Oriente e Occidente del mondo, anche se questi due poli hanno subìto un progressivo allontanamento. Prima la separazione interna all'Impero romano, poi l'affermarsi della religione musulmana hanno infatti spezzato l'antica unità del Mediterraneo e ai confini dell'Occidente cristiano si sono imposti popoli dotati di culture e di sistemi di vita raffinati ma diversi da quelli occidentali. Occidente cristiano e Oriente islamico si confrontano per tutto il Medioevo oscillando tra ostilità anche feroce e rapporti di proficuo scambio economico e culturale.

L'Impero romano d'Oriente Rispetto alla situazione di precarietà in cui versa l'Occidente, le province orientali dell'Impero romano costituiscono, nell'Alto Medioevo, un'unità territoriale vitale e abbastanza compatta per lingua, popolazione e civiltà. La stessa Chiesa, lacerata da conflitti teologici, dipende dal forte potere politico di Bisanzio che, nonostante le crisi interne e gli attacchi sferrati dai popoli confinanti (Arabi, Persiani, Mongoli...), controlla saldamente economia e finanze e favorisce i commerci e le attività produttive.

La reazione del pensiero religioso Questo processo costituisce un aspetto a sua volta decisivo della laicizzazione della cultura, e deve fare perciò i conti con la resistenza opposta dal mondo religioso, che rimane a lungo l'unico legittimato a fornire modelli di interpretazione filosofica e scientifica. Questa resistenza si rivela più efficace perché le esigenze della nuova cultura non vengono semplicemente respinte, ma assorbite all'interno di un sistema di tipo religioso, il tomismo.

Il tomismo Il frate domenicano Tommaso d'Aquino (1225-1274) è tra i primi a capire che il Cristianesimo può conservare il proprio prestigio culturale solo a patto di dimostrarsi capace di accogliere in sé il pensiero razionale, derivante dalla filosofia greca e soprattutto da Aristotele (384-322 a.C.). Il tomismo (il sistema filosofico formato dal pensiero di san Tommaso) si propone due scopi: 1) mira a un'organizzazione sistematica di tutto il sapere umano; 2) tende a conciliare la fede con la ragione, rivalutando così l'iniziativa della razionalità umana rispetto al principio immobile d'autorità.

La centralità del pensiero aristotelico Grazie a Tommaso d'Aquino e al suo maestro Alberto Magno (1206 ca.-1280) il pensiero di Aristotele s'impone in ogni campo del sapere: il sistema aristotelico-tolemaico (quello cioè ideato da Aristotele e integrato dalle osservazioni di Claudio Tolomeo, matematico e astronomo greco vissuto nel II secolo d.C.), infatti, dominerà il pensiero scientifico e filosofico europeo fino al XVII secolo, quando verrà contestato e capovolto dai nuovi scienziati, Copernico, Galileo e Keplero. Il duraturo successo della concezione aristotelica del cosmo si deve soprattutto alla coincidenza con la concezione biblica (secondo la quale la terra e l'uomo sono al centro dell'universo), nonché alla facilità di comprendere il dualismo (che opponeva radicalmente il cielo e la terra) e la strutturazione sferica dell'universo (formato da vari cerchi concentrici).

Venezia e Bisanzio Un esempio del rapporto fra Oriente e Occidente è costituito dalle alterne relazioni fra Bisanzio e Venezia. La città lagunare e il potente impero di Bisanzio intrattengono per diverso tempo rapporti pacifici e proficui. Ne restano ancora oggi memorie e segni: si veda, per esempio, a Venezia, la colonna di San Todaro (Teodoro), un santo tipicamente orientale, o la stessa Basilica di San Marco, ispirata a moschee e minareti.

La conquista di Costantinopoli Ma sarà la stessa Venezia a guidare, dal 1202 al 1204, la distruzione della ricca Bisanzio. Bandita ufficialmente per riconquistare Gerusalemme, la Città Santa, la quarta crociata nasconde in realtà gli interessi commerciali della città marinara. Dopo la tappa di un primo saccheggio a Zara, essa viene infatti deviata verso Costantinopoli, che dopo due

[A SINISTRA] La Basilica di San Marco a Venezia.
[A DESTRA] Lettura e insegnamento in una biblioteca araba in Egitto. Pagina da un manoscritto del XII secolo. Parigi, Bibliothèque Nationale.

mesi di assedio viene espugnata. La città che per tutto il Medioevo ha difeso l'Europa dagli attacchi arabi viene completamente rasa al suolo proprio da un esercito cristiano. In questo modo Venezia getta, tuttavia, le basi di una potenza commerciale destinata a durare per secoli.

Gli Arabi Nel frattempo, rimasti per secoli ai margini della storia, gli Arabi avviano, nel VII secolo d.C., un processo di unificazione politica e religiosa nonché la creazione di una splendida civiltà destinata a influire in modo determinante sulle sorti del mondo occidentale.

Palermo e l'Islam A partire dal VII secolo gli Arabi hanno esteso i loro domini a est, sino ai confini dell'India, e a sud e a ovest, a tutta l'Africa settentrionale, fino alla Sicilia e alla Spagna. Proprio l'Italia, con la sua particolare posizione geografica, è destinata a costituire un importante crocevia e un crogiuolo di etnie e di culture diverse che sanno fondersi o integrarsi tra loro. Come in Spagna, anche in Sicilia (occupata dagli Arabi nel IX secolo) la civiltà islamica si integra con quella cristiana (cfr. ***espansioni digitali* S *Palermo: popoli e segni si intrecciano***).

Le guerre di religione A un certo momento i rapporti pacifici fra Occidente e Oriente vengono meno. Le Crociate ne segnano la fine. Per tutto l'Alto Medioevo si erano avuti verso la Terra Santa pellegrinaggi cristiani ben tollerati dagli stessi Arabi islamici, che sapevano vedervi occasioni proficue per l'economia locale. All'inizio dell'XI secolo tuttavia la situazione cambia e per una serie di motivazioni complesse, non solo religiose ma anche economiche, papi e re promuovono varie spedizioni militari volte alla riconquista di Gerusalemme (cfr. ***espansioni digitali* S *La presa di Gerusalemme***).

L'identità europea Dopo duecento anni, alla fine del XIII secolo, termina l'epoca delle Crociate vere e proprie, con scarsi risultati politici ma con profonde ripercussioni economiche e culturali, tuttora durevoli (cfr. ***espansioni digitali* S *Il rancore del mondo islamico***). Dal punto di vista economico le Crociate consentono l'arricchimento di molti mercanti e di interi Stati come l'Italia, mentre dal punto di vista culturale permettono il compattamento dell'Europa in una grande impresa comune e la definizione e l'allargamento dei suoi orizzonti identitari e conoscitivi. Nell'operazione di formazione e consolidamento della identità sociale europea, il mondo islamico diventa, nell'immaginario collettivo, l'altro, il male, il nemico da combattere.

espansioni digitali

S INFORMAZIONI E APPROFONDIMENTI
Palermo: popoli e segni si intrecciano

S ATTRAVERSO LE DISCIPLINE **La presa di Gerusalemme**

S PASSATO E PRESENTE
Il rancore del mondo islamico

[A SINISTRA] Miniatore veneziano del secolo XIV, episodio bellico sotto le mura di Gerusalemme. Padova, Biblioteca del Seminario.
[A DESTRA] Mappa del mondo realizzata da Al Idrisi nel 1154 per Ruggero II. In questa mappa il Sud si trova nella parte superiore.

La cultura araba Durante il Medioevo, mentre la cultura cristiana è prevalentemente simbolica e spirituale, quella islamica si rivela assai più concreta e materiale e quindi più disposta allo studio oggettivo e scientifico dei fenomeni. Questo spiega il ruolo di primo piano svolto dagli Arabi nella trasmissione e nell'elaborazione del sapere scientifico. Molte conquiste della cultura islamica diventeranno patrimonio comune dell'Occidente europeo: nel campo della matematica, gli Arabi importano dall'India il sistema numerale (i numeri "arabi"), l'algebra e l'uso dello zero; nel campo della filosofia, traducono i testi del filosofo greco Aristotele e promuovono un atteggiamento razionale nello studio dei fenomeni naturali; nel campo medico, compilano i dati della medicina greca e romana; nel campo geografico, l'arabo Al Idrisi compie la più completa e particolareggiata descrizione del mondo conosciuto (contenuta nel *Libro di Ruggero*, secolo XII).

L'influenza araba sulla letteratura europea La cultura araba influenza in modo determinante anche la letteratura europea e in particolare la narrativa, fondando un nuovo genere – la novella – che dalla Spagna araba si diffonderà in tutta l'Europa, condizionando modi e tematiche fino a Boccaccio. Molte opere arabe presentano infatti due caratteristiche tipiche del futuro racconto in lingua romanza: l'uso della prosa e della cornice, cioè un'impalcatura narrativa che contiene all'interno vari racconti. Capolavoro indiscusso della letteratura araba è la raccolta di racconti *Le mille e una notte* (cfr. **S6**).

S6 INFORMAZIONI E APPROFONDIMENTI

Le mille e una notte

Le mille e una notte è una celebre raccolta in lingua araba di novelle orientali (arabe, indiane, persiane). Non fu scritta dunque da un solo autore, anche se c'è stato probabilmente un riordinatore. In essa centinaia di racconti vengono articolati, incastrandosi a volte l'uno nell'altro, all'interno di una storia principale che funge da cornice: la saggia Shahrazade, condannata a morte dal sultano, lo intrattiene per mille e una notte con le sue novelle avvincenti, rimandando così di giorno in giorno la sua morte, fino ad ottenerne la grazia e l'amore. Prodotto di una matura civiltà, etnicamente composita, la raccolta delle *Mille e una notte* è l'opera che più ha trasmesso, in Occidente, l'immagine del mondo islamico medievale. Nei racconti prevale il gusto per l'avventura e per il meraviglioso: il libro è pieno di episodi in cui agiscono forze magiche e soprannaturali, in cui intervengono i *jinn* (cioè i geni, tra i quali il più conosciuto è quello della lampada di Aladino). Insieme a personaggi fantastici convivono tuttavia molti personaggi concreti e realistici, che appartengono a diversi ceti sociali e abitano nelle grandi città d'Oriente, come Baghdad e Bassora.

6 Dal latino ai volgari

Ancora fino al III secolo d.C. nei territori dell'Impero romano è testimoniata la presenza, accanto al latino letterario, di un latino parlato dal popolo (*vulgaris*) piuttosto omogeneo. Durante l'Alto Medioevo, insieme all'unità politica dell'Impero, si perde anche l'unità linguistica; mentre per l'espressione scritta rimane, pur con sostanziali modifiche, solo il latino, nella comunicazione orale vanno affermandosi parlate locali legate a lingue preesistenti (influsso di substrato) o ad apporti dei popoli barbari invasori (influsso di superstrato) (cfr. ***Storia della lingua*** ***Influenza del parlato, prestiti dalle lingue germaniche, influenza del Cristianesimo***). I nuovi idiomi, usati inizialmente solo dagli strati bassi della popolazione (per questo vengono chiamati "volgari", dal termine latino *vulgus* = 'popolo'), a poco a poco superano la fase orale e cominciano a essere usati anche nella scrittura.

Il Concilio di Tours e il Giuramento di Strasburgo Il primo riconoscimento ufficiale del nuovo bilinguismo (uso del latino e, insieme, del volgare) è sancito in due documenti. Durante il Concilio di Tours dell'813 Carlo Magno, preso atto della situazione che si è andata configurando, mentre rinnova alla Chiesa l'obbligo del latino nei documenti ufficiali, suggerisce ai vescovi di usare il volgare nelle prediche ai poveri. Nel Giuramento di Strasburgo dell'842, pronunciato il 14 febbraio da Carlo il Calvo e da Ludovico il Germanico, figli ed eredi di Carlo Magno, troviamo invece conferma di come i vari volgari europei abbiano già iniziato il percorso di differenziazione che li porterà a diventare lingue dei moderni Stati nazionali. Nella formula dell'alleanza fra Carlo il Calvo e Ludovico il Germanico, l'uso tanto del francese quanto del tedesco permette agli eserciti dei due sovrani di comprendere appieno il significato della cerimonia. Nello stesso tempo viene riconosciuta la dignità linguistica dei volgari in quanto espressioni di un nuovo potere politico e militare su base nazionale.

L'affermazione dei volgari Intorno all'anno Mille la rinascita delle città impone l'affermazione di una lingua comune per i nuovi protagonisti della vita sociale, una lingua agile e funzionale ai bisogni giuridici, politici ed economici quotidiani (cfr. **S7**, p. 68). In un momento successivo, infine, a cavallo tra il XII e il XIII secolo, una volta consolidati e diffusi, i volgari usciranno dall'ambito esclusivo degli scopi pratici per essere utilizzati anche in contesti letterari.

Carlo Magno con i papi Gelasio I e Gregorio Magno. Miniatura tratta dell'evangeliario di Carlo il Calvo (870 circa).

La situazione italiana In questo panorama europeo l'Italia presenta due significative particolarità: la prima è il ritardo con cui va attuandosi il processo di differenziazione tra il latino e le parlate volgari e di affermazione di queste ultime. La seconda è la presenza non di un volgare unico bensì di una pluralità di 'dialetti' regionali. La grande influenza della Chiesa di Roma, che pratica l'uso del latino e, all'opposto, la mancanza di un potere politico centrale forte capace di difendere un unico volgare spiegano il ritardo italiano.

Storia della lingua

Influenza del parlato, prestiti dalle lingue germaniche, influenza del Cristianesimo

Il latino parlato è molto diverso da quello scritto. Nel parlato si usano parole che servono a evitare la confusione con altre che hanno la medesima pronuncia ma significato diverso. Per esempio, nel latino scritto *equus* 'cavallo' poteva essere confuso con *aequus* 'giusto'. Il latino parlato sceglie così, al posto di *equus*, la parola *caballus* (originariamente 'cavallo da tiro'), che passa poi in tutte le lingue romanze: *cavallo* (italiano), *cavalo* (portoghese), *caballo* (spagnolo), *cal* (rumeno), *cheval* (francese). Anche dalle lingue germaniche si prendono in prestito molte parole: 1) per evitare confusioni (per esempio, *werra* sostituisce la parola latina *bellum* 'guerra', che poteva esser confusa con la parola *bellum* 'grazioso', 'bello'); 2) per esprimere nuovi concetti (parole come 'feudo', 'vassallo', 'barone' sono di origine franca). Grande è l'influenza germanica anche nella terminologia della caccia, della guerra e dell'abbigliamento ('bosco', 'dardo', 'galoppare', 'tregua', 'guanto').

Anche la nuova religione cristiana influenza il latino parlato, cambiando il significato di molte parole. Per esempio, la parola latina *captivus* ('prigioniero') assume prima il significato di 'prigioniero del diavolo' e poi, di conseguenza quello di 'cattivo'. *Tradere* ('consegnare') diventa 'tradire', a causa della consegna di Cristo ai soldati da parte di Giuda. A volte una parola viene sostituita da un'altra già esistente con un significato parzialmente diverso: il termine *verbum* ('parola') viene sostituito da *parabola*, che significa 'la parola di Cristo' e poi, per estensione, la 'parola' di tutti.

Lingue romanze.

Subito dopo il Mille, in Europa vediamo nascere le cosiddette lingue romanze* o neolatine. Dieci sono le varietà principali:
- nella penisola iberica: il castigliano (cioè il moderno spagnolo), il catalano, il galiziano e il portoghese;
- in Francia: il francoprovenzale e la lingua d'oc (parlati nel Meridione e nel Centro-sud), e il francese o lingua d'oïl (parlato nel Nord e nel Centro-nord); *oc* e *oïl* sono rispettivamente il modo di dire "sì" nelle due lingue;
- in Italia: il sardo e l'italiano (in verità nella nostra penisola non c'è stato un volgare italiano unico, ma diverse lingue caratterizzate da un'omogeneità di fondo. Per indicare tale omogeneità Dante parla di una lingua del sì o lingua italica);
- nella Dalmazia e nelle isole adriatiche: il dalmatico (oggi estinto);
- nell'Alto Adige, in alcune zone del Friuli, nel Cantone dei Grigioni in Svizzera: il retoromanzo (le lingue riconosciute che ne fanno parte sono rispettivamente il ladino, il friulano e il romanico);
- nell'attuale Romania: il rumeno.

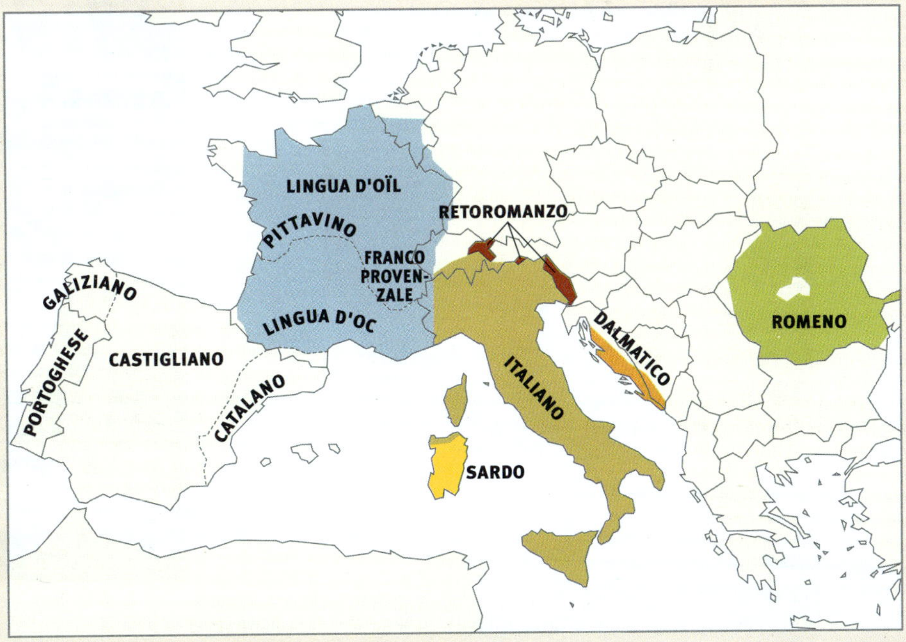

* **Romanzo**: l'aggettivo 'romanzo', contenuto nella definizione "lingue romanze", deriva dall'espressione latina *romanice loqui*, cioè 'parlare al modo dei cittadini che in origine erano romani', ovvero degli abitanti della Romània (l'area geografica dominata da Roma). Il termine 'romanzo' passa quindi a indicare il genere letterario più diffuso in lingua romanza: la narrativa cavalleresca, e poi qualsiasi tipo di narrazione, fino al moderno romanzo.

S7 INFORMAZIONI E APPROFONDIMENTI

Prime testimonianze di volgare italiano

L'*Indovinello veronese*

La versione più probabile del testo, difficilmente decifrabile, è la seguente: «se pareba boves, alba pratalia araba, / albo versorio teneba, et negro semen seminaba»: '[lo scrivano] spingeva innanzi a sé (*pareba* da *parabat* in latino) i buoi (cioè le proprie dita), arava i bianchi prati (la carta), teneva il bianco aratro (la penna: si tratta probabilmente di una penna bianca d'oca) e seminava il nero seme (l'inchiostro)'. L'interpretazione dell'indovinello sembra dunque legata al parallelismo fra l'atto di arare e di seminare e quello di scrivere, fra il contadino e lo scrivano.

Il *Placito capuano*

La parola "placito" viene dal latino *placitum* ('ciò che è piaciuto'); nel linguaggio giuridico è "ciò che è piaciuto al giudice", cioè la sentenza emessa per scritto a conclusione di un processo. Il *Placito capuano* è del marzo 960. Esso contiene la formula in volgare «Sao ko kelle terre, per kelle fini que ki contene, trenta anni le possette parte Sancti Benedicti» ('So che quelle terre, entro quei confini di cui qui si parla, le ha possedute per trent'anni l'Abbazia di Santo Benedetto'). Con tale formula fu risolta, dinanzi al giudice Arechisi, una lite giudiziaria fra il monastero di Montecassino e un uomo di Aquino.

L'*Iscrizione di San Clemente*

L'*Iscrizione di San Clemente* è apposta su un affresco che rappresenta un miracolo: i servi del pagano Sisinnio vogliono arrestare e portare via il santo e invece, senza che se ne accorgano, trascinano in realtà con fatica una pesante colonna. In bocca ai personaggi, come se fosse un fumetto, vengono messe delle frasi, e mentre il santo parla in latino, Sisinnio e due servi parlano in volgare: «SISINIUM: Fili dele pute, traite» ('Figli di puttane, tirate!'). «GOSMARIUS: Abertel, trai» ('Albertello, tira'); «ALBERTELLUS: Fàlite dereto colo palo, Carvoncelle» ('Fattigli sotto [di dietro] col palo, Carboncello'). «SANCTUS CLEMENS: Duritiam cordis vestris saxa traere meruistis» ('A causa della durezza del vostro cuore vi siete meritati di trascinare sassi'). Come si vede, il volgare romanesco è considerato un linguaggio basso rispetto al latino, lingua più elevata non a caso messa in bocca al santo.

[SOPRA] L'*Indovinello veronese*. Manoscritto della Biblioteca Capitolare di Verona.
[A DESTRA] Affresco della fine del secolo XI nella Basilica sotterranea di San Clemente a Roma.

7 Le istituzioni culturali fra Comuni e Signorie

La civiltà comunale in Italia L'apporto italiano alla cultura cortese* è limitato: la nostra cultura si sviluppa non dall'ambiente feudale ma dall'ambiente cittadino, per impulso non delle corti e dei castelli ma delle nuove istituzioni comunali e del nascente ceto borghese. L'Italia è infatti il paese dove fioriscono, dopo il 1100, i centri urbani più grandi e popolati (Firenze, Milano, Genova, Venezia). Nasce così la civiltà comunale: affermatasi agli inizi del Duecento, essa entra in crisi nella prima metà del Trecento. Il maggiore scrittore dell'età comunale è Dante Alighieri (1265-1321), capostipite e padre della letteratura italiana.

* **Cortese**: l'aggettivo deriva dalla *corte* del sovrano e del signore feudale e, in opposizione a ***villano***, allude alla condizione di vita tipica della società che frequenta i castelli. Mentre in una prima fase i valori feudali coincidono con il legame vassallatico e con la difesa della fede cristiana, in un secondo tempo, a partire dal XII-XIII secolo, essi si ingentiliscono, incarnando un modello di comportamento e un codice morale nuovi, ispirati a liberalità e gentilezza, e fondati sulla centralità dell'esperienza amorosa (si noti l'espressione ancora oggi diffusa "fare la corte"). "Cortese" diventa così, per estensione, sinonimo di magnanimità d'animo, educazione e raffinatezza di costumi.

Il Trecento fra «autunno del Medioevo» e rinnovamento umanistico Nel Trecento la civiltà medievale si avvia al suo tramonto, mentre emergono già alcuni elementi che anticipano la nuova civiltà dell'Umanesimo. Tutto il XIV secolo si presta dunque a una duplice interpretazione, a seconda che si sottolinei la continuità o la rottura rispetto al "vecchio" mondo medievale. Ai due opposti punti di vista corrispondono due diverse nozioni: "autunno del Medioevo" e "preumanesimo". Si parla di «autunno del Medioevo» (l'espressione compare nel titolo di una celebre opera, uscita nel 1919, dello storico olandese Johan Huizinga) se si vuole sottolineare la continuità dell'età medievale durante il XIV secolo ed evidenziare al contempo il suo tramonto, che si accompagna a sentimenti di nostalgia, di precarietà, di morte, di paura (tra i temi artistici di questo periodo spicca infatti quello del macabro). Si usa invece la nozione di "preumanesimo" se si vuole sottolineare la presenza, nell'arte e nella letteratura del Trecento, di motivi che anticipano l'Umanesimo, evidenziando la necessità di un rinnovamento culturale ispirato al mondo classico e alla lezione degli antichi. Questo intreccio fra elementi di continuità e di rottura con il passato è evidente nei due più grandi autori di questo periodo: Francesco Petrarca (1304-1374) e Giovanni Boccaccio (1313-1375).

espansioni digitali

MATERIALI PER IL RECUPERO
Il Trecento: l'età di Petrarca e di Boccaccio

I luoghi della cultura nel Trecento Se da una parte il Trecento è segnato da una grave crisi economica e demografica, dall'altra si assiste a una maggiore diffusione della cultura, che cessa di circolare solo presso istituzioni monastiche e universitarie e si sviluppa anche nelle botteghe, nei palazzi, nelle corti delle città mercantili d'Italia e d'Europa, tra uomini d'azione, politici,

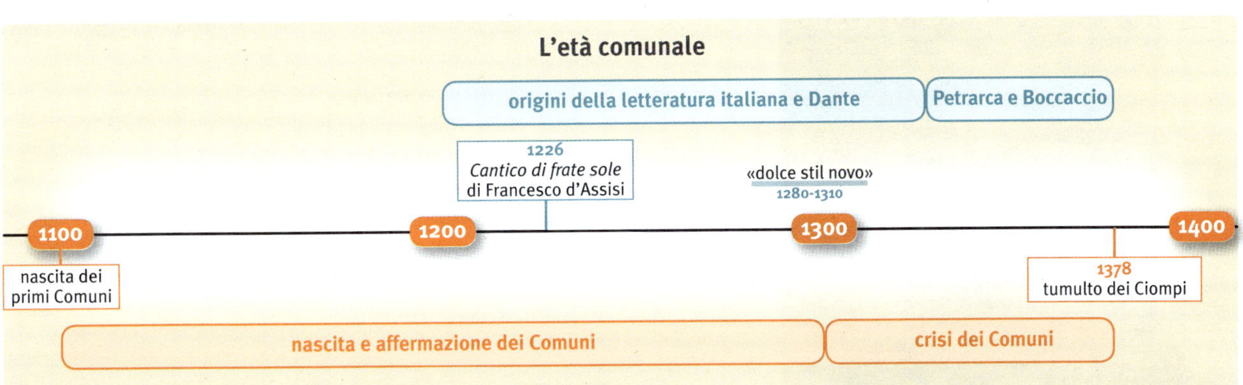

signori, cancellieri di repubbliche e perfino condottieri, mercanti e artigiani. I centri di elaborazione culturale si sviluppano essenzialmente intorno a tre tipi di istituzione: le università, i cenacoli, le corti. Le università conoscono un processo di crescita e di diffusione per iniziativa dei nuovi Stati nazionali e regionali, interessati a formare un personale specializzato che si occupi degli affari burocratici di sovrani e di signori. Un fenomeno nuovo è invece la nascita di cenacoli, vale a dire di forme di auto-organizzazione culturale degli intellettuali, che si riuniscono per discutere e per studiare insieme i classici. Ma sono le corti gli ambienti culturali per eccellenza, destinate a svilupparsi nei secoli successivi: esse sono sedi di committenza di opere d'arte, includono talvolta biblioteche in cui è conservato il patrimonio librario e possono ospitare importanti scrittori e artisti.

Gli intellettuali "separati" e i cortigiani Nel corso del XIV secolo emerge un crescente distacco fra attività pratiche e attività intellettuali. Si profila così la figura del letterato "separato", che vive il proprio ruolo al di fuori di un impegno d'ordine sociale, politico o religioso. I nuovi intellettuali tendono a stabilire rapporti del tutto personali con i detentori del potere sulla base di uno scambio: i signori offrono ospitalità e protezione, gli scrittori il lustro e il prestigio conferito dalla loro residenza nelle corti e dall'assolvimento di alcuni incarichi prestigiosi (ambascerie, direzione della segreteria del signore ecc.), nonché dalla celebrazione nelle loro opere della generosità dei mecenati.*

* **Mecenate**: chi protegge e finanzia gli studi e le attività artistiche. Il sostantivo deriva dal nome di G.C. Mecenate (70-8 a.C.), consigliere dell'imperatore Augusto e protettore di artisti e scienziati, tra cui il poeta Virgilio.

[A SINISTRA] Ritratto di Dante, affresco eseguito tra il 1366 e il 1375 da Jacopo di Cione. Firenze, Palazzo dei Giudici e dei Notai.
[SOPRA] Affresco eseguito tra il 1366 e il 1375 da Jacopo di Cione. Firenze, Palazzo dei Giudici e dei Notai.

8 Modelli letterari nella civiltà comunale

Il romanzo cortese e la lirica provenzale in Francia La nozione di genere letterario si riferisce a un insieme di opere che condividono determinati aspetti formali e tematici, hanno una funzione particolare e si rivolgono a un pubblico specifico. Alle origini delle letterature romanze la Francia ha un ruolo preminente in Europa. In questo paese la cultura cavalleresca e cortese accompagna la nascita di due grandi generi letterari: il romanzo cortese in versi, scritto in lingua d'*oïl*, fiorisce nella Francia settentrionale nel XII secolo; la poesia lirica provenzale, in lingua d'*oc*, fiorisce invece nella Francia meridionale e in Provenza già a partire dalla fine del secolo XI.

La letteratura volgare nell'Italia comunale In Italia, abbiamo detto, la cultura si sviluppa all'interno della nuova civiltà comunale, che vede sorgere un nuovo ceto sociale e dunque anche un nuovo pubblico per la letteratura: la borghesia. Il nuovo pubblico borghese contribuisce in modo determinante all'affermazione del volgare come lingua scritta nel corso del Duecento. Nasce così una letteratura in volgare destinata soprattutto al nuovo ceto mercantile e ai nuovi ceti politico-amministrativi. Al suo interno assume un'importanza particolare la lirica d'amore: rinata secondo i modelli cortesi dei trovatori provenzali e della corte siciliana di Federico, essa diviene dopo la metà del Duecento il genere più illustre della civiltà comunale, e dalla svolta stilnovista del bolognese Guido Guinizzelli (di cui puoi leggere la poesia-manifesto della svolta stilnovista in **T1** a p. 97) si sviluppa una tradizione che, attraverso Guido Cavalcanti e Dante, arriva fino a Petrarca (sullo Stil novo cfr. il **§ 2** del **Capitolo 3** p. 94 e il **§ 3** del **Capitolo 9**, p. 618).

La *Commedia* opera totale e universale Il capolavoro della letteratura medievale, la *Commedia* dantesca, aspira a coinvolgere un pubblico il più ampio e vario possibile. Il poema di Dante rappresenta un'originale mediazione fra generi, stili e linguaggi diversi proprio perché destinato a settori diversi di pubblico (alcuni canti del *Paradiso* presuppongono un pubblico di intellettuali e di uomini di alta cultura, mentre certi canti dell'*Inferno* potevano facilmente divenire "popolari"). L'autore si pone così l'obiettivo di comporre un'opera capace di totalità e di universalità, sia nella materia trattata sia nei registri stilistici adottati.

Il Trecento tra letteratura di consumo e d'*élite* Nel Trecento cresce la cerchia dei lettori provenienti dal ceto borghese cittadino e, di conseguenza, si sviluppa ulteriormente la letteratura d'intrattenimento destinata a questo tipo di pubblico. In particolare, si afferma decisamente la novella.* Così il *Decameron* di Boccaccio circola in vasti strati di pubblico prima ancora che la composizione del libro sia ultimata. Boccaccio è ben consapevole dei nuovi spazi che si aprono nella società del Trecento alla diffusione di una letteratura di facile consumo, che si rivolge a un pubblico allargato proponendosi innanzitutto il fine del diletto. Invece, sul fronte della poesia, la produzione lirica in volgare conferma e istituzionalizza i caratteri chiusi e aristocratici della tradizione cortese che aveva già segnato la stagione dei trovatori provenzali e lo Stilnovismo italiano. Nel *Canzoniere* Petrarca punta su scelte formali rigorose e selettive, intese a creare una lingua della poesia "separata", astratta e autosufficiente, ricca di sfumature emotive e di allusioni simboliche.

* **Novella**: è un componimento narrativo per lo più in prosa, di tono realistico ma a carattere avventuroso, leggendario o fantastico, spesso con intenti morali o didascalici. La novella anticipa il romanzo moderno.

per fare il punto | autoverifica delle conoscenze

Verifica la correttezza delle tue risposte sulla base dei paragrafi, dei testi o delle schede indicati a corredo di ciascuna domanda.

COMPRENDERE

1 Qual è il significato della parola "Medioevo" e con quale connotazione è stata usata inizialmente? (cfr. **S1**)

2 Quale periodo di tempo comprende l'epoca detta "Medioevo"? (cfr. **§ 1**)

3 Nell'Alto Medioevo quale fu il ruolo storico della Chiesa? (cfr. **§ 2**)

- a si occupò esclusivamente delle questioni religiose e della predicazione
- b seppe riempire il vuoto di potere conseguente alla disgregazione dell'Impero romano
- c si oppose con tutti i mezzi al potere imperiale
- d fu soggetta a una profonda crisi che accompagnò la decadenza dell'Impero romano

4 Le istituzioni universali nel Medioevo erano (cfr. **§ 2**)

- a Papato e Impero
- b Comuni e Papato
- c Monarchia e Repubblica
- d Comuni e Impero

5 L'incoronazione di Carlo Magno rappresentò simbolicamente (scegli le due risposte corrette) (cfr. **§ 2**)

- a il trasferimento del potere universale dell'Impero romano al popolo dei Franchi
- b la ratifica del rapporto stretto tra potere politico e potere religioso
- c l'esclusione del papato dall'ingerenza negli affari temporali
- d la cancellazione definitiva del potere universale dell'antico Impero romano

6 Completa il testo seguente, che riassume l'organizzazione del sistema feudale. (cfr. **§ 2**)

L'imperatore crea intorno a sé una rete di fedeli (i ....). In cambio di un ....
essi offrono al loro signore ....
Ben presto i .... si resero però autonomi cercando appoggio nei .... che
a loro volta disposero di .... Questo frazionamento segnò la fine del
....

7 Inserisci correttamente nella tabella gli enunciati che trovi di seguito. (cfr. § 4)

Alto Medioevo	Basso Medioevo
....	....
....	....
....	....
....	....
....	....
....	....

Iscrizione di San Clemente – economia curtense – rinascita della città – orologi – cattedrali romaniche – tempo di Dio – racconto per episodi in pittura – rapporti economici tra Venezia e Bisanzio – cattedrali gotiche – incastellamento dell'Europa – occupazione araba della Sicilia – latino parlato – affermazione dei volgari – Giuramento di Strasburgo – società "trinitaria" – economia mercantile

8 Completa la sintesi seguente scegliendo tra i termini e le espressioni quelli corretti. (cfr. § 5)

Mentre si consumava in Occidente il processo di decadenza dell'Impero romano, in ***estremo Oriente/medio Oriente*** il popolo arabo dava inizio ad una splendida civiltà. Portatori di una ***visione del mondo concreta e materiale/grande spiritualità*** gli Arabi raggiunsero risultati altissimi soprattutto nell'ambito ***letterario/scientifico***. Furono loro, tra l'altro, a rinnovare lo studio del filosofo ***Aristotele/Platone*** e a diffonderne la cultura attraverso ***Venezia/la Sicilia*** in tutta Europa.

9 Collega nel modo corretto. (cfr. § 6)

- Concilio di Tours
- Giuramento di Strasburgo
- *Iscrizione di San Clemente*
- *Placito capuano*

- primo riconoscimento del bilinguismo latino/volgare sentenza di una causa giudiziaria per derimere una lite
- primo fumetto della cultura grafica occidentale
- obbligo per i vescovi di usare il volgare nelle prediche
- formula di alleanza tra Carlo il Calvo e Ludovico il Germanico
- testimonianza di volgare parlato nel territorio di Capua
- il volgare sentito come lingua comprensibile al pubblico
- riconoscimento dei volgari come lingue 'nazionali'

per fare il punto *autoverifica delle conoscenze*

CONFRONTARE

10 La cultura italiana nel Medioevo si sviluppò soprattutto (cfr. § 7)

- a nelle campagne
- b nelle corti feudali
- c nelle pievi
- d nell'ambiente comunale

11 Durante il Trecento cresce il pubblico dei lettori borghesi. Quale conseguenza ha questo fenomeno sui generi letterari? Scegli le risposte corrette. (cfr. § 8)

- a scompare la letteratura religiosa
- b si afferma la letteratura d'intrattenimento
- c si istituzionalizza la chiusura aristocratica del genere lirico
- d la poesia cortese si diffonde anche a livello popolare

12 Nella prima metà del Trecento comincia ad affermarsi l'"intellettuale cortigiano". Quali sono le sue caratteristiche? Individuale nell'elenco seguente. (cfr. § 8)

- a offre ai potenti la propria cultura e attività in cambio di ospitalità e protezione
- b assolve a compiti prestigiosi di carattere diplomatico
- c condivide lo stato dei più umili servitori
- d ha funzione di critica e vigilanza sul potente

13 Quale delle due immagini riproduce un esempio di arte romanica e quale di arte gotica? Giustifica la tua attribuzione sulla base di quanto hai studiato ed eventualmente sui concetti chiave che hai estrapolato dalla videolezione ***"Il Medioevo: sulle strade che uniscono l'antico al moderno"***.

[SOPRA] Chiesa di San Michele a Pavia (primi decenni del XII secolo).
[A DESTRA] Vetrata della Cattedrale di Chartres (XII-XIII secolo).

MAPPE DI STORIA LETTERARIA

1. Il Medioevo: storia, società, immaginario
2. La letteratura in lingua d'*oc* e d'*oïl*
3. Lo sviluppo della prosa
4. La poesia lirica in Italia
5. La letteratura religiosa
6. Dante Alighieri
7. Francesco Petrarca
8. Giovanni Boccaccio

Il Medioevo: storia, società, immaginario

VEDI Il Medioevo e noi

La parola **Medioevo** (che significa, letteralmente, 'età di mezzo') nasce nel Quattrocento per indicare il periodo tra la fine del mondo classico-pagano e la nuova cultura umanistica. Fino al Romanticismo, che inaugura una rivalutazione di questo periodo, nel concetto era implicita una valutazione negativa: questa epoca storica veniva considerata un periodo di decadenza e di arretratezza economica, sociale e culturale. Questa accezione negativa tuttavia è rimasta ancor oggi nel senso comune.

VEDI CAPITOLO 2/Storia, immaginario, letteratura, PARAGRAFO 1/Il Medioevo un lunghissimo periodo

Secondo la periodizzazione più diffusa, il **Medioevo** copre più di un millennio, dalla caduta dell'Impero romano d'Occidente (**476 d.C.**) alla scoperta dell'America (**1492**); è difficile, perciò, condividere il giudizio negativo sull'intera epoca formulato prima dagli intellettuali umanisti, poi da quelli illuministi. Benché sia possibile individuare alcune caratteristiche comuni all'intero Medioevo, infatti, nel corso di questi dieci secoli vi furono profondi e radicali mutamenti.

VEDI CAPITOLO 2/Storia, immaginario, letteratura, PARAGRAFO 2/Universalismo e particolarismo

Il periodo che meglio corrisponde all'immagine dei "secoli bui" è l'**Alto Medioevo** (dal V secolo all'anno Mille), durante il quale in Europa si compie la dissoluzione delle strutture politiche, economiche e sociali dell'Impero romano. Nel corso di questi secoli si sviluppa nei territori europei una nuova forma di organizzazione economica e sociale, il **feudalesimo**. Il sistema feudale è contemporaneamente particolaristico e universale: i vari territori sono controllati da un'autorità locale (feudatario, vescovo, monastero ecc.) che però deriva il proprio potere dalle grandi istituzioni universali del **Papato** e dell'**Impero.** La giustificazione ultima di ogni autorità, inoltre, risiede su un piano metafisico: le istituzioni terrene, della Chiesa o dell'Impero, sono volute da Dio.

VEDI CAPITOLO 2/Storia, immaginario, letteratura, PARAGRAFO 6/Dal latino ai volgari

Durante l'Alto Medioevo, infatti, si compie l'unificazione religiosa dell'Europa nel segno del **Cristianesimo**. Le istituzioni ecclesiastiche si innestano su quelle in dissoluzione dell'Impero romano, esercitando un ruolo di continuità e selezione dell'eredità del mondo antico particolarmente importante sul piano culturale: è grazie all'attività di trascrizione dei manoscritti nei **monasteri** medievali, infatti, che i testi della cultura greca e romana sono arrivati fino a noi. Mentre nei vari territori europei si sviluppano nuove **lingue parlate** (i volgari), la cultura scritta si esprime in **latino** ed è, di fatto, monopolio degli uomini di Chiesa.

VEDI CAPITOLO 1/I testi di accesso, TESTO 1
VEDI CAPITOLO 2/Storia, immaginario, letteratura, PARAGRAFO 4/Spazio e tempo

La percezione della realtà in questo periodo è molto diversa dalla nostra di oggi. La realtà terrena è percepita come inquietante e minacciosa, perché la civiltà medievale non possiede più gli strumenti per conoscerla e controllarla; viene perciò degradata a semplice momento di passaggio verso la vera vita, quella invisibile dell'anima nell'aldilà. Tutto ciò che accade sulla terra, ogni realtà storica o naturale, viene interpretato come **simbolo** della superiore **verità religiosa**.

Mentre in Occidente l'Impero romano si dissolve, in Oriente l'Impero bizantino costituisce un'unità territoriale vitale e compatta. L'**influenza della cultura bizantina** in Occidente è però modesta, a causa delle difficoltà di comunicazione aggravatesi dopo la conquista araba del Mediterraneo sudorientale. È proprio la **cultura araba**, invece, a fornire un apporto decisivo all'Europa occidentale, sia in campo scientifico che letterario e filosofico: molti testi fondamentali della filosofia greca arrivano in Occidente attraverso la mediazione delle traduzioni arabe. Per esempio, il pensiero di Aristostele ci giunge attraverso la mediazione araba di Avicenna e di Averroè.

VEDI CAPITOLO 2/Storia, immaginario, letteratura, PARAGRAFO 5/L'Occidente e le altre culture

VEDI CAPITOLO 6/Boccaccio e il *Decameron*, *espansioni digitali* PERCORSO 2/La dimensione interculturale: il rapporto tra le culture e le religioni nel *Decameron*

VEDI CAPITOLO 9/Cronache di città e di viaggi, PARAGRAFO 4/Come gli Arabi vedono gli altri popoli

Dopo **il Mille** migliorano significativamente le condizioni di vita in Europa. Riprende la vita nelle città, e l'orgoglio cittadino si manifesta nella costruzione delle grandi cattedrali gotiche. In Italia si crea un sistema economico unitario città-campagna, con la netta subordinazione del contado all'economia cittadina. Nasce una nuova classe dedita ai commerci, all'artigianato e alle attività finanziarie. Lo spazio e il tempo del **mercante** sono misurabili, quantificabili, e ad essi corrisponde un controvalore in denaro.

VEDI CAPITOLO 2/Storia, immaginario, letteratura, PARAGRAFO 3/Campagna e città

VEDI CAPITOLO 6/Boccaccio e il *Decameron*, PERCORSO 3/Prospettiva borghese-mercantile e prospettiva cortese

Nell'arte si percepisce un cambiamento nella concezione della realtà: la natura viene ora considerata come qualcosa che può essere buono in sé e gli aspetti del creato assumono un valore autonomo. Si sviluppa così, al posto del simbolismo, una nuova attenzione per la bellezza della realtà (**realismo**) che si accompagna alla ricerca di un suo significato religioso o metafisico, che non si dà più immediatamente nelle cose stesse, ma va cercato razionalmente (con i procedimenti, cioè, non più del simbolismo, ma dell'**allegoria**).

VEDI CAPITOLO 1/I testi di accesso, TESTO 2

La supremazia nel campo dell'arte e della cultura, che nell'epoca precedente era stata appannaggio dei monasteri isolati e rurali, passa ora alle **città**. Gli intellettuali non sono più soltanto uomini di Chiesa, ma anche laici: il maestro di scuola, il professore universitario, il notaio. Nasce un nuovo pubblico formato dal ceto mercantile, dall'*élite* politico-amministrativa cittadina e dalle donne degli strati sociali più elevati.

VEDI CAPITOLO 2/Storia, immaginario, letteratura, PARAGRAFO 7/Le istituzioni culturali fra Comuni e Signorie, PARAGRAFO 8/Modelli letterari nella civiltà comunale

espansioni digitali linea del tempo interattiva

Alto Medioevo	Basso Medioevo
crisi economica e dissoluzione delle strutture sociali e politiche dell'Impero romano	rinascita dei commerci e affermazione della nuova figura del mercante
universalismo di Chiesa e Impero	crisi delle istituzioni universali e nascita dei Comuni e degli Stati nazionali
feudalesimo	urbanizzazione e primato della città sulla campagna
svalutazione della realtà terrena, percepita come inquietante	valorizzazione della realtà terrena
primato del simbolo e della verità religiosa	primato dell'allegoria e dell'interpretazione razionale
cultura come monopolio della Chiesa e importanza dei monasteri	laicizzazione della cultura e nascita di un nuovo pubblico 'borghese' e cittadino
primato del latino come lingua della scrittura	affermazione dei volgari e nascita delle letterature nazionali

- **476** caduta dell'Impero romano d'Occidente
- **800** Carlo Magno diventa imperatore
- **1000**
- **1099** i cristiani occupano Gerusalemme
- **1200** I Comuni del nord Italia sconfiggono Federico I Barbarossa a Legnano
- **1492** scoperta dell'America

La letteratura in lingua d'*oc* e d'*oïl*

LA LINGUA ITALIANA PRO DETTA DEL SI
LA LETTERATURA ALL'INIZIO ERA IN LATINO E BASTA

SI DAVANO I NOMI ALLE LINGUE IN BASE A COME SI DICEVA SI

VEDI Il Medioevo e noi. La nascita delle lingue moderne

Nel corso del Medioevo accanto alla letteratura in latino si sviluppano le letterature nelle nuove lingue europee. Il processo che conduce dal latino parlato alle **lingue romanze** si attua gradualmente, in più secoli. Le prime testimonianze scritte delle nuove lingue risalgono al IX secolo, mentre i primi testi letterari risalgono al secolo XI, e appartengono all'area linguistica francese.

VEDI CAPITOLO 6/Il cavaliere nella *chanson de geste* e nel romanzo cortese

Il primato cronologico della letteratura francese corrisponde a un'egemonia culturale: è dalla Francia, infatti, che si diffonde la **cultura cortese**, espressione di una cultura laica, sorta al di fuori della Chiesa, nelle corti dell'aristocrazia feudale. I generi principali della letteratura francese – la ***Chanson de geste*** e il **romanzo cavalleresco** in lingua d'*oïl* e la **poesia lirica** in lingua d'*oc* – riflettono le vicende storiche dell'istituzione sociale della **cavalleria**: in origine rozzi e brutali avventurieri, intorno al Mille i cavalieri si sottomettono ai valori cristiani e mettono la propria forza e abilità guerresca al servizio di nobili imprese. Diventano così portatori di un'ideologia fondata sulla liberalità e la "cortesia".

VEDI CAPITOLO 9/L'amore nella poesia lirica e comica, PARAGRAFO 1/La lirica d'amore provenzale

Nasce la figura del **cavaliere-poeta** che canta la donna amata ripetendo nei suoi confronti l'atto di vassallaggio dovuto al signore: l'**amore cortese** comporta così una rivalutazione della figura femminile. La lirica dei poeti provenzali, detti **trovatori**, fiorì nella Francia meridionale e in **Provenza** tra la fine del secolo XI e i primi due decenni del XIII. Fu praticata in modi assai diversi, che vanno dal *trobar clus* (poetare 'chiuso') al *trobar leu* (poetare 'lieve'), dalla idealizzazione dell'amore alla sua rappresentazione sensuale.

letteratura in lingua d'*oïl*
- epica: *Chanson de geste*
  - TEMI: guerra, religione
- romanzo cavalleresco
  - TEMI: amore, avventura, ricerca

letteratura in lingua d'*oc*
- poesia lirica dei trovatori
  - TEMI: amore cortese

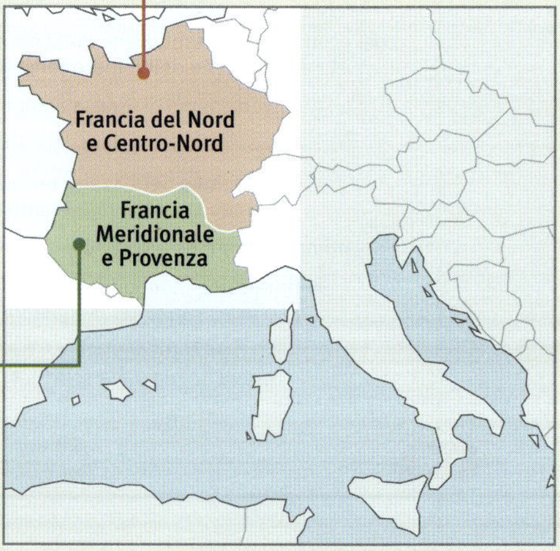

Lo sviluppo della prosa

VEDI CAPITOLO 8/Cronache di città e racconti di viaggi, PARAGRAFO 1/Il benessere nella società comunale, PARAGRAFO 2/La cronaca politica di un cittadino fiorentino

Nel corso del Duecento cominciano a diffondersi le ***chronicae***, interessate all'attualità delle vicende politiche comunali. Sono scritte in latino (come quella milanese di **Bonvesin de la Riva**), in francese o in volgare. A Firenze, dove opera anche il cronista **Giovanni Villani**, il capolavoro di questo genere di storiografia è la *Cronica delle cose occorrenti ne' tempi suoi* di **Dino Compagni (1260-1324)**, che si concentra sugli anni tra il 1280 e il 1312, descrivendo in particolare le vicende del conflitto tra Bianchi e Neri.

VEDI CAPITOLO 8/Cronache di città e racconti di viaggi, PARAGRAFO 3/L'epoca dei grandi viaggi e *Il Milione* di Marco Polo

Nell'immaginario occidentale l'Oriente è sempre stato un "orizzonte mentale" più che geografico. Il bisogno di conoscere l'Oriente era dovuto a motivi religiosi e a ragioni economiche, che però non sono sufficienti, da soli, a spiegare la genesi e la fortuna della cronaca di **Marco Polo**, resoconto di un **viaggio in Oriente** (svoltosi tra il 1271 e il 1295) redatto in francese da **Rustichello da Pisa** (i due, catturati dai genovesi, che erano in guerra con i veneziani, collaborarono alla stesura durante la loro prigionia). La genesi e la fortuna di questa cronaca hanno a che fare soprattutto con il "mito" dell'Oriente, che essa d'altronde contribuisce a creare. L'opera, dopo l'esordio e il prologo, si sviluppa per oltre duecento capitoli che narrano il viaggio Venezia-Pechino e ritorno. ***Il Milione*** si regge su uno straordinario equilibrio fra realtà e fantasia; in esso confluiscono diversi generi: la cronaca, il trattato scientifico, il romanzo d'avventura, il manuale mercantile, la relazione diplomatica, la relazione religiosa.

VEDI CAPITOLO 5/Boccaccio e il *Decameron*, PARAGRAFO 3/Dal *Novellino* al *Decameron*

Solo molto lentamente in Italia la narrativa diventa una forma d'arte: il processo si conclude solo nel Trecento, con Boccaccio. Le ragioni vanno ricercate nelle sue origini, legate all'oralità e a un pubblico vasto e "basso", cui si rivolgeva una materia narrativa che a lungo restò collettiva, anonima. La **novella** è il punto di arrivo di un processo per cui il gusto del racconto si affranca da ogni fine educativo o morale. Il maggior risultato della novellistica duecentesca è il ***Novellino***, raccolta composta probabilmente in ambiente fiorentino nell'ultimo ventennio del Duecento. È un'opera d'intrattenimento, scritta per dilettare e non solo per istruire. L'autore si propone di trapiantare dall'ambiente cortese a quello borghese la "bellezza" del parlare, dei comportamenti, dell'amore.

espansioni digitali
linea del tempo interattiva

a Firenze
Novellino
1281-1300
RACCOLTA DI NOVELLE

a Firenze
Cronica delle cose occorrenti ne' tempi suoi di Dino Compagni
1310-1312
CRONACA CITTADINA

1270 — 1280 — 1290 — 1300 — 1310 — 1320

in una prigione di Genova
Il Milione di Marco Polo e Rustichello da Pisa
1298
LIBRO DI VIAGGIO

La poesia lirica in Italia

VEDI ▶ CAPITOLO 9/L'amore nella poesia lirica e comica, PARAGRAFO 2/La lirica siciliana

La poesia lirica italiana nasce alla corte di **Federico II di Svevia** (imperatore dal 1220 al 1250). I **poeti siciliani** – tra i quali spiccano **Giacomo da Lentini, Guido delle Colonne** e **Stefano Protonotaro** – riprendono temi e forme della lirica provenzale, privilegiando il tema amoroso e l'idealizzazione della donna; scrivono in un volgare siciliano nobilitato da prestiti latini, provenzali e da altri dialetti italiani; inventano la forma metrica del **sonetto** e importano in Italia dalla Provenza la **canzone**.

VEDI ▶ CAPITOLO 9/L'amore nella poesia lirica e comica, SCHEDA S7/La poesia siculo-toscana

Il tramonto della civiltà letteraria siciliana coincide con il suo trapianto in Toscana. Chiamando **Siculo-toscani** i nuovi poeti, si vogliono sottolineare sia gli elementi di continuità che quelli di novità rispetto alla tradizione precedente. Tra questi autori un ruolo di primo piano spetta a **Guittone d'Arezzo** (1230 ca.-1294): il suo apporto più originale è la canzone politica e civile.

VEDI ▶ CAPITOLO 3/Dante e la *Commedia*, TESTI T1, T2
VEDI ▶ CAPITOLO 9/L'amore nella poesia lirica e comica, PARAGRAFO 3/Lo Stil novo

Il **«dolce stil novo»** si afferma tra il 1280 e il 1310 a Firenze. Il bolognese **Guido Guinizzelli** (1230 ca.-1276) ne viene considerato un precursore, e massimi esponenti furono **Dante Alighieri** (1265-1321) e **Guido Cavalcanti** (1259 ca.-1300). L'opera di quest'ultimo ha come tema unico l'amore, vissuto come opportunità di nobilitazione ma soprattutto come devastante esperienza di angoscia che conduce alla disgregazione dell'io.

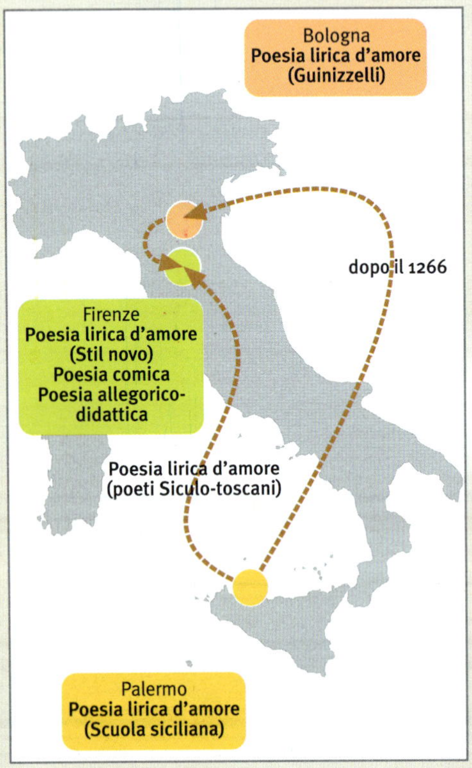

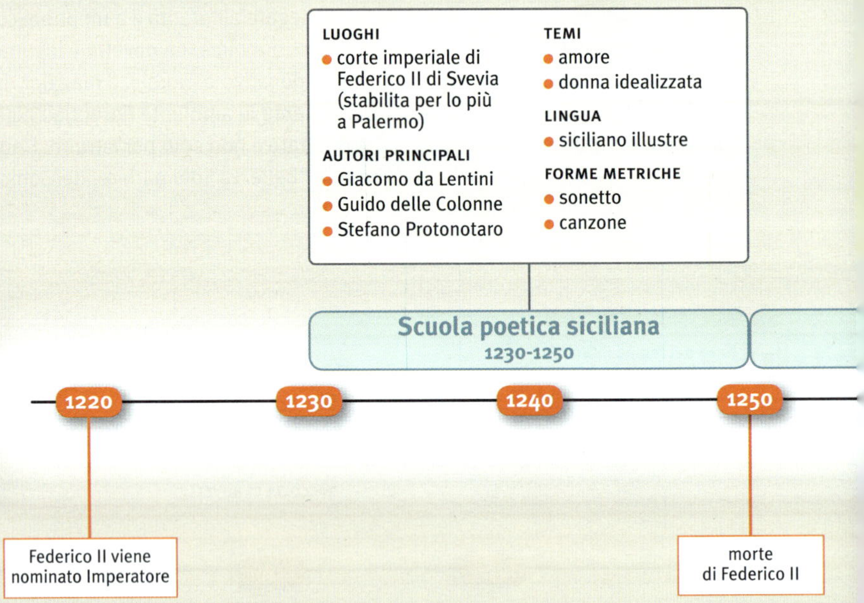

VEDI CAPITOLO 1/I testi di accesso, TESTO T3
VEDI CAPITOLO 3/Dante e la *Commedia*, TESTI T3, T4 T5, T6

L'originalità della nuova poetica è innanzitutto tematica e riguarda due punti essenziali: che cos'è e come agisce l'amore. Per gli stilnovisti l'amore non è semplice corteggiamento, ma nobilitazione interiore, adorazione di una donna che non è più come un angelo, ma è un angelo. **Amore, poesia ed elevazione spirituale** sono tre aspetti di un unico valore supremo: la **gentilezza**. Questa non dipende dalla nobiltà di sangue, ma dalla cultura e dalla sensibilità del singolo (in ciò si coglie la matrice borghese del «dolce stil novo»). Sul piano stilistico la novità riguarda l'amalgama linguistico, metrico, sintattico, che deve risultare "dolce", cioè elevato e puro e insieme musicale e melodioso. Il pubblico delle "nuove rime" è quello di un'*élite* che proviene dalla nobiltà feudale e dagli strati intellettuali più elevati della borghesia cittadina.

VEDI CAPITOLO 9/L'amore nella poesia lirica e comica, PARAGRAFO 4/La poesia comica

Dopo il 1260 si diffonde in **Toscana** una linea di **poesia "comica"** che si contrappone, con intenti parodici, a quella elevata e tragica dei Siculo-toscani e degli stilnovisti. La poesia "comica" offre un orizzonte tematico interamente laico e mondano. I motivi più frequenti sono l'amore sensuale per una donna, che è il rovesciamento malizioso della donna-angelo stilnovista; i piaceri del gioco e del vino; il bisogno di denaro; l'aggressione verbale personale. I poeti più rappresentativi sono Rustico Filippi (attivo fra il 1260 e il 1290), Folgòre da San Gimignano (1270 ca.-1332 ca.) e il senese **Cecco Angiolieri** (1260-1313 ca.), che ne è il principale esponente.

VEDI CAPITOLO 9/L'amore nella poesia lirica e comica, TESTO T8

Il mondo di **Cecco Angiolieri** è il **rovescio di quello della tradizione poetica illustre**. La sua opera è frutto di un'operazione intellettuale e di una costruzione letteraria alternativa al modello dello Stil novo, ma non per questo meno codificata.

espansioni digitali
linea del tempo interattiva

LUOGHI
- Bologna (Guinizzelli)
- Firenze

AUTORI PRINCIPALI
- Guido Guinizzelli (precursore)
- Guido Cavalcanti
- Dante Alighieri

TEMI
- amore come elevazione spirituale
- donna-angelo
- "gentilezza" come nobiltà d'animo
- psicologia e filosofia dell'amore (contenuto dottrinario)
- amore come esperienza devastante e angosciosa (Cavalcanti)

LINGUA
- toscano

STILE
- "dolcezza", soavità ed eleganza espressiva

PUBBLICO
- cerchia selezionata e colta composta dalla nobiltà feudale e dalla nuova borghesia urbana

produzione poetica di Guido Guinizzelli - 1260-1276

«dolce stil novo» 1280-1310

produzione poetica dei Siculo-toscani 1250-1290 circa

1260 – 1270 – 1280 – 1290 – 1300 – 1310

poesia "comica" 1260-1310

LUOGHI
- Comuni della Toscana

AUTORE PRINCIPALE
- Guittone d'Arezzo

TEMI
- politici e civili

LINGUA
- toscano

LUOGHI
- Toscana

AUTORI PRINCIPALI
- Rustico Filippi
- Folgòre da San Gimignano
- Cecco Angiolieri

TEMI
- amore sensuale
- piaceri del gioco e del vino
- denaro
- aggressione verbale personale

LINGUA
- toscano

STILE
- linguaggio basso e popolare
- parodia e rovesciamento del linguaggio cortese

La letteratura religiosa

VEDI CAPITOLO 7/La fede e la letteratura religiosa, PARAGRAFO 1/L'abbraccio tra Dio e il creato

In Italia la letteratura in volgare si sviluppa a partire dal Duecento in ambito religioso. Il XIII secolo è attraversato infatti da una forte corrente di spiritualità e da radicali esigenze di rinnovamento a carattere popolare, che la Chiesa riesce a tenere sotto controllo grazie all'azione degli **ordini mendicanti**: i **domenicani** (1216) e i **francescani** (1223). Con **san Francesco** (1182-1226) nascono un nuovo modo di vivere l'esperienza cristiana e una poesia nuova. Francesco rilancia l'idea evangelica della fratellanza umana e di un rapporto armonioso e gioioso dell'uomo con la natura e con Dio. Questo messaggio ottimistico e rivoluzionario è affidato al ***Cantico di frate Sole***, il primo testo artistico della letteratura italiana.

VEDI CAPITOLO 7/La fede e la letteratura religiosa, PARAGRAFO 3/La religiosità severa di Jacopone da Todi

La forma più importante della letteratura religiosa duecentesca in volgare è la **lauda**, un genere poetico che canta le lodi di Maria, di Cristo e dei santi e che si diffonde a partire dall'Umbria. Il più importante autore di laudi è il francescano **Jacopone da Todi** (1226-1303), che a causa del suo rigorismo religioso (apparteneva alla schiera degli spirituali che si opponevano al lassismo dei conventuali) fu imprigionato da papa Bonifacio VIII. Il laudario iacoponico è la testimonianza di una rabbiosa irrequietezza nei confronti della condizione umana e della ricerca di un Dio che resta nascosto, irraggiungibile. Lo stile è perciò molto originale, duro, teso, con punte di violenta incisività. Solo il ***Pianto della Madonna*** sembra segnare una possibilità di incontro tra condizione umana e altezza divina: nella Passione di Cristo e negli accenti dolenti e teneri di Maria il conflitto di Jacopone pare rasserenarsi.

VEDI CAPITOLO 7/La fede e la letteratura religiosa, PARAGRAFO 5/La predicazione moraleggiante di Jacopo Passavanti

In **prosa**, la letteratura religiosa in volgare si esprime nella **predica** e nella **agiografia**. Nella predica l'uso delle forme narrative e dell'arte stessa del racconto si presenta per un verso affine e per l'altro alternativo alla novellistica: affine perché molto simili e talora identici sono lo sviluppo narrativo e i temi; alternativa perché, mentre la novella punta al piacere del lettore, la predica utilizza la narrazione a scopi religiosi. I grandi predicatori del Trecento sono **Domenico Cavalca** (1270-1342) e **Jacopo Passavanti** (1302-1357).

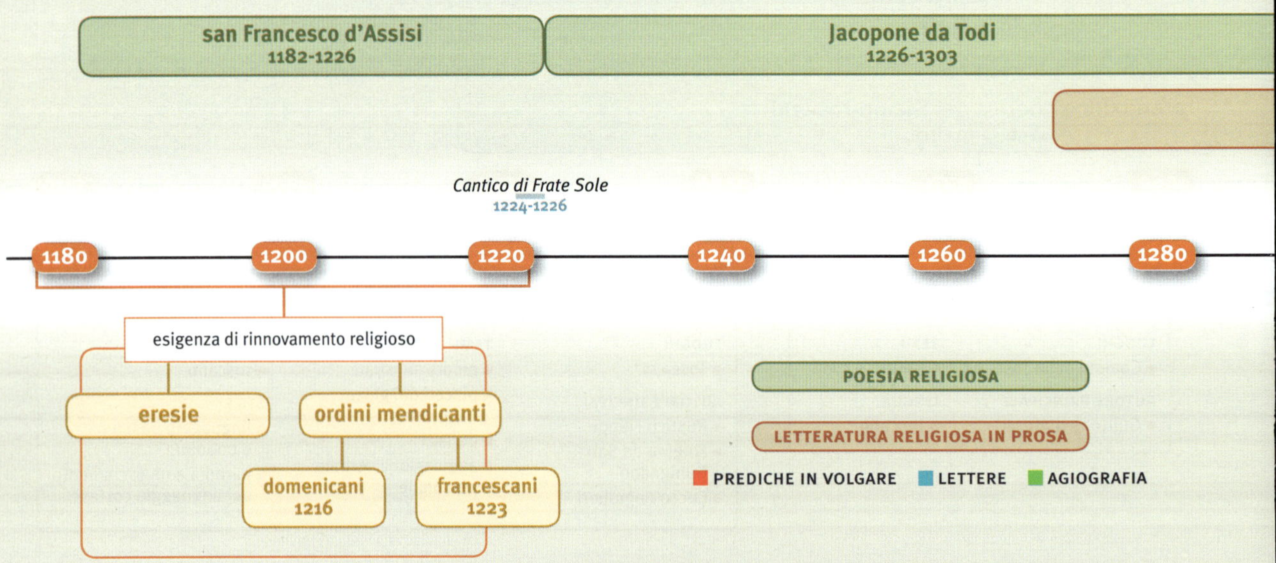

L'agiografia è la forma letteraria preferita dalla **letteratura francescana**. Un anonimo frate minore toscano nel 1380 volgarizza e riduce una precedente opera in latino da cui seleziona 53 aneddoti che raccontano episodi significativi della vita del santo: sono ***I fioretti di san Francesco***.

VEDI CAPITOLO 7/La fede e la letteratura religiosa, PARAGRAFO 2/La produzione agiografica

Santa Caterina da Siena (1347-1380) è la prima autrice della letteratura italiana. Il suo ***Epistolario*** (381 lettere scritte nel decennio 1370-1380) rivela una fortissima personalità **mistica**, con caratteri di intensa passionalità e di vibrante adesione agli aspetti elementari, terreni della vita quotidiana, idealizzati ed elevati a immagini della trascendenza.

VEDI CAPITOLO 7/La fede e la letteratura religiosa, PARAGRAFO 4/La voce di una donna: Caterina da Siena

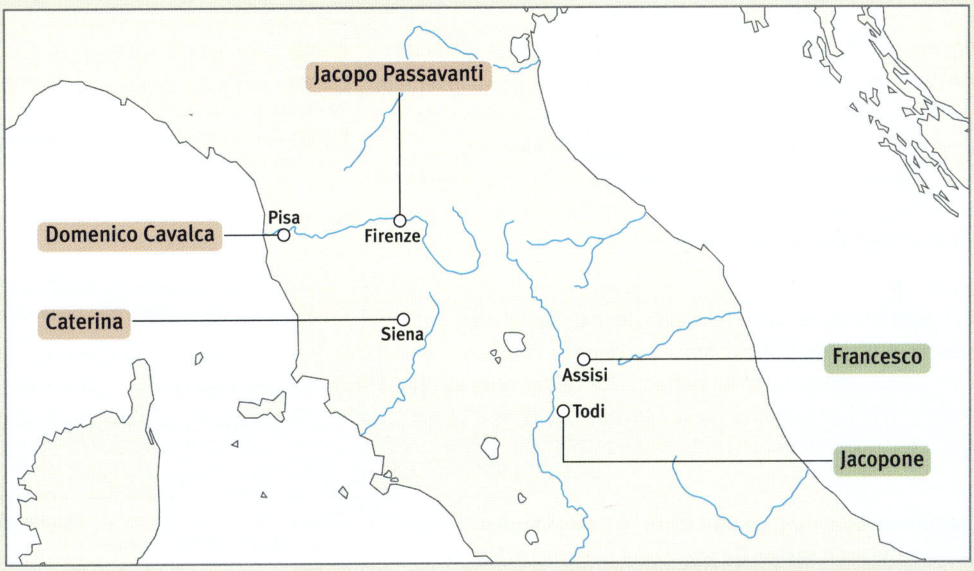

espansioni digitali
linea del tempo interattiva

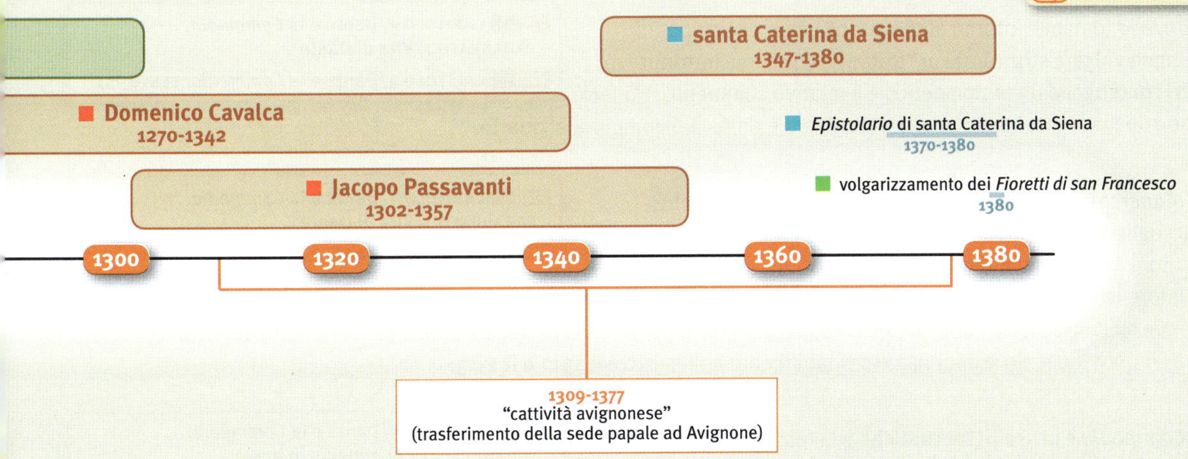

Dante Alighieri

VEDI CAPITOLO 3/Dante e la *Commedia*, PARAGRAFO 1/Vita di Dante

Dante nacque a Firenze nel **1265** da una famiglia appartenente alla piccola nobiltà cittadina. Gli anni della giovinezza furono segnati da una formazione culturale ampia e varia e dall'esperienza poetica stilnovista, a cui è legato il "mito di **Beatrice**", la donna amata. Dopo la morte di quest'ultima (1290), Dante attraversò un periodo di "traviamento" morale e culturale. Intorno al 1295 si avvicinò alla politica, ricoprendo cariche pubbliche di importanza sempre maggiore fino al conseguimento della più prestigiosa: il **priorato** (**1300**). Con la vittoria dei Guelfi neri, Dante, che si era schierato con i Bianchi, venne condannato all'**esilio**. Il poeta trascorse il resto della vita ospite di varie corti e signori, fino alla morte avvenuta a Ravenna il 13 settembre **1321**. Con l'eccezione della *Vita nuova*, tutte le sue opere maggiori furono composte in esilio.

VEDI CAPITOLO 1/I testi di accesso, TESTO T3
VEDI CAPITOLO 3/Dante e la *Commedia*, PARAGRAFO 1/Vita di Dante
VEDI CAPITOLO 3/Dante e la *Commedia*, PARAGRAFO 3/La *Vita nuova* e la poesia d'amore, TESTI T3, T4, T5, T6

La ***Vita nuova*** è la prima opera organica di Dante. Raccoglie una parte dei testi poetici composti nella prima giovinezza, inseriti in un lungo racconto in prosa che funge da contesto narrativo e da commento ai testi poetici. L'organizzazione definitiva dell'opera risale a un periodo compreso tra il **1293** e il **1295**. Nei quarantadue capitoli del libro viene raccontato l'amore per Beatrice e le vicende successive alla sua morte prematura.

VEDI CAPITOLO 3/Dante e la *Commedia*, TESTI T7, T8

Prende oggi il nome di ***Rime*** l'insieme delle composizioni poetiche attribuite a Dante e non incluse nella *Vita nuova* né nel *Convivio*. Le *Rime* abbracciano un periodo che va **dal 1283 al 1307**. L'arco formale e tematico va dalle rime stilnovistiche al registro comico (nella *Tenzone* con Forese Donati), dalle rime allegoriche e dottrinali a quelle "petrose" ispirate al *trobar clus*.

VEDI CAPITOLO 3/Dante e la *Commedia*, PARAGRAFO 1/Vita di Dante
VEDI CAPITOLO 3/Dante e la *Commedia*, TESTO T10

Il ***De vulgari eloquentia*** è un trattato in latino, composto probabilmente **tra il 1303 e il 1304**. Tema dell'opera è la definizione di una **lingua volgare illustre**, che non si riscontra in alcuno dei volgari parlati ma va ritrovata nei migliori scrittori in volgare, nonché una rassegna delle forme retoriche (metrica, stile ecc.) nelle quali impiegare la nuova lingua. Anche questo trattato è incompiuto.

VEDI CAPITOLO 3/Dante e la *Commedia*, PARAGRAFO 1/Vita di Dante
VEDI CAPITOLO 3/Dante e la *Commedia*, TESTO T11

Il ***Convivio*** (databile intorno al **1304-1308**) è un'enciclopedia in lingua volgare strutturata in "trattati"; il primo è introduttivo, gli altri contengono un testo poetico e il relativo commento. L'opera avrebbe dovuto contenere quindici trattati, ma è rimasta incompiuta al quarto.

VEDI CAPITOLO 3/Dante e la *Commedia*, PARAGRAFO 1/Vita di Dante
VEDI CAPITOLO 3/Dante e la *Commedia*, TESTO T9

La ***Monarchia*** è l'unica opera teorica che Dante completò; raccoglie in forma organica e in tre libri le idee politiche dell'autore fondate sulla teoria dell'equilibrio dei poteri fra imperatore (che regna sui corpi e sulle cose) e papa (che regna invece sulle anime): nessuno dei due deve dominare sull'altro ma entrambi devono cooperare al fine della salvezza delle anime e del benessere dei sudditi. La sua composizione (in latino) risale probabilmente agli anni **tra il 1312 e il 1313**.

VEDI CAPITOLO 3/Dante e la *Commedia*, PARAGRAFO/La *Commedia* in breve

La ***Commedia*** è divisa in **tre cantiche** e la materia è distribuita in **cento canti**. Il metro usato è l'**endecasillabo** raggruppato in **terzine** e legato dalla **terza rima**. Gli studiosi moderni sono concordi nell'attribuirne per intero la composizione agli anni dell'esilio.

L'Inferno è concepito da Dante come un profondo abisso a forma di imbuto prodotto dalla caduta sulla terra di Lucifero.

VEDI CAPITOLO 3/Dante e la *Commedia*, SCHEDA S6/La struttura dell'Inferno

La voragine infernale è suddivisa in **nove cerchi digradanti** verso il fondo: man mano che si scende i cerchi sono più piccoli e più gravi i peccati puniti. Alla soglia dell'Inferno stanno gli ignavi; il primo cerchio è quello del Limbo; dal secondo al quinto sono puniti i peccati di incontinenza (lussuria, gola, avarizia, ira); nel sesto si trovano gli eretici; nel settimo sono puniti i violenti; nell'ottavo e nel nono i fraudolenti.

L'*Inferno* è la cantica concepita con più rigore strutturale e geometrico. Sul piano artistico è quella in cui si attua la maggiore ricchezza e varietà stilistica. Alla ricchezza formale corrisponde la varietà narrativa; in particolare è tipico dell'*Inferno* il rapporto conflittuale e antagonistico di Dante con i dannati.

VEDI CAPITOLO 3/Dante e la *Commedia*, TESTI T12, T13, T16, T18, T19

Il Purgatorio non appartiene alle credenze originarie della cristianità; fu riconosciuto come argomento di fede solo nel 1274.

VEDI CAPITOLO 3/Dante e la *Commedia*, TESTO T14, T17, SCHEDA S10/La struttura del Purgatorio

Il Purgatorio di Dante è in molti modi contrapposto all'Inferno. In senso fisico innanzitutto: alla cavità a imbuto dell'Inferno corrisponde, nell'emisfero opposto, il monte del Purgatorio; il secondo regno è dunque il calco esatto del primo. In senso morale, poi: nell'Inferno Dante scende verso il centro della Terra, verso i peccatori peggiori fino a Lucifero; nel Purgatorio sale verso il cielo purgando tendenze peccaminose via via più lievi. Se l'Inferno e il Paradiso sono mondi fuori dal tempo, il Purgatorio è legato alla dimensione temporale, conosce l'avvicendarsi del giorno e della notte ed è destinato ad estinguersi dopo il Giudizio Universale. Nel Purgatorio gli spiriti purganti passano da una balza all'altra e si purificano delle tendenze peccaminose attraverso un triplice meccanismo: la pena, la preghiera, gli *exempla*.

Il **Paradiso** è la città celeste dove sono accolti i giusti dopo la morte. Si divide in **nove cieli concentrici** posti al di sopra della sfera del fuoco e contenuti nell'**Empireo**, che è la sede propria di Dio. Al cielo più vicino all'Empireo, il Primo Mobile, la potenza divina si trasmette con un movimento rapidissimo che va rallentando man mano che si passa da un cielo all'altro in direzione della Terra. La sede propria delle anime è l'Empireo, ma non tutte raggiungono lo stesso grado di beatitudine. Per rendere comprensibile ai sensi umani di Dante ciò che altrimenti sarebbe stato incomprensibile, la Grazia divina fa sì che le anime si distribuiscano nei nove cieli, dove Dante le incontra, a seconda del loro livello di beatitudine.

VEDI CAPITOLO 3/Dante e la *Commedia*, SCHEDA S13/La struttura del Paradiso

Nel *Paradiso* hanno un grande risalto i temi di carattere teologico e dottrinale, ma accanto ad essi trovano posto le grandi tematiche politiche (la Chiesa, l'Impero, Firenze). Fin dai primi versi, poi, è presente il tema dell'ineffabile, dell'indicibilità di un'esperienza straordinaria.

VEDI CAPITOLO 3/Dante e la *Commedia*, TESTI T15, T20

espansioni digitali
linea del tempo interattiva

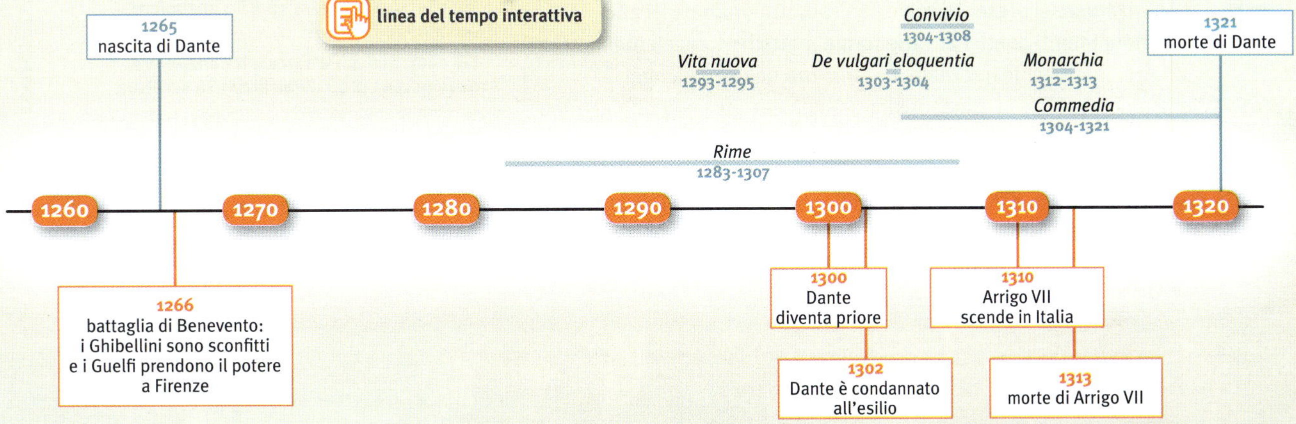

Francesco Petrarca

VEDI CAPITOLO 4/I testi di accesso, TESTO T4
VEDI CAPITOLO 4/Petrarca e il *Canzoniere*, Petrarca e il genere lirico

Petrarca è il **fondatore della lirica moderna**. Tale fondazione è in stretto rapporto con la "scoperta" di una forma di **interiorità nuova** sconosciuta alla precedente cultura medievale e al mondo antico, segnata dalla complessità, dall'ambivalenza, dalla conflittualità interna. È grazie al *Canzoniere* che la lirica acquisterà, nella successiva tradizione letteraria, un primato sugli altri generi letterari.

VEDI CAPITOLO 4/Petrarca e il *Canzoniere*, PERCORSO 5/Un nuovo modello di intellettuale cristiano

A Petrarca può essere attribuita anche la fondazione di un **nuovo tipo di intellettuale cosmopolita**, ormai escluso dalla reale partecipazione alla vita sociale e politica, e divenuto pertanto uno specialista della cultura.

VEDI CAPITOLO 4/Petrarca e il *Canzoniere*, PARAGRAFO 1/Vita di Petrarca

Francesco Petrarca nacque ad Arezzo il 20 luglio **1304**. La sua vita, dopo l'infanzia toscana e la giovinezza trascorsa in Francia, tra Carpentras (dove la famiglia risiedeva) e Montpellier (nella cui università frequentò i corsi di diritto), è segnata da una prima svolta nel 1326, data della morte del padre. Dopo una parentesi di vita mondana, nel 1330 prese gli Ordini minori ed entrò al servizio del cardinale Giovanni Colonna. Iniziò quindi un periodo di viaggi, con frequenti spostamenti tra vari paesi europei, la Francia e l'Italia, al rientro dai quali lo attendeva il raccoglimento della casetta fatta costruire in Valchiusa, sulle rive del fiume Sorga. Momento importante di questa fase della vita di Petrarca è l'incoronazione poetica, avvenuta a Roma nel 1341. Nel 1348 morì di peste Laura, figura centrale del *Canzoniere*. Dopo il 1353 si trasferì definitivamente in Italia, vivendo prima a Milano, ospite dei Visconti, poi a Venezia dal 1362 al 1368, infine a Padova e, dal 1370, ad Arquà, nella casa sui Colli Euganei che aveva ricevuto in dono da Francesco da Carrara. Qui morì, tra il 18 e il 19 luglio **1374**.

VEDI CAPITOLO 4/Petrarca e il *Canzoniere*, PARAGRAFO 2/Il latino e il volgare nell'opera di Petrarca, PARAGRAFO 3/Il *Secretum*

Tutti gli **scritti di Petrarca**, tranne il *Canzoniere* e i *Trionfi*, poema allegorico incompiuto, sono **in latino**. Si possono distinguere due nuclei principali: gli scritti in poesia (tra cui va ricordato soprattutto il **poema incompiuto** intitolato ***Africa***, da cui, più che da qualsiasi altra opera, Petrarca pensava di ottenere gloria immortale) e gli scritti in prosa, tra cui troviamo opere di **erudizione storica**, opere di **argomento morale** e altri scritti occasionali o polemici. Fra le opere di argomento morale spicca il ***Secretum***, che, insieme al ricchissimo ***Epistolario***, è la fonte più attendibile per conoscere il mondo interiore del poeta.

VEDI CAPITOLO 4/Petrarca e il *Canzoniere*, Il *Canzoniere* in breve
VEDI CAPITOLO 4/Petrarca e il *Canzoniere*, STORIA DELLA LINGUA/Petrarca e la scrittura

Il ***Canzoniere*** si presenta come una **raccolta ordinata di 366 componimenti poetici di varie forme metriche** (prevalentemente sonetti) liberamente alternate. La struttura nella quale oggi leggiamo l'opera è la nona, organizzata da Petrarca nell'ultimo anno di vita, tra il 1373 e il 1374. Alla raccolta organica dei propri testi poetici egli lavorava però almeno dal 1342. Il *Canzoniere* raccoglie dunque testi composti durante un arco di tempo assai esteso, dalla giovinezza alla vecchiaia. Il titolo dato dall'autore all'opera è *Francisci Petrarchae laureati poetae* ***Rerum vulgarium fragmenta*** ('Frammenti di cose in volgare di Francesco Petrarca, poeta laureato'). Si è imposto però nella tradizione, già anticamente, il titolo generico di *Canzoniere*.

Nella sua forma definitiva il libro si presenta come un diario. Infatti i testi sono scritti in prima persona e si riferiscono a esperienze, sentimenti, idee di un unico personaggio, coincidente con la persona dell'autore. D'altra parte, poiché l'insieme dei testi vuole disegnare una parabola che abbia un valore ideale, l'opera è, oltre che un diario, un'autobiografia. La disposizione dei testi segue un criterio prevalentemente cronologico, ma la cronologia che interessa l'autore non è quella relativa alla composizione delle liriche, quella cioè della scrittura, ma quella dei fatti narrati. È possibile, quindi, che un sonetto composto in anni tardi sia collocato nella parte iniziale dell'opera.

VEDI CAPITOLO 4/Petrarca e il *Canzoniere*, PERCORSO 2/Un autoritratto poetico

Il *Canzoniere* ha un **tema principale**, accanto al quale prendono posto alcuni temi secondari. Il tema principale è **l'amore** infelice del protagonista per una donna di nome Laura. Il racconto di questo amore è diviso in due momenti fondamentali: **"prima della morte" e "dopo la morte" di Laura**. Tra gli altri temi, nettamente marginali e subalterni rispetto al tema centrale, spiccano quello politico e quello religioso, legato alla critica della corruzione ecclesiastica.

VEDI CAPITOLO 4/Petrarca e il *Canzoniere*, PERCORSO 1/L'invenzione dell'amore

Al centro del *Canzoniere* dunque è **Laura**. Tuttavia si potrebbe dire altrettanto legittimamente che al centro vi è **l'io del poeta**, un io diviso e conflittuale. La coscienza è il nuovo territorio della ricerca del *Canzoniere*. A esso si addice la categoria della complessità o addirittura quella, quanto mai moderna, della contraddittorietà. Accanto al tema amoroso e in relazione con la nuova centralità dell'io, decisivi appaiono nel *Canzoniere* il tema della **memoria** e quello del paesaggio come espressione o manifestazione dell'interiorità: il **paesaggio-stato d'animo**.

VEDI CAPITOLO 4/Petrarca e il *Canzoniere*, PERCORSO 3/Tempo e memoria
VEDI CAPITOLO 4/Petrarca e il *Canzoniere*, PERCORSO 4/Il paesaggio e lo stato d'animo

Dal punto di vista dello stile, la ricerca petrarchesca va in una direzione opposta a quella di Dante. Se Dante è il poeta della sperimentazione continua, attuata attraverso il plurilinguismo e il pluristilismo, Petrarca rinuncia alla vastità delle prospettive a vantaggio della profondità e dell'intensità: la sua è una scelta di **monolinguismo** e di **monostilismo**.

espansioni digitali
linea del tempo interattiva

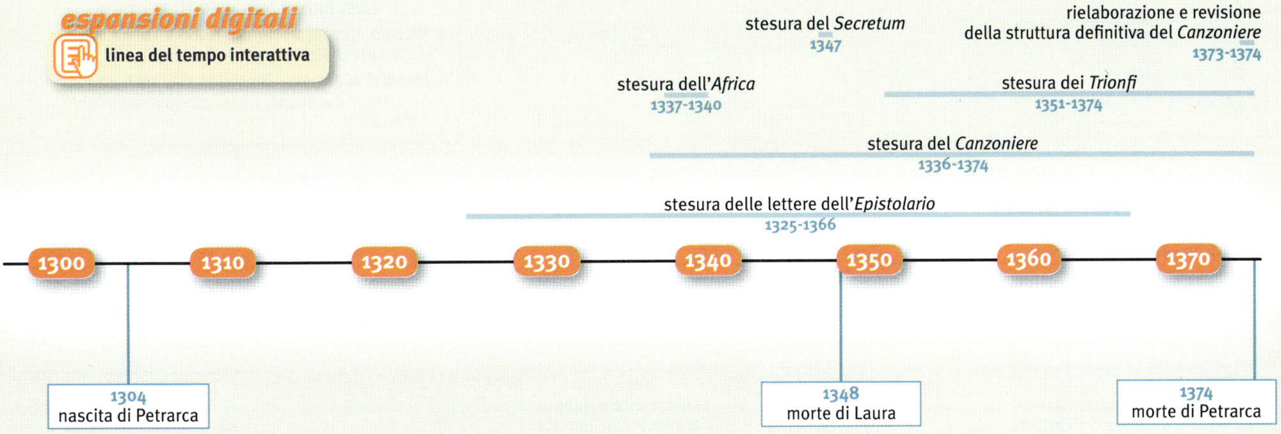

Giovanni Boccaccio

VEDI CAPITOLO 5/Boccaccio e il *Decameron*, PARAGRAFO 1/Vita e opere di Boccaccio

Giovanni Boccaccio nacque fra il giugno e il luglio **1313** a Certaldo o a Firenze, figlio illegittimo di un ricco mercante. Dopo l'infanzia fiorentina (1313-27), Boccaccio trascorse la giovinezza a Napoli, alla corte di re Roberto d'Angiò. Dopo il 1340 ritornò in Toscana, dove alternò fasi di vita fiorentina a ritiri a Certaldo (1351-65). Morì nel **1375**.

VEDI CAPITOLO 5/Boccaccio e il *Decameron*, PARAGRAFO 2/Le opere più importanti: *Elegia di Madonna Fiammetta* e il *Corbaccio*

Le opere del **periodo napoletano**, la *Caccia di Diana*, il *Filostrato*, il *Teseida*, il *Filocolo*, sono destinate al pubblico cortese della reggia di Roberto d'Angiò e caratterizzate dallo sperimentalismo. Il **ritorno a Firenze** determina un cambiamento di pubblico, non più cortese ma borghese, arricchendo di nuovi temi lo sperimentalismo giovanile di Boccaccio. Nascono nel primo decennio di attività fiorentina la *Commedia delle ninfe fiorentine*, l'*Amorosa visione*, l'***Elegia di Madonna Fiammetta***, il *Ninfale fiesolano* e, **tra il 1349 e il 1351 il *Decameron***. L'**Elegia di Madonna Fiammetta** è una prosa romanzesca nella forma di una lunga lettera rivolta alle donne innamorate, a cui Fiammetta racconta la propria sfortunata storia d'amore con Panfilo (in cui si intravede la figura dello stesso Boccaccio) che è partito per Firenze abbandonandola a Napoli.

VEDI CAPITOLO 5/Boccaccio e il *Decameron*, SCHEDA S1/La struttura del *Decameron*

Boccaccio cominciò a scrivere il ***Decameron*** subito dopo la fine della peste che colpì Firenze nel **1348**. L'opera era già conclusa nel **1351** (o nel 1353 secondo alcuni studiosi). Il titolo viene dal greco e significa **'dieci giornate'**.

VEDI CAPITOLO 5/Boccaccio e il *Decameron*, L'*incipit*

Dopo il ***Proemio***, in cui l'autore si rivolge alle **donne** per **dedicare loro l'opera**, comincia la Prima Giornata. Ogni giornata è introdotta da una **rubrica** che ne sintetizza il tema; inoltre ogni novella è presentata da una rubrica che ne riassume il contenuto.

VEDI CAPITOLO 5/Boccaccio e il *Decameron*, Un doppio inizio

Mentre nel Proemio e nell'Introduzione che apre la Prima giornata è l'autore a parlare in prima persona, le novelle sono raccontate da dieci novellatori. Nel complesso, l'opera risulta perciò strutturata in tre livelli: una **"super-cornice"**,

espansioni digitali
linea del tempo interattiva

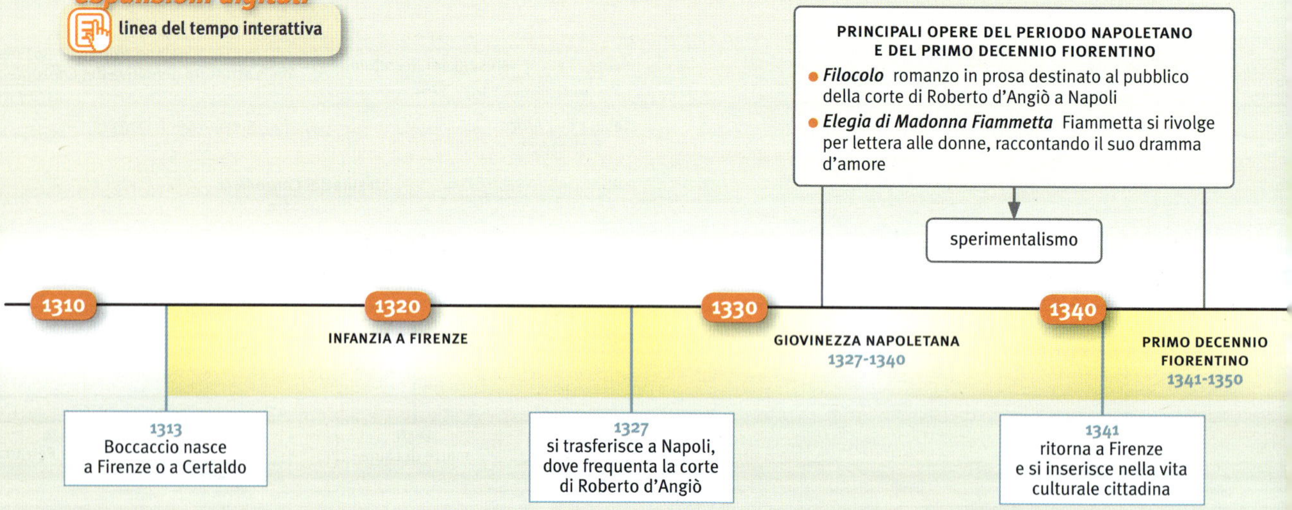

in cui **protagonista e narratore è l'autore**; una **"cornice"**, in cui **protagonisti e narratori sono i dieci novellatori**. La "cornice" serve poi da contenitore alle **cento novelle**, i cui **protagonisti** sono **i personaggi delle trame narrate**. La vicenda della cornice prende spunto dalla peste che devasta Firenze. In un'atmosfera di devastazione materiale e di dissoluzione morale, una brigata di dieci giovani, sette donne e tre uomini, decidono di recarsi fuori città, in un palazzo del contado, e di passare il tempo passeggiando, scherzando e raccontando novelle. I giovani restano fuori città per due settimane, ma di questi quattordici giorni solo dieci sono impiegati nelle novelle. La brigata decide di eleggere ogni giorno un Re o una Regina che avranno il compito di decidere l'organizzazione della giornata e l'argomento delle novelle. Restano senza un tema definito solo la Prima e la Nona giornata.

VEDI CAPITOLO 5/Boccaccio e il *Decameron*, PERCORSO 1/L'amore e la donna
VEDI CAPITOLO 5/Boccaccio e il *Decameron*, PERCORSO 3/Realismo e comicità
VEDI CAPITOLO 5/Boccaccio e il *Decameron*, PERCORSO 4/La "fortuna" e l'"ingegno"

I temi dominanti nel *Decameron* sono l'amore, l'intelligenza, la fortuna e il loro reciproco rapporto. L'amore è una forza della natura: tentare di opporvisi è vano, chiudere gli occhi di fronte ad esso è ipocrita. Ciò non significa che bisogna lasciarsi andare alla forza dell'istinto; è necessaria anche una resistenza: essa assume le forme dell'**"onestà"**, che è una virtù sociale, e della **"gentilezza"**, che invece è una virtù individuale. Se l'uomo risulta condizionato dalle "due ministre del mondo" – la fortuna e la natura –, l'ingegno può servire a controllare, almeno in parte, la natura.

VEDI CAPITOLO 1/I testi di accesso, TESTO T5

Attraverso il vario novellare dei dieci giovani vengono definiti i caratteri di una nuova etica, non più organica e precettistica ma aperta, problematica. La realtà umana, tutta la realtà umana, è considerata nel *Decameron* in una prospettiva pienamente laica.

VEDI CAPITOLO 5/Boccaccio e il *Decameron*, PARAGRAFO 2/Le opere più importanti: *Elegia di Madonna Fiammetta* e il *Corbaccio*

Il *Decameron* raggiunge un equilibrio che non durerà a lungo. **Dopo quest'opera Boccaccio cambia interessi, poetica e stile**. Prevalgono, anche per l'influenza di Petrarca, gli **interessi umanistici** (come nel *Buccolicum Carmen*, nella *Genealogia deorum gentilium* e nel *Trattatello in laude di Dante*). La crisi religiosa vissuta da Boccaccio negli anni del secondo decennio fiorentino lo porta ad abbandonare la tematica erotica e a passare da un atteggiamento aperto nei confronti delle donne alla misoginia. L'atteggiamento della misoginia è evidente soprattutto nell'opera più importante dell'ultimo Boccaccio, il ***Corbaccio***, che racconta gli scherni che una vedova fa subire all'autore di lei innamorato finché gli compare in sogno il marito morto che gli mostra la vera natura della moglie – vana e maligna – e in genere di tutte le donne.

IL *DECAMERON*

CARATTERISTICHE	STRUTTURA	TEMI
• commedia sociale • realismo • prospettiva laica • etica aperta e problematica	• 100 novelle in prosa raccontate da 10 novellatori, distribuite in 10 giornate e inserite in una cornice	• forza dell'amore e delle pulsioni naturali • valore dell'ingegno • peso della fortuna • esaltazione dell'"onestà" e della "gentilezza" • condanna dell'ipocrisia

stesura del *Decameron* 1348-1351

ULTIME OPERE
- *Corbaccio* polemica contro le donne e contro l'amore
- opere erudite in latino
- *Trattatello in laude di Dante*

crisi religiosa, interessi eruditi, misoginia

1350 — 1360 — 1370 — 1380

SECONDO DECENNIO FIORENTINO 1351-1360

RITIRO A CERTALDO 1361-1365

ULTIMO DECENNIO FIORENTINO-CERTALDESE 1365-1375

1348 a Firenze scoppia l'epidemia di peste

1361 si ritira a Certaldo

1365 ritorna a Firenze e alterna soggiorni a Firenze e periodi a Certaldo

1375 muore a Certaldo il 21 dicembre

CAPITOLO 3 grandi libri

Dante e la *Commedia*

Dante e noi

La *Commedia* dantesca è il "grande libro" per eccellenza; uno dei maggiori della letteratura mondiale. Oggi che la letteratura sembra aver perduto la sua importanza vale ancora la pena di leggerla? Inoltre da molto tempo la lettura di Dante e della *Commedia* ha uno spazio privilegiato nella scuola italiana. Questa tradizione si fonda sulla grandezza artistica ma anche sull'importanza storica di questo autore per la formazione della lingua e dell'identità italiane: noi parliamo la lingua di Dante, e la *Commedia* contiene le nostre radici e un elemento decisivo della nostra cultura. Questa centralità è stata sentita soprattutto nell'Ottocento, ma ha resistito anche per buona parte del Novecento. Oggi le cose sono cambiate, e l'identità nazionale si fonda, nei fatti, sul tifo per la Nazionale di calcio o per la Ferrari, sull'*Italian style* della moda e sui cibi o i vini tipici. In questa situazione, quali ragioni giustificano l'impegno a conoscere e capire, oggi, il mondo di Dante e il suo poema?

Luca Signorelli, *Dante*, particolare dell'affresco della Cappella di San Brizio (1499-1502), nel Duomo di Orvieto.

C'è innanzitutto il fascino della distanza. Ai nostri occhi il mondo della *Commedia* e il modo di ragionare di Dante sono così lontani che sembra di visitare Marte in compagnia di un marziano. Paolo e Francesca vanno all'Inferno per un bacio (o poco più), chi presta i soldi con gli interessi va all'Inferno anche lui (e infatti ci stanno tutti i banchieri), un cattolico convinto come l'autore infila i papi uno dopo l'altro in una buca infuocata (sempre all'Inferno ovviamente) e lascia entrare in Paradiso assassini e prostitute, anzi all'Inferno ci mette perfino i suoi migliori amici; resta poi fedele alle sue idee politiche anche dopo che hanno fallito, senza pentirsi e cambiare idea per opportunismo. Ma peggio: si rappresenta nel fondo di una crisi gravissima proprio nel momento in cui ha raggiunto il massimo successo, come letterato e come uomo politico. E poi: crede negli angeli e nei diavoli, mette la Terra al centro dell'Universo e il re dei diavoli al centro della Terra, è convinto che ogni incontro e ogni esperienza siano segno della volontà di Dio, spera di poter modificare il corso della storia e la vita degli uomini scrivendo un'opera letteraria. Per tutte queste ragioni, e per molte altre, leggere Dante vuol dire guardare lontano e scoprire che la diversità storica e culturale non comporta necessariamente arretratezza e inciviltà; vuol dire scoprire il fascino di ciò che non ci assomiglia, e la possibilità di rispettarlo e di amarlo.

Ma Dante affronta con profondità e con passione anche grandi questioni che ci riguardano direttamente. Egli vede sprofondare il mondo dei suoi padri; vede i valori della religiosità medievale assediati dalla vitalità dei mercati e dalla laicizzazione dei rapporti sociali. E reagisce immaginando una sintesi fra il nuovo e il vecchio mondo, senza chiudersi nel passato e senza cedere al presente in modo passivo. Anche noi vediamo sprofondare il mondo del recente passato, travolto da modelli e

espansioni digitali

videolezione

Dante: dalla catastrofe al riscatto

A CURA DI Pietro Cataldi

- Dante: dalla catastrofe al riscatto [ca. 1 min.]
- Dante, autore della catastrofe [ca. 1 min.]
- L'esilio, una catastrofe privata e un privilegio conoscitivo [ca. 3 min.]
- Contro i limiti del particolarismo culturale [ca. 1 min.]
- Verso l'universalismo: un invito all'unità del genere umano [ca. 2 min.]
- La catastrofe religiosa e morale: i nuovi mercati e la logica del guadagno [ca. 2 min.]
- Attualità di Dante: il volto oscuro del progresso [ca. 2 min.]
- Critica e impegno per il cambiamento [ca. 1 min.]
- Il fascino della distanza, un autore imprevedibile [ca. 3 min.]
- Il valore delle scelte individuali contro il consumismo dell'esperienza [ca. 2 min.]
- La fiducia nella conversione individuale [ca. 3 min.]
- La *Commedia* per il riscatto dell'umanità [ca. 2 min.]

Dante e noi

tensioni nuovi, frutto della globalizzazione e delle sue contraddizioni; e possiamo essere tentati di chiuderci nel passato, senza voler conoscere il nuovo, oppure di cedere ai nuovi scenari e ai loro valori. Dante ci insegna che è possibile reagire criticamente anche alle maggiori catastrofi storiche, senza perdere la fiducia nel futuro. D'altra parte la *Commedia* è stata scritta per mettere in scena e superare il mondo nuovo dei mercanti e delle banche, il mondo dominato dal "maledetto fiorino" (la moneta d'oro di Firenze) e dalla corruzione; e il nostro mondo è l'adempimento lontano di quei modelli. Il punto di vista di Dante ci fa vedere meglio la realtà in cui viviamo e ci può trasmettere il coraggio di guardarla criticamente.

Sandro Botticelli, *Ritratto di Dante*, 1495 ca. Collezione privata.

Dante ci ricorda poi l'importanza delle nostre scelte. Ogni scelta pare oggi reversibile, ed è perciò considerato legittimo tentare molte esperienze (perfino tutte) e percorrere varie strade. Dante sente invece tragicamente il peso delle scelte, e vi vede impresso il destino di ognuno di noi. Dante sente l'importanza di ciò che si sceglie di non fare e di non essere; e l'importanza d'altra parte di ciò che una volta fatto avrà conseguenze irrevocabili.

Robert Rauschenberg, illustrazione per il canto XXIV dell'*Inferno* di Dante. Los Angeles, The Museum of Contemporary Art.

Se ogni scelta, e perfino ogni gesto compiuto producessero conseguenze definitive e irreversibili verrebbe tuttavia meno ogni margine di riscatto rispetto agli errori commessi. Dante crede invece che non esista condizione individuale o storica, per quanto fallimentare o corrotta, che non possa aspirare al riscatto e alla redenzione. Chiunque può salvarsi, sempre. Solo che non basta girare le spalle all'errore e rivolgersi al bene, come Dante cerca inutilmente di fare nel primo canto dell'*Inferno*. Al contrario, il riscatto e la redenzione comportano un processo lungo e profondo, adeguato alla gravità del caso. Questa concezione può spaventare, certo, e apparire lontana dalla nostra spensieratezza; ma ci consegna un'idea alta delle nostre responsabilità e delle nostre azioni, e una fiducia senza limiti nelle nostre capacità di rielaborarle criticamente.

Markus Vallazza, *La Divina Commedia. Dante, Virgilio, Freud, Nietzsche, Joyce e Markus*, 1995. Vienna, collezione privata.

Salvador Dalí, illustrazione per il canto II dell'*Inferno* di Dante (1963).

1 Vita di Dante

La giovinezza di Dante Dante nasce a Firenze nel **1265** da una famiglia di piccola nobiltà e patrimonio modesto. Sappiamo molto poco della sua infanzia e della sua giovinezza: quel che sappiamo lo ricaviamo soprattutto dal racconto che Dante stesso ne fa nella *Vita nuova*. Secondo questo libro, nel **1274** Dante incontra per la prima volta la donna che amerà per tutta la vita, da lui chiamata Beatrice: entrambi hanno nove anni. La donna si chiamava probabilmente Bice ed era figlia del banchiere Folco Portinari. Il racconto della *Vita nuova* fa risalire al **1283** e al secondo incontro con Beatrice la nascita della vocazione poetica di Dante: il primo sonetto da lui divulgato circola nella cerchia dei poeti fiorentini; con Guido Cavalcanti e alcuni altri, Dante stringe un legame di amicizia basato sulle comuni convinzioni letterarie (una poetica che lui stesso definisce «dolce stil novo»). Da fonti diverse dalla *Vita nuova* sappiamo che nel **1285** Dante si sposa con Gemma Donati (dal matrimonio nasceranno tre figli) e che nel **1289** par-

Dante e il suo tempo

STORIA	CRONOLOGIA	VITA E OPERE
battaglia di Montaperti	1260	
	1265	nasce a Firenze
	1274	conosce Beatrice, cioè Bice, figlia di Folco Portinari
	1283	incontra di nuovo Beatrice. Inizia la composizione delle *Rime*
	1285	sposa Gemma Donati, da cui avrà tre o forse quattro figli
	1289	partecipa alla battaglia di Campaldino
	1290	morte di Beatrice
	1293-1295	raccoglie gran parte della produzione lirica del decennio precedente nella *Vita nuova*
Benedetto Caetani viene eletto papa col nome di Bonifacio VIII	1294	
	1295	inizio dell'attività politica a Firenze
Giubileo indetto da papa Bonifacio VIII	1300	è eletto priore del Comune di Firenze
i Neri prendono il potere a Firenze rovesciando i Bianchi	1301	partecipa a un'ambasceria presso il papa
	1302-1306	inizia la stesura del *Convivio* e del *De vulgari eloquentia* (entrambe le opere resteranno incompiute)
	1302	processato per corruzione, viene condannato all'esilio
morte di Bonifacio VIII	1303	
	1306-1317	stesura delle *Epistole*
	1306-1312	con la famiglia soggiorna presso varie corti: a Verona, in Lunigiana, nel Casentino
	1308	termina la stesura dell'*Inferno*
il nuovo papa Clemente V trasferisce la sede papale da Roma ad Avignone	1309	
discesa di Arrigo VII in Italia per restaurare l'autorità imperiale	1310	
Arrigo VII incoronato imperatore a Roma	1312	
	1313-1319	torna a Verona, dove è già stato nel 1303-1304, soggiorna presso Cangrande della Scala. Termina il *Purgatorio* e il *De Monarchia*. Inizia la composizione del *Paradiso*
morte di Arrigo VII a Buonconvento	1313	
morte di Clemente V	1314	
	1315	rifiuta un'amnistia indirizzata agli esuli fiorentini
	1318	si trasferisce a Ravenna, presso Guido Novello da Polenta
	1321	termina la stesura del *Paradiso*. Muore improvvisamente il 13 settembre e viene sepolto nella Chiesa di San Francesco a Ravenna

tecipa come cavaliere alla battaglia di Campaldino (contro gli aretini) e all'assedio di Caprona (contro i pisani). Nel **1290** Bice Portinari, andata sposa a Simone de' Bardi, muore.

Dante politico Nel **1293** con gli «Ordinamenti di Giustizia» il Comune di Firenze estromette l'aristocrazia dai pubblici uffici. Perciò Dante, per poter partecipare alla vita politica della città, nel **1295** si iscrive a una corporazione professionale (l'Arte* dei Medici e degli Speziali). La sua carriera è molto rapida: solo cinque anni dopo, nel **1300**, viene chiamato a far parte del Consiglio dei Priori, la massima carica di Firenze. Durante il suo mandato (dal 15 giugno al 15 agosto 1300), Dante prende risolutamente posizione contro i tentativi di papa Bonifacio VIII di estendere la sua egemonia sulla Toscana. Per queste sue posizioni viene scelto nel **1301** per recarsi in ambasceria presso il Papa, con la missione di impedire le sue sempre più pesanti intromissioni nella politica fiorentina. Ma è ormai troppo tardi: mentre Dante si trova a Roma, le truppe di Carlo di Valois, fratello del re di Francia, entrano a Firenze su ordine del papa. I Neri, il partito avverso a Dante e appoggiato dal papa, prendono il potere; il poeta viene condannato a morte e costretto all'esilio.

* **Arte**: con questo termine nel Medioevo si indica una corporazione professionale. Le arti erano associazioni di mercanti, artigiani o professionisti per la tutela dei propri interessi economici e politici. Si distinguevano in "Arti maggiori" (le corporazioni dei mercanti e degli artigiani più ricchi e potenti) e "Arti minori" (miniatura, ceramica, oreficeria, ecc.).

Il sogno dell'Impero Dopo la battaglia della Lastra, in cui i Bianchi vengono sconfitti (**1304**), la speranza di un ritorno a Firenze per gli esiliati si fa sempre meno realistica. Dante si era nel frattempo già distaccato dagli altri esuli, avendo deciso "di far parte per se stesso". Nel **1308** però in Germania viene eletto un nuovo imperatore, Arrigo VII. Il sovrano decide di scendere in Italia per pacificarla e restaurare l'autorità imperiale. Dante segue entusiasta le vicende del nuovo imperatore (le sue motivazioni sono illustrate nel trattato *De Monarchia*), che però non riesce a imporre la propria autorità, scontrandosi in particolare con la strenua opposizione di Firenze. Arrigo muore nel **1313**, senza essere riuscito a portare a termine il suo ambizioso progetto.

L'esilio e la peregrinazione Dal momento in cui lascia Firenze nel 1301, comincia per Dante una peregrinazione ventennale. Il poeta viene ospitato in diverse corti signorili dell'Italia centrale e settentrionale, anche se non siamo in grado di ricostruire i suoi spostamenti con certezza. In particolare tra il 1303 e il 1304 e poi tra il 1313 e la fine del 1319 risiede a Verona, ospite di Cangrande della Scala. Infine, mentre è ospite di Guido da Polenta a Ravenna, muore il **13 settembre 1321**. Nei primi anni dell'esilio Dante scrive due trattati che lascia incompiuti: il *De vulgari eloquentia* [L'eloquenza in lingua volgare] e il *Convivio*.

2 Verso Dante. La lirica d'amore dai Provenzali allo Stil novo

La complessa tradizione della lirica d'amore medievale Al periodo compreso fra il 1280 e il 1300 appartengono i testi lirici di due fra i nostri maggiori poeti d'amore, Guido Cavalcanti e Dante. Nelle loro composizioni raggiunge il culmine artistico la poetica dello Stilnovismo, la cui centralità nel canone lirico italiano si deve tanto all'altezza dei risultati quanto al prestigio che le conferì lo stesso Dante in vari luoghi celebri della sua opera. Fu lo stesso Dante a disegnare per la lirica d'amore un arco di sviluppo che parte dai poeti siciliani e attraverso il bolognese Guido Guinizzelli raggiunge infine lui stesso e l'«altro Guido», cioè Cavalcanti.

In realtà la vicenda appare ai nostri occhi più lunga e complessa, e per capire la grandezza dei risultati raggiunti da Dante nelle *Rime* e nella *Vita nuova*, cioè nella sua produzione lirica che in gran parte precede la composizione della *Commedia*, è necessario partire da più lontano, e considerare un movimento più variegato.

Il modello della lirica provenzale: i trovatori All'origine remota della nuova tradizione di poesie d'amore in volgare c'è il modello della lirica provenzale, fiorita nella Francia del Sud (cioè appunto in Provenza) tra la fine del secolo XI e l'inizio del XIII. Qui i trovatori (come venivano chiamati questi poeti) sviluppano una poesia che canta le lodi della bellezza femminile e dell'amore. Questo può essere fonte di desiderio sensuale e di gioia ma anche di sofferenza per la mancata corrispondenza dell'amata. L'ambiente sociale della nuova poesia è la corte feudale. I trovatori possono essere grandi signori e feudatari, come Guglielmo IX d'Aquitania, ma più spesso provengono dalle file della piccola nobiltà oppure sono dipendenti non nobili di un signore. Essi, in cambio del loro canto di lode e di devozione, chiedono protezione alla moglie del signore. La cultura che anima la lirica provenzale è quella cortese, che ingentilisce il modello feudale esaltando i sentimenti nobili, la fedeltà, il rapporto con la natura, l'amore disinteressato. Le poesie trobadoriche erano trasmesse per via orale e destinate alla recitazione con accompagnamento musicale. I poeti più significativi sono Jaufré Rudel, Raimbaut d'Aurenga e Bernart de Ventadorn (per approfondire la questione, cfr. **§ 1** del **Capitolo 9**, p. 600).

La lirica d'amore in Italia: la Scuola siciliana Sulla scia delle tradizioni poetiche della Provenza e della Francia del Nord (dove si era sviluppata una tradizione lirica parallela a quella provenzale), la lirica d'amore in volgare italiano nasce nella prima metà del Duecento in Sicilia, alla corte di Federico II di Svevia, che è imperatore del Sacro Romano Impero dal 1220 al 1250 e scrive egli stesso poesie in volgare (come d'altra parte i figli Enzo e Manfredi). Il linguaggio, la metrica e i temi usati dai siciliani sono quelli tipici della letteratura cortese d'oltralpe, anche per la suggestione dei molti poeti provenzali accolti alla corte di Federico. I poeti sono quasi sempre borghesi che esercitano funzioni giuridiche o amministrative a corte (giudici, notai, ecc.) e che si dedicano alla poesia solo per diletto. Le strutture metriche e retoriche della Scuola siciliana hanno condizionato l'intera tradizione lirica italiana, che trova in esse il loro modello originario. Per quanto riguarda la metrica, le principali forme adottate sono tre: la canzone, la canzonetta e il sonetto (su cui cfr. **S6**, p. 609). Ma è la canzone che costituisce lo schema metrico più rappresentativo e importante della Scuola siciliana: composta di endecasillabi (versi di undici sillabe) alternati spesso a settenari (versi di sette sillabe), essa si presta ad argomenti nobili ed elevati. Sono invece impiegati per componimenti di minore impegno la canzonetta e il sonetto. La lirica siciliana si esprime in un linguaggio elevato. Il volgare siciliano ne costituisce la base, seppure depurata attraverso il filtro della conoscenza del latino, del provenzale, degli altri volgari italiani. Il caposcuola dei Siciliani è Giacomo da Lentini, funzionario imperiale attivo tra il 1233 e il 1241, a cui tra l'altro è attribuita l'invenzione del sonetto (per saperne di più, cfr. il **§ 2** del **Capitolo 9**, p. 607).

I poeti Siculo-toscani La Battaglia di Benevento (1266), concludendo la parabola del potere svevo nel Sud Italia, segna la fine dell'esperienza dei siciliani, ripresa tuttavia subito a Bologna e in Toscana, cioè nelle zone con le quali il Regno di Sicilia aveva intrattenuto rapporti politici e culturali. In Toscana la poesia incontra la nuova realtà dei Comuni, che impone agli autori nuovi temi, nuove forme e una nuova lingua (il toscano). Le rime dei poeti Siculo-toscani (così chiamati per la ripresa in ambito toscano dei temi e delle forme siciliane) riflettono l'acceso clima delle lotte politiche fra le varie città e fra i vari partiti della società comunale. Gli autori non sono più funzionari imperiali, ma cittadini che partecipano in prima persona alla politica. Il più significativo poeta di questa stagione è Guittone d'Arezzo, attivo fra il 1260 e il 1294 (l'anno della morte). Benché una parte significativa della sua produzione poetica sia costituita da testi d'amore, l'apporto più originale di Guittone alla poesia duecentesca va individuato nella canzone politica e civile (cfr. **S7**, p. 618).

Il precursore dello Stil novo, Guido Guinizzelli Tanto nel *De vulgari eloquentia* [L'eloquenza in lingua volgare] quanto in alcuni passaggi della *Commedia*, Dante considera l'esperienza dei Siculo-toscani marginale e secondaria, stabilendo invece un asse di continuità fra le origini dei Siciliani, dei quali ammira il linguaggio illustre e lo stile aulico, e l'eccellenza degli stilnovisti toscani, che raggiungono la massima raffinatezza delle forme e del linguaggio.

Anche se i maggiori rappresentanti dello Stilnovismo sono Guido Cavalcanti e Dante stesso, precursore ne fu il bolognese Guido Guinizzelli, già attivo nel quindicennio fra il 1260 e il 1276. Guinizzelli ha lasciato un canzoniere* composto da venti soli testi integri (cinque canzoni e quindici sonetti). Temi tipici del suo canzoniere sono l'identità di amore e cuore nobile (cfr. **T1**), la caratterizzazione angelica della donna, la lode dell'amata e il suo saluto (cfr. **T4** ***«Io voglio del ver la mia donna laudare»*** a p. 620). Il tema del saluto assume un valore particolare per gli stilnovisti, che giocano sulla duplice interpretazione dell'espressione latina *salutem*. Essa può infatti significare sia 'dare saluto', sia 'donare salute', cioè 'dare la salvezza eterna', secondo la cultura cristiana. Guinizzelli aspira a un linguaggio dolce e leggiadro, e tuttavia esso è messo al servizio di un maggiore impegno intellettuale: la poesia guinizzelliana non si rivolge più al potenziale pubblico borghese della civiltà comunale, bensì a una ristretta cerchia di dotti esperti di questioni filosofiche, che rappresenta il nuovo pubblico eletto degli stilnovisti toscani. Questi ultimi trovano nella propria raffinatezza spirituale le ragioni di un prestigio sociale non più dipendente dalla nobiltà di sangue, ma solo da quella dell'animo (che ora viene chiamata "gentilezza").

* **Canzoniere**: raccolta poetica manoscritta di uno o più autori. In alcuni canzonieri di poeti provenzali la trascrizione dei testi lirici è seguita da una serie di parti in prosa in cui si sintetizzano le informazioni più importanti relative alla vita dell'autore (*vidas* = 'vite') o si commentano le liriche (*razos* = 'ragioni, motivi').

Il «dolce stil novo» «Dolce stil novo» è la denominazione con cui Dante nella *Commedia* (*Purgatorio* XXIV) definisce il carattere della nuova poesia che si afferma tra il 1280 e il 1310 a Firenze, città che imponeva in quegli anni la propria egemonia economica, artistica e culturale su tutta la Toscana, divenendo una delle capitali più importanti d'Europa. La novità dello Stil novo è sia tematica, sia stilistica. Sul piano tematico la nuova poesia si distingue da quella dei Siculo-toscani perché scarta l'esperienza civile di Guittone e da quella dei Siciliani perché rappresenta una diversa concezione dell'amore. Per gli stilnovisti infatti l'amore non è più un semplice corteggiamento: esso diventa elevazione spirituale, adorazione di una donna considerata quale creatura intermediaria fra terra e cielo, fra mondo profano e mondo divino: un angelo in senso stretto. Sul piano stilistico gli stilnovisti cercano un volgare illustre che sia il più possibile elevato e puro, e insieme musicale e melodioso (sullo Stil novo cfr. il **§ 3**, p. 618).

Guido Cavalcanti e l'esperienza radicale dell'amore Fra gli stilnovisti la personalità di maggiore rilievo, eccettuato ovviamente Dante, è quella del fiorentino Guido Cavalcanti, attivo negli ultimi due decenni del Duecento. La poesia di Cavalcanti fissa un nuovo modello letterario, che risulta decisivo – a partire da Dante e da Petrarca – per il futuro della lirica. Tema unico della sua produzione è l'amore, vissuto come mezzo per raggiungere la nobiltà d'animo e, soprattutto, come devastante esperienza tragica. La passione amorosa è al tempo stesso una condizione di eccezionale intensità vitale e una minaccia di disgregazione per l'io, un eccesso, una disavventura (cfr. **T2**, p. 102 e il **§ 3**, p. 618, e ***l'autore e l'opera***, p. 625).

La posizione di Dante e la varietà delle sue scelte Nella sua poesia d'amore, Dante deve misurarsi con il modello lirico che va dalla tradizione cortese dei provenzali al concittadino, e primo dei suoi amici, Cavalcanti, passando per i Siciliani. E da questo confronto nascono i capolavori stilnovistici raccolti in una parte delle *Rime* e "cuciti" nel racconto in prosa e in versi della *Vita nuova*. Ma Dante non rifiuta d'altra parte di confrontarsi anche con la poesia civile di Guittone, componendo alcune grandi canzoni impegnate di argomento politico (come ***«Tre donne intorno al cor mi son venute»***, che puoi leggere nelle ***espansioni digitali***); e non rifiuta di confrontarsi con il filone alternativo a quello elevato e squisito della lirica stilnovistica, e cioè con la tradizione comico-realistica, che ha nel senese Cecco Angiolieri, contemporaneo di Dante, il poeta più significativo (una testimonianza importante di questo confronto sono le "rime petrose", nelle quali Dante adotta uno stile crudo e perfino violento: cfr. **T8** a p. 120 e ***espansioni digitali*** **testi a confronto Cavalcanti e Dante**). È dall'unione di queste esperienze che negli anni dell'esilio nascerà il capolavoro della *Commedia*.

espansioni digitali

TESTI A CONFRONTO Cavalcanti e Dante: due modi di sperimentare attraverso il linguaggio

T Dante Alighieri - *«Tre donne intorno al cor mi son venute»* [*Rime*, 47 (CIV)]

T1

Guido Guinizzelli
«Al cor gentil rempaira sempre amore»

concetti-chiave
- il carattere innato della nobiltà d'animo
- il legame necessario tra nobiltà d'animo e amore

Dell'autore di questo testo si hanno poche informazioni biografiche certe. A noi importa sapere che fu giudice, visse forse fra il 1230 e il 1276, a Bologna, sede della prima Università italiana, e venne ritenuto da Dante il 'padre' della futura scuola stilnovista (si veda Purgatorio *XXVI, vv. 97-99). La presente canzone può essere considerata come un vero e proprio manifesto della nuova poetica poiché ne enuncia i postulati fondamentali e ne sintetizza i principali elementi tematici e formali.*

LINGUA: volgare privo di punte regionali **DATAZIONE:** metà circa del Duecento

Al cor gentil rempaira sempre amore
come l'ausello in selva a la verdura;
né fe' amor anti che gentil core,
né gentil core anti ch'amor, natura:
ch'adesso con' fu 'l sole,
sì tosto lo splendore fu lucente,
né fu davanti 'l sole;
e prende amore in gentilezza loco
così propïamente
come calore in clarità di foco.

Foco d'amore in gentil cor s'aprende
come vertute in petra prezïosa,
che da la stella valor no i discende
anti che 'l sol la faccia gentil cosa;
poi che n'ha tratto fòre
per sua forza lo sol ciò che li è vile,
stella li dà valore:
così lo cor ch'è fatto da natura
asletto, pur, gentile,
donna a guisa di stella lo 'nnamora.

METRO: canzone* di sei stanze di dieci versi ciascuna. Ogni stanza è formata da una fronte di quattro endecasillabi a rima alternata (ABAB), e da una sirma di endecasillabi e settenari disposti secondo lo schema di rime cDcEdE. La stanza conclusiva ha funzione di congedo.

* **Canzone**: è la forma metrica più nobile della tradizione letteraria italiana. È composta da un numero variabile di strofe (o stanze), uguali tra loro per numero e disposizione del tipo di versi (endecasillabi e settenari), e per lo schema di rime. Ogni stanza si divide in due componenti: la fronte (che può a sua volta essere divisa in piedi) e la sirma, collegate da un verso di passaggio (la chiave). Si conclude di solito con un congedo.

1-10 *L'amore ritorna* (**rempaira** = 'rimpatria, ritorna nella sua sede naturale') *sempre nel cuore nobile* (**gentil**) *come l'uccello* (**ausello**) *nel bosco tra il fogliame* (**a la verdura**)*; e la natura non ha creato* (**né fe'** = 'non fece') *l'amore prima che il cuore nobile* (**gentil**) *né il cuore nobile prima che l'amore: perché non appena* (**adesso con'**; **con'** = 'come') *fu creato il sole immediatamente* (**sì tosto** = 'così subito') *la luminosità brillò, né esistette* (**fu**) *prima del* (**davanti 'l**; **'l** = 'il') *sole; e l'amore risiede* (**prende...loco**) *nella nobiltà* (**gentilezza**) [d'animo] *altrettanto naturalmente* (**propïamente**) *che* (**come**) *il calore nello splendore* (**clarità**) *del fuoco.*

La prima stanza della canzone rivela subito l'impianto rigorosamente argomentativo della lirica: alla tesi (cuore nobile e amore sono stati creati contemporaneamente) seguono due similitudini con il mondo naturale (tra amore e uccelli e tra amore e calore del fuoco) che non hanno una ragione descrittiva ma una funzione dimostrativa.

11-20 *Il fuoco dell'amore si accende* (**s'aprende**) *nel cuore nobile come le proprietà* (**vertute** = 'virtù') *in* [*una*] *pietra preziosa, nella quale* (**che...i**; **i** = 'lì') *non discende valore dalla stella, prima che* (**anti che**) *il sole la trasformi in una cosa nobile; dopo* (**poi**) *che il sole con la* (**per**) *sua forza ne ha tratto fuori* (**fòre**) *ciò che lì* (**li**) *è vile, la stella le* (**li** = 'gli') [: alla pietra preziosa] *dà il valore: allo stesso modo* (**così**) *la donna fa innamorare* (**lo 'nnamora**) *come* (**a guisa di**) *una stella quel cuore* (**lo cor**) *che è reso dalla natura eletto* (**asletto**)*, puro, nobile.*

Il cuore, che per natura è predisposto ad amare, subisce necessariamente il fascino della donna: apparendo alla sua vista questa lo nobilita, come una stella è in grado di infondere valore in una pietra preziosa. Dopo il paragone con il sole (che costituisce una cerniera tra la prima e la seconda strofa) Guinizzelli ricorre al paragone con le stelle. Il senso ultimo del passaggio è che l'amore è una cosa pura e preziosa, resa tale per dono divino.

T1 Guido Guinizzelli «Al cor gentil rempaira sempre amore»

Amor per tal ragion sta 'n cor gentile
per qual lo foco in cima del doplero:
splendeli al su' diletto, clar, sottile;
no li stari' altra guisa, tant'è fero.
Così prava natura
recontra amor come fa l'aigua il foco
caldo, per la freddura.
Amore in gentil cor prende rivera
per suo consimel loco
com' adamàs del ferro in la minera.

Fere lo sol lo fango tutto 'l giorno:
vile reman, né 'l sol perde calore;
dis' omo alter: «Gentil per sclatta torno»;
lui semblo al fango, al sol gentil valore:
ché non dé dar om fé
che gentilezza sia fòr di coraggio
in degnità d'ere'
sed a vertute non ha gentil core,
com' aigua porta raggio
e 'l ciel riten le stelle e lo splendore.

Splende 'n la 'ntelligenzïa del cielo
Deo crïator più che ['n] nostr'occhi 'l sole:
ella intende suo fattor oltra 'l cielo,
e 'l ciel volgiando, a Lui obedir tole;
e con' segue, al primero,
del giusto Deo beato compimento,
così dar dovria, al vero,
la bella donna, poi che ['n] gli occhi splende
del suo gentil, talento
che mai di lei obedir non si disprende.

Donna, Deo mi dirà: «Che presomisti?»,
sïando l'alma mia a lui davanti.
«Lo ciel passasti e 'nfin a Me venisti
e desti in vano amor Me per semblanti:
ch'a Me conven le laude
e a la reina del regname degno,
per cui cessa onne fraude».
Dir Li porò: «Tenne d'angel sembianza
che fosse del Tuo regno;
non me fu fallo, s'in lei posi amanza».

G. Contini, *Poeti del Duecento*, Tomo II, Ricciardi, Milano-Napoli 1960.

21-30 *L'amore risiede nel* (**'n** = 'in') *cuore nobile per la stessa* (**tal**) *ragione per cui* (**per qual**) *il fuoco sta sulla cima della torcia* (**del doplero**)*: lì risplende* (**splendeli**) *a proprio piacere* (**al su' diletto**)*, luminoso* (**clar**)*, puro* (**sottile**)*; non vi* (**li**) *starebbe* (**stari'** = 'staria') *in altro modo, tanto è impetuoso* (**fero**)*. Così una natura malvagia* (**prava**) *va contro* (**recontra**) *l'amore come l'acqua* (**l'aigua**) *a causa della* [sua] *natura fredda va contro* (**fa**) *il fuoco caldo. L'amore prende dimora* (**rivera**) *nel cuore nobile come suo luogo affine* (**consimel** = 'consimile') *come il diamante nel minerale* (**in la minera**) *del ferro.*

L'amore è ardente come la fiamma che brucia sulla torcia (il **doplero** è propriamente un candelabro a due bracci) e tenace come il diamante. Poiché tuttavia nei lapidari medievali al diamante, ritenuto un derivato del ferro, era attribuito un potere magnetico, si potrebbe anche intendere **adamàs** come 'calamita'. Il senso sarebbe allora: l'amore si accorda ai cuori gentili come la calamita è attratta irresistibilmente dal ferro. Tra le due nuove analogie compare una prova per contrasto: l'amore è inconciliabile con i cuori vili come l'acqua non può coesistere con il fuoco. L'immagine del fuoco, luminoso, caldo e naturalmente tendente verso l'alto, continua ad assolvere valore allegorico.

31-40 *Il sole colpisce* (**Fere** = 'ferisce') *il fango continuamente* (**tutto 'l giorno**) [con i suoi raggi]: [il fango] *rimane vile, e il sole non* (**né 'l sol**) *perde calore; dice* (**dis'**) *l'uomo superbo* (**omo alter**; **alter** = 'altero'): *"Sono reso* (**torno**) *nobile per stirpe* (**sclatta** = 'schiatta')*": paragono* (**semblo** = 'assomiglio') *costui al fango, le virtù nobili* (**gentil valore**) *al sole: poiché* (**ché**) *non si deve credere* (**non dé dar om fé** = 'un uomo non deve dare fede al fatto') *che la nobiltà esista* (**sia**) *al di fuori del cuore* (**fòr di coraggio**) *come condizione ereditabile* (**in degnità d'ere'**; **ere'** = 'erede') *se non* [si] *ha un cuore nobile* [fatto] *per la virtù,* [così] *come l'acqua* (**aiugua**) *accoglie* (**porta**) *il raggio* [di luce] *ma* (**e**) *il cielo conserva le stelle e lo splendore.*

Ai motivi già presenti nelle altre strofe – del sole, delle stelle e dell'interdipendenza amore-cuore nobile – si aggiunge la precisazione secondo la quale la nobiltà d'animo non dipende in alcun modo dalle origini familiari. Un cuore superbo è, così, paragonato al fango che non modifica la propria vile natura anche se è colpito a lungo dalla luce del sole.

41-50 *Dio creatore splende davanti alla* (**'n la** = 'in la' = 'nella') *intelligenza del cielo* [gli angeli] *più che il sole davanti ai* (**'n** = 'in') *nostri occhi: ella* [l'intelligenza del cielo] *conosce il proprio creatore* (**suo fattor**, cioè Dio) *al di là del cielo* [nel quale sta come forza motrice] *e, nel far girare* (**volgiando** = 'rivolgendo') *il cielo, prende* (**tole**) *a ubbidirgli, e come* (**con'**)*, immediatamente* (**al primero**)*,* [alla conoscenza angelica] *segue l'esecuzione* (**compimento**) *beata* [della volontà] *del giusto Dio, così in verità una* (**la**) *bella donna dovrebbe* (**dovria**) *comunicare* (**dar**)*, non appena* (**poi che**) *splende davanti agli* (**'n gli** = 'in gli' = 'negli') *occhi del suo innamorato* (**gentil**)*, un desiderio che non si separa* (**disprende**) *mai dall'obbedire a lei* (**di lei obedir**).

La stanza è resa molto complessa da una similitudine ispirata alla concezione cosmologica del Medioevo, secondo la quale intorno alla Terra ruotano nove cieli concentrici, mossi dalle intelligenze angeliche che rispondono ad un volere di Dio. La sintesi del ragionamento è, in ogni caso, la seguente: come gli angeli obbediscono a Dio non appena intuiscono la sua volontà, così fa l'amante con la donna. Nello stesso modo la condizione di beatitudine degli angeli corrisponde all'appagamento dell'amante impegnato nel servizio d'amore.

51-60 [O] *donna, Dio mi dirà, quando sarà* (**sïando** = 'essendo') *la mia anima* (**alma**) *davanti a lui: "Che cosa hai osato"*(**Che presomisti** = 'che presumesti')*? Hai attraversato il cielo e sei giunto fino a Me* [con la tua poesia] *e hai preso Me come paragon e* (**per semblanti**) *per un* (**in**) *amore terreno* (**vano** = 'inutile')*: mentre* (**ch'** = 'che') *le lodi spettano* (**conven** = 'convengono') *a Me e alla regina* (**reina**) [: la Madonna] *del santo regno* (**regname**) [: il Paradiso], *grazie alla quale* (**per cui**) *è dissolto* (**cessa**) *ogni* (**onne**) *inganno* (**fraude**)*. Gli* (**Li**) *potrò dire: "*[La mia amata] *ebbe* (**Tenne**) *aspetto* (**sembianza**) *di angelo che appartenesse al* (**che fosse del**) *tuo regno: non vi fu colpa* (**fallo**) *in me* (**me**)*, se rivolsi l'amore* (**amanza**) *in lei".*

analisi e interpretazione T1

i temi e l'ideologia

Un manifesto ideale e poetico Nella canzone trovano spazio, armoniosamente disposti all'interno di un'argomentazione serrata, tutti i temi e i motivi caratteristici della poesia stilnovistica. Possiamo dire cioè che proprio con questo testo Guinizzelli elabori una nuova teoria dell'amore cortese destinata a diventare il manifesto programmatico dei poeti che a lui si ispireranno.

Identità tra cuore nobile e amore La prima strofa pone la premessa a tutto il ragionamento seguente enunciando l'identità necessaria tra cuore nobile e amore. Per chiarire il concetto Guinizzelli ricorre, in questi versi iniziali, a una duplice esemplificazione: l'amore trova la sua sede naturale nel «cor gentile», così come gli uccellini si riparano nel fitto del bosco e il calore nel chiarore del fuoco.

Il processo dell'innamoramento Nella seconda strofa il poeta procede, con precisione scientifica, alla definizione dell'innamoramento come processo di purificazione e nobilitazione dell'uomo. Ancora una volta il paragone è tratto dalla realtà naturale, nello specifico dal regno minerale (ripreso anche nell'immagine del diamante al v. 30): allo stesso modo in cui una pietra preziosa viene raffinata dalla luce del sole e, successivamente, riceve dalle stelle le sue qualità, anche il cuore, dotato in potenza della capacità di innamorarsi, solo con l'intervento d'amore traduce in atto la sua predisposizione al bene, rendendola pienamente operante. I concetti di potenza e atto, desunti dalla filosofia scolastico-tomistica del tempo, riconfermano la natura dottrinaria del testo.

Incompatibilità di amore e viltà Quando il cuore degli uomini, al contrario, non è predisposto alla gentilezza, è incompatibile con l'innamoramento. Nella terza strofa, Guinizzelli, anticipando il concetto che svolgerà compiutamente nella quarta, paragona l'animo rozzo e vile con l'acqua fredda che, naturalmente, respinge il fuoco (cioè l'amore). Nei vv. 31-32, poi, ricorrendo ad una sorta di "prova al contrario", il poeta ribadisce l'idea, sostenendo che come il fango non migliora la propria natura vile per quanto colpito dal sole, allo stesso modo amore e un animo malvagio non interferiranno mai tra loro. Efficace il chiasmo al v. 34 («lui semblo al fango, al sol gentil valore») che, dopo l'esplicita esemplificazione, pone lapidariamente fine alla questione definendola senza incertezze.

La nobiltà d'animo L'identificazione di «cor gentil» e «amore» implica dunque una revisione del tradizionale concetto di nobiltà che, nella quarta strofa, è legata non più al sangue – come prevedeva l'etica feudale – ma all'indole del soggetto. Si tratta di una teoria fondata su qualità naturali e meriti individuali, che rispondeva perfettamente alla mentalità dei nuovi ceti borghesi intenzionati ad opporre alla vecchia aristocrazia la propria autonomia e indipendenza politica e culturale.

Un nuovo *servitium amoris* Nella quinta strofa il *servitium amoris* slitta dal piano sentimentale e privato a quello teologico e universale: come le intelligenze angeliche preposte al movimento dei cieli obbediscono a Dio (vv. 41-44), allo stesso modo l'uomo dovrà ubbidire alla sua donna. L'identificazione tra i due processi è sigillata dalla ripetizione del verbo «obedir» che torna ai vv. 44 e 50.

La prima donna-angelo A conclusione del discorso, una volta che sono state poste le premesse teoriche e sviluppate le argomentazioni a sostegno di quelle, entra in scena la figura femminile, anticipata una volta sola al v. 20 «donna a guisa di stella lo 'nnamora». La donna qui celebrata dal poeta è il primo esempio di donna-angelo la cui apparizione è stata preparata per tutto il testo dal tema della luce, presente in ogni strofa grazie alla ricorrenza insistente di termini che vi alludono: «sole» (8 volte), «splendore/splendere» (5), «fuoco» (4), «stella/e» (3), solo per citare i principali. Qui, tuttavia, la donna è, per il momento, ancora 'scambiata' dal poeta per un angelo (v. 58 «Tenne d'angel sembianza»). Perché essa sia davvero pensata come dotata di qualità salvifiche, ossia perché il motivo letterario assuma compiutamente il suo valore teologico, occorrerà aspettare la 'beatrice' dantesca.

le forme

Un ritmo 'crescente' Nonostante l'impegno strutturale che la contraddistingue sin dai primi versi, la canzone è un tipico esempio di limpidezza e 'dolcezza' stilistica. La stessa costruzione del testo, che procede strofa dopo strofa in un crescendo progressivo di complessità dottrinaria (mentre l'adozione delle *coblas capfinidas*, cioè delle riprese concettuali e lessicali tra le varie strofe, assicura coerenza e coesione all'argomentazione), accompagna il lettore nel percorso che dalla realtà terrena, qui rappresentata dal mondo fisico e naturale, lo innalza all'ambito etico-spirituale e, addirittura, teologico.

***Slogan* e argomentazione articolata** Nella quarta strofa la rivendicazione di una nobiltà che si regge sulla discendenza familiare è messa in bocca ad un rappresentante altero di quell'aristocrazia cui il poeta e tutto lo Stil novo contrappongono una nuova etica comportamentale, basata sulla cultura e sulla sensibilità dell'animo. Di questa ricchezza spirituale, intellettualmente alta e raffinata, sono indice le molte conoscenze scientifiche e filosofiche che il discorso del poeta chiama in causa, e l'armoniosa articolazione di un'ampia e limpida sintassi argomentativa. Al contrario l'arrogante ed elementare espressione «Gentil per sclatta torno» denuncia la dimensione verbale semplicistica e violenta di un interlocutore che sembra saper procedere solo per *slogan*.

Il lessico e lo stile Le scelte lessicali del testo sono aliene da regionalismi marcati e rifuggono da suoni aspri e arditezze eccessive; da notare invece le ripetizioni (in particolare «cor gentil» e «amore» che ritornano appaiati molte volte) e l'abbondanza di figure retoriche.

Le analogie Tra queste figure spicca il ricorso all'analogia, che è una costante dell'intero componimento. Ogni affermazione relativa al «cor gentil» e all'«amore» è infatti illustrata con una lunga serie di analogie e similitudini ricavate dal mondo naturale e scientifico, che si snodano nell'arco dell'intero componimento. La loro presenza, non puramente decorativa, dunque, ma sfruttata a scopo dimostrativo, alleggerisce, vivacizza e conferisce concretezza a tutto il complesso impianto astratto del testo.

Guinizzelli e noi

La donna-angelo e i modelli femminili odierni La canzone di Guinizzelli esercita per i lettori giovani del nostro tempo ben poca attrattiva. Abituati dai mass media e dalle nuove tecnologie ad una comunicazione sempre più visiva, rapidissima nei tempi, semplificata al massimo nella sintassi e, spesso, abbreviata in formule, facciamo fatica a concepire e comprendere di trovarci davanti a una dichiarazione, pur letteraria, d'amore. Una volta, poi, che si sia riusciti, pazientemente, a capire il significato del testo, a risultare ardua è la concezione stessa del sentimento, spogliato di ogni moto passionale del cuore e prospettato, in ultima analisi, come esercizio intellettuale. La stessa cosa può dirsi per la lontananza massima esistente tra la donna-angelo di Guinizzelli e i modelli femminili proposti dalla letteratura del Novecento o, ancor più, dalla società contemporanea.

per studiare *guida all'analisi* T1

COMPRENDERE

1 Numera in sequenza, ricostruendo l'ordine corretto in cui le argomentazioni/comparazioni si succedono nella catena ragionativa dell'autore.

a. ☐ la natura malvagia sta all'amore come l'acqua gelida al fuoco
b. ☐ il sole non è stato creato prima della luce né la luce prima del sole
c. ☐ l'amore trova la sua sede naturale nel «cor gentil»
d. ☐ la nobiltà dell'animo non è frutto di eredità dinastica ma di predisposizione naturale e dote individuale
e. ☐ l'amore per la donna non è peccaminoso in quanto la bellezza di quella è la prefigurazione della Verità di Dio
f. ☐ l'amore trova la sua sede naturale nel «cor gentil» come il diamante nella miniera
g. ☐ l'amore trova la sua sede naturale nel «cor gentil» come gli uccellini nel bosco
h. ☐ il fango non migliora la sua natura vile nemmeno se è a lungo colpito dalla luce del sole

ANALIZZARE

2 «cor gentil» è l'espressione chiave della poesia, più volte reiterata. Scorri il testo e sottolineala. Quante volte ricorre? Spiegane il significato con parole tue.

3 Nelle stanze I-IV è costante la tecnica della similitudine: ogni affermazione che riguarda l'amore e il «cor gentile» è accompagnata da un paragone tratto dal mondo naturale. Rintraccia nel testo tutte le similitudini tratte dal campo della natura (animale, vegetale, inanimata) e trascrivile.

A ....
B ....
C ....
D ....

4 Nel testo sono ricorrenti le parole e le immagini che appartengono al campo semantico della luce. Rintracciane alcuni esempi.

....

....

INTERPRETARE E APPROFONDIRE

5 L'insistenza sul tema della luce che leggiamo in Guinizzelli avrà conseguenze determinanti sui poeti stilnovisti. Quale fra le seguenti?

- a l'amore cantato dai poeti stilnovisti sarà rappresentato come una fiamma
- b lo stilnovo rappresenterà sempre una natura luminosa
- c la luce sarà elemento dominante in quanto rappresentazione divina
- d le donne nelle poesie dello Stil novo appariranno circonfuse da un alone luminoso

6 La canzone afferma una concezione in cui si rispecchiano le aspirazioni dei ceti urbani in ascesa. In quali termini è motivato il rifiuto della nobiltà in senso feudale? Rispondi facendo riferimento al testo.

7 Su che cosa si basa il nuovo concetto di nobiltà?

8 Nella lirica provenzale la parola chiave è «cortesia», in quella comunale – di cui questa poesia può considerarsi un manifesto – la parola chiave è «gentilezza». Spiega la differenza fra i due termini alla luce del diverso contesto sociale in cui maturano queste esperienze culturali.

S1 INFORMAZIONI E APPROFONDIMENTI

La canzone

Di origine provenzale, la canzone viene praticata dai poeti siciliani, siculo-toscani e stilnovisti che la mettono a punto nella forma in cui, grazie a Dante e Petrarca, si confermerà come la più nobile delle strutture metriche italiane. Ad essa vengono infatti affidati argomenti alti, tragici, prevalentemente amorosi ma anche dottrinali e politici.

Le caratteristiche principali della canzone italiana sono:
- la presenza di un numero variabile (da 5 a 9) di strofe composte da versi (generalmente imparisillabi, endecasillabi e settenari) distinti in due componenti: fronte e sirma (o coda);
- ogni fronte è a sua volta divisa in due piedi di due versi ciascuno, mentre ogni sirma è composta da 2 volte di tre versi ciascuna;
- la strofa conclusiva assume il nome di congedo (o commiato o licenza) poiché l'autore, normalmente, si rivolge a essa per esortarla a raggiungere la donna di cui ha cantato la lode;
- lo schema metrico può variare nelle singole strofe o rimanere identico.

ESEMPIO:
da Guido Guinizzelli, «*Al cor gentil rempaira sempre amore*»

FRONTE	Al cor gentil rempaira sempre amore	A	piede 1
	come l'ausello in selva a la verdura;	B	
	né fe' amor anti che gentil core,	A	piede 2
	né gentil core anti ch'amor, natura:	B	
SIRMA	ch'adesso con' fu 'l sole,	c	volta 1
	sì tosto lo splendore fu lucente,	D	
	né fu davanti 'l sole;	c	
	e prende amore in gentilezza loco	E	volta 2
	così propïamente	d	
	come calore in clarità di foco.	E	

T2

concetti-chiave
- gli effetti devastanti dello sguardo della donna sul poeta
- la scomposizione dell'io

Guido Cavalcanti
«Voi che per li occhi mi passaste 'l core»

Nel sonetto il poeta si rivolge direttamente alla donna, responsabile di aver provocato in lui smarrimento e angoscia. Ripercorrendo con precisione analitica tutte le fasi dell'innamoramento, ne espone le manifestazioni e le conseguenze, invitandola a guardare in quale penosa condizione egli si trovi. Si tratta di un testo tipico di Cavalcanti nel quale emerge bene la sua personale concezione d'amore, vissuta come passione irrazionale e drammatica che sconvolge la mente e i sensi.

LINGUA: volgare privo di punte regionali **DATAZIONE:** seconda metà del Duecento

Voi che per li occhi mi passaste 'l core
e destaste la mente che dormia,
guardate a l'angosciosa vita mia,
che sospirando la distrugge Amore.

E' vèn tagliando di sì gran valore,
che' deboletti spiriti van via:
riman figura sol en segnoria
e voce alquanta, che parla dolore.

Questa vertù d'amor che m'ha disfatto
da' vostr'occhi gentil' presta si mosse:
un dardo mi gittò dentro dal fianco.

Sì giunse ritto 'l colpo al primo tratto,
che l'anima tremando si riscosse
veggendo morto 'l cor nel lato manco.

G. Cavalcanti, *Rime*, a cura di D. De Robertis, Einaudi, Torino 1986.

METRO: sonetto con rima incrociata nelle quartine e replicata nelle terzine, secondo lo schema ABBA, ABBA, CDE, CDE.

1-4 *Voi che attraverso* (**per**) *gli occhi* [*miei*] *mi avete trafitto* (**passaste**) *il cuore e avete risvegliato* (**destaste**) *la mente che dormiva* (**dormia**), *prestate attenzione* (**guardate**) *alla mia vita angosciosa, che Amore distrugge* (**la** è pronome pleonastico) *a furia di sospiri* (**sospirando**).

Voi: Cavalcanti si rivolge alla propria donna usando alternativamente il 'tu' o il 'voi'. Questa seconda scelta, meno confidenziale, risponde, nel caso presente, al tentativo del poeta di porre distanza tra lui e la causa del proprio dolore. **sospirando**: è gerundio riferito alla vita.

5-8 *Egli* (**E'**) *avanza* (**vèn**) *colpendo di taglio* (**tagliando**) *con* (**di**) *così* (**sì**) *gran forza* (**valore**), *che le* [*mie*] *fragili funzioni vitali* (**deboletti spiriti**) *se ne vanno via:* [*di me*] *rimane soltanto l'aspetto esterno* (**figura**) *in potere* (**en segnoria**) [*d'Amore*] *e poca* (**alquanta**) *voce che esprime* (**parla**; il verbo è qui usato transitivamente) *dolore.*

'Tagliare' è termine tecnico del lessico militare; l' Amore è qui rappresentato come un guerriero, armato della caratteristica freccia (cfr. anche sotto al v. 11). Questa non si limita però a trafiggere il poeta, bensì lo lacera, lo spacca in due con violenza, lasciandolo, dopo l'assalto, privo di forza e vitalità. Indicando ciascuna delle funzioni vitali dell'organismo come «spiriti» (enti, sottili esseri dotati di energia), Cavalcanti, riprende il pensiero aristotelico e la sua rielaborazione da parte della dottrina cristiana medievale.

9-11 *Questa forza* (**vertù**) *d'amore che mi ha distrutto provenne* (**si mosse**) *rapida* (**presta**) *dai vostri occhi nobili* (**gentil'**)*: mi lanciò* (**gittò**) *una freccia nel* (**dentro dal**) *fianco.*

12-14 *Il colpo giunse* [*a me*] *così preciso* (**ritto** = 'dritto') *al primo tiro d'arco* (**tratto**), *che l'anima si svegliò* (**si riscosse**) *tremando, vedendo il cuore morto nel fianco sinistro* (**nel lato manco**).

Lo sconcerto dell'anima è determinato dal fatto che essa vede morto il cuore, ossia la propria sede naturale.

analisi e interpretazione T2

le forme

La struttura Il testo presenta una struttura che potremmo definire circolare. Al v. 1 («Voi che per li occhi mi passaste 'l **core**») corrisponde infatti, con quasi perfetta rispondenza semantica e lessicale il v. 14 («veggendo morto 'l **cor** nel lato manco»), mentre al v. 2 («e destaste la **mente** che dormia») fa da specchio il v. 13 («che l'**anima** tremando si riscosse»). Sia le quartine che le terzine, poi, trattano con poche varianti espressive lo stesso identico tema: la crudeltà di Amore che ha colpito il poeta (v. 1 «mi passaste il core»; v. 10 «Questa vertù d'amore che m'ha disfatto»; v. 11 «un dardo mi gittò dentro dal fianco») annichilendolo.

Il tono espressionistico Il sonetto è percorso in tutti i versi da termini che indicano la violenza con cui il sentimento amoroso si impossessa del soggetto, e le sofferenze che determina in lui: «passaste» (v. 1), «angosciosa» (v. 3), «distrugge» (v. 4), «tagliando» (v. 5), «dolore» (v. 8), «disfatto» (v. 9), «dardo» (v. 11), «colpo» (v. 12), «tremando» (v. 13), «morto» (v. 14). Tale vocabolario rispecchia perfettamente la concezione materialistica e pessimistica che il poeta ha dell'amore.

i temi e i motivi

L'amore come esperienza radicale Per Cavalcanti l'amore non è fonte di gioia e piacere, strumento di elevazione spirituale, bensì passione di intensità eccezionale, capace di esaltare l'individualità di chi lo sperimenta ma, nel contempo, capace anche di distruggerlo.

La dissociazione interiore e la 'teoria degli spiriti' La forza del sentimento, incontrollabile dalla ragione, è infatti tale da compromettere l'unità della persona e determinare la disgregazione dell'io. La separazione di «cuore» (qui v. 1 e v. 14), «mente» (v. 2) e «anima» (v. 13) è il segno del suo smembramento in «spiriti» (v. 6), cioè in singole unità vitali che vanno progressivamente riducendo la propria funzionalità fino a condurre il soggetto alla morte psichica e fisica.

La donna In questo contesto tragico anche la figura della donna subisce una significativa revisione. L'incontro con lei e il suo saluto, infatti, non sono più momento di nobilitazione e perfezionamento del poeta, ma minacce per la propria stessa vita. Lo sguardo, d'altra parte, che solitamente è una via privilegiata per la trasmissione del sentimento, diventa l'arma con la quale trafiggere il cuore del poeta e farne scempio (v. 1 «Voi che per li occhi mi passaste 'l core»).

Amore guerriero Tutto il testo è percorso da immagini e termini che rimandano a un vero e proprio combattimento armato nel quale Amore, lontano dall'immagine tradizionale del giovinetto Cupido, è presentato come arciere feroce, mentre il poeta è destinato a soccombere, colpito senza scrupolo e addirittura «disfatto» (v. 9).

Un teatro dell'anima Nella terzina conclusiva del sonetto questo scontro di guerra è calato nell'interiorità del protagonista. Uno degli elementi più moderni di Cavalcanti è infatti la rappresentazione dell'io come scenario di conflitti e tensioni, cioè come un vero e proprio 'teatro dell'anima' nel quale agiscono, contraddittoriamente, forze e spinte diverse. Personificati, dotati di vita autonoma, occhi, cuore e altre entità concrete o astratte (anima, cuore) sono l'oggettivazione del mondo sentimentale del poeta che assiste, quasi da spettatore esterno, alla 'messa in scena' del suo dramma (vv. 13-14 «che l'anima tremando si riscosse /veggendo morto 'l cor nel lato manco»).

Il pessimismo cupo Il componimento si apre e si chiude all'insegna del più assoluto pessimismo, senza che sia possibile rinvenire alcuna possibilità di speranza e salvezza per l'anima del poeta. Ci troviamo di fronte ad uno degli esempi più tipici dello stilnovismo tragico di Cavalcanti (per un confronto tra questa poesia e la canzone di Dante dedicata a donna "Pietra" cfr. **T8**, p. 120).

per studiare guida all'analisi T2

COMPRENDERE

1 La donna si manifesta al poeta attraverso

- [a] lo sguardo
- [b] il saluto
- [c] il sorriso
- [d] la voce

2 Associa le seguenti parole della poesia con la spiegazione che ti sembra più appropriata al contesto.

1. ☐ v. 1 passaste **2.** ☐ v. 7 segnoria **3.** ☐ v. 10 presta **4.** ☐ v. 14 manco

a. oltrepassaste – **b.** rapida – **c.** sinistro – **d.** superaste – **e.** mancante – **f.** trafiggeste – **g.** potere – **h.** aspetto

3 «spiriti» è parola chiave di Cavalcanti. Che cosa sono gli «spiriti» nel linguaggio cavalcantiano?

- [a] i sospiri dell'innamorato non corrisposto
- [b] le attività spirituali dell'uomo
- [c] le facoltà vitali, psichiche e fisiche, dell'organismo
- [d] i fantasmi che appaiono alla mente dell'innamorato

ANALIZZARE

4 Rintraccia nel testo i termini che appartengono al lessico militare e/o al campo semantico della violenza e dell'assalto.

T2 Guido Cavalcanti «Voi che per li occhi mi passaste 'l core»

5 In quali vesti è rappresentato Amore?

a come un cavaliere cortese
b come un signore medievale
c come il Cupido della tradizione classica
d come un guerriero feroce munito di frecce

6 Caratteristica tipica di Cavalcanti è la personificazione degli organi e delle facoltà dell'io poetico. Rintraccia nel testo le azioni attribuite alle entità concrete o astratte del poeta.

la mente ....

le funzioni vitali ....

l'aspetto esteriore ....

la voce ....

l'anima ....

INTERPRETARE E APPROFONDIRE

7 Descrivi i successivi stadi che il poeta attraversa dal momento in cui viene colpito dallo sguardo della donna.

8 Nella poesia di Cavalcanti la rappresentazione dell'esperienza amorosa mette in scena

a l'elevazione spirituale del poeta
b la gioia della passione
c l'intensità tragica del sentimento distruttivo
d la schermaglia del corteggiamento

3 La *Vita nuova* e la poesia d'amore

Firenze, Calendimaggio 1274 È primavera avanzata. A Firenze, la più ricca città d'Italia, si festeggia il Calendimaggio, la festa primaverile che il folklore e la letteratura hanno consacrato come festa dell'amore. L'*élite* cittadina, composta di nobili e ricchi mercanti, si ritrova nei palazzi, nei giardini, nelle ville di campagna. Nel corso di uno di questi raduni un bambino di nove anni incontra una bambina della stessa età. Sembrerebbe un fatto banale: ma l'uomo che è stato quel bambino, il poeta Dante Alighieri, fa risalire a quel giorno l'inizio dell'amore che per tutta la vita lo legherà alla donna che nella sua opera chiamerà Beatrice.

Il percorso spirituale della *Vita nuova* Dante ci racconta questo incontro e le vicende successive nella *Vita nuova*, il cui titolo significa 'vita rinnovata'. Per amare Beatrice, infatti, Dante deve intraprendere un percorso spirituale: il suo amore deve purificarsi del desiderio, non solo sessuale, ma anche di un rapporto che vada al di là della pura contemplazione. La *Vita nuova* ci dice ben poco sulle circostanze concrete in cui si sviluppa questo amore; e dà piuttosto una lettura simbolica degli incontri con la donna e della sua morte, che sappiamo essere avvenuta nel 1290.

La *Vita nuova* La *Vita nuova* è stata scritta da Dante prima del 1295 (probabilmente tra il 1293 e il 1295). Il libro raccoglie 31 poesie incastonate da brevi capitoletti in prosa (è dunque un 'prosimetro', cioè un libro composto di prosa e di versi) che le ordinano in una narrazione autobiografica. Si tratta di una forma senza precedenti: Dante riorganizza e ordina le proprie poesie in modo da ricostruire, con l'aiuto delle parti in prosa, una vicenda romanzesca a partire dalle rime scritte in passato. Prese isolatamente, le liriche non formano una storia: è la prosa della *Vita nuova* a dar vita al "romanzo" di Dante e Beatrice.

Henry Holiday, *Incontro di Dante con Beatrice* (1883), Liverpool, Walker Art Gallery.

La *Vita nuova* ebbe un grande successo nell'Inghilterra della seconda metà dell'Ottocento, dopo che i romantici ebbero cominciato a rivalutare il Medioevo. Il quadro di Henry Holiday (1839-1927) illustra con accuratezza un episodio del libro: Beatrice (la donna nel centro, vestita di bianco) nega a Dante il saluto. Il profilo del volto di Dante si rifà a una secolare tradizione di ritratti del poeta, le cui prime immagini risalgono già al Trecento.

La storia di Dante e Beatrice nella *Vita nuova* Dopo il primo incontro (cfr. **T3**, p. 106) passano nove anni. A diciott'anni Dante riceve per la prima volta il saluto di Beatrice, che lo riempie di beatitudine; scrive allora un sonetto per raccontare il sogno fatto dopo l'incontro, e lo invia ad altri poeti perché lo interpretino. Risponde, tra gli altri, «quello che io chiamo primo de li miei amici», Guido Cavalcanti, a cui il «libello» è dedicato. Per mantenere il segreto sull'identità dell'amata, Dante lascia credere che il suo amore sia rivolto ad altre due donne (le «donne dello schermo»), ma sulla relazione con la seconda cominciano a circolare pettegolezzi infamanti e Beatrice gli toglie il saluto. Il dolore di Dante viene ulteriormente accresciuto quando, in occasione di un ritrovo pubblico, Beatrice ride di lui. Non potendo più trovare beatitudine nei segni di benevolenza dell'amata, Dante sperimenta un amore più disinteressato e puro, che trae gioia dalla sola celebrazione poetica di lei (cfr. **T4** e **T5**, pp. 109 e 113). Dopo la morte del padre di Beatrice, Dante viene colpito da una malattia e nel delirio ha il presagio della morte di lei: è una visione profetica. La morte dell'amata getta Dante in uno stato di smarrimento, ma, passato poco più di un anno, il poeta trova conforto nell'amore di una «gentile donna giovane e bella molto». Solo dopo un lungo travaglio interiore e una «imaginatione» in cui gli riappare Beatrice nell'aspetto che aveva il giorno del loro primo incontro, Dante comprende che la nuova passione è «desiderio malvagio e vana tentazione». La *Vita nuova* si chiude su una «mirabile visione» di Beatrice e sulla promessa di una forma di poesia in suo onore più alta, ma ancora indefinita (cfr. **T6**, p. 115).

La produzione poetica giovanile di Dante Il titolo *Vita nuova* significa anche 'giovinezza'; e davvero la gioventù di Dante è tutta consacrata all'amore, o, meglio, alla sua espressione attraverso la poesia. Già intorno ai diciotto anni Dante comincia ad acquisire una certa notorietà letteraria, ed entra in contatto con altri poeti, tra cui Guido Cavalcanti, già celebre e di qualche anno più vecchio di lui. Con Guido e altri poeti come Cino da Pistoia (1270-1337) Dante sviluppa una concezione dell'amore e della poesia innovativa rispetto ai modelli provenzali e siciliani, lungo la linea tracciata da Guinizzelli. Come si è già visto nel paragrafo precedente, è lo stesso Dante a coniare il termine per definire la sua poesia giovanile e quella dei suoi amici: «dolce stil novo» (*Purgatorio*, XXIV, v. 57).

Le *Rime* Dante ha raccolto una parte significativa della propria produzione poetica giovanile nella *Vita nuova* e nel *Convivio*. Gli altri componimenti che ci sono giunti a suo nome sono stati ordinati dai filologi moderni sotto il titolo *Rime*. La raccolta comprende testi di argomento e stile molto diversi tra loro, che riflettono le diverse esperienze stilistiche dell'autore: dallo stile dolce e piano del tempo della *Vita nuova* (cfr. **T7**, p. 117) a quello aspro e difficile delle rime "petrose", cioè dedicate a una donna Pietra (cfr. **T8**, p. 118); dai contenuti filosofici o teologici delle rime allegoriche e dottrinali allo scambio di ingiurie con l'amico Forese Donati in stile comico-realistico.

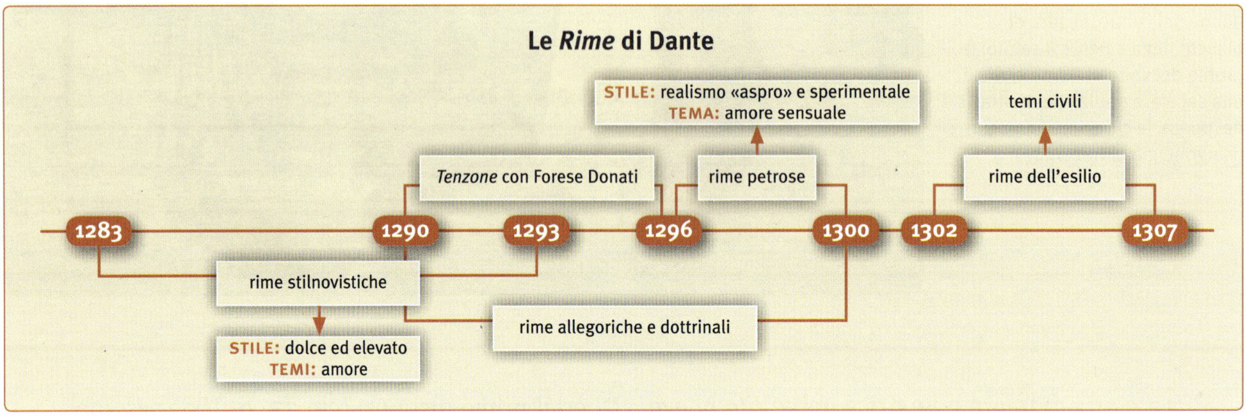

T3 L'«angiola giovanissima»

Vita nuova, I-II

concetti-chiave
- la trascrizione dal «libro della memoria»
- il quadro cosmico dell'apparizione di Beatrice

*La Beatrice che incontriamo nel secondo canto dell'*Inferno *nasce come personaggio nella* Vita nuova, *scritta da Dante prima del 1295. Dante racconta dell'incontro con Beatrice, avvenuto quando entrambi avevano nove anni. La presenza della donna provoca in Dante conseguenze psico-fisiologiche che sono oggetto di una particolareggiata descrizione. Il risultato finale di questo processo è che Amore "signoreggia" l'anima del poeta.*

LINGUA: italiano **DATAZIONE:** 1295 ca.

I.

In quella parte del libro de la mia memoria dinanzi a la quale poco si potrebbe leggere, si trova una rubrica la quale dice: *Incipit vita nova*. Sotto la quale rubrica io trovo scritte le parole le quali è mio intendimento d'assemplare in questo libello; e se non tutte, almeno la loro sentenza.

I *In quella parte del libro della mia memoria prima della quale si potrebbe leggere poco si trova il titolo: «Vita nuova». Sotto questo titolo sono scritte parole che intendo trascrivere* (**assemplare**) *in questo libro* (**libello**)*; e se non tutte, almeno il loro significato essenziale* (**sentenza**).

Il primo breve paragrafo del libro serve da proemio e illustra l'intento dell'autore: Dante vuole rendere pubblici alcuni eventi e alcune opere del suo passato. Le **parole** del **libro de la mia memoria** indicano per metafora le sue vicende biografiche. **rubrica**: nei manoscritti antichi i titoli, o comunque le parti di testo che si volevano evidenziare, erano scritti in inchiostro rosso (in latino *ruber*, da cui 'rubrica'). ***Incipit vita nova***: nell'uso medievale, il titolo di un'opera era indicato dal verbo latino *incipit* ('incomincia') seguito da quello che noi consideriamo il titolo vero e proprio (come nella lettera a Cangrande che presenta la *Commedia*: «Incipit Comedia Dantis Alagherii, florentinus natione, non moribus» [«*Commedia* di Dante Alighieri, fiorentino di nascita ma non di costumi»]). Per **vita nova** dobbiamo intendere tanto 'età giovanile' quanto 'vita rinnovata' dall'amore per Beatrice.

II.

1. Nove fiate già appresso lo mio nascimento era tornato lo cielo de la luce quasi a uno medesimo punto, quanto a la sua propria girazione, quando a li miei occhi apparve prima la gloriosa donna de la mia mente, la quale fu chiamata da molti Beatrice li quali non sapeano che si chiamare.

2. Ella era in questa vita già stata tanto, che ne lo suo tempo lo cielo stellato era mosso verso la parte d'oriente de le dodici parti l'una d'un grado, sì che quasi dal principio del suo anno nono apparve a me, ed io la vidi quasi de la fine del mio nono.

3. Apparve vestita di nobilissimo colore, umile e onesto, sanguigno, cinta e ornata a la guisa che a la sua giovanissima etade si convenia.

[...]

7. D'allora innanzi dico che Amore segnoreggiò la mia anima, la quale fu sì tosto a lui disponsata, e cominciò a prendere sopra me tanta sicurtade e tanta signoria per la vertù che li dava la mia imaginazione, che me convenia fare tutti li suoi piaceri compiutamente.

8. Elli mi comandava molte volte che io cercasse per vedere questa angiola giovanissima; onde io ne la mia puerizia molte volte l'andai cercando, e vedeala di sì nobili e laudabili portamenti, che certo di lei si potea dire quella parola del poeta Omero: «Ella non parea figliuola d'uomo mortale, ma di deo».

9. E avvegna che la sua imagine, la quale continuatamente meco stava, fosse baldanza d'Amore a segnoreggiare me, tuttavia era di sì nobilissima vertù, che nulla volta sofferse che Amore mi reggesse sanza lo fedele consiglio de la ragione in quelle cose là ove cotale consiglio fosse utile a udire.

10. E però che soprastare a le passioni e atti di tanta gioventudine pare alcuno parlare fabuloso, mi partirò da esse; e trapassando molte cose le quali si potrebbero trarre de l'es-

II **1.** *Già per nove volte (**fiate**) dopo la mia nascita il cielo del sole (**de la luce**) era tornato con la sua rivoluzione annuale (**girazione**) quasi sullo stesso punto, quando mi si presentò alla vista per la prima volta (**prima** = avverbio) la gloriosa signora della mia mente, che molti, che non sapevano il suo nome, chiamavano Beatrice.*

La prima parola del libro dopo il proemio è il numero 9, il numero che indica la natura miracolosa di Beatrice, introdotto per mezzo di una perifrasi astronomica: erano cioè passati quasi nove anni dalla nascita di Dante, avendo il sole compiuto nove giri. **Nove**: il numero si accompagna a Beatrice per tutto il libro, ed è segno della sua più autentica natura miracolosa: infatti il 9 ripete per tre volte il numero 3, legato alla figura della Trinità cristiana (secondo la quale l'unico Dio si esprime in tre persone: il Padre, il Figlio, lo Spirito). Nel capitolo XXIX Dante spiega che Beatrice è «uno nove, cioè uno miracolo» perché la «radice [nel duplice senso di 'radice aritmetica' e 'origine'] del miracolo è solamente la mirabile Trinitade». **gloriosa**: l'aggettivo fa capire subito al lettore che Beatrice è morta: la donna si trova in Paradiso dove gode della gloria dei beati. **la quale...chiamare**: appena appare sulla scena Beatrice, subito si verifica un evento prodigioso: anche chi non conosce il suo nome proprio la chiama "beatrice", cioè 'colei che dona la beatitudine' per gli effetti che produce intorno a sè.

2. *Aveva già vissuto su questa terra (**in questa vita**) tanti anni che durante la sua vita il cielo delle stelle si era spostato verso est di un dodicesimo di grado, così che apparve a me, che ero quasi alla fine del mio nono anno, circa (**quasi**) all'inizio del suo nono.*

lo cielo stellato...un grado: l'ottavo cielo del sistema tolemaico, quello delle stelle fisse, si sposta da ovest verso est di un grado ogni cento anni; un dodicesimo di grado equivale dunque a otto anni e quattro mesi.

3. *Apparve vestita di un colore nobilissimo, umile e pieno di decoro (**onesto**), un rosso sanguigno, con la cintura e gli ornamenti che si addicevano alla sua giovanissima età.*

sanguigno: Beatrice è vestita di rosso, il colore attribuito simbolicamente alla virtù teologale della carità, cioè l'amore di origine divina. Il rosso è detto **nobilissimo** perché è il colore dei paramenti delle maggiori dignità sia politiche (la porpora imperiale) sia religiose (è il colore delle vesti sacre nelle feste più solenni).

7-9. *Affermo che da quel momento in poi Amore fu padrone della mia anima, che si unì strettamente a lui (**fu...disponsata**) così presto, e [Amore] cominciò ad assumere una signoria così assoluta su di me grazie al potere che gli conferiva la mia immaginazione, che ero costretto a portare a termine diligentemente ogni sua volontà (**li suoi piaceri**). Mi ordinava spesso di cercar di vedere questo giovanissimo essere angelico (**angiola**); per cui nella mia fanciullezza (**puerizia**) andai a cercarla molte volte, e vedevo i suoi comportamenti così nobili e degni di lode, che davvero si poteva dire di lei quel verso del poeta Omero: «Non sembrava figlia di un mortale, ma di un dio». E benché (**avvegna che**) l'immagine di lei, che era sempre con me, fosse un segno del potente dominio (**baldanza...a segnoreggiare**) di Amore su di me, tuttavia era un'immagine di così nobile virtù che mai (**nulla volta**) concesse (**sofferse**) ad Amore di dominarmi senza il costante consiglio della ragione, in tutte quelle cose nelle quali è utile ascoltare tale consiglio.*

L'amore per Beatrice non è solo passione, ma è costantemente sottomesso al dominio della ragione. Il contrario avviene ai "peccatori carnali" condannati in *Inferno*, «che la ragione sommettono al talento» (*Inf.* V, 39), cioè al desiderio.

10. *E poiché (**però che**) soffermarmi (**soprastare**) sulle passioni e gli atti di un'età così infantile sembra in qualche modo un parlare per favole, li tralascerò; e, sorvolando su molte cose che si potrebbero trascri-*

semplo onde nascono queste, verrò a quelle parole le quali sono scritte ne la mia memoria sotto maggiori paragrafi.

D. Alighieri, *Vita nuova*, a cura di D. De Robertis, Ricciardi, Milano-Napoli 1984.

vere dal testo originale (**essemplo**) *da cui è tratto il mio libro, passerò a trattare quei ricordi* (**quelle parole**) *che sono scritti nella mia memoria sotto paragrafi più ampi.*

essemplo, paragrafi: prosegue la metafora del libro della memoria, l'"originale' (**essemplo**) di cui la *Vita nuova* si propone come una trascrizione.

analisi e interpretazione T3

le forme

Un incontro senza precedenti Beatrice compare come personaggio dell'opera di Dante nel secondo paragrafo della *Vita nuova*. È un'apparizione insolita: la donna amata ha solo nove anni, è ancora una bambina, così come Dante. Il fatto è privo di ogni antecedente letterario e dà una forte impressione di realtà vissuta.

La costruzione della scena Ma la scena è anche carica di elementi simbolici: la due perifrasi astronomiche che la introducono non servono soltanto a precisare la data e l'età dei protagonisti, ma collocano l'incontro in un quadro cosmico. Alla solennità dei riferimenti celesti corrisponde l'indeterminatezza della scenografia terrena: Dante non precisa né il luogo né l'occasione dell'incontro. A differenza di quanto avviene in altri capitoli del libro, Beatrice non è collocata in un quadro cittadino: non sappiamo se stia passando per la via o se ci troviamo all'interno di un palazzo, se sia sola o accompagnata da qualcuno. Beatrice semplicemente «apparve».

i personaggi

La morte annunciata Come in tutto il libro l'aspetto di Beatrice non viene descritto: Dante si sofferma invece sui particolari dei suoi abiti e dei suoi ornamenti. La veste di Beatrice è di color «sanguigno», il colore del sangue, una determinazione cromatica di sapore già funebre. Il lettore capisce subito che al momento in cui l'autore scrive il suo libro Beatrice è morta e (come suggerisce l'aggettivo «gloriosa») si trova al cospetto di Dio.

Il colore della *Charitas* Rosso è anche il colore della virtù teologale della *Charitas* ('carità'), cioè dell'amore di Dio per l'uomo, l'amore per cui Cristo ha versato il suo sangue. La descrizione della figura femminile annuncia il significato del percorso amoroso della *Vita nuova*: la mediazione di Beatrice consente a Dante di passare da una concezione terrena dell'amore alla comprensione della sua vera natura e origine, Dio.

i temi e i motivi

La donna-angelo Il ruolo di mediazione tra Dante e Dio pone Beatrice nella stessa posizione degli angeli, intermediari tra umanità e divino: fin dalla sua prima apparizione, perciò, Beatrice viene definita «angiola». In questo modo, Dante fa proprio uno dei temi più caratteristici dei poeti dello Stilnovo: l'identificazione della figura della donna amata in quella di un angelo (cfr. la poesia di Guinizzelli riportata in **T1**, a p. 97).

Dalla figura retorica alla realtà Ma quella che in Guinizzelli era soltanto una similitudine diventa, per il Dante della *Vita nuova*, un'identità: Beatrice è un angelo perché, proprio come gli angeli, svolge una funzione di mediazione tra l'uomo e Dio.

per studiare guida all'analisi T3

COMPRENDERE

1 L'*incipit* della *Vita nuova* è focalizzato sull'immagine del "libro": quali parole del I capitolo hanno a che fare con il libro e la scrittura?

2 Spiega il significato della metafora del "libro della memoria" trasformando la metafora in una similitudine.

3 Il capitolo II della *Vita nuova* racconta
- a l'incontro di Dante con Beatrice in una scena dai contorni realistici
- b l'apparizione di Beatrice a Dante in un contesto carico di elementi simbolici

ANALIZZARE

4 Rintraccia nel testo il passaggio in cui Dante descrive l'abbigliamento di Beatrice. Qual è il colore dell'abito che indossava, e quali significati simbolici racchiude?

5 L'apparizione di Beatrice è inserita in un quadro cosmico in cui emerge il numero nove. Quale significato simbolico riveste tale numero?

6 Fin dalla sua prima apparizione, Beatrice è definita «angiola». Che cosa significa propriamente questo termine nella concezione di Dante?

INTERPRETARE E APPROFONDIRE

7 L'amore per Beatrice è un sentimento totalizzante e non peccaminoso. Rintraccia nel testo il paragrafo in cui Dante sottolinea le caratteristiche del suo amore per Beatrice. A che cosa è sempre subordinato il suo sentimento?

8 Ancora oggi capita di dire "incipit vita nova" quando vogliamo indicare che è iniziata una fase diversa della nostra esistenza. C'è un episodio della tua vita, un'esperienza, oppure un incontro (non necessariamente amoroso) che ha assunto anche per te un significato importante che ha cambiato il tuo modo di vedere le cose e il mondo? Parlane in un testo in forma di narrazione, di pagina di diario, o di lettera.

T4 «Donne ch'avete intelletto d'amore»

Vita nuova, XIX

concetti-chiave
- un nuovo modello di canzone d'amore
- la lode dell'amata

Il tema centrale del componimento sono le nuove ragioni che spingono il poeta a lodare Beatrice: egli le dedica poesie non più nella speranza di essere ricambiato con un saluto, bensì per il puro piacere disinteressato di testimoniare la sua straordinaria bellezza. L'amore diventa un'esperienza assoluta: dall'amore cortese della tradizione lirica si passa qui a un amore totalmente spiritualizzato, che innalza a Dio. Il poeta decide quindi, con una devozione quasi religiosa, di non rivolgersi più direttamente all'amata. Così come il tema, nuovo è anche il destinatario della produzione dantesca: non più Beatrice, ma le donne esperte di questioni amorose.

LINGUA: italiano **DATAZIONE:** 1295 ca.

Donne ch'avete intelletto d'amore,
i' vo' con voi de la mia donna dire,
non perch'io creda sua laude finire,
ma ragionar per isfogar la mente.
Io dico che pensando il suo valore,
Amor sì dolce mi si fa sentire,
che s'io allora non perdessi ardire,
farei parlando innamorar la gente.
E io non vo' parlar sì altamente,
ch'io divenisse per temenza vile;
ma tratterò del suo stato gentile
a respetto di lei leggeramente,

METRO: canzone di cinque stanze (l'ultima con funzione di congedo) di quattordici versi tutti endecasillabi (il verso dello stile "tragico", cioè elevato), con fronte ABBC, ABBC e volte (con una rima della fronte, trasmessa attraverso la chiave) CDD, CEE. Il numero dei versi di ogni stanza e la struttura metrica riconnettono questa e altre canzoni della *Vita nuova* alla forma del sonetto.

1-4 *[O] donne che avete cognizione* (**intelletto**) *[: esperienza e capacità di comprensione] dell'amore, io* (**i'**) *voglio* (**vo'**) *parlare* (**dire**) *a* (**con**) *voi della mia donna, non perché io creda di esaurire* (**finire**) *le lodi a lei dovute* (**sua laude**), *ma [solamente] parlare* (**ragionar**) *per sfogare la [mia] interiorità* (**la mente**). **5-8** *Io intendo dire* (**Io dico**) *che considerando* (**pensando**; qui è transitivo) *il suo valore, Amore si fa sentire in me* (**mi**) *così dolcemente* (**sì dolce**), *che se io a quel punto* (**allora**) *non perdessi il coraggio* (**ardire**), *con le mie parole* (**parlando**) *farei innamorare tutti* (**la gente**). — L'esperienza erotica è presentata in termini estremizzati, secondo una costante tendenza all'*iperbole. **valore**: è termine della tradizione provenzale, indicante il complesso delle qualità, interiori ed esteriori, care all'ideologia cortese. **9-14** *E [infatti] io non voglio parlare in modo adeguato alla altezza del soggetto* (**sì altamente**), *così da diventare* (**ch'io divenisse**) *insicuro* (**vile**) *per la paura* (**per temenza**); *ma tratterò della sua [: dell'amata] nobiltà* (**stato gentile**) *superficialmente* (**leggeramente**) *rispetto a lei, [par-*

T4 «Donne ch'avete intelletto d'amore»

donne e donzelle amorose, con vui,
ché non è cosa da parlarne altrui.

Angelo clama in divino intelletto
e dice: «Sire, nel mondo si vede
maraviglia ne l'atto che procede
d'un'anima che 'nfin qua su risplende».
Lo cielo, che non have altro difetto
che d'aver lei, al suo segnor la chiede,
e ciascun santo ne grida merzede.
Sola Pietà nostra parte difende,
che parla Dio, che di madonna intende:
«Diletti miei, or sofferite in pace
che vostra spene sia quanto me piace
là 'v'è alcun che perder lei s'attende,
e che dirà ne lo inferno: O mal nati,
io vidi la speranza de' beati».

Madonna è disiata in sommo cielo:
or voi di sua virtù farvi savere.
Dico, qual vuol gentil donna parere
vada con lei, che quando va per via,
gitta nei cor villani Amore un gelo,
per che onne lor pensero agghiaccia e pere;
e qual soffrisse di starla a vedere
diverria nobil cosa, o si morria.
E quando trova alcun che degno sia
di veder lei, quei prova sua vertute,
ché li avvien, ciò che li dona, in salute,
e sì l'umilia, ch'ogni offesa oblia.
Ancor l'ha Dio per maggior grazia dato
che non pò mal finir chi l'ha parlato.

Dice di lei Amor: «Cosa mortale
come esser pò sì adorna e sì pura?».
Poi la reguarda, e fra se stesso giura
che Dio ne 'ntenda di far cosa nova.
Color di perle ha quasi, in forma quale
convene a donna aver, non for misura:
ella è quanto de ben pò far natura;
per essemplo di lei bieltà si prova.

lando] con voi (**vui**), *donne e fanciulle* (**donzelle**) *esperte d'amore* (**amorose**), *dato che* (**ché**) *non è argomento* (**cosa**) *di cui parlare* (**da parlarne**) *con altri* (**altrui**).

L'altezza dell'oggetto da lodare trascende le possibilità espressive del poeta, che rinuncia deliberatamente a una rappresentazione adeguata, accontentandosi di espressioni coscientemente limitate rispetto al reale valore della donna. È ancora un tema mistico applicato alla casistica erotica.

15-21 *Un angelo si lamenta* (**clama**) *con l'intelligenza di Dio* (**in divino intelletto**) *e dice «*[O] *Re* (**Sire**), *nel mondo si vede un miracolo* (**maraviglia**) *incarnato* (**ne l'atto**), *che si manifesta in* (**che procede d'**<a>) *un'anima* [: Beatrice] *che risplende fin quassù* [: in Paradiso]*». Il cielo, che non ha* (**have**) *altra mancanza* (**difetto**) *che* [la mancanza] *di avere lei* [: Beatrice], *la* [ri]*chiede al suo* [: del Paradiso] *signore* [: Dio], *e ciascun santo chiede* (**grida**) *la grazia* (**merzede**) *di* [avere] *lei* (**ne**).

22-28 *La sola pietà* [: la misericordia di Dio personalizzata] *difende la nostra* [: degli uomini] *causa* (**parte**), *in quanto* (**che**) *Dio, riferendosi alla mia donna* (**che di madonna intende**), *dice* (**parla**) [così]: *«*[O] *miei eletti* [: scelti come beati], [per] *ora sopportate* (**sofferite**) *serenamente* (**in pace**) *che ciò che desiderate* (**la vostra spene**; **spene** = speranza) [: Beatrice] *sia* [per] *quanto mi fa piacere* (**me piace**) [: finché voglio] *là* [: sulla Terra] *dove c'è* (**'v'è** = ove è) *qualcuno* (**alcun**) [: forse con riferimento a Dante] *che aspetta* (**s'attende**) *di perderla* (**perder lei**) [con la morte], *e che* [anche] *nell'inferno dirà: O dannati* (**mal nati**), *io ho visto* (**vidi**) *colei che i beati desideravano avere con sé* (**la speranza de' beati**; **de'** = dei)*»*.

Al destino beato della amata si oppone, per enfatizzare la distanza incolmabile, l'ipotetica dannazione dell'amante; la quale però non basterebbe a escludere il sentimento di un privilegio irrevocabile: aver veduto colei che le stesse anime del Paradiso desideravano vedere. Si tratta di un vero e proprio paradosso con funzione iperbolica, ad affermare che l'esperienza diretta della bellezza di Beatrice implica la salvezza eterna (dato che anche l'inferno sarebbe vissuto con beatitudine, nel ricordo di lei).

29-36 *La mia donna* (**Madonna**) *è desiderata* (**disiata**) *nell'alto dei cieli* (**in sommo cielo**)*: dunque* (**or**) *voglio* (**voi**) *informarvi* (**farvi savere**; **savere** = sapere) *del suo potere spirituale* (**virtù**). *Affermo* (**dico**) [che] *chi* [qual] *vuole apparire* (**parere**) *una donna nobile* (**gentil**) *deve andare* (**vada**) *con lei,* [dato] *che quando* [lei] *cammina* (**va**) *per la strada* (**via**), *Amore getta nei cuori non nobili* (**villani**) *un impedimento* (**un gelo**) *per il quale* (**per che**) *ogni* (**onne**) *loro pensiero diventa di ghiaccio* (**agghiaccia**) [: si paralizza] *e muore* (**pere** = perisce); *e chiunque* (**qual**) *avesse la forza* (**soffrisse** = tollerasse) *di starla a vedere diventerebbe* (**diverrìa**; condizionale siciliano) *nobile* (**nobil cosa**; cfr. v. 11), *o morirebbe* (**si morrìa**).

È il tema, non nuovo, del potere prodigioso della donna nobile di trasferire i propri requisiti di elezione sugli astanti; qui però interpretato in chiave apertamente salvifica (non metaforica).

37-42 *E quando* [Beatrice] *incontra* (**trova**) *qualcuno che sia degno di vederla* (**di veder lei**) *questi* (**quei**) *sperimenta* (**prova**) *il valore* (**vertute**) *di lei* (**sua**), *perché* (**ché**) [tutto] *ciò che* [ella] *gli* (**li**) *dona gli si trasforma* (**li avvien**) *in beatitudine* (**in salute**), *e lo rende umile* (**l'umilia**) *a tal punto* (**sì** = così), *che dimentica* (**oblia**) *ogni offesa* [ricevuta]. *Dio le ha concesso* (**dato**) *per sovrappiù* (**maggior**) *di grazia anche* (**ancor**) *che chi le ha parlato non possa* (**pò** = può) *morire dannato* (**mal finir**).

È una radicalizzazione e una strutturazione organica dei temi, d'altra parte tradizionali, presenti nel sonetto di Guinizzelli *«Io voglio del ver la mia donna laudare»*.

43-50 *Amore dice di lei: «Come può* (**pò**) *un essere* (**cosa**) *mortale essere così* (**sì**) *bello* (**adorna**) *e puro?». Poi la guarda attentamente* (**la reguarda**; piuttosto intensivo che iterativo), *e conclude* (**giura**) *fra se stesso che Dio ha intenzione* (<i>**s'ntenda**) *di farne* (**ne...di far**) *qualcosa di eccezionale* (**cosa nova**). *Ha colorito* (**color**) *quasi di perle, nel modo in cui* (**in forma quale**) *è giusto* (**convene**) *avere da parte di una* (**a**) *donna, non fuori* (**for**) [di] *misura: ella è il massimo* (**quanto**) *di bene* [che] *la natura può realizzare* (**far**); *la bellezza* (**bieltà**) *si commisura* (**si prova**) *sul suo modello* (**per essemplo di lei**).

De li occhi suoi, come ch'ella li mova,
escono spirti d'amore infiammati,
che feron li occhi a qual che allor la guati,
e passan sì che 'l cor ciascun retrova:
voi le vedete Amor pinto nel viso,
là 've non pote alcun mirarla fiso.

Canzone, io so che tu girai parlando
a donne assai, quand'io t'avrò avanzata.
Or t'ammonisco, perch'io t'ho allevata
per figliuola d'Amor giovane e piana,
che là 've giugni tu diche pregando:
«Insegnatemi gir, ch'io son mandata
a quella di cui laude so' adornata».
E se non vuoli andar sì come vana,
non restare ove sia gente villana:
ingegnati, se puoi, d'esser palese
solo con donne o con omo cortese,
che ti merranno là per via tostana.
Tu troverai Amor con esso lei;
raccomandami a lui come tu dei.

D. Alighieri, *Vita nuova*, cit.

51-56 *Dai suoi occhi, non appena lei* (**come ch'ella**) *li muova, escono spiriti infiammati d'amore, i quali* (**che**) *feriscono* (**feron**) *gli occhi a chiunque* (**a qual che**) *la guardi* (**guati**) *in quel momento* (**allor**), *e penetrano* (**passan**) [*in profondità*] *in modo* (**sì**) *che ciascuno raggiunge* (**retrova**) *il cuore: voi le* [: a Beatrice] *vedete Amore raffigurato* (**pinto** = dipinto) *nello sguardo* (**nel viso**), *là dove nessuno* (**non...alcun**) *può guardarla* (**mirarla**) *fissamente* (**fiso**).

Il tema dell'amore, personificato in entità spirituali, che raggiunge il cuore del poeta passando attraverso gli occhi e provenendo dallo sguardo dell'amata è ampiamente presente in Cavalcanti in **T2** ***«Voi che per li occhi mi passaste 'l core»***.

57-63 [O] *canzone, io so che tu parlerai* (**girai parlando** = andrai parlando; con perifrasi) *con molte donne* (**a donne assai**), *quando io ti avrò resa pubblica* (**avanzata**). *Ora, dato che io* (**perch'io**) *ti ho costruita* (**allevata**; con metafora) *come espressione* (**per figliuola**; ancora metafora) *giovane* [: nuova; rispettosa] *e diretta* (**piana**) *di Amore, ti ammonisco di chiedere cortesemente* (**che... tu diche pregando**; **diche** = dica) *dovunque tu giunga* (**là 've giugni** = 'là dove giungi'): *«Indicatemi la strada* (**insegnatemi gir**; **gir** = 'l'andare'), *poiché io* (**ch'io**) *sono* [*stata*] *indirizzata* (**mandata**) *a colei* (**quella**) [: Beatrice] *delle* (**di**) *cui lodi* (**laude**) *sono* (**so'**) *abbellita* (**adornata**)*»*.

Si finge in questa ultima strofa, che ha funzione di congedo, che l'identità dell'amata, taciuta per necessità di cortesia, sia inscritta indissolubilmente nella canzone come implicita materia ed eventuale riuscita di essa.

64-70 *E se non vuoi muoverti* (**andar**) *inutilmente* (**sì come vana** = così come cosa inutile), *non fermarti* (**non restare**) *dove si trovi* (**sia**) *gente vile* (**villana** [: che non saprebbe indirizzare la *canzone verso Beatrice]*: fa' in modo* (**ingegnati**), *se puoi, di rivelarti* (**d'esser palese**) *solo a* (**con**) *donne o a chiunque altro* (**con omo**) [*sia*] *nobile* (**cortese**), *i quali* (**che**) *ti guideranno* (**ti merranno**) *là* [*da Beatrice*] *per via breve* (**tostana**). *Con lei* (**con esso lei**) *tu troverai Amore; raccomandami a lui meglio che puoi* (**come tu dei**; **dei** = 'devi') [: la canzone è infatti figlia dell'Amore].

La meta finale della canzone è Beatrice, secondo una affermata tradizione precedente; tale conclusione valorizza però in questo caso la specificità del prodotto letterario, dato che il testo ha, come esplicito destinatario interno, le «donne» esperte d'amore.

analisi e interpretazione T4

le forme

L'importanza di *«Donne ch'avete intelletto d'amore»* L'importanza della canzone è sottolineata da Dante stesso in vari modi: facendola precedere da un'ampia premessa nobilitante (che si prolunga dal capitolo XVIII al principio del XIX), con la creazione di un vero e proprio effetto di *suspense*; dichiarandone apertamente il significato di svolta di poetica (il cambiamento di materia, di finalità, di interlocutori); dedicandole un commento particolarmente accurato (qui non riportato); infine valorizzandone in un passo della *Commedia* la funzione di svolta.

i temi e i motivi

La novità della canzone In termini storico-critici, l'importanza di questo testo non consiste nella presenza di significativi elementi nuovi rispetto alla tradizione erotica provenzale, siciliana, guinizzelliana e cavalcantiana. Nuova è, invece, la capacità di fondere in un insieme organico i vari modelli, valorizzando gli aspetti assunti da ciascuno di essi; nuova è soprattutto la consapevolezza di rivolgersi a un pubblico mutato, "borghese", con il quale condividere i valori della nuova cultura stilnovistica: la bellezza, la nobiltà, la discrezione, le virtù spirituali; nuova è infine la compattezza strutturale, stilistica e perfino lessicale: Dante propone qui un vero e proprio nuovo modello di canzone d'amore, al tempo stesso elevato (cfr. per esempio il metro "illustre") e piano (sulla comprensibilità è lo stesso autore a insistere nella parte conclusiva del commento: cfr. «leggeramente» al v. 12 e «piana» al v. 60).

La solidità dell'impianto strutturale Come suggerisce anche Dante nel commento, la canzone è divisibile in tre parti, con una costruzione di consapevole impegno retorico: 'proemio' (strofa I), trattazione (strofe II, III e IV) e congedo (strofa V). Di particolare rilevanza risulta proprio il proemio, dedicato a esporre il nuovo programma poetico dell'autore. D'altra parte le tre strofe centrali, dedicate alla trattazione, si qualificano per la presenza di una parola-chiave del repertorio stilnovistico nel primo verso, quasi una titolazione sintetica dell'effettivo contenuto della strofa: «Angelo» nella seconda, dedicata a parlare delle qualità miracolose e del valore religioso dell'amata; «Madonna» nella terza, dedicata a descrivere la perfezione della donna; «Amor» nella quarta, dedicata in particolare alla sua bellezza e al potere di far innamorare. Al proemio si ricollega il congedo per la ripresa di alcuni temi (soprattutto la scelta di un pubblico specifico), con armonioso effetto di circolarità.

La teatralità L'esplicito coinvolgimento di un pubblico, energicamente chiamato in causa e definito nell'esordio, determina la dimensione dialogica e teatrale del testo, che implica una comunità di "esperti" (e soprattutto di "esperte"), in presenza dei quali pronunciare la lode. Tale pubblico non esaurisce il proprio compito nella ricezione del testo, ma è apertamente coinvolto nel processo di ricerca della destinataria ultima, dato che spetta a esso, come è dichiarato nel congedo, di indicare alla canzone la strada per raggiungerla. Ma una strutturazione teatrale è riscontrabile anche nella strofa II (dove dialogano i beati e Dio pietoso, mentre quest'ultimo ipotizza a sua volta una battuta di dialogo, vv. 27-28) e nella strofa IV (dove a parlare è Amore). Nel congedo a dialogare sono il poeta e la canzone, alla quale viene suggerita una battuta da rivolgere a chi può aiutarla a trovare Beatrice (vv. 62-63). La tendenza alla teatralizzazione rende la rappresentazione mossa e vivace dal punto di vista narrativo, oggettivando in una serie di figurazioni allegoriche i nuclei di significato, anche filosofico, della canzone.

per studiare guida all'analisi T4

COMPRENDERE

1 Perché Dante si rivolge alle donne che hanno «intelletto d'amore»? Individua il verso in cui è contenuta la risposta e spiegalo.

2 Quale argomento si propone di trattare il poeta? Individua la risposta nel testo.

3 La poesia ha un impianto dialogico e teatrale. Quali personaggi compaiono?

ANALIZZARE

4 Le tre strofe centrali contengono in posizione marcata tre parole chiave del repertorio stilnovistico. Individuale tra quelle elencate di seguito.

Cielo – Vertute – Angelo – Intelletto – Madonna – Amore – Sire – Pietà – Dio – Viso

5 Quali dei seguenti elementi rappresentano la novità della canzone rispetto alla tradizione dell'amor cortese? Scegli le risposte corrette.

a il destinatario
b la lode disinteressata
c l'amore come esperienza assoluta che non richiede di essere ricambiata
d il congedo, dove il poeta si rivolge alla canzone stessa

INTERPRETARE E APPROFONDIRE

6 Dante porta a compimento in questa canzone il processo di spiritualizzazione di Beatrice; ma già in precedenza aveva rivelato i segni della eccezionalità della donna amata. Rintracciali nei capitoli della *Vita nuova* che hai letto.

T5

La donna della salute

Vita nuova, XXVI, 1-4

concetti-chiave

- la lode come manifestazione d'amore disinteressato
- il valore universale della beatitudine di Beatrice

La lirica *«Tanto gentile e tanto onesta pare»* è a p. 22.

La prima parte della Vita nuova *riprende alcuni motivi che già avevano una tradizione nella poesia cortese: le apparizioni del dio Amore, le donne dello schermo, la pubblica umiliazione dell'amante. Le poesie racchiuse in questa prima parte sono incentrate sull'io del poeta e sugli effetti insieme beatificanti e distruttivi dell'amore. Ma la perdita del saluto di Beatrice costringe Dante a concepire una nuova forma poetica, la "poesia della lode": dall'enfasi posta sugli effetti dell'amore, cioè da una poesia incentrata sul soggetto, si passa a una celebrazione del valore assoluto della donna, che produce effetti non solo su colui che la ama, ma su chiunque la incontri.*

LINGUA: italiano **DATAZIONE:** 1295 ca.

1. Questa gentilissima donna, di cui ragionato è ne le precedenti parole, venne in tanta grazia de le genti, che quando passava per via, le persone correano per vedere lei, onde mirabile letizia me ne giungea. E quando ella fosse presso d'alcuno, tanta onestade giungea nel cuore di quello, che non ardia di levare li occhi, né di rispondere a lo suo saluto; e di questo molti, sì come esperti, mi potrebbero testimoniare a chi non lo credesse.

2. Ella coronata e vestita d'umilitade s'andava, nulla gloria mostrando di ciò ch'ella vedea e udia. Diceano molti, poi che passata era: «Questa non è femmina anzi è uno de li bellissimi angeli del cielo». E altri diceano: «Questa è una maraviglia; che benedetto sia lo Segnore, che sì mirabilemente sae adoperare!».

3. Io dico ch'ella si mostrava sì gentile e sì piena di tutti li piaceri, che quelli che la miravano comprendeano in loro una dolcezza onesta e soave, tanto che ridicere non lo sapeano; né alcuno era lo quale potesse mirare lei, che nel principio nol convenisse sospirare.

4. Queste e più mirabili cose da lei procedeano virtuosamente: onde io pensando a ciò, volendo ripigliare lo stilo de la sua loda, propuosi di dicere parole, ne le quali io dessi ad intendere de le sue mirabili ed eccellenti operazioni; acciò che non pur coloro che la poteano sensibilemente vedere, ma li altri sappiano di lei quello che le parole ne possono fare intendere. Allora dissi questo sonetto, lo quale comincia *Tanto gentile*.

D. Alighieri, *Vita nuova*, cit.

1. *Questa nobilissima* (**gentilissima**) *donna, di cui ho parlato nelle poesie* (**parole**) *precedenti, cominciò a suscitare una tale benevolente ammirazione* (**venne in tanta grazia**) *in chiunque che, quando passava per la strada, la gente accorreva per vederla: ed io di questo mi rallegravo straordinariamente. E quando era vicina a qualcuno, nel cuore di questi si sviluppava un sentimento di riverenza così grande* (**tanta onestade**), *che non osava alzare gli occhi né rispondere al suo saluto. E molti potrebbero testimoniarlo, a chi non ci credesse, per averlo sperimentato* (**sì come esperti**).

La scena ricorda la folla che accorre festante intorno a Gesù il giorno del suo ingresso a Gerusalemme, la domenica prima della Passione. Anche nel caso di Beatrice il momento di massimo riconoscimento pubblico della sua virtù miracolosa precede di poco la morte (che verrà pianta nel capitolo XXVIII). **saluto**: Dante gioca sull'ambiguità del termine: oltre al gesto del salutare, la parola richiama il vocabolo latino da cui deriva: *salus*, cioè 'salvezza'. I due significati si sovrapponevano nel saluto tipico *Dominus vobiscum* ('che il Signore sia con voi'). All'immagine concreta di una donna che, passando per la strada, saluta i conoscenti, si sovrappone quella mistica della donna-miracolo che, passando, produce effetti meravigliosi e salvifici su coloro ai quali si rivolge.

2. *Camminava* (**s'andava**) *circondata e coperta* (**coronata e vestita**) *di umiltà, mostrando di non insuperbirsi per ciò che vedeva e sentiva. Dopo il suo passaggio molti dicevano: «Questa non è una donna* (**femmina**), *ma un angelo delle più belle schiere celesti». E altri dicevano: «Questa donna è un miracolo* (**maraviglia**); *benedetto il Signore, le cui opere sono così meravigliose!».*

femmina: termine neutrale per indicare il genere femminile, usato solitamente in contrapposizione a 'donna' ('signora').

3. *Nella mia poesia dico che ella si mostrava così nobile e adorna di ogni pregio* (**piena di tutti li piaceri**), *che quelli che la contemplavano erano pieni di una dolcezza così nobile e soave che non sapevano descriverla; e non c'era nessuno che potesse contemplarla senza essere costretto* (**che...nol convenisse**) *immediatamente a sospirare.*

dico: nella *Vita nuova* questo verbo indica spesso la scrittura poetica.

4. *Da lei e per la sua virtù* (**virtuosamente**) *derivavano* (**procedeano**) *questi e più meravigliosi* (**mirabili**) *effetti. Riflettendoci, e volendo riprendere lo stile della sua lode, mi proposi di comporre dei versi* (**dicere parole**) *in cui illustrassi i suoi effetti miracolosi e benigni, di modo che non solo coloro che potevano vederla con i loro occhi* (**sensibilemente**), *ma anche tutti gli altri uomini sappiano di lei quel poco che le parole possono spiegare. Allora composi questo sonetto: «Tanto gentile».*

T5 La donna della salute

analisi e interpretazione T5

le forme

La tradizione della donna salvifica Il capitolo XXVI della *Vita nuova* introduce il più celebre sonetto dantesco, *«Tanto gentile e tanto onesta pare»* (cfr. TESTO D'ACCESSO 3, p. 22). La prosa e la poesia descrivono una scena che ritroviamo anche in testi di Guinizzelli e Cavalcanti: la giovane donna amata dal poeta passeggia per la città, nell'atteggiamento composto che si addice al suo sesso e al suo livello sociale. Intorno a lei si raduna una folla, attirata dalla sua grazia e dagli effetti miracolosi del suo passaggio: la sua presenza infonde negli animi nobili sentimenti, e il rispettoso timore che suscita ne rivela la natura sovrumana.

L'innovazione dantesca La prosa che introduce il sonetto gli dà un valore innovativo rispetto ai testi, pur così simili, di Guinizzelli e Cavalcanti: al pubblico ristretto coltivato da questi ultimi, e da Dante stesso nella sua produzione precedente, se ne sostituisce uno più vasto, che comprende anche chi non ha potuto sperimentare di persona i miracolosi effetti di Beatrice. Se la donna è un miracolo, deve essere conosciuta da tutta l'umanità, così come la "lieta novella", il Vangelo di Cristo, deve essere portata a tutti gli uomini.

i temi e i motivi

L'amore disinteressato La prima tappa del percorso tracciato dalla *Vita nuova* approda così alla "poesia della lode". Dante vi celebra il valore di Beatrice senza più esigere da lei una qualsiasi reciprocità, neppure quel minimo segno di riconoscimento e di benevolenza rappresentato dal saluto; porta così alle estreme conseguenze l'impossibile rapporto tra amata e amante che aveva costituito il fulcro tematico della poesia d'amore romanza.

La morte dell'amata Ma, proprio perché libero dal desiderio di ottenere qualcosa da chi si ama, questo amore può sopravvivere alla più drammatica delle separazioni e alla più incolmabile delle distanze: la morte. Preannunciata fin dall'inizio del libro, la morte di Beatrice è qui prefigurata dalla sovrapposizione del suo trionfo tra le genti alla memoria dell'episodio evangelico del glorioso ingresso di Cristo a Gerusalemme, che precede di poco la crocifissione.

Beatrice-Cristo La *Vita nuova* è tutta percorsa dall'analogia Beatrice-Cristo. Il libro descrive le tappe attraverso le quali il "fedele" di Beatrice comprende che il "miracolo" della donna è lo strumento voluto da Dio per la sua salvezza: Beatrice rappresenta perciò, nella vita di Dante, ciò che Cristo è stato per l'umanità nella storia della salvezza.

La distanza A differenza di quanto avverrà nella *Commedia*, in cui Beatrice acquista dei caratteri psicologici e diventerà un personaggio capace di agire autonomamente, nella *Vita nuova* le sue apparizioni sono una proiezione di ciò che avviene nell'animo di Dante. Come già nella lirica cortese e stilnovistica, la donna reale scompare e viene elevata al di sopra del genere umano, in una posizione di mediazione tra l'uomo e Dio.

La separazione e il lutto Dante ci mostra che questo processo, che allontana Beatrice dalla sfera delle relazioni umane, viene accelerato da una serie di traumi. L'approdo all'amore disinteressato è una conseguenza della perdita del saluto, cioè della privazione dell'unico contatto che Dante poteva avere con la donna; la morte di Beatrice interviene poi a rendere definitiva questa negazione di ogni rapporto.

La scomparsa del dolore La trasformazione della donna amata in un essere sovrannaturale è dunque un processo che avanza parallelamente al lutto, alla perdita; è una consolazione, un risarcimento della scomparsa di lei. Non sapremo mai quanta sofferenza sia costata a Dante la rinuncia a un amore reale, la trasformazione del desiderio nell'adorazione di un fantasma: la sublimazione dell'amata è riuscita a cancellare il dolore, forse non nella realtà psicologica di Dante, ma sicuramente dalla sua cristallizzazione letteraria.

per studiare guida all'analisi T5

COMPRENDERE

1 Quando Beatrice passava per la via

- a tutti la spiavano di nascosto
- b tutti la guardavano sfacciatamente
- c tutti le rivolgevano il saluto
- d tutti accorrevano per vederla

2 Il comportamento di Beatrice era

- a superbo e altezzoso
- b umile e onesto
- c amichevole e ammiccante
- d timido e sfuggente

3 Al passaggio di Beatrice, Dante

- a provava un sentimento di gelosia per i suoi ammiratori
- b si rallegrava dell'ammirazione che lei suscitava
- c si nascondeva a causa della sua timidezza
- d si faceva avanti per salutarla

ANALIZZARE

4 Completa il testo scegliendo le opzioni corrette.

Sin dall'inizio della *Vita nuova* Dante associa la figura di Beatrice al tema ***del matrimonio/della morte***, perché l'amore per la giovane donna è destinato a trovare perfetto compimento nella ***devozione disinteressata/legittimazione del sacramento coniugale***. Beatrice può infatti essere paragonata alla figura di ***Maria Vergine/Cristo salvatore***. Quando Beatrice muore Dante ***è inconsolabile e abbandona l'impegno letterario/elabora il lutto sublimando la figura dell'amata attraverso la poesia***.

INTERPRETARE E APPROFONDIRE

5 Il passo in prosa del capitolo XVI incastona il sonetto «*Tanto gentile e tanto onesta pare*» che è stato riportato fra i testi di accesso. Il confronto fra la prosa e il sonetto (p. 22) permette di fare alcune osservazioni utili a comprendere la differenza tra prosa narrativa e poesia lirica. Nella prosa il narratore usa verbi che appartengono al campo semantico del parlare e sottolineano la sua funzione narrativa. Rintracciali nel testo.

6 Quali tempi verbali usa il narratore per celebrare il valore di Beatrice? Sono gli stessi tempi verbali del sonetto?

7 Nella prosa c'è solo la descrizione del narratore (*diegesi*) o ci sono anche battute di dialogo (*mimesi*)? Nella lirica ci sono battute di dialogo?

8 Nella poesia «miracol» è parola chiave, che nella prosa non compare. Da che cosa risulta sostituito?

T6

Beata Beatrix

Vita nuova, XLI, 10-11; XLII

concetti-chiave

- dall'amore per Beatrice all'amore per Dio
- la Beatrice della *Vita nuova* e la Beatrice della *Commedia*

Dopo la morte, il nome di Beatrice assume un nuovo significato. Non potendo più riferirsi agli effetti miracolosi della sua presenza ("beatrice" = 'colei che dona la beatitudine'), il nome diventa segno della sua condizione ultraterrena: "Beatrice-beata". Come la morte di Cristo rivela agli uomini l'amore infinito di Dio, così la morte di Beatrice è lo strumento attraverso il quale Dante approda a un più elevato grado dell'amore. Il suo sguardo, fisso sull'amata che gli viene sottratta dalla morte, è così ricondotto all'origine divina dell'amore.

LINGUA: italiano **DATAZIONE:** 1295 ca.

XLI

Oltre la spera che più larga gira
passa 'l sospiro ch'esce del mio core:
intelligenza nova, che l'Amore
piangendo mette in lui, pur su lo tira.
Quand'elli è giunto là dove disira,
vede una donna, che riceve onore,

METRO: sonetto con schema di rime ABBA ABBA CDE DCE.

XLI **1-8.** *Il pensiero dolente* (**sospiro**) *che esce dal mio cuore oltrepassa il cielo che ha la rotazione più ampia* (**la spera che più larga gira**)*: una nuova intelligenza, che l'Amore gli infonde attraverso il dolore* (**piangendo**)*, lo attrae continuamente* (**pur**) *verso l'alto. Quando è giunto là dove desidera, vede una donna, che viene onorata*

T6 Beata Beatrix

e luce sì, che per lo suo splendore
lo peregrino spirito la mira.
    Vedela tal, che quando 'l mi ridice,
io no lo intendo, sì parla sottile
al cor dolente, che lo fa parlare.
    So io che parla di quella gentile,
però che spesso ricorda Beatrice,
sì ch'io lo 'ntendo ben, donne mie care.

XLII

1. Appresso questo sonetto apparve a me una mirabile visione, ne la quale io vidi cose che mi fecero proporre di non dire più di questa benedetta infino a tanto che io potesse più degnamente trattare di lei.

2. E di venire a ciò io studio quanto posso, sì com'ella sae veracemente. Sì che, se piacere sarà di colui a cui tutte le cose vivono, che la mia vita duri per alquanti anni, io spero di dicer di lei quello che mai non fue detto d'alcuna.

3. E poi piaccia a colui che è sire de la cortesia, che la mia anima se ne possa gire a vedere la gloria de la sua donna, cioè di quella benedetta Beatrice, la quale gloriosamente mira ne la faccia di colui *qui est per omnia secula benedictus*.

D. Alighieri, *Vita nuova*, cit.

e risplende a tal punto che lo spirito esule (**peregrino**) *[dalla terra] la contempla attraverso il suo splendore.*

la spera...gira: la più ampia delle sfere celesti è il cielo cristallino o Primo Mobile; oltre di esso si stende lo spazio illimitato ed eterno dell'Empireo, sede dei beati. **sospiro**: come Dante spiega nella prosa che precede il sonetto, questo sospiro è il suo pensiero, che per metonimia viene indicato attraverso un suo effetto (il pensiero di Beatrice, cioè, induce il poeta a sospirare). **intelligenza...in lui**: il dolore per la morte di Beatrice e quello indotto dal pentimento per averla tradita con la **donna...gentile** hanno portato Dante a una comprensione **nova**, cioè 'nuova' ma anche 'straordinaria, inaudita', sulla natura dell'amore. **peregrino spirito**: il pensiero di Dante sale verso il cielo, come un pellegrino lascia la sua patria.

9-14. *Quando torna a descrivermela, la vede così splendida che io non lo comprendo, tanto parla in modo misterioso al cuore addolorato, che lo spinge a parlare. Però so che parla di quella nobile donna, poiché nomina spesso Beatrice, così che io lo comprendo bene, donne mie care.*

La chiusa del sonetto chiama in causa il pubblico femminile, lo stesso al quale Dante aveva deciso di rivolgersi nel primo testo del nuovo stile della lode, la canzone «*Donne ch'avete intelletto d'amore*» (**T4**). Con il richiamo a quel pubblico si chiude l'ultimo testo poetico del libro, e dunque quella stagione di poesia.

XLII **1-3.** *Dopo che ebbi scritto questo sonetto mi apparve una visione meravigliosa, nella quale vidi cose che mi indussero al proposito di non comporre più poesia* (**dire**) *su questa donna benedetta, fino a che non fossi in grado di parlarne più degnamente. E mi sforzo* (**studio**) *il più possibile per raggiungere questo scopo, e lei sa che è la verità. Così, se Colui che infonde vita a tutte le creature vorrà che la mia duri per alcuni anni, io spero di dire di lei ciò che non fu mai detto di nessuna donna. E dopo di ciò, piaccia al signore della cortesia che la mia anima possa giungere a contemplare la gloria della sua signora, cioè di quella benedetta Beatrice, che ora contempla nella gloria il volto di colui che è benedetto nei secoli dei secoli.*

mirabile visione: non è l'ascesa mentale descritta nel sonetto: la prosa precisa infatti che la visione avviene **Appresso**, cioè 'dopo' che Dante l'aveva scritto. Non conosciamo i contenuti di questa visione perché, come spiega Dante, i suoi strumenti poetici sono ancora inadeguati a descriverla. ***qui est per omnia secula benedictus***: il libro, che cominciava con il titolo espresso in latino (*Incipit vita nova*), si chiude specularmente in latino, con la formula con cui il copista ringraziava Dio per avergli concesso di portare a termine l'opera: «colui che è benedetto per tutti i secoli», cioè Dio (espressione ripresa da san Paolo).

analisi e interpretazione T6

le forme

La struttura del sonetto Il sonetto ha una struttura bipartita: le quartine sono dedicate al percorso dal cuore del poeta alla sua donna in Paradiso; le terzine rappresentano il percorso inverso, dall'esterno verso l'interiorità dell'io.

L'epilogo del libro Il pensiero innamorato di Dante si eleva fino alla sede dei beati. Il percorso della *Vita nuova* è compiuto: la vita terrena e la morte di Beatrice sono servite, come quelle di Cristo, ad attirare a Dio la mente e il cuore di Dante. Ma quando ritorna sulla Terra, il «sospiro», cioè il pensiero carico di desiderio, parla una lingua incomprensibile.

Vedere e udire Alla possibilità di contemplare Beatrice si contrappone l'impossibilità di comprendere e comunicare il contenuto della visione. La seconda quartina è pertanto dominata dal verbo 'vedere' («vede», «mira») e da riferimenti alla 'luce' («luce», «splendore»), mentre le terzine, dominate dal tema della difficoltà a tradurre la visione in espressioni intelligibili, insistono sul tema del 'dire' («ridice», «parla», «parlare») e su quello connesso del 'capire', («intendo», «'ntendo»).

i temi e i motivi

Il tema dell'ineffabilità La prosa del capitolo seguente riprende il tema dell'ineffabilità del sonetto. Dante ancora non è in grado di tradurre in parole la contemplazione di Beatrice: si propone perciò di non farne più oggetto di poesia ('dire') finché non potrà parlarne «più degnamente», quando cioè sarà in possesso degli strumenti poetici adeguati per parlare della sua donna ascesa al cielo.

Dalla *Vita nuova* alla *Commedia* Dante mantiene questo proposito: per molti anni Beatrice scompare dalla sua opera. Come abbiamo detto, Beatrice riappare nel secondo canto dell'*Inferno*: ma nella *Commedia* è un personaggio molto diverso. Beatrice non è più l'oggetto passivo della contemplazione di Dante; non è più il pensiero del poeta a salire fino a lei, ma è lei a scendere all'Inferno per far sì che Dante possa raggiungerla (cfr. **T16**, p. 194), non solo con il pensiero o dopo la morte, ma con il suo corpo ancora vivente.

per studiare guida all'analisi T6

COMPRENDERE

1 Il sonetto rappresenta una "visione". Dove ha luogo la visione? Come è definito nella poesia?

2 In che cosa consiste la "visione"?

ANALIZZARE

3 Nel sonetto il poeta si sdoppia: chi è propriamente che accede alla visione di Beatrice?

4 La visione di Beatrice è un'apparizione di luce. Rintraccia nel testo le parole che appartengono al campo semantico della "vista" e a quello della "luce". In quale strofe sono concentrate?

5 A chi si rivolge il poeta? Rintraccialo nel testo. A quale altra poesia della *Vita nuova* si collega?

INTERPRETARE E APPROFONDIRE

6 Nel sonetto Dante si dichiara incapace di comprendere e comunicare la visione. Che cosa è in grado di sentire, e quindi di capire solamente?

7 Nel capitolo II il poeta dice che la sua donna fu chiamata da molti Beatrice in quanto "donava la beatitudine". Ora che è morta, il nome di Beatrice assume un significato diverso e più pieno. Quale?

8 Nella prosa, Dante

a dichiara la sua intenzione di concludere qui la sua lode per Beatrice

b si propone di non parlare più di Beatrice finché non avrà raggiunto gli strumenti poetici adatti

c riconosce che non potrà mai essere in grado di parlare di Beatrice beata

d dichiara di avere già iniziato a scrivere la *Commedia* in onore di lei

T7 «Guido, i' vorrei che tu e Lapo ed io»

Rime, 9 (LII)

concetti-chiave

- evasione fantastica dalla meschina società reale
- l'amicizia e l'amore

Nel bene e nel male, in presenza o in assenza, Firenze ha dato un contributo decisivo all'opera di Dante. Se la Commedia *nasce come risposta all'esilio del poeta, il suo esordio letterario non è pensabile al di fuori dell'ambiente fiorentino. È a Firenze che Dante acquista una prima fama poetica e condivide con un gruppo di amici*

T7 «Guido i' vorrei che tu e Lapo ed io»

un'innovativa concezione della poesia, lo Stil novo. Uno dei suoi sonetti più antichi, che è anche uno dei più famosi, ci offre un suo ritratto di quell'epoca: un giovane Dante assorbito dalle gioie dell'amicizia e dell'amore, molto diverso dal ritratto cupo e accigliato con cui identifichiamo di solito l'autore della Commedia. *In questo sonetto Dante immagina di intraprendere un magico viaggio con i più cari dei suoi amici, i poeti Guido Cavalcanti e Lapo Gianni, e con le rispettive innamorate. Dante fantastica di una felicità terrena e svagata, lontana da ogni impegno morale, politico o religioso.*

LINGUA: italiano **DATAZIONE:** anni Ottanta del Duecento

METRO: sonetto con schema di rime ABBA ABBA CDE EDC.

Guido, i' vorrei che tu e Lapo ed io
fossimo presi per incantamento,
e messi in un vasel ch'ad ogni vento
per mare andasse al voler vostro e mio,

sì che fortuna od altro tempo rio
non ci potesse dare impedimento,
anzi, vivendo sempre in un talento,
di stare insieme crescesse 'l disio.

E monna Vanna e monna Lagia poi
con quella ch'è sul numer de le trenta
con noi ponesse il buono incantatore:

e quivi ragionar sempre d'amore,
e ciascuna di lor fosse contenta,
sì come i' credo che saremmo noi.

D. Alighieri, *Rime*, a cura di G. Contini, Einaudi, Torino 1980.

1-8 *Guido, io* (**i'**) *vorrei che tu e Lapo ed io fossimo rapiti* (**presi**) *per incantesimo, e messi in un vascello* (**vasel**) *che navigasse per mare con qualunque vento secondo la volontà* (**al voler**) *nostra e mia, in modo che* (**sì che**) *né tempesta* (**fortuna**) *o un altro tempo cattivo* (**rio**) *ci potesse ostacolare* (**dare impedimento**), *anzi, vivendo sempre secondo un'unica volontà* (**talento**), *crescesse* [*in noi*] *il desiderio* (**disio**) *di stare insieme.* **Guido**: il sonetto è dedicato a Guido Cavalcanti. **Lapo**: probabilmente Lapo Gianni, un altro dei poeti che insieme a Dante e Cavalcanti si riconoscevano nella poetica stilnovistica. **vasel**: è la nave magica del mago Merlino, di cui si fa spesso menzione nei romanzi arturiani (cfr. **Capitolo 6**, **S4** ***Il romanzo cortese***, p. 520).

9-14 *Poi* [*vorrei che*] *il potente* (**buono**) *mago* (**incantatore**) *mettesse con noi* [*sul vascello*] *anche* (**E**) *la signora* (**monna**) *Vanna e la signora Lagia insieme a quella* [*donna*] *che ha la posizione della trentesima* [*donna*] (**ch'è sul numer de le trenta**): *e qui* [*vorrei che si potesse*] *discorrere* (**ragionar**) *sempre d'amore, e* [*vorrei che*] *ciascuna di loro fosse contenta, così come io credo che saremmo noi.* **monna**: titolo di rispetto per le donne di condizione sociale elevata, abbreviazione di 'madonna' ('mia signora'). **Vanna**: la donna amata da Cavalcanti. **Lagia**: la donna amata da Lapo Gianni. **quella...trenta**: la donna che occupava il trentesimo posto tra le donne più belle di Firenze, elencate da Dante in una lirica di cui il poeta ci parla nella *Vita nuova* ma che non è arrivata fino a noi. Questa donna non è Beatrice (che occupava il nono posto dell'elenco).

analisi e interpretazione T7

le forme

Il sonetto Il sonetto di Dante riprende una forma della tradizione lirica provenzale, il *souhait* ('desiderio'). In questi componimenti il poeta descrive ciò che augura a sé e alle persone amate: Dante immagina una magica "crociera" d'amicizia e di amore, da condividere con gli amici, con le loro donne e con la propria.

La struttura Il sonetto è diviso secondo una bipartizione che segue quella di quartine e terzine: le strofe sono accoppiate dalle proposizioni principali, che reggono la sintassi del componimento. Nella prima parte Dante si concentra sulla descrizione del fantastico idillio con i suoi amici; nella seconda, il quadro ideale diventa ancora più allettante, perché all'amicizia si aggiunge il piacere derivato dalla compagnia delle donne amate.

Un ritmo cullante Un'atmosfera incantata è suggerita anche dal ritmo lento della sintassi, cui contribuiscono il tricolon iniziale (cioè la disposizione simmetrica dei tre membri del periodo: «tu e Lapo ed io»), le dittologie («voler vostro e mio»; «fortuna od altro tempo rio»), le anafore («e monna... e monna») e la ripetizione della congiunzione «e» all'inizio dei vv. 9, 12, 13. Il ritmo del sonetto suggerisce l'andamento dolce e quasi cullante della nave magica.

i temi e i motivi

Un sogno letterario In questo sonetto non ritroviamo solo una forma tipica della tradizione poetica che si era formata nelle corti del sud della Francia (il *souhait*), ma anche un riferimento all'altra grande tradizione letteraria, questa volta narrativa, fiorita in Francia nel secolo precedente: i romanzi d'amore e di avventura ambientati alla corte di re Artù. Merlino è infatti il mago che vive alla corte di Camelot aiutando i cavalieri con i suoi «incantamenti».

L'amicizia e l'amore Rispetto ai loro antecedenti francesi, i poeti dello Stil novo affidano un ruolo centrale non solo all'amore, ma anche all'amicizia: in questo sonetto, anzi, gli amici sono nominati prima ancora delle donne amate. L'armonia e la fusione spirituale dalla coppia di amanti si allarga alla piccola società dei fedeli d'Amore.

La risposta di Guido Guido Cavalcanti replicò con un suo sonetto all'invito di Dante, contrapponendo alla fantasticheria dell'amico più giovane la sua concezione negativa e dolorosa dell'amore. Guido si ritrae nei panni di un amico più maturo e disincantato, che ha sperimentato quanto poco l'amore sia conciliabile con l'evasione e la spensieratezza. La *Vita nuova* racconta che anche Dante dovette sperimentare il versante negativo e distruttivo della passione, quando Beatrice gli tolse il saluto. Ma questa esperienza, che per Cavalcanti costituiva la verità definitiva sull'amore, per Dante fu solo un momento di passaggio.

Fuga privata e critica sociale La scelta di condividere la fuga felice, nel sogno, con altre due coppie di amanti testimonia l'intenzione di dare concretezza ai valori dei fedeli d'amore, una vera e propria "setta" dotata di un codice culturale e comportamentale comune. Parallela rispetto a questa rivendicazione, e a essa conseguente, è la critica implicita della società reale, quella dalla quale viene qui immaginata la fuga: la società dei nuovi mercanti e delle lotte politiche cittadine, cioè di discorsi su tutt'altro che l'amore e di rapporti interpersonali tutt'altro che concordi e unanimi.

per studiare guida all'analisi T7

COMPRENDERE

1 Che cosa rappresenta la poesia?
- a un episodio della giovinezza di Dante
- b il ricordo di un'amicizia
- c un sogno d'evasione
- d un viaggio che il poeta ha in mente di fare

2 Quali personaggi appaiono nella poesia? Che rapporto intercorre tra i personaggi?

3 Come si autorappresenta il poeta?

ANALIZZARE

4 Considera la struttura sintattica. La sintassi corrisponde alla struttura del sonetto? Come sono organizzate le quartine? E come sono organizzate le terzine?

5 La poesia parla di un incantesimo. Quali parole lo suggeriscono? In quale posizione si trovano?

6 La poesia ha un tono magico e lieve, ma non mancano peraltro riferimenti alla tradizione letteraria. Di quali riferimenti si tratta?

INTERPRETARE E APPROFONDIRE

7 Nella poesia è ricorrente la figura dell'anafora: v. 9 «E monna...e monna»; v. 9 «e...e...e...e...»; vv. 10-11 «con...con...». Quale effetto ha tale figura nella poesia?
- a contribuisce al ritmo cullante della poesia
- b produce un effetto di noia
- c produce un ritmo martellante
- d contribuisce al realismo delle immagini

T8 L'altro amore: la Pietra

Rime, 46 (CIII)

concetti-chiave
- un nuovo stile e un nuovo contenuto
- lo "stile aspro" contro il «dolce stil novo»
- il corpo protagonista
- la violenza del desiderio

espansioni digitali
testo interattivo

Dopo l'ordinamento delle rime giovanili nella Vita nuova *si apre per Dante una nuova stagione letteraria. Il poeta si dedica alla stesura di alcune canzoni filosofiche e alle rime cosiddette "petrose", quattro canzoni sul tema della passione disperata e violenta per una "Pietra", una donna dura e inattaccabile; al contenuto corrisponde la crudezza del linguaggio e una maniera di poetare oscura e drammatica. Siamo molto lontani dall'amore salvifico per Beatrice: benché sia comunque rappresentata in posizione di superiorità rispetto all'uomo, la donna è oggetto di un desiderio carnale espresso con violenza.*

LINGUA: italiano **DATAZIONE:** anni Novanta del Duecento

Così nel mio parlar voglio esser aspro
com'è ne li atti questa bella petra,
la quale ognora impetra
maggior durezza e più natura cruda,
e veste sua persona d'un dïaspro
tal che per lui, o per ch'ella s'arretra,
non esce di faretra
saetta che già mai la colga ignuda;
ed ella ancide, e non val ch'om si chiuda
né si dilunghi da' colpi mortali,
che, com'avesser ali,
giungono altrui e spezzan ciascun'arme;
sì ch'io non so da lei né posso atarme.

Non trovo scudo ch'ella non mi spezzi
né loco che dal suo viso m'asconda:
ché, come fior di fronda,
così de la mia mente tien la cima.
Cotanto del mio mal par che si prezzi
quanto legno di mar che non lieva onda;
e 'l peso che m'affonda
è tal che non potrebbe adequar rima.
Ahi angosciosa e dispietata lima
che sordamente la mia vita scemi,
perché non ti ritemi
sì di rodermi il core a scorza a scorza
com'io di dire altrui chi ti dà forza?

METRO: canzone con stanze di 13 versi ciascuna (10 endecasillabi e 3 settenari), con fronte divisa in due piedi uguali (AbbC AbbC) e sirma (CDdEE) ripetuta nel congedo. Schema metrico: ABbC ABbC CDdEE.

1-13 *Nel mio modo di parlare voglio essere violento* (**aspro**) *così come è nel suo comportamento* (**ne li atti**) *questa bella [donna] di pietra, la quale racchiude in sé come una pietra* (**impetra**) *sempre* (**ognora**) *maggiore durezza e maggior crudeltà* (**natura cruda**), *e riveste il suo corpo di un diaspro tale che, grazie ad esso o al fatto ch'ella si tira indietro* (**s'arretra**), *non esce mai dalla faretra una freccia che la colga indifesa* (**ignuda**); *invece* (**ed**) *lei uccide* (**ancide**), *e non serve* (**non val**) *che uno* (**ch'om**) *si corazzi* (**si chiuda** *[in una corazza]*) *o si allontani* (**si dilunghi**) *dai colpi mortali, i quali, come avesser le ali, raggiungono il destinatario* (**giungono altrui**) *e spezzano ogni armatura* (**arme**)*; così che io non so né posso trovar scampo* (**atarme** = 'aiutarmi') *da lei.* — Nella prima strofa Dante fornisce le informazioni fondamentali per comprendere la canzone: 1) a livello dei contenuti, il poeta canterà un rapporto amoroso la cui frustrazione degenera in violenza; 2) a livello stilistico, la forma si adeguerà al contenuto (**nel mio parlar voglio esser aspro / com'è ne li atti questa bella petra**). **petra**: è il *senhal** della donna cantata in questa poesia. **dïaspro**: pietra durissima. Nel Medioevo si riteneva che potesse proteggere chi la portava con sé, a patto che rimanesse casto. È evidente l'allusione all'inattaccabilità sessuale della donna. **faretra**: il contenitore dove l'arciere tiene le frecce. L'arciere che non riesce a colpire la donna è Amore. **om, altrui**: pronomi impersonali.

14-26 *Non trovo scudo ch'ella non mi spezzi, né luogo che mi nasconda alla sua vista* (**viso**)*; poiché, come il fiore sta in cima al ramo* (**fronda**)*, così lei è sempre in cima ai miei pensieri. Ella sembra curarsi* (**par...che si prezzi**) *del mio dolore* (**mal**) *tanto quanto* (**Cotanto quanto**) *una nave* (**legno**) *[si cura] di un mare che non solleva* (**lieva**) *un'onda; e il peso che mi fa affondare è tale che nessuna poesia* (**rima**) *potrebbe adeguatamente esprimerlo* (**adequar** = 'uguagliare')*. Ahi, lima [d'Amore] angosciosa e spietata, che consumi segretamente* (**sordamente**) *la mia vita, perché non hai ritegno* (**ti ritemi**) *di rodere il mio cuore strato dopo strato* (**a scorza a scorza**)*, come io [ho ritegno] di dichiarare il nome* (**dire altrui**) *di colei che ti dà forza?* — **mar...onda**: 'mare che non solleva onde', dunque 'calmo, tranquillo'. **peso che m'affonda**: il dolore che mi abbatte. **sordamente**: 'senza che all'esterno ne traspaia qualcosa'. Il v. 26 (ripreso nella strofa successiva, in particolare ai vv. 27-31) spiega il senso di questo avverbio: le regole cortesi della discrezione impongono al poeta di non manifestare il nome del suo oggetto d'amore. **lima... scorza a scorza**: la sofferenza d'amore è come una lima, che distrugge il cuore consumandone uno strato dopo l'altro, con un processo lento ed estenuante. **altrui**: pronome impersonale.

* **Senhal**: provenzale = 'segno'; leggi *segnàl*. Nome fittizio o riferimento cifrato dietro il quale il poeta nasconde la persona cui era rivolta la poesia (quasi sempre la donna amata). Per approfondire l'argomento cfr. **S1**, p. 601.

Ché più mi triema il cor qualora io penso
di lei in parte ov'altri li occhi induca,
per tema non traluca
lo mio penser di fuor sì che si scopra,
ch'io non fo de la morte, che ogni senso
co li denti d'Amor già mi manduca:
ciò è che 'l pensier bruca
la lor vertù, sì che n'allenta l'opra.
E' m'ha percosso in terra, e stammi sopra
con quella spada ond'elli ancise Dido,
Amore, a cui io grido
merzè chiamando, e umilmente il priego:
ed el d'ogni merzè par messo al niego.

Egli alza ad ora ad or la mano, e sfida
la debole mia vita, esto perverso,
che disteso a riverso
mi tiene in terra d'ogni guizzo stanco:
allor mi surgon ne la mente strida;
e 'l sangue, ch'è per le vene disperso,
fuggendo corre verso
lo cor, che 'l chiama; ond'io rimango bianco.
Elli mi fiede sotto il braccio manco
sì forte che 'l dolor nel cor rimbalza;
allor dico: «S'elli alza
un'altra volta, Morte m'avrà chiuso
prima che 'l colpo sia disceso giuso».

Così vedess'io lui fender per mezzo
lo core a la crudele che 'l mio squatra;
poi non mi sarebb'atra
la morte, ov'io per sua bellezza corro:
ché tanto dà nel sol quanto nel rezzo
questa scherana micidiale e latra.
Omè, perché non latra
per me, com'io per lei, nel caldo borro?
ché tosto griderei: «Io vi soccorro»;
e fare 'l volentier, sì come quelli
che ne' biondi capelli
ch'Amor per consumarmi increspa e dora
metterei mano, e piacere'le allora.

S'io avessi le belle trecce prese,
che fatte son per me scudiscio e ferza,
pigliandole anzi terza,
con esse passerei vespero e squille:
e non sarei pietoso né cortese,
anzi farei com'orso quando scherza;
e se Amor me ne sferza,
io mi vendicherei di più di mille.

27-39 *Infatti* (**Ché** = 'perché') *quando* (**qualora**) *penso a lei in un luogo* (**in parte**) *dove qualcuno* (**altri**) *mi potrebbe vedere* (**li occhi induca** = 'volga gli occhi'), *per paura* (**tema**) *che il mio pensiero trapeli* (**traluca**) *all'esterno* (**di fuor**) *così da scoprirsi, il cuore mi trema di più di quanto [tremi] per la considerazione in cui tengo la morte* (**fo de la morte**), *la quale già mi sta mangiando ogni senso con i* (**co li**) *denti d'Amore; questo che dico significa che* (**ciò è che**) *la loro forza* (**vertù**) *logora* (**bruca**) *il pensiero, così che ne riduce* (**allenta**) *l'attività* (**opra**). *Egli* (**E'**) *mi ha colpito gettandomi a terra, e mi sta sopra con quella spada con la quale uccise Didone, lui, Amore, a cui grido implorando pietà* (**merzè chiamando**), *e lo prego umilmente; ma lui* (**ed el**) *si mostra* (**par**) *intenzionato a negarmi ogni pietà.* Nella terza strofa l'agente che opera violenza sul poeta non è più la donna, ma Amore (personificato): Amore, divora la mente del poeta, consumandola lentamente ma costantemente (come la **lima** fa con il cuore); Amore ingaggia con il poeta un brutale scontro corpo a corpo, dal quale risulta subito vincitore. **traluca**: 'si intraveda all'esterno', come una luce che si vede, benché smorzata, anche attraverso uno schermo. **ogni senso**: ogni facoltà intellettuale. **bruca**: se prima si è detto di Amore che "mangia", divora la mente, ora l'immagine si fa ancora più brutale: Amore **bruca**, come un animale, i pensieri del poeta. **Dido**: Didone, la regina di Cartagine che si innamorò di Enea e, quando questi la lasciò, si uccise infilzandosi su una spada.

40-52 *Egli [: Amore] alza ripetutamente* (**ad ora ad or**) *la mano [per colpirmi], e minaccia* (**sfida**) *la mia debole vita, questo spietato che mi tiene a terra disteso supino* (**riverso**) *incapace* (**stanco**) *di ogni più piccola reazione* (**guizzo**)*: allora immagino di gridare* (**mi surgon ne la mente strida**)*; e il mio sangue, che è distribuito per le vene, corre fuggendo verso il cuore, che lo chiama; per cui io rimango pallido. Egli [: Amore] mi ferisce* (**fiede**) *sotto il braccio sinistro* (**manco**)*, così fortemente che il dolore si ripercuote nel cuore; allora dico: "Se egli alza [il braccio per colpirmi] un'altra volta, Morte mi avrà finito* (**chiuso**) *prima che il colpo sia disceso giù".* **mi surgon ne la mente strida**: mi nascono nell'immaginazione grida. **sotto il braccio manco**: dalla parte del cuore.

53-65 *Potessi io vederlo allo stesso modo spaccare a metà* (**fender per mezzo**) *il cuore alla donna crudele che squarta il mio; dopo aver visto ciò* (**poi**) *non mi sarebbe dolorosa* (**atra**) *la morte, verso la quale io corro a causa della sua bellezza: perché questa bandita* (**scherana**) *assassina* (**micidiale**) *e ladra colpisce* (**dà**) *tanto al sole quanto all'ombra* (**rezzo**). *Ohimè, perché non urla* (**latra**) *[d'amore] per me nella calda voragine, come io faccio per lei? Dato che subito griderei: "Vi aiuto io!"; e lo farei volentieri, in questo modo: metterei mano nei capelli biondi che Amore arriccia* (**increspa**) *e colora d'oro per consumarmi, e allora le piacerei.* Dopo il corpo a corpo con Amore (terza e quarta strofa), il poeta si lascia andare a una fantasia che rovescia la situazione presente. Amore, questa volta, attacca la donna, non più il poeta, che ha così modo di correrle in aiuto. **lui**: Amore. **nel sol... nel rezzo**: di giorno e di notte, in qualunque circostanza. **borro**: può indicare 'burrone, voragine' quanto il 'torrente' che vi scorre all'interno. **caldo borro** significa dunque 'abisso ardente' oppure 'torrente d'acqua bollente'.

66-78 *Se io avessi afferrato* (**prese**) *le belle trecce, che per me si sono trasformate in frusta* (**scudiscio**) *e sferza, afferrandole prima* (**anzi**) *delle nove* (**terza**) *passerei con esse la sera e la notte* (**vespero e squille**)*; e non sarei pietoso né cortese, anzi, farei come l'orso quando scherza; e se ora Amore con esse* (**ne**) *mi frusta* (**sferza**)*, io mi vendicherei più di mille vol-*

T8 L'altro amore: la Pietra

Ancor ne li occhi, ond'escon le faville
che m'imfiammano il cor, ch'io porto anciso,
guarderei presso e fiso,
per vendicar lo fuggir che mi face;
e poi le renderei con amor pace.

Canzon, vattene dritto a quella donna
che m'ha ferito il core e che m'invola
quello ond'io ho più gola,
e dàlle per lo cor d'una saetta:
ché bell'onor s'acquista in far vendetta.

D. Alighieri, *Rime*, cit.

*te tanto. E, in più, per vendicare il fatto che ella ora mi sfugge (***lo fuggir che mi face***), la guarderei da vicino e fissamente (***presso e fiso***) negli occhi, dai quali (***ond'***) escono le scintille che mi infiammano il cuore, che porto ucciso (***anciso***) dentro di me; e poi la perdonerei e tornerei ad amarla.*

terza...vespero e squille: sono indicazioni temporali tratte dalle Ore Canoniche, l'antica suddivisione della giornata usata dalla Chiesa per la preghiera in comune. La **terza** corrisponde alle nostre nove del mattino, **vespero**, al tramonto, è la penultima delle Ore prima della 'compieta', che si svolge di notte e coincide con il suono delle campane (**squille**) dell'*Angelus*. Dante, insomma, immagina di tenere con sé la donna per tutto un giorno e una notte. **com'orso...scherza**: l'orso può mordere chi scherza con lui, come avverte un proverbio cui Dante qui allude.

79-83 *Canzone, vattene direttamente da quella donna che mi ha ferito il cuore e che mi sottrae (***invola***) ciò di cui ho più desiderio (***gola***), e colpiscila in mezzo al cuore con una freccia: perché un piacevole onore si conquista nel vendicarsi.*

analisi e interpretazione T8

le forme

Un nuovo stile per un nuovo contenuto I primi due versi della canzone annunciano una corrispondenza tra stile e contenuto. Alla durezza di quest'ultimo (la crudeltà della donna amata e la crudeltà di Amore) il poeta si adegua con una nuova, "aspra" forma. L'aggettivo «aspro», tratto dal campo semantico del gusto, si contrappone per antitesi al "dolce" stile della *Vita nuova* e delle rime giovanili.

L'asperità fonica È soprattutto nella scelta dei vocaboli che si realizza l'asperità formale voluta da Dante. Basta solo considerare le parole-rima della prima strofa: «aspro» «petra» «impetra» «cruda» «dïaspro» «arretra» «faretra» «ignuda» «chiuda» «mortali» «ali» «arme» «atarme». Con l'eccezione della rima «mortali : ali», abbiamo gruppi consonantici di pronuncia faticosa e disarmonica (*/spr/ /tr/ /rm/*) e una rima in cui l'accento batte sulla vocale chiusa "u" («cruda» «gnuda» «chiuda»). La prevalenza di suoni aspri e difficili permane in tutta la canzone («borro», «scorza», «ferza», «squatra», «scherana», «scudiscio» ecc.).

La struttura della canzone Possiamo dividere la canzone in tre coppie di strofe: 1) nella prima viene descritto un combattimento, in cui la donna lancia frecce che vanno sempre a segno senza che lei venga mai colpita; l'inizio della seconda strofa riprende e sviluppa questa immagine. 2) La terza e la quarta strofa descrivono un combattimento corpo a corpo del poeta con Amore. 3) Nella quinta e nella sesta strofa si sviluppa una fantasia di vendetta contro la donna.

i temi e i motivi

Il corpo La struttura della canzone disegna un percorso di progressivo avvicinamento al corpo della Pietra: dal combattimento da lontano, dove gli avversari si scambiano colpi senza toccarsi, passiamo alla lotta corpo a corpo con Amore, e infine al contatto diretto (sebbene solo fantasticato) con la donna, quando il poeta l'afferra per i capelli per salvarla dal «caldo borro». La canzone passa dall'accento posto sul corpo di lui, ferito e picchiato, al rovesciamento della violenza sul corpo di lei: afferrate le trecce, il poeta le usa come frusta (contro chi? la donna o Amore? i vv. 72-73 sono ambigui), minacciando di nuocere alla sua preda («farei com'orso quando scherza»).

Il sadismo Il dispiego di violenza contro la donna è la novità maggiore, a livello di contenuti, di questa canzone, mentre altri temi hanno antecedenti nella tradizione lirica: poeti come Guido Cavalcanti e lo stesso Dante avevano già descritto gli effetti di Amore come un'opera di distruzione, anche corporea, del poeta. In questa canzone l'io lirico, benché solo nell'immaginazione, rovescia i tradizionali rapporti di forza: la donna diventa il soggetto debole, da salvare e il suo corpo desiderato può essere toccato e addirittura punito. Il poeta sogna d'aggredire la donna accanendosi sui simboli della femminilità più cari agli innamorati: i capelli e gli occhi. La sofferenza del poeta viene vendicata su chi gliel'ha inflitta.

Il desiderio sessuale Anche il desiderio sessuale è meno sublimato che nella lirica amorosa di stile elevato, il genere a cui appartiene questa canzone. Non solo il poeta arriva a fantasticare di toccare, umiliare e avere completo dominio sul corpo della donna, ma raffigura lei e se stesso come cani che "latrano" di desiderio (vv. 58-59). Un implicito riferimento alla sessualità si può cogliere anche nel ricorrere delle metafore alimentari, che mettono a fuoco l'atto del mangiare come qualcosa di avido, bruto, animale: «la morte [...] co li denti d'Amor già mi manduca»; «'l pensier bruca»; «com'orso quando scherza»; «quello ond'io ho più gola». L'uomo si sente consumato, divorato, e sogna di poter a sua volta mordere, divorare, soddisfare la propria «gola».

Le metafore Situazioni psicologiche così inusitate sono trasfigurate e concretizzate attraverso un uso massiccio della metafora, delle personificazioni e delle similitudini. Il linguaggio si fa così densamente figurato, movimentato e sintatticamente complesso: siamo agli antipodi del linguaggio piano e soave dello Stil novo.

espansioni digitali

testo interattivo

TESTI A CONFRONTO
Cavalcanti e Dante: due modi di sperimentare attraverso il linguaggio

per studiare guida all'analisi T8

COMPRENDERE

1 La canzone inizia senza preamboli con un attacco che è una dichiarazione di poetica. Che cosa preannuncia Dante? Scegli la frase che sintetizza la prima strofe.

- a il suo amore per una donna crudele lo fa soffrire
- b la poesia sarà dura come il suo cuore che è diventato insensibile all'amore
- c il poeta dichiara che abbandonerà per sempre le rime dolci che scriveva prima
- d il linguaggio della canzone sarà aspro come sono aspri gli atti della donna amata

2 Il termine «petra» è un *senhal* con un preciso significato. Quale?

- a Pietra (nome proprio)
- b crudele
- c bella
- d cacciatrice

3 Quale delle due frasi riassume correttamente l'argomento della canzone?

- a il poeta, prostrato dalla durezza e dall'insensibilità dell'amata, si vendica fantasticando che la donna possa morire crudelmente e poi andare all'inferno per scontare la sua crudeltà
- b la donna si mostra ostile al poeta, il quale si consuma in uno stato di sofferenza tale da fargli temere di morire e al tempo stesso fantasticare una vendetta crudele, cui però potrebbe seguire una pacificazione

4 Le metafora della «pietra» si precisa nell'immagine del «diaspro». Che cos'è propriamente il «diaspro» di cui la donna si veste (v. 5)?

- a una pietra scabra, aguzza e ruvida
- b una pietra preziosa che si pensava rendesse invulnerabili
- c un metallo usato per le corazze medievali
- d una pietra usata nel Medioevo con funzione di specchio

ANALIZZARE

5 Su che cosa gravita soprattutto l'asprezza dello stile?

- a sul ritmo del verso
- b sulla sintassi
- c sulla mescolanza di versi endecasillabi e settenari
- d sull'asprezza fonica delle parole in rima

T8 L'altro amore: la Pietra

6 **Sottolinea le rime di questa canzone: quali suoni aspri rilevi in rima? Rileggi la poesia: ci sono dei versi in cui i suoni vengono ripetuti? Puoi visualizzare il risultato della tua analisi compilando la tabella (l'esercizio è avviato).**

rime che presentano nessi consonantici aspri	
gruppo consonantico **TR**	es.: *petra, impetra* ....
gruppo consonantico **RZ**	....
gruppo consonantico **ZZ**	....
versi che presentano sequenze di suoni aspri	
es.: *e veste sua person d'un diaspro* (v. 5)	

INTERPRETARE E APPROFONDIRE

7 **La corrispondenza fra gli elementi formali e il contenuto è un dato essenziale della poesia medievale. Trai le conclusioni dell'analisi compiuta e spiega in sintesi in che modo Dante attui la perfetta rispondenza di forma e contenuto nella canzone *«Così nel mio parlar voglio esser aspro»*.**

4 L'esperienza politica

Firenze, giugno 1300 Il 24 giugno 1300 il Consiglio dei Priori, il massimo organo di governo di Firenze, decreta l'esilio dei capi Bianchi e Neri, i due partiti che si contendono la scena politica, per stroncare i disordini civili divampati nel maggio precedente. Tra gli esiliati c'è Guido Cavalcanti, che morirà ad agosto, poco dopo essere rientrato a Firenze; tra i Priori che ne decidono la condanna c'è Dante, il suo grande amico.

Guelfi e Ghibellini, Bianchi e Neri Da decenni il Comune di Firenze è sconvolto da conflitti interni. Nel corso del Duecento i Guelfi, che propendevano per un'alleanza con il Papato, si erano contrapposti ai Ghibellini, schierati al fianco dell'Impero. L'opposizione tra i due partiti si basava anche su differenze sociali: Ghibellini erano i nobili, Guelfi gli esponenti del ricco ceto mercantile. Questa prima frantumazione politica si era risolta con l'espulsione dalla città dei Ghibellini nel 1268 e l'instaurazione di un regime antinobiliare. Nel 1300, però, una nuova frattura sorge nel campo guelfo tra i Neri, legati alla nobile famiglia Donati, e i Bianchi, raccolti intorno alla ricca famiglia mercantile dei Cerchi, difensori della nuova costituzione di Firenze (gli «Ordinamenti di Giustizia» del 1293) e dell'indipendenza del Comune dalle ingerenze del Papato. Dante è vicino a quest'ultimo partito.

La carriera politica di Dante Il poeta aveva cominciato a partecipare alla vita politica nel 1295, quando si era iscritto all'Arte dei Medici e degli Speziali (far parte di un'Arte, cioè di una corporazione professionale, era il requisito necessario per accedere alle cariche pubbliche). Il 1295 è anche l'anno in cui Dante termina la *Vita nuova*, il libro che raccoglie il meglio della sua lirica, ordinata secondo le vicende dell'amore per Beatrice. È come se con la chiusura del libro Dante mettesse fine a un capitolo della sua vita e della sua esperienza intellettuale: né la poesia né gli studi di filosofia e teologia, cui si era dedicato dopo la morte di Beatrice, sembrano bastargli. Così, dopo aver servito la sua città come cavaliere nella battaglia di Campaldino (1289) e nell'assedio di Caprona (1290), Dante intraprende una carriera politica che lo porta a ricoprire la massima carica pubblica: tra il 15 giugno e il 15 agosto del 1300 viene chiamato a far parte del Consiglio dei Priori.

Le idee politiche di Dante L'esilio dell'amico Guido Cavalcanti e altre decisioni del Dante priore ci dicono molto sulla sua visione politica. Dante vedeva i conflitti civili che continuamente si scatenavano a Firenze come una minaccia per l'autonomia della città, dato che le fazioni rivali tendevano ad appoggiarsi a potenze politiche e militari esterne per sconfiggere i propri nemici interni. Nel 1300 il più pericoloso di questi potentati era il Papa: Bonifacio VIII (papa dal 1294 al 1303) stava infatti cercando di estendere la sua egemonia sulla Toscana. Il 27 giugno Dante prende risolutamente posizione contro questa manovra.

Il colpo di Stato dei Neri L'anno seguente la situazione di Firenze precipita. A ottobre Dante viene inviato come ambasciatore presso il Papa, per cercare di preservare l'autonomia del Comune: ma è troppo tardi. Bonifacio VIII aveva già incaricato Carlo di Valois, fratello del re di Francia Filippo il Bello, di entrare a Firenze come "pacificatore"; il 1° novembre le truppe francesi entrano a Firenze, e i Neri rovesciano il Priorato bianco. Dante, trattenuto a Roma dal Papa, forse non riuscì neppure a rientrare in patria: due sentenze, del 27 gennaio e del 10 marzo 1302, lo condannano alla confisca dei beni e, se avesse posto nuovamente piede nella sua città, al rogo.

5 L'esilio e il *De Monarchia*

L'esilio perpetuo La disfatta della battaglia della Lastra, il 20 luglio 1304, segna la fine delle speranze dei Bianchi di rientrare a Firenze per impadronirsi nuovamente del potere. Molti degli esiliati patteggiano con il nuovo governo, e godono delle amnistie del 1311 e 1315. Non Dante.

La sentenza che l'aveva condannato a morte riportava come capi d'imputazione non solo l'opposizione al Papa e a Carlo di Valois, ma anche l'accusa di baratteria, cioè di corruzione. L'orgoglio impedisce a Dante di fruire delle successive amnistie, per accettare le quali avrebbe dovuto riconoscere la verità delle accuse.

Le peregrinazioni di Dante Dove e come vive Dante in questi anni? Non abbiamo documenti certi; abbiamo però il suo racconto, nella *Commedia* e in altre opere: «per le parti quasi tutte a le quali questa lingua [l'italiano] si stende, peregrino, quasi mendicando, sono andato» (*Convivio*, I, III, 4). I vent'anni d'esilio vedono Dante peregrinare in tutta l'Italia centrale e settentrionale: visse a Forlì, ospite di Scarpetta degli Ordelaffi (forse nel 1303); a Verona presso Bartolomeo e poi Cangrande della Scala (nel 1303-04 e poi nel 1313-19); a Treviso presso Gherardo da Camino (1304-06); in Lunigiana presso i Malaspina (1306-08); nel Casentino dal conte Guido di Battifolle (1309 e 1311); a Lucca (1308); infine a Ravenna, presso Guido da Polenta (1319-21).

Dopo essere stato un tipico intellettuale della realtà comunale, cioè un cittadino che era nello stesso tempo uomo politico e scrittore, Dante vive ora in una realtà politica completamente diversa: quella delle Signorie, entità regionali il cui governo era nelle mani di un uomo solo. Cambia il suo rapporto con il potere: Dante esercita mansioni di consigliere, osservatore, ambasciatore, e mette le sue competenze al servizio di altri.

L'utopia imperiale L'esilio costringe Dante a distaccarsi dalla politica attiva e a dedicarsi, invece, alla riflessione teorica. La penisola italiana è frammentata in Stati, Comuni e Signorie, troppo deboli perché uno di essi possa conquistare l'egemonia. L'unica garanzia per una convivenza pacifica tra queste realtà regionali è la presenza di un potere superiore, che non si identifichi con uno Stato come la Francia, e che possa perciò porsi al di sopra delle parti: il Sacro Romano Impero, erede del dominio universale dell'antica Roma. Solo un imperatore può ricoprire questo ruolo, non – com'era avvenuto sotto il pontificato di Bonifacio VIII – un papa. Il pontefice deve esercitare un'autorità morale e religiosa, tenendosi fuori dai conflitti generati dalle ambizioni politiche ed economiche.

De Monarchia Dante sintetizza queste sue teorie in un trattato scritto in latino in tre libri, *De Monarchia* [Sull'unica autorità politica], scritto probabilmente intorno al 1312-13. Il punto di partenza del trattato è la distinzione tra potere temporale e potere spirituale: secondo la dottrina cattolica, l'uomo è stato creato da Dio anima e corpo, ed è perciò destinato a una duplice esistenza, terrena prima, sovrannaturale dopo la morte. La felicità ha pertanto due dimensioni: quella terrena, il cui requisito fondamentale è la pace, e quella eterna, per ottenere la quale bisogna seguire le indicazioni della Chiesa. Questa non deve occuparsi dell'altra sfera, poiché Dio ha voluto preporvi un'autorità specifica, quella imperiale. Dante interpreta nel quadro della Provvidenza divina l'istituzione dell'Impero romano, di cui il Sacro Romano Impero è l'erede (cfr. **T9**). Dopo la morte di Dante il trattato fu dichiarato eretico; confluì nell'Indice dei libri proibiti quando questo fu creato nel 1559 e vi rimase fino al 1881.

T9 Il ruolo dell'Impero e della Chiesa secondo Dante

De Monarchia, III, 15

concetti-chiave
- le due felicità e le due guide preposte da Dio per raggiungerle
- la condizione necessaria alla felicità terrena: la pace universale

Nel De Monarchia *Dante riflette sul problema della relazione tra potere laico e potere religioso. Nei tre libri del trattato vengono affrontate tre questioni: 1) Un governo universale è necessario per il benessere del mondo? 2) Il popolo romano aveva il diritto di appropriarsi della supremazia mondiale? 3) L'autorità dell'imperatore dipende direttamente da Dio? Dante risponde affermativamente a tutte e tre le domande. Leggiamo la conclusione del trattato, in cui Dante illustra l'equilibrio che dovrebbe instaurarsi tra Papato e Impero, in quanto poteri complementari.*

LINGUA: traduzione dall'originale latino **DATAZIONE:** 1312-1313

Due fini pertanto l'ineffabile Provvidenza ha posto dinanzi all'uomo come da raggiungere: la felicità di questa vita, che consiste nella piena attuazione delle sue capacità, ed è raffigurata nel Paradiso terrestre; e la beatitudine della vita eterna, la quale consiste nel godimento della visione di Dio – cui le capacità proprie dell'uomo non possono elevarsi da sé senza l'aiuto della luce divina – ed è raffigurata nel Paradiso celeste. A queste beatitudini, come a termini diversi, bisogna giungere con mezzi diversi. [...] Tuttavia la cupidigia[1] umana farebbe dimenticare mete e mezzi se gli uomini, come cavalli erranti in preda alla loro bestialità, non fossero raffrenati nel loro cammino terreno «con la briglia e con il morso». Per questo l'uomo ebbe bisogno di due guide in vista del suo duplice fine: il sommo Pontefice che, seguendo le verità rivelate,[2] guidasse il genere umano alla vita eterna e l'Imperatore che, seguendo invece gli insegnamenti della filosofia, lo indirizzasse alla felicità temporale.[3] E siccome a questo porto della felicità terrena, nessuno o pochi – e questi con estrema difficoltà – possono giungere se il genere umano, calmati i tempestosi allettamenti della cupidigia, non riposi libero nella tranquillità della pace, ecco che questa è la meta alla quale soprattutto deve mirare il tutore del mondo, che si chiama Principe Romano: far sì, cioè, che in questa aiuola dei mortali si viva in pace e in libertà. [...] L'autorità del Monarca temporale deriva, senza alcun intermediario, dalla Fonte stessa di ogni autorità.[4] [...] Questa nostra felicità terrena è ordinata in certo qual modo in funzione della felicità eterna. Cesare[5] usi dunque verso Pietro[6] quella riverenza che il figlio primogenito deve al padre, affinché irraggiato dalla luce della grazia paterna, illumini con maggiore efficacia il mondo al quale è stato preposto da Quello solo che è il reggitore di tutte le cose spirituali e temporali.[7]

D. Alighieri, *Monarchia*, in *Tutte le opere*, a cura di L. Blasucci, Sansoni, Firenze 1965.

1. **cupidigia**: *sfrenato desiderio di possesso.*
2. **verità rivelate**: la Parola di Dio rivelata agli uomini nell'Antico e nel Nuovo Testamento.
3. **temporale**: *terrena.*
4. **Fonte...autorità**: Dio.
5. **Cesare**: l'imperatore (indicato con il nome di quello che era considerato il primo imperatore), quindi il potere laico.
6. **Pietro**: il papa (indicato con il nome del primo pontefice), quindi l'autorità religiosa.
7. **Quello...temporali**: Dio.

analisi e interpretazione T9

le forme

La forma dell'argomentazione Questo è un testo rigorosamente argomentativo. Da una premessa (l'uomo tende alla felicità terrena e alla beatitudine ultraterrena) deriva la conseguenza logica della necessità di una doppia guida: l'imperatore per la vita terrena, il papa per quella ultraterrena.

i temi

Dio e la felicità Il punto di partenza della riflessione politica di Dante è teologico: l'universo è stato creato da un Dio buono, che agisce per il bene delle sue creature (la Provvidenza). Sia la vita terrena che quella dopo la morte sono orientate alla felicità degli esseri umani; è solo il peccato, il male che l'uomo stesso ha introdotto nel mondo, a impedirne il pieno dispiegamento.

La funzione delle due guide universali Per Dante il peccato è prodotto dalla sragione, o da un uso sbagliato della ragione: perciò il poeta rappresenta gli uomini che si abbandonano alla cupidigia (il peccato più grave) come animali, «cavalli erranti in preda alla loro bestialità». Per guidarli Dio ha istituito due supreme autorità: il papa che, interpretando la Bibbia, insegna agli uomini a guadagnarsi la vita eterna, e l'imperatore, la cui autorità soltanto può mantenere la pace, condizione indispensabile per la felicità terrena. Entrambi questi poteri derivano da Dio e sono indipendenti ciascuno nella propria sfera.

Dante e noi

La laicità dello Stato Le conclusioni della teoria politica di Dante sono ancora condivisibili; coincidono, di fatto, con il principio della laicità dello Stato, che, dalla Rivoluzione francese in poi, è uno dei cardini delle costituzioni occidentali. Possiamo riassumere questo principio con la formula elaborata da un importante statista italiano, il conte di Cavour, uno dei principali artefici dell'Unità d'Italia: «Libera Chiesa in libero Stato».

Un'opera proibita Le teorie di Dante non potevano non attirare l'ostilità dei sostenitori del potere temporale della Chiesa – un potere che venne meno solo nel 1870, quando le truppe dello Stato italiano conquistarono Roma e le regioni circostanti, riducendo il territorio amministrato del Vaticano alle esigue dimensioni attuali. Dovettero passare ancora più di dieci anni prima che, nel 1881, il *De Monarchia* venisse tolto dall'Indice, cioè dall'elenco dei libri proibiti dalla Chiesa cattolica, che nessun fedele poteva possedere e tantomeno leggere senza il permesso delle autorità ecclesiastiche.

per studiare *guida all'analisi* T9

COMPRENDERE

1 A quale periodo della vita di Dante si ascrive il *De Monarchia*?
- a al periodo dell'apprendistato politico
- b all'anno in cui Dante fece parte del Consiglio dei Priori
- c all'epoca della sua ambasceria presso il papa Bonifacio VIII
- d al periodo dell'esilio definitivo

2 Quale imperatore avrebbe potuto incarnare, secondo Dante, il modello delineato nel trattato? E perché non lo incarnò di fatto?

ANALIZZARE

3 Individua la premessa dell'argomentazione sostenuta nel testo, e sintetizzala in un'unica frase.

4 Individua la conseguenza e sintetizzala in un'unica frase.

5 Fai la parafrasi della conclusione del brano, qui riportata.

«Cesare usi dunque verso Pietro quella riverenza che il figlio primogenito deve al padre, affinché irraggiato dalla luce della grazia paterna, illumini con maggiore efficacia il mondo al quale è stato preposto da Quello solo che è il reggitore di tutte le cose spirituali e temporali».

6 «Quello solo che è il reggitore di tutte le cose spirituali e temporali» è invece una perifrasi: per indicare chi?

INTERPRETARE E APPROFONDIRE

7 Dante sostiene il principio che oggi si chiama "laicità dello Stato". Che cosa si intende con questa espressione? Sapresti indicare qualche questione contemporanea in cui viene chiamata in causa la laicità dello Stato? Enunaciala sinteticamente e spiegala.

6 Il *De vulgari eloquentia*, il *Convivio* e la *Commedia*

Verona, 1316 Dante è ospite alla corte di Cangrande della Scala da qualche anno. A Verona vengono divulgati l'*Inferno* nel 1314 e il *Purgatorio* nel 1315. Probabilmente nel 1316 (ma la data della lettera non è certa) Dante dedica a Cangrande l'ultima cantica, il *Paradiso*, che sta ancora componendo. Riuscirà a terminarla poco prima della morte, che lo colse a Ravenna, dove si era trasferito insieme ai figli, il 13 settembre 1321.

L'intellettuale Dante in esilio La *Commedia* è l'opera che accompagna Dante per più di quindici anni – se, come sembra, l'*Inferno* fu cominciato nel 1304 o 1306 – ed è l'approdo di un percorso che Dante aveva avviato subito dopo l'esilio. Lontano dalla città in cui si era distinto come poeta, intellettuale e politico, Dante è costretto non solo alla continua ricerca di un rifugio e dei mezzi per sopravvivere, ma anche a dare un significato nuovo alla propria attività letteraria. Le funzioni che ora esercita nelle varie corti in cui trova ospitalità sono ancora intellettuali e politiche (consigliere, funzionario, diplomatico), ma lo fa al servizio di altri, in città e Stati cui non può sentire di appartenere completamente come a Firenze.

Il *De vulgari eloquentia* Nell'ambito di questa ricerca dobbiamo leggere i due trattati cui Dante si dedica nei primi anni di esilio, il *De vulgari eloquentia* (1303-04) e il *Convivio* (1304-08). Il primo, scritto in latino, è un trattato storico sulla lingua, e in particolare sulle diverse lingue parlate in Italia, che cerca di tracciare il profilo di un «volgare illustre» che possa dare alla letteratura italiana la stessa dignità di quella latina. Dante vuole allargare il raggio di azione della sua attività intellettuale, raggiungendo anche i non specialisti, e per farlo riflette sulla creazione di una lingua volgare adatta ai propri intenti. Nel primo libro affronta il problema del bilinguismo letterario della sua epoca (cfr. **T10**, p. 131): il latino, a suo parere, sarebbe una lingua artificiale (una «grammatica») creata dai dotti per potersi comprendere al di là delle variabili linguistiche locali; ogni uomo parla invece una lingua appresa fin dall'infanzia, il "volgare". Dante traccia un atlante linguistico dei volgari romanzi, distinguendo tra un volgare «d'*oc*» (la lingua dei poeti provenzali), «d'*oil*» (la lingua dei romanzi bretoni) e «del sì». Tra i volgari «del sì», cioè tra le lingue parlate in Italia, Dante identifica quattordici gruppi, nessuno dei quali, però, può rivendicare il titolo di «volgare illustre», cioè di lingua letteraria prestigiosa che possa stare alla pari con il latino. Tale lingua dovrà essere «cardinale», cioè dovrà fungere da cardine, da modello per gli altri volgari; «regale» perché se in Italia esistesse una reggia essa vi troverebbe la propria collocazione naturale; «curiale» perché risponde alle norme stabilite dagli italiani più prestigiosi, rappresentanti una "curia", cioè una corte, ideale, in mancanza di una curia effettiva. Nel secondo libro, rimasto incompiuto, Dante descrive la canzone, la più elevata forma lirica, e ne traccia la storia.

Il volgare ideale secondo Dante

- **illustre** (luminoso e capace di dare lustro)
- **cardinale** (fa da cardine linguistico)
- **regale** (adatto a una eventuale reggia)
- **curiale** (adatto a una curia, o corte, ideale)

Il *Convivio* Il *Convivio* è invece un trattato enciclopedico, scritto in volgare, che intende permettere anche a chi non comprende il latino di avere accesso alla filosofia e alla scienza (cfr. **T11**, p. 137). Il titolo si riferisce alla struttura dell'opera: dopo il *Proemio* ognuno dei quattordici libri successivi si sarebbe aperto con una canzone dello stesso Dante (la «vivanda» di quel 'banchetto' di sapienza che è il *Convivio*); la prosa (cioè, nell'allegoria dantesca, il pane che accompagna

Convivio

DATA DI COMPOSIZIONE
- 1304-1308

FORME
- opera divulgativa in volgare che alterna testi poetici e "trattati" in prosa

TEMI
- difesa del volgare (trattato I)
- esaltazione della filosofia (trattati II e III)
- discussione sulla nobiltà (trattato IV)
- monarchia universale (trattato V)

De vulgari eloquentia
[L'eloquenza in lingua volgare]

DATA DI COMPOSIZIONE
- 1303-1304 ca.

FORME
- trattato in latino

TEMA
- definizione del volgare illustre

il pasto) aveva invece il compito di commentare la poesia, senza però limitarsi ai soli aspetti testuali e letterari. Il trattato affronta infatti diversi temi, dall'interpretazione dei testi alla struttura dei cieli, dall'immortalità dell'anima alla virtù della generosità, dalla concezione della nobiltà a quella dell'Impero, dalla teoria dell'amore all'ordinamento delle discipline che costituivano il *curriculum* di studi medievale.

Il capolavoro dell'esilio Sia il *De vulgari eloquentia* che il *Convivio* sono incompiuti. Probabilmente Dante li interruppe nel momento in cui cominciò a lavorare a un altro progetto, un poema in volgare, rivolto quindi allo stesso pubblico del *Convivio* e con le stesse ambizioni enciclopediche, ma con un obiettivo più alto: mostrare, attraverso il viaggio di un personaggio autobiografico nel regno dei morti, il percorso che ogni uomo deve intraprendere per salvare la propria anima.

La fama di Dante Quest'opera, la *Commedia*, ha fatto di Dante l'autore più importante della nostra letteratura, non solo ai nostri occhi, ma anche a quelli dei suoi contemporanei. Già a Verona e a Ravenna la sua fama di letterato e intellettuale era tanto grande da richiamare intorno a lui un gruppo di allievi e discepoli, e dopo la sua morte non ha fatto che accrescersi. Il poema ha avuto fin da subito un successo impressionante: è stato tramandato da moltissimi codici ed è stato subito commentato sia in latino che in volgare (dobbiamo tener presente che la pratica del commento era riservata a testi che venivano considerati autorità letterarie, religiose o filosofiche). Testimonianze coeve ci confermano la diffusione del poema in ogni classe sociale, dalla nobiltà alla borghesia ai ceti più umili.

Domenico di Michelino, *La Divina Commedia di Dante Alighieri* (1465), tempera su tela. Firenze, Santa Maria del Fiore.

Dante è sepolto a Ravenna e, nonostante ripetuti tentativi, la città di Firenze non ha mai ottenuto che i suoi resti fossero riportati in patria. Questo dipinto sostituisce quella sepoltura mancata: si trova infatti a Santa Maria del Fiore, il Duomo di Firenze costruito a spese del Comune e perciò luogo di culto non solo religioso ma anche civile. Nel Quattrocento il cancelliere umanista Coluccio Salutati fece decorare le navate laterali della chiesa con un programma dedicato ai fiorentini illustri: il dipinto di Domenico di Michelino fa parte di questo ciclo, che celebra anche il pittore Giotto, gli architetti Arnolfo di Cambio e Filippo Brunelleschi, il filosofo e letterato Marsilio Ficino. Il quadro raffigura Dante con i tratti e l'abbigliamento che erano divenuti tradizionali nella sua iconografia. La figura del poeta divide il quadro a metà: a sinistra sono raffigurati l'Inferno e il Purgatorio, mentre la parte superiore della tela mostra i cerchi concentrici del Paradiso; a destra è invece ritratta la città di Firenze come appariva nel 1465 (riconosciamo la cupola del Duomo e la torre di Palazzo Vecchio). Il pittore rappresenta graficamente la frattura che la vita di Dante subì nel 1302: da una parte Firenze, cioè il suo passato di intellettuale comunale, poeta, filosofo e politico; dall'altra l'esilio, un ventennio quasi completamente dedicato alla grande impresa poetica della *Commedia*.

T10

Alla ricerca della lingua perfetta

De vulgari eloquentia, libro primo, VIII-X e XVI-XVIII

concetti-chiave

▶ la situazione linguistica italiana

Riportiamo alcuni paragrafi del primo libro del De vulgari eloquentia. *In questi brani Dante cerca di spiegarsi l'origine del bilinguismo del mondo medievale. Perché la maggior parte della produzione scritta si esprime in una lingua che nessuno parla, il latino? La risposta data da Dante non corrisponde alla storia della lingua come la conosciamo oggi; le sue riflessioni rimangono comunque straordinarie per l'intuizione di un legame tra varietà linguistica nello spazio e mutazione delle lingue nel tempo. Sulla base di questa ricostruzione storica, Dante procede a un esame della situazione linguistica italiana, alla ricerca di un volgare che possa conferire alle opere scritte in volgare italiano una dignità pari a quella delle opere in latino.*

LINGUA: traduzione dall'originale latino **DATAZIONE:** 1303-1304 ca.

VIII. In seguito alla confusione delle lingue di cui si è parlato in precedenza,[1] a mio ben meditato parere, furono gli uomini allora per la prima volta dispersi per tutte le zone climatiche del mondo, per le parti abitabili ed i lontani recessi di queste zone. La radice primigenia dell'umana propaggine[2] fu piantata nelle terre orientali, e da qui la nostra propaggine si estese dall'una all'altra parte con i suoi molteplici tralci diffusi. Infine, giunta ai limiti dell'Occidente, fu allora forse per la prima volta che gole di creature ragionevoli bevvero l'acqua dei fiumi di tutt'Europa, o almeno di alcuni di essi. Sia che questi uomini fossero stranieri arrivati per la prima volta, sia che fossero originari dell'Europa e vi facessero ritorno, portarono con sé tre idiomi.[3] Di costoro, gli uni ebbero in sorte la zona meridionale dell'Europa, i secondi la settentrionale, ed i terzi, che ora chiamiamo Greci, occuparono una parte dell'Europa e una parte dell'Asia.

Più tardi da un solo ed identico idioma ricevuto dalla confusione punitrice[4] trassero origine diversi volgari, come mostreremo più sotto. Infatti su tutto quel territorio che va dalle bocche del Danubio – ossia dalle paludi della Meotide – fino ai confini occidentali dell'Inghilterra, e che ha i suoi ulteriori termini nei confini di Italiani e Francesi e nell'Oceano, ebbe dominio un solo idioma, che più tardi si ramificò in diversi volgari, degli Slavi, degli Ungheresi, dei Tedeschi, dei Sassoni, degli Inglesi e di molti altri popoli. A quasi tutti costoro è rimasto come segno della comune origine questo solo: quasi tutti i popoli che ho nominati, per dire "sì" rispondono *iò*. Cominciando da questo idioma, cioè dal confine degli Ungheresi verso Oriente, un altro linguaggio[5] occupò tutto ciò che da lì in poi si chiama Europa, e si è esteso anche oltre.

Tutto ciò che resta in Europa al di fuori del dominio di queste due lingue, fu occupato da un terzo idioma, che tuttavia ora appare diviso in tre lingue: infatti alcuni, per dire "sì", dicono *oc*, alcuni *oïl*, altri *sì*, come gli Ispani,[6] i Francesi e gli Italiani. È chiaro che i volgari di questi tre popoli derivano da un solo ed identico idioma, perché si nota che nominano molti concetti con le stesse parole, come "Dio", "cielo", "amore", "mare", "terra", "è", "vive", "muore", "ama", e quasi tutti gli altri. Di costoro, quelli che dicono *oc* occupano la parte

1. **confusione delle lingue... precedenza**: nel capitolo precedente, Dante aveva narrato la vicenda della Torre di Babele, mito che nella Bibbia spiega l'origine della varietà dei linguaggi umani. La Genesi racconta che in origine tutta l'umanità aveva una sola lingua, quella parlata dal primo uomo Adamo, l'ebraico; qualche generazione dopo Adamo, il principe della città di Babele volle costruire una torre alta fino al cielo per sfidare Dio. Dio punì gli uomini moltiplicando le loro lingue, in maniera che non potessero più comprendersi l'un l'altro.

2. **propaggine**: *discendenza, specie*.

3. **idiomi**: *lingue*.

4. **confusione punitrice**: la punizione divina, che aveva moltiplicato l'unica lingua dei costruttori di Babele.

5. **un altro linguaggio**: il greco.

6. **Ispani**: *Provenzali* (Dante identifica la lingua catalana con una variante del provenzale).

occidentale dell'Europa del sud, a partire dai confini dei Genovesi. Quelli che dicono *sì*, occupano la parte orientale a partire dai confini che abbiamo detto, fino a quel promontorio dell'Italia dove comincia l'insenatura del mare Adriatico,[7] e alla Sicilia. I parlanti la lingua d'*oïl* sono in certo modo settentrionali rispetto a questi: infatti hanno a Oriente i Germani, e ad Occidente e a Settentrione sono circondati dal mare d'Inghilterra e dai monti Pirenei; a Meridione, infine, sono chiusi dai Provenzali e dal declivio delle Alpi.

IX. Ora è necessario mettere a repentaglio la mia capacità di raziocinio, dato che intendo indagare argomenti nei quali non posso basarmi sull'autorità di nessuno, e cioè la trasformazione avvenuta in quella che all'inizio era una ed una sola lingua. Poiché si passa meglio e più in fretta per vie conosciute, percorrerò soltanto la strada del mio idioma, lasciando stare gli altri: infatti ciò che è causa razionale in una lingua, risulta esserlo anche nelle altre.

Le lingue attorno alle quali procede la mia trattazione sono dunque tre, come ho detto sopra: infatti alcuni dicono *oc*, altri *sì*, altri *oïl*. Che questi tre idiomi siano stati una sola lingua fin dal principio della confusione[8] (questa è la prima cosa da dimostrare) appare manifesto, poiché ci accordiamo in molti vocaboli, come dimostrano i maestri di eloquenza: ed è appunto questo accordo che non ci concilia con la confusione, la quale piombò dal cielo durante l'edificazione di Babele.[9] I maestri delle tre lingue si accordano dunque in molti vocaboli, e soprattutto nella parola "amore". Dice[10] Giraldo di Bornello:[11]

Si·m sentis fezelz amics
Per ver encusera *amor*;[12]

il re di Navarra:[13]

De fin *amor* si vient sen et bonté;[14]

messer Guido Guinizzelli:[15]

Né fe' *amor* prima che gentile core,
né gentil cor prima che *amor*, natura.

Cerchiamo dunque di capire perché la lingua fondamentale si sia divisa in tre idiomi, e perché ciascuna di queste varietà contenga a sua volta delle varietà in sé medesima, ad esempio la parlata della parte destra d'Italia da quella di sinistra (infatti i Padovani parlano in un modo, i Pisani in un altro). Cerchiamo di comprendere ancora perché sono diverse nel parlare persone che abitano più vicino, come Milanesi e Veronesi, Romani e Fiorentini, e genti che sono accomunate dalla stessa razza, come i Napoletani e quelli di Gaeta, i Ravennati e i faentina, e, ciò che è ancora più strano, genti che abitano nella stessa città, come i Bolognesi di Borgo San Felice e i Bolognesi di Strada Maggiore. Una sola spiegazione renderà chiaro il motivo per il quale si verificano queste differenze e varietà di linguaggio.

Dico dunque che nessun effetto supera la sua causa (proprio in quanto si tratta di effetto), poiché nulla può produrre qualche cosa di diverso da se stesso. Ogni nostro linguaggio – tranne quello dato da Dio al primo uomo nella creazione – è stato costruito di nuovo a

7. quel promontorio...Adriatico: il capo d'Otranto.
8. confusione: la confusione delle lingue post-babelica.
9. ed è appunto...Babele: secondo Dante la diversità dell'italiano dall'antico francese e dal provenzale non può risalire alla punizione babelica. Le tre lingue romanze sono troppo simili, mentre la Bibbia racconta che Dio punì i costruttori della torre impedendo loro di comprendersi l'un l'altro.
10. Dice: il verbo 'dire' significa spesso, in Dante, 'esprimersi in poesia'.
11. Giraldo di Bornello: il poeta provenzale Giraut de Bornelh, vissuto nella seconda metà del Duecento. Dante lo cita anche nel XXVI canto del *Purgatorio*.
12. Si·m sentis...*amor*: 'Se mi sentissi amico fedele, in verità accuserei *amore*'.
13. re di Navarra: Thibaut, IV Conte di Chamagne e I re di Navarra. È l'unico troviere (cioè poeta in lingua d'*oïl*) citato da Dante.
14. De fin...bonté: '*Da perfetto amore deriva saggezza e valore*'.
15. Guinizzelli: poeta bolognese (1235-76) che Dante considera ispiratore del «dolce stil novo».

nostro arbitrio dopo quella confusione che non fu altro se non un dimenticare la lingua precedente. Dato che l'uomo è un essere estremamente instabile e mutevole, la lingua non può essere né stabile né continua. È nècessario che la lingua cambi in rapporto agli spazi di luogo e di tempo, così come le altre cose che sono nostre, ad esempio le abitudini e i vestiti. Non credo che ci sia da aver dubbi sull'espressione che ho usata, "di tempo", ed anzi ritengo che sia un concetto da tener ben fermo. Infatti se esaminiamo tutte le altre opere umane diverse dalla lingua, ci accorgiamo di essere molto più distanti dai nostri concittadini dei tempi passati che non dai nostri contemporanei geograficamente più lontani. Perciò oso affermare che se gli abitanti di Pavia dei tempi più antichi risorgessero ora, parlerebbero una lingua cambiata e diversa rispetto ai moderni abitanti di Pavia. Quanto ho detto non deve destare maggior meraviglia del fatto che ci accorgiamo che è diventato adulto un giovane del quale non abbiamo notato la crescita. Noi non riusciamo a valutare il movimento delle cose che si muovono a poco a poco, e quanto maggior tempo richiede la trasformazione di una cosa per essere osservata, tanto più riteniamo che tale cosa sia immobile. Non stupiamoci dunque se l'opinione comune di uomini poco distanti dalle bestie[16] ritiene che una stessa città abbia svolto la sua vita civile parlando sempre una lingua invariabile, dato che il cambiamento della lingua di una stessa città avviene solo a poco a poco, e la vita degli uomini è essa stessa, per sua natura, brevissima. Se dunque la lingua parlata da uno stesso popolo muta via via, come si è detto, nel corso del tempo, e non può mai rimanere uguale a se stessa, ne consegue che si differenziano nei modi più diversi le lingue di coloro che vivono separati e lontani, così come cambiano variamente le abitudini e le vesti, le quali non sono rese stabili dalla natura né da una orma convenuta, ma nascono dalla libera volontà dell'uomo e dalla influenza dei luoghi.

Da qui hanno preso le mosse gli inventori della grammatica,[17] la quale non è altro che una certa inalterabile identità della lingua nei diversi tempi e luoghi. Questa identità è stata regolata dal consenso comune di molte genti[18], perciò non è esposta a nessun arbitrio del singolo, e per conseguenza non può variare. La inventarono perché, a causa del mutare della lingua, fluttuante ad arbitrio del singolo, non fossimo completamente o in parte impediti nel venire a contatto con il pensiero e con le azioni memorabili degli antichi, e altrettanto ci accadesse nei confronti di coloro i quali la diversità dei luoghi rende diversi da noi.

X. [...] Ricondurrò il mio trattato al volgare italiano, e cercherò di descrivere le variazioni che ha ricevuto al suo interno e di paragonarle fra loro. [...] La sola Italia presenta una varietà di almeno quattordici volgari. Questi volgari, inoltre, contengono tutti delle differenziazioni interne, come ad esempio, in Toscana, i Senesi e gli Aretini, in Lombardia[19] i Ferraresi ed i Piacentini. Senza contare che qualche variazione di linguaggio può essere colta in una medesima città, come è stato detto più sopra, nel capitolo precedente. Pertanto, se si volessero calcolare le varietà del volgare d'Italia, le principali, le secondarie, e quelle gerarchicamente ancora minori, persino in questo piccolissimo angolo di mondo, si arriverebbe alle mille varietà di parlato, ed anche oltre.

[Nei capitoli XI-XV Dante analizza le caratteristiche dei 14 principali volgari italiani che ha identificato. Nessuno però può costituire la lingua che possa conferire alla nuova letteratura italiana la stessa dignità di quella latina o di quelle provenzali e francesi]

16. uomini...bestie: le persone più incolte e ignoranti.
17. grammatica: da intendere qui con 'struttura della lingua latina'.
18. Questa identità...genti: il latino dunque sarebbe una lingua artificiale e convenzionale, come lo è oggi l'esperanto.
19. Lombardia: nell'uso medievale, questo termine indicava tutta l'area della pianura padana.

XVI. Sono andato a caccia per i boschi e per le selve d'Italia e non ho trovato quella pantera,[20] che sto ricercando. Ma per poterla trovare, mi è necessario investigare, in modo ancora più razionale, affinché, con molto impegno, possa intrappolare nella mia rete quella che manda ovunque il suo profumo,[21] ma non si fa vedere in nessun luogo. Riprendendo dunque le armi da caccia, affermo che per le singole cose è necessario che ce ne sia una con cui paragonare e commisurare tutte le altre: e quell'una diventa come un'unità di misura. [...] Ogni cosa è misurabile, secondo il proprio genere, prendendo come misura ciò che è più semplice in quel genere stesso. [...] Se operiamo come uomini d'Italia, ci sono alcuni semplicissimi segnali nel modo di parlare e di vestire e di fare, secondo i quali si possono notare e misurare le azioni degli Italiani. Le azioni più nobili però che compiono gli Italiani non sono specifiche di nessuna città d'Italia, ma sono comuni a tutte. Fra questi tratti specifici, ora si può scorgere quel volgare, di cui prima andavo alla caccia, che manda il suo profumo in ogni città, ma non dimora in nessuna. Può tuttavia spargere l'odore più in una città, che in un'altra. [...] Ho raggiunto ciò che cercavo, e posso definire illustre, cardinale, aulico e curiale quel volgare d'Italia, che si trova in ogni città italiana ma non sembra proprio di nessuna; con questo volgare si devono commisurare e paragonare e soppesare tutti gli altri volgari municipali dell'Italia.

XVII. Bisogna ora esporre il motivo per cui dico illustre, cardinale, aulico e curiale quel volgare che ho trovato. Così renderò evidente la sua essenza.

Prima, pertanto, devo chiarire che cosa io intenda quando dico "illustre", e perché dica illustre il volgare. Quando si usa la parola "illustre", si intende un qualcosa che illumina o che, se è colpito da luce, risplende; e in questo modo si chiamano illustri quegli uomini i quali, o perché illuminati dal potere diffondono luce di giustizia e carità sugli altri, o perché, possedendo un magistero,[22] ammaestrano con alta sapienza, come Seneca e Numa Pompilio.[23] Il volgare di cui sto parlando è innalzato sia dal potere sia dal magistero, e a sua volta innalza i suoi con onore e gloria.[24]

Chiaramente si nota come il volgare abbia un certo magistero, che lo innalza, dato che, trascelto da tanti rozzi vocaboli degli Italiani, da tante costruzioni intricate, da tante desinenze erronee, da accenti tanto campagnoli, è stato capace di diventare così egregio, bene strutturato, perfetto ed urbano, come Cino da Pistoia[25] ed il suo amico[26] dimostrano nelle loro canzoni. E si vede anche perché abbia un potere che lo esalta. Quale potestà è maggiore di quella che può smuovere i cuori dell'uomo, così da fare volere una cosa a chi non la vuole e poi disvolere chi vuole, come ha fatto e continua a fare? appare evidente anche che il volgare innalza con onore. Forse che i suoi servitori[27] non superano per fama anche re, marchesi, conti e potenti? Questa affermazione non ha alcun bisogno di essere dimostrata. Quanto poi renda gloriosi i suoi servitori lo so bene io, che, per la dolcezza di questa gloria, non mi curo affatto neanche del mio esilio. A buon diritto, dunque, il volgare si può dire "illustre".

XVIII. E non senza motivi io abbellisco il volgare illustre di un secondo attributo, e lo chiamo "cardinale". Come infatti tutta la porta intera segue il cardine e, quando questo gira, gira pure la porta, o all'interno o all'esterno, così tutto il gregge dei volgari municipali si gira

20. quella pantera: il volgare illustre. Nei capitoli precedenti Dante ha paragonato la propria ricerca a una battuta di caccia.
21. quella che...profumo: i bestiari medievali raccontavano che la pantera attraesse con il suo profumo gli animali che intendeva catturare.
22. magistero: autorità morale.
23. Seneca e Numa Pompilio: Seneca è un filosofo latino (4 a.C.-65 d.C.); Numa Pompilio è il saggio secondo re di Roma, che secondo il mito sarebbe all'origine di molte sue istituzioni come la religione o il calendario.
24. Il volgare...gloria: il volgare «illustre» è quello che dovrebbe essere usato dai potenti e dai dotti.
25. Cino da Pistoia: poeta stilnovista (1270-1337).
26. il suo amico: cioè Dante stesso.
27. i suoi servitori: cioè gli scrittori che ne fanno uso.

e si rigira, si muove e si ferma, come fa questo volgare, che appare come un vero capofamiglia. [...]

Il motivo per cui lo dico "aulico" (cioè regale), è questo: se in Italia ci fosse una reggia,[28] il nostro volgare dovrebbe trovarsi lì. Infatti, se la reggia è la casa comune di tutto il regno e l'alta governatrice di ogni sua parte, qualunque cosa che sia comune a tutti, senza appartenere a nessuno, deve dimorare nella reggia, e non può esserci altra dimora degna di tale abitante: così nobile, infatti, appare il volgare di cui sto parlando. Ne consegue che tutti coloro che praticano la reggia parlano sempre il volgare illustre; ne consegue, inoltre, che il nostro volgare illustre è come un pellegrino e uno straniero, e si trova ospite in umili case, proprio perché manca la reggia.

Il volgare, ancora, si deve dire "curiale", dato che la curialità non è altro che la regola ben ponderata delle azioni da compiere; e poiché la bilancia di questo modo di pesare si trova soltanto nelle curie[29] più eccellenti, ne deriva che tutto quello che nelle nostre azioni è bene soppesato si dica "curiale". Perciò questo volgare, che è stato pesato nella più eccellente curia degli Italiani, merita di essere chiamato "curiale". Affermare, però, che sia stato pesato nella più eccellente curia degli italiani, poiché questa curia non esiste, sembra una burla. A questa affermazione è facile rispondere. È vero che in Italia non c'è una curia, se si intende una curia unificata, come quella del re di Germania;[30] in Italia, però, non mancano le sue membra; e come le membra di quella di Germania sono unite da un unico Principe, così le membra della curia italiana sono state unificate dalla luce divina della ragione. Per questo motivo sarebbe falso affermare che gli Italiani non abbiano una curia, anche se non abbiamo un Principe, poiché in realtà abbiamo una curia, sebbene sia materialmente dispersa.

D. Alighieri, *De vulgari eloquentia*, trad. dal latino di C. Marazzini e C. Del Popolo, Mondadori, Milano 1990.

28. reggia: l'originale latino è *aula*.
29. curie: *corti*. 'Curialità' equivale dunque a 'cortesia'.
30. re di Germania: l'imperatore del Sacro Romano Impero.

analisi e interpretazione T10

le forme

Col *De vulgari eloquentia* Dante inaugura la storiografia delle lingue romanze. Per fondare le sue teorie sulle origini del volgare, Dante procede secondo un metodo tipicamente medievale:

- per comprendere il proprio oggetto lo analizza a partire dalle sue (mitologiche) origini;
- il punto di partenza delle sue argomentazioni è un'*auctoritas* (il racconto biblico della torre di Babele, che spiega la varietà linguistica sulla Terra).

Il suo metodo è cioè deduttivo, non induttivo come quello proprio della scienza moderna che parte invece dallo studio dei casi singoli per giungere a conclusioni generali.

i temi

Latino e volgari L'oggetto del trattato *De vulgari eloquentia* è, come spiega Dante nell'*incipit*, un argomento finora non affrontato da nessuno: la «teoria dell'eloquenza volgare», cioè una riflessione teorica sull'uso colto e letterario del volgare italiano. "Volgare" è, secondo Dante, ogni lingua che abbia un'origine "naturale" nel parlato; dai volgari si distinguerebbero le "grammatiche" (com'è per Dante il latino), lingue convenzionali, create artificialmente per superare le barriere linguistiche date dalla distanza geografica o storica.

Il volgare illustre Anche i volgari possono essere usati in forma scritta: ma devono essere sottoposti a un processo di astrazione e purificazione, che li renda degni di passare alla dignità extratemporale propria della grammatica. L'indagine dei volgari italiani intrapresa da Dante non individua un simile "volgare illustre" in nessuna delle varietà linguistiche parlate al suo tempo; la sua unica e vera concretizzazione si trova nelle opere dei migliori scrittori e poeti.

Storia della lingua

Dante storico della lingua

Le famiglie linguistiche Pur con strumenti così diversi da quelli di un linguista contemporaneo, Dante giunge a delle teorie linguistiche che verranno spiegate scientificamente solo cinque secoli più tardi, con la nascita nell'Ottocento della linguistica storica. Dante intuisce una coerenza, sotto il caos delle lingue parlate in Europa, e individua delle famiglie linguistiche: gruppi di lingue che mostrano dei caratteri comuni che dipendono da un'origine comune.

Le lingue romanze La famiglia linguistica che Dante approfondisce è quella romanza, costituita dai volgari italiani e da quelli di area francese che avevano raggiunto nell'ultimo secolo dignità letteraria. La grande intuizione di Dante è quella con cui spiega questi legami di affinità: le lingue non sono entità immutabili ma cambiano come gli abiti o i costumi al variare del tempo e dello spazio, una sola lingua può evolvere in più lingue diverse. Dante non poteva però vedere nel latino l'antenato comune delle lingue romanze: la costanza che il latino sembrava aver conservato nel tempo (da Virgilio alla contemporaneità) non gli consentiva di immaginare che un tempo anch'esso fosse stato una lingua parlata (e perciò soggetta all'evoluzione). Per questo Dante immagina che il latino sia nato come lingua artificiale, creata dagli intellettuali per comunicare al di là degli ostacoli posti dalla storia e dalla geografia.

Volgare illustre e italiano contemporaneo Dante immagina che, grazie all'uso letterario, anche il volgare possa acquisire una stabilità simile a quella delle grammatiche, sottraendosi alla legge del mutamento. In un certo senso, questa idea di Dante ha avuto una riprova nella storia della nostra lingua: l'italiano letterario è stato per secoli una lingua scritta che nessuno apprendeva come lingua materna – era una "grammatica" e non un "volgare", per usare le parole di Dante: l'italiano ha goduto così di una stabilità maggiore rispetto ad altre lingue, che furono parlate a livello nazionale prima della nostra. È per questo che oggi noi possiamo leggere il *Convivio* o la *Commedia* con minori difficoltà rispetto a un inglese alle prese con Chaucer o a un francese davanti ai romanzi di Chrétien de Troyes.

per studiare *guida all'analisi* T10

COMPRENDERE

1 Il testo ha un solido impianto argomentativo: parte dal generale per giungere gradualmente al particolare. Qual è il punto di partenza della sua argomentazione? Su quale autorità si fonda?

2 Dante sostiene, anticipando gli esiti delle ricerche moderne, che le lingue si siano originate da un unico ceppo. In quale regione d'Europa si costituì tale ceppo? Quanti idiomi ne derivarono e in quali terre si diffusero?

3 Su quale segno distintivo Dante individua la comune origine dei diversi volgari? E per l'italiano in particolare?

4 Di quale idioma tratta Dante in particolare? E quante lingue vi distingue?

ANALIZZARE

5 Dante, anche qui anticipando i tempi, afferma che la lingua è un fenomeno mutevole nel tempo. Rintraccia nel testo questo passo fondamentale. Per quale motivo i parlanti non si accorgono che la lingua muta?

6 Secondo il pensiero di Dante, le grammatiche esistono in natura? A che cosa servono?

7 In base a che cosa il volgare potrà acquistare stabilità ed essere codificato dalle "grammatiche"?

INTERPRETARE E APPROFONDIRE

8 Il «volgare illustre» di cui parla Dante esiste in concreto oppure è una astrazione? Argomenta la tua risposta.

T11

L'inizio del *Convivio*

Convivio, libro primo, I

concetti-chiave
- una prosa argomentativa
- l'apertura a un pubblico più vasto

Riportiamo il primo paragrafo del Convivio. *In queste pagine Dante spiega l'allegoria che dà il nome all'opera: il poeta intende offrire un "banchetto" (convivio) di sapienza a tutti coloro che volessero ampliare il proprio sapere pur non avendo modo di dedicarsi totalmente all'attività intellettuale.*

LINGUA: italiano **DATAZIONE:** 1304-1307

[1-19] In questo primo paragrafo del *Convivio*, Dante:
– enuncia un principio generale: l'aspirazione di ogni uomo alla perfezione comporta il desiderio di aumentare il proprio sapere;
– elenca quattro motivi per cui questo desiderio spesso non viene soddisfatto:
1. difetti corporei;
2. inclinazioni malvagie, che fanno preferire piaceri peccaminosi all'impegno intellettuale;
3. la mancanza di tempo dovuta alla necessità di occuparsi della famiglia e agli impegni per la propria comunità;
4. l'assenza nel proprio luogo di residenza di istituzioni o comunità intellettuali.

Sì come dice lo Filosofo[1] nel principio della Prima Filosofia,[2] tutti li uomini naturalmente desiderano di sapere. La ragione di che[3] puote[4] essere ed è che ciascuna cosa, da providenza di propria natura impinta, è inclinabile a la sua propria perfezione;[5] onde, acciò che[6] la scienza è ultima perfezione de la nostra anima, ne la quale sta la nostra ultima felicitade, tutti naturalmente al suo desiderio semo subietti.[7] Veramente[8] da questa nobilissima perfezione molti sono privati per diverse cagioni, che dentro a l'uomo e di fuori da esso lui rimovono da l'abito di scienza.[9] Dentro da l'uomo possono essere due difetti e impedimenti: l'uno da la parte del corpo, l'altro da la parte de l'anima.[10] Da la parte del corpo è quando le parti sono indebitamente disposte,[11] sì che nulla ricevere può, sì come sono sordi e muti e loro simili. Da la parte de l'anima è quando la malizia[12] vince in essa, sì che si fa seguitatrice di viziose delettazioni, ne le quali riceve tanto inganno che per quelle ogni cosa tiene a vile.[13] Di fuori da l'uomo possono essere similemente due cagioni intese, l'una de le quali è induttrice di necessitade, l'altra di pigrizia.[14] La prima è la cura familiare e civile,[15] la quale convenevolemente a sé tiene de li uomini lo maggior numero, sì che in ozio di speculazione esser non possono.[16] L'altra è lo difetto del luogo dove la persona è nata e nutrita, che tal ora sarà da ogni Studio non solamente privato, ma da gente studiosa lontano.[17]

[20-48] In questo secondo paragrafo Dante introduce la metafora da cui l'opera prende il nome. Il sapere è «pane de li angeli» e cibo dell'anima,

Le due di queste cagioni, cioè la prima da la parte [di dentro e la prima da la parte] di fuori,[18] non sono da vituperare,[19] ma da scusare e di perdono degne; le due altre,[20] avvegna che l'una più,[21] sono degne di biasimo e d'abominazione. Manifestamente adunque può vedere chi bene considera,

1. lo Filosofo: nel Medioevo "il" filosofo per antonomasia era il greco Aristotele (384-322 a.C.).
2. Prima Filosofia: l'opera di Aristotele *Metafisica* che, nella sua versione latina (quella conosciuta da Dante) comincia appunto con la frase *«Omnes homines natura scire desiderant»* [tutti gli uomini naturalmente desiderano sapere].
3. di che: *di questo fatto.*
4. puote: *può.*
5. ciascuna cosa...perfezione: *ogni cosa, spinta dalla propria natura in cui agisce la Provvidenza divina, tende a raggiungere la propria perfezione.*
6. acciò che: *poiché.*
7. semo subietti: *siamo soggetti.*
8. Veramente: *Tuttavia.*
9. cagioni, che...di scienza: *motivi interni* (**dentro a l'uomo**) *o esterni* (**di fuori da**[*ll'uomo*]) *che impediscono a un essere umano di acquisire le attitudini* (**abito**) *necessarie per dedicarsi al sapere.*
10. l'uno...anima: corporei o psicologici.
11. quando...disposte: quando esistono dei difetti fisici.
12. malizia: inclinazione al male.
13. viziose delettazioni...vile: *piaceri viziosi, dai quali* [l'anima] *viene così tanto ingannata da ritenere ogni cosa poco importante* (**vile**) *in confronto a essi.*
14. è induttrice...pigrizia: *una* [causa] *produce* (**è induttrice**) *uno stato di necessità, l'altra pigrizia.*
15. cura familiare e civile: *le attività familiari e lavorative.*
16. La prima...non possono: *La prima* [motivazione per cui gli uomini non si dedicano all'attività intellettuale] *sono gli impegni* (**cura**) *che si assumono per la propria famiglia e la propria comunità, i quali giustamente* (**convenevolemente**) *occupano* (**a sé tiene**) *la maggioranza degli uomini, così che* [la maggioranza degli uomini] *non possono godere del tempo libero* (**ozio**) *necessario per l'attività intellettuale.*
17. L'altra...lontano: *L'altra* [motivazione per cui gli uomini non si dedicano all'attività intellettuale] *è la mancanza del luogo in cui una persona è nata e cresciuta* (**nutrita**), [luogo] *che talora sarà non soltanto senza* (**privato**) *un'Università* (**Studio**), *ma anche lontano da ogni circuito intellettuale* (**gente studiosa**).
18. la prima...di fuori: gli *handicap* corporei e gli impegni familiari e sociali.
19. vituperare: *biasimare.*
20. le due altre: l'indulgere a piaceri peccaminosi e la pigrizia, che impedisce di cercare lontano dal proprio luogo di nascita i mezzi per accrescere il proprio sapere.
21. avvegna che l'una più: *benché* (**avvegna che**) *una* (la **malizia**) *lo sia più dell'altra* (la **pigrizia**).

ma solo pochi uomini hanno la possibilità di sedere alla mensa dove viene imbandito; i più devono accontentarsi della stessa alimentazione che basterebbe agli animali. Dante ha potuto raccogliere le briciole che cadono dal banchetto dei sapienti e ha cominciato a divulgarle nella sua opera poetica. Il suo pubblico, però, non possiede gli strumenti per apprezzarne altro che la bellezza estetica; perciò Dante intende offrire con il *Convivio* un banchetto in cui le canzoni saranno la portata principale e verranno accompagnate dal pane del commento, che ne illustrerà tutti gli insegnamenti filosofici o morali.

che pochi rimangono quelli che a l'abito da tutti desiderato[22] possono pervenire, e innumerevoli quasi sono li 'mpediti[23] che di questo cibo sempre vivono affamati. Oh beati quelli pochi che seggono a quella mensa dove lo pane de li angeli[24] si manuca![25] Ma però che[26] ciascuno uomo a ciascuno uomo naturalmente è amico,[27] e ciascuno amico si duole[28] del difetto di colui ch'elli ama, coloro che a così alta mensa sono cibati non sanza misericordia sono inver di quelli che in bestiale pastura veggiono erba e ghiande sen gire mangiando.[29] E acciò che misericordia è madre di beneficio,[30] sempre liberalmente[31] coloro che sanno porgono de la loro buona ricchezza a li veri poveri,[32] e sono quasi fonte vivo, de la cui acqua si refrigera[33] la naturale sete che di sopra è nominata. E io adunque, che non seggio a la beata mensa,[34] ma, fuggito de la pastura del volgo,[35] a' piedi di coloro che seggiono[36] ricolgo di quello che da loro cade,[37] e conosco la misera vita di quelli che dietro m'ho lasciati, per la dolcezza ch'io sento in quello che a poco a poco ricolgo, misericordievolmente mosso, non me dimenticando,[38] per li miseri alcuna cosa ho riservata, la quale a li occhi loro, già è più tempo, ho dimostrata; e in ciò li ho fatti maggiormente vogliosi.[39] Per che ora volendo loro apparecchiare,[40] intendo fare un generale convivio di ciò ch'i' ho loro mostrato, e di quello pane ch'è mestiere a così fatta vivanda,[41] sanza lo quale da loro non potrebbe esser mangiata. [...] La vivanda di questo convivio sarà di quattordici maniere ordinata, cioè quattordici canzoni sì d'amor come di vertù materiate,[42] le quali sanza lo presente pane avevano d'alcuna oscuritade ombra,[43] sì che a molti loro bellezza più che loro bontade era in grado.[44] Ma questo pane, cioè la presente disposizione,[45] sarà la luce la quale ogni colore di loro sentenza farà parvente.[46]

[49-64] Nell'ultimo paragrafo Dante illustra:

E se ne la presente opera, la quale è Convivio nominata e vo' che sia,[47] più virilmente si trattasse[48] che ne la Vita Nuova, non intendo però a quella

22. abito...desiderato: l'**abito di scienza**, dunque una forma di vita dedicata principalmente allo studio e alla ricerca della verità.
23. 'mpediti: coloro ai quali è impedito l'accesso a quell'esistenza.
24. lo pane de li angeli: *il sapere*. Gli angeli, in quanto esseri formati di sola anima, non hanno che desideri ed esigenze spirituali; il cibo che li sfama, dunque, è la verità, che possono contemplare eternamente in Dio.
25. manuca: *manduca, mangia*.
26. però che: *poiché*.
27. ciascuno uomo...amico: secondo Dante, gli uomini sono portati per natura a provare empatia l'uno per l'altro.
28. si duole: *è addolorato*.
29. coloro che...mangiando: *coloro che sono nutriti* (**cibati**) *ad una tavola* (**mensa**) *così sublime* (**alta**) [: i sapienti] *provano compassione* (**non sanza misercordia sono**) *nei confronti di coloro che* [essi] *vedono aggirarsi* (**sen gire**) *in un pascolo fatto per le bestie* (**bestiale pastura**) *mangiando erba e ghiande*.
30. misercordia...beneficio: la compassione genera le opere buone, fatte per il bene di coloro nei confronti dei quali si prova pietà.
31. liberalmente: *generosamente*.
32. veri poveri: la povertà autentica, sottintende Dante, non è la privazione di denaro, ma l'ignoranza.
33. refrigera: *calma, soddisfa*.
34. che non seggio...mensa: Dante non è uno studioso di professione – come i filosofi o i teologi delle Università – ma si presenta qui come divulgatore.
35. pastura del volgo: *cibo del popolo* (cioè le conoscenze e il sapere che sono diffuse tra la maggioranza degli uomini che non ha agio di dedicarsi allo studio).
36. coloro che seggiono: *coloro che siedono* [**a la beata mensa**]: i sapienti e i dotti veri e propri.
37. ricolgo...cade: le briciole che cadono dal banchetto dei sapienti.
38. non me dimenticando: non dimenticando, cioè, che la loro condizione era stata la mia.
39. per li miseri...vogliosi: Dante dichiara di aver già compiuto opera di divulgazione tra i meno istruiti attraverso la propria opera poetica; le conoscenze diffuse in questo modo hanno reso il suo pubblico ancora più ansioso di imparare.
40. apparecchiare: *preparare una mensa*.
41. convivio...vivanda: *banchetto* [composto] *di ciò che ho già divulgato* (**ho loro mostrato**) *e di quel pane che è necessario* (**mestiere**) [accompagnare] *a una vivanda di questo tipo*. La **vivanda** sono le canzoni che aprono i diversi trattati del *Convivio*, che Dante aveva già fatto circolare; il **pane** è il commento in prosa alle canzoni, necessario perché i meno istruiti possano comprenderle pienamente.
42. canzoni...materiate: *canzoni, i cui argomenti saranno ora l'amore ora la virtù*.
43. avevano...ombra: *erano offuscate da una certa oscurità*.
44. sì che...in grado: *così che la loro bellezza, più che il loro insegnamento morale* (**bontade**)*, era apprezzata* (**era in grado**) *da molti*.
45. disposizione: *esposizione, spiegazione*.
46. parvente: *chiaro*.
47. è Convivio...che sia: *è chiamata* Convivio *e io voglio* (**vo'**) *che sia* [chiamata così].
48. più virilmente si trattasse: *si ragionasse in maniera più matura* (**virilmente**).

- i rapporti del *Convivio* con la sua principale opera precedente in volgare, la *Vita nuova*, chiarendo che le due opere sono frutto di età diverse della sua vita;
- i criteri con cui elaborerà il commento alle canzoni: accanto alla spiegazione della lettera del testo, fornirà ai suoi lettori un'interpretazione allegorica.

in parte alcuna derogare,[49] ma maggiormente giovare per questa quella;[50] veggendo, sì come ragionevolmente quella fervida e passionata, questa temperata e virile esser conviene.[51] Ché altro si conviene e dire e operare ad una etade che ad altra; perché certi costumi sono idonei e laudabili ad una etade che sono sconci e biasimevoli ad altra, sì come di sotto, nel quarto trattato di questo libro, sarà propria ragione mostrata.[52] E io in quella dinanzi, a l'entrata de la mia gioventute parlai,[53] e in questa[54] dipoi, quella[55] già trapassata. E con ciò sia cosa che[56] la vera intenzione mia fosse altra che quella che di fuori mostrano le canzoni predette,[57] per allegorica esposizione quelle intendo mostrare, appresso la litterale istoria ragionata;[58] sì che l'una ragione e l'altra darà sapore[59] a coloro che a questa cena sono convitati. Li quali priego tutti che se lo convivio non fosse tanto splendido quanto conviene a la sua grida,[60] che non al mio volere ma a la mia facultade[61] imputino ogni difetto; però che la mia voglia di compita e cara liberalitate è qui seguace.[62]

D. Alighieri, *Convivio*, in *Tutte le opere*, a cura di L. Blasucci, Sansoni, Firenze 1965.

49. derogare: *rinnegare, togliere valore.*
50. maggiormente...quella: *ma attraverso quest'opera* **(per questa)**, [il *Convivio*], [intendo] *contribuire a illuminare maggiormente quella* [la *Vita nuova*].
51. quella...conviene: *è necessario* **(conviene)** *che quella sia* **(quella...esser)** *ardente e appassionata, e questa misurata e matura.*
52. sì come...mostrata: nel quarto trattato del *Convivio* Dante discute le quattro età dell'uomo.
53. in quella dinanzi...parlai: *nell'opera precedente* [la *Vita nuova*] *ho raccolto poesie composte* **(parlai)** *all'inizio della mia giovinezza.* Come nella *Vita nuova*, 'parlare' significa qui 'comporre poesia'.
54. in questa: in quest'opera, il *Convivio*.
55. quella: la giovinezza.
56. con ciò sia cosa che: *poiché.*
57. la vera intenzione mia... predette: *la mia vera intenzione, nel comporre le canzoni di cui ho parlato più sopra, fosse diversa* **(altra)** *dal loro significato letterale.*
58. per allegorica...ragionata: *intendo spiegare quelle* [canzoni] *attraverso un'esposizione allegorica, accanto* **(appresso)** *alla spiegazione del loro significato letterale.*
59. darà sapore: *darà gusto.*
60. a la sua grida: *al suo annuncio.*
61. a la mia facultade: *alle mie capacità.*
62. però che...seguace: *poiché* **(però che)** *il mio desiderio* **(la mia voglia)** *si ispira* **(è seguace)** *a una generosità* **(liberalitate)** *compiuta e cordiale* **(cara)**.

analisi e interpretazione T11

le forme

Insegnare a ragionare Nell'apertura del *Convivio*, Dante dichiara il proprio intento: il poeta vuole soddisfare il desiderio di conoscenza di coloro che non hanno potuto godere di un'educazione adeguata e dell'agio di dedicarsi completamente all'attività intellettuale. Questa si identifica, per Dante, nella filosofia, che dobbiamo intendere innanzitutto come uno strumento operativo, un modo razionale di accostarsi al mondo. Nel *Convivio*, infatti, Dante non comunica solo dei contenuti, ma soprattutto un modo di ragionare chiaro e ordinato, che consente di raggiungere delle verità certe. La prosa dell'opera è il principale strumento per insegnare questo metodo.

La struttura argomentativa: il sillogismo Questo capitolo procede seguendo la logica che veniva insegnata nelle università medievali e che caratterizza le principali opere filosofiche del periodo. Dante apre il proprio discorso enunciando un principio universale, supportato da un'autorità indiscutibile (quella del filosofo Aristotele): «tutti gli uomini naturalmente desiderano di sapere». Questo principio generale viene dapprima spiegato attraverso un sillogismo: premessa maggiore: ogni cosa è creata dalla Provvidenza divina per raggiungere la propria perfezione; premessa minore: per l'uomo la perfezione coincide con la sapienza, cioè con la contemplazione della verità (perché Dio è Verità). Dalle due premesse si deduce la conclusione: ogni uomo è spinto dalla propria natura a perfezionarsi ricercando la sapienza.

La struttura argomentativa: il ragionamento per opposizioni Il principio universale sostenuto da Aristotele e ribadito da Dante non sembra però riflettersi nell'effettivo comportamento degli uomini, tra i quali solo una minoranza si dedica all'attività intellettuale. Dante procede allora alla ricerca dei motivi che impediscono agli uomini di soddisfare il proprio naturale desiderio di conoscenza. Ragionando per opposizioni (dentro/fuori, anima/corpo, necessità/pigrizia), arriva a definirne quattro, riassunti nello schema della pagina seguente.

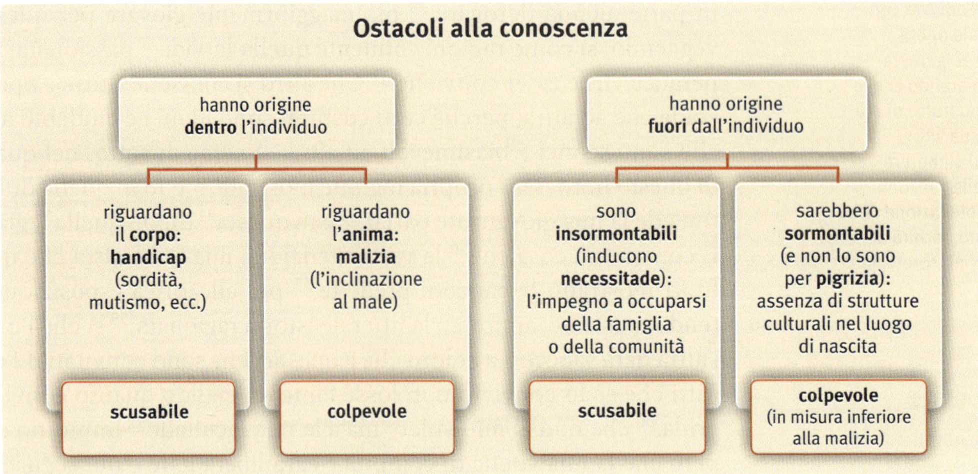

L'allegoria dominante Anche la principale figura retorica usata in questo capitolo è argomentativa e raziocinante. La lunga allegoria che occupa il secondo capoverso di questo capitolo altro non è che lo sviluppo logico e deduttivo della metafora "il sapere è il cibo per l'anima" (o, come espresso nel testo, il «pane de li angeli»). Se il sapere è cibo proprio dell'uomo (poiché solo l'uomo sulla Terra è dotato di ragione), allora:

- i sapienti sono coloro che siedono alla tavola dove questo cibo viene servito, mentre i non sapienti sono costretti a nutrirsi degli stessi alimenti delle bestie;
- il ruolo di divulgatore di Dante è analogo a quello di chi raccoglie gli avanzi della mensa dei sapienti per imbandirne un'altra per chi è ancora più affamato di lui;
- in questo secondo banchetto ci saranno una vivanda principale (14 canzoni) e il pane che la accompagna (il commento dottrinario).

i temi e i motivi

Il volgare e la poesia Ma perché Dante sceglie, come "vivanda" principale, le sue canzoni? Perché si serve della poesia lirica come strumento per consentire a un pubblico più vasto di avere accesso alle più importanti questioni religiose, culturali o scientifiche? Il motivo è da ricercare nel fatto che questo pubblico, «'mpedito» nell'accesso al sapere perché ignorante del latino, la lingua in cui nel Medioevo era scritta la maggior parte delle opere letterarie e scientifiche, non era però completamente ignorante di arte o letteratura. Dante si rivolge a un pubblico che già conosce la sua poesia, un pubblico al quale sono familiari gli ultimi prodotti della cultura volgare, e vuole aiutarlo a emanciparsi da quelle limitazioni che, pur consentendogli di apprezzare la dimensione estetica della sofisticata poesia dantesca, gli impediscono di coglierne gli insegnamenti teorici e morali.

per studiare guida all'analisi T11

COMPRENDERE

1 Il *De vulgari eloquentia* e il *Convivio* sono stati scritti all'incirca negli stessi anni. A quale periodo della vita di Dante appartengono?

- a al periodo dell'apprendistato politico
- b all'anno in cui Dante fece parte del Consiglio dei Priori
- c ai primi anni dell'esilio
- d al periodo in cui, esule, si trovava presso Cangrande della Scala

2 Dante scrive il *De vulgari eloquentia* in latino e il *Convivio* in volgare italiano. Perché? Quali intenti vuole perseguire Dante con ciascuna opera? A chi si rivolge?

ANALIZZARE

3 Anche nel *Convivio*, come nel *De vulgari eloquentia*, Dante argomenta la sua tesi partendo da un principio universale, sostenuto da un'autorità indiscutibile. Nel caso del *Convivio*, di quale principio e di quale autorità si tratta?

4 Dante riconosce che, in pratica, il principio universale non risulta confermato dall'effettivo comportamento degli esseri umani. Spiega perché.

INTERPRETARE E APPROFONDIRE

5 Nella sua argomentazione, Dante usa la figura retorica dell'allegoria. Spiega il significato del termine «convivio» nel senso metaforico che Dante gli attribuisce.

6 A chi dice Dante di indirizzare il *Convivio*?

- a a coloro che per vari motivi sono stati tenuti lontani dal «pane de li angeli»
- b a Cangrande della Scala
- c ai dotti del suo tempo che condividono l'amore per la filosofia
- d ai posteri

7 Quali "vivande" serve Dante?

- a le opere filosofiche latine
- b le poesie degli stilnovisti
- c la Bibbia
- d le sue canzoni

8 Che ruolo assume Dante nel "banchetto"?

S2 INFORMAZIONI E APPROFONDIMENTI

L'esilio nel *Convivio* e nel *De vulgari eloquentia*

Dante parla del proprio esilio in diversi canti della Commedia *(cfr. soprattutto* **T20**, *p. 222), ma se ne trovano accenni anche nelle opere precedenti. Riportiamo qui un brano del* Convivio *e uno del* De vulgari eloquentia *in cui il poeta descrive la propria vita dopo la cacciata da Firenze.*

Poi che fu piacere de li cittadini[1] de la bellissima e famosissima figlia di Roma,[2] Fiorenza, di gittarmi fuori del suo dolce seno – nel quale nato e nutrito fui in fino al colmo de la vita mia,[3] e nel quale, con buona pace di quella, desidero con tutto lo cuore di riposare l'animo stancato e terminare lo tempo che m'è dato –, per le parti quasi tutte a le quali questa lingua[4] si stende, peregrino, quasi mendicando, sono andato, mostrando contra mia voglia la piaga de la fortuna,[5] che suole ingiustamente al piagato molte volte essere imputata. Veramente io sono stato legno[6] sanza vela e sanza governo, portato a diversi porti e foci e liti[7] dal vento secco che vapora[8] la dolorosa povertade; e sono apparito a li occhi a molti che forseché per alcuna fama in altra

Domenico Petarlini, *Dante in esilio*, 1860 ca. Firenze, Galleria d'Arte Moderna.

1. **fu piacere de li cittadini:** *i cittadini vollero.*
2. **figlia di Roma:** le origini di Firenze venivano fatte risalire all'epoca romana.
3. **al colmo de la vita mia:** Dante collocava il punto culminante dell'arco di una vita umana tra i trenta e i quarant'anni.
4. **questa lingua:** il volgare italiano, la lingua usata nel *Convivio*.
5. **piaga de la fortuna:** la ferita inflittami dal destino.
6. **legno:** *nave.*
7. **liti:** *lidi, coste.*
8. **vapora:** *soffia.*

forma m'aveano imaginato,[9] nel conspetto de' quali non solamente mia persona invilio,[10] ma di minor pregio si fece ogni opera, sì già fatta, come quella che fosse a fare.

D. Alighieri, *Convivio*, I, III in *Tutte le opere*, a cura di L. Blasucci, Sansoni, Firenze 1965.

Chiunque ragiona in modo così distorto da credere che il luogo della sua nascita sia il più delizioso che esiste sotto il sole, costui, più di ogni altra lingua, apprezza il proprio volgare, cioè la propria lingua materna; per conseguenza crede che quello stesso volgare sia stato quello di Adamo. Quanto a me, la mia patria è il mondo, come per i pesci il mare; ho bevuto l'acqua dell'Arno prima di mettere i denti, amo Firenze a tal punto da patire ingiustamente l'esilio proprio perché l'ho amata: e tuttavia, nonostante ciò, appoggerò la bilancia del mio giudizio alla ragione piuttosto che al sentimento. Per il mio piacere e per l'appagamento dei miei sensi non esiste sulla terra luogo più bello di Firenze. Tuttavia a leggere e rileggere i volumi dei poeti e degli altri scrittori nei quali è descritto il mondo nell'insieme e nelle sue parti, ed a riflettere in me stesso sulle varie posizioni delle località del mondo e sulla disposizione loro rispetto ai due poli ed al circolo dell'equatore, ho tratto questa ferma convinzione: esistono molte regioni e città più utili e più gradevoli della Toscana e di Firenze, di cui sono nativo e cittadino; ci sono svariati popoli e genti che hanno una lingua più bella e più utile di quella degli Italiani.

D. Alighieri, *De vulgari eloquentia*, I, VI trad. dal latino di C. Marazzini e C. Del Popolo, Mondadori, Milano 1990.

9. **sono apparito...imaginato:** *mi sono mostrato* (**sono apparito**) *agli occhi di molti che forse* (**forseché**) *per la mia fama mi avevano immaginato con un aspetto diverso* (**in altra forma**).
10. **invilio:** *si svilì*, apparve inferiore (rispetto alla sua fama).

per fare il punto | autoverifica delle conoscenze

Verifica la correttezza delle tue risposte sulla base dei paragrafi 1-6.

1 Osserva la riproduzione del dipinto di Domenico di Michelino, *La Divina Commedia di Dante Alighieri* (1465), Firenze, Santa Maria del Fiore. Quali periodi della vita di Dante e quali opere riesci a rintracciare nel dipinto? Fai un elenco degli elementi individuati e commentane brevemente la raffigurazione.

2 Completa il testo scegliendo le opzioni corrette.

Di Dante non sappiamo molto, al di fuori di quello che si deduce dalle sue opere o ci è stato tramandato dai suoi primi biografi. Sappiamo che è nato a ***Firenze/Pisa***, nel 1260-1265, che si è sposato con ***Bice Portinari/Gemma Donati*** e che ha stretto amicizia con i poeti della Scuola ***siciliana/stilnovista***. Nella sua opera ***Vita di se stesso/Vita nuova*** Dante ha tracciato una autobiografia ideale ***del periodo giovanile/della maturità***. Impegnato nella vita civile della propria città, ha ricoperto alcune importanti cariche pubbliche avvicinandosi al partito dei ***Guelfi neri/Guelfi bianchi*** e contrastando duramente le intromissioni politiche di papa ***Celestino V/Bonifacio VIII***. Cacciato in esilio, Dante inizia una peregrinazione per ***l'Italia/l'Europa***, dove viene ospitato in diverse corti signorili, tra cui quella di Cangrande della Scala, suo grande estimatore, a ***Verona/Padova***. Molto stimato per la sua dignità ed altezza intellettuale, muore a ***Ravenna/Venezia***, di ritorno da un'ambasceria nel ***1321-1333***.

3 Completa la tabella con le espressioni riportate in calce. Attento agli intrusi e alle voci che possono essere utilizzate più volte.

De vulgari eloquentia	*Convivio*	*De Monarchia*
....	....	....
....	....	....
....	....	....
....	....	....

l'opera fu dichiarata eretica – trattato in latino – trattato in volgare – è composto di tre libri – affronta questioni linguistiche intende diffondere il sapere teologico, scientifico e filosofico – alterna canzoni a parti di commento in prosa – distingue il potere spirituale e quello temporale – descrive la canzone come forma lirica più elevata – è un'opera incompiuta – è un poema – l'opera è stata composta in esilio – l'opera è stata composta a Firenze

4 **Argomentare una tesi**

> ***L'esilio costituisce per Dante una catastrofe sul piano individuale e politico, ma anche l'occasione per uscire dal municipalismo fiorentino e aprirsi verso un orizzonte universale.***

Argomenta questa tesi sulla base delle informazioni che rintracci nei paragrafi 4 (*L'esperienza politica*), 5 (*L'esilio* e il *De Monarchia*) e, eventualmente, dagli appunti e spunti che hai tratto dalla videolezione *Dante: dalla catastrofe al riscatto*, in particolare i segmenti *L'esilio, una catastrofe privata e un privilegio conoscitivo, Contro i limiti del particolarismo culturale, Verso l'universalismo: un invito all'unità del genere umano.*

grandi libri

La *Commedia*

l'incipit

La *Commedia* in breve

PERCORSI NELL'OPERA

PERCORSO 1

Dalla selva all'Empireo: il viaggio

La *Commedia* è un grande poema narrativo, strutturato quale racconto di un **viaggio**. Nel primo percorso (Dalla selva all'Empireo: il viaggio) proponiamo la lettura dei momenti fondamentali di questo itinerario. Prenderemo così dimestichezza con la **struttura del cosmo dantesco**, e in particolare con la geografia dei tre regni ultraterreni. Vedremo come lo spazio, il tempo, i personaggi e ogni elemento del poema si presentino, contemporaneamente, come massicciamente realistici ma anche dotati di un secondo significato allegorico; la **lettura figurale** (cfr. **S5**, p. 161) ci offrirà la chiave interpretativa per comprendere questa fusione di **realismo e allegoria**.

PERCORSO 2

L'amore che salva (Beatrice) e l'amore che condanna (Francesca)

Nel secondo e nel terzo percorso metteremo a fuoco due temi ricorrenti nel poema, che corrispondono alle due passioni che dominano la vita di Dante: l'**amore** e la **politica**. L'**amore**, che è indissolubile dalla poesia nella *Vita nuova* e diventa allegoria di una passione intellettuale nel *Convivio*, nella *Commedia* pervade e dà vita all'intero universo perché è l'essenza di Dio. Dante aveva già spiegato nella *Vita nuova* che Beatrice era stata per lui segno e guida di questo amore: ma nella *Commedia* la donna amata, pur mantenendo questa funzione, riappare trasformata. La **nuova Beatrice** è un personaggio attivo, che entra in relazione con Dante per esigere un rapporto nuovo, che diventi il motore di un'idea di letteratura completamente diversa da quella della tradizione letteraria cortese o stilnovistica.

PERCORSO 3

Tra rabbia e passione: la politica e il potere

Come l'amore, anche le idee politiche di Dante si trasfigurano **da fenomeno terreno a realtà metafisica**: l'affresco della violenza e delle ingiustizie che dominano il mondo umano è contrapposto all'**utopia** di un **Impero** voluto da Dio, pacifico e giusto. Per il cittadino Dante, la cui vita viene spezzata a metà dall'esilio, la scrittura della *Commedia* serve anche a ripensare il senso della propria esperienza passata, sia intellettuale che politica.

La *Commedia* dopo Dante

Dante nel terzo millennio

Leggere Dante in pubblico, da Carmelo Bene a Roberto Benigni

l'incipit

Nel mezzo del cammin di nostra vita
mi ritrovai per una selva oscura
ché la diritta via era smarrita.
Ahi quanto a dir qual era è cosa dura
esta selva selvaggia e aspra e forte
che nel pensier rinova la paura!
Tant'è amara che poco è più morte;
ma per trattar del ben ch'i' vi trovai,
dirò de l'altre cose ch'i' v'ho scorte.

D. Alighieri, *La Commedia secondo l'antica vulgata*, a cura di G. Petrocchi, Mondadori, Milano 1966-67.

1-9 *A metà del percorso della vita umana* (**cammin di nostra vita**)*, mi sono ritrovato in una foresta oscura, poiché* (**ché**) *avevo perso la giusta strada. Ah, com'è difficile* (**quanto è cosa dura**) *descrivere* (**dir qual era**) *questa foresta selvaggia, e intricata* (**aspra**)*, e difficile [da attraversare]* (**forte**)*, che solo a pensarci fa tornare* (**rinova**) *la paura! È così terribile* (**amara**) *che la morte lo è poco di più; ma, per parlare del bene che vi ho trovato, dirò delle altre cose che vi ho viste.*

mezzo del cammin di nostra vita: in una delle sue opere minori, il *Convivio*, Dante spiega che la durata media di un'esistenza umana è di settant'anni. Il protagonista della *Commedia* ha dunque trentacinque anni.

l'*incipit* e l'opera

Chi parla?

A chi appartiene la voce che sta parlando? Chi è il personaggio che si è perduto in questa foresta terribile, che suscita un terrore di poco inferiore a quello della morte? Ancora non lo sappiamo: apprenderemo solo in seguito ulteriori dettagli, che ci consentiranno di dare un volto più definito a questa figura. Si tratta di un modo inusuale, per il Medioevo, di dare inizio a un'opera letteraria: di solito l'autore si presenta con il proprio nome, la propria condizione sociale, i motivi per cui ha deciso di scrivere quel testo. Infatti, se dobbiamo trarre dalla lettura un insegnamento di natura morale, dobbiamo sapere chi ci parla per potergli credere. Anche Dante si propone un obiettivo morale: afferma che rievocherà quei momenti terribili per «trattar del ben», cioè per spiegare la via per ottenere la salvezza; sceglie però una strategia diversa per coinvolgere il lettore nella vicenda narrata.

"Io" e "noi"

Rileggiamo i primi due versi del poema: nella stessa frase troviamo accostati l'aggettivo possessivo di prima persona plurale e il pronome personale di prima persona singolare: perché? Perché Dante non ha scritto "a metà del *mio* percorso di vita"? Non l'ha fatto innanzitutto perché non avrebbe potuto: nessuno di noi può sapere se siamo all'inizio, a metà o alla fine degli anni che ci toccherà vivere, perché nessuno conosce il giorno della propria morte. Quello che qui si intende è la durata media, tipica, della vita umana: «nostra vita» indica perciò il destino comune a tutti gli uomini. L'accostamento di prima persona singolare e di prima persona plurale serve ad avvertirci che l'esperienza che sta per essere narrata, benché riferita alle vicende di un singolo "io", ha un significato che vale per tutti.

Il "cammino" della vita umana

Qual è questo significato? Per Dante e per il suo mondo, così come per molti uomini di epoche e culture passate e presenti, la morte è un momento di passaggio che introduce quel che resta di noi (l'anima e, secondo la dottrina cattolica, anche il corpo, ma solo dopo il Giudizio Universale) in una dimensione destinata a durare per sempre. La qualità di questa vita futura, cioè l'eterna sofferenza o l'eterna felicità, dipende dalle scelte compiute prima della morte. Al di là di ogni variabile storica, individuale, geografica, culturale, tutte le vite umane condividono questo medesimo percorso: vita terrena, morte, vita eterna. Il lettore è chiamato a identificarsi con il protagonista in nome di questa sorte comune.

Individuale e universale

L'"io" dei primi versi del poema favorisce questa identificazione, perché è ancora privo di caratteri individuali. Nel corso del poema, però, questo personaggio assume i tratti di un individuo particolare: Dante Alighieri, cittadino di Firenze rinomato in gioventù per la sua attività poetica e poi uomo politico di rilievo. Benché il senso del viaggio debba valere per tutti noi, il protagonista è caratterizzato da una biografia, da una psicologia e da una provenienza storico-geografica, e come lui tutti gli altri personaggi. Addirittura gli spazi della *Commedia* hanno un significato allegorico, ma sono anche descritti con un realismo sorprendente in un'opera medievale.

Realismo e ricostruzione intellettuale

Il realismo dell'opera – visibile già nella descrizione della selva in questi versi iniziali – distingue la *Commedia* dall'astrazione della *Vita nuova*, valorizzando la concretezza dell'esperienza umana e della storia. È tramontato il simbolismo che nell'opera giovanile collocava dati e fenomeni, immediatamente, dentro un significato universale; e ora le cose devono essere interpretate nella loro complessità per mezzo di una mediazione razionale, con una vera e propria ricostruzione intellettuale. La *Commedia* è il racconto realistico di un viaggio straordinario, che comincia già in questi primi versi, ed è la decifrazione del suo significato per l'individuo che lo compie e per l'umanità che questi rappresenta.

La concezione figurale

Il modello del quale Dante si serve per decifrare la realtà è quello della concezione figurale, che vede nelle cose terrene e storiche una figura – cioè una prefigurazione o anticipazione – di quelle eterne e trascendenti. Per esempio, l'illuminazione religiosa offerta a Dante da Beatrice quando la donna era in vita ha anticipato – prefigurato – la guida che ella gli offrirà nell'oltretomba, conducendolo fino a Dio. Tutto ciò che sulla Terra è figura, nell'aldilà si mostra dunque rivelato (o adempiuto); e per questa ragione descrivere il mondo dei morti, come fa Dante nel poema, vuol dire ricostruire il significato ultimo della vita sulla Terra e della storia umana.

L'allegoria

Il fatto che le cose del mondo terreno siano figura (anticipazioni) della realtà eterna dell'aldilà non ne annulla la verità in se stesse e l'importanza. È vera la storia umana ed è vero il suo disvelamento ultimo; è vera la realtà terrena ed è vera la sua interpretazione religiosa secondo la prospettiva cristiana. Proprio come è vero l'universo materiale creato da Dio, ed è vera la Bibbia attraverso la quale Dio ha parlato agli uomini. Il legame esistente fra questi due ordini di verità è dato dall'allegoria (letteralmente 'parlare d'altro'). Per mezzo dell'allegoria il racconto concreto e realistico di un evento esprime anche un significato religioso e trascendente; ma quest'ultimo non elimina la legittimità o la verità del primo: piuttosto ne illumina una profondità ulteriore di senso. Dante smarrito in una selva è un uomo in difficoltà nella concreta strada del mondo; ed è, in nome della allegoria, un peccatore smarrito da un punto di vista morale. Al lettore del poema Dante chiede di leggere sempre entrambi i piani del discorso, senza sacrificare quello che rimanda realisticamente alla realtà terrena delle esistenze umane e della storia, ma d'altra parte senza rinunciare a vedere il piano più alto e profondo del rimando al significato morale e religioso.

Dante autore e Dante personaggio

La narrazione in prima persona fa sì che al personaggio smarrito nella selva – da poco uscito di giovinezza, spaventato e ingenuo – si accompagni sempre un altro personaggio, ben più maturo: l'"io" che racconta, l'"io" della voce narrante. Insomma, i "Dante" del poema sono due, come vediamo già in queste prime terzine: c'è il Dante cui si riferisce il passato del v. 8 («ch'i' vi trovai») e quello che annuncia le proprie intenzioni nel v. 9 («ch'i' v'ho scorte»); il Dante che vive e quello che ricorda. Queste profezie mettono in luce il senso che la vita di Dante ha assunto dopo la sconfitta politica e l'esilio da Firenze. Dante gioca sulla differenza temporale fra il momento in cui è immaginato il viaggio di Dante personaggio (il 1300) e il momento, sempre successivo, della scrittura; e fa rivelare talvolta a Dante personaggio qualche particolare della sua vita futura dai defunti che incontra.

L'impresa straordinaria

È addirittura San Pietro, in Paradiso, a spiegare questo significato, sotto forma di investitura poetica: Dante dovrà raccontare a tutti ciò che ha visto. È un compito terribile, ma anche tremendamente ambizioso: raccontando la condizione delle anime dopo la morte, i premi e le punizioni, gli incontri con personaggi storici o contemporanei, Dante si erge a giudice di tutta la realtà.

Il padre della lingua italiana

Come portare a termine questo compito? Con quali strumenti? Dante è impegnato in un'ardua battaglia contro i limiti del linguaggio umano: «Ahi, quanto a dir qual era è cosa dura / esta selva selvaggia [...]». Questi versi annunciano quanto straordinaria sia l'impresa poetica cui quest'uomo si sta accingendo. Per portarla a termine Dante non solo inventa una nuova struttura metrica – la terzina, appunto, "dantesca" – ma addirittura si costruisce una lingua nuova: la nostra, l'italiano che in buona parte parliamo e scriviamo ancora oggi.

La *Commedia* in breve

Composizione e titolo del poema Le date di stesura delle singole cantiche non ci sono note con certezza: si pensa che l'*Inferno* sia stato cominciato nel **1304 o 1306**, e terminato intorno al 1309-10; il *Purgatorio* fu forse scritto tra il 1308 e il 1315, e il *Paradiso* tra il 1316 e la morte di Dante, nel **1321**. Alla corte di Cangrande della Scala, probabilmente nel 1314 e nel 1315, vengono divulgate le prime due cantiche della *Commedia*, *Inferno* e *Purgatorio*; il *Paradiso*, terminato a Ravenna poco prima della morte, nel 1316, quando è ancora solo parzialmente steso, viene dedicato a Cangrande.

Il titolo con cui il poema è noto, *Divina Commedia*, risale a un'edizione del 1555 (anche se l'aggettivo era già stato usato da Boccaccio); Dante parla invece, nella lettera che dedica il *Paradiso* a Cangrande della Scala, di ***Commedia***, dandone due motivazioni derivate dalla teoria medievale dei generi (benché in realtà il poema non si possa inquadrare in nessuno dei generi conosciuti). La prima motivazione riguarda la trama narrativa, che da un inizio spaventoso approda a un lieto fine; la seconda riguarda lo stile, che Dante definisce umile perché la lingua usata è il volgare, parlata anche dalle «donnette» (puoi leggere il testo della lettera nelle ***espansioni digitali*** **T**).

La struttura e il numero tre Dante descrive ognuno dei tre "regni" dell'aldilà in una "**cantica**", ovvero in una delle partizioni maggiori del suo poema: *Inferno*, *Purgatorio*, *Paradiso*. Ogni cantica è a sua volta suddivisa in unità narrative minori di lunghezza variabile, i "**canti**". *Purgatorio* e *Paradiso* ne contano ciascuno 33, mentre l'*Inferno* ne ha 34. L'asimmetria è solo apparente: il primo canto dell'*Inferno* funge infatti da introduzione all'intero poema, che risulta così suddiviso in **1 + 33 + 33 + 33 canti**. Il numero totale dei canti, 100, rimanda alla totalità e perfezione di Dio, mentre il numero 3, che ricorre anche nella struttura metrica delle terzine, evoca la Trinità divina.

Il metro: la terzina incatenata La struttura metrica della *Commedia* non ha precedenti diretti (anche se gli studiosi hanno individuato alcuni schemi metrici che potrebbero aver agito come suggestioni). Dante inventa il metro per il suo poema, la terzina incatenata (detta anche, appunto, "dantesca", o "terza rima"): le terzine sono strofe di tre versi endecasillabi, legate tra loro da una rima incatenata. Lo schema di rime è ABA BCB CDC ecc.: il primo e il terzo verso di ogni terzina rimano tra loro (**A**B**A** **B**C**B** **C**D**C**) e con il secondo verso della terzina precedente (A**B**A B**C**B CDC). L'effetto è quello di un continuo "rilancio" della narrazione, che sembra trascinata in avanti dalla rima centrale, che "chiama" la terzina seguente.

La trama Il poema narra il viaggio nell'aldilà compiuto da un personaggio autobiografico nell'aprile 1300. Dante viene inviato a visitare l'Inferno e il Purgatorio guidato dal poeta latino Virgilio, e il Paradiso guidato dalla donna amata in gioventù, Beatrice, affinché possa salvare la propria anima e contribuire alla salvezza di tutta l'umanità raccontando i suoi incontri con i dannati, i purganti e i beati.

Il tempo Dalle indicazioni interne al poema possiamo dedurre che il viaggio di Dante comincia nella **Settimana Santa** (aprile) del **1300**, anno consacrato da papa Bonifacio VIII al primo **Giubileo**, l'Anno Santo in cui è concesso il perdono di tutti i peccati. Il tempo ciclico della liturgia (la ricorrenza annuale della Settimana Santa) e quello lineare della storia (il primo Giubileo) individuano entrambi un momento di rinascita, redenzione e rinnovamento spirituale.

I luoghi Nel suo viaggio Dante attraversa la **voragine dell'Inferno**, un **imbuto** creato dalla caduta di Lucifero sulla Terra, quando la sua ribellione a Dio fu sconfitta. Nei nove cerchi dell'Inferno sono punite le diverse categorie di peccati, secondo la regola del **contrappasso**, in base alla quale la pena corrisponde al peccato commesso, per analogia o per contrasto (cfr. **S6**, p. 162). Alla fine dell'*Inferno* Dante approda sull'unica terra emersa dell'emisfero australe, la **montagna del Purgatorio**, formata dalla terra che si era ritratta dal centro del globo al precipitare di Lucifero. La montagna è suddivisa in sette cornici dove le anime si purificano dei sette peccati capitali. Sulla cima del monte, cioè nel punto della Terra più vicino ai cieli e quindi più perfetto, si trova l'Eden, il Paradiso Terrestre, il giardino che Dio aveva creato perché l'uomo vi fosse eternamente felice. Una volta purgate dai loro peccati, le anime accedono al Paradiso e dimorano nell'**Empireo**, un non-luogo posto al di fuori dello spazio materiale, in cui i beati godono della visione di Dio. Dante approda all'Empireo negli ultimi canti del *Paradiso*, dopo aver attraversato i **nove cieli** che circondano la Terra (cfr. **S3**).

La lingua Gli storici della lingua italiana hanno calcolato che intorno al 1300 gli scritti in volgare comprendevano un lessico di circa 10-15000 vocaboli. La *Commedia* quasi raddoppia questa estensione lessicale, poiché il poema annovera circa 28000 termini: per questo si dice che Dante è il "padre" della nostra lingua. Non si tratta soltanto di una questione di numeri: Dante ha "creato" la nostra lingua non solo perché ha codificato e perfino "inventato" nuovi vocaboli, ma soprattutto perché ha conferito al volgare italiano una complessità e una vastità che nessuna lingua romanza aveva raggiunto fino ad allora. Dante si costruisce infatti una lingua capace di abbracciare tutte le realtà della vita del suo tempo, dalle più basse alle più sublimi.

Lo stile Anche lo stile mostra una ricchezza e un'apertura straordinaria (pluristilismo), andando dal "parlato" più plebeo alle sublimi dimostrazioni teologiche. Nel passaggio da una cantica all'altra, lo stile si innalza via via, di pari passo al progressivo elevarsi dei temi trattati.

espansioni digitali

S INFORMAZIONI E APPROFONDIMENTI
La *Commedia* canto per canto

T Il significato della *Commedia* secondo Dante [*Epistola a Cangrande*]

S3 INFORMAZIONI E APPROFONDIMENTI

L'universo di Dante

I cieli

L'ordine del cosmo dantesco si rifà alla teoria geocentrica elaborata da Aristotele e accettata dai teologi cristiani. L'universo è diviso tra una zona formata da quattro elementi di materia corruttibile (il globo composto di acqua e terra e le due sfere che lo circondano: quella dell'aria e quella del fuoco) e i nove cieli, formati da materia incorruttibile (l'etere). Ogni cielo è formato da una sfera, ogni sfera è contenuta in un'altra, tutte ruotano intorno alla Terra (che è quindi il centro dell'universo); una gerarchia angelica presiede il movimento di ciascun cielo. All'interno dei primi sette ruota un pianeta (Luna, Mercurio, Sole, Venere, Marte, Giove, Saturno); l'ottavo è il cielo delle stelle fisse; il nono è il cielo cristallino, o Primo Mobile (il cielo cioè che con il suo movimento dà origine a quello di tutti gli altri). Al di fuori dei nove cieli sta l'Empireo, l'immobile sede di Dio, che si estende eternamente e infinitamente al di là dell'universo.

La Terra

Solo un emisfero della Terra è abitato. L'emisfero boreale è ricoperto dalle terre conosciute da Dante (dall'India allo stretto di Gibilterra, dall'Europa settentrionale alla costa mediterranea dell'Africa). L'emisfero australe è invece completamente occupato dall'oceano e dalla montagna del Purgatorio.

L'Inferno

Poco distante dalla città di Gerusalemme si apre la voragine dell'Inferno: un imbuto creato dalla caduta di Lucifero sulla Terra, quando la sua ribellione contro Dio fu sconfitta. Lucifero è conficcato al centro del nostro pianeta, ed emerge con il busto da un lago ghiacciato. Lungo le sue gambe si apre una galleria (la «natural burella») che conduce in superficie, sulla spiaggia che circonda la montagna del Purgatorio.

Il Purgatorio

Quando Lucifero cadde dal cielo, la materia si ritrasse disgustata da lui: al centro della Terra si aprì così il vuoto dell'Inferno, e tutta la terra che vi si trovava si spostò nell'altro emisfero a formare la montagna del Purgatorio. Sulla cima del monte, cioè nel punto della Terra più vicino ai cieli e quindi più perfetto, si trova l'Eden, il Paradiso Terrestre, il giardino che Dio aveva creato per l'uomo.

per studiare

1 **Scegli l'opzione corretta.**

La *Divina Commedia* è stata composta

- a tra il 1290 e il 1321
- b "di getto" negli anni 1320-1321
- c tra il 1304 e il 1321
- d dopo il 1321

2 **Il titolo dell'opera allude**

- a al fine di puro divertimento
- b al fatto che la vicenda ha un inizio tragico ma si conclude con un lieto fine
- c alla presenza di un linguaggio sciatto e sguaiato
- d alla presenza della lingua volgare, comprensibile anche alle persone comuni

3 **La *Divina Commedia* è**

- a un'opera di poesia scritta in endecasillabi sciolti
- b un'opera di poesia scritta in terzine di endecasillabi a rima incatenata
- c un prosimetro, cioè un'opera in cui si alternano prosa e poesia
- d una narrazione in versi liberi

4 **Integra correttamente il testo scegliendo tra le opzioni riportate in calce in modo disordinato. Attenzione agli intrusi!**

La *Divina Commedia* è un poema composto di .... cantiche di .... canti ciascuna, tranne l'*Inferno* che ne ha .... Il totale di .... canti rimanda alla perfezione e totalità divina. Il metro usato da Dante è .... La trama racconta di un viaggio nell'aldilà, dove il protagonista, che è un personaggio ...., viene accompagnato dal poeta latino .... e poi dalla donna amata in gioventù, cioè .... attraverso prima .... dell'Inferno e .... del Purgatorio, quindi nel .... affinché possa salvare la propria anima e contribuire alla salvezza della umanità raccontando quello che ha imparato dagli incontri con ....

Beatrice – 10 – 100 – 33 – 3 – 30 – 29 – 31 – 34 – l'endecasillabo sciolto – la quartina – Virgilio – Stazio – inventato – autobiografico – la montagna – la voragine – il lago – i dannati – le anime – la terzina incatenata – Paradiso

5 **Completa la tabella inserendo brevi didascalie.**

	Inferno	*Purgatorio*	*Paradiso*
Il regno è costituito da...	....	....	....
Vi si trovano le anime dei...	....	....	....
Dante vi è accompagnato da...	....	....	....

6 Scegli l'opzione corretta. La voce che parla nell'*incipit* del poema appartiene a
- a Virgilio
- b San Pietro
- c Beatrice
- d Dante

7 Chi parla nell'*incipit* dichiara subito che lo scopo della narrazione è
- a ottenere gloria poetica
- b impartire un insegnamento di natura morale
- c divertire il pubblico dei lettori
- d rielaborare il proprio dolore esistenziale attraverso la scrittura

8 «Nel mezzo del cammin di nostra vita» è un verso che tutti conoscono. Ma che cosa significa veramente?
- a a metà del percorso della vita umana
- b durante la mia vita
- c a metà della mia vita individuale
- d a metà della mia carriera di scrittore

9 Nell'*incipit* risulta già chiaro che c'è un Dante personaggio e un Dante autore. Considera la terzina seguente

Ahi quanto a dir qual era è cosa dura
esta selva selvaggia e aspra e forte
che nel pensier rinova la paura!

A pronunciare questa esclamazione è
- a Dante personaggio
- b Dante autore

10 Rileggi bene il v. 7: «esta selva selvaggia e aspra e forte». Quale figura di suono vi ritrovi? Che funzione espressiva ha nei confronti del duplice ruolo di Dante scrittore e personaggio?

11 Vero o falso?
- A l'*incipit* della *Commedia* è conforme ai canoni medievali che prevedono che l'autore si presenti direttamente al lettore V F
- B il lettore della *Commedia* è chiamato a identificarsi con l'esperienza esistenziale di Dante V F
- C nel poema Dante si limita a raccontare le proprie vicende senza esprimere alcun giudizio sulla realtà e sulle scelte degli uomini V F
- D insieme alle figure di personaggio e di autore, coesiste in Dante anche quella di giudice della realtà passata al vaglio della vita eterna V F
- E la *Commedia* è la prima opera in volgare della letteratura italiana V F
- F per scrivere la sua *Commedia*, Dante costruisce una lingua nuova e una nuova struttura metrica V F

12 Nella concezione di Dante, dire che la «nostra» vita è un «cammino»
- a è una metafora qualsiasi per indicare la durata della vita umana
- b significa che la vita umana ha un inizio e una meta da raggiungere
- c indica la difficoltà dell'opera che Dante sta per intraprendere
- d significa che la vita è un'avventura imprevedibile e casuale

13 La differenza temporale tra il periodo in cui si svolge il viaggio di Dante personaggio e il momento della scrittura comporta alcune fondamentali conseguenze sul piano narrativo. Qui sotto ne trovi elencate due: quali?
- a le anime dei defunti conoscono avvenimenti storici che Dante personaggio non conosce
- b le anime dei defunti conoscono avvenimenti della vita futura di Dante ancora ignoti a Dante personaggio
- c Dante autore può inventarsi liberamente gli avvenimenti posteriori al 1300
- d personaggi che Dante incontra risultano ignoti ai lettori della *Commedia*

Dalla selva all'Empireo: il viaggio

Le tappe di questo percorso

Questo percorso ci consentirà di acquisire gli strumenti necessari per accedere alla complessità del poema: l'interpretazione figurale (**S5**, p. 161; ***espansioni digitali* S** E. Auerbach, ***L'interpretazione figurale di Catone***), la forma dei tre regni dell'oltretomba, il significato del viaggio (***espansioni digitali* T *I dubbi di Dante***; **T13**, p. 167).

In questa architettura unitaria possiamo scorgere le tracce di uno sviluppo del tempo: l'arco di scrittura delle tre cantiche copre più di un quindicennio, perciò lo stile si adegua alla diversa materia ed evolve in relazione all'accresciuta maestria del poeta. Per comprendere la coerenza e l'organicità della *Commedia* analizzeremo i parallelismi e i rimandi che legano gli *incipit* delle tre cantiche (**T12**, p. 154, ***espansioni digitali* T *I dubbi di Dante***, **T14**, p. 174 e **T15**, p. 182).

TESTI — ***espansioni digitali***

T12

Il proemio

Inferno, I

concetti-chiave
- realismo e allegoria
- Dante e Virgilio
- il viaggio nel regno dei morti

Il primo canto della Commedia *ci introduce senza mediazioni in una scena drammatica: un uomo passa una notte di terrore in una foresta, senza trovare un sentiero che lo porti in salvo. All'alba, la luce del sole gli mostra una via di scampo, ma tre animali feroci lo ricacciano verso la selva. L'uomo è disperato, perché intorno non c'è nessuno che lo possa aiutare: ma all'improvviso gli appare una figura, che si presenta come il poeta latino Virgilio (cfr.* **S4**, *p. 160**). Questi gli spiega che l'unico modo per uscirne vivo è passare per i regni dei morti: Inferno, Purgatorio e Paradiso (anche se in Paradiso Dante sarà guidato da Beatrice, perché Virgilio, in quanto pagano, non può accedervi).*

LINGUA: italiano **DATAZIONE:** 1304-1310 ca.

Nel mezzo del cammin di nostra vita
mi ritrovai per una selva oscura,
ché la diritta via era smarrita.

Ahi quanto a dir qual era è cosa dura
esta selva selvaggia e aspra e forte
che nel pensier rinova la paura!

Tant'è amara che poco è più morte;
ma per trattar del ben ch'i' vi trovai,
dirò de l'altre cose ch'i' v'ho scorte.

Io non so ben ridir com'i' v'intrai,
tant'era pien di sonno a quel punto
che la verace via abbandonai.

Ma poi ch'i' fui al piè d'un colle giunto,
là dove terminava quella valle
che m'avea di paura il cor compunto,

guardai in alto e vidi le sue spalle
vestite già de' raggi del pianeta
che mena dritto altrui per ogne calle.

Allor fu la paura un poco queta,
che nel lago del cor m'era durata
la notte ch'i' passai con tanta pièta.

E come quei che con lena affannata,
uscito fuor del pelago a la riva,
si volge a l'acqua perigliosa e guata,

così l'animo mio, ch'ancor fuggiva,
si volse a retro a rimirar lo passo
che non lasciò già mai persona viva.

Poi ch'èi posato un poco il corpo lasso,

METRO: terzine incatenate con rima ABA BCB CDC DED ecc.

1-9 *A metà del percorso della vita umana* (**cammin di nostra vita**)*, mi sono ritrovato in una foresta oscura, poiché* (**ché**) *avevo perso la giusta strada. Ah, com'è difficile* (**quanto...è cosa dura**) *descrivere* (**dir qual era**) *questa foresta selvaggia, e intricata* (**aspra**)*, e difficile* [*da attraversare*] (**forte**)*, che solo a pensarci fa tornare* (**rinova**) *la paura! È così terribile* (**amara**) *che la morte lo è poco di più; ma, per parlare del bene che vi ho trovato, dirò delle altre cose che vi ho viste.*

mezzo del cammin di nostra vita: in una delle sue opere minori, il *Convivio*, Dante spiega che la durata media di un'esistenza umana è di settant'anni. Il protagonista della *Commedia* ha dunque trentacinque anni.

10-21 *Io non so più dire come fossi entrato nella selva* (**v'** *= 'vi'*)*, tant'ero offuscato dal sonno nel momento* (**a quel punto**) *in cui* (**che**) *abbandonai la vera* (**verace**) *via. Ma dopo che* (**poi ch'i'**) *fui giunto ai piedi di un colle, là dove terminava quella valle che mi aveva trafitto* (**compunto**) *di paura il cuore, guardai in alto, e vidi le sue pendici* (**spalle**) *già ricoperte* (**vestite**) *dai raggi dell'astro* (**pianeta**) *che per ogni sentiero* (**per ogne calle**) *guida l'uomo* (**mena...altrui**) *nella giusta direzione* (**dritto**)*; allora la paura, che aveva dimorato* (**era durata**) *nel profondo del mio cuore* (**lago del cor**) *durante la notte che passai con tanta angoscia* (**pièta**)*, si calmò un poco* (**fu...queta**)*.*

Nel primo canto ogni elemento ha un valore allegorico. La **selva oscura** e impraticabile è il luogo in cui si perdono le tracce della **diritta via** conforme alla volontà di Dio, che vuole il bene dell'uomo. L'origine di questo smarrimento è misteriosa, perché il protagonista non se ne ricorda; con questo accorgimento l'autore consente a ogni lettore di identificarsi nel suo personaggio, visto che a ciascuno di noi, per motivi diversi, può capitare di trovarsi nella stessa condizione, drammatica ma non irreversibile: al cominciare del nuovo giorno (l'alba è l'immagine di una possibile rinascita) si intravede un colle (la felicità terrena) illuminato dal sole, cioè dalla Grazia di Dio che mostra la via per salvarsi. L'opposizione alto/basso tra il **colle** e la **valle-selva** suggerisce che, per uscire dal buio e dall'angoscia, l'uomo deve elevarsi verso l'alto, verso la luce, quindi verso Dio. **pianeta**: nell'universo tolemaico il Sole non è una stella ma un pianeta che gira intorno alla Terra. **altrui**: pronome indefinito che significa 'chiunque', 'ognuno'. **lago del cor**: la cavità all'interno del cuore che contiene il sangue. **pièta**: 'angoscia, terrore' da non confondere con il significato del vocabolo moderno 'pietà', anche se entrambi derivano dallo stesso termine latino.

22-30 *Come chi* (**come quei**)*, con il respiro affannoso* (**lena affannata**)*, uscito dal mare* (**pelago**) *verso la riva, si volge all'acqua pericolosa e la guarda fisso* (**guata**)*, così il mio animo, che continuava a fuggire, si volse indietro* (**a retro**) *a riguardare* (**rimirar**) *il passaggio* (**lo passo**) *che non lasciò mai vivo nessuno. Dopo che ebbi* (**èi**)

ripresi via per la piaggia diserta,
sì che 'l piè fermo sempre era 'l più basso.
   Ed ecco, quasi al cominciar de l'erta,
una lonza leggera e presta molto,
che di pel macolato era coverta;
   e non mi si partia dinanzi al volto,
anzi 'mpediva tanto il mio cammino,
ch'i' fui per ritornar più volte vòlto.
   Temp'era dal principio del mattino,
e 'l sol montava 'n sù con quelle stelle
ch'eran con lui quando l'amor divino
   mosse di prima quelle cose belle;
sì ch'a bene sperar m'era cagione
di quella fiera a la gaetta pelle
   l'ora del tempo e la dolce stagione;
ma non sì che paura non mi desse
la vista che m'apparve d'un leone.
   Questi parea che contra me venisse
con la test'alta e con rabbiosa fame,
sì che parea che l'aere ne tremesse.
   Ed una lupa, che di tutte brame
sembiava carca ne la sua magrezza,
e molte genti fé già viver grame,
   questa mi porse tanto di gravezza
con la paura ch'uscia di sua vista,
ch'io perdei la speranza de l'altezza.
   E qual è quei che volontieri acquista,
e giugne 'l tempo che perder lo face,
che 'n tutt'i suoi pensier piange e s'attrista;
   tal mi fece la bestia sanza pace,
che, venendomi 'ncontro, a poco a poco
mi ripigneva là dove 'l sol tace.
   Mentre ch'i' rovinava in basso loco,
dinanzi a li occhi mi si fu offerto
chi per lungo silenzio parea fioco.
   Quando vidi costui nel gran diserto,

riposato un poco il [mio] corpo esausto (**lasso**)*, ripresi a camminare per la landa* (**piaggia**) *deserta, così che il piede di appoggio era sempre quello più in basso.*

Ai vv. 22-27 troviamo la prima similitudine del poema. Come tutte quelle che seguiranno, la sua funzione è "di servizio": serve, cioè, a rendere più efficace la descrizione di un gesto, di uno stato d'animo, di un'azione. Nonostante questo ruolo "secondario", le similitudini della *Commedia* sono caratterizzate da un grado di realismo e incisività che non è mai inferiore a quello della narrazione principale. **lo passo...viva**: il verso si può interpretare anche diversamente: 'il passaggio (**passo**) che mai (**già mai**) nessuno uomo vivo (**persona viva**) oltrepassò (**lasciò**)'. **sì che... basso**: quando si affronta una salita ci si appoggia sempre sul piede posto più in basso.

31-36 *Ed ecco, quasi all'inizio della salita* (**erta**)*, [mi apparve] una lonza, snella* (**leggera**) *e molto agile* (**presta**)*, che era ricoperta di un mantello maculato; e non mi si levava da davanti* (**non mi si partia dinanzi al volto**)*, anzi, ostacolava* (**'mpediva** = 'impediva') *tanto il mio cammino che più volte mi voltai* (**fui...vòlto**) *per tornare indietro.*

L'approdo alla salvezza su questa terra (la salita sul colle) viene impedito da tre belve feroci, una più pericolosa dell'altra. I tre animali rappresentano gli ostacoli che l'umanità incontra sul proprio cammino, e che conducono all'infelicità terrena così come alla dannazione eterna. L'interpretazione più diffusa del loro significato identifica nella lonza (una specie di pantera o leopardo), animale aggraziato e dall'aspetto gradevole, un simbolo della lussuria; nel leone la violenza o la superbia; nella lupa l'avidità di possesso.

37-48 *Era l'ora* (**Temp'era**) *all'inizio* (**dal principio**) *del mattino, e il sole si alzava* (**montava 'n sù**) *nel segno di quella costellazione* (**quelle stelle**) *che era con lui quando l'amore di Dio mise in moto per la prima volta* (**di prima**) *quelle cose belle* [: le stelle]*; così che l'ora del giorno e la dolce stagione mi davano motivo* (**cagione**) *di non temere molto* (**bene sperar**) *quella belva dalla* (**a la**) *pelle variopinta* (**gaetta**)*; ma non abbastanza che non mi terrorizzasse l'aspetto* (**vista**) *che mi apparve di un leone. Questi sembrava* (**parea**) *venire contro di me, a testa alta e con una fame rabbiosa, tanto che sembrava che l'aria tremasse di paura* (**ne** = 'di lui')*.*

Siamo nel mese di aprile: il sole sta sorgendo nella stessa costellazione in cui si trovava al momento della creazione del mondo che, secondo la tradizione, aveva avuto luogo in quel mese. **l'ora del tempo**: l'alba. **dolce stagione**: la primavera.

49-54 *E una lupa, che nella sua magrezza sembrava* (**sembiava**) *piena* (**carca** = 'carica') *di tutti i desideri* (**brame**)*, e già fece vivere infelici* (**grame**) *molti popoli* (**genti**)*, questa mi diede una tale angoscia* (**gravezza**)*, con la paura che mi incuteva il suo aspetto, che persi la speranza di [salire] in alto.*

La lupa rappresenta l'avidità, la smania insaziabile di possedere ricchezza e potere, ed è l'animale che arresta la salita di Dante. Secondo l'allegoria, perciò, l'avidità è il più grave degli istinti che fanno commettere il male; i suoi effetti, infatti, come suggerisce il v. 51, sono nefasti non solo per il singolo individuo ma per intere società (**molte genti**). **la paura...vista**: letteralmente: 'la paura che usciva (**uscia**) dal suo aspetto (**vista**)'. Dante concepisce l'esperienza in maniera diversa da noi: nella sua descrizione la paura non è un sentimento che nasce nell'interiorità, ma una realtà esterna che interviene sul soggetto, tanto da diventare soggetto agente: **porse... la paura**. Lo possiamo verificare anche a proposito della **gravezza**, che viene descritta come qualcosa che viene imposto all'animo, e della **vista**, se intendiamo quest'ultimo termine, invece che come 'aspetto', come 'atto del vedere' (il verso diventa allora: 'la paura che derivava dal vedere la lupa').

55-60 *Come* (**qual**) *colui* (**quei**) *che volentieri accumula ricchezze* (**acquista**)*, e giunge il momento che gli fa perdere [tutto], [così] che in ogni suo pensiero piange e si addolora* (**s'attrista**)*; così mi fece [diventare] la bestia che non ha mai tregua* (**sanza pace**)*, [lei] che, venendomi incontro, a poco a poco mi risospingeva là dove il sole non risplende* (**tace**)*.*

La seconda similitudine del poema è suggerita dal concetto di cui la lupa è allegoria: per l'uomo d'affari, il guadagno è la felicità. **dove 'l sol tace**: è una sinestesia. Questa figura retorica associa in una stessa espressione elementi che si riferiscono a realtà sensoriali diverse, in questo caso la vista (il buio) e l'udito (il silenzio).

61-66 *Mentre precipitavo rovinosamente* (**i' rovinava** = 'io rovinavo') *verso il basso, mi si offrì davanti agli occhi chi sembrava senza voce* (**fioco**) *per aver taciuto a lungo. Quando vidi costui in quella vasta landa desolata* (**gran diserto**)*, «Abbi*

«*Miserere di me*», gridai a lui,
«qual che tu sii, od ombra od omo certo!».
Rispuosemi: «Non omo, omo già fui,
e li parenti miei furon lombardi,
mantoani per patria ambedui.
Nacqui *sub Iulio*, ancor che fosse tardi,
e vissi a Roma sotto 'l buono Augusto
nel tempo de li dèi falsi e bugiardi.
Poeta fui, e cantai di quel giusto
figliuol d'Anchise che venne di Troia,
poi che 'l superbo Ilión fu combusto.
Ma tu perché ritorni a tanta noia?
perché non sali il dilettoso monte
ch'è principio e cagion di tutta gioia?».
«Or se' tu quel Virgilio e quella fonte
che spandi di parlar sì largo fiume?»,
rispuos'io lui con vergognosa fronte.
«O de li altri poeti onore e lume,
vagliami 'l lungo studio e 'l grande amore
che m'ha fatto cercar lo tuo volume.
Tu se' lo mio maestro e 'l mio autore;
tu se' solo colui da cu' io tolsi
lo bello stilo che m'ha fatto onore.
Vedi la bestia per cu' io mi volsi:
aiutami da lei, famoso saggio,
ch'ella mi fa tremar le vene e i polsi».
«A te convien tenere altro viaggio»,
rispuose, poi che lagrimar mi vide,
«se vuo' campar d'esto loco selvaggio:
ché questa bestia, per la qual tu gride,
non lascia altrui passar per la sua via,
ma tanto lo 'mpedisce che l'uccide;
e ha natura sì malvagia e ria,
che mai non empie la bramosa voglia,
e dopo 'l pasto ha più fame che pria.
Molti son li animali a cui s'ammoglia,

*pietà (**Miserere**) di me», gli gridai, «chiunque tu sia, un fantasma (**ombra**) o un uomo in carne e ossa (**omo certo**)!».*

chi...fioco: l'interpretazione del verso è controversa. Possiamo interpretare **fioco** come 'senza voce' (ma il personaggio ancora non ha parlato), oppure come 'evanescente'. Il significato allegorico, invece, è chiaro: la ragione (che Virgilio rappresenta), che interviene a sanare lo smarrimento spirituale, è fioca, cioè fatica a farsi percepire o intendere perché è stata messa a tacere troppo a lungo. ***Miserere***: in latino, lingua della liturgia cristiana.

67-78 *Mi rispose: «Non sono un uomo, ma lo fui un tempo (**già**), e i miei genitori (**parenti**) furono padani (**lombardi**), entrambi (**ambedui**) mantovani per nascita (**per patria**). Nacqui al tempo di Giulio Cesare (**sub Iulio**), benché fosse tardi [perché lui mi potesse apprezzare], e vissi a Roma sotto il nobile (**buono**) Augusto, al tempo degli dèi falsi e bugiardi. Fui poeta, e composi un poema (**cantai**) su quel giusto figlio di Anchise che venne [in Italia] da Troia dopo che la superba Ilio fu incendiata (**combusto**). Ma tu perché ritorni a tanto dolore (**noia**)? Perché non sali il bel (**dilettoso** = 'piacevole') monte, che è origine e causa (**cagion**) di ogni felicità?».*

lombardi: al tempo di Dante il termine 'Lombardia' indicava un'area più vasta della regione attuale: comprendeva tutta la Val Padana. ***sub Iulio...Augusto***: Virgilio [cfr. **S4** ***Virgilio***] nacque nel 70 a.C., e alla morte di Cesare, nel 44 a.C., aveva 26 anni e non aveva ancora composto nessuna delle sue opere maggiori. Morì nel 19 a.C., quando già da tempo Ottaviano Augusto aveva conquistato il potere. **figliuol d'Anchise**: Enea, figlio del nobile troiano Anchise e della dea Venere, fu tra i pochi scampati all'incendio di Troia, la ricca città dell'Asia Minore conquistata dagli Achei dopo un assedio durato dieci anni. Enea trovò rifugio in Italia e tra i suoi discendenti vi fu Romolo, il fondatore di Roma [cfr. ***espansioni digitali*** ***S Enea***]. **Ilión**: Ilio, altro nome della città di Troia. **noia**: in italiano antico questo termine aveva un significato molto più forte dell'attuale: 'dolore, tormento'. **Ma tu...gioia?**: Virgilio non ha colpa per aver adorato dèi inesistenti al posto del vero Dio che non conosceva, ma questo non basta a concedergli la salvezza, e dunque l'ascesa al **dilettoso monte**. Dante, invece, ha ricevuto il battesimo e potrebbe salirvi, ma non ci riesce. C'è una sfumatura di rimprovero nella domanda di Virgilio.

79-90 *«Dunque sei tu quel [famoso] Virgilio, e quella fonte che sparge un così abbondante fiume di parole?» gli risposi a fronte bassa (**con vergognosa fronte**). «O [tu che sei] la gloria e la guida (**onore e lume**) degli altri poeti, mi servano (**vagliami** = 'valga a me') [a ottenere il tuo aiuto] il lungo studio e il grande amore che mi hanno indotto a studiare attentamente (**cercar**) le tue opere (**lo tuo volume**). Tu sei il mio maestro e la mia autorità letteraria (**autore**): tu solo sei colui da cui ho tratto (**io tolsi**) lo stile illustre (**bello stilo**) che mi ha procurato fama. Vedi la belva a causa della quale mi sono voltato indietro; aiutami [a fuggire] da lei, celebre saggio, perché mi fa tremar le vene e le arterie (**polsi**)».*

Perché Dante sceglie come guida in Inferno e Purgatorio un pagano come Virgilio? Questi versi, in cui Dante riversa la sua ammirazione per l'antico poeta misteriosamente comparso accanto a lui, ci aiutano a comprendere. Per gli uomini del Medioevo la letteratura non era semplicemente un fatto estetico, una produzione di bellezza che esauriva in sé il proprio compito: l'arte doveva comprendere anche un insegnamento morale. Poiché gli insegnamenti del 'maestro' Virgilio non si limitano alla bella scrittura, Dante può invocare il suo aiuto come 'saggio', 'sapiente', per superare un momento di grave pericolo spirituale. La parola 'autore' indica proprio questo, un'autorità che si estende a tutti gli aspetti della vita umana: l'arte, la conoscenza e la morale. **con vergognosa fronte**: con la fronte bassa in segno di rispetto. **lo bello stilo che m'ha fatto onore**: scopriamo ora un secondo carattere del protagonista, dopo l'età: è un poeta famoso. **polsi**: è una metonimia, una figura retorica che indica ciò che contiene (i polsi) invece che il contenuto (le arterie).

91-111 *«Per te (**A te**) è necessario (**convien**) seguire un percorso diverso (**altro viaggio**)», mi rispose, dopo avermi visto in lacrime, «se vuoi uscire vivo (**campar**) da questo luogo selvaggio: perché questa bestia, a causa della quale tu invochi aiuto (**gride**), non lascia attraversare (**passar per**) la sua strada a nessuno (**altrui**), ma lo ostacola tanto da ucciderlo; e ha una natura così malvagia e crudele (**ria**) che non sazia mai i suoi avidi desideri (**bramosa voglia**), e dopo aver mangiato ha più fame di prima. Sono molti gli animali con cui si accoppia*

e più saranno ancora, infin che 'l veltro
verrà, che la farà morir con doglia.
Questi non ciberà terra né peltro,
ma sapienza, amore e virtute,
e sua nazion sarà tra feltro e feltro.
Di quella umile Italia fia salute
per cui morì la vergine Cammilla,
Eurialo e Turno e Niso di ferute.
Questi la caccerà per ogne villa,
fin che l'avrà rimessa ne lo 'nferno,
là onde 'nvidia prima dipartilla.
Ond'io per lo tuo me' penso e discerno
che tu mi segui, e io sarò tua guida,
e trarrotti di qui per loco etterno,
ove udirai le disperate strida,
vedrai li antichi spiriti dolenti,
ch'a la seconda morte ciascun grida;
e vederai color che son contenti
nel foco, perché speran di venire
quando che sia a le beate genti.
A le quai poi se tu vorrai salire,
anima fia a ciò più di me degna:
con lei ti lascerò nel mio partire;
ché quello imperador che là sù regna,
perch'i' fu' ribellante a la sua legge,
non vuol che 'n sua città per me si vegna.
In tutte parti impera e quivi regge;
quivi è la sua città e l'alto seggio:
oh felice colui cu' ivi elegge!».
E io a lui: «Poeta, io ti richeggio

(**s'ammoglia** = 'si sposa'), *e saranno ancora di più, finché* (**infin che**) *giungerà il veltro che la farà morire con dolore* (**doglia**). *Questi non si ciberà di terra né di peltro, ma di sapienza, amore e virtù, e la sua nascita avverrà tra feltro e feltro. Sarà la salvezza* (**salute**) *di quella misera* (**umile**) *Italia per la quale morirono per le ferite la vergine Camilla, Eurialo, Turno e Niso. Questi la caccerà in ogni città* (**villa**), *fin che l'avrà ricacciata nell'Inferno, da dove la fece uscire Lucifero* (**'nvidia prima**).

La profezia del veltro è una delle poche vere e proprie profezie della *Commedia*: si riferisce cioè a un evento che non si era già verificato nel momento in cui Dante scrive (come invece le "profezie" dell'esilio). L'interpretazione letterale dei versi è controversa, ma il significato è chiaro: Virgilio prevede l'arrivo di un riformatore che, indifferente alle lusinghe della ricchezza, saprà riformare la società cristiana ed eliminare i danni che le sono derivati dall'avidità. **li animali...ammoglia**: moltissimi, e di ogni condizione, sono gli uomini che cedono all'avidità. **veltro**: cane da caccia. **non ciberà terra né peltro**: il 'peltro' è una lega metallica usata per coniare le monete. Il riformatore sarà immune dal desiderio di possedere denaro (**peltro**) e proprietà terriere (**terra**). **sapienza, amore e virtute**: doti spirituali (tre in riferimento alla Trinità). **sua nazion...feltro**: il verso è stato interpretato in molti modi: 1) il 'feltro' è un panno povero, che indica la povertà in cui vivrà il riformatore e forse, più specificamente, la sua appartenenza all'ordine francescano (i cui frati si vestivano di tela grezza); 2) di feltro erano foderate le urne per l'elezione dell'imperatore: questo riformatore sarà un imperatore, che non avrà bisogno di inseguire il possesso di terre e ricchezze perché gli sono già garantite dalla sua carica; 3) il riformatore nascerà nella regione che si trova tra il Montefeltro in Romagna e la città veneta di Feltre, e quindi Dante avrebbe in mente un personaggio storico preciso. **la vergine Cammilla...Niso**: sono personaggi dell'*Eneide*, che su fronti diversi parteciparono alla guerra tra Rutuli e Troiani per il possesso del Lazio, scatenatasi dopo l'arrivo di Enea in Italia. **'nvidia prima**: nella parafrasi abbiamo interpretato questa espressione come sostantivo + aggettivo. La prima 'invidia' conosciuta dal mondo è stata quella di Lucifero, l'angelo ribelle a Dio. Ma possiamo anche leggere 'prima' come avverbio, e parafrasare: 'da dove l'invidia, per la prima volta, la fece uscire'.

112-120 *Perciò* (**Ond'** = 'onde' = 'per la qual cosa') *io credo e giudico opportuno* (**discerno**) *che, per salvarti* (**per lo tuo me'** = 'per [*ottenere*] ciò che è meglio per te'), *tu mi segua, e io sarò la tua guida; e ti tirerò fuori* (**trarrotti** = 'ti trarrò') *di qui attraverso un luogo eterno, dove sentirai le disperate grida* (**strida**) *degli antichi spiriti sofferenti* (**dolenti**), *che tutti* (**ciascun**) *lamentano gridando la propria morte spirituale; e vedrai coloro che sono felici nel fuoco, perché sperano di giungere, prima o poi* (**quando che sia**), *tra i beati.*

loco etterno: l'Inferno. (cfr. **S6**, p. 162). **seconda morte**: la morte dell'anima, dopo quella del corpo: la dannazione. **contenti nel foco**: le anime del Purgatorio sono felici, pur nella sofferenza fisica, perché sanno che, una volta terminata la loro purificazione, potranno accedere al Paradiso. (cfr. **S10**, p. 179; **S11**, p. 181).

121-129 *Se poi tu vorrai salire fino ai beati* (**A le quai** = 'A le beate genti'), *vi sarà* (**fia**) [*a guidarti*] *un'anima più degna di me di tale compito* (**a ciò**)*: quando me ne andrò* (**nel mio partire**) *ti lascerò con lei; poiché quell'imperatore che regna lassù* [*in Paradiso*] *non vuole che io vada nella sua città, poiché vissi al di fuori* (**fu' ribellante**) *della sua legge. Egli governa indirettamente* (**impera**) *in ogni luogo, e qui* (**quivi** = ''n sua città') *regna direttamente* (**regge**)*; qui è la sua città e il suo alto trono; felice colui che egli sceglie* (**elegge**) [*per risiedere*] *lassù* (**ivi**)*!».*

Virgilio non potrà scortare Dante oltre il Purgatorio: nato prima della venuta di Cristo, non poté ricevere il battesimo, il sacramento che consente agli uomini di accedere alla salvezza portata da Gesù con la sua morte e resurrezione. Sarà invece Beatrice, la donna che Dante aveva amato in gioventù, a guidarlo in Paradiso. La successione delle due guide ha un significato allegorico: Virgilio, il giusto poeta dell'antichità, raffigura la ragione umana, che non può bastare, da sola, a comprendere le verità rivelate (compito invece di Beatrice, che raffigura la teologia) e ad accedere alla salvezza. **imperador**: il regno di Dio è descritto come quello di un sovrano feudale: egli è imperatore sui propri territori e sulla sua capitale, ma re sugli altri, che governa tramite i suoi vassalli. **ribellante a la sua legge**: Virgilio non fu, propriamente, 'ribelle' alla legge divina, poiché non ebbe la possibilità di conoscere Cristo, essendo morto prima della sua venuta. Il poeta vive comunque questa sua innocente ignoranza come segno della volontà di Dio, e perciò giudica giusta la propria esclusione dalla salvezza, benché ciò sia incomprensibile alla logica umana.

130-136 *E io gli* (**a lui**) [*dissi*]*: «Poeta, ti prego* (**richeggio** = 'richiedo'), *in nome di quel Dio*

per quello Dio che tu non conoscesti,
132 acciò ch'io fugga questo male e peggio,
che tu mi meni là dov'or dicesti,
sì ch'io veggia la porta di san Pietro
135 e color cui tu fai cotanto mesti».
Allor si mosse, e io li tenni dietro.

D. Alighieri, *La* Commedia *secondo l'antica vulgata*, cit.

che non conoscesti, affinché io possa sfuggire questo pericolo (**male**) *e uno ancora peggiore, che tu mi conduca* (**meni**) *là dove hai appena detto, così che io veda la porta di San Pietro e coloro che* (**cui**) *tu descrivi* (**fai**) *così infelici». Allora si mosse, e io lo seguii* (**li tenni dietro**).

questo male e peggio: il pericolo che ora incombe su Dante (le tre belve e la selva), e il male futuro, ancora peggiore (la possibile dannazione). **porta di san Pietro**: la porta del Purgatorio o, secondo altri interpreti, quella del Paradiso.

analisi e interpretazione T12

le forme

La lettura allegorica Nel commento abbiamo illustrato il senso allegorico degli spazi e dei personaggi, ognuno dei quali corrisponde a un concetto (il peccato, la salvezza, gli istinti di lussuria, superbia e avidità, la ragione). Se a noi questo modo di leggere un racconto può apparire faticoso, non lo era per i contemporanei di Dante, che infatti ci hanno tramandato nei loro commenti le "chiavi" per interpretare la maggior parte degli elementi narrativi.

La lettura figurale Per riuscire a capire come possano convivere la morale allegorica e la vividezza di sentimenti e caratteri, e dunque il funzionamento essenziale della *Commedia*, possiamo avvalerci delle conclusioni di un grande studioso, Erich Auerbach (cfr. **S5** ***Il personaggio di Virgilio e l'interpretazione figurale secondo Auerbach***, p. 161). L'aldilà è la dimensione in cui si manifesta il perfetto ordinamento dell'universo, dov'è possibile conoscere il significato autentico di ogni cosa, che sulla Terra è soltanto accennato. È per questo che i personaggi che incontriamo nella *Commedia* conservano la propria natura storica pur esprimendo un significato universale: Virgilio è emblema della ragione umana proprio perché in vita fu un grande poeta, un sapiente e un giusto dalle virtù esemplari. Ogni cosa ha un proprio significato storico e contemporaneamente uno metafisico, quello contemplato dalla mente di Dio, che viene rivelato a Dante durante il suo viaggio.

Le similitudini La lettura figurale offre la chiave per comprendere come possano convivere, nei personaggi e negli eventi della *Commedia*, realismo e allegoria. Il realismo dantesco, però, non si limita a conferire spessore storico e umano ai personaggi, ma penetra anche negli interstizi della narrazione: per esempio nella descrizione delle strutture fisiche dell'Inferno e del Purgatorio, ma anche in porzioni più limitate del testo (cfr. **S7** ***Realismo e allegoria: gli spazi della*** **Commedia**). In questo canto abbiamo incontrato due similitudini molto incisive: quella del naufrago che, scampato al pericolo, si volta a contemplare il mare che l'ha quasi ucciso, e quello dell'uomo d'affari che subordina la propria felicità all'andamento dei mercati. In questi casi il realismo è relativo tanto alla descrizione della scena quanto alla verità psicologica che intende comunicare.

> **espansioni digitali**
> **videolezione**
> La parafrasi e il sistema allegorico fondamentale del poema (a cura di Pietro Cataldi)
> [16' 02"]

i temi e i motivi

La malinconia di Virgilio Abbiamo visto quale significato allegorico sia veicolato dal personaggio di Virgilio (cfr. **S4**, p. 160) e dalla sua parabola narrativa: la ragione, per quanto nobile e virtuosa, non basta a far comprendere all'uomo le verità più alte, che gli possono essere rivelate solo da Dio. Questo concetto filosofico – i limiti della ragione umana – si incarna in un personaggio dotato di una biografia storica e di un carattere psicologico ben delineati. Virgilio è segnato dalla malinconia, che crescerà sempre di più man mano che si avvicinerà il confine che non può valicare. Il poeta latino soffre di un infinito rimpianto per il Dio che non poté conoscere in vita e da cui ora, dopo la morte, è separato per sempre.

Il corpo di Dante Come Virgilio anche Dante è una figura dal significato universale – rappresenta l'uomo smarrito che cerca la salvezza –, ma anche un individuo, che assumerà caratteri sempre più determinati nel corso della *Commedia*. Ma Dante ha qualcosa che Virgilio, come tutti gli altri personaggi che incontreremo, non ha: quel corpo «lasso», 'esausto', che all'inizio del poema deve riposare un poco, prima di intraprendere la salita al colle. Per tutte e tre le cantiche, anche quando Dante sarà ormai uscito dalla dimensione terrestre e sarà asceso in Paradiso, questo corpo non smetterà mai di essere protagonista: lo incontreremo stremato dalla fatica e motivo di stupore e nostalgia per le anime in Inferno e Purgatorio; sottoposto a esperienze indicibili e oggetto del riguardo affettuoso dei beati in Paradiso.

Il viaggio tra i morti L'insistenza sulle vicende del corpo del protagonista ci aiuta a non dimenticare che, per quanto vividi siano i tratti fisici e psicologici dei personaggi da lui incontrati, Dante è il solo vivo di tutto il poema. Eppure, i morti di Dante non fanno paura, anche perché non si distinguono in nulla dai vivi. Non sono fantasmi, residui inconsistenti di una più ricca vita passata: sono invece il pieno adempimento e la piena realizzazione di quel che furono prima di morire. È la vita terrena, insomma, a essere vita di ombre, di cui l'aldilà è compimento; cfr. ***espansioni digitali*** **S L'incontro con i morti** (R. Luperini).

espansioni digitali

S INFORMAZIONI E APPROFONDIMENTI
Enea

S LETTURE CRITICHE
L'incontro con i morti (R. Luperini)

per studiare *guida all'analisi* T12

COMPRENDERE

1 Quale scena si presenta al lettore all'inizio della *Commedia*? Riassumi molto brevemente i punti salienti della vicenda.

2 Associa ad ogni animale il significato simbolico attribuito da Dante.

lonza	violenza o superbia
leone	lussuria
lupa	riformatore della società cristiana
veltro	avidità, smania di possedere ricchezza e potere

ANALIZZARE

3 La *Commedia* si presenta già nell'*incipit* come la narrazione di un viaggio. Individua nel testo le parole (sostantivi e aggettivi) che appartengono al campo semantico del viaggio e trascrivile su un foglio, annotando il verso di riferimento.

4 Virgilio esorta Dante a seguirlo in un «altro viaggio». Che significa «altro» in questo contesto?
- a posteriore al «cammino» nella selva
- b più facile rispetto a quello aspro nella selva
- c diverso da quello in cui si è incamminato Dante sperdendosi nella selva
- d che porta ad un "altro", cioè ad un essere superiore

5 La *Commedia* è "un viaggio tra i morti", e tuttavia non potrebbe essere definita un "racconto di fantasmi". Quali caratteristiche hanno i morti di Dante?
- a sono ombre effimere prive di sensazioni e sentimenti
- b sono corpi materiali
- c sono simili a *zombie*
- d sono in tutto simili ai vivi, ma non hanno consistenza materiale

6 I personaggi che incontriamo nella *Commedia*
- a sono puri simboli inventati dalla fantasia del poeta
- b hanno tutti una dimensione storica e cronologica determinata
- c hanno un valore solo metaforico privo di aggancio con la realtà storica
- d conservano la propria natura storica esprimendo nel contempo un significato universale

7 Il verso «mi ripigneva là dove 'l sol tace» contiene una figura retorica di grande efficacia. Come si chiama tale figura? Quali sensi coinvolge in questo caso?

8 Dante non cessa di ricordare al lettore che il suo viaggio nell'aldilà l'ha compiuto con il corpo. Ricerca nel testo una campionatura di parole ed espressioni che testimoniano la corporeità del personaggio Dante in un mondo di anime.

INTERPRETARE E APPROFONDIRE

9 Perché Dante sceglie come guida nell'aldilà cristiano Virgilio, che era un pagano?

10 Sulla base dell'interpretazione figurale, Virgilio nell'aldilà è

a una figura simbolica che rappresenta la funzione della poesia durante l'era pagana

b una figura storica che nell'aldilà completa e realizza nella dimensione eterna il ruolo di maestro e poeta ricoperto nella vita terrena

c un'allegoria priva di coscienza storica inventata da Dante per rappresentare la ragione

d il fantasma di Virgilio, il massimo poeta della latinità e autore dell'*Eneide*

11 Nella cultura medievale, il sole è simbolo di Dio. Spiega quindi perché la selva è il luogo «dove 'l sol tace».

12 Le similitudini costituiscono uno dei modi in cui la realtà terrena entra nel mondo dell'aldilà e lo rende "vivo" e "reale". Scegli nel canto una similitudine e spiegane il realismo.

13 Nel canto introduttivo della *Commedia* Dante mette in campo le strategie del racconto allegorico. Individua nel testo alcuni passi che esprimono i concetti elencati nella tabella.

concetto	espresso nei versi
il movimento del salire ha una valenza positiva	
il movimento del retrocedere ha una valenza negativa	
la luce è positiva	
l'oscurità è negativa	

14 La selva è definita «amara» (v. 7), con un aggettivo che è proprio del gusto e che viene perciò usato in senso metaforico. Nel canto è presente anche l'aggettivo contrario: rintraccialo e spiega se ha significato proprio oppure metaforico.

15 Nel canto ricorrono sia la parola «paura» sia la parola «speranza». Rintracciale nel testo e spiega in quale contesto sono usate. Quale dei due vocaboli ha maggiori occorrenze? Spiega il perché.

S4 INFORMAZIONI E APPROFONDIMENTI

Virgilio

Publio Virgilio Marone (70 a.C.-19 a.C.) è il massimo poeta della latinità. Nato nei pressi di Mantova, e formatosi a Roma e Napoli, Virgilio visse la travagliata fase della storia della Roma repubblicana che condusse, al costo di lotte sanguinose, alla formazione dell'Impero. Le *Bucoliche* sono la sua prima opera di rilievo, costituita da dieci componimenti di ambientazione pastorale, detti egloghe, composti tra il 42 e il 39 a.C. Dopo la pubblicazione delle *Bucoliche*, Virgilio entra a far parte della cerchia di Mecenate, consigliere diplomatico e politico dell'imperatore Ottaviano Augusto e principale promotore della vita culturale del suo tempo. Tra il 38 e il 26 a.C. Virgilio scrive i quattro libri delle *Georgiche*, opera di impianto didascalico.

L'*Eneide*, pubblicata dopo la morte del poeta, è il suo capolavoro, e celebra la gloria di Roma e della dinastia Giulia (cui appartenevano lo stesso Augusto e suo zio Giulio Cesare). Il poema segna la rifondazione del genere epico: vi si narrano le vicende di Enea, eroe troiano sfuggito all'incendio di Troia e progenitore della stirpe italica da cui sorgerà l'Impero romano. Virgilio divenne nel Medioevo l'autore chiave del processo di riassorbimento che la cultura cristiana compì su quella latina; la quarta egloga delle *Bucoliche*, infatti, veniva interpretata come una profezia della venuta di Cristo. Sant'Agostino, nel suo libro *La città di Dio*, arriva a conferire a Virgilio lo stesso ruolo di preannunciatore del Messia che avevano avuto i profeti dell'Antico Testamento.

S5 INFORMAZIONI E APPROFONDIMENTI

Il personaggio di Virgilio e l'interpretazione figurale secondo Auerbach

Erich Auerbach (1892-1957) è stato uno dei più importanti studiosi di letteratura della prima metà del Novecento: a lui dobbiamo alcune delle letture più innovative e convincenti della *Commedia*.

Nel saggio *Figura* (1939) Auerbach si interroga su come interpretare i personaggi danteschi, e in particolare quello di Virgilio.

Lo studioso constata innanzitutto che la lettura allegorica, fondamento delle interpretazioni dei contemporanei di Dante, non soddisfa più il lettore moderno. Quello che noi chiediamo a un'opera d'arte, infatti, non è la trasmissione di un sapere, o del modo con cui si deve organizzare la vita, o l'analisi del funzionamento delle società umane; questi scopi sono oggi soddisfatti da altre discipline: le scienze naturali o umane, la filosofia. Perciò gli interpreti moderni tendono a privilegiare altre dimensioni del poema dantesco: ad esempio, per quanto riguarda la figura di Virgilio, la sua profondità psicologica ed emotiva. Così facendo, però, si infrange l'unità di particolare e universale che è caratteristica della poesia di Dante.

Auerbach passa quindi ad analizzare i motivi che hanno portato Dante a scegliere proprio Virgilio come guida per il suo viaggio nell'aldilà. Virgilio può ricoprire questo ruolo come poeta, prima ancora che come uomo sapiente, per una serie di ragioni:

1. innanzitutto Virgilio è il poeta che, con la sua opera, ha ispirato tutti i poeti successivi, tra cui naturalmente lo stesso Dante: è quindi una guida innanzitutto come maestro di poesia;
2. nella sua opera più importante, l'*Eneide*, Virgilio ha mostrato quale dovrebbe essere l'ordinamento politico più giusto, realizzato dalla pace universale portata dall'Impero romano: è quindi una guida anche in senso politico, perché per Dante quell'ordinamento è l'unico capace di consentire pace e giustizia;
3. in una delle sue opere minori, le *Bucoliche*, Virgilio ha profetizzato (inconsapevolmente) la nascita di Gesù: ha quindi messo in relazione l'ordine terreno con la sua origine divina, come intendeva fare Dante nella *Commedia*;
4. infine, nell'*Eneide* Virgilio ha descritto la discesa agli Inferi del suo eroe, e perciò "conosceva la strada" e poteva guidare Dante lungo il suo cammino.

Tutti questi particolari della biografia umana e letteraria del Virgilio storico (perlomeno, il Virgilio storico come lo conosceva Dante), spiegano perché Dante l'ha scelto come sua guida per l'Inferno e il Purgatorio. Nell'aldilà Virgilio ripropone un ruolo che aveva già esercitato nella vita di Dante, ma portandolo a un livello di pienezza che è proprio di tutto ciò che si trova dopo la morte, nell'eternità in cui ogni cosa trova il proprio significato autentico. Facciamo soltanto un esempio: con le sue opere Virgilio aveva mostrato a Dante l'ordinamento politico che avrebbe consentito la pace e la giustizia universali. Nella *Commedia* Virgilio perfeziona questo suo compito, perché accompagna Dante a scoprire il fondamento metafisico, cioè voluto da Dio, di quell'ordinamento terreno.

Ma quello di Virgilio non è un caso isolato; l'intera *Commedia* tratta della realtà terrena nel suo significato autentico.

Questa immagine della storia umana è profondamente diversa dalla nostra. Noi cerchiamo di definire il significato di un avvenimento o di un personaggio collocandolo nel suo contesto storico, ricercando le cause che l'hanno prodotto e le conseguenze che ne derivano. Diamo cioè un'interpretazione immanente della storia, una spiegazione che non esce dalla realtà umana e terrena: per esempio, spieghiamo il legame mitologico istituito nell'*Eneide* tra Enea e la fondazione dell'Impero romano come l'esito della volontà di Virgilio di celebrare l'ordinamento politico del suo tempo, che aveva messo fine a un secolo di sanguinosi conflitti civili, e non ci permetteremmo mai di dire che quell'ordinamento politico era il più giusto in senso assoluto. Per Dante invece l'assoluto esiste: l'Impero è il più giusto tra gli ordinamenti politici possibili perché è Dio stesso che l'ha voluto.

espansioni digitali

S LETTURE CRITICHE **Figura** (E. Auerbach)

S6 INFORMAZIONI E APPROFONDIMENTI

La struttura dell'Inferno

La struttura dell'Inferno è una grande, complessa architettura per la quale Dante trae ispirazione dalle concezioni diffuse al suo tempo, ma che in buona parte è sua creazione personale.

L'Inferno è un imbuto che si apre sulla superficie della Terra e si estende fino al suo centro; è diviso in nove cerchi, alcuni dei quali sono a loro volta suddivisi in sezioni minori. Più si scende, più grave è il

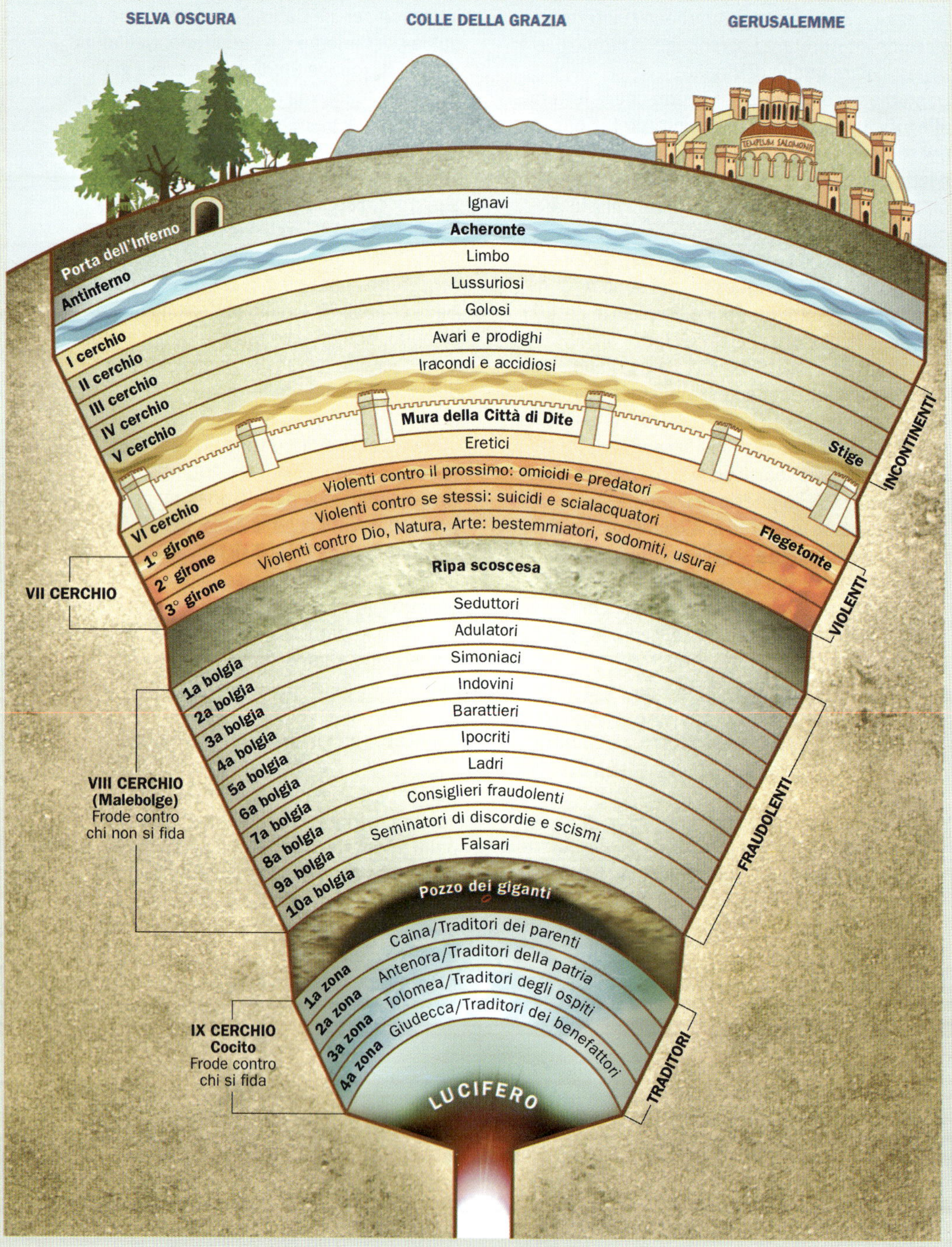

peccato e più spaventose le pene, perché risultano maggiormente coinvolti la volontà e l'intelletto. Le punizioni obbediscono alla regola del **contrappasso**: la pena corrisponde al peccato commesso, per analogia (la pena ricalca gli effetti del peccato) o per contrasto. Chi ha peccato cedendo alla gola vivrà eternamente immerso in un liquame ripugnante; chi ha privilegiato i piaceri del sesso verrà eternamente trascinato da un vento (che ripete contro il soggetto la tempesta della passione) facendo soffrire quel corpo un tempo impiegato per il godimento; chi ha creduto di indovinare il futuro avrà per sempre la testa girata al contrario e camminerà all'indietro; ecc.
Superata la porta dell'Inferno si trova uno spazio che ancora non costituisce l'Inferno vero e proprio, l'**Antinferno**: qui risiedono le anime di coloro che in vita non si distinsero né per i peccati né per le virtù, gli «ignavi».
Superato il primo dei fiumi infernali, l'Acheronte, le anime si trovano davanti al giudice infernale, Minosse, che decide del loro destino inviandole nel cerchio dove si punisce il peccato che maggiormente caratterizzò la loro esistenza.
Nel primo cerchio, il **Limbo**, stanno le anime degli uomini che in vita furono giusti, ma non conobbero il vero Dio e non ricevettero il battesimo: perciò non possono accedere al Paradiso. Non ricevono punizioni, ma sono privi della possibilità di vedere Dio (qui risiede Virgilio).
I cerchi dal secondo al quinto puniscono i peccati di incontinenza. Questi peccatori non commisero il male con l'intenzione di farlo, ma perché trascinati dalle passioni e dagli istinti: la **lussuria** (cioè la ricerca smodata del piacere sessuale), la **gola**, l'**avarizia** (cioè l'avidità) e la **prodigalità** (cioè lo sperpero dei beni materiali), l'**ira** e l'**accidia** (cioè la mancanza di impegno nell'esistenza).
Oltre la palude formata dal fiume Stige, che forma il quinto cerchio, si levano le mura della **città di Dite**, che racchiude il basso Inferno, dove sono puniti i peccati più gravi, caratterizzati dalla volontà di commettere il male. Il sesto cerchio racchiude gli **eretici**, che non credettero nella verità delle dottrine della Chiesa; il settimo è diviso in tre gironi dove sono puniti i **violenti: contro il prossimo** (omicidi e predatori, immersi nel Flegetonte, un fiume di sangue bollente), **contro se stessi** (suicidi e scialacquatori), **contro Dio, la Natura e l'arte** (bestemmiatori, omosessuali e usurai).
Superato un abisso (la **ripa scoscesa**), si entra nell'ottavo cerchio dove, in dieci **bolge**, vengono puniti i peccati di **fraudolenza contro chi non si fida**, quelli cioè di chi ha usato l'intelligenza e la ragione per compiere il male: seduttori, adulatori, simoniaci (che usarono la religione per ottenere ricchezze), indovini, barattieri (colpevoli di corruzione politica), ipocriti, ladri, consiglieri fraudolenti, seminatori di discordie e di scismi, falsari.
Al di là del **pozzo dei giganti** sta il nono cerchio, quello che punisce il peccato più grave: il **tradimento**. Il cerchio è completamente occupato da un lago ghiacciato formato dall'ultimo dei fiumi infernali, il Cocito, in cui i peccatori sono immersi secondo la gravità del loro peccato (traditori dei parenti, della patria, degli ospiti e dei benefattori).
Al centro del lago, che corrisponde al centro della Terra, dunque al luogo che in assoluto è più distante da Dio, si trova conficcato Lucifero, il capo degli angeli ribelli. Lucifero è un essere mostruoso con tre teste (parodia della Trinità) che divorano Giuda (il traditore di Gesù), Bruto e Cassio (i traditori di Giulio Cesare). Lucifero emerge da Cocito dal busto in su; le sue gambe sono perciò conficcate nell'emisfero australe. Lungo di esse si apre una galleria (la «natural burella») formata dallo scorrere delle acque del fiume Letè, che nasce in Purgatorio, cancella il ricordo dei peccati commessi dalle anime che hanno terminato la loro purificazione, e infine sfocia nell'Inferno.

S7 INFORMAZIONI E APPROFONDIMENTI

Realismo e allegoria: gli spazi della *Commedia*

Nel primo canto abbiamo incontrato il primo paesaggio della *Commedia* interpretandolo in senso allegorico: i suoi vari elementi (la selva, il colle, le fiere...), benché dotati di una propria consistenza realistica, vanno letti soprattutto come allusioni a un percorso spirituale.
In realtà, è tutto quanto lo spazio in cui si svolge l'azione della *Commedia* a possedere, insieme, una natura fisica e una morale (cfr. ***espansioni digitali* S *Astronomia e teologia***).
La posizione centrale della Terra (e dunque dell'uomo) nell'universo, il luogo destinato a Lucifero, la struttura verticale della montagna del Purgatorio, la gerarchia che connette i nove cieli, insomma l'intera struttura del cosmo di Dante, serve sia a spiegare il funzionamento di fenomeni naturali come il moto delle stelle e dei pianeti, gli eventi meteorologici o la geografia terrestre, sia a giustificare i precetti etici e teologici della Chiesa, che risultano fondati sulla struttura del cosmo voluta da Dio. Dante ricava interamente la sua cosmologia dalla filosofia e dalla scienza del suo tempo.
Ma nella *Commedia* è lasciato ampio spazio anche all'invenzione del poeta: la geografia di Inferno, Purgatorio e Paradiso è spesso decisa dall'immaginazione dantesca, piuttosto che da una tradizione consolidata. Soprattutto nell'*Inferno* Dante si rivela uno straordinario architetto di paesaggi; ogni peccato è punito in un luogo specifico, e gli elementi paesaggistici delle diverse zone servono a esprimere, per contrappasso, e dunque allegoricamente, la natura della colpa.
Riportiamo tre esempi di questa modalità di costruzione degli spazi: la bufera in cui sono puniti i lussuriosi nel canto V; la selva dei suicidi del canto XIII; la bolgia degli adulatori del canto XVIII.

Io venni in loco d'ogne luce muto,
che mugghia come fa mar per tempesta,
se da contrari venti è combattuto.
La bufera infernal, che mai non resta,
mena li spirti con la sua rapina:
voltando e percotendo li molesta.

Io giunsi in un luogo privo (**muto**) *di ogni luce, che mugghia* [: muggisce] *come fa il mare a causa della tempesta, se è urtato con violenza* (**combattuto**) *da venti contrari. La bufera infernale, che non si ferma* (**resta**) *mai, trascina* (**mena**) *gli spiriti nella sua furia* (**rapina**)*; li tormenta voltandoli e percuotendoli.*

Il V canto dell'*Inferno* illustrato da William Blake: l'attenzione cade sull'elemento fantastico della bufera che trascina le anime dei lussuriosi

espansioni digitali
S INFORMAZIONI E APPROFONDIMENTI
Astronomia e teologia
(T. Kuhn)

Quando giungon davanti a la ruina,
quivi le strida, il compianto, il lamento;
bestemmian quivi la virtù divina.
Intesi ch'a sì fatto tormento
enno dannati i peccator carnali,
che la ragion sommettono al talento.
E come li stornei ne portan l'ali
nel freddo tempo, a schiera larga e piena,
così quel fiato li spiriti mali
di qua, di là, di su, di giù li mena;
nulla speranza li conforta mai,
non che di posa, ma di minor pena.

D. Alighieri, *La* Commedia *secondo l'antica vulgata*, a cura di G. Petrocchi, Mondadori, Milano 1966-67.

Quando giungono davanti alla frana (**ruina**), *qui grida, pianti, lamenti; qui bestemmiano la potenza* (**virtù**) *divina. Capii* (**Intesi**) *che a un tormento così fatto sono* (**enno**) *condannati i peccatori carnali, che sottomettono la ragione al desiderio* (**talento**). *E come d'inverno* (**nel freddo tempo**) *le ali portano gli storni in uno stormo* (**schiera**) *largo e fitto* (**piena**), *così quel vento* (**fiato**) *trasporta gli spiriti malvagi* (**mali**) *di qua, di là, di giù, di su; mai li conforta speranza alcuna, non di una pausa* (**posa**), *ma di una pena minore.*

Siamo nel secondo cerchio dell'Inferno, quello che punisce i peccatori che si abbandonarono al desiderio sessuale senza riguardo per quanto consigliava (o avrebbe dovuto consigliare) la ragione («che la ragion sommettono al talento»). Trascinati in vita dalla tempesta delle passioni, ora sono travolti per contrappasso dalla bufera infernale. Per descrivere un panorama così sconvolto e sconvolgente, Dante fa uso, come gli capita spesso, di una similitudine tratta dal mondo terrestre: gli spiriti, benché sbattuti qua e là dal vento, non ne sono dispersi: sono ammucchiati e stretti in gruppo come uno stormo di uccelli d'inverno.

Non era ancor di là Nesso arrivato,
quando noi ci mettemmo per un bosco
che da niun sentiero era segnato.
Non fronda verde, ma di color fosco;
non rami schietti, ma nodosi e 'nvolti;
non pomi v'eran, ma stecchi con tòsco;
non han sì aspri sterpi né sì folti
quelle fiere selvagge che 'n odio hanno
tra Cecina e Corneto i luoghi cólti.

D. Alighieri, *La* Commedia *secondo l'antica vulgata*, cit.

Nesso non era ancora arrivato sull'altra riva (**di là**) *quando noi entrammo dentro un bosco che non era segnato da nessun* (**niun**) *sentiero. Non v'erano foglie* (**fronda**) *verdi, ma di color fosco; né rami diritti* (**schietti**), *ma nodosi e storti* (**'nvolti**); *né frutti* (**pomi**), *ma stecchi velenosi* (**con tòsco**); *quelle belve* (**fiere**) *selvagge che, tra [il fiume] Cecina e la città di Tarquinia* (**Corneto**), *hanno in odio gli spazi coltivati* (**cólti**) *non abitano* (**hanno**) *rovi* (**sterpi**) *così pungenti* (**aspri**) *né così fitti.*

Dante e Virgilio hanno appena superato sulla groppa del centauro Nesso il fiume Flegetonte, che forma il primo girone del cerchio dei violenti. Entrano nel girone successivo, che punisce i violenti contro se stessi, suicidi e scialacquatori: questi peccatori hanno completamente stravolto la natura, perché con le loro azioni sono andati contro il naturale istinto alla preservazione della vita. Perciò il bosco in cui sono puniti ha un aspetto spettrale: i vv. 4-6 sono strutturati dall'opposizione «non... ma», che mette in luce il totale capovolgimento d'ogni aspetto della realtà naturale. In questo mondo alla rovescia, agli elementi positivi della natura se ne contrappongono altri, stravolti e funesti. Ancora una volta Dante cerca di rendere presente questo paesaggio terrificante alla mente del lettore usando un paragone con qualcosa a lui familiare: i boschi della Maremma («tra Cecina e Corneto»), che all'epoca era una delle zone più selvagge dell'Italia centrale.

Illustrazione di Salvador Dalí per il canto XIII dell'*Inferno* di Dante (1963).

Quindi sentimmo gente che si nicchia
ne l'altra bolgia e che col muso scuffa,
e sé medesma con le palme picchia.
Le ripe eran grommate d'una muffa,
per l'alito di giù che vi s'appasta,
che con li occhi e col naso facea zuffa.
Lo fondo è cupo sì, che non ci basta
loco a veder sanza montare al dosso
de l'arco, ove lo scoglio più sovrasta.
Quivi vennimmo; e quindi giù nel fosso
vidi gente attuffata in uno sterco
che da li uman privadi parea mosso.
E mentre ch'io là giù con l'occhio cerco,
vidi un col capo sì di merda lordo,
che non parea s'era laico o cherco.

D. Alighieri, *La* Commedia *secondo l'antica vulgata*, cit.

Di qui (**Quindi**) *sentimmo [il rumore di] gente che nell'altra bolgia si rannicchia* (**nicchia**) *e che sbuffa* (**scuffa**) *col muso, e si picchia con le proprie stesse mani* (**palme**). *Le pareti [della bolgia]* (**ripe**) *erano incrostate* (**grommate**) *di una muffa, [formata] dai vapori* (**alito**) *[che salgono] dal fondo e vi si impastano, che irrita* (**facea zuffa**) *gli occhi e il naso. Il fondo è così profondo* (**cupo**) *che [dagli argini] non c'è abbastanza* (**non ci basta**) *ampiezza per vederlo* (**loco a veder**) *se non si sale* (**sanza montare**) *sul punto più alto* (**dosso** = 'schiena') *dell'arco, dove* (**ove**) *esso si eleva maggiormente* (**più sovrasta**) *rispetto alle sponde* (**scoglio**). *Arrivammo fin lì* (**Quivi**); *e di qui* (**quindi**) *vidi giù nel fosso gente immersa in uno sterco che sembrava* (**parea**) *uscito da latrine* (**privadi**) *umane. E mentre io frugo con gli occhi laggiù, vidi uno con la testa così sporca* (**capo sì...lordo**) *di merda, che non si capiva* (**parea** = 'appariva, era visibile') *se fosse un laico o un chierico* (cioè, se avesse la tonsura, il taglio di capelli tipico dei religiosi).

Siamo nella bolgia degli adulatori, ripagati dei loro falsi elogi ai potenti con una delle pene più disgustose dell'Inferno dantesco: sono completamente immersi nella «merda». Dante adatta lo stile alla materia trattata, scegliendo il registro più basso del volgare parlato: alla bassezza della colpa corrispondono la crudezza dello stile e la massima degradazione della figura umana.

Il XVIII canto dell'*Inferno* illustrato da Sandro Botticelli.

T13 Il folle volo di Ulisse

Inferno, XXVI, 85-142

concetti-chiave

- i limiti della conoscenza
- Ulisse come doppio negativo di Dante

espansioni digitali

videolezione: analisi del testo a cura di Pietro Cataldi [24' 34"]

T Il folle volo di Ulisse [*Inferno*, XXVI - INTEGRALE]

*Siamo nell'ottavo cerchio, il penultimo dell'*Inferno. *I peccati che vi sono puniti sono tra i più gravi: la «frode contro chi non si fida» (una varia tipologia di azioni malvagie, perpetrate contro estranei e attraverso l'inganno), infatti, coinvolge non solo gli istinti e le passioni, ma la ragione e la volontà, volgendo al male proprio quelle caratteristiche dell'uomo che lo rendono simile a Dio. Dante distingue diversi tipi di questo peccato: l'ottavo cerchio è suddiviso in dieci "bolge", buche circolari e concentriche simili ai fossati che circondavano i castelli, i cui bordi sono collegati da ponticelli di pietra, a mo' di ponte levatoio. Nell'ottava bolgia sono puniti i consiglieri fraudolenti, che non operarono il male direttamente, ma architettarono piani e progetti rovinosi per conto d'altri. Qui Dante incontra l'eroe greco Ulisse (cfr.* **S8**, *p. 171).*

LINGUA: italiano **DATAZIONE:** 1304-1310 ca.

Lo maggior corno de la fiamma antica
cominciò a crollarsi mormorando
pur come quella cui vento affatica;
indi la cima qua e là menando,
come fosse la lingua che parlasse,
gittò voce di fuori e disse: «Quando
mi diparti' da Circe, che sottrasse
me più d'un anno là presso a Gaeta,
prima che sì Enëa la nomasse,
né dolcezza di figlio, né la pieta
del vecchio padre, né 'l debito amore
lo qual dovea Penelopè far lieta,
vincer potero dentro a me l'ardore
ch'i' ebbi a divenir del mondo esperto
e de li vizi umani e del valore;
ma misi me per l'alto mare aperto
sol con un legno e con quella compagna
picciola da la qual non fui diserto.
L'un lito e l'altro vidi infin la Spagna,
fin nel Morrocco, e l'isola d'i Sardi,
e l'altre che quel mare intorno bagna.
Io e' compagni eravam vecchi e tardi
quando venimmo a quella foce stretta
dov'Ercule segnò li suoi riguardi,
acciò che l'uom più oltre non si metta;
da la man destra mi lasciai Sibilia,
da l'altra già m'avea lasciata Setta.

METRO: terzine incatenate con rima ABA BCB CDC DED ecc.

85-102 *Il più grande dei corni dell'antica fiamma cominciò ad agitarsi* (**crollarsi**) *con un lieve rumore* (**mormorando**), *proprio* (**pur**) *come* [*una fiamma*] (**quella**) *che* (**cui**) *il vento agita* (**affatica**); *quindi, scuotendo* (**menando**) *qua e là la punta, come fosse la lingua che parlasse, gettò fuori la voce e disse: «Quando partii da Circe, che mi trattenne* (**sottrasse**) *più di un anno laggiù presso Gaeta, prima che Enea la chiamasse così, né il dolce affetto per mio figlio, né il rispetto* (**pieta**) *per il mio vecchio padre, né l'amore dovuto* (**debito**) *a Penelope, che avrebbe dovuto renderla felice, poterono vincere in me l'ardore che ebbi di fare esperienza* (**divenir...esperto**) *del mondo, e dei vizi e delle virtù* (**valore**) *degli uomini; ma mi misi per il profondo* (**alto**) *mare aperto con una sola nave* (**legno**) *e con quella piccola compagnia* (**compagna**) [*di uomini*] *dai quali non fui abbandonato* (**diserto**).

maggior...antica: nell'ottava bolgia i peccatori sono rinchiusi in un involucro di fiamma, che li consuma. Ulisse è rinchiuso insieme a Diomede, che fu il suo fedele compagno di crimini e delitti. Avvolto dalla punta maggiore della fiamma bipartita, lo spirito di Ulisse, poiché ha capito che la domanda di Virgilio era stata rivolta a lui, comincia a scuotersi come fuoco al vento e a mormorare come una lingua che parla. La fiamma è detta **antica** perché i due personaggi sono morti da secoli. **Gaeta...nomasse**: Enea chiamò Gaeta così in ricordo della sua nutrice, che vi era morta. **pieta**: il termine qui non significa 'angoscia', come solitamente in Dante, ma si avvicina al significato del termine latino *pietas*: 'religioso rispetto'. **Penelopè**: Penelope, la moglie di Ulisse.

103-111 *Vidi una riva e l'altra* [*del Mediterraneo*] *fino alla Spagna, fino al Marocco, e* [*vidi*] *la Sardegna* (**isola d'i Sardi**), *e le altre* [*isole*] *che quel mare circonda* (**intorno bagna**). *Io e i* (**e'** = 'e i') *miei compagni eravamo vecchi e stanchi* (**tardi** = 'lenti') *quando arrivammo a quello stretto* (**foce stretta**) *dove Ercole pose i suoi confini* (**segnò li suoi riguardi**), *affinché* (**acciò che**) *l'uomo non proceda oltre* (**si metta**)*: a destra mi lasciai Siviglia* (**Sibilia**), *dall'altra parte mi ero già lasciata Ceuta* (**Setta**).

Ercole...riguardi: lo stretto di Gibilterra dove, secondo la tradizione classica, Ercole, il più forte degli eroi, aveva posto due colonne su cui aveva scritto *non plus ultra* ('non [si va] più oltre'). Il punto in cui il Mediterraneo sfocia nell'Atlantico segnava per gli antichi il limite del mondo conosciuto, dato l'estremo rischio che una navigazione nell'oceano comportava per le navi di allora. Di qui il valore emblematico del luogo, che il mito antico aveva elevato a segno del limite posto agli uomini dalla divinità. **Setta**: Ceuta, città africana posta di fronte a Gibilterra.

"O frati", dissi, "che per cento milia
perigli siete giunti a l'occidente,
a questa tanto picciola vigilia
d'i nostri sensi ch'è del rimanente
non vogliate negar l'esperïenza,
di retro al sol, del mondo sanza gente.
Considerate la vostra semenza:
fatti non foste a viver come bruti,
ma per seguir virtute e canoscenza".
Li miei compagni fec'io sì aguti,
con questa orazion picciola, al cammino,
che a pena poscia li avrei ritenuti;
e volta nostra poppa nel mattino,
de' remi facemmo ali al folle volo,
sempre acquistando dal lato mancino.
Tutte le stelle già de l'altro polo
vedea la notte, e 'l nostro tanto basso,
che non surgëa fuor del marin suolo.
Cinque volte racceso e tante casso
lo lume era di sotto da la luna,
poi che 'ntrati eravam ne l'alto passo,
quando n'apparve una montagna, bruna
per la distanza, e parvemi alta tanto
quanto veduta non avëa alcuna.
Noi ci allegrammo, e tosto tornò in pianto;
ché de la nova terra un turbo nacque
e percosse del legno il primo canto.
Tre volte il fé girar con tutte l'acque;
a la quarta levar la poppa in suso
e la prora ire in giù, com'altrui piacque,
infin che 'l mar fu sovra noi richiuso».

D. Alighieri, *La* Commedia *secondo l'antica vulgata, cit.*

112-120 *"Fratelli* (**frati**)*", dissi, "che siete giunti in occidente attraverso centomila pericoli* (**perigli**)*, a questa così piccola veglia dei nostri sensi che ci rimane* (**ch'è del rimanente**) *non vogliate negare l'esperienza del mondo disabitato* (**sanza gente**) *[che si raggiunge] seguendo il corso del sole* (**di retro al sol**)*. Considerate la vostra origine* (**semenza**)*: non siete stati creati per vivere come bestie* (**bruti**)*, ma per seguire la virtù e la conoscenza".*
vigilia d'i nostri sensi: 'veglia dei nostri sensi' prima del sonno della morte: 'scorcio di vita'. Ulisse ha una concezione completamente laica e terrena della vita: la descrive come un breve intervallo di coscienza tra due fasi di inesistenza. **di retro al sol**: seguendo il corso del sole, da est a ovest. **del mondo sanza gente**: secondo gli antichi l'emisfero australe era un unico oceano, privo di vita umana. **bruti**: esseri privi di ragione: gli animali.

121-126 *Con questo breve discorso* (**orazion picciola**) *resi i miei compagni così ansiosi* (**aguti**) *di [intraprendere] il viaggio che, dopo [aver parlato], a fatica* (**a pena**) *li avrei trattenuti* (**ritenuti**)*; e, volta la poppa a est* (**nel mattino**)*, trasformammo i remi in ali per il nostro folle volo, avanzando sempre dal lato sinistro* (**mancino**)*.*
poppa: la parte posteriore dello scafo di una nave. **mattino**: 'est', il punto cardinale da cui il sole sorge al mattino. **acquistando...mancino**: avanzando con rotta sud-ovest.

127-135 *La notte ci mostrava* (**vedea**) *già tutte le stelle dell'altro polo, e il nostro era così basso che non sorgeva* (**surgëa**) *fuori dalla superficie del mare* (**marin suolo**)*. La luce* (**lo lume**) *[della faccia] di sotto della luna si era già riaccesa e spenta* (**casso**) *cinque volte, dopo che avevamo superato il difficile stretto* (**l'alto passo**) *[di Gibilterra], quando mi apparve una montagna, offuscata* (**bruna**) *dalla distanza, e mi sembrava tanto alta quanto non ne avevo mai vista nessuna.*
le stelle...de l'altro polo: nell'emisfero australe non si vedono le stesse stelle che sono visibili nell'emisfero boreale. **'l nostro...suolo**: il polo Nord, cioè la stella polare, è scomparso sotto la linea dell'orizzonte. **Cinque volte...da la luna**: sono passati cinque cicli lunari, dunque cinque mesi. **lo lume... di sotto da la luna**: la parte inferiore del satellite, quella visibile dalla Terra. **una montagna**: il monte del Purgatorio.

136-142 *Noi ci rallegrammo, ma [la gioia] si trasformò subito* (**tosto tornò**) *in pianto, perché* (**ché**) *dalla nuova terra si levò un turbine* (**turbo**)*, e percosse la parte* (**canto**) *davanti* (**primo**) *della nave* (**legno**)*. La fece girare tre volte, insieme a tutte le acque; alla quarta fece levare la poppa in su, e piombare la prua giù, come sembrò giusto a qualcuno* (**altrui**)*, finché il mare si chiuse sopra di noi».*
Tre volte...con tutte l'acque: il turbine crea un vortice nel mare che inghiotte la nave. **com'altrui piacque**: la potenza misteriosa che impedisce a Ulisse e ai compagni di raggiungere la montagna del Purgatorio è naturalmente quella del Dio cristiano, di cui Ulisse non sa neppure il nome, ma che Dante e i suoi lettori possono riconoscere nel segno della Trinità: **Tre volte**.

analisi e interpretazione T13

le forme

Il legame con il secondo canto Ulisse stesso definisce il suo viaggio oltre le colonne d'Ercole «folle». Non è la prima volta che incontriamo questo aggettivo: all'inizio del suo viaggio, nel secondo canto dell'*Inferno*, Dante chiede a Virgilio di riflettere bene, prima di condurlo a l'«alto passo» (la stessa formula con cui Ulisse definisce il passaggio dello stretto di Gibilterra al v. 132): Dante teme infatti che anche il suo viaggio possa essere «folle» (*Inferno* II, 35) (cfr. **S8** ***La "follia"***). Cosa intende suggerirci Dante con questi rimandi che non possono essere casuali?

i personaggi

La figura del doppio Il poeta istituisce in questo modo una connessione tra il proprio viaggio e quello di Ulisse. Entrambi, in effetti, si dirigono verso la stessa mèta attraverso spazi usualmente inaccessibili agli esseri umani: Dante attraversa l'Inferno per approdare alla montagna del Purgatorio, la stessa che Ulisse intravede prima del naufragio. Dante e Ulisse condividono anche la stessa sete di conoscenza, lo stesso «ardore»: Dante avrebbe certo sottoscritto le parole di Ulisse, «fatti non foste a viver come bruti, ma per seguir virtute e canoscenza»; anche per lui la ragione e la virtù sono ciò che distingue l'uomo dagli animali (cfr. ***espansioni digitali*** **S** ***Il canto di Ulisse***).

Un doppio negativo Ma Ulisse è un doppio negativo: sa benissimo che quello che si accinge ad attraversare è uno spazio non solo inesplorato ma anche proibito (cfr. v. 109), e prende il largo senza porsi neppure il problema che Dante si era posto all'inizio del suo viaggio: «Ma io perché venirvi? o chi 'l concede? Io non Enea, non Paulo sono; me degno a ciò né io né altri 'l crede» (II, 31-33). Il viaggio di Dante è autorizzato e voluto dalla grazia divina, che gli si manifesta nella persona di Virgilio, la guida inviatagli dall'alto e alla quale Dante si sottomette rispettosamente. Ulisse invece viaggia guidato solo dal proprio desiderio, ed è solo, o meglio, è accompagnato da compagni che sono per lui solo strumenti muti e passivi.

Ulisse ed Enea Ulisse è un eroe negativo non solo per quanto riguarda la seconda parte del suo viaggio, quella oltre le colonne d'Ercole (cfr. ***espansioni digitali*** **S** ***Guglielmo Gorni: La claustrofobia di Ulisse***). Già prima di inoltrarsi nell'Atlantico aveva manifestato la natura distruttiva della propria smania di conoscenza; per soddisfarla abbandona le persone per le quali dovrebbe nutrire gli affetti più forti: il figlio, il padre e la moglie. La sua esplorazione del Mediterraneo si trasforma così in un itinerario parallelo, ma ancora una volta sotto il segno negativo, di quello di Enea (che infatti viene ricordato al v. 92): il «pio» Enea, l'eroe della *pietas*, del rispetto per i legami tra gli uomini e con gli dèi; l'eroe che viaggia per volere divino, a cui sottomette i propri desideri più forti, come l'amore per Didone; l'eroe che era partito da Troia tenendo il figlioletto Ascanio per mano e il padre Anchise sulle spalle, cercando disperatamente la moglie Creusa. Ulisse, invece, pensa solo a se stesso.

> ***espansioni digitali***
>
> **videolezione: analisi del testo**
> **a cura di Pietro Cataldi**
> [25' 15"]
>
> **S PASSATO E PRESENTE Il canto di Ulisse in *Se questo è un uomo***
>
> **S LETTURE CRITICHE La claustrofobia di Ulisse** (G. Gorni)

i temi e i motivi

Due dimensioni dello stesso viaggio Come molti personaggi dell'*Inferno*, Ulisse è una parte di sé che Dante giudica: attraverso la figura dell'eroe greco supera la tentazione di fare dell'intelligenza e della conoscenza gli unici scopi dell'uomo, senza tener conto delle responsabilità morali cui ogni facoltà umana deve essere sottomessa. L'opposizione tra i due personaggi è resa da Dante anche a livello spaziale: Ulisse viaggia sempre in orizzontale, nell'unica dimensione che conosce, quella umana. La sua nave assume la "giusta" direzione, quella verticale che dovrebbe indirizzare la conoscenza verso Dio, solo nel momento della punizione, quando un meccanismo inesorabile e muto, innominato, scatta e provoca il naufragio. Ulisse, però, non comprende l'asse verticale: la morte, che glielo impone, gli viene inflitta da una forza "altra" che lui non può riconoscere. Dante, invece, intreccia sempre percorso orizzontale e percorso verticale: sceso sul fondo dell'Inferno, si innalzerà verso l'alto del Purgatorio e poi nei cieli del Paradiso.

Dante e noi

Ulisse eroe moderno? Nell'Ottocento ha prevalso un'interpretazione del personaggio di Ulisse che ne esalta i tratti romantici di eroe ribelle. Ulisse sarebbe, secondo questa interpretazione, una prefigurazione dell'uomo moderno, insofferente ai limiti che la teologia medievale poneva alle possibilità dell'uomo, pronto a sfidarli per fondare una conoscenza scientifica e laica del mondo.

La conoscenza deve avere dei limiti? L'idea che la conoscenza debba avere dei limiti decisi da un'istanza superiore agli uomini è infatti molto lontana dall'uomo moderno: nel quadro del sapere contemporaneo la conoscenza scientifica del mondo è un valore in sé, proprio come per Ulisse, e dev'essere libera di esplorare ogni dimensione della realtà. Eppure, anche se l'indagine scientifica si è conquistata il diritto di analizzare ogni aspetto della natura e delle società umane, le sue ricadute tecnologiche pongono oggi dei problemi di "bioetica".

Gli interrogativi della bioetica Esistono dei confini, soprattutto quando si parla della vita e della morte degli esseri umani, che non devono essere varcati? E questi confini devono essere applicati anche ad altri esseri viventi, come i mammiferi superiori? È lecito all'uomo esercitare senza limiti il proprio potere di intervento sulla natura? Ci sono dei valori superiori, che possano porre un segno oltre il quale il dominio dell'uomo sul nostro pianeta non dovrebbe spingersi? Riusciremo a individuarne alcuni che possano essere condivisi da tutti, per porre un freno alle possibilità oggi offerte dalla tecnologia? Queste questioni suscitano oggi accesi dibattiti proprio perché non possediamo più dei criteri condivisi di giudizio, come avveniva nel Medioevo di Dante, e le diverse religioni propongono ognuna il proprio quadro di valori come l'unico autentico e risolutivo, da imporre all'intera società.

per studiare guida all'analisi T13

COMPRENDERE

1 Dove avviene l'incontro di Dante con Ulisse? E per quale motivo Ulisse è dannato?

2 Dante in questo episodio fa parlare una "lingua di fuoco". Quale figura retorica sta alla base di tale invenzione narrativa? Individuala tra le seguenti e spiegala.

- a un'iperbole
- b una metafora
- c un'allegoria
- d una metonimia

3 Riassumi il viaggio di Ulisse distinguendo le varie tappe, dall'inizio alla conclusione.

4 Dall'incontro con i morti Dante riceve sempre un insegnamento. Quale insegnamento riceve dall'incontro con Ulisse?

- a tenere a freno la lingua
- b non incorrere nel peccato di frode
- c non andare contro la ragione
- d non distinguere il desiderio di conoscenza dalla volontà divina

ANALIZZARE

5 Individua nel testo gli elementi che delineano lo spazio e il tempo del viaggio di Ulisse.

6 Quali sono le parole chiave del discorso di Ulisse, che risuonano ripetutamente?

7 Quale punto di vista esprime la definizione di «folle» dato al viaggio di Ulisse?

- a il punto di vista di Virgilio nella funzione di guida di Dante
- b il punto di vista di Ulisse in quanto personaggio dell'*Odissea*
- c il punto di vista dei compagni di Ulisse
- d il punto di vista dell'Ulisse dantesco, che rispecchia la prospettiva di Dante scrittore

8 Perché il viaggio di Ulisse è un «folle volo»?

9 Ulisse è allo stesso tempo figura del doppio di Dante e suo doppio negativo. Quali di queste citazioni dal canto XXVI potrebbero essere pertinenti sia a Dante sia ad Ulisse?

- a «non vogliate negar l'esperïenza di retro al sol del mondo sanza gente»
- b «fatti non foste a viver come bruti, ma per seguir virtute e canoscenza»
- c «de' remi facemmo ali al folle volo»
- d «Noi ci allegrammo, e tosto tornò in pianto»

10 Che tipo di conoscenza insegue Ulisse?

INTERPRETARE E APPROFONDIRE

11 In che cosa Ulisse rappresenta il doppio negativo di Dante? Indica la risposta o le risposte che ritieni pertinenti.

- a Ulisse è spinto da un desiderio di conoscenza fine a se stessa, mentre Dante affronta un viaggio voluto dalla Provvidenza al fine di testimoniarlo anche agli altri
- b quello di Ulisse è un viaggio per mare, mentre quello di Dante si svolge nelle profondità infernali
- c Ulisse è un eroe greco, mentre Dante vive nell'epoca cristiana
- d Ulisse riesce ad intravedere la montagna del Purgatorio ma senza riconoscerla né approdarvi, mentre Dante vi giungerà e potrà salirvi tramite la guida di Virgilio.

12 «fatti non foste a viver come bruti / ma per seguir virtute e canoscenza» è la celebre frase che Ulisse rivolge ai suoi compagni. Ma il canto di Ulisse propone temi e problemi che sono anche quelli dell'uomo moderno.
Rifletti sugli elementi di modernità che vi si possono riscontrare, ad esempio in merito alle questioni che riguardano la conoscenza scientifica, o i rapporti tra tecnologia e natura. Oppure – più banalmente – anche sull'ambizione di molti individui a distinguersi dai propri simili in qualche campo.

S8 INFORMAZIONI E APPROFONDIMENTI

Ulisse

Ulisse (Odisseo in greco) è uno degli eroi che parteciparono alla guerra di Troia. La tradizione lo presenta come il più astuto dei comandanti greci, e gli attribuisce la paternità dell'inganno del cavallo di Troia, grazie al quale fu presa la città; l'episodio è raccontato anche nell'*Eneide*. Ulisse è il protagonista del secondo poema omerico, l'*Odissea*, che trae il titolo dal nome dell'eroe. L'*Odissea* racconta i dieci anni successivi alla guerra di Troia, trascorsi da Ulisse in peregrinazioni per tutto il Mediterraneo, nel tentativo, continuamente frustrato dall'ostilità del dio del mare Poseidone (Nettuno in latino), di rientrare in patria, a Itaca. Ulisse riesce infine a tornare sulla sua isola grazie all'appoggio della dea Atena. Ma la sua reggia è stata occupata dai Proci, giovani nobili che, convinti della sua morte, fanno pressione sulla regina Penelope perché prenda uno di loro come nuovo marito e re. Ulisse si traveste da mendicante e, con l'inganno e l'aiuto dei pochi servitori rimasti fedeli e del figlio Telemaco, riesce a uccidere tutti i Proci. L'*Odissea* si chiude con il presagio di una nuova partenza: per placare definitivamente Poseidone, infatti, Ulisse dovrà nuovamente lasciare Itaca e visitare nuove terre, finché non incontrerà un popolo ignaro della navigazione. Dante non conosceva i poemi omerici, ma trae le sue informazioni da varie fonti latine, tra cui l'*Eneide*.

S9 PAROLE-CHIAVE

La "follia"

L'aggettivo 'folle' in bocca a Ulisse è l'unico punto del racconto in cui l'eroe mostra consapevolezza della natura della propria impresa. La parola ha un significato molto importante all'interno della *Commedia*, così come la storia dell'eroe greco. Potremmo tradurre «folle» con 'temerario, che presume troppo delle proprie capacità': 'follia' è la pretesa dell'uomo di conoscere e dominare il mondo usando soltanto la propria ragione e le proprie forze. Abbiamo già visto, nel secondo canto dell'*Inferno*, che prima di partire per il suo viaggio Dante esita, proprio perché teme «che la venuta non sia folle»; l'aggettivo ritorna in due altri momenti strategici della *Commedia*. Nel primo canto del *Purgatorio*, la cantica che segna un nuovo inizio nella vita spirituale del protagonista, Virgilio riassume la condizione in cui si trovava Dante prima che il viaggio cominciasse.

> Questi non vide mai l'ultima sera;
> ma per la sua follia le fu sì presso,
> che molto poco tempo a volger era.
>
> *Purgatorio*, I, 58-60

E nel *Paradiso*, poco prima di abbandonare la dimensione materiale entrando in quella senza tempo e senza spazio dell'Empireo, Dante è invitato da Beatrice a guardarsi indietro, per contemplare l'ampiezza del cammino trascorso:

> [...] io vedea di là da Gade il varco
> folle d'Ulisse [...]
>
> *Paradiso*, XXVII, 79-84

La "follia" che ha perduto Ulisse è un rischio che Dante conosce bene. Perciò ogni volta che il poeta sente l'esigenza di marcare le tappe del proprio percorso, la figura dell'eroe greco viene evocata come un ammonimento: come il fantasma di ciò che anche Dante sarebbe potuto essere.

testi a confronto

L'Ulisse di Dante e quello di Gozzano

I versi riportati sono tratti dalla poesia *L'ipotesi* di Guido Gozzano (1883-1916), nella quale il poeta immagina di dover spiegare a una futura moglie chi sia Ulisse. La spiegazione, che è la sola parte qui riportata, diventa l'occasione per una irridente parodia del grande modello dantesco (del quale sono ripresi vari passaggi anche letterali, come ai vv. 127-129, 131, 137-138, 142, 144, 152) e soprattutto della presentazione eroica che d'Annunzio aveva fatto di Ulisse in *Maia* (1904), a partire dalla formula iniziale «Re di Tempeste», che riprende e abbassa il modo in cui d'Annunzio invoca l'eroe omerico. Sulla figura di Ulisse cfr. anche **S6** nel **Capitolo 4**, p. 290.

Guido Gozzano
L'ipotesi

[...]
Il Re di Tempeste era un tale
che diede col vivere scempio[1]
un ben deplorevole esempio
d'infedeltà maritale.[2]
Che visse a bordo d'un *yacht*
toccando tra liete brigate
le spiagge più frequentate
dalle famose *cocottes*[3]...
Già vecchio, rivolte le vele
al tetto un giorno lasciato,
fu accolto e fu perdonato
dalla consorte fedele...
Poteva trascorrere i suoi
ultimi giorni sereni,
contento degli ultimi beni
come si vive tra noi...
Ma né dolcezza di figlio,
né lacrime, né la pietà
del padre, né il debito amore
per la sua dolce metà
gli spensero dentro l'ardore
della speranza chimerica
e volse coi tardi compagni
cercando fortuna in America[4]...
– Non si può vivere senza
danari, molti danari...
Considerate, miei cari

1. **scempio**: *dissennato*.
2. **esempio d'infedeltà maritale**: nella parodia di Gozzano Ulisse si guardò bene dal rimanere fedele a Penelope e anzi, durante le sue peregrinazioni, non perse occasione "per divertirsi".
3. ***cocottes***: termine francese che indica le prostitute, con riferimento alle sirene del poema omerico.
4. **cercando fortuna in America**: nell'*Odissea*, Ulisse riceve dall'ombra dell'indovino Tiresia una profezia che vuole che, una volta ritornato ad Itaca, egli riprenda il mare fino ad arrivare a una terra dove non si conoscono remi: solo là potrà avere pace. Questo è il motivo per cui la sorte di Ulisse rimane 'aperta'. Ma certo Tiresia non gli annuncia che dovrà andare in America!

compagni, la vostra semenza! –
Vïaggia vïaggia vïaggia
vïaggia nel folle volo:
vedevano già scintillare
le stelle dell'altro polo...
Vïaggia vïaggia vïaggia
vïaggia per l'alto mare:
si videro innanzi levare
un'alta montagna selvaggia...

Non era quel porto illusorio
la California o il Perù,
ma il monte del Purgatorio
che trasse la nave all'ingiù.
E il mare sovra la prora
si fu rinchiuso in eterno.
E Ulisse piombò nell'Inferno
dove ci resta tuttora...

GLI ELEMENTI COMUNI

Il personaggio e il tema sono gli stessi, anche se Gozzano ne stravolge il senso.

1 Individua i passaggi in cui Gozzano riprende puntualmente termini ed espressioni contenute nell'episodio dantesco e trascrivili nella tabella.

....

....

....

2 Definisci accanto a ciascuno dei termini il significato che assume nel contesto: ad esempio «l'alta montagna» che si rivela una delusione perché «non è la California o il Perù». Il significato di ciascun termine annotato è lo stesso che gli attribuisce Dante oppure è diverso?

LE DIFFERENZE

La prima differenza che salta agli occhi è formale: dalla terzina dantesca, si passa a versi ottonari e novenari riuniti in quartine con rima abba, cddc, ecc.; tra queste, qualche rima disinvolta tra parole straniere, come *yacht* che rima con *cocottes*.

3 Che effetto di ritmo ottiene il poeta con questo tipo di metrica?

- a allegro e movimentato
- b cantabile e leggero
- c monotono e cupo
- d solenne e austero

4 Come interpreti il ritmo, le rime, la presenza di parole straniere e colloquiali?

- a sono indice di scarsa dimestichezza dell'autore con la tradizione letteraria italiana
- b sono una conseguenza dell'allargamento del vocabolario parlato agli inizi del Novecento
- c sono indice della scarsa conoscenza dell'italiano da parte dell'autore, che era torinese
- d sono segnali dell'abbassamento del tono poetico perseguito dall'autore

5 Le differenze tematiche sono notevoli: innanzitutto Ulisse è qualificato non in base alla «virtute e canoscenza» bensì al vivere «scempio», dissennato: ovvero il contrario di quello che dice Dante. Inoltre è qualificato in quanto «deplorevole esempio d'infedeltà maritale», sulla base di un'interpretazione "allegra" delle vicende raccontate nell'*Odissea*. Continua tu la ricerca delle differenze conclamate.

6 Al mito della conoscenza, quale altro mito, più concreto, vi sostituisce Gozzano? Definiscilo citando i versi chiave.

LA PARODIA

Il rifacimento di Gozzano è certo un "gioco", ma come tutti i giochi ha anche qualcosa di serio.

7 Che cosa vuol suggerire, a tuo parere, Gozzano attraverso la parodia di Ulisse, e contemporaneamente, di Dante? Inoltre, ti sembra che la parodia di un testo così importante sia un'operazione sconveniente? Oppure che Dante esca in fin dei conti rafforzato dal confronto? Rispondi liberamente e fai le considerazioni che ritieni opportune in un breve commento scritto al testo di Gozzano.

T14

Il primo canto del *Purgatorio*

Purgatorio, I

concetti-chiave

- un nuovo inizio
- Catone: un pagano suicida a guardia del Purgatorio
- l'ombra di Ulisse
- un nuovo paesaggio

Il primo canto del Purgatorio *si apre con l'invocazione alle Muse, perché ispirino Dante nella narrazione di ciò che ha visto in Purgatorio. Giunto con Virgilio ai piedi del monte, e dopo aver ammirato il cielo stellato, il poeta scorge un vecchio dall'aspetto severo. È Catone l'Uticense, il saggio politico romano, ora custode del secondo regno ultraterreno: Virgilio gli spiega le ragioni del viaggio di Dante e gli chiede il permesso di procedere. Catone accondiscende e ordina di compiere un rito di purificazione. Virgilio pulisce con la rugiada il viso di Dante e lo cinge con un giunco che, una volta strappato, rinasce miracolosamente.*

LINGUA: italiano **DATAZIONE:** 1308-1315 ca.

Per correr miglior acque alza le vele
omai la navicella del mio ingegno,
che lascia dietro a sé mar sì crudele;
e canterò di quel secondo regno
dove l'umano spirito si purga
e di salire al ciel diventa degno.
Ma qui la morta poesì resurga,
o sante Muse, poi che vostro sono;
e qui Calïopè alquanto surga,
seguitando il mio canto con quel suono
di cui le Piche misere sentiro
lo colpo tal, che disperar perdono.
Dolce color d'orïental zaffiro,
che s'accoglieva nel sereno aspetto
del mezzo, puro infino al primo giro,
a li occhi miei ricominciò diletto,
tosto ch'io usci' fuor de l'aura morta
che m'avea contristati li occhi e 'l petto.
Lo bel pianeto che d'amar conforta
faceva tutto rider l'orïente,
velando i Pesci ch'erano in sua scorta.
I' mi volsi a man destra, e puosi mente
a l'altro polo, e vidi quattro stelle
non viste mai fuor ch'a la prima gente.
Goder pareva 'l ciel di lor fiammelle:
oh settentrïonal vedovo sito,
poi che privato se' di mirar quelle!

METRO: terzine incatenate con rima ABA BCB CDC DED ecc.

1-6 *La piccola nave del mio ingegno, che lascia dietro di sé un mare così crudele, ormai alza le vele per correre acque migliori; e scriverò versi* (**canterò**) *su quel secondo regno dove l'anima umana si purifica* (**si purga**) *per diventare degna del cielo.*

La metafora della navigazione, che apre la nuova cantica, riporta alla memoria il viaggio per mare di Ulisse, concluso con il naufragio. Dante giunge alla meta che Ulisse aveva potuto solo scorgere di lontano, la montagna del Purgatorio. **si purga**: Dio ha già perdonato i peccati delle anime che si trovano in Purgatorio, perché queste se ne sono pentite. Ma per poter accedere al Paradiso devono ancora liberarsi delle tracce che il peccato ha lasciato su di loro.

7-12 *Ma qui rinasca la poesia che ha cantato il regno dei morti* (**morta**), *o sante Muse, poiché mi sono consacrato a voi* (**vostro sono**); *e qui si levi alquanto Calliope, accompagnando* (**seguitando**) *il mio canto con quella musica di cui le misere Piche sentirono così fortemente il colpo che persero la speranza di ottenere perdono.*

Rispetto all'invocazione del secondo canto dell'*Inferno*, quella che apre il *Purgatorio* è più ampia (due terzine invece che una) e chiede l'aiuto in particolare di Calliope, la più importante delle Muse, che presiede alla forma di poesia più sublime, l'epica. **Calïopè**: la Musa della poesia epica. **Piche**: le nove figlie di Pierio, re della Tessaglia, orgogliose della propria bellissima voce, osarono sfidare nel canto le Muse. Furono vinte da Calliope, e per punizione trasformate in gazze (**piche**).

9-21 *Il dolce colore dello zaffiro orientale, che si raccoglieva nel sereno aspetto dell'aria* (**mezzo**), *pura fino all'orizzonte* (**primo giro**), *diede nuovamente piacere* (**diletto**) *ai miei occhi, non appena uscii dall'aria infernale* (**morta**), *che mi aveva afflitto* (**contristati**) *gli occhi e i polmoni* (**petto**). *Il bel pianeta che spinge* (**conforta**) *ad amare faceva risplendere* (**rider**) *tutto l'oriente, rendendo meno visibile* (**velando**) *[con la sua luce] la costellazione dei Pesci, che erano in sua compagnia* (**scorta**).

orïental: lo zaffiro è una pietra preziosa di colore blu; l'"orientale" è la specie di zaffiro più pregiata. **Lo bel pianeto... orïente**: Venere, la cui influenza induce all'amore. Venere appare qui come stella del mattino. **Pesci...scorta**: con questa perifrasi Dante suggerisce l'ora: l'alba, poco prima del sorgere del sole. I Pesci infatti sono la costellazione che nello Zodiaco precede l'Ariete, dove il Sole sorge nella finzione del viaggio.

22-27 *Io mi volsi a destra, e posi la mia attenzione al Polo Sud* (**altro polo**), *e vidi quattro stelle che non furono mai viste se non dai primi esseri umani* (**la prima gente**). *Il cielo pareva godere della loro luce* (**di lor fiammelle**)*: oh, spoglio* (**vedovo**) *emisfero* (**sito**) *settentrionale, poiché sei privato [della gioia] di contemplarle!*

Le quattro stelle dell'emisfero australe hanno un significato simbolico: sono le quattro virtù cardinali (prudenza, giustizia, fortezza e temperanza), che sarebbero innate per l'uomo se egli avesse mantenuto la propria perfezione originaria, distrutta dal primo peccato. **altro polo**: il polo Sud (**altro** nella prospettiva dei lettori di Dante, che vivono nell'emisfero boreale). È la stessa espressione usata da Ulisse per descrivere il suo arrivo nell'emisfero australe: «Tutte le stelle già de l'altro polo / vedea la notte [...]» (*Inferno*, XXVI, 126-127). Il richiamo al «folle volo» di Ulisse è

Com'io da loro sguardo fui partito,
un poco me volgendo a l'altro polo,
là onde 'l Carro già era sparito,
vidi presso di me un veglio solo,
degno di tanta reverenza in vista,
che più non dee a padre alcun figliuolo.
Lunga la barba e di pel bianco mista
portava, a' suoi capelli simigliante,
de' quai cadeva al petto doppia lista.
Li raggi de le quattro luci sante
fregiavan sì la sua faccia di lume,
ch'i' 'l vedea come 'l sol fosse davante.
«Chi siete voi che contro al cieco fiume
fuggita avete la pregione etterna?»,
diss' el, movendo quelle oneste piume.
«Chi v'ha guidati, o che vi fu lucerna,
uscendo fuor de la profonda notte
che sempre nera fa la valle inferna?
Son le leggi d'abisso così rotte?
o è mutato in ciel novo consiglio,
che, dannati, venite a le mie grotte?».
Lo duca mio allor mi diè di piglio,
e con parole e con mani e con cenni
reverenti mi fé le gambe e 'l ciglio.
Poscia rispuose lui: «Da me non venni:
donna scese del ciel, per li cui prieghi
de la mia compagnia costui sovvenni.
Ma da ch'è tuo voler che più si spieghi
di nostra condizion com'ell'è vera,
esser non puote il mio che a te si nieghi.
Questi non vide mai l'ultima sera;
ma per la sua follia le fu sì presso,
che molto poco tempo a volger era.
Sì com'io dissi, fui mandato ad esso
per lui campare; e non lì era altra via
che questa per la quale i' mi son messo.
Mostrata ho lui tutta la gente ria;
e ora intendo mostrar quelli spirti
che purgan sé sotto la tua balìa.
Com'io l'ho tratto, saria lungo a dirti;
de l'alto scende virtù che m'aiuta
conducerlo a vederti e a udirti.

continuo in questo primo canto, poiché vi si narra l'approdo di Dante alla meta che era stata solo intravista dall'eroe greco. **la prima gente**: Adamo ed Eva, i primi abitatori del Paradiso terrestre che si trova in cima alla montagna del Purgatorio (cfr. **S10**, p. 181.

28-33 *Non appena* (**Com'io**) *ebbi allontanato* (**partito**) *il mio sguardo da loro, volgendomi un poco verso l'altro polo* [*il Polo Nord*], *da dove* (**onde**) *il Carro era già sparito, vidi accanto a me un vecchio solitario, dall'aspetto* (**in vista**) *degno di tanta reverenza, che nessun figlio ne deve di più al padre.*

Come nel primo canto dell'*Inferno*, in cui l'ombra dell'antico poeta Virgilio era apparsa «nel gran diserto», anche all'inizio del *Purgatorio* troviamo una figura solitaria. Si tratta di un altro personaggio dell'antichità: Catone l'Uticense, strenuo oppositore di Giulio Cesare, suicida eppure scelto da Dio come guardiano della spiaggia del Purgatorio. **Carro**: la costellazione dell'Orsa Maggiore. **Catone l'Uticense**: Marco Porcio Catone, detto l'Uticense dalla città in cui si suicidò (Utica, sulla costa nordafricana), nacque nel 95 a.C. e morì suicida nel 46 a.C. per non essere fatto prigioniero da Cesare: aveva infatti combattuto fino all'ultimo per sostenere le libertà repubblicane e i privilegi del Senato. Fu considerato dagli autori latini un rappresentante esemplare delle virtù che avevano reso grande Roma; cfr. **espansioni digitali S** ***L'interpretazione figurale di Catone*** **(E. Auerbach)**.

34-39 *Portava la barba lunga e mista di peli bianchi, simile ai suoi capelli, dei quali cadevano sul petto due ciocche* (**doppia lista**). *I raggi delle quattro sante stelle* (**luci**) *ornavano* (**fregiavan**) *così tanto il suo viso di luce che io lo vedevo come se il sole gli fosse davanti.*

Li raggi...lume: la luce che illumina Catone ha un significato allegorico: egli possedeva in vita le virtù cardinali di cui le stelle sono allegoria.

40-48 *«Chi siete voi che, risalendo controcorrente* (**contro**) *il fiume sotterraneo* (**cieco**), *siete fuggiti dalla prigione eterna?» disse, muovendo quella nobile barba* (**oneste piume**). *«Chi vi ha guidati, o che cosa vi ha fatto lume, uscendo fuori dalla profonda notte che oscura* (**nera fa**) *sempre la cavità* (**valle**) *infernale? Si sono così infrante* (**rotte**) *le leggi dell'abisso? O in cielo è stata presa* (**è mutato**) *una nuova decisione* (**consiglio**), *per cui voi dannati arrivate alle mie rocce* (**grotte**)*?».*

cieco fiume: il fiume sotterraneo che ha scavato la natural burella, la galleria da cui Dante e Virgilio sono usciti sulla spiaggia del Purgatorio.

49-57 *La mia guida* (**duca**) *allora mi afferrò* (**diè di piglio**) *e con le parole e le mani e con cenni mi fece inginocchiare* (**reverenti mi fé le gambe**) *e mi fece abbassare gli occhi* (**e 'l ciglio**) *in segno di reverenza. Poi gli rispose: «Non venni qui di mia iniziativa* (**Da me**)*: una donna scese dal cielo, per le cui preghiere* (**prieghi**) *venni in aiuto* (**sovvenni**) *di costui con la mia compagnia. Ma poiché* (**da ch'**) *tu vuoi* (**è tuo voler**) *che si spieghi maggiormente quale sia veramente* (**com'ell'è vera**) *la nostra condizione, la mia volontà* (**il mio** [**voler**]) *non può essere tale da negartelo.*

58-69 *Questi non vide mai la sera che precede la morte* (**ultima sera**)*; ma per la sua follia vi fu così vicino* (**presso**) *che doveva passare molto poco tempo* [*perché si dannasse*]. *Come ho detto, fui mandato da lui per salvarlo* (**lui campare**)*; e a quel punto* (**lì**) *non vi era altra via che questa per la quale mi sono messo. Gli* (**lui**) *ho mostrato tutti i dannati* (**gente ria**)*; e ora intendo mostrargli quegli spiriti che si purificano* (**purgan sé**) *sotto la tua custodia* (**balìa**). *Sarebbe lungo raccontarti come l'ho condotto* [*fin qui*]; *una potenza* (**virtù**) *scende dall'alto che mi aiuta a guidarlo a vederti e udirti.*

la sua follia: il motivo per cui Dante era smarrito nella selva oscura è analogo alla "follia" di Ulisse. Virgilio chiarisce così quel che il poeta non aveva saputo esprimere nel primo canto dell'*Inferno* («I' non so ben ridir com'i' v'entrai»): il peccato di Dante, per cui il poeta si identifica con Ulisse, è la presunzione di raggiungere verità e conoscenza con forze solo umane (cfr. **S9**, p. 171).

70-84 *Ora, sii così cortese* (**ti piaccia**) *da gradire il suo*

Or ti piaccia gradir la sua venuta:
libertà va cercando, ch'è sì cara,
come sa chi per lei vita rifiuta.
Tu 'l sai, ché non ti fu per lei amara
in Utica la morte, ove lasciasti
la vesta ch'al gran dì sarà sì chiara.
Non son li editti etterni per noi guasti,
ché questi vive e Minòs me non lega;
ma son del cerchio ove son li occhi casti
di Marzia tua, che 'n vista ancor ti priega,
o santo petto, che per tua la tegni:
per lo suo amore adunque a noi ti piega.
Lasciane andar per li tuoi sette regni;
grazie riporterò di te a lei,
se d'esser mentovato là giù degni».
«Marzïa piacque tanto a li occhi miei
mentre ch'i' fu' di là», diss'elli allora,
«che quante grazie volse da me, fei.
Or che di là dal mal fiume dimora,
più muover non mi può, per quella legge
che fatta fu quando me n'usci' fora.
Ma se donna del ciel ti move e regge,
come tu di', non c'è mestier lusinghe:
bastisi ben che per lei mi richegge.
Va dunque, e fa che tu costui ricinghe
d'un giunco schietto e che li lavi 'l viso,
sì ch'ogne sucidume quindi stinghe;
ché non si converria, l'occhio sorpriso
d'alcuna nebbia, andar dinanzi al primo
ministro, ch'è di quei di paradiso.
Questa isoletta intorno ad imo ad imo,
là giù colà dove la batte l'onda,
porta di giunchi sovra 'l molle limo:
null'altra pianta che facesse fronda
o indurasse, vi puote aver vita,
però ch'a le percosse non seconda.
Poscia non sia di qua vostra reddita;
lo sol vi mosterrà, che surge omai,
prendere il monte a più lieve salita».
Così sparì: e io sù mi levai
sanza parlare, e tutto mi ritrassi
al duca mio, e li occhi a lui drizzai.

arrivo: va cercando la libertà, che è così preziosa (**cara**), *come sa chi per lei rifiuta la vita. Tu lo sai, perché per lei la morte non ti fu amara a Utica, dove lasciasti la tua veste* [*cioè il corpo*] *che il giorno del giudizio* (**al gran dì**) *sarà così splendente* (**chiara**). *Le leggi* (**editti**) *eterne non sono state infrante* (**guasti**) *a causa nostra, poiché questi è vivo e io non sono vincolato* [*dal giudizio di*] *Minosse; ma appartengo al cerchio* [*dell'Inferno*] *in cui si trovano gli occhi casti della tua Marzia, che a vederla sembra ancora pregarti, o animo* (**petto**) *santo, che tu la consideri* (**tegni** = 'tenga') *tua; per amor suo, dunque, sii benigno con noi* (**a noi ti piega**). *Lasciaci* (**Lasciane**) *andare per i tuoi sette regni; mostrerò a lei la mia riconoscenza* (**grazie riporterò**) *nei tuoi confronti, se accetti* (**degni**) *di essere nominato* (**mentovato**) *laggiù».*

Dalle parole di Virgilio possiamo comprendere perché proprio Catone – pagano, avverso all'Impero e suicida – sia stato scelto per proteggere l'ingresso del Purgatorio. Le anime che vi giungono per purificarsi, come Dante, vi cercano la libertà dal peccato: la libertà per cui Catone rinunciò alla cosa più cara, la vita. **vesta...chiara**: secondo la dottrina cattolica il mondo avrà fine nel giorno in cui Cristo ritornerà per giudicare i vivi e i morti. Questi ultimi risorgeranno e le anime riprenderanno possesso del proprio corpo, che, secondo una metafora tradizionale, è indicato come la **vesta**, 'abito' dell'anima. **Minòs me non lega**: il tribunale di Minosse, il giudice infernale che decide in quale cerchio i dannati dovranno subire l'eterno castigo, si trova prima del secondo cerchio dell'Inferno. Gli abitanti del primo cerchio, il Limbo, così come gli ignavi, non hanno colpe che debbano essere giudicate. **Marzia tua**: la moglie di Catone. **sette regni**: le cornici in cui è diviso il Purgatorio.

85-93 *«Marzia fu tanto gradita* (**piacque**) *ai miei occhi mentre fui* [*nel mondo*] *di là», disse egli allora, «che feci tutti i favori* (**grazie**) *che lei mi chiese. Ora che dimora al di là del fiume infernale* (**mal fiume**) *non mi può più commuovere* (**muover**), *in nome di quella legge che fu istituita quando io ne* [*dal Limbo*] *uscii fuori* (**fora**). *Ma se ti muove e ti guida* (**regge**) *una donna del cielo, come tu dici* (**di'**), *non è necessario* (**è mestier**) *che tu mi lusinghi: basta* (**bastisi**) *certamente* (**ben**) *che tu mi preghi* (**richegge**) *in nome di lei.*

Per la prima volta da quando Virgilio è diventato la guida di Dante, il poeta latino commette un errore, invocando la benevolenza di Catone in nome di qualcosa – l'amore che in vita lo legò alla moglie – che ormai non conta più per lui. **mal fiume**: il primo dei fiumi infernali, l'Acheronte. **quella legge**: quando Gesù morì, prima di risorgere scese al Limbo, per farne uscire i patriarchi dell'Antico Testamento e altre anime degne della salvezza tra le quali, nella finzione dantesca, anche quella di Catone. Da quel momento in poi nessun'anima del Limbo poté più uscirne.

94-99 *Vai dunque, e fai in modo di cingere costui* (**fa che tu costui ricinghe**) *di un giunco liscio* (**schietto**), *e di lavargli il viso, così che se ne cancelli* (**stinghe** = 'stinga, cancelli') *ogni sudiciume; perché non starebbe bene* (**si converria** = 'si converrebbe') *andare davanti al primo guardiano* (**ministro**), *che appartiene alle schiere del paradiso, con l'occhio offuscato* (**sorpriso**) *da qualche impedimento* (**nebbia**).

Catone impone a Dante una doppia cerimonia di purificazione: lavarsi il viso, eliminando le tracce della discesa all'Inferno, e avvolgere intorno alla vita un giunco, simbolo dell'umiltà che è necessaria per pentirsi.

100-108 *Questa isoletta produce* (**porta**) *tutto intorno dei giunchi sopra il fango* (**limo**) *molle, laggiù, in basso in basso* (**ad imo ad imo**), *dove l'onda si rifrange; nessun'altra pianta che produca foglie* (**fronda**) *o tronco* (**indurasse** = 's'indurisse') *vi può* (**puote**) *sopravvivere* (**aver vita**), *poiché* (**però ch'** = 'per il fatto che') *non sarebbe docile* (**seconda**) *ai colpi* (**percosse**). *Poi* (**Poscia**) *non ritornate* (**sia...vostra reddita** = 'ritorno') *per di qua; il sole, che ormai sta sorgendo, vi mostrerà* [*come*] *affrontare* (**prendere**) *il monte con una salita più facile».*

109-114 *Così sparì; e io mi alzai senza parlare, e strinsi tutto alla mia guida* (**duca**), *e volsi*

El cominciò: «Figliuol, segui i miei passi:
volgianci in dietro, ché di qua dichina
questa pianura a' suoi termini bassi».
L'alba vinceva l'ora mattutina
che fuggia innanzi, sì che di lontano
conobbi il tremolar de la marina.
Noi andavam per lo solingo piano
com'om che torna a la perduta strada,
che 'nfino ad essa li pare ire in vano.
Quando noi fummo là 've la rugiada
pugna col sole, per essere in parte
dove, ad orezza, poco si dirada,
ambo le mani in su l'erbetta sparte
soavemente 'l mio maestro pose:
ond'io, che fui accorto di sua arte,
porsi ver' lui le guance lagrimose;
ivi mi fece tutto discoverto
quel color che l'inferno mi nascose.
Venimmo poi in sul lito diserto,
che mai non vide navicar sue acque
omo, che di tornar sia poscia esperto.
Quivi mi cinse sì com'altrui piacque:
oh maraviglia! ché qual elli scelse
l'umile pianta, cotal si rinacque
subitamente là onde l'avelse.

D. Alighieri, *La* Commedia *secondo l'antica vulgata*, cit.

gli occhi verso di lui. Lui cominciò: «Figliolo, segui i miei passi; volgiamoci indietro, perché da questa parte la pianura scende (**dichina**) *verso il suo estremo* (**termini**) *più basso».*

115-118 *L'alba vinceva [con la sua luce] l'ora mattutina che fuggiva dinanzi a lei, così che di lontano riconobbi il tremolio del mare. Noi andavamo per la pianura deserta* (**solingo piano**) *come un uomo* (**om**) *che ritorna alla via che ha perduto, che finché non la ritrova gli sembra di camminare* (**ire** = 'andare') *invano.*

La similitudine dell'uomo che ritrova la strada perduta ci riporta al primo canto dell'*Inferno*, in cui per Dante «la diritta via era smarrita». **ora mattutina**: secondo l'antica divisione della giornata, l'ora mattutina è l'ultima ora della notte.

121-129 *Quando noi arrivammo là dove la rugiada resiste* (**pugna** = 'combatte') *al sole, poiché si trova in un punto* (**per essere in parte**) *all'ombra* (**orezza**), *dove evapora* (**si dirada**) *lentamente, il mio maestro pose delicatamente entrambe le mani aperte* (**sparte**) *sull'erbetta: per cui io, che mi accorsi del suo gesto* (**arte**), *gli porsi le guance bagnate di lacrime; qui mi rese del tutto scoperto quel colore che l'Inferno mi aveva nascosto.*

130-135 *Arrivammo poi sulla spiaggia* (**lito**) *deserta, che non vide mai navigare sulle sue acque un uomo che fosse poi* (**poscia**) *capace* (**esperto**) *di ritornare. Qui mi cinse, secondo l'altrui volere: oh meraviglia! Perché l'umile pianta rinacque subito, tal* (**cotal**) *qual egli l'aveva scelta, là dove l'aveva strappata* (**avelse**).

Negli ultimi versi ritorna la memoria della vicenda di Ulisse. Dante e Virgilio si trovano davanti al mare che aveva inghiottito la nave dell'eroe greco, che non fu «del ritorno poscia esperto»; ma la parola ci rimanda anche alla descrizione che Ulisse aveva fatto del suo desiderio di conoscenza: «l'ardore / ch'i' ebbi a divenire del mondo *esperto*, / e de li vizi umani e del valore» (*Inferno*, XXVI, 97-99). Ritorna anche la formula **com'altrui piacque**: Dante si sottomette con umiltà alla volontà divina che invece ha punito Ulisse per la sua presunzione.

analisi e interpretazione T14

le forme

I richiami interni Il primo canto del *Purgatorio* contiene molti richiami alla cantica precedente, e soprattutto a due punti strategici della discesa infernale: l'inizio del viaggio e l'incontro con Ulisse.

Una scena che abbiamo già incontrato Come nel primo canto dell'*Inferno*, è l'alba (indicata anche qui con precisi riferimenti astronomici). Dante riemerge da un luogo oscuro e terrificante (la «selva oscura» da una parte, la «profonda notte che sempre nera fa la valle inferna» dall'altra) e si trova di fronte a un monte, scalando il quale potrà salvarsi (cfr. **S10**, p. 179). Molto diversa è però la condizione nella quale si trova ad affrontare l'ascesa. Il viaggio attraverso l'*Inferno* gli ha mostrato la misura della follia che lo aveva quasi perduto.

Il ritorno di Ulisse Una delle tappe fondamentali per comprendere la natura di questa follia era stata l'incontro con il proprio doppio: Ulisse. La memoria del racconto dell'eroe greco, come abbiamo segnalato nel commento, pervade tutto il canto: dai primi versi, che aprono la cantica con la metafora della navigazione, agli ultimi, quando ritornano echi precisi del XXVI canto dell'*Inferno* («esperto», «come altrui piacque»). Grazie all'itinerario infernale, Dante ha imparato che la vera libertà non è quella, sfrenata e orientata solo dal desiderio, di Ulisse o degli altri dannati dell'*Inferno*; l'autentica libertà è umile come il giunco di cui Dante deve cingersi per poter entrare in Purgatorio: umile perché accetta di sottomettersi a un volere più grande, orientato al bene dell'uomo.

i temi e i motivi

La riscoperta della luce L'alba che saluta l'ingresso nel nuovo mondo non indica più una speranza prematura, come quella del primo canto dell'*Inferno*; d'altra parte, il vero e proprio ingresso in Inferno, nel secondo canto, era avvenuto nell'ora opposta del giorno, la sera. L'alba del *Purgatorio* giunge dopo l'esperienza della «profonda notte»: i vv. 37-45 insistono sulla contrapposizione tra luce e tenebre («raggi de le quattro luci», «lume», «sol», «cieco fiume», «lucerna», «profonda notte», «nera... valle inferna»), e rimarcano così la radicale diversità del nuovo regno che si apre davanti a Dante. L'inizio del *Purgatorio* è una vera e propria riscoperta della luce: il dolce colore del cielo, la luminescenza di Venere, i raggi delle quattro stelle dell'emisfero australe, l'alba che rivela il tremolio del mare.

La dolcezza della natura La montagna del Purgatorio, infatti, si eleva nell'atmosfera terrestre, aperta ai mutamenti dell'aria e della luce che Dante ritrova con incanto. Mentre nel primo canto dell'*Inferno* la natura gli si era mostrata nei suoi aspetti più terribili (la «selva selvaggia», la ferocia delle fiere), e nella discesa infernale stravolta dal contrappasso, nel primo canto del *Purgatorio* il cielo, la luce, l'aria, il mare, la vegetazione: tutto è dolce e docile, come il giunco che cresce sulla battigia della spiaggia. Questa natura preannuncia quella che Dante incontrerà sulla cima della montagna, nell'Eden: la natura creata da Dio per la delizia e il conforto dell'uomo.

Il tempo umano Il Purgatorio vive ancora in un'atmosfera terrestre, e non solo in senso meteorologico o per la sua posizione geografica. Dei tre regni dell'oltretomba è l'unico sottomesso al tempo umano: a differenza di Inferno e Paradiso, non è eterno, ma ha avuto un inizio e avrà una fine; le stesse pene che le anime subiscono sono solo temporanee. La seconda è così la cantica del tempo e del mondo umani, ormai prossimi al balzo nell'eterno, che però non è ancora avvenuto. È la cantica della speranza e dell'attesa, e della dolcezza – «dolce» come il «color d'orïental zaffiro» che per primo riconforta gli occhi e l'anima di Dante – che deriva dalla certezza che la speranza è ben riposta e l'attesa avrà un lieto fine (cfr. **S12**, p. 181).

espansioni digitali

S LETTURE CRITICHE **L'interpretazione figurale di Catone** (E. Auerbach)

La figura di Catone Benché suicida, e dunque peccatore, Catone è posto all'ingresso del Purgatorio, con la funzione privilegiata di suo custode. Rifacendosi a una tradizione teologica precedente, Dante considera il suicidio di Catone, eccezionalmente, una manifestazione della perfetta libertà interiore e non un peccato. C'è poi l'ostilità di Catone nei confronti di Cesare, l'eroico fondatore dell'Impero. Anche qui, Catone rappresenta agli occhi di Dante un esempio di libertà assoluta: un uomo restato così come Dio lo aveva creato e come il Purgatorio deve far nuovamente diventare i peccatori pentiti che vi giungono. Se l'Impero è un rimedio storico ai vizi umani, Catone, semplicemente, non ha avuto bisogno di tale rimedio.

per studiare guida all'analisi T14

COMPRENDERE

1 In quale ora della giornata si colloca l'arrivo di Dante e di Virgilio nella spiaggia del Purgatorio? Quale rapporto ha con il I canto dell'*Inferno*, e quale valore allegorico assume?

2 La metafora della nave che apre il primo canto del *Purgatorio* riporta alla mente il viaggio di Ulisse. Quale legame e quale differenza c'è fra la conclusione del viaggio di Ulisse e la seconda tappa del viaggio di Dante?

ANALIZZARE

3 Che cosa intende Dante con l'espressione «mar sì crudele» (v. 3)?
- a il mare in cui naufragò e fu travolto Ulisse
- b il viaggio infernale
- c il mare che attraversano le anime purganti
- d il cammino nella selva oscura

4 Nel *Purgatorio* il viaggio è scandito dallo scorrere del tempo. Da chi o da che cosa è segnalato lo scorrere del tempo?
- a dal trascorrere del sole nel cielo e dall'alternarsi dei dì e delle notti
- b da Catone in quanto custode della montagna
- c dagli angeli che passano volando
- d dalle parole di Virgilio

INTERPRETARE E APPROFONDIRE

5 *libertà va cercando, ch'è sì cara,*
come sa chi per lei vita rifiuta
(vv. 71-72)

Ulisse compie il suo viaggio spinto dal desiderio di esperienza, invece Dante viaggia per cercare la libertà. Come va interpretata la parola "libertà" in questo contesto?

- a libertà da ogni vincolo sociale
- b libertà dalle norme morali
- c libertà dal carcere
- d libertà dal peccato

6 **Quali problemi pone la scelta di Dante di mettere Catone come custode del Purgatorio? Quale delle due risposte è corretta?**

- a Dante non conosceva interamente la biografia di Catone, e gli attribuisce la funzione di custode sulla base delle testimonianze storiche che lo tramandano come uomo rigoroso
- b Catone morì da suicida ma Dante non lo condanna, bensì gli attribuisce una funzione onorata nell'aldilà perché la sua scelta non fu di rifiutare la vita, bensì di testimoniarne il valore tramite l'esempio del sacrificio di sé

7 **Rintraccia nel canto le parole che appartengono al campo semantico della luce. Quale funzione allegorica ha tale insistenza sul tema della luce?**

- a indica che l'inizio del viaggio nel Purgatorio avviene quando il Sole è alto sull'orizzonte
- b rappresenta la continuità tra il viaggio nell'Inferno e quello nel Purgatorio
- c simboleggia l'imminente raggiungimento della beatitudine da parte delle anime
- d rimarca la radicale diversità del Purgatorio rispetto all'Inferno sia sotto il profilo del paesaggio sia sotto quello morale

S10 INFORMAZIONI E APPROFONDIMENTI

La struttura del Purgatorio

Dante costruisce il Purgatorio immaginando un'architettura speculare a quella dell'Inferno.

Inferno	Purgatorio
Cavità a forma di cono che si apre nelle profondità della Terra	Montagna a forma di (tronco di) cono formata dalla materia sfuggita dal centro della Terra alla caduta di Lucifero
Si estende dalla superficie terrestre al centro della Terra	Si eleva dalla superficie della Terra fino a toccare la sfera del fuoco, l'ultimo degli elementi corruttibili
La porta dell'Inferno si apre vicino a Gerusalemme, che Dante considerava il punto centrale dell'emisfero boreale	Il Purgatorio è posto agli antipodi di Gerusalemme, su un'isola al centro dell'emisfero australe completamente ricoperto dalle acque
Al centro dell'Inferno, che corrisponde al centro della Terra, si trova Lucifero, responsabile dell'ingresso del male nella creazione	In cima al Purgatorio, oltre la sfera del fuoco, si trova l'Eden o Paradiso Terrestre, il giardino creato da Dio perché Adamo ed Eva vi vivessero in felicità e innocenza

Pertugio Qui termina la «natural burella» che collega il centro della Terra al Purgatorio. Dante e Virgilio ne escono alla fine dell'*Inferno*.

Antipurgatorio Qui attendono di intraprendere la purificazione le anime che si pentirono in punto di morte.

Porta del Purgatorio È il vero e proprio ingresso del Purgatorio, custodito da un angelo.

Cornici Sono sette, e in ognuna viene punito un peccato capitale. Le anime sono sottoposte a una pena che corrisponde al peccato per contrappasso, come nell'Inferno; ma nel Purgatorio vengono anche proposti alla meditazione esempi delle virtù opposte al peccato punito. Alla sofferenza fisica del castigo corrisponde così un processo di elevazione spirituale. Inoltre, le anime si aiutano recitando preghiere.

Paradiso Terrestre (Eden) Fu creato da Dio come giardino in cui Adamo ed Eva potessero vivere in felicità e innocenza. I due progenitori dell'umanità ne furono cacciati dopo il peccato originale (cfr. **S10** ***Il peccato originale***). È l'ultimo luogo terrestre che le anime purificate attraversano prima di accedere al Paradiso: qui scorrono i fiumi Letè ed Eunoè, che cancellano il ricordo dei peccati passati e ravvivano quello del bene compiuto.

S11 PAROLE-CHIAVE

Peccato originale

Nella Genesi, il primo libro della Bibbia, si racconta che dopo la creazione del mondo Dio preparò un giardino (l'Eden o Paradiso Terrestre) perché vi abitassero i primi esseri umani, Adamo ed Eva. Dio disse loro che avrebbero potuto cibarsi di tutti i frutti degli alberi del giardino, tranne che di quelli dell'albero della conoscenza. Un serpente (Lucifero) spiegò a Eva che mangiando il frutto proibito lei e Adamo sarebbero diventati come Dio. Eva mangiò il frutto e lo offrì ad Adamo. Fu il primo peccato: un peccato di superbia. Adamo ed Eva furono cacciati dal Paradiso Terrestre e condannati a scontrarsi con una natura divenuta ostile.
Dante colloca l'Eden sulla cima della montagna del Purgatorio, poiché solo le anime che hanno compiuto il processo di purificazione ritrovano l'innocenza originaria perduta dai progenitori, grazie alla quale possono entrare di nuovo nel giardino pensato da Dio per la felicità dell'uomo.

S12 LETTURE CRITICHE

Olof Lagercrantz: la vita soave

Lo scrittore svedese Olof Lagercrantz (1911-2002) ha affiancato alla sua cospicua produzione poetica e narrativa un'incessante attività di critico e saggista. Nel 1964 pubblicò in Svezia un saggio divulgativo, ma ricco di notevoli intuizioni critiche, che intendeva favorire un approccio del pubblico svedese alla Commedia *dantesca:* **Scrivere come Dio**. Dall'Inferno al Paradiso. *L'intento divulgativo è evidente nelle doti di chiarezza e sinteticità della scrittura, negli esempi tratti dalla vita contemporanea che lo scrittore usa per chiarire meglio i passaggi del suo discorso. Ma il libro si segnala anche per l'originalità dello sguardo portato sul capolavoro dantesco: la distanza culturale da cui scrive Lagercrantz, unita a una grande erudizione sulla critica dantesca, fanno di* Scrivere come Dio *un'opera affascinante e godibile. Riportiamo alcuni brani tratti dal capitolo dedicato al* Purgatorio.

Il pellegrino Dante era approdato all'Inferno e ne aveva attraversato i nove cerchi come un forestiero attraversa una grande città di notte. Egli sapeva di essere giunto in un istituto di pena,[1] e tuttavia non l'aveva percorso con il codice[2] in mano, ma come uomo che ha il cuore in petto. Talvolta aveva reagito con pietà e talvolta con disgusto. Talvolta aveva pianto e talvolta aveva deriso. Egli non è mutato ora che è giunto in Purgatorio. Il luogo è una realtà, non una speculazione teologica. Le stelle che brillano sopra di lui quando emerge dagli inferi sono stelle reali. Il mare che si stende verso un orizzonte infinito è un mare reale. Quando sorge il sole, l'ombra che il suo corpo getta è reale. [...]

L'Inferno ci è estraneo ed ostile come istituto di pena, ma familiare come condizione. È un regno di uomini sofferenti quello che il pellegrino ha appena attraversato. Nel Purgatorio la situazione è la stessa. Un istituto di correzione per le anime dopo la morte appare alla maggior parte di noi irrazionale e grottesco. Ma come condizione non esiste per contro nulla che ci sia più familiare del Purgatorio, poiché esso è *tout court* identico alla nostra esistenza quale la viviamo sulla terra.

È perciò quella di Dante una scelta felice l'aver sistemato il Purgatorio non sottoterra, come per lo più si faceva nel medioevo, quale locale adiacente all'Inferno – Tommaso d'Aquino è fra coloro che abbracciarono questo concetto –, bensì sulla superficie terrestre. Sotto certi aspetti, il pellegrino inizia infatti in questo luogo la sua propria vita. Il Purgatorio, come ha detto Umberto Cosmo,[3] è il libro dei ricordi di Dante.

1. **istituto di pena:** *carcere*.
2. **codice:** codice di leggi, dunque 'come un giudice'.
3. **Umberto Cosmo:** celebre dantista italiano.

Si potrebbe anche dire: dall'incubo e dalla sofferenza senza speranza il racconto è stato ricondotto alla vita comune, di tutti i giorni. Nell'Inferno il dolore non ha senso alcuno. In Purgatorio, al contrario, la sofferenza è densa di significato e perciò la disperazione non prende mai il sopravvento. [...] Il Purgatorio è [...] la rappresentazione di una sofferenza che vale la pena di patire, di una dura fatica che dà risultati. Il Purgatorio è, nonostante tutto, una speranza salda. Esso è la nostra vita. Nel medesimo istante in cui Dante ci introduce nel Purgatorio noi ci riconosciamo. È la natura che abbiamo imparato a conoscere sulla terra quella che si stende intorno a noi. Il pellegrino si aggira entro paesaggi primaverili che richiamano luoghi italiani facilmente riconoscibili. Il narratore Dante, che poco fa aveva mostrato il suo talento nel descrivere deserti infuocati e lande imprigionate nel ghiaccio, mobilita ora tutta la sua capacità di tratteggiare la natura nel suo momento più soave. [...]

Dopo un'escursione negli inferi, dopo la visione di un'esistenza senza traccia di luce, abbiamo fatto ritorno alla nostra vita qual era un tempo, quando la vivevamo al meglio, o qual è quando ancora crediamo che valga la pena di crescere un figlio, di combattere la stupidità nel mondo o di penetrare in un grande poema.

O. Lagercrantz, *Scrivere come Dio*, Marietti, Casale Monferrato 1983, pp. 78-82.

T15 Il primo canto del *Paradiso*

Paradiso, I

concetti-chiave
- l'ineffabilità
- lo stile elevato
- la metafisica della luce
- l'ordinamento del cosmo

La gloria di Dio si estende ovunque, ma soprattutto nell'Empireo: là è stato Dante, che invoca Apollo perché lo aiuti a narrare la sua straordinaria visione. Egli è con Beatrice sulla vetta del Purgatorio, a mezzogiorno del giorno dell'equinozio di primavera. Beatrice fissa gli occhi nel sole e Dante fa lo stesso: sente allora di abbandonare la condizione umana e, alzandosi in volo, attraversa con la donna la sfera del fuoco. Stupefatto, le chiede come ciò sia possibile. Beatrice invita Dante ad abbandonare i criteri di giudizio terreni; poi gli spiega che, secondo l'ordine stabilito dalla Provvidenza, ogni cosa tende al suo fine. Questa legge spiega ogni fenomeno fisico e solo l'uomo può, in quanto dotato di libera volontà, sottrarvisi. Appunto seguendo questa legge universale, Dante sta salendo verso Dio, che è il sommo bene e l'oggetto ultimo di ogni desiderio umano.

LINGUA: italiano **DATAZIONE:** 1316-1321 ca.

La gloria di colui che tutto move
per l'universo penetra, e risplende
in una parte più e meno altrove.

METRO: terzine incatenate con rima ABA BCB CDC DED ecc.

1-3 *La gloria di colui che muove ogni cosa penetra attraverso l'universo e risplende in una parte di più e altrove meno.*

La prima terzina apre la cantica con una solenne visione dell'universo. Il cosmo è descritto nella sua unità gerarchicamente strutturata: la potenza di Dio lo pervade, benché in forme diverse secondo il grado di perfezione degli esseri. Già in questi primi versi incontriamo le due sfere semantiche di cui Dante si servirà per tutto il *Paradiso* per esprimere l'ontologia (cioè la concezione di ciò che esiste) cristiana e medievale: la presenza di Dio nel creato si manifesta attraverso la luce e il movimento. **colui... move**: Dio. Tutto ciò che esiste nell'universo è mosso dal desiderio di congiungersi al proprio creatore. **in una...altrove**: tutte le creature ricevono da Dio il raggio che le vivifica, ma ognuna lo manifesta in misura diversa.

Nel ciel che più de la sua luce prende
fu' io, e vidi cose che ridire
né sa né può chi di là sù discende;
perché appressando sé al suo disire,
nostro intelletto si profonda tanto,
che dietro la memoria non può ire.
Veramente quant'io del regno santo
ne la mia mente potei far tesoro,
sarà ora materia del mio canto.
O buono Appollo, a l'ultimo lavoro
fammi del tuo valor sì fatto vaso,
come dimandi a dar l'amato alloro.
Infino a qui l'un giogo di Parnaso
assai mi fu; ma or con amendue
m'è uopo intrar ne l'aringo rimaso.
Entra nel petto mio, e spira tue
sì come quando Marsïa traesti
de la vagina de le membra sue.
O divina virtù, se mi ti presti
tanto che l'ombra del beato regno
segnata nel mio capo io manifesti,
vedra'mi al piè del tuo diletto legno
venire, e coronarmi de le foglie
che la materia e tu mi farai degno.
Sì rade volte, padre, se ne coglie
per trïunfare o cesare o poeta,
colpa e vergogna de l'umane voglie
che parturir letizia in su la lieta
delfica deïtà dovria la fronda
peneia, quando alcun di sé asseta.
Poca favilla gran fiamma seconda:
forse di retro a me con miglior voci
si pregherà perché Cirra risponda.
Surge ai mortali per diverse foci
la lucerna del mondo; ma da quella
che quattro cerchi giugne con tre croci,

4-12 *Io sono stato nel cielo che accoglie maggiormente la sua luce* (**più de la sua luce prende**), *e vidi cose che non sa né può ripetere chi scende di lassù; perché, avvicinandosi* (**appressando sé**) *all'[oggetto di ogni suo] desiderio* (**disire**) *il nostro intelletto tocca tali profondità* (**si profonda tanto**) *che la memoria non può seguirlo* (**dietro...ire** = 'andare'). *Tuttavia* (**Veramente**), *tutto ciò che* (**quant'**) *del santo regno io ho potuto conservare come un tesoro nella mia memoria* (**mente**), *sarà ora oggetto* (**materia**) *della mia poesia* (**canto**).

ciel...prende: l'Empireo, il cielo di luce e amore che si estende eternamente e infinitamente oltre l'universo e nel quale risiedono Dio, gli angeli e i beati. **appressando...disire**: Dio è il fine ultimo di ogni cosa, e tutto desidera ricongiungersi a lui. **Veramente**: significa, come il latino *verumtamen*, 'tuttavia'. **regno santo**: il Paradiso.

13-21 *O nobile* (**buono**) *Apollo, fai di me per quest'ultima fatica* (**lavoro**) *un recipiente* (**vaso**) *così capiente* (**siffatto**) *della tua potenza* (**valor**), *come richiedi* (**dimandi**) *per conferire l'alloro [da te] amato. Fin qui una sola delle due cime* (**giogo**) *di Parnaso mi fu sufficiente* (**assai**), *ma ora è necessario* (**è uopo**) *che io entri con entrambe* (**amendue**) *nella gara* (**aringo**) *che mi rimane* (**rimaso** = 'rimasto') *[da affrontare]. Entra nel mio petto, e canta* (**spira**) *tu* (**tue**) *stesso, come quando tirasti fuori* (**traesti**) *Marsia dall'involucro* (**vagina**) *delle sue membra.*

Dopo l'invocazione generica alle Muse (*Inferno*, II, 7-9) e quella particolare a Calliope (*Purgatorio*, I, 7-12) ora Dante si rivolge al dio della poesia, Apollo, perché gli presti l'ispirazione per esprimere le realtà ultime dell'universo. **sì fatto vaso**: il termine 'vaso' richiama la definizione di san Paolo come «vaso di elezione» (cfr. *Inferno*, II, 28). **alloro**: il segno della gloria poetica. **l'un giogo di Parnaso**: il monte Parnaso, che si trova in Grecia, era considerato dagli antichi la dimora di Apollo. Le sue due cime avevano nome, rispettivamente, Elicona (sede del dio Bacco) e Parnaso (dove dimorava Apollo). In Grecia vi era però anche un altro monte di nome Elicona, considerato la sede delle Muse. Dante confonde la cima Elicona con il monte Elicona: immagina dunque un unico monte, con due cime: il Parnaso sede di Apollo e l'Elicona sede delle Muse. Fino a questo momento gli è stato sufficiente l'aiuto delle Muse, evocate all'inizio del viaggio in Inferno e Purgatorio; ora ha bisogno di un'ispirazione più alta. Dante chiede ad Apollo di cantare, attraverso lui, come meglio sa fare: come quando vinse in gara il satiro Marsia, che aveva osato sfidarlo e che, una volta sconfitto, per punizione fu scorticato (cfr. **S14**, p. 190).

22-27 *O divina potenza* (**virtù**), *se ti concedi a me* (**mi ti presti**) *tanto che io riesca a esprimere* (**io manifesti**) *l'ombra del beato regno impressa nella mia mente* (**nel mio capo**), *mi vedrai venire ai piedi del tuo amato albero* (**diletto legno**), *e incoronarmi delle foglie [di alloro] di cui la materia e tu mi renderete degno.*

diletto legno: l'albero di alloro, amato da Apollo perché in esso si era trasformata la ninfa Dafne. Ma, secondo l'identificazione cristiana di Apollo-sole con Cristo-sole, il 'legno' richiama anche la croce di Cristo.

28-36 *Così poche volte, padre, se ne coglie per celebrare il trionfo* (**trïunfare**) *di un imperatore* (**cesare**) *o di un poeta – colpa e vergogna dei desideri* (**voglie**) *umani – che le foglie dell'alloro* (**fronda peneia**) *dovrebbero generare* (**parturir**) *letizia alla lieta divinità di Delfi* (**delfica deïtà**), *quando [una simile gloria] suscita in qualcuno il desiderio* (**asseta**) *di riceverla* (**di sé**). *Una piccola scintilla* (**favilla**) *produce* (**seconda**) *una gran fiamma: forse dopo di me con voci migliori [della mia] si pregherà perché Apollo* (**Cirra**) *risponda.*

o cesare o poeta: l'alloro coronava anche gli imperatori romani. **colpa...voglie:** le ambizioni (**voglie**) degli uomini, secondo Dante, sono colpevolmente e vergognosamente rivolte a méte diverse da quelle che l'umanità dovrebbe considerare come le più alte: la pace universale, da ottenere attraverso la restaurazione dell'Impero, e la creazione poetica. **fronda peneia**: le foglie (**fronda**) dell'albero di alloro, in cui si era trasformata Dafne, ninfa figlia di Peneo (**peneia**). **delfica deïtà**: a Delfi sorgeva uno dei più importanti luoghi di culto della Grecia antica, in cui si trovava l'oracolo di Apollo. **Cirra**: città consacrata ad Apollo che si trovava sulla cima del Parnaso.

37-42 *La lampada* (**lucerna**) *che illumina il mondo [= il sole] sorge per gli esseri umani* (**ai mortali**) *da diversi punti dell'orizzonte* (**foci**); *ma da quel [punto] che congiunge quattro cerchi con tre croci, [il sole] è in*

con miglior corso e con migliore stella
esce congiunta, e la mondana cera
più a suo modo tempera e suggella.
Fatto avea di là mane e di qua sera
tal foce, e quasi tutto era là bianco
quello emisperio, e l'altra parte nera,
quando Beatrice in sul sinistro fianco
vidi rivolta e riguardar nel sole:
aquila sì non li s'affisse unquanco.
E sì come secondo raggio suole
uscir del primo e risalire in suso,
pur come pelegrin che tornar vuole,
così de l'atto suo, per li occhi infuso
ne l'imagine mia, il mio si fece,
e fissi li occhi al sole oltre nostr'uso.
Molto è licito là, che qui non lece
a le nostre virtù, mercé del loco
fatto per proprio de l'umana spece.
Io nol soffersi molto, né sì poco,
ch'io nol vedessi sfavillar dintorno,
com' ferro che bogliente esce del foco;
e di sùbito parve giorno a giorno
essere aggiunto, come quei che puote
avesse il ciel d'un altro sole addorno.
Beatrice tutta ne l'etterne rote
fissa con li occhi stava; e io in lei
le luci fissi, di là sù rimote.
Nel suo aspetto tal dentro mi fei,
qual si fé Glauco nel gustar de l'erba
che 'l fé consorto in mar de li altri dèi.

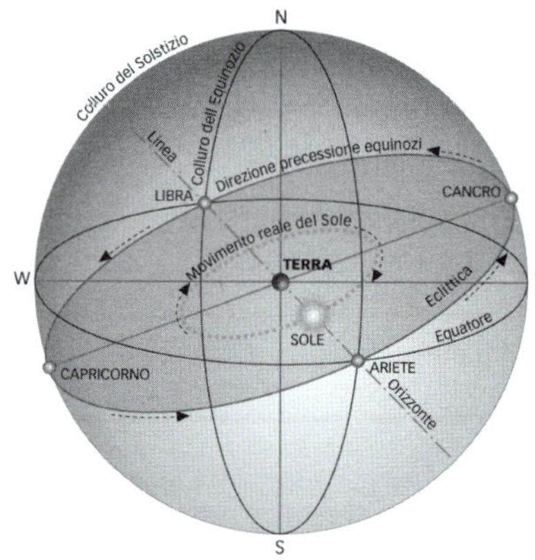

Il grafico permette di comprendere la complessa e precisa immagine astronomica evocata da Dante

congiunzione (**congiunta**) *con la stagione* (**corso**) *e la costellazione* (**stella**) *più favorevole* (**miglior**), *e plasma e forma* (**tempera e suggella**) *la materia* (**mondana cera**) *più a proprio modo.*

Come nelle cantiche precedenti, Dante comincia la narrazione del nuovo viaggio indicando la data e l'ora del giorno: siamo nei giorni dell'equinozio di primavera. **quattro cerchi... tre croci**: nell'equinozio di primavera si intersecano diverse linee astronomiche formando tre croci; i quattro cerchi sono l'equatore, l'eclittica, l'orizzonte e il coluro equinoziale (cfr. immagine). I numeri, però, suggeriscono una simbologia più vasta, e fanno probabilmente riferimento alle quattro virtù cardinali e alle tre teologali. **miglior corso...stella**: il sole è in congiunzione con l'Ariete, che viene detta la costellazione più favorevole all'uomo perché con essa comincia la primavera, la stagione più dolce, in cui Dio ha creato il mondo. **cera...suggella**: letteralmente: 'imprime il suo sigillo sulla cera terrestre'.

43-48 *Tale punto dell'orizzonte* (**foce**) *aveva fatto mattino di là* [in Purgatorio] *e di qua* [nell'emisfero settentrionale] *sera, e là quell'emisfero* (**emisperio**) *era quasi tutto bianco, e l'altro emisfero* (**l'altra parte**) *nero, quando vidi Beatrice voltata sul fianco sinistro e* [vidi Beatrice] *fissare il sole: nessun'aquila vi si fissò* (**s'affisse**) *mai* (**unquanco**) *così intensamente* (**sì**).

In questi versi Dante indica il momento della giornata in cui comincia l'azione. È quasi mezzogiorno, quando il sole illumina completamente uno dei due emisferi (in questo caso quello australe dove si trova il Purgatorio). L'ora ha un valore simbolico: è il momento in cui la luce del giorno raggiunge il massimo splendore. **di là**: in Purgatorio. Dante scrive – e noi leggiamo – dall'emisfero boreale; per lui come per noi il Purgatorio si trova **di là**. **tal foce**: quel punto dell'orizzonte; quindi: il sorgere del sole, l'alba.

49-57 *E così come un raggio riflesso* (**secondo**) *si stacca sempre* (**suole uscir**) *dal primo e risale in su* (**suso**), *proprio* (**pur**) *come un pellegrino vuole ritornare* [in patria], *così il mio atteggiamento* (**atto**) *si trasformò nel suo* (**de l'atto suo...il mio si fece**), *trasmesso* (**infuso**) *attraverso gli occhi alla mia vista* (**imagine**), *e fissai gli occhi nel sole più di quanto siamo soliti fare* (**oltre nostr'uso**). *Là* [nel Paradiso Terrestre], *in virtù* (**mercé**) *del luogo che è stato fatto appositamente per la specie umana, alle nostre facoltà* (**virtù**) *è consentito di fare molte cose, che qui non è possibile fare* (**non lece**).

Beatrice è come uno specchio per Dante: il poeta non è ancora pronto a fissare direttamente la luce divina, ma, come un raggio riflesso, vi viene indirizzato dalla sua donna. **E sì come...suso**: un raggio luminoso, quando incontra una superficie specchiante, genera un secondo raggio riflesso, che tende a tornare verso il luogo di origine.

58-63 *Io non lo sopportai* (**soffersi**) *a lungo, ma neppure così poco che non lo* [il sole] *vedessi sfavillare intorno, come il ferro che esce incandescente* (**bogliente**) *dal fuoco; e improvvisamente* (**di sùbito**) *sembrò che alla luce del giorno si aggiungesse la luce di un altro giorno, come* [se] *colui che può* (**puote**) [farlo] *avesse adornato il cielo di un altro sole.*

64-69 *Beatrice stava tutta fissa con gli occhi alle sfere* (**rote**) *eterne; e io, distolti* (**rimote**) *gli occhi* (**le luci**) *da lassù* [: dal sole], *li fissai su di lei. Guardandola* (**Nel suo** [: di lei] **aspetto**) *diventai* (**mi fei**) *dentro di me tal quale diventò* (**si fé**) *Glauco assaggiando* (**nel gustar**) *l'erba che lo rese simile* (**consorto**) *in mare agli altri dèi.*

Glauco: Glauco era un pescatore che un giorno, posando la pesca su un prato, si accorse che i pesci, mangiando quell'erba, riprendevano vita e si rigettavano in acqua. Mangiò anche lui quell'erba, e fu reso immortale e trasformato in una divinità marina. **consorto**: letteralmente, 'che condivide la stessa sorte, la stessa condizione'.

Trasumanar significar *per verba*
non si poria; però l'essemplo basti
a cui esperïenza grazia serba.
S'i' era sol di me quel che creasti
novellamente, amor che 'l ciel governi,
tu 'l sai, che col tuo lume mi levasti.
Quando la rota che tu sempiterni
desiderato, a sé mi fece atteso
con l'armonia che temperi e discerni,
parvemi tanto allor del cielo acceso
de la fiamma del sol, che pioggia o fiume
lago non fece alcun tanto disteso.
La novità del suono e 'l grande lume
di lor cagion m'accesero un disio
mai non sentito di cotanto acume.
Ond'ella, che vedea me sì com'io,
a quïetarmi l'animo commosso,
pria ch'io a dimandar, la bocca aprio
e cominciò: «Tu stesso ti fai grosso
col falso imaginar, sì che non vedi
ciò che vedresti se l'avessi scosso.
Tu non se' in terra, sì come tu credi;
ma folgore, fuggendo il proprio sito,
non corse come tu ch'ad esso riedi».
S'io fui del primo dubbio disvestito
per le sorrise parolette brevi,
dentro ad un nuovo più fu' inretito
e dissi: «Già contento *requïevi*
di grande ammirazion; ma ora ammiro
com'io trascenda questi corpi levi».
Ond'ella, appresso d'un pïo sospiro,
li occhi drizzò ver' me con quel sembiante
che madre fa sovra figlio deliro,
e cominciò: «Le cose tutte quante
hanno ordine tra loro, e questo è forma
che l'universo a Dio fa simigliante.
Qui veggion l'alte creature l'orma
de l'etterno valore, il qual è fine
al quale è fatta la toccata norma.
Ne l'ordine ch'io dico sono accline

70-75 *Non si potrebbe esprimere in parole* (**per verba**) *cosa significa andare oltre l'umano* (**Trasumanar**)*; perciò sia sufficiente il paragone per coloro ai quali* (**a cui**) *la grazia riserva* (**serba**) *la stessa esperienza. O spirito d'amore che governi i cieli, tu, che con la tua luce mi hai sollevato* (**mi levasti**) *[verso il cielo], tu sai se [ciò che hai elevato al cielo] era soltanto quella parte di me* (**sol di me**) *che hai creato per ultima* (**novellamente**).

Dante è arrivato nel primo cielo: sta perciò vivendo un'esperienza che va oltre i confini dell'umano. Non ha neppure una piena coscienza di ciò che gli è avvenuto. Solo Dio può sapere se il suo viaggio in Paradiso è stato compiuto con il corpo o soltanto in spirito.

76-81 *Quando il cielo* (**rota**) *che tu [Dio] fai girare eternamente* (**sempiterni**) *con il desiderio che susciti* (**desiderato**) *attirò la mia attenzione* (**a sé mi fece atteso**) *con l'armonia che moduli* (**temperi**) *e distingui* (**discerni**)*, allora mi sembrò* (**parvemi**) *che una così gran parte* (**tanto**) *del cielo fosse stata incendiata* (**acceso**) *dalla fiamma del sole, che nessuna pioggia o nessun fiume fece mai un lago tanto esteso* (**disteso**).

Dante si accorge di aver mutato luogo e condizione attraverso segni luminosi e sonori: vede una luce immensa e sente per la prima volta la musica emanata dalle sfere celesti con la loro rotazione.

82-93 *La novità del suono e la gran luce mi provocarono un desiderio* (**m'accesero un disio**) *di [conoscere] la loro origine* (**cagion**) *che non avevo mai sentito con tanta intensità* (**di cotanto acume**)*. Perciò Beatrice* (**ella**)*, che vedeva dentro di me come io stesso, aprì* (**aprio**) *la bocca per calmare* (**a quïetarmi**) *il mio animo agitato* (**commosso**)*, prima che io potessi farlo per domandare, e cominciò: «Tu stesso ti metti in errore* (**fai grosso** = 'rendi rozzo') *con pensieri sbagliati* (**col falso imaginar**)*, così che non capisci* (**vedi**) *ciò che capiresti se ti fossi liberato* (**scosso**) *[di quei pensieri sbagliati]. Non sei sulla terra, come credi; ma un fulmine, fuggendo dal proprio luogo* (**sito**)*, non corse come te, che ora vi* (**ad esso**) *ritorni* (**riedi**) *[al tuo luogo di origine]».*

Sono le prime parole di Beatrice nel *Paradiso*, e subito mostrano la funzione principale che la nuova guida avrà per Dante: attraverso la sua bocca passerà buona parte del discorso teologico e dottrinario della cantica. In questi versi spiega a Dante, frastornato e confuso, cosa gli stia succedendo: ha lasciato la terra e si dirige verso il cielo della luna. Ogni essere dell'universo ha infatti un proprio **sito**, il luogo destinatogli nell'ordine provvidenziale di Dio; quello degli esseri umani purificati e redenti come Dante è il Paradiso. **vedea...com'io**: Beatrice conosce ciò che si agita nella mente di Dante perché, come tutti i beati, può godere della piena conoscenza di ogni cosa contemplandola in Dio, che tutto vede e tutto conosce. **folgore...sito**: il luogo proprio dei fulmini è la sfera del fuoco. Da essa si allontanano, con un movimento contronatura, quando cadono sulla terra.

94-99 *Se io fui liberato* (**disvestito**) *del primo dubbio grazie alle brevi dolci parole pronunciate con un sorriso* (**sorrise...parolette**)*, fui maggiormente invischiato* (**inretito**) *da un nuovo dubbio, e dissi: «Per un momento* (**Già**) *mi sono placato* (**requïevi**)*, soddisfatto* (**contento**) *del mio grande stupore* (**ammirazion**)*; ma ora mi stupisco* (**ammiro**) *di come io possa salire oltre questi corpi più leggeri [di me]».*

com'io trascenda...levi: Dante sta attraversando la sfera dell'aria e del fuoco con il suo corpo, che è più pesante di quegli elementi. Esso è però "trasumanato", cioè diventato simile a quelli dei beati risuscitati il giorno del giudizio.

100-108 *Per cui Beatrice* (**Ond'ella**)*, dopo un affettuoso* (**pïo**) *sospiro, rivolse* (**drizzò**) *gli occhi a me* (**ver'** = 'verso' **me**) *con quell'espressione* (**sembiante**) *che fa la madre di fronte al figlio che dice cose insensate* (**deliro**)*, e cominciò: «Tutte quante le cose sono in un rapporto ordinato fra loro, e questo ordine è il principio* (**forma**) *che rende l'universo conforme* (**simigliante**) *al [volere di] Dio. In questo ordine le creature dotate di intelligenza* (**alte**) *scorgono la traccia* (**orma**) *dell'eterna potenza* (**valore**)*, che è il fine per il quale è stata fatta la norma di cui ho detto* (**toccata norma**).

forma: termine tecnico della teologia medievale. Indica il principio essenziale delle cose.

109-114 *Nell'ordine che ti sto illustrando* (**ch'io dico**)*, tutte le cose* (**nature**) *sono predisposte* (**accline**) *in modi di-*

tutte nature, per diverse sorti,
111 più al principio loro e men vicine;
onde si muovono a diversi porti
per lo gran mar de l'essere, e ciascuna
114 con istinto a lei dato che la porti.
Questi ne porta il foco inver' la luna;
questi ne' cor mortali è permotore;
117 questi la terra in sé stringe e aduna;
né pur le creature che son fore
d'intelligenza quest'arco saetta,
120 ma quelle c'hanno intelletto e amore.
La provedenza, che cotanto assetta,
del suo lume fa 'l ciel sempre quïeto
123 nel qual si volge quel c'ha maggior fretta;
e ora lì, come a sito decreto,
cen porta la virtù di quella corda
126 che ciò che scocca drizza in segno lieto.
Vero è che, come forma non s'accorda
molte fiate a l'intenzion de l'arte,
129 perch'a risponder la materia è sorda,
così da questo corso si diparte
talor la creatura, c'ha podere
132 di piegar, così pinta, in altra parte;
e sì come veder si può cadere
foco di nube, sì l'impeto primo
135 l'atterra torto da falso piacere.
Non dei più ammirar, se bene stimo,
lo tuo salir, se non come d'un rivo
138 se d'alto monte scende giuso ad imo.
Maraviglia sarebbe in te se, privo
d'impedimento, giù ti fossi assiso,
141 com'a terra quïete in foco vivo».
Quinci rivolse inver' lo cielo il viso.

D. Alighieri, *La Commedia secondo l'antica vulgata*, cit.

versi (**per diverse sorti**), *più o meno vicine al proprio creatore* (**principio loro**); *per cui* (**onde**) *si muovono attraverso il grande mare dell'essere verso fini* (**porti**) *diversi, e ciascuna grazie all'istinto che le è stato dato per guidarla* (**che la porti**).

istinto: ogni cosa è stata dotata da Dio di una naturale inclinazione verso il suo bene.

115-120 *Questo ordine* (**Questi**) *spinge il fuoco verso la luna; questo ordine è il principio vitale* (**permotore** = 'ciò che fa muovere') *nei cuori mortali* [*degli esseri viventi*]; *questo ordine tiene unita* (**stringe**) *e compatta* (**aduna**) *la terra; e questo arco non lancia come frecce* (**saetta**) *solo* (**pur**) *le creature che sono prive* (**fore** = 'fuori') *d'intelligenza, ma anche quelle che sono dotate di ragione* (**intelletto**) *e amore.*

Beatrice mostra con esempi concreti le affermazioni dei versi precedenti. La fisica medievale spiegava i diversi comportamenti dei fenomeni naturali attraverso il concetto della loro naturale inclinazione: il fuoco tende a salire verso la sfera del fuoco posta sotto il cielo della luna; gli esseri viventi sono animati da un principio vitale che ne determina la vita organica; la terra è attratta verso il basso (è quella che noi chiamiamo forza di gravità). Anche le creature razionali, come gli uomini e gli angeli, sono animate da un simile istinto, che le guida naturalmente verso il loro bene, Dio. **arco**: la volontà di Dio che volge ogni cosa al proprio bene è come l'azione di un arciere che indirizza le proprie frecce contro un bersaglio. **intelletto e amore**: le creature superiori (**alte**) non sono solo dotate di intelligenza, ma anche della libertà del volere (l'**amore** che suscita il desiderio e quindi la volontà).

121-126 *La provvidenza* (**provedenza**) [*divina*], *che dispone* (**assetta**) *tutto questo* (**cotanto**), *rende sempre pago* (**quïeto**) *della sua luce il cielo* [*Empireo*] *nel quale ruota* (**si volge**) *quel cielo che si muove più velocemente; e ora lì, come al luogo che ci è stato destinato* (**decreto**), *ci* (**cen**) *porta la potenza* (**virtù**) *di quella corda* [*d'arco*] *che fa arrivare* (**drizza**) *tutto ciò che scaglia* (**scocca**) *a un felice bersaglio* (**segno lieto**).

'l ciel...fretta: l'Empireo è il cielo immobile (**quïeto**), perennemente pago della presenza di Dio. All'interno dell'Empireo è contenuto tutto l'universo; il nono cielo, il Primo Mobile, è in contatto diretto con l'Empireo e ruota più velocemente di tutti gli altri per il desiderio di mantenersi il più possibile in contatto con l'Empireo (cioè con Dio). **sito decreto**: il luogo che Dio ha destinato agli esseri razionali, uomini e angeli, è l'Empireo, dove il desiderio di Dio (che è il fine loro proprio) può essere soddisfatto. **quella corda...lieto**: Dio ha ordinato ogni cosa per il proprio bene.

127-135 *È vero che, come molte volte* (**fiate**) *la forma non si accorda al progetto dell'artista* (**intenzion de l'arte**), *perché la materia è recalcitrante* (**sorda**) *a obbedire* (**a risponder**), *così talora la creatura che ha la facoltà* (**podere**) *di volgersi da un'altra parte* (**piegar...in altra parte**), *essendo stata creata* (**pinta**) *così, si allontana* (**si diparte**) *da questo corso; e come si può veder cadere il fuoco da una nube, così il primo impulso* (**impeto**), *deviato* (**torto**) *da un piacere ingannevole* (**falso**), *la precipita a terra* (**l'atterra**).

la creatura...in altra parte: le creature dotate di libero arbitrio: gli uomini e gli angeli. **foco di nube**: il fulmine. **falso piacere**: ogni bene che non indirizza a Dio è un bene fittizio, ingannevole.

136-142 *Se vedo giusto* (**bene stimo**), *non ti devi* (**dei**) *più stupire* (**ammirar**) *del fatto che tu stia salendo, se non come* [*ti stupiresti*] *di un ruscello, se dall'alto del monte scende giù* (**giuso**) *verso il basso* (**ad imo**). *Sarebbe stupefacente* (**Maraviglia**) *se tu, privo di impedimenti, fossi rimasto fermo* (**ti fossi assiso** = 'ti fossi seduto') *in basso* (**giù**), *come in terra* [*sarebbe stupefacente*] *vedere un fuoco vivo che se ne sta immobile* (**quïete...in foco**)». *Quindi rivolse lo sguardo* (**il viso**) *verso il cielo.*

analisi e interpretazione T15

le forme

I tre *incipit* La terza cantica della *Commedia* si apre, come le precedenti, con la presentazione dell'argomento e la preghiera perché un'ispirazione dall'alto soccorra il poeta. Se leggiamo uno dopo l'altro i tre *incipit* possiamo notare che sono disposti in una *climax* ascendente, in un "crescendo". Nel secondo canto dell'*Inferno* (che, come abbiamo visto, costituisce il vero e proprio inizio della cantica) Dante invoca in una terzina le Muse, il proprio ingegno e la propria memoria. Nel primo canto del *Purgatorio* l'invocazione si espande su due terzine, e Dante chiede il soccorso della più importante delle Muse, Calliope. Nel primo canto del *Paradiso*, infine, Dante chiede ispirazione ad Apollo, il dio della poesia che guidava il coro delle Muse (cfr. **S13**): l'invocazione si estende su nove terzine (vv. 13-21), ed è seguita da una premonizione di gloria poetica (vv. 22-36).

L'innalzamento stilistico Il crescendo dell'invocazione segnala la necessità di un impegno poetico sempre maggiore. Nel *Paradiso* Dante descrive una realtà che oltrepassa i confini dell'umano: perciò in questa più che nelle altre cantiche ritorna con insistenza il tema dell'insufficienza della parola umana. Alla maggior altezza dell'argomento deve corrispondere un impegno stilistico massimo, che possiamo cogliere già in questo primo canto. La complessità di pensiero che la poesia di Dante deve veicolare si dispiega soprattutto nella seconda parte, quella più propriamente teologica; ma l'innalzamento necessario per esprimere realtà così sublimi e sovrumane si dispiega ovunque.

Il lessico Possiamo innanzitutto notare un lessico diverso da quello infernale e purgatoriale. Dante usa molti latinismi, molti termini tecnici tratti dalla teologia o dalla fisica (in questo canto dall'astronomia e dall'ottica) e, quando gli sono necessarie, inventa anche nuove parole ('neologismi') come, in questo canto, «Trasumanar» e «sempiterni».

Le metafore Anche la struttura del discorso si fa più complessa. In questo canto troviamo ancora molte similitudini, cui l'*Inferno* e il *Purgatorio* ci hanno già abituati, delle quali Dante si serve per descrivere realtà straordinarie attraverso riferimenti alla realtà conosciuta dai suoi lettori (il raggio riflesso e il pellegrino ai vv. 49-51; il ferro incandescente al v. 60; il fulmine ai vv. 91-93 e 133-134; la madre in rapporto al figlio ai vv. 101-102; il fiume che scende dalla montagna ai vv. 137-138; il fuoco al v. 141). Ma quello che più colpisce è l'incremento dell'uso delle metafore. Solo nei primi versi troviamo le metafore del «vaso», dell'«alloro» (e del «diletto legno», della «fronda peneia»), dell'«aringo». Ma più interessanti sono altre metafore, che servono a esprimere i concetti più astratti e che ritornano più volte: l'immagine della «cera» su cui si imprime il «suggello» o l'«orma» della virtù divina, poi ripresa dall'immagine della «materia» forgiata dalla mano dell'artista; quella di Dio-arciere, che indirizza le creature a un fine orientato al loro bene; e infine l'immagine più suggestiva: il «gran mar de l'essere» su cui ogni cosa si muove diretta al proprio «porto».

i temi e i motivi

Dal «pelago» al «mar de l'essere» Quest'ultima metafora ci induce, ancora una volta, a ritornare sui primi canti di *Inferno* e *Purgatorio*. All'inizio del poema avevamo trovato la similitudine del naufrago, «uscito fuor del pelago a la riva»: il mare vi si presenta nel suo aspetto più terribile, l'«acqua perigliosa» che inghiotte la vita di chi vi si avventura incautamente (e non possiamo non ricordare, a questo proposito, il naufragio con cui si chiude la vicenda di Ulisse). All'inizio del *Purgatorio*, invece, il mare ci si presenta nel suo aspetto più dolce: Dante intravede appena, alla luce dell'alba, il «tremolar de la marina». Infine, nel *Paradiso*, l'immagine si allarga, occupa tutto l'universo, che si trasforma in un grande, immenso oceano in cui ogni creatura cerca il proprio «porto»: un porto sicuro, perché vi si è guidati da Dio, un porto che difenda dai pericoli e dai naufragi.

La metafisica della luce Nel primo canto del *Paradiso* è un altro elemento naturale a dominare. Dante si sforza di esprimere l'ineffabile realtà divina attraverso un'area semantica che pervade tutta la cantica: quella della luce. Dio è luce: a differenza dell'*Inferno*, che comincia la sera e si svolge tutto nelle tenebre, e del *Purgatorio*, che comincia all'alba e che descrive i mutamenti della luce nel tempo umano, il *Paradiso* comincia a mezzogiorno, l'ora del trionfo della luce. E di trionfi di luce, di spettacoli luminosi, sarà composto tutto il *Paradiso*; le anime stesse dei beati sono avvolte di luce, luce che nasconde i loro corpi, divenuti splendenti per il riflesso dello splendore divino. La luce, con la sua natura insieme materiale e immateriale, è l'unico elemento naturale capace di rendere la compresenza di realtà fisica e metafisica, i paesaggi astratti del mondo beato (sulla struttura del *Paradiso* cfr. **S13**, p. 189).

per studiare *guida all'analisi* T15

COMPRENDERE

1 La prima terzina del *Paradiso* esprime la concezione teologica di Dante, che è riassunta in uno dei seguenti enunciati. Quale?

a Dio è un'entità immobile in mezzo al creato
b Dio si manifesta nel creato attraverso la luce e il movimento
c Dio si prende cura del creato in modo graduale
d la luce di Dio si manifesta ugualmente in tutto il creato

2 Nei vv. 10-12 Dante preannuncia al lettore che la materia della terza cantica sarà

- a ciò che ha potuto conservare nella memoria della sua esperienza nel Paradiso
- b tutto ciò che ha appreso dai beati nel regno di Dio
- c quello che Beatrice gli ha insegnato salendo verso l'Empireo
- d quello ha potuto comprendere del suo viaggio nel regno dei morti

3 Il verbo «Trasumanar» (v. 70) è coniato da Dante per significare

- a diventare un beato
- b passare dallo stato di uomo a quello di angelo
- c assumere fattezze diverse da quelle umane
- d entrare nella dimensione divina

4 Qual è la definizione dell'Empireo? Rintracciala tra le citazioni seguenti.

- a «l'etterne rote» (64)
- b «la rota che tu sempiterni» (76)
- c «'l ciel sempre quïeto» (122)
- d «quel c'ha maggior fretta» (123)

5 A chi si riferisce la metafora della «corda che ciò che scocca drizza in segno lieto»?

- a a Dio che, come un arciere provetto, indirizza le creature a un fine di bene
- b a Beatrice, che guiderà Dante nel suo viaggio verso il regno dei beati
- c a Dante, che si è liberato dal peccato e può innalzarsi al cielo
- d ai beati, che vivono nella letizia di Dio

ANALIZZARE

6 In riferimento ai vv. 1-9, completa la tabella inserendo i termini o gli enunciati che rimandano alle sfere semantiche individuate.

luce	movimento	Dio	condizione umana
....	....	....	....
....	....	....	....
....	....	....	....

7 Quale rapporto emerge tra Dio e l'uomo?

- a infinitezza/finitezza
- b bontà/malignità
- c intelligenza/stoltezza
- d generosità/meschinità

8 Come va interpretata l'invocazione ad Apollo (vv. 13 e sgg.)?

- a Dante crede all'esistenza di Apollo in quanto dio della poesia
- b il poeta rispetta la tradizione per significare che l'ispirazione proviene da una realtà trascendente
- c il poeta si adegua passivamente alla prassi che vuole che il poema inizi con una invocazione
- d trattandosi di un poema cristiano, l'invocazione è blasfema

INTERPRETARE E APPROFONDIRE

9 Nel primo canto Beatrice fa il suo primo discorso teologico. Qual è l'argomento principale?

- a l'ordine e la finalità dell'universo
- b la giustizia di Dio
- c la stoltezza delle creature
- d il libero arbitrio

10 Il viaggio nel Paradiso comincia a mezzogiorno. Quale valore allegorico ha tale ora, anche in riferimento agli *incipit* delle due cantiche precedenti?

S13 INFORMAZIONI E APPROFONDIMENTI

La struttura del Paradiso

Sfera del fuoco Il fuoco è uno dei quattro elementi che compongono il centro corruttibile dell'universo, dove si trova la Terra. La sfera del fuoco circonda l'atmosfera e separa il mondo terreno dai cieli.

espansioni digitali

S PASSATO E PRESENTE
Astronomia e astrologia (M. Hack)

I-VII cielo Intorno alla Terra ruotano nove cieli, a forma di sfere concentriche. I cieli sono eterni, composti di materia incorruttibile (la quinta essenza o etere), creata da Dio insieme agli angeli e all'anima dell'uomo, le sostanze immortali presenti nel cosmo. I primi sette cieli prendono il nome dal pianeta che ruota all'interno di ognuno di essi: Luna, Mercurio, Venere, Sole, Marte, Giove e Saturno. In ognuno appaiono a Dante le anime dei beati, benché la loro eterna sede non sia in questi cieli ma nell'Empireo, lo spazio eterno e infinito al di là dell'universo creato. Esse appaiono però secondo l'ordinamento dei sette cieli per consentire a Dante di comprendere visivamente i gradi diversi della beatitudine e le diverse forme di vita che consentono di acquisirla. Ogni cielo è mosso da un'intelligenza angelica.

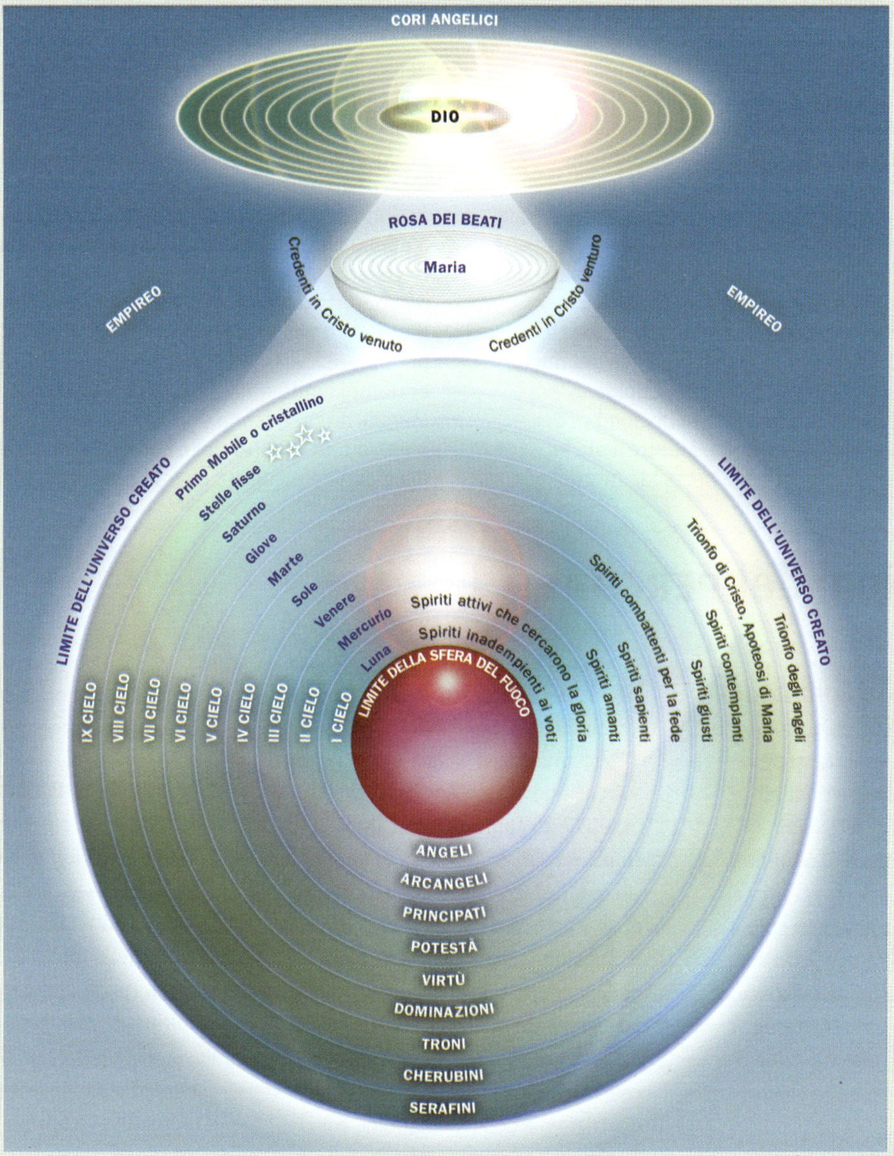

Cielo delle stelle fisse In questo cielo si trovano tutti gli altri astri, che ruotano intorno alla Terra in posizioni reciproche sempre uguali tra loro.

Primo Mobile o Cristallino È il cielo più esterno e più vasto; invisibile dalla Terra, non contiene astri. Essendo il cielo più vicino all'Empireo, la sede di Dio, ruota vertiginosamente spinto dall'amore per il suo creatore; questo movimento si trasmette ai cieli sottostanti. Perciò il nono cielo è detto «Primo Mobile».

Empireo Spazio senza confini, eterno e infinito, è una dimensione puramente spirituale, fatta di luce e amore, dove risiedono eternamente le anime dei beati in contemplazione di Dio.

Rosa dei beati Le anime dei beati hanno sede nell'Empireo in una sorta di anfiteatro, gerarchicamente ordinato, al centro del quale c'è il lago di luce della Grazia divina.

S14 INFORMAZIONI E APPROFONDIMENTI

Apollo, l'alloro, Marsia

Nella mitologia classica Apollo è il dio del Sole, della musica e della poesia; in quanto dio del Sole, era stato interpretato già dai primi teologi cristiani come figura di Cristo-Sole.
Dante richiama nell'*incipit* del primo canto del *Paradiso* due miti relativi alla divinità antica. L'alloro era divenuto una pianta sacra ad Apollo – e quindi, successivamente, segno della gloria poetica da lui conferita – a seguito di una tragica vicenda amorosa. Per vendicarsi di un affronto fattogli da Apollo, il dio dell'amore Cupido lo aveva colpito con una freccia facendolo innamorare di Dafne, una ninfa figlia del fiume Peneo. Contemporaneamente, Cupido aveva colpito Dafne con una freccia di piombo, per indurla all'odio per Apollo. Mentre il dio la inseguiva, Dafne si trovò presso la riva del fiume Peneo, e invocò l'aiuto del padre. Questi la trasformò in un albero di alloro. In memoria del suo amore infelice, Apollo decise che quella pianta fosse a lui consacrata, e che diventasse un simbolo della gloria perenne (l'alloro è una pianta sempreverde).
Il secondo mito relativo ad Apollo richiamato da Dante all'inizio del *Paradiso* è molto simile a quello che, all'inizio del *Purgatorio*, aveva rievocato riguardo le Muse. Marsia era un satiro, insuperbitosi a tal punto per la propria abilità musicale da sfidare proprio Apollo. Il dio vinse, e per punire Marsia lo legò a un albero e lo scuoiò.
Entrambi i miti, quello di Dafne e quello di Marsia, suggeriscono una morale simile: la gloria poetica non è frutto delle sole forze dell'uomo, ma gli viene conferita da una potenza superiore.

Conclusioni del PERCORSO 1

L'unità della *Commedia*

In questo percorso abbiamo fornito gli elementi più importanti per comprendere l'universo poetico della *Commedia*. Se cerchiamo di abbracciare il poema globalmente, quello che ci colpisce maggiormente è la sua profonda unità: non solo a livello testuale (abbiamo visto con quanta attenzione Dante infittisce di richiami incrociati i punti strategici del suo itinerario), ma soprattutto per l'immagine del mondo che rappresenta.

Tra realismo e allegoria. L'interpretazione figurale

Erich Auerbach ci ha aiutato a capire che uno stesso personaggio può essere letto contemporaneamente come individuo vissuto in determinate circostanze storiche e come portatore di un significato che va al di là della dimensione umana. La particolarità dell'individuo può così convivere con un significato universale, e non c'è alcuna contraddizione tra il realismo coinvolgente della narrazione, delle descrizioni e delle similitudini, e il significato allegorico che ogni evento, luogo o personaggio riveste per il poeta.

Scienza e religione

Anche il sapere, nella *Commedia*, è unitario. Nell'universo retto da Dio non vi è distacco tra scienza e religione: la spiegazione dei fenomeni naturali si trova nella forma del cosmo, che è strutturata da una gerarchia morale e spirituale. Mostrando agli uomini la via della salvezza, Dante fa della *Commedia* anche la sintesi di tutto il sapere del suo tempo.

La concezione della storia

Unitaria è, infine, la rappresentazione che Dante ci offre della storia (intendendo con "storia" anche gli eventi che per noi appartengono al mito: come tutti gli uomini del Medioevo, Dante non distingue tra personaggi dell'antichità realmente esistiti e personaggi letterari come Enea e Ulisse). La storia della salvezza narrata nell'Antico e nel Nuovo Testamento è posta sullo stesso piano della storia dell'Impero romano: tutta la storia, infatti, anche quella pagana, è vista da Dante come espressione del volere di Dio. Perciò, nel secondo canto Enea è nominato accanto a San Paolo: l'uno fonda l'autorità politica, l'altro quella religiosa, ed entrambe hanno radice in Dio.

Il senso e la direzione del viaggio

Dio è il fine che orienta il corso della storia: la parabola creazione-caduta-redenzione condensa la storia universale della salvezza, ma anche il destino di ogni uomo. Il movimento salvifico della storia, sia umana sia individuale, è rappresentato nel moto di discesa-ascesa di Dante attraverso i tre regni ultraterreni. Alla fine di questo itinerario verticale, approdiamo a un mondo di movimenti circolari: i cieli e gli angeli ruotano accesi dall'anelito a congiungersi a Dio, in un desiderio continuamente ed eternamente appagato. Questa è la condizione dei beati, e Dante la pregusta in anticipo, rispetto al momento della propria morte, nell'ultimo canto del *Paradiso*, quando contempla Dio. Il percorso spaziale della *Commedia* traccia così nella sua interezza il cammino che ogni uomo deve compiere per salvarsi.

L'uomo senza Dio

Un itinerario molto diverso è quello seguito da Ulisse, il doppio negativo di Dante: Ulisse procede in orizzontale e senza mèta – se non quella di alimentare continuamente un inappagabile desiderio di conoscenza. Ulisse è un uomo che vuole fare da solo: senza gli altri, senza un principio o una morale superiori, senza Dio. Questa "follia" è il peccato che lo stesso Dante teme di più, il peccato che rischiano solo gli uomini grandi: Ulisse, infatti, è uno specchio negativo per Dante, ma pur sempre uno specchio.

I magnanimi

Moltissimi personaggi dell'*Inferno* hanno suscitato nei lettori moderni la stessa ammirazione che riscuote Ulisse: l'*Inferno* abbonda di spiriti ammirevoli per almeno una delle loro virtù. La loro grandezza non basta perché Dante li salvi, ma ne ha fatto i personaggi più amati e ricordati della *Commedia*. Dopo quello con Ulisse, ci attende l'incontro con altri due di questi magnanimi: la delicata Francesca nel secondo percorso e il fiero Farinata nel terzo.

per fare il punto | autoverifica delle conoscenze

Verifica la correttezza delle tue risposte sulla base dei paragrafi, dei testi o delle schede indicati a corredo di ciascuna domanda.

1 Collega correttamente (cfr. T12, T13, T14, T15, *Analisi e interpretazione*)

incipit dell'*Inferno* (canti I e II)	Dante chiede ispirazione ad Apollo
incipit del *Purgatorio*	Dante invoca genericamente le Muse e il proprio ingegno
incipit del *Paradiso*	Dante invoca Calliope, la più importante delle Muse

nell'*Inferno*	l'universo è definito come «gran mar dell'essere»
nel *Purgatorio*	il mare è rappresentato come «pelago» pericoloso e terribile
nel *Paradiso*	il mare è presentato nell'aspetto dolce dell'alba

per fare il punto *autoverifica delle conoscenze*

il viaggio nell'*Inferno*	comincia all'alba
il viaggio nel *Purgatorio*	comincia a mezzogiorno
il viaggio nel *Paradiso*	comincia alla sera

2 Letti in sequenza, i tre *incipit* della *Commedia* risultano disposti secondo quale figura retorica?

a *climax*

b anafora

c accumulazione

d chiasmo

3 Che cosa si intende per "interpretazione figurale"? (cfr. **S5** e **Conclusioni del PERCORSO 1**). Spiega il concetto ed esemplificalo in riferimento alla "figura" di Virgilio.

4 Nella concezione di Dante scienza e religione si compenetrano senza alcuna contraddizione. Spiegane il motivo adducendo qualche esempio (cfr. **T15** e **Conclusioni del PERCORSO 1**).

5 Quale direzione segue il viaggio di Dante? (cfr. **Conclusioni del PERCORSO 1**).

a orizzontale b verticale c a zig zag d circolare

6 Sul piano allegorico, che cosa rappresenta la direzione del viaggio di Dante? (cfr. **Conclusioni del PERCORSO 1**).

7 Le seguenti domande riguardano la forma del cosmo secondo la concezione di Dante. Rispondi in base a quello che hai imparato leggendo le schede **S6**, **S10**, **S13**. Vero o falso?

A la forma del cosmo è basata su una gerarchia morale e spirituale V F

B la Terra è concepita come disco piatto V F

C la Terra è al centro dell'universo V F

D i cieli sono nove sfere concentriche che ruotano intorno alla Terra V F

E l'Empireo è la sfera più esterna V F

F l'Inferno è una voragine dentro la Terra al cui centro è Lucifero V F

G la montagna del Purgatorio si è formata dal vuoto dell'Inferno V F

H il Paradiso Terrestre era su un'isola che Dante considera scomparsa V F

I il Primo Mobile è il cielo più vasto e più veloce V F

L l'Empireo non è uno spazio fisico ma una dimensione infinita e spirituale V F

8 Quale funzione fondamentale Dante attribuisce alla sua *Commedia*? Rispondi sulla base degli appunti presi durante l'ascolto della videolezione *Dante: dalla catastrofe al riscatto*, in particolare nella sequenza n. 12.

a diffonderà la teoria della Terra al centro dell'universo

b farà conoscere al lettore i princìpi della filosofia

c procurerà diletto al lettore sollevandolo dagli affanni quotidiani

d servirà all'umanità per ritrovare la strada della salvezza

La *Commedia*

PERCORSI NELL'OPERA 2

L'amore che salva (Beatrice) e l'amore che condanna (Francesca)

Le tappe di questo percorso

La coppia formata da Dante e Beatrice è una delle più celebri della letteratura occidentale; il loro rapporto, però, non ha nulla a che vedere con quello di altri famosi binomi medievali: Lancillotto e Ginevra, Tristano e Isotta, Paolo e Francesca... L'amore di Dante per Beatrice è qualcosa di diverso: rende il poeta degno di accedere al Paradiso, dove proprio lei gli farà da guida. In questo percorso seguiremo il personaggio di Beatrice, dalla prima apparizione nella *Commedia* (T16, p. 194) al congedo definitivo (***espansioni digitali*** T ***L'ultimo sorriso di Beatrice***).

Per comprendere quanto diverso sia il personaggio femminile del poema dalla donna cantata da Dante nella lirica d'amore, è utile fare riferimento al modo in cui la donna compariva nella *Vita nuova*: prima ancora bambina (T3, p. 106) e poi sua ispiratrice poetica (cfr. T4, p. 109, e T5, p. 113). Nel libro giovanile Dante "inventa" fra l'altro il motivo – che da Petrarca in poi avrà grande fortuna nella letteratura occidentale – della morte dell'amata (T6, p. 115): proprio perché morta e beata, Beatrice può ritornare come personaggio nella *Commedia* (T17, p. 197).

Beatrice riappare come una donna severa, che pone l'uomo che si è traviato di fronte alle proprie responsabilità e lo costringe a un duro esame di coscienza. Ma che cosa Beatrice rimprovera a Dante? Per comprenderlo, leggeremo uno dei più famosi incontri della *Commedia*, quello con Francesca da Rimini (T18, p. 205). Francesca rappresenta una concezione dell'amore ben diversa da quella incarnata da Beatrice: terrena e materiale anziché celeste e spirituale; e la condanna di Francesca da parte di Dante implica il ripensamento e il rifiuto del valore preminente che la civiltà cortese e la letteratura d'amore delle origini avevano attribuito all'esperienza erotica.

TESTI ***espansioni digitali***

T16 «I' son Beatrice che ti faccio andare»
Inferno, II, 52-117

T17 Il ritorno di Beatrice
Inferno, XXX

T **L'ultimo sorriso di Beatrice**
[*Paradiso*, XXXI, 52-93]

T18 L'amore che condanna: Francesca
Inferno, V, 25-142

videolezione: analisi del testo
a cura di Pietro Cataldi
[31'30"]

T16 «I' son Beatrice che ti faccio andare»

Inferno, II, 52-117

concetti-chiave

- significato allegorico e umanità dei personaggi
- l'amore per Beatrice come strumento di salvezza

espansioni digitali

T «I' son Beatrice che ti faccio andare» [*Inferno*, II - INTEGRALE]

*Nel primo canto dell'*Inferno*, dopo essere intervenuto in soccorso di Dante, Virgilio gli annuncia che non potrà guidarlo per l'intero cammino: in cima al monte del Purgatorio un'«anima più degna» ne prenderà il posto. È Beatrice, la donna che, come racconta la* Vita nuova*, Dante aveva amato fin da bambino. Nel libro della giovinezza il poeta le aveva attribuito un significato spirituale altissimo: amare «colei che dona la beatitudine» significa intraprendere un percorso che conduce verso Dio. Nella* Vita nuova *questo tragitto è ancora solo un'immagine metaforica, ma nella* Commedia *diventa un viaggio reale: il poema narra la salita di Dante attraverso l'Inferno e il Purgatorio fino alla donna amata, che gli fa da guida nel Paradiso. Ma Beatrice è anche l'origine del cammino: è stata lei a pregare Virgilio di soccorrere Dante in difficoltà, come il poeta latino spiega nel secondo canto dell'*Inferno*. Beatrice è così il terzo personaggio della* Commedia *a entrare in scena, dopo l'apparizione misteriosa di Dante e quella altrettanto misteriosa di Virgilio.*

LINGUA: italiano **DATAZIONE:** 1304-1310 ca.

Io era tra color che son sospesi,
e donna mi chiamò beata e bella,
tal che di comandare io la richiesi.
Lucevan li occhi suoi più che la stella;
e cominciommi a dir soave e piana,
con angelica voce, in sua favella:
"O anima cortese mantoana,
di cui la fama ancor nel mondo dura,
e durerà quanto 'l mondo lontana,
l'amico mio, e non de la ventura,
ne la diserta piaggia è impedito
sì nel cammin, che vòlt'è per paura;
e temo che non sia già sì smarrito,
ch'io mi sia tardi al soccorso levata,
per quel ch'i' ho di lui nel cielo udito.
Or movi, e con la tua parola ornata
e con ciò c'ha mestieri al suo campare,
l'aiuta sì ch'i' ne sia consolata.
I' son Beatrice che ti faccio andare;
vegno del loco ove tornar disio;
amor mi mosse, che mi fa parlare.
Quando sarò dinanzi al segnor mio,
di te mi loderò sovente a lui'.
Tacette allora, e poi comincia' io:

METRO: terzine incatenate con rima ABA BCB CDC DED ecc.

52-54 *Mi trovavo nel Limbo quando chiese il mio aiuto una donna santa* (**beata**) *e bella, al punto che le chiesi di considerarmi ai suoi ordini.*

Color che son sospesi: Virgilio dimora nel Limbo, dove si trovano le anime di uomini giusti che non hanno ricevuto il battesimo, e quindi non possono accedere al Paradiso. Queste anime sono "sospese", cioè si trovano in uno stato intermedio tra i dannati e i salvati: non possono aspirare alla salvezza eterna, ma non sono neppure afflitte da pene, se non l'inappagabile desiderio di Dio.

55-74 *I suoi occhi erano più splendenti delle stelle; e nella sua lingua* (**in sua favella**) *cominciò a dirmi in toni dolci e benevoli, e con voce angelica: "Gentile* (**cortese**) *anima mantovana, la cui fama dura ancora nel mondo, e durerà quanto il mondo, colui che mi ama fedelmente ha trovato un ostacolo* (**è impedito**) *così grave nel suo cammino sulla landa desolata che per paura ha invertito i suoi passi; e, per quel che ho sentito di lui in cielo, temo che si sia già smarrito così tanto che io mi sia mossa tardi per portargli aiuto. Ora vai, e aiutalo con il tuo bel parlare e con ciò che è necessario* (**c'ha mestieri**) *alla sua salvezza* (**campare**)*, così che io ne sia consolata. Io che ti mando sono Beatrice; vengo dal luogo dove desidero tornare; l'amore che mi fa parlare mi ha spinto fin qui. Quando sarò davanti al mio Signore, gli farò spesso le tue lodi".*

Il discorso di Beatrice a Virgilio si apre con un tentativo di ingraziarsi l'interlocutore, e si chiude con la promessa, preziosa per un dannato, di lodarlo in presenza di Dio. Beatrice mostra sollecitudine e riguardo non solo per Dante, che ancora non è perduto, ma anche per Virgilio, che non ha più speranza di essere salvato. In questo carattere del personaggio riconosciamo la "beatrice" della *Vita nuova*, che diffonde beatitudine intorno a sé; ma, a differenza del personaggio del libro giovanile, che è una figura muta, oggetto passivo dell'adorazione di Dante, la Beatrice della *Commedia* è un personaggio attivo, che prende la parola e si muove – e fa muovere Virgilio – in soccorso di Dante (cfr. l'insistenza sui verbi di movimento: **Or movi** [v. 67], **I' son Beatrice che ti faccio andare** [v. 70], **Amor mi mosse** [v. 72], **venni qua giù** [v. 112]). **l'amico mio, e non de la ventura**: sono possibili due interpretazioni, secondo il senso attribuito alla parola **amico**, che può significare sia 'colui che amo' sia 'colui che mi ama'. Nel primo caso il verso si legge: 'colui che io amo, ma che la fortuna (**ventura**) non ama'; nel secondo 'colui che mi ama senza badare alla fortuna', e cioè 'senza farsi mutare dai rivolgimenti della fortuna', o anche 'senza badare alla fortuna', e dunque 'disinteressatamente'. **loco ove tornar disio:** il Paradiso.

75-84 *Poi tacque, e io co-*

“O donna di virtù, sola per cui
l’umana spezie eccede ogne contento
di quel ciel c’ha minor li cerchi sui,
tanto m’aggrada il tuo comandamento,
che l’ubidir, se già fosse, m’è tardi;
più non t’è uo’ ch’aprirmi il tuo talento.
Ma dimmi la cagion che non ti guardi
de lo scender qua giuso in questo centro
de l’ampio loco ove tornar tu ardi”.
“Da che tu vuo’ saver cotanto a dentro,
dirotti brievemente”, mi rispuose,
“perch’ i’ non temo di venir qua entro.
Temer si dee di sole quelle cose
c’hanno potenza di fare altrui male;
de l’altre no, ché non son paurose.
I’ son fatta da Dio, sua mercé, tale,
che la vostra miseria non mi tange,
né fiamma d’esto ’ncendio non m’assale.
Donna è gentil nel ciel che si compiange
di questo ’mpedimento ov’ io ti mando,
sì che duro giudicio là sù frange.
Questa chiese Lucia in suo dimando
e disse: – Or ha bisogno il tuo fedele
di te, e io a te lo raccomando –.
Lucia, nimica di ciascun crudele,
si mosse, e venne al loco dov’i’ era,
che mi sedea con l’antica Rachele.
Disse: – Beatrice, loda di Dio vera,
ché non soccorri quei che t’amò tanto,
ch’uscì per te de la volgare schiera?
Non odi tu la pieta del suo pianto?
non vedi tu la morte che ’l combatte
su la fiumana ove ’l mar non ha vanto? –.
Al mondo non fur mai persone ratte
a far lor pro o a fuggir lor danno,
com’ io, dopo cotai parole fatte,
venni qua giù del mio beato scanno,
fidandomi del tuo parlare onesto,
ch’onora te e quei ch’udito l’hanno?
Poscia che m’ebbe ragionato questo,
li occhi lucenti lagrimando volse;
per che mi fece del venir più presto;

D. Alighieri, *La* Commedia *secondo l’antica vulgata*, cit.

minciai: “O signora (**donna**) *della sola virtù grazie alla quale* (**per cui**) *la specie umana supera ogni altra cosa contenuta* (**ogne contento**) *nel cielo che ha la circonferenza più stretta, il tuo ordine* (**comandamento**) *mi giunge così gradito che, se anche ti stessi già ubbidendo, mi sembrerebbe tardi; non è necessario* (**uo’** = ‘uopo’) *che mi riveli altro dei tuoi desideri* (**talento**). *Dimmi invece perché* (**la cagion che**) *non ti astieni* (**guardi**) *dallo scendere quaggiù* [all’Inferno] *dallo sconfinato Paradiso* (**ampio loco**) *dove desideri ardentemente ritornare”.*

donna di virtù...sui: la virtù grazie alla quale la specie umana si eleva al di sopra della dimensione terrena è la teologia, cioè la conoscenza di Dio, di cui il personaggio di Beatrice è allegoria. **quel ciel...sui**: il cielo della Luna è il più vicino alla Terra, centro del cosmo tolemaico; tra i cerchi concentrici dei cieli, dunque, è quello che ha minore circonferenza. In esso è contenuta la Terra con i suoi elementi corruttibili e i suoi esseri mortali. **questo centro...ardi**: l’Inferno si trova al centro della Terra, che è centro del cosmo.

84-93 *Mi rispose: “Poiché vuoi sapere cose così profonde* (**cotanto a dentro**), *ti dirò brevemente perché non ho paura di scendere quaggiù. Dobbiamo avere timore solo di quelle cose che sono in grado* (**hanno potenza**) *di farci del male, delle altre no, perché non possono far paura. Dio mi ha reso tale, per sua grazia* (**sua mercé**), *che il vostro dolore non mi tocca, e la fiamma di questo fuoco non mi scalfisce.*

Beatrice risponde alla domanda di Virgilio con due argomentazioni. Nella prima (vv. 84-93), di ordine generale, spiega che i beati non possono essere danneggiati dalle fiamme dell’Inferno: perciò non ha paura di «venir qua entro». Nella seconda (vv. 94-114) spiega invece quale sia la «cagione» particolare che la porta da Virgilio: Beatrice è discesa nel Limbo, su richiesta della Vergine Maria e di Lucia, per cercare di salvare Dante.

94-108 *Vi è una donna gentile in cielo* [Maria], *che si addolora di questo ostacolo verso il quale ti invio, tanto da ammorbidire il severo giudizio divino. Questa donna fece chiamare* (**chiese... in suo dimando**) *Lucia e disse: – In questo momento il tuo devoto ha bisogno di te, e io te lo affido* (**raccomando**) *–. Lucia, nemica di ogni crudeltà, si mosse e venne al luogo dove stavo seduta vicino all’antica Rachele. Disse: – Beatrice, vera lode di Dio, perché non soccorri colui che ti amò tanto da distinguersi dagli uomini comuni* (**la volgare schiera**)? *Non vedi la morte che lo assale, sul fiume impetuoso su cui neppure il mare può prevalere? –.*

Tre donne si muovono in soccorso di Dante, e ognuna rappresenta un momento dell’azione della Grazia divina. Maria è la Grazia “preveniente”, che scende in soccorso del peccatore senza che questi neppure lo chieda; Lucia è la Grazia che illumina; Beatrice è la Grazia operante. **gentile**: l’aggettivo deriva dal latino *gentilis*, ‘che appartiene alla stessa *gens*’, cioè alla stessa stirpe nobiliare. Nell’italiano antico viene mantenuto questo significato, e **gentile** può essere considerato un sinonimo di ‘nobile’. **questo ’mpedimento**: tre animali feroci, simbolo del peccato, impediscono a Dante di salire sul colle, cioè di convertirsi alla salvezza, come è raccontato nel primo canto dell’*Inferno*. **loco...Rachele**: Rachele è una delle mogli del patriarca Giacobbe; è detta **antica** perché è un personaggio dell’Antico Testamento. Nel Medioevo Rachele era considerata allegoria della vita contemplativa, perciò Beatrice, la teologia, le siede accanto. **ch’uscì... schiera**: nella *Vita nuova* Dante ha interpretato l’amore per Beatrice come un percorso di ascesa verso Dio: grazie a lei e alla poesia composta in sua lode si è distinto dagli uomini comuni. **la morte...vanto**: questo fiume più travolgente del mare è un’allegoria del peccato, che causa la morte spirituale, molto più grave di quella del corpo.

109-117 *Nessuno al mondo fu tanto rapido a fare il proprio vantaggio, o a fuggire un pericolo, quanto fui io, dopo aver udito queste parole, a venire fin qui dal mio seggio tra i beati, confidando nella tua parola saggia, che rende onore a te e a quanti l’hanno udita”. Dopo che Beatrice m’ebbe fatto questo discorso, distolse piangendo i suoi occhi luminosi, e mi fece così* (**per che**) *ancora più rapido* (**presto**) *nel venirti in soccorso.*

analisi e interpretazione T16

i personaggi

Le guide di Dante Dante sceglie come guide per il cammino della *Commedia* due personaggi realmente esistiti: il poeta latino Virgilio e una giovane donna fiorentina da lui amata in gioventù e morta prima di compiere venticinque anni, solitamente identificata con Bice, figlia di Folco Portinari. Nell'aldilà Virgilio e Beatrice svolgono in modo esplicito e diretto la stessa funzione di guida che già avevano svolto, ma in modo solo allusivo, nella vita di Dante. Virgilio, che Dante considerava il più grande poeta della civiltà precristiana, rappresenta la guida della ragione e della cultura umana. Beatrice rappresenta invece l'illuminazione assicurata agli uomini dalla rivelazione cristiana.

La funzione allegorica di Beatrice La donna amata da Dante diventa un'allegoria degli strumenti necessari per intraprendere il cammino verso la salvezza: la grazia, cioè l'intervento di Dio in soccorso del peccatore; la rivelazione, cioè la Parola di Dio contenuta nella Bibbia; infine la teologia, cioè la «scienza di Dio».

L'umanità di Beatrice Ma non per questo il personaggio si riduce a una presenza astratta: Beatrice rimane un individuo, singolare e irripetibile. È morta da dieci anni, ma conserva il ricordo e le inquietudini del suo amore terreno: mantiene un legame con quell'uomo smarrito, che l'ha amata al punto da vedere in lei uno strumento di salvezza. Nel Limbo Beatrice appare a Virgilio come una donna in ansia per il suo amato, ma anche sollecita nei confronti dell'antico poeta; gli manifesta rispetto, e gli dona l'unico conforto che resta a chi è confinato nel Limbo: gli ricorda la sua gloria terrena e gli promette la lode presso Dio.

per studiare *guida all'analisi* T16

COMPRENDERE

1 «Io era tra color che son sospesi». Chi dice "io" in questo passo del canto? E che cosa significa in questo contesto l'espressione "essere sospesi"?

2 «I' son Beatrice che ti faccio andare»: a chi si rivolge Beatrice?

3 Perché Beatrice si è mossa dalla sede dei beati per scendere nell'Inferno?

4 Vero o falso?

A Beatrice rappresenta il compimento dei presupposti di salvezza espressi nella *Vita nuova* V F
B Beatrice è un personaggio nato esclusivamente dalla fantasia di Dante V F
C Beatrice nel poema rappresenta la saggezza umana V F
D Beatrice rappresenta gli strumenti necessari per intraprendere il cammino verso Dio V F
E Beatrice in quanto beata non può scendere all'Inferno V F
F Beatrice compare nel poema esclusivamente nel Paradiso V F
G Beatrice scende nel Limbo per incontrare Dante V F
H Beatrice manifesta a Virgilio la sua ansia per la sorte di Dante V F

ANALIZZARE

5 A differenza della *Vita nuova*, qui Beatrice è personaggio attivo, che prende la parola e si muove. Individua nel suo discorso qualche esempio di verbi in movimento.

6 Come nella *Vita nuova*, anche qui la bellezza di Beatrice si concentra in particolare negli occhi. Esemplificalo in riferimento al testo.

INTERPRETARE E APPROFONDIRE

7 Tre sono le donne che si muovono in soccorso di Dante. Chi sono, in quale sequenza si muovono e che cosa rappresentano allegoricamente?

T17 Il ritorno di Beatrice

Purgatorio, XXX

concetti-chiave

- il congedo da Virgilio
- la «madre superba»
- l'interpretazione della *Vita nuova*

Guidato da Virgilio, Dante è giunto in cima alla montagna del Purgatorio, dopo essersi purificato dei sette peccati capitali: può così accedere al Paradiso Terrestre, il giardino creato da Dio per la felicità dell'uomo, prima che questi commettesse il primo peccato. Giunto sulla cima del monte Dante assiste a una processione che rappresenta allegoricamente la storia della salvezza.

LINGUA: italiano **DATAZIONE:** 1308-1315 ca.

Quando il settentrïon del primo cielo,
che né occaso mai seppe né orto
né d'altra nebbia che di colpa velo,
e che faceva lì ciascuno accorto
di suo dover, come 'l più basso face
qual temon gira per venire a porto,
fermo s'affisse: la gente verace,
venuta prima tra 'l grifone ed esso,
al carro volse sé come a sua pace;
e un di loro, quasi da ciel messo,
'*Veni, sponsa, de Libano*' cantando
gridò tre volte, e tutti li altri appresso.
Quali i beati al novissimo bando
surgeran presti ognun di sua caverna,
la revestita voce alleluiando,
cotali in su la divina basterna
si levar cento, *ad vocem tanti senis*,
ministri e messaggier di vita etterna.

METRO: terzine incatenate con rima ABA BCB CDC DED ecc.

1-12 *Quando si fermarono* (**fermo s'affisse**) *le sette stelle* (**settentrïon**) *del primo cielo, che mai sorsero né tramontarono* (**né occaso** [= 'tramonto'] **mai seppe** [= 'conobbe'] **né orto** [= 'nascita']), *e non furono mai offuscate da altra nebbia che dal velo del peccato, e che in quel luogo rendevano ognuno consapevole del proprio dovere, come le sette stelle [dell'Orsa minore] che si trovano nel cielo inferiore* (**'l più basso** [**settentrïon**]) *guidano verso il porto chi* (**qual**) *regge* (**gira**) *il timone: i vecchi la cui parola è veritiera* (**gente verace**), *che prima avevano sfilato tra il grifone e i candelabri* (**esso = il settentrïon del primo cielo**), *si volsero al carro come al loro appagamento* (**a sua pace**); *e uno di loro, come ispirato dal cielo, gridò tre volte cantando: 'Vieni, sposa, dal Libano', e tutti gli altri lo seguirono.*

Giunto nel Paradiso Terrestre, Dante vede sfilare una misteriosa processione. Un candelabro a sette braccia avanza seguito da ventiquattro anziani che precedono quattro animali con ali occhiute e un carro, trainato da un grifone. A destra del carro danzano tre donne (una bianca, una verde e una rossa), e a sinistra altre quattro. Dietro il carro vengono altri sette anziani. La processione raffigura la storia della rivelazione e della salvezza: il candelabro raffigura lo Spirito Santo con i suoi sette doni (Sapienza, Intelletto, Consiglio, Fortezza, Scienza, Pietà, Amor di Dio), che hanno ispirato gli autori della Bibbia: i ventiquattro anziani che precedono il carro sono i ventiquattro libri dell'Antico Testamento, i quattro animali sono i quattro Vangeli, i sette anziani che seguono il carro sono gli altri libri del Nuovo Testamento (San Luca, autore degli Atti degli Apostoli; San Paolo, san Pietro, san Giovanni, san Giacomo e Giuda Tadeo, autori delle Lettere, e l'autore dell'Apocalisse). Il grifone, con la sua doppia natura, è Cristo (uomo e Dio), che guida il carro della Chiesa. Le sette donne che danzano intorno al carro della Chiesa sono le tre virtù teologali (Fede, Speranza e Carità) e le quattro cardinali (Prudenza, Giustizia, Fortezza e Temperanza). **settentrïon...porto**: nella processione lo Spirito Santo è rappresentato da sette candelabri che, all'inizio di questo canto, sono detti per metafora **settentrïon**, cioè le sette stelle della costellazione dell'Orsa Minore (tra cui c'è la stella polare che indica il Nord). Lo Spirito Santo è il **settentrïon del primo cielo** perché la sua sede è l'Empireo; è eterno, perciò, a differenza delle vere stelle, non sorge né tramonta; solo il peccato, che impedisce agli uomini di farsi guidare da lui, ne offusca lo splendore. Dello Spirito Santo si dice che regola i comportamenti dei vari membri della processione (**faceva lì ciascuno accorto / di suo dover**) perché è lui che ispira i testi della Bibbia e guida le azioni della Chiesa, come le sette stelle dell'Orsa Maggiore servono ai timonieri per orientarsi. **gente verace...pace**: i ventiquattro vecchi che seguono i sette candelabri rappresentano i libri dell'Antico Testamento; sono detti **gente verace** perché la Bibbia è parola di Dio, e dunque verità; si volgono al carro come alla propria **pace**, cioè all'appagamento di ogni loro aspirazione, perché nei loro scritti profetizzano la venuta del Messia (il grifone) che fonda la Chiesa (il carro). **'*Veni, sponsa, de Libano*'**: è un versetto del Cantico dei Cantici, un libro dell'Antico Testamento composto da diversi frammenti di poesia amorosa. Fin dal I secolo d.C. il libro è stato interpretato allegoricamente come canto d'amore tra lo sposo (Cristo) e la sposa (la Chiesa o l'anima). Qui l'invito è rivolto alla sapienza di Dio, incarnata sulla terra dalla Chiesa (il carro) e nel poema da Beatrice, figura della Rivelazione e della teologia.

13-18 *Come i beati alla chiamata dell'ultimo giorno* (**novissimo bando**) *sorgeranno subito ognuno dalla propria tomba* (**caverna**), *cantando alleluia con la loro voce nuovamente incarnata, allo stesso modo cento angeli, ministri e messaggeri della vita eterna, si alzarono sul carro* (**basterna**) *divino al richiamo di un così grande vecchio* (***ad vocem tanti senis***).

novissimo bando: il bando era l'annuncio pubblico fatto divulgare dalle autorità. Qui è l'annuncio della venuta finale di Cristo (**novissimo** è un latinismo che significa 'estremo, ultimo'), quando i corpi risorgeranno per essere giudicati e destinati alla dannazione o alla salvezza eterne. La similitudine serve a descrivere la rapida reazione degli angeli alla chiamata dell'autore del Cantico, ma introduce anche il tema del giudizio. Beatrice sottoporrà Dante a un giudizio che, come quello di Cristo per i beati nell'ultimo giorno, prelude alla sua ascesa ai cieli. **revestita**: il corpo è la "veste" dell'anima; la voce con cui i risorti cantano l'alleluia di lode al Signore è quella dei loro corpi riacquisiti, di cui le anime si sono "rivestite". **ministri e messaggier**: gli angeli eseguono (sono **ministri**) e annunciano (sono **messaggier**) la volontà di Dio.

Tutti dicean: '*Benedictus qui venis!*',
e fior gittando e di sopra e dintorno,
'*Manibus, oh, date lilïa plenis!*'.
Io vidi già nel cominciar del giorno
la parte orïental tutta rosata,
e l'altro ciel di bel sereno addorno;
e la faccia del sol nascere ombrata,
sì che per temperanza di vapori
l'occhio la sostenea lunga fïata:
così dentro una nuvola di fiori
che da le mani angeliche saliva
e ricadeva in giù dentro e di fori,
sovra candido vel cinta d'uliva
donna m'apparve, sotto verde manto
vestita di color di fiamma viva.
E lo spirito mio, che già cotanto
tempo era stato ch'a la sua presenza
non era di stupor, tremando, affranto,
sanza de li occhi aver più conoscenza,
per occulta virtù che da lei mosse,
d'antico amor sentì la gran potenza.
Tosto che ne la vista mi percosse
l'alta virtù che già m'avea trafitto
prima ch'io fuor di püerizia fosse,
volsimi a la sinistra col respitto
col quale il fantolin corre a la mamma
quando ha paura o quando elli è afflitto,
per dicere a Virgilio: 'Men che dramma
di sangue m'è rimaso che non tremi:
conosco i segni de l'antica fiamma'.
Ma Virgilio n'avea lasciati scemi
di sé, Virgilio dolcissimo patre,
Virgilio a cui per mia salute die' mi;
né quantunque perdeo l'antica matre,
valse a le guance nette di rugiada
che, lagrimando, non tornasser atre.

19-21 *Gettando fiori sopra e intorno tutti dicevano: «Benedetto colui che viene!» e «oh, spargete gigli a piene mani!».*

Beatrice è invocata dagli angeli con una doppia citazione, evangelica e virgiliana: la prima è giustificata dall'analogia tra Beatrice e Cristo; la seconda è quasi un congedo, un passaggio di testimone tra le due guide: nel corso del canto infatti Dante si accorgerà che Virgilio non è più al suo fianco. **'*Benedictus qui venis*'**: è il saluto della folla festante intorno a Gesù il giorno del suo ingresso a Gerusalemme. Qui l'annuncio è riferito a Beatrice: la forma maschile è giustificata dall'analogia Beatrice-Cristo. La citazione è la stessa che chiude la *Vita nuova*, un testo che da questo momento in poi sarà continuamente evocato per allusione. **'*Manibus...plenis*'**: è un verso dell'*Eneide* di Virgilio (VI, 883) tratto dal sesto libro, in cui Enea scende agli Inferi per apprendere il proprio destino. Dopo avergli rivelato il compito che gli dèi gli hanno assegnato, il padre Anchise mostra al figlio i loro discendenti, che reggeranno la Repubblica e l'Impero di Roma, tra i quali viene dato particolare risalto al giovane nipote di Augusto, Marcello, nominato suo erede ma morto prematuramente: a lui si riferisce il verso citato.

22-33 *Ho visto altre volte* (**già**) *all'alba la parte orientale del cielo color di rosa, e l'altra metà dolcemente serena, e il sole nascere offuscato, così che, temperato* (**per temperanza**) *dai vapori, l'occhio era in grado di sostenerne a lungo la vista* (**lunga fïata**)*: allo stesso modo, avvolta in una nuvola di fiori che saliva dalle mani degli angeli e ricadeva dentro e fuori del carro, mi apparve una donna con un manto verde e dal velo candido cinto di fronde d'ulivo, vestita del colore di una fiamma ardente.*

L'apparizione di Beatrice è preceduta da una lunga similitudine. Dante paragona lo splendore della donna, ancora celata alla sua vista, al sole che all'alba, schermato dalla foschia prodotta dall'evaporazione dell'umidità notturna, può essere fissato senza rischi. Beatrice è paragonata al sole, e in questo è ancora una volta figura di Cristo. **candido...verde...color di fiamma**: l'abbigliamento di Beatrice riprende i colori delle tre virtù teologali: il verde della speranza, il bianco della fede, il rosso della carità. **cinta d'uliva:** la ghirlanda di ulivo indica la sapienza (l'ulivo era consacrato a Pallade Atena, dea della sapienza, il cui nome latino è Minerva; cfr. v. 68: **le fronde di Minerva**). **vestita di color di fiamma viva**: il colore rosso dell'abito di Beatrice, che segnala la sua identificazione con l'amore-*charitas*, è lo stesso della sua prima apparizione a Dante.

34-39 *E il mio spirito, che già da così tanto* (**cotanto**) *tempo non era stato abbattuto* (**affranto**)*, tremante, dall'annichilimento* (**stupor**) *[che gli causava] la sua presenza, senza che gli occhi ne avessero una conoscenza più certa, per un misterioso potere che da lei si mosse, avvertì la grande potenza dell'antico amore.*

La donna è ancora celata dal velo che la ricopre, ma Dante la riconosce immediatamente perché avverte i sintomi dell'amore che aveva descritti nella *Vita nuova*, in cui la sola presenza di Beatrice bastava ad ammutolirlo e a fargli perdere conoscenza. **cotanto tempo**: secondo la *Vita nuova* Beatrice muore l'8 giugno 1290. Poiché il viaggio della *Commedia* si svolge nell'aprile del 1300, sono passati quasi dieci anni.

40-54 *Non appena* (**Tosto che**) *la sublime potenza* (**alta virtù**) *che mi aveva già trafitto ancor prima che fossi uscito dall'infanzia* (**püerizia**) *colpì i miei occhi, mi volsi alla mia sinistra con la fiducia* (**respitto**) *con la quale un bambinetto* (**fantolin**) *corre dalla mamma quando ha male* (**è afflitto**) *o paura, per dire a Virgilio: «Non mi è rimasta una goccia* (**dramma**) *di sangue che non stia tremando: conosco i segni dell'antica passione». Ma Virgilio ci aveva lasciati privi della sua presenza* (**scemi di sé**)*, Virgilio dolcissimo padre, Virgilio, a cui mi affidai* (**die'mi** = 'mi diedi') *per la mia salvezza; e tutto ciò che* (**quantunque**) *l'antica madre [Eva] perse [con il peccato originale] non fu sufficiente* (**valse**) *a che le mie guance, che già erano state pulite dalla rugiada, non tornassero scure* (**atre**).

Le ultime parole di Virgilio sono state pronunciate alla fine del XXVII canto, quando aveva dichiarato il discepolo degno di entrare nel Paradiso Terrestre. Ma solo ora che Dante sente bisogno di aiuto e conforto si accorge che Virgilio non c'è più. La triplice ripetizione del suo nome è un accorato lamento, un singhiozzo, il pianto disperato di un bambino abbandonato. Dante perde in Virgilio ben più di una guida saggia e prudente: Virgilio è guida e maestro, ma anche un padre dolcissimo, dalla premura e tenerezza materne. **alta virtù**: è la «gran potenza» dell'antico amore per Beatrice, l'**occulta virtù** (v. 38) che da lei promana. **fantolin...mamma...dolcissimo patre**: Virgilio è stato per Dante un'autorità paterna temperata dalla dolcezza e dalla premura di una madre. **dramma**: unità di peso insignificante, che equi-

«Dante, perché Virgilio se ne vada,
non pianger anco, non piangere ancora;
ché pianger ti conven per altra spada».
Quasi ammiraglio che in poppa e in prora
viene a veder la gente che ministra
per li altri legni, e a ben far l'incora;
in su la sponda del carro sinistra,
quando mi volsi al suon del nome mio,
che di necessità qui si registra,
vidi la donna che pria m'appario
velata sotto l'angelica festa,
drizzar li occhi ver' me di qua dal rio.
Tutto che 'l vel che le scendea di testa,
cerchiato de le fronde di Minerva,
non la lasciasse parer manifesta,
regalmente ne l'atto ancor proterva
continüò come colui che dice
e 'l più caldo parlar dietro reserva:

«Guardaci ben! Ben son, ben son Beatrice.
Come degnasti d'accedere al monte?
non sapei tu che qui è l'uom felice?».
Li occhi mi cadder giù nel chiaro fonte;
ma veggendomi in esso, i trassi a l'erba,
tanta vergogna mi gravò la fronte.
Così la madre al figlio par superba,
com'ella parve a me; perché d'amaro
sente il sapor de la pietade acerba.
Ella si tacque; e li angeli cantaro
di sùbito '*In te, Domine, speravi*';
ma oltre '*pedes meos*' non passaro.
Sì come neve tra le vive travi
per lo dosso d'Italia si congela,
soffiata e stretta da li venti schiavi,
poi, liquefatta, in sé stessa trapela,
pur che la terra che perde ombra spiri,
sì che par foco fonder la candela;

vale a 'nulla' o 'quasi nulla'. **conosco...fiamma**: è la citazione letterale di un verso dell'*Eneide* (IV, 23: «adgnosco veteris vestigia flammae»). Cercando conforto in Virgilio, Dante ha fiducia di essere pienamente compreso da chi ha scritto quel verso. **quantunque...matre**: le bellezze del Paradiso Terrestre, che Eva, la prima donna, madre dell'umanità, perse con il peccato originale. Tutte le bellezze dell'Eden non bastano a consolare Dante del dolore per la perdita di Virgilio. **guance...rugiada**: prima di salire al Purgatorio Dante si era purificato lavandosi con la rugiada il viso insudiciato dall'aria infernale (cfr. **T9**). Ora le sue guance tornano scure di pianto.

55-57 *«Dante, non piangere più, non piangere più perché Virgilio se n'è andato; poiché è necessario (**conven**) che tu pianga per ben altro dolore (**spada**)»*

La Beatrice della *Vita nuova* era un personaggio muto: solo il saluto usciva dalle sue labbra, e si trattava più di un'emanazione spirituale che di una parola capace di instaurare un rapporto. Nella *Commedia*, invece, Beatrice prende l'iniziativa e la parola già nel secondo canto dell'*Inferno*, e qui si rivolge direttamente a Dante, a lui e solo a lui: la prima parola che pronuncia è il suo nome. **pianger...piangere...pianger**: la triplice ripetizione del verbo riprende la triplice invocazione di Virgilio, il triplice singhiozzo di Dante dei vv. 49-51. **pianger ti conven...spada**: Beatrice esorta Dante a smettere di piangere, ma non lo fa per consolarlo. Con estrema durezza lo invita a metter da parte quelle lacrime infantili, e a prepararsi a piangere per un altro, ben più acuto dolore.

58-72 *Come (**Quasi**) un ammiraglio che va dalla poppa alla prua [della nave ammiraglia], per controllare l'equipaggio al lavoro (**gente che ministra**) sulle altre navi (**legni**), e lo esorta (**incora**) a svolgere bene i propri compiti (**ben far**), così, quando mi voltai sentendo chiamare il mio nome – che sono costretto a registrare qui – vidi sulla sponda sinistra del carro la donna che prima mi era apparsa nascosta dal tripudio (**festa**) angelico volgere gli occhi verso di me, che mi trovavo al di qua del fiume. Benché (**Tutto che**) il velo che le scendeva dalla testa cinto dalla ghirlanda di Minerva non la rivelasse completamente, sempre altera (**proterva**) nell'atteggiamento come una regina, continuò, come chi parla e lascia per ultimi gli argomenti più brucianti.*

Cos'è rimasto della donna «beata e bella», con gli occhi pieni di lacrime, scesa all'Inferno per sollecitare l'aiuto di Virgilio? In piedi sul carro c'è una donna dura e autoritaria, **regalmente...proterva** come l'ammiraglio di una flotta. Ma la durezza di Beatrice è indispensabile per far compiere a Dante l'ultima tappa del cammino di purificazione. **che...registra**: Dante si scusa perché sta infrangendo la norma che vieta allo scrittore di nominarsi e parlare di sé. **rio**: Dante è separato dai personaggi della processione dal Letè, il fiume che scorre nell'Eden, immergendosi nel quale si dimenticano i peccati commessi.

73-75 *«Guardami bene! Sono Beatrice, sono proprio Beatrice! Come ti sei degnato di salire sul monte? Non sapevi che qui l'uomo è felice?».*

La durezza di Beatrice diventa sarcasmo: la donna si mostra stupita che Dante si sia degnato di compiere la sua ascesa verso di lei. Implicitamente gli rimprovera di aver aspettato così tanto, nonostante sapesse bene che lì avrebbe trovato la vera felicità.

76-84 *Lo sguardo mi cadde verso il fiume cristallino: ma vedendo il mio riflesso in esso, volsi gli occhi sull'erba, tanta fu la vergogna che mi fece abbassare la fronte. Ella mi apparve distante e severa (**superba**) come lo sembra la madre al figlio; perché il sapore dell'affetto (**pietade**) [che si esprime] duramente (**acerba**) sa di (**sente**) amaro. Tacque, e gli angeli cantarono immediatamente (**di sùbito**): «Ho sperato in te, o Signore», ma non proseguirono oltre il versetto «i miei piedi».*

Così la madre...acerba: la prima similitudine che descrive l'atteggiamento di Beatrice mostra che la sua durezza è necessaria, come la disciplina tra gli equipaggi di una flotta. Questa seconda similitudine svela che dietro i rimproveri e la severità si nasconde un amore intenso come quello di una madre. ***In te, Domine...meos***: gli angeli, facendosi portavoce della situazione interiore di Dante, intonano i primi versetti del Salmo 30: «In te, Signore, mi sono rifugiato, mai sarò deluso; per la tua giustizia salvami. Porgi a me l'orecchio, vieni presto a liberarmi. Sii per me la rupe che mi accoglie, la cinta di riparo che mi salva. Tu sei la mia roccia e il mio baluardo, per il tuo nome dirigi i miei passi».

85-99 *Come sull'Appennino (**per lo dosso d'Italia**) la neve, soffiata e indurita (**soffiata e stretta**) dai venti di nord-est (**schiavi**), si congela tra i rami (**vive travi**), poi, se solo (**pur che**) soffiano i venti africani (**la terra che perde ombra spiri**), sciogliendosi sgocciola su sè stessa (**in se stessa trapela**), così che sembra una candela*

così fui sanza lagrime e sospiri
anzi 'l cantar di quei che notan sempre
dietro a le note de li etterni giri;
ma poi che 'ntesi ne le dolci tempre
lor compartire a me, par che se detto
avesser: 'Donna, perché sì lo stempre?',
lo gel che m'era intorno al cor ristretto,
spirito e acqua fessi, e con angoscia
de la bocca e de li occhi uscì del petto.
Ella, pur ferma in su la detta coscia
del carro stando, a le sustanze pie
volse le sue parole così poscia:
«Voi vigilate ne l'etterno die,
sì che notte né sonno a voi non fura
passo che faccia il secol per sue vie;
onde la mia risposta è con più cura
che m'intenda colui che di là piagne,
perché sia colpa e duol d'una misura.
Non pur per ovra de le rote magne,
che drizzan ciascun seme ad alcun fine
secondo che le stelle son compagne,
ma per larghezza di grazie divine,
che sì alti vapori hanno a lor piova,
che nostre viste là non van vicine,
questi fu tal ne la sua vita nova
virtüalmente, ch'ogne abito destro
fatto averebbe in lui mirabil prova.
Ma tanto più maligno e più silvestro
si fa 'l terren col mal seme e non cólto,
quant'elli ha più di buon vigor terrestro.
Alcun tempo il sostenni col mio volto:
mostrando li occhi giovanetti a lui,
meco il menava in dritta parte vòlto.
Sì tosto come in su la soglia fui
di mia seconda etade e mutai vita,
questi si tolse a me, e diessi altrui.

*consumata dal fuoco; così io ero rimasto senza piangere e senza sospirare prima del canto di quelli che continuamente si intonano armonizzandosi con le note delle sfere celesti (***etterni giri***); ma, quando sentii nelle loro dolci armonie (***tempre***) che provavano compassione per me, come se (***par che se***) avessero detto: «Donna, perché lo mortifichi (***stempre***) così?», il ghiaccio (***gel***) che mi si era addensato intorno al cuore si trasformò (***fessi*** = 'si fe'' = 'si fece') in aria e acqua, e con angoscia uscì dal mio petto attraverso la bocca e gli occhi.*

La condizione psicologica di Dante viene espressa da una lunga e complessa similitudine. L'incontro con Beatrice è per Dante un vero e proprio shock, che lo agghiaccia e gli impedisce ogni reazione, come il vento di Nord-est congela la neve in blocchi di ghiaccio tra i rami dei boschi appenninici; il canto degli angeli, che mostrano pietà di lui, scioglie quella dolorosa stupefazione come i venti del Sud sciolgono la neve, e consente a Dante di sfogare la propria angoscia piangendo. **vive travi**: i rami vivi degli alberi diventeranno travi una volta tagliati. **dosso d'Italia**: la catena montuosa degli Appennini percorre tutta la penisola italiana, come una spina dorsale. **venti schiavi**: i venti provenienti dalle terre slave (la parola 'slavo' deriva dall'italiano 'schiavo', perché da quelle zone la Repubblica di Venezia importava i propri schiavi). **la terra... spiri**: in Africa l'ombra dei corpi, a mezzogiorno, diminuisce fino ad annullarsi. **quei che...giri**: il canto degli angeli è in armonia con il movimento dei cieli (gli **etterni giri** = 'sfere eterne'), cioè con l'armonia universale voluta da Dio.

100-108 *Ella, ancora immobile sul suddetto lato (***coscia***) del carro, poi (***poscia***) così rivolse le sue parole alle pietose sostanze [angeliche]: «Voi vegliate nell'eterna luce del giorno (***die***), così che né l'oscurità della notte né il sonno vi sottraggono [la conoscenza] di qualsiasi movimento (***passo***) accada nel mondo secondo le sue vie; perciò (***onde***) vi rispondo più perché mi senta quello che piange di là dal fiume, affinché la colpa e il dolore siano di pari misura.*

Gli angeli godono della visione eterna della luce divina, e in essa conoscono ogni avvenimento celeste o terreno. Perciò Beatrice parla per Dante, più che per loro.

109-120 *Non soltanto (***pur***) per opera (***ovra***) delle grandi sfere dei cieli (***rote magne***), che indirizzano il germe di ogni sostanza ad un certo fine secondo le congiunzioni delle stelle, ma per l'abbondanza di doni (***grazie***) divini, che hanno a disposizione delle nuvole (***vapori***) così alte da cui piovere (***a lor piova***) [sugli uomini] che la nostra vista non vi si avvicina (***non van vicine***) neppure, costui fu tale nella sua giovinezza (***vita nova***), potenzialmente (***virtüalmente***), che ogni attitudine volta al bene (***abito destro***) avrebbe avuto in lui una riuscita straordinaria (***mirabil prova***). Ma un terreno diventa tanto più maligno e selvatico, se è seminato con un seme cattivo o se viene mal coltivato, quanto ha maggiore (***più di***) fertilità (***vigor terrestro***).*

rote magne: 'grandi ruote': le sfere celesti. **che...compagne**: secondo l'astrologia e la fisiologia medievali, i diversi caratteri e attitudini degli uomini erano dovuti all'influsso dei cieli e alla conformazione delle costellazioni al momento della loro nascita. **che...vicine**: mentre gli influssi astrologici possono venire compresi non solo dalle intelligenze angeliche che li governano ma anche dalla mente umana, i criteri secondo cui Dio dispensa i suoi doni agli uomini rimangono imperscrutabili anche ai beati e agli angeli. La distribuzione di questi doni è paragonata a una pioggia che origina da nuvole così alte da sfuggire alla vista. **vita nova**: è la giovinezza, ma anche un'evidente allusione al «libello», di cui le terzine successive costituiscono una sintesi e una rilettura alla luce del cammino della *Commedia*.

121-135 *Per un certo tempo gli diedi forza (***il sostenni***) con la mia presenza (***col mio volto***): mostrandogli i miei occhi adolescenti lo (***il***) portavo (***menava***) con me (***meco***), indirizzato (***vòlto***) nella giusta direzione. Non appena fui sulla soglia della giovinezza (***seconda etade***) e passai alla vita eterna (***mutai vita***), costui si sottrasse a me, e si diede ad altri. Quando ero ascesa dalla carne allo spirito, e la mia bellezza e la mia virtù erano aumentate, gli fui meno cara e meno gradita; e volse i suoi passi in una direzione ingannevole, inseguendo false immagini di felicità, che non possono mantenere nessuna delle loro promesse (***nulla promession***). E non servirono (***mi valse***) le mie preghiere (***impetrare***) [presso Dio] perché lo ispirasse, con le quali cercai di richiamarlo in sogno o con altri mezzi: gliene importò (***calse***) così poco!*

In queste terzine Beatrice riassume, dal proprio punto di vista, le vicende che Dante aveva narrato in prima persona nella *Vita nuova*: il proprio ruolo beatificante, la morte e l'ascesa al cielo, il tradimento, le apparizioni postume a Dante. L'incontro con Beatrice è il momento centrale della *Commedia*, il punto in cui tutta la storia personale di Dante acquista significato:

Quando di carne a spirto era salita,
e bellezza e virtù cresciuta m'era,
fu' io a lui men cara e men gradita;
e volse i passi suoi per via non vera,
imagini di ben seguendo false,
che nulla promession rendono intera.
Né l'impetrare ispirazion mi valse,
con le quali e in sogno e altrimenti
lo rivocai: sì poco a lui ne calse!
Tanto giù cadde, che tutti argomenti
a la salute sua eran già corti,
fuor che mostrarli le perdute genti.
Per questo visitai l'uscio d'i morti,
e a colui che l'ha qua sù condotto,
li preghi miei, piangendo, furon porti.
Alto fato di Dio sarebbe rotto,
se Letè si passasse e tal vivanda
fosse gustata sanza alcuno scotto
di pentimento che lagrime spanda».

D. Alighieri, *La* Commedia *secondo l'antica vulgata*, cit.

e a rivelarlo non è un santo o un profeta, come nelle tipiche visioni dell'aldilà del Medioevo, ma la donna amata. **in dritta parte**: cfr. *Inf.* I, 3: «la diritta via era smarrita». **seconda etade**: nel *Convivio* Dante illustra le quattro età dell'uomo: la prima è l'adolescenza, che arriva circa ai venticinque anni; la seconda è la giovinezza. Beatrice era morta nel 1290, a ventiquattro anni. **mutai vita**: nella prospettiva della beata non vi è morte, ma trasformazione, passaggio, dalla provvisorietà dell'esistenza terrena alla vera vita, quella eterna dopo la morte. **Quando...intera**: il tradimento della *Vita nuova* con la «donna gentile» è stato reinterpretato da Dante nel *Convivio* come innamoramento intellettuale per la Filosofia. Il doppio significato figurale di Beatrice, che è la rivelazione divina per l'uomo Dante ma è insieme anche la donna amata, ci fa leggere nello sviamento di Dante, che la donna rimprovera con tanta veemenza, un tradimento insieme intellettuale e amoroso. In quanto figura della sapienza rivolta a Dio, Beatrice sta rimproverando a Dante l'illusione di potersi accontentare della Filosofia, cioè della sapienza umana, ma sta anche sfogando la sua rabbia e la sua gelosia per essere stata abbandonata proprio nel momento in cui il suo essere raggiungeva la perfezione.

136-141 *Precipitò così in basso che già erano divenuti vani* (**corti**) *tutti gli altri strumenti per salvarlo* (**argomenti a la salute sua**)*, se non fargli vedere i dannati* (**perdute genti**)*. Per questo visitai la soglia* (**l'uscio**) *del regno della morte, e le mie preghiere* (**preghi**) *furono porte, piangendo, a colui che l'ha guidato quassù.*

Il racconto dal punto di vista di Beatrice prosegue qui con la narrazione della sua discesa in Inferno per pregare Virgilio di accorrere in soccorso di Dante (cfr. **T12**). **uscio d'i morti:** il Limbo è posto sul limitare dell'Inferno vero e proprio, perciò Beatrice parla di **uscio**. I dannati sono gli unici autentici **morti** (mentre la propria morte è da Beatrice descritta come passaggio tra due diverse forme di vita) perché morto è non solo il loro corpo ma eternamente condannata anche l'anima.

142-145 *L'alto decreto* (**fato**) *divino sarebbe infranto, se qualcuno passasse il Letè e le sue acque* (**vivanda** = 'cibo') *fossero gustate senza pagarne il prezzo* (**scotto**) *con un pentimento che faccia versare delle lacrime.*

Beatrice spiega perché i suoi rimproveri sono stati così aspri: Dante non può compiere il passaggio del fiume Letè e non può salire in Paradiso se non ha purgato con il pianto e la contrizione le proprie colpe.

analisi e interpretazione T17

i temi e i motivi

Beatrice-Cristo Evocata da un versetto del Cantico dei Cantici al centro di una processione che rappresenta la storia della salvezza, Beatrice viene accolta dal tripudio degli angeli, è chiamata con parole già rivolte al Messia, è paragonata al sole nascente (figura della venuta di Cristo), ed è vestita dei colori delle virtù teologali. Appare, cioè, nel punto della processione, con i caratteri e circondata dalla riverenza con cui sarebbe apparso Cristo. Beatrice ha nella storia personale di Dante la stessa funzione che Cristo ha nella storia dell'umanità, ed è per questo che assume ora un nuovo volto.

Beatrice giudice La Beatrice che scende incontro a Dante nel Paradiso Terrestre non raffigura più l'azione della Grazia, come l'essere angelico che diffonde beatitudine nella *Vita nuova*, né della misericordia, come la «donna beata e bella» del secondo canto dell'*Inferno*. È venuta come Cristo Giudice nell'ultimo giorno: Beatrice rilegge e giudica la «vita nova» di Dante dal proprio punto di vista, che non è solo quello di una donna tradita, ma quello di chi può contemplare in Dio il significato autentico degli eventi terreni.

espansioni digitali

T L'ultimo sorriso di Beatrice [*Paradiso*, XXXI, 52-93]

S PASSATO E PRESENTE **L'ultimo sorriso di Beatrice** (J.L. Borges)

le forme

Le similitudini materne Mentre la prima guida, Virgilio, è un «dolcissimo patre» dal quale Dante vorrebbe rifugiarsi come un bambino che corre dalla «mamma», in questo momento Dante non potrebbe rivolgere a Beatrice questo appellativo tenero e intimo. Eppure anche lei è «madre», benché «superba». Le similitudini che descrivono il suo atteggiamento lasciano intuire per gradi il sentimento che la lega a Dante: prima paragonata a un «ammiraglio», poi «proterva» come una regina, Beatrice viene infine descritta come una «madre» il cui amore si manifesta nella severità (cfr. **S15** *Archetipi* *femminili nell'Eden*, p. 203) Il lungo discorso che rievoca il suo ruolo nella vita di Dante ne mostra tutta l'amorosa sollecitudine: Beatrice ha usato tutti i mezzi in suo possesso, in vita e dopo la morte, per sostenere Dante sul retto cammino, per consentirgli, infine, di raggiungerla.

La totalità del cosmo Le similitudini che descrivono Beatrice e Virgilio fanno parte di una serie di complessi paragoni che ricorrono nel canto. Nella *Commedia* Dante si serve di analogie con l'esperienza terrena per descrivere tanto le realtà sovrannaturali al cui cospetto si viene di volta in volta a trovare, quanto reazioni e sentimenti propri o di altri personaggi.

Spie della realtà Ma c'è anche qualcos'altro. Come le miniature medievali o le decorazioni scultoree di una cattedrale fanno proliferare negli interstizi delle pagine o negli angoli più nascosti di un edificio minuziose rappresentazioni della realtà, così le similitudini dantesche aprono nel poema sacro mille spiragli sulla concreta e infinita varietà del mondo.

per studiare *guida all'analisi* T17

COMPRENDERE

1 In quale luogo si svolgono gli eventi narrati nel canto XXX del *Purgatorio*?

2 Che cosa rappresenta allegoricamente la processione?
- a la storia della rivelazione della parola di Dio e della salvezza dell'umanità
- b la storia del peccato originale e della cacciata dal Paradiso Terrestre
- c la storia di Roma
- d le storie di Cristo

ANALIZZARE

3 Beatrice compare nel canto XXX ai vv. 32-33. Di quali colori è vestita, e con quale significato allegorico?

4 Rintraccia i versi del canto in cui Dante si mostra annichilito davanti all'apparizione di Beatrice pur ancora velata. A chi si paragona nell'atto di volgersi verso Virgilio?

5 Il canto rappresenta il momento in cui Virgilio scompare per cedere il passo a Beatrice. Perché Virgilio non può continuare la sua funzione di guida di Dante?

INTERPRETARE E APPROFONDIRE

6 Virgilio scompare dal poema senza una parola. Ma Dante gli rende omaggio citando il verso dell'*Eneide* «conosco i segni de l'antica fiamma». Che rapporto c'è (di somiglianza e/o differenza) fra questo verso e la vicenda dell'amore di Dante per Beatrice?

7 La comparsa di Beatrice è annunciata da una serie di espressioni latine, ai vv. 11, 17, 21. Rintracciale. Quale funzione hanno?
- a accentuano la riservatezza per Beatrice come divinità pagana
- b sottolineano la funzione salvifica di Beatrice come figura di Cristo
- c sono formule liturgiche consuete nelle processioni
- d vanno intese come lo sfoggio delle conoscenze vastissime del poeta

8 Qui di seguito sono elencate alcune similitudini che si incontrano nel canto. Quali sono riferite a Beatrice? Individuale e spiegale.
- a. la luce dell'oriente
- b. un ammiraglio sulla nave
- c. una madre severa
- d. una regina altera
- e. una tenera mamma
- f. la neve sospinta dal vento
- g. il fuoco che fonde la cera

9 Beatrice ha un atteggiamento duro nei confronti di Dante. Spiegalo alla luce della funzione di guida che Beatrice assumerà da ora in avanti.

S15 ATTRAVERSO LE DISCIPLINE

Archetipi femminili nell'Eden

Prima di abbandonare il mondo terreno, Dante incontra nel Paradiso Terrestre tre donne, tre incarnazioni del femminile, che corrispondono alle fasi della storia dell'umanità messe in scena nella processione allegorica.

1. La prima è la dolce Matelda, la misteriosa figura che Dante incontra appena entrato nel Paradiso Terrestre (e il cui valore allegorico e la cui identità sono ancora oggetto di dibattito tra i critici). Il modo con cui Dante presenta Matelda fa di lei la figura della purezza della vergine, dell'incantato splendore della fanciulla in bilico tra infanzia e giovinezza. Questa immagine femminile corrisponde all'innocenza della vita nell'Eden prima del peccato originale.

Tu mi fai rimembrar dove e qual era
Proserpina nel tempo che perdette
la madre lei, ed ella primavera.
Purgatorio, XXVIII, 49-51.

Tu mi riporti alla memoria il luogo (**dove**) *e i caratteri* (**qual**) [: *la bellezza, l'innocenza e la giovinezza*] *di Proserpina nel momento in cui la madre la perse, e lei* [*Proserpina*] *perse la propria innocente giovinezza* (**primavera**)».

Sandro Botticelli, *La Primavera* (1480 ca.), *Flora*.

Dante paragona Matelda all'antica dea Proserpina, figlia di Demetra, dea dei raccolti. Proserpina era una bellissima fanciulla; di lei si innamorò Plutone, il dio degli inferi, che la rapì in un giorno di primavera, mentre Proserpina raccoglieva fiori con le sue compagne. Demetra, sconvolta dalla perdita della figlia, impedì alla terra di dare frutti: perciò Giove convinse Plutone a scendere a un compromesso. Proserpina avrebbe trascorso sei mesi all'anno con lui negli inferi (l'autunno e l'inverno) e sei mesi con la madre sulla terra (la primavera e l'estate). La figura di Proserpina si identifica così con la Primavera, intesa sia come stagione dell'anno sia come fase della vita di una donna. Matelda racchiude tutti questi significati: l'innocenza della vergine e lo splendore della primavera sono figure dell'innocenza e della perfezione dell'umanità come Dio l'aveva creata, quando ancora viveva nell'Eden, prima del peccato originale.

2. A mediare tra Matelda e Beatrice è l'invocazione dell'autore del Cantico dei Cantici che chiama la futura sposa, la vergine alla vigilia delle nozze: *«Veni, sponsa, de Libano»*.

Quando poi Beatrice appare sul carro, non è più la soave fanciulla o la sposa ansiosa nel giorno delle nozze, ma una «madre superba», severa perché ferita. La sua maturità raffigura la pienezza della storia al momento della venuta di Cristo. Come lui, Beatrice ha dovuto attraversare la morte e ha conosciuto il tradimento: il suo è un amore adulto che ha conosciuto il dolore.

Piero Della Francesca, *Madonna del parto* (1445), affresco. Arezzo, Cappella del Cimitero di Monterchi.

Il tema trattato dal grande pittore quattrocentesco Piero della Francesca è piuttosto insolito per la pittura italiana: rappresenta Maria incinta di Gesù. Il suo volto è serio e severo, e mostra consapevolezza del dolore che si avvicina: non solo quello del parto, ma soprattutto il presagio della morte del figlio.

3. Nel canto XXXII, infine, Dante assiste al "secondo tempo" della rappresentazione allegorica, ed è in questo contesto che appare la terza figura femminile, che con la sua negatività corrisponde al precipitare della vicenda del Cristianesimo. Per esprimere la corruzione della Chiesa Dante adotta, riprendendola dall'Apocalisse, la figura che più gravemente degrada la donna: colei che dovrebbe essere sposa e madre – la Chiesa, sposa di Cristo e madre di tutti i cristiani – si trasforma in una puttana che esce di scena picchiata ferocemente dal suo ultimo amante.

Sicura, quasi rocca in alto monte,
seder sovresso una puttana sciolta
m'apparve, con le ciglia intorno pronte.
Purgatorio, XXXII, 148-150.

Mi apparve seduta sul carro (**sovresso**) *una puttana seminuda* (**sciolta**), *che gettava intorno sguardi pronti* [*ad adescare qualcuno*], *a suo agio e sicura di sé come una fortificazione in cima a un monte elevato.*

Theda Bara nel film *Cleopatra* (1917) di J. Gordon Edwards.

La *femme fatale*, 'donna fatale', del cinema è una delle ultime incarnazioni di un grande mito: quello della donna perduta che perde gli uomini, la prostituta tentatrice che attraverso il sesso distrugge l'anima o la vita. La fotografia ritrae Theda Bara (1885-1955), un'attrice del cinema muto che fu forse il primo *sex-symbol* creato dall'industria hollywoodiana. Per lei fu coniato il termine *vamp* (abbreviazione di *vampire*: 'vampiro'), perché le venivano sempre affidati ruoli di "femmine malvagie".

T18

L'amore che condanna: Francesca

Inferno, V, 25-142

concetti-chiave

- la ragione travolta dal desiderio: la bufera dei lussuriosi
- la concezione dell'amore di Francesca e le responsabilità della letteratura

espansioni digitali

videolezione: analisi del testo a cura di Pietro Cataldi [31' 30"]

Nella Commedia *Dante ripercorre le tappe che l'hanno condotto a comprendere che l'amore per Beatrice lo condurrà fino alla visione di Dio. La palinodia, cioè la ritrattazione dei modi precedenti di concepire l'amore, viene illustrata da una serie di incontri con le anime peccatrici. Il primo avviene all'inizio dell'*Inferno.
Dante è giunto nel secondo cerchio, al cui ingresso si trova Minosse, il giudice infernale. Superata la sua resistenza, Dante e Virgilio affrontano la vista dell'eterna bufera che travolge i lussuriosi, tra i quali Dante riconosce alcuni protagonisti della storia e della letteratura antica e medievale. Infine, chiamati da Dante, si accostano al poeta due spiriti che insieme vengono trascinati dal vento. Dal racconto doloroso di uno dei due, una donna di nome Francesca, Dante è sconvolto al punto di svenire.

LINGUA: italiano **DATAZIONE:** 1304-1310 ca.

Or incomincian le dolenti note
a farmisi sentire; or son venuto
là dove molto pianto mi percuote.

Io venni in loco d'ogne luce muto,
che mugghia come fa mar per tempesta,
se da contrari venti è combattuto.

La bufera infernal, che mai non resta,
mena li spirti con la sua rapina;
voltando e percotendo li molesta.

Quando giungon davanti a la ruina,
quivi le strida, il compianto, il lamento;
bestemmian quivi la virtù divina.

Intesi ch'a così fatto tormento
enno dannati i peccator carnali,
che la ragion sommettono al talento.

E come li stornei ne portan l'ali
nel freddo tempo, a schiera larga e piena,
così quel fiato li spiriti mali

di qua, di là, di giù, di sù li mena;
nulla speranza li conforta mai,
non che di posa, ma di minor pena.

E come i gru van cantando lor lai,
faccendo in aere di sé lunga riga,
così vid'io venir, traendo guai,

ombre portate da la detta briga;
per ch'i' dissi: «Maestro, chi son quelle
genti che l'aura nera sì gastiga?».

METRO: terzine incatenate con rima ABA BCB CDC DED ecc.

25-27 *Ora i dolorosi suoni* (**note**) *cominciano a farmisi sentire; ora son giunto in un luogo in cui* (**là dove**) *un gran pianto stordisce il mio udito.*

Nel canto precedente Dante e Virgilio avevano visitato il Limbo, il luogo in cui dimorano le anime innocenti che non ebbero Battesimo. Queste anime non sono soggette al giudizio di Minosse, il demone che decide in quale cerchio le colpe debbano essere punite, poiché questi spiriti non commisero peccato. Perciò solo ora, nel secondo cerchio, Dante giunge a un vero e proprio luogo di pena infernale.

28-33 *Io giunsi in un luogo privo d'ogni luce, che muggisce* (**mugghia**) *come fa il mare a causa di una tempesta, quando è urtato con violenza da venti contrari. La bufera infernale, che non si ferma* (**resta**) *mai, trasporta* (**mena**) *gli spiriti nella sua furia* (**rapina**)*; li tormenta* (**molesta**) *voltandoli e percuotendoli.*

La tempesta della passione diventa eterna per chi se ne lasciò travolgere in vita.

34-39 *Quando si trovano davanti alla frana* (**ruina**)*, qui [gettano] grida, pianti e lamenti; qui bestemmiano la potenza* (**virtù**) *divina. Compresi* (**Intesi**) *che a una simile tortura sono* (**enno**) *dannati i lussuriosi, che sottomettono la ragione all'istinto* (**talento**).

Quando...divina: quando, al loro arrivo nel cerchio, le anime si trovano davanti alla frana da cui furono precipitate dopo il giudizio di Minosse, esse sentono più bruciante il peso della propria condanna. Altri commentatori intendono per **ruina** il punto da cui ha origine il turbine dei venti, oppure la frana provocata qui, come in altri cerchi, dal terremoto seguito alla morte di Cristo. **peccator carnali**: coloro che peccarono di lussuria, che cioè si abbandonarono al piacere sessuale contro ogni norma morale o sociale.

40-45 *E come d'inverno le ali trasportano gli storni, in uno stormo* (**schiera**) *largo e fitto, così quel vento* (**fiato**) *trasporta gli spiriti malvagi di qua, di là, di giù, di su; non li conforta mai la speranza non già di una sospensione* (**posa**)*, ma anche soltanto di una sofferenza minore.*

Con questa prima immagine tratta dal mondo degli uccelli, Dante descrive l'intero gruppo dei peccatori, trasportati dal vento come uno stormo di uccelli migratori.

46-51 *E come le gru vanno cantando i loro lamenti* (**lai**)*, componendo con i loro corpi* (**faccendo...di sé**) *nell'aria una lunga fila, così io vidi giungere, levando lamenti* (**guai**)*, delle ombre trasportate dal suddetto vento* (**briga**)*; perciò* (**per ch'**) *dissi: «Maestro, chi sono quelle persone che l'aria nera castiga con tanta violenza?».*

Al primo, più vasto gruppo dei peccatori ne segue un altro, distinto dal primo come una lunga fila di gru si distingue da un compatto stormo di passeri. Si tratta di coloro che morirono per cause legate all'amore. **briga**: letteralmente 'guerra, battaglia'.

«La prima di color di cui novelle
tu vuo' saper», mi disse quelli allotta,
«fu imperadrice di molte favelle.
A vizio di lussuria fu sì rotta,
che libito fé licito in sua legge,
per tòrre il biasmo in che era condotta.
Ell'è Semiramìs, di cui si legge
che succedette a Nino e fu sua sposa:
tenne la terra che 'l Soldan corregge.
L'altra è colei che s'ancise amorosa,
e ruppe fede al cener di Sicheo;
poi è Cleopatràs lussurïosa.
Elena vedi, per cui tanto reo
tempo si volse, e vedi 'l grande Achille,
che con amore al fine combatteo.
Vedi Parìs, Tristano»; e più di mille
ombre mostrommi e nominommi a dito,
ch'amor di nostra vita dipartille.
Poscia ch'io ebbi 'l mio dottore udito
nomar le donne antiche e 'cavalieri,
pietà mi giunse, e fui quasi smarrito.
I' cominciai: «Poeta, volontieri
parlerei a quei due che 'nsieme vanno,
e paion sì al vento esser leggieri».
Ed elli a me: «Vedrai quando saranno
più presso a noi; e tu allor li priega
per quello amor che i mena, ed ei verranno».
Sì tosto come il vento a noi li piega,
mossi la voce: «O anime affannate,
venite a noi parlar, s'altri nol niega!».
Quali colombe dal disio chiamate
con l'ali alzate e ferme al dolce nido
vegnon per l'aere, dal voler portate;
cotali uscir de la schiera ov'è Dido,
a noi venendo per l'aere maligno,
sì forte fu l'affettüoso grido.
«O animal grazïoso e benigno
che visitando vai per l'aere perso
noi che tignemmo il mondo di sanguigno,
se fosse amico il re de l'universo,
noi pregheremmo lui de la tua pace,
poi c'hai pietà del nostro mal perverso.

52-60 *Quelli mi disse allora* (**allotta**)*: «La prima di coloro di cui vuoi avere notizie* (**novelle**) *fu imperatrice di [molti popoli con] molti linguaggi* (**favelle**)*. Fu così sfrenatamente dedita* (**rotta**) *al vizio della lussuria, che consentì* (**fé licito**) *per legge che ognuno facesse quanto gli piaceva* (**libito**)*, per cancellare* (**tòrre** = 'togliere') *il biasimo in cui ella stessa era incorsa. È Semiramide, di cui si legge [nei libri di storia] che succedette a Nino e fu la sua sposa; governò la terra che [ora] il Sultano regge.*

Semiramìs: regina degli Assiri vissuta nel XIV secolo a.C. Ebbe rapporti incestuosi con il figlio, e, per discolparsi, ordinò che tra genitori e figli fosse lecito qualunque tipo di rapporto. **terra...corregge**: propriamente l'Egitto, anche se qui indica genericamente il Medio Oriente.

61-72 *L'altra è colei che si uccise* (**s'ancise**) *per amore, e ruppe la promessa fatta* (**fede**) *alle ceneri di Sicheo; poi viene la lussuriosa Cleopatra. Vedi Elena, a causa della quale si svolse un tempo di così lungo dolore* (**tanto reo**)*, e vedi il grande Achille, che alla fine [della sua vita] combatté per amore. Vedi Paride, vedi Tristano»; e mi indicò* (**mostrommi...a dito**) *e mi nominò più di mille ombre, che amore fece uscire* (**dipartille** = 'le dipartì') *dalla vita terrena* (**nostra vita**)*. Dopo* (**Poscia**) *che ebbi sentito la mia guida* (**dottore**) *nominare le nobili donne e i cavalieri dell'antichità, fui preso da pietà, e quasi persi i sensi* (**fui quasi smarrito**)*.*

Alla fine dell'elenco di famosi personaggi della storia e della letteratura, Dante è così commosso che sta per svenire. Il suo smarrimento indica tanto pietà quanto turbamento nel constatare le conseguenze terribili di un peccato la cui origine – l'amore – egli stesso aveva cantato nella sua poesia giovanile. **colei...Sicheo**: Didone, la cui vicenda Virgilio racconta nel IV libro dell'*Eneide*. Didone era regina di Cartagine; dopo la morte del marito Sicheo aveva giurato che non si sarebbe mai più risposata. Quando Enea giunse nel suo regno, però, la regina si innamorò di lui e meditò di sposarlo. Gli dèi però costrinsero Enea a ripartire, e Didone, per il dolore di essere stata abbandonata, si uccise. **Cleopatràs**: Cleopatra, regina d'Egitto, amante prima di Giulio Cesare e poi di Marco Antonio. **Elena**: la donna più bella del mondo, regina di Sparta e moglie di Menelao. Fu rapita dal principe troiano Paride; il marito, per riprendersela, fece armare tutta la Grecia contro Troia. **reo tempo**: i dieci anni della guerra di Troia. **Achille**: l'eroe dell'*Iliade*. Secondo un mito non raccontato nel poema, Achille si innamorò di Polissena, una delle figlie del re di Troia Priamo. Per incontrare la ragazza si sottopose a gravi rischi, finché fu sorpreso e ucciso da Paride. **Parìs**: Paride. **Tristano**: cavaliere della Tavola Rotonda di re Artù, Tristano si innamorò di Isotta, sposa di suo zio, il re Marco.

73-81 *Io cominciai [a dire]: «Poeta, parlerei volentieri con quei due che vanno insieme, e sembrano così leggeri nel vento». Ed egli a me: «Vedrai [che ciò sarà possibile] quando saranno più vicini* (**presso**) *a noi; e allora tu pregali, in nome di quell'amore che li trascina* (**mena**)*, ed essi verranno». Non appena* (**Sì tosto come**) *il vento li fa deviare* (**piega**) *verso di noi, presi a parlare: «O anime addolorate* (**affannate**)*, venite a parlarci, se qualcun altro non lo proibisce* (**niega**)*!».*

quei due...leggieri: Dante è incuriosito da due anime che sono travolte, abbracciate, dalla bufera. **altri**: Dio.

82-87 *Come colombe, spinte* (**chiamate**) *dal desiderio, giungono attraverso l'aria al dolce nido, con le ali aperte* (**alzate**) *e ferme, spinte dall'istinto* (**voler**)*; così quei due* (**cotali**) *uscirono dalla schiera dove si trova Didone* (**Dido**)*, venendo verso di noi attraverso l'aria maligna, tanto forte fu il [mio] grido accorato.*

La terza similitudine relativa al mondo degli uccelli descrive l'atteggiamento della coppia di anime che ha attirato la curiosità di Dante: dalle immagini di stormi siamo passati a quella di una coppia isolata. **affettüoso**: il richiamo di Dante era improntato di compassione.

88-96 *«O uomo vivo, cortese* (**grazïoso**) *e benevolo, che vai visitando nell'aria tenebrosa* (**perso**) *noi, che tingemmo il mondo del colore del sangue, se il re dell'universo fosse benevolo [con noi], lo pregheremmo per la tua serenità* (**pace**)*, poiché hai*

Di quel che udire e che parlar vi piace,
noi udiremo e parleremo a voi,
mentre che 'l vento, come fa, ci tace.
Siede la terra dove nata fui
su la marina dove 'l Po discende
per aver pace co' seguaci sui.
Amor, ch'al cor gentil ratto s'apprende,
prese costui de la bella persona
che mi fu tolta; e 'l modo ancor m'offende.
Amor, ch'a nullo amato amar perdona,
mi prese del costui piacer sì forte,
che, come vedi, ancor non m'abbandona.
Amor condusse noi ad una morte.
Caina attende chi a vita ci spense».
Queste parole da lor ci fuor porte.
Quand'io intesi quell'anime offense,
china' il viso, e tanto il tenni basso,
fin che 'l poeta mi disse: «Che pense?».
Quando rispuosi, cominciai: «Oh lasso,
quanti dolci pensier, quanto disio
menò costoro al doloroso passo!».
Poi mi rivolsi a loro e parla' io,
e cominciai: «Francesca, i tuoi martìri
a lagrimar mi fanno tristo e pio.
Ma dimmi: al tempo d'i dolci sospiri,
a che e come concedette Amore
che conosceste i dubbiosi disiri?».
E quella a me: «Nessun maggior dolore
che ricordarsi del tempo felice
ne la miseria; e ciò sa 'l tuo dottore.
Ma s'a conoscer la prima radice
del nostro amor tu hai cotanto affetto,
dirò come colui che piange e dice.

pietà del nostro peccato (**mal**) *perverso. Noi ascolteremo e vi parleremo di ciò di cui avrete piacere dire e ascoltare, mentre il vento, come sta accadendo, si è placato* (**tace**) *per noi* (**ci**).

animal: 'essere animato', dunque: 'uomo vivente'. **perso**: di colore scuro quasi nero, tendente al rossastro. **re de l'universo**: Dio. **mentre...tace**: l'eccezionale pausa del vento consente agli spiriti di parlare con Dante.

97-99 *La città* (**terra**) *dove sono nata è adagiata* (**Siede**) *sulla costa* (**marina**) *dove sfocia* (**discende**) *il Po, per aver riposo* (**pace**) *con i suoi affluenti.*

Finora non sapevamo chi fosse lo spirito che ha cominciato a colloquiare con Dante. Scopriamo ora che è una donna, nata nella città di Ravenna. I commentatori antichi ci informano che si tratta di Francesca, figlia del signore della città, Guido il Vecchio da Polenta. La donna fu protagonista di un fatto di cronaca molto noto ai contemporanei, tanto che al v. 116 Dante la chiama per nome, avendo riconosciuto la sua vicenda. Francesca nel 1275 fu data sposa a Gianciotto da Forlì, ma presto intrecciò una relazione adulterina con Paolo Malatesta, fratello di suo marito. Scoperta la relazione, Gianciotto uccise entrambi (l'omicidio dovette avvenire tra il 1283 e il 1285). **pace**: nelle parole di Francesca ritorna continuamente questo vocabolo: è il pensiero fisso di questi dannati, che, sbattuti in eterno dalla bufera, non potranno mai conoscere un attimo di riposo.

100-108 *Amore, che si attacca* (**s'apprende**) *rapidamente* (**ratto**) *al cuore nobile* (**gentil**)*, fece innamorare* (**prese**) *costui del bel corpo* (**persona**) *che mi fu strappato: e la quantità* (**modo**) *[del suo amore] ancora mi lega a lui* (**m'offende** = 'mi vince'). *Amore, che a nessuno che sia amato risparmia di* (**perdona**) *amare, mi fece innamorare* (**prese**) *della bellezza* (**piacer**) *di costui così forte che, come vedi, ancora non mi lascia. Amore condusse noi a un'unica morte. Caina attende colui che ci tolse la vita». Queste parole ci furono* (**fuor**) *dette da loro.*

In queste terzine Francesca ci racconta la sua storia mostrandocene, come protagonista, Amore personificato. Amore compie tre azioni: 1) fa innamorare di Francesca il suo compagno; 2) fa sì che Francesca ricambi il suo amore; 3) la loro relazione causa la loro morte per mano di un familiare. **Amor... apprende:** è un precetto stilnovistico, formulato per la prima volta da Guinizzelli: «*Al cor gentil rempaira* [= fa ritorno] *sempre amore*» (cfr. **T1**), secondo cui la capacità di provare amore (in senso cortese) è un segno di nobiltà d'animo. **persona...tolta**: il corpo fu tolto a Francesca quando fu assassinata. **'l modo...offende**: è possibile un'altra interpretazione: 'il modo [con cui il mio corpo mi fu tolto, con cui fui uccisa] mi ferisce ancora'. **Amor...perdona**: secondo la dottrina cortese dell'amore, questo induce a contraccambiare i sentimenti della persona che per prima si innamora. **piacer**: bellezza fisica. **una morte**: gli amanti furono uccisi insieme, o comunque per mano dello stesso assassino. **Caina...spense**: Caina è una delle quattro zone in cui è diviso l'ultimo cerchio dell'Inferno, in cui sono puniti i traditori dei parenti. Francesca e il suo compagno furono dunque uccisi da un familiare.

109-120 *Quando ebbi ascoltato quelle anime ferite* (**offense**)*, chinai lo sguardo* (**viso**) *e lo tenni chinato tanto a lungo, fin quando il poeta mi disse: «A cosa pensi?». Quando risposi, cominciai: «Ahimè* (**Oh, lasso**)*, quanti dolci pensieri, quanto desiderio condusse costoro al passaggio* (**passo**) *doloroso!». Poi mi rivolsi a loro, e presi io la parola, e cominciai: «Francesca, le tue pene* (**martìri**) *mi rendono triste e pietoso* (**pio**) *[sino a farmi] piangere. Ma dimmi: nel tempo dei dolci sospiri, da che cosa* (**a che**) *e in quali circostanze* (**come**) *Amore vi concesse di conoscere i [vostri] desideri [quando erano ancora] dubitosi?».*

Dante vuole sapere come i due amanti sono passati dai nobili sentimenti, ispirati dalla cultura e dalla sensibilità che anch'egli aveva condiviso, al peccato vero e proprio, cioè a una relazione proibita dalle leggi divine e umane perché adulterina. **doloroso passo**: quello che li condusse al peccato. **tempo d'i dolci sospiri**: quando ancora i due amanti non si erano rivelati la reciproca passione. **dubbiosi**: perché ancora i due innamorati non sapevano se il loro amore fosse ricambiato.

121-126 *E lei mi rispose: «Nessun dolore è più grande che ricordarsi del tempo felice nel dolore; e la tua guida* (**dottore**) *lo sa bene. Ma se tu hai un così gran desiderio* (**affetto**) *di conoscere la prima origine* (**radice**) *del nostro amore, te lo dirò, come qualcuno che piange mentre parla.*

dottore: Virgilio, che scrive una massima simile nell'*Eneide* (II, 10-13).

Ary Scheffer, *Le ombre di Paolo e Francesca appaiono a Dante e Virgilio nel cerchio dei lussuriosi*, 1854. Amburgo, Kunsthalle.

Noi leggiavamo un giorno per diletto
di Lancialotto come amor lo strinse;
soli eravamo e sanza alcun sospetto.
Per più fïate li occhi ci sospinse
quella lettura, e scolorocci il viso;
ma solo un punto fu quel che ci vinse.
Quando leggemmo il disïato riso
esser basciato da cotanto amante,
questi, che mai da me non fia diviso,
la bocca mi basciò tutto tremante.
Galeotto fu 'l libro e chi lo scrisse:
quel giorno più non vi leggemmo avante».
Mentre che l'uno spirto questo disse,
l'altro piangëa; sì che di pietade
io venni men così com' io morisse.
E caddi come corpo morto cade.

D. Alighieri, *La* Commedia *secondo l'antica vulgata*, cit.

127-132 *Un giorno, per svago* (**per diletto**), *noi leggevamo di come Lancillotto fu avvinto dall'amore; eravamo soli e senza nessun sospetto. Più volte quella lettura ci spinse gli occhi [l'uno verso l'altra], e ci fece impallidire; ma un solo punto [del racconto] fu quello che ci vinse.*
La storia di Lancillotto, Ginevra e Artù descrive una situazione molto simile a quella in cui si trovano i due amanti: Francesca è sposata, come Ginevra, ed è innamorata di un altro uomo che la ricambia, Paolo. Gli sguardi che si incontrano, e il turbamento che ne segue, raccontano come i due innamorati giungano a riconoscere il reciproco amore, identificandosi nella storia narrata. **Lancialotto**: il cavaliere della Tavola Rotonda che si innamorò di Ginevra, moglie di re Artù: una storia di tradimento esaltata dalla cultura cortese come il più perfetto esempio di amore. **sanza alcun sospetto**: Francesca sostiene che nonostante fossero soli, e avessero scelto una lettura erotica, non c'era in loro nessuna malizia, nessun secondo fine. **ci vinse**: vinse le nostre esitazioni.

133-138 *Quando leggemmo che le labbra sorridenti* (**riso**) *desiderate* (**disiato**) *furono baciate da un amante di tale valore* (**cotanto**), *costui [: Paolo], che non sarà* (**fia**) *mai separato da me, tutto tremante mi baciò la bocca. Il libro e chi lo scrisse furono [per noi come] Galeotto: quel giorno non vi leggemmo più oltre* (**avante**)*».*
riso...bocca: il bacio di Ginevra e Lancillotto è solo finzione letteraria – e infatti la bocca della regina è indicata attraverso una metonimia; quello tra Francesca e Paolo è invece realtà, e realtà peccaminosa. La **bocca** di Francesca è proprio una "bocca", una realtà materiale non trasfigurabile. **Galeotto**: nel romanzo di Lancillotto, il cavaliere Galehaut spinge Lancillotto e Ginevra a confessare il loro reciproco amore. Il libro e il suo autore svolgono lo stesso ruolo per Francesca e il suo amante. **quel giorno...avante**: Francesca tace sul seguito della vicenda, cioè sull'inizio della vera e propria relazione adulterina, il peccato per cui i due spiriti sono puniti.

139-142 *Mentre uno spirito raccontò questo, l'altro piangeva; così che per la compassione io svenni* (**venni men**), *come se morissi. E caddi come cade un corpo morto.*

analisi e interpretazione T18

le forme

La serie di similitudini Dante ci presenta le anime dei lussuriosi attraverso tre similitudini, che inquadrano di volta in volta un gruppo più ristretto, come una matrioska le cui bambole si infilino una nell'altra fino ad arrivare alla più piccola. In un primo momento vediamo le anime trascinate dal vento come un compatto stormo di uccelli. Seguono i morti per amore, ordinati in una lunga fila come le gru che migrano. Infine, all'interno di quest'ultimo gruppo Dante individua una coppia di anime che volano abbracciate, e che, chiamate, si avvicinano a lui come una coppia di colombi al loro nido. La pena di questi peccatori – la bufera di vento che li travolge – ha certo suggerito l'uso di queste similitudini tratte dal mondo degli uccelli, che però esprimono anche un'atmosfera di delicatezza e lirismo.

Gli echi dello Stil novo Tutto il dialogo con Francesca è intessuto di richiami allo Stil novo, a partire da un lessico impreziosito da allitterazioni («dolci pensieri», «disio», «doloroso passo», «martìri», «dolci sospiri», «dubbiosi disiri», «amor lo strinse», «disiato riso»). Proviene dalla lirica provenzale e dagli stilnovisti (è usata anche da Dante nella *Vita nuova*) la personificazione dell'amore: «Amore... prese costui» (vv. 100-101); «Amore... mi prese» (vv. 103-104); «Amor condusse» (v. 105); «concedette Amore» (v. 119). Il verso 100, inoltre, è una ripresa quasi letterale dell'*incipit* della canzone di Guido Guinizzelli, **T1** ***«Al cor gentil rempaira sempre amore»***.

L'anafora di «Amore» L'allusione a Guinizzelli apre una serie di terzine, collegate dall'anafora di «Amore», ripetuto come prima parola di ogni primo verso. In questi versi Francesca sintetizza la propria vicenda di amore e di morte, ma non lo fa raccontando dei fatti; enuncia invece, quasi costruendo un sillogismo, le leggi generali nelle quali sta la spiegazione della sua storia: gli animi nobili non possono rimanere insensibili alla bellezza, e l'amore è una forza tale che impone di essere contraccambiato. I vv. 100-106 tracciano così una teoria dell'amore come forza irresistibile, che passa attraverso i sensi (in particolare la vista) e che con il suo stesso manifestarsi è sintomo di nobiltà interiore («cor gentil»). È una forza spossessante, che spinge oltre i limiti dell'etica e delle norme sociali, originando lutto e tragedia. Riconosciamo in questa rappresentazione del sentimento amoroso le norme codificate dalla tradizione lirica che dalla Francia erano giunte in Italia.

«Amore» soggetto Da quella stessa tradizione deriva anche la personificazione di «Amore», presentato come il soggetto delle tre proposizioni principali dei vv. 100-106. Trasformare «Amore» nel soggetto dell'azione ha però conseguenze molto gravi. Rapiti dal ragionamento di Francesca, rischiamo di non vedere qualcosa che invece Dante (autore) vede benissimo, e che è, in definitiva, il motivo per cui Francesca e il suo compagno sono condannati. Attribuire ad «Amore» la responsabilità di ciò che è accaduto significa non capire che Francesca e Paolo hanno fatto una scelta; significa deresponsabilizzarli, aderendo a una concezione passiva e fatalistica dell'agire umano. Per Dante, però, l'uomo ha sempre una scelta tra agire e non agire, peccare e non peccare: i lussuriosi sono colpevoli proprio di questo, di aver sottomesso la ragione al talento, cioè di non aver agito con il sostegno della ragione, ma di essersi lasciati trascinare dall'istinto sessuale.

> **espansioni digitali**
> **videolezione: analisi del testo**
> **a cura di Pietro Cataldi**
> [31' 30"]

i temi e i motivi

La condanna di Francesca La concezione dell'amore descritta da Francesca, perciò, non è "naturale", come suggeriscono le parole della donna. È invece una costruzione culturale, forgiata nelle corti di Francia attraverso la poesia e i romanzi, come quel Lancillotto che trasforma i due lettori in amanti. Ponendo i due personaggi nell'Inferno, Dante condanna implicitamente le conseguenze di tale teoria dell'amore e della sua espressione letteraria. Il Dante personaggio, invece, è profondamente turbato dal racconto, fino a cadere svenuto. Le sue reazioni rivelano un passato biografico fortemente coinvolto in quella esperienza, sia biografica sia letteraria.

La centralità del corpo Francesca, però, si è formata su una letteratura lontana dalla spiritualizzazione dell'amore elaborata da Dante e dai poeti dello Stil novo. Se sfrondiamo i vv. 100-105 della retorica cortese, infatti, scopriamo che Francesca sta parlando di un'attrazione principalmente fisica, del desiderio per un corpo: «Amor... prese costui de la bella persona», «Amor mi prese del costui piacer». Questo amore che è soprattutto desiderio fisico, benché trasfigurato dall'ideologia cortese, ci viene raccontato da un personaggio femminile.

Una rappresentazione tragica della sessualità Dante infrange così tutte le convenzioni relative alla rappresentazione letteraria dell'amore: parla di un desiderio fisico – di un bacio, di una bocca – con toni alti, tragici, senza ricorrere all'abbassamento in uno stile comico o in un genere minore (la pastorella, per esempio), come imponevano le convenzioni letterarie del tempo quando si parlava di sesso.

Il soggetto femminile Ma, soprattutto, nella poesia d'amore di stile elevato sono gli uomini che parlano, e le donne i loro muti oggetti di desiderio. Anche Beatrice è muta, nelle liriche e nella *Vita nuova*, e quando comincia a parlare – nel secondo canto dell'*Inferno* – lo fa per esprimere un amore che non è più umano. Per questo si può dire che Francesca è – come ha scritto il grande critico ottocentesco Francesco De Sanctis – «la prima donna viva e vera apparsa sull'orizzonte poetico de' tempi moderni» (cfr. **S16**, p. 212).

Dante e noi

espansioni digitali
S INFORMAZIONI E APPROFONDIMENTI
Francesca e Madame Bovary

La responsabilità dello scrittore Francesca è dunque peccatrice e letterata, anzi: peccatrice perché letterata (cfr. ***espansioni digitali*** **S** ***Francesca e Madame Bovary***). Il v. 137 lo enuncia chiaramente: «Galeotto fu 'l libro e chi lo scrisse». La responsabilità di indurre Francesca al peccato non è solo attribuita a un modello culturale, ma viene ricondotta alla sua fonte, all'autore del testo. Per Dante lo scrittore è responsabile di quanto scrive e delle conseguenze che possono derivarne. Per noi questo legame tra letteratura e morale non esiste più: ma la separazione tra arte ed etica non è avvenuta molto tempo fa. Ancora a metà dell'Ottocento *I fiori del male* di Baudelaire e *Madame Bovary* di Flaubert furono condannati in un processo in quanto ritenuti modelli nocivi di comportamento; e in Italia, ancora nel Novecento, opere letterarie o cinematografiche – come quelle di Pasolini – sono state condannate per oscenità.

L'amore La storia di Francesca pone anche altri interrogativi tuttora attuali. Nell'amore, fino a che punto conta la ragione e fino a che punto il desiderio? Come capire se si ama bene o male una persona? Lo stesso Dante, che pure conosceva la risposta a queste domande, perché aveva già attraversato l'esperienza d'amore spirituale della *Vita nuova*, si lascia ancora turbare da questa vicenda di amore tutto terreno.

Il condizionamento dei sentimenti Il racconto di Francesca insegna inoltre quanto sia difficile, anche nella sfera dei sentimenti, liberarsi dai condizionamenti che provengono dalla struttura delle nostre società o dai modelli culturali con cui guardiamo il mondo. I nostri sentimenti sono profondamente influenzati dai rapporti esistenti tra uomini e donne, dalle norme che ogni società stabilisce per accettare o condannare un desiderio (pensiamo alla millenaria proibizione, nella società occidentale, dell'adulterio o dei rapporti omosessuali), e infine dai miti culturali, che possono essere elaborati dalla letteratura, come è il caso per Francesca, mentre il nostro immaginario è piuttosto forgiato dal cinema, dalla musica o dalla televisione.

Il dominio dell'istinto Ma ci sono anche altri condizionamenti, che precedono quelli della società o della cultura: sono gli istinti della parte animale ancora viva in noi, che possono essere domati dalla ragione ma con fatica, a prezzo di un lungo addestramento. Tra di essi, l'istinto sessuale è forse il più forte, quello che ha avuto bisogno di un maggior impegno da parte di leggi e norme morali per essere regolamentato: dagli antichi tabù dell'incesto ai precetti religiosi, dalle regole sociali a quelle igienico-sanitarie. Per Dante e per la cultura del suo tempo, il desiderio puramente sessuale è di per sé peccaminoso, è qualcosa che contiene il germe del male. Ma ancora oggi il desiderio può diventare pericoloso e inquietante, proprio per la forza con cui è in grado di spazzar via ogni norma.

Auguste Rodin, *Il bacio*, 1901. Londra, Tate Gallery.

COMPRENDERE

1 Qual è la pena dei lussuriosi, e quale rapporto c'è con il peccato che li ha dannati?

2 Completa la tabella inserendo correttamente gli enunciati e i nomi dei personaggi citati nel canto che sono riportati in calce. Attento all'intruso!

atmosfera/paesaggio	personaggio della schiera delle anime	richiami allo Stil novo
....	....	....
....	....	....
....	....	....

Dolci pensier (v. 113) – Semiramìs (v. 58) – amor lo strinse (v. 128) – loco d'ogne luce muto (v. 28) – Amor, ch'al cor gentil ratto s'apprende (v. 100) – Galeotto (v. 137) – Tristano (v. 67) – bufera infernal (v. 31) – dolci sospiri (v. 118) – contrari venti (v. 30) – Cleopatràs (v. 63) – disïato riso (v. 133)

3 Collega correttamente.

le anime dei lussuriosi	sono paragonati/e a una coppia di colombi
i morti per amore	sono paragonati/e a uno stormo compatto di uccelli
Paolo e Francesca	sono paragonati/e a una lunga schiera di gru

4 Perché alla fine del canto Dante, già profondamente turbato dalla vicenda di Paolo e Francesca, sviene?

a trova ingiusto che Dio abbia punito una passione così autentica e la sua fede vacilla

b non riesce più a sostenere la forza trascinante della bufera infernale e viene sbattuto a terra

c è sopraffatto dal timore che Virgilio lo rimproveri per essersi attardato troppo a parlare con Francesca

d ha consapevolezza del proprio passato e si sente in prima persona esposto ai rischi di una passione amorosa non sostenuta dalla ragione

ANALIZZARE

5 Considera l'espressione «loco d'ogne luce muto» (v. 28): di quale figura retorica si tratta?

a sinestesia

b anafora

c iperbole

d metonimia

6 Nel racconto di Francesca Amore appare il vero protagonista della vicenda che l'ha legata a Paolo. In quanto protagonista, viene personificato con la lettera maiuscola (v. 100-106) e ritenuto autore di tre azioni. Individuale nel testo.

INTERPRETARE E APPROFONDIRE

7 Dante personaggio sviene, invece Dante scrittore condanna i due amanti all'Inferno e denuncia la responsabilità della letteratura nel condizionare le azioni degli uomini. In quali versi in particolare si può leggere la condanna implicita della letteratura cortese? Quale passo letterario ha indotto i due amanti a svelare il loro amore?

S16 LETTURE CRITICHE

Francesco De Sanctis, *Francesca da Rimini*

Francesca è uno dei personaggi che più ha colpito l'immaginario moderno a partire dalla "riscoperta" ottocentesca della Commedia. *Gli artisti e i critici romantici non condannano più Francesca per il peccato che ha commesso, ma la giustificano, anzi la esaltano per la sua capacità di darsi completamente a una passione. Per la critica romantica, Francesca diventa un'eroina dell'amore, così come Ulisse era divenuto l'eroe della conoscenza.*
Un'interpretazione esemplare in questo senso ci è stata data da Francesco De Sanctis (1817-83), uno dei più importanti studiosi della nostra letteratura, in un saggio che si intitola Francesca da Rimini *(1869).*

Francesca non è nata se non dopo una lunga elaborazione nelle liriche de' Trovatori[1] e nella stessa lirica dantesca. Ivi l'uomo riempie di sé la scena; è lui che opera e parla e fantastica; la donna ci sta in lontananza, nominata e non rappresentata, come Selvaggia e Mandetta;[2] ci sta come il riflesso dell'uomo, la sua cosa, la sua fattura,[3] l'essere uscito dalla sua costa,[4] senza personalità propria e distinta [...]. Talora è un semplice concetto, sul quale il poeta disserta o ragiona come fa spesso il Cavalcanti, e Dante stesso. Poi diviene un tipo nel quale il poeta raccoglie tutte le perfezioni morali, intellettuali e corporali, costruzione artificiale e fredda, assolutamente inestetica. In questo genere la creatura poetica più originale e compiuta è Beatrice, bellezza, virtù e sapienza, un individuo scorporato e sottilizzato, non più individuo, ma tipo e genere; non femmina, ma il femminile, l'eterno femminile di Goethe.[5] Concezione ammirabile; ma non è ancora la donna, non è ancora persona schietta.[6] [...] Se in queste costruzioni simboliche, teologiche, scolastiche non troviamo la donna, tantomeno vi troviamo l'amore. Anch'esso è sovente una personificazione, una reminiscenza di Cupido;[7] e quando si sviluppa[8] dal mito, ed opera direttamente come forza naturale, malgrado le lagrime e i sospiri del poeta, ci lascia freddi, perché troppo idealizzato, e più spesso stima e ammirazione per le nobili qualità dell'amata e l'eccellenza della forma, anzi che fiamma e furore, come direbbe Ariosto, forza invitta[9] e cieca a cui tutto soggiaccia.

Entro queste costruzioni artificiali fondate sul culto della donna, posta in cima di ogni perfezione, e simbolo di tutti gli altri ideali che muovono l'uomo, rimane pur sempre il concetto della donna, non solo come il femminile, la bella faccia che l'uomo dà a tutti i suoi ideali, ma come individuo ella medesima, un essere innamorato e gentile. Quest'individuo, sviluppato[10] da ogni elemento eterogeneo, non più concetto, o tipo, o personificazione, ma vera e propria persona, in tutta la sua libertà, è Francesca. Beatrice è più e men che donna [...]. Perciò voi potete contemplarla, adorarla intenderla, spiegarvela, ma non l'amate, non la possedete con pura dilettazione[11] estetica, anzi ne state a distanza. Il che spiega perché Beatrice non ha potuto mai divenire popolare, ed è rimasta materia inesausta di dispute e arzigogoli. Francesca al contrario acquistò un'immensa popolarità presso le nazioni[12] anche meno colte, ed anche oggi in moltissimi ella è rimasta la sola figura sopravvivuta[13] alla *Divina Commedia*. [...]

Francesca è donna e non altro che donna, ed è una compiuta persona poetica, di una chiarezza omerica.[14] Certo, essa è ideale, ma non è l'ideale di qualcos'altro, è l'ideale di se stessa,

1. **Trovatori**: così erano chiamati i poeti delle corti provenzali, da cui veniva la tradizione lirica che, giunta in Italia, era stata rielaborata originalmente da Dante e dagli altri poeti dello Stil novo. Cfr. **Capitolo 9**.
2. **Selvaggia...Mandetta**: Selvaggia è la donna cantata da Cino da Pistoia, Mandetta da Guido Cavalcanti.
3. **fattura**: *cosa fatta da lui; creatura*.
4. **costa**: *costola*. De Sanctis allude al racconto biblico, secondo il quale Eva, la prima donna, fu creata da una costola del primo uomo, Adamo.
5. **eterno...Goethe**: nel poema *Faust* il poeta tedesco Goethe (1749-1832) parla di un «eterno femminino», cioè l'immutabile principio femminile, che «ci attira verso l'alto».
6. **schietta**: *autentica*.
7. **Cupido**: il dio d'amore delle mitologie classiche.
8. **si sviluppa**: *si libera*.
9. **invitta**: *mai vinta*.
10. **sviluppato**: *liberato*.
11. **dilettazione**: *piacere*.
12. **nazioni**: *popoli*, ma qui andrà inteso piuttosto come *strati sociali di una popolazione*.
13. **sopravvivuta**: *sopravvissuta*.
14. **compiuta persona...omerica**: un personaggio vivo e reale, come sono per noi ancora oggi quelli dei poemi omerici.

ed è ideale pienamente realizzato, con una ricchezza di determinazioni che gli dànno tutta la simulazione di un individuo. I suoi lineamenti si trovan già in tutti i concetti della donna prevalenti nelle poesie di quel tempo: amore, gentilezza, purità, verecondia,[15] leggiadria. Ma questi non sono qui epiteti, ma vere qualità di persona messe in azione, e perciò vive. [...] Francesca non è il divino, ma l'umano e il terrestre, essere fragile, appassionato, capace di colpa e colpevole, è perciò in tale situazione che tutte le sue facoltà sono messe in movimento, con profondi contrasti che generano irresistibili emozioni. E questo è la vita.

Non ha Francesca alcuna qualità volgare o malvagia, come odio, o rancore, o dispetto, e neppure alcuna speciale qualità buona; sembra che nel suo animo non possa farsi adito[16] altro sentimento che l'amore. «Amore, Amore, Amore!» Qui è la sua felicità e qui è la sua miseria. Né ella se ne scusa, adducendo l'inganno in che fu tratta[17] o altre circostanze. La sua parola è di una sincerità formidabile. – Mi amò, ed io l'amai; – ecco tutto. Nella sua mente ci sta che è impossibile che la cosa andasse altrimenti, e che amore è una forza a cui non si può resistere. Questa onnipotenza e fatalità della passione che s'impadronisce di tutta l'anima e la tira verso l'amato nella piena consapevolezza della colpa è l'alto motivo su cui si svolge tutto il carattere. Appunto perché amore è rappresentato come una forza straniera all'anima e irrepugnabile,[18] qui hai fiacchezza, non depravazione.[19] [...] Francesca niente dissimula, niente ricopre. Confessa con una perfetta candidezza il suo amore; né se ne duole, né se ne pente, né cerca circostanze attenuanti e non si pone ad argomentare contro Dio. – Paolo mi ha amata, perché io ero bella, ed io l'ho amato perché mi compiaceva d'essere amata, e sentivo piacere del piacere di lui –. Sono tali cose che le donne volgari non sogliono[20] confessare neppure all'orecchio.[21] Chiama «bella persona» quello di che s'invaghì Paolo; chiama «piacere» il sentimento che ancora non l'abbandona; e quando Paolo le baciò la bocca «tutto tremante», certo la carne di Paolo non tremava per paura. Qui hai vera e propria passione, desiderio intenso e pieno di voluttà. [...]

Que' due vanno insieme e si amano in eterno, non perché ei[22] non sono dannati; anzi perché sono dannati; perché in paradiso il terrestre è innalzato a divino, laddove nell'Inferno il terrestre rimane eterno ed immutato; perché i peccatori dell'Inferno dantesco serbano le stesse passioni, e perciò sono impenitenti e dannati; [...] perché il dannato è l'uomo che porta nell'Inferno tutte le sue qualità e passioni buone e cattive; perciò Francesca ha amato ed ama ed amerà e non può non amare; perciò l'infelice dannata non può staccarsi dal cuore questo Paolo, e lo ha sempre innanzi agli occhi; sentimento che il poeta ha rappresentato sensibilmente ponendole eternamente accanto il suo Paolo. [...]

Francesca nel suo primo racconto lascia un'immensa lacuna: tra il suo innamoramento e la morte giace tutta una storia, la storia dell'amore e del peccato, e la vereconda[23] giovane si arresta e tace. Ma Dante china il capo e rimane assorto, finché Virgilio gli dice: «Che pense?» né può rispondere subito, e quando può, risponde come trasognato e parlando a se stesso, né può volgere la parola a Francesca senza lacrime. A che cosa pensava Dante? Ma era tutta questa istoria dell'amore e del peccato che gli si volgeva nella mente. Il peccato è il più alto *pathos*[24]

15. **verecondia**: *pudore* in senso sessuale.
16. **farsi adito**: *fare il suo ingresso, trovare spazio*.
17. **l'inganno...tratta**: *l'inganno che le fu fatto*. Una leggenda che fu tramandata dai commentatori della *Commedia* cercava di giustificare l'adulterio di un personaggio per il resto così nobile narrando di un inganno in cui la donna fu fatta cadere. Suo marito Gianciotto era brutto e storpio, mentre Paolo, suo fratello, era un giovane molto bello. Paolo fu mandato a Rimini per trattare il matrimonio, e a Francesca fu fatto credere che fosse lui il suo futuro sposo, di cui si innamorò immediatamente. La responsabilità del futuro adulterio, così, ricadeva più su chi aveva ordito questo squallido intrigo che sulla donna ingannata.
18. **irrepugnabile**: *contro cui non si può lottare*.
19. **fiacchezza...depravazione**: Francesca è debole e incapace di resistere alla tentazione, ma non desidera compiere il male.
20. **sogliono**: *hanno l'abitudine di*.
21. **le donne volgari...orecchio**: Francesca è così sincera, e il suo amore così puro, che non ha vergogna di raccontare a Dante con franchezza quello che è successo. Le **donne volgari** sono invece quelle che vivono le stesse passioni e compiono le stesse azioni di Francesca ma con ipocrisia, fingendo di provarne vergogna.
22. **ei**: *essi*.
23. **vereconda**: che si fa timida per pudore.
24. ***pathos***: *passione* (greco). Qui da intendere come 'punto di maggiore intensità, emozione'.

della tragedia, perché questa contraddizione dell'amore non è posta fuori, ma nell'anima stessa degli amanti. [...] Distruggetemi la coscienza del peccato e mi avete annientata Francesca da Rimini.[25] In lei è lotta senza termine, né può dire: – Io amo, – senza che una voce non le risponda: – È peccato. [...] – Questo è il fondo tragico della storia, la divina tragedia rimasta sulle labbra di Francesca, e che il *rêve*[26] di Dante, immaginato in modo così commovente, cava fuori[27] e mette in azione. E quale valore nelle parole di Francesca ha mai questa storia se ne togli il peccato? [...] Che cosa è questo?[28] È gioia, è dolore? È gioia ed è dolore, è amore ed è peccato, è terra ed è Inferno, è l'amarezza dell'amore che ha per dote l'Inferno, è la voluttà dell'Inferno che ha per soggiorno l'amore; è un sentimento complesso che non ha parola. È la contraddizione, è il cuore ne' suoi misteri, è la vita ne' suoi contrasti, è paradiso ed Inferno, è angiolo e demonio: è l'uomo.

F. De Sanctis, *Francesca da Rimini*, in *Lezioni e saggi su Dante*, a cura di S. Romagnoli, Einaudi, Torino 1967, pp. 635-652 *passim*.

25. **Distruggetemi...da Rimini**: se si toglie all'interiorità di Francesca la consapevolezza provata dalla donna di aver compiuto un peccato, e di essere perciò giustamente condannata, si distrugge ciò che caratterizza e rende intenso il personaggio.
26. ***rêve***: letteralmente 'sogno' (francese), ma qui vale piuttosto 'fantasticheria'.
27. **cava fuori**: *estrapola*.
28. **questo**: la storia di Francesca.

Conclusioni del PERCORSO 2

Tradizione e originalità

Nella *Vita nuova* il personaggio di Beatrice ha molti caratteri in comune con le donne della tradizione lirica. Beatrice non è un autentico personaggio, non ha un corpo né una personalità propria: è lo schermo su cui si proiettano il desiderio e il sistema di simboli e allegorie del poeta. Ma a questo schema tradizionale Dante aggiunge una serie di elementi originali che fanno della sua "storia d'amore" con Beatrice qualcosa di completamente nuovo.

La donna angelo

Dante infatti riprende il tema della donna-angelo che, a partire da Guinizzelli, era diventato un motivo tipico dei poeti stilnovisti. Quella che però nei suoi modelli era una similitudine o una metafora diventa nella *Vita nuova* una realtà. Beatrice non è bella, gentile, onesta *come* un angelo, ma *è* un angelo, un essere che ha la funzione di mediare tra Dio e l'uomo, anzi: tra Dio e *un* uomo, Dante.

Simbolo e racconto

I significati di Beatrice elaborati nella *Vita nuova* permangono nella *Commedia*, dove però quello che era simbolo si trasforma in azione narrativa. Beatrice diventa ora un vero e proprio personaggio, non è più un muto e passivo oggetto di contemplazione: scende in Inferno, sollecita l'aiuto di altri spiriti, rilegge dal proprio punto di vista la *Vita nuova* di Dante, lo giudica e lo guida nell'ascesa in Paradiso, diventa la sua "maestra" di teologia... È di volta in volta amata, amante, madre, maestra. Come avverrà anche per Laura e Francesco nel *Canzoniere* di Petrarca, solo dopo la morte, nel regno ultraterreno, Dante e Beatrice hanno una relazione dialogica, di reciprocità emotiva.

Francesca

Nell'incontro con Francesca, nel quinto canto dell'*Inferno*, lo stile con cui lo spirito racconta la propria storia è ancora quello delicato e aggraziato dello Stil novo. Ma, a dispetto delle apparenze, Francesca racconta una storia che si oppone all'amore spirituale per Beatrice tanto quanto la passione per la Pietra. Francesca adotta una forma che maschera i contenuti: pur riprendendo lo stile degli stilnovisti, la sua è una storia di amore solo umano.

per fare il punto | *autoverifica delle conoscenze*

Verifica la correttezza delle tue risposte sulla base dei paragrafi, dei testi o delle schede indicati a corredo di ciascuna domanda.

1 Completa la tabella inserendo correttamente le espressioni riportate in calce. Attenzione: alcune voci si adattano a più colonne. (cfr. **T1**, **T3**, **T4**, **T14**, **T15**, **T16**, **Conclusioni del PERCORSO 2**)

Beatrice nella *Vita nuova*	Beatrice della *Commedia*	Francesca da Rimini
....	....	....
....	....	....
....	....	....
....	....	....
....	....	....
....	....	....
....	....	....

è guida metaforica – è guida di un viaggio presentato come reale – è un personaggio passivo – è un personaggio attivo, che prende la parola – può essere paragonata a Cristo – si presenta con una veste di colore rosso – è presentata per la prima volta come una bambina di nove anni – racconta in prima persona la sua vicenda biografica e d'amore – è protagonista di un'opera mista di poesia e prosa – è paragonata ad una madre sollecita ma severa – è stata protagonista di un amore fisico e passionale – è morta in giovane età – si è lasciata dominare dall'istinto – assume la funzione di maestra di teologia – adotta lo stile degli stilnovisti per raccontare un amore solo umano – è donna angelo.

2 Beatrice appare come personaggio della *Commedia* (cfr. **T13**, **T14**, **T15**)

- a nell'*Inferno*, nel *Purgatorio* e nel *Paradiso*
- b nell'*Inferno* e nel *Paradiso*
- c nel *Purgatorio* e nel *Paradiso*
- d solo nel *Paradiso*

3 Per i critici dell'epoca romantica Francesca è (cfr. **S15**)

- a una donna di facili costumi
- b un'eroina dell'amore
- c un'adultera giustamente punita
- d una vittima della società maschilista

4 Nelle parole di Francesca, che cosa ha rappresentato per lei la morte? (cfr. **T16** vv. 101-2)

- a la giusta punizione divina
- b la possibilità concessa dal destino di non separarsi più da Paolo
- c lo strappo doloroso dal bel corpo
- d l'occasione di pentirsi

La *Commedia*

PERCORSI NELL'OPERA 3

Tra rabbia e passione: la politica e il potere

Le tappe di questo percorso

La politica è al centro del sesto canto di *Inferno*, *Purgatorio* e *Paradiso*. Ognuno presenta un'analisi del presente che, di volta in volta, si focalizza su realtà sempre più universali: la città di Firenze (*Inferno* VI), la penisola italiana (*Purgatorio* VI), l'intera cristianità (*Paradiso* VI).

Firenze, l'Italia e l'Europa non somigliano affatto al mondo pacificato, ordinato da giuste leggi, protetto dalle virtù civili dei suoi cittadini, che l'imperatore Giustiniano tratteggia nel sesto canto del *Paradiso* (**espansioni digitali** T *Il volo dell'aquila imperiale*): l'amarezza di Dante per la distanza tra utopia e realtà trova sfogo in una lunga invettiva contro l'Italia e gli Imperatori contemporanei (**espansioni digitali** T *L'imperatore e l'Italia*). Ma è soprattutto Firenze l'oggetto degli attacchi più frequenti e risentiti del poema: i suoi governanti non hanno più la tempra di Farinata degli Uberti, capace di mettere l'amore per la patria al di sopra di ogni interesse particolare (**T19**), ma badano solo ai propri interessi economici individuali o a quelli politici del proprio partito. Firenze è l'emblema della corruzione e della divisione (**espansioni digitali** T *Firenze: la città infernale*) poiché è la capitale di un nuovo sistema economico, fondato sull'accumulo di denaro, sull'avidità e la smania di possesso: vizi cui non sfugge neppure la Chiesa (**espansioni digitali** T *La corruzione della Chiesa*). Il poeta riceve da Dio l'incarico di denunciare la decadenza dell'umanità, mostrandole la via per la salvezza ultraterrena e la pace in terra (**T20**, p. 222).

T19

Farinata e Cavalcante

Inferno, X

concetti-chiave

- il racconto a incastro
- la magnanimità di Farinata
- il confronto a distanza tra Dante e Guido Cavalcanti

espansioni digitali

videolezione: analisi del testo a cura di Pietro Cataldi [25' 15"]

Nel canto VI dell'Inferno Dante incontra il concittadino Ciacco, un esperto di politica fiorentina, che gli predice la rovina della loro patria. Durante questo incontro, Dante manifesta il desiderio di conoscere la sorte ultraterrena di alcuni uomini politici della generazione a lui precedente. Viene così a scoprire che quegli uomini, per il cui operato politico nutre tanta stima, sono tra i peggiori peccatori (cfr. ***espansioni digitali*** **T Firenze: la città infernale***). Il primo che Dante incontra nell'Inferno è Farinata degli Uberti, condannato nel sesto cerchio, dove gli eretici sono chiusi in sepolcri infuocati.*

LINGUA: italiano **DATAZIONE:** 1304-1310 ca.

Ora sen va per un secreto calle,
tra 'l muro de la terra e li martìri,
lo mio maestro, e io dopo le spalle.
«O virtù somma, che per li empi giri
mi volvi», cominciai, «com'a te piace,
parlami, e sodisfammi a' miei disiri.
La gente che per li sepolcri giace
potrebbesi veder? già son levati
tutt' i coperchi, e nessun guardia face».
E quelli a me: «Tutti saran serrati
quando di Iosafàt qui torneranno
coi corpi che là sù hanno lasciati.
Suo cimitero da questa parte hanno
con Epicuro tutti i suoi seguaci,
che l'anima col corpo morta fanno.
Però a la dimanda che mi faci
quinc'entro satisfatto sarà tosto,
e al disio ancor che tu mi taci».
E io: «Buon duca, non tegno riposto
a te mio cuor se non per dicer poco,
e tu m'hai non pur mo a ciò disposto».
«O Tosco che per la città del foco
vivo ten vai così parlando onesto,
piacciati di restare in questo loco.
La tua loquela ti fa manifesto
di quella nobil patrïa natio,
a la qual forse fui troppo molesto».
Subitamente questo suono uscìo
d'una de l'arche; però m'accostai,
temendo, un poco più al duca mio.

METRO: terzine incatenate con rima ABA BCB CDC ecc.

1-3 *Il mio maestro si incammina ora per un sentiero appartato* (**secreto calle**) *[che corre] tra il muro della città* (**terra**) *e i sepolcri che sono strumento di tortura* (**martìri** = 'tormenti'), *e io lo seguo.*

Dante e Virgilio sono entrati nella città di Dite, che racchiude i cerchi più bassi dell'Inferno, dove si puniscono i peccati più gravi. La città è circondata da mura (**'l muro de la terra**), e il primo cerchio che Dante e Virgilio attraversano è quello degli eretici, chiusi dentro sepolcri infuocati. I due poeti percorrono un sentiero stretto, che si snoda tra le mura e la distesa dei sepolcri, che vengono indicati per metonimia attraverso il proprio effetto: i **martìri**, cioè le sofferenze dei dannati.

4-9 *Io cominciai [a dire]: «[Virgilio, spirito di] suprema virtù, che mi guidi* (**volvi** = 'conduci intorno') *per i cerchi infernali* (**empi giri**), *per favore* (**com'a te piace**) *parlami, e soddisfa i miei desideri [di sapere]. Si potrebbe vedere la gente che giace nei sepolcri? Infatti* (**già**) *tutti i coperchi sono alzati, e nessuno li custodisce* (**guardia face**)*».*

10-21 *Ed egli mi rispose: «Tutti [i coperchi dei sepolcri] saranno chiusi quando [queste anime] ritorneranno qui dalla valle di Josaphat con i corpi che hanno lasciato sulla terra* (**là sù**)*. In questa parte [del cerchio] hanno il proprio cimitero con Epicuro tutti i suoi seguaci, che suppongono che l'anima muoia insieme al corpo. Perciò presto* (**tosto**) *dall'interno di questi sepolcri* (**quinc'entro** = 'da qui dentro') *si darà soddisfazione alla richiesta che mi fai, e anche al desiderio di cui non mi parli». E io: «Mia valida guida* (**buon duca**), *non ti tengo nascosto* (**riposto**) *il mio desiderio* (**cuor**) *se non per non parlar troppo, e tu da parecchio* (**mo**) *mi hai impartito questa disposizione».*

Iosafàt: secondo la Bibbia, nel giorno del Giudizio universale tutte le anime riacquisteranno i propri corpi e verranno giudicate. Il giudizio si svolgerà nella valle di Josaphat, in Palestina. **Epicuro**: filosofo greco (341-270 a.C.). Nel Medioevo si conosceva molto poco del suo pensiero: per "epicureo" si intendeva chiunque ritenesse che l'anima non sopravvivesse alla morte. **disio...taci**: il desiderio che Dante non osa esprimere è quello di incontrare un particolare eretico epicureo: Farinata, il primo dei grandi fiorentini di cui Dante aveva chiesto notizie a Ciacco. **non pur mo**: 'non soltanto (**pur**) da un po' (**mo**)'.

22-27 *«O Toscano, che vivo te ne vai attraverso la città del fuoco parlando in modo così dignitoso* (**onesto**), *abbi la cortesia* (**piacciati**) *di fermarti qui. La tua parlata* (**loquela**) *ti rivela originario di quella nobile patria alla quale, forse, fui troppo nocivo* (**molesto**)*».*

28-39 *Queste parole* (**suono**) *uscirono all'improvviso* (**Subitamente**) *da una delle arche: perciò* (**però**) *mi strinsi per lo spavento* (**temendo**) *un poco di più*

Ed el mi disse: «Volgiti! Che fai?
Vedi là Farinata che s'è dritto:
da la cintola in su tutto 'l vedrai».
Io avea già il mio viso nel suo fitto;
ed el s'ergea col petto e con la fronte
com'avesse l'inferno a gran dispitto.
E l'animose man del duca e pronte
mi pinser tra le sepulture a lui,
dicendo: «Le parole tue sien conte».
Com'io al piè de la sua tomba fui,
guardommi un poco, e poi, quasi sdegnoso,
mi dimandò: «Chi fuor li maggior tui?»
Io ch'era d'ubidir disideroso,
non gliel celai, ma tutto gliel'apersi;
ond'ei levò le ciglia un poco in suso;
poi disse: «Fieramente furo avversi
a me e ai miei primi e a mia parte,
sì che per due fiate li dispersi.»
«S'ei fur cacciati, ei tornar d'ogne parte»,
rispuos'io lui, «l'una e l'altra fiata;
ma i vostri non appreser ben quell'arte».
Allor surse a la vista scoperchiata
un'ombra, lungo questa, infino al mento:
credo che s'era in ginocchie levata.
Dintorno mi guardò, come talento
avesse di veder s'altri era meco;
e poi che 'l sospecciar fu tutto spento,
piangendo disse: «Se per questo cieco
carcere vai per altezza d'ingegno,
mio figlio ov'è? e perché non è teco?»
Ed io a lui: «Da me stesso non vegno:
colui ch'attende là, per qui mi mena
forse cui Guido vostro ebbe a disdegno».
Le sue parole e 'l modo de la pena
m'avean di costui già letto il nome;
però fu la risposta così piena.
Di sùbito drizzato gridò: «Come?
dicesti "elli ebbe"? non viv'elli ancora?
non fiere li occhi suoi lo dolce lume?».
Quando s'accorse d'alcuna dimora
ch'io facëa dinanzi a la risposta,
supin ricadde e più non parve fora.

alla mia guida. Ed egli mi disse: «Girati: che fai? Vedi là Farinata, che si è alzato in piedi (**dritto**)*: lo vedrai tutto dalla cintura* (**cintola**) *in su». Io avevo già confitto* (**fitto**) *i miei occhi* (**viso** = 'sguardo') *nei suoi: ed egli si ergeva con il petto e con la fronte, come se disprezzasse fieramente* (**avesse...a gran dispitto**) *l'inferno. E le mani della guida, incoraggianti* (**animose**) *e pronte, mi spinsero tra le sepolture verso di lui, dicendomi: «Le tue parole siano degne* (**conte**) *[di un tal personaggio]».*

Farinata degli Uberti fu il più importante esponente del partito ghibellino a Firenze nel Duecento. Nel 1248 cacciò dalla città i Guelfi, che vi rientrarono nel 1251. Bandito a sua volta nel 1258, Farinata rientrò trionfalmente a Firenze con il suo partito dopo aver vinto la battaglia di Montaperti nel 1260, e nuovamente esiliò i Guelfi. Morì nel 1264. **dispitto**: 'disprezzo'. **animose**: 'che danno animo, coraggio'.

40-51 *Non appena fui ai piedi della sua tomba, mi guardò per un po', e poi, come sdegnoso, mi chiese: «Chi furono i tuoi antenati* (**maggior**)*?». Io, che ero ansioso di ubbidirgli, non glielo tenni nascosto, ma glielo dissi apertamente; al che sollevò un poco le sopracciglia, poi disse: «Furono fieri nemici miei, dei miei antenati e del mio partito, così che per due volte* (**fiate**) *li mandai raminghi per l'Italia* (**dispersi**)*». «Se essi* (**ei**) *furon cacciati, tornarono da ogni loro rifugio», gli risposi, «l'una e l'altra volta* (**fiata**)*; ma i vostri non appresero bene quell'arte».*

avversi...mia parte: gli Alighieri erano Guelfi. **due fiate li dispersi**: nel 1248 e nel 1260. **tornar...altra fiata**: nel 1251 e nel 1266. **quell'arte**: la capacità di tornare in patria.

52-60 *Allora, lungo l'apertura* (**vista**) *scoperchiata, si alzò fino al mento un'ombra lungo quest'altra: credo si fosse alzata in ginocchio. Guardò intorno a me, come se provasse il desiderio* (**talento**) *di vedere se c'era qualcuno* (**altri**) *con me* (**meco**)*; e dopo che la dubitosa speranza* (**sospecciar** = 'sospettare') *venne meno, disse piangendo: «Se percorri* (**vai per**) *questo carcere oscuro* (**cieco**) *grazie alla superiorità del tuo ingegno, dov'è mio figlio? E perché non è con te* (**teco**)*?».*

L'ombra che interrompe il dialogo tra Farinata e Dante è quella di Cavalcante Cavalcanti, padre di Guido, l'amico della giovinezza di Dante. **vista:** 'apertura dalla quale si può guardare'. **'l sospecciar**: 'il sospettare', il supporre che con Dante vi fosse qualcuno di preciso: suo figlio. **per altezza d'ingegno**: in quanto epicureo, Cavalcante non crede ad altri valori che quelli umani, e perciò non può supporre altra motivazione per il viaggio di Dante che la superiorità intellettuale. Ma in questa suo figlio Guido non era da meno: perciò il padre spera di poter vedere anche lui.

61-66 *E io a lui: «Non vengo per mio merito* (**Da me stesso**)*: colui che mi aspetta laggiù [: Virgilio] mi guida attraverso questi luoghi* (**per qui**) *verso qualcuno a cui* (**cui**) *forse vostro figlio Guido sdegnò [di farsi condurre]». Le sue parole e la natura della sua punizione mi avevano già rivelato* (**letto**) *il nome di costui; per questo la mia risposta fu così esaustiva.*

L'incontro con Cavalcante significa, per Dante, fare i conti con l'esperienza intellettuale che aveva condiviso con Guido Cavalcanti. Quella stagione del suo passato viene giudicata severamente, perché priva di una prospettiva religiosa. **Da me stesso non vegno**: Dante ha rinunciato all'orgoglio intellettuale che porta a credere che la ragione umana basti a comprendere il significato dell'universo e della vita. Proprio di questa illusione, secondo Dante, è stato vittima l'amico Guido Cavalcanti. **cui...disdegno**: Beatrice, e dunque, nel suo significato allegorico, la sapienza e la grazia divine. Come il padre, Guido non credeva alla sopravvivenza dell'anima dopo la morte: non poteva perciò seguire Dante lungo il percorso salvifico indicato da Beatrice.

67-72 *Levandosi* (**drizzato**) *immediatamente* (**Di sùbito**) *gridò: «Come? Hai detto "egli ebbe"? Non vive egli* (**elli**) *più* (**ancora**)*? La dolce luce* (**lume**) *del sole non colpisce* (**fiere** = 'ferisce') *i suoi occhi?». Quando s'accorse dell'indugio* (**dimora**) *piuttosto prolungato* (**alcuna**) *che io facevo prima di rispondergli, ricadde supino, e non si fece più veder fuori [dalla tomba].*

Ma quell'altro magnanimo, a cui posta
restato m'era, non mutò aspetto,
né mosse collo, né piegò sua costa;
e sé continüando al primo detto,
«S'elli han quell'arte», disse, «male appresa,
ciò mi tormenta più che questo letto.
Ma non cinquanta volta fia raccesa
la faccia de la donna che qui regge,
che tu saprai quanto quell'arte pesa.
E se tu mai nel dolce mondo regge,
dimmi: perché quel popolo è sì empio
incontr'a' miei in ciascuna sua legge?».
Ond'io a lui: «Lo strazio e 'l grande scempio
che fece l'Arbia colorata in rosso,
tal orazion fa far nel nostro tempio».
Poi ch'ebbe sospirando il capo mosso,
«A ciò non fu' io sol», disse, «né certo
sanza cagion con li altri sarei mosso.
Ma fu' io solo, là dove sofferto
fu per ciascun di tòrre via Fiorenza,
colui che la difesi a viso aperto».
«Deh, se riposi mai vostra semenza»,
prega' io lui, «solvetemi quel nodo
che qui ha 'nviluppata mia sentenza.
El par che voi veggiate, se ben odo,
dinanzi quel che 'l tempo seco adduce,
e nel presente tenete altro modo».
«Noi veggiam, come quei c'ha mala luce,
le cose», disse, «che ne son lontano;
cotanto ancor ne splende il sommo duce.
Quando s'appressano o son, tutto è vano
nostro intelletto; e s'altri non ci apporta,
nulla sapem di vostro stato umano.
Però comprender puoi che tutta morta

73-81 *Ma quell'altra nobile anima* (**magnanimo**), *per il cui desiderio* (**a cui posta**) *avevo arrestato il mio cammino* (**restato m'era**), *non mutò espressione, né inclinò il capo* (**mosse collo**), *né abbassò il petto* (**piegò sua costa** *= 'costola'); e, continuando il discorso precedente* (**primo detto**), *disse: «Se essi hanno male appresa quell'arte, ciò mi tormenta più di questo letto [di fuoco]. Ma la faccia della signora* (**donna**) *che qui regna* (**regge**) *non sarà* (**fia**) *riaccesa cinquanta volte, che tu capirai come quell'arte sia difficile* (**pesa**).

magnanimo: letteralmente 'uomo dotato di una grande anima'. **elli...appresa**: i discendenti di Farinata non sono più riusciti a rientrare in patria e si trovano ancora in esilio. **letto**: la tomba infuocata. **non cinquanta volta...regge**: secondo la mitologia classica, Proserpina era regina degli inferi e figura della Luna: la frase significa dunque 'prima che la Luna abbia compiuto cinquanta volte il suo ciclo'. Da una Luna piena all'altra passa circa un mese: Farinata profetizza perciò a Dante che, fra tre anni e poco più di dieci mesi, anche lui sperimenterà quanto sia difficile cercare di rientrare in patria una volta bandito.

82-87 *Che tu possa tornare* (**regge** *= 'ritorni') un giorno nel dolce mondo! Dimmi: perché quel popolo è così spietato* (**empio**) *contro la mia famiglia* (**miei**) *in tutte le sue leggi?». Per cui io gli risposi: «L'orrenda strage* (**Lo strazio e 'l grande scempio**) *che colorò l'Arbia di rosso ci induce a prendere tali risoluzioni nelle nostre Chiese».*

La parte più aspra e concitata del dialogo tra Dante e Farinata si conclude al v. 81. Dopo questo verso, come se una tregua fosse stata dichiarata, Farinata allenta la tensione e augura a Dante di poter tornare tra i vivi, poi gli pone una domanda che lo strazia quanto il pensiero della morte di Guido abbatte suo padre: "perché la mia famiglia viene perseguitata così ferocemente dai fiorentini?". Dopo la sconfitta del 1266 gli Uberti non furono "soltanto" esiliati: due figli di Farinata furono decapitati in piazza, un suo cugino assassinato a randellate, i morti della famiglia (tra cui proprio Farinata) furono disseppelliti e i cadaveri buttati in Arno. Quindici anni dopo furono condannati in contumacia come eretici tre figli di Farinata, due nipoti, la vedova e lo stesso Farinata, e i palazzi della famiglia vennero rasi al suolo. Tanto rancore è spiegato da Dante con il ricordo della battaglia di Montaperti del 1260, nella quale si erano scontrati gli eserciti della Firenze guelfa e della Siena ghibellina. Quest'ultimo era guidato dagli esiliati da Firenze, tra i quali c'era anche Farinata. I Guelfi furono sconfitti, lasciando sul campo diecimila morti e ventimila prigionieri. **se**: introduce una frase ottativa, che esprime un augurio, un desiderio. **quel popolo**: i fiorentini. **Arbia**: fiumicello vicino a Montaperti. **orazion...tempio**: 'preghiere' e 'tempio' sono metafore per i provvedimenti legislativi del Comune fiorentino, suggerite probabilmente dal fatto che all'epoca i più solenni riti politici e civili si celebravano nelle Chiese.

88-93 *Dopo ch'ebbe scosso il capo sospirando, disse: «Non fui solo in quell'impresa* (**A ciò**), *e non mi sarei mosso con i miei compagni senza motivo* (**cagion**). *Ma fui io solo, là dove tutti quanti erano disposti a distruggere* (**tòrre via**) *Firenze, a difenderla a viso aperto».*

I membri della vittoriosa coalizione contro i Guelfi fiorentini, dopo la vittoria di Montaperti, si riunirono a concilio a Empoli. Tutti volevano radere al suolo Firenze, tranne Farinata: fu grazie alla sua opposizione che la città si salvò. **sofferto fu**: 'fu tollerato, accettato'.

94-99 *«Che la vostra discendenza possa un giorno trovare pace! Soglietemi il dubbio che mi ha qui impedito di parlare», lo pregai. «Se intendo bene* (**ben odo**), *pare che voi vediate* (**veggiate**) *in anticipo* (**dinanzi**) *quello che il tempo porta* (**adduce**) *con sé* (**seco**), *mentre riguardo al presente avete un comportamento opposto».*

Dante si commuove, e ricambia l'augurio di Farinata. Gli chiede a questo punto di spiegargli perché i dannati, che pure conoscono il futuro, sembrano all'oscuro del presente. La sorpresa di scoprire che Cavalcante ignora se suo figlio sia vivo o no è il **nodo** che ha "inviluppato" la lingua di Dante, facendolo indugiare nel dare una risposta e piombando così Cavalcante nella disperazione. **nel presente...modo**: non siete in grado di vedere quel che accade nel presente.

100-108 *Disse: «Come quello che ha una cattiva vista* (**mala luce**), *noi vediamo le cose che sono lontane da noi* (**ne**); *la guida suprema* (**sommo duce**), *[Dio], splende per noi ancora così tanto. Quando [gli avvenimenti] si avvicinano* (**s'appressano**) *o si svolgono* (**son**), *la nostra conoscenza* (**intelletto**) *è completamente inutile, e se qualcuno* (**altri**) *non ci porta [notizie], non sappiamo nulla della vostra condizione umana. Perciò* (**Però**) *puoi capire che la*

fia nostra conoscenza da quel punto
che del futuro fia chiusa la porta».
 Allor, come di mia colpa compunto,
dissi: «Or direte dunque a quel caduto
che 'l suo nato è co' vivi ancor congiunto;
 e s'i' fui, dianzi, a la risposta muto,
fate i saper che 'l fei perché pensava
già ne l'error che m'avete soluto».
 E già 'l maestro mio mi richiamava;
per ch'i' pregai lo spirto più avaccio
che mi dicesse chi con lu' istava.
 Dissemi: «Qui con più di mille giaccio:
qua dentro è 'l secondo Federico
e 'l Cardinale; e de li altri mi taccio».
 Indi s'ascose; e io inver' l'antico
poeta volsi i passi, ripensando
a quel parlar che mi parea nemico.
 Elli si mosse; e poi, così andando,
mi disse: «Perché se' tu sì smarrito?».
E io li sodisfeci al suo dimando.
 «La mente tua conservi quel ch'udito
hai contra te», mi comandò quel saggio;
«e ora attendi qui», e drizzò 'l dito:
 «quando sarai dinanzi al dolce raggio
di quella il cui bell'occhio tutto vede,
da lei saprai di tua vita il vïaggio».
 Appresso mosse a man sinistra il piede:
lasciammo il muro e gimmo inver' lo mezzo
per un sentier ch'a una valle fiede,
 che 'nfin là sù facea spiacer suo lezzo.

D. Alighieri, *La* Commedia *secondo l'antica vulgata*, cit.

nostra conoscenza sarà (**fia**) *del tutto estinta da quel momento in cui la porta del futuro verrà chiusa».*

quei...luce: il presbite, che vede nitidamente le cose lontane ma offuscate quelle vicine. **cotanto...ne splende**: Dio splende ancora per queste anime, cioè illumina il loro intelletto, con questa limitazione. **s'altri**: un'anima appena defunta. **punto...porta**: dal giorno del Giudizio universale, quando il tempo avrà fine.

109-115 *Allora, come pentito* (**compunto**) *della mia colpa, dissi: «Ora, direte dunque a quell'anima che è piombata in basso* (**quel caduto**) *che suo figlio* (**'l suo nato**) *è ancora tra i vivi; e fategli* (**fate i** = 'gli') *sapere che, se io rimasi muto, prima, nel rispondergli, lo feci perché già stavo pensando a quel dubbio* (**error**) *da cui mi avete liberato* (**soluto**)*».*

colpa: di non aver risposto a Cavalcante.

115-120 *E già il mio maestro mi richiamava; per cui pregai in fretta* (**avaccio**) *lo spirito perché mi dicesse chi era punito con lui. Mi disse: «Qui giaccio con più di mille [anime]; qui dentro sta Federico II e il Cardinale; e degli altri tacerò il nome».*

secondo Federico: Federico II di Svevia (1194-1250), Imperatore nel 1220, fu la figura politica dominante del Duecento. Riunificò l'Impero, raccogliendo attorno a sé tutte le forze ghibelline d'Italia. Fu anche un grande intellettuale e un poeta, e la sua corte siciliana fu uno dei più importanti centri culturali del secolo. **Cardinale**: Ottaviano degli Ubaldini, morto nel 1273, influentissimo cardinale della Curia romana. Viene descritto dalle fonti dell'epoca come un feroce ghibellino.

121-136 *Quindi si nascose; e io volsi il passo verso l'antico poeta, ripensando a quelle parole che mi sembravano ostili* (**parlar...nemico**)*. Egli si mosse; e poi, continuando a camminare, mi disse: «Perché sei così smarrito?» E io soddisfai la sua richiesta. «La tua memoria* (**mente**) *conservi quello che hai udito contro di te», mi comandò quel sapiente. «E ora stai bene attento* (**attendi**) *a quel che ti dirò* (**qui**)*», e alzò il dito: «quando sarai davanti allo sguardo luminoso* (**dolce raggio**) *di colei i cui begli occhi tutto vedono, da lei apprenderai il corso della tua vita». Poi volse i suoi passi a sinistra; lasciammo il muro, e andammo* (**gimmo**) *verso il centro per un sentiero che sbocca* (**fiede**) *in un avvallamento* (**valle**) *la cui puzza disgustosa si faceva sentire fin lì.*

di quella: Beatrice che, come tutti i beati, vede il futuro, il presente e il passato contemplandoli in Dio.

analisi e interpretazione T19

le forme

La struttura del canto La costruzione di questo canto si può definire "a incastro": tre scene sono inserite una nell'altra, e creano dei sapienti effetti di contrasto. La prima scena è occupata dal dialogo tra Dante e Virgilio, appena giunti nel sesto cerchio. La seconda viene introdotta al v. 22, con l'improvvisa battuta di Farinata che dà inizio al suo dialogo con Dante. All'interno di quest'ultimo, si apre l'intermezzo in cui Cavalcante, riconosciuto Dante, gli chiede notizie del figlio; la conversazione con Farinata riprende poi dal punto in cui l'intervento del padre di Guido l'aveva interrotta. Nelle ultime terzine abbiamo un altro dialogo tra Dante e Virgilio, rimasti soli sulla scena.

Una messa in scena a contrasto Ognuna delle tre "scene" è caratterizzata da un tono differente. I dialoghi tra Dante e Virgilio sono pacati: possiamo immaginare i due poeti che camminano guardinghi, prima a ridosso delle mura di Dite poi attraversando il cerchio, con il maestro che risponde alle domande dell'allievo. La "scena" che vede Farinata e Dante protagonisti è invece dominata dal carattere superbo del primo. Dante lo rispetta, ma non rinuncia a manifestare il proprio orgoglio personale e politico: lo scambio di battute tra i rappresentanti dei due partiti avversi è perciò secco, più o meno aspro, sempre intriso di dignità e fierezza. Molto diverso è il personaggio di Cavalcante: il suo dolore si esprime apertamente, e la sua apparizione contribuisce a conferire maggior risalto all'altro personaggio, che neanche l'Inferno sembra piegare.

i temi e i motivi

Gli epicurei Farinata viene punito come "epicureo", perché non credette alla sopravvivenza dell'anima. La sua magnanimità, cioè la sua grandezza, è profondamente legata al suo peccato: non avendo speranza o timore di un premio o di un castigo eterni, il capo ghibellino ha riposto tutta la sua speranza di sopravvivenza nella gloria terrena e nella memoria dei posteri – e infatti è per la sua fama di uomo politico che Dante aveva espresso l'ardente desiderio di incontrarlo già nel sesto canto. Anche Cavalcante ripone ogni sua speranza in una sopravvivenza esclusivamente terrena: non è la propria gloria, però, che gli sta a cuore, ma quella che il figlio Guido si è conquistato con la sua superiorità intellettuale.

Il padre e l'amico È con Guido, in realtà, che Dante sta facendo i conti in questo canto dell'*Inferno*: è Guido, più che Cavalcante, il secondo protagonista del canto insieme a Farinata. Nei giorni in cui il viaggio di Dante si compie, Guido era ancora vivo (morirà qualche mese dopo): Dante non poteva quindi deciderne la sorte ultraterrena, e probabilmente neppure lo avrebbe voluto – come ci mostra il «forse» del verso in cui spiega a Cavalcante la divaricazione del suo destino da quello di Guido: «forse cui Guido vostro ebbe a disdegno».

> **espansioni digitali**
> **videolezione: analisi del testo**
> a cura di Pietro Cataldi
> [25' 15"]

Il passato di Dante La figura di Farinata e quella di Guido rappresentano il passato di Dante, tutto ciò che aveva guidato la sua vita prima dell'esilio: passione politica e passione intellettuale. L'incontro con i due spiriti gli mostra come entrambe non bastino a salvare l'uomo. Farinata e Cavalcanti sono disperati per la loro ignoranza del presente, cioè delle sorti di ciò (partito o figlio) in cui avevano riposto la loro speranza di eternità e il senso della propria vita: questa disperazione fa parte del loro castigo, e illumina Dante sull'insufficienza di ogni mèta esclusivamente terrena. A lui tocca ora un cammino ben diverso, l'unico che garantisce la vera sopravvivenza eterna: ma questo non gli impedisce di riconoscere la grandezza umana di Farinata, né di dimenticare il dolore del distacco dal "primo amico" Guido.

per studiare *guida all'analisi* T19

COMPRENDERE

1 Dante e Virgilio si trovano nel sesto cerchio dell'Inferno, dove sono puniti gli epicurei. Che cosa intende Dante col termine 'epicureo', e da dove deriva?

2 In che cosa consiste la pena degli epicurei? Che rapporto c'è fra la colpa e la pena?

3 Chi sono i personaggi che Dante incontra? Quale relazione c'è tra di loro?

ANALIZZARE

4 La costruzione del canto X dell'*Inferno* si basa su una efficace tecnica di "montaggio", per cui tre scene sono inserite l'una nell'altra con effetto di contrasto. La prima scena è occupata dal dialogo tra Dante e Virgilio appena giunti nel sesto cerchio. Quali versi sono dedicati a questa scena più estrema, che apre e chiude il canto? Rintracciali nel testo.

5 La seconda scena è quella occupata dal dialogo tra Farinata e Dante. Quali versi sono dedicati a questa scena?

6 La terza scena è la più interna, occupata dal dialogo tra Cavalcante e Dante. Quali versi sono dedicati a questa scena?

INTERPRETARE E APPROFONDIRE

7 Che tipo di rapporto Dante dimostra di avere con ciascuno dei due personaggi?

8 Nel corso del suo dialogo con Dante, Cavalcante fraintende un'espressione di Dante. Quale? E che conseguenza ha l'equivoco?

9 Farinata fa una profezia a Dante. Che cosa gli predice?

a la composizione della *Commedia*
b l'avversione del papa nei suoi confronti
c l'insofferenza dei compagni di partito
d la durezza dell'esilio

T20 La missione di Dante: l'incontro con Cacciaguida

Paradiso, XVII

concetti-chiave
- un linguaggio misto di basso e sublime
- il legame tra esilio e scrittura del poema
- Dante profeta
- il paragone

Siamo nel cielo di Marte, dove si presentano a Dante gli spiriti che hanno combattuto per la fede, in forma di un'immensa croce. Uno spirito attraversa la croce e si rivolge a Dante con solennità e gioia: è Cacciaguida, un suo antenato, che nacque a Firenze nel XII secolo e morì durante la seconda crociata.
All'incontro tra Cacciaguida e Dante sono dedicati tre canti: in Paradiso XV *Cacciaguida racconta la propria vita e si sofferma a celebrare la Firenze in cui visse, dandone un ritratto idealizzato. Nel canto seguente risponde ad alcune domande di Dante, soffermandosi nuovamente sulla comparazione tra la Firenze antica e quella contemporanea: l'antenato spiega che la mescolanza dei fiorentini con popolazioni del contado è la causa dell'attuale decadenza di costumi e delle continue violenze. Nel canto* XVII *Dante interroga Cacciaguida sulle vaghe e incomplete profezie sul proprio futuro che ha ricevuto da diversi spiriti nell'Inferno e nel Purgatorio. L'antenato gli rivela in modo esplicito l'esilio che lo attende, e lo invita a rivelare al mondo ciò che ha visto durante il viaggio nell'aldilà.*

LINGUA: italiano **DATAZIONE:** 1316-1321 ca.

Qual venne a Climené, per accertarsi
di ciò ch'avëa incontro a sé udito,
quei ch'ancor fa li padri ai figli scarsi;

tal era io, e tal era sentito
e da Beatrice e da la santa lampa
che pria per me avea mutato sito.

Per che mia donna «Manda fuor la vampa
del tuo disio», mi disse, «sì ch'ella esca
segnata bene de la interna stampa:

non perché nostra conoscenza cresca
per tuo parlare, ma perché t'ausi
a dir la sete, sì che l'uom ti mesca».

«O cara piota mia che sì t'insusi,
che, come veggion le terrene menti
non capere in trïangol due ottusi,

così vedi le cose contingenti
anzi che sieno in sé, mirando il punto
a cui tutti li tempi son presenti;

METRO: terzine incatenate con rima ABA BCB CDC ecc.

1-6 *Con lo stesso animo con cui* (**Qual**) *colui che* (**quei ch'**) *rende* (**fa**) *i padri ancora restii* (**scarsi**) *nei confronti dei figli si recò da Climene per accertarsi di quanto aveva sentito dire contro di sé, così mi sentivo io, e sia Beatrice sia la santa luce* (**lampa** = 'lampada') *che prima* (**pria**) *si era spostata* (**avea mutato sito**) *per me conoscevano questo mio stato d'animo* (**tal era sentito**).

Qual...udito: Fetonte, figlio di Apollo e di Climene, aveva sentito dire di non essere davvero figlio di Apollo: perciò si recò dalla madre per accertarsi della verità. Per rassicurarlo Apollo gli concesse di guidare il carro del sole: ma Fetonte uscì dal cammino previsto e fu fulminato da Giove. Dante dice che quel ricordo ancora oggi rende i padri restii a fare concessioni ai figli, per timore che possa ripetersi una tragedia come quella di Fetonte. **santa lampa**: il luminoso spirito di Cacciaguida, antenato di Dante, per avvicinarsi al pronipote aveva lasciato la sua posizione («sito») nella croce risplendente formata dalle anime di coloro che combatterono per la fede, che appaiono a Dante nel cielo di Marte. Di questo antenato sappiamo poco: nato verso la fine del secolo XI, morì in Palestina durante la seconda crociata (1147-48).

7-12 *Perciò* (**Per che**) *la mia signora mi disse: «Esprimi* (**Manda fuor**) *l'intensità* (**vampa**) *del tuo desiderio, così che esso si manifesti* (**esca**) *con ben impressa l'impronta* (**stampa**) *dei tuoi sentimenti* (**interna** = 'della tua interiorità'): *non perché la nostra conoscenza [dei tuoi pensieri] si possa accrescere attraverso la tua parola* (**per tuo parlare**), *ma perché tu ti abitui* (**t'ausi**) *ad esprimere la tua sete, affinché ti venga offerto da bere* (**sì che l'uom ti mesca**)*».*

non perché...parlare: i beati conoscono i pensieri di Dante perché li possono leggere nella mente di Dio. **l'uom**: soggetto impersonale. **mesca**: 'versi da bere'.

13-30 *«O mia cara radice* (**piota**), *che ti innalzi* (**t'insusi**) *così tanto che, come le menti umane vedono chiaramente che in un triangolo non possono essere contenuti* (**capere**) *due angoli ottusi, così tu vedi gli avvenimenti contingenti prima che accadano* (**che sieno in sé**), *contemplando* (**mirando**) *il punto per il quale tutti i tempi sono compresenti: mentre mi accompagnavo* (**era...congiunto**) *a Virgilio sul monte che risana le anime e nella discesa nel mondo dei morti* (**mondo defunto**), *mi furono* (**fuor**) *dette parole minacciose* (**parole gravi**) *sulla mia vita futura, sebbene* (**avvegna ch'**) *io mi senta ben corazzato* (**tetragono**) *contro i colpi della sfortuna* (**ventura**)*; perciò, il mio desiderio* (**voglia mia**) *si sazierebbe* (**saria contenta**) *di conoscere quale sventura* (**fortuna**) *mi si prepara; poiché una freccia, se vista in anticipo* (**previsa** = 'prevista'), *colpisce con minor violenza». Così dissi a quella stes-*

mentre ch'io era a Virgilio congiunto
su per lo monte che l'anime cura
e discendendo nel mondo defunto,
dette mi fuor di mia vita futura
parole gravi, avvegna ch'io mi senta
ben tetragono ai colpi di ventura;
per che la voglia mia saria contenta
d'intender qual fortuna mi s'appressa:
ché saetta previsa vien più lenta».
Così diss'io a quella luce stessa
che pria m'avea parlato; e come volle
Beatrice, fu la mia voglia confessa.
Né per ambage, in che la gente folle
già s'inviscava pria che fosse anciso
l'Agnel di Dio che le peccata tolle,
ma per chiare parole e con preciso
latin rispuose quello amor paterno,
chiuso e parvente del suo proprio riso:
«La contingenza, che fuor del quaderno
de la vostra matera non si stende,
tutta è dipinta nel cospetto etterno;
necessità però quindi non prende
se non come dal viso in che si specchia
nave che per torrente giù discende.
Da indi, sì come viene ad orecchia
dolce armonia da organo, mi viene
a vista il tempo che ti s'apparecchia.
Qual si partio Ipolito d'Atene
per la spietata e perfida noverca,
tal di Fiorenza partir ti convene.
Questo si vuole e questo già si cerca,
e tosto verrà fatto a chi ciò pensa
là dove Cristo tutto dì si merca.
La colpa seguirà la parte offensa
in grido, come suol; ma la vendetta
fia testimonio al ver che la dispensa.

sa luce che prima mi aveva parlato; e, come volle Beatrice, il mio desiderio fu confessato (**voglia confessa**).

Dante chiede a Cacciaguida spiegazione sulle oscure profezie che gli sono state fatte riguardo il suo destino. In quanto beato, infatti, Cacciaguida contempla la mente di Dio, che tutto conosce: perciò conosce il futuro con la stessa chiarezza con cui gli esseri umani conoscono i teoremi della geometria. **piota**: letteralmente, 'pianta del piede', dunque 'base del tronco dell'albero', 'radice'. **non capere...ottusi**: un teorema di geometria illustra il fatto che in un triangolo la somma degli angoli è di 180°: perciò in un triangolo non possono essere contenuti due angoli ottusi (che misurano più di 90°). **cose contingenti**: gli avvenimenti che non accadono necessariamente, che possono accadere o non accadere, come quelli storici, soggetti alla libertà umana. **il punto... presenti**: la mente di Dio, che è fuori dal tempo e per la quale ogni tempo è presente. **lo monte...cura**: il Purgatorio. **mondo defunto**: l'Inferno. **tetragono**: letteralmente 'cubo'. Un cubo per la sua forma poggia perfettamente su un piano, ed è perciò un corpo estremamente stabile. **ventura...fortuna:** entrambi sono termini neutri, che equivalgono, secondo i contesti, sia a 'buona' che a 'cattiva sorte'.

31-36 *Non con parole ambigue* (**ambage**), *nelle quali anticamente* (**già**) *restavano invischiati i popoli pagani* (**gente folle**) *prima che fosse ucciso l'Agnello di Dio che toglie i peccati, ma quello [spirito animato da] amore paterno, chiuso e rivelato* (**parvente**) *dalla sua stessa luce risplendente* (**proprio riso**), *mi rispose con parole chiare e con linguaggio* (**latin**) *preciso.*

folle: 'che vive nell'errore'. **s'inviscava**: 'restava impigliata' (il vischio era usato per catturare gli uccelli). **Agnel...tolle**: Gesù Cristo, indicato secondo una formula liturgica. **latin**: non 'lingua latina', ma più generalmente 'linguaggio'. Questo significato è d'uso comune nel Medioevo. **chiuso e parvente**: la luce che avvolge lo spirito di Cacciaguida è talmente risplendente da renderne indefinite le fattezze, perciò lo spirito vi è **chiuso**; allo stesso tempo, però, la luce ne rivela la presenza e i moti dell'animo: perciò Cacciaguida ne è anche rivelato, **parvente**.

37-45 *«La contingenza, che non si estende al di là dell'ambito* (**quaderno**) *del vostro mondo materiale* (**matera**), *è tutta presente* (**dipinta**) *alla vista* (**cospetto**) *di Dio: da questo* (**quindi**) *non ne trae* (**prende**) *però necessità, se non come [il movimento di] una nave che scende giù per un torrente non diventa necessario a causa dello sguardo in cui si specchia. Di lì [dalla mente di Dio], come all'orecchio giunge la dolce armonia di un canto a più voci* (**organo**), *mi giunge alla vista il tempo che ti si prepara* (**apparecchia**).

Ogni cosa contingente, cioè terrena e mortale, è conosciuta da Dio: ma non per questo determinata dal suo volere ("necessaria"): se così fosse, l'uomo non potrebbe godere della libertà di fare le proprie scelte, per il bene o per il male. Allo stesso modo, chi guarda una nave che passa, può prevederne il corso, ma non lo determina con il semplice atto di guardarla. **quaderno**: letteralmente, uno dei fascicoli che compone un libro. Secondo questa metafora, la mente di Dio sarebbe come un libro, composto di molteplici fascicoli, tra i quali quello relativo al mondo materiale.

46-54 *Come Ippolito se ne partì da Atene, per opera della sua spietata e perfida matrigna* (**noverca**), *tu sarai costretto* (**ti convene**) *a lasciare Firenze. Questo [tuo esilio] lo si vuole, lo si cerca, e presto si farà, per opera di* (**a**) *chi lo sta meditando* (**ciò pensa**) *nel luogo in cui tutto il giorno si fa commercio* (**si merca**) *di Cristo. Come è solito accadere in questi casi* (**come suol**), *la colpa sarà attribuita dall'opinione comune* (**in grido**) *alla parte offesa; ma la giusta punizione* (**vendetta**) *sarà* (**fia**) *testimonianza della verità* (**testimonio al ver**), *[quella verità, cioè Dio] che la infligge* (**dispensa**).

Dante viene paragonato all'eroe greco Ippolito, che venne cacciato innocente dalla sua città. Il verso 51 implicitamente sottintende un altro, più illustre, paragone: definendo la Curia romana il luogo **dove Cristo...si merca**, Dante allude al tradimento di Cristo, che Giuda vendette per trenta denari. **Qual...tal**: Dante e Ippolito sono innocenti della colpa per cui vengono esiliati. **Ipolito**: di Ippolito, figlio del re di Atene Teseo, si innamorò la matrigna Fedra. Respinta dal giovane, Fedra lo accusò di aver cercato di farle violenza; credendo alla moglie e non al figlio, Teseo lo esiliò. **chi**: papa Bonifacio VIII, che già nel 1300 stava stringendo accordi con i Neri per rovesciare il governo dei Bianchi. **là dove...merca**: nella Curia romana, dove si vendono benefici e cariche ecclesiastiche. **La colpa...grido**: Dante fu esiliato con l'accusa di "baratteria", cioè di corruzione

Tu lascerai ogne cosa diletta
più caramente; e questo è quello strale
che l'arco de lo essilio pria saetta.
Tu proverai sì come sa di sale
lo pane altrui, e come è duro calle
lo scendere e 'l salir per l'altrui scale.
E quel che più ti graverà le spalle,
sarà la compagnia malvagia e scempia
con la qual tu cadrai in questa valle;
che tutta ingrata, tutta matta ed empia
si farà contr'a te; ma, poco appresso,
ella, non tu, n'avrà rossa la tempia.
Di sua bestialitate il suo processo
farà la prova; sì ch'a te fia bello
averti fatta parte per te stesso.
Lo primo tuo refugio e 'l primo ostello
sarà la cortesia del gran Lombardo
che 'n su la scala porta il santo uccello;
ch'in te avrà sì benigno riguardo,
che del fare e del chieder, tra voi due,
fia primo quel che tra li altri è più tardo.
Con lui vedrai colui che 'mpresso fue,
nascendo, sì da questa stella forte,
che notabili fier l'opere sue.
Non se ne son le genti ancora accorte
per la novella età, ché pur nove anni
son queste rote intorno di lui torte;
ma pria che 'l Guasco l'alto Arrigo inganni,
parran faville de la sua virtute
in non curar d'argento né d'affanni.
Le sue magnificenze conosciute
saranno ancora, sì che ' suoi nemici
non ne potran tener le lingue mute.
A lui t'aspetta e a' suoi benefici;
per lui fia trasmutata molta gente,
cambiando condizion ricchi e mendici;
e portera'ne scritto ne la mente
di lui, e nol dirai»; e disse cose
incredibili a quei che fier presente.

nell'esercizio delle sue funzioni politiche. L'accusa, naturalmente, era strumentale. **la vendetta...ver**: dopo le calunnie, la verità verrà risaputa, grazie alla punizione subìta dai veri colpevoli. Dante allude alla morte di Bonifacio VIII nel 1303, che seguì di pochi mesi l'umiliazione da lui subìta da parte del re di Francia (cfr. **espansioni digitali S** *Bonifacio VIII*), e a quella di Corso Donati, capo dei Neri, nel 1308. **ver che la dispensa**: poiché Dio è verità, sarà lui a fare vendetta di chi è stato calunniato.

55-60 *Tu lascerai tutto ciò* (**ogne cose**) *che ami di più* (**diletta** = 'amata'); *questa è quella freccia* (**strale**) *che l'arco dell'esilio scaglia per prima. Tu proverai quanto è amaro* (**sa di sale**) *il pane che si riceve dagli altri* (**altrui** = 'degli altri'), *e com'è faticoso* (**duro**) *il cammino* (**calle**) *che porta a scendere e salire le scale [dei palazzi] altrui.*

La prima ferita per Dante sarà l'abbandono della famiglia e della patria. Inoltre, il suo orgoglio sarà ulteriormente ferito dal fatto di essere costretto a dipendere dalla generosità degli altri per trovare un alloggio e un modo per guadagnarsi la vita. **calle**: 'via stretta e tortuosa'.

61-69 *E quello che ti peserà* (**graverà le spalle**) *di più saranno i compagni malvagi e stolti* (**compagnia...scempia**) *con cui sarai precipitato in questa situazione dolorosa* (**valle**)*; i quali si rivolteranno contro di te con un'ingratitudine, una follia e un'ingiustizia somme; ma, poco dopo, saranno loro, non tu, ad averne le tempie insanguinate. La loro condotta* (**processo**) *proverà la loro bestialità; così che per te sarà* (**fia**) *un motivo di onore* (**bello**) *aver formato un partito da solo* (**averti fatta parte per te stesso**)*.*

I Bianchi con cui Dante fu esiliato tentarono a più riprese di tornare a Firenze con l'azione militare. Visti i loro insuccessi, Dante si batté per evitare altri inutili scontri, puntando piuttosto sulla diplomazia. **rossa la tempia**: Dante allude alla battaglia della Lastra (1304), dove l'ennesimo tentativo dei Bianchi di sconfiggere i Neri finì in una grave sconfitta.

70-75 *Il tuo primo rifugio e la tua prima dimora ospitale* (**ostello**) *sarà la cortesia del grande signore lombardo, il cui stemma porta un'aquila* (**santo uccello**) *su una scala; costui avrà un'attenzione tanto benigna nei tuoi confronti che, tra voi due, verrà prima l'offrire* (**fare**)*, che gli altri fanno sempre seguire, rispetto al chiedere.*

gran Lombardo: Bartolomeo della Scala, signore di Verona dal 1301 al 1304, che ospitò Dante, ormai divisosi dai compagni di esilio, nel 1303-1304. Bartolomeo è detto "lombardo" perché nel Medioevo per Lombardia si intendeva tutta la pianura padana. **santo uccello**: l'aquila, simbolo dell'Impero (perciò uccello **santo**, 'sacro'). **del fare...tardo**: Bartolomeo non aspetterà che Dante chieda ciò che gli è necessario, ma glielo offrirà prevenendo le sue esigenze, senza umiliarlo.

76-93 *Con lui vedrai colui che, alla nascita* (**nascendo**)*, ha ricevuto un'impronta così forte* (**'mpresso fue...sì...forte**) *da questo pianeta* (**stella**)*, che le sue imprese saranno* (**fier**) *gloriose* (**notabili**)*. I popoli* (**le genti**) *non se ne sono ancora accorti per la sua giovane* (**novella**) *età, poiché questi cieli* (**queste rote**) *hanno compiuto intorno a lui soltanto* (**pur**) *nove rivoluzioni annuali; ma prima che il [Papa] guascone inganni il nobile* (**alto**) *Arrigo [VII], scintille della sua virtù si manifesteranno nel fatto che non si curerà del denaro né delle fatiche. Le sue nobili imprese* (**magnificenze**) *saranno conosciute anche in seguito* (**ancora**)*, tanto che i suoi nemici non potranno tacerne. Affidati* (**t'aspetta**) *a lui, e ai suoi benefici; grazie a lui molte persone saranno trasformate, tanto che ricchi e mendicanti* (**mendici**) *cambieranno condizione; e di qui* (**ne**) *[: dal Paradiso] riporterai [sulla terra] nella tua memoria* (**ne la mente**) *[queste cose] di lui, ma non lo rivelerai» e aggiunse cose incredibili persino per chi vi sarà presente.*

colui: Cangrande della Scala (1291-1329), signore di Verona dal 1312 alla morte, presso il quale Dante visse, onorato, dal 1313 alla fine del 1319. A Cangrande è dedicato il *Paradiso*. **questa stella**: Marte, il cui influsso favoriva il coraggio militare. **rote**: 'cieli', detti 'ruote' perché formati da sfere concentriche che ruotano intorno alla Terra. **'l Guasco...inganni**: papa Clemente V, di origine guascone, invitò l'imperatore Arrigo VII a scendere in Italia, ma poi ne ostacolò l'impresa. Cangrande sarà il più fedele alleato dell'Imperatore.

Poi giunse: «Figlio, queste son le chiose
di quel che ti fu detto; ecco le 'nsidie
che dietro a pochi giri son nascose.
Non vo' però ch'a' tuoi vicini invidie,
poscia che s'infutura la tua vita
via più là che 'l punir di lor perfidie».
Poi che, tacendo, si mostrò spedita
l'anima santa di metter la trama
in quella tela ch'io le porsi ordita,
io cominciai, come colui che brama,
dubitando, consiglio da persona
che vede e vuol dirittamente e ama:
«Ben veggio, padre mio, sì come sprona
lo tempo verso me, per colpo darmi
tal, ch'è più grave a chi più s'abbandona;
per che di provedenza è buon ch'io m'armi,
sì che, se loco m'è tolto più caro,
io non perdessi li altri per miei carmi.
Giù per lo mondo sanza fine amaro,
e per lo monte del cui bel cacume
li occhi de la mia donna mi levaro,
e poscia per lo ciel, di lume in lume,
ho io appreso quel che s'io ridico,
a molti fia sapor di forte agrume;
e s'io al vero son timido amico,
temo di perder viver tra coloro
che questo tempo chiameranno antico».
La luce in che rideva il mio tesoro
ch'io trovai lì, si fé prima corusca,
quale a raggio di sole specchio d'oro;
indi rispuose: «Coscïenza fusca
o de la propria o de l'altrui vergogna
pur sentirà la tua parola brusca.
Ma nondimen, rimossa ogne menzogna,
tutta tua visïon fa manifesta;
e lascia pur grattar dov'è la rogna.
Ché se la voce tua sarà molesta
nel primo gusto, vital nodrimento
lascerà poi, quando sarà digesta.
Questo tuo grido farà come vento,
che le più alte cime più percuote;
e ciò non fa d'onor poco argomento.

94-99 *Poi aggiunse: «Figlio, questa è la spiegazione (***chiose***) delle profezie che ti furono fatte; queste sono le insidie che si nascondono in un breve giro d'anni. Non voglio che tu per questo (***però***) provi odio (***invidie***) nei confronti dei tuoi concittadini (***vicini***), poiché la tua vita ha un destino molto più grande (***s'infutura***) che quello di punire le loro perfidie».*

chiose: il commento (e dunque la spiegazione) di un testo. **giri**: rivoluzioni dei cieli, dunque 'anni'. **s'infutura**: 'si prolunga nel futuro'.

100-105 *Dopo che, tacendo, l'anima santa mostrò di aver terminato (***si mostrò spedita***) di intessere la trama su quella tela di cui le avevo porto l'ordito, cominciai, come colui che, avendo dei dubbi (***dubitando***), desidera (***brama***) un consiglio da una persona che comprende (***vede***), desidera (***vuol***) e ama in modo giusto (***dirittamente***).*

trama...ordita: trama e ordito sono l'insieme di fili intrecciati che compongono un tessuto. Dante, con la sua domanda, ha porto a Cacciaguida l'ordito (i fili tesi per primi sul telaio), che questi ha tessuto con la trama (i fili che vengono intrecciati in seguito tra quelli dell'ordito) della sua risposta. **vede...ama**: Cacciaguida legge nella mente di Dio, perciò **vede** correttamente; inoltre, mosso dall'affetto, desidera il bene di Dante.

106-111 *«Padre mio, vedo (***veggio***) bene come il tempo incalzi (***sprona***) verso di me, per darmi un colpo tale che risulta più grave per chi si lascia andare (***s'abbandona***) maggiormente; perciò è bene (***buon***) che io mi armi di previdenza, così che, se mi viene tolto il luogo più caro, io non perda altri [possibili rifugi] per colpa dei miei versi (***carmi***).*

provedenza: saggezza nel prevedere gli eventi, per evitare quelli dannosi. **se loco...carmi**: Dante teme di non essere più accolto in corti o città d'Italia, per le denunce da lui fatte nel poema contro principi e signori.

112-120 *Giù, nel regno (***mondo***) senza fine doloroso, e poi su per il monte dalla cui dolce vetta (***cacume***) mi sollevarono (***levaro*** = 'levarono') gli occhi della mia donna, e poi per il cielo, di stella (***lume***) in stella, ho appreso cose che, se le ripeto, molto sapranno d'aspro (***agrume***) per molta gente; mentre (***e***), se sono reticente nel dire la verità (***al vero son timido amico***), temo di perdere la sopravvivenza (***viver***) presso coloro che chiameranno antico questo tempo».*

Dante rivela due preoccupazioni complementari: se rivela ciò che ha visto, rischia di attirarsi ulteriori ostilità, che renderanno ancora più difficile la sua vita di esule; se però trascura di raccontare quanto ha visto, teme di perdere la sopravvivenza presso i posteri. **mondo...amaro**: l'Inferno. **monte**: il Purgatorio. **bel cacume**: sulla cima del Purgatorio si trova il Paradiso terrestre. **di lume in lume**: Dante è asceso al Paradiso attraversando i vari cieli, ognuno dei quali è retto da una stella o pianeta (per gli antichi, infatti, anche i pianeti del sistema solare erano considerati stelle). **viver tra...antico**: la sopravvivenza di Dante presso i posteri è legata a quella della sua opera.

121-125 *La luce nella quale risplendeva il mio gioiello (***tesoro***), che trovai lì, si fece (***fé***) in un primo momento sfolgorante (***corusca***), come diventa uno specchio d'oro se colpito da un raggio di sole; poi rispose: «Una coscienza sporca (***fusca***) per la vergogna della colpa propria o altrui troverà comunque (***pur***) aspre (***brusca***) le tue parole.*

Cacciaguida invita Dante a non usare giudizi allusivi o reticenti: gli interessati comprenderebbero comunque le allusioni, e ne sarebbero egualmente offesi.

126-132 *Ma nondimeno, respinta (***rimossa***) ogni menzogna, fai conoscere (***fa manifesta***) tutto quello che hai visto (***tua visïon***); e lascia pure che dove c'è la rogna ci si gratti. Poiché, se la tua voce darà fastidio (***sarà molesta***) al primo assaggio (***gusto***), lascerà poi un nutrimento vitale, una volta digerita.*

rogna: malattia della pelle che causa un fastidioso prurito.

133-142 *Queste tue denunce (***tuo grido***) saranno come il vento, che percuote più forte le cime più alte; e questo non è poco motivo (***argomento***) d'ono-*

Però ti son mostrate in queste rote,
nel monte e ne la valle dolorosa
pur l'anime che son di fama note,
che l'animo di quel ch'ode, non posa
né ferma fede per essempro ch'aia
la sua radice incognita e ascosa,
né per altro argomento che non paia».

D. Alighieri, *La* Commedia *secondo l'antica vulgata*, cit.

re. Perciò in questi cieli (**rote**)*, sul monte e nella valle di dolore ti sono mostrate soltanto* (**pur**) *le anime che sono conosciute* (**note**) *per fama, perché l'animo di chi ascolta* (**di quel ch'ode**) *non ripone* (**posa**) *fiducia* (**fede**) *né la conserva* (**ferma**) *per un esempio* (**essempro**) *che abbia* (**aia**) *un'origine* (**radice**) *sconosciuta o nascosta, né per altro argomento che non sia evidente* (**paia**)*».*

analisi e interpretazione T20

le forme

Tra basso e sublime Come nell'invettiva di san Pietro del XXVII canto del *Paradiso* (che puoi leggere nelle ***espansioni digitali*** **T**), anche qui assistiamo a una combinazione dello stile sublime, tipico del *Paradiso*, con uno stile basso che ricorda quello dell'*Inferno*. Lo possiamo vedere già nel lessico: a vocaboli difficili e rari, spesso di origine latina o appartenenti al lessico filosofico («piota», «capere», «tetragono», «previsa», «confessa», «ambage», «s'inviscava», «contingenza», «noverca», «carmi», «cacume», «corusca», «digesta») e a neologismi («s'insusi», «infutura») si accompagnano metafore o similitudini relative a una corporeità degradata («lascia pur grattar dov'è la rogna») o tratte dalla vita quotidiana.

L'area semantica del cibo Tra queste ultime, notevole è l'insistenza sulle immagini legate al cibo, che compaiono tanto per illustrare le umiliazioni patite durante l'esilio («sì come sa di sale lo pane altrui») che per esprimere il ruolo che il poema dovrà svolgere per la società contemporanea e futura. La *Commedia* sarà come un cibo, che, benché riesca sgradito («sapor di forte agrume», «parola brusca») a un primo assaggio, si rivelerà un nutrimento vitale una volta assimilato («parola...digesta»). Quest'area semantica si annuncia già nei vv. 7-8, quando Beatrice invita Dante ad esprimere il proprio desiderio di sapere: Dante deve infatti abituarsi a chiedere, e nello specifico a chiedere da bere, se desidera che le sue richieste vengano soddisfatte. Questo invito di Beatrice già prefigura la dura esperienza dell'esilio, particolarmente umiliante per l'orgoglioso Dante, costretto a dipendere dagli altri per tutto, anche per il proprio sostentamento quotidiano.

i temi e i motivi

L'esilio e il poema Una stessa area semantica lega così la descrizione dell'esilio e il significato del poema per l'umanità. Senza l'esilio, infatti, non ci sarebbe la *Commedia*: il poema sacro è anche un riscatto del poeta, costretto a dare un significato nuovo alla propria vita e alla propria attività intellettuale dopo il fallimento della prima parte della sua vita, legata all'attività politica a Firenze. Il poema nasce dopo il culmine e il tracollo di quell'esperienza; l'impegno intellettuale che il poeta vi riversa è anche un modo per proseguire il proprio impegno nei confronti della società del suo tempo – ma anche, come viene espresso chiaramente in questo canto, nei confronti dell'umanità che verrà.

La missione Cacciaguida rivela a Dante il senso della sua esistenza: Dio gli affida il compito di rivelare agli uomini la verità e autorizza la sua critica feroce ai guasti della società. Dante è un poeta voluto dal cielo: la «via» che nel primo canto dell'*Inferno* era «smarrita» ora si stende di fronte a lui diritta, espressa in chiare lettere dal suo antenato. Per quanto doloroso si rivelerà in futuro, il suo percorso di vita è ben tracciato.

i personaggi

Due similitudini La similitudine con cui si apre il canto illustra non solo lo stato d'animo di Dante, oppresso dai cupi presagi ricevuti in Inferno e in Purgatorio, ma anche il rischio continuamente sotteso a ogni vita umana: quello di concludersi in tragedia, come avviene a Fetonte, che esce dal giusto cammino e ne viene ucciso. Contro questo pericolo, Dante riceve l'assistenza e i consigli di un padre (Apollo-Cacciaguida) e di una madre (Climene-Beatrice) benigni. Dovrà però anche subire le angherie di una matrigna «perfida e spietata»: la sua stessa patria, Firenze, lo caccerà ingiustamente come Ippolito fu scacciato da un padre, Teseo, irretito dalla moglie ingiusta.

Dante profeta Per bocca di Cacciaguida Dante costruisce un monumento a se stesso. L'immagine del giusto ingiustamente cacciato dalla sua città sovrappone alla sua missione i tratti di quella dei profeti biblici: anche loro avevano ricevuto da Dio l'incarico di rimproverare il popolo per i suoi peccati, preannunciandone l'imminente punizione, e rendendosi così odiosi ai propri concittadini. Il prezzo da pagare è alto, ma Dante dovrà dimostrarsi pari al compito ricevuto: già si sente pronto a subire le sofferenze dell'esilio, già è «tetragono ai colpi di ventura»; ma dovrà osare anche di più, per guadagnare la salvezza al mondo e, per sé, l'immortalità consegnata alla fama del suo poema.

espansioni digitali

T La corruzione della Chiesa [*Paradiso*, XXVII, 1-66]

S INFORMAZIONI E APPROFONDIMENTI Bonifacio VIII

per studiare *guida all'analisi* T20

COMPRENDERE

1 Chi è la «santa lampa» del v. 5?

a la croce luminosa formata dai beati che hanno accolto Dante nel cielo di Marte
b Beatrice splendente di luce in Paradiso
c uno spirito beato che Dante non identifica perché avvolto di luce
d la vivida luce di Cacciaguida, l'avo che Dante ha incontrato nel cielo di Marte

2 Nel cielo di Marte Dante incontra gli spiriti di coloro che sono morti combattendo per la fede. Quale rapporto c'è tra lo spirito della «santa lampa» e il cielo di Marte?

a era un capitano di ventura al servizio del papa
b si tratta di un martire delle persecuzioni imperiali romane
c si tratta di un pagano devoto al dio Marte poi convertitosi al Cristianesimo
d morì combattendo durante la seconda crociata

3 Beatrice sollecita Dante a interpellare lo spirito della «santa lampa» perché

a lo spirito possa conoscere i desideri di Dante e rispondergli
b anche gli altri spiriti traggano giovamento dalla loro conversazione
c Dante si abitui a esprimere direttamente le sue richieste ai beati
d Beatrice vuole comprendere se Dante ha imparato ad esprimersi con i beati

ANALIZZARE

4 Nei vv. 13-27 Dante esprime alla «santa lampa» una prima richiesta. Qual è il succo della sua domanda?

a vuole conoscere con chiarezza quale sventura lo sta per raggiungere
b vuole avere notizia delle sorti future di Firenze
c vuole sapere se avrà fortuna come poeta
d vuole sapere se sarà in grado di compiere il suo viaggio verso Dio

5 La risposta dello spirito è contenuta nei versi 37-99. Che cosa profetizza a Dante? Precisa il testo scegliendo le opzioni corrette.

La corte *imperiale/papale* sta già tramando per ottenere che Dante si allontani da *Firenze/Atene*. Ingiustamente calunniato, Dante verrà quindi condannato all'esilio e dovrà lasciare tutto ciò che ama. Sperimenterà sia la povertà sia *l'umiliazione/i vantaggi* dell'esilio, ma anche *l'ingratitudine/l'amicizia* dei fuoriusciti Guelfi *bianchi/neri*. La prima dimora ospitale la troverà presso gli Scaligeri, signori di *Milano/Verona*, dove conoscerà *Bartolomeo/Cangrande della Scala*, che nel corso degli anni futuri si mostrerà uomo di eccezionali doti e magnificenza.

INTERPRETARE E APPROFONDIRE

6 Il canto ha importanza centrale nella *Commedia*, perché è qui che Dante riceve la rivelazione della sua missione di poeta (vv. 124-142). In che cosa consiste tale missione?

- a descrivere agli uomini la beatitudine delle anime del Paradiso
- b rivelare con il suo poema tutto quello che ha visto nell'aldilà
- c sopportare con dignità l'esilio cui è stato ingiustamente condannato
- d andare attraverso l'Italia a predicare la giustizia

7 In molti passaggi del canto sono presenti termini ed espressioni che appartengono all'area semantica del cibo. Rintracciane qualche esempio e trascrivilo.

8 La presenza di espressioni che appartengono all'area semantica del cibo può essere interpretata come un'allusione

- a al peccato della gola, vizio al quale Dante si sente incline e per il quale dovrà scontare una pena nel Purgatorio
- b all'esperienza penosa dell'esilio, durante il quale Dante dovrà dipendere da altri anche per il sostentamento quotidiano
- c alla scarsità di viveri tipica dell'età di Dante, dunque all'ossessione medievale per la sopravvivenza
- d al valore metaforico attribuito al cibo come espressione di beatitudine

Storia della lingua

L'influenza dell'esilio sull'elaborazione linguistica della *Commedia*

L'esilio cui Dante fu condannato ebbe conseguenze importanti nella composizione della *Commedia* anche sotto il profilo linguistico. L'esilio, infatti, aveva strappato Dante al ristretto ambiente fiorentino e lo aveva costretto a rivolgersi ad un pubblico ben più ampio di quello cui aveva consegnato, intorno al 1295, il suo libretto giovanile: quella *Vita nuova* che funge da trampolino per la *Commedia*, ma che ne è infinitamente distante per quanto riguarda l'elaborazione linguistica. La conquista del volgare come lingua capace di esprimere non solo tutti gli aspetti del reale ma anche di approssimarsi all'inesprimibile costituisce di per sé un viaggio che Dante compie fino all'ultima tappa. Già nei primi anni dell'esilio, quando scrive il *De vulgari eloquentia*, Dante rivela una preoccupazione politica che non è più ristretta entro i limiti municipali, ma tende a immaginare realtà più ampie, a prefigurare un'unità che a quel tempo aveva decisamente i caratteri dell'utopia. Nella pratica poetica, tuttavia, Dante si discostò dalla dottrina stilistica che aveva formulato sul piano teorico: non elaborò la sua *Commedia* – per così dire – a tavolino, ma attraverso un procedimento inorganico e tanto più vitale. Di seguito riportiamo che cosa dice a tal proposito **Giacomo Devoto**, eminente studioso di storia della lingua.

Anche se è inorganica nel procedimento, l'opera dantesca ha avuto conseguenze e risultati immensi. In fatto di lessico essa rappresenta un arricchimento poderoso. La tradizione volgare, dopo l'esperienza di Dante, annulla di colpo tutte le inferiorità che trascinava con sé da sette secoli di povertà, sottosviluppo, limitatezza parrocchiale. Questo arricchimento non ha nulla del procedimento tecnico che crea o introduce parole come etichette. Il vocabolario trasmesso dalla *Divina Commedia* è atto a qualsiasi argomento, poetico e prosastico, lirico e filosofico, perché il crogiolo non ha agito in connessione con il mondo ben delimitato delle opere specializzate, ma nell'ambito della universalità degli interessi e degli affetti della *Divina Commedia*. [...]

Il vocabolario della *Divina Commedia* nel suo insieme è dunque ricco, aperto, ma non sensibilmente intaccato da unità lessicali estranee. Dante ha usato un lessico sostanzialmente omogeneo [che ha la sua base nel fiorentino], non si è sforzato di fare una sintesi lessicale, come quella che la sua teoria esigeva. Dante ha nobilitato il fiorentino senza costruire una sovrastruttura. Ma se, dal punto di vista delle aperture sopradialettali, Dante non è stato chiuso nella sua dottrina, e si è mosso con una certa libertà, senza tuttavia smentirsi, dal punto di vista interno la smentita è stata invece cocente. Non solo non tenta di stabilire un canone costante al livello illustre e nemmeno a quello mezzano; arriva addirittura a inserire nella *Divina Commedia* forme che nel *De vulgari eloquentia* aveva fatto oggetto di sdegnato rimprovero, così ai fiorentini come ai pisani. [...] In quanto grammatico, Dante ha elaborato una teoria, in quanto poeta, non si è sentito, per tradurla in realtà, di mortificare i suoi slanci espressivi.

G. Devoto, *Il linguaggio d'Italia*, Rizzoli, Milano 1974.

Conclusioni del PERCORSO 3

Letteratura e società

Per bocca del suo antenato Cacciaguida e di san Pietro, Dante dichiara esplicitamente la funzione politica e sociale della *Commedia*. Il racconto del viaggio nell'aldilà deve mostrare agli uomini tanto la via per la salvezza spirituale quanto quella per una convivenza sulla Terra senza più odî e conflitti.

L'ambiguità di una utopia conservatrice

Ai nostri occhi, le idee politiche di Dante presentano tratti ambigui. Da una parte, infatti, il degrado che scorge nella società contemporanea spinge il poeta a idealizzare il passato: i valori dell'antica nobiltà feudale e guerriera, i rigidi assetti sociali dei Comuni italiani prima dell'esplosione dell'economia di mercato, l'istituzione imperiale, la povertà della Chiesa delle origini. Ciò nonostante, questa prospettiva nostalgica e pessimistica sui cambiamenti economici e sociali induce Dante a elaborare proposte politiche di grande modernità.

La separazione dei poteri

Analizzando i rapporti tra potere laico e potere religioso, Dante difende con forza la necessità di una separazione tra questi due poteri, sia per quanto riguarda le rispettive aree di competenza, sia per gli strumenti che competono loro.

Il governo universale

Di fronte al panorama di scontri civili che si accendono continuamente in Italia e in Europa, Dante teorizza la necessità di un governo universale, che, prescindendo dai particolarismi locali, si ponga a garante della pace e della giustizia.

La critica all'egoismo economico

I guasti prodotti dal desiderio individuale di arricchirsi, che anima l'economia delle nuove società mercantili, spingono Dante a ribadire con forza che la gestione politica delle società umane deve essere orientata da princìpi e valori non esclusivamente economici: gli egoismi e gli interessi particolari finiscono infatti per distruggere il tessuto stesso delle società.

Modernità di Dante

Le invettive feroci, le denunce accorate e gli appelli a un cambiamento sociale di cui è intessuta la *Commedia* continuano ancora, dunque, a sollecitare la nostra riflessione. Il continuo riferimento a un piano metafisico di realtà non impedisce infatti a Dante di concepire la politica soprattutto come una forma di gestione della convivenza umana sulla Terra: i problemi che lo affliggono e le soluzioni che propone possono illuminare, da una prospettiva straniata, anche quelli che dobbiamo affrontare nel nostro presente.

L'intellettuale profeta

Dante crea anche un modello intellettuale nuovo, che attraversa i secoli e che, benché con grandi difficoltà, sopravvive ancora oggi. Come Dante, ancora oggi molti scrittori sentono di possedere, in quanto intellettuali, degli strumenti preziosi per indagare la realtà politica, interpretarla e offrirne una lettura slegata dalle contingenze della politica.

per fare il punto | autoverifica delle conoscenze

Verifica la correttezza delle tue risposte sulla base dei paragrafi, dei testi o delle schede indicati a corredo di ciascuna domanda.

1 Collega correttamente il nome dei personaggi ai canti cui appartengono (cfr. **T19**, **T20**).

Inferno X	*Inferno* X	*Paradiso* XVII
Farinata	Cacciaguida	Cavalcante

2 Completa la tabella inserendo correttamente gli enunciati riportati in calce (cfr. **T19**, **T20** ed ***espansioni digitali***).

Ciacco	Farinata	Cavalcante	Cacciaguida
....	....	....	....
....	....	....	....
....	....	....	....
....	....	....	....
....	....	....	....
....	....	....	....
....	....	....	....
....	....	....	....
....	....	....	....
....	....	....	....
....	....	....	....

è un antenato di Dante – è dannato per il peccato di gola – è il padre di un amico di Dante – era un capo ghibellino – è un fiorentino noto solo perché personaggio della Commedia *– si trova nel cerchio infernale degli eretici – profetizza chiaramente il futuro di Dante – profetizza il futuro nefasto di Firenze – profetizza oscuramente le future sventure di Dante – si preoccupa perché non ha notizie del proprio figlio – si mostra in Paradiso, nel cielo di Marte – è morto combattendo per la fede*

3 Attribuisci le seguenti frasi ai personaggi che le pronunciano nei canti X dell'*Inferno* e XVII del *Paradiso* (cfr. **T19**, **T20**)

A «S'ei fur cacciati, ei tornar d'ogne parte» – B «non viv'elli ancora?» – C «Ma non cinquanta volta fia raccesa la faccia de la donna che qui regge, che tu saprai quanto quell'arte pesa» – D «O Tosco» – E «O cara piota mia» – F «ché saetta previsa vien più lenta» – G «Chi fuor li maggior tui?» – H «Tu proverai sì come sa di sale lo pane altrui, e come è duro calle lo scendere e 'l salir per l'altrui scale» – **I** «tutta tua visïon fa manifesta; e lascia pur grattar dov'è la rogna» – **L** «mio figlio ov'è? e perché non è teco?» – **M** «Lo strazio e 'l grande scempio che fece l'Arbia colorata in rosso»

Ciacco	Farinata	Cavalcante	Cacciaguida
....	....	....	....
....	....	....	....
....	....	....	....
....	....	....	....
....	....	....	....
....	....	....	....
....	....	....	....
....	....	....	....
....	....	....	....
....	....	....	....
....	....	....	....

4 Osserva bene l'immagine che riportiamo, tratta da una trasposizione a fumetti della *Divina Commedia*. A quale canto del percorso la associ? Chi rappresentano, dunque, rispettivamente, Pippo, Topolino e Gambadilegno? Le didascalie sono molto lontane dalla versione originale ma nei dialoghi puoi trovare un passaggio che ricorda una terzina dantesca. Sapresti riconoscerlo?

5 Nell'incontro con Cacciaguida Dante riconosce che il suo esilio, pur doloroso, ha una funzione provvidenziale. Perché? (cfr. **T20**, **Conclusioni del PERCORSO 3**, ed eventualmente ***espansioni digitali*** Videolezione *Dante: dalla catastrofe al riscatto*)

- **a** grazie all'esilio, Dante ha potuto ottenere il riconoscimento dei potenti signori del tempo
- **b** grazie al suo allontanamento da Firenze, Dante si è liberato dei suoi nemici e ha potuto vivere in pace
- **c** durante l'esilio Dante ha potuto meditare sui pericoli delle contese comunali e allontanarsi dall'impegno politico
- **d** attraverso l'esilio Dante ha potuto acquisire un'esperienza universale che ha trasferito nel poema, facendone nutrimento di salvezza per tutta l'umanità

6 Spiega per quali motivi possiamo individuare in Dante il modello dell'intellettuale critico nei confronti della gestione politica orientata a princìpi esclusivamente economici (cfr. **Conclusioni del PERCORSO 3**)

La *Commedia* dopo Dante

Trascurato tra il Cinquecento e il Settecento, Dante viene riscoperto dal movimento romantico. Nel corso dell'Ottocento le sue opere ispirano pittori e scultori (da Dante Gabriel Rossetti ad Auguste Rodin), Francesco De Sanctis consacra la *Commedia* a monumento fondatore della letteratura italiana, poeti come Foscolo e Leopardi trasformano lo stesso poeta in un eroe. Da quel momento la fama di Dante nel mondo è sempre rimasta senza contrasti.

Nel Novecento, poi, la lezione di Dante si è rivelata nuovamente in grado di fungere da modello letterario, soprattutto per gli autori e le iniziative di più forte carattere sperimentale. In Dante si è riconosciuto un maestro dell'innovazione e della ricerca, così come in Petrarca un riferimento di carattere classico. Per capire il significato della fortuna e della vitalità di Dante nel Novecento si deve perciò tenere ben presente questo paradosso: Dante è l'autore più canonico e universalmente noto della letteratura italiana, ma al tempo stesso è sentito quale espressione del nuovo, della ricerca, della sperimentazione. Ciò è dipeso tanto da ragioni di carattere storico-ideologico quanto da ragioni formali.

Dal punto di vista storico-ideologico, Dante rappresenta un tipo di intellettuale ancora impegnato nella vita pubblica e nella politica, estraneo dunque all'evoluzione della figura dell'intellettuale moderno a partire da Petrarca, che è invece separato dalla vita politica attiva e chiuso nel proprio mondo letterario. Il Novecento, secolo attraversato da diversi tentativi di nuova partecipazione degli intellettuali alla vita pubblica e alla realtà sociale, trova in Dante un modello lontano e seducente.

Dal punto di vista formale, Dante presenta un lessico, uno stile e un uso degli strumenti letterari (a cominciare dal metro) ancora fortemente aperti e sperimentali; mentre a partire da Petrarca, ancora, prevarrà sempre di più la tendenza alla normalizzazione, alla chiusura classicistica, al rispetto di modelli immutabili. Il Novecento, secolo segnato da una costante ricerca sperimentale, riscopre in Dante, anche da questo punto di vista, un riferimento autorevole e fertile.

Si può dunque legittimamente sostenere che il Novecento intrattiene con Dante, in molti modi e diversi fra loro, un rapporto privilegiato.

Dante nel terzo millennio

Qual è il destino di Dante nel terzo millennio? Emilio Pasquini nel libro *Dante e le figure del vero* (2001) trae dalla *Commedia* alcuni insegnamenti utili anche per l'umanità futura.

Fare scelte decisive nella vita Dante insegna che nella vita di ognuno esiste – o può esistere – un gesto decisivo che determina la sorte eterna; «oggi, una simile prospettiva riguarda (e riguarderà in futuro), su un piano totalmente terreno, le scelte radicali che decidono il corso di un'esistenza, le svolte cruciali che imprimono alla vita di un individuo una precisa e irreversibile direzione, decidendo del suo destino in terra». Come dire: non arrendiamoci alla passività e ricordiamo che esiste sempre per ognuno di noi un margine di scelta, un senso di responsabilità che può pesare, anche in modo irreparabile, sul nostro destino.

Scoprire e nominare la realtà con la propria lingua Dante impiega la lingua in modo creativo, «quasi che inventasse con i nomi le cose». In questo modo ci sollecita a scoprire nuove realtà e a nominarle per mezzo di un linguaggio adeguato. Ciò risulta particolarmente decisivo ai nostri giorni, in cui assistiamo passivamente a un impoverimento dell'italiano, a vantaggio dell'abuso del codice burocratico e dell'eccessivo impiego di parole prese in prestito dall'inglese. L'esempio di Dante ricorda che è importante valorizzare la nostra lingua e, insieme a essa, la nostra cultura.

Alzare un argine contro l'omologazione «Forse l'insegnamento dantesco più nutritivo per gli uomini del terzo millennio, destinati a essere sempre più bombardati da un'infinità di messaggi, visivi e acustici soprattutto, è quello di selezionare, di non disperdersi, di non farsi annichilire nella propria identità di individui, insomma, di non farsi spossessare della propria interiorità». In altre parole: è necessario conservare uno spazio per la nostra identità alzando un argine difensivo contro l'omologazione delle coscienze.

Fondare il sapere su pochi grandi testi Nel Medioevo il sapere si fondava sullo studio e sull'approfondimento di pochi testi importanti. Oggi, invece, si ha la tendenza a fondare il sapere su innumerevoli cose viste, e anzi intraviste, lette, e anzi leggiucchiate, sentite, e anzi udite; senza che la maggior parte di esse abbia potuto mettere in moto un processo di rielaborazione interiore adeguato. In controtendenza, Pasquini invita ad accogliere il modello medievale: «è meglio conoscere a fondo pochi grandi testi decisivi per la propria crescita spirituale piuttosto che perdersi nel marasma dei messaggi contingenti o superficiali, nello *zapping* della pseudo-cultura di consumo».

Ripartire da zero Il viaggio di Dante dimostra che è possibile rimettersi sulla «diritta via», ovvero che ognuno di noi, riconoscendo i propri errori, può «ripartire da zero, arricchito però di tutte le esperienze precedenti, superate ma non negate né taciute».

«Vale infine la pena ricordare» – conclude Pasquini – «che tutti questi insegnamenti non ci vengono da un predicatore, ma da colui che molti ritengono essere il massimo poeta che abbia calcato le scene di questo mondo. Proprio perché affidati a una grande e insuperata poesia, essi potranno dire qualcosa anche a "coloro / che questo tempo chiameranno antico" (*Par.* XVII, 119-120)».

Leggere Dante in pubblico, da Carmelo Bene a Roberto Benigni

Letture dantesche: da Carmelo Bene a Roberto Benigni La *Divina Commedia* non è solo un'opera da leggere in una dimensione esclusivamente intima né solo da studiare approfonditamente in ambito scolastico, perdendosi tra le miriadi di note e commenti. Il poema dantesco può essere anche apprezzato in un contesto di lettura pubblica. Già ai tempi di Dante molti passi della *Commedia* venivano letti e commentati di fronte a diversi ascoltatori (basti pensare all'esempio delle letture dantesche svolte da Boccaccio). Ai nostri tempi tale tradizione acquista nuova vivacità – dalle piazze alla tv – attraverso nuovi interpreti: da Carmelo Bene, che nel 1981 ha letto alcuni canti dalla Torre degli Asinelli di Bologna, a Vittorio Gassman, la cui *performance* è andata in onda sulla Rai nel 1993; da Vittorio Sermonti, che ha curato una serie di trasmissioni radiofoniche sulla *Commedia* fra il 1987 e il 1992 e ha letto Dante in grandi ambienti monumentali, a Roberto Benigni, che a partire dal 2007 ha riempito le piazze di tutta Italia e ha coinvolto milioni di spettatori con il suo *Tutto Dante*.

Per l'esame di Stato

TIPOLOGIA B - Redazione di un saggio breve

Una premessa

Il saggio breve è un testo di tipo argomentativo, cioè è volto a sostenere una tesi, un'idea, un'interpretazione. Lo stesso vale per l'articolo di giornale il quale, tuttavia, si differenzia dal saggio per il linguaggio e la struttura del testo, che deve essere più immediato e accattivante, fatto per catturare l'attenzione del lettore anche occasionale. In ogni caso, il saggio e l'articolo si fondano su "documenti", ovvero sui testi che ti vengono forniti e che dovrai utilizzare in tutto o in parte, nei modi che riterrai opportuni, anche con riferimenti alle tue esperienze e conoscenze di studio. Nella prova d'esame di Stato, viene lasciata al candidato la scelta se scrivere un saggio o un articolo. In questo caso, trattandosi di una esercitazione ti vengono date indicazioni per comporre un saggio.
Leggi e considera attentamente i testi. Tieni presente che il tuo componimento deve rientrare nell'ambito artistico-letterario, come indicato: deve cioè avere come asse portante la riflessione sull'arte e sulla letteratura. Nulla vieta però (anzi, è auspicabile) che, dopo aver analizzato i testi medievali, tu ne prenda spunto per riflettere anche sulla vita civile di oggi, su come essa viene rappresentata nelle forme artistiche o spettacolari del nostro tempo. Qui di seguito ti vengono date le consegne e presentati i documenti; in coda, le indicazioni per costruire il saggio.

AMBITO ARTISTICO-LETTERARIO

ARGOMENTO: **La convivenza civile nel Medioevo: rappresentazioni artistiche e letterarie.**

CONSEGNE

Sviluppa l'argomento in forma di saggio breve, utilizzando, in tutto o in parte, e nei modi che ritieni opportuni, i documenti e i dati forniti.

Argomenta la tua trattazione, anche con opportuni riferimenti alle tue conoscenze ed esperienze di studio.

Premetti al saggio un titolo coerente e, se vuoi, suddividilo in paragrafi.

Non superare quattro colonne di metà di foglio protocollo.

1.

A

B

Ambrogio Lorenzetti, *Effetti del Buon Governo in città* (A) *e in campagna* (B), particolari (1337-1339). Siena, Palazzo Pubblico.

Sulle pareti della Sala del governo di Siena, Lorenzetti ha rappresentato il Buon Governo e il Cattivo Governo, ossia la grande alternativa posta di fronte ad ogni convivenza umana: o una tensione al bene comune che genera una città in cui domina la giustizia e la sicurezza; o un prevalere del bene proprio, fonte di ogni ingiustizia e violenza. Con indimenticabili allegorie, Lorenzetti rappresenta il dramma di chi governa: o il concepirsi al servizio di un popolo o il favorire una politica che ha come scopo se stessa. Le immagini qui riportate si riferiscono al Buon Governo.

2.

Il tema politico è pervasivo in Dante, e tocca i molti canti della *Commedia* in cui l'incontro con i personaggi dell'aldilà offre al protagonista l'occasione per un esame delle singole città, in particolare di Firenze. Eccone due stralci, in cui si può rilevare, anche qui, l'alternativa tra città corrotta e città ben governata, che Dante incentra nei termini della degenerazione dei costumi dovuta ai nuovi ricchi che si sono insediati a Firenze e ai guadagni troppo facili che hanno corrotto la città, mentre quando la città era ancora contenuta entro la cerchia antica delle mura e i cittadini vivevano modestamente, regnava la pace.

> La gente nova e i subiti guadagni
> orgoglio e dismisura han generata,
> Fiorenza, in te, sì che tu già ten piagni. (*Inf.*, XVI, 73-75)

> Fiorenza dentro da la cerchia antica,
> ond'ella toglie ancora e terza e nona,
> si stava in pace, sobria e pudica. (*Par.*, XV, 97-99)

3.

La "fotografia" che invece Bonvesin de la Riva faceva della città di Milano era tutta positiva, si direbbe quasi pubblicitaria.

> Se volessi elencare ordinatamente anche il numero degli artigiani di ogni tipo, dei tessitori di lana, di lino, di cotone, di seta, dei calzolai, dei conciatori di pelli, dei sarti, dei fabbri di ogni genere e così via; e poi dei mercanti che girano ogni parte della terra per i loro mercati e sono parte importante nelle fiere delle altre città; e infine dei merciai ambulanti e dei venditori all'asta: io credo che quanti mi leggono e mi ascoltano ammutolirebbero, per così dire, dallo stupore.

Bonvesin de la Riva, *De magnalibus urbis Mediolani*, 1288.

SCRITTURA GUIDATA

Nell'elaborazione del tuo saggio, segui le indicazioni fornite in questa scaletta.

- «Ogni epoca agogna un mondo più bello», scriveva il grande storico Huizinga. I testi che seguono danno l'immagine della convivenza civile ideale nel Medioevo.
- Ricostruisci l'immagine della vita sociale che emerge dalle immagini e dai testi. Tieni presente il breve commento che li accompagna.
- Contestualizza i documenti in base alle tue conoscenze di studio.
- Ricostruisci quello che gli autori presentati consideravano «il mondo più bello». Confronta il messaggio che viene veicolato dai documenti, rilevando somiglianze e differenze.
- Considera i modi della rappresentazione artistica e letteraria della vita civile nel Medioevo.
- Rifletti su come e con quali mezzi viene affrontato il tema della vita civile ai nostri giorni.

CAPITOLO 4

grandi libri

Petrarca e il *Canzoniere*

Il *Canzoniere*

espansioni digitali

MATERIALI PER IL RECUPERO
Francesco Petrarca e il *Canzoniere*

INDICAZIONI BIBLIOGRAFICHE

Francesco Petrarca, *Canzoniere*, incunabolo del XV secolo. Brescia, Biblioteca Queriniana.

Petrarca e noi

Nel *Don Giovanni* composto da Mozart alla fine del Settecento una contadina sedotta dal protagonista a un certo punto confessa: «Vorrei e non vorrei». E chissà quante volte una situazione simile si è ripetuta, prima e dopo quel passaggio musicale. Anzi: è una situazione che si ripete ancora oggi, nella vita reale e nelle narrazioni; perfino nelle più banali *telenovelas*. Eppure si tratta di un atteggiamento "inventato" da Petrarca nel Trecento. Non che prima di lui gli uomini e le donne non potessero essere indecisi, certo; ma quel che contava era comunque il prevalere del sì o del no. Ce lo mostra bene Dante nella *Commedia*: le persone commettono o non commettono una certa azione; uno è o non è un peccatore. Possiamo dire che fino a Dante, cioè, l'interiorità interessava da un punto di vista morale; ed era perciò un territorio unitario, sul quale ogni individuo era ritenuto in grado di esercitare un controllo volontario. Insomma: se non voglio fare una cosa perché la giudico sbagliata, allora non la faccio, e questo è ciò che conta.

Nel *Canzoniere* di Petrarca, invece, non è più così. Il protagonista sa che l'amore appassionato ed esclusivo che prova per Laura lo distoglie dai doveri del buon cristiano; lo considera eccessivo, sbagliato e perfino colpevole; vorrebbe anzi allontanarsene. E però tutto ciò non significa che egli riesca poi davvero a non amare più la donna. Tutt'altro. La conseguenza è quel "vorrei e non vorrei" da cui siamo partiti: una lacerazione interiore. Non c'è più la guerra antica fra un io considerato unitario e il mondo; non c'è più il conflitto di cui ci parla Dante. C'è una guerra dentro l'io. C'è quello che noi chiamiamo "coscienza", cioè la coscienza moderna: una coscienza frammentata e scissa, agitata da contraddizioni e ambivalenze.

Ora, se l'interiorità è scissa e contraddittoria, corriamo il rischio di non sapere più chi siamo. Siamo buoni? siamo cattivi? La felicità sta nel fare una certa cosa a qualsiasi costo o sta nel non farla se la consideriamo sbagliata? E se non sappiamo con esattezza chi siamo e che cosa veramente vogliamo, ovvero se siamo due o più cose contemporaneamente e vogliamo una cosa e però anche il suo contrario, allora la nostra identità è in dubbio, e perfino in pericolo. Sentiamo il bisogno di ridefinirla di continuo; ma ogni volta siamo insoddisfatti del risultato. Ed è appunto ciò che avviene nel *Canzoniere* di Petrarca, nel quale vediamo un soggetto nuovo, rispetto al mondo antico e medievale, che si dibatte con problemi nuovi, che assomigliano incredibilmente ai nostri anche quando la distanza culturale li fa sembrare lontani.

Anonimo, *Francesco Petrarca nello studio*, ultimo quarto del secolo XIV. Padova, Palazzo del Liviano, Sala dei Giganti.

espansioni digitali

videolezione

Petrarca: la nascita della moderna vita interiore

A CURA DI Pietro Cataldi

- Un autore difficile da capire e da amare [ca. 2 min.]
- La coscienza secondo Dante [ca. 2 min.]
- Una nuova idea di coscienza: lacerata, problematica, ambivalente [ca. 2 min.]
- La guerra dentro l'io [ca. 2 min.]
- L'anima frammentata e i "frammenti" poetici del *Canzoniere* [ca. 4 min.]
- Raccontare la propria vita: il tema autobiografico [ca. 2 min.]
- La memoria come ricostruzione dell'identità individuale [ca. 2 min.]
- Il senso della perdita temporale [ca. 3 min.]
- Reagire ad una crisi storica [ca. 3 min.]
- La sconfitta dell'intellettuale [ca. 2 min.]
- Il continente nuovo dell'interiorità e la lirica moderna [ca. 2 min.]
- L'interiorità: una dimensione oggi in pericolo [ca. 2 min.]

Petrarca e noi

Ma come si fa a definire la propria identità? Come possiamo cioè sapere chi veramente siamo? Il modo più semplice è raccontarsi la propria storia, selezionando nella memoria gli ingredienti utili a una narrazione soddisfacente e solida. Se prima di Petrarca era importante scegliere la propria posizione rispetto a leggi e valori esterni e oggettivi, a partire da lui diviene decisivo il racconto della propria esperienza, e diviene decisivo il senso che da questa è possibile ricavare. L'identità si fonda sulla memoria e sul racconto autobiografico; anche perché l'autobiografia potrà forse ottenere quella riunificazione interiore di cui si sente il bisogno, potrà dare un significato complessivo ai frammenti che costituiscono la nostra interiorità.

Il *Canzoniere* di Petrarca è costruito su questa novità, su questa crisi e su questo tentativo. Di qui deriva la sua importanza storica, che ne farà un modello culturale ed esistenziale valido per secoli, e ancora oggi non esaurito: imitato e venerato in tutta Europa da intellettuali e da lettori comuni. Di qui deriva anche il possibile fascino per il lettore di oggi: per noi, perfino, a patto che ci riveliamo disposti a sporgerci verso una cosa che ci riguarda ancora, sebbene possa apparire difficile e lontana.

Pagina da un manoscritto delle *Epistole* di Petrarca del XIV secolo. Firenze, Biblioteca Medicea Laurenziana.

Affresco di anonimo raffigurante Laura e il Poeta. Arquà Petrarca (Padova), Casa di Francesco Petrarca.

Illustrazione da un manoscritto del *Trionfo del tempo*, di Petrarca del XV secolo. Firenze, Biblioteca Nazionale Centrale.

1 Vita di Petrarca

Infanzia e giovinezza La vita di Petrarca (1304-1374) è povera di episodi memorabili. Forse l'evento che più dovrà influire sulla sua esistenza precede di due anni la sua nascita. Nel 1302, infatti, il padre, un notaio fiorentino di parte bianca, viene esiliato da Firenze, proprio come Dante. Francesco nasce perciò ad Arezzo e trascorre la prima infanzia a Incisa nel Valdarno e poi a Pisa. Al seguito del padre, nel 1312 parte per Avignone, allora sede papale: inizia gli stu-

Petrarca e il suo tempo

STORIA	CRONOLOGIA	VITA E OPERE
le truppe angioine alleate del Papa entrano a Firenze e depongono il governo dei Bianchi	1301	
	1304	nasce ad Arezzo (20 luglio)
Clemente V sposta la sede papale ad Avignone (dove rimarrà fino al 1377: "cattività avignonese")	1309	
l'imperatore Arrigo VII di Lussemburgo scende in Italia, provando a restaurare l'Impero	1310	
	1312	il padre entra al servizio della corte pontificia e la famiglia si trasferisce ad Avignone
muore Arrigo VII	1313	
muore Filippo IV il Bello re di Francia	1314	
	1316-1326	studia diritto a Montpellier e a Bologna
	1326	dopo la morte del padre, torna ad Avignone
	1327	incontra Laura (6 aprile)
	1330	intraprende la carriera ecclesiastica per necessità economiche
	1331-1337	compie vari viaggi (a Parigi, in Germania, ecc.) e infine si reca a Roma
	1337-1340	si ritira a Valchiusa, dove comincia a scrivere sia in latino (l'*Africa* e il *De viris illustribus*) sia in volgare
guerra dei Cent'anni tra Francia e Inghilterra	1337-1453	
	1341	riceve a Roma l'incoronazione poetica
	1342-1343	è a Valchiusa, dove allestisce una prima redazione del *Canzoniere* e dove inizia forse a stendere il *Secretum*; inizia un periodo di crisi spirituale
	1343-1345	si dedica a varie missioni diplomatiche a Parma, Napoli e Verona
	1345-1347	vive ritirato a Valchiusa
insurrezione romana guidata da Cola di Rienzo	1347	sostiene l'insurrezione romana guidata dall'amico Cola di Rienzo
apice dell'epidemia di peste in Italia	1348	si diffonde la peste. Si trova a Parma, quando gli arriva la notizia della morte di Laura (6 aprile)
	1350	è a Roma per il Giubileo; poi a Firenze, dove stringe amicizia con Boccaccio
	1351	ritorna a Valchiusa
	1353-1361	vive a Milano, ospite dei Visconti. Compie vari viaggi e missioni diplomatiche
pace di Brétigny (guerra dei Cent'anni): si impone la cessione di vasti territori francesi all'Inghilterra	1360	
	1361	a causa della peste lascia Milano e va a Padova
	1362-1368	vive a Venezia
	1368	ritorna a Padova
	1370	si trasferisce ad Arquà, sui Colli Euganei. Qui si dedica alla revisione del *Canzoniere*
	1374	muore ad Arquà

di a Carpentras e a Montpellier segue i corsi di diritto. Il richiamo dell'Italia resta comunque forte. Sceglie infatti di proseguire gli studi di giurisprudenza a Bologna e compie alcuni viaggi nell'Italia settentrionale.

Laura La morte del padre (1326) lo richiama ad Avignone e, due anni più tardi, lo spinge ad intraprendere la carriera ecclesiastica per far fronte ai problemi economici della famiglia. Ma è l'incontro con Laura a cambiargli la vita: di lei però non si hanno testimonianze o documenti. Sappiamo che Petrarca se ne innamorò vedendola nella Chiesa di Santa Chiara ad Avignone il 6 aprile 1327, e non molto di più.

Un intellettuale al servizio dei potenti Il suo mecenate è il cardinale Giovanni Colonna, presso la cui famiglia Petrarca diventa cappellano nel 1330. Non si allontana però mai per troppo tempo da Avignone ed ha la libertà di dedicarsi ai prediletti studi storico-filologici. Ha anche l'occasione di viaggiare in Germania, nelle Fiandre, nel nord della Francia, e soprattutto a Roma, dove si stabilisce, ancora una volta grazie alla protezione dei Colonna.

La quiete della Valchiusa Nel 1337 torna in Francia, nella quiete della Valchiusa. L'anno successivo inizia a scrivere il *De viris illustribus* [Gli uomini illustri] e soprattutto l'*Africa*, un poema epico in latino che Petrarca considererà sempre la sua opera più importante. Gli nasce anche un figlio, Giovanni, ma non può riconoscerlo perché lo stato di ecclesiastico lo obbliga al celibato. Nel 1341 è a Roma per ricevere la laurea di poeta: è per lui il coronamento di un sogno e il riconoscimento di una carriera di intellettuale e di studioso.

La crisi La crisi spirituale inizia forse nel 1343, quando il fratello Gherardo si fa monaco nella certosa di Montreux. Ammira Gherardo e vorrebbe come lui distaccarsi dalle cose terrene: dall'amore per Laura e dalla gloria effimera degli studi letterari. Ma non ce la fa; anzi: ha ancora una figlia naturale, Francesca, da una donna di cui nulla sappiamo. Forse inizia a comporre il *Secretum*, un dialogo fittizio con Sant'Agostino, proprio per cercare dentro di sé i motivi del dissidio interiore che lo tormenta e dal quale non sa liberarsi.

Ancora in Italia Negli anni successivi compie ancora frequenti viaggi in Italia, ed è spesso ospite dei suoi molti ammiratori. Qui compie anche importanti scoperte filologiche (scopre ad esempio alcune lettere di Cicerone, sulle quali modella il proprio epistolario). L'amore per i classici latini e la cura con cui li commenta fanno di Petrarca un precursore dell'Umanesimo, che si svilupperà nel Quattrocento. Nel 1347 viene a sapere dell'insurrezione guidata da Cola di Rienzo e parte entusiasta per Roma, ma si ferma quando viene a sapere del fallimento della rivolta.

La morte di Laura e gli ultimi viaggi L'anno della peste, il 1348, si porta via alcuni dei suoi amici più cari e la stessa Laura (morta il 6 aprile 1348). Negli anni successivi tornerà in Italia e vi si stabilirà definitivamente, ma non nella turbolenta Firenze, dove l'amico Giovanni Boccaccio lo avrebbe voluto, bensì nella più stabile e tranquilla Milano, dove i Visconti gli offrono prestigiosi incarichi diplomatici tra il 1353 e il 1361. Tra il 1362 e il 1368 è a Venezia, poi a Padova, e dal 1370 nella vicina Arquà, sui Colli Euganei. È qui che si dedica alla revisione del *Canzoniere* e che prosegue la scrittura dei *Trionfi* (iniziata già nel 1354), fino alla morte avvenuta nel 1374.

2 Il latino e il volgare nell'opera di Petrarca

Un problema di prospettiva Può sembrarci paradossale che il fondatore della lirica in volgare in Italia considerasse le sue opere scritte in fiorentino molto meno importanti di quelle latine, ma per spiegare la sua poetica e la sua idea di letteratura occorre partire proprio da qui. Petrarca si aspettava una gloria immortale dalle opere colte in latino, sia in prosa (soprattutto il *De viris illustribus*, [Gli uomini illustri], i *Rerum memorandarum libri* [Libri di cose memorabili], il *De vita solitaria*, il *De remediis utriusque fortunae* [I rimedi alla buona e alla cattiva sorte]) sia in poesia (il poema incompiuto in esametri intitolato *Africa* o il *Bucolicum carmen*), e i contemporanei lo conoscevano e lo stimavano per via di queste e non per il *Canzoniere* o per i *Trionfi*. Non a caso, la corona di poeta gli fu attribuita proprio per la sua produzione latina. Al contrario, il volgare era sentito da lui come una lingua inferiore al latino, perché priva di una tradizione altrettanto illustre: nessun poeta fiorentino, ai suoi occhi, nemmeno Dante, poteva essere equiparato a Virgilio, e nessun prosatore aveva l'eleganza e la concisione di Cicerone. Ecco perché Petrarca, anche quando scrive, privilegia il latino.

Il latino di Petrarca L'ammirazione di Petrarca per i grandi classici della letteratura di Roma lo porta a studiarli in modo molto più approfondito che in passato: colleziona codici di autori antichi (non solo latini, ma anche greci in traduzione latina, come Platone, Aristotele, Omero) e li legge direttamente nella loro lingua originale, cioè senza la mediazione dei volgarizzamenti, delle contaminazioni e delle sintesi enciclopediche medievali. Attingendo direttamente alle fonti, egli elimina dal proprio latino ogni influenza del volgare, restituendolo all'equilibrio e alla dignità dei maggiori scrittori cristiani (Sant'Agostino) e classici. In questo modo, il latino può proporsi come lingua degli intellettuali europei, come strumento di comunicazione culturale capace di superare le divisioni nazionali e di correggere le "corruzioni" locali del latino medievale. Petrarca getta così le basi dell'Umanesimo quattrocentesco.

Il volgare e l'amore La conseguenza più ovvia dell'ammirazione di Petrarca per la tradizione latina è il fatto che solo una piccola parte della sua produzione sia in volgare (il *Canzoniere* e i *Trionfi*), e che a questa lui stesso attribuisse un'importanza decisamente minore. È proprio lui a definire le poesie del *Canzoniere* «*nugae*», cioè 'cosette', 'inezie', insomma 'divertimenti' di poco conto, benché, come vedremo più avanti, la cura stilistica che dedicava loro fosse minuziosissima e maniacale: i manoscritti petrarcheschi documentano un lavoro incessante di riscrittura e di correzione dei singoli testi e di rielaborazione continua della struttura dell'intero libro. Anche il vero titolo (*Rerum vulgarium fragmenta*, cioè 'Frammenti di cose in volgare') vuole forse alludere al carattere episodico e non sistematico dell'opera, insomma a una sua marginalità rispetto ad altre opere. C'è di più: Petrarca non avrebbe mai scritto una poesia d'amore in latino: l'argomento sarebbe stato poco conveniente e la scelta del volgare gli appariva decisamente più adeguata alla trattazione del tema amoroso. Anche in questo Petrarca rivela una dipendenza strettissima dalla concezione classica della divisione degli stili, per cui determinati argomenti vanno affrontati in un determinato stile (e in questo caso, addirittura in una determinata lingua).

3 L'epistolario

Un epistolario in latino Petrarca scrisse oltre cinquecento lettere nel corso della sua vita. Sono tutte in latino ed ispirate all'epistolografia classica, in particolare alle lettere di Cicerone (alcune di esse furono scoperte proprio da Petrarca a Verona, nel 1345). Oltre all'esigenza pratica di comunicare esperienze e informazioni ad amici e corrispondenti sparsi per l'Europa, le lettere esprimono soprattutto il bisogno di tracciare un'immagine pubblica dell'autore: Petrarca tiene a presentarsi come grande intellettuale e come moralista, ed anche per questo pone una cura stilistica estrema nella scrittura epistolare, che egli concepisce come un vero e proprio genere letterario.

Le *Familiari* Le lettere sono suddivise in cinque raccolte. La prima è quella delle *Familiari* (il titolo latino è *Familiarium rerum libri*): il loro oggetto sono appunto le cose più vicine e familiari, e più esattamente quelle attinenti al privato. Un privato, però, sempre elevato ad una dimensione esemplare: non a caso in nessuna di queste trecentocinquanta lettere è mai menzionato l'amore per Laura, mentre è forte la volontà di dare al lettore un ritratto ideale di chi scrive, come mostra molto bene la famosa lettera sull'ascesa al Mont Ventoux che leggeremo nella seconda parte del capitolo (cfr. **T11**, p. 293).

Le *Sine nomine* La seconda raccolta è quella delle diciannove *Sine nomine*, così chiamate perché pubblicate da Petrarca senza nominare le persone alle quali furono indirizzate: si tratta di epistole dedicate a questioni politiche e che spesso criticano la corruzione papale, e l'anonimato serve appunto a proteggere i reali destinatari da possibili ritorsioni.

Le *Senili* e le altre raccolte Le *Senili* sono, come dice il nome, le lettere della vecchiaia, della senilità. Sono centoventicinque, ma Petrarca non riuscì a portare a termine il progetto iniziale, che prevedeva che l'opera si concludesse con l'epistola *Posteritati* ('ai posteri'), un racconto autobiografico purtroppo incompiuto di cui antologizziamo qualche brano più oltre (cfr. **T12**, p. 297). Una quarta raccolta (le *Variae*) fu messa insieme dopo la morte di Petrarca con alcune lettere da lui scartate, mentre le sessantasei *Epistole metricae* ('lettere in versi') sono le uniche scritte in versi, e più esattamente in esametri latini: solo in queste è trattato il tema dell'amore per Laura.

4 Il *Secretum*

La struttura del libro Il *Secretum* [Il segreto] è per noi la più importante delle opere in prosa di Petrarca. Fu scritta un anno prima della peste, nel 1347, in latino. A differenza di quanto fa nell'epistolario, qui Petrarca non vuole darci un'immagine pubblica di sé, ma indaga nel proprio mondo interiore, esattamente come fa nel *Canzoniere*. Il *Secretum* è un dialogo immaginario in tre libri tra il poeta e sant'Agostino. C'è anche un terzo personaggio, che però resta muto per tutto il tempo: è la Verità, che si fa garante dell'autenticità di quanto Francesco e Agostino dicono.

Il primo libro Nel primo libro Francesco confessa la propria ansia, la propria insoddisfazione per non riuscire ad ottenere ciò che desidera: amore, fama, benessere. Agostino gli dimostra però che la sua insoddisfazione dipende dall'incapacità di guardare ai beni terreni nella giusta prospettiva: se riflettesse sul fatto che tutto ciò che desidera è destinato a scomparire e che lui stesso prima o poi morirà, allora si renderebbe conto dell'infinita vanità del tutto. E quando si sarà reso conto che ogni cosa è in fondo priva di significato in sé, capirà che c'è solo un valore che dà senso alla vita: l'amore per Dio.

Il secondo libro Francesco accetta di sottoporsi all'esame di Agostino, che gli mostra qualcosa che il poeta non si aspettava: tolta l'invidia, Francesco si è macchiato di tutti i sette peccati capitali, e in particolare di superbia (perché si è vantato del proprio successo intellettuale e della sua bellezza fisica), di lussuria (perché ha conosciuto l'amore terreno), di accidia (cioè di mancanza di volontà e d'impegno morale). Francesco si è abbandonato ai vizi dimenticando il bene supremo: Dio.

Il terzo libro Agostino mostra a Francesco i due ostacoli alla sua conversione: l'amore per Laura (che nel 1347 è ancora viva) e l'attaccamento alla gloria. La risposta di Francesco è che Laura è per lui un simbolo della bellezza di Dio e che l'amore casto e puro per lei lo ha avvicinato alla verità; anche il desiderio di gloria è positivo perché la fama poetica implica il superamento dei limiti terreni, ed è anch'essa un modo di avvicinarsi a Dio. Agostino, inflessibile, ribatte che entrambi non sono che deviazioni, allontanamenti dal vero amore per Dio.

Una conclusione aperta Il dialogo si chiude nel terzo libro senza che Francesco abbia accettato e fatto proprio il punto di vista di Agostino. Due modi di concepire il mondo si confrontano senza che nessuna delle due posizioni prevalga sull'altra. È proprio questo l'aspetto moderno del *Secretum*, e qui sta il motivo del suo interesse per noi: nella sua natura aperta e problematica.

T1

L'amore per Laura sotto accusa

Secretum, III

concetti-chiave

- la confessione di Francesco
- l'amore per Laura

Proponiamo un brano dal terzo libro del Secretum *in traduzione italiana. Francesco ha confessato ad Agostino il proprio amore per Laura, e sostiene che questo amore abbia avuto un significato positivo anche sul piano spirituale. Agostino lo accusa del contrario e il dialogo va avanti per molte battute senza che vi sia una vera conclusione. Il brano mostra bene lo schema costruttivo dell'opera, la più moderna di quelle latine di Petrarca.*

LINGUA: traduzione dall'originale latino **DATAZIONE:** 1347 ca.

Agostino Ah folle! Così per sedici anni[1] hai alimentato con false lusinghe le fiamme del tuo animo? [...] Infelice, ti compiaci del tuo male! Eppure quando il giorno estremo avrà chiuso quegli occhi, che ti piacciono fino alla rovina, quando avrai visto mutato dalla morte il suo aspetto e sbiancate le sue membra, ti vergognerai di aver avvinto il tuo animo immortale a un corpicciolo caduco, e ricorderai con rossore quelle sue doti che ora vanti così ostinatamente.

Francesco Distolga Iddio il presagio! Io non vedrò questo.

Agostino Eppure queste vicende accadranno senza scampo.

Francesco Lo so, ma non mi saranno così avverse le stelle da sconvolgere, con la morte di lei, l'ordine di natura. Prima io sono entrato nel mondo: prima ne uscirò.[2] [...]

Agostino Oh follia, il desumere l'ordine delle morti dall'ordine delle nascite! [...] A te invece quel piccolo numero di anni, per cui la precedi, dà una speranza molto assurda di morire prima di colei che è fonte della tua follia; e t'immagini che questa successione naturale sia immutabile.

Francesco Non immutabile a tal punto, da ignorare che possa avvenire anche l'opposto; ma prego assiduamente che così non avvenga, e sempre, quando penso alla morte di lei, mi viene in mente questo verso di Ovidio:

«Lento venga quel giorno, e più tardi della mia vita».[3]

Agostino Non riesco ad ascoltare più oltre codeste inezie. Che cosa dirai, dal momento che non ignori che essa può morir prima, che cosa dirai se essa morirà?

Francesco Che dirò se non questo: che in quella sventura sarò infelicissimo, ma che avrò sollievo dal ricordo del passato? Ma rapiscano i venti questi discorsi, e disperdano le tempeste questo presagio.

1. **per sedici anni**: Francesco aveva incontrato Laura il 16 aprile 1327 e il dialogo immaginario con Agostino si svolge nel sedicesimo anno dopo tale data, nel 1342.
2. **Prima io sono...ne uscirò**: avendo qualche anno più di Laura, Francesco pensa di essere destinato a morire prima di lei.
3. **«Lento...vita»**: è un verso di Ovidio (*Metamorfosi* XV, 868), nell'originale «tarda sit illa dies, et nostro serior evo».

T1 L'amore per Laura sotto accusa

Agostino O cieco, non capisci ancora quale follia è il rendere l'animo così schiavo dei beni mortali, che lo accendono di fiamme di desiderio, e non sanno appagarlo, e non riescono a durare sino alla fine, e con frequenti agitazioni lo straziano mentre promettono di accarezzarlo?

Francesco Se hai qualche argomentazione più convincente, esponila: non mi atterrirai mai con codesti discorsi; poiché io non ho rivolto il mio animo a cosa mortale, come tu credi, né tu sai che io non ho tanto amato il corpo di lei quanto la sua anima, dilettato da quei costumi che superano ogni limite umano, il cui esempio mi fa conoscere come si viva tra gli abitatori del cielo. Tu mi chiedi dunque che farei se – e questo mi strazia solo all'udirlo – essa mi abbandonasse morendo per prima? Con Lelio, il più saggio dei Romani, mi consolerei delle mie miserie: «Di lui la virtù ho amato, che non è morta».[4] Queste parole direi, ed altre che mi risulta dicesse dopo la morte di colui che aveva amato di meraviglioso amore.

Agostino Resisti nell'inespugnabile fortezza dell'errore e cacciarti da essa non è lieve fatica. E poiché ti vedo in tale stato d'animo, da ascoltare con pazienza assai maggiore qualsiasi cosa si dirà con qualche libertà sul tuo conto, che sul suo: ti sia pur lecito esaltare quella donnicciola con quante lodi vuoi; non mi opporrò in nulla: sia pure regina, sia santa, sia

«senza dubbio dea,
o sorella di Febo, o una della stirpe delle ninfe».[5]

La grande virtù di lei tuttavia varrà pochissimo a scusare il tuo errore.

Francesco Attendo di sapere quale nuova controversia voglia cominciare.

Agostino Non può mettersi in dubbio che spesso si amino turpemente anche le cose più belle.

Francesco A questo ho già risposto prima. Infatti, se in me si potesse vedere l'aspetto dell'amore che in me regna, non parrebbe diverso dal volto di lei, che ho lodato, benché molto, tuttavia meno del debito. Costei, alla cui presenza parliamo, mi è testimone che nel mio amore nulla di turpe, nulla di osceno fu mai, nulla infine di colpevole, tranne la sua grandezza. [...]

Agostino Quanto più gravemente sarai incerto, quando t'infliggerò una ferita gravissima! Costei che tu esalti, cui asserisci di esser debitore di tutto, costei è la tua rovina.

Francesco Dio buono, in che modo me ne potrai convincere?

Agostino Ha distolto il tuo animo dall'amore dei beni celesti, ed ha volto il tuo desiderio dal Creatore alla creatura. E questa sola è stata sempre la via più facile verso la morte.

Francesco Ti prego, non sentenziare con troppa fretta: il suo amore giovò senz'altro a farmi amare Dio.

Agostino Ma ha invertito l'ordine.

Francesco Come?

Agostino Perché bisogna amare tutto il creato per amore del Creatore; e tu, invece, preso dalle attrattive d'una creatura, non hai amato il Creatore come si doveva, ma lo hai ammirato come artefice di lei, quasi non avesse creato nulla di più bello, mentre la venustà corporea è l'ultima delle bellezze.

Francesco Chiamo a testimonio costei che è qui presente,[6] e assieme faccio testimone la mia coscienza, che io – come ho detto prima – non ho amato di lei più il corpo che l'anima. Potrai capirlo da ciò: che quanto più essa si è avanzata in età (che è un colpo irreparabile per

4. «Di lui...morta»: qui Petrarca cita Cicerone (*De amicitia* 27, 102)

5. «senza dubbio...ninfe»: ancora una citazione, questa volta dall'*Eneide* di Virgilio (I, 328-329): «dea certe / an Phebi soror, an nimpharum sanguinis una».

6. costei che è qui presente: la Verità, che è testimone muta del dialogo.

la bellezza fisica), io sono rimasto tanto più saldo nella mia opinione. Poiché, sebbene il fiore della sua giovinezza appassisse visibilmente con il volger del tempo, cresceva con gli anni la bellezza dell'animo suo, che come mi offrì l'occasione di amarla, così mi diede la perseveranza nel mio proposito. Altrimenti, se fossi stato attratto solo dal suo corpo, già da un pezzo sarebbe stato tempo di cambiare proposito.

Agostino Mi vuoi prendere in giro? Se la stessa anima abitasse in un corpo brutto e contorto, ti sarebbe piaciuta ugualmente?

Francesco Non oserei dir questo: l'anima non si può vedere, né l'aspetto del corpo l'avrebbe promessa tale; ma se apparisse allo sguardo, amerei senz'altro la bellezza d'un'anima che pure avesse una brutta dimora.

Agostino Cerchi mezzucci verbali; se puoi amare solo ciò che si presenta alla vista, hai dunque amato il corpo. E tuttavia non negherei che anche l'anima e i costumi di lei abbiano offerto esca alle tue fiamme, appunto come – e lo dirò fra breve – il suo stesso nome[7] ha accresciuto un po', o anche moltissimo, codesti furori. Infatti come in tutte le passioni dell'animo, così specialmente in questa avviene che da piccolissime faville si levino spesso grandi incendi.

Francesco Vedo a che cosa mi obblighi: a confessare con Ovidio:

«Ho amato l'anima assieme al corpo».[8]

Agostino Bisognerà che tu confessi questo che segue: né l'uno né l'altra tu hai amato abbastanza moderatamente, né l'uno né l'altra hai amato come conveniva.

Francesco Dovrai mettermi alla tortura, prima che lo confessi.

Agostino E un'altra cosa ancora: per codesto amore sei caduto in grandi infelicità.

Francesco Questo non confesserò neanche se mi torturerai sul cavalletto.

Agostino Anzi spontaneamente confesserai ben presto entrambi i fatti, se non trascurerai le mie ragioni e le mie domande. Dimmi dunque: ti ricordi dei tuoi anni puerili? oppure per la ressa degli affanni presenti ogni tuo ricordo di quell'età è svanito?

Francesco Certo ho davanti ai miei occhi la mia infanzia e la mia puerizia non meno che la giornata di ieri.

Agostino Ricordi in quell'età quanto timor di Dio avevi, quanto pensavi alla morte, quanto era grande il tuo sentimento religioso, quanto l'amore dell'onestà?

Francesco Lo ricordo senz'altro, e mi dolgo che con il crescere degli anni siano diminuite le mie virtù.

Agostino In verità io sempre temuto che l'aria invernale facesse perire quel fiore così precoce, che, se fosse rimasto intatto e illeso, a suo tempo avrebbe dato un mirabile frutto.

Francesco Non divagare. Che c'entra con gli argomenti di cui avevamo cominciato a parlare?

Agostino Te lo dirò. Ripercorri fra te e te in silenzio (dal momento che ti senti intatta e fresca la memoria), ripercorri tutto il tempo della tua vita, e ricordati quando è cominciato un così grande mutamento di costumi.

Francesco Ecco, con la rapidità con cui si apre e si chiude un occhio impaurito, ho passato in rassegna il numero e la serie dei miei anni.

Agostino Che trovi dunque?

Francesco Che non è vana la teoria della lettera pitagorica,[9] che ho sentito esporre ed ho letto. Infatti quando, salendo per il retto cammino, modesto e sobrio fui giunto al bivio, e

7. nome: più avanti Agostino chiarirà polemicamente che, per amore del nome di Laura, il poeta ha perseguito la laurea poetica ed è diventato un adoratore del lauro.

8. «Ho amato...corpo»: «animum cum corpore amavi» (Ovidio, *Amori*, I, 9, 13).

9. lettera pitagorica: la y, considerata nel Medioevo, a causa della sua forma, un simbolo del bivio fra la virtù e il vizio che si apre per ognuno durante la vita terrena.

L'amore per Laura sotto accusa

mi si ordinò di prendere la via di destra, piegai invece – dirò per imprudenza o per colpevole presunzione? – a sinistra; e non mi giovò quello che spesso avevo letto da fanciullo:

«Questo è il luogo in cui la via si biforca:
quella di destra conduce alle mura della grande città di Dite.
Per questa sarà il nostro cammino verso gli Elisi;
la sinistra invece tormenta i malvagi, e li manda all'empio Tartaro».[10]

Ma certo non ho capito queste parole, quantunque le avessi lette in precedenza, prima d'averne fatta esperienza. Da allora, sviato per un cammino torto e turpe, e volgendomi spesso indietro in lacrime, non ho potuto seguire la via di destra; e quando l'abbandonai, allora, ebbe origine la perversione dei miei costumi.

Agostino Ma in quale parte della tua età ciò accadde?

Francesco A metà dell'ardore della giovinezza; e, se attendi un poco, mi ricorderò facilmente quale anno della mia vita allora volgesse.

Agostino Non chiedo un calcolo tanto preciso; anzi spiegami piuttosto: quando ti apparve per la prima volta la bellezza di quella donna?

Francesco Questo di certo non dimenticherò mai.

Agostino Collega dunque i due avvenimenti.

Francesco Di certo, l'incontro con lei e il mio prevaricare coincisero.

F. Petrarca, *Opere*, trad. it. di E. Bigi e G. Ponte, Mursia, Milano 1963.

10. «Questo...Tartaro»: altra citazione da Virgilio (*Eneide*, VI, vv. 540-543). La città di Dite è il regno classico dei morti, diviso fra il paradiso (l'Eliso) e l'inferno (il Tartaro).

analisi e interpretazione T1

le forme

La struttura dialogica Nel *Secretum* Petrarca si serve della forma del dialogo per rappresentare una scissione profonda nel proprio io: da una parte c'è il dovere morale e l'ideale di perfezione rappresentato dalla figura di Agostino, padre della Chiesa e autorità etica indiscussa; dall'altra il personaggio di Francesco, cioè il lato umano e terreno della persona del poeta, con tutti i suoi limiti e le sue debolezze. È interessante notare che le posizioni sostenute dai due dialoganti sono, in partenza, diversissime e che solo uno (Francesco) si avvicina a quelle dell'altro, sebbene senza mai accettarle del tutto. Il contraddittorio è impari: alla figura paterna, autorevole e di alto rigore morale di Agostino, Francesco fa fronte come può, arretrando a poco a poco e rimanendo comunque sempre sulla difensiva, come affetto da un senso di colpa.

Le citazioni dai classici Il *Secretum* è punteggiato da citazioni dai classici: nel brano che abbiamo letto, da Ovidio, Cicerone e Virgilio. Non si tratta solo di uno sfoggio di cultura. Anche la citazione, infatti, è funzionale alla retorica complessiva del testo, che in questi casi si serve del cosiddetto "argomento d'autorità", cioè del richiamo alle parole di un autore universalmente noto e apprezzato per giustificare posizioni individuali. Per esempio, quando Francesco si difende dall'accusa di avere amato solo il corpo di Laura, cita Ovidio («animum cum corpore amavi») per ribadire la propria posizione secondo cui è possibile amare l'anima insieme al corpo dell'amata.

i temi e i motivi

Petrarca e la tradizione stilnovistica L'argomento sostenuto da Francesco è che amando un essere nobile e angelico come Laura egli si è avvicinato maggiormente a Dio: si tratta in sostanza della tesi della tradizione lirica cortese e stilnovista, ed è un'idea che arriva fino alla *Vita nuova* di Dante. Sebbene nel dialogo Francesco sostenga inizialmente proprio questa tesi, non è tuttavia capace di rispondere in modo convincente alle obiezioni di Agostino, secondo il quale invece amando Laura Francesco ha «distolto» il suo «animo dall'amore dei beni celesti», ed ha volto il suo desiderio «dal Creatore (Dio) alla creatura».

Petrarca e noi

Una contraddizione moderna Sdoppiando la propria voce nel dialogo tra sé e Agostino, Petrarca mette a nudo le contraddizioni della concezione dell'amore cortese e stilnovista, rompendo la tradizione della lirica medievale. In questa rottura sta anche, come vedremo, uno dei motivi di novità del *Canzoniere*: nelle pagine del *Secretum* si coglie infatti la stessa contraddizione tra i valori religiosi e l'esperienza erotica che contraddistingue l'opera maggiore di Petrarca. La sua concezione dell'amore ci appare senza dubbio più moderna e conflittuale di quella del Dante della *Vita nuova* perché il rapporto tra l'amore terreno e l'amore spirituale non è più armonico e certo, ma conflittuale e problematico.

per studiare guida all'analisi T1

COMPRENDERE

1 Che cosa significa il titolo *Secretum*?

2 L'opera fu pubblicata da Petrarca?

3 A quale genere appartiene l'opera?

a è un dialogo immaginario
b è la trascrizione di un dialogo reale
c è un prosimetro
d è un romanzo

4 Chi sono i dialoganti nel *Secretum*?

5 Qual è il tema del dialogo nel passo che hai letto?

a la fama
b la bellezza di Laura
c l'amore per Laura
d la salvezza eterna

6 Quali sono le tesi sostenute dai due dialoganti?

ANALIZZARE

7 Attribuisci le frasi elencate sotto all'uno o all'altro dei due dialoganti.

Francesco	Agostino
....	....

a. «Che grand'uomo saresti potuto riuscire, se essa non t'avesse distolto con le lusinghe della sua bellezza!»
b. «Io non ho tanto amato il corpo di lei quanto la sua anima»
c. «Fu lei a distogliere il mio animo giovanile da ogni turpitudine»
d. «Il suo amore giovò senz'altro a farmi amare Dio»
e. «Lo schermitore agilissimo finta e colpisce»
f. «Cerchi mezzucci verbali»
g. «Ha distolto il tuo animo dall'amore dei beni celesti, ed ha volto il tuo desiderio dal Creatore alla creatura»
h. «Ripercorri fra te e te in silenzio [...] ripercorri tutto il tempo della tua vita»

8 In quale delle frasi elencate sopra si concentra in particolare l'accusa di Agostino?

INTERPRETARE E APPROFONDIRE

9 A quale tradizione dell'amore si richiama Francesco nella sua difesa?

a alla tradizione classica in generale
b alla concezione espressa da Ovidio
c alla concezione espressa da Virgilio nell'*Eneide*
d alla tradizione dello Stil novo

T1 L'amore per Laura sotto accusa

10 La concezione dell'amore sostenuta da Francesco risulta

a vincente
b esaltata
c messa in crisi
d soppressa

11 Alle righe 191-195 vengono citati alcuni versi dall'*Eneide* interpretati in senso metaforico. Che cosa rappresentò per Francesco «la via che si biforca»?

a la scelta tra il bene e il male
b la scelta tra la carriera e l'amore
c la scelta tra la vita appartata e la vita avventurosa
d la scelta tra la vita di campagna e quella di città

12 Nel *Secretum*, Francesco e Agostino rappresentano due personaggi storici definiti e distinti?

a. ☐ **Sì**: Francesco è Petrarca il poeta, mentre Agostino è il santo rappresentato in qualità di vescovo di Ippona
b. ☐ **No**: entrambi rappresentano il dualismo di Petrarca dilaniato dal conflitto tra esperienza amorosa e valori religiosi

5 I *Trionfi*

Un poema allegorico L'altra opera in volgare di Petrarca, oltre al *Canzoniere*, sono i *Triumphi* [I Trionfi]. Petrarca vi lavorò dagli anni Cinquanta fino alla morte (1374), senza però riuscire a dargli una forma definitiva (alcune parti sono solo abbozzate). Si tratta di un poema allegorico in terzine (lo stesso metro della *Commedia* dantesca) diviso in sei parti, ciascuna delle quali dedicata al trionfo allegorico di un concetto (Amore, Pudicizia, Morte, Fama, Tempo, Eternità). La parola *triumphum* in latino non solo significa 'trionfo', 'vittoria militare', ma indica anche la cerimonia con cui si accoglieva il vincitore al suo ritorno in patria. Petrarca immagina infatti che le personificazioni allegoriche di Amore, Pudicizia, Morte, Fama, Tempo ed Eternità sfilino su dei carri allegorici di fronte agli occhi del lettore, trionfando di volta in volta l'una sull'altra: Amore trionfa sul poeta, la Pudicizia (cioè la castità e l'onestà) sull'Amore, la Morte sulla Pudicizia, la Fama sulla Morte, il Tempo sulla Fama e infine l'Eternità (cioè Dio) sul Tempo. Opera tipicamente medievale, molto lontana dalla modernità del *Canzoniere*, *I Trionfi* ricordano tanto la *Commedia* di Dante quanto l'*Amorosa visione* di Boccaccio (cfr. **Capitolo 5 § 1**), e ripropongono il genere della visione allegorica.

Amore, pudicizia, morte, fama, tempo, eternità Nella prima parte (*Trionfo dell'Amore*), al poeta addormentato in Valchiusa nell'anniversario dell'innamoramento, appare in sogno il carro del dio Amore: è seguito da una schiera di amanti famosi, suoi prigionieri. C'è anche Laura, e Francesco se ne innamora, seguendo il corteo fino all'isola di Cipro, che secondo il mito greco era cara a Venere, la dea dell'amore. Nel trionfo successivo (*Trionfo della Pudicizia*) Laura guida una schiera di eroine della castità, sconfigge Amore e lo porta prigioniero nel tempio della Pudicizia a Roma. Ma nella parte successiva Laura muore (*Trionfo della Morte*) e però anche la Morte soccombe a qualcosa di più grande di lei: la Fama, che è seguita da una lunga sfilata di personaggi illustri che in pace o in guerra hanno saputo distinguersi e tramandare il loro nome ai posteri (*Trionfo della Fama*). Anche la Fama però deve arrendersi al Tempo, che nella sua corsa rapinosa fa dimenticare anche le imprese più gloriose (*Trionfo del Tempo*). Se tutto è vanità e nulla di quanto accade nel mondo è destinato a durare, esiste però la luce divina che illumina la storia e l'esistenza umana, dandole un significato trascendente: è il *Trionfo dell'Eternità*, cioè di Dio.

T2

Il trionfo della Morte

Trionfo della Morte, I, 70-100

concetti-chiave
- la personificazione della Morte
- la vanità del tutto

Dopo aver vinto la battaglia con Amore, Laura, alla guida di un corteo di nobili fanciulle, incontra una «donna involta in veste negra»: è la Morte, che la vuole portare con sé. Laura accetta serenamente il proprio destino e si dichiara disposta a seguirla. Riportiamo alcuni brani tra i più suggestivi del Triumphus Mortis, *dove si coglie molto bene il gusto tardo-gotico tipico di quest'opera petrarchesca. Da notare, in particolare, il motivo della vanità delle cose terrene, che si mostrano nella loro insignificanza di fronte alla morte.*

LINGUA: italiano **DATAZIONE:** 1374

«Come piace al Signor che 'n cielo stassi
ed indi regge e tempra l'universo,
farai di me quel che degli altri fassi».
Così rispose; ed ecco da traverso
piena di morti tutta la campagna,
che comprender nol po prosa né verso:
da India, dal Cataio, Marrocco e Spagna
el mezzo avea già pieno e le pendici
per molti tempi quella turba magna.
Ivi eran quei che fur detti felici,
pontefici, regnanti, imperadori:
or sono ignudi, miseri e mendici.
U' sono or le ricchezze? u' son gli onori?
e le gemme e gli scettri e le corone,
e le mitre e i purpurei colori?
Miser chi speme in cosa mortal pone
(ma chi non ve la pone?), e se si trova
alla fine ingannato è ben ragione.
O ciechi, e 'l tanto affaticar che giova?
Tutti tornate a la gran madre antica
e 'l vostro nome a pena si ritrova.
Pur de le mille è un'utile fatica,
che non sian tutte vanità palesi?
Chi intende a' vostri studii, sì mel dica.
Che vale a soggiogar gli altrui paesi
e tributarie far le genti strane
co gli animi al suo danno sempre accesi?
Dopo l'imprese perigliose e vane
e col sangue acquistar terre e tesoro,
vie più dolce si trova l'acqua e 'l pane
e 'l legno e 'l vetro che le gemme e l'oro.

F. Petrarca, *Triumphi*, a cura di M. Ariani, Mursia, Milano 1988.

METRO: endecasillabi disposti in terzine incatenate, come nella *Commedia* di Dante, con rime ABA, BCB, CDC ecc.

70-78 *«Farai di me quel che accade* (**fassi**) *agli altri, come vuole il Signore che sta* (**stassi** = 'si sta') *in cielo e di qui* (**indi**) *governa* (**regge**) *e regola* (**tempra**) *l'universo». Ed ecco da tutte le parti* (**da traverso**) *la campagna tutta piena di morti in modo tale che non lo può* (**nol po**) *descrivere* (**comprender**) *né prosa né verso: quella grande* (**magna**) *folla* (**turba**) *aveva già riempito* (**pieno**) *nel lungo corso del tempo il centro* (**el mezzo**) *e gli estremi* (**le pendici**) *[del mondo]: dall'India* (**Cataio**), *dal Marocco e dalla Spagna.*

79-84 *C'erano* (**Ivi eran**) *coloro* (**quei**) *che furono detti felici, papi, re, imperatori: ora sono nudi, miseri e mendicanti. Dove* (**U'** = lat. *ubi*) *sono ora le ricchezze? Dove sono gli onori? E le pietre preziose* (**le gemme**) *e gli scettri e le corone, e le mitre e i colori purpurei?*

le mitre e i purpurei colori: la mitra è il copricapo dei papi e dei vescovi, le cui vesti sono di color porpora.

85-93 *È infelice* (**Miser**) *chi ripone le speranze* (**speme**) *nelle cose mortali* (**ma chi non ve la pone?**), *e se alla fine si trova ingannato, è naturale* (**è ben ragione**). *O uomini ciechi, ma a che serve* (**giova**) *affaticarsi tanto? Tutti ritornate alla grande antica madre e il vostro nome appena può essere ritrovato* (**si ritrova**). *Delle vostre mille fatiche ce n'è almeno* (**pur**) *una utile, così che non siano tutte evidenti inutilità? Me lo dica in verità* (**sì** = 'così') *chi si dedica* (**Chi intende**) *alle vostre occupazioni* (**a' vostri studii**).

94-100 *A che serve* (**Che vale**) *sottomettere* (**soggiogar**) *i paesi altrui e rendere tributarie le popolazioni straniere* (**le genti strane**) *con gli animi sempre tesi* (**accesi**) *al loro male* (**al suo danno**)? *Dopo le imprese pericolose e inutili* (**vane**) *e dopo la conquista* (**acquistar**) *con il sangue di terre e tesoro, l'acqua e il pane e il legno e il vetro si scoprono* (**si trova**) *assai più gradevoli che le gemme e l'oro.*

analisi e interpretazione T2

le forme

Il modello dantesco Nei *Trionfi* agisce in modo molto evidente il modello della *Commedia* di Dante. Ciò si nota ad almeno tre livelli. Il primo è quello metrico: anche i *Trionfi* adottano lo schema della terzina incatenata (o dantesca). Il secondo è quello retorico: anche il poema di Petrarca è di tipo allegorico e si serve, ad esempio, della figura della prosopopea; la Morte è infatti, in questo brano, oggetto di una personificazione (Laura le si rivolge nei vv. 70-72 dandole del tu e rivolgendosi a lei come a una persona). Il terzo livello è quello ideologico: i *Trionfi* esprimono una visione del mondo tipicamente medievale (e non ancora moderna, a differenza del *Canzoniere*); nel brano che abbiamo letto ciò risalta soprattutto dal motivo della *vanitas vanitatum*, della relatività della vita dell'individuo di fronte alla morte, che spazza via i falsi valori.

i temi e i motivi

Vanità Petrarca parla della morte per parlare della vanità del tutto. Le cose terrene, nella più tipica concezione medievale, sono ben poca cosa, e persino le imprese degli eroi, le ricchezze degli imperatori, l'autorità dei papi non valgono alcunché nella prospettiva ultraterrena. L'idea che il mondo e le cose materiali siano prive di importanza non porta però al nichilismo, cioè alla negazione dei valori, ma alla individuazione degli unici, veri valori che danno senso alla vita umana: per Petrarca esiste infatti qualcosa di più forte della morte (e della fama), che è l'Eterno, cioè Dio, e la vita terrena non è che una fase temporanea della vita dell'anima. Non a caso l'ultimo dei trionfi si intitola *Triumphus aeternitatis*.

testi a confronto

Il Trionfo della Morte (Anonimo, 1446)

Il tema del trionfo della Morte è diffuso fin dal Trecento soprattutto nell'iconografia. Nell'immagine è riprodotto *Il Trionfo della Morte* (1446) di autore anonimo, conservato a Palermo nella Galleria Regionale di Palazzo Abatellis. L'affresco è composto come una gigantesca pagina miniata, dove, su un lussureggiante giardino incantato, fa irruzione la Morte, rappresentata negli aspetti tradizionali più terrificanti: con la falce e la faretra su un enorme cavallo scheletrito nell'atto di lanciare frecce mortali contro personaggi di ogni ceto sociale, mentre in basso si trovano i cadaveri di coloro che sono già stati colpiti, papi, vescovi, ecc... Altri personaggi sembrano invece incuranti della scena, mentre, a sinistra, il gruppo della povera gente che implora dalla Morte la fine delle sofferenze viene crudelmente ignorato.

Osserva l'immagine: ti sembra che ci siano degli elementi comuni col passo dei *Trionfi* che hai letto? Puoi concentrare il confronto in particolare su questi due elementi:

- **A** come viene rappresentato nel dipinto il tema tradizionale della vanità delle cose terrene, che nel testo di Petrarca è espresso nei vv. 82 e seguenti?
- **B** ti sembra che qualche personaggio possa riflettere la calma dignitosa attribuita a Laura di fronte alla morte (vv. 70-73), oppure l'affresco è troppo grottesco e concitato per poter includere un personaggio come Laura?

per fare il punto | *autoverifica delle conoscenze*

Verifica la correttezza delle tue risposte sulla base dei paragrafi, dei testi o delle schede indicati a corredo di ciascuna domanda.

1 Completa il testo scegliendo le opzioni corrette. (cfr. § 1)

Francesco Petrarca era figlio di un notaio fiorentino di parte guelfa *bianca/nera*, esiliato come Dante. Nacque ad *Arezzo/Pisa* nel *1304/1312*, poi si trasferì con la famiglia ad Avignone, che allora era sede *imperiale/papale*. Tornò in Italia per seguire gli studi di giurisprudenza a *Roma/Bologna*, che non concluse perché la morte del padre lo richiamò in Provenza, dove intraprese la carriera *diplomatica/ecclesiastica*. Sappiamo dallo stesso Petrarca che l'incontro con Laura avvenne a *Firenze/Avignone* il 6 aprile del *1327/1329*, segnando la sua vita e la sua poesia. Petrarca si divise fra la quiete degli studi in *Valchiusa/Vallombrosa*, la mondanità di *Parigi/Avignone* e i viaggi attraverso l'Europa. Nel 1341 ricevette la laurea poetica a *Parigi/Roma*. L'esempio del fratello Gherardo mise in moto *la sua crisi spirituale/il suo impegno civile*. Grazie alla sua fama di letterato fu ospitato presso le corti di vari signori; in Italia ebbe modo di fare scoperte *storiche/filologiche* importanti, tra cui alcune lettere di *Seneca/Cicerone* che prese a modello del suo epistolario. Nel 1348 l'epidemia di *colera/peste* che colpì l'Europa portò a morire molti suoi cari e la stessa Laura. Lasciata definitivamente la Provenza, si stabilì in Italia: prima a *Venezia/Milano* presso *gli Scaligeri/i Visconti*, quindi in altre città del nord. Ritiratosi ad *Arquà/Mantova*, si dedicò alla redazione finale del *Canzoniere*, fino alla morte avvenuta nel *1374/1370*

2 Completa la tabella con le espressioni riportate in calce. Attento all'intruso e alle voci che possono essere utilizzate più volte. (cfr. §§ 2, 3, 4, 5)

Africa	*Epistolario*	*Secretum*	*Canzoniere*	*Trionfi*
....	....	....	....	....
....	....	....	....	....
....	....	....	....	....
....	....	....	....	....
....	....	....	....	....
....	....	....	....	....
....	....	....	....	....
....	....	....	....	....

è un poema – è un dialogo immaginario – è un trattato di storia – è un'opera in volgare – è un'opera in latino – da quest'opera Petrarca si aspettava fama immortale – è un'opera incompiuta – il vero titolo è Rerum vulgarium fragmenta *– è un'opera in prosa – è un'opera allegorica – l'opera si ispira al modello di Cicerone – ha lo scopo di tracciare un'immagine pubblica dell'autore – è un'opera in prosa dove l'autore indaga sul proprio mondo interiore – è un'opera in terzine dantesche*

3 Perché Petrarca considera il latino superiore alle lingue volgari? (cfr. § 2)

- a perché è una lingua immutabile e codificata dalle grammatiche
- b perché è la lingua della liturgia ecclesiastica
- c perché è la lingua che si studia e si parla nelle università medievali
- d perché ha una tradizione illustre fondata sul prestigio degli autori classici

grandi libri

Il *Canzoniere*

l'incipit

Il *Canzoniere* in breve

PERCORSI NELL'OPERA

PERCORSO 1

L'invenzione dell'amore

Il *Canzoniere* ha un impianto narrativo. Ciò vuol dire che i testi che lo compongono vanno sempre letti in una doppia prospettiva: da una parte ciascuno di essi esprime un significato individuale ed autonomo, dall'altra tutti sono funzionali alla costruzione di una storia. La vicenda in primo piano è quella dell'**amore per Laura**: ad essa è dedicato il primo dei percorsi di lettura che proponiamo.

PERCORSO 2

Un autoritratto poetico

L'amore non è l'unico contenuto del *Canzoniere*: vi si intrecciano altri temi non meno interessanti come quelli dell'**autoritratto poetico** (PERCORSO 2), del **tempo** e della **memoria** (PERCORSO 3) e anche della **malinconia** (PERCORSO 4). Buona parte dell'opera di Petrarca risponde al bisogno di ricerca e di costruzione ideologica di una identità: ecco il motivo della presenza costante del tema autobiografico, qui ma anche altrove (nelle lettere, per esempio, di cui riportiamo alcuni passi significativi).

PERCORSO 3

Tempo e memoria

Il tema autobiografico si intreccia poi con quello della **memoria** e della **malinconia**, che noi vedremo soprattutto in relazione al motivo del **paesaggio**.

PERCORSO 4

Il paesaggio e lo stato d'animo

Sottratto al contesto sociale che caratterizzava l'intellettuale comunale, e per esempio Dante, Petrarca vive i propri conflitti interiori in rapporto soprattutto con l'ambiente naturale, e in una condizione solitaria. Il dialogo e la **corrispondenza fra stato d'animo dell'io e paesaggio** sarà il tema di questo percorso.

PERCORSO 5

Un nuovo modello di intellettuale cristiano

L'importanza di Petrarca nella storia della cultura italiana ed europea sta anche nell'avere inaugurato un nuovo modello di intellettuale che, con alcune varianti, resisterà nei secoli, ed ecco perché uno dei nostri percorsi riguarderà la **figura dell'intellettuale**.

Petrarca e il genere lirico

Il *Canzoniere* dopo Petrarca

l'incipit

«Voi ch'ascoltate in rime sparse il suono»

Voi ch'ascoltate in rime sparse il suono
di quei sospiri ond'io nudriva 'l core
in sul mio primo giovenile errore
quand'era in parte altr'uom da quel ch'i' sono:

del vario stile in ch'io piango et ragiono,
fra le vane speranze e 'l van dolore,
ove sia chi per prova intenda amore,
spero trovar pietà, nonché perdono.

Ma ben veggio or sì come al popol tutto
favola fui gran tempo, onde sovente
di me medesmo meco mi vergogno;

et del mio vaneggiar vergogna è 'l frutto,
e 'l pentérsi, e 'l conoscer chiaramente
che quanto piace al mondo è breve sogno.

F. Petrarca, *Il canzoniere*, a cura di M. Santagata, Mondadori, Milano 2004.

1-4 *O voi [lettori], che ascoltate in queste poesie sparse il suono di quei sospiri di dolore con i quali io* (**ond'io**) *ho nutrito il mio cuore nel tempo del primo errore che ho commesso in gioventù, quand'ero, in parte, un uomo diverso da quello che sono oggi.*

5-8 *spero di poter trovare pietà e perdono per lo stile mutevole in cui io piango e parlo* (**ragiono**) *fra speranze e dolore inutili, ovunque* (**ove**) *vi sia qualcuno che per esperienza* (**per prova**) *sa cos'è* (**intenda**) *l'amore.*

9-11 *Ma ora vedo chiaramente che per molto tempo fui per tutti* (**al popol tutto**) *oggetto di riso e di dicerie* (**favola fui gran tempo**), *per cui* (**onde**) *spesso* (**sovente**) *mi vergogno di me davanti a me stesso* (**di me medesmo meco**);.

12-14 *e perciò il risultato* (**'l frutto**) *del mio illudermi* (**vaneggiar**) *è la vergogna, e il pentimento, e il capire chiaramente che ciò che ci piace nella vita terrena* (**al mondo**) *è un sogno fuggevole.*

l'*incipit* e l'opera

I lettori

All'inizio del suo libro, Francesco Petrarca si rivolge direttamente ai lettori («Voi ch'ascoltate», v. 1) e lo fa per un motivo ben preciso: non vuole che il senso della storia che sta per raccontare venga frainteso. Vuole che tutti sappiano che chi ha vissuto quella storia d'amore non è (non è più) la stessa persona che la sta raccontando ed è, almeno in parte, un altro uomo (v. 4): lo è diventato nel momento in cui qualcosa lo ha cambiato profondamente, riportandolo sulla retta via.

L'errore di gioventù: l'amore

Al principio di questa vicenda c'è infatti un errore, uno sbaglio commesso in gioventù: quel «giovenile errore» (v. 3) che è stato la causa prima della sofferenza di cui la poesia è la testimonianza e il ricordo. L'errore, come si capirà leggendo il v. 7, coincide con l'amore stesso, e il legame profondo tra le due parole-chiave è sottolineato dalla rima («errore : amore», e non è casuale neanche il legame con le altre due parole-rima in *-ore*: «core» e «dolore»). Francesco ha sbagliato perché ha creduto che l'amore per una creatura terrena potesse sostituire quello per Dio, il solo che, secondo la concezione cristiana medievale, è vero amore.

l'incipit

Le «rime sparse»

La descrizione dell'amore si serve in parte di modelli stilnovistici e danteschi (del Dante della *Vita nuova*): si basa cioè sulla personificazione degli affetti e dei sentimenti. Il cuore – diventato un'entità autonoma, quasi un essere vivente che mangia e respira – si nutre dei sospiri di dolore dell'innamorato; e quegli stessi sospiri riecheggiano anche nella poesia che il lettore sta ora leggendo, sono diventati il contenuto stesso delle «rime» che compongono il libro. «Rime sparse» (v. 1), precisa Petrarca, perché scritte separatamente le une dalle altre, sull'onda delle emozioni che le hanno generate e solo alcuni anni più tardi riunite in una raccolta: a questa idea di frammentarietà e di occasionalità fa riferimento il vero titolo del libro (che come spesso accade nelle letterature romanze medievali è in latino): *Rerum vulgarium fragmenta*, cioè 'frammenti di cose scritte in volgare'. Il titolo che oggi comunemente usiamo (*Canzoniere*) gli è stato dato, come si dice, per antonomasia*. Come dire che, tra tutti i canzonieri amorosi, quello di Petrarca è il più importante e il più famoso.

* **Antonomasia:** nella locuzione "per antonomasia" significa 'per definizione', 'per eccellenza'. L'antonomasia è anche la figura retorica per cui ad un nome si sostituisce la denominazione che meglio lo caratterizza: per esempio "il Poeta" per Dante Alighieri.

Sincerità e retorica

Nelle prime due quartine Petrarca, in sostanza, ci dice: "Leggete pure questa storia d'amore, ma non pensate che io mi compiaccia di quei sospiri e di quei pianti, perché ora che sono vecchio so attribuire loro il giusto peso e significato". Ora, quello che, a prima vista, potrebbe sembrare un modo sincero e spontaneo di rivolgersi ai lettori è in realtà un espediente convenzionale e retorico: è quello che si chiama un *tópos*, un luogo comune a cui gli scrittori fanno ricorso in quel gioco sofisticatissimo e altamente formalizzato che è la poesia lirica nel Medioevo. Rivolgersi direttamente ai lettori con una apostrofe, cercare la complicità di chi ha vissuto l'esperienza d'amore (e dunque può comprendere e perdonare la debolezza del poeta), e persino presentarsi come un uomo maturo che guarda con distacco al giovane innamorato di un tempo: sono, tutti questi, espedienti retorici e convenzionali ampiamente sperimentati, prima di Petrarca, da alcuni poeti latini, da Dante, da Boccaccio. Come ogni scrittore medievale, Petrarca imita i suoi autori prediletti.

"Tradire" Petrarca

E allora cosa c'è di nuovo e di moderno in questo libro? C'è che, nonostante tutti gli sforzi che Petrarca fa per prendere le distanze dall'esperienza amorosa e di presentarcela, in questo sonetto proemiale e anche altrove, come un traviamento e un errore, egli fallisce clamorosamente. Il lettore (qualunque lettore, non solo il lettore moderno) si convince ben presto che questo libro che vorrebbe raccontare una conversione è molto più interessante perché, di fatto, riesce a descrivere con una originalità mai raggiunta prima un amore infelice, idealizzato e alla fine stroncato dalla morte. Per capire e apprezzare la modernità del *Canzoniere* può essere talvolta necessario, in qualche modo, "tradire" Petrarca, cioè leggerne l'opera oltre le intenzioni del suo autore.

Petrarca medievale o moderno?

Diversamente da ogni altro libro d'amore mai scritto prima in Europa, il *Canzoniere* di Petrarca ha quindi come protagonista un "io" scisso, diviso tra l'inappagato desiderio erotico nei confronti di una donna, da una parte, e l'aspirazione alla serenità e all'ordine morale dall'altra: passione e sentimento da un lato, rigore etico e religioso dall'altro sono i poli opposti e inconciliabili del dissidio interiore di Petrarca. Del dissidio, cioè, che fa del *Canzoniere* il primo capolavoro della poesia lirica moderna. La prima istanza costituisce l'aspetto per così dire "romantico" del libro (anche se ci sono molte differenze tra l'amore romantico e quello di Petrarca). La seconda lo lega invece alla cultura medievale, e si serve del costante richiamo alla saggezza degli antichi (e dei filosofi stoici in particolare) e al prediletto sant'Agostino. Agostino, non a caso, è anche il protagonista del *Secretum*, la più importante (almeno per noi contemporanei) delle opere in latino di Petrarca. Sulle ragioni della modernità di Petrarca consigliamo di leggere la pagina di Marco Santagata, uno dei più importanti studiosi del poeta, nella **S1**, p. 257.

Un autoritratto ideale

Il *Canzoniere* anticipa la modernità anche perché è un autoritratto. Un autoritratto in buona parte ideale e ciò nondimeno una narrazione incentrata intorno a un "io". È piuttosto strano, infatti, che la protagonista di un canzoniere amoroso, Laura, non venga neppure menzionata nel sonetto proemiale. Ma se Laura è assente, qui, è perché l'io, il soggetto, reclama per sé tutto lo spazio possibile, vuol essere il protagonista indiscusso della scena, e vuole esserlo sia prima che dopo la conversione. Ci saremmo anche aspettati almeno un accenno a quanto è eterno ed immutabile: insomma al fine ultimo della conversione. E invece niente: anche Dio è assente nel sonetto proemiale e l'io è l'unico personaggio in evidenza. Lo è persino quando viene deriso dalla folla che ritiene disdicevole che un poeta e un intellettuale del rango di Petrarca, famoso in tutta Europa, perda inutilmente il suo tempo rincorrendo l'amore (e nei vv. 9-11 c'è una nota di "comicità" in un discorso per il resto tragico). Insomma, anche quando rappresenta la propria identità anteriore alla conversione e alla saggezza, Petrarca è egocentricamente attratto da se stesso: vuole vedere dentro di sé più in profondità di chiunque altro prima di lui, anche se ciò che trova risulta sgradevole. La vergogna, dice infatti l'ultima terzina, è tutto ciò che resta delle illusioni d'amore (del «vaneggiar»), insieme al pentimento («'l pentersi») e alla consapevolezza che ogni nostro desiderio terreno («quanto piace al mondo», cioè: su questa terra) è illusorio e destinato a svanire in breve tempo.

Il «vario stile»

Quasi tutti i grandi temi del *Canzoniere* sono anticipati e introdotti da questo sonetto, che proprio per ciò svolge la funzione di vero e proprio proemio* all'opera. Questa poesia affronta anche la questione del modo di esprimersi parlando di simili argomenti: al v. 5 Petrarca preannuncia infatti che il suo sarà un «vario stile», e anche di questo chiede scusa in anticipo al lettore. Il suo stile sarà «vario» perché dovrà adattarsi alle mille tonalità di una materia multiforme come quella lirica, che può essere raccontata tanto nello stile alto e tragico che era stato di Dante (e prima di lui dei poeti provenzali e dei Siciliani, cfr. p. 494) quanto in uno stile di livello inferiore (lo stile elegiaco, quello che Dante, nel *De vulgari eloquentia*, raccomandava agli amanti infelici). Varietà non significa però mescolanza degli stili: Petrarca non è il Dante della *Commedia* e la sua idea di varietà è molto diversa. Resta infine da dire che lo stile del libro sarà vario anche perché almeno una poesia su cinque dei *Rerum vulgarium fragmenta* non tratta affatto del rapporto amante-amata. Nel *Canzoniere* esiste insomma uno spazio (minoritario) per parlare d'altro.

* **Proemio**: è la parte introduttiva di un'opera letteraria, quella in cui si spiega di cosa si parlerà. A seconda dei generi in cui è impiegata, può contenere un'invocazione (alle Muse, ad Apollo), oppure si può rivolgere direttamente al lettore.

l'incipit

per studiare

1 Il vero titolo del libro è *Rerum vulgarium fragmenta*, che in italiano significa

a frammenti di cose volgari
b brani di poesie popolari
c raccolta di poesie in lingua latina
d frammenti di cose scritte in volgare

2 Quale espressione del sonetto «*Voi ch' ascoltate in rime sparse il suono*» allude al termine «fragmenta» del titolo?

a vario stile
b sospiri
c rime sparse
d in parte

3 Con l'espressione «Voi ch'ascoltate» a chi si rivolge il poeta?

a a dei lettori non specificati
b alle persone colte che possono comprendere «il vario stile»
c «al popol tutto»
d ai lettori che conoscono per esperienza («per prova») che cos'è l'amore

4 In che cosa consiste il «giovenile errore» del v. 3? E perché è considerato «errore»?

5 La parola «sogno» (v. 14) indica

a l'istante in cui si concentra il senso ultimo dell'esistenza
b un momento di gioia transitoria
c la conseguenza della fantasia dell'uomo
d la visione dell'aldilà

6 Petrarca non ci dice la data di composizione del sonetto, tuttavia dagli elementi presenti all'interno del testo si deduce che il sonetto va collocato prima o dopo la morte di Laura (avvenuta nell'aprile del 1348)?

7 Completa la mappa inserendo negli spazi i termini corretti scelti tra quelli riportati in calce. Attenzione all'intruso.

	verbi al tempo	condizione del poeta	conseguenza
I QUARTINA «nudriva» «era» →	.... →	.... →	....
II TERZINA «vergogna è 'l frutto» «è breve sogno» →	.... →	.... →	....

imperfetto – presente – vecchiaia – giovinezza – errore – pentimento

8 Servendoti della mappa che hai completato, spiega in che senso il sonetto proemiale riassume l'intera vicenda raccontata da Petrarca nel *Canzoniere*.

9 Completa il testo integrandolo con i termini scelti tra quelli riportati in calce. Attenzione agli intrusi.

Il *Canzoniere* è una raccolta di 365 ...., più un .... che fa da introduzione, disposte nell'ordine in cui le leggiamo da .... Seguendo il filo narrativo siamo in grado di ricostruire in termini .... la biografia del suo autore. Tappe fondamentali di questa vicenda sono l'incontro con Laura e la sua .... avvenuti, a distanza di anni, entrambi nello stesso giorno dello stesso mese di .... Alla centralità del tema .... si aggiungono, nella .... parte del *Canzoniere*, il motivo dell'amicizia e l'interesse . ..., assenti invece nella .... parte. Il libro si conclude con una preghiera ...., il .... che meglio esemplifica l'elemento .... dell'opera.

sonetto – morte – amoroso – realistici – seconda – alla Vergine – conversione – un letterato del 1500 – liriche – Petrarca stesso – maggio – religioso – malattia – politico – aprile – idealizzati – prima – all'Italia – prose e poesie – civile – componimento

10 Quali sono le novità del *Canzoniere*? Individuale tra quelle elencate (tre risposte).

- [a] il libro racconta una storia d'amore
- [b] il racconto di una storia d'amore è affidata interamente al genere lirico
- [c] il protagonista è scisso tra la passione d'amore e il rigore religioso
- [d] il libro ha come protagonista assoluto l'io del poeta

S1 LETTURE CRITICHE

Petrarca moderno

In questa pagina Marco Santagata, uno dei più importanti studiosi di Petrarca, spiega in poche ed efficaci parole perché Petrarca è moderno.

Ecco in cosa consiste la modernità di Petrarca: nell'indagine delle profondità della psiche, dei mali dell'anima, nell'affiorare inquietante di dubbi sulla vita presente e su quella futura. Ebbene, questa modernità va misurata sulla tradizione lirica che gli stava alle spalle, quella che, generalizzando, possiamo chiamare "cortese". Con forte semplificazione si può affermare che quella tradizione – che dalla Provenza del XII secolo ha impregnato di sé quasi tutto il lirismo europeo – aveva come caratteristica principale il concepire e il praticare la poesia come fenomeno eminentemente sociale. La lirica d'amore non era solo un prodotto da consumare in pubblico attraverso *performance* e recitazioni, era intimamente strutturata in funzione del pubblico: presupponeva e richiedeva un "tu" o un "voi" ai quali rivolgere il discorso; era dialogica per natura. Dialogico significa aperto all'esterno: alla cronaca e al quotidiano, al teatro della vita di gruppo e dei riti sociali. Ebbene, la poesia di Petrarca rompe con la dimensione sociale. È solitaria, isolata; non cerca il dialogo con i lettori, rifugge dalla cronaca, dagli eventi esterni. Si chiude dentro al rapporto tra l'Io e l'oggetto del suo desiderio. Rispetto a quella contemporanea e precedente, questa poesia, che seleziona, recide, allontana da sé la storia e la realtà esterna, sembrerebbe perdere in ricchezza e vastità di sguardo, se non fosse che essa recupera 'in verticale' tutto lo spazio orizzontale a cui ha rinunciato.[1] Alla dimensione sociale, infatti, essa sostituisce quella interiore, ai territori della vita di relazione quelli della soggettività. Questa di Petrarca è una vera rivoluzione copernicana. Se la poesia medievale aveva al suo centro l'amata, tanto che il soggetto altro non era che il destinatario degli effetti, negativi o positivi che fossero, da essa prodotti, il motore della lirica petrarchesca è l'Io del poeta.

La specola[2] soggettiva fa sì che i temi di fondo della tradizione cortese vengano tradotti da Petrarca in un diverso linguaggio concettuale. Per esempio, il motivo capitale della frustrazione del desiderio, legato nella lirica cortese al rifiuto da parte della dama, e quindi, in ultima analisi, a motivazioni di ordine sociale, è da lui interiorizzato nel dissidio fra incoercibilità del desiderio e consapevolezza della sua peccaminosità. Insomma, una dinamica interpersonale è trasformata in una dialettica interna alla coscienza. L'avere introiettato la colpa, l'avere fatto, cristianamente, del desiderio amoroso un peccato è stato il passo necessario perché la poesia potesse lasciare il territorio delle apprenze e dei comportamenti codificati e scavare nel regno oscuro della soggettività. Potremmo dire che una religiosità inquieta e in certi momenti lacerante è all'origine del laicismo di Petrarca.

M. Santagata, *La letteratura nei secoli della tradizione: dalla Chanson de Roland a Foscolo*, Laterza, Roma-Bari 2007, pp. 80-81.

1. **recupera... rinunciato:** cioè guadagna in profondità di significati la larghezza di possibilità linguistiche e di varietà stilistiche perdute rispetto a Dante.
2. **specola:** *punto di vista*.

Il *Canzoniere* in breve

Il *Canzoniere* Il vero titolo del libro è *Rerum vulgarium fragmenta*, cioè 'Frammenti di cose in volgare'. È una raccolta di 366 poesie: 317 sonetti, 29 canzoni, 9 sestine, 7 ballate e 4 madrigali. Diversamente da quasi tutti i canzonieri medievali, le forme metriche qui sono liberamente alternate e la disposizione delle liriche segue un ordine ben preciso, che l'autore ha definito nel corso di quarant'anni di lavoro. La struttura nella quale noi leggiamo l'opera è quella scelta da Petrarca nel corso del suo ultimo anno di vita, tra il 1373 e il 1374. Un'altra differenza rispetto ai libri di poesia del Medioevo sta nel fatto che il *Canzoniere* racconta una storia che può essere compresa solo seguendo il filo narrativo che si dipana di lirica in lirica. L'unico modello di cui Petrarca disponeva, da questo punto di vista, è la *Vita nuova*, ma a differenza dell'operetta giovanile di Dante qui non ci sono parti in prosa.

Il genere Il genere di scrittura moderno al quale il *Canzoniere* più assomiglia è il diario, cioè un racconto in prima persona di esperienze, idee e sentimenti di un unico personaggio. Rispetto al moderno racconto diaristico, però, ci sono due differenze: la prima è che il libro è in versi e non in prosa, e la seconda è che il protagonista coincide solo fino a un certo punto con la persona reale dell'autore, dato che lo scopo di Petrarca è quello di fornire un ritratto ideale di se stesso (cfr. **PERCORSO 2**).

La cronologia del *Canzoniere* Quella del *Canzoniere* è una cronologia ricostruita e, in parte, inventata: le poesie non si succedono nell'ordine di composizione (come le pagine di un vero diario), ma descrivono una parabola ideale. La prima parte (dalla 2 alla 263) racconta principalmente le fasi dell'innamoramento di Francesco per Laura: il primo incontro con la donna avviene il 6 aprile 1327, ma l'amore è un amore infelice, perché non è ricambiato. Esattamente 21 anni dopo, il 6 aprile del 1348, Francesco ha ben altri motivi per disperarsi: Laura muore, ed inizia così la seconda parte del *Canzoniere*, "in morte di Laura" (dalla 264 alla 366; la notizia della morte di Laura è però data per la prima volta nella canzone 267). I cosiddetti "sonetti d'anniversario" (3, 62, 118, 122, 267, 278, 364) scandiscono le varie fasi dell'intera vicenda e forniscono la serie dei riferimenti cronologici necessari a collocarla nel tempo.

Valore simbolico dei numeri I numeri hanno un valore simbolico: il 6 aprile non era un giorno qualunque nel calendario medievale, perché in quella data si ricordavano la Passione e la morte di Cristo. Il numero 6 è inoltre contenuto per due volte nel numero totale dei componimenti del *Canzoniere*, che sono 366, come i giorni dell'anno (escludendo il sonetto proemiale). Ora, se sovrapponiamo il calendario liturgico alla vicenda amorosa, avendo stabilito che quest'ultima ha avuto inizio il 6 aprile, scopriamo che la canzone 264, la prima della parte "in morte di Laura", andrà a coincidere esattamente con il 25 dicembre, cioè con il giorno di Natale. Morte della donna amata e nascita di Cristo appaiono così collegati tra loro, e il senso di questa misteriosa coincidenza diventa chiaro a Francesco mentre il dolore per la perdita di Laura diminuisce a poco a poco: è necessario rinunciare alle cose terrene per amare Dio. È l'importante tema della conversione con cui si conclude, un po' bruscamente, il racconto.

I temi centrali Tema centrale del *Canzoniere* è l'amore del poeta per Laura. Tale tema è trattato, in apparenza, secondo i modi tipici della tradizione cortese e stilnovistica. La donna è oggetto di una spiritualizzazione che ne fa spesso una figura astratta e sovrumana; l'esperienza dell'amore è rappresentata come momento totalizzante e nobilitante. Anche le caratteristiche fisiche dell'amata messe maggiormente in rilievo sono quelle tradizionali: gli occhi e lo sguardo, i capelli, il modo di muoversi e soprattutto di camminare. E però più che la continuità rispetto alla lirica d'amore precedente contano la novità e la rottura. È nuova in primo luogo la figura

Francesco Petrarca, *Canzoniere*, Vindelino da Spira, Venezia 1470. Pagina miniata.

del soggetto. In Petrarca l'io si presenta percorso da contraddizioni e tormentato da conflitti interiori. È un io nuovo e rivoluzionario, le cui armi sono l'autoanalisi e l'introspezione. La grande scoperta del *Canzoniere* è dunque quella della coscienza. Alla rappresentazione dell'universo sociale proposto dalla *Commedia* dantesca, il *Canzoniere* sostituisce una rappresentazione dell'interiorità. Così al centro dell'opera non c'è tanto quella Laura che di continuo è oggetto esplicito dei testi, quanto l'io del poeta.

I temi secondari Oltre al tema amoroso centrale (e ai suoi sottotemi: la sublimazione dell'amore, la solitudine dell'innamorato, l'assenza di Laura, la celebrazione della sua bellezza, e ancora la memoria e il paesaggio-stato d'animo), il libro svolge alcuni temi secondari: il tema dell'amicizia, quello del ruolo del nuovo intellettuale e soprattutto il tema politico. Quest'ultimo appare ad esempio nei tre sonetti dedicati alla corruzione della curia Avignonese e in tre canzoni, tra cui «*Italia mia, benché 'l parlar sia indarno*». Il tema politico, però, scompare del tutto nella seconda parte della raccolta, quella delle rime "in morte" di Laura, che si chiude invece con la preghiera alla Vergine Maria (366) con la quale Francesco dichiara la propria conversione.

Il *Canzoniere*

rime in vita di Laura
(2-263)

TEMI
- amore per Laura
- scissione dell'io
- amicizia
- trascorrere del tempo
- memoria
- paesaggio-stato d'animo
- politica (critica della corruzione della Chiesa e riflessione sulla decadenza dell'Italia)

rime in morte di Laura
(264-366)

TEMI
- morte e trasfigurazione di Laura
- assenza e memoria
- pentimento e conversione

Il *Canzoniere*

PERCORSI NELL'OPERA 1

L'invenzione dell'amore

Le tappe di questo percorso

Nel sonetto 3 (T3) è rievocato il primo incontro con Laura, avvenuto il 6 aprile 1327, il giorno in cui ai tempi di Petrarca si ricordava la Passione di Cristo. Il racconto lascia intravedere, tra echi stilnovistici e immagini della tradizione cristiana, il ricordo dello stupore di Francesco di fronte alla potenza di Amore. Il sentimento amoroso è rappresentato mediante una personificazione, qui come anche nel sonetto 46 (T4, p. 263): amore è un dio, armato come vuole la tradizione classica con arco e frecce. Ma, oltre a questo motivo tradizionale, in T4 compare un tema del tutto nuovo: quello del narcisismo di Laura, emblematizzato dal motivo dello specchio. Del tutto diverso, per tono e per scelte formali, il sonetto 61 (T5, p. 266): qui la rievocazione del primo incontro con Laura è esclusivamente motivo di gioia e di vero e proprio tripudio, e sono ancora lontane le ombre del pentimento per il «giovenile errore». I due testi successivi (T6, p. 268 e T7, p. 271) indagano invece gli effetti dell'amore sulla personalità di colui che ama: se potessimo usare un linguaggio moderno (ma lo si deve fare con prudenza, trattando di un autore del Medioevo), potremmo parlare di una vera e propria perdita di identità, di uno smarrimento del soggetto dovuto alle numerose contraddizioni che l'amore provoca nell'io. Chiude il percorso un sonetto del cosiddetto canzoniere "in morte": (T8, p. 275). Laura è scomparsa e con lei è venuta meno, per il poeta, anche la bellezza del mondo che si rifletteva nel suo volto.

TESTI

T3

«Era il giorno ch'al sol si scoloraro»

Canzoniere, 3

concetti-chiave
- l'innamoramento per Laura
- intreccio di tema religioso e tema erotico

In questo sonetto Petrarca rievoca l'innamoramento per Laura, avvenuto il 6 aprile 1327 nella chiesa di Santa Chiara ad Avignone. Per i medievali il 6 aprile era il giorno della Passione di Cristo (che noi, oggi, rievochiamo il venerdì santo precedente la domenica di Pasqua). Proprio una ricorrenza così luttuosa fa escludere al poeta la possibilità di un assalto di Amore, ed è per questo che egli è impreparato a difendersi quando Amore scocca la sua freccia. Il significato simbolico dell'evento non è ancora chiaro a Francesco: lo diventerà solo in seguito, quando capirà che la nascita dell'amore per Laura assomiglia a una sorta di passione privata, e che l'amore terreno comporta una provvisoria perdita della presenza di Cristo e l'allontanamento da Dio. Ma tutto questo lo si può comprendere solo al termine del libro, dopo che il lettore avrà seguito il lungo itinerario del libro. Quello che invece appare sin d'ora chiaro è che a Petrarca interessa un aspetto ben preciso della fenomenologia amorosa: la sorpresa di colui che si ritrova ad amare quando meno se lo sarebbe aspettato.

LINGUA: italiano **DATAZIONE:** 1351-52 ca.

Era il giorno ch'al sol si scoloraro
per la pietà del suo Factore i rai,
quando i' fui preso, et non me ne guardai,
ché i be' vostr'occhi, donna, mi legaro.

Tempo non mi parea da far riparo
contra' colpi d'Amor: però m'andai
secur, senza sospetto; onde i miei guai
nel commune dolor s'incominciaro.

Tròvommi Amor del tutto disarmato
et aperta la via per gli occhi al core,
che di lagrime son fatti uscio et varco:

però, al mio parer, non li fu honore
ferir me de saetta in quello stato,
a voi armata non mostrar pur l'arco.

F. Petrarca, *Il canzoniere*, a cura di M. Santagata, cit.

METRO: sonetto con rime ABBA, ABBA; CDE, DCE. A C ed E sono assonanti; A e D consuonano.

1-4 *Era il giorno in cui i raggi (**i rai**) del sole persero il loro colore (**si scoloraro**) per pietà nei confronti del suo creatore (**Factore**: Dio), quando io fui catturato, e non me ne difesi (**guardai**), poiché i vostri begli (**be'**) occhi, o donna, mi avevano legato (**legaro**).*

si scoloraro: il Vangelo racconta che alla morte di Cristo il sole subì un'eclissi e si oscurò. L'indicazione cronologica è precisa: è il 6 aprile, tradizionalmente identificato con il giorno della Passione di Cristo. **occhi**: nella tradizione cortese e stilnovistica, l'amore raggiunge il soggetto attraverso lo sguardo dell'amata. Ancora alla tradizione stilnovistica appartengono le immagini del vincolo d'amore (cfr. **preso** e **legaro**).

5-8 *Non mi pareva momento di dovermi difendere dagli assalti (**da far riparo contra' colpi**) d'Amore: perciò (**però**) me ne andavo tranquillo (**secur**), senza sospettare nulla; per questo (**onde**) i miei lamenti (**guai**) cominciarono in mezzo alla sofferenza di tutti (**nel commune dolor**).*

Il **commune dolor** è il dolore per il ricordo della Passione, cui è rivolta l'attenzione di ogni cristiano nei giorni di Pasqua. Per questo Petrarca non è preparato all'assalto di Amore, che qui è oggetto di una personificazione allegorica e rappresentato come vuole la tradizione classica con arco e frecce.

9-14 *Amore mi trovò del tutto disarmato e trovò aperta la via che porta al cuore attraverso (**per**) gli occhi, che sono diventati (**fatti**) porta (**uscio**) e passaggio (**varco**) di lacrime: perciò (**però**) a mio parere non fece (**li fu**) onore ad Amore ferirmi con una freccia (**de saetta**) mentre ero in quello stato, e non mostrare invece neppure l'arco a voi, che eravate invece ben armata.*

non li fu honore: Amore si è comportato in modo vile, facendo innamorare solo l'amante e non l'amata (è un motivo tradizionale, presente in Ovidio e nei poeti provenzali, ma qui la viltà d'Amore sta anche nell'aver colpito a tradimento). **armata**: pronta a farmi innamorare e tutt'altro che indifesa, a differenza di me. Laura è difesa perché protetta dalla propria onestà: lei infatti non si innamora di Francesco. L'amore è descritto piuttosto come un processo oggettivo, come una forza o uno spirito che si sprigiona dagli occhi della donna e che colpisce violentemente, come una freccia, il soggetto.

analisi e interpretazione T3

le forme

La ricercatezza stilistica La rievocazione del primo incontro con Laura segna il vero punto d'inizio della vicenda amorosa. Per questo il sonetto è particolarmente curato dal punto di vista formale e ricco di richiami fonici interni, di assonanze e consonanze che si aggiungono al sistema delle rime vero e proprio. Se lo schema del sonetto è ABBA, ABBA; CDE, DCE, le rime in *-aro* (A) assuonano con quelle in *-ato* (C) e in *-arco* (E), oltre a condividere la vocale tonica (/a/) con B (*-ai*). Inoltre, A e D sono consonanti tra loro (*-aro* : *-ore*), e la consonante /r/ si trova anche in altre parole-rima (*scoloraro, rai, guardai*).

i temi e i motivi

Motivi stilnovistici Sono molti, in questo sonetto, i riferimenti alla tradizione cortese e stilnovistica: il dio d'Amore è dotato di arco e frecce (vv. 6, 9, 13-14), con le quali colpisce l'uomo e lo fa innamorare. Le frecce d'amore diventano poi, più concretamente, gli sguardi della donna (v. 10), che attraverso gli occhi giungono a toccare il cuore dell'innamorato. Appartengono alla tradizione del «dolce stil novo» anche la raffigurazione dell'amante sofferente (v. 11) e prigioniero (vv. 3 e 4) e il tema dell'amore non corrisposto, mentre il motivo del disonore e del tradimento è tipico della tradizione cortese.

Motivi cristiani Ai motivi stilnovistici sopra ricordati si aggiunge però un tema centrale della cultura cristiana: il riferimento alla Passione (vv. 1-2 e 5 e 8) e in particolare il motivo dell'eclisse del sole (vv. 1-2), che i Vangeli collegano al momento della morte di Cristo. L'oscuramento del sole e la morte di Cristo rappresentano un temporaneo allontanamento dalla fede, a vantaggio di una esperienza amorosa che è sentita come alternativa alla religione stessa.

per studiare *guida all'analisi* T3

COMPRENDERE

1 Che cosa "racconta" il sonetto? Scegli le opzioni corrette.

Petrarca incontra per la prima volta Laura il *6 aprile 1326/6 aprile 1327*. La data coincide, per l'uomo del Medioevo, con la *Resurrezione di Cristo/la Passione di Cristo* ed è perciò emblematica del significato di quell'amore che si rivelerà infatti, nel tempo, *pericoloso allontanamento da Dio/strumento di elevazione spirituale*.

ANALIZZARE

2 Quali motivi del sonetto si rifanno alla tradizione stilnovistica? E quali alla cultura cristiana? Completa la tabella inserendo nelle rispettive colonne termini o espressioni sintetiche tratte dal sonetto.

motivi stilnovistici	motivi cristiani
....	....
....	....
....	....
....	....

INTERPRETARE E APPROFONDIRE

3 L'incontro con l'amata in chiesa o in un luogo sacro non è una novità: costituisce un motivo abbastanza ricorrente (un *tópos*) in letteratura. Petrarca tuttavia gli attribuisce un significato nuovo e particolare, che anticipa un tema tipico del *Canzoniere*. Quale?

- a il tema dell'amore come strumento di elevazione morale
- b la concezione della donna come tramite tra l'uomo e Dio
- c la casualità dell'incontro amoroso
- d l'intreccio di tema religioso e tema erotico

T4

«L'oro et le perle e i fior' vermigli e i bianchi»

Canzoniere, 46

concetti-chiave

- l'amore come causa della scissione dell'io
- il narcisismo e il motivo dello specchio
- la bellezza femminile

espansioni digitali

testo interattivo

Laura si guarda allo specchio, ed è talmente presa da se stessa da non accorgersi che Francesco è innamorato di lei. Per un verso la scena è realistica, perché la donna è colta in un atteggiamento quotidiano, quello di acconciarsi e di ornare la propria persona con gioielli e fiori. Per l'altro, però, tutto acquista un valore metaforico, dato che lo specchio, nella cultura medievale, è considerato un oggetto diabolico, che asseconda la vanità umana (che è un peccato). Pur avvertendo la natura peccaminosa di questo gioco, Francesco ne è affascinato e pericolosamente attratto: l'amore non è più la via privilegiata a Dio, com'era nello Stil novo e nel Dante della Vita nuova. *Diventa invece una delle cause della scissione e della crisi interiore del poeta.*

LINGUA: italiano **DATAZIONE:** 1336 ca.

METRO: sonetto a schema ABBA, ABBA; CDC, DCD.

L'oro et le perle e i fior' vermigli e i bianchi,
che 'l verno devria far languidi et secchi,
son per me acerbi et velenosi stecchi,
ch'io provo per lo petto et per li fianchi.

Però i dì miei fien lagrimosi et manchi,
ché gran duol rade volte aven che 'nvecchi:
ma più ne colpo i micidiali specchi,
che 'n vagheggiar voi stessa avete stanchi.

Questi poser silentio al signor mio,
che per me vi pregava, ond'ei si tacque,
veggendo in voi finir vostro desio;

questi fuor fabbricati sopra l'acque
d'abisso, et tinti ne l'eterno oblio,
onde 'l principio de mia morte nacque.

F. Petrarca, *Il canzoniere*, a cura di M. Santagata, cit.

1-4 *L'oro e le perle e fiori rossi* (**vermigli**) *e bianchi, che l'inverno* (**'l verno**) *dovrebbe* (**devria**) *far appassire* (**far languidi**) *e seccare, sono per me come spine* (**stecchi**) *dolorose* (**acerbi**) *e velenose, che io sento per tutto il petto e per i fianchi.* **L'oro et le perle**: i gioielli ed i fiori con cui Laura si adorna pungono come spine l'innamorato, perché quanto più la bellezza di lei si accresce, tanto più aumenta la sua vanità: e la vanità di Laura è proprio ciò che impedisce alla donna di curarsi di lui. L'amore è insomma strettamente legato al dolore causato dall'esclusione e dalla mancata soddisfazione del desiderio erotico. **devria**: è la forma del condizionale ('dovrebbe'): l'inverno dovrebbe far appassire i fiori con cui Laura si adorna, e invece no: i fiori sono freschi e la loro freschezza accresce la bellezza di lei (e insieme il dolore di lui).

5-8 *Perciò* (**Però**) *i miei giorni* (**dì**) *saranno* (**fien**) *pieni di pianto e scarsi* (**manchi**), *poiché* (**ché**) *avviene* (**aven**) *rare volte che un grande dolore* (**duol**) *invecchi: di tutto questo* (**ne**) *incolpo ancor più gli specchi assassini* (**micidiali**), *che voi, Laura, avete stancati* (**stanchi**) *nel contemplare* (**vagheggiar**) *voi stessa.* **Però**: nell'italiano antico ha normalmente valore consecutivo e non avversativo; significa dunque 'perciò' (dal lat. *per hoc* = 'per questo') e non 'tuttavia'. **i dì miei fien lagrimosi et manchi**: la vita del poeta si annuncia piena di dolore e proprio per ciò breve, dato che nessun essere umano è in grado di sopportare un dolore così forte.

9-14 *Questi specchi hanno fatto tacere il mio signore (Amore), che vi pregava per mio conto* (**per me**), *per cui egli* (**ond'ei**) *tacque, vedendo il vostro desiderio* (**desio**) *esaurirsi* (**finir**) *in voi stessa; questi specchi furono fabbricati sopra le acque dell'abisso infernale e intinti nell'acqua della dimenticanza* (**ne...oblio**) *eterna, da cui* (**onde**) *ebbe inizio la mia morte.* **Questi poser silentio al signor mio**: il «signor mio» è Amore, anche qui personificato: Amore vede l'inutilità di intercedere per Francesco presso Laura, perché lei è troppo impegnata ad ammirare e ad amare se stessa. **fuor fabbricati...oblio**: gli specchi sono uno strumento del diavolo. Petrarca immagina che siano stati creati nell'inferno stesso ed immersi nelle acque del Lete, il fiume infernale che dona alle anime l'oblio. Specchiandosi, infatti, Laura vede se stessa e dimentica tutto il resto.

analisi e interpretazione T4

le forme

Le quartine Il sonetto è perfettamente bipartito: il «ma» del v. 7 è l'elemento sintattico che separa la prima dalla seconda parte. Ancora sul piano sintattico, si deve rilevare, nella prima parte (vv. 1-6), l'abbondanza di aggettivi, per lo più disposti a coppie («i fior' vermigli e i bianchi», «languidi et secchi», «acerbi et velenosi», «lagrimosi et manchi»); anche i nomi sono in due casi accoppiati («L'oro et le perle», «per lo petto e per li fianchi»).

Le terzine La sintassi della seconda parte è molto più concentrata: scompaiono le coppie nominali e gli aggettivi si rarefanno, acquistando proprio per questo maggiore intensità e pregnanza («micidiali», «eterno»). È nella seconda parte che si trovano le figure di suono più evidenti, come le allitterazioni in /v/ ai vv. 8 e 11 («Vagheggiar Voi», «Veggendo in Voi finir Vostro»), quella in /s/ al v. 9 («queSti poSer Silenzio al Signor») e in /p/ al v. 4 («Provo Per lo Petto et Per»). È qui anche l'unico, violentissimo *enjambement* di una poesia dove, per il resto, domina la perfetta coincidenza tra sintassi e metrica: «acque / d'abisso» (v. 12-13).

i temi e i motivi

Il motivo dello specchio La parola-tema «specchi» si trova esattamente al centro del sonetto (v. 7). Lo specchio è emblema fisico e non metaforico del narcisismo di Laura, che come Narciso (il personaggio della mitologia greca), si innamora della propria immagine riflessa. Questo narcisismo genera ambivalenze: da una parte infatti Francesco è irresistibilmente attratto dalla bellezza di Laura e non può fare a meno di guardarla, dall'altra sa che il suo sguardo è inutile perché l'unica a godere di quella bellezza è lei stessa.

Le conseguenze del narcisismo di Laura Escluso dal rapporto narcisistico tra Laura e la propria immagine, il poeta non può che registrare la sconfitta di Amore (qui oggetto di una personificazione) e maledire gli specchi. Immagina infatti che essi siano stati fabbricati nell'inferno e che siano stati bagnati nell'acqua del fiume Lete, le cui acque regalano l'oblio alle anime dei morti. E c'è da osservare che il ricorso a questa immagine implica due cose: da una parte l'acqua allude al mito di Narciso alla fonte, dall'altra il fiume infernale anticipa l'idea della morte (v. 14) cui l'indifferenza di Laura condurrà l'io in breve tempo.

per studiare guida all'analisi T4

COMPRENDERE

1 In quale atto viene sorpresa Laura?

2 I gioielli e i fiori con i quali Laura si adorna diventano spine pungenti e velenose perché il poeta
- a teme che Laura si faccia bella per altri uomini
- b sa che con l'arrivare dell'inverno i fiori sono destinati ad appassire
- c rendono artefatta la bellezza acqua e sapone di Laura
- d aumentano l'autocompiacimento di Laura impedendole di accorgersi di lui

3 Gli specchi sono considerati «micidiali» (v. 7) dal poeta perché
- a secondo la concezione medievale li considera strumenti diabolici
- b lo faranno morire prematuramente per il dolore di essere escluso dall'attenzione di Laura
- c teme che possano infrangersi portando di conseguenza disgrazia e morte
- d teme di vedervi riflessa in futuro l'immagine di Laura invecchiata e imbruttita

4 Le due terzine iniziano entrambe con il pronome «questi»: a che cosa si riferisce il pronome?
- a agli «specchi» (v. 7)
- b ai gioielli e ai fiori (v. 1)
- c ai «dì» (v. 5)
- d ai «velenosi stecchi» (v. 3)

ANALIZZARE

5 Anche in questo sonetto, come in quello precedente, l'amore è personificato: quali azioni sono attribuite ad Amore?

INTERPRETARE E APPROFONDIRE

6 Nel sonetto precedente Amore era presentato vittorioso. Qual è l'atteggiamento di Amore in questo sonetto?
- a in coerenza con la concezione stilnovista, Amore insiste nel pregare Laura affinché non trascuri il poeta
- b amore è appagato dal fatto che Laura si dimostra innamorata di se stessa
- c amore è soddisfatto nel vedere che Laura finisce di contemplarsi allo specchio
- d amore è impotente a intercedere per il poeta, dato che Laura è tutta compresa nell'amore per se stessa

7 Come interpreti la presenza di suoni aspri nel sonetto?

S2 PASSATO E PRESENTE

Che cos'è il narcisismo?

Donna-madre e donna-amante Nell'*Introduzione al narcisismo* (1914) Sigmund Freud distingue tra due modelli di femminilità: quella della donna-madre (pronta al sacrificio, protettiva, altruista e interamente votata alla sua funzione genitoriale), e quella della donna-amante (incapace di amare e che si realizza, viceversa, nell'essere amata). Il carattere della donna-amante è per l'appunto quello che Freud chiama il carattere narcisistico. La psicoanalisi, inoltre, distingue tra due forme di narcisismo: il narcisismo primario, che è una fase normale dell'età evolutiva (quella in cui il bambino scopre il proprio corpo come fonte di piacere) e il narcisismo secondario o protratto, un disturbo della personalità dell'adulto che, anziché rivolgere verso gli altri il proprio desiderio, lo indirizza su se stesso.

Narciso La parola "narcisismo" (che nella nostra lingua comincia a circolare solo a partire dagli anni Venti del Novecento e che era stata coniata già qualche anno prima di Freud) richiama la figura di Narciso, il bellissimo giovinetto che, secondo il mito, aveva fatto innamorare di sé uomini, donne e addirittura delle divinità. Il mito narra che Artemide, per punirlo della sua crudeltà e del suo egoismo, lo fece innamorare della propria immagine rispecchiata nell'acqua di una fonte purissima e incontaminata: immagine che Narciso desidera senza poterla mai raggiungere.

Narcisismo e vanità Il Medioevo chiama il narcisismo con il nome di "vanità", ne fa uno dei peccati da condannare e, nella sua sostanziale misoginia, lo considera un tratto tipico del carattere femminile. Nella poesia e nella pittura di quest'epoca il narcisismo è spesso rappresentato attraverso l'immagine di una donna che ammira allo specchio la propria bellezza, come nel sonetto di Petrarca *«L'oro et le perle e i fior' vermigli e i bianchi»* e come nella figura al centro del *Trittico della Vanità terrena e della salvezza divina* di Hans Memling (ca. 1485, Musée des Beaux-Arts, Strasburgo): i pannelli laterali raffigurano invece, significativamente, la Morte e il Demonio che tormenta i dannati.

[SOPRA] Hans Memling, *La Vanità*, pannello del *Trittico della vanità terrena e della salvezza divina*, 1485 circa. Strasburgo, Musée des Beaux-Arts.
[A DESTRA] Giovanni Bellini, *Giovane donna nuda allo specchio*, 1515. Vienna, Kunsthistorisches Museum.

invito all'argomentazione

Gli studi contemporanei hanno messo in luce l'esistenza di un narcisismo non solo psicologico, ma anche sociale. La nostra civiltà occidentale, che si appoggia soprattutto su desideri effimeri, svuotati delle tradizioni più profonde e basati sui canoni dell'esteriorità, sarebbe in tal senso una civiltà "narcisistica", perché tutta chiusa a salvaguardare i propri privilegi autocompiacendosi del fatto che siano valori indiscutibili. Prova a considerare il mondo in cui vivi e le persone che frequenti: ti sembra che confermino il giudizio espresso sopra, oppure ne rappresentano un'alternativa o un'eccezione?

T5 «Benedetto sia 'l giorno, e 'l mese, et l'anno»

Canzoniere, 61

concetti-chiave
- la felicità di amare
- il ricordo dell'innamoramento

Uno degli aspetti tipici della poetica petrarchesca è la ricerca della variazione. In questo sonetto, ad esempio, ritroviamo tutti gli elementi dei due precedenti (Canzoniere *3 e 47*) *e del sonetto proemiale* (Canzoniere *1*)*: il ricordo del primo incontro con Laura, la personificazione di Amore, il motivo degli occhi che legano l'innamorato, i sospiri e le lacrime ecc. Ma sebbene si tratti di elementi già noti al lettore, la nuova combinazione dà loro un senso nuovo. Ciò che caratterizza questo sonetto rispetto ad altri componimenti del libro è la totale assenza di sensi di colpa e di segnali di pentimento: l'incontro con Laura non è stato affatto un «errore»* (Canzoniere *1*)*, ma al contrario un evento eccezionale e decisivo per Francesco, e quindi degno della benedizione divina. In nessun'altra pagina del* Canzoniere*, infatti, la celebrazione dell'incontro con Laura assume toni così gioiosi ed esultanti.*

LINGUA: italiano **DATAZIONE:** 1336 ca.

METRO: sonetto con rime incrociate nelle quartine e alternate nelle terzine (ABBA, ABBA; CDC, DCD).

Benedetto sia 'l giorno, e 'l mese, et l'anno,
et la stagione, e 'l tempo, et l'ora, e 'l punto,
e 'l bel paese, e 'l loco ov'io fui giunto
da' duo begli occhi che legato m'ànno;

et benedetto il primo dolce affanno
ch'i' ebbi ad esser con Amor congiunto,
et l'arco, et le saette ond'i' fui punto,
et le piaghe che 'nfin al cor mi vanno.

Benedette le voci tante ch'io
chiamando il nome de mia donna ò sparte,
e i sospiri, et le lagrime, e 'l desio;

et benedette sian tutte le carte
ov'io fama l'acquisto, e 'l pensier mio,
ch'è sol di lei, sì ch'altra non v'à parte.

F. Petrarca, *Il canzoniere*, a cura di M. Santagata, cit.

1-4 *Siano benedetti il giorno, il mese, l'anno, la stagione, la parte del giorno* (**'l tempo**)*, l'ora, l'istante* (**'l punto**)*, ed il bel paese, e il luogo* (**'l loco**) *in cui io fui preso* (**giunto**) *dai due begli occhi* [: di Laura]*, che mi hanno legato;* **Benedetto...'l punto**: benedice il primo incontro con Laura, avvenuto la mattina del 6 aprile 1327 ad Avignone, nella Chiesa di Santa Chiara (il **loco** del v. 3). Ma l'assenza di riferimenti cronologici precisi (ricavabili da altri testi di Petrarca) assolutizza il momento e lo sottrae allo scorrere del tempo. **legato**: alla donna (è un motivo presente anche in *Canzoniere* 3, *«Era 'l giorno ch'al sol si scoloraro»*, v. 4). Altri interpretano (ma la sostanza non cambia): ad Amore, ma in questo caso il v. 6 creerebbe una ripetizione.

5-8 *e siano benedetti il primo piacevole* (**dolce**) *dolore* (**affanno**) *che io provai* (**ebbi**) *nell'essere unito* (**congiunto**) *con Amore, e l'arco e le frecce* (**saette**) *dalle quali io* (**ond'i'**) *fui ferito* (**punto**)*, e le piaghe che mi arrivano fino al cuore.* **dolce affanno**: l'innamoramento è descritto come qualcosa di piacevole ma allo stesso tempo doloroso, perché provoca squilibrio emotivo e perdita del controllo di sé.

9-14 [*Siano*] *Benedette le tante parole* (**voci**) *che io ho sparso* (**sparte**) *chiamando il nome della mia signora* (**donna**)*, e i miei sospiri, e le lacrime, e il desiderio* (**desìo**)*; siano benedette tutte le carte in cui io le procuro* (**l'acquisto**) *fama* [: celebrandola nelle mie poesie]*, e* [*sia benedetto*] *il mio pensiero, che è solo di lei, così che nessun'altra può trovarvi posto* (**v'à parte**). **donna**: 'signora' (dal lat. *domina*), come in Dante.

analisi e interpretazione T5

le forme

La retorica dell'amore Nella prima quartina il ricordo è progressivamente messo a fuoco grazie a una doppia *climax*, prima ascendente poi discendente: dalla benedizione del giorno si arriva infatti a quella dell'intera stagione, la primavera in cui avvenne l'incontro con Laura (è una *climax* ascendente, con estensione progressiva dello sguardo) per poi passare dalla fase della giornata («tempo»: il mattino), al momento esatto («punto»), questa volta con una *climax* discendente, dal più grande al più piccolo.

Importante l'ossimoro del v. 5: l'espressione «dolce affanno» è una contraddizione in termini, è qualcosa che il discorso razionale rifiuterebbe perché illogica e paradossale. Ma il sentimento amoroso è appunto irrazionale, e dunque può esprimersi anche in forme antitetiche e contraddittorie come questa.
L'intero sonetto è poi caratterizzato dalla figura dell'elencazione per polisindeto, cioè per accumulazione progressiva di nomi uniti tra loro dalla sola congiunzione («e»), e dell'anafora nei versi iniziali di ciascuna quartina («Benedetto... et benedetto», vv. 1 e 5), ripetuta con minima variazione nelle terzine («Benedette... et benedette», vv. 9-12). Ogni verso e ogni frase obbediscono a un equilibrio stilistico interno pressoché perfetto.

i temi e i motivi

La struttura tematica Perfettamente equilibrata è anche la distribuzione dei temi e dei motivi: alla prima quartina che disegna le coordinate spazio-temporali esterne dell'incontro segue la seconda, che ne dà le risonanze emotive interne al soggetto. Al centro delle terzine, invece, è soprattutto la parola (e la sua forma scritta, la poesia), come strumento del ricordo e della celebrazione della bellezza di Laura. Le «voci... sparte» (vv. 9-10) rinviano inoltre chiaramente alle «rime sparse» del sonetto proemiale, gettando un ponte tra questo sonetto e l'inizio del *Canzoniere*.

Tradizione e modernità Il motivo della benedizione è molto diffuso nella lirica medievale e deriva dalla tradizione biblica. Petrarca si è chiaramente ispirato, per la prima quartina, a Boccaccio (*Filostrato* III, 83): «E benedico il tempo, l'anno e 'l mese, / il giorno, l'ora e 'l punto che costei / onesta, bella, leggiadra e cortese, / primieramente apparve agli occhi miei»). Ma il senso di concitata emozione è ottenuto da Petrarca estendendo il procedimento elencativo del modello a tutto il sonetto e complicandolo, come si è detto, con altre figure come la doppia *climax*, l'anafora, l'ossimoro. Petrarca, insomma, inventa una vera e propria grammatica dell'espressione amorosa: fissa cioè, in forme che resisteranno a lungo nel tempo (e che in parte sopravvivono ancora oggi), un tipo di esperienza che nel Medioevo spesso non trova altre modalità di espressione se non, appunto, quella lirica.

per studiare *guida all'analisi* T5

COMPRENDERE

1 Individua e trascrivi nello schema i nuclei tematici che caratterizzano le singole strofe del sonetto e il tempo cui i verbi alludono. L'esercizio è già avviato.

strofe	nuclei tematici	tempi
I QUARTINA	il poeta benedice il luogo e il momento del suo primo incontro con Laura	tempo passato
II QUARTINA	....	....
I TERZINA	....	....
II TERZINA	....	....

ANALIZZARE

2 Qui di seguito sono elencati i temi portanti di questo sonetto. Quali di loro riprendono temi e motivi già visti nei sonetti di questo percorso (T3 e T4) e in «*Voi ch'ascoltate in rime sparse il suono*»? Quale o quali, invece, sono nuovi rispetto ai sonetti precedenti?

a. la rievocazione del primo incontro con Laura
b. gli occhi di Laura che hanno fatto innamorare il poeta
c. la personificazione di Amore come arciere
d. il motivo dei sospiri del poeta innamorato
e. la felicità d'amore
f. la gioia di scrivere in onore di Laura

3 Nei primi due versi, il ricordo del primo incontro con Laura è messo a fuoco attraverso la figura retorica della *climax* ('scala' in greco). Quale funzione espressiva ha nel sonetto tale figura retorica?

- a esprime l'angoscia del poeta innamorato
- b esprime l'entusiasmo dell'amore
- c riproduce la scansione temporale degli incontri con Laura
- d è un espediente per far riaffiorare alla memoria la figura di Laura

INTERPRETARE E APPROFONDIRE

4 In questo sonetto l'amore

- a è fonte di distrazione ed "errore" per la salvezza dell'anima
- b è celebrato con toni esultanti e privi di ogni senso di colpa
- c è fonte ambivalente di piacere e di peccato
- d è intrecciato con il tema della gelosia

5 Il «giorno» benedetto in questo è lo stesso "giorno" ricordato nel sonetto «*Era il giorno ch'al sol si scoloraro*» (T3), ma i due sonetti hanno motivi e toni diversi. Confronta i due sonetti e cerca di spiegare in che cosa consista la differenza, sia a livello di contenuto, sia a livello di stile.

6 Nelle due terzine il poeta benedice anche le «voci» e le «carte». Come va interpretata questa "benedizione"?

- a l'entusiasmo dell'amore per Laura gli fa amare anche la fatica degli studi
- b l'amore eleva il poeta e gli fa desiderare di acquistare fama nel mondo
- c la gioia dell'amore distoglie il poeta dal desiderio della fama
- d l'entusiasmo dell'amore per Laura si trasferisce anche nella gioia di scrivere poesie per lei.

T6 «S'amor non è, che dunque è quel ch'io sento?»

Canzoniere, 132

concetti-chiave
- l'amore come passione distruttiva
- il motivo allegorico della navigazione

L'amore non dà solo felicità, ma anche tormento. Non è soltanto un sentimento positivo e un'occasione di gioia: è anche una passione dolorosa e distruttiva. Anche Cavalcanti, unico tra gli stilnovisti, aveva affrontato il tema della forza devastante di Amore (cfr. **T2**, *p. 102), ma Petrarca va oltre e riesce a rappresentare (diversamente dal testo precedente,* **T5**) *la scissione interna al soggetto, l'ambivalenza degli affetti e il totale disorientamento dell'io.*

LINGUA: italiano **DATAZIONE:** 1345-47 ca.

S'amor non è, che dunque è quel ch'io sento?
Ma s'egli è amor, perdio, che cosa et quale?
Se bona, onde l'effecto aspro mortale?
Se ria, onde sì dolce ogni tormento?

METRO: sonetto con schema ABBA, ABBA; CDE, DCE.

1-4 *Se non è amore, cos'è allora quello che io sento? Ma se è amore, in nome di Dio, che cos'è e quale è la sua natura? Se è una cosa buona* (**Se bona**), *perché ha* (**onde**) *un effetto doloroso e mortale? Se è una cosa cattiva* (**se ria**), *perché è così dolce ogni tormento?*

S'amor non è: è una domanda retorica: ciò che Francesco prova per Laura è senza dubbio amore, ma l'amore non è pienamente comprensibile alla ragione perché è il sentimento più contraddittorio che l'uomo possa provare. È anche possibile interpretare, come suggerisce Santagata: "Se Amore non esiste, allora che cos'è ciò che io sento?"; ma la sostanza non cambia.

S'a mia voglia ardo, onde 'l pianto e lamento?
S'a mal mio grado, il lamentar che vale?
O viva morte, o dilectoso male,
come puoi tanto in me, s'io nol consento?

Et s'io 'l consento, a gran torto mi doglio.
Fra sì contrari vènti in frale barca
mi trovo in alto mar senza governo,

sì lieve di saver, d'error sì carca
ch'i' medesmo non so quel ch'io mi voglio,
e tremo a mezza state, ardendo il verno.

F. Petrarca, *Il canzoniere*, a cura di M. Santagata, cit.

5-8 *Se ardo [d'amore] volontariamente* (**a mia voglia**), *da dove derivano* (**onde**) *il pianto e il lamento? Se [invece ardo] contro la mia volontà* (**a mal mio grado**), *a che serve* (**che vale**) *lamentarsi? Oh morte vivente, oh male piacevole, come puoi avere tanto potere su di me* (**puoi tanto in me**) *se non ti autorizzo* (**s'io nol consento**) *[ad esercitarlo]?*

S'a mia voglia...lamento: se sono io a volere l'amore, perché allora mi lamento? **O viva morte...consento**: si rivolge all'amore, usando due ossimori: lo chiama prima **viva morte** (cioè: portatore sia di vita che di morte) e poi **dilectoso male** (causa ad un tempo di gioia e di dolore). Non è il soggetto ad autorizzare l'amore a sconvolgergli l'animo, ma l'amore stesso ad imporsi oggettivamente come forza superiore.

9-14 *E se invece sono io ad autorizzarti, allora mi dolgo senza ragione* (**a gran torto**). *Fra venti così contrari mi trovo in alto mare senza timone* (**governo**) *in una barca fragile* (**frale**)*: [una barca] così carente di saggezza* (**lieve di saver**) *e così carica di errore che io stesso non so cosa voglio, e tremo in piena estate* (**a mezza state**) *e brucio d'inverno.*

governo: è il timone della nave (dal lat. *gubĕrnum*), metafora della guida morale di cui l'io è privo. **lieve di saver**: alleggerita di quella merce preziosa che è la saggezza e carica invece di **error**.

analisi e interpretazione T6

le forme

Una struttura interrogativa L'inizio è modellato sulla *quaestio* scolastica, un genere della retorica medievale che prevedeva un enunciato seguito da una o più interrogazioni. L'enunciato è espresso qui in forma di ipotesi: "se questo non è amore" (oppure: "se Amore non esiste", come è pure possibile interpretare). La prima domanda (v. 1) è ovviamente una domanda retorica, mentre la seconda apre la serie di quesiti sulla vera natura dell'amore. Dall'impossibilità di rispondere alle domande antitetiche dei vv. 3-8 deriva che la natura dell'amore sfugge ad ogni definizione razionale e può essere espressa solo per ossimori («viva morte», «dilectoso male», v. 7) e antitesi («tremo a mezza state, ardendo il verno», v. 14).

i temi e i motivi

Oltre lo Stilnovismo A proposito di questa poesia, un importante studioso della lirica moderna, Hugo Friedrich, ha scritto: «Il sonetto riprende le antiche discussioni su Amore, ma non con lo scopo di enunciare una teoria oggettivante, bensì per dare una rappresentazione emotiva, del tutto limitata al soggetto». È questa la novità di Petrarca, che recupera la rappresentazione di Amore come forza oggettiva inaugurata dal «dolce stil novo», per mostrarne però gli effetti sull'io. Si può dire che l'intenzione di Petrarca sia quella di associare alla filosofia stilnovista dell'amore una psicologia dell'amore, che prende però il sopravvento e diventa l'elemento centrale del *Canzoniere*.

Un *tópos* petrarchesco: l'allegoria marina La conclusione del sonetto (vv. 10-14) riprende il *tópos* dell'allegoria della nave, su cui si baserà per intero il sonetto 189, *«Passa la nave mia colma d'oblio»* (cfr. **T10**, p. 287). I venti contrari sono le forze opposte e contrarie di cui è fatto l'amore: ora buono e ora malvagio; ora pensabile come sentimento voluto dal soggetto, ora invece come forza indipendente dalla sua volontà. L'allegoria finale condensa in un'immagine ricca di particolari tutto questo: la nave a cui l'io è paragonato è priva di saggezza e carica di illusioni; è priva di timone (allegoricamente: di una guida morale) e dunque non può essere condotta nel porto della serenità e della pace interiore.

Petrarca e noi

Filosofia e psicologia dell'amore Il sonetto non tenta neppure di rispondere alla domanda "cos'è l'amore?": quello che interessa a Petrarca è mostrare gli effetti di questa passione sul proprio io, e le conseguenze di quella passione sulla propria esperienza privata e personale. Da questo punto di vista, Petrarca compie una svolta netta rispetto alla tradizione della poesia siciliana e stilnovista, che era invece caratterizzata proprio dall'esigenza di dare una definizione teorico-filosofica dell'amore. A Petrarca non interessa rispondere filosoficamente alla domanda "cos'è l'amore?"; egli vuole piuttosto descrivere effetti e conseguenze dell'amore in un particolare soggetto: se stesso. È questo uno dei motivi per i quali la poesia di Petrarca ci appare più vicina alla nostra sensibilità e alla nostra concezione della poesia lirica. Per noi, e per la modernità in generale, infatti, il genere lirico è ben distinto dal discorso filosofico: da una poesia lirica ci aspettiamo la descrizione di sentimenti e di passioni che appartengono ad un individuo ben preciso, nel quale ogni lettore si può, certo, identificare, ma che non pretendono di avere un valore di verità assoluto.

per studiare *guida all'analisi* T6

COMPRENDERE

1 In questo sonetto l'intento del poeta è

a discutere sulla natura di Amore
b dimostrare che l'amore è uno strumento di elevazione spirituale
c dimostrare che l'amore è una forza devastante
d mostrare gli effetti dell'amore sul proprio io

2 Il sonetto è tutto giocato sull'antitesi positivo/negativo e sull'alternanza di ipotesi contrapposte. Sistema nella tabella i periodi ipotetici che trovi nel testo (protasi e apodosi) trascrivendoli in italiano corrente (cioè facendone la parafrasi).

verso	protasi	apodosi
1	se non è amore	che cos'è allora quel che sento?
....	se	....
....	se	....
....	se	....
....	se	....
....	se	....
....	se	....
....	se	....

ANALIZZARE

3 Al v. 7 Amore viene definito attraverso due ossimori: «viva morte» e «dilectoso male». Prova a spiegarne il significato.

4 Perché Amore può essere definito solo attraverso degli ossimori?

a perché non è misurabile nella sua intensità
b perché sfugge a ogni definizione razionale
c perché è un'illusione
d perché chi è innamorato non pensa alle contraddizioni linguistiche

INTERPRETARE E APPROFONDIRE

5 Le due terzine presentano l'allegoria della nave sbattuta da venti contrari. Prova a interpretarla.

a. la «frale nave» è
b. «senza governo» cioè
c. è «sì lieve di saver, d'error sì carca» cioè

6 Anche il termine «errore» è parola chiave nel *Canzoniere* e, come «sospiri», ritorna in molte liriche ed è presente nel sonetto «*Voi ch'ascoltate in rime sparse il suono*». Rintraccia il termine e confrontane la presenza nei due sonetti. L'«error» di questo sonetto corrisponde al «giovenile errore» del sonetto proemiale? Spiega la risposta.

T7

«Pace non trovo, et non ò da far guerra»

Conzoniere, 134

concetti-chiave

- gli effetti contraddittori dell'amore
- lo stile dell'antitesi

Il gusto moderno, che si è formato con il Romanticismo, prova di solito fastidio per la ripetizione, mentre quello medievale, al contrario, trova bello, molto spesso, proprio il riprendere (variandoli) temi e motivi tradizionali e persino ripeterli e richiamarli a breve distanza nell'arco della stessa opera. Leggendo il Canzoniere *noi lettori moderni abbiamo spesso l'impressione che Petrarca si ripeta, che ritorni in modo insistente sulle stesse espressioni, sugli stessi tópoi (o luoghi comuni), sulle stesse immagini. Il sonetto «Pace non trovo, et non ò da far guerra» ne è un esempio: qui Petrarca riprende molti motivi del suo* Canzoniere *tenendoli insieme, virtuosisticamente, con l'aiuto di una sola figura retorica: l'antitesi.*

LINGUA: italiano **DATAZIONE:** 1345-47 ca.

Pace non trovo, et non ò da far guerra;
e temo, et spero; et ardo, et son un ghiaccio;
et volo sopra 'l cielo, et giaccio in terra;
et nulla stringo, et tutto 'l mondo abbraccio.

Tal m'à in pregion, che non m'apre né serra,
né per suo mi riten né scioglie il laccio;
et non m'ancide Amore, et non mi sferra,
né mi vuol vivo, né mi trae d'impaccio.

Veggio senza occhi, et non ò lingua et grido;
et bramo di perir, et cheggio aita;
et ò in odio me stesso, et amo altrui.

Pascomi di dolor, piangendo rido;
egualmente mi spiace morte et vita:
in questo stato son, donna, per voi.

F. Petrarca, *Il canzoniere*, a cura di M. Santagata, cit.

METRO: sonetto con rime alternate nelle quartine e replicate nelle terzine: ABAB, ABAB; CDE, CDE. «Altrui : voi» è una rima siciliana.

1-4 *Non trovo pace e non ho armi per fare guerra; temo e spero; brucio e sono un [pezzo di] ghiaccio; volo su nel cielo e giaccio in terra; non possiedo nulla* (**nulla stringo**) *e abbraccio tutto il mondo.*

e temo, et spero: entrambi i verbi sono senza oggetto, ed esprimono uno stato emotivo generale, di timore misto (o alternato) a speranza. **et ardo, et son un ghiaccio**: brucio di passione e allo stesso tempo sono freddo come il ghiaccio, perché la passione mi paralizza, mi rende incapace di qualunque attività. **volo sopra 'l cielo**: volo verso il paradiso, tocco il cielo con un dito.

5-8 *Una persona* (**Tal**) *mi tiene* (**m'à**) *in una prigione che non mi apre né [mi] chiude* (**serra**), *e non mi trattiene* (**né... mi riten**) *come* (**per**) *suo [prigioniero] né [mi] scioglie i lacci; e Amore non mi uccide* (**m'ancide**), *e non toglie [dal mio corpo] il ferro [della freccia che ha scoccato]* (**non mi sferra**), *non mi vuole vivo, né mi toglie dalla sofferenza.*

non mi sferra: altri commentatori interpretano: 'non mi toglie i ferri della prigionia', ma se così fosse ci sarebbe una ripetizione rispetto al verso precedente. È quindi preferibile intendere l'intero v. 7 così: «Amore non mi dà il colpo di grazia né mi libera dal dardo che mi ha ferito» (Carrai).

9-14 *Vedo senza occhi, non ho la lingua eppure grido; e desidero* (**bramo di**) *morire, e chiedo* (**chieggo**) *aiuto; e ho in odio me stesso, e amo qualcuno che non sono io* (**altrui**) *[: Laura]. Mi nutro* (**Pascomi**) *di dolore, rido piangendo; mi dispiace la morte e nello stesso modo* (**egualmente**) *anche la vita: oh donna! Sono in questo stato per causa vostra.*

Veggio senza occhi: il poeta è accecato dalla passione, e per questo non vede niente altro che la donna amata. Non ha lingua (cioè non ha parola) perché ancora l'amore per Laura lo paralizza, rendendolo incapace di comportarsi come un essere razionale. **et amo altrui**: 'amo qualcuno che non sono io, cioè Laura, mentre dovrei amare per primo me stesso'. La passione fa perdere l'amor proprio, cioè l'istinto di autoconservazione che è alla base della sopravvivenza di qualunque individuo.

analisi e interpretazione T7

le forme

Una retorica dell'antitesi Tutto il sonetto è costruito intorno alla figura retorica dell'antitesi, che consiste nell'accostare due parole oppure due frasi di significato opposto: ne abbiamo ad esempio una al primo verso («Pace non trovo» / «et non ò da far guerra») e due al secondo («e temo» / «et spero»; «et ardo» / « et son un ghiaccio»). Tutti i versi del componimento (tranne l'ultimo), ripetono questa struttura antitetica, che nel v. 12 si manifesta nella forma dell'ossimoro («piangendo rido»).

La rima siciliana Dal punto di vista metrico, il sonetto ha una particolarità: la rima «altrui : voi» non è una rima perfetta, ma è una rima siciliana, l'unica in tutto il libro. Si tratta di una di quelle rime "importate" dalla Sicilia e "adattate" alla lingua toscana. Nei testi siciliani originali, infatti, questo tipo di rima era perfetta grazie all'uso del dialetto («altrui : vui»), ma nell'adattamento linguistico che di quei testi hanno fatto i copisti toscani nel corso del Duecento essa è diventata, di fatto, una rima imperfetta. È importante ricordare che già Dante (e ovviamente anche Petrarca) leggeva le poesie dei Siciliani solo nella riscrittura compiuta dai copisti toscani.

i temi e i motivi

Le conseguenze dell'amore Il tema di questo sonetto non è l'innamoramento in senso stretto, ma piuttosto le sue conseguenze sull'io. Non le cause dell'amore, né le difficoltà che l'io incontra nel soddisfare il proprio desiderio, ma piuttosto i suoi effetti. L'amore provoca nell'io una scissione profonda: è come una malattia dai sintomi complessi e dagli esiti devastanti. Francesco non sa più chi è, è diviso tra desideri opposti e in preda a sentimenti contrastanti. Il suo animo non trova pace e però lui non ha il coraggio di combattere per riscattare se stesso: è preso da timore e un attimo dopo torna la speranza, sta per toccare il cielo con un dito eppure la disperazione lo abbatte, crede che l'amore possa dare un senso alla sua vita e al tempo stesso tutto diventa un nulla. Non sa se piangere o ridere, se desiderare di vivere o di morire. Da questo punto di vista la poesia ci appare molto moderna.

Petrarca e noi

L'amore e il pianto Cosa lega, per noi, amore e pianto? Cerca di dare una risposta a questa domanda Roland Barthes, critico e saggista del Novecento del quale riportiamo un brano in **S3**.

per studiare guida all'analisi T7

COMPRENDERE

1 Qual è il tema di fondo del sonetto?

- a la bellezza di Laura
- b la natura di Amore
- c l'Amore in quanto dominatore invincibile
- d gli effetti dell'amore sul poeta

ANALIZZARE

2 Tutto il sonetto è giocato sulla figura dell'antitesi riproposta in molteplici variazioni. Prova ad elencare in modo sintetico tutte le antitesi presenti nel sonetto, seguitando l'esempio già avviato.

Pace/guerra – temo/spero – ....

....

INTERPRETARE E APPROFONDIRE

3 Secondo la medicina medievale, l'amore era considerato una malattia, con tanto di sintomi ed effetti riconoscibili e devastanti. Quali sono gli effetti del "mal d'amore" rappresentati in questo sonetto?

- a la perdita di identità del soggetto, scisso fra sentimenti e emozioni contrastanti
- b uno stato di iperattività alternato ad uno stato di torpore
- c l'alternanza di stati febbrili e stati comatosi
- d uno stato di depressione cupa che fa desiderare la morte

4 Questo sonetto è simile al precedente (T6) sia per quanto riguarda il contenuto sia per quanto riguarda la forma dell'antitesi. Possiamo allora chiederci perché Petrarca insista tanto su uno stesso argomento. Scegli tra le riposte quella che ti sembra plausibile.

a Petrarca vuole essere sicuro che i lettori capiscano bene l'entità della sua sofferenza

b Petrarca persegue effetti realistici, perciò analizza nel dettaglio e da un punto di vista scientifico le manifestazioni della sua sofferenza d'amore

c Petrarca, in quanto poeta, è interessato alla sperimentazione delle varie soluzioni espressive piuttosto che alla comunicazione di uno specifico contenuto

d Petrarca intende rivaleggiare con i poeti della Scuola siciliana, dai quali questi contenuti erano stati espressi agli albori della nostra letteratura

S3 PASSATO E PRESENTE

Roland Barthes: elogio delle lacrime

In un libro uscito nel 1977 con il titolo Frammenti di un discorso amoroso, *il saggista e semiologo francese Roland Barthes (1915-1980) ha analizzato il linguaggio e il comportamento amoroso. Il suo studio è più simile a un romanzo che a un rigoroso trattato scientifico ed è organizzato in brevi capitoli dedicati ai luoghi comuni dell'innamoramento (la dichiarazione, la gelosia, l'incontro, l'attesa). In uno di questi, l'autore "legge" anche il pianto come un elemento di questo "codice": secondo Barthes infatti «le lacrime sono dei segni, non delle espressioni». Piangendo, l'innamorato esercita una forma di «ricatto» simile a quello che il bambino compie nei confronti della propria madre quando ha bisogno di lei. Del resto: la mitologia classica (a cui si rifà anche Petrarca) non raffigura forse Amore come un fanciullo?*

PIANGERE Particolare propensione a piangere del soggetto amoroso: modi di apparizione delle lacrime e loro funzione nel soggetto in questione.

1. Ad ogni minima emozione amorosa, sia di felicità che di noia, Werther[1] scoppia in lacrime. Werther piange spesso, molto spesso, e copiosamente. Ma chi piange in Werther? l'innamorato o il romantico?

Quella di lasciarsi andare a piangere è forse una peculiare predisposizione del tipo amoroso? Sottoposto all'Immaginario, l'innamorato non si cura minimamente della censura che oggi tiene l'adulto lontano dalle lacrime e attraverso cui l'uomo intende affermare la sua virilità (soddisfazione e materna commozione della Piaf: «Mais vous pleurez, Milord!»[2]).Dando libero sfogo alle lacrime, l'innamorato rispetta gli ordini del corpo amoroso, che è un corpo bagnato, in espansione liquida: piangere insieme, sciogliersi insieme: dolcissime lacrime concludono la lettura di Klopstock che Carlotta e Werther fanno in comune. Chi dà all'innamorato il diritto di piangere, se non un rovesciamento dei valori, di cui il corpo è il primo a fare le spese? Egli accetta di ritrovare il corpo bambino.

Ma qui, oltre al corpo amoroso, vi è anche un corpo storico. Chi scriverà la storia delle lacrime? In quali società, in quali epoche si è pianto? Da quando gli uomini (e non le donne) hanno smesso di piangere? Perché a un certo momento la «sensibilità» è tornata ad essere «sensibileria»? Le immagini della virilità sono mutevoli; i Greci, la gente del XVII secolo piangevano molto a teatro. Stando a Michelet,[3] san Luigi[4] si affliggeva per il fatto di non aver rice-

1. **Werther:** il protagonista del romanzo di Johann W. Goethe, *I dolori del giovane Werther* (1774), innamorato di Carlotta (nominata qualche rigo sotto), con la quale legge, in un episodio del racconto cui si allude in seguito, le liriche del poeta tedesco Friedrich Klopstock.
2. **«Mais...Milord!»:** «Ma voi piangete, signore!», passaggio di una celebre canzone (*Milord*, 1959) della cantautrice francese Edith Piaf.
3. **Michelet:** Jules Michelet, grande storico francese dell'Ottocento.
4. **san Luigi:** Luigi IX, detto il santo, re di Francia vissuto nel XIII secolo.

vuto il dono delle lacrime; una volta sentì le lacrime scendergli dolcemente sul volto ed «esse gli parvero gustose e dolcissime, non solo al cuore ma anche alla bocca». (Ancora: nel 1199, un giovane monaco si mise in cammino alla volta di un'abbazia di Cistercensi, nel Brabante, per ottenere attraverso le loro preghiere il dono delle lacrime). [...]

2. Forse «piangere» è un po' generico; forse non bisogna far risalire tutte le lacrime a un medesimo significato; forse nello stesso innamorato vi sono più soggetti impegnati a «piangere» in modi simili, ma diversi. Qual è quell'«io» che ha «le lacrime agli occhi»? Qual è quell'altro «io» che, un tal giorno, è stato «lì lì per piangere»? Chi sono io che piango «tutte le lacrime del mio corpo»? o che, svegliandomi, verso «un fiume di lacrime»? Se ho tanti modi di piangere, forse è perché, quando piango, mi rivolgo sempre a qualcuno, e perché la persona a cui le mie lacrime sono destinate non è sempre la stessa: io adatto i miei modi di piangere al tipo di ricatto che, con le mie lacrime, intendo esercitare intorno a me.

Roy Lichtenstein, *Ragazza con una lacrima* (*Girl with a Tear*), 1977. New York, Solomon R. Guggenheim Museum.

3. Piangendo, voglio impressionare qualcuno, fare pressione su di lui («Guarda che cosa hai fatto di me»). Questo qualcuno potrebbe essere – ed è quasi sempre – l'altro, che si vuole in questo modo costringere ad assumere apertamente la sua commiserazione o la sua insensibilità; ma potrei anche essere io stesso: mi faccio piangere per provare a me stesso che il mio dolore non è un'illusione: le lacrime sono dei segni, non delle espressioni.[5] Attraverso le mie lacrime io racconto una storia, do vita a un mito del dolore e da quel momento mi uniformo ad esso: posso vivere con il dolore perché, piangendo, mi do un interlocutore enfatico che riceve il messaggio più «vero»: quello del mio corpo e non già quello della mia lingua. «Cosa sono mai le parole? Una lacrima sola dice assai di più».

R. Barthes, *Frammenti di un discorso amoroso*, Einaudi, Torino 1979, pp. 159-161, con tagli.

5. **segni, non delle espressioni:** cioè parti di un linguaggio dotato di significato comunicativo e non semplici manifestazioni emotive.

invito all'argomentazione

In una società spettacolarizzata come è la nostra, le lacrime esposte in pubblico finiscono per apparire pilotate, addomesticate, insincere. Generano in ogni caso perplessità: non riusciamo a distinguere se il pianto di un personaggio politico, di una star della televisione, di un campione sportivo (uomini o donne che siano) sia un'espressione genuina di commozione irrefrenabile oppure faccia parte di uno spettacolo orchestrato ad uso delle telecamere.
Che cosa pensi a proposito dell'esibizione dei sentimenti privati in pubblico?
Prova ad argomentare un tema dal titolo *Sentimenti e spettacolo: quale rapporto?*

T8

«Né per sereno ciel ir vaghe stelle»

Canzoniere, 312

concetti-chiave

- il lutto per la morte di Laura
- il senso di perdita

Il sonetto 312 è la quarantottesima delle centodue liriche "in morte" di Laura, e si trova verso la metà della seconda parte del libro. Il suo tema è la perdita di senso che deriva dalla morte della donna amata, avvenuta il 6 aprile 1348 (cfr. **S5**, *p. 280): per esprimere questo sentimento, Petrarca riprende per capovolgerla la struttura del plazér, un genere medievale consistente nell'enumerazione di cose piacevoli, e in particolare di un sonetto di Cavalcanti (cfr.* testi **a confronto** ***«Biltà di donna e di saccente core»***, *p. 278).*

LINGUA: italiano **DATAZIONE:** 1345-47 ca.

Né per sereno ciel ir vaghe stelle,
né per tranquillo mar legni spalmati,
né per campagne cavalieri armati,
né per bei boschi allegre fere et snelle;

né d'aspettato ben fresche novelle
né dir d'amore in stili alti et ornati
né tra chiare fontane et verdi prati
dolce cantare honeste donne et belle;

né altro sarà mai ch'al cor m'aggiunga,
sì seco il seppe quella sepellire
che sola agli occhi miei fu lume et speglio.

Noia m'è 'l viver sì gravosa et lunga
ch'i' chiamo il fine, per lo gran desire
di riveder cui non veder fu 'l meglio.

F. Petrarca, *Il canzoniere*, a cura di M. Santagata, cit.

METRO: sonetto a schema ABBA ABBA CDE CDE.

1-8 *Non [il vedere] corpi celesti erranti andare* (**ir**[e]) *per il cielo sereno; né [il vedere] navi dagli scafi spalmati di pece* (**legni spalmati**) *[navigare] per il mare tranquillo; né [il vedere] cavalieri in armi per le campagne; né [il vedere] animali* (**fere**, latinismo) *gioiosi ed agili* (**snelle**) *per bei boschi; né [l'ascoltare] notizie appena giunte di un bene desiderato; o [l'ascoltare] versi* (**dir**) *d'amore in stile alto e retoricamente ornato; o [l'ascoltare] donne belle e di animo nobile* (**honeste**) *cantare armoniosamente* (**dolce**, avv.) *tra fonti* (**fontane**) *di acqua limpida* (**chiare**) *e verdi prati.*

vaghe: 'erranti' (perché sembrano muoversi nel cielo), ma l'agg. può significare anche 'belle' e 'sfumate'. **legni**: per 'navi' è una metonimia (si nomina la materia per significare l'oggetto di cui è fatta). Nel Medioevo gli scafi delle imbarcazioni venivano spalmati di pece per renderli impermeabili all'acqua e ridurre l'attrito. **allegre**: 'gioiose' (l'agg. non è esornativo perché precisa la mansuetudine delle bestie, convenientemente alla rappresentazione del *locus amoenus*, cioè 'luogo di delizie': corrisponde a una tradizionale rappresentazione di un luogo naturale accogliente e gradevole). **stili alti**: è lo stile sublime e tragico che la retorica medievale collocava al vertice del sistema dei generi. Con il v. 8 si conclude l'elenco dei *gaudia* che costituisce la prima parte del sonetto e che rinvia al modulo provenzale del *plazér* (elenco di cose piacevoli e gioiose).

9-11 *Né questo né altro riuscirà a toccare il mio cuore, a tal punto* (**sì** = 'così [bene, o in profondità]') *è riuscita a seppellirlo* (**il** = lo, cioè 'il cuore') *con sé* [: portandolo nella sua tomba] *colei* [: Laura] *che è stata la luce* (**lume**) *e lo specchio* (**speglio**) *dei miei occhi.*

La bellezza del mondo non può suscitare più alcuna emozione in chi ha perduto la facoltà di vedere e di vedersi rispecchiato nella donna amata. **speglio**: 'specchio', dal provenzale *espelh*. Laura è stata, per Francesco, lo specchio delle bellezze del mondo che in lei si riflettono.

12-14 *Vivere* (**'l viver**) *è per me un'angoscia* (**noia**) *così insopportabile* (**gravosa**) *e prolungata* (**lunga**) *che io invoco la fine* [: desidero la mia morte], *per il grande desiderio di rivedere colei che* (**cui**) *sarebbe stato meglio non avere mai veduto.*

Noia è la parola-chiave della conclusione. Il suo significato è quello di 'angoscia, tormento'. La morte della donna amata ha reso insopportabile la vita del poeta, che invoca la morte per ricongiungersi con lei.

analisi e interpretazione T8

le forme

Rime e assonanze Allo schema metrico fondamentale, che prevede rime incrociate nelle quartine e replicate nelle terzine, si aggiungono alcune particolarità che arricchiscono la tessitura fonica del sonetto. C'è la rima ricca «spalMATI : arMATI» e la rima interna «chiARE : cantARE» (vv. 7-8). Vi sono poi varie assonanze interne ai singoli versi (ad esempio assonanza tonica in /a/ e atona in /e/ al v. 7: «chiArE : fontAnE»; e di /e/ in «allEgrE fErE Et snEllE»), anche sovrapposte a consonanze («allEgRe : fERE»; «AlTI : ornAtI») e alla paronomasia «stelle»-«snelle», a formare una tessitura fonica particolarmente ricca e complessa. Notevoli anche altre figure di suono come l'allitterazione («CAmpagne CAvalieri», v. 3) e in particolare quella in /s/ al v. 10, a sottolineare un passaggio-chiave della poesia: «Sì Seco il Seppe quella Sepellire» (dove è da notare anche la paronomasia «seppe»-«sepellire»).
Molto elaborato anche il finale, grazie all'anastrofe del v. 12 («Noia m'è 'l viver sì gravosa et lunga», con anticipazione del predicato nominale) e alla figura etimologica del v. 14 («riveder»-«veder»).

L'elenco negativo La particolarità stilistica più nuova del sonetto è la negazione ripetuta anaforicamente fino al v. 9. È un elemento ricorrente negli *incipit* del *Canzoniere* (*«Non Tesin, Po, Varo, Arno, Adige e Tebro»*; *«Non da l'Hispano Hibero a l'indo Ydaspe»*; *«Né così bello il sol già mai levarsi»*; *«Non d'atra et tempestosa onda marina»*; *«Né mai pietosa madre al caro figlio»*), che qui ha tuttavia, come vedremo, una ragione forte. Nelle due quartine la negazione riguarda sette *loci amoeni*, cioè sette scene di serenità e di armonia naturale, in buona parte riprese da *«Biltà di donna e di saccente core»* di Cavalcanti (cfr. **testi a confronto**, p. 278). Nella prima sono evocate esclusivamente immagini visive, di esseri animati o di cose in movimento (corpi celesti, navi, cavalieri e animali), mentre la seconda è occupata da immagini acustiche (con una netta separazione delle due sfere sensoriali). Nella prima quartina lo sguardo procede infatti dall'alto verso il basso e contemporaneamente dal luogo più lontano (il cielo) a quelli più vicini all'io scrivente (campagne, boschi). Nella seconda quartina c'è invece una progressiva intensificazione della presenza dell'oggetto d'amore: alla semplice notizia intorno alla donna lontana e assente (l'«aspettato ben») segue la nobilitazione del desiderio amoroso tramite la poesia, e successivamente la manifestazione concreta e sensibile della figura femminile nel canto e nella persona delle «honeste donne et belle» che appaiono sullo sfondo di un paesaggio idillico di prati e fonti.

i temi e i motivi

La vita non ha più senso Se in altre poesie "in morte" prevalgono il rimpianto e la disperazione per la perdita dell'amata (per esempio *«Oimé il bel viso, oimè il soave sguardo»*, *Canzoniere* 267, la poesia in cui si annuncia la morte di Laura), qui il tema è un altro: la perdita di senso e l'insignificanza del mondo. Morto l'amore, la vita non ha più scopo, e anche ciò che dovrebbe normalmente causare piacere e gioia genera invece indifferenza e noia. La negazione sistematica delle bellezze mondane descritte da Cavalcanti non è, quindi, un mero esercizio allusivo, né un esempio di manierismo: al contrario, Petrarca sviluppa un tema modernissimo, quello della "noia", e non è un caso che il ricordo di questo sonetto giungerà fino a un poeta dell'epoca romantica come Giacomo Leopardi (che riprenderà il sintagma «vaghe stelle» nell'*incipit* delle *Ricordanze*: «Vaghe stelle dell'Orsa...»).

Il motivo dello specchio La felicità non è più possibile perché la morte di Laura ha privato il poeta della capacità di vedere il mondo e di gioire delle sue bellezze. Il motivo dello specchio torna qui con un significato molto diverso da altre liriche del *Canzoniere* (per esempio **T4**, p. 263): lo specchio non è più l'emblema del narcisismo di Laura, ma diventa una metafora della capacità della donna di rispecchiare nella sua persona tutta la bellezza del mondo, a beneficio dell'innamorato. Sepolto lo specchio (cioè Laura), il mondo ha perduto per sempre la sua bellezza e il suo senso.

Petrarca e noi **L'amore omosessuale** Petrarca ha cantato l'amore di un uomo per una donna. Nel suo tempo sarebbe stato impossibile raccontare in modo serio e tragico un amore omosessuale, come è invece possibile oggi. Per approfondire questo tema cfr. la **S4**, p. 279.

COMPRENDERE

1 Qual è il tema del sonetto?

a la fine dell'amore

b la perdita di senso della vita

c la delusione d'amore

d il ricordo dei tempi felici

ANALIZZARE

2 Il sonetto si basa sull'elenco di cose piacevoli che non valgono a consolare il poeta della perdita dell'amata. Ripercorri le due quartine ed elenca in modo sintetico tutti gli elementi citati dal poeta.

3 Che cosa accomuna le bellezze elencate dal poeta?

a sono tutti oggetti tangibili

b sono tutte scene illusorie e fantastiche

c sono tutti luoghi o situazioni che ricordano al poeta l'amore vissuto con la donna amata

d sono tutte scene o situazioni piacevoli alla vista o all'udito

4 Il poeta conclude il sonetto invocando

a la sua stessa vita, perché lo abbandoni

b Laura, perché lo accolga con sé in cielo

c la Noia, perché finisca di tormentarlo

d la morte, per poter rivedere Laura in cielo

5 Segna sul testo o riscrivi tutte le negazioni che percorrono il testo. Nei vv. 1-9 le negazioni sono disposte secondo una figura retorica: quale?

a antitesi

b antonomasia

c anastrofe

d anafora

6 Tra i vari accorgimenti fonici e retorici, la figura dell'allitterazione è prevalente. Rintracciane uno o due esempi, e cerca di spiegarne l'effetto espressivo.

INTERPRETARE E APPROFONDIRE

7 Nel v. 11 Laura è detta colei «che sola agli occhi miei fu lume et speglio». Spiega il significato di tale definizione.

8 Dall'analisi fin qui condotta risulta che il sonetto è particolarmente ricco di figure retoriche e di artifici stilistici. Come possiamo interpretare tale abbondanza? Scegli la risposta o le risposte che ti sembrano corrette.

a il poeta sopperisce all'affievolirsi del sentimento accentuando gli artifici stilistici

b l'obiettivo principale di Petrarca è sperimentare le potenzialità poetiche della lingua volgare

c gli artifici stilistici servono solo ad esaltare l'intensità del sentimento

d l'amore di Petrarca per Laura è artificioso esso stesso

testi a confronto

Cavalcanti, *«Biltà di donna e di saccente core»* e Petrarca, *«Né per sereno ciel ir vaghe stelle»*

Nel sonetto «*Né per sereno ciel ir vaghe stelle*» Petrarca riprende lo schema che, mezzo secolo prima, Cavalcanti aveva declinato nel suo «*Biltà di donna e di saccente core*», ma lo svolge in forma negativa. Il confronto tra i due sonetti permette di scoprire il rapporto che Petrarca instaura con la lirica cortese e le novità che vi introduce.

Guido Cavalcanti
«Biltà di donna e di saccente core»

In questo sonetto Guido Cavalcanti (1255 ca.-1300) riprende la forma del plazér, *un genere della lirica provenzale incentrato sull'elencazione di cose belle e piacevoli. Tipicamente stilnovista è, inoltre, il motivo della lode della donna amata.*

Biltà di donna e di saccente core
e cavalieri armati che sien genti;
cantar d'augelli e ragionar d'amore;
adorni legni 'n mar forte correnti;
aria serena quand'apar l'albore
e bianca neve scender senza venti;
rivera d'acqua e prato d'ogni fiore;
oro, argento, azzuro 'n ornamenti:
ciò passa la beltate e la piagenza
de la mia donna e 'l su' gentil coraggio,
sì che rasembra vile a chi ciò guarda;
e tanto più d'ogn'altr'ha canoscenza,
quanto lo ciel de la terra è maggio.
A simil di natura ben non tarda.

G. Cavalcanti, *Rime*, a cura di D. De Robertis, Einaudi, Torino 1986.

METRO: sonetto a schema ABAB, ABAB; CDE, CDE.

1-8 *Bellezza* (**Biltà**) *di donna e mente* (**core**) *di uomo saggio e cavalieri armati che siano nobili e cortesi* (**genti**, provenzalismo); *cantare d'uccelli e parlare d'amore; belle navi* (**legni**, per metonimia) *che corrono veloci sul mare; aria serena quando appare l'alba* (**albore**) *e neve bianca che scende senza venti; ruscello* (**rivera d'acqua**) *e prato fiorito; oro, argento e lapislazzuli* (**azzurro**) *come ornamento.*
È il *plazér* vero e proprio, cioè l'accumulo di cose piacevoli: scene di vita cortese nella prima quartina, elementi naturali nella seconda. **azzuro**: qui vuol dire 'lapislazzulo', dal lat. (letteralmente: 'pietra azzurra').

9-14 *la bellezza, il valore e il nobile cuore della mia donna oltrepassano* (**passa**) *tutte queste cose* (**ciò**), *tanto da farle apparire prive di valore* (**rasembra vile**) *a chi le guarda; e la mia donna* [sogg. sott.] *ha tanta più saggezza* (**canoscenza**) *di qualsiasi altra cosa, quanto il cielo è più grande* (**maggio** = 'maggiore') *della terra. Il bene non tarda ad arrivare a chi abbia una simile natura.*

GLI ELEMENTI COMUNI

1 Entrambe le poesie hanno la forma del sonetto. Confronta lo schema delle rime: è lo stesso oppure è diverso?

Schema metrico: Cavalcanti ....

Petrarca ....

2 Riempi la tabella elencando nelle rispettive colonne le immagini simili che tornano nelle poesie dei due autori.

«Biltà di donna e di saccente core»	*«Né per sereno ciel ir vaghe stelle»*
....	....
....	....
....	....

LE DIFFERENZE

La prima differenza che salta agli occhi consiste nella forma dell'elenco, che è tutto positivo nel sonetto di Cavalcanti, e tutto negativo in quello di Petrarca. Ma possiamo scoprire anche differenze più profonde.

3 Qual è il motivo per cui Cavalcanti elenca le cose belle e piacevoli, e in quale passaggio del testo lo dichiara?

4 Qual è il motivo per cui Petrarca elenca le cose belle e piacevoli, e in quale passaggio del testo lo dichiara?

5 Entrambi i poeti inseriscono nel loro elenco il fare poesia d'amore. Che significato prende, però, nell'uno e nell'altro poeta?

6 Concludi il confronto riassumendo in sintesi il messaggio dei due sonetti, che costituisce la loro profonda differenza.

la differenza del messaggio

«Biltà di donna e di saccente core»	*«Né per sereno ciel ir vaghe stelle»*
....	....
....	....
....	....

S4 PASSATO E PRESENTE

Blues in memoria di Auden

Wystan Hugh Auden (1907-1973) è stato uno dei maggiori poeti inglesi del Novecento. Anche Auden, come Petrarca, in questa famosa poesia intitolata Blues in memoria *piange la perdita della persona amata, ma in questo caso si tratta di un uomo. Solo in tempi recenti, e anche grazie all'opera di alcuni grandi scrittori, l'omosessualità ha cessato di essere considerata una "deviazione" dalla natura ed è diventata uno degli argomenti della poesia lirica. Per lunghissimo tempo – dalla fine del mondo antico alle soglie del Novecento – è stato possibile parlare di amore omosessuale, in letteratura, solo nei generi "bassi" e "comici" (per esempio la commedia), in ossequio a quella dottrina della "separazione degli stili" che ha caratterizzato la letteratura europea fino al XVIII secolo. Tale dottrina stabiliva una netta distinzione tra contenuti alti e tragici (l'amore cortese, l'eroismo, la religiosità, ecc.) e contenuti bassi e quotidiani (la vita delle persone comuni, la sessualità, i bisogni del corpo e così via), attribuendo a ciascuno di essi un tono e uno stile particolari. La "mescolanza degli stili" permette invece a Auden: a) di elevare al livello "alto" del genere lirico un contenuto fino a non molto prima considerato "basso", contribuendo così a sfumare i confini tra i diversi livelli; b) di abbassare il tono elevato del genere lirico contaminandolo con un lessico prosastico e colloquiale. Auden può così trattare un tema tragico come la perdita di senso del mondo che deriva dalla scomparsa della persona amata (il tema di* «Né per sereno ciel ir vaghe stelle» *di Petrarca) conferendogli una dimensione che riesce ad essere, allo stesso tempo, universale e quotidiana.*

Fermate tutti gli orologi, isolate il telefono,
fate tacere il cane con un osso succulento,
chiudete i pianoforti, e tra un rullio smorzato
portate fuori il feretro, si accostino i dolenti.
Incrocino aeroplani lamentosi lassù
e scrivano sul cielo il messaggio Lui È Morto,

allacciate nastri di crespo al collo bianco dei piccioni,
i vigili si mettano guanti di tela nera.
Lui era il mio Nord, il mio Sud, il mio Est ed Ovest,
la mia settimana di lavoro e il mio riposo la domenica,
il mio mezzodì, la mezzanotte, la mia lingua, il mio canto;
pensavo che l'amore fosse eterno: e avevo torto.
Non servon più le stelle: spegnetele anche tutte;
imballate la luna, smontate pure il sole;
svuotatemi l'oceano e sradicate il bosco;
perché ormai più nulla può giovare.

W.H. Auden, *La verità vi prego sull'amore*, trad. di G. Forti, Adelphi, Milano 1994.

invito all'argomentazione

La sensazione che tutto perda senso è una conseguenza frequente a un lutto (la morte di una persona o di un animale caro), a un abbandono, o a una delusione vissuti intensamente. Rifletti sull'argomento, portando ad esempio esperienze vissute direttamente o sentite raccontare da altri.

S5 INFORMAZIONI E APPROFONDIMENTI

La "nota obituaria"

Venuto a conoscenza della morte di Laura, Petrarca annota queste parole (la cosiddetta "nota obituaria") su un codice di Virgilio. Il testo originale è in latino (qui lo riportiamo in traduzione).

Laura, illustre per le sue virtù e a lungo celebrata nei miei carmi, apparì per la prima volta ai miei occhi nel primo tempo della mia adolescenza, nell'anno del Signore 1327, il 6 aprile, nella chiesa di Santa Chiara in Avignone, al mattutino; e in quella stessa città, nello stesso mese di aprile, nella stessa ora prima, nell'anno 1348, la sua luce fu sottratta a questa luce, mentre io mi ritrovavo per caso a Verona, ignaro, ahimè, del mio destino. La triste notizia mi raggiunse a Parma, tramite una lettera del mio Ludovico, nello stesso anno, la mattina del 19 maggio. Quel corpo castissimo e bellissimo fu deposto nel cimitero dei frati minori, il giorno stesso della morte, verso sera. Sono convinto che la sua anima sia ritornata in cielo, da dove era venuta, come Seneca dice all'Africano. Mi è sembrato particolarmente opportuno scrivere questa nota, ad acerbo ricordo del fatto ma con una certa amara dolcezza, su questa pagina che spesso mi torna sotto gli occhi, affinché la frequente vista di queste parole e la considerazione del rapido fuggire del tempo mi ammonisca che non ci deve essere più nulla che mi piaccia in questa vita e che, ormai rotto il legame più forte, è tempo di fuggire da Babilonia;[1] e ciò, per la preveggente grazia di Dio, mi sarà facile se rifletterò intensamente e virilmente sulle inutili cure, sulle vane speranze e sugli eventi imprevisti del tempo passato.

V. Pacca, *Petrarca*, Laterza, Roma-Bari 1998, pp. 153-154.

1. **Babilonia:** Avignone, considerata da Petrarca una nuova Babilonia, cioè una città governata dalla corruzione e dal vizio (secondo una concezione che deriva dalla Bibbia).

Conclusioni del PERCORSO 1

Un tema centrale: l'amore

Al centro del *Canzoniere* di Petrarca c'è l'amore. Anche prima di Petrarca la lirica ne aveva fatto un tema quasi esclusivo, evidenziando soprattutto tre aspetti:

1. la lode delle bellezze dell'amata;
2. la natura divina e angelica della donna;
3. la forte idealizzazione del desiderio amoroso, che deve mantenersi casto e puro.

Questi tre aspetti, tutti presenti nella *Vita nuova* di Dante, sono riproposti da Petrarca. Soprattutto nella prima parte del *Canzoniere* infatti, il poeta elogia la bellezza di Laura paragonandola a una creatura angelica ed esclude per principio la possibilità dell'appagamento dei sensi. A questi elementi, però, Petrarca ne aggiunge anche altri, per noi lettori moderni molto più importanti, come:

– una fenomenologia (cioè una descrizione particolareggiata) del sentimento d'amore molto meno astratta e convenzionale che in passato; anch'essa si limita ovviamente a quello che ogni poeta medievale considera il "vero" amore (cioè l'amore puro e ideale, non degradato dal contatto fisico), ma anche con questa limitazione la psicologia amorosa di Petrarca è assai più moderna di quella dei suoi predecessori;

– una indagine sugli effetti dell'amore che, se per alcuni particolari si richiama a modelli preesistenti (Cavalcanti, o Cino da Pistoia ad esempio), insiste su un elemento del tutto nuovo come il senso di scissione e la perdita di identità del soggetto di fronte all'oggetto amato.

Una fenomenologia del sentimento amoroso

Il primo dei due aspetti sopra elencati è presente sia in **T3** ***«Era il giorno ch'al sol si scoloraro»*** sia in **T4** ***«L'oro et le perle e i fior' vermigli e i bianchi»***. In **T3**, nonostante i molti elementi convenzionali ripresi dalla tradizione, emerge soprattutto lo stupore di Francesco di fronte alla potenza dell'amore. In **T4**, invece, c'è soprattutto la descrizione del narcisismo di Laura, che esclude l'innamorato dall'unica possibile forma di appagamento che desidera e che lo farebbe compiutamente felice: un semplice sguardo di lei, che è invece intenta a farsi bella e ad ammirare la propria bellezza. Già qui appaiono i segni del dissidio interiore all'io, vittima di sentimenti contrapposti. Solo in alcuni casi, come in **T5** ***«Benedetto sia 'l giorno, e 'l mese, et l'anno»***, il rapporto con l'amata è privo di ansie e di preoccupazioni, ma ciò è possibile solo perché questo sonetto non si svolge nel presente, bensì nel passato, che può sempre avvalersi del filtro del ricordo (e quello della memoria è un altro dei grandi temi che attraversano il *Canzoniere*, come vedremo nel **PERCORSO 3**).

Gli effetti d'amore

Ma l'innamoramento comporta anche la rottura dell'equilibrio interiore di chi ama: su questo cade l'accento del secondo dei due aspetti sopra elencati: l'indagine sugli effetti dell'amore **T6** ***«S'amor non è, che dunque è quel ch'io sento?»*** e **T7** ***«Pace non trovo, et non ò da far guerra»***. Dalla poesia di lode e dalla idealizzazione della donna tipiche della tradizione provenzale e stilnovista, si passa così ad una concezione della lirica come espressione della soggettività e delle conseguenze che l'esperienza amorosa ha sull'io. La figura femminile perde la centralità che aveva, ed il vero protagonista del libro diventa il poeta: le sue ansie, le sue speranze, le tante contraddizioni del suo animo. In Petrarca l'amore è sempre considerato da una prospettiva soggettiva, mai da quella oggettiva di chi, pur vivendolo in prima persona, lo osserva in modo distaccato: in *«S'amor non è, che dunque è quel ch'io sento?»*, Petrarca sembra infatti richiamarsi alla speculazione filosofica sull'essenza di Amore della Scuola siciliana e dello Stil novo, ma in realtà rinuncia a dare una definizione teorica dell'amore, perché quello che gli interessa mostrare sono solo gli effetti dell'amore sulla propria esperienza privata e personale.

La svolta narrativa: la morte di Laura

Nell'ultimo testo del nostro percorso (**T8** ***«Né per sereno ciel ir vaghe stelle»***) abbiamo visto cosa accade dopo la morte di Laura, o meglio uno dei possibili esiti di quella che è la svolta narrativa più importante del libro. Quello della "morte di madonna" è un vero e proprio *topos* che sta alle origini del nuovo genere letterario inventato dal Dante della *Vita nuova* e da Petrarca: il canzoniere amoroso. Nelle poesie della seconda parte del *Canzoniere* (quella "in morte", che inizia con la canzone 264) si susseguono diverse fasi: c'è inizialmente la disperazione per la perdita appena subita (*«Oimè il bel viso, oimè il soave sguardo»*, *Canzoniere* 267) e poi la lenta elaborazione del lutto. L'angoscia per lo svuotamento di senso che il mondo subisce dopo la morte di Laura è, in particolare, il tema di **T8**, una poesia poco letta del *Canzoniere*, eppure molto moderna sia per l'argomento di cui tratta sia per i modi in cui lo fa. Una curiosità: quando Petrarca viene a sapere della morte di Laura lo annota su uno dei suoi libri, un codice di Virgilio (cfr. **S5** ***La "nota obituaria"***).

per fare il punto | autoverifica delle conoscenze

Verifica la correttezza delle tue risposte sulla base dei paragrafi, dei testi o delle schede indicati a corredo di ciascuna domanda.

1 Inserisci correttamente nel testo i connettivi riportati in calce. (cfr. **Conclusioni del PERCORSO 1**)

L'amore per Laura rappresenta un'esperienza nodale nella vita di Petrarca. .... il poeta celebra in molti componimenti la bellezza e la virtù della donna, partendo dalla concezione di Amore espressa già dalla letteratura cortese e nella *Vita nuova* di Dante, ... elaborandola poi in modo nuovo. L'amore comporta .... la rottura dell'equilibrio interiore del soggetto e l'insorgere di contraddizioni e insicurezze. Petrarca indaga .... gli effetti dell'amore insistendo sul dissidio interiore che il sentimento d'amore provoca nell'io del poeta, ... diventa il vero protagonista del libro, imprimendo .... al genere lirico una svolta moderna e problematica. .... l'amore per Laura non contempli l'approccio fisico e si limiti ad una concezione ideale, nel poeta subentra .... il senso di colpa per aver scambiato il piacere terreno con il vero Bene, ... con l'amore per Dio. Solo la morte di Laura, ... suscitando sgomento e perdita del senso della vita, offrirà al poeta l'opportunità .... di elaborare il lutto per la scomparsa dell'amata, ... di interpretarne la morte in chiave provvidenziale, avviandolo alla conversione verso una vita autenticamente religiosa.

il quale – infatti – ma – pur – infatti – ma anche – nonostante – non solo – quindi – così – cioè – tuttavia

2 Nella tabella qui di seguito, la colonna di sinistra elenca vari temi delle liriche di Petrarca. Tenendo presenti i sonetti che hai letto in questo percorso e il sonetto proemiale «*Voi ch' ascoltate in rime sparse il suono*», completa la tabella trascrivendo nella colonna di destra il primo verso (o le prime parole) del sonetto o dei sonetti che trattano il tema indicato. Attenzione: lo stesso sonetto può esprimere più di un tema. (cfr. i **Testi** e le **Conclusioni del PERCORSO 1**)

tema	sonetto/sonetti
il dissidio interiore del poeta	....
il primo incontro con la donna amata	....
gli effetti dell'amore sul poeta	....
il narcisismo di Laura	....
la "morte di madonna"	....
il poeta protagonista	....

3 In quali degli elementi enunciati qui sotto si riscontra la novità di Petrarca nel trattare il tema dell'amore?

- a l'amore concepito in modo ideale
- b il senso di scissione del soggetto poeta
- c il poeta protagonista
- d la lode delle bellezze dell'amata

4 La composizione del libro del *Canzoniere* in «rime sparse» rispecchia i "frammenti dell'anima" in cui il poeta si sente diviso. Spiega questo concetto facendo riferimento alla **videolezione, *Petrarca: la nascita della moderna vita interiore*** (in particolare i primi cinque punti) e alla **S1 Petrarca moderno.**

5 Osserva il quadro di Velázquez *Venere allo specchio* (1650). A quale sonetto di Petrarca – presente in questo percorso – si può collegare? Spiega la tua risposta indicando analogie e differenze tra il sonetto e il dipinto, considerandone i contesti diversi. (cfr. T4)

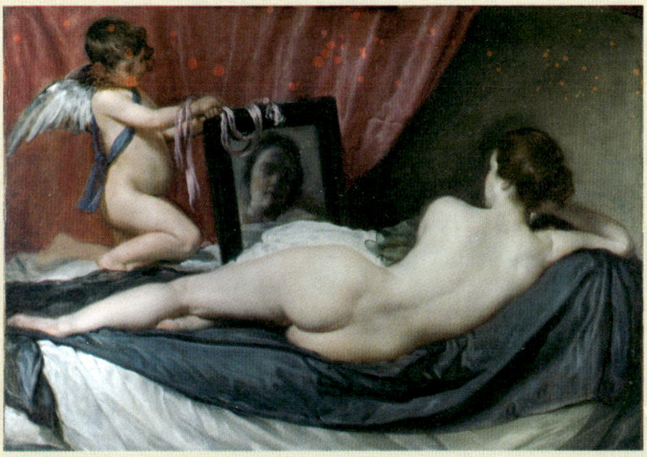

Diego Velázquez, *Venere allo specchio*, 1650. Londra, National Gallery.

6 In questo dipinto di Caravaggio è rappresentato il mito di Narciso. In quale atteggiamento è colto il protagonista? In che cosa consiste qui lo "specchio"? Ti pare di poter rintracciare elementi comuni col sonetto di Petrarca che hai individuato precedentemente? Motiva la risposta. (cfr. T4)

Caravaggio, *Narciso*, 1597-1599. Roma, Galleria Nazionale d'Arte Antica di Palazzo Barberini.

Il *Canzoniere*

PERCORSI NELL'OPERA 2

Un autoritratto poetico

Le tappe di questo percorso

In questo percorso proponiamo la lettura di tre poesie del *Canzoniere* insieme a due brani in prosa tratti dall'epistolario di Petrarca. Ciò che accomuna testi così diversi tra loro è la volontà di lasciare al lettore un ritratto di sé: un ritratto solo in parte realistico e per molti versi idealizzato. Più che di realismo autobiografico vero e proprio bisognerebbe in verità parlare di qualcos'altro: c'è infatti in Petrarca un'istanza di autenticità che noi sentiamo moderna, ma c'è allo stesso tempo il bisogno, fortissimo, di ricorrere a schemi consolidati, alle strutture retoriche della tradizione che, molto spesso, negano proprio quell'esigenza di sincerità. **T9** e soprattutto **T10** (p. 287) ad esempio, sono liriche elaboratissime, interamente giocate la prima sulla figura della similitudine e la seconda su quella dell'allegoria: se le si legge attentamente, è possibile vedervi l'inquietudine e la crisi esistenziale vissuta da Petrarca. I due testi in prosa **T11** (p. 293) e soprattutto la lettera ***Ai posteri*** (che puoi leggere nelle ***espansioni digitali***) sono alcuni tra i numerosi esempi di quell'altro autoritratto (anch'esso, come vedremo, fortemente idealizzato), parallelo al *Canzoniere*, che Petrarca voleva lasciarci in altre sue opere. A chiudere questo secondo percorso è la ***Canzone alla Vergine*** (**T12**, p. 297), la lunga poesia che chiude il *Canzoniere*: il suo tema è la conversione religiosa, e bisogna ricordare che da sant'Agostino, e per tutto il Medioevo, la conversione è proprio il fulcro tematico di ogni autobiografia premoderna: è il vero e drammatico momento di svolta che segna il corso di una vita e il suo racconto.

TESTI ***espansioni digitali***

T9 «Movesi il vecchierel canuto et bianco»
Canzoniere, 16

T10 «Passa la nave mia colma d'oblio»
Canzoniere, 189

T11 Dall'epistolario: l'ascesa al Monte Ventoso
Familiari

T12 «Vergine bella, che di sol vestita»
Canzoniere, 366

T Dall'epistolario: la lettera ai posteri [*Seniles*]

T9

«Movesi il vecchierel canuto et bianco»

Canzoniere, 16

concetti-chiave
- amore sacro
- amore profano

Sonetto scritto da Petrarca forse in occasione di un viaggio a Roma nel 1337. La lirica si basa su un paragone: come un vecchio che si mette devotamente in cammino verso la Città Santa per vedere la Veronica, cioè il panno su cui sarebbe rimasto impresso il volto di Cristo, così Petrarca cerca in ogni volto quello di Laura. Anche qui il sacro e il profano si mescolano, come in «Era il giorno ch'al sol si scoloraro» *(p. 261), ma questa non è una poesia d'amore: è il frammento di un autoritratto ambiguo e dai contorni sfumati.*

LINGUA: italiano **DATAZIONE:** forse posteriore al 1337 (anno del primo soggiorno di Petrarca a Roma)

METRO: sonetto con rime ABBA ABBA CDE CDE.

Movesi il vecchierel canuto et bianco
del dolce loco ov'à sua età fornita
et da la famigliuola sbigottita
che vede il caro padre venir manco;

indi trahendo poi l'antiquo fianco
per l'extreme giornate di sua vita,
quanto più pò, col buon voler s'aita,
rotto dagli anni, et dal camino stanco;

et viene a Roma, seguendo 'l desio,
per mirar la sembianza di Colui
ch'ancor lassù nel ciel vedere spera:

così, lasso, talor vo cerchand'io,
donna, quanto è possibile, in altrui
la disïata vostra forma vera.

F. Petrarca, *Il canzoniere*, a cura di M. Santagata, cit.

1-11 *Il vecchierello coi capelli bianchi* (**canuto**) *e pallido* (**bianco**) *si allontana* (**movesi**) *dal caro* (**dolce**) *luogo dove ha trascorso* (**ov'ha fornita**) *la sua vita* (**età**) *e dalla famigliola sbigottita che vede il caro padre andarsene* (**venir manco**: 'venir meno'); *poi da lì* (**indi**) *si aiuta* (**s'aita**) *quanto più può con la buona volontà* (**buon voler**), *trascinando* (**trahendo**) *il corpo* (**fianco**: per sineddoche) *invecchiato* (**antiquo**), *sfinito* (**rotto**) *dagli anni e stanco per il cammino; e arriva a Roma, inseguendo il desiderio* (**desio**) *di ammirare l'aspetto* (**la sembianza**) *di colui che spera di vedere ancora una volta* (**anco**) *lassù nel cielo.*

12-14 *allo stesso modo* (**così**) *io, misero* (**lasso**), *vado cercando, o donna, in altri [volti] la vostra vera immagine* (**forma**) *[tanto] desiderata* (**disïata**).

analisi e interpretazione T9

le forme

La similitudine L'intera poesia è costruita su una sola figura retorica: la similitudine. La sua originalità sta però nel fatto che il lettore se ne accorge solo a lettura conclusa. Nella prima parte, infatti, la descrizione del «vecchierel» che lascia la famiglia per andare a Roma (vv. 1-11) potrebbe apparire quasi "oggettiva" e "realistica", o comunque autonoma, ma la seconda (vv. 12-14) fa capire che l'immagine ha solo lo scopo di rappresentare lo stato d'animo del poeta. Ecco un elemento tipico del linguaggio lirico moderno: le cose reali, gli oggetti, perfino gli altri sono spesso soltanto strumenti per esprimere sentimenti, sensazioni o pensieri dell'io poetante. Cose e persone non hanno cioè valore in sé, in quanto tali, ma in funzione di ciò che rappresentano: e ciò che rappresentano è sempre l'interiorità del poeta.

i temi e i motivi

Sacro e profano Anche qui Petrarca mescola sacro e profano. Unisce il tema della devozione religiosa a quello dell'amore terreno, ma non afferma (come avevano fatto alcuni stilnovisti e in particolare Dante) che il secondo è una via per giungere al primo. Con una modernità davvero stupefacente, Petrarca istituisce in modo del tutto personale e arbitrario un legame tra amore sacro e amore profano; dice insomma qual è, per lui, l'analogia tra i due tipi di amore:

– come il «vecchierel», Petrarca si rappresenta in viaggio, lontano dagli affetti più cari, e questo ci ricorda un elemento importante della biografia del poeta: la condizione di esule, che lo spinge a cercare le proprie origini o, più esattamente, una patria ideale (una patria che per molto tempo Petrarca identificò proprio con Roma, la Città Santa).

– come il vecchio, l'io cerca il volto della sua divinità personale (Laura) tra le cose terrene: il vecchio cerca l'immagine di Cristo, che vedrà realmente quando sarà morto e raggiungerà il Paradiso, nella Veronica, cioè nel panno sacro con il quale, secondo la credenza, era stato asciugato il volto di Cristo che vi era rimasto impresso. Il poeta cerca l'immagine del suo dio (cioè di Laura) nelle altre donne, desiderando anche lui, con la stessa intensità del vecchio, di raggiungerlo e di vederlo nella sua «forma vera».

Un paragone imperfetto Simile al «vecchierel canuto et bianco» per queste due ragioni, Francesco ne è diversissimo perché uno è simbolo di una società e di una cultura ancora legata ai valori sacri della religiosità, e lascia appunto i valori profani (la famiglia) in nome di quelli sacri (Dio); l'altro invece soffre per la distanza dagli affetti terreni e insegue quegli stessi affetti. Mentre il vecchio troverà nel volto di Cristo la soddisfazione delle sue ansie, Francesco è destinato ad una ricerca senza fine, che non lo renderà felice. In questo autoritratto Petrarca ci mostra una personalità inquieta, dall'identità problematica, che non si rispecchia nei valori tradizionali e che però non sa ancora individuarne di nuovi.

per studiare *guida all'analisi* T9

COMPRENDERE

1 Il sonetto è tutto costruito su una similitudine, ossia sullo schema «come... così». Quale parte del testo è occupata dal primo termine della similitudine? Quale parte dal secondo termine?

2 Perché il «vecchierel» si allontana dalla propria famiglia? Quale prassi della cultura medievale viene presentata attraverso l'immagine del «vecchierel» che si allontana da casa?

- a l'usanza di fare un lascito testamentario ad una chiesa per assicurarsi l'indulgenza
- b la prassi di recarsi nella città di origine per il censimento
- c l'abitudine di fare almeno un viaggio durante la vita
- d l'usanza del pellegrinaggio religioso

3 Completa l'esercizio inserendo brevi titoletti che riassumano il nucleo concettuale di ciascuna strofe.

strofe	nuclei concettuali
I QUARTINA	allontanamento del «vecchierel» dalla propria famiglia
II QUARTINA	
I TERZINA	
II TERZINA	

ANALIZZARE

4 Sottolinea nel testo tutti gli aggettivi qualificativi riferiti al «vecchierel» e inseriscili nella tabella. Quale o quali di questi aggettivi si adattano anche al poeta?

«vecchierel»	poeta

5 Un termine chiave del sonetto è il "desiderio". Individua nel testo i termini del desiderio del «vecchierel» e del desiderio del poeta.

INTERPRETARE E APPROFONDIRE

6 Completa le affermazioni seguenti

Il poeta è come il «vecchierel» perché ....

Il poeta è diverso dal «vecchierel» perché ....

7 In questo sonetto il poeta si rappresenta in viaggio, cioè nella dimensione del "pellegrino" sempre in cerca di una patria ideale. Sulla base di quello che hai imparato dalla biografia di Petrarca, spiega perché tale dimensione è quella che il poeta sentiva più congeniale, tanto da definirsi 'esule dappertutto' (*«peregrinus ubique»*).

T10 «Passa la nave mia colma d'oblio»

Canzoniere, 189

concetti-chiave

- l'allegoria della navigazione
- lo smarrimento dell'io

Ancora una rappresentazione di sé, ma questa volta di tipo allegorico. Petrarca riprende dalla tradizione la metafora della navigazione come allegoria della vita umana e vi rappresenta la propria condizione esistenziale.

LINGUA: italiano **DATAZIONE:** metà del Trecento.

Passa la nave mia colma d'oblio
per aspro mare, a mezza notte il verno,
enfra Scilla et Caribdi; et al governo
siede 'l signore, anzi 'l nimico mio.

A ciascun remo un penser pronto et rio
che la tempesta e 'l fin par ch'abbi a scherno;
la vela rompe un vento humido eterno
di sospir', di speranze et di desio.

Pioggia di lagrimar, nebbia di sdegni
bagna et rallenta le già stanche sarte,
che son d'error con ignorantia attorto.

Celansi i duo mei dolci usati segni;
morta fra l'onde è la ragion et l'arte,
tal ch'incomincio a desperar del porto.

F. Petrarca, *Il canzoniere*, a cura di M. Santagata, cit.

METRO: sonetto con schema ABBA, ABBA; CDE, CDE; D ed E sono consonanti tra loro.

1-4 *La mia nave passa, colma di dimenticanza* (**oblio**) *attraverso* (**per**) *un mare tempestoso* (**aspro**), *nel cuore della notte* (**a mezza notte**) *in inverno* (**il verno**), *fra* (**enfra**) *Scilla e Cariddi; e al timone* (**governo**) *siede il mio Signore, anzi il mio nemico.*

La navigazione (cioè, allegoricamente, la vita del poeta) si svolge nelle condizioni più terribili: nel mare tempestoso, di notte, in inverno, nel pericoloso (a causa delle forti correnti) stretto di Messina, che l'antica mitologia credeva abitato dai mostri di Scilla e Cariddi, e che fu attraversato anche da Ulisse (cfr. **S7**, p. 290). La nave è **colma d'oblio** perché il poeta ha dimenticato il proprio dovere morale e religioso, abbandonandosi all'errore a cui lo ha condotto Amore, che siede al timone della nave (**governo**, dal lat. *gūbernum*).

5-8 *A ciascun remo siede un pensiero pronto e malvagio* (**rio**) *che sembra prendersi gioco* (**par ch'abbi a scherno**) *della tempesta e della morte* (**fin**); *un vento umido e incessante* (**eterno**) *di sospiri, di speranze e di desideri* (**di desio**) *sfonda la vela.*

Oltre ad Amore, ai remi siedono i cattivi pensieri, che sfidano il pericolo della morte: è la forza delle passioni, rappresentata anche dal vento che **rompe** la vela.

9-14 *Pioggia di lacrime e nebbia di irritazione bagnano e allentano le sàrtie ormai* (**già**) *stanche, che sono un intreccio di errore e di ignoranza. Sono nascosti* (**Celansi**) *i miei due dolci segni consueti* (**usati**); *la teoria* (**la ragion**) *e la pratica* (**l'arte**) *sono morte tra le onde, così* (**tal**) *che io comincio a disperare di raggiungere il porto.*

Le **sarte** (*sàrtie*, in it. moderno) sono i cavi che sostengono l'albero della nave: rappresentano le forze positive e razionali dell'anima, stanche di passioni e delusioni. Petrarca le raffigura icasticamente come corde intrecciate di errore e ignoranza. I **dolci usati segni** sono le costellazioni, che indicano la rotta ai naviganti: qui bisogna intendere gli occhi di Laura (che altrove Petrarca chiama «luci»). **ragion** e **arte** sono rispettivamente la teoria e la pratica della navigazione, e allegoricamente sono gli insegnamenti morali astratti e gli esempi concreti di rettitudine.

analisi e interpretazione T10

le forme

Un autoritratto allegorico Il sonetto sviluppa dal primo all'ultimo verso un'unica figura retorica: l'allegoria. Si tratta di una allegoria classica e tradizionale, con la quale Petrarca racconta se stesso, la propria condizione presente di disorientamento e di pericolo. La chiave di interpretazione ci è data da alcune parole («sospir'», «speranze», «desio», «lagrimar», «error», «dolci»), che spingono a leggere che quella che appare come una scena realistica (dove Petrarca fa uso di alcuni termini tecnici del linguaggio della navigazione, come «governo» e «sarte») come una metafora continuata, cioè un'allegoria.

i temi e i motivi

La salvezza irraggiungibile L'allegoria della navigazione è tradizionale, ma Petrarca la svolge con originalità (cfr. testi **a confronto**, p. 291). Dobbiamo notare soprattutto la complicità tra il pericolo esterno (il mare in tempesta) e la tendenza, si potrebbe dire, autodistruttiva e "suicida" dell'equipaggio, che rende l'insieme decisamente poco realistico. È una caratteristica dell'allegoria, infatti, quella di rappresentare non tanto una situazione verosimile, quanto una scena che nasconda una verità di tipo morale o esistenziale. Il significato di questa allegoria è abbastanza chiaro: la vita di Francesco è tormentata da dubbi e da tentazioni che lo spingono verso il peccato, quegli stessi dubbi e quelle tentazioni che si suppone siano comuni alla maggior parte degli uomini. Ma l'errore più grande è dentro di sé e si chiama amore. È l'amore che lo sta portando alla distruzione, e nello stesso tempo (e paradossalmente) è dall'amore che lui si aspetta di essere salvato: gli occhi di Laura («i duo mei dolci usati segni») potrebbero infatti indicargli la via della salvezza, ma la tempesta li oscura. Ecco dunque l'ambivalenza dell'amore e le sue conseguenze disorientanti sull'animo del poeta: da una parte vorrebbe che l'amore lo conducesse verso il «porto» della salvezza, dall'altra sa che ciò non è possibile perché quella mèta potrebbe essere raggiunta solo seguendo la via della religione e della morale. Non resta dunque che rassegnarsi alla sconfitta.

Petrarca e noi

Amore e conflitto interiore Come abbiamo visto, l'amore è un sentimento ambivalente per Petrarca: si spera che ci porti alla salvezza, ma si sa anche che questa felicità è illusoria, perché la vera salvezza non è su questa terra. Il lettore medievale non poteva che interpretare così queste parole; ma noi lettori moderni possiamo attribuire loro un significato diverso? La risposta è sì, perché una delle caratteristiche del discorso poetico è la sua genericità, la sua indefinitezza, la sua polisemia (cioè la sua capacità di esprimere molti significati). Anche per noi che viviamo all'inizio del XXI secolo l'innamoramento può somigliare a una navigazione burrascosa, anche per noi la felicità che tanto desideriamo può apparire lontana o impossibile, anche per noi, infine, il desiderio amoroso può talvolta entrare in conflitto con un sentimento morale (per esempio: la fedeltà nei confronti di una terza persona) e generare un sentimento di impotenza e di sconfitta. Puoi approfondire questo tema confrontando il sonetto di Petrarca con una poesia di Saba (**S6**, p. 290).

per studiare guida all'analisi T10

COMPRENDERE

1 Quale allegoria è sviluppata nel sonetto?

- a il viaggio per mare come simbolo dell'avventura e della conoscenza
- b la tempesta come rappresentazione della passione amorosa
- c la nave come simbolo della figura femminile
- d la navigazione come rappresentazione della vita umana

ANALIZZARE

2 Raggruppa in due distinte colonne i sostantivi che appartengono al campo semantico della navigazione e quelli che si riferiscono al campo semantico delle esperienze e delle emozioni umane. L'esercizio è avviato.

sostantivi riferiti alla navigazione	sostantivi riferiti all'esperienza umana
nave	oblio
....	....
....	....
....	....

INTERPRETARE E APPROFONDIRE

3 Il sonetto sviluppa un'allegoria, cioè esprime un concetto attraverso una serie di immagini concrete alle quali l'autore attribuisce un significato metaforico. Completa la tabella scrivendo accanto ad ogni termine ed espressione riferiti alla navigazione il significato corrispondente fuor di metafora (l'esercizio è avviato). Aiutati nell'interpretazione avvalendoti delle note che corredano il sonetto.

la nave mia	il poeta stesso
al governo siede 'l signore... mio	....
...	....
...	....
...	....
...	....
...	....

4 Individua tra i seguenti enunciati l'interpretazione corretta del verso «Celansi i duo mei dolci usati segni».

a i segnali noti ai naviganti sono sconosciuti al poeta
b i libri che il poeta era solito leggere sono perduti
c gli occhi di Laura, che erano soliti guidare il poeta, sono oscurati
d gli amici del poeta, che erano soliti aiutarlo, adesso si nascondono

5 Il termine «errore» è parola chiave nel *Canzoniere*, tant'è che lo si incontra immediatamente nel sonetto proemiale (v. 3). Facendo riferimento anche a quel primo sonetto, come interpreti il significato del termine «error» che il poeta dichiara nel v. 11?

6 Rispetto al motivo tradizionale della navigazione come allegoria della vita, Petrarca (scegli l'opzione corretta)

a rinnova l'immagine usando il lessico tecnico della marina ed inserendo particolari geografici realistici
b inserisce l'elemento originale della tendenza autodistruttiva dell'equipaggio
c concentra l'attenzione sul porto verso il quale l'esperienza d'amore può indirizzarlo
d intensifica il significato angoscioso dell'allegoria con l'inserire il motivo del mare in tempesta e della notte

S6 PASSATO E PRESENTE

La navigazione di Ulisse in un poeta moderno: Saba

Secondo il critico Gaetano Picone, il sonetto «Passa la nave mia colma d'oblio» *ha come modello il viaggio di Ulisse, che nei suoi viaggi attraversò lo stretto di Messina (tra Scilla e Cariddi appunto). Come aveva già mostrato Dante nell'*Inferno*, il mito di Ulisse, benché affascinante e potente, è un antimodello, perché la sua peregrinazione ha come scopo la pura scoperta e non è ispirata alla fede in Dio. Anche un poeta del Novecento, Umberto Saba (1883-1957), ha scritto un breve componimento in versi intitolato all'eroe omerico. Anche qui la metafora della navigazione è una metafora esistenziale, ma a differenza di Petrarca manca l'elemento tragico. Nell'*Ulisse *di Saba l'io sa che non raggiungerà il porto (cioè la sicurezza, la serenità) e che è destinato a vivere per sempre in quella terra di nessuno che sono i piccoli lembi di terra emersa che si incontrano di fronte alle coste della Dalmazia. È l'amore per la vita (che il poeta triestino chiama «doloroso») a renderlo perennemente inquieto e insoddisfatto.*

Ulisse

Nella mia giovinezza ho navigato
lungo le coste dalmate. Isolotti
a fior d'onda emergevano, ove raro
un uccello sostava intorno a prede,
coperti d'alghe, scivolosi, al sole
belli come smeraldi. Quando l'alta
marea e la notte li annullava, vele
sottovento sbandavano più al largo,
per fuggirne l'insidia. Oggi il mio regno
è quella terra di nessuno. Il porto
accende ad altri i suoi lumi; me al largo
sospinge ancora il non domato spirito,
e della vita il doloroso amore.

U. Saba, *Tutte le poesie*, Mondadori, Milano 1988, p. 556.

invito all'argomentazione

Il tema della tempesta e delle insidie del mare, centrale nell'episodio dell'Ulisse dantesco e nel sonetto di Petrarca, nella lirica di Saba non c'è. Come spieghi tale diversa rappresentazione della metafora del mare?

S7 INFORMAZIONI E APPROFONDIMENTI

Scilla e Cariddi

Scilla e Cariddi sono due località situate l'una di fronte all'altra sullo stretto di Messina (la prima sulla punta estrema della Calabria, la seconda in Sicilia). Secondo il mito, Scilla era una ninfa che la maga Circe trasformò in un mostro che attirava i naviganti e li ingoiava. Cariddi era invece figlia del dio del mare Poseidone: anche lei fu mutata in un mostro marino, perché aveva rubato i buoi di Eracle. "Essere tra Scilla e Cariddi" era un'espressione divenuta proverbiale già ai tempi di Petrarca e significa ancora oggi 'trovarsi in una situazione difficile e senza vie d'uscita'.

Johann Heinrich Füssli, *Odisseo di fronte a Scilla e Cariddi*, testi a confronto

Un *tópos* letterario: la metafora della navigazione da Guinizzelli a Tasso

La metafora della navigazione usata per rappresentare la condizione infelice dell'innamorato ricorre con frequenza nel *Canzoniere* (80 «*Chi è fermato di menar sua via*», 189 «*Passa la nave mia colma d'oblio*» e 366 «*Vergine bella che di sol vestita*»). Fa parte della famiglia più ampia delle metafore della vita umana come viaggio o cammino (cfr. per esempio Dante, *Inferno*, I, 1 sgg.), ma nella poesia lirica indica una cosa ben precisa: la condizione dell'innamorato infelice.

«*Donna, l'amor mi sforza*» di **Guido Guinizzelli** (di cui riportiamo qui la seconda strofa) comincia con il consueto sfogo del poeta, che muore d'amore per una donna che però non vuole sapere nulla di lui: la condizione dell'innamorato è paragonata implicitamente alla rotta di una nave che prende tranquillamente il largo e quando è in alto mare si ritrova nel bel mezzo di una tempesta.

[...]
Nave ch'esce di porto
con vento dolze e piano,
fra mar giunge in altura;
poi vèn lo tempo torto,
tempesta e grande affano
li aduce la ventura;
allor si sforza molto
como possa campare,
che non perisca in mare:
così l'amor m'ha colto
e di bon loco tolto
e miso a tempestare.

[...]
La nave che esce dal porto col vento non troppo forte e a favore, giunge in alto mare, poi arriva il cattivo tempo, e la sorte le porta tempesta e paura; allora, la nave cerca in tutti i modi di scampare al pericolo del naufragio: allo stesso modo l'amore mi ha sorpreso e tolto dalla tranquillità in cui ero, gettandomi nella tempesta.

Ma dopo Petrarca la fonte preferita a cui attingere diventa proprio il *Canzoniere*. Lo fa già Boccaccio nella canzone «*Tant'è il soperchio dei miei duri affanni*», ma sarà soprattutto il Cinquecento a rendere il *topos* della navigazione una sorta di passaggio obbligato. Cita infatti esplicitamente Petrarca, qualche anno dopo, Agnolo Firenzuola, nella canzone recitata dal personaggio di Bianca nell'Introduzione alla Prima giornata dei *Ragionamenti* (1523-25). E molti petrarchisti del Cinquecento collegano la metafora della navigazione al tema amoroso, nel rispetto più rigoroso del modello. Lo fa ad esempio **Galeazzo di Tarsia** (1520-1553) nella sestina «*Come nocchier che con sdruscito legno*», che gareggia sin dal metro con la sestina 80 di Petrarca (lasciando intatte tre parole rima del modello: «legno», «porto», «vela»).

Willem van de Velde il Giovane, *Il colpo di vento*, 1680 circa. Amsterdam, Rijksmuseum.

Come nocchier che con sdruscito legno,
Quand'Austro ed aquilon venuti a guerra
Non lasciano apparir sole né stella,
Solca pien di timor l'onde del mare
E va con basse antenne ed umil vela
Incerto del suo fin cercando il porto,

Tal io d'Amor al desiato porto
Drizzai sovente il combattuto legno,
Levando gli occhi a la mia stanca vela;
Ma a gl'alti miei desir sorte fe' guerra,
E mi spinse dal lido in più gran mare
Senza veder la fortunata stella.

Come il timoniere che con una nave malridotta, quando i venti ostili non lasciano vedere né il sole né le stelle, percorre pieno di timore il mare e naviga con le vele abbassate, incerto della sua meta, alla ricerca del porto, anch'io indirizzai spesso verso il desiderato porto d'amore la mia nave malridotta, alzando gli occhi verso le vele stanche; ma il destino dichiarò guerra ai miei alti desideri, e mi spinse dalla riva verso il mare aperto senza che io vedessi la stella che mi avrebbe portato fortuna.

Al sonetto 189 del *Canzoniere* si richiama invece **Gaspara Stampa** (1523-54), una delle poetesse più notevoli del Cinquecento, nel sonetto *«La mia vita è un mar: l'acqua è 'l mio pianto»*, che è interessante per almeno due motivi: il primo è il pieno dominio del "codice" poetico petrarchesco, che consente alla Stampa una certa libertà nel metterlo in pratica («le perigliose e subite tempeste», ad esempio, sono metafora delle «teme», cioè dei timori, e della gelosia, un sentimento che nel *Canzoniere* non troviamo); il secondo è l'adattamento di questo codice alla sensibilità femminile, con una conseguenza molto importante: il linguaggio del *Canzoniere* diventerà, ma solo nel Cinquecento, la lingua universale della lirica d'amore, superando le differenze di genere e consentendo anche alle donne di esprimersi in poesia. Ecco la lirica di Gaspara Stampa.

La mia vita è un mar: l'acqua è 'l mio pianto,
i venti sono l'aure de' sospiri,
la speranza è la nave, i miei desiri
la vela e i remi, che la caccian tanto.
La tramontana mia è il lume santo
de' miei duo chiari, duo stellanti giri,
a' quai convien ch'ancor lontana i' miri
senza timon, senza nocchier a canto.
Le perigliose e sùbite tempeste
son le teme e le fredde gelosie,
al dipartirsi tarde, al venir preste.
Bonacce non vi son, perché dal die
che voi, conte, da me lontan vi feste,
partir con voi l'ore serene mie.

La mia vita è un mare: le mie lacrime sono l'acqua; i venti sono l'aria dei miei sospiri; la speranza è la nave; i miei desideri sono la vela e i remi, che la fanno andare avanti. La mia tramontana è la luce santa degli occhi del mio uomo, luminosi come stelle, che però sono costretta ad ammirare da lontano, senza un timone e senza un timoniere che possa portarmi verso di lui. Le tempeste improvvise e pericolose, sono i timori e le fredde gelosie, lente nell'abbandonarmi ma rapidissime nell'arrivare. Non ci sono bonacce, perché dal giorno in cui, o mio conte [Collantino di Collalto, il suo amante], andaste lontano da me, la mia felicità partì insieme a voi.

Anche nel Cinquecento inoltrato si riusano forme e temi petrarcheschi, e anche la metafora della navigazione è uno degli espedienti retorici più usati dai poeti di quest'epoca.
Michelangelo Buonarroti (1475-1564), nel sonetto *«Giunto è già 'l corso della vita mia»*, sembra riprendere la via percorsa da Bembo e approfondirne la riflessione religiosa. La vicinanza della morte (il «comun porto» dove finisce il «corso» della «vita») rende necessario un bilancio della propria esistenza e d'un colpo tutto ciò che sembrava essere importante (l'arte, l'amore) si rivelano niente altro che errori: l'anima è ora rivolta all'unico vero bene: Dio. Puoi leggere l'intero sonetto di Michelangelo più avanti, a p. 346 (**T19**).
In pieno Manierismo, infine, **Torquato Tasso** (1544-1595) nel sonetto *«Ben veggio avvinta al lido ornata nave»* rielabora il *topos* in modo originale: la nave d'Amore è ancorata a riva, il mare pare calmo e invitante ma c'è un sinistro biancore sugli scogli: sono le ossa dei naufraghi, ovvero degli amanti infelici.

Veggio, trofei del mar, rotte le vele,
tronche le sarte e biancheggiar le arene
d'ossa insepolte e intorno errar gli spirti
(vv. 9-11)

Vedo, come se fossero trofei del mare, le vele strappate, le sartie troncate e le rive imbiancate dalle ossa insepolte [dei naufraghi], e intorno a quelle ossa i fantasmi che cercano invano la pace.

Puoi approfondire il motivo del viaggio per mare e del naufragio leggendo un saggio del filosofo Hans Blumenberg, *Naufragio con spettatore. Paradigma di una metafora dell'esistenza*, Il Mulino, Bologna 1985.

T11 Dall'epistolario: l'ascesa al Monte Ventoso

Familiari

concetti-chiave
- autobiografia
- simbolismo

Alcuni luoghi geografici hanno un significato particolare per Petrarca. Uno dei più importanti è il Mont Ventoux, che sorge isolato nei pressi di Carpentras, nella Francia meridionale. Dall'alto dei suoi quasi duemila metri si domina un panorama vastissimo, che va dalle Alpi al mare fino ai Pirenei. In questa lettera a Dionigi di Borgo San Sepolcro, dal quale ebbe in dono una copia delle Confessioni *di Agostino, Petrarca racconta l'escursione in cima al monte compiuta insieme al fratello Gherardo. La lettera è datata 26 aprile 1336, ma sembra certo che la sua composizione (o almeno la sua revisione in vista dell'inserimento nelle* Familiares*) sia più tarda e risalga in realtà al 1352-3, quando l'autore lavorava al* Canzoniere*: come quest'ultimo, infatti, la lettera fa parte di quell'autoritratto ideale che Petrarca intende lasciare di sé attraverso l'insieme della sua opera. L'originale è in latino: noi ne riportiamo una traduzione italiana.*

LINGUA: traduzione dall'originale latino **DATAZIONE:** 1352-53

Oggi, spinto dal solo desiderio di vedere un luogo celebre per la sua altezza, sono salito sul più alto monte di questa regione, chiamato giustamente Ventoso.[1] Da molti anni mi ero proposto questa gita; come sai, infatti, per quel destino che regola le vicende degli uomini, ho abitato in questi luoghi sino dall'infanzia e questo monte, che a bell'agio si può ammirare da ogni parte, mi è stato quasi sempre negli occhi. [...]

Partimmo da casa il giorno stabilito e a sera eravamo giunti a Malaucena, alle falde del monte, verso settentrione. Qui ci fermammo un giorno ed oggi, finalmente, con un servo ciascuno, abbiamo cominciato la salita, e molto a stento. La mole del monte, infatti, tutta sassi, è assai scoscesa e quasi inaccessibile, ma ben disse il poeta che

«l'ostinata fatica vince ogni cosa».[2]

Il giorno lungo, l'aria mite, l'entusiasmo, il vigore, l'agilità del corpo e tutto il resto ci favorivano nella salita; ci ostacolava soltanto la natura del luogo. In una valletta del monte incontrammo un vecchio pastore che tentò in mille modi di dissuaderci dal salire, raccontandoci che anche lui, cinquant'anni prima, preso dal nostro stesso entusiasmo giovanile, era salito sulla vetta, ma che non ne aveva riportato che delusione e fatica, il corpo e le vesti lacerati dai sassi e dai pruni, e che non aveva mai sentito dire che altri, prima o dopo di lui, avesse ripetuto il tentativo. Ma mentre ci gridava queste cose, a noi – così sono i giovani, restii ad ogni consiglio – il desiderio cresceva per il divieto. Allora il vecchio, accortosi dell'inutilità dei suoi sforzi, inoltrandosi un bel po' tra le rocce, ci mostrò col dito un sentiero tutto erto, dandoci molti avvertimenti e ripetendocene altri alle spalle, che già eravamo lontani. Lasciate presso di lui le vesti e gli oggetti che ci potevano essere d'impaccio, tutti soli ci accingiamo a salire e ci incamminiamo alacremente. Ma come spesso avviene, a un grosso sforzo segue rapidamente la stanchezza, ed eccoci a sostare su una rupe non lontana. Rimessici in marcia, avanziamo di nuovo, ma con più lentezza; io soprattutto, che mi arrampicavo per la montagna con passo più faticoso, mentre mio fratello, per una scorciatoia lungo il crinale del monte, saliva sempre più in alto. Io, più fiacco, scendevo giù, e a lui che mi richiamava e mi indicava il cammino più diritto, rispondevo che speravo di trovare un sentiero più agevole dall'altra parte del monte e che non mi dispiaceva di fare

1. Ventoso: è il Mont Ventoux nel Comune di Malaucène (Malaucena), nella Provenza nord-occidentale, non lontano da Valchiusa, alto poco meno di duemila metri.

2. «l'ostinata...cosa»: Virgilio, *Georgiche* I, 145-146.

una strada più lunga, ma più piana. Pretendevo così di scusare la mia pigrizia e mentre i miei compagni erano già in alto, io vagavo tra le valli, senza scorgere da nessuna parte un sentiero più dolce; la via, invece, cresceva, e l'inutile fatica mi stancava. Annoiatomi e pentito, oramai, di questo girovagare, decisi di puntare direttamente verso l'alto e quando, stanco e ansimante, riuscii a raggiungere mio fratello, che si era intanto rinfrancato con un lungo riposo, per un poco procedemmo insieme. Avevamo appena lasciato quel colle che già io, dimentico del primo errabondare, sono di nuovo trascinato verso il basso, e mentre attraverso la vallata vado di nuovo alla ricerca di un sentiero pianeggiante, ecco che ricado in gravi difficoltà. Volevo differire la fatica del salire, ma la natura non cede alla volontà umana, né può accadere che qualcosa di corporeo raggiunga l'altezza discendendo. Insomma, in poco tempo, tra le risa di mio fratello e nel mio avvilimento, ciò mi accadde tre volte o più. Deluso, sedevo spesso in qualche valletta e lì, trascorrendo rapidamente dalle cose corporee alle incorporee, mi imponevo riflessioni di questo genere: «Ciò che hai tante volte provato oggi salendo su questo monte, si ripeterà, per te e per tanti altri che vogliono accostarsi alla beatitudine; se gli uomini non se ne rendono conto tanto facilmente, ciò è dovuto al fatto che i moti del corpo sono visibili, mentre quelli dell'animo son invisibili e occulti. La vita che noi chiamiamo beata è posta in alto e stretta, come dicono, è la strada che vi conduce.[3] Inoltre vi si frappongono molti colli, e di virtù in virtù dobbiamo procedere per nobili gradi; sulla cima è la fine di tutto, è quel termine verso il quale si dirige il nostro pellegrinaggio. [...]

C'è una cima più alta di tutte, che i montanari chiamano il «Figliuolo»; perché non so dirti; se non forse per ironia, come talora si fa: sembra infatti il padre di tutti i monti vicini. Sulla sua cima c'è un piccolo pianoro e qui, stanchi, riposammo. E dal momento che tu hai ascoltato gli affannosi pensieri che mi sono saliti nel cuore mentre salivo, ascolta, padre mio, anche il resto e spendi, ti prego, una sola delle tue ore a leggere la mia avventura di un solo giorno. Dapprima, colpito da quell'aria insolitamente leggera e da quello spettacolo grandioso, rimasi come istupidito. [...] Ma ecco entrare in me un nuovo pensiero che dai luoghi mi portò ai tempi. «Oggi – mi dicevo – si compie il decimo anno da quando, lasciati gli studi giovanili, hai abbandonato Bologna. Dio immortale, eterna Saggezza, quanti e quali sono stati nel frattempo i cambiamenti della tua vita! Così tanti che non ne parlo; del resto non sono ancora così sicuro in porto da rievocare le trascorse tempeste. Verrà forse un giorno in cui potrò enumerarle nell'ordine stesso in cui sono avvenute; premettendovi le parole di Agostino: 'Voglio ricordare le mie passate turpitudini, le carnali corruzioni dell'anima mia, non perché le ami, ma per amare te, Dio mio'.[4] Troppi sono ancora gli interessi che mi producono incertezza ed impaccio. Ciò che ero solito amare, non amo più; mento: lo amo, ma meno; ecco, ho mentito di nuovo: lo amo, ma con più vergogna, con più tristezza; finalmente ho detto la verità. È proprio così: amo, ma ciò che amerei non amare, ciò che vorrei odiare; amo tuttavia, ma contro voglia, nella costrizione, nel pianto, nella sofferenza. In me faccio triste esperienza di quel verso di un famosissimo poeta:

'Ti odierò, se posso; se no, t'amerò contro voglia'.[5]

Non sono ancora passati tre anni da quando quella volontà malvagia e perversa che tutto mi possedeva e che regnava incontrastata nel mio spirito cominciò a provarne un'altra, ribelle e contraria; e tra l'una e l'altra da un pezzo, nel campo dei miei pensieri, s'intreccia una battaglia ancor oggi durissima e incerta per il possesso di quel doppio uomo che è in me».

3. stretta...conduce: riferimento al Vangelo di Matteo VII, 14.

4. 'Voglio...Dio mio': Agostino, *Confessioni* II, 1, 1.

5. 'Ti odierò...voglia': Ovidio, *Amori* III, 11, 35.

[…] Mentre ammiravo questo spettacolo in ogni suo aspetto ed ora pensavo a cose terrene ed ora, invece, come avevo fatto con il corpo, levavo più in alto l'anima, credetti giusto dare uno sguardo alle *Confessioni* di Agostino, dono del tuo affetto, libro che in memoria dell'autore e di chi me l'ha donato io porto sempre con me: libretto di piccola mole ma d'infinita dolcezza. Lo apro per leggere quello che mi cadesse sott'occhio: quale pagina poteva capitarmi che non fosse pia e devota? Era il decimo libro. Mio fratello, che attendeva per mia bocca di udire una parola di Agostino, era attentissimo. Lo chiamo con Dio e testimonio che dove dapprima gettai lo sguardo, vi lessi: «E vanno gli uomini a contemplare le cime dei monti, i vasti flutti del mare, le ampie correnti dei fiumi, l'immensità dell'oceano, il corso degli astri e trascurano se stessi».[6] Stupii, lo confesso; e pregato mio fratello che desiderava udire altro di non disturbarmi, chiusi il libro, sdegnato con me stesso dell'ammirazione che ancora provavo per cose terrene quando già da tempo, dagli stessi filosofi pagani, avrei dovuto imparare che niente è da ammirare tranne l'anima, di fronte alla cui grandezza non c'è nulla di grande.

Soddisfatto oramai, e persino sazio della vista di quel monte, rivolsi gli occhi della mente in me stesso e da allora nessuno mi udì parlare per tutta la discesa: quelle parole tormentavano il mio silenzio. Non potevo certo pensare che tutto fosse accaduto casualmente; sapevo anzi che quanto avevo letto era stato scritto per me, non per altri.

F. Petrarca, *Le Familiari*, trad. di U. Dotti, Argalia, Urbino 1974, vol. I.

6. **«E vanno…stessi»**: Agostino, *Confessioni* X, 8, 15.

analisi e interpretazione T11

le forme

Un doppio destinatario Questa lettera ha due destinatari: uno reale, il frate agostiniano Dionigi da Borgo da San Sepolcro, che Petrarca aveva conosciuto forse nel 1333, e uno ideale a cui il poeta poteva solo immaginare di rivolgersi: i posteri. La tradizione dell'epistolografia latina alla quale Petrarca qui si richiama, infatti, considerava la lettera come un vero e proprio genere letterario, destinato ad un pubblico e concepito per resistere al tempo. Ecco perché Petrarca può unire colloquialità e tono alto. Ecco perché, insieme ad un lessico e a uno stile elevati (ben riconoscibili anche nella traduzione italiana), fittamente intessuto da citazioni dagli autori classici (Virgilio e Ovidio) e da Agostino, si alternano espressioni tipiche della scrittura epistolare («come sai», «non so dirti», «ascolta padre mio»).

i temi e i motivi

Francesco e Gherardo Francesco e il fratello Gherardo hanno temperamenti opposti: il primo aggira gli ostacoli e si stanca dopo pochi metri, l'altro si arrampica deciso verso la meta e sa dosare gli sforzi e le energie; Francesco dispera ad un certo punto di raggiungere la cima, ma l'esempio del fratello lo rincuora. Il senso simbolico si rivela quando Francesco apre a caso (ma naturalmente non si tratta di un caso) le *Confessioni* di Agostino, che aveva portato con sé, e vi legge: «E vanno gli uomini a contemplare le cime dei monti, i vasti flutti del mare, le ampie correnti dei fiumi, l'immensità dell'oceano, il corso degli astri e trascurano se stessi». Gli uomini cercano quindi la verità al di fuori di se stessi, e trascurano di guardare nella profondità della propria anima. Gherardo ha iniziato a scrutare nella propria anima ed ha iniziato il cammino che lo porterà alla conversione: si farà monaco infatti nel 1343. La facilità con cui arriva alla cima è il simbolo della sua decisione morale. Francesco invece è ancora lontano da tutto questo, e il suo animo è diviso tra l'aspirazione al bene e le tentazioni terrene.

esponsioni digitali

TESTI A CONFRONTO
***Quando salendo creavi il mondo* di Fosco Mariani**

S PASSATO E PRESENTE
La vita come fatica e dolore in un diario contemporaneo: Pavese

Simbolismo e realismo Rispetto alle due liriche del *Canzoniere* con le quali abbiamo iniziato questo percorso, la lettera a Dionigi insiste meno sulle contraddizioni del personaggio e offre maggiore spazio al motivo del raggiungimento della pace e della conquista della serenità interiore. Il finale, in particolar modo, prelude già alla conversione religiosa. La scelta della rappresentazione simbolica permette a Petrarca, qui come nelle due liriche del *Canzoniere* che abbiamo analizzato, di evitare riferimenti troppo diretti e realistici, puntando dritto sui significati morali del racconto.

per studiare *guida all'analisi* T11

COMPRENDERE

1 Il testo che hai letto è

- a la rievocazione di una visione allegorica che il poeta ha vissuto in sogno
- b la cronaca di una gita in montagna
- c una pagina di diario in cui il poeta annota le tappe di un viaggio appena compiuto
- d il racconto di un episodio della vita del poeta rivissuto in chiave simbolica

2 Che cosa rappresenta il monte?

- a la vita di ascesi che avvicina alla salvezza
- b la fatica di vivere
- c le tentazioni diaboliche
- d la bellezza del creato

3 Il fatto che il testo sia stato scritto in latino rappresenta un'eccezione nell'opera di Petrarca? Spiega la risposta.

4 Quale intento si propone Petrarca rielaborando questa lettera a distanza di tempo per renderla pubblica?

- a correggere gli errori
- b tradurla in latino dal volgare in cui l'aveva scritta
- c fornire un proprio autoritratto ideale
- d acquistare fama presso i signori che lo ospitavano

ANALIZZARE

5 Sottolinea nel testo le espressioni che rimandano al paesaggio, e utilizzale per scrivere una presentazione sintetica dei luoghi che fanno da cornice alla narrazione.

6 Completa la tabella inserendo nelle rispettive colonne le immagini che si riferiscono alla diversità con cui i due fratelli affrontano la salita al monte.

sostantivi riferiti alla navigazione	sostantivi riferiti all'esperienza umana
....	....
....	....
....	....
....	....

INTERPRETARE E APPROFONDIRE

7 Quale differenza contraddistingue i due fratelli nella salita, e quale significato simbolico assume?

8 Rifletti su questo passaggio del testo: «Ciò che ero solito amare, non amo più; mento: lo amo, ma meno; ecco, ho mentito di nuovo: lo amo, ma con più vergogna, con più tristezza; finalmente ho detto la verità. È proprio così: amo, ma ciò che amerei non amare, ciò che vorrei odiare; amo tuttavia, ma contro voglia, nella costrizione, nella sofferenza». Considera il contenuto e le strategie formali (sintassi, lessico, punteggiatura). Quale rappresentazione di sé intende dare Petrarca?

- a la consapevolezza raggiunta che l'amore è un'illusione
- b l'oscillazione dell'animo e la sua battaglia interiore
- c la scelta decisiva della vita religiosa
- d la decisione di dedicarsi anima e corpo agli studi letterari.

9 Nell'immagine dell'ascesa al monte, quale modello letterario è possibile rintracciare?

- a le *Confessioni* di sant'Agostino
- b la *Commedia* di Dante
- c il *Purgatorio* di Dante
- d il *Paradiso* di Dante

T12

«Vergine bella, che di sol vestita»

Canzoniere, 366

concetti-chiave

- la preghiera alla Vergine
- la conversione e il pentimento
- un nuovo autoritratto del poeta

Dalle Confessioni di Agostino (cfr. **S8**, *p. 303) in poi la conversione religiosa è un ingrediente essenziale della scrittura autobiografica. La conversione è lo spartiacque tra il prima e il dopo, il momento che separa nettamente la vita passata (segnata dalle tentazioni terrene e dal perseguimento di falsi ideali) da quella presente e futura, interamente dedicata a seguire il volere divino che, solo, può dare valore e significato alla vita.*

LINGUA: italiano **DATAZIONE:** metà del Trecento.

Vergine bella, che di sol vestita,
coronata di stelle, al sommo Sole
piacesti sì che 'n te Sua luce ascose,
amor mi spinge a dir di te parole;
ma non so 'ncominciar senza tu' aita,
et di Colui ch'amando in te si pose.
Invoco lei che ben sempre rispose,
chi la chiamò con fede:
Vergine, s'a mercede
miseria extrema de l'humane cose
già mai ti volse, al mio prego t'inchina,
soccorri a la mia guerra,
bench'i' sia terra, et tu del ciel regina.

Vergine saggia, et del bel numero una
de le beate vergini prudenti,
anzi la prima, et con più chiara lampa;
o saldo scudo de l'afflicte genti
contra' colpi di Morte et di Fortuna,
sotto 'l qual si triumpha, non pur scampa;
o refrigerio al cieco ardor ch'avampa
qui fra i mortali sciocchi:
Vergine, que' belli occhi
che vider tristi la spietata stampa
ne' dolci membri del tuo caro figlio,
volgi al mio dubio stato,
che sconsigliato a te vèn per consiglio.

Vergine pura, d'ogni parte intera,
del tuo parto gentil figliuola et madre,
ch'allumi questa vita, et l'altra adorni,
per te il tuo figlio, et quel del sommo Padre,
o fenestra del ciel lucente altera,
venne a salvarne in su li extremi giorni;

METRO: canzone di dieci stanze con tredici versi (endecasillabi e settenari) l'una, più il congedo. Fronte divisa in due piedi e sirma indivisa, collegata alla fronte con la chiave C. L'ultimo verso di ogni stanza è in rima al mezzo con il precedente. Schema ABC, BAC; CddCEf(f)E.

1-13 *O bella Vergine Maria, che sei vestita di sole, coronata di stelle, e che piacesti a tal punto a Dio* (**al sommo Sole**)*, che racchiuse* (**ascose**) *in te la Sua luce* [: Gesù]*! L'amore mi spinge a parlare di te, ma non so incominciare senza il tuo aiuto* (**tu' aita**)*, e senza l'aiuto di Colui che per amore degli uomini si incarnò* (**si pose**) *in te. Invoco colei che ha sempre esaudito* (**ben...rispose**) *chi la invocò* (**chiamò**) *con fede: o Vergine, se mai una volta* (**già**) *l'estrema miseria delle vicende* (**cose**) *umane ti mosse* (**ti volse**) *al soccorso* (**a mercede**)*, abbàssati* (**t'inchina**) *alle mie preghiere, dà aiuto* (**soccorri**) *alla mia angoscia* (**guerra**) *benché io sia terra, mentre tu sei regina del cielo.*

amor: l'amore religioso, non quello terreno per Laura. **guerra**: la sofferenza del poeta, la lotta interiore tra richiamo religioso e sentimenti umani.

14-26 *O Vergine saggia, e una del gruppo* (**del...numero**) *delle buone e beate vergini prudenti, anzi la prima, e quella con lampada più luminosa* (**chiara**) *o solido scudo degli uomini* (**genti**) *addolorati* (**afflicte**) *contro i colpi della morte e della sorte* (**Fortuna**)*, sotto il quale* [scudo] *non solo* (**non pur**) *ci salva* (**scampa**)*,* [ma] *si trionfa* (**trïumpha**)*; o refrigerio al folle fuoco* (**ardor**) [delle passioni] *che avvampa qui* [: sulla Terra] *tra gli uomini* (**mortali**) *sciocchi; o Vergine, rivolgi verso la mia condizione* (**stato**) *incerta* (**dubio**)*, che, titubante* (**sconsigliato**)*, viene da te per avere un consiglio, quei begli occhi che videro tristi l'impronta* (**stampa**) *spietata* [: delle ferite inflitte a Gesù sulla Croce] *sulle amate* (**dolci**) *membra del tuo caro figlio.*

del bel numero: **bel** è riferito per ipallage a **numero**. Il numero delle buone e beate Vergini prudenti è un'immagine allegorica ripresa dal Vangelo. Matteo 25 racconta di dieci vergini (le anime) in attesa dello sposo (Cristo): cinque mantennero accesa la lampada (la luce dello Spirito Santo, cioè la fede) e accompagnarono lo sposo al banchetto nuziale (al Paradiso), cinque invece la lasciarono spegnere, e furono respinte. Maria è la prima delle vergini che lasciarono accesa la lampada perché in lei i doni dello Spirito Santo si manifestarono con maggiore intensità. **trïumpha**: è una grafia latineggiante e va letta "triunfa".

27-39 *O Vergine pura, intatta* (**intera**) *in ogni tua parte, figlia e madre del tuo nobile* (**gentil**) *parto, che illumini* (**allumi**) *questa vita e abbellisci* (**adorni**) *l'altra* [: la vita ultraterrena]*, o finestra elevata* (**altera**) *che lasci passare la luce del cielo* (**fenestra del ciel lucente**)*, per mezzo tuo* (**per te**) *il figlio tuo e del Padre supremo* (**sommo**) *venne a salvarci* (**salvarne**) *nell'ultima epoca* (**in su li extremi giorni**)*; e solo tu fosti*

T12 «Vergine bella, che di sol vestita»

et fra tutti terreni altri soggiorni
sola tu fosti electa,
Vergine benedetta,
che 'l pianto d'Eva in allegrezza torni.
Fammi, ché puoi, de la Sua gratia degno,
senza fine o beata,
già coronata nel superno regno.

Vergine santa d'ogni gratia piena,
che per vera et altissima humiltate
salisti al ciel onde miei preghi ascolti,
tu partoristi il fonte di pietate,
et di giustitia il sol, che rasserena
il secol pien d'errori oscuri et folti;
tre dolci et cari nomi ài in te raccolti,
madre, figliuola et sposa:
Vergine glorïosa,
donna del Re che nostri lacci à sciolti
et fatto 'l mondo libero et felice,
ne le cui sante piaghe
prego ch'appaghe il cor, vera beatrice.

Vergine sola al mondo senza exempio,
che 'l ciel di tue bellezze innamorasti,
cui né prima fu simil né seconda,
santi penseri, atti pietosi et casti
al vero Dio sacrato et vivo tempio
fecero in tua verginità feconda.
Per te pò la mia vita esser ioconda,
s'a' tuoi preghi, o Maria,
Vergine dolce et pia,
ove 'l fallo abondò, la gratia abonda.
Con le ginocchia de la mente inchine,
prego che sia mia scorta,
et la mia tòrta via drizzi a buon fine.

Vergine chiara et stabile in eterno,
di questo tempestoso mare stella,
d'ogni fedel nocchier fidata guida,
pon' mente in che terribile procella
i' mi ritrovo sol, senza governo,
et ò già da vicin l'ultime strida.
Ma pur in te l'anima mia si fida,
peccatrice, i' nol nego,
Vergine, ma ti prego
che 'l tuo nemico del mio mal non rida:
ricorditi che fece il peccar nostro
prender Dio, per scamparne,
humana carne al tuo virginal chiostro.

Vergine, quante lagrime ò già sparte,
quante lusinghe et quanti preghi indarno,

*scelta (**electa**) fra tutte le altre donne (**soggiorni**)! O Vergine benedetta, che trasformi in allegria il pianto procurato da Eva: fammi degno della Sua grazia, tu che puoi, o infinitamente beata, o tu che sei già incoronata nel regno altissimo* [: nel Paradiso].

li extremi giorni: secondo la tradizione, Gesù sarebbe sceso sulla Terra nella sesta e ultima età dell'uomo. **soggiorni**: i corpi delle donne nei quali Dio avrebbe potuto incarnarsi e soggiornare per nove mesi prima di nascere. **'l pianto d'Eva**: il dolore causato all'umanità dal peccato di Eva. Maria converte questo dolore in **allegrezza**. Si può forse intendere, più precisamente, che la maternità di Eva (che partorì con dolore, secondo la traduzione latina della Bibbia) viene convertita in gioia dal parto della Madonna, che purifica così il peccato originale.

40-52 *O Vergine santa piena di ogni grazia, che sei salita al cielo, da dove (**onde**) ascolti le mie preghiere (**preghi**), per la tua vera e nobilissima (**altissima**) umiltà (**humiltate**), tu partoristi la sorgente (**fonte**) di pietà e il sole della giustizia, che rasserena il mondo (**il secol**) pieno di errori oscuri e frequenti (**folti**); hai raccolto in te tre nomi dolci e cari: madre, figlia e sposa; o gloriosa Vergine, sposa del Re che ha sciolto i nostri legami (**lacci**) e ha reso (**fatto**) il mondo libero e felice, nelle cui sante piaghe io ti prego, o vera beatrice, di calmare (**ch'appaghe**) il mio cuore.*

vera beatrice: unica fonte di beatitudine, unica tra le donne capace di portare la salvezza (forse con un riferimento polemico alla Beatrice dantesca e all'amore stilnovista).

53-65 *O Vergine unica (**sola**) al mondo e senza eguali (**senza exempio**), che facesti innamorare il cielo delle tue bellezze, alla quale (**cui**) nessuna fu paragonabile (**simil**) né superiore (**prima**) né degna di starle accanto (**seconda**): pensieri santi, comportamenti (**atti**) pietosi e casti prepararono (**fecero**) al vero Dio un sacro tempio vivente (**vivo**) nella tua feconda verginità! La mia vita può essere serena (**ioconda**) grazie a te (**Per te**), o Maria, Vergine dolce e pietosa (**pia**), se, grazie alle (**s'a'** = 'se ai') tue preghiere, dove fu grande (**abondò**) l'errore abbonda ora la grazia (**gratia**:* leggi 'grazia'). *Con le ginocchia della mente inchinate (**inchine**), io ti prego di essere mia guida (**scorta**), e di indirizzare a buon fine la mia via erronea (**tòrta**).*

la mia torta via drizzi: Francesco chiede alla Madonna di essere ricondotto sulla retta via, cioè sul cammino della fede e della rettitudine morale. La metafora è frequente negli scrittori cristiani e si trova anche in Dante (*Inferno*, I, v. 3)

66-78 *O Vergine, stella luminosa (**chiara**) e stabile in eterno per questo mare tempestoso, guida affidabile (**fidata**) di ogni navigatore (**nocchier**) che ha fede: guarda (**pon' mente**) in che terribile tempesta (**procella**) io mi ritrovo da solo, senza timone (**governo**), e ho già vicine le grida finali (**l'ultime strida**)* [: del naufragio]. *Eppure, si affida a te l'anima mia: peccatrice, non lo nego, o Vergine; ma ti prego di far sì che il tuo nemico* [: il demonio] *non si rallegri (**non rida**) della mia dannazione (**del mio mal**); ricordati che i nostri peccati fecero sì che Dio assumesse, per salvarci, (**per scamparne**), carne umana nel tuo grembo (**chiostro**) di vergine.*

L'allegoria della navigazione si trova anche in «*Passa la nave mia colma d'oblio*» (*Canzoniere*, 189): ma mentre lì non c'erano segnali a guidare la nave verso la salvezza, qui Maria è la stella luminosa e stabile che consente di seguire la rotta verso il porto.

79-91 *O Vergine, quante lacrime ho già versato (**sparte**), e quante lodi insincere (**lusinghe**) e quante preghiere* [ho rivolto a Laura] *inutilmente (**indarno**),*

pur per mia pena et per mio grave danno!
Da poi ch'i' nacqui in su la riva d'Arno,
cercando or questa et or quel'altra parte,
non è stata mia vita altro ch'affanno.
Mortal bellezza, atti et parole m'ànno
tutta ingombrata l'alma.
Vergine sacra et alma,
non tardar, ch'i' son forse a l'ultimo anno.
I dì miei più correnti che saetta
fra miserie et peccati
sonsen' andati, et sol Morte n'aspetta.

Vergine, tale è terra, et posto à in doglia
lo mio cor, che vivendo in pianto il tenne
et de mille miei mali un non sapea:
et per saperlo, pur quel che n'avenne
fôra avenuto, ch'ogni altra sua voglia
era a me morte, et a lei fama rea.
Or tu Donna del ciel, tu nostra Dea
(se dir lice, et convensi),
Vergine d'alti sensi,
tu vedi il tutto: et quel che non potea
far altri, è nulla a la tua gran vertute,
por fine al mio dolore;
ch'a te honore, et a me fia salute.

Vergine, in cui ò tutta mia speranza
che possi et vogli al gran bisogno aitarme,
non mi lasciare in su l'extremo passo.
Non guardar me, ma Chi degnò crearme;
no 'l mio valor, ma l'alta Sua sembianza,
ch'è in me, ti mova a curar d'uom sì basso.
Medusa et l'error mio m'àn fatto un sasso
d'umor vano stillante:
Vergine, tu di sante
lagrime et pie adempi 'l meo cor lasso,
ch'almen l'ultimo pianto sia devoto,
senza terrestro limo,
come fu 'l primo non d'insania vòto.

Vergine humana, et nemica d'orgoglio,
del comune principio amor t'induca:
miserere d'un cor contrito humile.
Che se poca mortal terra caduca

solamente (**pur**) *per accrescere la mia sofferenza* (**pena**) *e per mio grave danno! Da quando io nacqui sulla riva dell'Arno, la mia vita non è stata altro che angoscia* (**affanno**), *percorrendo* (**cercando**) *ora questa ora quella terra* (**parte**). *Bellezza, atti e parole effimeri* (**Mortal**) [: di Laura] *mi hanno riempito l'anima* (**l'alma**) *per intero* (**tutta**). *O Vergine sacra e che dà vita* (**alma**), *non tardare, dato che io sono forse nell'ultimo anno* [della mia vita]. *I miei giorni* (**dì**) *se ne sono* (**sonsen'**) *andati più veloci* (**correnti**) *che una freccia* (**saetta**) *fra cose insignificanti* (**miserie**) *e peccati, e mi* (**n'**) *aspetta solo la morte.*

In questa settima strofe Petrarca dichiara in modo più preciso il peccato di cui si è reso colpevole: l'amore. Laura non è mai nominata, ma è a lei che ha rivolto inutilmente le sue preghiere, credendo che la sua bellezza, le sue parole e i suoi gesti potessero garantirgli la felicità. Il desiderio di felicità terreno e l'amore per una donna sono però beni effimeri e caduchi. **nacqui in su la riva d'Arno**: a Firenze, anche se in realtà Petrarca era nato ad Arezzo (ma da genitori fiorentini).

92-104 *O Vergine, una donna* (**tale**) *è polvere* (**terra**), *e ha posto il mio cuore nel dolore* (**in doglia**), *lei che, finché visse, lo tenne nel pianto e non sapeva neppure uno dei miei mille mali; e se anche l'avesse saputo* (**per saperlo**), *sarebbe* (**fôra**) *avvenuto egualmente* (**pur**) *quel che avvenne* (**n'avenne**) [: avrebbe ugualmente rifiutato il mio amore], *perché ogni suo desiderio* (**voglia**) *diverso* (**altra**) *sarebbe stato* (**era**) *per me ragione di morte eterna* [: di dannazione], *e per lei causa di cattiva* (**rea**) *fama. Ebbene* (**Or**), *tu signora* (**Donna**) *del cielo, tu nostra dea – se è lecito* (**lice**) *e opportuno* (**convensi**) *dire così – o Vergine di qualità elevate* (**d'alti sensi**), *tu vedi tutto ciò: e quello che altri* [: Laura] *non poteva fare, cioè porre fine al mio dolore, è nulla per la tua grande potenza* (**vertute**); *ciò a te sarà* (**fia**) *motivo d'onore e a me di salvezza* (**salute**).

L'amore per Laura è stato causa di un duplice dolore: quando lei era in vita, perché non ricambiato; dopo la sua morte, perché privato del proprio oggetto (primo paradosso). Francesco ha sofferto quando Laura gli ha negato il suo amore, ma anche se avesse conosciuto l'intensità del suo amore, non sarebbe cambiato nulla: Laura lo avrebbe rifiutato (secondo paradosso). Infine, ammesso che Laura si fosse innamorata di Francesco, tutti e due sarebbero caduti nel peccato (terzo paradosso).

105-117 *O Vergine, in cui ripongo* (**ò**) *tutta la mia speranza che tu possa e voglia aiutarmi in questo gran bisogno, non mi abbandonare nel passaggio supremo* (**extremo**) [: dalla vita alla morte]. *Non guardare me, ma Chi si degnò di crearmi; non il mio merito* (**valor**), *ma la Sua immagine* (**sembianza**) *degna* (**alta**), *che è in me, ti spinga* (**mova**) *a preoccuparti* (**a curar**) *di un uomo così vile* (**sì basso**). *Medusa e il mio errore mi hanno reso come un sasso che versa* (**stillante**) *inutili lacrime* (**umor vano**): *o Vergine, riempi tu il mio cuore stanco* (**lasso**), *di lacrime sante e religiose* (**pie**), *affinché almeno l'ultimo mio pianto sia devoto, senza fango* (**limo**) *terrestre, come il primo è stato* (**fu**) *non privo* (**non… vòto**) *di follia* (**insania**).

Dice la Bibbia che Dio ha creato l'uomo a sua immagine e somiglianza: perciò Petrarca chiede alla Madonna di aiutarlo in nome di questa somiglianza con il Creatore, ammettendo di essere stato un peccatore. **Medusa** secondo la mitologia classica era una bellissima fanciulla che acquisì il potere malefico di trasformare in sasso chiunque la guardasse in volto: Medusa è Laura, la cui bellezza pietrificante ha paralizzato Francesco impedendogli di seguire la retta via. **tu…adempi**: non è una constatazione, ma una richiesta (il modo del verbo è imperativo, non indicativo). La maggior parte dei commentatori intende il contrario, ma in tal caso non sarebbe rispettata la struttura argomentativa delle altre stanze (invocazione + richiesta).

118-130 *O Vergine* [*dalla natura*] *umana* (**humana**) *e nemica dell'orgoglio, ti convinca* (**t'induca**) *ad aiutarmi l'amore della nostra comune origine* (**principio**); *abbia pietà* (**miserere**, lat.) *di un cuore pentito* (**contrito**) *e umiliato* (**humile**). *Se sono stato capace* (**soglio**) *di amare con fedeltà* (**fede**) *così ammirevole un po' di terra mortale corruttibile* (**caduca**) [: il corpo

amar con sì mirabil fede soglio,
che devrò far di te, cosa gentile?
Se dal mio stato assai misero et vile
per le tue man' resurgo,
Vergine, i' sacro et purgo
al tuo nome et penseri e 'ngegno et stile,
la lingua e 'l cor, le lagrime e i sospiri.
Scorgimi al miglior guado,
et prendi in grado i cangiati desiri.

Il dì s'appressa, et non pote esser lunge,
sì corre il tempo et vola,
Vergine unica et sola,
e 'l cor or coscïentia or morte punge.
Raccomandami al tuo figliuol, verace
homo et verace Dio,
ch'accolga 'l mïo spirto ultimo in pace.

ULTIMA PAROLA

F. Petrarca, *Il canzoniere*, a cura di M. Santagata, Mondadori, Milano 2004.

di Laura], *quanto dovrò amare te che sei una creatura* (**cosa**) *nobile* (**gentile**)? *O Vergine, se mi risollevo* (**resurgo**) *grazie alle* (**per le**) *tue mani dal mio stato assai misero e vile, io purificandoli consacro* (**sacro et purgo**) *al tuo nome sia* (**et**) *i miei pensieri sia l'ingegno e lo stile, la lingua e il cuore, le lacrime e i sospiri. Scortami* (**Scorgimi**) *al guado migliore* [: verso la salvezza] *e gradisci* (**prendi in grado**) *i miei desideri* (**desiri**), *mutati* (**cangiati**) [*da quel che erano*].

Francesco si appella alla comune natura umana che lo rende simile a Maria (ma **humana** può voler dire anche 'benevola, pietosa'). Lui che è stato capace di amare così tanto una donna mortale amerà in modo incomparabilmente superiore Maria, dato che verso di lei l'amore potrà indirizzarsi verso il giusto oggetto, acquistando forza. Francesco promette di consacrare a Maria la sua intelligenza e la cultura e ogni altra cosa se lei lo guiderà verso la salvezza eterna.

131-137 *O Vergine unica e sola, il giorno* (**Il dì**) [*della morte*] *si avvicina* (**s'appressa**), *e non può* (**non pote**) *essere lontano, tanto* (**sì**) *corre e vola il tempo, e sia la coscienza* [*delle mie colpe*] *sia* [*il timore*] *della morte feriscono* (**punge**) *il mio cuore. Raccomandami a tuo figlio, vero* (**verace**) *uomo e vero Dio, affinché riceva* (**ch'accolga**) *nella pace la mia anima nel momento estremo* (**'l mio spirto ultimo**).

Nel congedo è l'ultima e la più importante richiesta: Francesco chiede alla Vergine di intercedere presso Cristo affinché Lui lo accolga nella pace del Paradiso quando arriverà il momento della morte.

INCORONATO DA ROBERTO D'ANGIO

analisi e interpretazione T12

le forme

Due modelli: la lirica d'amore e l'innografia mariana Due sono i modelli ai quali Petrarca si ispira nella *Canzone alla Vergine*: lo stilnovismo e la lirica d'amore, da una parte, e la tradizione religiosa degli inni mariani, cioè dei testi sacri in lode di Maria, dall'altra. Le due tradizioni si incrociano nel testo conclusivo del *Canzoniere*, quasi a ribadire la mescolanza di sacro e profano che permea tutto il libro. La componente cortese e stilnovistica è visibile negli epiteti riferiti a Maria («beatrice», «stella», «dea», «cosa gentile») ma anche in altri luoghi, e spesso Petrarca usa per la Vergine le stesse parole che aveva usato per Laura: «sola al mondo senza exempio» (v. 53), «né prima fu simil né seconda» (v. 55), «unica et sola» (v. 133). Sono invece citazioni letterali dalla tradizione religiosa il v. 13 («bench'i' sia terra, et tu del ciel regina»), i vv. 14-15 («Vergine saggia, et del bel numero una / de le beate vergini prudenti»), l'espressione «fenestra del ciel» (v. 31) ed altre. Le fonti sono le antifone* dedicate alla Vergine (*Regina coeli*, *Commune virginum*) o gli autori cristiani.

Una struttura rigorosa (lode-richiesta) La struttura obbedisce a uno schema fisso, che si ripete identico di stanza in stanza. Alla lode della Madonna si associa sempre (nella seconda parte) una richiesta precisa: a lei Francesco chiede infatti prima di chinarsi per ascoltarlo (stanza 1) e di rivolgergli la sua attenzione (2); poi di farlo degno della grazia divina (3), di calmare il suo cuore agitato (4), di essere la sua guida e di ricondurlo sulla retta via (5), sottraendo la sua anima al diavolo (6); poi le chiede che non tardi a portargli la salvezza perché sta forse per morire (7) e di mettere fine al suo dolore causato dal peccato (8). Maria può trasformare le lacrime inutili che il poeta ha versato finora in lacrime di pentimento (9) e a lei Francesco chiede di accettare i suoi desideri di pentimento e di devozione (10), ed infine, nel congedo, di intercedere presso Cristo affinché, dopo la morte, accolga l'anima di Francesco in Paradiso.

* **Antifone**: brevi frasi recitate o cantate durante alcuni momenti delle funzioni liturgiche.

i temi e i motivi

Un nuovo punto di vista Anche qui Petrarca ci dà un autoritratto, ma da una prospettiva molto diversa: quella dell'avvenuta conversione. La vita passata, vista da qui, è solo errore e sofferenza: ogni passione è ormai spenta alla luce del pentimento e della redenzione.

Laura e la Vergine Maria La contrapposizione tra Laura e Maria è forse il tema centrale del componimento, e chiama il lettore ad un confronto continuo con il resto del *Canzoniere*: nella ripresa dell'allegoria marina della sesta strofe, ad esempio, siamo obbligati a confrontare mentalmente la presenza rassicurante di Maria, che guida la nave verso il porto della salvezza, all'assenza di Laura nel sonetto *«Passa la nave mia colma d'oblio»* (**T10**, p. 286) (vv. 66-71). Alle lacrime inutilmente versate per Laura devono ora sostituirsi quelle del pentimento (vv. 111-117); all'amore già straordinario per il corpo terreno di Laura si deve ora sostituire quello ancora maggiore per la Vergine (vv. 121-123).

Petrarca e noi

L'immagine femminile e la fede religiosa ieri e oggi Benché il significato esplicito della poesia sia la volontà di superare, grazie alla religione, la condizione del peccato, è possibile anche tentare di leggerla con una chiave di lettura moderna, quella della psicoanalisi. Laura e Maria, infatti, rappresentano due tipi diversi di femminilità: la prima è caratterizzata dal narcisismo (cfr. **S2**, p. 265), dalla freddezza con cui si lascia ammirare senza mai concedersi all'amante. All'immagine di Laura è associata quella di Medusa (v. 111), cioè della bella creatura capace di pietrificare chi la guarda. Ne consegue il pianto, il dolore, l'irresolutezza, la disperazione e il desiderio peccaminoso del poeta (non il peccato vero e proprio, perché appunto Laura ha sempre reso impossibile il contatto). Maria, viceversa, incarna il modello di donna-madre: è accogliente, protettiva, pronta a nutrire il figlio-sposo. Sono numerose le immagini che richiamano questa idea di protezione («scudo», «tempio», «chiostro»), e anche di sollievo dal calore delle passioni terrene («refrigerio») o di abbondanza («d'ogni gratia plena», «feconda», «abonda», e «alma», al v. 87, che significa letteralmente 'che nutre' e viene dal latino *almus*). L'abbandono di Laura per Maria significa quindi, in un'ottica psicoanalitica, la rinuncia all'amore pulsionale e alla passione (che porta solo sofferenza) e il ritorno all'abbraccio tranquillizzante della donna-madre.

per studiare *guida all'analisi* T12

COMPRENDERE

1 Qual è la specificità di questo componimento riguardo alla struttura del *Canzoniere*?

a conclude il libro nel nome della Madonna
b apre la sezione delle "rime in morte di Laura"
c è l'unica canzone del *Canzoniere*
d è una composizione tipicamente liturgica

2 Qual è il contenuto fondamentale del componimento?

a la rinuncia del poeta a celebrare la figura femminile
b il bilancio che il poeta fa della propria vita
c la storia dell'amore per Laura
d la celebrazione disinteressata della santità di Maria

ANALIZZARE

3 Le strofe iniziano tutte con un'invocazione alla Vergine. Di quale figura retorica si tratta?

a anastrofe
b iperbole
c acronimo
d anafora

4 Ogni stanza della canzone presenta una struttura fissa. Individuala collegando correttamente.

prima parte della stanza	richiesta alla Madonna
seconda parte della stanza	lode alla Madonna

5 Nella lode alla Vergine, il poeta contrappone e intreccia due figure femminili: Laura e la vergine Maria. Rintraccia nel testo esempi di termini e di espressioni che il poeta riferisce alla Madonna derivandoli dalla tradizione stilnovistica e cortese, ed esempi di termini ed espressioni che deriva dai testi sacri in onore di Maria.

La lode alla Vergine: tra tradizione cortese e tradizione religiosa

versi	termini della tradizione stilnovistica	termini della tradizione religiosa
....	....	....
....	....	....
....	....	....
....	....	....
....	....	....
....	....	....
....	....	....

INTERPRETARE E APPROFONDIRE

6 Nella canzone, Laura e l'amore che il poeta ha coltivato per lei sono continuamente messi sotto accusa. Come spieghi, ad esempio, i versi seguenti (111-112)?

«Medusa et l'error mio m'àn fatto un sasso
d'umor vano stillante»

7 Perché Petrarca colloca la canzone alla Vergine a conclusione del *Canzoniere*? Scegli l'interpretazione o le interpretazioni possibili sulla base del testo e spiega su quali motivi si basa la tua scelta.

- a il poeta realizza nella canzone alla Vergine il bisogno di sostituire all'amore tormentato per Laura un amore più tranquillizzante e materno
- b nel Medioevo una raccolta di liriche profane doveva per tradizione concludersi con una preghiera
- c il poeta dedica tutto il libro alla Vergine, aprendo così la possibilità di reinterpretarlo nella prospettiva religiosa
- d nel disegnare il proprio autoritratto, il poeta intende presentare se stesso e tutto il *Canzoniere* nella prospettiva della conversione

8 Con la canzone alla Vergine, Petrarca dà un ulteriore ritratto di sé. Considera in particolare la quinta stanza (vv. 79-91), e rintraccia le informazioni che il poeta fornisce su se stesso da quando è nato. Raccogli le informazioni in un elenco sintetico.

....

....

9 Sempre riguardo alla stessa stanza, avrai notato una apparente imprecisione riguardo al luogo di nascita. Perché il poeta dà un'informazione imprecisa per quanto concerne la sua nascita? Scegli l'opzione che ritieni corretta.

- a è un errore involontario, che dimostra che il poeta non ricordava o non conosceva il luogo della sua nascita
- b Petrarca era di famiglia fiorentina recentemente esiliata, quindi si considerava fiorentino di nascita ed educazione
- c Petrarca si considerava fiorentino per via della lingua volgare che aveva preso da Dante
- d l'Arno bagna anche la valle in cui si trova Arezzo.

10 Se, oltre a questo percorso, hai seguito anche il percorso 1, puoi eseguire il confronto qui proposto. Confronta la canzone (**T12** ***Vergine bella, che di sol vestita***) con il sonetto (**T5** ***Benedetto sia 'l giorno, e 'l mese, et l'anno***). Usa la tabella seguente per individuare i termini di confronto e per raccogliere i concetti fondamentali.

«Benedetto sia 'l giorno, e 'l mese, et l'anno»		*«Vergine bella, che di sol vestita»*
....	la forma	....
....	la struttura metrica	....
....	gli elementi stilistici e retorici	....
....	il tema	....
....	la collocazione dell'opera nel *Canzoniere*	....
....	il messaggio	....

S8 **INFORMAZIONI E APPROFONDIMENTI**

Le *Confessioni* di sant'Agostino

Nasce il genere autobiografico Scritte tra il 397 e il 401, in latino, le *Confessiones* [Confessioni] sono l'opera più originale di Aurelio Agostino (354-430), vescovo di Ippona, nell'odierna Algeria. Per molti versi le *Confessioni* possono essere considerate la prima autobiografia occidentale: divennero celebri nel Medioevo per la capacità di introspezione psicologica unita però ad una grande lucidità e consapevolezza dottrinale. Figlio di padre pagano e di madre cristiana (l'amatissima Monica), Agostino ricevette un'ottima cultura letteraria e filosofica ed insegnò retorica. La sua conversione al Cristianesimo fu abbastanza tarda e travagliata: essa costituisce anche il punto di svolta delle *Confessioni*, collocandosi esattamente a metà del libro. Agostino ci racconta la propria infanzia e giovinezza come un'età segnata dal peccato e dall'errore, trascorsa tra le favole dei poeti, la falsità della mitologia classica, l'abbandono alla sensualità. A Cartagine abbraccia l'eresia manichea, poi inizia la convivenza con una donna al di fuori del matrimonio. La conoscenza della filosofia di Cicerone e i primi lutti (in particolare la perdita dell'amico più caro) segnano l'inizio di una tormentata riflessione sul senso della vita. Agostino sente di sperperare la propria esistenza senza riuscire a trovarvi un significato, un solo vero motivo per continuare a vivere. Troverà però esempi di fede in uomini di Chiesa come Ambrogio, il vescovo di Milano, che finalmente lo battezzerà nel 387.

L'uva e il torchio Il titolo gioca sul duplice significato della parola latina *confessio*: 'lode' (a Dio) e 'confessione' in senso moderno (dei propri peccati). Nessuno scritto dell'antichità può essere davvero accostato a questo libro, che è anche straordinariamente attuale ed ha costituito un modello per molti autori moderni (Pascal, Rousseau, Kierkegaard, Dostoevskij). Nel leggerlo, però, dobbiamo evitare di commettere un errore prospettico: i lettori medievali non conoscevano solo le *Confessioni*, ma anche altre opere di Agostino, dalla *Civitas Dei* [La città di Dio] alle numerosissime opere esegetiche e dottrinali e collocavano l'autobiografia di Agostino all'interno della sua vastissima opera. Un teologo contemporaneo, Hans Urs von Balthasar, ha scritto: «Le *Confessioni* non sono state scritte per essere lette come le leggeva il Petrarca in cima a un'altura davanti a splendidi paesaggi o nel brivido circa la vastità dello spirito umano. La materia che qui viene elaborata, la propria esistenza con le sue drammatiche inversioni, smarrimenti e riprese, è una materia che sta sotto l'azione di Dio e che [...] assume il marchio e il sigillo di Cristo e della sua Chiesa». La biografia si trova quindi al servizio della teologia. Agostino comunica questa convinzione paragonando se stesso all'uva calpestata nel torchio per produrre il vino: la vita del singolo individuo non è importante: è importante l'uso che se ne fa in nome di un bene più grande.

Conclusioni del PERCORSO 2

Un autoritratto in versi e in prosa

Abbiamo detto all'inizio di questo capitolo che il *Canzoniere* di Petrarca è un libro di poesie ma è anche qualcosa di molto simile ad un diario, cioè ad un racconto della propria vita scritto (o finito di scrivere) giorno per giorno. Il fatto che contenga proprio 366 componimenti (tanti quanti i giorni dell'anno, con l'aggiunta di un sonetto, il primo, in funzione di proemio) rinvia del resto all'immagine del calendario e presuppone che vi sia un collegamento tra la vicenda privata del poeta e il tempo pubblico, scandito dalle festività e dalle scadenze liturgiche. Nel *Canzoniere*, tempo individuale e tempo sociale si intrecciano, come avevamo già visto nel primo percorso leggendo il sonetto 3 (*«Era il giorno ch'al sol si scoloraro»*): una narrazione autobiografica svincolata dal tempo pubblico sarebbe impensabile, soprattutto per un uomo del Medioevo. Buona parte dell'opera di Petrarca del resto è stata scritta con lo scopo preciso di comporre un autoritratto in versi o in prosa. Per questo ci è possibile mettere a confronto i due sonetti **T9** ***«Movesi il vecchierel canuto et bianco»*** e **T10** ***«Passa la nave mia colma d'oblio»*** con due tra le lettere più belle di Petrarca: quella in cui egli racconta la salita al Monte Ventoso (**T11**) e la lettera *Ai posteri* (che puoi leggere nelle ***espansioni digitali***).

Confessione e conversione

La tappa conclusiva del percorso autobiografico del *Canzoniere* è la canzone 366 (**T12**). Il suo tema è certamente quello della confessione cristiana, di cui, come abbiamo visto, riproduce rigorosamente la struttura enunciativa, ma anche quello, ad esso strettamente legato, della conversione: quest'ultima è il momento culminante dell'autobiografia in versi petrarchesca. Il modello di Petrarca sono le *Confessioni* di sant'Agostino, che però collocava il momento della propria conversione al Cristianesimo esattamente a metà del libro, separando in due fasi distinte il prima e il dopo, l'infanzia e la giovinezza dissipate nell'ignoranza del vero Dio e nell'amoralità e il successivo riconoscimento della propria vocazione: educato nella più raffinata cultura latina e pagana, Agostino aveva scoperto abbastanza tardi la propria vocazione (cfr. **S8** ***Le confessioni di sant'Agostino***).

Agostino e Francesco

Il fatto che nel *Canzoniere* il momento della conversione sia collocato alla fine del libro, al termine del lungo percorso che lo ha portato dal «giovenile errore» dell'amore per Laura al lutto per la perdita della donna amata, indica però anche una differenza rispetto al modello: mentre il rinnovamento spirituale di Agostino è perfettamente compiuto e perciò può funzionare da modello, quello di Francesco è privo di un seguito e di una verifica; mentre Agostino, dopo avere conosciuto e toccato con mano l'abisso della perdizione, può anche mostrare l'avvenuto superamento della crisi, Francesco non è in grado di farlo. Ecco perché nel *Secretum*, una delle opere latine più moderne di Petrarca, assistiamo ad uno strano dialogo immaginario tra il poeta e l'autore delle *Confessioni*: strano, perché il dialogo è privo di una vera conclusione. Francesco comprende di quale profonda verità il suo interlocutore sia portavoce, ma sembra essere in difficoltà quando arriva il momento di piegare il capo e di accettarla: cosa che infatti non avviene. Petrarca vorrebbe imitare sant'Agostino, ma non può.

Altre versioni

La crisi del soggetto e l'idea che per superarla occorra un cambiamento radicale del proprio stile di vita e dei propri valori sono motivi molto diffusi nella cultura moderna (e pressoché assenti invece nella civiltà greco-latina). Presente in molte narrazioni a sfondo autobiografico, la conversione diventerà per la cultura occidentale un passaggio obbligato. Ciò è vero non solo per quegli scrittori come Dostoevskij che si richiameranno esplicitamente ai valori cristiani, ma anche per coloro che alla fede in Dio sostituiranno quella nell'arte: *Tonio Kröger* (1903) di Thomas Mann, il *Ritratto dell'artista da giovane* (1917) di James Joyce e in generale il *Kunstlerroman* ('romanzo dell'artista') novecentesco riproporranno lo stesso schema crisi-conversione, mostrando come l'arte, nell'epoca contemporanea, possa diventare una sorta di religione.

per fare il punto | *autoverifica delle conoscenze*

Verifica la correttezza delle tue risposte sulla base dei paragrafi, dei testi o delle schede indicati a corredo di ciascuna domanda.

1 Scegli le opzioni corrette. (cfr. **S8**, **Conclusioni del percorso 2**)

Petrarca mostra ***nel corso di tutta la sua opera/solo alla fine della vita*** la tendenza all'autoanalisi e alla definizione della propria identità di intellettuale. Nel *Canzoniere*, il momento della conversione dell'autore è collocato ***alla fine/a metà*** del libro; ciò è spia di una differenza rispetto al modello rappresentato dalle **Confessioni di un italiano *di Ippolito Nievo*/Confessioni *di sant'Agostino, vescovo di Ippona*.** Petrarca infatti non è certo che ***la sua crisi esistenziale sia definitivamente superata/il cambiamento verso una nuova vita sia positivo.*** Nella definizione della propria identità di intellettuale, Petrarca mira a conquistarsi una fama che vada al di là dei limiti della propria vita, come dimostra ***nel* Secretum*/nell'epistola* Posteritati.**

2 Il poeta tende a dare di sé il ritratto di un intellettuale in perpetua ricerca di un approdo ideale. Nella seguente tabella sono indicati due temi tipici di Petrarca. Inserisci nella colonna di destra i titoli (o i versi iniziali) delle opere che hai esaminato in questo percorso e che svolgono il tema indicato. Fai attenzione: una stessa opera può svolgere entrambi i temi.

temi	opere
il tema del viaggio e dell'esilio	....
il tema della conversione	....

3 In che senso il tema del viaggio si può collegare a quello della conversione?

- a la conversione rappresenta l'approdo della ricerca di Petrarca
- b il pellegrinaggio dei devoti medievali si concludeva sempre con una conversione
- c il viaggio nel Medioevo era concepito solo in quanto pellegrinaggio e di conseguenza conversione
- d Petrarca si convertì ad un vita totalmente ascetica dopo aver fatto un viaggio a Roma

4 Considera questi versi finali della canzone alla Vergine e rispondi: a conclusione del libro del *Canzoniere*, quale ritratto di sé consegna Petrarca?

> Vergine, i' sacro et purgo
> al tuo nome et penseri e 'ngegno et stile,
> la lingua e 'l cor, le lagrime e i sospiri.

- a uno scrittore che suo malgrado deve adeguarsi alla mentalità religiosa medievale
- b un intellettuale mediocre che, dopo aver molto sofferto, non è riuscito a staccarsi dalle passioni mondane
- c un grande intellettuale che ha deciso di compiere una svolta rispetto al passato e di consacrare il suo ingegno e la sua arte alla Vergine
- d un erudito che promette alla Vergine di abbandonare gli studi che lo distraggono dalla vita religiosa

5 Il *Canzoniere* è il racconto dell'identità del poeta. Qui di seguito sono elencati quattro punti tutti attinenti al *Canzoniere*: quale di essi sintetizza la caratteristica "moderna" di tale racconto?

- a è un racconto in poesia
- b rappresenta un diario ideale
- c si conclude con una preghiera alla Vergine
- d racconta un'identità "frammentata" e quindi problematica

Il *Canzoniere*

PERCORSI NELL'OPERA 3

Tempo e memoria

IL TEMPO AGISCE SUL VOLTO DI LAURA E SULL'ANIMA DI PETRARCA

Le tappe di questo percorso

Il tema della memoria è uno dei più innovativi ed originali del *Canzoniere*. È nello spazio della memoria, infatti, che l'amore per Laura, impossibile da raggiungere nella realtà, prende corpo nella fantasia. La memoria in Petrarca si oppone allo scorrere del tempo e lo vince: Laura può così rimanere identica a se stessa a distanza di anni e, mentre il suo corpo invecchia, l'immagine della sua anima resta impressa nel ricordo di Francesco. Il sonetto 90 (**T13**) e la canzone 121 (**T14**, p. 313), che leggeremo in questo percorso, entrambe raccolte nella sezione "in vita" di Laura, sviluppano questo tema in positivo. Il sonetto 272 (**T15**, p. 317), invece, compreso nella sezione "in morte", affronta lo stesso tema da un altro punto di vista: la memoria continua a contrapporsi allo scorrere rovinoso del tempo, ma l'assenza di Laura ne rende doloroso e triste il ricordo. Ai testi qui presentati puoi affiancare il sonetto 3 (**T3** ***«Era il giorno ch'al sol si scoloraro»***, p. 261), antologizzato nel **PERCORSO 1**.

TESTI

T13 «Erano i capei d'oro a l'aura sparsi»
Canzoniere, 90

T14 «Chiare, fresche et dolci acque»
Canzoniere, 126

T15 «La vita fugge, et non s'arresta una hora»
Canzoniere, 272

T13

«Erano i capei d'oro a l'aura sparsi»

Canzoniere, 90

concetti-chiave

- amore e memoria
- l'invecchiamento della donna amata
- il ricordo dell'innamoramento

Sono passati molti anni dal primo incontro con Laura e la sua bellezza è in parte sfiorita: gli occhi della donna non hanno più la luminosità che avevano e il suo corpo mostra ormai i segni dell'invecchiamento. Ma il ricordo di quell'incontro riesce a compiere il miracolo e non importa se Laura non appare più a Francesco come un angelo: l'amore provato allora per la prima volta è ancora vivo in lui ed è più forte del tempo.

LINGUA: italiano **DATAZIONE:** metà del Trecento.

Erano i capei d'oro a l'aura sparsi
che 'n mille dolci nodi gli avolgea,
e 'l vago lume oltra misura ardea
di quei begli occhi, ch'or ne son sì scarsi;

e 'l viso di pietosi color' farsi,
non so se vero o falso, mi parea:
i' che l'ésca amorosa al petto avea,
qual meraviglia se di sùbito arsi?

Non era l'andar suo cosa mortale,
ma d'angelica forma; et le parole
sonavan altro, che pur voce humana:

uno spirto celeste, un vivo sole
fu quel ch'i' vidi; et se non fosse or tale,
piagha per allentar d'arco non sana.

F. Petrarca, *Il canzoniere*, a cura di M. Santagata, cit.

METRO: sonetto a schema ABBA, ABBA; CDE, DCE.

1-8 *I suoi capelli biondi* (**d'oro**) *erano sparsi all'aria* (**a l'aura**), *che li avvolgeva in mille dolci nodi, e la bella* (**vago**) *luminosità* (**lume**) *di quei begli occhi, che ora ne sono così privi* (**scarsi**), *ardeva oltre misura; e il viso mi pareva che assumesse i segni* (**color'**) *della pietà* [*nei miei confronti*], *non so se per davvero o è una mia illusione* (**se vero o falso**)*: di che meravigliarsi* (**qual meraviglia**) *se io che avevo nel cuore* (**al petto**) *la predisposizione* (**esca**) *ad amare bruciai immediatamente* (**di sùbito**) [*d'amore*]*?*

ésca: materia infiammabile usata per accendere il fuoco. Metafora per indicare la predisposizione ad innamorarsi di Francesco che la bellezza di Laura accende la prima volta in cui lo sguardo del poeta si posa su di lei. L'imperfetto non si riferisce dunque a un generico passato, ma al primo incontro (6 aprile 1327) o comunque ai giorni dell'innamoramento per Laura.

9-14 *Il suo modo di camminare non era una cosa umana* (**mortale**), *ma di anima* (**forma**) *angelica; e le sue parole avevano suono diverso* (**sonavan altro**) *da una semplice* (**che pur**) *voce umana. Uno spirito del cielo, un sole vivido* (**vivo**) *fu quello che io vidi: e anche se ora non fosse più tale, la ferita* (**piagha**) *non guarisce* (**non sana**) *perché si allenta l'arco* [*che l'ha provocata*].

La bellezza di Laura ha i tratti angelici della tradizione stilnovista. Nell'ultima terzina la si paragona a un sole e a uno spirito celeste e l'ipotetica del v. 13 significa che se anche Laura è invecchiata e la sua bellezza non è più quella di un tempo, l'amore resta immutato. **forma**: come in Dante, significa 'anima', ed è una ripresa del lessico della teologia medievale.

analisi e interpretazione T13

le forme

L'anagramma di Laura Il primo verso contiene un anagramma* del nome di Laura («l'aura»), facilitato dalla consuetudine grafica medievale, che separava le parole in modo diverso dal nostro: nell'autografo del *Canzoniere* (cfr. **Storia della lingua, Petrarca e la scrittura**, p. 310) "l'aura" è scritto sempre "laura", con *scriptio continua*. È uno dei *senhals** di Laura, come il lauro, l'oro (*aurum* in latino) e la laurea poetica (come vedremo meglio leggendo la canzone *«Di pensier in pensier, di monte in monte»*, nel **PERCORSO 4**).

Metafore e aforismi La metafora conclusiva richiama gli attributi tradizionali del dio Amore, con arco e frecce: Laura è l'arco, la freccia l'innamoramento, la ferita l'amore. Di particolare effetto l'ultimo verso («piagha per allentar d'arco non sana»), che ha quasi il tono di un proverbio o di un aforisma*: il suo significato è che, come una ferita non guarisce solo perché la corda dell'arco che ha scagliato la freccia si è allentata (cioè: è venuta meno la causa prima della ferita), così l'amore non viene meno solo perché la bellezza di Laura (che lo ha provocato) è sfiorita.

L'uso dei tempi verbali Questo sonetto è scritto prevalentemente all'imperfetto, sin dall'*incipit* («Erano»). L'uso dell'imperfetto anziché del passato remoto proietta la figura di Laura in una anteriorità indistinta, cioè dai contorni vaghi e favolosi ma soprattutto non limitata nel tempo (quindi durevole, diffusa). «Arsi», «fu», «vidi» sono invece al passato remoto perché si riferiscono al momento preciso dell'innamoramento, equiparato in modo esplicito all'infiammarsi dell'«ésca amorosa» e in modo implicito, nel verso conclusivo, allo scoccare della freccia del dio Amore.

i temi e i motivi

Amore e memoria Il tema principale è la memoria. L'amore è eterno perché la memoria lo conserva. L'immagine di Laura, fissata per sempre nella memoria di Francesco, non è solo un'immagine esteriore: è soprattutto la «forma», cioè l'anima (con un termine tecnico della filosofia medievale), che continua a vivere nel ricordo. La memoria è dunque in grado di conservare l'immagine ideale delle cose, che per i medievali coincideva con la loro vera realtà: "reale" è, infatti, nel pensiero medievale, non ciò che si vede con gli occhi (la realtà fenomenica), ma quello che vedono gli occhi dell'anima e della mente.

Una novità rispetto a Dante e allo Stil novo Anche se i motivi stilnovistici non mancano (la figura della donna angelo e la natura luminosa della presenza femminile), qui la novità rispetto allo Stil novo è davvero forte: di norma Dante e i suoi amici rappresentavano la donna e la sua bellezza al presente, come se fosse lì mentre il poeta ne parla (cfr. **TESTO D'ACCESSO 3**, ***«Tanto gentile e tanto onesta pare»***, p. 22), Petrarca invece, qui, lo fa attraverso la rievocazione e il ricordo. Il risultato è che mentre per lo Stil novo il personaggio femminile ha una reale autonomia, per Petrarca Laura è soprattutto una figura della coscienza e dell'interiorità.

* **Anagramma**: figura retorica (e gioco di parole) che consiste nello scambio reciproco delle lettere che compongono una parola allo scopo di formarne un'altra. Per esempio la parola Roma ha quattro possibili anagrammi: amor, armo, ramo e mora.

* ***Senhal***: è una parola provenzale (leggi segnàl), che indica il nome fittizio o il riferimento cifrato dietro il quale il poeta cela la persona (di solito la donna) cui è rivolta la poesia. In Petrarca il *senhal* di Laura è "l'aura" (cioè l'aria) o il "lauro" (cioè la pianta dell'alloro, sacra ad Apollo).

* **Aforisma**: frase o testo breve dal carattere sentenzioso, che enuncia una verità assoluta, di solito non coincidente con l'opinione comune. Può essere paradossale o ironico.

Petrarca e noi

Memoria e cultura

Il lettore moderno rimane colpito dalla fiducia nella memoria espressa in questa poesia. La moderna concezione della memoria, che nasce nel Rinascimento (cioè un secolo e mezzo dopo Petrarca), esprime infatti una sostanziale sfiducia nelle possibilità di mantenere vivo per sempre dentro di noi il ricordo di qualcosa di importante, tanto è vero che a partire dal Cinquecento avranno grande successo le cosiddette "mnemotecniche" (cioè le tecniche per ricordare). Questa sfiducia è connessa senza dubbio all'allargamento del campo del sapere: se nel Medioevo, dato lo scarso numero di libri in circolazione, era ancora possibile ad un unico individuo dominare diverse discipline e praticare ad un tempo, per esempio, la storiografia, la filosofia e la letteratura, nella modernità (cioè con la cultura del libro a stampa) si renderà necessaria una divisione dei saperi. Tutto questo influirà ovviamente anche sulla concezione che della memoria avranno i poeti del Novecento (cfr. **S9**).

per studiare guida all'analisi T13

COMPRENDERE

1 Che cosa rappresenta questa lirica?

- a un'immagine fissata nel passato
- b un'immagine colta nel presente
- c un arco temporale che abbraccia passato e presente
- d una figura di donna senza tempo

2 Qual è il tema principale del sonetto?

- a la donna angelo
- b la memoria
- c gli occhi di Laura
- d la fine dell'amore

ANALIZZARE

3 Rintraccia nel testo i punti in cui l'io lirico (il poeta) prende la parola, intervenendo cioè con la prima persona singolare. Che funzione ha l'io lirico in questa poesia?

- a è il narratore esterno
- b è l'unico personaggio della lirica
- c è un osservatore che rimane appartato, senza interpretare gli eventi
- d è la coscienza attraverso la quale passano la memoria dell'innamoramento e la rievocazione di Laura.

4 Petrarca usa un linguaggio raffinato e sapientemente intessuto di artifici retorici. Nella tabella sono indicati alcuni tipi di artifici retorici. Completala inserendovi almeno un esempio corrispondente tratto dal testo.

figura retorica	esempio/i	verso/i
METAFORA	....	....
ANAGRAMMA	....	....
AFORISMA	....	....

INTERPRETARE E APPROFONDIRE

5 In questa poesia Petrarca mostra la sua arte, che consiste nel concentrare il massimo di significato nel breve spazio di un sonetto. Prova a specificare quante cose il poeta ci dice in questa poesia.

- riguardo a Laura il poeta dice che ....
- riguardo a se stesso..
- riguardo al tema dello scorrere del tempo ....
- riguardo al tema della bellezza ....
- nei confronti della poesia stilnovista la sua posizione è..

S9 PASSATO E PRESENTE

I moderni e la sfiducia nella memoria

Nella modernità, la sostanziale sfiducia nella memoria riguarda non solo il campo dei saperi (troppo frammentati per poter essere dominati da una sola persona), ma anche la sfera del privato, che è lo spazio privilegiato del genere lirico. Nella poesia «*Non recidere, forbice, quel volto*», contenuta nella raccolta *Le occasioni* (1939), che possiamo prendere come emblema del senso della memoria nel moderno, **Eugenio Montale** scrive:

Non recidere, forbice, quel volto,
solo nella memoria che si sfolla,
non far del suo grande viso in ascolto
la mia nebbia di sempre.

Un freddo cala... Duro il colpo svetta.
E l'acacia ferita da sé scrolla
il guscio di cicala
nella prima belletta di Novembre.

Il poeta chiede al tempo di non tagliare con le sue forbici il volto della donna amata che è conservato dalla memoria: non vuole che il tempo trasformi il ricordo di quel viso in nebbia, cioè che lo cancelli per sempre. La memoria è paragonata ad un luogo che si svuota («si sfolla»), fino a lasciare sola l'immagine di un volto. Ma la preghiera è inutile: il colpo di forbice del tempo si abbatte su quell'immagine, che cade come un ramo reciso. Allo stesso modo (ma il paragone è implicito, come vuole la tecnica novecentesca del correlativo oggettivo*) l'acacia scrolla dal suo tronco il guscio vuoto che una cicala ha abbandonato durante l'estate facendolo cadere nella fanghiglia («belletta») autunnale: altra immagine del tempo che passa portando via con sé anche il ricordo, rappresentato dalla forma vuota dell'insetto.

* **Correlativo oggettivo**: l'espressione «correlativo oggettivo» è stata coniata dal poeta T.S. Eliot (1888-1965) per indicare qualsiasi procedimento poetico che consenta di esprimere un sentimento o un'idea attraverso un'immagine concreta senza ricorrere alla tradizionale metafora o alla similitudine.

invito all'argomentazione

Anche quando si è giovani la memoria ha un valore e un peso importanti: consente la definizione della nostra identità in base a parametri che fanno parte dell'esperienza che abbiamo acquisita (breve o lunga che sia), delle emozioni provate, e così via. E tuttavia ci sono tra gli esseri umani due categorie: quella di chi coltiva la memoria e le memorie in modo appassionato (come Petrarca) e chi invece è piuttosto proiettato nel futuro e tende a buttarsi i ricordi dietro le spalle. A quale gruppo ti senti di appartenere? Spiegalo facendo ricorso a qualche esempio o situazione del tuo vissuto.

Storia della lingua

Petrarca e la scrittura

Anche la scrittura fa parte della storia della lingua, ed anche qui Petrarca occupa un posto fondamentale. Petrarca fu infatti attento ad ogni aspetto di quello che possiamo chiamare l'"oggetto libro", e si occupò anche della scrittura in senso materiale organizzando una specie di officina per copiare le opere che componeva e i testi che accumulava nella sua biblioteca: era tempo di scrittura a mano – quella che ancora possiamo vedere negli antichi codici – e Petrarca è il primo autore italiano di cui conosciamo anche la calligrafia. In una lettera del 1366 (*Sen.* V, 5), Petrarca criticava la scrittura dei giovani educati nelle officine scrittorie universitarie, perché era costituita da caratteri minuscoli e compressi,

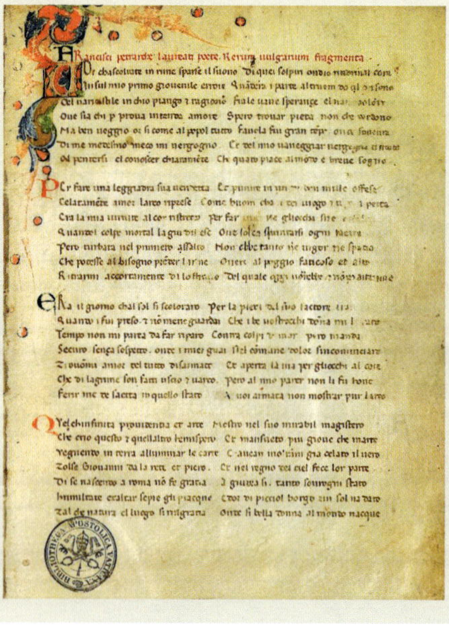

Codice Vaticano Latino 3195, uno dei più preziosi manoscritti esistenti, che raccoglie i *Rerum vulgarium fragmenta*, in parte autografo, in parte redatto sotto la diretta supervisione di Petrarca.

Di Dante non ci è rimasta nessuna testimonianza autografa, mentre conserviamo molti scritti di pugno di Petrarca. Il più importante è il manoscritto Vaticano Latino 3195, custodito alla Biblioteca Apostolica di Città del Vaticano. Questo importantissimo documento è in parte di mano di Petrarca e in parte di mano di Giovanni Malpaghini, che gli fece da segretario per alcuni anni. Le edizioni moderne del *Canzoniere* possono fortunatamente basarsi su questo manoscritto, e il testo che leggiamo è una modernizzazione di quello originale, che adotta una grafia e una punteggiatura a volte molto diversa dalla nostra.

virtuosistici e attraenti da lontano, ma micidiali per la vista allorché uno vi si accostasse per leggerli. Al contrario, Petrarca educava i suoi segretari-copisti ad una scrittura «castigata et clara» ('sobria e leggibile'), come quella del suo giovane discepolo Giovanni Malpaghini.
La scrittura possiede una propria dignità letteraria, perché senza di essa il testo non risulta leggibile: è da questa prospettiva tipicamente umanista che Petrarca parte per elaborare una sua teoria di riforma grafica, cui tutti noi, come lettori, siamo debitori. D'altronde, è sulla teoria di Petrarca che si modellerà, prima timidamente e in modo subalterno rispetto alla scrittura a mano, poi via via in maniera più consapevole ed autonoma, la stampa, in un processo che vedrà assai impegnato, nel secolo seguente, il Veneto.
I requisiti essenziali della scrittura erano per Petrarca la semplicità, la chiarezza, la correttezza ortografica. Le scritture librarie del Trecento erano, quale più, quale meno, sprovviste di questi elementi che oggi qualunque editore reputa indispensabili. Per elaborare la sua riforma, Petrarca si ispirò ad un modello grafico della tradizione antica, la scrittura minuscola carolina: rotonda, quasi priva di abbreviazioni, diffusa in concomitanza con la rinascita degli studi sostenuta da Carlo Magno, alla fine del secolo VIII. Petrarca aveva molti esempi davanti agli occhi nei numerosi codici in suo possesso, uno dei quali, un commento biblico di sant'Agostino di imponente formato, gli era stato inviato in dono da Giovanni Boccaccio.
Per la scrittura, usava gli strumenti del suo tempo, tra cui la penna a punta mozza e rigida: il *calamus* (una penna di volatile), che il poeta cita continuamente come simbolo della sua scrittura e in cui spesso si identifica in un continuo colloquio con se stesso. Insieme al *calamus* egli non solo scrive, ma si sente affaticato, invecchia. Petrarca si definiva *«natura pronus ad calamum»*, 'per natura incline alla scrittura'. La scrittura è il mezzo visibile in cui il pensiero si traduce: di qui la considerazione altissima che Petrarca ebbe di questa, come, peraltro, di se stesso.

Testo tratto ed elaborato da *Petrarca*, a cura di M.R. Tabellini, Electa, Milano 2008.

testi a confronto

Dante, *«Tanto gentile e tanto onesta pare»* e Petrarca, *«Erano i capei d'oro a l'aura sparsi»*

Ogni poesia è un testo in sé conchiuso, ma ciò non toglie che possa essere confrontata con altre poesie: il confronto svela talvolta una sorta di dialogo tra i testi, che li illumina a vicenda.
Proviamo a mettere a confronto due sonetti celebri, uno di Dante e l'altro di Petrarca, composti a distanza di circa mezzo secolo.
La *Vita nuova* di Dante è uno dei primi libri di poesia (che peraltro contiene nel proemio la parola stessa "libro"). Tuttavia nella *Vita nuova*, che è un prosimetro (cioè un misto di prosa e versi), le parti in prosa hanno la funzione di inserire le liriche in un contesto narrativo e temporale – con un prima, un dopo ed anche un tempo futuro –, mentre le poesie sono cristallizzate nel presente, come mostra la lirica *«Tanto gentile e tanto onesta pare»* (che puoi leggere a p. 22), in cui l'apparizione di Beatrice è sospesa in un presente immobile, fuori dal tempo.
Perché ci sia un racconto, infatti, c'è bisogno dello scorrere del tempo, ovvero di un prima e un dopo in cui inserire gli eventi. A scoprire il valore del tempo nella poesia lirica è Petrarca. Lo dimostra il confronto tra «*Tanto gentile e tanto onesta pare*» ed il sonetto «*Erano i capei d'oro a l'aura sparsi*».

GLI ELEMENTI COMUNI

I TEMI

Tanto gentile e tanto onesta pare / la donna mia

Erano i capei d'oro a l'aura sparsi

Entrambe le liriche hanno per tema la donna amata dal poeta, come risulta nei due attacchi. Dante lo enuncia esplicitamente con l'espressione «la donna mia», ovvero 'la signora del mio cuore e del mio pensiero'; Petrarca, invece, inizia la poesia con un gioco linguistico raffinato, ma ugualmente esplicito, che assimila «l'aura» con «Laura».

I MOTIVI

**Ella si va, sentendosi laudare,
benignamente d'umiltà vestuta**

Non era l'andar suo cosa mortale

Entrambe le poesie colgono la donna nell'atto del camminare per la strada: si tratta di una importante testimonianza della vita urbana in cui sono immerse le esperienze poetiche a partire dalla fine del XIII secolo, e poco importa se la città di Beatrice è Firenze e quella di Laura è Avignone, dal momento che il Medio Evo ha una forte caratteristica di universalità culturale (come dimostra l'uso stesso della lingua volgare per entrambi i casi).
Sia Beatrice sia Laura sono colte nella loro bellezza, che ha il punto centrale negli occhi, una parola chiave che risalta in tutti e due i casi:

**Mostrasi sì piacente a chi la mira,
che dà per li occhi una dolcezza al core**

**e 'l vago lume oltra misura ardea
di quei begli occhi**

La bellezza è presentata attraverso un'intensa spiritualizzazione: Beatrice è un «miracolo»; Laura è avvolta da un alone luminoso («vago lume»; « vivo sole») e risulta simile a una forma angelica («uno spirto celeste»).
L'incedere di entrambe ha un che di sovrumano:

**e par che sia cosa venuta
da cielo in terra a miracol mostrare**

**Non era l'andar suo cosa mortale,
ma d'angelica forma**

LE DIFFERENZE

Tuttavia, proprio in questi motivi così simili sono contenute le differenze profonde e decisive tra i due sonetti (e, di conseguenza, tra Dante e Petrarca).

1. Il tema del tempo e il tema della memoria

Pur se analoghi, gli *incipit* sono la prima spia della divergenza: il sonetto di Dante inizia con il verbo al tempo presente («pare»), mentre quello di Petrarca inizia con un tempo passato («erano»), in posizione strategica come prima parola del sonetto. La differenza fondamentale tra i due testi scaturisce proprio dall'uso dei tempi verbali, che esprimono due diverse concezioni del tempo. L'apparizione di Beatrice è tutta al presente (come tutti i verbi della lirica), piena di una sacralità che è in sé oggettiva e coinvolge tutti allo stesso modo:

quand'ella altrui saluta

Al contrario, Petrarca colloca la donna-angelo nella prospettiva del tempo che scorre, e fin dall'attacco il sonetto mostra il suo statuto narrativo al modo di un *flashback*:

Erano i capei d'oro a l'aura sparsi

La rappresentazione di Laura è quindi compiuta attraverso il ricordo, per cui i tempi verbali sono prevalentemente all'imperfetto. Alle figure femminili stilnoviste fissate in una giovinezza senza tempo, si sostituisce ora l'immagine di una Laura che può invecchiare e perdere il suo splendore. E, non a caso, sono proprio gli occhi ormai appannati di Laura a rivelare il passare del tempo:

di quei begli occhi, ch'or ne son sì scarsi

Il tema della fugacità del tempo è uno dei più radicati nel *Canzoniere* (forse anche il più doloroso), ed è anche un tema privilegiato sul quale misurare la modernità di Petrarca. La prospettiva di Petrarca si rivela infatti assai umana: Beatrice non invecchiava; Laura, invece, sì. E questo permette a Petrarca di introdurre l'altro suo tema privilegiato, quello della memoria, che tanta parte avrà nella tradizione poetica successiva, fino a noi. Si pensi, ad esempio, al famoso *incipit* della poesia leopardiana «*Silvia, rimembri ancora*», o per confronto, a quello altrettanto famoso della *Casa dei doganieri* di Montale: «*Tu non ricordi*», che nel ricordo negato esprime la sua modernità.

2. La funzione del soggetto poetico

Nel sonetto «*Tanto gentile e tanto onesta pare*» il poeta si limita a contemplare Beatrice, al pari di tutti quelli che assistono al suo passaggio, ammutoliti e timorosi persino di alzare gli occhi verso di lei:

ch'ogne lingua deven tremando muta,
e li occhi no l'ardiscon di guardare.

Beatrice, infatti, è un «miracol» dato come vero in sé, e quindi non soggettivo né selettivo:

Mostrasi sì piacente a chi la mira

Nel sonetto di Petrarca, invece, i fatti e le immagini sono trasfigurati dalla memoria dell'io lirico, che li presenta avvolti da un alone favoloso. Il momento dell'innamoramento è, di conseguenza, rievocato con i tempi del passato remoto «arsi», «fu», «vidi»: quasi un istante che, dal passato si prolunga nel presente con una fedeltà costante, anche se «or» la bellezza di Laura non è più tale. Nel sonetto prende quindi speciale rilevanza il poeta, perché il ricordo, le emozioni, le sensazioni sono registrate dal suo punto di vista. Ed è eloquente il fatto che il termine «**parea**» in Petrarca significa semplicemente 'mi sembrava', in senso dubitoso, e non 'appariva manifestamente', com'è nel sonetto di Dante.

PER CONCLUDERE

Tra Dante e Petrarca intercorre poco più di una generazione: Dante era coevo, oltre che concittadino, del padre di Petrarca. Ma i contesti storici e le esperienze culturali sono assai diversi. Alla concezione di Beatrice come esempio del simbolismo medievale, e quindi del legame trascendente e collettivo tra gli uomini e Dio, Petrarca contrappone la dimensione dell'individuo e del tempo, che opera una trasformazione continua sul soggetto, le cose, le epoche. E tuttavia Petrarca affida alla memoria il compito di opporsi a tale trasformazione, tanto che il lettore moderno rimane colpito dalla fiducia che il poeta ha nella possibilità che la bellezza di Laura, i suoi capelli, il suo sguardo, rimangano intatti nel ricordo e, di conseguenza, nella poesia.

T14

«Chiare, fresche et dolci acque»

Canzoniere, 126

concetti-chiave
- il paesaggio-stato d'animo
- l'intreccio di memoria e fantasticheria

espansioni digitali
- testo interattivo

La canzone fu composta probabilmente in Valchiusa, tra il 1340 e il 1341, in previsione di un viaggio in Italia e dell'allontanamento da quei luoghi amatissimi. Al suo centro sta il paesaggio, che ha visto in passato la presenza di Laura e che sembra conservarne la memoria. Il tono è dolce ed elegiaco: sentendo vicina la fine dei suoi giorni (e non immaginando neppure che sarà Laura a morire per prima), Francesco si abbandona ad una rievocazione lirica e malinconica, rivolgendosi alle cose inanimate, agli elementi del paesaggio che sembrano essere gli unici possibili interlocutori in questo momento di necessario ripiegamento su se stesso. Anche in questa poesia è ampiamente tematizzato il concetto di paesaggio-stato d'animo, a cui dedicheremo il **PERCORSO 4**.

LINGUA: italiano **DATAZIONE:** 1340-1341 ca.

Chiare, fresche et dolci acque,
ove le belle membra
pose colei che sola a me par donna;
gentil ramo ove piacque
(con sospir' mi rimembra)
a lei di fare al bel fiancho colonna;
herba et fior' che la gonna
leggiadra ricoverse
co l'angelico seno;
aere sacro, sereno,
ove Amor co' begli occhi il cor m'aperse:
date udïenzia insieme
a le dolenti mie parole extreme.

S'egli è pur mio destino,
e 'l cielo in ciò s'adopra,
ch'Amor quest'occhi lagrimando chiuda,
qualche gratia il meschino
corpo fra voi ricopra,
e torni l'alma al proprio albergo ignuda.
La morte fia men cruda
se questa spene porto
a quel dubbioso passo:
ché lo spirito lasso
non poria mai in più riposato porto
né in più tranquilla fossa
fuggir la carne travagliata et l'ossa.

Tempo verrà anchor forse
ch'a l'usato soggiorno
torni la fera bella et mansueta,
et là 'v'ella mi scorse
nel benedetto giorno,
volga la vista disiosa et lieta,
cercandomi: et, o pieta!,
già terra in fra le pietre
vedendo, Amor l'inspiri
in guisa che sospiri
sì dolcemente che mercé m'impetre,
et faccia forza al cielo,
asciugandosi gli occhi col bel velo.

METRO: canzone di cinque stanze di tredici versi l'una, quattro endecasillabi e nove settenari. Schema: abC, abC; cdeeDfF. Il congedo riprende lo schema degli ultimi tre versi della sirma. Nella lettura metrica, ricorda che il verso iniziale è un settenario e va letto con una sinalefe tra **fresche** e **et** e fra **dolci** e **acque**.

1-13 *O acque trasparenti* (**chiare**)*, fresche e dolci, dove lei che unica* (**sola**) *sembra a me* [*degna di essere chiamata*] *donna mise il bel corpo! O ramo nobile* (**gentil**) *al quale* (**ove**) *a lei piacque di dare sostegno al bel fianco (me ne ricordo sospirando)! O erba e fiori che la gonna elegante* (**leggiadra**) *ricoprì insieme al* (**co 'l**) *seno angelico! O aria sacra, serena, dove Amore mi aprì il cuore con i begli occhi* [*di Laura*]*! Date ascolto* (**udïenza**) *tutti insieme alle mie ultime* (**extreme**) *parole di dolore* (**dolenti**).

— **acque**: sono quelle del fiume Sorgue, tra Avignone e Valchiusa (acque di fiume e perciò **dolci**). Laura se ne sta sdraiata bocconi sull'erba in prossimità del fiume, con il **seno** appoggiato a terra. Francesco ricorda ora la scena, invocando gli elementi del paesaggio e gli abiti stessi di Laura che assistettero a quella scena.

14-26 *Se* (**S'egli**) *è proprio destino che Amore chiuda questi miei occhi piangenti, e se il cielo agisce a tale scopo* (**in ciò s'adopra**)*, un qualche gesto pietoso* (**gratia**) *ricopra il mio povero* (**meschino**) *corpo fra di voi* [: le acque e le rive della Sorgue] *e l'anima* (**l'alma**) *torni nuda* [: priva del corpo] *alla propria sede* (**albergo**) [: il cielo]. *La morte sarà* (**fia**) *meno crudele* (**cruda**) *se porto con me questa speranza* (**spene**) [: di essere sepolto laggiù] *durante quel passaggio* (**passo**) *pauroso* (**dubbioso**) [: la morte]*: perché la mia anima* (**spirito**) *stanca* (**lasso**) *non potrebbe comunque* (**non poria mai**) *abbandonare* (**fuggir**) *la carne tormentata* (**travagliata**) *e le ossa in un porto più rasserenante* (**riposato**) *né in una fossa più tranquilla.*

— Convinto di essere vicino alla morte, Francesco spera di essere sepolto in Provenza, fra quei luoghi che hanno visto la bellezza di Laura: a quel punto l'anima priva del corpo potrà raggiungere la sua sede naturale, il paradiso. Non esiste posto migliore dove lasciare la carne tormentata dalla passione amorosa.

27-39 *Forse verrà un giorno che la belva* (**fera**) *bella e mansueta* [: Laura] *torni ancora a questo luogo a lungo frequentato* (**a l'usato soggiorno**)*, e volga lo sguardo* (**la vista**) *desiderosa e lieta là dove ella mi vide* (**scorse**) *nel giorno benedetto, cercandomi; e, o pietà!, vedendomi già divenuto terra tra le pietre* [*della tomba*]*, Amore la ispiri in modo* (**in guisa**) *che ella sospiri così dolcemente che ottenga per me* (**m'impetre**) *grazie* (**mercé**)*, e forzi il cielo, asciugandosi gli occhi* [*bagnati di lacrime*] *con il bel velo* [: piangendo].

— Il **benedetto giorno** è quello raccontato nella prima strofa. Francesco immagina ora che Laura veda la tomba e, piangendo, muova a compassione Dio forzandone la volontà e chiedendo la salvezza per Francesco. Il paradosso è che la colpa di costui è proprio l'amore profano per Laura: ma Laura è anche una creatura angelica e la sua natura dovrebbe spingere il cielo a perdonarlo. Tutta la scena ha carattere onirico ed irreale: la verità è che Laura non piangerà mai la sua morte e che Dio non perdonerà i suoi peccati.

Da' be' rami scendea
(dolce ne la memoria)
una pioggia di fior' sovra 'l suo grembo;
et ella si sedea
humile in tanta gloria,
coverta già de l'amoroso nembo.
Qual fior cadea sul lembo,
qual su le treccie bionde,
ch'oro forbito et perle
eran quel dì a vederle;
qual si posava in terra, et qual su l'onde;
qual con un vago errore
girando parea dir: Qui regna Amore.

Quante volte diss'io
allor pien di spavento:
Costei per fermo nacque in paradiso.
Così carco d'oblio
il divin portamento
e 'l volto e le parole e 'l dolce riso
m'aveano, et sì diviso
da l'imagine vera,
ch'i' dicea sospirando:
Qui come venn'io, o quando?;
credendo esser in ciel, non là dov'era.
Da indi in qua mi piace
questa herba sì, ch'altrove non ò pace.

Se tu avessi ornamenti quant'ài voglia,
poresti arditamente
uscir del boscho, et gir in fra la gente.

F. Petrarca, *Il canzoniere*, a cura di M. Santagata, cit.

40-52 *Una pioggia di fiori scendeva dai bei rami sopra il suo grembo (piacevole ricordo!)* (**dolce ne la memoria**)*; ed ella era seduta umilmente* (**humile**) *tra tanta gloria, già ricoperta* (**coverta**) *dalla nuvola* (**nembo**) *amorosa. Qualche fiore cadeva sul lembo [della veste], qualche altro sulle trecce bionde, che quel giorno* (**dì**) *a vederle erano come oro luccicante* (**forbito**) *e perle; qualche altro si posava in terra, e qualche altro sulle onde [del fiume]; qualche altro con bel* (**vago**) *movimento* (**errore**) *volteggiando* (**girando**) *pareva dire: «Qui regna Amore».*

La quarta strofa non continua la precedente, ma si ricollega alla prima. Siamo di nuovo sulle rive della Sorgue, dove Laura è seduta e riceve l'omaggio della natura: una pioggia di fiori (forse lasciati cadere dallo stesso dio d'Amore) scende su di lei e sullo spazio circostante. **dolce ne la memoria**: nell'inciso sta la chiave di lettura della poesia: la bellezza e la dolcezza stanno nel tempo passato, mentre il presente non riserva che la morte.

53-65 *Allora quante volte io dissi pieno di spavento: «Costei certamente* (**per fermo**) *è nata in Paradiso!»* [: è un angelo]. *L'atteggiamento* (**portamento**) *divino e il volto e le parole e il dolce modo di ridere mi avevano a tal punto riempito* (**carco**) *di dimenticanza e mi avevano a tal punto allontanato* (**diviso**) *dalla realtà* (**Da l'imagine vera**)*, che io dicevo sospirando: «Come sono arrivato qui, e quando?», credendo di essere in paradiso e non là dov'ero. Da quel momento* (**da indi**) *in poi* (**in qua**) *quest'erba mi piace a tal punto* (**sì**) *che altrove non ho serenità* (**pace**)*.*

Laura è talmente bella da spaventare Francesco, da farla sembrare un angelo anziché una donna. Solo la distanza tra l'evento e la sua rammemorazione gli fa comprendere che quella straordinaria bellezza e l'amore per Laura gli avevano fatto perdere il senso della realtà.

66-68 *Se tu [canzone] avessi bellezze* (**ornamenti**) *quanto vorresti* (**quant'ài voglia**)*, potresti uscire con sicurezza dal bosco e andare* (**gir**) *fra* (**in fra**) *la gente.*

Il **boscho** è molto probabilmente quello della Valchiusa, dove Petrarca abitò a partire dal 1337. Come da convenzione, nel congedo il poeta si rivolge direttamente alla propria composizione.

analisi e interpretazione T14

le forme

Il significato delle scelte metriche Il ritmo di questa poesia comunica fluidità e leggerezza, come se Petrarca volesse imitare lo scorrere dell'acqua, che sin dal primo verso è una delle immagini ricorrenti. È per questo che preferisce i settenari agli endecasillabi (rispettivamente sette e quattro per ogni stanza): versi brevi, rapidi, particolarmente adatti a comunicare sensazioni più che concetti e ragionamenti. La sua scelta è perfettamente opposta a quella di Dante, che nelle sue canzoni aveva privilegiato i versi lunghi, adatti ad accogliere un significato filosofico, spesso molto complesso.

Un lessico vario ma senza scarti Le parole usate da Petrarca sono spesso parole comuni («acque», «ramo», «gonna», «erba», «fiori», «seno»), e spesso così semplici da sembrare banali (per esempio l'aggettivo «bello» è ripetuto per ben sei volte). A queste si alternano termini della tradizione poetica («rimembra», «aere», «alma», «spene», «lasso», «fera»), senza però che tra le prime e i secondi si crei mai attrito. Anche qui la scelta di Petrarca va nel senso contrario a quello indicato da Dante: in molte canzoni Dante aveva valorizzato la dissonanza, sovrapponendo livelli stilistici diversi e ampliando l'orizzonte delle scelte lessicali.

espansioni digitali
testo interattivo

i temi e i motivi

Il riuso dello Stil novo Petrarca riprende alcuni motivi dello Stil novo, come il *topos* del *locus amoenus* e quello della donna-angelo. Ma diversamente dagli stilnovisti, per Petrarca il paesaggio non è un semplice sfondo, un elemento statico e decorativo, ma una realtà animata e intimamente legata alla presenza di Laura. Ogni elemento della natura ha un significato nella misura in cui Laura vi ha lasciato un segno: le acque perché vi ha fatto il bagno, il ramo perché vi si è appoggiata, e così via. In questo modo ogni elemento esterno acquista una risonanza interna, parla all'animo del poeta: non a caso le «acque» sono «dolci» (che non significa tanto 'dolci al gusto', ma 'piacevoli nel ricordo'), il «ramo gentil» e l'«aere sacro».

Memoria e sogno In questa canzone lo spazio della memoria sembra confondersi con quello del sogno. Al ricordo di Laura descritto nella prima stanza corrisponde infatti, nella terza, una scena dichiaratamente onirica, in cui il poeta immagina che Laura, «la fera bella et mansueta», veda la sua tomba e lo pianga, muovendo a compassione Dio. Memoria e fantasticheria si intersecano poi nella quarta strofa, quando la pioggia di fiori che cade su Laura e su tutto ciò che le sta intorno (scena anch'essa assai poco realistica e marcatamente simbolica) è detta un piacevole ricordo («dolce ne la memoria»), per non parlare poi della successiva, dove si parla esplicitamente di mancanza di senso di realtà e Francesco è «diviso / da l'imagine vera».

per studiare *guida all'analisi* T14

COMPRENDERE

1 Riassumi il contenuto della canzone «*Chiare, fresche et dolci acque*» sintetizzando l'argomento di ciascuna stanza in un titoletto. Nella terza colonna inserisci l'elemento che trovi prevalente tra questi: 1) la memoria, 2) il presentimento del futuro, 3) il presente. L'esercizio è avviato a modo di esempio.

stanza	argomento	elemento prevalente
1	il trionfo della bellezza di Laura presso il fiume Sorga	la memoria
2	....	....
3	....	....
4	....	....
5	....	....

2 Qual è l'ambientazione della poesia? Si tratta di un luogo inventato dal poeta oppure ha una realtà geografica?

3 Rievocando i luoghi frequentati da Laura, Petrarca (scegli tra le opzioni le due affermazioni corrette)

- a esprime il desiderio di essere, una volta morto, sepolto lì
- b li maledice perché sono stati teatro del suo amore infelice
- c li descrive realisticamente con dovizia di particolari
- d li sottopone ad un processo di trasfigurazione e idealizzazione

4 Qual è il tema fondamentale del componimento?

- a lo struggimento del poeta per Laura
- b la speranza di una morte precoce che ponga fine alle sofferenze del poeta
- c lo strazio per la morte di Laura
- d la rievocazione memoriale lirica e malinconica

ANALIZZARE

5 **Nella canzone appaiono i tre elementi tipici della poesia petrarchesca che diventeranno ricorrenti nella tradizione lirica: la natura, la donna (Laura), il poeta.**

Individua nel testo un passo in cui la natura è la protagonista che emerge sugli altri due elementi ....

....

Poi un passo in cui è protagonista Laura ....

Quindi un passo in cui è protagonista il poeta ....

6 **Laura è detta, con una metafora che è anche un ossimoro, «la fera bella et mansüeta». Prova a spiegare la metafora: perché il poeta definisce Laura una «fera»? e perché «mansueta»?**

7 **Rileggi i versi 66-68. A chi si rivolge il poeta? Come si chiama questa parte della canzone?**

INTERPRETARE E APPROFONDIRE

8 **La natura è resa sacra dalla presenza di Laura. Quali elementi del paesaggio vengono elencati nella poesia? Rintraccia nel testo un passo o una immagine in cui ti sembra evidente il carattere "divino" del paesaggio e spiegalo.**

9 **In questa poesia il poeta immagina che Laura gli sopravviva e lo pianga morto. Sappiamo invece che gli eventi, in realtà, si sarebbero svolti in modo contrario: Laura infatti morì assai prima di Petrarca. Ti sembra che questa differenza tra la fantasia del poeta e lo svolgimento effettivo dei fatti sminuisca il valore o il significato della poesia? Spiega la tua risposta.**

T15

«La vita fugge, et non s'arresta una hora»

Canzoniere, 272

concetti-chiave
- la fuga del tempo
- il potere della memoria

Il tema dello scorrere del tempo e dell'avanzare della morte percorre buona parte del Canzoniere *ed è oggetto di attenta riflessione soprattutto in questo sonetto, collocato nella sezione "in morte" di Laura. Qui si fronteggiano da un lato la consapevolezza della fuga del tempo (che ricorda la vanità delle cose terrene e la transitorietà della vita) e dall'altro il tema del ricordo.*

LINGUA: italiano **DATAZIONE:** tra il 1348 e il 1357

La vita fugge, et non s'arresta una hora,
et la morte vien dietro a gran giornate,
et le cose presenti et le passate
mi dànno guerra, et le future anchora;

e 'l rimembrare et l'aspettar m'accora,
or quinci or quindi, sì che 'n veritate,
se non ch'i' ò di me stesso pietate,
i' sarei già di questi pensier' fora.

METRO: sonetto con schema ABBA ABBA CDE CDE. A assuona con C e B con E.

1-8 *La vita fugge e non si ferma un istante, e la morte la segue a marce forzate* (**a gran giornate**), *e le cose del presente e del passato mi creano affanno* (**dànno guerra**), *e anche quelle del futuro; da un lato* (**or quinci**) *mi angoscia* (**m'accora**) *il ricordo* (**'l rimembrare**) [*del passato*], *dall'altro* (**or quindi**) *l'attesa* (**l'aspettar**) [*del futuro*], *tanto che in verità io mi sarei già tratto fuori* (**i' sarei già... fora**) *da questi pensieri* [con la morte], *se non fosse per la pietà verso me stesso.* L'espressione **a gran giornate** richiama quella latina, propria del linguaggio militare, *magnis itineribus*. La **pietate** che trattiene il poeta dal togliersi la vita è suscitata dalla consapevolezza delle pene infernali riservate ai suicidi.

T15 «La vita fugge, et non s'arresta una hora»

Tornami avanti, s'alcun dolce mai
ebbe 'l cor tristo; et poi da l'altra parte
veggio al mio navigar turbati i vènti;

veggio fortuna in porto, et stanco omai
il mio nocchier, et rotte àrbore et sarte,
e i lumi bei, che mirar soglio, spenti.

F. Petrarca, *Il canzoniere*, a cura di M. Santagata, cit.

9-14 *Mi tornano in mente* (**Tornami avanti**) *quelle gioie che eventualmente* (**s'alcun...mai**) *provò il mio cuore addolorato* (**tristo**)*; e poi, rivolgendomi al futuro* (**da l'altra parte**)*, vedo una tempesta* (**turbati i venti**) [*che si abbatte*] *sulla mia navigazione; vedo tempesta* (**fortuna**) [*persino*] *nel porto, e* [*vedo*] *il mio timoniere* (**nocchier**) *ormai stanco, e troncati gli alberi* (**àrbore**) [*della nave*] *e le sartie, e privi di luce* (**spenti**) *gli occhi* (**lumi**) *belli* [*di Laura*] *che ero solito ammirare.*
L'ultima parte della poesia è costruita intorno alla metafora della vita come navigazione. Anche gli occhi di Laura assumono la funzione di stelle (**lumi**) che hanno guidato l'imbarcazione nel suo cammino. Le sartie (**sarte**) sono cavi usati di rinforzo per gli alberi della nave.

analisi e interpretazione T15

le forme

Una poesia in due parti Come in altri casi, il sonetto si divide in due parti separate dal punto fermo a conclusione della seconda quartina. Nella prima gli elementi si accumulano per polisindeto, uniti dalla sola congiunzione semplice («et», «e»): ne deriva un movimento sintattico rapido e veloce che esprime l'ansia per lo scorrere del tempo. Nelle due terzine invece la corsa rallenta: il poeta traccia un bilancio della propria vita. L'anafora che apre i vv. 11 e 12 collega tra di loro le due terzine e appesantisce il ritmo e lo modera. L'iperbato del verso conclusivo, infine, allontana l'aggettivo «spenti» dal sostantivo «lumi» (= 'occhi'), quasi a voler ritardare una conclusione inevitabile: gli occhi di Laura, in cui si rispecchiavano il passato e il futuro, sono chiusi per sempre.

i temi e i motivi

La metafora della navigazione Il *tópos* della nave che non riesce ad approdare al porto appartiene alla tradizione letteraria ed è ripreso più volte nel *Canzoniere*. Si collega al più ampio tema del viaggio e della transitorietà della vita dell'uomo sulla terra. Ma se nel Medioevo questo tema rinvia alla necessità religiosa di una salvezza situata oltre la vita stessa, qui il poeta si dispera perché è stato privato della donna che ama. Un tema tendenzialmente sacro diventa cioè profano.

La fuga del tempo e la memoria Inserito nella seconda parte del libro tra le rime "in morte" di Laura, il sonetto si interroga sulla vanità delle cose terrene: se Laura è morta, tutto ciò che conta è destinato a scomparire e nulla è eterno. Quale ruolo gioca la memoria (il «rimembrar») in questo contesto? Si direbbe che il ricordo, anziché essere di giovamento, accentui il dolore. Scrive infatti Petrarca che passato, presente e futuro si sono coalizzati per dargli guerra: la sensazione che nulla abbia senso è infatti accresciuta dal confronto tra il ricordo preciso e indelebile dei momenti di gioia passata (v. 9) e le tempeste future che si abbatteranno su di lui (vv. 10-11). La memoria è dunque un'arma pericolosa: da una parte fissa il ricordo degli occhi di Laura e della sua bellezza, dall'altra acuisce il dolore per la perdita. In nessun caso, però, si mette in discussione il potere della memoria, che è anzi più tenace che mai nonché l'unica forza capace di resistere al tempo.

per studiare guida all'analisi T15

COMPRENDERE

1 Qual è il tema fondamentale del sonetto?

a la vita come viaggio per mare
b il tema del futuro
c l'ineluttabilità dello scorrere del tempo
d il tema della morte

2 Nella prima quartina la vita e la morte sono personificate attraverso una metafora militare. Individuala e spiegala: che cosa significa l'espressione «a gran giornate», e a quale linguaggio si riferisce?

3 Nel testo, il poeta allude con una perifrasi all'eventualità del suicidio. Rintracciala.

4 Che cos'è la "pietà" che trattiene il poeta dal togliersi la vita?

a il pensiero del dolore che procurerebbe agli amici
b la compassione che sente per Laura
c il rispetto degli insegnamenti ricevuti dai maestri
d la consapevolezza della dannazione

ANALIZZARE

5 Petrarca ricorre nelle due quartine all'uso insistente della figura del polisindeto. In che cosa consiste? Quale effetto produce?

a un effetto di ansia progressiva
b un rallentamento del ritmo
c un effetto di spezzatura nel ritmo
d un effetto di marcia trionfale

6 «e i lumi bei, che mirar soglio, spenti»: il verso finale del sonetto ha una particolare, cupa tristezza. Quale/i artificio/i usa il poeta per tradurre in poesia il suo sentimento di inesorabile perdita?

INTERPRETARE E APPROFONDIRE

7 Nelle terzine Petrarca sviluppa la metafora della vita come una navigazione sul mare in tempesta e la amplia in una allegoria. Prova a interpretarla collegando correttamente gli elementi elencati.

la «fortuna»	la ragione
il «nocchier»	gli occhi di Laura
«i lumi bei»	lo sconvolgimento dell'animo del poeta
il «porto»	la fine della vita

S10 INFORMAZIONI E APPROFONDIMENTI

La concezione del tempo nel Medioevo

Il tempo della Chiesa Per l'uomo medievale il passare del tempo è segnato dalle festività e dalle ricorrenze liturgiche in generale: la nascita di Cristo, la Passione, le domeniche (cioè, letteralmente, i giorni da dedicare al Signore, in latino *dominus*) rendono il calendario ben più che un semplice elenco di date, e ne fanno un sistema dotato di significato. La sua funzione è quella di ricordare giorno per giorno al cristiano, la cui vita di per sé non conta nulla, l'esempio di Cristo e gli adempimenti verso la Chiesa (la preghiera, innanzitutto). Anche il passare delle singole ore segue una scansione precisa: l'«ora canonica» era, nel Medioevo, ciascuna delle otto parti in cui si suddivideva la giornata e a cui corrispondeva la recitazione di una preghiera (mattutino, lodi, prima, terza, sesta, nona, vespro, compieta). Il tempo della Chiesa ha dunque un'importanza decisiva nel dare forma alla vita quotidiana degli uomini e delle donne medievali.

Il tempo del mercante A poco a poco, però, al tempo della Chiesa si affianca il tempo del mercante. Dopo l'anno Mille la civiltà medievale si scopre sempre più interessata, oltre che alla salvezza dell'anima, anche al guadagno: in Italia e in Francia i mercanti diventano figure socialmente sempre più importanti. Il mercante ha però bisogno di misurare il tempo secondo le proprie esigenze, in rapporto cioè al lavoro necessario alla produzione delle merci e alle distanze che esse devono percorrere per raggiungere i potenziali acquirenti. Il tempo non appartiene più soltanto a Dio e alla preghiera. La nuova concezione del tempo si affianca alla vecchia, anche in modo conflittuale: il prestito di denaro, ad esempio, veniva ufficialmente condannato dalla Chiesa. Come racconta con un aneddoto lo storico francese Jacques le Goff (*Tempo della Chiesa, tempo del mercante*), nel 1355 in una cittadina francese si costruì una nuova torre campanaria che faceva concorrenza alle campane delle chiese: mentre l'orologio del comune suonava le ore del lavoro degli operai e degli artigiani, le campane delle chiese continuavano invece a suonare le ore tradizionali della liturgia.

Conclusioni del PERCORSO 3

Lo spazio della memoria

Mentre in genere rispetta il motivo trobadorico e stilnovista dell'amore inappagato e infelice (come abbiamo visto nel primo percorso), Petrarca può però costruire un amore idealizzato e felice nella dimensione del ricordo. Lo fa nei primi due testi di questo percorso: *«Erano i capei d'oro a l'aura sparsi»* e *«Chiare, fresche et dolci acque»*. Laura, narcisista e altezzosa nel presente, diventa dolce e materna nel passato, grazie però all'azione trasformatrice della memoria, che non è pura e semplice rievocazione di cose passate, ma reinvenzione idealizzata e positiva, che rende possibile la speranza. Anche il sonetto 3 (*«Era il giorno che al sol si scoloraro»*), analizzato nel primo percorso, rievoca il giorno dell'innamoramento ricostruendolo e idealizzandolo.

Il tempo come dimensione collettiva

Nel sonetto *«La vita fugge et non s'arresta una hora»* (**T15**), invece, abbiamo un fenomeno diverso. Collocato nella sezione "in morte" di Laura, esso ha come argomento la vanità delle cose terrene: la morte di Laura, infatti, è il segno che tutto è destinato a scomparire e che nulla è per sempre. La memoria (il «rimembrar»), diversamente da *«Erano i capei d'oro a l'aura sparsi»* e *«Chiare, fresche et dolci acque»* (**T13** e **T14**) ha però perso il proprio referente, il proprio oggetto. Morta Laura, muore anche, per Francesco, la speranza di potere un giorno coronare il proprio amore. La memoria, quindi, non è più di conforto, ma rende ancora più acuto il dolore: il ricordo (anche in questo caso fortemente idealizzato) della donna amata e dei momenti di gioia passati con lei rende ancora più angosciosa l'attesa del futuro, che non può nutrirsi più della speranza.

La memoria e il tempo

Nel *Canzoniere* Petrarca non mette mai in discussione il potere della memoria, l'unica forza capace di resistere al tempo. Fedele aiutante di chi compone versi (*Canzoniere* 23, v. 15) e custode dei sentimenti amorosi (*Canzoniere* 108, v. 8), la «memoria» è tutto ciò che resta quando la «speranza» se ne va (*Canzoniere* 331, vv. 9-10). In questa celebrazione della memoria, il *Canzoniere* si differenzia notevolmente dai *Trionfi*, l'altra opera in volgare di Petrarca: in quel poema allegorico, infatti, scritto parallelamente ai *Rerum vulgarium fragmenta*, il Tempo trionfa sulla Fama (quindi sulla poesia) e solo l'Eternità (Dio) può dare senso alla storia. Sulla concezione del tempo nel Medioevo è possibile leggere la **S10**.

Le parole della memoria

Le parole con cui Petrarca introduce il tema della memoria nel *Canzoniere* sono il sostantivo "memoria" (che compare 18 volte nel libro), il verbo "ricordare" (7 volte), ma soprattutto il verbo "rimembrare" (19 volte) insieme con la sua variante "membrare" (2 volte) ed il sostantivo "rimembranza" (una volta). Il verbo "rimembrare" e il sostantivo "rimembranza" conosceranno una grande fortuna nella lirica dell'Ottocento grazie a Leopardi.

per fare il punto | *autoverifica delle conoscenze*

Verifica la correttezza delle tue risposte sulla base dei paragrafi, dei testi o delle schede indicati a corredo di ciascuna domanda.

1 Scegli le opzioni corrette. (Cfr. **Conclusioni del PERCORSO 3**)

Dopo il sonetto proemiale, il *Canzoniere* si presenta come un lungo *flashback* che si svolge attraverso *365/366* componimenti, tanti quanti sono i giorni dell'anno, a comporre una sorta di *epistolario/diario* ideale in cui la memoria ha una funzione fondamentale nella collocazione delle singole liriche in modo da disegnare l'autoritratto che l'autore intende consegnare *ai posteri/ai contemporanei*. La memoria, infatti, permette a Petrarca di *reinventare in chiave idealizzata/ricostruire realisticamente* il proprio vissuto, sia nella prima parte del *Canzoniere*, quella identificata come "in vita" di Laura, sia nella seconda parte, "in morte" di Laura. Nel primo caso, il ricordo di Laura a volte contribuisce a inserirla in ***un alone idealizzato/un contesto concreto, come nella canzone/nel sonetto «Chiare, fresche et dolci acque»***, ma può anche rimarcare il concetto del tempo che passa, e del conseguente invecchiamento di Laura, come nel sonetto ***«Era il giorno ch'al sol si scoloraro»/«Erano i capei d'oro a l'aura sparsi»***. Dopo la morte di Laura, la memoria rende ***sopportabile/ancora più acuto*** il dolore del poeta: lo si legge nel sonetto *«La vita fugge et non s'arresta una hora»*, dominato dal tema della ***vanità del tutto/navigazione***. Nel *Canzoniere* la forza della memoria si rivela l'unica capace di resistere al tempo: tant'è che le parole "memoria", "ricordare", "rimembrare" si ripetono di frequente, creando un filo che attraversa tutta l'opera. Questo a differenza dei *Trionfi*, l'altra opera in ***latino/volgare*** di Petrarca, dove è l'Eternità (Dio) a trionfare sul tempo e sulla storia.

2 Rintraccia le parole che appartengono al campo semantico della memoria ("memoria", "rimembra", "rimembrare") nella canzone *«Chiare, fresche et dolci acque»* e nel sonetto *«La vita fugge et non s'arresta una hora»*. Trascrivile nel tuo quaderno e, con l'aiuto del contesto e delle note, cerca di individuarne le diverse funzioni. Dove la memoria è dolce? Dove è invece penosa? Che cosa, a tuo parere, determina la differenza tra le due diverse concezioni della memoria?

3 Su quali basi l'uomo del Basso Medioevo scandiva il tempo?

- a sulle ricorrenze liturgiche
- b sulle ore canoniche
- c sulle ore del lavoro
- d sui tempi delle marce militari

4 Petrarca è moderno nella sua concezione della funzione della memoria nella costruzione dell'identità individuale. Su quali elementi si definisce l'"io" individuale in Petrarca? (Rispondi sulla base di ciò che hai appreso dalla **videolezione *Petrarca: la nascita della moderna vita interiore***; in particolare i punti: ***La memoria come ricostruzione dell'identità individuale*** e ***Il senso della perdita temporale***)

- a l'identità individuale si costruisce attraverso le esperienze vissute, ciascuna delle quali cancella quella precedente
- b l'io è costituito dalla sequela di esperienze disseminate nel tempo, conservate nella memoria e messe a confronto con il presente
- c l'identità individuale non può essere definita nel tempo perché vive solo nell'attimo presente
- d l'io del poeta è disseminato nelle liriche del *Canzoniere* e vive solo nel passato

5 Prova a ricostruire, sulla base delle poesie che hai letto fin qui, il "corpo femminile" di Laura. Quali sono gli aspetti del corpo di Laura che il poeta introduce nelle sue poesie? Sono elementi prevalentemente fissati nella memoria, oppure registrati in presa diretta? Fai una descrizione fisica di Laura, come il poeta la ricorda e ce la trasmette.

Il *Canzoniere*

PERCORSI NELL'OPERA 4

Il paesaggio e lo stato d'animo

Le tappe di questo percorso

In questo percorso proponiamo la lettura di due poesie, una dal canzoniere "in vita" e una da quello "in morte" di Laura. La prima è la canzone **T16**. La seconda è il sonetto **T17**, p. 327. Il paesaggio-stato d'animo è al centro di entrambi i componimenti: nella canzone il paesaggio cambia aspetto al mutare dei sentimenti provati dal poeta (e al tempo stesso, il mutare dello scenario naturale influenza tali sentimenti, creando un legame strettissimo tra interno ed esterno); nel sonetto, invece, il confronto tra l'interiorità e il mondo esterno esprime un senso di malinconica estraneità alla bellezza della natura: proponiamo di leggerlo insieme ad una lirica di un poeta del Novecento, Eugenio Montale (*«La primavera sbuca col suo passo di talpa»*, cfr. **S13**, p. 331, che è al tempo stesso molto simile e molto diversa. Puoi approfondire ulteriormente questo percorso leggendo anche **T14** (p. 313), che trovi nel **PERCORSO 3** e soprattutto (**TESTO D'ACCESSO 4** *«Solo et pensoso i più deserti campi»*, p. 28), riprendendo quanto abbiamo detto a proposito di quel sonetto nella sezione **I testi chiave** e integrandolo con una lettura critica di Hugo Friedrich (**S12**, p. 329).

TESTI

T16 «Di pensier in pensier, di monte in monte»
Canzoniere, 129

T17 «Zephiro torna, e 'l bel tempo rimena»
Canzoniere, 310

T16

«Di pensier in pensier, di monte in monte»

Canzoniere, 129

concetti-chiave

- la corrispondenza fra paesaggio e stato d'animo
- l'incostanza dei sentimenti
- il rapporto tra interno ed esterno

Canzone composta quasi certamente nel 1344: Laura è ancora viva. Lontano dall'amata, il poeta passeggia sullo sfondo di vari scenari naturali, pensando a lei. Nel suo animo si alternano momenti di serenità e momenti di angoscia e di malinconia. La natura è l'altra protagonista della poesia: con lei il poeta dialoga e in essa trova un perfetto equivalente del proprio stato d'animo.

LINGUA: italiano **DATAZIONE:** 1344

Di pensier in pensier, di monte in monte
mi guida Amor, ch'ogni segnato calle
provo contrario a la tranquilla vita.
Se 'n solitaria piaggia, rivo o fonte,
se 'nfra duo poggi siede ombrosa valle,
ivi s'acqueta l'alma sbigottita;
et come Amor l'envita,
or ride, or piange, or teme, or s'assecura;
e 'l volto che lei segue ov'ella il mena
si turba et rasserena,
et in un esser picciol tempo dura;
onde a la vista huom di tal vita experto
diria: Questo arde, et di suo stato è incerto.

Per alti monti et per selve aspre trovo
qualche riposo: ogni habitato loco
è nemico mortal degli occhi miei.
A ciascun passo nasce un penser novo
de la mia donna, che sovente in gioco
gira 'l tormento ch'i' porto per lei;
et a pena vorrei
cangiar questo mio viver dolce amaro,
ch'i' dico: Forse anchor ti serva Amore
ad un tempo migliore;
forse, a te stesso vile, altrui se' caro.
Et in questa trapasso sospirando:
Or porrebbe esser vero? or come? or quando?

Ove porge ombra un pino alto od un colle
talor m'arresto, et pur nel primo sasso
disegno co la mente il suo bel viso.
Poi ch'a me torno, trovo il petto molle
de la pietate; et alor dico: Ahi lasso,
dove se' giunto! et onde se' diviso!
Ma mentre tener fiso
posso al primo pensier la mente vaga,
et mirar lei, et obliar me stesso,
sento Amor sì da presso,

METRO: canzone di cinque stanze più il congedo. Schema ABC, ABC; cDEeDFF. Lo schema del congedo ripete quello della sirma.

1-26 *Amore mi guida da un pensiero all'altro, da un monte all'altro, dato che ogni strada* (**calle**) *battuta* (**segnato**) *so per esperienza* (**provo**) *contraria alla vita tranquilla, se un ruscello* (**rivo**) *o una sorgente* (**fonte**) *stanno in un luogo* (**piaggia**) *solitario, se una valle ombrosa sta* (**siede**) *fra due colli* (**poggi**), *qui* (**ivi**) *si calma* (**s'acqueta**) *la mia anima agitata* (**sbigottita**); *e a seconda di come Amore la provoca* (**envita** = 'invita'), *ora ride, ora piange, ora ha paura* (**teme**), *ora si rassicura; e il mio volto, che la segue* [: l'anima] *ovunque lo porti* (**il mena**), *si turba e si rasserena, e dura poco* (**picciol**) *tempo in un medesimo stato* (**in un esser**), *per cui* (**onde**) *se mi vedesse un uomo esperto di questa* (**tal**) *vita direbbe: costui* (**Questo**) *brucia d'amore, ed è incerto del suo stato.*

Per interrogare la propria anima il poeta ha bisogno di stare lontano dalla gente e dalla città. La natura gli offre ad un tempo la pace di cui ha bisogno per il suo esame interiore e un equivalente del proprio stato d'animo. Francesco vive l'angoscia dell'innamorato incerto del proprio stato: non sa, infatti, se Laura ricambi il suo amore oppure no.

14-26 *Trovo un po' di serenità* (**qualche riposo**) *in mezzo a* (**per**) *monti alti e in mezzo a selve inospitali* (**aspre**): *ogni luogo abitato è nemico mortale dei miei occhi. A ogni passo nasce un nuovo pensiero sulla mia donna, un pensiero che rovescia spesso* (**sovente**) *in gioia* (**gioco**) *il tormento che io soffro* (**porto**) *per lei; e a stento* (**a pena**) *vorrei cambiare* (**cangiar**) *questa mia vita* (**viver**) *dolce e amara, perché io* (**ch'i'**) *mi dico: Forse Amore ti serba ancora a un tempo migliore; forse, pur apparendo privo di valore* (**vile**) *a te stesso, sei caro ad altri* [: a Laura]. *E intanto* (**in questa**) *vado oltre* (**trapasso**) *sospirando: Dunque* (**Or**) *potrebbe* (**porrebbe**) *essere vero? ma come? ma quando?*

Il paesaggio è mutato rispetto alla strofe precedente, adeguandosi al nuovo stato d'animo: ci sono ora infatti monti e foreste. La possibilità di essere amato da Laura, avanzata come pura ipotesi, lo rasserena per un attimo e introduce il successivo cambiamento di scena.

dolce amaro: l'ossimoro sintetizza lo stato d'animo contraddittorio del poeta.

27-39 *Talora mi fermo dove un pino alto o un colle offrono* (**porge**) *ombra, e già* (**pur**) *nel primo sasso che vedo disegno con la mente il bel viso di lei. Quando* (**Poi ch'**) *ritorno in me, trovo il mio petto bagnato* (**molle**) *di* [*lacrime di*] *pietà* [*per me stesso*] (**pietate**): *e allora dico: Ahi sventurato* (**lasso**), *a che punto* (**dove**) *sei arrivato! e da che cosa* (**onde**) *sei diviso* [: da Laura]! *Ma finché* (**mentre**) *posso tenere la mente vagante* (**vaga**) *fissamente concentrata* (**fiso**) *nel primo pensiero* [: il volto di Laura immaginato sul sasso], *e finché posso guardare* (**mirar**) *lei, e dimenticare* (**obliar**) *me stesso, sento Amore così vicino* (**sì da presso**), *che*

che del suo proprio error l'alma s'appaga:
in tante parti et sì bella la veggio,
che se l'error durasse, altro non cheggio.

I' l'ò più volte (or chi fia che mi 'l creda?)
ne l'acqua chiara et sopra l'erba verde
veduto viva, et nel tronchon d'un faggio
e 'n bianca nube, sì fatta che Leda
avria ben detto che sua figlia perde,
come stella che 'l sol copre col raggio;
et quanto in più selvaggio
loco mi trovo e 'n più deserto lido,
tanto più bella il mio pensier l'adombra.
Poi quando il vero sgombra
quel dolce error, pur lì medesmo assido
me freddo, pietra morta in pietra viva,
in guisa d'uom che pensi et pianga et scriva.

Ove d'altra montagna ombra non tocchi,
verso 'l maggiore e 'l più expedito giogo
tirar mi suol un desiderio intenso;
indi i miei danni a misurar con gli occhi
comincio (e 'ntanto lagrimando sfogo
di dolorosa nebbia il cor condenso),
alor ch'i' miro et penso
quanta aria dal bel viso mi diparte,
che sempre m'è sì presso et sì lontano.
Poscia fra me pian piano:
Che sai tu, lasso? forse in quella parte
or di tua lontananza si sospira;
et in questo penser l'alma respira.

Canzone, oltra quell'alpe
là dove il ciel è più sereno et lieto
mi rivedrai sovr'un ruscel corrente,
ove l'aura si sente
d'un fresco et odorifero laureto.
Ivi è 'l mio cor, et quella che 'l m'invola;
qui veder pôi l'imagine mia sola.

F. Petrarca, *Il canzoniere*, a cura di M. Santagata, cit.

l'anima si appaga della sua propria illusione (**error**)*: la vedo* (**veggio**) *in così tante parti e così bella, che se l'illusione durasse, non chiederei* (**cheggio** = 'chiedo') *altro.*

Il pino alto e il colle fanno da sfondo ad un *locus amoenus*, molto diverso dal precedente. Alla frescura dell'ombra Francesco vede con la mente il volto di Laura disegnato su di una pietra.

40-52 *Io l'ho più volte veduta (ma chi crederà a quel che dico?) come se fosse vera* (**viva**) *nell'acqua limpida e sopra l'erba verde, e nel tronco di un faggio e in una nuvola bianca, così bella* (**sì fatta**) *che Leda avrebbe* (**avria**) *certamente* (**ben**) *detto che sua figlia* [: Elena] *è superata* [*in bellezza da Laura*] (**perde**)*, come una stella che il sole offusca* (**copre**) *con i suoi raggi; e quanto più mi trovo in un luogo selvaggio e in una località* (**lido**) *deserta, tanto più bella il mio pensiero la raffigura* (**l'adombra**)*. Poi quando la realtà* (**il vero**) *annulla* (**sgombra**) *quella dolce illusione, proprio in quello stesso luogo* (**pur lì medesmo**) *mi siedo* (**assido me**)*, freddo,* [*come una*] *pietra morta su una pietra viva, nell'atteggiamento* (**in guisa**) *di chi* (**d'uom**, impersonale) *pensi e pianga e scriva.*

La distanza dalla città e dagli uomini consente a Francesco di fantasticare. Quando l'illusione finisce, però, ecco che l'angoscia lo paralizza, espressa dall'immagine della pietra. **Leda**: madre di Elena, la donna più bella del mondo, secondo il mito. La bellezza di Elena era stata la causa della guerra di Troia.

53-65 *Un intenso desiderio è solito spingermi* (**tirar mi suol**) *verso la vetta* (**giogo**) *più alta* (**maggiore**) *e più panoramica* (**expedito**)*, dove non arrivi* (**non tocchi**) *l'ombra di nessun'altra montagna; di qui* (**indi**) *comincio a misurare la mia infelicità* (**i miei danni**)*; e intanto sfogo il cuore gonfio* (**condenso**) *di una nebbia di dolore piangendo, quando* (**alor ch'**) *io guardo* (**miro**) *e penso quanta aria mi separa* (**diparte**) *dal bel viso che mi sta sempre così vicino e così lontano. Poi* (**Poscia**) [*dico*] *piano fra me e me: che certezze hai* (**Che sai**) *tu, misero* (**lasso**)*? Forse ora in quella direzione* (**parte**) *si sospira per la tua lontananza; e pensando ciò la mia anima respira.*

Giunto sulla vetta più alta, Francesco può misurare la distanza che lo separa da Laura. Piange perché questa distanza gli ricorda la diversità di sentimenti tra lui, amante non corrisposto, e la donna; ma tutt'a un tratto il pensiero che non può essere sicuro di nulla gli infonde la speranza che forse Laura sta piangendo a sua volta soffrendo per l'assenza di lui: questo pensiero lo risolleva. **dolorosa nebbia**: la nebbia del dolore che gonfia il cuore di Francesco fino a farlo piangere (è una metafora).

66-72 *O canzone, oltre quei monti* (**quell'alpe**) *là dove il cielo è più sereno e lieto mi rivedrai accanto a un ruscello che scorre* (**corrente**)*, dove si sente l'odore* (**l'aura**) *di un boschetto di lauri fresco e profumato* (**odorifero**)*. Lì* (**Ivi**) *è il mio cuore, e quella che me lo ruba* (**'l m'invola**)*; qui puoi vedere solo la mia immagine.*

Il **laureto** con cui si chiude la canzone è l'ultimo paesaggio: fortemente idealizzato, è legato sia alla figura di Laura sia alla poesia, essendo il lauro la pianta sacra ad Apollo, dio classico delle arti. Il nome di Laura (mai esplicitamente nominato) è contenuto perfettamente nella scrittura **l'aura** (v. 69), che ai tempi di Petrarca si poteva scrivere senza separazione tra le due parole.

analisi e interpretazione T16

le forme

La struttura della variazione Il procedimento compositivo seguito in questo testo è quello della variazione intorno ad un tema. In ognuna delle cinque stanze allo stato d'animo variabile del poeta è associata una particolare descrizione paesistica. In questa giustapposizione tra interno ed esterno va cercato il carattere peculiare di questo testo. Anche il congedo obbedisce a questa struttura, solo che in questo caso il paesaggio è puramente ideale: lì Petrarca immagina il proprio cuore, separato dal corpo, finalmente felice e appagato.

i temi e i motivi

Il paesaggio-stato d'animo Petrarca inventa nel *Canzoniere* un *topos* della letteratura occidentale: la corrispondenza tra paesaggio e stato d'animo. In questo testo tale corrispondenza è biunivoca, nel senso che è sia il paesaggio a influire sull'interiorità, sia l'interiorità a materializzarsi concretamente nel paesaggio, fino a mutarne la fisionomia. Nella prima strofe, infatti, alcuni dei tratti tipici del *locus amoenus* (latino 'luogo bello e piacevole') come la natura solitaria, il ruscello che scorre e l'ombra di un boschetto sembrano creare il clima favorevole ad un rasserenamento dell'animo: l'amante infelice infatti «s'acqueta» (v. 6). Subito dopo però (nella stessa strofe) ecco l'angoscia e la malinconia, ecco che Francesco alterna pianto e riso, paura e tranquillità. La potenza dell'incertezza e dell'angoscia è tale che, improvvisamente, nella strofa successiva muta lo scenario, che da *locus amoenus* diventa *locus horridus* (latino 'luogo orribile'): cime ardue da scalare e boschi inospitali (v. 14).

Il nome di Laura Nel canzoniere "in vita" Petrarca non nomina mai direttamente Laura, ma vi allude con alcuni *senhals* ('segni', in provenzale), secondo una consuetudine della poesia dei trovatori:

- il lauro, cioè la pianta dell'alloro, la pianta sacra ad Apollo, il dio pagano delle arti;
- la laurea poetica, che Petrarca ricevette a Roma quando fu incoronato poeta appunto con una corona d'alloro;
- l'aura: l'aria, la brezza che in varie poesie scompiglia i capelli «d'oro» (in latino *aurum*) di Laura o che muove le fronde del lauro.

Da questi raffronti comprendiamo che Laura, realmente esistita ed amata da Petrarca, è una donna ma è anche un simbolo: il simbolo della poesia. Amando Laura, Petrarca confessa di amare la poesia, di aspirare alla gloria poetica. L'una e l'altra, la donna e la poesia, saranno non a caso apertamente ripudiate al termine del percorso ascensionale del libro, quando all'amore profano si sostituirà quello religioso per la Vergine e la poesia diventerà preghiera (cfr. **T12** ***«Vergine bella, che di sol vestita»***, p. 297).

Petrarca e noi

Malinconia e depressione Anche questo testo, come altri del *Canzoniere*, può essere letto con le chiavi della moderna psicoanalisi. Il tipo di personalità qui rappresentato, infatti, sembra rientrare nel quadro della depressione, che Petrarca e gli uomini del Medioevo chiamavano "malinconia" e che facevano derivare dall'influsso di una cattiva stella. La caratteristica principale della depressione, secondo Melanie Klein, la psicologa che l'ha studiata nei bambini, è il passaggio repentino dall'esuberanza all'abbattimento, dalla vitalità alla negazione. Il bambino che cade in uno stato depressivo quando si vede per qualche motivo negata la presenza della madre (cioè del suo principale oggetto d'amore) è anche capace di attivare forme di difesa come, tra le altre, l'idealizzazione, cioè la costruzione di un oggetto d'amore ideale. Questa chiave di lettura può rivelarsi utile anche per capire quei fenomeni di ambivalenza, di "odio e amore" che la psicoanalisi collega alla depressione e che sono così frequenti in altre poesie del *Canzoniere*. Non bisogna però dimenticare che in un testo letterario la realtà rappresentata è sempre mediata dalla tradizione: non bisogna dimenticare, insomma, che «odi et amo» (latino 'odio e amo') lo aveva già scritto Catullo, che ovviamente Petrarca aveva letto e conosceva bene.

per studiare guida all'analisi T16

COMPRENDERE

1 Quali sono i *senhals* con cui Petrarca allude a Laura nel *Canzoniere*? Scegli le tre risposte corrette.

a l'aurora
b l'aura
c il lauro
d la laurea poetica
e l'aureola
f l'alma

2 I *senhals* rivelano che Laura non è solo la donna amata dal poeta. Che cosa rappresenta anche Laura? (due risposte)

a la fama letteraria
b la patria
c la poesia
d la fede

3 Che cosa s'intende con l'espressone latina *locus amoenus*?
- a è il Paradiso terrestre come lo si legge nel libro della Genesi
- b è un luogo reale della Valchiusa in cui Petrarca aveva la sua casa e nel quale si ritirava a studiare
- c era il nome che nell'antica Roma si dava ai giardini dei palazzi patrizi
- d è un luogo idealizzato e piacevole, tipico della letteratura classica e moderna, immerso tra le piante e di frequente rallegrato da una fonte

4 Nella prima stanza della canzone c'è la descrizione di un tipico *locus amoenus*. Trascrivila.

....

5 Nella seconda stanza, invece, risaltano le caratteristiche del *locus horridus*, ossia aspro e inospitale. Trascrivi il verso che lo descrive.

....

6 Perché il poeta va cercando luoghi solitari?
- a cerca la quiete per interrogare se stesso
- b desidera allontanarsi dalla beghe della corte
- c cerca il silenzio per poter studiare
- d spera di incontrare Laura

ANALIZZARE

7 Sintetizza le caratteristiche del paesaggio e il corrispondente stato d'animo del poeta in ciascuna stanza e nel congedo della canzone *«Di pensier in pensier, di monte in monte»*. Nella colonna a destra registra i *senhals* di Laura eventualmente presenti nella stanza. L'esercizio è avviato a modo di esempio.

stanza	il paesaggio	lo stato d'animo del poeta	*senhals* di Laura
1	paesaggio variato	alternanza di stati d'animo	non presenti
2	....	....	....
3	....	....	....
4	....	....	....
5	....	....	....
congedo	....	....	....

8 L'espressione «viver dolce amaro» (v. 21) è una figura retorica che ben rappresenta il contrasto dei sentimenti del poeta. Di quale figura si tratta?
- a iperbole
- b chiasmo
- c sinestesia
- d ossimoro

9 Considera la quarta strofe: in quali elementi della natura il poeta ravvisa l'immagine di Laura?

INTERPRETARE E APPROFONDIRE

10 «Error» è una parola chiave che ricorre tre volte nella poesia. Rintracciala e, aiutandoti con le note, definiscine correttamente il significato. La parola «errore» ricorre anche nel sonetto «*Voi ch'ascoltate in rime sparse il suono*»: dopo averla individuata controlla se ha sempre lo stesso significato.

T17

«Zephiro torna, e 'l bel tempo rimena»

Canzoniere, 310

concetti-chiave
- la malinconia del poeta
- la disarmonia tra paesaggio e stato d'animo

Sonetto composto forse nel 1352, durante l'ultimo soggiorno di Petrarca in Valchiusa. Il pensiero della morte di Laura rende vano, agli occhi del poeta, il ritorno della primavera. Francesco non è indifferente al ritorno ciclico delle stagioni: sente però il contrasto tra la bellezza della natura che rifiorisce e torna alla vita e la propria esistenza, svuotata di significato e ormai preda della malinconia. Vede la bellezza e la perfezione della natura ma se ne sente escluso.

LINGUA: italiano **DATAZIONE:** 1352 ca.

Zephiro torna, e 'l bel tempo rimena
e i fiori et l'erbe, sua dolce famiglia,
et garrir Progne et pianger Philomena,
et primavera candida et vermiglia.

Ridono i prati, e 'l ciel si rasserena;
Giove s'allegra di mirar sua figlia;
l'aria et l'acqua et la terra è d'amor piena;
ogni animal d'amar si riconsiglia.

Ma per me, lasso, tornano i più gravi
sospiri, che del cor profondo tragge
quella ch'al ciel se ne portò le chiavi;

et cantar augelletti et fiorir piagge,
e 'n belle donne honeste atti soavi
sono un deserto, et fere aspre et selvagge.

F. Petrarca, *Il canzoniere*, a cura di M. Santagata, cit.

METRO: sonetto con schema ABAB, ABAB; CDC, DCD.

1-4 *Ritorna il vento di Ponente* (**Zephiro**) *e riporta* (**rimena**) *la bella stagione* (**tempo**) [: la primavera], *e i fiori e l'erba, sua piacevole* (**dolce**) *compagnia* (**famiglia**), *e* [*riporta*] *lo stridere* (**garrir**) *della rondine* (**Progne**) *e il canto lamentoso* (**pianger**) *dell'usignolo* (**Philomena**), *e* [*riporta*] *la primavera bianca e rossa* (**candida et vermiglia**) [: i colori dei fiori].

Zephiro (leggi 'Zèfiro') è il vento di Ponente che annuncia la primavera. **Progne** e **Philomena** (leggi 'Filomena') sono le due fanciulle trasformate rispettivamente in rondine e usignuolo, secondo il mito.

5-8 *I prati risplendono* (**Ridono**: per metafora) *e il cielo si rasserena. Giove si rallegra guardando sua figlia; l'aria e l'acqua e la terra sono* (**è**) *piene d'amore; ogni essere animato* (**animal**) *prende nuovamente la decisione* (**si riconsiglia**) *di amare.*

Ridono i prati: è una metafora, che associa lo splendore dell'erba alla bellezza e all'allegria del riso di una fanciulla. **Giove...figlia**: due spiegazioni possibili. Una è di tipo astronomico: il pianeta Giove appare in primavera vicino a sua figlia Venere. L'altra è che la figlia di Giove sia Proserpina, provvisoriamente tornata sulla Terra dopo aver trascorso l'inverno presso Plutone, il re degli inferi, che secondo il mito l'aveva rapita.

9-14 *Ma per me, misero* (**lasso**), *tornano i più dolorosi* (**gravi**) *sospiri, che estrae* (**tragge**) *dal profondo del mio cuore colei che ne portò le chiavi in cielo; e il cantare degli uccellini* (**augelletti**) *e il fiorire dei prati* (**piagge**) *e gesti* (**atti**) *delicati* (**soavi**) *in donne belle e nobili* (**honeste**) *sono per me un deserto, e belve* (**fere**) *feroci* (**aspre**) *e selvagge.*

analisi e interpretazione T17

le forme

Una struttura bipartita Spesso, come in questo caso, la forma del sonetto consente una bipartizione perfetta tra la prima parte (le quartine) e la seconda (le terzine): qui al «torna» del v. 1 corrisponde, a contrasto, il «tornano» del v. 9. La contrapposizione è sottolineata dalla congiunzione avversativa «Ma». La terzina conclusiva, in particolare, riassume e rovescia lo scenario idillico delle quartine in modo puntuale: il v. 12 corrisponde ai vv. 2-6 e il v. 13 ai vv. 7-8.

i temi e i motivi

Il paesaggio e la disarmonia Il motivo centrale del sonetto è l'accordo impossibile tra lo stato d'animo e il paesaggio. Francesco è vittima della profonda depressione in cui lo ha spinto la morte di Laura, e perciò non può accogliere il messaggio positivo della natura, che rinasce e rifiorisce intorno a lui. La malinconia è legata al lutto. Anche qui il paesaggio gioca un ruolo fondamentale, ma in un modo diverso da *«Solo et pensoso i più deserti campi»* o dalla canzone con cui abbiamo iniziato questo percorso: non è simbolo di uno stato d'animo del poeta, ma immagine di una perfezione negata, di una felicità possibile per altri, ma dalla quale Francesco si sente escluso.

Petrarca e noi

I paesaggi e l'anima Petrarca ha inventato il paesaggio-stato d'animo, come abbiamo visto, ma in alcuni suoi testi ha rappresentato anche la mancanza di corrispondenza tra interno ed esterno. Mentre l'invenzione del paesaggio stato-d'animo influenzerà soprattutto il Romanticismo, l'idea di una dolorosa separazione tra l'individuo e la natura sarà un tema sviluppato soprattutto dai poeti del Novecento. Nella **S12** (p. 331) puoi vedere ad esempio come è trattato da Eugenio Montale (1896-1981).

per studiare *guida all'analisi* T17

COMPRENDERE

1 Collega correttamente alle singole strofe l'argomento corrispondente.

prima quartina	il trionfo della primavera
seconda quartina	l'esclusione del poeta dalla gioia
prima terzina	il ritorno della malinconia del poeta
seconda terzina	il ritorno della primavera

2 Il sonetto è diviso nettamente in due parti da un termine chiave. Quale?

a primavera (v. 4)
b Ma (v. 9)
c lasso (v. 9)
d et (v. 12)

3 Il sonetto è impreziosito da due immagini mitologiche (v. 3 e v. 6). Collega i termini qui sotto elencati ai rispettivi significati. Una delle tre figure mitologiche può avere due interpretazioni.

progne	Proserpina
Filomena	Venere
la figlia di Giove	rondine
	usignolo

4 Sintetizza il messaggio del sonetto inserendo correttamente negli spazi della mappa i termini o le espressioni riportati di seguito.

....

.... → .... → ....

ma – la natura gioisce – il poeta resta preda della malinconia – è primavera

ANALIZZARE

5 In quale passaggio del testo si capisce che Laura è morta?

6 Nella prima terzina sono presenti due *enjambements*. Sai individuarli? Che effetto producono?

7 L'espressione «Ridono i prati» è

a un'allegoria
b una iperbole
c una metonimia
d una metafora

8 Prova a trasformare l'espressione «Ridono i prati» in una similitudine, completando la frase seguente.

L'erba verde dei prati in primavera è come ....

INTERPRETARE E APPROFONDIRE

9 Quale funzione ha la terzina finale nella struttura concettuale del sonetto?

a ribadisce i concetti espressi nelle quartine
b corregge i concetti espressi nelle quartine
c riassume le immagini delle quartine
d riassume e ribalta i concetti espressi nelle quartine

10 L'analisi ha mostrato che questo sonetto

a ha una struttura libera da norme precise
b ha uno stile vario e diseguale
c ha una struttura perfettamente calibrata
d presenta una struttura originale all'interno del *Canzoniere*

11 In questo sonetto c'è accordo o disaccordo tra il paesaggio e lo stato d'animo del poeta?

S11 LETTURE CRITICHE

Hugo Friedrich: il rapporto tra soggetto e paesaggio

In questa pagina il critico tedesco ***Hugo Friedrich*** *analizza il sonetto* «Solo et pensoso i più deserti campi», *di cui riportiamo di seguito anche il testo (mentre per le note e un'analisi più approfondita rinviamo alla sezione dedicata ai* **TESTI DI ACCESSO**, *cfr. p. 28). Il critico mostra bene come i temi della solitudine, dell'isolamento sociale, del dialogo tra paesaggio e stato d'animo siano contenuti in una struttura formale perfettamente calibrata, che annulla le tensioni implicite e comunica un senso di armonia.*

Solo et pensoso i più deserti campi
vo mesurando a passi tardi et lenti,
et gli occhi porto per fuggire intenti
ove vestigio human l'arena stampi.

Altro schermo non trovo che mi scampi
dal manifesto accorger de le genti,
perché negli atti d'alegrezza spenti
di fuor si legge com'io dentro avampi:

sì ch'io mi credo omai che monti et piagge
et fiumi et selve sappian di che tempre
sia la mia vita, ch'è celata altrui.

Ma pur sì aspre vie né sì selvagge
cercar non so ch'Amor non venga sempre
ragionando con meco, et io co llui.

espansioni digitali

videolezione: analisi del testo
a cura di Pietro Cataldi
[16' 16"]

Il tema è la solitudine dell'amante in un paesaggio deserto che egli percorre pensieroso. Quale paesaggio? Esso resta indeterminato. I suoi elementi vengono accennati solo con dei plurali generici: v. 1, vv. 9-10, v. 12. Esso costituisce, senza né un luogo né un tempo preciso, la scena di un avvenimento più interiore che esteriore, che non è unico, ma al di fuori del tempo, ha quindi la ripetitività di un fatto primordiale come avviene per lo più nella lirica. Il fatto si manifesta come monologo, che prende lo spunto da un dolore imprecisato, una malinconia di cui si sa soltanto che si tratta di una fuga dagli uomini, di una gioia che si è spenta, di un intimo ardore. Paesaggio indeterminato, dolore indeterminato, questo in fondo è tutto. Tuttavia si vede come ambedue siano legati l'uno all'altro. Solo la natura solitaria sembra poter comprendere la malinconia dell'amante e potergli offrire protezione e sicurezza. Così sembra, ma la realtà è ben diversa. Anche nella natura egli incontra l'amore a cui non può sfuggire (strofa IV). L'impossibilità di scampo interiore è anche esteriore. La natura incline all'ascolto e alla comprensione non può essere d'aiuto. Pur essendo l'unico luogo, in cui l'amante può meditare con se stesso, essa non lo sottrae alla sua pena. Tutte le tappe del monologo sono gesti del corpo, ancora una volta un camminare. Per tutto il sonetto dura questo lento camminare, anche se vi si accenna solo con poche parole. Lo schivo spiarsi attorno della prima strofa è accordato a esso, come il colloquio con Amore alla fine, ed anche le riflessioni nelle strofe centrali avvengono durante il cammino. Così il sonetto è un unico andante[1] – il termine è inteso tanto contenutisticamente quanto in senso musicale – ed è un esempio della cura con cui il Petrarca riusciva a mantenersi nel campo espressivo prescelto. Condizione psicologica, atteggiamento corporeo, paesaggio sono in completo accordo fra di loro, ed è difficile a dirsi che cosa si imprima più profondamente nella memoria, se il passo misurato o lo stanco sconforto, perché ambedue sono una cosa sola ed esprimono quella compenetrazione di anima e oggetto che è un privilegio della lirica.

Il tema del paesaggio solitario, presso cui un amante cerca conforto, ha i suoi primi accenni nei poeti romani. Consideriamo per un momento più attentamente Properzio. Nella I, 18 delle sue elegie si parla dell'amante che cerca la guarigione su impervi sentieri, in una regione desolata, presso gli alberi, le rocce, le sorgenti. Egli vuol capire perché l'amata lo disprezza. C'era stato un litigio con la donna infedele, ma ora tutto scompare ed un nuovo giuramento d'amore conclude l'elegia. Il suo contenuto è un rancore momentaneo, che finisce con la certezza che il cielo tornerà a rasserenarsi. Il sonetto petrarchesco ha quindi solo una somiglianza esteriore con questa elegia. La situazione di fondo è infatti completamente diversa: una malinconia, la cui origine – l'amore per Laura – è appena accennata, e che si diffonde per quello che è in se stessa, uno stato d'animo indefinito, senza limiti che pervade "monti e piagge / e fiumi e selve". Qui non si pensa a superare il dolore, ben diversamente da Properzio, che aveva cantato il momento limitato di una passione travagliata. Del tutto moderno è l'indugiare del Petrarca nella disperazione.

Stilisticamente il sonetto è costruito secondo la legge del raggruppamento a due: due aggettivi simili lo introducono, altri due sono alla fine del secondo verso, e ancora nel v. 12: «solo et pensoso... passi tardi et lenti... aspre vie né sì selvagge». Il doppio ritmo è in questi casi più importante delle varianti di significato. Anche i sostantivi che si susseguono nei vv. 9-10 sono a gruppi di due. I periodi nella prima e nella seconda strofa comprendono rispettivamente due membri suddivisi sulle due coppie di versi. Tutto il sonetto si muove così in una simmetria ondeggiante. La malinconia del contenuto, la dissonanza che viene a manifestarsi fra l'io e la natura si sciolgono in un'armonia equilibratrice. Ciò che sembra essere in opposizione si riconcilia nella simmetria. Il testo canta un dolore e lo placa nell'arte.

H. Friedrich, *Epoche della lirica italiana. Dalle origini al Quattrocento*, Mursia, Milano 1964.

1. **andante:** un tempo musicale piuttosto lento.

S12 PASSATO E PRESENTE

Una poesia di Eugenio Montale

Questo breve testo è stato pubblicato in Satura, *la quarta raccolta poetica di Eugenio Montale (1896-1981), uscita nel 1971. Fa parte della serie di liriche in morte della moglie (Drusilla Tanzi, detta Mosca) che apre la raccolta. L'avvicinarsi della primavera non è motivo di gioia, ma segna al contrario una rottura della ciclicità rassicurante e benevola delle stagioni, diventando occasione per un bilancio esistenziale. La mancanza della moglie si fa tanto più pungente quanto più il ricordo di lei è legato alla routine del quotidiano e agli accidenti più banali della vita coniugale, elencati nelle due strofe perfettamente simmetriche di questa lirica, costruita per accumulo ma senza* climax. *Il tema della depressione e del lutto accomuna questa poesia a molte poesie del* Canzoniere, *ma il tono e il lessico di Montale sono molto diversi, molto più piani e colloquiali.*

«La primavera sbuca col suo passo di talpa» (*Xenia* I, 12)

La primavera sbuca col suo passo di talpa.
Non ti sentirò più parlare di antibiotici
velenosi, del chiodo del tuo femore,
dei beni di fortuna che t'ha un occhiuto omissis
spennacchiati.

La primavera avanza con le sue nebbie grasse,
con le sue luci lunghe, le sue ore insopportabili.
Non ti sentirò più lottare col rigurgito
del tempo, dei fantasmi, dei problemi logistici
dell'Estate.

E. Montale, *L'opera in versi*, Einaudi, Torino 1980, p. 292.

METRO: due strofe di cinque versi, tutti settenari doppi, ad eccezione del v. 3 (endecasillabo) e dei due quaternari di chiusura. Il parallelismo metrico tra le due strofe replica quello retorico e sintattico incentrato soprattutto sulla doppia anafora («La primavera...», «Non ti sentirò più...»: vv. 1 e 6 e vv. 2 e 8).

1. sbuca...talpa: esce dal letargo invernale come la talpa.

3. del chiodo del tuo femore: conseguenza di una caduta.

4. un occhiuto omissis: persona, di cui si tace il nome, colpevole di avere sottratto alla donna i suoi averi (i «beni di fortuna»).

5. spennacchiati: depredati dall'erede innominato.

8. rigurgito: ritorno indesiderato.

invito all'argomentazione

Il tema della morte qui riguarda la moglie del poeta (una moglie peraltro un po' acciaccata nel fisico), mentre in Petrarca si tratta della morte di una donna sempre e soltanto vagheggiata. Oltre alle differenze dovute alla distanza temporale, ti sembra che la diversa figura femminile e la quotidianità del rapporto coniugale comportino anche un diverso modo di rappresentare il lutto? In quali elementi o oggetti Montale riscontra l'assenza della moglie? Quali aspetti della poesia di Montale possono essere avvicinati alla poesia di Petrarca? Componi un breve scritto (circa 150-200 parole) in cui argomenti i risultati del confronto fra le due poesie. Per la stesura, puoi seguire la falsariga del confronto proposto a p. 311 Dante, *«Tanto gentile e tanto onesta pare»* e Petrarca, *«Erano i capei d'oro a l'aura sparsi»*.

Conclusioni del PERCORSO 4

L'importanza del paesaggio

Nei testi riportati in questo percorso (e soprattutto in **T16**) è possibile registrare la grande importanza assegnata da Petrarca al paesaggio, che diviene l'equivalente delle emozioni interne del soggetto: al variare del paesaggio esterno, cioè, corrisponde un variare dello stato d'animo dell'io. Non è facile valutare quanto sia la realtà naturale esterna a influenzare la sensibilità soggettiva, o quanto invece sia quest'ultima a ricercare un paesaggio adeguato ai propri movimenti, e perfino a proiettare all'esterno le proprie emozioni. Quel che però conta davvero è lo scambio fra interno ed esterno, e dunque il valore emotivo assunto dal paesaggio: una novità della lirica petrarchesca che condizionerà profondamente la storia della poesia moderna.

Il continente dell'interiorità

La valorizzazione del paesaggio è dunque un modo ulteriore per sottolineare la centralità dell'io nella lirica: non solo il tempo viene per così dire appropriato dal soggetto, che lo occupa per mezzo della memoria, ma anche lo spazio, che risulta quasi una espansione dell'interiorità. Il dialogo fra io e paesaggio può avvenire nei termini di una coincidenza (come in **T16**) o in quelli di una tensione e perfino di una contrapposizione (come in **T17**), ma l'effetto è comunque lo stesso: al centro c'è l'io, con le sue emozioni e le sue vicende psichiche.

per fare il punto | *autoverifica delle conoscenze*

Verifica la correttezza delle tue risposte sulla base dei paragrafi, dei testi o delle schede indicati a margine di ciascuna domanda.

1 Inserisci correttamente negli spazi vuoti i termini elencati in calce. (cfr. ***Introduzione*** a **T16** e a **T17**)

Il legame tra interno (l'interiorità del poeta) ed esterno (della natura) si configura in Petrarca in maniera ....: il paesaggio cambia al mutare dei sentimenti del poeta e nello stesso tempo il variare del paesaggio e delle stagioni condiziona lo .... del poeta .... Ma il .... fra paesaggio e stato d'animo può anche rivelare un contrasto. Petrarca avverte .... che il movimento ...., che si verifica nella natura con un costante ritorno delle stagioni, non è concesso all'uomo. Di qui deriva un senso di smarrimento e di ...., che si traduce in una sofferenza che la dolcezza della natura non è in grado di sopire, in particolare dopo la .... di Laura, quando risulta stridente il .... tra il ritorno della primavera e la incolmabile mancanza di lei.

stato d'animo – morte – estraneità – biunivoca – contrasto – infatti – ciclico – confronto

2 Il paesaggio di cui parla Petrarca è oggettivo? Oppure è un "continente" interiore inventato dal poeta? Rispondi sulla base delle poesie studiate e degli appunti che hai derivato dalla **videolezione** ***Petrarca: la nascita della moderna vita interiore***, in particolare la scena 11, ***Il continente nuovo dell'interiorità e la lirica moderna.***

....

....

3 Nella tabella seguente sono elencate alcune poesie di Petrarca che svolgono il tema del paesaggio-stato d'animo (compreso il sonetto ***«Solo et pensoso i più deserti campi»***, che hai studiato nel **TESTO DI ACCESSO 4**). Quali presentano una corrispondenza tra il paesaggio e lo stato d'animo del poeta? E quali invece evidenziano un contrasto? In quali poesie il tema del paesaggio si intreccia con il motivo della morte della donna amata? Completa la tabella con le informazioni richieste.

paesaggio e stato d'animo in Petrarca e in Montale

	C'è corrispondenza tra paesaggio e stato d'animo? Se sì, cita un passo come esempio	C'è contrasto tra paesaggio e stato d'animo? Se sì, cita un passo come esempio	È presente il motivo della morte della donna? Se sì, il paesaggio risulta trasformato agli occhi del poeta a causa dell'assenza della donna? E come?
Petrarca *«Solo et pensoso i più deserti campi»*	SÌ NO	SÌ NO	SÌ NO ....
Petrarca *«Di pensier in pensier, di monte in monte»*	SÌ NO	SÌ NO	SÌ NO ....
Petrarca *«Zephiro torna, e 'l bel tempo rimena»*	SÌ NO	SÌ NO	SÌ NO ....
Montale *«La primavera sbuca col suo passo di talpa»*	SÌ NO	SÌ NO	SÌ NO ....

4 Secondo quanto hai appreso dalla videolezione *Petrarca: la nascita della moderna vita interiore*, rispondi: a che cosa serve il paesaggio "inventato" da Petrarca?

a a descrivere il paesaggio incontaminato del Trecento
b ad esplorare il territorio dell'interiorità
c a tramandare ai posteri il rispetto per l'ambiente
d a calmare l'angoscia del poeta

5 La scoperta dell'interiorità operata da Petrarca sarà un presupposto anche per i poeti moderni. Come esempio di autori che si ricollegano a Petrarca, al termine della videolezione compaiono le immagini di due poeti. Ti ricordi quali?

a Tasso e Manzoni
b Carducci e Ungaretti
c Foscolo e Rimbaud
d Leopardi e Baudelaire

Il *Canzoniere*

PERCORSI NELL'OPERA 5

Un nuovo modello di intellettuale cristiano

Le tappe di questo percorso

In questo percorso leggeremo un solo testo di Petrarca, ma molto lungo e complesso: la canzone *«Italia mia, benché 'l parlar sia indarno»* (**T18**). È un documento-chiave per capire qual è la figura del nuovo intellettuale che sta nascendo con Petrarca. A questo segue una scheda nelle ***espansioni digitali*** sulla composizione del ceto intellettuale al tramonto del Medioevo. Puoi integrare il discorso leggendo la lettera ai posteri, che trovi nelle ***espansioni digitali***.

TESTI

T18 «Italia mia, benché 'l parlar sia indarno»
Canzoniere, 128

T18

«Italia mia, benché 'l parlar sia indarno»

Canzoniere, 128

concetti-chiave

- una nuova figura di intellettuale "separato"
- la passione politica

È la poesia politicamente più impegnata del Canzoniere. *Petrarca la compose probabilmente nell'inverno 1344-45 a Parma, contesa tra la famiglia ferrarese degli Este e quella mantovana dei Gonzaga. L'autore trae spunto dall'attualità politica per criticare il male secolare dell'Italia: il particolarismo che divide i numerosi stati e staterelli della penisola e che mette gli uni contro gli altri gli Italiani. Petrarca si richiama alla tradizione di Roma e dell'Impero romano e ai grandi valori della tradizione nazionale, in primo luogo l'unità e la pace.*

LINGUA: italiano **DATAZIONE:** 1344-45 ca.

Italia mia, benché 'l parlar sia indarno
a le piaghe mortali
che nel bel corpo tuo sì spesse veggio,
piacemi almen che' miei sospir' sian quali
spera 'l Tevero et l'Arno,
e 'l Po, dove doglioso et grave or seggio.
Rettor del cielo, io cheggio
che la pietà che Ti condusse in terra
Ti volga al Tuo dilecto almo paese.
Vedi, Segnor cortese,
di che lievi cagion' che crudel guerra;
e i cor', che 'ndura et serra
Marte superbo et fero,
apri Tu, Padre, e 'ntenerisci et snoda;
ivi fa' che 'l Tuo vero,
qual io mi sia, per la mia lingua s'oda.

Voi cui Fortuna à posto in mano il freno
de le belle contrade,
di che nulla pietà par che vi stringa,
che fan qui tante pellegrine spade?
perché 'l verde terreno
del barbarico sangue si depinga?
Vano error vi lusinga:
poco vedete, et parvi veder molto,
ché 'n cor venale amor cercate o fede.
Qual più gente possede,
colui è più da' suoi nemici avolto.
O diluvio raccolto
di che deserti strani,
per inondar i nostri dolci campi!
Se da le proprie mani
questo n'avene, or chi fia che ne scampi?

METRO: canzone di sette stanze di sedici versi ciascuna, nove endecasillabi e sette settenari, con fronte divisa in due piedi e sirma collegata alla fronte dalla chiave (c). Schema AbA, BaC; cDEeDdfGfG. Il congedo riprende lo schema della sirma.

1-16 *O Italia mia, benché il parlare sia inutile* (**indarno**) *a curare le piaghe mortali che vedo* (**veggio**) *nel tuo bel corpo così numerose* (**sì spesse**), *voglio* (**piacemi**) *almeno che i miei sospiri siano quelli che il Tevere e l'Arno e il Po, sulle cui rive siedo* (**seggio**) *addolorato* (**doglioso**) *e turbato* (**grave**), *si aspettano* (**spera**). *Governatore* (**Rettor**) *del cielo* [: Dio], *io chiedo* (**cheggio**) *che la pietà che Ti condusse sulla terra Ti rivolga al Tuo nobile* (**almo**) *Paese preferito* (**dilecto**). *O Signore cortese, vedi da quanto lievi cause quale guerra crudele! E apri e intenerisci e sciogli* (**snoda**) *Tu, o padre, i cuori, che Marte superbo e feroce* (**fero**) *indurisce* (**'ndura**) *e chiude* (**serra**); *fa' che la Tua verità* (**vero**) *venga udita* (**s'oda**) *lì* (**ivi**) [: nei cuori dei contendenti] *attraverso* (**per**) *le mie parole* (**la mia lingua**), *chiunque io sia* (**qual io mi sia**).

La prima parte del discorso (vv. 1-6) è rivolta direttamente all'Italia, con una personificazione allegorica: per questa ragione i problemi politici sono chiamati **piaghe**. Il poeta è cosciente dell'inutilità delle sue parole e sa che le ragioni della politica probabilmente prevarranno, ma non rinuncia a svolgere il suo ruolo di intellettuale che si appella all'Unità dell'Italia e alla pace. I fiumi **Tevere**, **Arno** e **Po** indicano per sineddoche la penisola. Al v. 7 il poeta si rivolge a Dio (**Rettor del cielo**), che non può essere indifferente alle sorti dell'Italia perché lì ha provvidenzialmente posto la sede della Chiesa. **Marte** (v. 13) è il dio pagano della guerra e qui personifica l'aggressività e la ferocia degli uomini. Le **lievi cagioni** da cui è nata la guerra sono la vendita di Parma da parte di Azzo da Correggio a Obizzo d'Este e l'opposizione di Filippo Gonzaga al passaggio della città agli Este, con il coinvolgimento nel conflitto di Verona, Bologna, Forlì ed altre città del Nord.

17-32 *O voi* [signori italiani] *ai quali* (**cui**) *la sorte* (**Fortuna**) *ha posto in mano il governo* (**il freno**) *delle belle regioni* (**contrade**) *italiane, delle quali* (**di che**) *pare che non vi tocchi* (**stringa**) *nessuna* (**nulla**) *pietà, che fanno qui tanti soldati* (**spade**, con metonimia) *stranieri* (**pellegrine**)? *Sono qui perché il verde terreno si colori* (**si depinga**) *del sangue dei barbari? Vi lusinga una illusione* (**error**) *infondata* (**Vano**): *capite* (**vedete**) *poco, e vi sembra* (**parvi**) *di vedere molto, dato che* (**ché**) *cercate amore o fedeltà* (**fede**) *in cuori* (**cor**) *mercenari* (**venale**). *Chi* (**Qual**) *possiede più truppe* (**gente**), *costui* (**colui**) *è più circondato* (**avolto**) *dai suoi nemici. O diluvio* [: i soldati mercenari] *raccolto da quali deserti stranieri* (**strani**), *per inondare i nostri dolci campi! Se questo ci accade* (**n'avene**) *a causa delle* (**da le**) *nostre mani, allora* (**or**) *chi sarà* (**fia**) *a salvarci* (**che ne scampi**)?

Fortuna nell'italiano del Trecento significa semplicemente 'sorte' (non necessariamente buona sorte). La sorte ha affidato ai potenti d'Italia le redini del paese (il **freno**, con una metafora tratta dal linguaggio dell'equitazione), ma loro si sono resi responsabili della decadenza del Paese perseguendo i rispettivi interessi particolari anziché il bene comune. La pre-

Ben provide Natura al nostro stato,
quando de l'Alpi schermo
pose fra noi et la tedesca rabbia;
ma 'l desir cieco, e 'ncontra 'l suo ben fermo,
s'è poi tanto ingegnato,
ch'al corpo sano à procurato scabbia.
Or dentro ad una gabbia
fiere selvagge et mansuete gregge
s'annidan sì che sempre il miglior geme;
et è questo del seme,
per più dolor, del popol senza legge,
al qual, come si legge,
Mario aperse sì 'l fianco,
che memoria de l'opra ancho non langue,
quando assetato et stanco
non più bevve del fiume acqua che sangue.

Cesare taccio, che per ogni piaggia
fece l'erbe sanguigne
di lor vene, ove 'l nostro ferro mise.
Or par, non so per che stelle maligne,
che 'l cielo in odio n'aggia:
vostra mercé, cui tanto si commise.
Vostre voglie divise
guastan del mondo la più bella parte.
Qual colpa, qual giudicio o qual destino
fastidire il vicino
povero, et le fortune afflicte et sparte
perseguire, e 'n disparte
cercar gente et gradire,
che sparga 'l sangue et venda l'alma a prezzo?
Io parlo per ver dire,
non per odio d'altrui, né per disprezzo.

Né v'accorgete anchor per tante prove
del bavarico inganno
ch'alzando il dito colla morte scherza?
Peggio è lo strazio, al mio parer, che 'l danno;
ma 'l vostro sangue piove
più largamente, ch'altr'ira vi sferza.
Da la matina a terza
di voi pensate, et vederete come
tien caro altrui che tien sé così vile.
Latin sangue gentile,

senza diffusa dei soldati mercenari, reclutati fuori d'Italia e perciò definiti **barbari**, è il segno più evidente di questa decadenza: le milizie mercenarie non combattono per difendere il loro Paese, ma per soldi, e sono pronti a tradire il loro padrone di oggi per schierarsi domani con chi può pagarli di più: per questo Petrarca dice che chi ha più soldati (**più gente**) ha in realtà più nemici (potenziali).

33-48 *La natura provvede adeguatamente* (**Ben**) *alla nostra esistenza* (**stato**), *quando mise* (**pose**) *lo schermo delle Alpi fra noi e la ferocia* (**rabbia**) *dei Tedeschi; ma poi il desiderio* (**'l desir**) *cieco, e tenace* (**fermo**) *contro il proprio interesse* [: dei signori d'Italia], *si è tanto ingegnato che ha corrotto* (**à procurato scabbia**) *un corpo sano. Ora belve* (**fiere**) *selvagge e greggi mansueti abitano* (**s'annidan**) *dentro a una sola* (**una**) *gabbia, così che il migliore* [: cioè i greggi mansueti, gli italiani] *è sempre oppresso* (**geme**); *e, cosa ancora più dolorosa* (**per più dolor**), *ciò accade ad opera dei discendenti* (**seme**) *di quel popolo senza civiltà* (**legge**), *al quale, come si legge, Mario inflisse una tale sconfitta* (**aperse sì 'l fianco**) *che ancora* (**ancho**) *non si spegne* (**non langue**) *il ricordo* (**memoria**) *dell'evento* (**de l'opra**), *quando* [Mario], *assetato e stanco, bevve del fiume più sangue che acqua.*

Continua la personificazione dell'Italia, immaginata come una donna malata di **scabbia** (una sgradevole malattia della pelle). Responsabili della malattia sono i suoi governanti, che stanno tenacemente agendo contro il loro stesso interesse (**'ncontra 'l suo ben**), conducendo una guerra fratricida grazie alle milizie tedesche. L'Italia è poi (vv. 39-41) immaginata come una **gabbia** dentro la quale convivono predatori (i soldati mercenari) e prede (gli Italiani), con evidente danno per questi ultimi. Ad aggiungere dolore a dolore è poi il fatto che lo strumento dei potenti siano i discendenti di popoli barbarici, ai quali Roma aveva inflitto una sconfitta di cui si conserva ancora la memoria: Petrarca evoca ai vv. 45-48 la sconfitta dei Teutoni presso l'odierna Aix-en-Provence (102 a.C.) ad opera di Caio Mario, il quale, secondo le antiche storie di Roma, avrebbe bevuto le acque del fiume Arc intrise del sangue dei nemici morti in battaglia.

49-64 *Non parlo* (**taccio**) *di Cesare che insanguinò per ogni terra* (**piaggia**) *le erbe del loro* [: dei barbari] *sangue, ovunque* (**ove**) *portò* (**mise**) *la nostra* [: degli Italiani] *spada* (**ferro**). *Ora pare che il cielo ci abbia* (**n'aggia**) *in odio, non so a causa di* (**per**) *quali stelle maligne: per colpa vostra* (**vostra mercè**) [: signori d'Italia], *ai quali è stato affidato* (**si commise**) *un così alto compito* (**tanto**). *Le vostre avidità* (**voglie**) *discordi* (**divise**) *guastano la più bella regione* (**parte**) *del mondo. Quale colpa, quale punizione* (**giudicio**), *o quale destino* [vi spinge a] *opprimere* (**fastidire**) *i vicini poveri, e perseguitare* (**perseguire**) *i loro beni* (**fortune**) *impoveriti* (**afflicte**) *e dispersi* (**sparte**), *e a cercare e gradire soldati* (**gente**) *stranieri* (**'n disparte**), *che spargano sangue e vendano l'anima* (**l'alma**) *per denaro* (**a prezzo**)? *Io parlo per dire la verità e non per odio né per disprezzo di qualcuno* (**d'altrui**).

Dopo la figura di Mario è evocata (con la figura retorica della preterizione) quella di Giulio Cesare, anche lui vittorioso sulle popolazioni barbare e in particolare sui Galli, tra il 58 e il 51 a.C. Il richiamo all'influsso malefico delle stelle fa parte della cultura medievale, che considerava l'astrologia una scienza. Nei due versi che chiudono la quarta strofe, il poeta dichiara di parlare in nome della verità e non per interesse personale: il suo punto di vista è etico prima che politico.

65-80 *E non vi accorgete ancora, con tutte le prove dell'inganno dei soldati germanici* (**bavarico inganno**), *che alzando il dito* [: in segno di resa] *si beffano* (scherza) *della morte? A mio parere è peggio lo scherno* (**lo strazio**) *che il danno; ma il sangue dei vostri* [: degli Italiani] *viene versato* (**piove**) *con più larghezza, dato che vi incita un odio* (**ira**) *ben maggiore* (**altr'**). *Pensate a voi stessi* (**di voi**) [*anche solo*] *dall'alba alle nove* (**Da la matina a terza**), *e vedrete quanto considera degni* (**tien caro**) *gli altri* (**altrui**) *chi considera sé così vile* [: da vendere la propria vita]. *O nobile* (**gentile**) *sangue*

sgombra da te queste dannose some;
non far idolo un nome
vano, senza soggetto:
ché 'l furor de lassù, gente ritrosa,
vincerne d'intellecto,
peccato è nostro, et non natural cosa.

Non è questo 'l terren ch'i' tocchai pria?
Non è questo il mio nido
ove nudrito fui sì dolcemente?
Non è questa la patria in ch'io mi fido,
madre benigna et pia,
che copre l'un et l'altro mio parente?
Perdio, questo la mente
talor vi mova, et con pietà guardate
le lagrime del popol doloroso,
che sol da voi riposo
dopo Dio spera; et pur che voi mostriate
segno alcun di pietate,
vertù contra furore
prenderà l'arme, et fia 'l combatter corto:
ché l'antiquo valore
ne l'italici cor' non è anchor morto.

Signor', mirate come 'l tempo vola,
et sì come la vita
fugge, et la morte n'è sovra le spalle.
Voi siete or qui; pensate a la partita:
ché l'alma ignuda et sola
conven ch'arrive a quel dubbioso calle.
Al passar questa valle
piacciavi porre giù l'odio et lo sdegno,
vènti contrari a la vita serena;
et quel che 'n altrui pena
tempo si spende, in qualche acto più degno
o di mano o d'ingegno,
in qualche bella lode,
in qualche honesto studio si converta:
così qua giù si gode,
et la strada del ciel si trova aperta.

Canzone, io t'ammonisco
che tua ragion cortesemente dica,
perché fra gente altera ir ti convene,
et le voglie son piene
già de l'usanza pessima et antica,
del ver sempre nemica.

latino, sgombra da te questi pesi (**some**) *dannosi; non trasformare in un mito* (**idolo**) *una fama* (**un nome**) *vuota* (**vano**) *senza contenuto* (**soggetto**) [: la fama di buoni combattenti dei Tedeschi]*: perché è colpa nostra e non cosa naturale che la violenza della gente arretrata* (**ritrosa**) *del Nord ci vinca in intelligenza* (**d'intellecto**).

I potenti d'Italia dovrebbero smettere di assoldare i mercenari per due motivi: perché si arrendono al primo pericolo (il dito alzato era segno di resa già al tempo degli antichi Romani) e perché sono sleali, pronti a vendersi al miglior offerente. Basterebbe che i Signori d'Italia riflettessero anche solo per due ore (**Da la matina a terza**, 'cioè dalle sette alle nove') su questi due motivi per cambiare opinione sui Tedeschi e sulla loro fama di ottimi combattenti. **bavarico** significa 'bavarese' e indica per sineddoche il popolo tedesco nel suo insieme.

81-96 *Non è questa la terra che io toccai per prima* (**pria**) [: appena nato]*? Non è questo il mio nido in cui* (**ove**) *fui nutrito così dolcemente? Non è questa la patria nella quale io* (**in ch'io**) *ho fiducia* (**mi fido**), *madre benigna e pietosa* (**pia**), *che ricopre* [: dove sono sepolti] *entrambi i miei genitori* (**l'un et l'altro mio parente**)? *In nome di Dio* (**Perdio**), *queste cose talora vi muovano la mente: guardate con pietà le lacrime del popolo addolorato, che spera di avere serenità* (**riposo**), *dopo Dio, solo da voi; e basterebbe solamente* (**pur**) *che voi* [: i signori d'Italia] *mostriate qualche* (**alcun**) *segno di pietà* (**pietate**), *e il valore* (**vertù**) [*degli Italiani*] *prenderà le armi contro la brutalità* (**furore**) [*dei Tedeschi*], *e il combattimento sarà* (**fia**) *breve* (**corto**)*: perché* (**ché**) *l'antico valore non è ancora morto nei cuori italiani.*

L'asse dell'argomentazione si sposta adesso sulla soggettività del poeta, nato in Italia benché esule in Provenza e perciò riconoscente alla sua patria (tradizionalmente **madre benigna**), nella cui terra sono peraltro sepolti i suoi genitori. Petrarca si rivolge poi ai Signori d'Italia affinché almeno uno di loro compia un atto di eroismo e di valore, dando il buon esempio e risvegliando negli Italiani le virtù militari e l'orgoglio nazionale.

97-112 *O Signori, osservate* (**mirate**) *come il tempo vola, e come allo stesso modo* (**sì**) *la vita fugge, e la morte incombe* (**n'è**) *sulle nostre spalle. Voi ora siete qui* [: sulla terra], *pensate alla partenza* (**partita**) [da questa vita]! *Dato che è inevitabile* (**conven**) che l'anima (**l'alma**) *arrivi nuda e sola a quel cammino* (**calle**) insidioso (**dubbioso**) [: la morte]. *Nell'attraversare questa valle* [: la vita terrena] vogliate deporre l'odio e l'ira (**lo sdegno**), forze (**vènti**: per metafora) *contrarie a una vita serena; e quel tempo che viene impiegato per procurare sofferenze ad altri* (**'n altrui pena**) *venga rivolto in qualche atto più degno, sia pratico* (**o di mano**) *sia intellettuale* (**o d'ingegno**), *in qualche bella attività lodevole, in qualche impegno* (**studio**) *onorevole* (**honesto**)*: così qua giù si è soddisfatti* (**si gode**), *e si trova aperta la strada del cielo.*

È l'ultimo e decisivo argomento: ciascuno risponderà a Dio dei suoi atti, quando arriverà il momento di lasciare questo mondo. L'uomo, dice Petrarca, arriva nudo e solo alla morte, e verrà giudicato per ciò che ha fatto: Dio non avrà un occhio di riguardo per i potenti. A loro rivolge dunque l'invito ad abbandonare la guerra fratricida e ad impegnarsi in attività (pratiche o intellettuali) più meritevoli.

113-122 *O canzone, io t'invito a esporre* (**io t'ammonisco che...dica**) *cortesemente i tuoi argomenti* (**tua ragion**), *perché ti è necessario* (**ti conviene**) *andare* (**ir**) *fra gente superba* (**altera**), *e i loro voleri* (**le voglie**) *sono piene ormai* (**già**) *di un'abitudine* (**usanza**) *pessima e antica, sempre nemica del vero* [: quella di voler adularti].

Proverai tua ventura
fra' magnanimi pochi a chi 'l ben piace.
Di' lor: – Chi m'assicura?
I' vo gridando: Pace, pace, pace. –

F. Petrarca, *Il canzoniere*, a cura di M. Santagata, cit.

Metterai alla prova (**Proverai**) *la tua sorte* (**ventura**) *fra i pochi animi nobili* (**magnanimi**) *ai quali piace il bene. Di' loro: – Chi mi protegge* (**m'assicura**)? *Io vado* (**vo**) *gridando "Pace, pace, pace!".*

Nel congedo il poeta si rivolge alla propria canzone, come richiede il genere. Le raccomanda cautela e rispetto nell'esporre i propri argomenti, poiché i suoi destinatari (i Signori d'Italia) sono superbi e suscettibili; e sono disabituati a sentirsi dire la verità, preferendo le lusinghe e l'adulazione dei loro sottoposti.

analisi e interpretazione T18

le forme

Un genere elevato: la canzone Già con Dante, il genere della canzone è riservato alla trattazione dei temi elevati ed occupa il vertice della gerarchia degli stili nella poesia tra il Duecento e il Trecento. Oltre che per il metro (endecasillabi e settenari, disposti secondo lo schema di rime AbA, BaC; cDEeDdfGfG), la canzone si identifica per l'uso di un lessico scelto, di una sintassi complessa, di una struttura argomentativa ricca di parallelismi, riprese e figure retoriche. Le frasi esclamative (vv. 28-30) e soprattutto le molte interrogative retoriche (vv. 20, 21-22, 31-32, 57-62, 65-67, 81, 82-83, 84-86) esprimono l'indignazione del poeta e la partecipazione emotiva alla materia trattata. Le frequenti antitesi e contrapposizioni (vv. 29-30, 40, 93) rivelano una concezione morale dicotomica, cioè una netta separazione tra bene e male. Le metafore danno concretezza e visività ai concetti, e talvolta fanno parte di una costruzione allegorica, come nel caso della scabbia che consuma il corpo dell'Italia (terza strofe) e che riprende la personificazione allegorica proposta nell'*incipit*. Fa parte dello stile alto anche l'uso della preterizione ai vv. 49 sgg.

i temi e i motivi

L'intellettuale e la storia: Dante e Petrarca Le idee politiche espresse da Petrarca in questa canzone sono in parte simili a quelle di Dante, in parte diverse. La continuità con il pensiero di Dante consiste in tre punti:

1. l'universalismo, cioè il rifiuto della logica municipalistica e particolaristica in nome di un ideale nazionale astratto e generico;
2. la fedeltà alla tradizione dell'Impero e l'idea della superiorità del popolo italiano in quanto erede dell'Impero romano;
3. la concezione provvidenzialistica della storia, che nelle sue linee generali segue un disegno divino (secondo questa concezione, per esempio, la potenza di Roma trova una giustificazione in quanto strumento della diffusione del Cristianesimo).

Un nuovo modello di intellettuale La discontinuità con Dante sta invece in due punti:

1. mentre Dante riconosceva una continuità di fondo tra l'Impero romano e il Sacro Romano Impero germanico, Petrarca considera il popolo tedesco nel suo insieme come barbaro e immorale, esattamente come avevano fatto gli storiografi latini: la continuità esiste per lui solo nel sangue latino (v. 74). Ciò giustifica anche il grande amore di Petrarca per la cultura latina, che conosceva molto meglio di quanto la conoscesse Dante;
2. Dante (e Guittone; cfr. **S7**, p. 618) erano intellettuali realmente impegnati nella lotta politica: prendevano cioè posizione a favore di una parte o dell'altra, spesso subendone le conseguenze. Petrarca, invece, si presenta come portatore di una verità superiore e disinteressata, che coincide con il bene comune (vv. 63-64). Il poeta è, sì, emotivamente coinvolto, ma solo dal punto di vista etico: il suo sdegno nasce dal vedere le forze del bene sopraffatte e schiacciate da quelle del male.

È soprattutto questo secondo punto ad essere rilevante per noi: con la canzone *All'Italia*, infatti, Petrarca inaugura una concezione dell'intellettuale nuova e destinata ad avere grande fortuna nei secoli successivi. Leggendo questa canzone, possiamo comprendere meglio come è nata la concezione del ceto intellettuale come corpo separato e autonomo rispetto alla società. Con Petrarca (e con l'Umanesimo, che proprio Petrarca contribuisce a fondare) i letterati e i poeti immaginano se stessi come i portatori di un punto di vista superiore, di tipo morale, slegato dalla contingenza politica. La sola voce da ascoltare diventa quella della coscienza.

Petrarca e noi

Gli intellettuali e il mito identitario dell'Italia La concezione della storia di Francesco Petrarca ci appare oggi insufficiente e inadeguata, perché ripropone sostanzialmente gli stessi schemi della storiografia antica, che tendeva a far risalire le cause dei fenomeni alla personalità morale degli individui (e in particolare dei grandi uomini). Per Petrarca, infatti, il coraggio e il valore militare dell'antica Roma non sono scomparsi, ma risiedono ancora nel popolo italiano e aspettano solo di essere rivitalizzati da un esempio di virtù dato dai governanti. La poesia ha la funzione di ricordare i grandi esempi di coraggio e di valore militare e di esortare i contemporanei alle grandi imprese. Come Tacito, e come qualsiasi altro storico romano, Petrarca non analizza le vere cause della guerra che ha di fronte, né quelle della frammentazione politica dell'Italia, ma riduce il conflitto ad un conflitto etico, nel quale il Male e il Bene si scontrano. Questo testo ha comunque un grande valore storico perché ha contribuito, con altri (per esempio il capitolo conclusivo del *Principe* di Machiavelli, che apertamente vi si ricollega), al mito dell'Unità d'Italia, la quale è stata anzitutto un'invenzione letteraria, prima che si realizzasse concretamente nel Risorgimento italiano.

espansioni digitali

S PASSATO E PRESENTE **Una canzone all'Italia dei nostri tempi**

S INFORMAZIONI E APPROFONDIMENTI **Chi erano gli intellettuali al tempo di Petrarca?**

L'autonomia dell'intellettuale oggi Si può parlare oggi di autonomia degli intellettuali? Probabilmente sì, ma certo non più nel senso in cui la intendevano Petrarca e l'Umanesimo, cioè come espressione di un punto di vista superiore, disinteressato e libero da compromessi. Secondo Zygmunt Bauman, all'intellettuale del Duemila la società non chiede più di elaborare una visione complessiva del mondo, ma di diventare esperto, esperto di un particolare tipo di linguaggio. Tramontata l'idea dello scrittore o del filosofo come individuo capace di elaborare una visione generale del mondo a partire dal proprio particolare (la letteratura, la filosofia, le scienze umane), oggi l'intellettuale è un esperto di linguaggi e di interpretazioni, che mantiene una relativa autonomia e che gode di uno *status* sociale privilegiato (ad esempio all'interno dell'Università), a patto però di accettare la limitazione della sfera che gli è stata assegnata e di non superare la soglia della propria specializzazione.

Una "canzone all'Italia" del Novecento Negli ultimi trent'anni la canzone d'autore ha sempre più spesso trattato i temi civili e poetici che un tempo erano patrimonio quasi esclusivo della poesia. Nelle ***espansioni digitali*** proponiamo un esempio novecentesco di canzone all'Italia: *Viva l'Italia* del cantautore Francesco De Gregori.

per studiare *guida all'analisi* **T18**

COMPRENDERE

1 Compila la tabella numerando correttamente l'argomento di ciascuna stanza e del congedo che trovi qui di seguito disposti in modo disordinato.

A. ☐ *Il pensiero del tempo che fugge e del comune destino mortale dovrebbe spingere i Signori ad abbandonare la guerra e ad impegnarsi in attività meritevoli capaci di aprire la strada verso il cielo.*

B. ☐ *La condizione avvilita del popolo italiano nasconde ancora la grandezza antica, che aspetta solo di essere risvegliata da un esempio di virtù.*

C. ☐ *I Signori italiani perseguitano vigliaccamente i vicini in difficoltà e accolgono a braccia aperte i soldati venuti da lontano pur di realizzare i loro piani di conquista.*

D. ☐ *Dopo essersi indirizzato sconsolato all'Italia, il poeta invoca Iddio perché si volga a guardare le sorti del Paese tormentato dalle guerre, e lo assista nel suo compito di denuncia della verità.*

E. ☐ *Il poeta raccomanda alla propria canzone di rivolgere il proprio messaggio di pace solo a quei pochi signori che ancora si curano del bene.*

F. ☐ *L'inadeguatezza militare e la slealtà dei mercenari tedeschi dovrebbero dissuadere i signori dall'impiego di soldati prezzolati, che si vendono senza poi essere fedeli.*

G. ☐ *Il poeta si rivolge ai Signori d'Italia accusandoli di essere responsabili della decadenza dell'Italia per avere perseguito i loro interessi a scapito del bene comune.*

H. ☐ *I Signori d'Italia sono responsabili d'aver riempito il paese di soldati mercenari, ribaltando indegnamente la tradizione gloriosa che vedeva l'antica Roma vincitrice dei barbari.*

ANALIZZARE

2 Nell'*incipit*, il poeta si rivolge direttamente all'Italia, immaginata come una figura umana. Come si chiama questa figura retorica?

a invettiva
b antonomasia
c metafora
d personificazione

3 Al v. 17 del testo la parola «Fortuna» significa

a la mala sorte
b un evento inaspettato e risolutivo
c il destino di successo
d la sorte

4 Nel v. 13 il dio pagano Marte compare vicino al dio cristiano. Come lo spieghi?

a il dio pagano è introdotto come semplice abbellimento retorico e senza significato preciso
b Marte è personificazione dell'aggressività degli uomini
c il termine Marte è inserito per ragioni metriche
d Petrarca attribuisce a Marte la stessa dignità del dio cristiano

5 Nel v. 28, a quale fenomeno storico allude Petrarca con il termine «diluvio»? Perché si rivela dannoso per il paese?

6 A chi è riferita e che cosa significa l'espressione «ch'alzando il dito colla morte scherza» (v. 67)?

7 Nella canzone *All'Italia* Petrarca dà un giudizio negativo sul popolo tedesco. Su quali basi? E quale popolo gli contrappone?

8 Dal v. 81 l'asse del componimento si sposta dalle constatazioni di ordine storico e collettivo alla dimensione privata e personale attraverso tre interrogative retoriche. Registra i tre passaggi in cui avviene tale ripiegamento interiore.

- al v. 81 il poeta si chiede ....
- al v. 82 il poeta si chiede ....
- al v. 84 il poeta si chiede ....

INTERPRETARE E APPROFONDIRE

9 Prendendo spunto dagli eventi a lui contemporanei, Petrarca intende denunciare quello che ritiene il male secolare dell'Italia, ovvero

a la secolare tendenza alla sottomissione, risalente agli anni dell'antica Roma
b la povertà della penisola, accresciuta nei secoli da guerre e carestie
c la vigliaccheria dei cittadini Italiani i quali rifiutano di andare a combattere per la propria patria.
d il particolarismo degli Stati della penisola che mette gli Italiani in conflitto gli uni contro gli altri

10 Quale ruolo intende assumersi Petrarca?

a il ruolo dell'intellettuale patriota, impegnato a sostenere il prestigio dell'Italia
b il ruolo dell'intellettuale allineato al potere dal quale ricava onori e riconoscimenti economici
c il ruolo dell'umanista dedito esclusivamente allo studio del passato
d il ruolo dell'intellettuale al di sopra delle parti, portatore di verità morali e cristiane disinteressate

Conclusioni del PERCORSO 5

La nuova funzione dell'intellettuale

I dati che abbiamo riassunto nella **S15** ***Chi erano gli intellettuali al tempo di Petrarca?*** ci permettono di comprendere le cause della trasformazione dei compiti degli intellettuali nel corso del Trecento. I punti essenziali da considerare sono due:

1. Il rapporto tra intellettuale e potere diventa un rapporto di scambio: Petrarca ad esempio offre il proprio prestigio di letterato e di poeta, e riceve in cambio ospitalità a corte e incarichi diplomatici prestigiosi.
2. Il prestigio dell'intellettuale deriva dalla sua cultura, dal suo rigore di studioso e di erudito, e in generale dal rigore con cui attende al proprio lavoro. Questo prestigio non si fonda dunque sul coinvolgimento politico, ma sulla difesa dell'autonomia: Petrarca vuole che le sue opere si affermino in quanto tali, vuole che resistano al tempo e che siano lette anche dai posteri.

Questi due elementi spiegano molte caratteristiche della letteratura di quest'epoca, e in particolare:

- **La ricerca di un destinatario ideale e astratto**: Petrarca ad esempio scrive la sua lettera più bella ai posteri ed è chiaro che vuole rivolgersi all'umanità in generale piuttosto che a un pubblico preciso (benché questo pubblico, in realtà, esista e sia composto da una *élite* di intellettuali che condivide i valori e la cultura di Petrarca).
- **La tendenza all'autoritratto ideale**: lo abbiamo visto soprattutto nella lettera *Ai posteri*: quando Petrarca si racconta pubblicamente, quando vuole restituirci un'immagine di intellettuale, tende ad evitare i particolari realistici e costruisce una sorta di "monumento" a se stesso.
- **La tendenza alla riflessione e all'introspezione**: lo scrittore assume «un atteggiamento di stoico distacco dalla vita attiva, per coltivare in solitudine la propria perfezione interiore» (Gaeta); trova così quella verità interna alla propria coscienza che diventa la materia della sua poesia o della sua riflessione filosofica.

per fare il punto | *autoverifica delle conoscenze*

Verifica la correttezza delle tue risposte sulla base dei paragrafi, dei testi o delle schede indicati a corredo di ciascuna domanda.

1 Elimina l'opzione scorretta. (cfr. ***espansioni digitali*** ***Chi erano gli intellettuali al tempo di Petrarca?***)

Gli intellettuali del Trecento si contraddistinguono per una concezione ***autonoma/militante*** della cultura. Rispetto, cioè, a Dante Alighieri perseguono un'idea di letteratura ***impegnata/distaccata*** nei riguardi della realtà civile e politica contemporanea. Petrarca rifiuta per esempio qualsiasi visione ***utilitaristica/specialistica*** delle conoscenze, siano esse di ambito ***giuridico/economico*** o di ambito ***medico/letterario***. Poiché il mercato librario era a quel tempo ***inesistente/diffusissimo***, gli scrittori, per mantenersi, avevano la possibilità di ***vivere del proprio lavoro/abbracciare la carriera ecclesiastica*** e diventare ***intellettuali chierici/intellettuali autonomi***. Spesso ospiti alle corti dei Signori, avevano qui la possibilità di attendere alle loro opere liberi da preoccupazioni finanziarie ricoprendo la funzione di intellettuali ***mecenati/cortigiani***. Gli intellettuali del Trecento dovevano insomma il loro prestigio alla propria ***autonomia economica/amicizia con i potenti***. Per questo il destinatario delle opere è sempre ***un uomo politicamente importante/un pubblico di specialisti***. In conclusione: rispetto a quanto avveniva nella realtà municipale del Duecento, gli scrittori del secolo successivo si impegnano a coltivare ***la vita attiva/la propria perfezione interiore***. La verità è infatti percepita dallo stesso Petrarca come ***fuori dalla propria coscienza/dentro la propria coscienza*** e per questo egli traccia nelle proprie opere un autoritratto ***ideale/oggettivo***.

per fare il punto *autoverifica delle conoscenze*

2 La concezione politica di Dante e quella di Petrarca presentano analogie e differenze. Ricorda almeno un punto per ciascuno dei due aspetti e riassumilo sinteticamente in un enunciato. (per l'autoverifica, cfr. **T19** ***Analisi e interpretazione***)

- analogia ....

....

....

- differenza ....

....

....

3 In che cosa consiste il rapporto di scambio tra intellettuale e potere inaugurato da Petrarca? (cfr. **Conclusioni del PERCORSO 4**)

a Petrarca offre il prestigio della sua figura di letterato e riceve in cambio ospitalità ed incarichi prestigiosi
b in cambio di una generosa ospitalità, Petrarca si impegna a cantare le lodi del signore che lo accoglie
c Petrarca è disposto a vendere al miglior offerente le sue opere letterarie e poetiche
d in cambio di una generosa ospitalità, Petrarca offre la sua attività di precettore dei figli e nipoti del signore

4 La riflessione politica di Petrarca scaturisce soprattutto (cfr. **Conclusioni del PERCORSO 4**)

a dall'impegno militante nella politica del tempo
b dallo studio e dall'imitazione degli scrittori storici latini
c dai rapporti che egli ebbe con i potenti del suo tempo
d dall'esame della propria coscienza di intellettuale distaccato dalla vita attiva e nutrito di interessi filosofici e religiosi

5 La canzone *All'Italia* di Petrarca ha contribuito a costruire un mito letterario, che solo molto più tardi diventerà realtà storica. Quale? (cfr. ***Analisi e interpretazione*, Petrarca e noi**)

a il mito del primato degli Italiani
b il mito della superiorità della letteratura italiana
c il mito della superiorità della letteratura latina
d il mito identitario dell'Unità d'Italia

6 Quale funzione civile Petrarca assegnava alla poesia? (cfr. ***Analisi e interpretazione*, Petrarca e noi**)

a esortare i contemporanei all'analisi delle cause dei conflitti presenti
b esortare i contemporanei alle grandi imprese ricordando gli esempi delle virtù antiche
c consolare i lettori dell'atrocità delle guerre contemporanee
d sollecitare i cittadini ad impegnarsi attivamente in politica

7 Il dibattito sulla funzione degli intellettuali è sempre aperto: ci si chiede quale funzione sia riservata all'intellettuale oggi, e se sia ancora possibile una visione superiore del mondo. Qual è l'opinione del sociologo Zygmunt Bauman in proposito? (cfr. ***Analisi e interpretazione*, Petrarca e noi**)

a la società chiede tuttora all'intellettuale, come ai tempi di Petrarca, di elaborare una visione complessiva del mondo
b la società di oggi non sa più che farsene degli intellettuali
c all'intellettuale è riservata la funzione di interprete di linguaggi specialistici, ma non gli spetta l'interpretazione del mondo in senso generale
d all'intellettuale è riservato il compito di intrattenere il pubblico televisivo in qualche *talk show*

Petrarca e il genere lirico

Una nuova idea di lirica Con Petrarca si afferma un'idea di poesia che resisterà per secoli, ben al di là dei fenomeni di imitazione come il petrarchismo cinquecentesco: un'idea che per molti aspetti anticipa quella di lirica moderna. Questa idea si differenzia notevolmente dalla concezione che Dante e gli stilnovisti avevano della poesia ed è anche lontanissima dalla lirica greca e latina (cfr. **S13**, p. 344).

Lo stile La nuova idea di poesia si caratterizza, intanto, dal punto di vista stilistico. Lo ha spiegato molto bene il critico Gianfranco Contini, in un importante saggio intitolato *Preliminari sulla lingua del Petrarca*, di cui qui riassumiamo alcuni concetti fondamentali. Ciò che contraddistingue lo stile di Petrarca è, secondo Contini:

- **Il "monolinguismo":** da intendersi non solo (e non tanto) in senso letterale, ma traslato, come ricerca della specializzazione dei generi letterari (nel caso del *Canzoniere*, del genere lirico) e come rispetto assoluto della separazione degli stili: al contrario, la *Commedia* di Dante (ma anche le rime petrose) sono un esempio di plurilinguismo, e cioè di contaminazione di generi e stili. Lo stile del *Canzoniere* è unitario, omogeneo, sempre elevato: uno stile uniformemente alto.
- **L'unità di tono e di lessico:** se in Dante (anche nel Dante lirico) era possibile che nello stesso componimento coesistessero, per esempio, il tono quotidiano e quello sublime, Petrarca tende invece ad adottare sempre un tono unitario e un vocabolario selezionatissimo, che può accogliere in qualche caso le parole comuni, ma scartando risolutamente quelle più basse, più popolari e più sconvenienti.
- **Il rifiuto dello sperimentalismo:** Petrarca è un poeta classicista ancora prima che il petrarchismo cinquecentesco lo scelga come modello del proprio classicismo (come vedremo meglio nel capitolo successivo). Mentre Dante, nella sua ricerca stilistica, nella sua sperimentazione di forme era un poeta sperimentale, aperto alla novità, Petrarca rifugge da rotture troppo vistose «lavorando tutta la vita attorno agli stessi testi fondamentali» (Contini): li cesella a lungo, apportandovi solo lievi modifiche, fino a quando raggiunge la perfezione. È significativo che Petrarca considerasse il suo vero capolavoro l'*Africa*, un poema in esametri latini ad imitazione dell'*Eneide* di Virgilio, nel quale noi moderni, invece, non riusciamo più a vedere motivi di interesse attuale.

La selezione della tradizione Scrivendo il *Canzoniere*, Petrarca compie una selezione accuratissima della tradizione: rilegge i poeti provenzali, i Siciliani, Dante e lo Stil novo, ma sceglie solo ciò che gli serve, scartando tutto il resto. Della grande varietà metrica della tradizione, Petrarca salva solo poche forme (il sonetto, la canzone, il madrigale, la sestina), privilegiando soprattutto le più brevi; ammette solo il settenario e l'endecasillabo accentato sulla quarta e/o sulla

Dante	Petrarca
partecipazione alla vita pubblica e all'attività politica (Dante va in esilio)	esclusione dalla vita politica e sociale (Petrarca nasce in esilio)
la poesia si confronta con la realtà	primato della soggettività e dell'interiorità
plurilinguismo	monolinguismo
sperimentalismo formale	classicismo

sesta sillaba; abbandona con una sola eccezione la rima siciliana (in tutto il *Canzoniere* ce n'è una sola: *noi* : *altrui*); accoglie nel proprio lessico alcuni termini o forme di origine siciliana e provenzale, in un contesto però inconfondibilmente fiorentino.

I temi Se la lingua di Petrarca è la nostra, ciò accade perché egli si è chiuso in un giro di inevitabili oggetti eterni sottratti alla mutabilità della storia» (Contini). Le scelte stilistiche e lessicali di Petrarca riflettono cioè i temi e i contenuti della sua poesia e la sua concezione della lirica. Gli «oggetti eterni» immutabili di cui parla sono l'amore, il pianto, la bellezza della donna e quella del paesaggio-stato d'animo, la scissione dell'io, il senso di colpa, la malinconia. Cose che, in molti casi, hanno mantenuto lo stesso nome nei secoli e che per questo ci appaiono familiari.

Esprimere l'interiorità Esprimere l'interiorità: questa è la funzione in cui, con Petrarca, la poesia lirica si specializza in modo totale ed esclusivo. La funzione di questo genere letterario diventa essenzialmente quella di rappresentare la dimensione interiore dell'individuo, la sua vita psi-

S13 INFORMAZIONI E APPROFONDIMENTI

L'idea di lirica

La lirica antica Tra il III e il II secolo a.C. la parola greca *lyricói* designava i nove poeti del canone greco arcaico (Alcmane, Saffo, Alceo, Stesicoro, Ibico, Anacreonte, Simonide, Pindaro e Bacchilide). L'espressione *lyrikè poiésis* significava semplicemente 'poesia cantata al suono della lira' e raggruppava una grande quantità di componimenti che oggi stenteremmo a definire lirici, perché l'elemento che li accomuna non è lo sguardo soggettivo dell'autore. Esistevano infatti "poesie liriche" destinate agli dèi, oppure agli uomini, poesie d'occasione e poesie per cerimonie particolari.

Platone e Aristotele Platone (nella *Repubblica*) e Aristotele (nella *Poetica*), nel IV secolo a.C., danno una sistemazione teorica alla pratica letteraria da loro conosciuta, e introducono una tripartizione destinata ad avere largo seguito fino al Medioevo: la poesia drammatica è pura *mímesis* ('imitazione'), in cui il poeta lascia la parola ai propri personaggi; la poesia epica è invece una forma mista, perché alterna la voce dei personaggi a quella del narratore che racconta la loro storia (*diégesis*, cioè 'racconto'); c'è poi un terzo genere di poesia nel quale parla direttamente ed esclusivamente il poeta: è una forma che può includere di tutto, compresi molti dei componimenti di *lyrikè poiésis*, purché la voce del poeta sia l'unica ad esprimersi. La distinzione di Platone, che sarà perfezionata da Aristotele, si basa dunque su un criterio puramente formale: per capire a che genere appartiene un testo, basta rispondere alla domanda "chi parla?", se la risposta è "i personaggi", allora si tratterà di poesia drammatica, se la risposta è "il poeta e i personaggi", sarà la forma mista dell'epica, se invece la risposta è "il poeta e basta", allora si tratterà della forma mista di *mímesis* e *diégesis*. È interessante notare che a quest'ultima categoria sarà dato il nome di "lirica" solo dai trattatisti di retorica neoaristotelici del Cinquecento italiano.

Hegel e la moderna idea di lirica L'idea moderna di lirica nasce invece tra il Sette e l'Ottocento e si afferma contemporaneamente ad una nuova interpretazione della divisione cinquecentesca, non più di tipo meramente linguistico-formale. L'epica (cioè la narrativa) racconta l'oggettività e mette in scena dei personaggi che agiscono, la lirica racconta invece la soggettività e dà voce all'interiorità; la poesia drammatica invece unisce le prime due, mettendo in scena dei personaggi, come l'epica, ma dando loro modo di esprimersi direttamente, come la lirica (ma attraverso dialoghi e monologhi). Questo, grosso modo, è quanto afferma Hegel nell'*Estetica* ai primi dell'Ottocento e quanto accettiamo ancora oggi. Secondo tale concezione, la lirica è quella forma di poesia in cui una persona parla di sé (delle proprie passioni, sentimenti, idee o semplicemente di quello che gli è accaduto in un particolare momento della sua vita) ponendo l'accento non sull'evento ma sullo stato d'animo con cui lo ha percepito e vissuto. Volgendo lo sguardo al passato, possiamo includere nella moderna idea di lirica anche la poesia di Petrarca, che pure è estranea alle teorizzazioni moderne.

chica e i conflitti interiori. Nel mondo classico questa funzione era svolta prevalentemente dalla tragedia, attraverso il monologo: in questo modo gli spettatori avevano accesso all'interiorità di Edipo o di Antigone e potevano conoscerne i dissidi interiori. La lirica petrarchesca "democratizza" per così dire l'espressione dell'interiorità: non più i sentimenti e i desideri nascosti di re e regine, ma quelli di persone comuni (i poeti) diventano da questo momento in poi degni di ascolto.

Perché Petrarca? Certo l'idea di lirica come poesia soggettiva e come espressione dell'interiorità si era già fatta strada con i poeti provenzali, e poi con i poeti italiani del Duecento: perché allora diciamo che la poesia moderna nasce con Petrarca? Perché rispetto ai trovatori, che non cantavano solo l'amore ma si occupavano anche di temi politici (per esempio componendo serventesi), Petrarca compie una selezione radicale della materia poetica, escludendo quasi del tutto dal proprio libro la sfera politica o dandole una connotazione spiccatamente soggettiva (lo abbiamo visto leggendo la canzone *All'Italia* nell'ultimo percorso). Nei confronti dello Stil novo (poesia esclusivamente amorosa) Petrarca opera invece un ampliamento: non si limita cioè a parlare d'amore, ma tratta anche altri aspetti della vita interiore. Il risultato di questa duplice opera di sottrazione da una parte e di aggiunta dall'altra, di selezione e allo stesso tempo di arricchimento è il *Canzoniere*. Questo libro così legato alla cultura del suo tempo e alla tradizione letteraria inaugura anche un modo nuovo di fare poesia. I poeti del Rinascimento lo imiteranno e ne faranno una componente essenziale dell'identità culturale italiana ed europea. Il tipo umano rappresentato dal *Canzoniere* preannuncia insomma quello che sarà l'uomo moderno europeo.

Il *Canzoniere* dopo Petrarca: il petrarchismo

La fortuna del *Canzoniere* e la prima fase del petrarchismo Petrarca era molto famoso già tra i suoi contemporanei. Non però per il *Canzoniere*, che lui stesso considerava un'operetta minore, ma per le sue opere latine, benché ciò possa apparire quasi incomprensibile ad un lettore moderno. Negli ultimi anni del Quattrocento rimatori come Antonio Tebaldeo, come Serafino Aquilano, come il Cariteo praticheranno una poesia eclettica, ispirata a Petrarca ma anche ad altri autori, inaugurando la prima fase del petrarchismo. Negli anni Trenta del Cinquecento, invece, il *Canzoniere* diventa oggetto di un culto esclusivo e va ad occupare il vertice del canone* letterario, grazie soprattutto a Pietro Bembo, che nel 1501 ne pubblica un'edizione a stampa e nel 1525 lo propone come unico modello di stile per la poesia nelle sue *Prose della volgar lingua*.

* **Canone:** l'insieme degli autori e dei testi considerati fondamentali in un certo campo.

Il petrarchismo cinquecentesco La canonizzazione del Petrarca volgare ad opera di Bembo dà inizio alla seconda fase del petrarchismo, e all'imitazione strettissima ed esclusiva del *Canzoniere*. È un fenomeno di dimensioni vastissime, che coinvolge centinaia di rimatori in Italia e in Europa. La data d'inizio ufficiale del petrarchismo è il 1530: in quest'anno Bembo pubblica le sue *Rime* e Sannazaro *Sonetti e canzoni*. La poesia di Petrarca è concepita da entrambi come una sorta di "codice", di repertorio di *topoi*, di temi, di soluzioni metriche e stilistiche. Tra i rimatori più originali che si rivolgono a Petrarca, possiamo ricordare il pittore, scultore e architetto Michelangelo Buonarroti (1475-1564, di cui puoi leggere **T19**, p. 346) e monsignor Giovanni Della Casa (1503-1556; cfr. **T20**, p. 348).

Il petrarchismo come fenomeno sociale Un aspetto fondamentale del petrarchismo cinquecentesco è la sua dimensione sociale: imitare Petrarca non significa solo scrivere come lui, adottare un codice compositivo, ma anche condividere con altri (scrittori e lettori) quel codice e usarlo nei rapporti sociali. Ogni gruppo, lo sappiamo, ha un gergo, o comunque un modo di esprimersi, un repertorio di parole che tutti i suoi membri conoscono e che li accomuna: il petrarchismo diventa il "gergo" non soltanto di molti scrittori, ma anche di un altissimo numero di nobildonne, di gentiluomini, di membri, insomma, delle classi più elevate della società cortigiana. Il fatto che questo codice sia rappresentato da un solo libro (il *Canzoniere*) ne rende più facile l'imitazione e ne fa un fenomeno elitario certo (perché riservato alle classi elevate), ma di una *élite* allargata e di certo molto più ampia che in passato. La stampa, poi, che proprio nel Cinquecento diventa la principale tecnologia di produzione libraria, consente una diffusione su larga scala della poesia petrarchista.

Perché il petrarchismo? Come spiegare il successo di un libro a un secolo e mezzo dalla sua diffusione? Perché tutti imitano Petrarca negli anni Trenta e Quaranta del Cinquecento? Ovviamente le ragioni andranno cercate soprattutto nella composizione della società cortigiana della prima metà del Cinquecento. Quello che possiamo dire sin d'ora è che in Petrarca si può trovare tutto quello che manca, per esempio, in Dante (che non a caso non conoscerà una fortuna analoga nel Cinquecento). La poesia di Petrarca è quella che meglio incarna l'ideale di bellezza classicistico del primo Cinquecento, fondato sulla misura, sull'armonia e sull'equilibrio.

L'ultima poetica italiana di dimensione europea Volendo usare una metafora forse un po' rozza ma efficace, il petrarchismo è l'ultimo grande prodotto della cultura letteraria italiana ad essere stato esportato con successo in tutta Europa. Da questo momento in poi, infatti, il nostro Paese perde il ruolo-guida che aveva avuto nel Trecento con Dante, Petrarca e Boccaccio e nel Cinquecento con la cultura del Rinascimento. Nel Cinquecento Petrarca sarà tradotto e imitato in tutta Europa: in Inghilterra, Sir Thomas Wyatt (1503-1542) tradurrà il sonetto 189 e diffonderà questa forma metrica tra i poeti inglesi, e attraverso la mediazione del petrarchismo inglese (Surrey, Sidney e Spenser) echi di Petrarca giungeranno fino al grande William Shakespeare. In Francia il petrarchismo conosce una lunghissima stagione: il poeta più rappresentativo è Pierre de Ronsard, di cui riportiamo un sonetto (**T21**, p. 349).

T19 Michelangelo Buonarroti
«Giunto è già 'l corso della vita mia»
Rime, 285

concetti-chiave
▶ l'attesa della morte

Michelangelo Buonarroti (1475-1564) è il più grande artista del Rinascimento italiano. Pittore, scultore e architetto, come poeta recupera il canone del petrarchismo apportandovi però accenti nuovi. Le sue Rime *uscirono postume nel 1623. Il tema di questo sonetto della vecchiaia è l'attesa della morte. Ora sia l'arte sia l'amore gli appaiono poca cosa di fronte all'amore di Dio e all'eterna salvezza o dannazione.*

LINGUA: italiano **DATAZIONE:** 1552-1554

Giunto è già 'l corso della vita mia,
con tempestoso mar, per fragil barca,
al comun porto, ov'a render si varca
conto e ragion d'ogni opra trista e pia.

METRO: sonetto con schema ABBA, ABBA; CDE, CDE.

1-4 *Il corso della mia vita è giunto ormai (***già***), per mezzo di una fragile barca in un mare tempestoso, al porto comune, dove si passa (***si varca***) a rendere conto e ragione di ogni opera colpevole (***trista***) e virtuosa (***pia***).* Il porto è la morte, il mare in tempesta rappresenta le difficoltà della vita e la barca è il corpo fragile dell'uomo. L'allegoria marina è, come abbiamo visto, molto frequente da Petrarca in poi.

Onde l'affettüosa fantasia
che l'arte mi fece idol e monarca
conosco or ben com'era d'error carca
e quel c'a mal suo grado ogn'uom desia.

Gli amorosi pensier, già vani e lieti,
che fien or, s'a duo morte m'avvicino?
D'una so 'l certo, e l'altra mi minaccia.

Né pinger né scolpir fie più che quieti
l'anima, volta a quell'amor divino
c'aperse, a prender noi, 'n croce le braccia.

M. Buonarroti, *Rime*, a cura di E. Borelli, Rizzoli, Milano 1987 [1975].

5-8 *Per cui* (**Onde**) *ora conosco bene come era piena* (**carca**) *di errore la mia fantasia appassionata* (**affettüosa**) *che trasformò per me* (**mi fece**) *l'arte in idolo e sovrano* (**monarca**), *e ciò che ognuno* (**ogn'uom**) *desidera* (**desia**) *contro il proprio stesso bene* (**a mal suo grado**). Ora che è prossimo alla morte, il poeta sa che l'arte lo ha allontanato dalla via della salvezza.

9-11 *Che cosa diventeranno* (**che fien**) *ora i pensieri d'amore, già inutili* (**vani**) *e felici* (**lieti**), *se mi avvicino a una duplice morte* (**a duo morte**)? Anche l'amore, come l'arte, devia dalla fede. Il poeta lo può però capire solo ora che si avvicina per lui la morte del corpo insieme all'altra morte, quella che ogni cristiano teme più di tutto: la morte dell'anima, cioè la dannazione eterna.

12-14 *Non accadrà* (**fie**) *più che il dipingere o lo scolpire acquieti la mia anima, ormai rivolta a quel dio amoroso* (**quell'amor divino**) *che aprì le braccia in croce per salvarci* (**prender noi**). Le passioni umane e l'arte si relativizzano di fronte all'amore di Dio che ha salvato noi uomini tramite Cristo.

per studiare guida all'analisi T19

COMPRENDERE

1 Con quale espressione metaforica il poeta allude alla morte? Individuala e spiegala.

2 A che cosa allude il poeta quando dice «a duo morte m'avvicino»?

3 Con quale espressione Michelangelo allude all'ispirazione artistica che ha caratterizzato tutta la sua vita?

ANALIZZARE

4 Qui di seguito trovi elencati i temi e i motivi principali del sonetto di Michelangelo. Quali di essi risalgono a Petrarca?

- a il tema della vecchiaia e dell'approssimarsi della morte
- b il motivo dell'eccellenza nell'arte
- c il motivo della navigazione per mare come allegoria dell'esistenza
- d il tema religioso

5 Approssimandosi alla morte, Michelangelo si concentra sulla dimensione religiosa. Con quale perifrasi definisce Cristo? Rintracciala nel testo e spiegala.

....

....

INTERPRETARE E APPROFONDIRE

6 Il termine «errore», che è parola chiave in Petrarca, compare anche in Michelangelo. Ti sembra che qui la parola abbia il medesimo significato che aveva per Petrarca? Argomenta la tua risposta.

....

....

T20

Giovanni Della Casa
«O dolce selva solitaria, amica»
Rime, 63

concetti-chiave
- il personaggio-stato d'animo
- l'attesa della morte

Autore del famoso Galateo, *Giovanni Della Casa (1503-1556) è anche poeta. Il sonetto che proponiamo, scritto negli ultimi anni di vita, riprende il motivo petrarchesco del paesaggio-stato d'animo. Il poeta si rivolge al bosco del Montello (in provincia di Treviso) e riflette sulla morte.*

LINGUA: italiano **DATAZIONE:** 1551 ca.

O dolce selva solitaria, amica
de' miei pensieri sbigottiti e stanchi,
mentre Borea ne' dì torbidi e manchi
d'orrido giel l'aere e la terra implica,

e la tua verde chioma ombrosa, antica
come la mia, par d'ognintorno imbianchi,
or, che 'n vece di fior vermigli e bianchi
ha neve e ghiaccio ogni tua piaggia aprica,

a questa breve e nubilosa luce
vo ripensando, che m'avanza, e ghiaccio
gli spirti anch'io sento e le membra farsi;

ma più di te dentro e d'intorno agghiaccio,
ché più crudo Euro a me mio verno adduce,
più lunga notte, e dì più freddi e scarsi.

G. Della Casa, *Rime*, a cura di R. Fedi, Salerno, Roma 1978.

METRO: sonetto con rime ABBA, ABBA; CDE, DCE.

1-4 *O bosco dolce e solitario, amico dei miei pensieri sgomenti* (**sbigottiti**) *e stanchi, mentre nei giorni* (**ne' dì**) *nuvolosi* (**torbidi**) *e brevi il vento del Nord* (**Borea**) *avvolge* (**implica**) *l'aria e la terra di orrido gelo e la tua verde vegetazione* (**chioma**) *che dà ombra, vecchia come la mia, diventa bianca tutt'intorno* (**par d'ognintorno imbianchi**), *ora che ogni tuo prato* (**piaggia**) *assolato* (**aprica**) *ha neve e ghiaccio invece che fiori rossi* (**vermigli**) *e bianchi, vado ripensando a questa luce breve e nuvolosa che mi resta* (**m'avanza**), *e anch'io sento l'anima* (**gli spirti**) *e le membra divenire* (**farsi**) *ghiaccio, ma agghiaccio più di te dentro e fuori* (**d'intorno**) *perché il mio inverno* (**verno**) *mi porta* (**adduce**) *un vento* (**Euro**) *più crudele, una notte più lunga.*

Borea: vento del Nord. **Euro**: vento dell'Est, portatore di maltempo. Il paesaggio invernale, fatto di giorni brevi e freddi, è il paesaggio che meglio rispecchia lo stato d'animo del poeta, caratterizzato dalla perdita delle passioni e dello slancio vitale. Ma l'inverno (cioè la vecchiaia) del poeta è ancora più duro e lungo perché, dopo, non ci sarà nessuna primavera.

per studiare *guida all'analisi* T20

COMPRENDERE

1 Che tipo di paesaggio è quello descritto nel sonetto? Scegli nell'elenco i quattro aggettivi che ne definiscono le caratteristiche.

invernale – autunnale – deserto – montuoso – ombroso – fiorito – solitario – nuvoloso – notturno – affollato

2 Il paesaggio qui descritto si richiama ad un luogo reale o fantastico? Si tratta di una caratteristica che hai ritrovato anche in Petrarca?

ANALIZZARE

3 Il poeta instaura una serie di corrispondenze tra il paesaggio e la sua condizione. Completa la tabella associando ad ogni termine che riguarda la stagione e la natura la corrispondente situazione o stato d'animo del poeta.

la chioma degli alberi	il poeta stesso
le giornate fredde e brevi	....
l'inverno	....
la notte	....

INTERPRETARE E APPROFONDIRE

4 L'angoscia del poeta deriva dalla vecchiaia e dal presentimento della morte. È la stessa angoscia che turbava Petrarca? Argomenta la tua risposta facendo riferimento ai testi di Petrarca che hai studiato.

....

....

....

....

T21

concetti-chiave

▶ caducità della bellezza

Pierre de Ronsard
Per la morte di Marie
Amours

*Pierre de Ronsard (1524-1585) è il caposcuola indiscusso del petrarchismo in Francia. Quello che proponiamo nella traduzione italiana del poeta Mario Luzi è il quarto sonetto in morte di Marie Dupin e fa parte del secondo libro degli Amori (*Amours*, 1555). La donna è paragonata a una rosa, splendente di bellezza ma presto sfiorita a causa della pioggia o del troppo sole.*

LINGUA: traduzione dall'originale francese **DATAZIONE:** 1555

Come quando di maggio sopra il ramo la rosa
nella sua bella età, nel suo primo splendore
ingelosisce i cieli del suo vivo colore
se l'alba nei suoi pianti con l'oriente la sposa,

nei suoi petali grazia ed amor si riposa
cospargendo i giardini e gli alberi d'odore;
ma affranta dalla pioggia o da eccessivo ardore
languendo si ripiega, foglia a foglia corrosa.

Così nella tua prima giovanile freschezza,
terra e cielo esultando di quella tua bellezza,
la Parca ti recise, cenere ti depose.

METRO: sonetto di alessandrini (resi in italiano da doppi settenari) secondo lo schema ABBA, ABBA, CCD, EED.

la Parca: la dea della morte, Atropo, che nella mitologia greca aveva il potere di tagliare il filo della vita degli uomini.

T21 Pierre de Ronsard Per la morte di Marie

Fa' che queste mie lacrime, questo pianto ti onori,
questo vaso di latte, questa cesta di fiori;
e il tuo corpo non sia, vivo o morto, che rose.

P. Ronsard, *Oeuvres complètes*, Gallimard, Parigi 1993, trad. it. e in AA.VV., *Orfeo. Il tesoro della lirica universale*, a cura di V. Errante e E. Mariano, Sansoni, Firenze 1952.

per studiare *guida all'analisi* T21

COMPRENDERE

1 Qual è il tema dominante della poesia, e quale rapporto ha con il modello petrarchesco?

ANALIZZARE

2 La poesia è giocata sulla figura della similitudine. Suddividi il testo individuando i due termini della similitudine (*come... così...*).

- la donna amata è come ....
- la Parca ha operato come ....

3 A chi si rivolge il poeta nell'ultima strofe, e quale augurio esprime?

INTERPRETARE E APPROFONDIRE

4 Confronta la poesia di Ronsard con la poesia di Petrarca (T18 *«Zephiro torna e 'l bel tempo rimena»*). Quali somiglianze e quali differenze trovi nella trattazione del tema della morte dell'amata? Considera in particolare i seguenti punti.

a. quale stagione viene evocata?
b. chi è protagonista di ciascuna lirica?
c. c'è corrispondenza oppure disarmonia tra il paesaggio e lo stato d'animo del poeta?
d. sono presenti riferimenti mitologici?
e. qual è il tono dominante in ciascuna lirica?

S14 LETTURE CRITICHE

Petrarca imitatore di se stesso: una pagina di Giacomo Leopardi

In questa pagina dello Zibaldone *datata 20 aprile 1829, **Giacomo Leopardi** (1798-1837) parla di Petrarca e dei suoi imitatori. Classicista, ma educato al gusto e alla sensibilità dei moderni, Leopardi non può che giudicare negativamente il fenomeno del petrarchismo. La sua osservazione si spinge però ancora oltre: a forza di leggerne gli imitatori, scrive, anche Petrarca ci sembra un imitatore di se stesso. La ricezione di un'opera, insomma, può modificare il modo in cui altre generazioni di lettori leggeranno quell'opera, aumentandone o diminuendone il grado di originalità e di novità.*

Altro ostacolo alla durata della fama de' grandi scrittori, sono gl'imitatori, che sembrano favorirla. A forza di sentire le imitazioni, sparisce il concetto, o certo il senso, dell'originalità del modello. Il Petrarca, tanto imitato, di cui non v'è frase che non si sia mille volte sentita, a leggerlo, pare egli stesso un imitatore: que' suoi tanti pensierini pieni di grazia o d'affetto, quelle tante espressioni racchiudenti un pensiero o un sentimento, bellissime ec. che furono suoi propri e nuovi, ora paiono trivialissimi, perché sono in fatti comunissimi. Interviene agl'inventori in letteratura e in cose d'immaginazione, come agl'inventori in iscienze e in filosofia: i loro trovati divengono volgari tanto più facilmente e presto, quanto hanno più merito.

G. Leopardi, *Zibaldone*, 20 aprile 1829, a cura di G. Pacella, Garzanti, Milano 1991.

per fare il punto | autoverifica delle conoscenze

Verifica la correttezza delle tue risposte sulla base dei paragrafi, dei testi o delle schede indicati a corredo di ciascuna domanda.

1 Per ogni enunciato indica se è vero o falso.

La nuova idea di lirica che si afferma con Petrarca è caratterizzata da

- **A.** commistione continua di stile quotidiano e sublime V F
- **B.** monolinguismo stilistico V F
- **C.** rielaborazione degli stessi temi e motivi tesa alla perfezione stilistica V F
- **D.** ricerca sperimentale di audaci novità espressive e tematiche V F
- **E.** rigida selezione di tutta la tradizione poetica precedente V F
- **F.** assunzione indiscriminata di tutta la tradizione poetica precedente V F
- **G.** impegno pedagogico, dottrinario e politico V F
- **H.** espressione della propria interiorità V F

2 Barra solo le opzioni corrette.

- a nel mondo greco antico l'espressione *lyrikè poiésis* indicava i testi che esprimevano l'interiorità degli autori e il loro mondo sentimentale
- b Platone e Aristotele individuavano tre tipi di poesia: epica, drammatica e 'individuale'
- c secondo Aristotele per capire a che genere apparteneva un testo bastava rispondere alla domanda: di cosa si parla?
- d l'idea di lirica moderna nasce tra Settecento e Ottocento e si basa esclusivamente sulla dimensione linguistico-formale
- e al centro della lirica modernamente concepita non c'è tanto il fatto o l'evento raccontato quanto lo stato d'animo con cui l'autore lo ha percepito e vissuto

3 La poesia di Ronsard (T22) testimonia che

- a il petrarchismo cinquecentesco fu un fenomeno sociale
- b Petrarca era vissuto in Francia
- c nella Francia del Cinquecento la poesia era un'arte molto diffusa
- d nel Cinquecento Petrarca era tradotto e imitato in tutta Europa

4 Che cosa si intende con l'espressione "petrarchismo cinquecentesco"? (cfr. *Il Canzoniere dopo Petrarca*)

- a il fenomeno sociale e letterario di culto e imitazione del *Canzoniere* che si afferma nell'Europa del Cinquecento
- b l'imitazione esclusiva delle forme metriche del *Canzoniere* di Petrarca che si diffonde nel Cinquecento
- c il complesso dei temi e delle forme metriche del *Canzoniere* che fu pubblicato nel Cinquecento
- d la diffusione delle opere di Petrarca dopo la morte dell'autore

per fare il punto *autoverifica delle conoscenze*

5 Quale fu la causa più importante della diffusione del petrarchismo nel Cinquecento, cioè un secolo e mezzo dopo il *Canzoniere*? (cfr. ***Il Canzoniere dopo Petrarca***)

- a il libro del *Canzoniere* non era conosciuto prima del Cinquecento
- b il *Canzoniere* costituiva l'unico libro di poesia lirica in volgare che mai fosse stato scritto
- c il *Canzoniere* rappresentava al massimo l'ideale di armonia e bellezza coltivato dal classicismo del Cinquecento
- d il *Canzoniere* incarnava l'ideale di bellezza della società del Trecento

6 Che cosa si intende per "canone" in poesia? (cfr. ***Il Canzoniere dopo Petrarca***)

- a l'elenco dei poeti e delle poetesse attivi in un determinato periodo o luogo
- b l'insieme degli autori e dei testi considerati fondamentali nel campo della poesia
- c le caratteristiche estetiche e poetiche di una determinata corrente letteraria
- d il poeta che i critici hanno stabilito come modello di un determinato periodo

7 I due sonetti di Michelangelo e di Giovanni Della Casa sono esemplari per capire come la lingua volgare di Petrarca sia stata canonizzata dai petrarchisti entro un uso letterario elevato e distante dalla lingua comune: una lingua poetica "classica" poco soggetta a mutamenti, che ancora ci appartiene e comprendiamo nonostante la distanza secolare. Quali parole del lessico tradizionale del genere lirico hai rilevato nei due sonetti? Fanne l'elenco, e accosta a ciascuna parola il termine che le corrisponde nell'italiano corrente. L'esercizio è avviato a modo di esempio.

Es.: opra (T20, v. 4) → opera

....

....

....

....

....

Per l'esame di Stato

TIPOLOGIA A - Analisi del testo

Ti proponiamo un sonetto d'amore del Canzoniere *che non conosci. Aiutandoti con la parafrasi (in nota) e richiamando alla mente quanto hai studiato e imparato, prova a rispondere alle richieste che riproducono le fasi dell'analisi del testo secondo la* **Tipologia A** *dell'esame di Stato. Potrai così cominciare ad esercitarti fin da ora su questo tipo di prova.*

***Canzoniere*, 178**

Amor mi sprona in un tempo et affrena,
assecura et spaventa, arde et agghiaccia,
gradisce et sdegna, a sé mi chiama et scaccia,
or mi tene in speranza et or in pena,

or alto or basso il meo cor lasso mena
onde 'l vago desir perde la traccia
e 'l suo sommo piacer par che li spiaccia,
d'error sì novo la mia mente è piena.

Un amico penser le mostra il vado,
non d'acqua che per gli occhi si resolva,
da gir tosto ove spera esser contenta;

poi, quai maggior forza indi la svolva,
conven ch'altra via segua, et mal suo grado
a la sua lunga, et mia, morte consenta.

[vv. 1-4] *L'Amore mi stimola e, nello stesso tempo, mi trattiene, mi rassicura e mi spaventa, mi fa ardere e gelare, mi rende ben disposto e mi fa diventare sdegnoso, mi chiama verso di lui poi mi allontana, ora mi fa sperare, ora mi fa soffrire.*

[vv. 5-8] *porta il mio cuore in alto e poi in basso: così il desiderio errante perde la via e sembra dispiacergli il suo massimo piacere, tanto la mente si riempie di uno strano errore.*

[vv. 9-11] *Un pensiero amico le* [: alla mia mente] *mostra un guado che non può passare attraverso le lacrime* (**non d'acqua che per gli occhi si risolva**), *grazie al quale essa possa andare presto dove spera di esser contenta* [: cioè verso la felicità].

[vv. 12-14] *poi, come se una forza superiore la distraesse da lì, capita che lei segua un'altra via e, nonostante la sua volontà, si avvicini lentamente alla sua e mia morte.*

1. Comprensione del testo

1.1 In quante parti si articola il sonetto? (Per rispondere osserva bene la punteggiatura del testo).
1.2 Scrivi per ognuna delle parti individuate un titoletto che ne riassuma il nucleo concettuale.
1.3 Sintetizza brevemente (massimo 7 righe di quadernone) il contenuto dell'intero componimento.

2. Analisi del testo

2.1 Nelle prime due strofe dominano due figure retoriche. Le riconosci?
2.2 Riempi la tabella inserendo nelle rispettive colonne i termini presenti nel testo che rimandano all'ambito semantico della gioia/serenità e a quello del dolore/disperazione.

gioia/serenità	dolore/disperazione
....	....
....	....
....	....
....	....

3. Interpretazione complessiva e approfondimenti

Quali effetti provoca l'amore sul poeta? Nel sonetto si riconoscono elementi collegabili a modelli preesistenti della lirica stilnovista? Quali elementi di modernità Petrarca introduce nel trattare il tema canonico dell'amore? Come viene affrontato in questa lirica il motivo petrarchesco della scissione dell'io? Svolgi l'argomento facendo riferimento anche ad altre liriche di Petrarca ed eventualmente ad altri poeti che gli si possono collegare in merito ai temi trattati nel sonetto.

Per l'esame di Stato

TIPOLOGIA B - Redazione di un saggio breve

*Questo esercizio ti servirà per acquisire le strategie utili ad affrontare la prova di italiano di **Tipologia B**, dove ti verrà chiesto di costruire un testo argomentativo sulla base di un certo numero di documenti che ti verranno forniti all'esame, i quali dovranno necessariamente e prima di tutto essere ben compresi. L'esercizio serve appunto ad allenarti alla comprensione e alla sintesi di documenti dati. Prendendo spunto dal tema dell' intellettuale che hai affrontato nel percorso 5 in relazione a Petrarca, ti proponiamo i passi di tre studiosi che riflettono sul ruolo dell'intellettuale nella società del loro tempo. Ti offriamo anche, disposte in disordine, le semplici sintesi del loro significato. Leggi i testi, quindi*

A *associa a ogni passo la sintesi che gli corrisponde*

B *individua l'idea chiave di ognuno dei tre passi e traducila in un breve enunciato*

DOCUMENTO 1 ↔ sintesi ☐

La linea che divide, nel campo della cultura, il progresso dalla reazione[1] non si identifica esattamente con la linea che li divide in politica [...] Avviene che noi si voglia giudicare dalle manifestazioni politiche di un poeta, o da quanto egli ha dato di esplicito, se la sua poesia è a tendenza progressista o a tendenza reazionaria. [...] Che cosa significa per uno scrittore,[2] essere 'rivoluzionario'? Nella mia dimestichezza con taluni compagni politici ho potuto notare ch'essi inclinano a riconoscerci la qualità di 'rivoluzionari' nella misura in cui noi suoniamo il piffero intorno ai problemi rivoluzionari posti dalla politica; cioè nella misura in cui prendiamo problemi dalla politica e li traduciamo in 'bel canto': con parole, con immagini, con figure. Ma questo, a mio giudizio, è tutt'altro che rivoluzionario, anzi è un modo arcadico[3] d'essere scrittore.

Elio Vittorini, *Politica e cultura. Lettera a Togliatti*, in *Il Politecnico*, n. 33-34, settembre-dicembre 1946.

1. **reazione**: atteggiamento conservatore.
2. **scrittore**: qui Vittorini parla da scrittore ma tutto il discorso è riferibile, per estensione, all'intellettuale.
3. **modo arcadico**: vuoto e conformista, tipico della vecchia e asfittica cultura accademica.

DOCUMENTO 2 ↔ sintesi ☐

Ogni situazione deve essere interpretata in base alle sue caratteristiche specifiche, ma (e, vorrei sottolineare, è quasi sempre così) in ogni situazione si registra un conflitto tra, da una parte, un potente sistema di interessi, e, dall'altra, interessi meno potenti, frustrati, silenziosi, minacciati di inglobamento o di estinzione da parte di chi è più forte. [...] Il ruolo dell'intellettuale è un ruolo dialettico, oppositivo, capace di mettere a nudo e spiegare il conflitto al quale ho fatto riferimento in precedenza, di sfidare e sconfiggere, ovunque e ogni volta sia possibile, il silenzio imposto e la calma normalizzata di un potere invisibile. [...] Concluderei dicendo che la provvisoria dimora di un intellettuale è il "campo" di un'arte esigente, resistente e intransigente nella quale, ahimè, non si può trovare rifugio né soluzione. Solo da questo precario esilio, tuttavia, si può davvero comprendere la difficoltà di ciò che non può essere compreso e andare avanti, facendo ancora un altro tentativo.

Edward W. Said, *Il ruolo pubblico degli scrittori e degli intellettuali*, in *Umanesimo e critica democratica. Cinque lezioni*, Il Saggiatore 2004, pag. 156 e pag. 164.

DOCUMENTO 3 ↔ sintesi ☐

La spettacolarizzazione della vita, l'importanza che assume la vista in una società digitale, la perdita della memoria storica, il trionfo dell'immediato e del contingente, dell'*hic* e del *nunc* condizionano i desideri, gli svaghi, le passioni, le emozioni (quest'ultime sempre più mercificate, sempre più sottratte a ogni possibilità di serietà e di vera intensità). È in atto insomma un grande cambiamento culturale, che trasforma il senso comune di masse enormi. Una società fortemente omogeneizzata dai consumi e dall'ideologia del consumismo persegue infatti il culto del *fun*, il paradigma della giovinezza, il piacere a ogni costo e l'egoismo personale che si allarga tutt'al più al cerchio della famiglia; ne conseguono la privatizzazione dell'esistenza che si accompagna alla sua reale massificazione e l'assoluta perdita di sensibilità per sentimenti di solidarietà e per tutto ciò che è pubblico e sociale. Per gli intellettuali alla marginalità sociale si è aggiunta la marginalità politica. Non solo essi non contano più nulla come espressioni di una cultura critica e problematica e come voci del dissenso; ma i valori politici che pure molti fra loro continuano a professare (la giustizia, la solidarietà, l'accoglienza per gli stranieri, il rifiuto del razzismo, la protezione dei deboli e degli esclusi, la lotta per i diritti, l'eguaglianza fra gli uomini) sono ormai largamente in disuso, oggetto di derisione e di pubblico disprezzo. La loro condizione di esilio è ormai totale. O riusciranno a riconoscere nella loro marginalità una figura che li unisce a tutti i marginali del pianeta, e riusciranno a guardare al di là dei vetri opachi in cui li chiude l'Occidente per riconoscersi in un destino comune con gli altri esclusi, oppure temo che la loro sorte sia segnata. D'altronde una società in cui si è realizzata l'utopia del capitalismo, vale a dire la totale riduzione dell'umano all'economico, che bisogno ha degli intellettuali?

Romano Luperini, *Il destino degli intellettuali*, http://luperini.palumboeditore.it:8080/luperini_site/blog, 2008.

sintesi A

Nel passo l'autore evidenzia il ruolo difficile ma fondamentale che l'intellettuale può e deve esercitare nella società. Il suo compito è infatti quello di denunciare i conflitti e sfidare i poteri evidenti o occulti. È una posizione certamente di marginalità e di esilio rispetto alla 'normale' integrazione nel sistema, ma risulta fondamentale per lo svolgersi della storia.

sintesi B

Nel passo l'autore constata, pessimisticamente, che il nostro tempo, tutto incentrato sull'economia di mercato e sui falsi valori della società consumistica, non ha più bisogno degli intellettuali. Il loro spirito critico non può infatti trovare spazio in un contesto ormai completamente omologato e sordo alle esigenze dei deboli della terra.

sintesi C

Nel passo l'autore sostiene che la cultura, gli intellettuali e gli scrittori non sono necessariamente rivoluzionari se aderiscono a partiti o posizioni politiche progressiste. Mettersi al 'servizio' di un potere, fosse anche quello che si ritiene giusto, determina la perdita di autonomia dell'intellettuale che viene ridotto al rango di moderno cortigiano.

idea-chiave DOCUMENTO 1

....

idea-chiave DOCUMENTO 2

....

idea-chiave DOCUMENTO 3

....

C *Deriva infine qualche riflessione conclusiva: ti pare di poter individuare nelle posizioni espresse dagli intellettuali vicini a noi per tempo qualche elemento in comune con la condizione dell'intellettuale Petrarca? Oppure la distanza temporale e sociale rende impossibile qualsiasi confronto fra Petrarca e noi? Il concetto dell'intellettuale in perenne esilio espresso da Edward Said può, ad esempio, essere avvicinato alla condizione psicologica di Petrarca, che si dichiarava "pellegrino dovunque"?*

CAPITOLO 5

grandi libri

Boccaccio e il *Decameron*

La novella di Griselda, dipinto del 1494. Londra, National Gallery.

Boccaccio e noi

Abbiamo studiato fino ad ora le grandi opere e i grandi autori del Medioevo e abbiamo visto affermarsi il volgare come lingua della cultura e della letteratura italiana. Alle personalità letterarie e culturali di maggiore spicco – Dante e Petrarca – va aggiunta ora quella di Boccaccio. Si tratta di tre autori rappresentativi del fascino e della complessità del Medioevo. Tuttavia Petrarca e soprattutto Boccaccio sono portatori di istanze nuove che già alludono ad una fase storico-culturale che è alle porte: la modernità. Il Quattro-Cinquecento, con la scoperta dell'America nel 1492, con l'Umanesimo e il Rinascimento, daranno avvio a questa nuova fase della storia e della cultura che si protrarrà per tre secoli. Ma il Medioevo, come una grande incubatrice che rielabora il passato e prepara al futuro, aveva già creato i presupposti per la nascita di una nuova identità e di una nuova costruzione che per molti aspetti prelude alla nostra d'oggi.

In Boccaccio, oltre alle tracce del passato medievale, possiamo dunque rinvenire quelle della modernità: vi sono aspetti che parlano già di noi e della nostra vita. La scommessa, nell'affrontare lo studio di questo autore, è allora quella di saper rinvenire queste tracce, di saper leggere nella storia di quell'epoca e nelle opere di Boccaccio, e in particolare nella sua maggiore, il *Decameron*, certi elementi della nostra storia. D'altronde, temi quali quelli dell'amore, della donna, della religione, della nascita della società borghese, della importanza della parola e del linguaggio già preludono alla civiltà di oggi. Si pensi al rinnovamento della figura femminile che Boccaccio attua attraverso alcune novelle, che in certi casi possono anche sembrarci delle vere e proprie anticipazioni di questioni attuali. Fortemente innovativa è l'opera del *Decameron* anche dal punto di vista della rappresentazione del tema della sessualità, nel cui ambito si coglie il senso di una straordinaria rivoluzione culturale che, per certi aspetti, anticipa di secoli quella che con fatica si andrà affermando nel corso del XX secolo, in tempi quindi a noi molto vicini.

In un mondo, il nostro, in cui i rapporti fra le grandi religioni monoteiste sono particolarmente complessi, alcune novelle di Boccaccio risultano inoltre significative e lungimiranti per l'importanza che viene data al confronto aperto fra le religioni e al rispetto dell'"Altro".

Nel *Decameron* non mancano, inoltre, a veder bene, già elementi che prefigurano in germe il fenomeno della moderna "globalizzazione" economica e mercantile. Anche al tempo di Boccaccio il sistema di mercato estende gli effetti e le regole della mercatura, e quindi del profitto, dell'individualismo e del cinismo borghese, a tutto il mondo

Andrea del Castagno, *Giovanni Boccaccio*, dal ciclo degli uomini e donne illustri, 1448-1541. Firenze, Galleria degli Uffizi.

espansioni digitali

videolezione

Boccaccio: rivoluzione sessuale e problematicismo etico nel *Decameron*

a cura di Romano Luperini

- L'aggettivo "boccaccesco" e il *Decameron* di Pasolini [ca. 4 min.]
- Il sesso nel Medioevo: dai *fabliaux* e dagli *exempla* al *Decameron* [ca. 4 min.]
- Il realismo di Boccaccio [ca. 4 min.]
- La modernità di Boccaccio nel *Decameron* [ca. 5 min.]
- Boccaccio medievale o preumanistico? [ca. 4 min.]
- Un nuovo concetto di verità: il poliprospettivismo [ca. 5 min.]
- Il "compromesso" del *Decameron* [ca. 5 min.]

Boccaccio e noi

allora conosciuto. Se il crollo della Borsa di Vienna del 1873 o la "grande depressione" del 1929 o ancora la crisi finanziaria dei tempi più recenti ci hanno mostrato che in un mondo globalizzato certi fenomeni economici fanno sentire le loro conseguenze anche a grandi distanze, non possiamo non cogliere già in Boccaccio e nel *Decameron* questa prima consapevolezza e questa intuizione. Si pensi come già allora il fallimento della Banca dei Bardi abbia avuto i suoi effetti su vari aspetti della società, della cultura e della realtà vicina e lontana.

D'altra parte, rispetto al passato medievale, che meglio Dante rappresenta, in Petrarca, e soprattutto in Boccaccio, urge il "nuovo". Quest'ultimo agisce in Petrarca sotto forma di conflitto interiore fra dimensione spirituale e dimensione terrena, in cui l'aspetto terreno dell'esistenza umana chiede spazio e attenzione, rispetto a quello spirituale e religioso. Più sicuro risulta Boccaccio nel superamento di tale conflitto, nella rappresentazione dell'aspetto laico e terreno dell'esistenza umana e nel riconoscimento di una morale laica come motore e regola del comportamento dell'individuo. Non è un caso che sia Petrarca sia Boccaccio vengano considerati autori preumanistici, anticipatori della cultura che si andrà affermando pienamente nel Quattro-Cinquecento.
In essa, al centro non è più una religione che impregni di sé ogni aspetto dell'esistenza, ma l'uomo con i suoi bisogni terreni, con le sue spinte verso la gloria, la fama, l'amore, l'affermazione individuale tipiche di una società che per questi aspetti sembra già anticipare la modernità. Pur senza rinunciare ai valori e alla dimensione cristiana, Boccaccio infatti dà ampio spazio alla sfera umana nelle sue varie sfaccettature e anche nelle sue contraddizioni.

La grande importanza innovativa della personalità di Boccaccio, della sua poetica e della sua opera maggiore erano evidenti ai lettori a cui esplicitamente lo scrittore si rivolgeva: le donne e i mercanti. Il *Decameron* per i suoi aspetti anticlericali, per quelli della sessualità, dell'amore, della donna, di cui abbiamo messo in evidenza alcuni caratteri, non ha mancato tuttavia di suscitare critiche e disappunto. Ma proprio questa dimensione del *Decameron* ha reso evidentemente quest'opera conosciuta anche a settori di pubblico estranei alla cultura letteraria. Non è un caso che oggi sia usato, nella lingua italiana e anche in altre lingue, l'aggettivo "boccaccesco" per indicare aspetti scurrili o volgari o che hanno a che fare con la sfera della sessualità. Si tramanda così un giudizio su alcune novelle di Boccaccio diffuso attraverso i secoli e giunto fino ad oggi, che conserva l'impronta della novità e dello "scandalo" suscitati da questa opera.

Miniatura di Taddeo Crivelli da un manoscritto del *Decameron* di Boccaccio, Ferrara, 1467 ca. Oxford, Bodleian Library.

Pagina del *Decameron* di Boccaccio: la novella di Federigo degli Alberighi. Codex Palatinus Latinus 1989. Roma, Biblioteca Apostolica Vaticana.

Francesco di Stefano Pesellino, *Storia di Griselda: Gualtieri e i cittadini di Saluzzo*, 1450 ca. Bergamo, Accademia Carrara.

1 Vita e opere di Boccaccio

La critica ha ricostruito con una certa fatica le vicende della vita di Boccaccio, viste le informazioni, in alcuni casi fantasiose e contraddittorie, fornite dall'autore stesso. Tuttavia, si possono distinguere, nella sua biografia, due momenti, separati dalla stesura del *Decameron*, opera che risale al triennio 1349-1351: il primo momento è segnato dalla prevalenza di temi tardogotici e

Boccaccio e il suo tempo

STORIA	CRONOLOGIA	VITA E OPERE
Clemente V sposta la sede papale ad Avignone (dove rimarrà fino al 1377); Roberto d'Angiò è incoronato nuovo re di Napoli	1309	
l'imperatore Arrigo VII di Lussemburgo scende in Italia, ma gli si oppongono i Guelfi guidati da Roberto d'Angiò	1310	
		Infanzia fiorentina e giovinezza napoletana
muore improvvisamente Arrigo VII	1313	Giovanni Boccaccio nasce a Firenze o a Certaldo, figlio illegittimo di Boccaccino di Chelino, ricco mercante
muore Filippo IV il Bello re di Francia	1314	
	1327	va con il padre a Napoli
	1333-1340	scrive la *Caccia di Diana*, il *Filocolo*, il *Teseida*, il *Filostrato*
guerra dei Cent'anni tra Francia e Inghilterra	1337-1453	**Primo decennio di attività fiorentina**
	1340-1341	nell'inverno torna a Firenze
	1341-1345	compone la *Commedia delle ninfe fiorentine*, l'*Amorosa visione*, l'*Elegia di Madonna Fiammetta* e il *Ninfale fiesolano*
fallimento delle più importanti società bancarie fiorentine (i Peruzzi, i Bardi, gli Acciaiuoli)	1343-1344	
apice dell'epidemia di peste	1348	a causa della peste muoiono il padre e la matrigna Bice
	1349-1351	compone il *Decameron*
	1350	a Firenze incontra Petrarca per la prima volta
		Secondo decennio di attività fiorentina
	1351	scrive il *Trattatello in laude di Dante*
	1355	compie un viaggio a Napoli con la speranza di essere nominato segretario regio
la pace di Brétigny, tappa importante della guerra dei Cent'anni, impose la cessione di vasti territori francesi all'Inghilterra	1360	Innocenzo VI gli concede alcuni benefici ecclesiastici
		Ritiro a Certaldo
	1361	sospettato di aver appoggiato un colpo di Stato a Firenze si trasferisce a Certaldo
	1363	comincia a scrivere il *Corbaccio*
	1365	mutata la situazione politica, ritorna da Certaldo a Firenze
		Ultimo decennio di attività fiorentina
	1370	trascrive il *Decameron* in un codice autografo
	1373	legge in pubblico la *Commedia* dantesca
	1374	cessa le letture dantesche e torna a Certaldo. In pessime condizioni di salute, ancora lavora alla *Genealogia deorum gentilium* [Genealogia degli dèi pagani]
	1375	muore a Certaldo
tumulto dei Ciompi (i salariati dell'industria della lana) a Firenze	1378	

dallo sperimentalismo della scrittura e dei contenuti; il secondo è invece segnato dagli interessi preumanistici e dall'uso letterario del latino.

Complessivamente, si possono comunque distinguere nella vita di Boccaccio sei fasi diverse.

L'infanzia fiorentina (1313-1327) Giovanni Boccaccio nasce fra il giugno e il luglio 1313 a Certaldo o a Firenze, dal ricco mercante Boccaccino di Chelino. È un figlio illegittimo, ma il padre lo riconosce e gli assicura i primi studi nella propria casa di Firenze. In questo periodo Boccaccio conosce e apprezza la figura artistica di Dante. Il giovane viene poi avviato alla mercatura.

La giovinezza napoletana (1327-1340) Boccaccio segue a Napoli il padre, che era "socio" del banchiere Bardi di Firenze e finanziatore della corte angioina in questa città. Giovanni, stando al banco, impara a conoscere direttamente i vari strati sociali e gli stranieri di ogni paese che gli sfilano davanti. Tuttavia non ha alcuna inclinazione per il lavoro di mercatura e di banchiere e allora il padre lo indirizza agli studi di diritto canonico. All'università entra in contatto con il giurista e poeta stilnovista Cino da Pistoia, attraverso cui si avvicina alle lettere e alla poesia in volgare. Giovanni frequenta la corte angioina e si occupa di letteratura, scrivendo numerose opere sia in latino, sia, soprattutto, in volgare: *Rime*, *Caccia di Diana* (un poemetto in terza rima), *Filocolo* (significa 'fatica d'amore' ed è un romanzo in prosa sugli amori di Florio, un giovane saraceno, e Biancifiore, una fanciulla cristiana), *Filostrato* (significa 'vinto d'amore') e *Teseida*. Queste ultime due opere sono in ottava rima e si ispirano agli argomenti classici di Troia e di Tebe.

Il primo decennio di attività fiorentina (1341-1350) Finita la collaborazione del padre con i Bardi, la famiglia rientra a Firenze. Qui Boccaccio si inserisce nella vita culturale cittadina e compone, in terza rima, la *Commedia delle Ninfe fiorentine* (o *Ninfale d'Ameto*) e l'*Amorosa visione*, un poema allegorico di cinquanta canti. Subito dopo compone, in prosa, *Elegia di Madonna Fiammetta*, nel cui personaggio si intravede forse la figura della figlia di Roberto d'Angiò. L'*Elegia di Madonna Fiammetta* è l'opera principale di questo periodo. È un romanzo in prosa, una sorta di lunga lettera-confessione a carattere sentimentale con la quale si racconta la vicenda di Madonna Fiammetta e del suo amore per Panfilo (cfr. **§ 2**). Un'altra opera molto importante è il *Ninfale fiesolano*, un poemetto in ottava rima che racconta le origini di Firenze e di Fiesole attraverso la storia dell'amore contrastato fra il pastore Africo e la ninfa Mensola, dai quali deriverebbero, secondo Boccaccio, il nome anche di due fiumi tra Firenze e Fiesole. Sia Africo che Mensola muoiono a causa del loro amore. Africo si suicida infatti dopo che Mensola, essendo contravvenuta alle ferree leggi di Diana, a cui le ninfe sono consacrate, decide di non incontrarlo più. Da Africo prenderà il nome il fiume nel quale cade il corpo del giovane. Mensola, dopo aver partorito un bambino, figlio di Africo, viene trasformata dall'ira di Diana in un rivo che dalla ninfa prenderà il nome. Sarà Pruneo, frutto dell'amore di Africo e di Mensola, che contribuirà, insieme a Attalante (Atlante) alla fondazione di Fiesole.

Nel periodo fiorentino, Boccaccio inizia la stesura del *Decameron*. Nel 1348 infatti lo scrittore si trova a Firenze mentre infuria la peste. L'anno successivo comincia a comporre il *Decameron*. Nel 1350 conosce Petrarca, che era di passaggio a Firenze: ha inizio così una amicizia decisiva per il preumanesimo italiano e per la produzione letteraria di Boccaccio che si rivolgerà alla lingua latina per la scrittura e che considererà Petrarca proprio maestro.

Il secondo decennio di attività fiorentina (1351-1360) In questo periodo, la vita di Boccaccio manifesta una svolta dovuta a due motivi essenziali: 1) l'amicizia con Petrarca e gli interessi umanistici; 2) l'impegno presso il comune di Firenze che gli affida alcuni incarichi prestigiosi (invitare Petrarca per tenere alcuni corsi all'Università fiorentina; compiere una missione ad

Avignone presso papa Innocenzo VI). Boccaccio torna a Napoli con la speranza – che viene però delusa – di ottenere un incarico regio. Il viaggio gli serve tuttavia per visitare la biblioteca di Montecassino e per trascriverne alcuni codici. Scrive in questo periodo alcune opere di compilazione erudita in latino e alcuni testi in volgare, come *Vita* o *Trattatello in laude di Dante*. Nel 1360 papa Innocenzo VI gli concede benefici ecclesiastici che gli garantiscono una relativa sicurezza economica.

Il ritiro a Certaldo (1361-1365) Un fallito colpo di stato, fra la fine del 1360 e l'inizio del 1361, tentato da alcuni amici, costringe Boccaccio – sospettato a causa dei suoi legami con i congiurati – ad allontanarsi da Firenze e a ritirarsi a Certaldo. Per quattro anni egli è inoltre esonerato da ogni ruolo pubblico. Tenta ancora di avere un incarico a Napoli, ma senza esito. Intanto, incontra nuovamente Petrarca a Venezia. Tornato a Certaldo si occupa della scrittura di opere erudite e comincia la composizione del *Corbaccio*. Il *Corbaccio* contiene un radicale rovesciamento del rapporto dell'autore con le donne: dalla filoginia (amore per le donne) del *Decameron* si passa qui alla misoginia (odio per le donne). Si può cogliere in quest'opera un elemento autobiografico legato all'amore senile di Boccaccio per una vedova che si sarebbe fatta gioco di lui, spingendolo alla vendetta attraverso questa opera letteraria (cfr. **§ 2**).

L'ultimo decennio fiorentino-certaldese (1365-1375) Boccaccio può tornare a Firenze e può ricominciare a collaborare con la Repubblica fiorentina. Compie una serie di viaggi, durante i quali va ancora a Napoli e successivamente incontra Petrarca a Padova. Cura un'edizione delle opere di Dante e nel 1370 trascrive, in un codice autografo, il *Decameron*. La salute però peggiora: soffre di gotta e di scabbia (o di diabete). Accetta comunque, su commissione del comune di Firenze, l'incarico di leggere e interpretare in pubblico la *Commedia* dantesca. Boccaccio arriva, con il commento, fino al canto XVII dell'*Inferno* ma sospende il lavoro per ragioni di salute. Si ritira dunque definitivamente a Certaldo, dove lavora, sino alla fine, alla *Genealogia deorum gentilium* [Genealogia degli dèi pagani]. Sempre in latino aveva scritto il *Buccolicum carmen* di ispirazione virgiliana, *De casibus virorum illustrium*, *De mulieribus claris* e *De montibus, silvis, fontibus, lacubus, fluminibus, stagnis seu paludis, et de nominibus maris liber*, tutte opere che mostrano il fervore umanistico dell'ultimo Boccaccio. Muore il 21 dicembre 1375 a Certaldo.

2 Le opere minori più importanti: *Elegia di Madonna Fiammetta* e *Corbaccio*

Dalla filoginia alla misoginia Fra le opere minori di Boccaccio, l'*Elegia di Madonna Fiammetta* e il *Corbaccio* sono quelle di maggiore spicco: la prima precede la stesura del *Decameron*, mentre la seconda la segue. Rispetto allo spartiacque del *Decameron*, nella poetica dell'autore, l'*Elegia di Madonna Fiammetta* e il *Corbaccio* sono l'espressione di due fasi culturali per certi versi diametralmente opposte. Domina ancora, nel periodo di composizione dell'*Elegia*, la tendenza allo sperimentalismo, mentre nel Boccaccio più maturo del *Corbaccio* già si fanno avanti il gusto preumanistico e il recupero, sul piano espressivo, del latino. Cambia anche il rapporto dello scrittore con la figura della donna. *Fiammetta* impersona l'ideale di donna esaltato nel periodo che va fino alla stesura del *Decameron*, opera dedicata alle donne, in cui molte sono le protagoniste femminili. Alla filoginia, ossia l'amore di Boccaccio per le donne, di questo primo periodo, segue, dopo il *Decameron*, un atteggiamento opposto di odio verso il genere femminile. Di questo secondo sentimento si fa espressione il *Corbaccio*, in cui viene riservato un trattamento sprezzante e duro nei confronti della protagonista del romanzo. Ma vediamo più da vicino le due opere.

L'*Elegia di Madonna Fiammetta* Composto fra il 1343 e il 1344, l'***Elegia di Madonna Fiammetta*** (**T1**) è un romanzo in prosa che si rifà al genere dell'elegia erotica latina. È una sorta di lunga lettera-confessione a carattere sentimentale che per certi aspetti si avvicina al moderno romanzo psicologico e si intreccia con il genere epistolare.

Fiammetta è la protagonista femminile, già presente nel *Filocolo*, destinataria del *Teseide* e protagonista anche nella *Commedia delle Ninfe fiorentine* e nell'*Amorosa visione*.

Nell'*Elegia* Boccaccio racconta che Fiammetta è sposata ed ha amato un giovane, Panfilo (dietro cui si intravede la persona dell'autore), il quale lasciando Napoli e l'amante promette di tornare. Panfilo però non torna e Fiammetta scopre di essere stata da lui tradita. Si angoscia, ma deve fingere con il marito che la crede ammalata. Tenta il suicidio, ma viene salvata. Medita dunque sulla propria vita e sull'amore parlando alle donne del proprio dramma.

La novità dell'*Elegia di Madonna Fiammetta* sta nel fatto che a parlare in prima persona, e di amore, è una donna, Fiammetta. Ella si rivolge alle donne innamorate per raccontare loro il proprio dramma passionale. Con Boccaccio la donna per la prima volta diventa protagonista principale dell'opera letteraria, prendendo addirittura la parola per difendere le donne innamorate. Qui è la donna, Fiammetta, che da "amata" diventa "amante", da passiva si fa attiva in amore, contraddicendo la sua condizione storica di donna condannata alla passività e all'iniziativa del maschio. C'è, a veder bene, un elemento di grande modernità nel fatto che una donna appare interamente legata a una passione e non chiede perdono ma pietà.

Il *Corbaccio* Se per Fiammetta, e per la donna in generale, Boccaccio esprime qui massimo rispetto, lo stesso non sarà per la vedova, protagonista del ***Corbaccio*** (**T2**, p. 366), opera che Boccaccio comincia a scrivere nel 1363 a Certaldo. Si tratta di una sorta di romanzo-confessione o romanzo-monologo in prima persona. Esso contiene un radicale rovesciamento della considerazione delle donne da parte dell'autore: dalla filoginia si passa qui alla misoginia.

Il titolo dell'opera, "corbaccio", sembra richiamare una figura di malaugurio – quello del corvo o corvaccio – che può essere riferito o all'autore stesso o alla protagonista dell'opera, una vedova che porta sfortuna a tutti quelli che incontra. Non mancano, tuttavia, altre interpretazioni che derivano dal riferimento alle parole *courbache* e *corbacho*, rispettivamente francese e spagnola, con il significato di "frusta" e con allusione al carattere sferzante dello scritto di Boccaccio rispetto alla passione d'amore e alle donne.

L'occasione del componimento sembra essere autobiografica e derivare dall'amore senile di Boccaccio per una vedova che si sarebbe fatta gioco di lui, spingendolo alla vendetta attraverso questa opera letteraria. L'autore, in prima persona, racconta all'inizio dell'opera gli scherni subiti da una vedova di cui si era innamorato e di un sogno che avrebbe fatto. Nel sogno l'autore si sarebbe smarrito, con chiara ripresa dello schema iniziale della *Commedia* dantesca, in una selva orribile, un «porcile di Venere», in cui gli uomini che subiscono la seduzione femminile sono trasformati in animali. Ancora secondo lo schema dantesco, appare a questo punto un'ombra in soccorso dello smarrito: è il marito defunto della vedova, il quale si offre come guida. Costui, per farlo uscire da quel luogo di perdizione, gli illustra la vera natura delle donne e della passione d'amore. In questa descrizione dell'universo femminile, affidata al personaggio del defunto, Boccaccio esprime il rifiuto della poetica letteraria sino ad allora seguita e la scelta di dedicarsi unicamente ad argomenti nobili ed elevati, agli studi filosofici ed umanistici.

T1

L'innamoramento di Fiammetta

Elegia di Madonna Fiammetta, 1

concetti-chiave
- l'amore e la donna
- l'innamoramento
- lo sguardo d'amore
- il codice di comportamento in amore
- la fortuna

*Questo passo, tratto dal primo capitolo dell'*Elegia di Madonna Fiammetta*, presenta elementi che rinviano alla* Vita nuova *di Dante e in particolare all'episodio, in chiesa, della "donna-schermo". Il motivo della folgorazione attraverso lo sguardo è tipico della tradizione stilnovistica e in particolare di* «E' m'incresce di me», *una lirica di Cavalcanti. Tuttavia, questi motivi vengono rielaborati da Boccaccio in modo originale, secondo una nuova prospettiva: è la donna che guarda e che diventa soggetto e parte attiva nella passione d'amore, anche se questa prospettiva è in contraddizione poi con la condizione storica della donna – e dunque anche di Fiammetta – condannata alla passività e all'iniziativa del maschio da una situazione oggettiva che ha l'ineluttabilità del fato. Nello stesso momento in cui Fiammetta agisce "seguitando l'appetito", secondo il solito naturalismo boccacciano, si predispone anche a dipendere dalle scelte del giovane. Questa contraddizione attraversa tutta la storia di Fiammetta: in realtà ella subirà le scelte di Panfilo e ne sarà vittima. Questo sembra essere il limite storico dell'iniziativa femminile, e ciò conferisce un tratto tragico alla esperienza della protagonista.*

LINGUA: italiano **DATAZIONE:** 1343-1344

[1-38] Mentre io (Fiammetta) credevo che fosse la mia bellezza a colpire gli altri, avvenne che l'altrui bellezza (quella di Panfilo) colpì me miseramente. Mossa da non so quale spirito, levando gli occhi verso una moltitudine di giovani, al di là vidi un giovane appoggiato alla colonna; spinta da un destino ineluttabile, feci quello che non avevo fatto mai per alcun altro, guardandolo e apprezzando i suoi modi e la sua bellissima forma. Ed anche egli mi guardava con sguardo implorante e insieme cauto. Certamente io ebbi la forza di distogliere lo sguardo per un certo tempo, ma continuai a rimirare la sua immagine rimasta nella mia mente e, contenta di essere guardata, talvolta cautamente osservavo se anche

Mentre che io in cotal guisa,[1] poco altrui rimirando, e molto da molti rimirata, dimoro,[2] credendo che la mia bellezza altrui pigliasse,[3] avvenne che l'altrui me miseramente prese.[4] E già essendo vicina al doloroso punto,[5] il quale o di certissima morte o di vita più che altra angosciosa dovea essere cagione,[6] non so da che spirito mossa, gli occhi con debita gravità elevati,[7] intra la multitudine de' circustanti giovini con acuto riguardamento distesi,[8] e oltre a tutti,[9] solo e appoggiato ad una colonna marmorea, a me dirittissimamente uno giovine opposto vidi;[10] e, quello che ancora fatto non avea d'alcuno altro,[11] da incessabile fato mossa,[12] meco[13] lui e li suoi modi cominciai ad estimare.[14] Dico che, secondo il mio giudicio,[15] il quale ancora non era da amore occupato,[16] egli era di forma[17] bellissimo, negli atti piacevolissimo e onestissimo[18] nell'abito suo, e della sua giovinezza dava manifesto segnale crespa lanugine, che pur mo' occupava le guance[19] sue; e me non meno pietoso che cauto[20] rimirava tra uomo e uomo.[21] Certo io ebbi forza di ritrarre gli occhi da riguardarlo alquanto,[22] ma il pensiero, dell'altre cose già dette estimante, niuno altro accidente, né io medesima sforzandomi, mi poté tòrre.[23] E già nella mia mente essendo l'effigie della

1. in cotal guisa: *in tale condizione.*
2. dimoro: *mi trovo.*
3. altrui pigliasse: *altri attraesse.*
4. l'altrui...prese: *la bellezza altrui* [: quella di Panfilo] *attrasse me miseramente.*
5. doloroso punto: *momento* (**punto**) *portatore di infelicità.*
6. cagione: *causa.*
7. con...elevati: *sollevati con la dovuta* (**debita**) *lentezza* (**gravità**).
8. con...distesi: [*gli occhi*] *allungai* (**distesi**) *in uno sguardo penetrante* (**acuto riguardamento**).
9. oltre a tutti: *dopo tutti,* ossia *in fondo.*
10. a me...vidi: *di fronte* (**dirittissimamente**), *dalla parte opposta alla mia* (**opposto**) *vidi un giovane.*
11. d'alcuno altro: *per alcun altro.*
12. da...mossa: *spinta da un destino ineluttabile* (**incessabile fato**).
13. meco: *in me,* dentro di me.
14. estimare: *considerare,* apprezzare.
15. giudicio: *giudizio.*
16. occupato: *ottenebrato.*
17. di forma: *d'aspetto.*
18. onestissimo: *distinto.*
19. della sua...guance: qui si descrive il giovane aspetto di Panfilo, il quale mostra una barba non ancora matura (**crespa lanuggine**) e che da poco (**pur mo'**) occupa le sue guance.
20. non meno...cauto: [*con sguardo*] *implorante* (**pietoso**) *e insieme timoroso* (**cauto**).
21. tra uomo e uomo: *tra la gente.*
22. alquanto: *per un po' di tempo.*
23. ma il pensiero...tòrre: *nessuna cosa* (**niuno altro accidente**) *né alcun mio sforzo* (**né io medesima sforzandomi**) *poté distogliere da lui* (**tòrre**) *il* [*mio*] *pensiero, intento ad apprezzarne le qualità* (**dell'altre cose già dette estimate**).

T1 L'innamoramento di Fiammetta

il giovane lo facesse ancora. Ma una volta, fissandolo più a lungo negli occhi, a me parve di leggervi queste parole: «O donna, tu sola sei la mia beatitudine», e non posso dire che esse mi siano dispiaciute. Anzi, mi piacquero così tanto che mi sollecitarono un sospiro con queste parole: «E voi siete la mia beatitudine». Lasciai dunque liberi i miei occhi di appagarsi della vista del giovane. Priva ormai di controllo, assecondai il desiderio e fui in una condizione tale da lasciarmi prendere dall'amore del giovane. Come il fuoco passa da una parte ad un'altra, così una luce, partendo dai suoi occhi, colpì i miei e attraverso essi se ne andò al cuore.

sua figura rimasa,[24] non so con che tacito diletto meco la riguardava, e quasi con più argomenti affermate vere le cose che di lui mi pareano,[25] contenta d'essere da lui riguardata, talvolta cautamente se esso mi riguardasse mirava.

Ma intra l'altre volte[26] che io, non guardandomi[27] dagli amorosi lacciuoli, il mirai,[28] tenendo alquanto più fermi che l'usato ne' suoi gli occhi miei, a me parve in essi parole conoscere dicenti:[29] «O donna, tu sola se' la beatitudine nostra». Certo, se io dicessi che esse non mi fossero piaciute, io mentirei; anzi sì mi piacquero, che esse del petto mio trassero un soave sospiro, il quale veniva[30] con queste parole: «E voi la mia». Se non che io, di me ricordandomi, gli le tolsi.[31] Ma che valse? Quello che non si esprimea, il cuore lo 'ntendeva con seco,[32] in sé ritenendo[33] ciò che, se di fuori fosse andato, forse libera ancora sarei. Adunque, da questa ora innanzi concedendo maggiore arbitrio[34] agli occhi miei folli, di quello che essi erano già vaghi divenuti li contentava;[35] e certo, se gl'iddii,[36] li quali tirano a conosciuto fine[37] tutte le cose, non m'avessero il conoscimento[38] levato, io poteva ancora essere mia;[39] ma ogni considerazione all'ultimo posposta, seguitai l'appetito,[40] e subitamente atta divenni a[41] potere essere presa; per che, non altramente il fuoco se stesso d'una parte in un'altra balestra,[42] che una luce, per un raggio sottilissimo trascorrendo, da' suoi partendosi, percosse[43] negli occhi miei, né in quelli contenta rimase, anzi, non so per quali occulte vie, subitamente al cuore penetrando, se ne gìo.[44]

G. Boccaccio, *Elegia di Madonna Fiammetta*, in C. Segre (a cura di), *Opere*, Mursia, Milano 1966.

24. **effige...rimasa**: *l'immagine della sua figura essendo rimasta impressa* (**rimasa**).
25. **e quasi...pareano**: *quasi disponessi di più forti argomenti mi apparivano certe* (**vere**) *le qualità che gli avevo attribuito* (**che di lui mi pareano**).
26. **intra l'altre volte**: *una volta fra quelle in cui.*
27. **non guardandomi**: *non proteggendomi.*
28. **il mirai**: *lo guardai.*
29. **parve...dicenti**: *parve leggere* (**conoscere**) *nei suoi occhi che significavano* (**dicenti**).
30. **veniva**: *usciva.*
31. **di me...tolsi**: *riacquistando la padronanza di me stessa* (**di me ricordandomi**), *sottrassi* [*al sospiro*] *quelle parole,* [*non pronunciandole*] (**gli le tolsi**).
32. **seco**: *con sé.*
33. **in sé ritenendo**: *trattenendo entro di sé.*
34. **arbitrio**: *libertà.*
35. **di quello...contentava**: *di ciò di cui erano diventati già desiderosi* (**vaghi divenuti**) *li appagavo.*
36. **iddii**: mitologiche divinità dell'amore o divini protettori in senso generico, con riferimento forse a Dio, ai santi e agli angeli.
37. **tirano a conosciuto fine**: *conducono a un obiettivo prestabilito.*
38. **conoscimento**: *la capacità di giudicare.*
39. **io...mia**: *io potevo ancora essere padrona di me* (**mia**).
40. **seguitai l'appetito**: *assecondai il desiderio.*
41. **atta divenni a**: *fui in una condizione tale da.*
42. **d'una...balestra**: *si appicca* (**balestra**) *da una parte all'altra.*
43. **da'...percosse**: *provenienti dai suoi* [*occhi*], *colpì con forza* (**percosse**).
44. **se ne gìo**: *se ne andò, giunse.*

analisi e interpretazione T1

le forme

La sovrapposizione di generi nell'*Elegia* Già nel titolo dell'opera c'è il rimando al genere in cui essa è scritta: l'elegiaco. Si tratta dello stile che Dante nel *De vulgari eloquentia* definisce «lacrimevole», poiché espressione degli infelici e del lamento d'amore, a cui Dante attribuiva un linguaggio umile e basso. E tuttavia non mancavano nell'antichità esempi di elegie di stile alto da cui Boccaccio prende spunto nell'intento di un innalzamento tragico del genere elegiaco. È evidente, ad esempio, l'interesse di Boccaccio per le *Heroides* (Eroine), in distici elegiaci, di Ovidio, in cui sono le donne a parlare in prima persona delle loro passioni o della loro sorte infelice. Con l'*Elegia di Madonna Fiammetta*, Boccaccio volge il genere elegiaco in prosa romanzesca, dandogli l'aspetto di una lunga lettera-confessione rivolta da Fiammetta alle donne innamorate. Si tratta dunque di una sovrapposizione di più generi e di modi letterari diversi: quello elegiaco, quello epistolare, quello romanzesco, a cui si unisce, per il gusto dell'analisi minuta della passione e dell'innamoramento, il genere del trattato d'amore, secondo la tradizione che deriva da Averroè e che era stata recentemente ripresa da Cavalcanti.

La novità strutturale dell'*Elegia* Il critico Francesco Bruni osserva la novità strutturale dell'*Elegia di Madonna Fiammetta* nell'adozione dell'ottica dell'io narrante e nella conseguente rinuncia alla prospettiva del narratore onnisciente tipica del *Filocolo* o del *Filostrato* o del *Teseida*. Nell'*Elegia*, la scelta della prima persona, al posto della terza, impone un diverso taglio narrativo in cui la prospettiva e le conoscenze dello scrittore coincidono con quelle del personaggio che dice "io". La trasformazione di Fiammetta in personaggio narrante fa sì che lo scrittore e i lettori sappiano tutto di lei, dei suoi pensieri e dei suoi segreti, sconosciuti anche ad altri personaggi, come ad esempio al marito di Fiammetta che la crede malata e non sospetta la vera natura del malessere della donna. Il lettore può prendere atto così dello sdoppiamento che si verifica nella figura di Fiammetta fra l'apparire sociale e il suo essere più intimo. Ma lo scrittore e i lettori partecipano anche alle oscillazioni degli stati d'animo della protagonista, alle speranze e ai disinganni, alle incertezze e alle insicurezze di Fiammetta su quanto accade realmente a Panfilo (se Panfilo manterrà la promessa di tornare, se sia vera la notizia che si è sposato, se il giovane si trova a Firenze e se abbia un'amante, ecc.).

dalle forme al contenuto

Colorito antico e modernità scandalosa nell'*Elegia* È presente nell'*Elegia* un rapporto dialettico fra antico e moderno, fra colorito latineggiante e forme nuove. Le novità della struttura linguistica, secondo Muscetta, «rispondono funzionalmente alla nuova vita del personaggio» di Fiammetta e alla necessità di «dissimulare la sua modernità scandalosa nella Firenze comunale del Trecento». Fiammetta è infatti personaggio di donna originale rispetto a Beatrice e a Laura: essa «si proietta verso l'eternità della fama e del mondo, non del cielo e della salvezza» (Muscetta). La veste classica dello stile serve a rendere accettabile un contenuto nuovo e sconcertante per il pubblico di allora.

per studiare guida all'analisi T1

COMPRENDERE

1 L'*Elegia di Madonna Fiammetta* è

- a un romanzo in versi
- b un poema in terzine
- c un'opera mista di prosa e di poesia
- d un romanzo-monologo in prosa

2 Chi è il narratore della vicenda, e qual è la sua condizione sociale?

ANALIZZARE

3 Individua fra gli enunciati seguenti quelli che costituiscono le novità introdotte dall'*Elegia di Madonna Fiammetta* nella letteratura italiana.

- a il luogo dell'innamoramento è una chiesa
- b l'innamoramento è rappresentato come una folgorazione che avviene attraverso lo sguardo
- c una donna narra in prima persona una vicenda amorosa
- d la donna è protagonista attiva dell'opera letteraria

4 Nel passo che hai letto, con quale gesto Fiammetta prende l'iniziativa?

- a rivolge lo sguardo verso il giovane
- b rivolge la parola al giovane
- c gli scrive una lettera
- d arrossisce sentendosi ammirata

5 Quale fra le seguenti espressioni esprime la naturalità dell'amore?

- a «l'altrui me miseramente prese» (rigo 3)
- b «con che tacito diletto meco la riguardava» (rigo 18)
- c «il cuore lo 'ntendeva con seco» (rigo 29)
- d «seguitai l'appetito» (rigo 35)

INTERPRETARE E APPROFONDIRE

6 Rintraccia nel testo i vocaboli e le espressioni che appartengono al campo semantico degli occhi e dello sguardo e ricostruisci l'analisi che Fiammetta fa dello sguardo come tramite dell'innamoramento.

7 Quali elementi dell'*Elegia* appartengono alla tradizione e quali alla modernità? Completa la tabella inserendo correttamente nell'una o nell'altra colonna gli elementi indicati in calce.

tradizione	*modernità*
....	....
....	....
....	....

il richiamo al genere "elegiaco" – l'analisi del fenomeno dell'innamoramento – la struttura sintattica del discorso – la difesa delle donne innamorate – la presenza del motivo autobiografico – la concezione della naturalità dell'amore

T2 La donna al risveglio, prima del trucco

Corbaccio

concetti-chiave
- la bellezza fra apparenza e realtà
- la misoginia
- il vituperio

Il brano che segue, tratto dal Corbaccio, *mostra il ritratto realistico e impietoso che il marito defunto fa della propria moglie, in modo da dissuadere l'io narrante (l'autore cui egli si rivolge con il "tu") dall'amore per la donna. Il ritratto grottesco che ne deriva risponde alla tecnica latina del* vituperium *(attacco personale, particolarmente oltraggioso, utilizzato anche nell'ambito della poesia "comica" e in particolare da Rustico Filippi). Il linguaggio è dunque pesantemente realistico e si sofferma sugli elementi fisici più disgustosi: siamo di fronte a un rovesciamento in negativo della grazia manieristica con cui in genere sono concepiti i ritratti femminili nelle opere stesse di Boccaccio prima del* Corbaccio.

LINGUA: italiano **DATAZIONE:** 1363-1365 ca.

[1-33] Lo spirito del defunto (marito della donna, la quale si prende gioco dell'amore del protagonista del *Corbaccio*) fa riferimento a quanto in precedenza aveva detto al protagonista per convincerlo a prendere le distanze dalla donna e ritorna sull'argomento per parlare dettagliatamente di lei, che è stata in passato sua moglie. Il defunto mette in guardia il protagonista

Io mi credo assai bene doverti aver soddisfatto a ciò che ti potesse aver messo in dubbio, o per lo futuro potrebbe, del modo e de' vocaboli del mio parlare.[1] E perciò, tornando al proposito e volendo delle cose di questa donna, nuova posseditrice divenuta dell'anima tua, partitamente[2] alquanto narrare, di quelle, dico, che a te non poterono essere note per veduta[3] né ancora per immaginazione, per ciò che fuggito l'hai,[4] primieramente mi piace da quella bellezza incominciare[5] la quale, tanto le sue arti valsono[6] che te non solamente, ma molti altri che meno di te erano presi, abbagliò e di sé mise in falsa opinione,[7] cioè della freschezza della carne del viso suo. La quale, essendo artificiata e simile alle mattutine rose parendo, con

1. Io mi credo...parlare: qui, lo spirito del defunto che appare in sogno al protagonista del *Corbaccio* fa riferimento a quanto in precedenza aveva detto all'uomo per convincerlo a prendere le distanze dalla donna che in vita era stata sua moglie e che dunque conosce bene. Ora, ritorna sull'argomento per parlare dettagliatamente della donna.
2. partitamente: *in modo dettagliato.*
3. per veduta: *per visione diretta.*
4. per ciò...l'hai: *perché lo hai evitato.*
5. primieramente...incominciare: *vorrei per prima cosa* (**primieramente**) *dire di quella bellezza.*
6. valsono: *valsero*, cioè *furono efficaci.*
7. di sé...opinione: *fece sì che si avesse di lei un'immagine non corrispondente al vero.*

rivelando i difetti e le bruttezze che la donna copre e corregge la mattina attraverso il trucco e che il protagonista non può conoscere ancora e non può neppure immaginare.
Segue la descrizione grottesca dell'aspetto della donna la mattina quando mostra la pelle floscia, malgrado tutte le operazioni fatte per rassodarla la sera prima di andare a letto. Il colore del viso è grigio e la donna viene descritta con la cuffia della notte in testa, con le occhiaie, mentre sputa catarro.
Il marito si dice certo che, conoscendo finalmente tutto quello che egli va descrivendo e rivelando della donna, il protagonista non potrà che disamorarsi.

teco molti altri naturale estimarono; la quale se a te e agli altri stolti, come a me, possibile fosse stato d'avere, quando la mattina del letto usciva, veduta, prima che posto s'avesse il fattibello, leggermente il vostro errore avreste riconosciuto.[8] Era costei, e oggi più che mai credo che sia, quando la mattina usciva del letto col viso verde, giallo, mal tinto, d'un color di fumo di pantano, e broccuta quali sono gli uccelli che mudano, grinza e crostuta[9] e tutta cascante, in tanto contraria a quel che parea poi che avuto avea spazio di lecchisarsi, che appena che niuno il potesse credere che veduta non l'avesse, come vid'io già mille volte.[10] E chi non sa che le mura affumicate, non che i visi delle femmine, ponendovi su la biacca,[11] diventano bianche, e oltre a ciò colorite secondo il colore che al dipintore di quelle piacerà di porre sopra il bianco? Chi non sa che per lo rimenare, la pasta, che è cosa insensibile, non che le carni vive, gonfia, e dove mucida parea diviene rilevata?[12] Ella si stropicciava tanto, e tanto si dipigneva e si faceva la buccia, per la quiete della notte in giù caduta, rilevarsi,[13] che a me che veduta l'avea in prima, una strana maraviglia[14] venir ne facea. E se tu, come io lo più delle mattine la vedea, veduta l'avessi con la cappellina fondata in capo[15] e col veluzzo d'intorno alla gola, così pantanosa[16] nel viso come ora dissi, e col mantello foderato covare il fuoco,[17] in su le calcagna sedendosi, con l'occhiaia livida, e tossire e sputar farfalloni,[18] io non temo punto che tutte le sue virtù dal tuo amico udite, avessero tanto potuto farti di lei innamorare, che quello vedendo cento milia cotanti disamorar non t'avesse fatto.[19]

G. Boccaccio, *Corbaccio*, in C. Segre (a cura di), *Opere*, cit.

8. La quale...riconosciuto: *La quale [freschezza della sua carne], essendo artefatta* (**essendo artificiata**) *e sembrando simile alle rose mattutine* [: grazie al trucco], *fu creduta naturale, oltre che da te, da molti altri; se tu e gli altri stolti aveste potuto vedere, come me, tale sua freschezza* (**la quale**), *prima che si fosse data il belletto* (**fattibello**) *al mattino, quando si alzava, facilmente* (**leggermente**) *avreste riconosciuto il vostro errore.*
9. color...crostuta: *del colore grigiastro della nebbia* (**fumo**) *che si addensa sui pantani, bitorzoluta* (**broccuta**) *come gli uccelli che mutano le penne* (**mudano**), *grinzosa e piena di croste* (**grinza e crostuta**).
10. in tanto...volte: *a tal punto diversa* (**in tanto contraria**) *da quella che sarebbe apparsa* (**parea**) *dopo aver avuto il tempo di rileccarsi* (**spazio di lecchisarsi**) *che appena* [può supporsi] *che qualcuno potesse credere se non l'avesse veduta, come già io la vidi mille volte.*
11. biacca: carbonato basico di piombo, usato per la sua bianchezza brillante, come base per vernici ad olio e utilizzato un tempo per la tinteggiatura degli ambienti.
12. per lo...rilevata: *lavorandola con le mani* (**per lo rimenare**) *la pasta, che è insensibile, non diversamente dalla pelle* (**non che le carni vive**), *gonfia, e diventa soda* (**rilevata**) *dove sembrava floscia e avvizzita* (**mucida**).
13. e tanto...rilevarsi: *e tanto si imbellettava* (**dipingeva**) *e si faceva rassodare* (**faceva...rilevarsi**) *la pelle* (**buccia**), *rilassata durante la quiete notturna* (**per la quiete della notte in giù caduta**).
14. strana maraviglia: *strano stupore.*
15. cappellina...in capo: *cuffia da notte calcata in testa.*
16. pantanosa: *di colore grigio.*
17. col...fuoco: *avvolta in un pesante mantello, accovacciarsi vicino al braciere.*
18. farfalloni: *catarri.*
19. io non temo...fatto: *sono certo* (**non temo punto**) *che vedendo tutto ciò ti saresti disamorato centomila volte più di quanto* (**centomila cotanti**) *tutte le sue virtù descritte dal tuo amico ti abbiano potuto far innamorare.*

analisi e interpretazione T2

le forme

Da una letteratura "mezzana" a una "alta" Il *Corbaccio* non può essere considerato un ritorno all'indietro, alla misoginia e al moralismo religioso che erano tipici del mondo medievale. Indubbiamente, questi aspetti vi sono presenti. Tuttavia, essi sono inseriti in una prospettiva costituita dagli studi letterari e filosofici, secondo le nuove tendenze negli ambienti preumanistici. L'elevatezza cui si aspira non è tanto, o soltanto, quella dei cieli, quanto, soprattutto, quella della gloria letteraria che solo il rigore degli studi può conferire. Sta affermandosi, insomma, una nuova forma di ascetismo: quello letterario e umanistico, in cui il ritiro dal mondo e dalle passioni è ormai funzionale non alla preghiera, bensì al culto della letteratura.
Boccaccio, con il *Corbaccio*, passa a proporre un ideale cultura-

le come alternativa all'amore, e lo fa ricalcando, nell'operetta, i procedimenti della letteratura elevata. Si veda nella funzione di guida del marito defunto della protagonista del *Corbaccio* il richiamo a quella di Virgilio dell'opera dantesca; ma, come afferma Bruni, si tratta ora di «un Virgilio che non è seguito da nessuna Beatrice, perché il *Corbaccio* afferma, diversamente dal *Decameron*, la sostanziale alterità fra le donne e le Muse, e perciò non riconosce spazio alla funzione della donna come intermediaria fra il protagonista e il sacro, come avviene invece con la Sibilla nell'*Eneide*, e con Beatrice nella *Commedia*».

Si assiste con il *Corbaccio* a un mutamento di poetica e di stile: mentre la letteratura "mezzana" (dominante fino al *Decameron*, che offriva una variante particolare di stile medio elegante) era dedicata alle donne, si rivolgeva a un pubblico ampio ed era fondata sulla tematica erotica, dopo il *Decameron*, lasciati da parte il tema amoroso e la predilezione per le donne, Boccaccio tende a una letteratura "alta", rivolta a una *élite* di studiosi e di letterati.

i temi e i motivi

La donna nel *Corbaccio*: dalla filoginia alla misoginia Il corpo e la donna, esaltati da Boccaccio in tutta la produzione precedente, diventano, nel *Corbaccio*, oggetto di accanimento distruttivo. Attraverso la deformazione grottesca, l'accumulo di particolari disgustosi, il ricorso alla metafora oscena, il narratore umilia profondamente l'eros e la sessualità femminile.

Se filoginia e misoginia si erano sempre presentate intrecciate nell'opera di Boccaccio, bisogna dire però che sino al *Decameron* prevale il primo atteggiamento (le donne sono considerate le "Muse" ispiratrici e le referenti privilegiate dell'autore), mentre successivamente ha nettamente la meglio il secondo atteggiamento, in cui prevale l'«alterità fra le donne e le Muse» (Bruni) e il pubblico di riferimento non è più quello femminile, ma un'*élite* culturale e letteraria.

per studiare *guida all'analisi* T2

COMPRENDERE

1 Chi dice "io" nel passo che hai letto? A chi si rivolge e perché?

- a il narratore, che si rivolge a una donna per vendicarsi di essere stato respinto
- b il narratore che si rivolge al narratario per metterlo in guardia sugli artifici femminili
- c il marito defunto, che si rivolge al narratore della storia per farlo disamorare della vedova
- d l'autore, che si rivolge ai lettori per dimostrare di essersi liberato dalle passioni amorose

2 La tecnica che Boccaccio mette in campo per disegnare il ritratto si rifà ad un modello latino. Quale?

- a l'elegia
- b la commedia di Plauto
- c la satira
- d il *vituperium*

ANALIZZARE

3 Individua nel testo almeno un esempio di rovesciamento dell'immagine femminile codificata dalla letteratura cortese e stilnovista.

....

Per ottenere il maggiore effetto realistico ed espressivo, Boccaccio ricorre a similitudini e a riferimenti all'esperienza quotidiana osservata minutamente.

a. Quale paragone si instaura tra la donna e gli uccelli nella similitudine «broccuta quali sono gli uccelli che mudano» (rigo 16)?

....

b. Quale rapporto intercorre tra la donna e la pasta (righi 22-24)?

....

INTERPRETARE E APPROFONDIRE

4 Come si spiega il rovesciamento della figura femminile, passando dall'*Elegia di Madonna Fiammetta* al *Corbaccio*? Quale cambiamento avviene in Boccaccio, dopo il *Decameron*? Scegli la risposta o le risposte che ritieni pertinenti.

- a cambia la scala dei valori riguardo ai generi letterari
- b si indirizza ad un pubblico ristretto di letterati colti
- c si volge al culto della letteratura alta
- d decide di ritirarsi in convento per dedicarsi agli studi religiosi

3 La novellistica dal *Novellino* al *Decameron*

Il ritardo della novella Boccaccio con il *Decameron* riprende e sviluppa il genere della novella. La "novella" trae le proprie origini da radici diverse, e ciò ne ritarda la formazione e lo sviluppo. Mentre la poesia si organizza rapidamente in generi definiti e in canoni di valore, il processo che porta la prosa narrativa e novellistica a diventare una forma d'arte è molto più lento e si conclude solo con Boccaccio.

Le radici della novella Molteplici sono le radici da cui trae origine il genere novellistico. Una di queste radici è costituita dalla novellistica araba, con *Le mille e una notte* (cfr. **Capitolo 2**, **S6**, p. 65) e da quella orientale, con le novelle indiane del *Libro dei Sette savi*. In esse troviamo già due elementi essenziali che giungeranno fino al *Decameron*: il ricorso alla prosa e l'uso della "cornice" come struttura unificante di una serie di novelle.

Un'altra radice è quella degli *exempla* medievali. Si tratta di racconti di episodi o detti esemplari di personaggi importanti presi a modello di comportamento ai fini di un indottrinamento religioso. Gli *exempla* erano utilizzati nelle prediche, soprattutto da parte dei frati degli ordini mendicanti (francescani e domenicani) che col tempo ne compilarono vere e proprie raccolte. Spiccano fra queste *Lo specchio di vera penitenza*, del domenicano Jacopo Passavanti (cfr. **Capitolo 7**, **§ 5**), e *Fiori e vita di filosafi e d'altri savi e d'imperatori*, di un autore anonimo. Rispetto agli *exempla* medievali, la novella mostra tuttavia elementi nuovi e alternativi in quanto punta al piacere del lettore e all'intrattenimento ameno, limitando la finalità didattica ad una esigenza utilitaristica di tipo laico e non più religioso. La novella di Boccaccio si pone infatti come punto di arrivo di un processo di valorizzazione della vita umana nella sua dimensione terrena e di laicizzazione della cultura quale cominciava a realizzarsi con l'affermazione della civiltà comunale.

Il genere novellistico attinge anche da altre fonti, quali la *legenda* agiografica (che descrive la vita di un santo), il *lai* (breve storia cavalleresca di amore e di avventura in lingua d'*oïl*); il *fabliau* (una pura invenzione narrativa: il nome deriva da *fabula* = 'fiaba'), che intendeva esclusivamente divertire e procurare piacere al lettore; le *vidas* ('vite') e le *razos* (spiegazioni, attraverso la storia della vita di un trovatore, delle ragioni e dell'occasione dei suoi componimenti).

Il *Novellino*, antecedente del *Decameron* Nell'ambito della novellistica medievale il primo esempio italiano di raccolta di novelle è costituito dal *Novellino* che rappresenta l'antecedente più immediato del *Decameron*. Le due opere, composte ad alcuni decenni di distanza l'una dall'altra, hanno numerosi elementi in comune. Riguardo al *Novellino*, ci sono molte incertezze sul nome dell'autore, rimasto ignoto, sul titolo, sulla data di composizione (si pensa composto in ambiente fiorentino alla fine del Duecento), sulla struttura, sull'ordine e sul numero originario delle novelle (l'edizione del Cinquecento a cui gli studiosi fanno riferimento ne raccoglie cento, ma i codici antichi ne mostrano un numero inferiore).

Punti in comune fra il *Novellino* e il *Decameron* Una cosa però è certa: Boccaccio ha preso ampio spunto da quest'opera che, con i suoi caratteri innovativi, dà avvio alla storia della novellistica in Italia. Il *Novellino* e il *Decameron* raccolgono la struttura e gli argomenti provenienti da vari generi di narrativa orale e scritta per rinnovarli e adattarli al nuovo pubblico cittadino comunale, in cui emerge una borghesia desiderosa di divertimento e di svago. È presente dunque una più pronunciata finalità edonistica nelle due opere, in cui la funzione educativa ha più uno scopo sociale che religioso. Sia il *Novellino* sia il *Decameron* esprimono queste loro finalità in un "Prologo" iniziale, a cui seguono le novelle. Oltre a ciò, in comune le due opere hanno il realismo della materia trattata (i personaggi e le vicende riguardano tutti gli strati sociali e gli ambienti di riferimento), la concretezza del linguaggio (medio, vicino a quello "comico"), che si ispira al parlato. Anche molti temi già presenti nel *Novellino* tornano nel *Decameron*: particolarmente significative in questo senso sono due novelle, una presente nel *Novellino* e l'altra interna alla Introduzione alla Quarta giornata del *Decameron* e conosciuta come la novella delle papere. In esse sono presenti il tema dell'amore da vivere con trasporto e naturalezza, la valorizzazione del corpo, l'importanza dell'ingegno e della fortuna (o del caso).

Le differenze linguistiche e stilistiche Sul piano del linguaggio e della sintassi, invece, le differenze fra le due opere sono notevoli: rispetto alla costruzione semplice, elementare, basata sulla paratassi, tipica del *Novellino*, si nota nel *Decameron* una impronta stilistica già preumanistica, data dallo stile ipotattico e complesso, mutuato dai classici latini e greci.

T3

Una bella novella d'amore

Novellino, XCIX

concetti-chiave
- un nuovo modo di concepire l'amore
- la valorizzazione della fortuna (o caso)
- l'importanza dell'ingegno

La penultima novella del Novellino, *forse risalente ai primi anni del Trecento, ha come tema quello dell'amore, trattato con estrema delicatezza e inserito in un'atmosfera e in un ambiente favolosi. Si assiste alla valorizzazione della fortuna (o caso), capace di offrire grandi opportunità agli uomini, che devono essere in grado di coglierla al volo e di goderne senza timori morali o sensi di colpa. È quanto fanno i due protagonisti della novella, seguendo una nuova concezione borghese e laica della vita che prende il posto di quella cortese e che sostituisce all'amore desiderato e idealizzato l'amore da conquistare e da vivere.*

LINGUA: italiano **DATAZIONE:** incerta; probabilmente l'opera risale all'ultimo ventennio del Duecento

[1-7] Un giovane di Firenze amava una nobile fanciulla, la quale era innamorata di un altro. Questi però non era altrettanto convinto. Il giovane di Firenze soffriva dunque molto.

Un giovane di Firenze sì amava carnalmente una gentile pulzella,[1] la quale non amava niente[2] lui, ma amava a dismisura un altro giovane, lo quale amava anche lei ma non tanto ad assai quanto costui.[3] E ciò si parea:[4] ché costui n'avea lasciato ogni altra cosa, e consumavasi come smemorato,[5] e spezialmente il giorno ch'elli non la vedea. A un suo compagno ne 'ncrebbe.[6] Fece tanto che lo menò a un suo bellissimo luogo,[7] e là tranquillaro quindici dì.[8]

[8-18] Un giorno che la fanciulla ebbe litigato con la madre, con l'aiuto di una governante, fece sapere al giovane di cui era innamorata che quella notte sarebbe scappata con lui saltando sul suo cavallo. Fu dunque tutto organizzato dal giovane preferito dalla ragazza

In quel mezzo la fanciulla si crucciò con la madre.[9] Mandò la fante,[10] e fece parlare a colui cui amava che ne voleva andare con lui.[11] Quelli fu molto lieto. La fante disse: – Ella vuole che voi vegnate[12] a cavallo, già quando fia notte ferma.[13] Ella farà vista di scendere nella cella:[14] sarete all'uscio aparechiato, e gitteravisi in groppa.[15] Ell'è leggera e sa bene cavalcare. – Elli rispuose: – Ben mi piace. – Quand'ebbero così ordinato,[16] fece grandemente aparecchio a un suo luogo,[17] ed ebbevi suoi compagni a

1. sì amava...pulzella: *amava veramente con passione una nobile fanciulla.*
2. niente: *per nulla.*
3. lo quale...costui: *il quale giovane anche amava lei, ma non altrettanto fortemente che il primo.*
4. ciò si parea: *questo amore* [: del primo giovane] *traspariva.*
5. smemorato: *fuori di sé.*
6. ne 'ncrebbe: *dispiacque di ciò.*
7. luogo: *villa.*
8. tranquillaro quindici dì: *se ne stettero in pace quindici giorni,* con lo scopo di far dimenticare al giovane l'amata.
9. In quel mezzo...madre: *Nel frattempo la fanciulla litigò con la madre.*
10. Mandò la fante: *Mandò la domestica.*
11. fece parlare...lui: *fece riferire al giovane che amava che voleva andarsene con lui.*
12. vegnate: *veniate.*
13. notte ferma: *notte fonda.*
14. Ella...cella: *La fanciulla farà finta di scendere in cantina.*
15. sarete...groppa: *voi starete pronto davanti all'uscio, e lei si getterà in groppa al vostro cavallo.*
16. ordinato: *concordato.*
17. fece...luogo: *preparò con cura una sua villa.*

perché le porte della città quella notte rimanessero aperte e perché il piano riuscisse.

[19-30] Ma l'altro giovane, che soffriva d'amore, decise di andare vicino alla casa di lei per vedere dove abitava. Il caso volle che nel momento in cui si trovò davanti alla porta della ragazza non ci fosse il giovane che aveva organizzato la fuga. La fanciulla uscì dalla porta e, credendo che il cavaliere fosse quello da lei amato, saltò in groppa. I due uscirono dalla città dalla porta che era aperta.

[31-36] I giovani giunsero in un bel prato e qui si svelò l'equivoco per il quale la fanciulla iniziò a piangere, ma finì per lasciarsi consolare e amare dal giovane che la amava tanto. I due si addormentarono abbracciati.

[37-51] In questa situazione li scoprì l'altro giovane, che li andava cercando con i suoi compagni. Decise di non disturbarli e di aspettare che si svegliassero. Invece si addormentarono e quando i due amanti si svegliarono, vedendo dormire gli altri che si erano aggiunti durante la notte, li lasciarono dormire e se ne andarono. Al giovane che aveva organizzato la fuga e ai suoi

cavallo, e feceli stare alla porta, perché non fosse serrata,[18] e mossesi con un fine roncione,[19] e passò dalla casa. Ella non era ancora potuta venire, perché la madre la guardava[20] troppo. Questi andò oltre per tornare a' compagni.

Ma quelli che consumato era, in villa non trovava luogo;[21] era salito a cavallo, e 'l compagno suo no[l] seppe tanto pregare che 'l potesse ritenere;[22] e non volle la sua compagnia. Giunse quella sera alle mura. Le porte erano tutte serrate; ma tanto acerchiò[23] che s'abatté a quella porta dov'erano coloro.[24] Entrò dentro. Andonne inverso la magione di colei, non per intendimento di trovarla né di vederla, ma solo per vedere la contrada.[25] Essendo ristato rimpetto alla casa[26] – di poco era passato l'altro – la fanciulla diserrò l'uscio e chiamollo sotto boce[27] e disse che acostasse il cavallo. Questi non fu lento:[28] accostòsi, ed ella li si gittò vistamente in groppa,[29] e andarono via. Quando furono alla porta, e'[30] compagni dell'altro non li diedero briga, ché nol conobbero, però che se fosse stato colui cui elli aspettavano sarebbe ristato co loro.[31]

Questi cavalcarono ben diece miglia, tanto che furono in un bello prato intorniato[32] di grandissimi abeti. Smontaro, e legaro il cavallo all'albero. E prese a basiarla.[33] Quella il conobbe: accorsesi della disaventura; cominciò a piangere duramente.[34] Ma questi la prese a confortare lagrimando,[35] e a renderle tanto onore ch'ella lasciò il piagnere e preseli a volere bene, veggendo che la ventura era pur di costui; e abbracciollo.[36]

Quell'altro cavalcò poi più volte, tanto che [u]dì il padre e la madre fare romore nell'agio,[37] e intese dalla fante com'ella n'era 'ndata in cotal modo.[38] Questi sbigottì. Tornò a' compagni, e disselo loro. E que' rispuosero: – Ben lo vedemmo passare co lei, ma nol conoscemmo; ed è tanto, che puote essere bene alungato.[39] E andârne per cotale strada.[40] – Missersi incontanente a tenere loro dietro.[41] Cavalcaro tanto, che li trovaro dormire così abbracciati; e miravagli per lo lume della luna ch'era apparito.[42] Allora ne 'ncrebbe[43] loro disturbarli, e dissero: – Aspettiamo tanto ch'elli si sveglieranno, e poi faremo quello ch'avemo a fare.[44] – E così stettero[45] tanto, che 'l sonno giunse e furo tutti addormentati.[46] Coloro si svegliaro in questo

18. ed ebbevi...serrata: *e prese con sé alcuni amici a cavallo, e li fece stare a una porta della città, perché non venisse chiusa*, secondo l'abitudine medievale di chiudere gli ingressi alla città quando arrivava sera.
19. mossesi...roncione: *si mise in cammino con un pregiato cavallo* (**roncione**).
20. guardava: *controllava.*
21. Ma quelli...luogo: *Ma quello che era innamorato* [: il primo], *nella villa* [*dell'amico*] *non trovava pace.*
22. nol seppe...ritenere: *non fu capace di pregarlo abbastanza da trattenerlo.*
23. acerchiò: *fece il giro delle mura.*
24. s'abatté...coloro: *che arrivò alla porta dove stavano quelli*, cioè i complici del rivale che avevano impedito la chiusura della porta.
25. Andonne...contrada: *Andò verso la casa di lei* [: l'amata] *non con l'intenzione di andarla a trovare né di vederla, ma solo per vedere il posto.*
26. Essendo...alla casa: *Essendosi fermato di fronte alla casa.*
27. diserrò...boce: *socchiuse l'uscio e lo chiamò sottovoce.*
28. non fu lento: *fu rapido.*
29. accostòsi...groppa: *si avvicinò e la fanciulla gli si gettò rapidamente in groppa.*
30. e': *allora.*
31. non li diedero...co loro: *non lo fermarono, perché non lo riconobbero, dato che se si fosse trattato di quegli che essi aspettavano* [: il loro amico] *si sarebbe fermato con loro.* Credettero, cioè, che quelle due persone fossero dei semplici passanti estranei alla loro missione.
32. intorniato: *attorniato.*
33. prese a basiarla: [*il giovane*] *iniziò a baciarla.*
34. Quella...duramente: *Ella lo riconobbe: si rese conto dello spiacevole equivoco; cominciò a piangere disperatamente.*
35. confortare lagrimando: *a consolare piangendo.*
36. lasciò il piagnere...abbracciollo: *smise di piangere e cominciò ad amarlo, vedendo che la sorte stava dalla parte di lui; e lo abbracciò.*
37. nell'agio: *in camera.*
38. e intese...modo: *e venne a sapere dalla domestica che lei era andata via in quel modo.*
39. puote...alungato: *può essersi allontanato molto.*
40. andârne per cotale strada: *se ne andarono per quella strada.*
41. Missersi...dietro: *Si misero subito a inseguirli.*
42. miravagli...apparito: *li guardavano alla luce della luna che era spuntata.*
43. ne 'ncrebbe: *dispiacque.*
44. quello ch'avemo a fare: *ciò che dobbiamo fare.*
45. stettero: *rimasero* [*ad aspettare*].
46. furo...addormentati: *si addormentarono tutti.*

compagni, quando si svegliarono, non restò che piangere.

mezzo, e trovaro ciò ch'era.[47] Maravigliârsi.[48] E disse il giovane: – Ci hanno fatta tanta cortesia, che non piaccia a Dio che noi li ofendiamo! – Ma salio[49] questi a cavallo, ed ella si gittò in su un altro de' migliori che v'erano, e andaro via. Quelli si destaro e fecero gran corrotto,[50] perché più non li potevano ire cercando.[51]

La prosa del Duecento, a cura di M. Marti e C. Segre, Ricciardi, Milano-Napoli 1959.

47. **Coloro...ciò ch'era**: *Quelli* [: i due nuovi amanti] *nel frattempo si svegliarono e trovarono la nuova situazione* [: l'altro giovane e i suoi compagni].
48. **Maravigliârsi**: *Si meravigliarono.*
49. **salio**: *salì.*
50. **gran corrotto**: *grande pianto.*
51. **più non...cercando**: *non potevano più cercarli.*

analisi e interpretazione T3

le forme

La sintassi del *Novellino* I periodi sono brevi. Si vedano per esempio i righi 8-11: vi sono cinque periodi in poco più di tre righi. Fra i periodi mancano congiunzioni e connessioni logiche o temporali. Le proposizioni secondarie sono rare. La sintassi, insomma, è molto semplice, elementare ed essenzialmente paratattica.

i temi e i motivi

Il tema amoroso Il tema amoroso è trattato con delicatezza straordinaria, inserito in un'atmosfera favolosa (di cui è segno la mancanza del nome dei protagonisti) nella quale anche il paesaggio ha la sua importanza. Ma in linea con l'ideologia che domina l'insieme del *Novellino* è la valorizzazione della fortuna (o del caso), capace di offrire agli uomini le più incredibili opportunità. Ai personaggi, come avverrà più compiutamente nel *Decameron* di Boccaccio, non resta che cogliere al volo, anche senza consapevolezza, le opportunità della sorte, e soprattutto goderle con trasporto e freschezza, senza timori morali o imbarazzanti sensi di colpa; e così fanno, infatti, i due giovani di questa novella, felicemente destinati all'amore. È anche in questo modo che la nuova concezione della vita, laica e mondana, tipica della nascente borghesia, prende il posto di quella cortese: così all'amore cortese, basato sul desiderio e sull'idealizzazione della donna, si sostituisce il nuovo concetto borghese dell'amore come sentimento da vivere pienamente.

per studiare *guida all'analisi* T3

COMPRENDERE

1 La prima sequenza (righi 1-7) introduce i personaggi principali e la situazione. Quali e quanti sono i personaggi? Qual è il rapporto tra loro? Qual è la situazione iniziale?

2 Perché la fanciulla decide di fuggire con l'uomo che ama?

- a perché lo ama ma la famiglia non vuole
- b per far dispetto alla madre con la quale ha litigato
- c perché non sa resistere al desiderio
- d perché è stata convinta dal giovane

3 In che cosa consiste il piano della fuga?

4 Perché il piano non riesce?

5 L'ultima sequenza presenta la ricomposizione dei personaggi in un nuovo sistema. Come è cambiato il rapporto tra i personaggi rispetto all'inizio?

ANALIZZARE

6 Il caso e l'ingegno sono determinanti nella vicenda. Quali eventi sono determinati dal caso e quali sono determinati dall'ingegno o dalla razionalità dei personaggi? Collega correttamente gli eventi al caso o all'ingegno.

- il caso
- l'ingegno

- l'innamorato infelice si ritira fuori città
- la fanciulla scende in cantina
- il giovane innamorato decide di andare quella notte a vedere dove sta la fanciulla
- la porta della città è rimasta aperta
- il giovane che aveva architettato la fuga viene a sapere che la fanciulla è andata via
- la fuga a cavallo dei due novelli amanti

7 Il lieto fine è dovuto (rintraccia nel testo la frase che dà la risposta alla domanda)

a al dominio del caso
b alla buona sorte
c all'ingegno
d alla forza dell'amore

8 L'amore di cui si parla nella novella è idealizzato oppure è espressione dell'impulso naturale? Ricerca nel testo qualche parola o frase che risponda alla domanda.

INTERPRETARE E APPROFONDIRE

9 Il *locus amoenus* è un *tópos* dell'immaginario letterario: in questa novella è il luogo dell'idillio, dove l'amore si realizza e tutti si addormentano. Rintraccia le caratteristiche del *locus amoenus* e trascrivile citando le righe del testo.

10 A differenza di quello che si vedrà nel *Decameron*, in questa novella non vengono definiti né i nomi dei personaggi, né i luoghi, proprio come accade nelle fiabe. Quali altri elementi tipici del genere della fiaba trovi nel testo?

11 La novella poteva avere un altro finale, a tuo parere? E, in caso affermativo, quale? (Considera che la novella ha l'intento di dilettare i destinatari)

T4

La novella delle papere

Decameron, IV, Introduzione

concetti-chiave

▶ la forza dell'amore e delle pulsioni naturali

Questo racconto non fa parte delle cento novelle del Decameron, *ma è inserito all'interno dell'Introduzione alla Quarta giornata di quest'opera. Ad esso Boccaccio vuol affidare un compito che è quello tipico della tradizione dell'*exemplum, *rivisto però in senso tutto laico e mondano. Attraverso la novella, vuole infatti dimostrare ai propri critici, i quali moralisticamente lo accusano di parlare troppo d'amore e di donne, che le forze della natura vanno rispettate e non ignorate, come costoro invece vorrebbero. Il racconto è incompiuto nello svolgimento, ma sono chiari il senso morale e la lezione che Boccaccio vuol trarne. L'autore ha preferito lasciare inconclusa la novella per non porla in concorrenza con quelle dei dieci novellatori e per non superare il numero perfetto di cento: tante infatti sono le novelle del* Decameron.

LINGUA: italiano **DATAZIONE:** 1349-1351

T4 La novella delle papere

[1-24] Un ricco mercante di Firenze, Filippo Balducci, rimase vedovo per la morte dell'amata moglie e decise di ritirarsi a vivere di elemosina e di penitenze in una celletta sul Monte Senario insieme all'unico figlio che la donna gli aveva dato.

Nella nostra città, già è buon tempo passato, fu un cittadino il quale fu nominato Filippo Balducci,[1] uomo di condizione assai leggiere,[2] ma ricco e bene inviato[3] e esperto nelle cose quanto lo stato suo richiedea; e aveva una sua donna moglie, la quale egli sommamente amava, e ella lui, e insieme in riposata vita si stavano, a niuna altra cosa tanto studio ponendo quanto in piacere interamente l'uno all'altro. Ora avvenne, sì come di tutti avviene, che la buona donna passò di questa vita, né altro di sé a Filippo lasciò che un solo figliuolo di lui conceputo,[4] il quale forse[5] d'età di due anni era. Costui per la morte della sua donna tanto sconsolato rimase, quanto mai alcuno altro amata cosa perdendo rimanesse; e veggendosi di quella compagnia, la quale egli più amava, rimaso solo, del tutto si dispose di non volere più essere al mondo[6] ma di darsi al servigio di Dio e il simigliante fare del suo piccol figliuolo. Per che, data ogni sua cosa per Dio,[7] senza indugio se n'andò sopra Monte Asinaio,[8] e quivi in una piccola celletta se mise col suo figliuolo, col quale di limosine[9] in digiuni e in orazioni vivendo, sommamente si guardava di non ragionare, là dove egli fosse, d'alcuna temporal[10] cosa né di lasciarnegli alcuna vedere, acciò che esse da così fatto servigio nol traessero,[11] ma sempre della gloria di vita eterna e di Dio e de' santi gli ragionava, nulla altro che sante orazioni insegnandogli. E in questa vita molti anni il tenne, mai della cella non lasciandolo uscire né alcuna altra cosa che sé dimostrandogli.[12]

Era usato il valente uomo[13] di venire alcuna volta a Firenze: e quivi secondo le sue oportunità dagli amici di Dio sovenuto,[14] alla sua cella tornava.

[25-65] Quando il giovane raggiunse l'età di 18 anni il padre per la prima volta lo condusse a Firenze, anche dietro insistenza del giovane. Il ragazzo si meravigliava molto di ogni cosa che vedeva per la prima volta, ma soprattutto si meravigliò nel vedere un gruppo di belle e giovani donne. Il giovane chiese chi fossero e il padre, per salvaguardare il figlio da impulsi e desideri carnali, disse che esse erano una cosa cattiva e che si chiamavano "papere". Allora il giovane disse al padre che avrebbe voluto portare con sé una di quelle "papere" per darle da beccare. Il padre preoccupato rispose che non voleva, poiché

Ora avvenne che, essendo già il garzone[15] d'età di diciotto anni e Filippo vecchio, un dì il domandò ov'egli andava. Filippo gliele[16] disse; al quale il garzon disse: «Padre mio, voi siete oggimai[17] vecchio e potete male durar fatica; perché non mi menate[18] voi una volta a Firenze, acciò che, faccendomi cognoscere gli amici e divoti di Dio e vostri, io, che son giovane e posso meglio faticar di voi, possa poscia pe' nostri bisogni a Firenze andare quando vi piacerà, e voi rimanervi qui?»

Il valente uomo, pensando che già questo suo figliuolo era grande e era sì abituato al servigio di Dio, che malagevolmente[19] le cose del mondo a sé il dovrebbono omai poter trarre,[20] seco stesso[21] disse: «Costui dice bene»; per che, avendovi a andare, seco il menò.

Quivi il giovane veggendo i palagi, le case, le chiese e tutte l'altre cose delle quali tutta la città piena si vede, sì come colui che mai più per ricordanza[22] vedute no' n'avea, si cominciò forte a maravigliare e di molte domandava il padre che fossero[23] e come si chiamassero. Il padre gliele

1. **Filippo Balducci**: appartenente ad una famiglia borghese fiorentina, Filippo Balducci figura come agente della Compagnia dei Bardi, alla quale apparteneva anche il padre di Boccaccio.
2. **leggiere**: *modesta*.
3. **inviato**: *avviato*.
4. **di lui conceputo**: *da lui generato*.
5. **forse**: *all'incirca*.
6. **di non...mondo**: *di vivere isolato dal resto del mondo*, come un eremita.
7. **per Dio**: *per amore di Dio*, ossia in elemosina.
8. **Monte Asinaio**: *Monte Senario*, montagna del Mugello che ospita un convento creato nel 1233. Nelle vicinanze si trovano piccole celle abitate da laici eremiti.
9. **limosine**: *elemosine*.
10. **temporal**: *terrena*.
11. **nol tressero**: *non lo distogliessero*.
12. **né...dimostrandogli**: *non facendogli vedere nessun'altra cosa che sé*.
13. **valente uomo**: *persona di grande valore e pregio*.
14. **secondo...sovenuto**: *aiutato da benefattori secondo le sue necessità*.
15. **garzone**: *giovane*. Il termine viene dal francese *garçon*.
16. **gliele**: *glielo*.
17. **oggimai**: *ormai*.
18. **menate**: *portate*.
19. **malagevolmente**: *con difficoltà*.
20. **il dovrebbono...trarre**: *avrebbero* (**dovrebbono**) *potuto attrarlo*.
21. **seco stesso**: *tra sé e sé*.
22. **per ricordanza**: *per quanto potesse ricordare*.
23. **domandava...fossero**: *domandava al padre cosa fossero*.

il giovane non sapeva come si imbeccavano le "papere" e, sentendo quanta forza aveva la natura rispetto al suo ingegno, si pentì di aver portato il figlio a Firenze.

C'È UN ROVESCIAMENTO. SI STUPISCE DELLA CITTÀ AL CONTRARIO DI NOI CHE CI STUPIAMO DELLA NATURA

diceva; e egli, avendolo udito, rimaneva contento e domandava d'un'altra. E così domandando il figliuolo e il padre rispondendo, per avventura si scontrarono[24] in una brigata di belle giovani donne e ornate, che da un paio di nozze[25] venieno: le quali come il giovane vide, così domandò il padre che cosa quelle fossero.

A cui il padre disse: «Figliuol mio, bassa[26] gli occhi in terra, non le guatare,[27] ch'elle son mala cosa».

Disse allora il figliuolo: «O come si chiamano?»

Il padre, per non destare nel concupiscibile appetito[28] del giovane alcuno inchinevole disiderio[29] men che utile, non le volle nominare per lo proprio nome, cioè femine, ma disse: «Elle si chiamano papere».

Maravigliosa cosa a udire! Colui che mai più alcuna[30] veduta non avea, non curatosi de' palagi, non del bue, non del cavallo, non dell'asino, non de' denari né d'altra cosa che veduta avesse, subitamente disse: «Padre mio, io vi priego che voi facciate che io abbia una di quelle papere».

«Oimè, figliuol mio», disse il padre «taci: elle son mala cosa».

A cui il giovane domandando disse: «O son così fatte le male cose?»

«Sì» disse il padre.

E egli allora disse: «Io non so che voi vi dite, né perché queste sieno mala cosa: quanto è,[31] a me non è ancora paruta[32] vedere alcuna così bella né così piacevole come queste sono. Elle son più belle che gli agnoli[33] dipinti che voi m'avete più volte mostrati. Deh! se vi cal[34] di me, fate che noi ce ne meniamo una colà sù di queste papere, e io le darò beccare».[35]

Disse il padre: «Io non voglio; tu non sai donde[36] elle s'imbeccano!» e sentì incontanente[37] più aver di forza la natura che il suo ingegno;[38] e pentessi[39] d'averlo menato a Firenze.

G. Boccaccio, *Decameron*, a cura di V. Branca, Einaudi, Torino 1992.

24. scontrarono: *s'imbatterono*.
25. da un paio di nozze: *da certe nozze*.
26. bassa: *abbassa*.
27. guatare: *guardare*.
28. concupiscibile appetito: desiderio di soddisfare il bisogno dei sensi.
29. inchinevole desiderio: *inclinazione*.
30. alcuna: *alcuna donna*.
31. quanto è: *per quanto è possibile*.
32. a me...paruta: *a me non è ancora sembrato di*.
33. agnoli: *angeli*.
34. se vi cal: *se vi importa*.
35. le darò beccare: c'è un chiaro riferimento sessuale.
36. donde: *dove*.
37. incontanente: *subito*.
38. più aver...ingegno: *aver più forza la natura che il suo ingegno*. Il riferimento è alla forza degli impulsi sessuali e naturali, di cui non si può moralisticamente attenuare la forza.
39. pentessi: *si pentì*.

analisi e interpretazione T4

le forme

La sintassi e lo stile del *Decameron* Si considerino i primi cinque righi. Sono occupati da un unico periodo molto lungo, formato, oltre che da una proposizione principale, da diverse proposizioni secondarie. Si noti poi il passaggio, al rigo 6, dal primo periodo al secondo: quest'ultimo è introdotto dalla locuzione temporale «Ora». Il discorso nel *Decameron,* a differenza che nel *Novellino*, è concatenato logicamente e temporalmente; e la sintassi è ipotattica e non più paratattica. Questa differenza è dovuta alla cultura preumanistica di Boccaccio e alle sue letture dei classici latini, di cui egli fu, insieme con Petrarca, uno degli iniziatori e dei promotori nel corso del Trecento.

i temi e i motivi

Il messaggio morale della novella Con questo racconto Boccaccio vuole dimostrare ai propri critici, i quali lo accusavano di parlare troppo d'amore e di donne, che le forze della natura vanno rispettate, non ignorate come costoro invece vorrebbero. Egli presenta il proprio racconto in forma non compiuta: e in effetti esso resta alla fine sospeso per quanto riguarda lo svolgimento dell'azione (che cosa farà il giovane? Che cosa il padre? Lasceranno l'eremo?). Ma il senso morale e la lezione che Boccaccio vuol trarne sono invece chiarissimi e ben definiti: non si possono ignorare gli impulsi naturali.

per studiare guida all'analisi T4

COMPRENDERE

1 La novella delle papere si legge nel *Decameron*, ma ha una collocazione autonoma rispetto alle altre che compongono il libro. Chi narra la novella, e a chi la indirizza?

- a uno dei dieci narratori del *Decameron* ai detrattori del libro
- b l'autore alle donne, che rappresentano le sue Muse
- c uno dei dieci narratori del *Decameron* ai suoi compagni
- d l'autore verso chi lo critica di parlar troppo d'amore e di donne

2 L'*incipit* della novella è dettagliato e fa riferimento a luoghi reali. Rintraccia nel testo la collocazione geografica dei luoghi in cui si svolge la vicenda e la classe sociale dei personaggi.

3 Perché Filippo Balducci si ritira in un eremo, e quale tipo di educazione si propone di dare al figlio?

ANALIZZARE

4 Quale strategia mette in opera Filippo Balducci per educare il figlio?

5 Filippo Balducci chiama le donne «papere» (rigo 50). Perché? Quale frase del testo risponde alla domanda?

6 La novella presenta un *tópos* ricorrente nella letteratura, ossia il contrasto tra la vita della città e quella del convento. Individua nel testo quali caratteristiche sono attribuite alla città di Firenze e quali al ritiro del Monte Senario.

INTERPRETARE E APPROFONDIRE

7 Perché l'educazione ascetica del giovane fallisce? Quale concezione dell'amore e del sesso risulta dalla novella?

8 In quale delle frasi seguenti è racchiuso il messaggio esemplare del testo?

- a «sempre della gloria di vita eterna e di Dio e de' santi gli ragionava» (righi 18-19)
- b «Figliuol mio, bassa gli occhi in terra, non le guatare, ch'elle son mala cosa» (righi 45-46)
- c «io vi priego che voi facciate che io abbia una di quelle papere» (rigo 54)
- d «sentì incontanente più aver di forza la natura che il suo ingegno» (rigo 64)

9 Con questa novella Boccaccio intende dimostrare che (scegli le risposte che ritieni corrette)

- a l'ingegno è sempre destinato a soccombere
- b gli impulsi naturali non devono essere ignorati
- c i suoi detrattori sbagliano ad accusarlo di parlare troppo d'amore e di donne
- d il *Decameron* non fa altro che dare il giusto spazio alle forze della natura

10 La novella non ha un epilogo per quanto riguarda lo svolgimento dei fatti: che cosa farà il giovane? Come si comporterà il padre dopo che il suo progetto educativo è entrato in crisi? Prova a definire tu per sommi capi una possibile conclusione della novella (tieni presenti l'intento di Boccaccio, il contesto, i destinatari).

per fare il punto autoverifica delle conoscenze

Verifica la correttezza delle tue risposte sulla base dei paragrafi, dei testi o delle schede indicati a corredo di ciascuna domanda.

1 Ecco una nota biografica essenziale di Giovanni Boccaccio. Inserisci le informazioni mancanti, scegliendo le opzioni corrette tra quelle indicate sotto in ordine sparso (per l'autoverifica, cfr. § 1).

Giovanni Boccaccio nacque a Firenze o a Certaldo nel .... Trascorse la sua giovinezza a ...., dove frequentò la corte di Roberto d'Angiò. Si trovava a Firenze quando si diffuse .... e quando cominciò a comporre il .... nel 1361 si ritirò nella casa paterna a ...., dove morì nel ...., dopo un breve rientro a Firenze e mentre era impegnato nello studio e nella divulgazione dell'opera di ....

Filocolo – la peste – Petrarca – Firenze – 1313 – 1327 – Certaldo – *Decameron* – 1370 – Napoli – la stampa – Avignone – 1375 – Dante

2 Scegli l'opzione corretta (per l'autoverifica, cfr. T2 *Guida all'analisi*)

Dopo ***il Decameron/l'Elegia di Madonna Fiammetta***, Boccaccio muta i suoi interessi privilegiando gli studi ***religiosi/letterari***, per coltivare i quali la donna costituisce un ostacolo. In linea con le nuove tendenze sostenute negli ambienti filosofici che preludono ***all'umanesimo/all'illuminismo***, Boccaccio si indirizza ad un pubblico molto più ***articolato/ristretto*** in confronto a quello precedente e, tralasciando le donne che erano state le destinatarie privilegiate ***dell'Elegia di Madonna Fiammetta e del Decameron/dell'Elegia di Madonna Fiammetta***, mira alla ***salvezza dell'anima/gloria letteraria*** che può essere conquistata solo dedicandosi completamente ***alla meditazione religiosa/allo studio degli autori classici***. A tale cambiamento di prospettiva contribuisce l'amicizia con ***Dante/Petrarca***, che costituisce il modello della letteratura alta proiettata verso la fama che supera il limite del tempo.

3 Il *Novellino* e il *Decameron* hanno numerosi elementi in comune, ma presentano anche alcune differenze notevoli. Attribuisci correttamente le caratteristiche elencate all'una e/o all'altra delle opere: potrai visualizzare debiti e originalità di Boccaccio rispetto al *Novellino* (per l'autoverifica, cfr. § 3).

	Novellino	*Decameron*
a. raccoglie spunti dalla tradizione orale e scritta	☐	☐
b. l'opera si rivolge ad un pubblico cittadino e borghese	☐	☐
c. l'opera è stata composta in ambiente fiorentino	☐	☐
d. lo stile della prosa è ispirato a quello dei classici latini	☐	☐
e. i personaggi e le vicende riguardano i vari strati sociali	☐	☐
f. le descrizioni di luoghi e personaggi sono dettagliate e realistiche	☐	☐
g. l'opera ha come finalità l'intrattenimento	☐	☐
h. le novelle sono collegate da una cornice	☐	☐
i. lo stile è elementare, paratattico	☐	☐
j. l'autore rimane ignoto	☐	☐

4 Perché la novella trova terreno fertile nell'ambiente comunale e mercantile? Scegli la risposta o le risposte che ritieni corrette (per l'autoverifica, cfr. § 3).

- [a] nell'ambiente comunale la lettura si diffonde e diventa intrattenimento
- [b] la finalità educativa svolta dalle prediche si allarga e si trasforma in diletto ed utilità sociale
- [c] nell'ambiente cittadino la frequentazione delle chiese e delle funzioni religiose viene soppiantata dalle letture pubbliche delle novelle
- [d] la novella risponde alle esigenze della cultura comunale e borghese, dove la vita umana viene valorizzata nella sua dimensione terrena

grandi libri

Il *Decameron*

l'incipit

Il *Decameron* in breve

PERCORSI NELL'OPERA

PERCORSO 1

L'amore e la donna

La struttura del *Decameron* è fortemente determinata secondo uno schema che tiene conto di più livelli per quanto riguarda le voci narranti e più temi per quanto riguarda le varie giornate e le varie novelle. Al di là di questo impianto, solo apparentemente rigido e schematico, il *Decameron* mostra un intersecarsi di temi e di rimandi interni fra le "rubriche", le giornate e le novelle, secondo percorsi e motivi che è possibile ricostruire e seguire. Uno di questi percorsi, centrale nell'opera, è rappresentato dal tema relativo all'amore e alla donna.

PERCORSO 2

Prospettiva borghese-mercantile e prospettiva cortese

Questo percorso si sofferma sul rapporto tra prospettiva borghese-mercantile e prospettiva cortese, mettendo in relazione molte novelle in cui prevale l'affresco di una realtà sociale in divenire.

PERCORSO 3

La "fortuna" e "l'ingegno"

È in questa stessa dimensione laica del *Decameron* che è possibile seguire un altro percorso di approfondimento: quello relativo al rapporto tra fortuna e ingegno.

PERCORSO 4

Realismo e comicità

In questo percorso vengono approfondite due dimensioni narrative e stilistiche fondamentali dell'opera di Boccaccio, quella del realismo e quella del comico, e del carattere "mediano" scelto dall'autore per la sua scrittura.

PERCORSO 5

Camilleri traduce per noi Boccaccio

Un ultimo percorso è riservato alle novelle che lo scrittore Andrea Camilleri ha tradotto per questa opera facendo ricorso ad un suo registro linguistico originale e simile a quello che egli utilizza per i suoi romanzi.

espansioni digitali

PERCORSO

La dimensione interculturale: il rapporto fra le culture e le religioni

Un altro percorso è relativo alla dimensione interculturale e riguarda il rapporto fra le culture e le religioni nel *Decameron*: è un tema che va oltre lo stretto riferimento alla religione cristiana e alla polemica contro i costumi dei religiosi nel *Decameron*, permettendoci di toccare aspetti per noi estremamente attuali, come quello del rapporto fra le confessioni religiose e le culture oggi.

Il *Decameron* dopo Boccaccio e la novella dal Trecento al Cinquecento

l'incipit

Proemio

[1-22] Conviene donare conforto per le passioni d'amore più che agli uomini alle donne. Queste, per timore o vergogna o per convenienza sociale, nascondono dentro i loro petti le passioni d'amore, le quali sono ancora più forti di quelle liberamente espresse. Le donne, chiuse nelle loro camere, oscillano fra pensieri opposti e malinconici, non avendo le stesse possibilità di distrarsi che hanno gli uomini.

[...]

E chi negherà questo, quantunque egli si sia, non molto più alle vaghe donne che agli uomini convenirsi donare?[1] Esse dentro a' dilicati petti, temendo e vergognando,[2] tengono l'amorose fiamme nascose, le quali quanto più di forza abbian che le palesi coloro il sanno che l'hanno provate[3] e oltre a ciò, ristrette[4] da' voleri, da' piaceri, da' comandamenti de' padri, delle madri, de' fratelli e de' mariti, il più del tempo nel piccolo circuito delle loro camere racchiuse dimorano e quasi oziose sedendosi, volendo e non volendo in una medesima ora,[5] seco rivolgendo diversi pensieri, li quali non è possibile che sempre sieno allegri. E se per quegli alcuna malinconia, mossa da focoso disio, sopraviene nelle lor menti,[6] in quelle conviene che con grave noia si dimori, se da nuovi ragionamenti non è rimossa:[7] senza che[8] elle sono molto men forti che gli uomini a sostenere,[9] il che degli innamorati uomini non avviene, sì come noi possiamo apertamente vedere. Essi, se alcuna malinconia o gravezza di pensieri gli affligge, hanno molti modi da alleggiare o da passar quello,[10] per ciò che[11] a loro, volendo essi, non manca l'andare a torno,[12] udire e veder molte cose, uccellare,[13] cacciare, pescare, cavalcare, giucare o mercatare:[14] de' quali modi ciascuno ha forza di trarre, o in tutto o in parte, l'animo a sé e dal noioso pensiero rimuoverlo almeno per alcuno spazio di tempo, appresso il quale, con un modo o con altro, o consolazion sopraviene o diventa la noia minore.

[23-40] Intendo raccontare cento novelle che siano di conforto soprattutto per quelle donne delicate che amano secondo i dettami dell'amor cortese e che non possono avere la distrazione del cucire e del filare che invece hanno

Adunque, acciò che in parte per me s'amendi il peccato della fortuna,[15] la quale dove meno era di forza,[16] sì come noi nelle dilicate donne veggiamo, quivi più avara fu di sostegno, in soccorso e rifugio di quelle che amano, per ciò che all'altre è assai l'ago e 'l fuso e l'arcolaio,[17] intendo di raccontare cento novelle, o favole o parabole o istorie che dire le vogliamo, raccontate in diece giorni da una onesta

1. E chi...donare: E chi negherà che questo conforto (il conforto che si dà a chi soffre le pene d'amore), per piccolo che sia, non convenga donarlo alle leggiadre donne molto più che agli uomini?

2. temendo e vergognando: *timide e vergognose.*

3. le quali...provate: *le quali* [: le fiamme d'amore nascoste] *quanta più forza abbiano di quelle palesi lo sanno quelli che le hanno provate.*

4. ristrette: *oppresse.*

5. volendo...ora: *desiderando e nello stesso tempo rifiutando il loro desiderio.*

6. E se...menti: *E se, attraverso quei pensieri, una qualche malinconia, provocata da un'ardente passione, subentra nelle loro menti.*

7. in quelle...rimossa: *accade necessariamente che con grande dolore* (**malinconia**) *dimori nelle loro menti, se non è allontanata da nuovi ragionamenti.*

8. senza che: *senza dire che.*

9. sostenere: *sopportare.*

10. da alleggiare...quello: *per alleggerire o scacciare la malinconia o la gravezza dei pensieri.*

11. per ciò che: *perché.*

12. non manca...torno: *non manca la possibilità di andarsene in giro.*

13. uccellare: caccia agli uccelli con falconi, reti e panie.

14. giucare o mercatare: *giocare o commerciare.*

15. acciò che...fortuna: *perché in parte io possa riparare alla colpa della sorte.*

16. dove....forza: *dove c'era meno forza.*

17. quivi...arcolaio: *qui* [: nelle donne] *fu* (**la sorte**) *più avara di aiuto, per soccorrere e proteggere quelle* [: le donne] *che amano, poiché alle altre* [: altre donne] *basta il lavoro con l'ago, il fuso e l'arcolaio.* Si contrappongono qui le donne di ceto basso, alle quali è sufficiente cucire e filare per vivere, alle donne **dilicate**, che possono vivere solo amando, secondo la tradizione cortese.

l'incipit

le donne di basso ceto. Con le novelle, raccontate in dieci giorni da sette donne e tre giovani uomini – che si isolano per sfuggire alla pestilenza – saranno narrati avvenimenti sia dei tempi moderni, sia di quelli antichi. Queste narrazioni daranno sollievo e consiglio alle donne afflitte dalle pene d'amore. Se Dio vorrà, con il potere datomi da Amore, posso dunque occuparmi di dar loro piacere.

brigata[18] di sette donne e di tre giovani nel pistelenzioso tempo della passata mortalità fatta,[19] e alcune canzonette dalle predette donne cantare al lor diletto.[20] Nelle quali novelle piacevoli e aspri[21] casi d'amore e altri fortunati[22] avvenimenti si vederanno così ne' moderni tempi avvenuti come negli antichi; delle quali le già dette donne, che queste leggeranno, parimente diletto delle sollazzevoli[23] cose in quelle mostrate e utile consiglio[24] potranno pigliare, in quanto potranno cognoscere quello che sia da fuggire e che sia similmente da seguitare[25] le quali cose senza passamento di noia non credo che possano intervenire.[26] Il che se avviene, che voglia Idio che così sia, a Amore ne rendano grazie, il quale liberandomi da' suoi legami m'ha conceduto il potere attendere a' lor piaceri.[27]

G. Boccaccio, *Decameron*, a cura di V. Branca, cit.

Introduzione alla Prima giornata

[41-71] Era l'anno 1348 e a Firenze era giunta dall'Oriente la peste, rispetto alla cui diffusione non era valso nessun provvedimento, sanitario o religioso. E tale malattia si presentava non con l'uscita del sangue dal naso, come avveniva in Oriente, ma con gonfiori e successivamente con macchie nere o livide in tutto il corpo ed era segno di sicura morte.

Dico[28] adunque che già erano gli anni della fruttifera incarnazione del Figliuolo di Dio[29] al numero pervenuti di milletrecentoquarantotto, quando nella egregia città di Fiorenza,[30] oltre a ogn'altra italica bellissima, pervenne la mortifera pestilenza: la quale, per operazion de' corpi superiori[31] o per le nostre inique opere da giusta ira di Dio a nostra correzione mandata sopra i mortali, alquanti anni davanti nelle parti orientali incominciata, quelle d'inumerabile quantità de' viventi avendo private, senza ristare d'un luogo in un altro continuandosi, verso l'Occidente miserabilmente s'era ampliata. E in quella[32] non valendo alcuno senno né umano provedimento, per lo quale fu da molte immondizie purgata[33] la città da oficiali sopra ciò ordinati[34] e vietato l'entrarvi dentro a ciascuno infermo e molti consigli dati a conservazion della sanità, né ancora[35] umili supplicazioni non una volta ma molte e in processioni ordinate, in altre guise a Dio fatte dalle divote persone, quasi nel principio della primavera dell'anno predetto orribilmente cominciò i suoi dolorosi effetti, e in miracolosa maniera,[36] a dimostrare. E non come in Oriente aveva

18. onesta brigata: *comitiva decorosa.*
19. nel pistelenzioso...fatta: *costituitasi nella pestilenziosa stagione della passata epidemia* (la peste del 1348).
20. al lor diletto: *a lor piacere.*
21. aspri: *avversi.*
22. fortunati: *avventurosi.*
23. sollazzevoli: *piacevoli.*
24. consiglio: *insegnamento.*
25. seguitare: *seguire, imitare.*
26. senza...intervenire: *non credo che possano avvenire senza che passino i loro affanni.*
27. m'ha conceduto...piaceri: *mi ha concesso di potermi occupare dei loro piaceri.*
28. Dico: è un modo retorico di avviare il discorso rivolto ai lettori.
29. fruttifera...Dio: *gli anni trascorsi dall'Incarnazione di Cristo.* A Firenze si faceva iniziare l'anno dall'Annunciazione (25 Aprile) e non dal Natale.
30. Fiorenza: *Firenze*, secondo la forma latina.
31. operazion...superiori: *influsso degli astri.*
32. E in quella: contro la mortale epidemia.
33. purgata: *ripulita.*
34. oficiali...ordinati: *persone preposte a questo compito.*
35. né ancora: *non* [*valendo*] *neppure.*
36. miracolosa maniera: *modo straordinario.*

fatto, dove a chiunque usciva il sangue del naso era manifesto segno di inevitabile morte: ma nascevano nel cominciamento d'essa a' maschi e alle femine parimente o nella anguinaia e sotto le ditella[37] certe enfiature,[38] delle quali alcune crescevano come una comunal[39] mela, altre come un uovo, e alcune più e alcun'altre meno, le quali i volgari[40] nominavan gavoccioli. E dalle due parti del corpo predette infra brieve spazio cominciò il già detto gavocciolo mortifero indifferentemente in ogni parte di quello a nascere e a venire[41] e da questo appresso[42] s'incominciò la qualità della predetta infermità a permutare in macchie nere o livide, le quali nelle braccia e per le cosce e in ciascuna altra parte del corpo apparivano a molti, a cui[43] grandi e rade e a cui minute e spesse. E come il gavocciolo primieramente era stato e ancora era certissimo indizio di futura morte, così erano queste a ciascuno a cui venieno.

[72-105] Nessun consiglio di medico o effetto di medicina valeva a impedire il diffondersi del morbo. O perché la natura del male non lo permettesse, o perché i medici (che pure erano cresciuti tantissimo di numero) ne ignorassero la causa, quasi tutti morivano entro il terzo giorno dalla manifestazione dei sintomi. E l'epidemia si estese non solo per effetto dello stare a contatto con altre persone malate, ma anche per il fatto di toccare i panni di tali persone. Si arrivò al punto che il contagio passasse da umano ad animale e che dei porci morissero per esser venuti in contatto di panni infetti di un uomo morto di peste.

A cura delle quali infermità né consiglio di medico né virtù di medicina alcuna pareva che valesse o facesse profitto: anzi, o che natura del malore nol patisse[44] o che la ignoranza de' medicanti (de' quali, oltre al numero degli scienziati, così di femine come d'uomini senza avere alcuna dottrina di medicina avuta giammai, era il numero divenuto grandissimo) non conoscesse da che si movesse e per consequente debito argomento[45] non vi prendesse, non solamente pochi ne guarivano, anzi quasi tutti infra 'l terzo giorno dalla apparizione de' sopra detti segni, chi più tosto e chi meno[46] e i più senza alcuna febbre o altro accidente, morivano. E fu questa pestilenza di maggior forza per ciò che[47] essa dagli infermi di quella per lo comunicare insieme s'avventava a' sani, non altramenti che[48] faccia il fuoco alle cose secche o unte quando molto gli sono avvicinate. E più avanti ancora ebbe di male,[49] ché non solamente il parlare e l'usare[50] cogli infermi dava a' sani infermità o cagione di comune morte, ma ancora il toccare i panni o qualunque altra cosa da quegli infermi stata tocca[51] o adoperata pareva seco[52] quella cotale[53] infermità nel toccator trasportare. Maravigliosa[54] cosa è a udire quello che io debbo dire: il che, se dagli occhi di molti e da' miei non fosse stato veduto, appena che io ardissi di crederlo, non che di scriverlo, quantunque da fededegna[55] udito l'avessi. Dico che di tanta efficacia fu la qualità della pestilenzia narrata nello appiccarsi da uno a altro,

37. nella anguinaia...ditella: *nell'inguine e sotto le ascelle.*
38. enfiature: *gonfiori.*
39. comunal: *comune.*
40. volgari: *gente del popolo.*
41. a venire: *a svilupparsi.*
42. da...appresso: *dopo ciò.*
43. a cui: *a chi.*
44. nol patisse: *non lo permettesse.*
45. debito argomento: *adeguato rimedio.*
46. chi più...meno: *chi più rapidamente e chi meno.*
47. per ciò che: *perché.*
48. non altramenti che: *non diversamente da quanto.*
49. più avanti...male: *l'epidemia ebbe una estensione ancora maggiore.*
50. usare: *lo stare.*
51. tocca: *toccata.*
52. seco: *con sé.*
53. cotale: *medesima.*
54. Maravigliosa: *Meravigliosa.*
55. fededegna: persona a cui si può prestare fede.

l'incipit

che non solamente l'uomo all'uomo, ma questo, che è molto più, assai volte visibilmente fece,[56] cioè che la cosa dell'uomo infermo stato, o morto di tale infermità, tocca da un altro animale fuori della spezie dell'uomo, non solamente della infermità il contaminasse ma quello infra[57] brevissimo spazio uccidesse. Di che gli occhi miei, sì come poco davanti è detto, presero tra l'altre volte un dì così fatta esperienza:[58] che, essendo gli stracci d'un povero uomo da tale infermità morto gittati nella via pubblica e avvenendosi a essi[59] due porci, e quegli secondo il lor costume prima molto col grifo e poi co' denti presigli e scossiglisi alle guance, in piccola ora appresso, dopo alcuno avvolgimento,[60] come se veleno avesser preso, amenduni sopra li mal tirati stracci morti caddero[61] in terra.

[106-156] Si diffondevano così paure e immaginazioni secondo cui si poteva evitare la malattia vivendo nel lusso e fuggendo i contatti e persino le notizie del morbo. Altri credevano che bisognasse godersi la vita e le relazioni con gli altri. Altri ancora avevano un comportamento a metà fra questi due, senza eccessi ma prendendo certe precauzioni nell'andare in giro. Alcuni credevano che lasciando la città e rifugiandosi in campagna potessero sfuggire al contagio.

Dalle quali cose e da assai altre simiglianti o maggiori nacquero diverse paure e imaginazioni in quegli che rimanevano vivi, e tutti quasi a un fine tiravano[62] assai crudele, ciò era di schifare[63] e di fuggire gl'infermi e le lor cose; e così facendo, si credeva ciascuno a se medesimo salute[64] acquistare. E erano alcuni, li quali avvisavano[65] che il viver moderatamente e il guardarsi da ogni superfluità avesse molto a così fatto accidente resistere:[66] e fatta lor brigata, da ogni altro separati viveano, e in quelle case ricogliendosi e racchiudendosi, dove niuno infermo fosse e da viver meglio,[67] dilicatissimi cibi e ottimi vini temperatissimamente usando e ogni lussuria[68] fuggendo, senza lasciarsi parlare a alcuno[69] o volere di fuori, di morte o d'infermi, alcuna novella[70] sentire con suoni e con quegli piaceri che aver poteano si dimoravano.[71] Altri, in contraria opinion tratti,[72] affermavano il bere assai e il godere e l'andar cantando a torno e sollazzando e il sodisfare d'ogni cosa all'appetito che si potesse e di ciò che avveniva ridersi e beffarsi esser medicina certissima a tanto male: e così come il dicevano il mettevano in opera a lor potere,[73] il giorno e la notte ora a quella taverna ora a quella altra andando, bevendo senza modo e senza misura, e molto più ciò per l'altrui case faccendo, solamente che cose vi sentissero che lor venissero a grado[74] o in piacere. E ciò potevan far di leggiere,[75] per ciò che ciascun, quasi non più viver dovesse, aveva, sì come sé,[76] le sue cose messe in abandono; di

56. questo...fece: *ebbe visibilmente effetti ancora più ampi.*
57. infra: *in.*
58. presero...esperienza: *fecero una volta questa diretta esperienza.*
59. avvenendosi a essi: *imbattendosi in essi.*
60. in piccola...avvolgimento: *in breve tempo, dopo qualche convulsione.*
61. amenduni...caddero: *entrambi, sopra gli stracci sventuratamente (**male**) tirati.*
62. tiravano: *inducevano.*
63. ciò era di schifare: *cioè di evitare.*
64. salute: *salvezza.*
65. avvisavano: *erano dell'avviso.*
66. avesse...resistere: *aiutasse molto a preservarsi da tale eventualità.*
67. da viver meglio: *ci fosse di che vivere più agiatamente.*
68. lussuria: *lusso.*
69. senza...alcuno: *senza consentire ad alcuno di parlargli.*
70. novella: *notizia.*
71. si dimoravano: *vivevano.*
72. contraria...tratti: *di opposta opinione.*
73. a lor potere: *come potevano.*
74. solamente...grado: *bastava (**solamente**) che venissero a sapere che vi erano cose di loro gradimento.*
75. di leggiere: *facilmente.*
76. sì come sé: *al pari di se stesso.*

Introduzione alla Prima giornata. Manoscritto del *Decameron* di Boccaccio del XV secolo. Parigi, Bibliothèque Nationale de France.

che[77] le più delle case erano divenute comuni, e così l'usava lo straniere, pure che a esse s'avvenisse,[78] come l'avrebbe il proprio signore usate; e con tutto questo proponimento bestiale sempre gl'infermi fuggivano a lor potere.[79] E in tanta afflizione e miseria della nostra città era la reverenda auttorità delle leggi, così divine come umane, quasi caduta e dissoluta tutta[80] per li[81] ministri e essecutori di quelle, li quali, sì come gli altri uomini, erano tutti o morti o infermi o sì di famiglie rimasi stremi,[82] che uficio alcuno non potean fare; per la qual cosa era a ciascun licito quanto a grado gli era d'adoperare.[83] Molti altri servavano, tra questi due di sopra detti, una mezzana via, non strignendosi[84] nelle vivande quanto i primi né bere e nell'altre dissoluzioni allargandosi[85] quanto i secondi, ma a sofficienza secondo gli appetiti le cose usavano e senza rinchiudersi andavano a torno, portando nelle mani chi fiori, chi erbe odorifere e chi diverse maniere di spezierie,[86] quelle al naso ponendosi spesso, estimando essere ottima cosa il cerebro con cotali odori confortare,[87] con ciò fosse cosa che[88] l'aere tutto paresse dal puzzo de' morti corpi e delle infermità e delle medicine compreso[89] e puzzolente. Alcuni erano di più crudel sentimento, come che per avventura[90] più fosse sicuro, dicendo niuna altra medicina essere contro alle pistilenze migliore né così buona come il fuggir loro davanti: e da questo argomento mossi, non curando d'alcuna cosa se non di sé, assai e uomini e donne abbandonarono la propria città, le proprie case, i lor luoghi e i lor parenti e le lor cose, e cercarono l'altrui o almeno il lor contado,[91] quasi l'ira di Dio a punire le iniquità degli uomini con quella pistolenza non dove fossero procedesse, ma solamente a coloro opprimere li quali dentro alle mura della lor città si trovassero, commossa intendesse, o quasi avvisando niuna persona in quella dover rimanere e la sua ultima ora esser venuta.[92]

[157-192] Ciò non impediva che molte di queste persone, che avevano opinioni diverse su come difendersi dalla malattia, morissero. Era tale la paura della

E come che questi così variamente oppinanti[93] non morissero tutti, non per ciò tutti campavano: anzi, infermandone di ciascuna molti[94] e in ogni luogo, avendo essi stessi, quando sani erano, essemplo dato a coloro che sani rimanevano, quasi abbandonati per

77. **di che**: *perciò.*
78. **pure...s'avvenisse**: *solo che vi capitasse.*
79. **a lor potere**: *come potevano.*
80. **quasi...tutta**: *quasi del tutto decaduta e dissolta.*
81. **per li**: *a causa dei.*
82. **sì...stremi**: *a tal punto rimasti privi di dipendenti* (**famiglie**).
83. **quanto...d'adoperare**: *comportarsi come voleva.*
84. **strignendosi**: *limitandosi.*
85. **né bere...allargandosi**: *né abbandonandosi* (**allargandosi**) *al bere e agli altri eccessi.*
86. **maniere di spezierie**: *tipi di spezie.*
87. **cerebro...confortare**: *ristorare il cervello con tali odori.*
88. **con ciò...che**: *benché.*
89. **compreso**: *impregnato.*
90. **come che per avventura**: *quantunque forse.*
91. **l'altrui...contado**: *la campagna intorno ad altre città o almeno quella intorno alla propria.*
92. **quasi...venuta**: *quasi che l'ira di Dio non fosse diretta a punire le colpe degli uomini con quella pestilenza là dove essi erano ma, una volta suscitata* (**commossa**), *mirasse ad affliggere solo coloro che si trovavano entro le mura della propria città, quasi ritenendo* (**avvisando**) *che nessuna persona vi dovesse rimanere in vita che fosse giunta la sua ultima ora.*
93. **variamente oppinati**: *di diverse opinioni.*
94. **infermandone...molti**: *ammalandosene molti fra quelli che avevano diverse opinioni.*

peste che i parenti – e persino padri, madri e figli – non si aiutavano più vicendevolmente. E fra quelli che venivano accuditi da servitori interessati al guadagno c'erano anche donne che non si curavano di mostrare ogni loro parte del corpo agli uomini che le accudivano. Ne derivò dunque un peggioramento generale dei costumi.

tutto languieno.[95] E lasciamo stare che l'uno cittadino l'altro schifasse e quasi niuno vicino avesse dell'altro cura e i parenti insieme rade volte e non mai si visitassero e di lontano: era con sì fatto spavento questa tribulazione entrata ne' petti degli uomini e delle donne, che l'un fratello l'altro abbandonava e il zio il nepote e la sorella il fratello e spesse volte la donna il suo marito; e, che maggior cosa è e quasi non credibile, li padri e le madri i figliuoli, quasi loro non fossero, di visitare e di servire schifavano.[96] Per la qual cosa a coloro, de' quali era la moltitudine inestimabile,[97] e maschi e femine, che infermavano, niuno altro subsidio rimase che o la carità degli amici (e di questi fur pochi) o l'avarizia de' serventi,[98] li quali da grossi salari e sconvenevoli tratti servieno,[99] quantunque per tutto ciò molti non fossero divenuti: e quegli cotanti erano uomini o femine di grosso ingegno,[100] e i più di tali servigi non usati,[101] li quali quasi di niuna altra cosa servieno che di porgere alcune cose dagl'infermi adomandate o di riguardare quando morieno;[102] e servendo in tal servigio sé molte volte col guadagno perdeano. E da questo essere abbandonati gl'infermi da' vicini, da' parenti e dagli amici e avere scarsità di serventi, discorse[103] uno uso quasi davanti mai non udito: che niuna, quantunque non leggiadra o bella o gentil[104] donna fosse, infermando non curava d'avere a' suoi servigi uomo, qual che egli si fosse o giovane o altro e a lui senza alcuna vergogna ogni parte del corpo aprire[105] non altramenti che a una femina avrebbe fatto, solo che la necessità della sua infermità il richiedesse; il che in quelle che ne guerirono fu forse di minore onestà, nel tempo che succedette, cagione.[106] E oltre a questo ne seguio la morte di molti che per avventura, se stati fossero atati, campati sarieno;[107] di che, tra per lo difetto degli oportuni servigi,[108] li quali gl'infermi aver non poteano, e per la forza della pistolenza, era tanta nella città la moltitudine di quegli che di dì e di notte morieno, che uno stupore era a udir dire, non che a riguardarlo. Per che, quasi di necessità, cose contrarie a' primi costumi de' cittadini nacquero tra coloro li quali rimanean vivi. [...]

[193-230] E così come in città ci si ammalava, si moriva e si imbarbarivano i costumi, ciò avveniva anche nelle campagne, dove raccolti e animali erano in

E acciò che dietro a ogni particularità le nostre passate miserie per la città avvenute più ricercando non vada, dico che così inimico tempo correndo per quella, non per ciò meno d'alcuna cosa risparmiò il circustante contado.[109] Nel quale, lasciando star le castella,

95. languieno: *languivano.*
96. schifavano: *rifuggivano.*
97. de' quali...inestimabile: *la cui quantità era inestimabile.*
98. l'avarizia de' serventi: *la cupidigia dei servitori.*
99. da...servieno: *servivano attratti da salari alti e sproporzionati.*
100. grosso ingegno: *rozza mentalità.*
101. non usati: *non esperti.*
102. riguardare...morieno: *guardarli morire, senza poter fare nulla.*
103. discorse: *si diffuse.*
104. gentil: *moralmente virtuosa.*
105. aprire: *mostrare.*
106. fu...cagione: *fu forse causa, nel tempo che seguì* (**succedette**), *di minore onestà.*
107. seguio...sarieno: *seguì la morte di molti che forse* (**per avventura**) *sarebbero sopravvissuti se fossero stati aiutati* (**atati**).
108. di che...servigi: *di conseguenza, in parte* (**tra per**) *la mancanza* (**difetto**) *della necessaria assistenza.*

stato di totale abbandono. Ma tornando alla città, si conta che oltre centomila persone siano morte dentro le mura della città di Firenze.

che simili erano nella loro piccolezza alla città, per le sparte ville[110] e per il campi i lavoratori miseri e poveri e le loro famiglie, senza alcuna fatica di medico o aiuto di servidore, per le vie e per li loro colti[111] e per le case, di dì e di notte indifferentemente, non come uomini ma quasi come bestie morieno; per la qual cosa essi, così nelli loro costumi come i cittadini divenuti lascivi,[112] di niuna lor cosa o faccenda curavano: anzi tutti, quasi quel giorno nel quale si vedevano esser venuti[113] la morte aspettassero, non d'aiutare i futuri frutti delle bestie e delle terre e delle loro passate fatiche ma di consumare quegli che si trovavano presenti si sforzavano con ogni ingegno. Per che adivenne[114] i buoi, gli asini, le pecore, le capre, i porci, i polli e i cani medesimi fedelissimi agli uomini, fuori delle proprie case cacciati, per li campi, dove ancora le biade abbandonate erano, senza essere non che raccolte ma pur segate,[115] come meglio piaceva loro se n'andavano; e molti, quasi come razionali,[116] poi che pasciuti erano bene il giorno, la notte alle lor case senza alcuno correggimento[117] di pastore si tornavano satolli.

Che più si può dire, lasciando stare il contado e alla città ritornando, se non che tanta e tal fu la crudeltà del cielo, e forse in parte quella degli uomini, che infra 'l marzo e il prossimo luglio vegnente, tra la forza della pestifera infermità e per l'esser molti infermi mal serviti[118] abbandonati ne' lor bisogni per la paura ch'aveono i sani, oltre a centomila creature umane si crede per certo dentro alle mura della città di Firenze essere stati di vita tolti, che forse, anzi l'accidente mortifero,[119] non si saria estimato tanti avervene dentro avuti? O quanti gran palagi, quante belle case, quanti nobili abituri[120] per adietro di famiglie pieni, di signori e di donne, infino al menomo fante[121] rimaser voti! O quante memorabili schiatte,[122] quante ampissime eredità, quante famose ricchezze si videro senza successor debito[123] rimanere! Quanti valorosi uomini, quante belle donne, quanti leggiadri giovani, li quali non che altri, ma Galieno, Ipocrate o Esculapio[124] avrieno giudicati sanissimi, la mattina desinarono co' lor parenti, compagni e amici, che poi la sera vegnente appresso nell'altro mondo cenaron con li lor passati.[125]

G. Boccaccio, *Decameron*, a cura di V. Branca, cit.

109. dico...contado: *sostengo che mentre correvano per quella* (la città) *tempi così infausti* (**così inimico tempo**), *non per questo la peste risparmiò in qualche cosa il contado circostante.*
110. sparte ville: *casolari isolati.*
111. colti: *campi coltivati.*
112. lascivi: *trascurati.*
113. quasi...venuti: *quasi che in quel giorno al quale erano giunti.*
114. Per che adivenne: *Per tal motivo accadde che.*
115. non che...segate: *non solo raccolte, ma neppure mietute.*
116. razionali: *dotati di ragione.*
117. correggimento: *guida.*
118. infermi mal serviti: *ammalati male assistiti.*
119. anzi l'accidente mortifero: *prima della luttuosa epidemia.*
120. abituri: *residenze.*
121. menomo fante: *più umile servitore.*
122. memorabili schiatte: *famiglie illustri.*
123. debito: *legale.*
124. Galieno...Esculapio: famosi medici greci, considerati fondatori della medicina.
125. con li lor passati: *con i parenti morti prima di loro.*

l'*incipit* e l'opera

Un doppio inizio

Alcune opere presentano un doppio inizio. Si pensi ai *Promessi sposi* di Manzoni: l'*incipit* è il brano dell'Anonimo secentesco riportato dall'autore per dare al lettore l'idea che la storia raccontata è tratta da un manoscritto ritrovato casualmente oppure la celebre descrizione del lago di Como che apre il primo capitolo? A volte l'autore si serve di un modo duplice di introdurre la propria opera, uno sulla soglia esterna di essa e l'altro su quella interna. Spesso uno è più teorico e astratto, mentre l'altro è più narrativo e concreto.

È così anche con il *Decameron*. Da un lato, sulla soglia esterna, abbiamo il Proemio contenente la dedica dell'opera alle donne, dall'altro, su quella interna, l'Introduzione alla Prima giornata, contenente l'antefatto narrativo delle vicende che si svolgono nella cornice e che hanno come protagonisti i dieci novellatori. Tale antefatto è costituito dalla peste che colpisce Firenze e induce i dieci giovani a cercare rifugio in campagna e poi a passare il tempo raccontandosi cento novelle. Anche in questo caso, dunque, abbiamo sia un *incipit* teorico e astratto, in cui l'autore ci comunica alcune sue scelte importanti (quali sono i suoi destinatari, quale lo stile che vuole usare, quali gli scopi che si propone), sia un *incipit* narrativo e realistico (la rappresentazione della peste a Firenze e delle cause che spingono i giovani ad abbandonare la città). Il primo fa parte della supercornice, in cui protagonista è l'autore stesso che illustra al lettore il suo programma; il secondo della cornice, in cui protagonisti sono i dieci novellatori.

Sopra abbiamo riportato appunto questo doppio inizio del *Decameron*. Ne deriva una doppia prospettiva che pone in luce due livelli fondamentali dell'opera: quello teorico e programmatico e quello narrativo e descrittivo, esposto uno in un linguaggio più complesso e difficile, ispirato alla sintassi latina e alla lezione dei classici, l'altro in uno più realistico, anche se tendente a mostrare gli aspetti straordinari della epidemia del 1348.

La complessità della scrittura del Proemio

Lo stile del Proemio è caratterizzato da un periodare complesso. Esso risente dello studio della retorica classica di Quintiliano e di Cicerone, attraverso cui Boccaccio contamina gli elementi della retorica medievale. Questa influenza classica è più marcata là dove la materia, come nel Proemio, è più astratta e cerebrale. Non mancano tuttavia nel *Decameron* altri luoghi in cui la prosa risulta più agile, mimetica, più vicina al parlato e al colloquiale: è questo il caso delle novelle d'azione e di beffa in cui il linguaggio tende a divenire più basso, immediato e realistico anche attraverso il ricorso, in certi casi, a forme gergali e dialettali.

Le donne come interlocutrici

Nel Proemio, con cui si apre il *Decameron,* Boccaccio, in modo esplicito, chiama in causa le donne come destinatarie culturali privilegiate dell'opera e come coloro che maggiormente possono trarne vantaggio e diletto. Alle donne per la prima volta viene assegnato in modo esplicito il ruolo e il valore di lettrici di riguardo nel campo della letteratura e in particolare della novellistica. Così, grazie a Boccaccio, le donne entrano a far parte, in modo specifico e dichiarato, del destinatario di un'opera letteraria e in particolare di un'opera che ha come argomento ricorrente l'amore e la sessualità. Ciò ha certamente rappresentato un fatto innovativo, ai limiti dello scandalo, in un'epoca notoriamente votata alla sostanziale misoginia, che d'altronde non manca di manifestarsi successivamente anche in un'opera importante di Boccaccio, il *Corbaccio*.

La novella e la letteratura di consumo

Boccaccio annuncia che, per dilettare e per consolare le donne, afflitte più degli uomini dalla noia e dalle pene d'amore, intende «raccontare cento novelle, o favole o parabole o istorie che dire le vogliamo». Questo ricorso alla novella quale strumento di intrattenimento ameno è tipico di un'epoca in cui si assiste ad un allargamento del pubblico dei lettori fra i settori del ceto borghese colto e finanziario e anche fra le donne, che in genere conoscevano solo il volgare: il latino infatti era la lingua degli ambiti giuridici, preclusi alla categoria femminile. La laicizzazione della società e della letteratura, a cui si assiste nel Trecento, va di pari passo con la democratizzazione della cultura. L'opera d'arte e la narrativa si aprono verso nuovi spazi e nuovi temi, rispondendo a esigenze di consumo più ampio e di intrattenimento. Esse si svincolano progressivamente dal campo della morale tradizionale e della teologia e ai motivi edificanti della scrittura e della lettura si vanno sostituendo quelli del puro diletto. Nell'ambito della sua produzione narrativa Boccaccio riserva alla novella uno spazio e un ruolo speciale. Liberata dal carattere religioso tipico dell'*exemplum* medievale, nel *Decameron* la novella acquista la forma della narrazione aperta, rivolta alla vita nella sua dimensione laica e terrena. Di questo carattere fortemente innovativo delle sue novelle ha consapevolezza Boccaccio stesso, che nel Proemio presenta e annuncia tali novità.

Materia amorosa e realistica, "stile mezzano" e letteratura di consumo

Boccaccio con il *Decameron*, oltre che alle donne, pensa anche ad un pubblico ideale più ampio. Il ricorso a uno "stile mezzano" tipico della materia amorosa e realistica – e diverso da quello alto e tragico ma anche da quello basso ed "elegiaco" – doveva infatti favorire una letteratura di facile consumo non solo fra le donne della borghesia, che avevano molto tempo da dedicare alla lettura, ma anche fra gli uomini di quella stessa classe sociale, dediti al commercio e ai frequenti viaggi. D'altronde, Boccaccio conosceva bene la vita dei mercanti, degli affari e dei commerci, visto che il padre era uno dei soci della banca dei Bardi di Firenze. La larga diffusione dell'opera in questi settori della società è d'altronde attestata dai numerosi codici manoscritti rimastici, i cui possessori hanno lasciato sovente, ai margini, tracce di conti, di fitti, di prestiti e di annotazioni in scrittura "mercantesca" (scrittura tipicamente italiana dai caratteri tondeggianti e usata dai mercanti).

L'evocazione di un dio pagano al fianco del Dio cristiano

Boccaccio, a conclusione del Proemio, anticipa il contenuto di argomento erotico delle sue novelle («piacevoli e aspri casi d'amore e altri fortunati avvenimenti»). Queste ultime avranno lo scopo di procurare alle donne «diletto delle sollazzevoli cose in quelle [novelle] mostrate»; avranno inoltre il compito di dare «utile consiglio» rispetto a quanto le donne devono «fuggire», ossia evitare, e rispetto a quanto devono «seguitare», ossia perseguire, nelle loro esperienze personali, per trovare sollievo agli affanni d'amore. È a questo punto che Boccaccio chiama in causa l'intervento del «dio celeste» della tradizione cristiana e del dio Amore della tradizione classica e mitologica. Ad entrambi sono attribuite prerogative forti, attestate dai due verbi "volere" e "potere". Al "volere" del Dio celeste è subordinato il superamento degli affanni d'amore da parte delle donne. Ma è il dio pagano, Amore, che concede allo scrittore il «potere» di sollevare quelle stesse donne dalle pene d'amore, procurando loro piacere («Il che se avviene [di superare gli affanni], che voglia Idio che così sia, a Amore ne rendano grazie, il quale liberandomi da' suoi legami m'ha conceduto il potere attendere a' lor piaceri»). A veder bene, il Dio della tradizione cristiana è evocato da Boccaccio non per condannare la passione terrena e sensuale dell'amore (non è dunque un Dio che giudica), ma per aiutare le donne perché si liberino non dell'amore, ma dall'affanno d'amore. L'amore nel *Decameron* è un bene e un valore in sé, perché risponde a una esigenza della natura, e dunque prescinde non solo dai valori attribuitigli dalla tradizione cristiana, ma anche da quelli della tradizione cortese e stilnovistica. La natura, l'istinto, il piacere vengono rivalutati; e in questo ambito è all'Amore (Eros) della tradizione mitologica che Boccaccio sembra riconoscere una funzione autonoma e un autonomo "potere".

L'antefatto narrativo: l'Introduzione alla Prima giornata

Nell'Introduzione alla Prima giornata, che è appunto il secondo, più narrativo inizio del *Decameron*, Boccaccio, dopo essersi rivolto alle donne destinatarie dell'opera, fa una lunga descrizione della peste di Firenze del 1348 e delle circostanze che portano dieci giovani – narratori immaginari delle novelle – a ritirarsi in un luogo ameno vicino alla città per raccontare storie e per svagarsi.

Lo spettacolo di sfacelo e di disgregazione di ogni tessuto sociale e morale a cui la peste ha ridotto Firenze appare funzionale, nella costruzione narrativa e ideale di Boccaccio, alla dimostrazione dell'«onestà» della brigata giovanile che si sforza, invece, fuggendo tale desolazione, di restare fedele a un suo ideale di decoro e di ragionevolezza.

I giovani protagonisti del *Decameron* in un dipinto di John William Waterhouse, 1916. Liverpool, Lady Lever Art Gallery.

Dal caos alla forma

Nell'Introduzione alla Prima giornata si assiste dunque a un rovesciamento, sia dal punto di vista del contenuto, sia dal punto di vista della forma: si passa infatti dalla rappresentazione della negatività di Firenze e della peste, nella parte centrale dell'Introduzione qui riportata, alla positività del luogo ameno di campagna e del vivere sereno dei dieci giovani, nella parte conclusiva. Allo stesso modo, al caos e al venir meno della "forma" e della "struttura" sociale e morale, nella Firenze afflitta dalla peste, vengono contrapposte la "forma" e la "struttura" organizzativa e narrativa che i giovani si danno nel luogo ameno di campagna. Tale struttura è anche alla base dell'impianto architettonico e narrativo del *Decameron* stesso (cfr. **S1**, p. 391).

La descrizione della peste di Firenze

La descrizione che Boccaccio fa della peste a Firenze del 1348 risente dell'influenza di un'analoga rappresentazione contenuta nella *Historia Langobardorum* [Storia dei Longobardi] di Paolo Diacono, in cui si parla della epidemia che colpì l'Italia nel VI secolo. In Boccaccio c'è una osservazione realistica e puntigliosa dei comportamenti e dei costumi della società fiorentina colpita dall'epidemia. Si colgono, in questa descrizione, una curiosità e un'attenzione verso gli infiniti aspetti che, in quella dimensione di malattia e di morte, l'umanità rivela e verso la disgregazione di ogni tessuto sociale e morale che si manifesta. Manca però in Boccaccio, o vi è in modo molto attenuato, ogni considerazione o intento moralistico. Nel riferirsi alle possibili cause del dilagare del morbo, Boccaccio fa un accenno, fra gli altri, anche alla eventuale punizione divina per i peccati degli uomini. A differenza però di certi cronisti dell'epoca, fra cui Matteo Villani, che insistono sulla concezione religiosa tradizionale per la spiegazione della peste, in Boccaccio prevale l'attenzione ai problemi pratici e concreti di una situazione terribile che ha conosciuto personalmente e che gli ha sottratto, oltre al padre e alla matrigna, anche molti amici.

per studiare

1 **Nell'*incipit* del *Decameron* Boccaccio disegna il ritratto della condizione femminile nel suo tempo e nella sua città. Rintraccia nel passo del Proemio riportato qui di seguito**

A le parole e le espressioni che alludono alla situazione oggettiva di "chiusura" delle donne nell'ambito familiare

B le parole e le espressioni che indicano la situazione psicologica delle donne

> E chi negherà questo [*conforto alle pene d'amore*], quantunque egli si sia, non molto più alle vaghe donne che agli uomini convenirsi donare? Esse dentro a' dilicati petti, temendo e vergognando, tengono l'amorose fiamme nascose, le quali quanto più di forza abbian che le palesi coloro il sanno che l'hanno provate e oltre a ciò, ristrette da' voleri, da' piaceri, da' comandamenti de' padri, delle madri, de' fratelli e de' mariti, il più del tempo nel piccolo circuito delle loro camere racchiuse dimorano e quasi oziose sedendosi, volendo e non volendo in una medesima ora, seco rivolgendo diversi pensieri, li quali non è possibile che sempre sieno allegri. (righi 1-10)

l'incipit

2 Riassumi adesso in un breve enunciato la condizione femminile evidenziata da Boccaccio.

3 A contrasto con la condizione femminile, Boccaccio ritrae quella degli uomini (righi 15-22). Quale differenza rileva Boccaccio tra gli uomini e le donne nel gestire la sofferenza d'amore?

4 Boccaccio destina la sua opera

- a alle donne afflitte dalle pene d'amore
- b a tutte le donne in generale
- c al pubblico misto della città
- d ai mercanti fiorentini

5 Qui di seguito hai le definizioni di quattro generi di narrazioni secondo la nomenclatura che usiamo oggi. Collegali correttamente.

fiaba	una narrazione che ha per protagonisti degli animali, concepiti come tipi fissi, ai quali vengono assegnate caratteristiche umane
romanzo	una narrazione breve di un fatto immaginario o reale o storico che ha l'intento di intrattenere i destinatari
novella	narrazione tramandata oralmente per secoli, oggetto di studio degli antropologi in quanto rappresenta la voce delle culture che ci hanno preceduto
favola	una narrazione generalmente in prosa, estesa e varia nella struttura, delle vicende di uno o di più personaggi, inserite in un ambiente definito

6 Boccaccio, dal canto suo, definisce le sue narrazioni con un termine preciso? Rintraccia la risposta nel testo e trascrivila qui di seguito.

7 *«Nelle quali novelle piacevoli e aspri casi d'amore e altri fortunati avvenimenti si vederanno così ne' moderni tempi avvenuti come negli antichi; delle quali le già dette donne, che queste leggeranno, parimente diletto delle sollazzevoli cose in quelle mostrate e utile consiglio potranno pigliare, in quanto potranno cognoscere quello che sia da fuggire e che sia similmente da seguitare le quali cose senza passamento di noia non credo che possano intervenire».*

Trova nel passo citato le definizioni dei punti fondamentali del *Decameron*.

L'argomento è ....

I destinatari sono ....

Il diletto consiste ....

L'utile consiste ....

8 Il racconto della peste ha la funzione di (scegli le tre risposte corrette)

- a indirizzare i lettori a comportarsi secondo i dettami religiosi onde evitare il castigo divino
- b collocare il racconto delle novelle in un determinato contesto storico
- c creare un contrasto tra la negatività di Firenze durante la peste e il luogo ameno in cui si rifugiano i giovani novellatori
- d creare un contrasto tra il caos di Firenze e l'ordine narrativo del *Decameron*

9 Boccaccio racconta la peste in base ad esperienza diretta oppure riferisce ciò cha ha sentito dire? Individua nel testo i righi che rispondono alla domanda.

Il *Decameron* in breve: composizione e struttura

Composizione Boccaccio compone il *Decameron* nel periodo successivo alla peste di Firenze. Si tratta degli anni che vanno dal 1349 al 1351 (ma alcuni studiosi parlano anche del 1353 come data di conclusione della scrittura). Alcune novelle erano certamente già state composte in precedenza e circolavano manoscritte, visto che nella Introduzione alla Quarta giornata Boccaccio si difende dalle accuse di chi le aveva già lette.

Il titolo Il titolo, *Decameron*, significa 'dieci giornate' (viene dal greco *hemerôn*, genitivo plurale di *heméra*, che significa 'giorno') ed è probabilmente modellato sul titolo di un trattato di sant'Ambrogio *Hexaemeron* (i "sei giorni" della creazione del mondo). Nel *Decameron*, le "dieci giornate" sono quelle in cui sono distribuite le cento novelle di cui è composta l'opera (cfr. **S1**).

Il Proemio Il *Decameron* si apre con il Proemio, seguito dalla Introduzione alla Prima giornata (cfr. ***l'incipit***). Nel *Proemio* Boccaccio prende direttamente la parola per la presentazione dell'opera e per la sua dedica al pubblico delle lettrici, a cui si rivolge in modo esplicito, così come fa ancora nell'Introduzione alla Quarta giornata e nelle Conclusioni dell'autore.

L'Introduzione alla Prima giornata La vicenda narrativa del *Decameron* comincia subito a delinearsi nella Introduzione alla Prima giornata e si sviluppa attraverso la storia di dieci giovani fiorentini, che, mentre a Firenze infuria la peste, si ritirano tutti insieme fuori dalla città con lo

S1 INFORMAZIONI E APPROFONDIMENTI

La struttura del *Decameron*

			TEMA
PRIMA GIORNATA	MERCOLEDÌ	Regina Pampinea	libero
SECONDA GIORNATA	GIOVEDÌ	Regina Filomena	*Il potere della fortuna, con avventure a lieto fine* («Si ragiona di chi, da diverse cose infestato, sia oltre alla sua speranza riuscito a lieto fine»)
TERZA GIORNATA	DOMENICA	Regina Neifile	*Il potere dell'ingegno o dell'«industria»* («Si ragiona di chi alcuna cosa molto da lui desiderata con industria acquistasse o la perduta ricoverasse»)
QUARTA GIORNATA	LUNEDÌ	Re Filostrato	*Amori infelici* («Si ragiona di coloro li cui amori ebbero infelice fine»)
QUINTA GIORNATA	MARTEDÌ	Regina Fiammetta	*Amori felici* («Si ragiona di ciò che a alcuno amante, dopo alcuni fieri e sventurati accidenti, felicemente avvenisse»)
SESTA GIORNATA	MERCOLEDÌ	Regina Elissa	*L'efficacia dei motti di spirito o delle argute risposte* («Si ragiona di chi con alcun leggiadro motto, tentato, si riscotesse, o con pronta risposta o avvedimento fuggì perdita o pericolo o scorno»)
SETTIMA GIORNATA	GIOVEDÌ	Re Dioneo	*Beffe ai mariti* («Si ragiona delle beffe, le quali o per amore o per salvamento di loro le donne hanno già fatto a' suoi mariti, senza esserne avveduti o sì»)
OTTAVA GIORNATA	DOMENICA	Regina Lauretta	*Altre beffe* («Si ragiona di quelle beffe che tutto il giorno o donna a uomo o uomo a donna o l'uno uomo all'altro si fanno»).
NONA GIORNATA	LUNEDÌ	Regina Emilia	libero
DECIMA GIORNATA	MARTEDÌ	Re Panfilo	*Esempi di liberalità e di magnificenza* («Si ragiona di chi liberamente o vero magnificamente alcune cose operasse intorno a' fatti d'onore o d'altra cosa»)

M. IMPLICITI
• LETT. PARTE INTEGRANTE DELLA SOC

scopo di dedicarsi allo svago e alla narrazione e con l'intento di perseguire un ordine ideale di razionalità, di decoro e di onestà dei costumi, da contrapporre al degrado cittadino. La storia dei giovani narratori, esposta nelle Introduzioni alle varie giornate del *Decameron*, si intreccia e si alterna con quella delle novelle che essi stessi raccontano.

Le dieci giornate Nella struttura del *Decameron*, le "giornate" sono i giorni che i giovani dedicano al "novellare" a turno secondo regole e temi che i novellatori stessi precedentemente si sono dati. Ogni giornata contiene dunque dieci novelle ispirate al tema stabilito ogni volta dai narratori la sera prima. Sono a tema libero la Prima giornata (poiché il giorno precedente i giovani non avevano potuto scegliere l'argomento) e la Nona giornata (voluta a tema libero dalla regina della giornata: Emilia).

I dieci novellatori Nell'Introduzione alla Prima giornata (ogni giornata, così come ogni novella, ha una introduzione o "rubrica", in cui se ne sintetizza il tema; cfr. **S2**) si raccontano i particolari dell'incontro casuale di sette fanciulle nella Chiesa di Santa Maria Novella a Firenze, dove di lì a poco sopraggiungono tre giovani uomini che alcune delle ragazze conoscono. I dieci, i cui nomi evocano talora protagonisti delle opere giovanili di Boccaccio, sono giovani fra i diciotto e i ventotto anni. Pampinea, la più saggia e matura, propone agli altri di recarsi per qualche giorno fuori della città per trascorrere il tempo passeggiando, cantando e raccontando novelle. In tutto, i giovani stanno fuori Firenze quattordici giorni (due settimane) dedicandone dieci alla narrazione di storie e astenendosi il venerdì (giorno sacro della passione di Cristo) e il sabato (dedicato all'igiene e al riposo).

La regola... La compagnia decide di eleggere ogni giorno un re o una regina che organizzi la giornata successiva e stabilisca l'argomento su cui il giorno seguente tutti a turno devono novellare. Alla fine di ogni giornata inoltre uno dei novellieri canta una canzone.

... e le eccezioni Alle regole seguono nel *Decameron* alcune eccezioni. Come abbiamo visto, due giornate non rispondono infatti alla regola del tema prestabilito e unitario. Inoltre un novellatore, Dioneo, otterrà di non attenersi all'argomento scelto e di parlare sempre per ultimo, uscendo così dalla regola della casualità con cui prendono la parola gli altri novellatori per esporre ogni volta le loro novelle.

I tre livelli della struttura In conclusione, l'impalcatura generale del *Decameron* mostra una struttura a tre livelli. Il primo livello è quello della "super-cornice" in cui l'autore si riserva uno spazio esclusivo per sé e in cui prende la parola direttamente rivolgendosi alle donne e facendo un'autodifesa rispetto alle accuse mossegli da alcuni lettori. Ciò avviene nel Proemio, nell'Introduzione alla Prima giornata (cfr. ***l'incipit***), nell'Introduzione alla Quarta giornata e nelle Conclusioni finali.

S2 PAROLE CHIAVE

Il termine "rubrica"

Le dieci giornate che compongono il *Decameron* sono precedute e introdotte da brevi riassunti detti "rubriche".
Il termine "rubrica", attestato in italiano a partire dal XIV secolo, viene dal latino *rubrica* (derivato da *ruber* = rosso) che significa sia 'terra rossa' (usata nella ceramica primitiva per dare il rosso alla creta) sia 'titolo della legge' (che veniva scritto in rosso, per evidenziarlo). Dal secondo significato deriva l'uso medievale di "rubrica", che nei testi giuridici dell'epoca indica il titolo della legge (e quindi la sua sintesi) e le segnature e i richiami in genere presenti in un testo; nei codici manoscritti indica i titoli, i sommari o le lettere iniziali (per lo più scritti in rosso); nei libri divisi in capitoli, come il *Decameron*, la "rubrica" indica la sintesi del contenuto dei singoli capitoli a essi premessa. A partire dal XIX secolo, il significato di "rubrica" si allarga a indicare un quaderno o un registro con l'indice alfabetico posto a scaletta sul margine esterno del foglio (per esempio, la "rubrica" telefonica) o, per influenza del francese *rubrique*, le sezioni a carattere continuativo e con argomento fisso di giornali e riviste (e oggi anche di programmi televisivi e radiofonici: la "rubrica" letteraria, sportiva, della posta, ecc.).
La voce "rubrica" ha origine nella lingua letteraria più che in quella parlata, e da questo fatto deriva l'incertezza dell'accento ("rubrìca" o "rùbrica").

I TEMI
• LA FORTUNA → È UNA FORZA AUTONOMA CHE DETERMINA L'INTRECCIO E PUÒ ESSERE COMBATTUTA DALL'INDUSTRIA CHE È L'INTRAPRENDENZA MERCANTILE MA NON BASTA CONTRO LA FORTUNA QUINDI È COMBATTUTA ANCHE • DALL'AMORE CHE PUÒ ESSERE LIETO O INFELICE E DIVENTA UN ARCHETIPO LETTERARIO. POI C'È ANCHE • LA PAROLA CHE È UN'ARMA PER SFUGGIRE AL DESTINO ED È UN'APPLICAZIONE PRATICA DELL'INDUSTRIA, LA PAROLA POI È FONDAMENTALE PER • L'INGANNO CHE È IL FRUTTO DELLA CREATIVITÀ UMANA. • L'ONORE POI È L'ESALTAZIONE DEI VALORI CORTESI. CI SONO MOLTI NARRATORI E SI PUÒ VEDERE LA REALTÀ DA PIÙ PUNTI DI VISTA. POI C'È UN PLURISTILISMO CHE QUINDI IN BASE AL PERSONAGGIO PARLA DIVERSO. HA UNA LINGUA FIORENTINA IN CUI SI INTRAVEDE IL LATINO E UN PO' DI LINGUA D'OC E INFLUSSI DI ALTRI VOLGARI.

Il secondo livello è quello del … i novellatori e l'argomento è dato dalle loro … conti, secondo una tradizione araba e orient… rappresenta inoltre l'atmosfera in cui le novel… on la disgregazione dei costumi che essa pro… i ordine e di gentilezza, della brigata giovanil…

Il terzo livello è rappresentat… ggi delle novelle raccontate dai dieci giovani…

per fare il punto | autov…

Verifica la correttezza delle tue risposte sulla base dei paragrafi, dei testi o delle schede indicati a corredo di ciascuna domanda.

1 Riepiloga i numeri relativi al *Decameron*: completa le frasi scegliendo il numero giusto fra le due opzioni indicate.

Il *Decameron* è ambientato nell'anno *1313/1348*. È diviso in *10/100* capitoli, ognuno coincidente con una giornata. Ogni giornata contiene *10/15* novelle. I novellatori raccontano in tutto *100/101* novelle. I dieci giovani della brigata (*7/3* uomini e *3/7* donne) si allontanano da Firenze per *14/20* giorni, durante i quali soggiornano in *4/2* palazzi dedicandosi ad onesti divertimenti, tra i quali il raccontare novelle a turno.

2 Traccia l'identikit dell'opera scegliendo di volta in volta l'opzione corretta.

a. il titolo *Decameron* deriva
- [a] dal greco
- [b] dal dialetto fiorentino

b. il *Decameron* è scritto
- [a] in latino
- [b] in volgare

c. è caratterizzato da
- [a] monolinguismo e monostilismo
- [b] plurilinguismo e pluristilismo

d. si propone
- [a] di intrattenere i lettori
- [b] di allontanare i vizi

e. il tema delle novelle in ciascuna giornata
- [a] è predefinito
- [b] è libero

f. la brigata dei giovani si allontana da Firenze
- [a] per evitare il contagio della peste
- [b] per salvaguardare l'onestà dei costumi

g. riguardo all'ingegno, Boccaccio mostra
- [a] una considerazione positiva
- [b] scarsa considerazione

h. nel *Decameron* Boccaccio mostra verso le donne un atteggiamento
- [a] favorevole (filoginìa)
- [b] ostile (misoginìa)

3 Collega correttamente

Cornice del *Decameron*	sintesi della vicenda della novella. Boccaccio la premette a ciascun racconto
Rubrica del *Decameron*	parte di inquadramento generale delle novelle. Si parla della peste e della vita dell'allegra brigata
Proemio del *Decameron*	Boccaccio descrive la peste di Firenze del 1348 e presenta l'allegra brigata
Introduzione alla Prima giornata	Boccaccio spiega per quali motivi ha composto l'opera

Il *Decameron*

PERCORSI NELL'OPERA 1

L'amore e la donna

Le tappe di questo percorso

Il *Decameron* segna una svolta nel modo di concepire l'amore. Esso è inteso come forza naturale dell'eros che non esclude la dimensione della sessualità come valore positivo: si vedano in questo senso la novella dell'usignolo (**T5**), e anche, nell'Introduzione alla Quarta giornata, la novella delle papere (cfr. **T4**, p. 373). Governato dalla ragione e dall'onestà, l'eros è motivo di equilibrio e di civiltà di cui si fanno per la prima volta interpreti consapevoli le donne. La donna non è solo oggetto, ma anche soggetto del desiderio; non solo agisce, ma parla per difendere i propri diritti e per soddisfare i propri desideri e i propri istinti naturali. È questo il caso della protagonista della novella di Madonna Filippa (**T6**, p. 401) o della novella di Tancredi e Ghismunda (**T7**, p. 410). E anche quando la prepotenza maschile, la morale o la società impongono la rinuncia all'amore e ai propri desideri, la donna, nel *Decameron*, non sempre accetta queste imposizioni, anche a costo della vita: oltre a Ghismunda, si veda a questo proposito Ellisabetta da Messina. La novella di Ellisabetta da Messina (**T14**, p. 479) è riportata più avanti nel **PERCORSO 5** ***Camilleri traduce per noi Boccaccio*** (p. 478).

TESTI

T5 La novella dell'usignolo
Decameron, V, 4

T6 La donna della legge (Madonna Filippa)
Decameron, VI, 7 (traduzione di Aldo Busi)

T7 Tancredi e Ghismunda
Decameron, IV, 1

T5

La novella dell'usignolo

Decameron, V, 4

concetti-chiave

- l'importanza degli istinti
- la rappresentazione del corpo nudo
- il buon senso borghese

Questa novella fa parte della Quinta giornata, dedicata agli "Amori felici", *ed è raccontata da Filostrato (questo è il nome anche di un altro personaggio di Boccaccio, protagonista dell'opera omonima scritta nel periodo della giovinezza napoletana: cfr.* **§ 1**). *Il tema è quello dell'eros adolescenziale, caratterizzato da una sensualità ingenua e delicata e comunicato da immagini (quella dell'usignolo) che diventano metafore erotiche di un richiamo (quello dell'amore) a cui la natura non può sottrarsi. È l'eros innocente di una giovanetta innamorata, Caterina, la quale con la scusa del caldo eccessivo che le impedisce di notte di prendere sonno, chiede di poter dormire su un balconcino da cui potrebbe anche udire «cantar l'usignolo»: il riferimento metaforico è all'atto sessuale con il giovanetto di cui è innamorata. Ottenuto il consenso dal padre, bravo borghese e persona savia, che a sua volta si lascia convincere dalle parole della moglie, la giovane incontra sul balconcino il proprio amato e con lui soddisfa i piaceri dei sensi. Quando la mattina il padre scopre i due giovani addormentati, nudi e abbracciati, anziché punirli o rimproverarli, sdrammatizza la situazione con il ricorso all'ironia. Senza condannare la passione dei due giovani, cerca una soluzione che concili quest'ultima con le convenienze sociali ed economiche della famiglia. Il matrimonio sarà il giusto esito, dal momento che il giovane innamorato è pure un buon partito.*

LINGUA: italiano **DATAZIONE:** 1349-1350 ca.

RICCIARDO MANARDI[1] È TROVATO DA MESSER LIZIO DA VALBONA[2] CON LA FIGLIUOLA, LA QUALE EGLI SPOSA E COL PADRE DI LEI RIMANE IN BUONA PACE.

[1-9] Avendo finito Elissa di raccontare la propria novella, prende la parola Filostrato annunciando che, per rimediare al fastidio che in precedenza ha procurato con le sue novelle di argomento doloroso e triste, narrerà una storia d'amore caratterizzata dalla presenza di piccole paure, da vergogna e dal lieto fine.

Tacendosi Elissa,[3] le lode ascoltando dalle sue compagne date alla sua novella, impose la reina[4] a Filostrato che alcuna ne dicesse egli; il quale ridendo incominciò:

– Io sono stato da tante di voi tante volte morso[5] perché io materia da crudeli ragionamenti e da farvi piagner v'imposi,[6] che a me pare, a volere alquanto questa noia ristorare,[7] esser tenuto di dover dire alcuna cosa per la quale io alquanto vi faccia ridere; e per ciò uno amore, non da altra noia che di sospiri e d'una brieve paura con vergogna mescolata a lieto fin pervenuto, in una novelletta assai piccola intendo di raccontarvi.

[10-25] Si trovava in Romagna un cavaliere cortese e di animo liberale, chiamato Lizio di Valbona, il quale ebbe in tarda età una figliola che, insieme alla moglie, allevò con grandi attenzioni aspettando il momento di farla sposare. Frequentava la casa di Lizio

Non è adunque, valorose donne, gran tempo passato che in Romagna fu un cavaliere assai da bene e costumato, il quale fu chiamato messer Lizio di Valbona, a cui per ventura vicino alla sua vecchiezza una figliuola nacque d'una sua donna[8] chiamata madonna Giacomina. La quale oltre a ogni altra della contrada crescendo divenne bella e piacevole; e per ciò che sola era al padre e alla madre rimasa, sommamente da loro era amata e avuta cara e con maravigliosa diligenza guardata,[9] aspettando essi di far di lei alcun

1. RICCIARDO MANARDI: fra le informazioni storiche che riguardano la famiglia Manardi di Bertinoro, mancano riferimenti a un Ricciardo.
2. MESSER LIZIO DA VALBONA: si tratta di un personaggio storico ricordato da Dante nel XIV canto del *Purgatorio* ed è ricordato, nei documenti del tempo, come un uomo di grande liberalità e cortesia.
3. **Elissa**: è la narratrice della novella precedente.
4. **la reina**: è la regina della Quinta giornata, Fiammetta.
5. **morso**: *rimproverato, criticato.*
6. **materia...v'imposi**: *vi ho costretto ad ascoltare argomenti dolorosi e tali da farvi piangere.*
7. **questa noia ristorare**: *rimediare al fastidio che vi ho procurato.*
8. **d'una sua donna**: *da sua moglie.*
9. **con maravigliosa...guardata**: *custodita con gelosa attenzione.*

di Valbona un giovane bello e vigoroso, chiamato Ricciardo, il quale, vedendo la bellezza e le belle maniere della giovane figlia del padrone di casa, se ne innamorò e fu da essa ricambiato.

gran parentado.[10] Ora usava molto nella casa[11] di messer Lizio, e molto con lui si riteneva,[12] un giovane bello e fresco[13] della persona il quale era de' Manardi da Brettinoro, chiamato Ricciardo, del quale niuna altra guardia[14] messer Lizio o la sua donna prendevano che fatto avrebbon d'un lor figliuolo. Il quale, una volta e altra veggendo la giovane bellissima e leggiadra e di laudevoli maniere e costumi e già da marito, di lei fieramente[15] s'innamorò, e con gran diligenza il suo amore teneva occulto. Del quale avvedutasi la giovane, senza schifar punto il colpo,[16] lui similmente cominciò a amare, di che Ricciardo fu forte[17] contento.

[26-45] I due giovani finalmente si dichiararono amore a vicenda e cercarono il modo per potersi incontrare evitando i controlli serrati dei genitori della fanciulla. Il giovane suggerì a Caterina di dormire sul balcone, in modo da poterla raggiungere durante la notte.

E avendo molte volte avuta voglia di doverle alcuna parole dire e dubitando taciutosi,[18] pure una,[19] preso tempo[20] e ardire, le disse: «Caterina, io ti priego che tu non mi facci morire amando».

La giovane rispose subito: «Volesse Idio che tu non facessi più morir me!»

Questa risposta molto di piacere e d'ardire aggiunse a Ricciardo, e dissele: «Per me non starà mai cosa che a grado ti sia,[21] ma a te sta il trovar modo allo scampo[22] della tua vita e della mia».

La giovane allora disse: «Ricciardo, tu vedi quanto io sia guardata, e per ciò da me non so veder come tu a me ti possi venire: ma se tu sai veder cosa che io possa senza mia vergogna fare, dillami,[23] e io la farò».

Ricciardo, avendo più cose pensate, subitamente disse: «Caterina mia dolce, io non so alcuna via vedere, se tu già non dormissi o potessi venire in sul verone[24] che è presso[25] al giardino di tuo padre; dove se io sapessi che tu di notte fossi, senza fallo io m'ingegnerei di venirvi quantunque molto alto sia».

A cui la Caterina rispose: «Se quivi ti dà il cuor[26] di venire, io mi credo ben far sì che fatto mi verrà di dormirvi».

Ricciardo disse di sì: e questo detto una volta sola si basciarono alla sfuggita[27] e andar via.[28]

[46-80] Caterina, con la scusa del troppo caldo, essendo la fine di maggio, chiese alla madre di poter dormire sul balcone, dal quale avrebbe anche udito cantare l'usignolo. Chiesto il consenso al marito, quest'ultimo si rifiutò dicendo che, se la figlia non avesse dormito di notte per il caldo, lo avrebbe fatto di giorno.

Il dì seguente, essendo già vicino alla fine di maggio,[29] la giovane cominciò davanti alla madre a ramaricarsi che la passata notte per lo soperchio[30] caldo non aveva potuto dormire.

Disse la madre: «O figliuola mia, che caldo fa egli?[31] Anzi non fu egli caldo veruno».[32]

A cui la Caterina disse: «Madre mia, voi dovreste dire 'a mio parere', e forse vi direste il vero; ma voi dovreste pensare quanto sieno più calde le fanciulle che le donne attempate».[33]

10. parentado: *matrimonio*.
11. usava...casa: *frequentava molto la casa*.
12. si riteneva: *si intratteneva*.
13. fresco: *vigoroso*.
14. guardia: *difesa, protezione*. I due coniugi non temono pericoli da parte del giovane che frequenta la loro casa e lo considerano come un figlio.
15. fieramente: *ardentemente*.
16. senza...colpo: *senza schivare il colpo*. Qui significa che la giovanetta non oppone resistenza, da cui si deduce la sua freschezza adolescenziale.
17. forte: *molto*.
18. dubitando taciutosi: *avendo taciuto per timore*. Anche qui si coglie l'aspetto della giovinezza e dell'inesperienza in amore.
19. pure una: *finalmente una volta*.
20. preso tempo: *cogliendo il momento opportuno*.
21. Per me...sia: *Non tralascerò di fare ciò che ti sia gradito*.
22. allo scampo: *alla salvezza*.
23. dillami: *dimmela*.
24. verone: il "verone" è una terrazza con loggia.
25. presso: *sopra*.
26. il cuor: *il coraggio*.
27. si basciarono alla sfuggita: *si baciarono rapidamente, in fretta*, per il timore di essere scoperti.
28. e andar via: *e andarono via*.
29. alla fine di maggio: nel *Decameron* molte storie d'amore sono ambientate a maggio, mese tipico dell'amore.
30. soperchio: *eccessivo*.
31. che caldo fa egli: *che caldo fa*. C'è l'uso pleonastico di "egli".
32. non...veruno: *non per nulla caldo*.
33. «Madre...attempate»: la medicina del tempo aveva questa opinione, ma qui, nel riferimento al maggior caldo avvertito dalle fanciulle, rispetto alle madri attempate, si colgono allusioni e maliziosi sottintesi sessuali.

La fanciulla allora trascorse la notte seguente sveglia e inquieta, non facendo dormire neppure la madre. Quest'ultima, il giorno successivo, se ne lamentò con il marito, tanto che quest'ultimo finì per accordare il permesso alla figlia di dormire sul balcone.

La donna disse allora: «Figliuola mia, così è il vero; ma io non posso fare caldo e freddo a mia posta,[34] come tu forse vorresti. I tempi si convegnon pur sofferir fatti come le stagioni gli danno;[35] forse quest'altra notte sarà più fresco, e dormirai meglio».

«Ora Idio il voglia», disse la Caterina «ma non suole essere usanza che andando verso la state[36] le notti si vadano rinfrescando».

«Dunque», disse la donna «che vuoi tu che si faccia?»

Rispose la Caterina: «Quando a mio padre e a voi piacesse, io farei volentier fare un letticello[37] in sul verone che è allato alla sua camera e sopra il suo giardino e quivi mi dormirei: e udendo cantar l'usignuolo[38] e avendo il luogo più fresco, molto meglio starei che nella vostra camera non fo».[39]

La madre allora disse: «Figliuola, confortati: io il dirò a tuo padre, e come egli vorrà così faremo».

Le quali cose udendo messer Lizio dalla sua donna, per ciò che vecchio era e da questo[40] forse un poco ritrosetto,[41] disse: «Che rusignuolo è questo a che ella vuol dormire? Io la farò ancora adormentare al canto delle cicale».[42]

Il che la Caterina sappiendo, più per isdegno che per caldo non solamente la seguente notte non dormì ma ella non lasciò dormir la madre, pur[43] del gran caldo dolendosi; il che avendo la madre sentito, fu la mattina a messer Lizio e gli disse: «Messere, voi avete poco cara questa giovane: che vi fa egli perché[44] ella sopra quel veron si dorma? Ella non ha in tutta notte trovato luogo di caldo;[45] e oltre a ciò maravigliatevi voi perché egli le sia in piacere l'udir cantar l'usignuolo, che è una fanciullina?[46] I giovani son vaghi delle cose simiglianti a loro».

Messer Lizio udendo questo disse: «Via, faccialevisi[47] un letto tale quale egli vi cape[48] e fallo fasciar da torno d'alcuna sargia:[49] e dormavi e oda cantar l'usignuolo a suo senno».

[81-96] La fanciulla, la sera seguente, si preparò per dormire nel balcone e Ricciardo, dopo che il padre di Caterina si fu addormentato, con una scala raggiunse la ragazza. Insieme i due giovani si dilettarono per tutta la notte e fecero cantare più volte l'usignolo. Fu così che si addormentarono abbracciati e nudi, mentre la ragazza con una mano stringeva l'organo sessuale del giovane.

La giovane, saputo questo, prestamente vi fece fare un letto; e dovendovi la sera vegnente dormire, tanto attese che ella vide Ricciardo e fecegli un segno posto[50] tra loro, per lo quale egli intese ciò che far si dovea. Messer Lizio, sentendo la giovane essersi andata a letto, serrato uno uscio che della sua camera andava sopra 'l verone, similmente s'andò a dormire. Ricciardo, come d'ogni parte sentì le cose chete, con l'aiuto d'una scala salì sopra un muro, e poi di 'n su quel muro appiccandosi a certe morse[51] d'un altro muro, con gran fatica e pericolo se caduto fosse, pervenne in sul verone, dove chetamente[52] con grandissima festa dalla giovane fu ricevuto; e dopo molti basci si coricarono insieme e quasi per tutta la notte diletto e piacer presono l'un dell'altro, molte volte faccendo cantar l'usignuolo.[53] E essendo le notti piccole e il diletto grande e già al giorno vicino, il che essi non credevano, e sì ancora riscaldati sì dal tempo e sì dallo scherzare, senza alcuna

34. a mia posta: *a mia volontà.*
35. I tempi...danno: *Occorre sopportare il tempo [così] come ci viene dato dalle stagioni.*
36. la state: *l'estate.*
37. letticello: *letto provvisorio.*
38. cantar l'usignolo: questa notazione acquisterà, nello svolgersi degli avvenimenti, un significato allusivo all'atto sessuale.
39. fo: *faccio*, in toscano.
40. da questo: *per questo.*
41. ritrosetto: *scontroso.*
42. Io...cicale: *Io la farò dormire di giorno.* Qui il padre sembra rispondere con maliziosa ironia, come se avesse compreso il senso nascosto della frase di Caterina. Si tratta di una bonaria ironia che si estende a tutta la novella.
43. pur: *sempre.*
44. che...perché: *che giova che.*
45. luogo di caldo: *riposo dal caldo.*
46. che...fanciullina: *dato che è una bambina.*
47. faccialevisi: *le si faccia ivi.*
48. vi cape: *vi entra.*
49. sargia: si tratta di una stoffa di lana colorata per tendaggi.
50. posto: *prestabilito.*
51. appiccandosi...morse: *afferrandosi ad alcune pietre sporgenti.*
52. chetamente: *in silenzio.*
53. molte...usignuolo: è ormai chiaro il significato sessuale della metafora dell'usignolo.

cosa adosso s'adormentarono, avendo la Caterina col destro braccio abracciato sotto il collo Ricciardo e con la sinistra mano presolo per quella cosa che voi[54] tra gli uomini più vi vergognate di nominare.

[97-121] Svegliatosi, il padre di Caterina andò a vedere come la figlia avesse dormito bene al canto dell'usignolo. Vedendo i due giovani nudi e abbracciati, l'uomo andò a chiamare la moglie per farle vedere che tanto Caterina era affezionata all'usignolo che lo teneva stretto fra le mani (con allusione all'organo sessuale del giovane). La donna, vedendo la scena, avrebbe voluto gridare, ma il marito glielo impedì, manifestando alla moglie il suo proposito di far sposare Caterina con quel giovane che era gentile e ricco e che aveva voluto mettere il suo usignolo nella gabbia della ragazza.

E in cotal guisa dormendo, senza svegliarsi sopravenne il giorno, e messer Lizio si levò; e ricordandosi la figliuola dormire[55] sopra 'l verone, chetamente l'uscio aprendo disse: «Lasciami vedere come l'usignuolo ha fatto questa notte dormire la Caterina». E andato oltre pianamente levò alto la sargia della quale il letto era fasciato, e Ricciardo e lei vide ignudi e iscoperti dormire abbracciati nella guisa di sopra mostrata; e avendo ben conosciuto Ricciardo, di quivi[56] s'uscì e andonne alla camera della sua donna e chiamolla, dicendo: «Sù tosto, donna, lievati e vieni a vedere che tua figliuola è stata sì vaga[57] dell'usignuolo, che ella l'ha preso e tienlosi in mano».

Disse la donna: «Come può questo essere?»

Disse messer Lizio: «Tu il vedrai se tu vien tosto».

La donna, affrettatasi di vestire, chetamente seguitò messer Lizio; e giunti amenduni[58] al letto e levata la sargia, poté manifestamente vedere madonna Giacomina come la figliuola avesse preso e tenesse l'usignuolo il quale ella tanto disiderava d'udir cantare.

Di che la donna, tenendosi[59] forte di Ricciardo ingannata, volle gridare e dirgli villania:[60] ma messer Lizio le disse: «Donna, guarda che per quanto tu hai caro il mio amore tu non facci motto, ché in verità, poscia che ella l'ha preso, egli sì sarà suo. Ricciardo è gentile uomo e ricco giovane; noi non possiamo aver di lui altro che buon parentado: se egli si vorrà a buon concio da me partire, e' gli converrà che primieramente la sposi, sì che egli si troverà aver messo l'usignuolo nella gabbia sua e non nell'altrui».[61] Di che la donna racconsolata, veggendo il marito non esser turbato di questo fatto e considerando che la figliuola aveva avuta la buona notte e erasi ben riposata e aveva l'usignuol preso, si tacque.

[122-139] Di lì a poco Ricciardo si svegliò e si spaventò perché era ormai giunto il giorno e lo aveva colto sul balcone. Quando il padre di Caterina si fece vedere, il giovane chiese pietà per la propria vita e il padre rispose dicendo che, per evitare la morte al giovane e la vergogna per sé, era necessario riparare con il matrimonio.

Né guari dopo queste parole stettero,[62] che Ricciardo si svegliò; e veggendo che il giorno era chiaro si tenne morto e chiamò la Caterina dicendo: «Oimè, anima mia, come faremo, che il giorno è venuto e hammi[63] qui colto?»

Alle quali parole messer Lizio, venuto oltre[64] e levata la sargia, rispose: «Faren bene».[65]

Quando Ricciardo il vide, parve che gli fosse il cuore del corpo strappato; e levatosi a sedere in su il letto disse: «Signor mio, io vi cheggio mercé per Dio. Io conosco, sì come disleale e malvagio uomo, aver meritata morte, e per ciò fate di me quello che più vi piace: ben vi priego io, se esser può, che voi abbiate della mia vita mercé e che io non muoia».

A cui messer Lizio disse: «Ricciardo, questo non meritò l'amore il quale io ti portava e la fede[66] la quale io aveva in te; ma pur, poi che così è e a

54. **voi**: qui il "voi" è riferito alle donne.
55. **ricordandosi...dormire**: *ricordandosi che la figlia dormiva.*
56. **di quivi**: *di lì, dalla camera.*
57. **vaga**: *desiderosa.*
58. **amenduni**: *entrambi.*
59. **tenendosi**: *considerandosi.*
60. **dirgli villania**: *rivolgergli offesa.*
61. **«Donna...altrui»**: il discorso di Lizio denota un borghese buon senso nel voler cogliere il miglior vantaggio dalla situazione in modo da assicurarsi il matrimonio della figlia con Ricciardo, il quale ha tutte le qualità per essere un buon partito. La logica utilitaristica si accompagna, nelle parole di Lizio, alla equilibrata benevolenza verso gli innamorati.
62. **Né...stettero**: *Non aspettarono molto dopo queste parole.*
63. **hammi**: *mi ha.*
64. **venuto oltre**: *venuto avanti.*
65. **«Faren bene»**: «*Faremo bene*», ossia, «*Sarà bene per tutti*».
66. **fede**: *fiducia.*

tanto fallo t'ha trasportato la giovanezza, acciò che[67] tu tolga a te la morte e a me la vergogna, sposa per tua legittima moglie la Caterina, acciò che, come ella è stata questa notte tua, così sia mentre ella viverà. E in questa guisa puoi e la mia pace[68] e la tua salvezza acquistare: e ove tu non vogli così fare, raccomanda a Dio l'anima tua».

[140-149] Caterina, mentre così parlavano Ricciardo e il padre, lasciò l'usignolo e cominciò a piangere e a pregare il genitore affinché perdonasse Ricciardo. Nello stesso tempo esortava quest'ultimo affinché facesse ciò che gli veniva richiesto per riparare al danno e per poter stare tante altre notti insieme a quel modo. Dal momento che, oltre all'amore per la fanciulla, c'era da un lato il bisogno di correggere un errore fatto e dall'altro la paura di morire e il desiderio di uscire da quella situazione, il giovane disse di essere volentieri disposto a fare quanto voleva Messer Lizio.

Mentre queste parole si dicevano la Caterina lasciò l'usignuolo, e ricopertasi cominciò fortemente a piagnere e a pregare il padre che a Ricciardo perdonasse; e d'altra parte pregava Ricciardo che quel facesse che messer Lizio volea, acciò che con sicurtà[69] e lungo tempo potessono[70] insieme di così fatte notti avere. Ma a ciò non furono troppi prieghi bisogno: per ciò che d'una parte la vergogna del fallo commesso e la voglia dello emendare[71] e d'altra la paura del morire e il disidero dello scampare, e oltre a questo l'ardente amore e l'appetito del possedere la cosa amata, liberamente[72] e senza alcuno indugio gli fecer dire sé essere apparecchiato[73] a far ciò che a messer Lizio piaceva.

[150-154] Messer Lizio, fattosi prestare dalla moglie uno dei suoi anelli, fece sì che Ricciardo in loro presenza sposasse Caterina. Dopodiché, i genitori della fanciulla lasciarono soli i due giovani a riposare.

Per che, messer Lizio fattosi prestare a madonna Giacomina uno de' suoi anelli, quivi, senza mutarsi,[74] in presenzia di loro Ricciardo per sua moglie sposò[75] la Caterina. La qual cosa fatta, messer Lizio e la donna partendosi dissono:[76] «Riposatevi oramai, ché forse maggior bisogno n'avete che di levarvi».

[155-162] I due giovani, rimasti di nuovo soli, continuarono ad amarsi e pochi giorni dopo, così come era convenienza, Ricciardo sposò la giovane, la portò a casa sua e con lei andò a caccia di usignoli sia di giorno che di notte (il riferimento è sempre all'atto sessuale).

Partiti costoro, i giovani si rabbracciarono insieme, e non essendo più che sei miglia camminati la notte, altre due anzi che si levassero ne camminarono[77] e fecer fine alla prima giornata. Poi levati e Ricciardo avuto più ordinato[78] ragionamento con messer Lizio, pochi dì appresso, sì come si conveniva, in presenza degli amici e de' parenti da capo[79] sposò la giovane e con gran festa se ne la menò a casa e fece onorevoli e belle nozze; e poi con lei lungamente in pace e in consolazione uccellò agli usignuoli[80] e di dì e di notte quanto gli piacque.

G. Boccaccio, *Decameron*, a cura di V. Branca, cit.

67. acciò che: *affinché*.
68. pace: *perdono*.
69. con sicurtà: *con sicurezza*.
70. potessono: *potessero*.
71. emendare: *correggere*.
72. liberamente: *volentieri*.
73. sé essere apparecchiato: *che lui era pronto*.
74. senza mutarsi: *senza muoversi da lì*.
75. sposò: è da intendersi che *fece promessa di matrimonio*.
76. dissono: *dissero*.
77. camminati...camminarono: c'è qui l'allusione ai rapporti sessuali fra i due giovani.
78. più ordinato: *più sereno*.
79. da capo: *di nuovo*.
80. uccellò agli usignuoli: *andò a caccia di usignoli*. L'allusione è ancora all'atto sessuale.

analisi e interpretazione T5

le forme

Lo stile ironico La novella presenta uno stile ironico e allusivo per i particolari riferiti alla sessualità. È presente un uso mimetico del parlato e del dialogato, con il ricorso a giochi di parole e a metafore, come nel caso dell'"usignolo". Il vero significato della metafora viene appreso dal lettore nel corso della novella in seguito agli eventi e agli interventi ironici del padre della fanciulla. Questi ha acconsentito, su intercessione della moglie, alle richieste della figlia di poter dormire sul balcone di casa per difendersi dal caldo della notte e per poter ascoltare l'«usignolo». Si trova però a dover fronteggiare una situazione imprevista quando scopre i due che dormono nudi. La tensione si allenta per l'ironia e per la prontezza di spirito con cui l'uomo affronta questa situazione, chiamando la moglie perché veda quanto la figliola sia «vaga dell'usignolo» e rivolgendosi al giovane, con comprensiva benevolenza e scherzosa ironia, per le dovute esigenze riparatorie.

i temi

Il tema dell'eros e della passione erotica Così come in molti altri casi del *Decameron*, l'eros è al centro della novella dell'usignolo. Qui, a sentirne i primi richiami, attraverso l'allusione, giocosa e delicata, all'«usignolo», è una adolescente. La novità, che non mancò di creare scalpore all'epoca di Boccaccio, sta nel fatto che questo tema viene affrontato senza scandalo, senza, cioè, i vincoli moralistici che avevano caratterizzato i secoli precedenti e la cultura medievale e cristiana.

L'amore come istinto naturale L'amore è inteso da Boccaccio come istinto naturale a cui l'uomo non può e non deve opporsi. Lungi dall'essere ragione di peccato, esso è semmai fonte di felicità e di equilibrio, intesi ora non più in senso stilnovistico o trascendente, ma in senso tutto terreno.

La nudità della donna entra nel *Decameron* Insieme all'elemento della sessualità, trova spazio nell'opera di Boccaccio quello della "nudità": è così nella novella dell'usignolo, ma anche in altre novelle del *Decameron*. La nudità come celebrazione del desiderio erotico diventa espressione della nuova realtà della donna terrena, contrapposta alla donna-angelo, astratta e irraggiungibile. Il nudo femminile è in Boccaccio simbolo di serena accettazione della naturalità dell'eros, che di per sé non può essere osceno né, tanto meno, pornografico; vi si coglie semmai l'attenzione alla realtà umana in tutti i suoi aspetti e anche l'influenza della cultura e dell'arte classica, greca e romana. Il corpo, che la cultura dell'alto Medioevo aveva condannato e demonizzato, si prende la sua rivincita.

Boccaccio e noi

La sessualità nel *Decameron* e nella società odierna Nella nostra epoca, si assiste ad un uso e abuso di immagini della nudità femminile e della sessualità spesso a scopo pubblicitario e di mercato. Dietro la spinta della pubblicità, della televisione, del cinema, di internet, vanno aumentando il gusto per l'osceno e il consumo di massa di prodotti erotici o addirittura pornografici che coinvolgono purtroppo anche i giovanissimi. La sessualità sana e spontanea lascia dunque il posto ad una sessualità indotta e quasi artificiale e, nei casi peggiori, anche perversa e violenta, come dimostrano i frequenti episodi di stupro ai danni delle donne e le vicende legate alla pedofilia.

Ci si chiede allora: cosa distingue la sessualità rappresentata nel *Decameron* da quella che oggi i mezzi di comunicazione di massa propinano ad un pubblico sempre più ampio? Nel *Decameron* il corpo e la sessualità sono espressione immediata e naturale della gioia di vivere. Ciò che oggi manca nella rappresentazione della sessualità sono proprio la naturalezza, la spontaneità, l'equilibrio.

per studiare *guida all'analisi* T5

COMPRENDERE

1 Riassumi la novella aggiungendo alla rubrica
- a. il luogo in cui avviene la vicenda narrata
- b. la classe sociale dei personaggi
- c. il pretesto accampato dalla ragazza per incontrare l'innamorato
- d. la reazione del padre
- e. la conclusione

ANALIZZARE

2 Individua le scene di vita domestica in cui genitori e figlia sono messi a confronto. Quali ruoli precisi rivestono i personaggi?

il padre ....

la madre ....

la figlia ....

3 L'immagine dell'usignolo ritorna più volte con significati diversi. Quando è da prendere alla lettera? Quando ha invece significato metaforico? Rintraccia nel testo qualche esempio dell'uno e dell'altro significato.

significato letterale: nelle righe ....

significati metaforici: nelle righe ....

INTERPRETARE E APPROFONDIRE

4 Per le sue novelle, Boccaccio trae spesso spunto da racconti e fiabe popolari, che rielabora in versione realistica. Quali degli elementi qui sotto elencati ti sembrano ricorrenti anche nelle fiabe? Quali sono invece caratteristici della novella? Quali di entrambi i generi?

La novella dell'usignolo

elementi presenti nel testo	l'elemento è tipico del genere della fiaba?	l'elemento è tipico del genere della novella?
il tema dell'amore giovanile	SÌ NO	SÌ NO
l'invenzione di un espediente per incontrarsi di nascosto	SÌ NO	SÌ NO
la descrizione realistica della famiglia	SÌ NO	SÌ NO
la collocazione geografica precisa	SÌ NO	SÌ NO
l'insistenza dei riferimenti sessuali	SÌ NO	SÌ NO
il motivo economico	SÌ NO	SÌ NO
l'ampiezza riservata alle battute di dialogo fra i personaggi	SÌ NO	SÌ NO
la capacità di iniziativa della ragazza	SÌ NO	SÌ NO
il lieto fine	SÌ NO	SÌ NO

5 Perché, nonostante la trasgressione di Caterina, la novella ha un lieto fine?

6 Quali elementi della novella sono tipici dell'ambiente e della morale borghesi?

T6

La donna della legge (Madonna Filippa)

Decameron, VI, 7

concetti-chiave

- le ragioni dell'amore
- l'adulterio e il diritto alla soddisfazione erotica
- la forza del linguaggio
- la "voce" delle donne
- la forza naturale degli istinti

espansioni digitali

testo originale
è possibile leggere il testo originale di Boccaccio

Questa novella è la settima della Sesta giornata del Decameron, *quella retta da Elissa e dedicata alle novelle sull'«Efficacia dei motti di spirito o delle argute risposte». Il novellatore in questo caso è Filostrato. Nella novella di Madonna Filippa, protagonista principale è una donna di Prato che, accusata di adulterio dal marito e condotta da questi di fronte al giudice, attraverso un abile e brillante uso del linguaggio, riesce non solo a sottrarsi alla condanna, ma anche a difendere pubblicamente i diritti delle donne in amore. La donna risulterà così convincente da assicurarsi la comprensione del giudice, l'appoggio degli uomini presenti al processo e la conseguente correzione dello Statuto (l'insieme delle leggi e delle norme giuridiche che le città comunali si davano).*

La novella in questione viene riportata nella versione in italiano moderno che ne ha fatto Aldo Busi in Il Decamerone di Giovanni Boccaccio *(***S3** ***Boccaccio e i suoi "traduttori"****, p. 406). Nella novella tradotta da Busi nel 1993 manca la "rubrica",* *ossia quel breve riassunto che precede, nel testo di Boccaccio, ogni giornata e ogni novella. È presente invece un titolo, dato da Busi stesso, a cui segue il nome del narratore di turno. Anche per questa novella, come per tutte le altre della sua traduzione, Busi sacrifica la parte introduttiva, quella con cui il novellatore di turno introduce l'argomento della novella che si appresta a raccontare.*

LINGUA: italiano (traduzione di Aldo Busi) **DATAZIONE:** 1993

Filostrato Care compagne, nella città di Prato era in vigore una legge non esattamente equa, e un tantino raccapricciante, che senza concedere né attenuanti generiche né patteggiamenti stabiliva che ogni donna sorpresa dal marito in flagrante adulterio col suo amante o trovata a fare meretricio[1] col primo venuto dovesse essere bruciata viva. Accadde in quel periodo che una signora molto bella e perbene e innamorata fino alla cima dei capelli, tale donna Filippa, fu una notte sorpresa dal marito, Rinaldo dei Pugliesi, nella sua stessa camera tra le braccia di Lazzarino de' Guazzagliotri, nobile pure lui, giovane e bello, che la donna amava più di se stessa. Quando Rinaldo li colse sul fatto, ne fu così sconvolto che a stento si trattenne dal saltargli addosso e ucciderli entrambi: probabilmente temette le conseguenze giudiziarie, se no si sarebbe lasciato trasportare dall'ira e l'avrebbe fatto. Ma riuscì a trattenersi perché gli balenò in testa che la legge pratese lo avrebbe servito a puntino dandogli quello che non gli era lecito procurarsi di sua mano, cioè almeno la morte di sua moglie. Di prove per dimostrare la sua colpevolezza ne aveva in abbondanza, perciò appena si fece giorno non ci pensò due volte a denunciarla e a farla convocare in tribunale.

La signora, a vedersi consegnare il mandato di comparizione, si fece forte di quel coraggio che le donne sfoderano ogni volta che sono innamorate sul serio e, senza stare a sentire le avvertenze di parenti e amici, decise di presentarsi all'udienza, perché preferiva dire la verità e morire a testa alta piuttosto che darsi alla fuga, essere condannata in contumacia[2] e latitare piena di vergogna in qualche altra città venendo meno alla stima riposta in lei dall'uomo che l'aveva tenuta fra le braccia la notte prima. Andò così, con un codazzo di gentiluomini e gentildonne che continuavano a raccomandarle di negare tutto, a presentarsi davanti al giudice e domandò con tono fiero e un po' seccato a che cosa doveva quello scomodo.

Il giudice, di fronte alla bellezza sconcertante della signora e alla sua grande classe e al coraggio testimoniato da quelle parole, cominciò a preoccuparsi per lei e temette che confessasse qualcosa che avrebbe costretto lui a mandarla a morte per non danneggiare la propria credibilità di magistrato. Non potendo comunque fare a meno di interrogarla un po', le disse:

«Cara signora, come lei vede c'è qui suo marito Rinaldo che si lamenta di averla colta, pensi un po', in flagranza di adulterio con un altro uomo e mi chiede di punirla, beh, sì, con la morte, in base a quell'articolo delle nostre leggi che lei conoscerà, cosa però che io non posso – stia ben attenta – non posso fare se lei non confessa. Quindi, faccia attenzione a quello che mi risponderà, e adesso mi dica, è vero quello di cui la accusa suo marito?».

Filippa, senza battere ciglio, gli rispose con voce flautata:

«Signor giudice, è vero che Rinaldo è mio marito e che la notte scorsa mi ha trovata fra le braccia di Lazzarino, che mi hanno già stretta molte volte a causa del profondo amore che sento per lui: e questo non lo negherei mai. Però, come lei m'insegna, la legge dovrebbe essere uguale per tutti e le leggi dovrebbero essere emanate con il consenso dei diretti interessati, cosa

1. **a fare meretricio**: *prostituirsi*.
2. **contumacia**: atteggiamento di ribellione rispetto agli ordini e alle leggi, di ostinazione insolente.

che non si può certo dire della legge in questione, che colpisce solo quelle tapine[3] di noi donne e proprio noi, che siamo tutte capacissime di soddisfare più di un uomo mentre il contrario è una vera rarità; come se questo non bastasse, la legge è stata fatta senza il consenso di nessuna donna, anzi senza nemmeno uno straccetto di sondaggio d'opinione[4] tra le donne, e perciò è un caso clamoroso di iniquità penale. Adesso spetta a lei decidere se applicarla ugualmente, a danno del mio corpo e della sua carriera politica, ma prima che lei emani la sentenza, la prego di concedermi una piccola grazia: domandi a mio marito se io gli ho mai detto di no in tutte le occasioni che me l'ha chiesta, o se invece non gliel'ho data[5] a piacer suo finché non gli usciva dagli occhi e dall'altra parte».[6]

Rinaldo, senza neanche aspettare che il giudice gli girasse la domanda, rispose che per la verità sua moglie gli si era sempre pluriaperta[7] su semplice richiesta e fino a piena soddisfazione.

«E allora» proseguì imperterrita la signora «mi dica un po' lei; signor giudice: se lui si è sempre preso da me tutta la begonia che gli serviva per saziare la sua bega, io che cosa dovevo e dovrei farmene di quella che mi avanza? Dovrei buttarla ai vegetariani,[8] forse? Non è molto più civile e educato offrirla a un gentiluomo che mi ama con tutto se stesso, invece di buttarla via o lasciarla lì a appassire?».[9]

L'interrogatorio di una signora così in vista aveva attirato in tribunale quasi tutti i pratesi che, a sentire questa arringa salata,[10] si fecero grassissime risate e poi presero a gridare all'unanimità che la signora aveva ragione e che diceva cose sacrosante. Prima che tutti sfollassero, su proposta del giudice, si fece un immediato referendum popolare[11] per modificare quella legge crudele, che rimase applicabile solo alle donne che si rendessero ree di adulterio a scopo monetario.

Rinaldo scappò via dal tribunale abbassando le corna e dandosi del bue[12] per aver intentato una causa tanto persa, mentre la moglie fu portata in trionfo a casa sua, libera e sfavillante come se fosse uscita incolume dal fuoco.

A. Busi, *Il Decamerone di Giovanni Boccaccio*, Rizzoli, Milano 1993, pp. 478-481.

3. tapine: *misere*.
4. uno straccetto...opinione: qui Busi ricorre a un linguaggio attualizzante facendo riferimento a strumenti tipici della moderna società di massa (**sondaggio d'opinione**).
5. che me l'ha...data: Busi fa in questo punto una traduzione molto libera e vicina a certi modi bassi e popolari con cui si fa riferimento al concedersi al rapporto sessuale da parte della donna.
6. finché...parte: sfumatura non presente in Boccaccio, ma frutto di una libera espressione da parte del traduttore.
7. gli si era...pluriaperta: forma allusiva all'atto sessuale, che nel testo originale è reso con quel «gli aveva di sé ogni suo piacere conceduto».
8. buttarla ai vegetariani: del tutto libera la traduzione di Busi, con chiaro riferimento a tendenze più presenti nella società del nostro tempo (pratiche vegetariane nell'alimentazione). Nella novella di Boccaccio infatti si parla di «gittare ai cani», ciò che avanza all'appetito sessuale del marito di Monna Filippa.
9. appassire: questo riferimento specifico non è presente nel testo di Boccaccio, dove si parla di «guastare». Qui è in relazione alla **begonia**, che, essendo una pianta, può appassire.
10. arringa salata: espressione ironica di Busi, ma non presente in questi termini nell'originale.
11. referendum popolare: *consultazione popolare*. L'espressione in questi termini è usata da Busi, ma ovviamente non è presente nel testo originale.
12. abbassando le corna e dandosi del bue: espressione libera aggiunta da Busi per riferirsi alla condizione mesta di chi, tonto e cornuto come un bue, si pente di aver intentato una causa tanto assurda.

analisi e interpretazione T6

Il potere del linguaggio Nella novella di Madonna Filippa Boccaccio afferma, attraverso Filostrato, che «bella cosa è in ogni parte saper ben parlare [...]; il che sì ben seppe fare una gentil donna [...] che non solamente festa e riso porse agli uditori, ma sé de' lacci di vituperosa morte disviluppò». C'è in questa affermazione la consapevolezza dell'importanza che ha nella società la gestione del linguaggio e della comunicazione. Altre novelle del *Decameron* mostrano personaggi che traggono vantaggio dalle loro abilità linguistiche: è questo il caso di frate Cipolla (cfr. **T12**, p. 461) o di Chichibìo (cfr. **TESTI D'ACCESSO**, p. 34). Tuttavia, l'esaltazione del virtuosismo linguistico non si limita alla sfera maschile. Boccaccio infatti non solo fa delle donne le destinatarie privilegiate della sua opera, ma fa di esse le protagoniste centrali di molte novelle, dando loro la parola e valorizzandone l'intelligenza e la saggezza.

Lo stile Prevale nel *Decameron*, come anche nella novella di Madonna Filippa, l'uso di uno stile ipotattico, caratterizzato da un periodare complesso, con la presenza di molti nessi logici e di molte proposizioni all'interno di un'unica frase. Si tratta di uno stile di scrittura che certamente risente della costruzione della sintassi latina e greca e che già prelude all'Umanesimo.

le forme

Boccaccio tradotto da Busi Nella traduzione-rifacimento che Busi fa della novella di Madonna Filippa, viene privilegiata la parte relativa alla vicenda e vengono omesse sia la "rubrica" sia la parte iniziale e introduttiva della novella (cfr. **S2**, p. 393). È evidente che, rinunciando a buona parte della "cornice", di cui è composto l'originale di Boccaccio, si sacrifica l'architettura dell'opera. La scelta, inoltre, di privilegiare, nella traduzione delle novelle, il racconto delle vicende e delle azioni, tralasciando la storia e le vicende dei novellatori e dell'"allegra brigata", fa venir meno in qualche modo il significato e il valore morale della condivisione del novellare dei dieci giovani e con esso quel senso di sereno equilibrio morale di cui i giovani novellatori si fanno portavoce. Per questo siamo di fronte, con l'opera di Busi, ad una sorta di traduzione-rifacimento che gioca sull'originalità e sulla sorpresa, più che sulla fedeltà all'originale. Busi utilizza infatti uno stile e un linguaggio giocoso e provocatorio, fortemente intriso di ironia. Egli fa un'operazione di attualizzazione bizzarra e sorprendente, ricorrendo a modi ed espressioni tipici del nostro mondo e della nostra società. Ne sono spia, nella traduzione della novella di Madonna Filippa, il riferimento ai "sondaggi d'opinione" e alle "diete vegetariane" caratterizzanti più i giorni nostri che quelli di Boccaccio.

i temi e i motivi

La difesa delle ragioni delle donne Madonna Filippa impersona un tipo di donna diverso da quello consueto nell'epoca di Boccaccio (cfr. **S3**, p. 408). È una donna che, difendendo il diritto all'amore, si sottrae a tabù e costrizioni riguardanti la castità e la fedeltà coniugale. Filippa esprime con energia le ragioni delle donne: l'adulterio come diritto alla piena soddisfazione erotica; la libertà di disporre del proprio corpo; il diritto, anche per le donne, di fare le leggi.

Boccaccio dà voce alle donne Escluse per secoli dall'uso pubblico del linguaggio, con Boccaccio finalmente le donne sembrano appropriarsi della parola per difendere i propri diritti: lo fa la Madonna Fiammetta dell'*Elegia* (vedi **§ 2**); lo fanno, nelle novelle del *Decameron*, Filippa, Bartolomea (II, 10), Ghismunda (cfr. **T7**, p. 410); lo fa Pampinea nel dialogo con Filomena ed Elissa dell'Introduzione alla Prima giornata. Tuttavia, nel *Decameron*, Boccaccio rappresenta da un lato donne energiche e attive, dall'altro mostra invece donne vittime della misoginia del tempo e subordinate all'uomo (si veda la novella di Calandrino e l'elitropia, **T17**), secondo un modello femminile a cui fanno riferimento Filomena ed Elissa nel dialogo con Pampinea. D'altra parte, Boccaccio stesso, che nel *Decameron* fa delle donne le sue «Muse», non si sottrarrà nel *Corbaccio* (cfr. **§ 2**) a forme di misoginia e di moralismo religioso tipici del Medioevo.

Boccaccio e noi

Un femminismo *ante litteram* Con il personaggio di Filippa assistiamo per certi versi ad una sorta di femminismo *ante litteram*, portato avanti in un'epoca in cui le donne erano fortemente discriminate. Nella storia delle donne occorre arrivare fino al Settecento, con la Rivoluzione francese, e all'Ottocento per sentire parlare con convinzione di diritti per la donna. Sarà però solo nel Novecento che le donne conquisteranno maggiori diritti: quello al voto, al lavoro, alla tutela della salute e della maternità, all'autonomia, alla libertà sessuale, ecc. Con molti secoli di anticipo, dunque, Filippa porta avanti grandi rivendicazioni femministe. Afferma il diritto di disporre liberamente della propria persona e denuncia pubblicamente la diseguaglianza sociale, politica e giuridica delle donne rispetto agli uomini che legiferano senza di loro e badando solo ai propri interessi maschili, quando invece «le leggi deono esser comuni e fatte con consentimento di coloro a cui toccano».

COMPRENDERE

1 **Rintraccia attraverso questo esercizio i punti salienti della novella. Vero o falso?**

- **a.** Madonna Filippa non ha mai tradito il marito V F
- **b.** Madonna Filippa è stata sedotta controvoglia da Lazzarino V F
- **c.** il marito di Madonna Filippa è un uomo impulsivo e sanguigno V F
- **d.** Madonna Filippa è una donna arrogante e senza scrupoli V F
- **e.** il Podestà si dimostra irremovibile nell'applicare le leggi esistenti V F
- **f.** Madonna Filippa si vergogna a dichiarare la propria inclinazione ad amare V F
- **g.** Madonna Filippa non teme di denunciare l'ingiustizia della legge voluta dagli uomini V F
- **h.** Rinaldo è restio a riconoscere che la moglie lo ha sempre accontentato V F
- **i.** i cittadini di Prato capiscono che Madonna Filippa ha ragione V F
- **l.** in seguito alle parole di Filippa lo statuto viene modificato V F
- **m.** Rinaldo resta colpito dalle parole della moglie e si allontana confuso dal tribunale V F

2 **Grazie a quali doti e abilità Madonna Filippa riesce a sottrarsi alla condanna e a difendere i diritti delle donne? Scegli le risposte corrette.**

- a la bellezza
- b le maniere affabili
- c la capacità di ingannare
- d l'abilità nel parlare

ANALIZZARE

3 **Madonna Filippa sostiene che la legge che vorrebbe condannarla a morte è ingiusta. In base a quali motivi? Rintracciali nel seguente elenco.**

- a è una legge che condanna soltanto le donne
- b è una legge sanguinosa e crudele
- c è stata pensata e voluta esclusivamente dagli uomini
- d va contro i princìpi del Vangelo, dove si narra di Cristo che non volle condannare l'adultera

4 **Qui sotto è riportato un periodo del testo, che fornisce un esempio dello stile ipotattico del *Decameron*. Fanne la parafrasi, trasformandolo in uno stile meno complesso e più consono all'uso contemporaneo.**

> La donna, che di gran cuore era, sì come generalmente esser soglion quelle che innamorate son da dovero, ancora che sconsigliata da molti suoi amici e parenti ne fosse, del tutto dispose di comparire e di voler più tosto, la verità confessando, con forte animo morire, che, vilmente fuggendo, per contumacia in essilio vivere e negarsi degna di così fatto amante come colui era nelle cui braccia era stata la notte passata.

5 **Nel testo di Boccaccio, Madonna Filippa usa un linguaggio assai dignitoso, per quanto sempre pronto e diretto. Ti sembra che Busi mantenga lo stesso registro linguistico per la sua «donna Filippa»? Spiega la tua risposta con qualche riferimento al testo.**

6 Lavora adesso sulla traduzione di Aldo Busi: segna sul testo le espressioni linguistiche più significative che rimandano al nostro tempo. Qui di seguito ne trovi già un piccolo elenco. Trascrivi accanto l'espressione corrispondente in Boccaccio.

Busi	Boccaccio
«innamorata fino alla cima dei capelli»	....
«non ci pensò due volte a denunciarla»	....
«si fece forte di quel coraggio che le donne sfoderano ogni volta che sono innamorate sul serio»	....
«Andò così, con un codazzo di gentiluomini e gentildonne che continuavano a raccomandarle di negare tutto»	....
«Cara signora, come lei vede c'è qui suo marito Rinaldo»	....
«come se questo non bastasse, la legge è stata fatta senza il consenso di nessuna donna, anzi senza nemmeno uno straccetto di sondaggio d'opinione tra le donne»	....

INTERPRETARE E APPROFONDIRE

7 Madonna Filippa incarna un tipo di donna assai diverso da quello rappresentato dallo Stil novo, da Dante e da Petrarca. Quali possono essere le ragioni di tale differenza? Elenca quelle che ritieni più significative.

8 Qual è il messaggio fondamentale della novella? Per rispondere, tieni presente il tema della sesta giornata.

a le donne sono migliori, più coraggiose e più assennate degli uomini
b le donne hanno gli stessi diritti degli uomini
c l'amore è una pulsione naturale che non sottostà ad alcuna morale
d saper ben parlare è importante al punto che può salvarci la vita

S3 INFORMAZIONI E APPROFONDIMENTI

Boccaccio e i suoi "traduttori"

Nel panorama letterario e critico attuale sono presenti alcune importanti traduzioni in italiano moderno dell'opera maggiore di Boccaccio. L'autore del *Decameron* scrive infatti nella lingua del Trecento, che non sempre è di facile fruizione, soprattutto per i più giovani, e necessita dunque, particolarmente per le novelle più difficili, della traduzione. Generalmente esistono due tipi di traduzioni: da un lato abbiamo la "traduzione di servizio", che si pone al "servizio" dell'opera e del lettore,

facilitandone la comprensione e restando fedele all'originale; dall'altro, abbiamo la "traduzione d'autore", che, più che una "traduzione", effettua un "rifacimento" e dunque opera un "tradimento" artistico dell'originale. Si tratta, in questo caso, di una riscrittura operata da scrittori già noti al pubblico. Boccaccio, a giudicare dalle traduzioni disponibili, si è prestato piuttosto a questa seconda operazione da parte di scrittori che si rivolgono solitamente a giovani e giovanissimi, come nel caso di Piero Chiara (Luino 1913-1986) e di Bianca Pitzorno (Sassari 1942), o di romanzieri e artisti, come nel caso di Aldo Busi (Montichiari 1948) o Andrea Camilleri (Porto Empedocle 1925).
Piero Chiara è romanziere e autore di opere che prediligono le ambientazioni di provincia, le atmosfere inquiete, i contrasti e le situazioni grottesche. Tra le sue opere figurano *Il piatto piange* (1962), *La spartizione* (1964), *La stanza del vescovo* (1976). Anche Bianca Pitzorno è scrittrice di romanzi, soprattutto a carattere storico e ambientati nel Medioevo. Ricordiamo *Vita di Eleonora d'Arborea, L'Amazzone di Alessandro Magno, La bambinaia francese*. Ha prodotto per la RAI molti programmi televisivi ed ha scritto numerosi libri per ragazzi.
Sia Piero Chiara che Bianca Pitzorno volgono in italiano moderno alcune novelle di Boccaccio, con lo scopo di rivolgersi ai ragazzi e alle scuole; il primo lo fa con l'edizione scolastica G. Boccaccio, *Decamerone. Dieci novelle raccontate da Piero Chiara* (a cura di F. Roncoroni, Mondadori, 2006); la seconda con B. Pitzorno, *Boccaccio. Dame, mercanti e cavalieri* (Mondadori, 2007). Entrambi questi scrittori per ragazzi fanno una scelta di dieci novelle di Boccaccio. Mentre però Chiara privilegia un ventaglio variegato di novelle, fra quelle più conosciute, Bianca Pitzorno fa una operazione più settoriale, poiché preferisce le novelle a carattere "cortese" di derivazione provenzale. Dal punto di vista formale e strutturale, sia Chiara sia Pitzorno sacrificano dunque la struttura dell'originale (dieci giornate e cento novelle) e con essa anche il suo pilastro portante rappresentato dalla "cornice", ossia quella parte riguardante le vicende dei dieci novellatori e le "rubriche" introduttive alle dieci giornate e alle cento novelle. Entrambi questi due "traduttori" sacrificano anche le parti iniziali di ciascuna giornata e di ciascuna novella, quelle in cui c'è solitamente il passaggio di consegna fra i reggenti delle varie giornate e i novellatori delle singole novelle. Vengono in questo modo omesse quelle zone iniziali più teoriche e astratte per concentrarsi invece sullo svolgimento delle azioni e dunque sulla trama. Il linguaggio privilegiato da Chiara e da Pitzorno è un linguaggio semplice ed entrambi corredano le novelle con disegni, che ne esemplificano le vicende principali.
Nel caso di Aldo Busi siamo di fronte ad uno scrittore dallo stile provocatorio e incisivo che caratterizza tutte le sue opere, a partire da *Seminario sulla gioventù* (1984) fino alle più recenti *Per un'apocalisse più svelta* (1999), *Casanova di sé stessi* (2000), *La camicia di Hanta* (2003). Di uno stile ironico e bizzarro risente anche il suo *Il Decameron di Giovanni Boccaccio* (BUR 1990).
Nel suo rifacimento del *Decameron* Busi traduce tutta l'opera maggiore di Boccaccio, ma anche lui omette, rispetto all'originale, buona parte della "cornice". Sono riportate infatti le "rubriche" alle giornate, ma non quelle alle singole novelle; compaiono solo le introduzioni alla Prima e alla Quarta giornata e la Conclusione (quelle parti in cui Boccaccio prende direttamente la parola), mentre vengono sacrificate tutte le altre introduzioni alle giornate e anche quelle alle singole novelle. Queste ultime vengono presentate con un titolo, dato da Busi stesso, seguito dal nome del novellatore di turno (cfr. **T6**, p. 401). I titoli di Busi denotano spesso un intento allusivo e giocoso che tende all'originalità e alla bizzarria e una implicita volontà di attualizzazione; basti pensare, solo per fare un esempio, al titolo della seconda novella della Prima giornata, qui riportata (cfr. ***espansioni digitali*** **PERCORSO** ***La dimensione interculturale: il rapporto fra le culture e le religioni***), quella su Abraam giudeo e del cristiano Civignì, che diventa "Abraam giudeo a Roma, città fin troppo aperta", in cui implicitamente si coglie l'eco allusiva al film di Rossellini, *Roma città aperta*. Anche lo stile che Busi adotta in questo suo rifacimento del *Decameron* è molto originale e libero ed è caratterizzato dall'uso dell'ironia, del gioco di parole e delle allusioni. La tendenza di Busi a giocare con l'intertestualità, a privilegiare il rifacimento e la riscrittura è un carattere costante delle sue opere che risentono anche per questo delle poetiche postmoderniste sviluppatesi nell'ultimo quarto del Novecento.
Anche Camilleri traduce in modo molto originale alcune novelle del *Decameron* (cfr. **PERCORSO 5** ***Camilleri traduce per noi Boccaccio***, p. 478). Delle "traduzioni" o "rifacimenti" che Camilleri ha approntato appositamente per questo manuale, parleremo nel percorso dedicato appunto a queste sue versioni.

S4 PASSATO E PRESENTE

La condizione storico-sociale della donna da Boccaccio a oggi

La marginalizzazione della donna, già presente nella cultura greco-romana, ma anche in quelle degli Arabi e dei popoli germanici, è ancora evidente dopo il Mille. Si assiste, in questo momento, alla contraddizione fra la condizione della donna subalterna all'uomo nella vita e nella società e invece la sua idealizzazione ed esaltazione poetica nell'ambito della letteratura cortese prima e stilnovista poi. La diffusione del Cristianesimo in Occidente ereditò e accentuò la marginalizzazione femminile. Nell'immaginario religioso medievale, la donna viene associata a Eva e al peccato originale; essa rappresenta l'istinto, il corpo, la sessualità, contrapposti all'anima, e dunque è guardata con sospetto. L'unica donna estranea al peccato è Maria, di cui si esaltano la verginità e la castità. I Padri della Chiesa avvaloravano la tesi della inferiorità e della *infirmitas*, 'fragilità', della donna sulla base della Bibbia. Nella Prima Lettera ai Corinzi di Paolo si afferma: «Dovete sapere che il capo di ogni uomo è Cristo e il capo di ogni donna è l'uomo e il capo di Cristo è Dio». La volontà divina sanciva la subordinazione della donna all'uomo attraverso la teoria della creazione: la donna viene creata dopo Adamo e dalla sua costola. Una vera e propria rivoluzione, nella concezione della donna, si realizza con il *Decameron* di Boccaccio e, successivamente, nel Rinascimento. Viene riconosciuto anche alle donne laiche il diritto ad una educazione completa e aumenta notevolmente il numero delle poetesse e delle scrittrici. L'arte pittorica celebra, dal canto suo, la bellezza, la grazia e la delicatezza del corpo attraverso la rappresentazione del nudo femminile. Ne è un esempio il dipinto di Tiziano, *La Venere di Urbino* (1538). È nel Cinquecento che si assiste alla codificazione dell'identità femminile che giunge fino a noi. In età moderna tuttavia la misoginia non scompare del tutto: ne troviamo traccia negli scritti del filosofo tedesco Arthur Schopenhauer (1788-1861), nel saggio di Charles Darwin, *L'origine dell'uomo e la scelta in rapporto al sesso* (1871), e nel testo *Sesso e carattere* del filosofo austriaco Otto Weininger (1880-1903). Oggi la donna, sul piano sociale, politico, giuridico, può godere di molte conquiste realizzate nel Novecento attraverso

Tiziano, *Venere di Urbino*, 1538. Firenze, Galleria degli Uffizi.

i movimenti femministi, le rivendicazioni e le lotte interne al movimento del '68. Tuttavia, non mancano ancora discriminazioni nei confronti delle donne presso molti paesi e culture: pensiamo alle ideologie integraliste musulmane, alla pratica della soppressione delle neonate femmine in India e in Cina, ecc.; ma pensiamo anche a quante ingiustizie e violenze ancora subiscono le donne anche nei paesi sviluppati dell'Occidente.

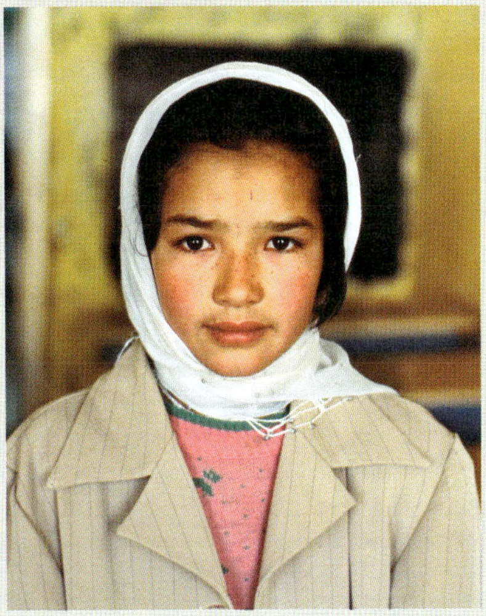

[SOPRA] Sfilata a sostegno dell'estensione del diritto di voto alle donne, New York 1912.
[A DESTRA] Ragazza di etnia hazara, Afghanistan, 2006. Foto di Steve McCurry.

invito all'argomentazione

Divorzio all'italiana, film del 1961 diretto da Pietro Germi.

La condizione di inferiorità legale della donna rispetto agli uomini e, all'interno della famiglia, rispetto al marito si è protratta, in Italia, fino alla seconda metà del Novecento. Trenta anni fa, infatti, vigeva ancora il "delitto d'onore", secondo il quale (come recitava l'art. 587 del Codice Penale) «chi causa la morte del coniuge, della figlia o della sorella, nell'atto in cui ne scopre la illegittima relazione carnale e nello stato d'ira determinato dall'offesa recata all'onor suo o della famiglia, è punito con la reclusione da tre a sette anni»: ovvero con una pena di gran lunga inferiore rispetto all'analogo delitto commesso però con movente diverso. La sproporzione fornì lo spunto anche alla commedia del cinema italiano: basti pensare al capolavoro di Germi *Divorzio all'italiana* (1961), che aveva per protagonista Marcello Mastroianni nei panni del marito ansioso di disfarsi della moglie per convolare a "giuste" seconde nozze con una giovanissima Stefania Sandrelli.
È solo attraverso un lungo percorso, culminato nell'emanazione del Nuovo diritto di famiglia (1975), che la donna assume dignità giuridica e sociale pari al marito: ma perché le disposizioni sul diritto d'onore vengano abrogate si deve aspettare fino al 1981.
Puoi fare tu stesso una piccola ricerca per individuare che cosa, nel tempo, è cambiato. Puoi iniziare consultando su Wikipedia la voce 'Diritto di Famiglia'. Lì troverai indicazioni utili per approfondire l'argomento negli aspetti che più ti interessano. Oppure puoi guardare *Divorzio all'italiana* e appuntare le tue considerazioni riguardo ai problemi che solleva. Una volta raccolti i dati, stendi un breve testo (circa una pagina di quaderno o una cartella di massimo 2000 battute) per argomentare le tue opinioni sul tema dell'emancipazione femminile.

T7

Tancredi e Ghismunda

Decameron, IV, 1

concetti-chiave

- la centralità della figura femminile
- le ragioni dell'amore
- la forza del linguaggio
- la forza naturale degli istinti
- democrazia dell'amore e nobiltà d'animo

Questa novella – uno dei capolavori di Boccaccio – fa parte della Quarta giornata e riprende alcuni dei motivi dell'autodifesa dell'autore svolta nell'Introduzione alla giornata stessa. Non a caso, la novellatrice è Fiammetta, che evoca la protagonista dell'opera giovanile, Elegia di Madonna Fiammetta, *esperta della passione d'amore nelle donne. La novella celebra infatti la nobiltà e la fierezza d'animo delle donne innamorate attraverso la vicenda tragica di Ghismunda. Questa, sorpresa dal padre mentre ama un valletto, difende con forza le ragioni dell'amore, sfidando l'ira del genitore. Quando quest'ultimo manda in una coppa il cuore dell'amato, ella non esita ad uccidersi bevendovi dentro un veleno, pur di non sottostare ai voleri del padre e alle consuetudini sociali. La novella mostra che i divieti familiari e morali non possono opporsi alla forza naturale degli istinti e che è inutile combatterli con la forza e la violenza.*

LINGUA: italiano **DATAZIONE:** 1349-1351

TANCREDI, PRENZE[1] DI SALERNO, UCCIDE L'AMANTE DELLA FIGLIUOLA E MANDALE IL CUORE IN UNA COPPA D'ORO; LA QUALE, MESSA SOPR'ESSO ACQUA AVVELENATA, QUELLA SI BEE E COSÌ MUORE.

[1-7] Filomena, regina della giornata, prende la parola e annuncia il tema doloroso su cui novelleranno a turno i giovani.

Fiera materia di ragionare n'ha oggi il nostro re data,[2] pensando che, dove per rallegrarci venuti siamo, ci convenga raccontar l'altrui lagrime, le quali dir non si possono che chi le dice e chi l'ode non[3] abbia compassione. Forse per temperare alquanto la letizia avuta li giorni passati l'ha fatto: ma che che[4] se l'abbia mosso, poi che a me non si conviene di mutare il suo piacere, un pietoso accidente,[5] anzi sventurato e degno delle nostre lagrime, racconterò.

[8-16] Tancredi, principe di Salerno, umano e benigno, si macchiò di sangue nella vecchiaia. Egli aveva avuto una unica figlia che amò moltissimo e non si decideva a far sposare. Quando la dette in moglie al duca di Capua, questi dopo poco morì.

Tancredi, prencipe di Salerno, fu signore assai umano e di benigno ingegno,[6] se egli nell'amoroso sangue[7] nella sua vecchiezza non s'avesse le mani bruttate;[8] il quale in tutto lo spazio della sua vita non ebbe che una figliuola, e più felice sarebbe stato se quella avuta non avesse. Costei fu dal padre tanto teneramente amata, quanto alcuna altra figliuola da padre fosse giammai: e per questo tenero amore, avendo ella di molti anni avanzata l'età del dovere avere avuto marito,[9] non sappiendola da sé partire,[10] non la maritava: poi alla fine a un figliuolo del duca di Capova[11] datala, poco tempo dimorata con lui, rimase vedova e al padre tornossi.[12]

[17-76] La giovane, poiché né il padre accennava a volerla di nuovo maritare, né lei stessa osava chiederlo, prende ad amare un servo del padre, umile per nascita, ma nobile d'animo.

Era costei bellissima del corpo e del viso quanto alcuna altra femina fosse mai, e giovane e gagliarda e savia più che a donna per avventura non si richiedea.[13] E dimorando col tenero padre, sì come gran donna, in molte dilicatezze,[14] e veggendo che il padre, per l'amor che egli le portava, poca cura si dava di più maritarla,[15] né a lei onesta cosa pareva il richiedernelo, si pensò[16] di

1. PRENZE: *principe*.
2. **Fiera...data**: *Il nostro re* [: il reggente della Quarta giornata: Filostrato] *ci ha dato oggi un argomento tragico di cui narrare*. La Quarta giornata è infatti dedicata agli amori infelici.
3. **non**: è da intendersi in correlazione con il **che** precedente e dunque sta per *senza che*.
4. **che che**: *qualunque cosa*.
5. **un pietoso accidente**: *un evento doloroso e malinconico*.
6. **ingegno**: *indole naturale*.
7. **nell'amoroso sangue**: *nel sangue dei due amanti*.
8. **bruttate**: *imbrattate*.
9. **l'età...marito**: si intende un'età compresa fra i quattordici e i diciotto anni.
10. **non...partire**: *non riuscendo ad allontanarla da sé*, nel senso di non poter sopportare la sua lontananza.
11. **Capova**: *Capua*.
12. **al padre tornossi**: *se ne tornò dal padre*.
13. **savia...richiedea**: *saggia più di quanto normalmente si richiedesse all'epoca a una donna*.
14. **dilicatezze**: *raffinatezze*.
15. **di più maritarla**: *di farla sposare di nuovo*.
16. **si pensò**: *pensò*, con valore attivo.

Ghismunda dà appuntamento all'amato in una grotta abbandonata del palazzo, alla quale si accedeva da una camera terrena. La notte il giovane saliva in camera di Ghismunda e con lei si tratteneva felicemente.

volere avere, se esser potesse, occultamente un valoroso amante. E veggendo molti uomini nella corte del padre usare, gentili e altri,[17] sì come noi veggiamo nelle corti, e considerate le maniere e' costumi di molti, tra gli altri un giovane valletto del padre, il cui nome era Guiscardo, uom di nazione assai umile ma per vertù e per costumi nobile,[18] più che altro le piacque, e di lui tacitamente, spesso vedendolo, fieramente[19] s'accese, ognora più lodando i modi suoi. E il giovane, il quale ancora[20] non era poco avveduto, essendosi di lei accorto, l'aveva per sì fatta maniera nel cuor ricevuta,[21] che da ogni altra cosa quasi che da amar lei aveva la mente rimossa.

In cotal guisa[22] adunque amando l'un l'altro segretamente, niuna altra cosa tanto disiderando la giovane quanto di ritrovarsi con lui, né vogliendosi di questo amore in alcuna persona fidare, a dovergli significare il modo seco pensò una nuova malizia.[23] Essa scrisse una lettera, e in quella ciò che a fare[24] il dì seguente per esser con lei gli mostrò; e poi quella messa in un bucciuolo[25] di canna, sollazzando[26] la diede a Guiscardo e dicendo: «Fara'ne[27] questa sera un soffione[28] alla tua servente, col quale ella raccenda il fuoco».

Guiscardo il prese, e avvisando costei non senza cagione dovergliele aver donato e così detto, partitosi, con esso se ne tornò alla sua casa: e guardando la canna e quella vedendo fessa,[29] l'aperse, e dentro trovata la lettera di lei e lettala e ben compreso ciò che a fare avea, il più contento uom fu che fosse già mai e diedesi a dare opera[30] di dovere a lei andare secondo il modo da lei dimostratogli.

Era allato al palagio del prenze una grotta cavata nel monte, di lunghissimi tempi davanti fatta,[31] nella qual grotta dava alquanto lume uno spiraglio fatto per forza[32] nel monte, il quale, per ciò che[33] abbandonata era la grotta, quasi da pruni e da erbe di sopra natevi era riturato;[34] e in questa grotta per una segreta scala, la quale era in una delle camere terrene del palagio la quale la donna teneva,[35] si poteva andare, come che[36] da uno fortissimo uscio serrata fosse. E era sì fuori delle menti[37] di tutti questa scala, per ciò che di grandissimi tempi davanti usata non s'era, che quasi niuno che ella vi fosse si ricordava: ma Amore, agli occhi del quale niuna cosa è sì segreta che non pervenga,[38] l'aveva nella memoria tornata alla innamorata donna. La quale, acciò che niuno di ciò accorger si potesse, molti dì con suoi ingegni[39] penato avea anzi che venir fatto le potesse d'aprir quello uscio: il quale aperto e sola nella grotta discesa e lo spiraglio veduto, per quello aveva a Guiscardo mandato a dire che di venir s'ingegnasse, avendogli disegnata[40] l'altezza che da quello infino in terra esser poteva. Alla qual cosa fornire[41] Guiscardo prestamente ordinata una fune con certi nodi

17. gentili e altri: *nobili e non.*
18. uom...nobile: Guiscardo, così come lo stalliere di Agilulfo (cfr. **T11**), è umile di nascita ma è nobile d'animo.
19. fieramente: *ardentemente.*
20. ancora: *inoltre.*
21. l'aveva...ricevuta: *si era così innamorato di lei.*
22. guisa: *modo.*
23. nuova malizia: *un insolito accorgimento.*
24. ciò...fare: *che cosa dovesse fare.*
25. bucciuolo: è il tratto della canna tra un nodo e l'altro.
26. sollazzando: *scherzando.*
27. Fara'ne: *Ne farai.*
28. soffione: canna in ferro per soffiare e ravvivare il fuoco.
29. fessa: *spaccata.* È il participio passato di fendere.
30. diedesi...opera: *si applicò per fare in modo.*
31. di...fatta: *fatta moltissimo tempo prima.*
32. per forza: *artificialmente.*
33. per ciò che: *poiché.*
34. riturato: *otturato.*
35. la quale...teneva: *che la donna occupava.*
36. come che: *benché.*
37. delle menti: *del ricordo.*
38. pervenga: *ritorni alla mente.*
39. ingegni: *attrezzi.*
40. disegnata: *indicata.*
41. Alla...fornire: *Per compiere ciò.*

e cappi da potere scendere e salire per essa a sé vestito d'un cuoio che da' pruni il difendesse, senza farne alcuna cosa sentire a alcuno, la seguente notte allo spiraglio n'andò, e accomandato[42] bene l'uno de' capi della fune a un forte bronco[43] che nella bocca dello spiraglio era nato, per quella si collò[44] nella grotta e attese la donna.

La quale il seguente dì, faccendo sembianti[45] di voler dormire, mandate via le sue damigelle e sola serratasi nella camera, aperto l'uscio nella grotta discese, dove, trovato Guiscardo, insieme maravigliosa festa si fecero; e nella sua camera insieme venutine, con grandissimo piacere gran parte di quel giorno si dimorarono; e dato discreto ordine[46] alli loro amori acciò che[47] segreti fossero, tornatosi nella grotta Guiscardo, e ella,[48] serrato l'uscio, alle sue damigelle se ne venne fuori. Guiscardo poi la notte vegnente, sù per la sua fune sagliendo,[49] per lo spiraglio donde era entrato se n'uscì fuori e tornossi a casa; e avendo questo cammino appreso più volte poi in processo di tempo vi ritornò.

[77-101] Un giorno però Tancredi entrò in camera della figlia mentre ella era fuori e, sdraiatosi sotto le coperte del letto della figlia, si addormentò. Quest'ultima, tornata in camera, ricevette l'amante sul suo letto e Tancredi in silenzio sentì tutto. Appena i due amanti furono usciti dalla camera, Tancredi si calò dalla finestra per allontanarsi.

Ma la fortuna, invidiosa di così lungo e di così gran diletto, con doloroso avvenimento la letizia de' due amanti rivolse in tristo pianto.

Era usato Tancredi di venirsene alcuna volta tutto solo nella camera della figliuola e quivi con lei dimorarsi e ragionare alquanto e poi partirsi. Il quale un giorno dietro mangiare[50] là giù venutone, essendo la donna, la quale Ghismunda aveva nome,[51] in un suo giardino con tutte le sue damigelle, in quella senza essere stato da alcuno veduto o sentito entratosene, non volendo lei torre[52] dal suo diletto, trovando le finestre della camera chiuse e le cortine del letto abbattute[53] a piè di quello in un canto[54] sopra un carello[55] si pose a sedere; e appoggiato il capo al letto e tirata sopra sé la cortina, quasi come se studiosamente[56] si fosse nascoso, quivi s'adormentò. E così dormendo egli, Ghismunda, che per isventura quel dì fatto aveva venir Guiscardo, lasciate le sue damigelle nel giardino, pianamente se ne entrò nella camera: e quella serrata, senza accorgersi che alcuna persona vi fosse, aperto l'uscio a Guiscardo che l'attendeva e andatisene in su il letto, sì come usati erano, e insieme scherzando e sollazzandosi, avvenne che Tancredi si svegliò e sentì e vide ciò che Guiscardo e la figliuola facevano. E dolente di ciò oltre modo, prima gli[57] volle sgridare, poi prese partito di tacersi e di starsi nascoso, s'egli potesse,[58] per potere più cautamente fare e con minor sua vergogna quello che già gli era caduto nell'animo[59] di dover fare. I due amanti stettero per lungo spazio insieme, sì come usati erano, senza accorgersi di Tancredi; e quando tempo lor parve[60] discesi del letto, Guiscardo se ne tornò nella grotta e ella s'uscì della camera. Della quale Tancredi, ancora che vecchio fosse, da una finestra di quella si calò nel giardino e senza essere da alcun veduto, dolente a morte, alla sua camera si tornò.

42. accomandato: *assicurato, fissato.*
43. bronco: *sterpo, arbusto.*
44. si collò: *si calò.*
45. faccendo sembianti: *fingendo.*
46. discreto ordine: *accorta disposizione.*
47. acciò che: *affinché.*
48. e ella: *ecco che lei.*
49. la notte...sagliendo: *sopravvenendo la notte, salendo lungo la corda.*
50. dietro mangiare: *dopo aver mangiato.*
51. Ghismunda aveva nome: è qui per la prima volta che Boccaccio rivela il nome della protagonista femminile e da questo punto comincia la storia tragica della donna.
52. torre: *togliere.*
53. abbattute: *abbassate.*
54. canto: *angolo.*
55. carello: è una specie di sgabello basso con cuscino e con ruote, per inginocchiarsi o sedersi, da tenersi sotto il letto.
56. studiosamente: *a bella posta.*
57. gli: *li.*
58. s'egli potesse: *qualora riuscisse a farlo*: stare zitto e nascosto.
59. gli...animo: *gli era venuto in mente.*
60. quando...parve: quando cioè parve a loro di essersi intrattenuti abbastanza.

[102-213] Successivamente, Tancredi rivelò alla figlia di sapere del suo amante e questa con un lungo discorso rivendicò con orgoglio il suo amore e rinfacciò al padre di averla voluta tenere lontana dai piaceri carnali. Ghismunda minacciò poi di voler seguire la stessa sorte che il padre avrebbe riservato al suo amante.

E per ordine da lui dato, all'uscir dello spiraglio la seguente notte in sul primo sonno Guiscardo, così come era nel vestimento del cuoio[61] impacciato, fu preso da due e segretamente a Tancredi menato; il quale, come il vide, quasi piagnendo disse: «Guiscardo, la mia benignità[62] verso te non avea meritato l'oltraggio e la vergogna la quale nelle mie cose fatta m'hai, sì come io oggi vidi con gli occhi miei».

Al quale Guiscardo niuna altra cosa disse se non questo: «Amor può troppo più che né voi né io possiamo».

Comandò adunque Tancredi che egli chetamente in alcuna camera di là entro guardato[63] fosse; e così fu fatto.

Venuto il dì seguente non sappiendo Ghismunda nulla di queste cose, avendo seco Tancredi varie e diverse novità[64] pensate, appresso mangiare secondo la sua usanza nella camera n'andò della figliuola: dove fattalasi chiamare e serratosi dentro con lei, piangendo le cominciò a dire: «Ghismunda, parendomi conoscere la tua vertù e la tua onestà, mai non mi sarebbe potuto cader nell'animo, quantunque mi fosse stato detto, se io co' miei occhi non l'avessi veduto, che tu di sottoporti a alcuno uomo, se tuo marito stato non fosse, avessi, non che fatto, ma pur pensato; di che io, in questo poco di rimanente di vita che la mia vecchiezza mi serba, sempre sarò dolente di ciò ricordandomi. E or volesse Idio che, poi che a tanta disonestà conducer ti dovevi, avessi preso uomo che alla tua nobiltà decevole[65] fosse stato; ma tra tanti che nella mia corte n'usano[66] eleggesti Guiscardo, giovane di vilissima condizione, nella nostra corte quasi come per Dio[67] da piccol fanciullo infino a questo dì allevato; di che tu in grandissimo affanno d'animo messo m'hai, non sappiendo io che partito di te mi pigliare.[68] Di Guiscardo, il quale io feci stanotte prendere quando dello spiraglio usciva, e hollo[69] in prigione, ho io già meco preso partito che farne; ma di te sallo Idio che io non so che farmi. Dall'una parte mi trae l'amore il quale io t'ho sempre più portato che alcun padre portasse a figliuola, e d'altra mi trae giustissimo sdegno preso per la tua gran follia: quegli vuole che io ti perdoni e questi vuole che io contro a mia natura in te incrudelisca: ma prima che io partito prenda, disidero d'udire quello che tu a questo dei dire». E questo detto bassò[70] il viso, piagnendo sì forte come farebbe un fanciul ben battuto.

Ghismunda, udendo il padre e conoscendo non solamente il suo segreto amore esser discoperto ma ancora preso Guiscardo, dolore inestimabile sentì e a mostrarlo con romore[71] e con lagrime, come il più[72] le femine fanno, fu assai volte vicina: ma pur questa viltà[73] vincendo il suo animo altiero, il viso suo con maravigliosa forza fermò, e seco, avanti che a dovere alcun priego per sé porgere, di più non stare in vita dispose, avvisando già esser morto il suo Guiscardo.

Per che, non come dolente femina o ripresa[74] del suo fallo, ma come non curante e valorosa, con asciutto viso e aperto e da niuna parte turbato così al padre disse: «Tancredi, né a negare né a pregare son disposta, per

61. **del cuoio**: *di cuoio.*
62. **benignità**: *benevolenza.*
63. **guardato**: *tenuto prigioniero.*
64. **novità**: *cose insolite.*
65. **decevole**: *conveniente.*
66. **n'usano**: *sono soliti venire.*
67. **per Dio**: per amor di Dio.
68. **che...pigliare**: *che decisione prendere nei tuoi confronti.*
69. **hollo**: *l'ho, lo tengo.*
70. **bassò**: *abbassò.*
71. **con romore**: *con grida e con urla.*
72. **il più**: *di solito.*
73. **viltà**: *debolezza.*
74. **ripresa**: *ravveduta.*

ciò che né l'un mi varrebbe né l'altro voglio che mi vaglia;[75] e oltre a ciò in niuno atto[76] intendo di rendermi benivola la tua mansuetudine e 'l tuo amore: ma, il vero confessando, prima con vere ragioni difender la fama[77] mia e poi con fatti fortissimamente seguire la grandezza dell'animo mio.[78] Egli è il ver che io ho amato e amo Guiscardo, e quanto io viverò,[79] che sarà poco, l'amerò, e se appresso la morte s'ama, non mi rimarrò d'amarlo:[80] ma a questo non m'indusse tanto la mia feminile fragilità, quanto la tua poca sollecitudine del maritarmi e la virtù[81] di lui. Esser ti dové, Tancredi, manifesto, essendo tu di carne, aver generata figliuola di carne e non di pietra o di ferro; e ricordar ti dovevi e dei, quantunque tu ora sie vecchio, chenti e quali[82] e con che forza vengano le leggi della giovanezza: e come che[83] tu, uomo, in parte ne' tuoi migliori anni nell'armi essercitato ti sii, non dovevi di meno conoscere quello che gli ozii e le dilicatezze possano ne' vecchi non che ne' giovani.[84] Sono adunque, sì come da te generata, di carne, e sì poco vivuta, che ancor son giovane, e per l'una cosa e per l'altra piena di concupiscibile disidero,[85] al quale maravigliosissime forze hanno date l'aver già, per essere stato[86] maritata, conosciuto qual piacere sia a così fatto disidero dar compimento. Alle quali forze non potendo io resistere, a seguir quello a che elle mi tiravano, sì come giovane e femina, mi disposi e innamora'mi. E certo in questo opposi ogni mia vertù di non volere a te né a me di quello a che natural peccato mi tirava, in quanto per me si potesse operare, vergogna fare.[87] Alla qual cosa e pietoso Amore e benigna fortuna assai occulta via[88] m'avean trovata e mostrata, per la quale, senza sentirlo alcuno, io a' miei disideri perveniva: e questo, chi che[89] ti se l'abbia mostrato o come che tu il sappi, io nol nego. Guiscardo non per accidente[90] tolsi, come molte fanno, ma con diliberato consiglio[91] elessi innanzi a ogni altro e con avveduto pensiero a me lo 'ntrodussi e con savia perseveranza di me e di lui lungamente goduta sono[92] del mio disio. Di che egli pare, oltre all'amorosamente[93] aver peccato, che tu, più la volgare opinione che la verità seguitando, con più amaritudine[94] mi riprenda, dicendo, quasi turbato esser non ti dovessi se io nobile uomo avessi a questo eletto, che io con uomo di bassa condizion mi son posta: in che[95] non t'accorgi che non il mio peccato ma quello della fortuna riprendi, la quale assai sovente li non degni a alto leva, abbasso lasciando i degnissimi.[96] Ma lasciamo or questo, e riguarda alquanto a' principii delle cose: tu vedrai noi d'una massa di carne tutti la carne avere e da uno medesimo Creatore tutte l'anime con iguali forze, con iguali potenze, con iguali vertù create. La vertù primieramente noi, che tutti nascemmo e nasciamo iguali, ne distinse; e quegli che di lei maggior parte avevano e adoperavano nobili furon detti, e il rimanente rimase non nobile. E benché contraria usanza poi abbia questa legge nascosa, ella non è ancor tolta via né guasta[97] dalla natura né da' buon costumi; e per ciò colui che virtuosamente adopera, apertamente sé mostra gentile,[98] e chi altramenti il chiama, non colui che è chiamato ma colui che chiama commette difetto. Raguarda tra tutti i tuoi nobili uomini e essamina la lor vita, i lor costumi e le loro maniere, e d'altra parte quelle di Guiscardo raguarda: se tu vorrai senza animosità giudicare, tu dirai lui nobilissimo e questi tuoi nobili tutti esser villani.[99] Delle virtù e del valor di Guiscardo io non credetti al giudicio d'alcuna altra persona che a quello delle tue parole e de' miei occhi. Chi il commendò[100] mai tanto

75. mi vaglia: *mi valga*.
76. in niuno atto: *in nessun modo*.
77. fama: *reputazione*.
78. seguire...mio: *tenere fede alla mia magnanimità*, alla elevatezza del mio animo.
79. viverò: *vivrò*.
80. non...d'amarlo: *non cesserò d'amarlo*.
81. virtù: cioè l'innata gentilezza.
82. chenti e quali: *quanti e qual natura*.
83. come che: *benché*.
84. con che forza...giovani: è il tema della forza incontrollabile dell'amore.
85. concupiscibile disidero: *desiderio di appagamento sessuale*.
86. essere stato: *essere stata*.
87. in questo...fare: *nel compimento del mio desiderio* (**in questo**) *cercai, per quanto lo potessi, di non procurare vergogna a te e a me assecondando un istinto peccaminoso, eppur naturale*.
88. occulta via: *maniera segreta*.
89. chi che: *chiunque*.
90. per accidente: *per caso*.
91. con diliberato consiglio: *con ferma convinzione*.
92. goduta sono: *mi sono goduta*.
93. all'amorosamente: *per aver fatto l'amore*.
94. amaritudine: *amarezza*.
95. in che: *nella qual cosa*.
96. non il mio...degnissimi: Il significato è che non ci si può opporre al **natural peccato** se alla base di questa condanna sussiste una discriminazione sociale operata dalla **fortuna.** L'umile condizione di Guiscardo, dice Ghismunda, non deve essere considerata come una sua colpa. Da qui prendono avvio le dichiarazioni seguenti sull'uguaglianza di nascita e sulle differenze operate soltanto dalla virtù.
97. guasta: *corrotta*.
98. colui...gentile: sono i temi stilnovistici.
99. villani: *ignobili*.
100. il commendò: *lo lodò*.

quanto tu commendavi in tutte quelle cose laudevoli che[101] valoroso uomo dee essere commendato? E certo non a torto; ché, se' miei occhi non m'ingannarono, niuna laude da te data gli fu che io lui operarla,[102] e più mirabilmente che le tue parole non poteano esprimere, non vedessi: e se pure in ciò alcuno inganno ricevuto avessi, da te sarei stata ingannata. Dirai dunque che io con uomo di bassa condizion mi sia posta? Tu non dirai il vero: ma per avventura se tu dicessi con povero, con tua vergogna si potrebbe concedere, ché così hai saputo un valente uomo tuo servidore mettere in buono stato; ma la povertà non toglie gentilezza a alcuno ma sì avere.[103] Molti re, molti gran prencipi furon già poveri, e molti di quegli che la terra zappano e guardan le pecore già ricchissimi furono e sonne.[104] L'ultimo dubbio che tu movevi, cioè che di me far ti dovessi, caccial del tutto via: se tu nella tua estrema vecchiezza a far quello che giovane non usasti, cioè a incrudelir,[105] se' disposto, usa in me la tua crudeltà, la quale a alcun priego porgerti disposta non sono,[106] sì come in prima cagion di questo peccato, se peccato è; per ciò che io t'acerto che quello che di Guiscardo fatto avrai o farai, se di me non fai il simigliante,[107] le mie mani medesime il faranno. Ora via, va con le femine a spander le lagrime, e incrudelendo, con un medesimo colpo, se così ti par che meritato abbiamo, uccidi».

[214-277] Il principe ordinò allora a due uomini che strangolassero il giovane e che gli portassero il suo cuore. Lo mise in una coppa d'oro e lo inviò a Ghismunda. La donna, alla vista del cuore dell'amato, decise allora di togliersi la vita bevendo nella coppa un veleno.

Conobbe il prenze la grandezza dell'animo della sua figliuola ma non credette per ciò in tutto lei sì fortemente disposta a quello che le parole sue sonavano, come diceva;[108] per che, da lei partitosi e da sé rimosso di volere in alcuna cosa nella persona di lei incrudelire,[109] pensò con gli altrui[110] danni raffreddare il suo fervente amore, e comandò a' due che Guiscardo guardavano che senza alcun romore lui la seguente notte strangolassono;[111] e trattogli il cuore a lui il recassero. Li quali, così come loro era stato comandato, così operarono.

Laonde,[112] venuto il dì seguente, fattasi il prenze venire una grande e bella coppa d'oro e messo in quella il cuor di Guiscardo, per un suo segretissimo famigliare[113] il mandò alla figliuola e imposegli che quando gliele[114] desse dicesse: «Il tuo padre di manda questo per consolarti di quella cosa che tu più ami, come tu hai lui consolato di ciò che egli più amava».

Ghismunda, non smossa dal suo fiero proponimento, fattesi venire erbe e radici velenose, poi che partito fu il padre, quelle stillò e in acqua redusse, per presta[115] averla se quello di che ella temeva avvenisse.[116] Alla quale venuto il famigliare e col presento[117] e con le parole del prenze, con forte viso la coppa prese; e quella scoperchiata, come il cuor vide e le parole intese, così ebbe per certissimo quello essere il cuor di Guiscardo; per che,[118] levato il viso verso il famigliar, disse: «Non si convenia sepoltura men degna che d'oro a così fatto cuore chente[119] questo è: discretamente[120] in ciò ha il mio padre adoperato».

101. che: *nelle quali*.
102. che io lui operarla: *che io non mi rendessi conto che lui la metteva in atto* (**operarla**).
103. avere: l'*avere*, ossia la *ricchezza*.
104. sonne: *ne sono*.
105. incrudelir: *infierire con crudeltà*.
106. la quale...non sono: è lo stesso concetto presentato all'inizio: **né a negare né a pregare son disposta**.
107. il somigliante: *la stessa cosa*.
108. non credette...diceva: il padre cioè non crede che la figlia abbia veramente intenzione di uccidersi.
109. da sé...incrudelire: *allontanato il proposito* (**rimosso**) *di vendicarsi sulla figlia*.
110. gli altrui: *degli altri*.
111. strangolassono: *strangolassero*.
112. Laonde: *Quindi*.
113. famigliare: *servitore*.
114. gliele: *glielo*.
115. presta: *pronta*.
116. avvenisse: *fosse avvenuto*.
117. presento: *dono, regalo*.
118. per che: *perciò*.
119. chente: *quale*.

Tancredi e Ghismunda, pagina da un manoscritto del *Decameron* di Boccaccio del XV secolo. Parigi, Bibliothèque de l'Arsenal.

E così detto, appressatoselo alla bocca, il basciò,[121] e poi disse: «In ogni cosa sempre e infino a questo stremo[122] della vita mia ho verso me trovato tenerissimo del mio padre l'amore, ma ora più che già mai; e per ciò l'ultime grazie, le quali render gli debbo già mai, di così gran presento, da mia parte gli renderai».

Questo detto, rivolta sopra la coppa la quale stretta teneva, il cuor riguardando disse: «Ahi! dolcissimo albergo di tutti i miei piaceri, maladetta sia la crudeltà di colui che con gli occhi della fronte or mi ti fa vedere.[123] Assai m'era[124] con quegli della mente riguardarti a ciascuna ora. Tu hai il tuo corso fornito,[125] e di tale chente la fortuna tel concedette ti se' spacciato:[126] venuto se' alla fine alla qual ciascun corre: lasciate hai le miserie del mondo e le fatiche e dal tuo nemico medesimo quella sepoltura hai che il tuo valore ha meritata. Niuna cosa ti mancava a aver compiute[127] essequie, se non le lagrime di colei la qual tu vivendo cotanto amasti; le quali acciò che tu l'avessi, pose Idio nell'animo al mio dispietato padre che a me ti mandasse, e io le ti[128] darò, come che[129] di morire con gli occhi asciutti e con viso da niuna cosa spaventato proposto avessi; e dateleti,[130] senza alcuno indugio farò che la mia anima si congiugnerà con quella, adoperandol tu,[131] che tu già tanto cara guardasti.[132] E con qual compagnia ne potre' io andar più contenta o meglio sicura a' luoghi non conosciuti[133] che con lei? Io son certa che ella è ancora quincentro[134] e riguarda[135] i luoghi de' suoi diletti e de' miei e, come colei che ancora son certa che m'ama, aspetta la mia[136] dalla quale sommamente è amata».

E così detto, non altramenti che se una fonte d'acqua nella testa avuta avesse, senza fare alcun feminil romore, sopra la coppa chinatasi piagnendo cominciò a versar tante lagrime, che mirabile cosa furono a riguardare, basciando infinite volte il morto cuore. Le sue damigelle, che da torno le stavano, che cuore questo si fosse o che volesson[137] dir le parole di lei non intendevano, ma da compassion vinte tutte piagnevano e lei pietosamente della cagion del suo pianto domandavano invano e molto più, come meglio sapevano e potevano, s'ingegnavano di confortarla.

La qual poi che quanto le parve ebbe pianto, alzato il capo e rasciuttisi gli occhi, disse: «O molto amato cuore, ogni mio uficio verso te è fornito,[138] né più altro mi resta a fare se non di venire con la mia anima a fare alla tua compagnia».

E questo detto, si fé dare l'orcioletto nel quale era l'acqua che il dì davanti aveva fatta, la quale mise nella coppa ove il cuore era da molte delle sue lagrime lavato; e senza alcuna paura postavi la bocca, tutta la bevve e bevutala con la coppa in mano se ne salì sopra il suo letto, e quanto più onestamente seppe compose il corpo suo sopra quello e al suo cuore accostò quello del morto amante: e senza dire alcuna cosa aspettava la morte.

120. **discretamente**: *saggiamente*.
121. **basciò**: *baciò*.
122. **stremo**: *momento estremo*.
123. **mi ti fa vedere**: *mi fa vedere te*.
124. **Assai m'era**: *Mi era sufficiente*.
125. **fornito**: *concluso*.
126. **di tale...spacciato**: *ti sei liberato di tale corso* [*della vita*] *così come la sorte te l'ha concesso*.
127. **compiute**: *perfette*.
128. **le ti**: *te le*.
129. **come che**: *sebbene*.
130. **dateleti**: *una volta che io te le abbia date*.
131. **adoperandol tu**: *con il tuo aiuto*.
132. **guardasti**: *custodisti*.
133. **luoghi non conosciuti**: intende l'aldilà, la vita ultraterrena.
134. **quincentro**: *qui dentro*.
135. **riguarda**: *riconsidera*.
136. **aspetta la mia**: è sottinteso l'"anima".
137. **volesson**: *volessero*.
138. **fornito**: *compiuto*.

[278-299] Le damigelle di Ghismunda mandarono a chiamare Tancredi, a cui la donna in punto di morte chiese a che il proprio corpo venisse sepolto insieme a quello dell'amato. E l'uomo, che troppo tardi si pentì, fece quanto gli era stato chiesto dalla figlia.

Le damigelle sue, avendo queste cose e vedute e udite, come che esse non sapessero che acqua quella fosse la quale ella bevuta aveva, a Tancredi ogni cosa avean mandato a dire; il qual, temendo di quello che sopravenne, presto nella camera scese della figliuola, nella qual giunse in quella ora che essa sopra il suo letto si pose; e tardi con dolci parole levatosi a suo conforto, veggendo ne' termini ne' quali era, cominciò dolorosamente a piagnere.

Al quale la donna disse: «Tancredi, serbati coteste lagrime a meno disiderata fortuna che questa, né a me le dare, che non le disidero. Chi vide mai alcuno altro che te piagnere di quello che egli ha voluto? Ma pure, se niente di quello amore che già mi portasti ancora in te vive, per ultimo don mi concedi che, poi a grado non ti fu che io tacitamente e di nascoso con Guiscardo vivessi, che 'l mio corpo col suo, dove che tu te l'abbi fatto gittare, morto palese stea».

L'angoscia del pianto non lasciò rispondere al prenze; laonde la giovane, al suo fine esser venuta sentendosi, strignendosi al petto il morto cuore, disse: «Rimanete con Dio, ché io mi parto». E velati gli occhi e ogni senso perduto, di questa dolente vita si dipartì.

Così doloroso fine ebbe l'amor di Guiscardo e di Ghismunda, come udito avete: li quali Tancredi dopo molto pianto e tardi pentuto della sua crudeltà, con general dolore di tutti i salernetani, onorevolmente ammenduni in un medesimo sepolcro gli fé sepellire.

G. Boccaccio, *Decameron*, a cura di V. Branca, cit.

analisi e interpretazione T7

le forme

La struttura della novella Nella novella si distinguono una parte iniziale comprendente un prologo, con cui si presentano i personaggi principali di Tancredi e Ghismunda, e un antefatto, nel quale si narrano gli amori della donna con un valletto. Segue poi l'azione vera e propria preceduta da una pausa con la quale il narratore avvisa che la fortuna che ha favorito i due amanti sta per volgersi loro contro. L'azione si sviluppa in tre momenti fondamentali 1) Tancredi scopre l'amore della figlia per il valletto Guiscardo; 2) dialogo di Tancredi con la figlia, la quale replica al padre con fermezza e con un discorso appassionato e fiero che occupa la parte centrale e più rilevante della novella; 3) uccisione di Guiscardo, il cui cuore viene mandato in una coppa d'oro a Ghismunda che si uccide bevendovi dentro un veleno mortale. È questo il momento culminante del racconto. Ad esso segue lo scioglimento finale nella conclusione, in cui si dà spazio all'ultimo dialogo di Tancredi con la figlia morente che chiede di essere seppellita insieme al suo amante.

La forza delle parole di Ghismunda La giovane, attraverso la forza della parola e del linguaggio, nel dialogo con il padre, sostiene con fermezza e con nobiltà d'accenti (il suo linguaggio è elevato e tragico) le ragioni dell'amore e il diritto a soddisfarne il «concupiscibile desiderio», ossia le spinte naturali e istintive, a cui è impossibile opporsi (cfr. **T6** ***La donna della legge (Madonna Filippa)***, p. 401).

i temi e i motivi

La continuazione dell'autodifesa di Boccaccio Con questa figura di donna, dotata di profonda passione, di nobiltà d'animo, ma anche di fermo raziocinio, Boccaccio vuole in qualche modo continuare l'autodifesa che ha iniziato nell'Introduzione alla Quarta giornata e rispondere a quanti lo avevano accusato di frivolezza per il fatto di dedicarsi alle donne. Boccaccio afferma invece che proprio delle donne vuol fare le proprie "Muse" ispiratrici: una di queste è Ghismunda.

Il parallelismo con la novella delle papere C'è, a veder bene, una sorta di parallelismo fra la novella di Tancredi e Ghismunda e la novella delle papere (quella che i critici considerano la centunesima del *Decameron* e che è raccontata dal narratore nell'Introduzione alla Quarta giornata: cfr. **T4**, p. 373). Anche qui troviamo un padre che, in questo caso per ragioni religiose, vuole contrastare nel figlio l'insorgere del «concupiscibile appetito» (si noti il parallelismo linguistico con la novella di Tancredi e Ghismunda) verso le donne. Nel caso di Tancredi però questa volontà potrebbe essere mossa, secondo il critico Carlo Muscetta, anche da una spinta d'amore incestuoso verso la figlia. Malgrado tutto, né il giovane della novella delle papere né Ghismunda possono sottrarsi all'istinto naturale che non può essere ingannato attraverso le parole ("papere", riferito a "donne") o i divieti.

La democrazia dell'amore e la nobiltà d'animo Con una chiara ripresa delle definizioni stilnovistiche di "nobiltà" e di "gentilezza" che deriverebbero dalle inclinazioni dell'animo e non dalla nascita o dal sangue, Ghismunda fa una difesa morale del valletto Guiscardo. Questi, grazie alle sue virtù, al suo ingegno e alla sua gentilezza, ha conquistato il diritto democratico all'amore e la possibilità di vincere le discriminazioni sociali che imporrebbero di rinunciare ad amare una donna che non appartenga al suo stesso rango (cfr. **T11** ***Novella dello stalliere di re Agilulfo***, p. 450).

Boccaccio e noi

Motivi di attualità La democrazia dell'amore che Boccaccio valorizza in certe novelle del *Decameron* è un traguardo non ancora del tutto raggiunto neppure oggi presso molte società e culture. D'altronde, ancora fino a cinquanta anni fa, persino in alcune regioni dell'Italia meridionale erano i genitori a scegliere il coniuge dei figli e i loro criteri di scelta erano essenzialmente di natura economica e sociale. Per molto tempo, sentimenti e passioni d'amore sono stati sacrificati a queste esigenze. Il tema degli amori contrastati o, al contrario, degli amori realizzati a fronte di molti impedimenti ha alimentato l'immaginario collettivo e la fantasia di molti scrittori e lettori di ogni tempo. Si pensi alla storia di Romeo e Giulietta raccontata da Shakespeare, a quelle di Jacopo Ortis e di Werther raccontate rispettivamente da Foscolo e da Goethe, alle molte fiabe del passato, ma anche del nostro presente, in cui semplici fanciulle sposano dei "principi azzurri".

per studiare guida all'analisi T7

COMPRENDERE

1 Chi sono i personaggi della novella e a quale classe sociale appartengono?

2 Ricostruisci l'ordine corretto di quanto avviene nella novella.

a. ☐ Tancredi commisiona l'omicidio
b. ☐ suicidio di Ghismunda
c. ☐ i due amanti si incontrano in una grotta
d. ☐ Ghismunda consegna a Guiscardo una canna
e. ☐ Ghismunda prepara il veleno
f. ☐ la voce narrante preannuncia la conclusione tragica della vicenda
g. ☐ Ghismunda rivendica davanti al padre il suo diritto all'amore
h. ☐ Tancredi si addormenta sopra uno sgabello
i. ☐ Ghismunda accoglie Guiscardo nella propria camera
l. ☐ Ghismunda riceve dal padre una coppa
m. ☐ Tancredi ordina di seppellire insieme i due amanti
n. ☐ la voce narrante presenta i protagonisti della vicenda

3 Chi narra la novella? C'è un rapporto fra chi narra e la vicenda narrata?

ANALIZZARE

4 Quali considerazioni spingono Ghismunda a scegliere Guiscardo come amante? Quali valori rendono affini i due amanti?

5 Quali elementi caratterizzano il principe Tancredi e ne fanno un personaggio contraddittorio?

6 Quale atteggiamento assume Ghismunda, una volta scoperta? Rispondi sulla base di quello che dice il testo ai righi 136-145.

7 Il dialogo fra Ghismunda e Tancredi occupa la parte maggiore della novella: segno dell'importanza che l'autore gli attribuisce. Prova ad analizzarlo rispondendo alle domande proposte di seguito.

A A quali cause Ghismunda attribuisce il suo amore per Guiscardo? Scegli le risposte corrette.

- a alla forza naturale dell'amore
- b alla gentilezza di Guiscardo
- c al caso
- d alla negligenza di Tancredi nel maritarla

B Che cosa rinfaccia Ghismunda a Tancredi?

- a di averla data in sposa a con un uomo che non amava
- b di averla voluto tenere lontano dal naturale piacere dell'amore
- c di averla tenuta rinchiusa in casa
- d di non aver permesso che sposasse Guiscardo

C Come risponde Ghismunda all'accusa di aver scelto come amante un «giovane di vilissima condizione»? Scegli le due risposte corrette.

- a i tempi sono cambiati e non più è il caso di discriminare le classi sociali
- b Guiscardo è povero ma appartiene ad una famiglia nobile decaduta
- c la forza dell'amore è connaturata e indipendente dalle condizioni sociali
- d Guiscardo è nobile d'animo assai più che tutti i nobili di sangue

INTERPRETARE E APPROFONDIRE

8 La novella di Tancredi e Ghismunda ha alcuni tratti in comune con la novella dell'usignolo (T5), ma la prima ha un finale lieto, la seconda, invece, tragico. Oltre al finale, quali elementi distinguono o accomunano le due novelle? Rispondi inserendo gli enunciati riportati in calce nell'una o nell'altra colonna, oppure in entrambe.

La novella dell'usignolo	La novella di Tancredi e Ghismunda
....	....
....	....
....	....
....	....

l'autore sostiene la forza dell'istinto amoroso – l'ambiente è nobile – l'ambiente è borghese – la protagonista usa uno stratagemma per incontrare l'innamorato di nascosto – l'innamorato è un ottimo partito – l'innamorato è un servitore – la figura femminile ha un ruolo attivo – il padre rivendica il diritto di vita o di morte sul giovane amante – il padre esige il matrimonio – il matrimonio non viene preso in considerazione – il padre è un rappresentante del vecchio mondo feudale che non riconosce il ruolo sociale dell'amore – il padre si pente del proprio operato – il padre è soddisfatto del proprio operato – la figlia è un personaggio tragicamente moderno – la figlia è un'adolescente gioiosa

9 Quali motivi determinano la diversità della conclusione della storia d'amore nelle due novelle, a tuo parere?

10 La novella di Tancredi e Ghismunda ha elementi in comune anche con la cosiddetta novella delle papere (T4). Se l'hai

letta, svolgi l'esercizio: ti aiuterà a confrontarle. Completa la tabella inserendo correttamente gli enunciati riportati in calce. Attenzione: un enunciato vale in entrambe le situazioni!

La novella delle papere	La novella di Tancredi e Ghismunda
....	....
....	....
....	....
....	....

il padre esprime una forte gelosia – il padre agisce sull'onda di scrupoli religiosi – il racconto non ha una conclusione – la vicenda finisce tragicamente – il vero protagonista della storia è la forza irresistibile dell'amore – il/la protagonista spiega le proprie ragioni in modo ampio e articolato – il/la protagonista non sa ancora cosa sia la passione amorosa – la vicenda è ambientata a Salerno

Conclusioni del PERCORSO 1

L'amore e la natura

Rispetto alla idealizzazione che della bellezza, della donna e dell'amore viene fatta nella *Vita nuova* di Dante o nel *Canzoniere* di Petrarca, con Boccaccio si assiste alla valorizzazione del concetto di "natura" intesa come fondamento dell'amore. In Dante la bellezza, la donna e l'amore avevano valore trascendente ed erano finalizzati al rapporto con la dimensione divina; in Petrarca comincia a farsi strada il conflitto fra la dimensione ideale e quella materiale e terrena. Con Boccaccio invece viene meno il conflitto fra spiritualità e sensualità che è ancora presente nella cultura del Trecento e che si rivela drammaticamente in Petrarca. La dimensione terrena e sensuale viene rivalutata e si accorda a quella spirituale, segnando una svolta nel modo di concepire l'amore. Infatti Filippa (**T6**) e Ghismunda (**T7**) conciliano in sé elevatezza spirituale, dignità morale e passione amorosa.

L'amore diventa una forza eversiva e democratica

Le novelle di Boccaccio valorizzano l'amore come forza naturale, come spinta istintiva e passionale che esiste al di là delle convenzioni e dei vincoli sociali. In questo senso Boccaccio recupera e porta alle estreme conseguenze la concezione dell'amore già enunciata nel tratto *De Amore*, scritto in latino tra il 1174 e il 1204 da Andrea Cappellano. Il trattato, che costituisce un vero e proprio manifesto dell'amor cortese, teorizzava la non compatibilità dell'amore con il matrimonio (cfr. nel **Capitolo 9, S5**, p. 606). Anche Boccaccio, nel *Decameron,* non vede nella istituzionalizzazione del rapporto di coppia un necessario impedimento all'amore, a patto però che esso non soffochi il desiderio e la passione. Continueranno dunque ad amarsi i due giovani protagonisti della novella dell'usignolo perché non viene meno in loro la spinta sensuale. E tuttavia, Boccaccio guarda con una certa comprensione e simpatia anche a quelle donne, come Filippa (**T6**), che non intendono esaurire i loro «appetiti» sessuali all'interno del matrimonio. Mentre nella novella di Tancredi e Ghismunda l'autore del *Decameron* mostra come venga meno in un rappresentante del vecchio mondo feudale, Tancredi, qualsiasi riconoscimento morale e sociale dell'amore, Ghismunda, personaggio tragicamente moderno, ne riscatta eroicamente tutta la dignità (**T7**). Rispetto alla tradizionale condanna religiosa e morale, l'amore, nella novella di Madonna Filippa (**T6**) e nella novella di Tancredi e Ghismunda (**T7**) esprime tutta la forza eversiva della libertà e della democrazia fra i sessi e fra le diverse classi sociali. Nel *Decameron* l'eros ha carattere egualitario poiché fa valere i propri diritti in ogni classe sociale: dalla nobiltà alla borghesia e al popolo.

La donna non è solo oggetto, ma anche soggetto di desiderio

La donna del *Decameron* non ha paura di prendere parte attiva nell'amore: è Ghismunda che prende l'iniziativa d'amore nei confronti di Guiscardo ed è Filippa che difende il diritto di amare per tutte le donne. Si tratta di un elemento fortemente innovativo e rivoluzionario, dal momento che nei parametri di comportamento del tempo era previsto che solo l'uomo potesse essere protagonista attivo nella pratica amorosa.

La ragione e gli istinti

Boccaccio non contrappone gli istinti alla ragione; per la felicità dell'uomo queste due forze devono conciliarsi. Il connubio tra natura e ragione viene teorizzato da Boccaccio attraverso le parole di Pampinea nell'Introduzione alla Prima giornata e viene sostenuto da parte di alcuni personaggi esemplari. Nella novella di Filippa (**T6**) e nella novella di Tancredi e Ghismunda (**T7**) le due protagoniste appagano i loro «appetiti» sessuali, ma non rinunciano a difendere le ragioni del loro comportamento ricorrendo ad argomentazioni razionali. L'equilibrio fra queste sfere contrastanti è alla base di una nuova morale che non si basa più su norme precostituite, ma su un compromesso fra natura e onestà, fra rispetto delle pulsioni da un lato, e virtù sociali (l'onestà, il decoro) e individuali (nobiltà d'animo e gentilezza) dall'altro. È un compromesso che non è dato una volta per sempre ma che va ricercato caso per caso, con intelligenza e buon senso.

per fare il punto | autoverifica delle conoscenze

Verifica la correttezza delle tue risposte sulla base dei paragrafi, dei testi o delle schede indicati a corredo di ciascuna domanda.

1 In questo percorso sono raccolte novelle in cui le donne prendono la parola in modo determinante. Collega ogni discorso alla donna che lo ha pronunciato. (per l'autoverifica, controlla tu stesso i discorsi sul testo)

Caterina	«Esser ti dové [...] manifesto, essendo tu di carne, aver generata figliuola di carne e non di pietra o di ferro; e ricordar ti dovevi e dei, quantunque tu ora sie vecchio, chenti e quali e con che forza vengano le leggi della giovinezza»
Ghismunda	«Le quali cose di questa non avvengono, ché essa solamente le donne tapinelle costrigne, le quali molto meglio che gli uomini potrebbero a molti sodisfare; e oltre a questo, non che alcuna donna, quando fatta fu, ci prestasse consentimento, ma niuna ce ne fu mai chiamata; per le quali cose meritamente malvagia si può chiamare»
Filippa	«Madre mia, voi dovreste dire 'a mio parere', e forse vi direste il vero; ma voi dovreste pensare quanto sieno più calde le fanciulle che le donne attempate»

2 Con Boccaccio la concezione dell'amore cambia rispetto a Dante e a Petrarca. Collega correttamente i tre passaggi. (per l'autoverifica, controlla tu stesso i discorsi sul testo)

Dante	la dimensione spirituale e quella terrena dell'amore sono in drammatico conflitto
Petrarca	la dimensione terrena e sensuale dell'amore si impone su quella spirituale in nome della natura
Boccaccio	la bellezza, la donna e l'amore sono messi in rapporto con la dimensione divina

per fare il punto *autoverifica delle conoscenze*

3 Riconosci le descrizioni dei personaggi delle novelle che hai letto in questo percorso? Prova a collegare ciascuna descrizione al personaggio. (per l'autoverifica, controlla tu stesso i discorsi sul testo)

Lazzarino	«Bellissima e di maniere laudevoli molto, e, secondo che le sue parole testimoniavano, di grande animo»
Ghismunda	«Nobile giovane e bello di quella terra, il quale ella quanto sé medesima amava, ed era da lui amata»
Guiscardo	«Signore assai umano e di benigno ingegno, se egli nell'amoroso sangue nella sua vecchiezza non s'avesse le mani bruttate»
Caterina	«Bellissima del corpo e del viso quanto alcuna altra femina fosse mai, e giovane e gagliarda e savia più che a donna per avventura non si richiedea»
Tancredi	«Oltre a ogni altra della contrada crescendo divenne bella e piacevole; e per ciò che sola era al padre e alla madre rimasa, sommamente da loro era amata e avuta cara e con maravigliosa diligenza guardata»
messer Lizio	«Uom di nazione assai umile ma per vertù e per costumi nobile»
Ricciardo	«Un giovane bello e fresco della persona il quale era de' Manardi da Brettinoro»
Filippa	«Un cavaliere assai da bene e costumato [...] a cui per ventura vicino alla sua vecchiezza una figliuola nacque d'una sua donna chiamata madonna Giacomina»

4 Nella sua concezione della naturalità dell'amore, Boccaccio si rifà al trattato *De Amore* [L'Amore] di Andrea Cappellano, che aveva avuto grande diffusione fin dagli inizi del Duecento. Quali elementi riprende dal trattato, e in quali si distacca? (per l'autoverifica, controlla tu stesso i discorsi sul testo)

5 Nel *Decameron*, le donne che non si accontentano di vivere l'amore all'interno del matrimonio, sono condannate? Quale novella puoi portare ad esempio? (cfr. **Conclusioni del PERCORSO 1**)

6 In che senso l'amore nel *Decameron* è una forza "democratica"? (cfr. **Conclusioni del PERCORSO 1**)

7 Le donne passionali del *Decameron* sono anche donne irrazionali? Rispondi facendo riferimento alle novelle lette.

8 Nel Boccaccio, il tema del sesso è visto nella sua naturalità: non è segno di sfrenatezza o lussuria, ma espressione della natura umana e come tale mai disgiunto dalla dimensione razionale. Spiega come Boccaccio raccolga l'eredità dei *fabliaux* e degli *exempla* medievali per immetterla in un contesto moderno. Sull'argomento vedi anche la videolezione *Boccaccio: rivoluzione sessuale e problematicismo etico nel* Decameron; in particolare la sezione *Il sesso nel Medioevo: dai* fabliaux *e dagli* exempla *al* Decameron.

Prospettiva borghese-mercantile e prospettiva cortese

Le tappe di questo percorso

Attraverso questo percorso possiamo osservare come l'attenzione di Boccaccio verso la nuova dimensione borghese-mercantile, che si è andata affermando con l'avvento della società comunale, si accompagni, in molti casi, allo sguardo malinconico verso una realtà, quella cortese, che nel Trecento sta scomparendo. Boccaccio è affascinato dalla concezione borghese della vita aperta e spregiudicata, dal nuovo individualismo, in cui prevale l'amore del rischio e dell'avventura, la sfida continua, l'ingegno. Sono tutti elementi presenti in molte novelle, fra cui quella di Andreuccio da Perugia (**T15**, p. 485) (questa novella è riportata più avanti nel **PERCORSO 5** ***Camilleri traduce Boccaccio***). E tuttavia non manca in Boccaccio una critica verso i mali della «ragione di mercatura», verso il cinismo e l'egoismo legati al denaro e al profitto, riconducibili nel *Decameron* a vari personaggi. Si pensi alle persone che Andreuccio incontra a Napoli, alla figura di ser Ciappelletto (cfr. **T10**, p. 442), nella novella che dà avvio alla Prima giornata, o ai fratelli di Ellisabetta da Messina (cfr. **T14**, p. 479), nella quinta novella della Quarta giornata. All'avarizia e alla alienazione dell'intelligenza fine a sé stessa, priva di scopi morali e umani, Boccaccio oppone, in altri casi, come nelle novelle di Nastagio degli Onesti (**T8**, p. 424) e di Federigo degli Alberighi (**T9**, p. 433), i valori aristocratici e cortesi della liberalità, dell'onestà e della "gentilezza" (intesa come nobiltà d'animo) propri di un mondo nobiliare in via di estinzione. Boccaccio tenta di recuperare tali valori all'interno di una nuova prospettiva ideale che già prelude all'Umanesimo.

TESTI

T8

Nastagio degli Onesti

Decameron, V, 8

concetti-chiave
- l'*exemplum* della caccia infernale
- il rapporto tra cultura borghese e aristocratica
- amore ed equilibrio

La novella racconta la storia di Nastagio, ricco borghese, che ama non ricambiato una donna nobile di sangue. Egli spende e sperpera per conquistare la donna che però non rinuncia alla sua alterigia (il tema economico accomuna questa novella alla successiva di Federigo degli Alberighi). Un venerdì, nella pineta di Ravenna, Nastagio vede una fanciulla nuda inseguita da due cani e da un cavaliere. Egli vorrebbe intervenire in difesa della donna, ma il cavaliere lo informa che la "caccia" è voluta da Dio. L'uomo inseguitore dice che, essendosi suicidato a causa dell'amore non ricambiato per la donna ed essendo morta anch'ella senza pentirsi, ora è condannato a inseguirla e a trapassarla con la spada, mentre lei deve fuggire lacerata dai cani. Il venerdì successivo Nastagio organizza nello stesso luogo una cena in cui invita molti amici e la donna che lo respinge. Quest'ultima, assistendo alla scena della "caccia", cambia subito atteggiamento nei confronti di Nastagio e accetta di sposarlo. La scena della caccia infernale di questa novella è così suggestiva e drammatica che ispirerà un grande artista come Botticelli, il quale la rappresenterà in versione pittorica intorno al 1484 (cfr. **S5**, *p. 431).*

LINGUA: italiano **DATAZIONE:** 1349-1351

NASTAGIO DEGLI ONESTI,[1] AMANDO UNA DE' TRAVERSARI,[2] SPENDE LE SUE RICCHEZZE SENZA ESSERE AMATO; VASSENE PREGATO DA' SUOI A CHIASSI;[3] QUIVI VEDE CACCIARE A[4] UN CAVALIERE UNA GIOVANE E UCCIDERLA E DIVORARLA DA DUE CANI; INVITA I PARENTI SUOI E QUELLA DONNA AMATA DA LUI A UN DESINARE, LA QUALE VEDE QUESTA MEDESIMA GIOVANE SBRANARE E TEMENDO DI SIMILE AVVENIMENTO PRENDE PER MARITO NASTAGIO.

[1-6] Dopo che Lauretta finì di parlare, prese la parola Filomena per affermare che come della donna viene lodata la misericordia, rispetto all'uomo che la ama, così viene punita la sua crudeltà. Introduce dunque una novella che sarà insieme triste e piacevole.

[7-22] C'era a Ravenna un uomo dal nome di Nastagio degli Onesti che alla morte del padre e dello zio si trovò ricchissimo. Avvenne che si innamorò della figliola di Paolo Traversaro, il quale era più nobile di lui, e Nastagio cominciò a fare di tutto per conquistarla ma la fanciulla, forse per la sua bellezza o per la sua nobiltà, non ricambiava. Per

Come la Lauretta si tacque, così per comandamento della reina[5] cominciò Filomena:

– Amabili donne, come in noi è la pietà commendata, così ancora in noi è dalla divina giustizia rigidamente la crudeltà vendicata:[6] il che acciò che[7] io vi dimostri e materia vi dea di cacciarla del tutto da voi, mi piace di dirvi una novella non meno di compassion piena che dilettevole.

In Ravenna, antichissima città di Romagna, furon già assai nobili e gentili uomini, tra' quali un giovane chiamato Nastagio degli Onesti, per la morte del padre di lui e d'un suo zio, senza stima[8] rimase ricchissimo. Il quale, sì come de' giovani avviene, essendo senza moglie s'innamorò d'una figliuola di messer Paolo Traversaro, giovane troppo[9] più nobile che esso non era, prendendo speranza con le sue opere di doverla trarre a amar lui.[10] Le quali, quantunque grandissime, belle e laudevoli fossero, non solamente non gli giovavano, anzi pareva che gli nocessero, tanto cruda e dura e salvatica[11] gli si mostrava la giovinetta amata, forse per la sua singular

1. NASTAGIO DEGLI ONESTI: gli Onesti appartenevano ad una famiglia nobile di Ravenna.
2. TRAVERSARI: nobilissima famiglia di Ravenna di parte guelfa, amministratrice dei beni ecclesiastici e assai potente. Dante nel *Purgatorio* la cita insieme alla famiglia rivale degli Anastagi, di parte ghibellina.
3. CHIASSI: si tratta di Classe, località ricordata anche da Dante nel *Purgatorio* e caratterizzata dalla presenza della pineta.
4. A: *da*.
5. **reina**: *regina;* è Fiammetta.
6. **come...vendicata**: *come di noi [donne] è lodata* (**commendata**) *la misericordia* (**pietà**) [*: nei confronti degli uomini*], *così dalla giustizia divina è punita* (**vendicata**) *la crudeltà [della donna]*.
7. **acciò che**: *affinché*.
8. **senza stima**: *in modo inestimabile*.
9. **troppo**: *molto*.
10. **prendendo...lui**: *sperando, con la sua gentilezza e generosità, di convincere la ragazza ad amarlo*.
11. **salvatica**: *ritrosa*.

questo Nastagio pensò anche di uccidersi e più il suo amore sembrava senza speranza, più moltiplicava i suoi effetti.

bellezza o per la sua nobiltà sì altiera e disdegnosa divenuta, che né egli né cosa che gli piacesse le piaceva. La qual cosa era tanto a Nastagio gravosa a comportare,[12] che per dolore più volte dopo essersi doluto gli venne in disidero d'uccidersi; poi, pur tenendosene,[13] molte volte si mise in cuore di doverla del tutto lasciare stare, o se potesse d'averla in odio come ella aveva lui. Ma invano tal proponimento prendeva, per ciò che pareva che quanto più la speranza mancava, tanto più multiplicasse[14] il suo amore.

[23-38] Il giovane sperperava i suoi averi e consumava se stesso per conquistarla, tanto che amici e parenti lo convinsero a lasciare Ravenna in modo da porre fine all'amore e alle spese. Il giovane, accompagnato da un gruppo di amici, si trasferì in un luogo a tre miglia dalla città. Rimandati a casa gli accompagnatori, Nastagio cominciò a fare la bella vita, invitando amici a cena e a pranzo, così come aveva fatto anche in precedenza.

Perseverando adunque il giovane e nello amare e nello spendere smisuratamente, parve a certi suoi amici e parenti che egli sé e 'l suo avere parimente fosse per[15] consumare; per la qual cosa più volte il pregarono e consigliarono che si dovesse di Ravenna partire e in alcuno altro luogo per alquanto tempo andare a dimorare, per ciò che, così faccendo, scemerebbe l'amore e le spese. Di questo consiglio più volte fece beffe Nastagio; ma pure, essendo da loro sollecitato, non potendo tanto[16] dir di no, disse di farlo; e fatto fare un grande apparecchiamento,[17] come se in Francia o in Ispagna o in alcuno altro luogo lontano andar volesse, montato a cavallo e da' suoi molti amici accompagnato di Ravenna uscì e andossen a un luogo fuor di Ravenna forse tre miglia, che si chiama Chiassi; e quivi fatti venir padiglioni e trabacche,[18] disse a color che accompagnato l'aveano che starsi[19] volea e che essi a Ravenna se ne tornassono. Attendatosi adunque quivi Nastagio cominciò a fare la più bella vita e la più magnifica che mai si facesse, or questi e or quegli altri invitando a cena e a desinare, come usato s'era.[20]

[39-60] Avvenne che, avvicinandosi maggio e ritornando con il pensiero alla donna amata, un giorno Nastagio camminando giunse alla pineta e vi si addentrò. Qui sentì un grandissimo pianto e grida altissime di una donna nuda che era inseguita da due grandi e feroci mastini che la azzannavano. Dietro vide venire un cavaliere vestito di scuro a cavallo con viso crucciato, con una spada in mano e minacciando la donna. Nastagio, meravigliato e mosso a compassione, cercò di liberarla dai cani prendendo un bastone.

Ora avvenne che, venendo quasi all'entrata di maggio, essendo un bellissimo tempo e egli entrato in pensiero della sua crudel donna, comandato a tutta la sua famiglia[21] che solo il lasciassero per più poter pensare a suo piacere, piede innanzi piè se medesimo trasportò pensando infino nella pigneta.[22] E essendo già passata presso che la quinta ora[23] del giorno e esso bene un mezzo miglio per la pigneta entrato, non ricordandosi di mangiare né d'altra cosa, subitamente gli parve udire un grandissimo pianto e guai altissimi messi[24] da una donna; per che, rotto[25] il suo dolce pensiero, alzò il capo per veder che fosse e maravigliossi nella pigneta veggendosi. E oltre a ciò, davanti guardandosi, vide venire per un boschetto assai folto d'albuscelli e di pruni,[26] correndo verso il luogo dove egli era, una bellissima giovane ignuda, scapigliata e tutta graffiata dalle frasche e da' pruni, piagnendo e gridando forte mercé;[27] e oltre a questo le vide a' fianchi due grandi e fieri mastini, li quali duramente[28] appresso correndole spesse volte crudelmente dove la giugnevano[29] la mordevano; e dietro a lei vide venire sopra un corsier nero un cavalier bruno, forte nel viso crucciato, con uno stocco in mano,[30] lei di morte con parole spaventevoli e villane minacciando. Questa cosa a un'ora[31] maraviglia e spavento gli mise nell'animo e ulti-

12. comportare: *sopportare.*
13. tenendosene: *trattenendosi.*
14. multiplicasse: *raddoppiasse.*
15. per: *sul punto di.*
16. tanto: *troppo.*
17. apparecchiamento: *preparativi.*
18. padiglioni e trabacche: *tende e baracche.*
19. starsi: *fermarsi.*
20. usato s'era: *come era abituato.*
21. famiglia: *servitù.*
22. piede...pigneta: significa che camminando camminando arriva fin dentro alla pineta.
23. quinta ora: sono passate da poco le undici del mattino.
24. guai...messi: *grida altissime emesse.*
25. rotto: *interrotto.*
26. d'albuscelli e di pruni: *d'arbusti e di rovi.*
27. mercé: *aiuto.*
28. duramente: *rabbiosamente.*
29. giugnevano: *raggiungevano.*
30. bruno...mano: *vestito di scuro, assai adirato in volto, con una spada* (**stocco**) *corta in mano.*
31. a un'ora: *nello stesso tempo.*

mamente compassione della sventurata donna, dalla qual nacque disidero di liberarla da sì fatta angoscia e morte, se el potesse. Ma senza arme trovandosi, ricorse[32] a prendere un ramo d'albero in luogo di bastone e cominciò a farsi incontro a' cani e contro al cavaliere.

Ma il cavaliere che questo vide gli gridò di lontano: «Nastagio, non t'impacciare,[33] lascia fare a' cani e a me quello che questa malvagia femina ha meritato».

E così dicendo, i cani, presa forte la giovane ne' fianchi, la fermarono, e il cavaliere sopragiunto smontò da cavallo; al quale Nastagio avvicinatosi disse: «Io non so chi tu ti se' che me così cognosci, ma tanto[34] ti dico che gran viltà è d'un[35] cavaliere armato volere uccidere una femina ignuda e averle i cani alle coste messi come se ella fosse una fiera salvatica: io per certo la difenderò quant'io potrò».

Il cavaliere allora disse: «Nastagio, io fui d'una medesima terra teco,[36] e eri tu ancora piccol fanciullo quando io, il quale fui chiamato messer Guido degli Anastagi,[37] era troppo più innamorato di costei che tu ora non se' di quella de' Traversari; e per la sua fierezza e crudeltà andò sì la mia sciagura, che io un dì con questo stocco, il quale tu mi vedi in mano, come disperato m'uccisi, e sono alle pene eternali dannato. Né stette poi guari[38] tempo che costei, la qual della mia morte fu lieta oltre misura, morì, e per lo peccato della sua crudeltà e della letizia avuta de' miei tormenti, non pentendosene, come colei che non credeva in ciò aver peccato ma meritato,[39] similmente fu e è dannata alle pene del Ninferno.[40] Nel quale come ella discese, così ne fu e a lei e a me per pena dato, a lei di fuggirmi davanti e a me, che già cotanto l'amai, di seguitarla[41] come mortal nemica, non come amata donna; e quante volte io la giungo,[42] tante con questo stocco, col quale io uccisi me, uccido lei e aprola per ischiena,[43] e quel cuor duro e freddo, nel qual mai né amor né pietà poterono entrare, con l'altre interiora insieme, sì come tu vedrai incontanente,[44] le caccio di corpo e dolle mangiare[45] a questi cani. Né sta poi grande spazio che ella, sì come la giustizia e la potenzia di Dio vuole, come se morta non fosse stata, risurge e da capo incomincia la dolorosa fugga,[46] e i cani e io a seguitarla. E avviene che ogni venerdì[47] in su questa ora io la giungo qui e qui ne fo lo strazio che vederai; e gli altri dì non credere che noi riposiamo, ma giungola in altri luoghi ne' quali ella crudelmente contro a me pensò o operò; e essendole d'amante divenuto nemico, come tu vedi, me la conviene in questa guisa tanti anni seguitar[48] quanti mesi ella fu contro a me crudele. Adunque lasciami la divina giustizia mandare a essecuzione, né ti volere opporre a quello a che tu non potresti contrastare».

Nastagio, udendo queste parole, tutto timido divenuto e quasi non avendo pelo addosso che arricciato[49] non fosse, tirandosi adietro e riguardando alla misera giovane, cominciò pauroso a aspettare quello che facesse

[61-69] Il cavaliere lo fermò dicendo di non intromettersi e di lasciare che la malvagia femmina avesse ciò che si meritava. La donna venne dunque raggiunta e fermata dai cani e il cavaliere che era sopraggiunto smontò da cavallo. Nastagio, avvicinatosi, espresse il suo stupore per il fatto che l'uomo lo chiamasse per nome e la sua indignazione per il fatto che un cavaliere mettesse contro una donna nuda i suoi cani con l'intento di ucciderla come fosse stata una bestia selvatica.

[70-95] Il cavaliere spiegò allora di essere Guido degli Anastagi e di conoscere Nastagio da quando era fanciullo. Disse di essere stato innamorato di quella donna e di essersi suicidato con la spada. Racconta che la donna, che poi sarebbe morta anch'essa di lì a poco, si rallegrò per la sua morte. La caccia era l'effetto di una condanna alle pene infernali. La pena consisteva per Guido nell'inseguire la donna (così come aveva fatto in vita); mentre per la donna consisteva nell'essere straziata da colui che l'aveva amata. Guido spiegò che tale scena avveniva in quella pineta alla stessa ora del venerdì e che ciò si ripeteva anche in altre ore, in altri giorni e in altri luoghi, che erano quelli in cui la donna, quando era in vita, aveva avuto cattivi pensieri contro di lui.

[96-111] Nastagio, turbato, osservò ciò che il cavaliere faceva alla donna, trapassandola con la spada, e vide che la donna, come

32. ricorse: *si adattò* (Contini).
33. non t'impacciare: *non ti impicciare*.
34. tanto: *soltanto*.
35. d'un: *da parte di un*.
36. d'una...teco: *della tua stessa città*.
37. Anastagi: cfr. nota 2.
38. guari: *molto*.
39. meritato: *acquistato meriti*.
40. Ninferno: *Inferno*.
41. seguitarla: *inseguirla*.
42. giungo: *raggiungo*.
43. aprola per ischiena: *la squarto nella schiena*.
44. incontanente: *immediatamente*.
45. dolle mangiare: *le do da mangiare*.
46. fugga: *fuga*.
47. venerdì: giorno della penitenza in ricordo della passione di Cristo.
48. me la conviene...seguitar: *mi tocca inseguirla*.
49. arricciato: a causa della paura.

se nulla fosse avvenuto, subito dopo si rialzava, riprendendo la sua corsa verso il mare inseguita dai cani e dal cavaliere.

[112-121] Nastagio, dopo un lungo momento di pietà e di turbamento, cominciò a pensare che quella scena poteva tornargli comoda. Segnato il luogo in cui essa avveniva ogni venerdì alla stessa ora, si rivolse a molti suoi parenti e amici dicendo che avrebbe rinunciato al suo amore e alle spese eccessive per esso, solo dopo che tutti fossero venuti e avessero condotto in quel luogo della pineta anche messer Traversaro, la moglie e la figlia il venerdì successivo per pranzare insieme a lui.

[122-129] Furono dunque condotti nel luogo tutti quelli che Nastagio aveva richiesto, compresa la fanciulla. Nastagio organizzò tutto, facendo apparecchiare proprio nel luogo in cui aveva visto la scena dello strazio della donna crudele e facendo sì che la fanciulla sedesse di fronte a quel luogo.

[130-148] Essendo giunti all'ultima vivanda, si cominciò a udire il rumore della caccia. Tutti erano meravigliati e si levarono in piedi, volendo intervenire in aiuto alla fanciulla. Ma il cavaliere li trattenne. Tutte le donne piangevano e fra queste molte erano parenti o della fanciulla straziata o del cavaliere e si ricordavano di quell'amore e della morte di lui. Colei che

il cavaliere; il quale, finito il suo ragionare, a guisa d'un cane rabbioso[50] con lo stocco in mano corse addosso alla giovane, la quale inginocchiata e da' due mastini tenuta forte gli gridava mercé, e a quella con tutta sua forza diede per mezzo il petto e passolla dall'altra parte.[51] Il qual colpo come la giovane ebbe ricevuto, così cadde boccone sempre piagnendo e gridando: e il cavaliere, messo mano a un coltello, quella aprì nelle reni, e fuori trattone il cuore e ogni altra cosa da torno, a' due mastini il gittò, li quali affamatissimi incontanente il mangiarono. Né stette guari[52] che la giovane, quasi niuna di queste cose stata fosse,[53] subitamente si levò in piè e cominciò a fuggire verso il mare, e i cani appresso di lei sempre lacerandola: e il cavaliere, rimontato a cavallo e ripreso il suo stocco, la cominciò a seguitare, e in picciola ora si dileguarono in maniera che più Nastagio non gli poté vedere.

Il quale, avendo queste cose vedute, gran pezza[54] stette tra pietoso e pauroso: e dopo alquanto gli venne nella mente questa cosa dovergli molto poter valere,[55] poi che ogni venerdì avvenia; per che, segnato il luogo, a' suoi famigliari se ne tornò, e appresso, quando gli parve, mandato per più[56] suoi parenti e amici, disse loro: «Voi m'avete lungo tempo stimolato che io d'amare questa mia nemica mi rimanga e ponga fine al mio spendere, e io son presto di farlo dove voi una grazia m'impetriate,[57] la quale è questa: che venerdì che viene voi facciate sì che messer Paolo Traversari e la moglie e la figliuola e tutte le donne lor parenti, e altre chi[58] vi piacerà, qui sieno a desinar meco. Quello per che io questo voglia, voi il vedrete allora».

A costor parve questa assai piccola cosa a dover fare; e a Ravenna tornati, quando tempo fu, coloro invitarono li quali Nastagio voleva, e come che dura cosa[59] fosse il potervi menare la giovane da Nastagio amata, pur v'andò con l'altre insieme. Nastagio fece magnificamente apprestar da mangiare e fece le tavole mettere sotto i pini dintorno a quel luogo dove veduto aveva lo strazio della crudel donna; e fatti metter gli uomini e le donne a tavola, sì ordinò,[60] che appunto la giovane amata da lui fu posta a seder di rimpetto al luogo dove doveva il fatto intervenire.

Essendo adunque già venuta l'ultima vivanda,[61] e il romor disperato della cacciata giovane da tutti fu cominciato a udire.[62] Di che maravigliandosi forte ciascuno e domandando che ciò fosse e niuno sappiendol dire, levatisi tutti diritti e riguardando che ciò potesse essere, videro la dolente giovane e 'l cavaliere e' cani; né guari stette che essi tutti furon quivi tra loro. Il romore fu fatto grande e a' cani e al cavaliere,[63] e molti per aiutare la giovane si fecero innanzi; ma il cavaliere, parlando loro come a Nastagio aveva parlato, non solamente gli fece indietro tirare ma tutti gli spaventò e riempié di maraviglia; e faccendo quello che altra volta aveva fatto, quante donne v'aveva[64] (ché ve ne aveva assai che parenti erano state e della dolen-

50. a...rabbioso: *come un cane rabbioso.*
51. diede...parte: *colpì attraverso il petto e la trapassò da parte a parte.*
52. guari: vedi nota 38.
53. stata fosse: *fosse avvenuta.*
54. gran pezza: *molto tempo.*
55. questa...valere: *che questo episodio avrebbe potuto costargli molto.*
56. mandato per più: *avendo mandato a chiamare molti.*
57. d'amare...impetriate: *smetta di amare questa donna a me nemica e ponga fine alle spese, e sono disposto a farlo qualora voi mi otteniate una grazia.*
58. altre chi: *qualunque altra.*
59. come...cosa: *sebbene difficile.*
60. sì ordinò: *così predispose.*
61. vivanda: *portata.*
62. e...udire: *ecco che tutti cominciarono a sentire le urla disperate della giovane cui si dava la caccia.*
63. Il romore...cavaliere: *Si fece un gran gridare sia contro i cani sia contro il cavaliere.*
64. v'aveva. *c'erano.*

più si spaventò fu la giovane crudele, amata da Nastagio, capendo che quelle cose vedute e udite erano riferite più a sé che ad altra persona. Ricordandosi la sua crudeltà nei confronti di Nastagio, le pareva di avere già i mastini ai fianchi.

te giovane e del cavaliere e che si ricordavano dell'amore e della morte di lui) tutte così miseramente piagnevano come se a se medesime quello avesser veduto fare. La qual cosa al suo termine fornita,[65] e andata via la donna e 'l cavaliere, mise costoro che ciò veduto aveano in molti e varii ragionamenti. Ma tra gli altri che più di spavento ebbero, fu la crudel giovane da Nastagio amata, la quale ogni cosa distintamente veduta avea e udita e conosciuto che a sé più che a altra persona che vi fosse queste cose toccavano,[66] ricordandosi della crudeltà sempre da lei usata verso Nastagio; per che già le parea fuggire dinanzi da[67] lui adirato e avere i mastini a' fianchi.

[149-160] La paura fu tanta che la donna, affinché quanto aveva visto non avvenisse anche a lei, mandò una cameriera fidata da Nastagio quella sera stessa per dirgli che era disposta ad amarlo. Questi rispose proponendo di sposarla. La giovane accettò e annunciò il fatto al padre e alla madre, i quali ne furono molto contenti.

E tanta fu la paura che di questo le nacque, che, acciò che[68] questo a lei non avvenisse, prima tempo non si vide, il quale quella medesima sera prestato le fu, che ella,[69] avendo l'odio in amor tramutato, una sua fida cameriera segretamente a Nastagio mandò, la quale da parte di lei il pregò che gli dovesse piacere d'andare a lei, per ciò che ella era presta[70] di far tutto ciò che fosse piacer di lui. Alla qual Nastagio fece rispondere che questo gli era a grado molto, ma che, dove le piacesse, con onor di lei voleva il suo piacere, e questo era sposandola per moglie. La giovane, la qual sapeva che da altrui che da lei rimaso non era[71] che moglie di Nastagio stata non fosse, gli fece risponder che le piacea. Per che, essendo ella medesima la messaggera,[72] al padre e alla madre disse che era contenta d'essere sposa di Nastagio, di che essi furon contenti molto.

[161-165] La domenica successiva Nastagio sposò la giovane e con lei visse per molto tempo lietamente. Questa paura legata alla visione della scena della caccia infernale rese inoltre timorose tutte le donne di Ravenna, le quali furono da allora molto più arrendevoli ai piaceri degli uomini.

E la domenica seguente Nastagio sposatala e fatte le sue nozze, con lei più tempo lietamente visse. E non fu questa paura cagione solamente di questo bene, anzi sì tutte le ravignane donne[73] paurose ne divennero, che sempre poi troppo[74] più arrendevoli a' piaceri degli uomini furono che prima state non erano.

G. Boccaccio, *Decameron*, a cura di V. Branca, Einaudi, Torino 1992.

65. al suo...fornita: *giunta a termine.*
66. a sé...toccavano: *queste cose si riferivano a lei più che a chiunque altro.*
67. dinanzi da: *davanti a.*
68. acciò che: *affinché.*
69. prima...ella: *non appena vide il momento opportuno, e le si presentò* (**prestato le fu**) *quella sera stessa, ella.*
70. presta: *pronta.*
71. che...era: *non era dipeso da altri se non da lei.*
72. la messaggera: era, cioè, lei stessa a fare domanda di matrimonio.
73. le ravignane donne: *le donne di Ravenna.*
74. troppo: *molto.*

analisi e interpretazione T8

le forme

Le fonti e l'effetto parodico La novella di Nastagio degli Onesti attinge al modello dell'*exemplum* medievale, una delle radici (come sappiamo) del genere novellistico (cfr. § 3). Boccaccio, in questo caso, fa ricorso a un *exemplum* noto nella tradizione religiosa e letteraria del tempo, quello della "caccia infernale". La descrizione della "caccia", nella novella, è così viva che il lettore ne ha quasi una percezione scenica: non è forse un caso che essa sia stata oggetto di ispirazione per un grande artista come Botticelli (cfr. S5, p. 431). Nella sua versione originale, la "caccia infernale" rappresentava la punizione della donna per i suoi peccati d'amore e con tale significato era riportata all'interno delle prediche religiose (come quelle del predicatore domenicano Iacopo Passavanti, che infatti la utilizza per ammonire gli adulteri in un *exemplum*, *Il carbonaio di Niversa*, compreso nell'opera *Specchio di vera penitenza*; su Jacopo Passavanti cfr. § 5 del Capitolo 7). Si può dire che la novella di Boccaccio sia una parodia degli *exempla* ispirati al tema della "caccia infernale". Presente anche nel *De Amore* di Andrea Cappellano, tale tema viene ripreso da Dante nell'*Inferno*, ma Boccaccio ne rovescia la morale di fondo: la donna, nella novella di Nastagio degli Onesti, è colpevole non perché ha amato (come invece era nella tradizione degli *exempla*), ma perché ha rifiutato l'amore. Di qui, appunto, l'effetto parodico.

i temi e i motivi

Rapporto fra aristocrazia e borghesia Nella novella viene sottolineata la difficile intesa fra due categorie sociali, quella rappresentata da Nastagio, ossia la nuova borghesia arricchita, e quella rappresentata dalla figlia dei Traversari, ossia la vecchia aristocrazia. Come in altre novelle del *Decameron*, c'è qui una attenzione particolare riservata ai nuovi rapporti fra due classi sociali che in molti casi tendono a porsi in competizione sul piano della nobiltà di sangue e di quella di denaro (cfr. **S6**, p. 432). L'atteggiamento della giovane Traversari, appartenente ad una delle famiglie guelfe più influenti di Ravenna, è quello di una donna superba, non solo per la sua bellezza, ma soprattutto per la sua nobiltà. D'altronde, anche la famiglia borghese di Nastagio non riesce a comprendere e ad accettare lo sperpero di denaro del giovane per la donna amata. C'è da un lato l'attaccamento aristocratico al "titolo" e dall'altro l'attaccamento borghese al denaro. In questo conflitto, tuttavia, ad avere la meglio è alla fine l'amore che viene presentato da Boccaccio non come ragione di peccato, secondo la vecchia tradizione dell'*exemplum*, ma come ragione di equilibrio: secondo la nuova morale indicata da Boccaccio, esso è piuttosto un "dovere" a cui nessuno può sottrarsi per ragioni sociali o religiose.

La caccia infernale e il modello dantesco Il motivo della caccia infernale si ispira alle atmosfere crude e drammatiche dell'*Inferno* dantesco (cfr. ***nel webook il canto XIII dell'*Inferno**). Le leggi stesse che dominano nell'*Inferno* di Dante agiscono nella vicenda della caccia infernale descritta da Boccaccio: è la legge del "contrappasso" che anche qui condanna i protagonisti alla fissità della pena e alla loro incessante e ossessiva ripetizione di quel peccato che li costringe in eterno alla condizione di dannati. In Boccaccio, tuttavia, si assiste ad un rovesciamento di valori. Anche Boccaccio condanna il suicidio (quello di Guido degli Anastagi, innamorato della donna che, nella scena infernale, viene inseguita e straziata dai cani), così come fa Dante e come avviene nella teologia cattolica. Insieme alla condanna del suicidio in quanto violazione della legge divina, in Boccaccio abbiamo però anche la condanna per la violazione della legge umana dell'amore da parte della donna.

per studiare guida all'analisi T8

COMPRENDERE

1 Collega correttamente, attribuendo a ciascun personaggio della vicenda le azioni che lo riguardano. Attenzione all'intruso!

- Nastagio degli Onesti
- la giovane de' Traversari
- il cavaliere della caccia infernale
- la donna della caccia infernale

- rifiuta fino alla fine la corte dell'innamorato
- è punita da Dio per aver ceduto alla passione
- è stato sul punto di suicidarsi per il dolore
- gode a sproposito per un'orribile disgrazia
- con un'idea geniale ottiene il proprio scopo
- rifiuta inizialmente la corte dell'innamorato
- per la sua crudeltà è dannata alle pene dell'inferno
- sperpera tutto il proprio patrimonio
- si è suicidato per il dolore
- è inseguita e uccisa dall'amante
- organizza un sontuoso banchetto

2 A quali classi sociali appartengono i personaggi della novella? Collega correttamente.

Nastagio degli Onesti	nobilissima e potente famiglia guelfa
Guido degli Anastagi	nobile famiglia ghibellina
la giovane de' Traversari	famiglia ricchissima ma di nobiltà recente

ANALIZZARE

3 Nella novella la rappresentazione della caccia infernale si articola in due momenti: nel primo è una visione terrificante, nel secondo è uno "spettacolo". Quale atteggiamento assume Nastagio nell'un caso e nell'altro? Rispondi citando dal testo le espressioni che ritieni significative.

Nel I momento Nastagio ....

Nel II momento Nastagio ....

4 A che punto della vicenda Nastagio intuisce che la visione può essere utile ai suoi fini? Rintraccia il passo nel testo e sottolinealo.

5 Il passo in cui Nastagio si rende conto dell'utilità della visione segna anche un punto di svolta nel registro stilistico. Quale cambiamento graduale si verifica nello stile della novella?

- a il passaggio dal registro tragico al registro comico
- b il passaggio dal registro comico al registro basso
- c il passaggio dal registro comico al registro tragico
- d il passaggio dal registro letterario al registro popolare

INTERPRETARE E APPROFONDIRE

6 In Nastagio sono coniugate A) la prospettiva cortese e B) la prospettiva borghese-mercantile. Quali fra gli elementi elencati appartengono ad A) e quali a B)?

- **a.** ha un tenore di vita liberale e magnifico A B
- **b.** si precipita in soccorso della donna inseguita dal cavaliere A B
- **c.** si rende conto che la visione della caccia infernale può tornargli utile A B
- **d.** predispone abilmente il banchetto nella pineta A B
- **e.** rispetta l'onore dell'amata e vuole prima sposarla A B

7 Nel Medioevo, la visione della caccia infernale costituiva un *tópos* dell'*exemplum* edificante e doveva servire a stigmatizzare il peccato di adulterio. Boccaccio ne ribalta il senso, facendone la parodia: che insegnamento ricava Nastagio dalla visione?

- a che non conviene sperperare il proprio avere per far la corte ad una donna
- b che chi si suicida è condannato alle pene dell'inferno
- c che non val la pena suicidarsi per amore e si può raggiungere con astuzia il proprio scopo
- d che le donne che rifiutano di ricambiare l'amore sono condannate all'inferno

Botticelli e la caccia infernale di Boccaccio

Botticelli, intorno al 1484, su commissione di un ricco mercante fiorentino, Giannozzo Pucci, che stava per sposarsi, rappresenta la famosa scena della caccia della novella di Nastagio degli Onesti. Botticelli, su quattro pannelli, sceglie di rappresentare la scena dell'apparizione di Guido degli Anastagi e della donna da lui amata nella pineta di Classe (presso Ravenna) e quella del banchetto. È una sorta di racconto per immagini che deve celebrare il matrimonio. Malgrado la drammaticità delle scene, infatti, si vuole celebrare un corteggiamento che si conclude in liete nozze, con allusione a quelle di

Sandro Botticelli, *Il banchetto nel bosco* (1483), episodio tratto dalla novella di Nastagio degli Onesti dal *Decameron* di Boccaccio. Madrid, Museo del Prado.

Sandro Botticelli, *Nastagio incontra la donna e il cavaliere nella pineta di Ravenna* (1483), episodio tratto dalla novella di Nastagio degli Onesti dal *Decameron* di Boccaccio. Madrid, Museo del Prado.

Giannozzo Pucci. La scena mostra tutta la crudezza della fuga tragica della donna nuda azzannata dai cani e del corpo squartato posto in primo piano. Il dinamismo dei corpi è reso dall'effetto dei capelli e dei panni al vento che non mancano di ricordare i particolari delle dee pagane rappresentate altre volte da Botticelli. Gli effetti drammatici, a cui si aggiungono nella scena del banchetto quelli dell'improvvisa irruzione dei protagonisti della caccia infernale, sono temperati da un senso di eleganza, di equilibrio e di decoro nei corpi e nei gesti dei personaggi: il cavaliere inseguitore ha un'armatura decorata d'oro e la giovane Traversari, in abito bianco, al centro della tavolata di sinistra, mostra stupore ma anche compostezza ed equilibrio che fanno già presagire il suo ravvedimento. Non è un caso che Botticelli abbia scelto, come soggetto dell'opera commissionatagli da un ricco borghese, la storia di un altro borghese: quella di Nastagio degli Onesti. Entrambi, Giannozzo Pucci e Nastagio, rappresentano una classe sociale in ascesa e possono confrontarsi ormai alla pari con la vecchia classe sociale aristocratica, come dimostra il matrimonio di Nastagio con la donna d'alto rango o la pratica di commissionare opere artistiche da parte di Giannozzo Pucci, esponente della nuova "aristocrazia del denaro" che si appropria di comportamenti e di stili di vita della classe sociale nobiliare, ormai al tramonto.

Sandro Botticelli, *L'uccisione della donna* (1483), episodio tratto dalla novella di Nastagio degli Onesti dal *Decameron* di Boccaccio. Madrid, Museo del Prado.

S6 INFORMAZIONI E APPROFONDIMENTI

Aristocrazia e borghesia ai tempi di Boccaccio

Boccaccio ha presenti i vizi di fondo della classe borghese del suo tempo: da un lato evidenzia la voglia della borghesia di emulare i costumi della vecchia aristocrazia attraverso lo sperpero o l'esibizione del denaro, come fa Nastagio degli Onesti (**T8**, p. 424); dall'altro ne denuncia l'«avarizia» e l'attaccamento al denaro, rappresentati dai familiari di Nastagio. Ma Boccaccio riconosce anche i limiti della vecchia aristocrazia, la sua mancanza di iniziativa economica e la sua tendenza a confondere la liberalità con lo sperpero. Fra queste due dimensioni, quella borghese e quella aristocratica, Boccaccio mira a realizzare una sintesi utopica che accolga non i vizi di queste due classi sociali, ma le loro virtù. Di fronte all'aristocrazia in declino, Boccaccio auspica l'avvento di un'*élite* mercantile capace di costituirsi secondo una nuova «aristocrazia dell'intelletto, del sentimento, del gusto» (Petronio).

T9

Federigo degli Alberighi

Decameron, V, 9

concetti-chiave

- valori cortesi e valori borghesi
- l'equilibrio fra nobiltà d'animo e accortezza economica
- dalla liberalità alla "masserizia"

espansioni digitali

TESTI A CONFRONTO
La novella di Federigo degli Alberighi nella versione di Piero Chiara

testo originale
è possibile leggere il testo originale di Boccaccio

La novella fa parte della Quinta giornata (storie d'amore a lieto fine) ed è narrata da Fiammetta. È la storia di un giovane nobile fiorentino, Federigo degli Alberighi. Egli, fedele ad una concezione ancora cortese di liberalità, ossia di munificenza e di generosità incondizionata, dilapida tutti i suoi averi per amore di Monna Giovanna, una vedova, appartenente alla ricca borghesia, che aveva rifiutato di corrispondere ai suoi sentimenti. Federigo si riduce in povertà e si ritira in un suo piccolo podere, in compagnia del suo amato falcone, simbolo della sua passata passione per la caccia, una pratica tipicamente aristocratica. Avviene che il figlio di Monna Giovanna, che aveva conosciuto Federigo e il suo falcone, si ammala gravemente. Alla madre, che pur di vederlo guarire avrebbe fatto qualsiasi cosa, esprime il desiderio di avere il falcone di Federigo. La madre, disperata, decide, per amore del figlio, di far visita all'uomo per chiederglielo. Scopre però che Federigo, proprio quel giorno, per onorare la sua presenza a pranzo, non avendo di che offrirle, fa uccidere il falcone e lo fa cucinare. Ammirata da tale generosità, decide allora di sposarlo. Qui di seguito viene riportata la versione della novella in italiano moderno a cura di Bianca Pitzorno (cfr. **S3**, *p. 406**). Nelle* **espansioni digitali** *puoi leggere anche un'altra traduzione della novella di Federigo degli Alberighi, quella dello scrittore Piero Chiara.*

LINGUA: italiana (traduzione di Bianca Pitzorno) **DATAZIONE:** 2007

Viveva un tempo a Firenze un giovane chiamato Federigo,[1] figlio di messer Filippo Alberighi, il quale era valoroso e cortese,[2] e per queste sue qualità veniva assai stimato e ritenuto superiore a tutti gli altri giovanotti della Toscana.

Come avviene spesso agli uomini di nobili sentimenti, Federigo si innamorò d'una gentildonna, chiamata monna Giovanna, che godeva fama d'essere una delle più belle e leggiadre giovani di Firenze. Per conquistare l'amore della bella dama, Federigo cominciò a mettersi in mostra, duellando, partecipando a giostre e tornei, offrendo grandi feste e sontuosi regali e spendendo senza alcun riguardo il suo denaro.

La donna però, ch'era onesta quanto bella ed era sposata, non si curava affatto di lui, né di tutte queste imprese compiute per attirare la sua attenzione.

Da un lato Federigo spendeva oltre le proprie possibilità, dall'altro non aveva entrate che compensassero tali spese. E come avviene facilmente in questi casi, arrivò il momento che le sue ricchezze si prosciugarono ed egli cadde in miseria. Di tutto il suo gran patrimonio gli era rimasto soltanto un poderetto, le cui rendite gli bastavano a stento per sopravviere, e un falcone, che era però tra i migliori che ci fossero al mondo.

Quando si rese conto che non poteva continuare a condurre in città la vita lussuosa di un tempo, benché fosse ancora innamorato della donna, Federigo decise di ritirarsi a vivere in campagna, presso Campi,[3] dov'era il suo piccolo podere. Per procurarsi il cibo, quando il tempo lo permetteva, andava a caccia col falcone. Per il resto sopportava pazientemente la sua estrema povertà senza chiedere niente a nessuno. → NON CHIEDE NIENTE A NESSUNO PERCHÉ RISPETA LA SUA DIGNITÀ

Ora avvenne che, mentre Federigo conduceva una vita così grama, il marito di monna Giovanna si ammalò gravemente e, vedendosi prossimo alla morte, fece testamento. Era

1. **Federigo**: si tratta di un giovane appartenente all'antica famiglia fiorentina degli Alberighi, ricordata anche nel *Paradiso* da Dante.
2. **cortese**: nel senso di persona dotata di gentilezza d'animo e di nobili sentimenti, secondo la tradizione medievale e stilnovista.
3. **Campi**: si tratta di Campi Bisenzio, paese vicino a Firenze, fra Prato e Peretola.

ricchissimo e lasciò tutto il patrimonio al suo unico figlio, ch'era già grandicello. Ma poiché aveva molto amato la moglie, fece aggiungere nel testamento che se il figlio fosse morto senza eredi legittimi, tutte le sue ricchezze dovevano andare, come unica erede, a monna Giovanna.

Poco tempo dopo l'ammalato morì e monna Giovanna restò vedova.

L'estate successiva, come è abitudine delle donne toscane, la dama se ne andò a villeggiare col figlio in una sua campagna che era assai vicina al poderetto di Federigo.

Fu così che il fanciullo fece amicizia col gentiluomo impoverito e prese l'abitudine di passare molto tempo con lui, appassionandosi di cani e d'uccelli. Il falcone, che aveva visto molte volte levarsi in volo, gli piaceva in modo straordinario. Ardeva dal desiderio di averlo, ma non osava chiederlo perché vedeva quanto fosse caro a Federigo.

Le cose stavano a questo punto, quando il ragazzo si ammalò. La madre, che lo amava profondamente e che aveva solo lui, lo circondava di cure, non lo lasciava un attimo e lo supplicava continuamente di dirle se desiderasse qualcosa. Gli prometteva che, qualunque cosa fosse, se appena fosse stato possibile, avrebbe fatto in modo di accontentarlo.

Il fanciullo, sentendo ripetere molte volte questa promessa, alla fine le disse: – Madre mia, se voi fate in modo che io abbia il falcone di Federigo, credo che in poco tempo guarirò.

Monna Giovanna non si aspettava questa richiesta. Rimase perplessa e cominciò a riflettere. Sapeva che Federigo l'aveva lungamente amata, senza ricevere in cambio da lei neppure uno sguardo, e si diceva: «Come potrei chiedergli, o mandargli a chiedere questo falcone che, a quanto ho sentito, è tra i migliori che ci siano al mondo? E che, oltre a ciò, è il suo principale mezzo di sostentamento? Come potrei essere così egoista e ingrata da voler togliere a un gentiluomo, che ha perduto tutto, l'unica cosa cara che gli sia rimasta?».

Turbata da questi pensieri, sebbene fosse certissima di ottenere il falcone se lo avesse domandato, non sapeva cosa fare e prendeva tempo, senza dare risposta alle richieste del figlio. Ma a lungo andare l'amore per il fanciullo prevalse sugli scrupoli e, per accontentarlo, monna Giovanna decise che, qualunque conseguenza ne fosse derivata, non avrebbe mandato a chiedere il falcone, ma sarebbe andata lei stessa a prenderlo e glielo avrebbe portato.

– Figlio mio, consolati e pensa a guarire. Ti prometto che la prima cosa che farò domattina sarà di andare a prenderti il falcone.

Il fanciullo se ne rallegrò e in quello stesso giorno la sua salute mostrò qualche miglioramento.

La mattina dopo la madre prese per compagnia un'altra donna e, fingendo di andare a passeggio, arrivò alla casa di Federigo e lo fece chiamare.

Poiché non era tempo di andare a caccia col falcone, né lo era stato nei giorni precedenti, Federigo stava nell'orto, intento a certi suoi lavoretti. Quando gli dissero che monna Giovanna chiedeva di lui, si meravigliò e, pieno di gioia, corse alla porta di casa per accoglierla con tutti gli onori.

Ella, vedendolo arrivare, gli andò incontro con affabilità tutta femminile e lo salutò: – Buon giorno, Federigo! Sono venuta per ripagarti dei danni che hai avuto a causa mia, amandomi più di quanto io non meritassi. E questo è il compenso per i tuoi dispiaceri: che oggi io, con questa mia compagna, mi fermerò a pranzare familiarmente con te nella tua casa.

Al che Federigo umilmente le rispose: Madonna, non ricordo d'aver mai ricevuto alcun danno per causa vostra, ma soltanto del bene. Perché, se mi sono elevato spiritualmente e ho raggiunto qualche valore, l'ho fatto per essere all'altezza del valor vostro. La vostra generosità nel venirmi oggi a trovare mi fa tanto piacere quanto me ne farebbe se potessi ancora spendere, per ricevervi, tanto denaro quanto ne ho speso nel passato. Sappiate che siete venuta a trovare un ospite molto povero.

La fece entrare e la ricevette, pieno di vergogna per la miseria della casa. Poi la fece accomodare in giardino e, non avendo nessuno da cui farle tenere compagnia, le disse: – Madonna, poiché non ho altra servitù, questa povera donna, moglie del contadino, vi farà compagnia intanto che io vado a far mettere la tavola.

Sebbene la sua povertà fosse estrema, Federigo non si era reso conto fino a quel momento di quanto fosse disperata la situazione in cui era finito per aver sperperato senza criterio tutte le sue ricchezze. Lo capiva soltanto adesso, rendendosi conto che in casa non c'era alcun cibo con cui fare onore alla donna per conquistare la quale aveva riempito di onori tanti uomini.

Pieno di angoscia, maledicendo la sorte, andava come impazzito da una stanza all'altra, senza trovare né denaro né alcun oggetto da dare in pegno. Era tardi, voleva ricevere degnamente la donna offrendole un buon pranzo, ma non sapeva risolversi a chiedere niente a nessuno, neppure al contadino... In quella lo sguardo gli cadde sopra il suo buon falcone che stava sul trespolo nella saletta. Era la sua unica risorsa. Lo prese, lo trovò grasso e pensò che sarebbe stato una vivanda degna della donna tanto amata... Per cui, senza stare a pensarci su, gli tirò il collo e lo dette a una sguattera che subito lo spennò, lo pulì e lo mise diligentemente ad arrostire su uno spiedo.

Federigo aveva ancora qualche bella tovaglia bianchissima. Fece apparecchiare la tavola e col viso lieto tornò in giardino e disse a monna Giovanna che il modesto pranzo che le poteva offrire era pronto.

La donna e la sua accompagnatrice si misero a tavola e, senza sapere cosa avevano nel piatto, insieme a Federigo che le serviva pieno di sollecitudine mangiarono di gusto il buon falcone. Finito il pranzo, conversarono piacevolmente per un poco, finché alla donna parve arrivato il momento di dire il motivo per cui era venuta.

– Federigo – disse parlandogli con grande dolcezza – se consideri tutto quello che facesti per me nel passato, se ripensi alla mia onestà che ti potè forse sembrare segno d'un animo duro e crudele, ti meraviglierai della mia presunzione quando saprai perché ti sono venuta a trovare. Tu non hai mai avuto figli e non sai quanto è forte l'amore che ci lega alle nostre creature. Altrimenti mi scuseresti almeno in parte. Tu non hai figli. Io però ne ho uno, e non mi posso sottrarre alla legge comune a tutte le madri. È l'amore materno che mi costringe a fare una cosa che non mi piace, che non è né giusta né conveniente: a chiederti in dono una cosa cui so che tieni moltissimo. E a buona ragione, perché è l'unica consolazione, l'unico svago, l'unico piacere, l'unica risorsa che ti ha lasciato la tua estrema sfortuna. Il dono che ti chiedo è il tuo falcone. Mio figlio se ne è invaghito così forte che, se non glielo porto, temo che la malattia che l'ha colpito si aggravi e che io rischi di perderlo. Non te lo chiedo per l'amore che mi porti, in nome del quale tu non mi devi niente. Ma per la tua grandezza d'animo, che si è mostrata maggiore di ogni altra proprio nella generosità e nella munificenza,[4] ti prego di volermelo donare. Il tuo dono salverà la vita a mio figlio e io te ne sarò riconoscente per sempre.

Quando Federigo si rese conto che la donna gli chiedeva proprio quello che lui le aveva offerto da mangiare e che quindi non poteva più darle, scoppiò in un pianto così dirotto che non riusciva a parlare.

Monna Giovanna sulle prime pensò che piangesse per il dolore di separarsi dal falcone e fu per dirgli che non lo voleva più. Ma si trattenne e decise di aspettare che si calmasse e potesse rispondere. Quando fu in grado di parlare, Federigo le disse: – Madonna, da quando piacque a Dio che io mi innamorassi di voi, la sorte mi è stata sempre nemica e di molte cose ho avuto motivo di lamentarmi. Ma tutte le mie passate disgrazie sono niente rispetto a quello che mi capita oggi, per cui non avrò mai più pace e sempre maledirò la mia sorte.

4. **munificenza**: *liberalità*, predisposizione alla generosità e alla magnanimità.

Quando la mia casa era ricca, voi non vi degnaste di venirci. Ci venite ora che è povera e mi chiedete un piccolo dono. E la sorte fa in modo che io non ve lo possa dare.

E raccontò alla donna come, non avendo altro da offrirle per il pranzo, avesse ucciso e fatto cucinare per lei proprio il falcone. E per dare maggior credito alle sue parole, le fece gettare davanti le penne, le zampe e il becco dell'uccello.

Viste e udite tali cose, monna Giovanna lo rimproverò perché aveva ucciso un falcone di tale valore per dare da mangiare a una donna. Ma insieme lo elogiò per la sua grandezza d'animo, che la miseria non era riuscita a fiaccare.

Però il falcone non lo poteva più avere. Piena di malinconia e preoccupata per la salute del figlio, la donna se ne tornò a casa.

Il fanciullo, vuoi per la tristezza di non aver avuto il falcone, vuoi per la malattia che lo doveva comunque portare a quel punto, dopo pochi giorni, con grandissimo dolore della madre, morì.

Monna Giovanna lo pianse a lungo e amaramente. Ma i suoi fratelli, poiché era ancora giovane e adesso ricchissima, dopo qualche tempo cominciarono a fare pressioni per convincerla a risposarsi. Lei non voleva, ma quelli insistevano tanto che alla fine si decise. E ricordando la grandezza d'animo di Federigo e il suo ultimo gesto di magnificenza, disse ai fratelli: – Quanto a me, se a voi piacesse, preferirei restare così come sono. Ma se voi volete che mi risposi, allora vi dico che nessun altro uomo diventerà mio marito se non Federigo degli Alberighi.

A tale risposta i fratelli, facendosi beffe di lei, le dicevano: – Sciocca, ma cosa dici? Vuoi sposare proprio lui che non possiede niente al mondo?

E monna Giovanna: – fratelli miei, io so bene che quello che voi dite è vero. Ma preferisco sposare un uomo privo di patrimonio che un patrimonio privo d'uomo.[5]

Era così determinata che i fratelli, che conoscevano da molto tempo Federigo, nonostante fosse povero gliela dettero in moglie con tutte le sue ricchezze.

Così Federigo non solo finì per sposare una donna di così nobili sentimenti e che tanto a lungo aveva amato, ma si trovò anche ricchissimo. Diventò miglior amministratore delle sue sostanze e trascorse con lei felice e contento tutto il resto della sua vita.

B. Pitzorno, *Boccaccio. Dame, mercanti e cavalieri*, Mondadori, Milano 2007, pp. 53-63.

5. **preferisco...d'uomo**: si intende che monna Giovanna preferisce sposare una persona che possieda una ricchezza di per sé, in quanto "uomo" – con riferimento alla dignità e alla gentilezza d'animo – e non qualcuno la cui unica ricchezza sia da identificare con il proprio patrimonio, e che per questo non si possa definire "uomo".

analisi e interpretazione T9

le forme

La "traduzione" di Pitzorno Bianca Pitzorno, scrittrice sarda autrice di romanzi e raccolte di racconti rivolti a giovani e giovanissimi, opera, all'interno del *Decameron*, una scelta di dieci novelle fra quelle a carattere "cortese" e le sottopone ad una traduzione che privilegia, in vista dei giovani fruitori, l'aspetto della trama e dell'azione, sacrificando invece le rubriche o le parti introduttive, che risultano più astratte e difficili (cfr. **S3**, p. 406). Manca dunque nel racconto di Pitzorno, tratto dalla raccolta *Boccaccio. Dame, mercanti e cavalieri*, la parte in cui si descrive il passaggio di parola da Filomena, narratrice della novella precedente, a Fiammetta; viene meno inoltre l'invocazione alle donne che Fiammetta fa in apertura. Nella parte tralasciata da Pitzorno, la novellatrice conferma ancora il suo ruolo di stimolo verso le donne e verso una nuova consapevolezza delle loro peculiarità di genere: quella del grande potere della loro bellezza sui cuori "gentili". In particolare, in questa novella di Boccaccio, Fiammetta fa riferimento al codice dell'amore cortese, ma va anche oltre, invitando le donne a riservarsi la prerogativa di decidere in quale occasione donare il loro amore, senza lasciarsi condizionare dal caso (o fortuna). C'è dunque un invito all'assunzione di responsabilità da parte della donna nel decidere il proprio destino ed è quello che Monna Giovanna fa a conclusione della novella. Pitzorno, tralasciando tutto questo, dà immediatamente avvio al racconto della vicenda di Federigo degli Alberighi.

La struttura Nella novella di Federigo degli Alberighi si possono riconoscere cinque sequenze: la prima è quella in cui prende la parola Madonna Fiammetta, la Regina della giornata (questa sequenza, come si è detto, manca nella versione di Bianca Pitzorno); nella seconda si narrano gli sfortunati tentativi di Federigo di conquistare Monna Giovanna; la terza è quella in cui si racconta la vicenda della malattia del figlio della donna e della richiesta del falcone; segue la quarta sequenza, quella centrale, del pranzo della donna a casa di Federigo e del lungo colloquio fra i due; l'ultima è la sequenza del ravvedimento di Monna Giovanna e del consenso al matrimonio con Federigo. Attraverso le quattro sequenze, dopo quella introduttiva, si snoda il percorso di "formazione" di Federigo e di Monna Giovanna: entrambi, alla fine dell'esperienza, si ritrovano cambiati e, in qualche modo, "maturati" attraverso il riconoscimento dei valori derivanti dalle prospettive di due culture diverse che si incontrano. Giovanna comincia ad apprezzare i valori cortesi della liberalità intesa come gentilezza e cortesia, mentre Federigo impara da Giovanna a correggere la liberalità intesa come sperpero e dissipazione per divenire infine «miglior massaio», come dice Boccaccio (o «migliore amministratore», come traduce Pitzorno).

i temi e i motivi

Il tema della liberalità Il tema della "liberalità", intesa come generosità e come cortesia, attraversa tutta la novella. Nella prima parte, è Fiammetta a parlare e ad aprire il discorso sulla liberalità in amore; Fiammetta infatti introduce la novella rivolgendosi alle donne con uno stile e un ruolo, quello educativo, che la contraddistinguono fin dal romanzo di *Madonna Fiammetta* (cfr. **T1**, p. 363). La liberalità dell'amore cortese, secondo gli insegnamenti di Andrea Cappellano, è chiamata a correggere l'individualismo e l'egoismo borghese, che si manifesta anche in amore. Monna Giovanna stessa impara la lezione attraverso il suo rapporto con Federigo. Giovanna fa un percorso che la porta ad apprezzare il «valore di Federigo e della sua magnificenza ultima» nel sacrificare la ricchezza per amore («Io voglio avanti uomo che abbia bisogno di ricchezza che ricchezza che abbia bisogno d'uomo»). Tutto ciò, anche a dispetto della ideologia cinica e borghese dei fratelli, che vorrebbero invece sacrificare l'amore per la ricchezza. Dal canto suo, anche Federigo compie un percorso formativo che lo porterà a correggere l'eccesso di liberalità imparando la parsimonia borghese e così diventando «miglior massaio».

Valori borghesi e valori cortesi Sia nella novella di Nastagio degli Onesti (**T8**, p. 424) sia in questa di Federigo degli Alberighi (sia dunque in ambito borghese, come nel caso di Nastagio, sia in quello aristocratico, come in quello di Federigo), il denaro e lo sperpero sono considerati e utilizzati come tramite ideale per l'amore. In entrambe le novelle però l'amore si riscatta da questa condizione e si afferma in quanto tale, al di là dell'aspetto economico. E tuttavia uno dei suoi effetti è anche economico. Infatti, nella novella di Federigo degli Alberighi, esso serve a coniugare i valori della nobiltà d'animo e dell'accortezza economica, di cui è simbolo il matrimonio stesso fra i due protagonisti a conclusione del racconto (cfr. **S6**, p. 432).

per studiare *guida all'analisi* T9

COMPRENDERE

1 Ricostruisci l'ordine della *fabula* numerando correttamente le sequenze.

a. ☐ Federigo si ritira in un proprio podere fuori città
b. ☐ Monna Giovanna resta colpita dalla generosità di Federigo
c. ☐ il figlio di Monna Giovanna si ammala
d. ☐ Federigo dilapida il patrimonio per amore di Monna Giovanna
e. ☐ Monna Giovanna va a far visita a Federigo
f. ☐ il figlio di Monna Giovanna esprime il desiderio di avere il falcone di Federigo
g. ☐ Federigo fa cucinare il falcone per approntare il pranzo
h. ☐ colloquio fra Monna Giovanna e Federigo
i. ☐ Monna Giovanna rifiuta la corte di Federigo
l. ☐ Monna Giovanna acconsente a sposare Federigo

2 La novella mette in scena i comportamenti diversi di due ceti differenti. Collega correttamente ceti e comportamenti.

vecchio ceto feudale	accorta amministrazione del patrimonio
nuova borghesia	spreco del denaro
	servizio d'amore per una dama
	investimenti produttivi

ANALIZZARE

3 All'inizio della novella sono messi in evidenza i comportamenti di Federigo improntati all'etica cortese. Sottolineali nel testo.

4 Il termine 'liberalità' indica

a costumi anticonvenzionali e libertini
b desiderio di libertà e autonomia
c generosità, grandezza d'animo
d libero scambio di merci

5 Una volta caduto in miseria, Federigo non perde la sua dimensione cortese. Come lo dimostra?

INTERPRETARE E APPROFONDIRE

6 Il falcone non è un animale qualsiasi. Che cosa rappresentava nelle abitudini cavalleresche?

7 Nello sviluppo della vicenda, quale funzione narrativa ha il falcone?

8 Il falcone assume anche significati simbolici. Scegli la risposta/le risposte che consideri pertinenti.

a è l'animale sacrificato che permette la soluzione della vicenda e il lieto fine
b è il simbolo del ceto nobiliare che può arrivare ad autodistruggersi per eccesso di cortesia
c è l'animale idealizzato che rappresenta il trionfo del ceto nobiliare
d rappresenta l'egoismo della donna

9 Federigo nel corso della novella presenta un'evoluzione: con il matrimonio che lo fa ricchissimo diventa «miglior massaio», come scrive Boccaccio. Qual è il significato di tale espressione?

a impara a spendere in modo oculato il patrimonio della moglie
b corregge la sua liberalità e impara ad amministrare meglio il patrimonio
c impara a fare i lavori domestici
d lascia il podere e torna a vivere in città

10 Federigo è guardato dal narratore con simpatia. Ti sembra che con questo atteggiamento Boccaccio esprima la convinzione (o la speranza) che certi valori cortesi possano sopravvivere nella nuova età mercantile? Motiva la tua risposta.

Conclusioni del PERCORSO 2

L'«epopea» dei mercanti secondo Branca

Un grande studioso di Boccaccio, Vittore Branca, definisce il *Decameron* una «epopea» dei mercanti. Infatti, egli afferma che «per la prima volta nella letteratura europea riceve alta consacrazione» la «ricchissima vita mercantile fra il Duecento e il Trecento». Tuttavia, bisogna ricordare che Boccaccio, pur apprezzando molti aspetti della nuova visione del mondo dei mercanti, quali l'esaltazione dell'ingegno, della tolleranza, dell'avventura, tuttavia non risparmia critiche alla logica mercantile e non rinuncia a mostrare i limiti dell'etica borghese. L'epoca in cui vive Boccaccio è segnata d'altronde da fenomeni involutivi e di crisi che trovano la massima espressione nella bancarotta dei Bardi, della cui vicenda Boccaccio conosce bene i contorni e le conseguenze attraverso l'attività mercantile e finanziaria svolta dal padre. In quest'epoca di recessione, Boccaccio vede dominare l'avarizia e il cinismo di quella classe sociale fedele alla «ragion di mercatura», in cui, come afferma un altro studioso, Giorgio Padoan, «tutto, moralità ed affetti, doveva essere, nel caso, sacrificato». A questa logica si ispirano certi personaggi borghesi del *Decameron*, quali Ciappelletto (cfr. **T10**) o i fratelli di Ellisabetta da Messina (cfr. **T14**) che appaiono cinici e spietati e in cui l'ingegno diventa strumento fine a se stesso, motivo di puro dominio sugli altri.

Il valore della «masserizia»

La «masserizia» (cioè l'arte di amministrare) è il nuovo valore borghese che Federigo degli Alberighi fa proprio a conclusione della novella. Con questo concetto di «masserizia», teorizzato in forma organica da Leon Battista Alberti nel Quattrocento, si era cominciato a celebrare, già a partire dalla seconda metà del Trecento, una nuova virtù, la "temperanza" e la "misura". Tale virtù in qualche modo soppianta l'antico concetto di cortesia, non senza però assumerne alcuni contorni. «Cortesia non è altro se non misura», afferma Paolo da Certaldo, mercante e autore di un libro di consigli e di ammaestramenti. La nuova "cortesia" non consiste infatti nella liberalità sfrenata e nel dilapidare il denaro, come fa inizialmente Nastagio degli Onesti per amore (cfr. **T8**) bensì nella misura con cui lo si spende. La conclusione della novella di Federigo degli Alberighi mette in luce appunto questa nuova "cortesia" in cui la liberalità cortese si concilia con l'accortezza e la misura borghese riconducibili ai valori della «masserizia» (**T9**).

per fare il punto | autoverifica delle conoscenze

Verifica la correttezza delle tue risposte sulla base dei paragrafi, dei testi o delle schede indicati a corredo di ciascuna domanda.

1 Completa il testo scegliendo le opzioni corrette (per l'autoverifica cfr. **Conclusioni del PERCORSO 2**).

Il *Decameron* è stato definito *il poema della civiltà mercantile/l'epopea della civiltà mercantile*, dal momento che per la prima volta vi si celebra la variegata vita dei mercanti tra *il Duecento e il Trecento/il Trecento e il Quattrocento*. Boccaccio tuttavia non risparmia critica alla logica del nuovo mondo; nella sua visione della vita trova infatti spazio anche una sorta di *avversione/nostalgia* nei confronti dei trascorsi ideali cortesi. Questi sono rappresentati essenzialmente *dall'ingegno/dalla liberalità*, e *dall'imprenditorialità/raffinatezza dei costumi*. Parallelamente l'autore registra con chiarezza i limiti della società borghese, vittima della grettezza e del cinismo, che rischia di distorcere il nuovo valore della *masserizia/gentilezza* in *avventura/avarizia*.

2 Riepiloga le due novelle lette collegando correttamente ai personaggi le caratteristiche e gli eventi (fai attenzione agli elementi che si adattano a più personaggi)

ambiente aristocratico		compie un atto di estrema generosità
ambiente borghese	Nastagio degli Onesti	l'amore per il figlio la rende umile
compie un percorso evolutivo	la giovane Traversari	uno spavento la rende disponibile all'amore
col matrimonio coniuga virtù borghesi e virtù aristocratiche	Monna Giovanna	fa proprio il concetto di masserizia
è dignitosa e saggia	Federigo degli Alberighi	è altezzosa fino alla superbia
volge a proprio vantaggio una situazione incresciosa		la generosità dell'innamorato la convince a sposarlo

per fare il punto | *autoverifica delle conoscenze*

3 Questo esercizio ti servirà per verificare e rinforzare le tue conoscenze, anche in ambito lessicale. Completa la tabella, strutturata in due aree semantiche, inserendo correttamente i termine/le espressioni riportati in calce. Fai attenzione agli intrusi!

termini attinenti alla società ed etica cortese e ai suoi eccessi	termini/espressioni attinenti alla società ed etica borghese e alla sua degenerazione
....	....
....	....
....	....
....	....

vita spregiudicata – raffinatezza – ingegno – amore per il rischio – gentilezza – sfida continua – egoismo – passione per il calcio – prestigio derivante dal titolo – cinismo – amor cortese – logica del profitto – avarizia – liberalità – gentilezza d'animo – sperpero di denaro – pregiudizi sociali – passione per la caccia – igiene della persona – abilità nel volgere le situazioni difficili a proprio favore – servizio d'amore – magnanimità

4 Boccaccio esprime bene la propria ideologia riguardo al rapporto tra etica cortese e etica borghese nella frase che monna Giovanna pronuncia davanti ai fratelli: «Io voglio avanti (= preferisco) uomo che abbia bisogno di ricchezza, che ricchezza che abbia bisogno d'uomo» (nella versione della Pitzorno: «Preferisco sposare un uomo privo di patrimonio che un patrimonio privo d'uomo»). Prova a commentare la frase facendo riferimento alle novelle che hai letto.

La "fortuna" e l'"ingegno"

Le tappe di questo percorso

La "fortuna" comincia ad avere in Boccaccio un carattere più laico rispetto alla concezione religiosa medievale, in cui essa è intesa come ministra della Divina Provvidenza. Nella vicenda di Andreuccio da Perugia (cfr. **T15**, p. 485) (la cui novella è riportata nel **PERCORSO 5** ***Camilleri traduce per noi Boccaccio***), come in altre del *Decameron*, la fortuna assume i caratteri del "caso": per puro caso i personaggi di queste novelle fanno incontri, periscono o si salvano. Al caso però si oppone l'industria umana, ossia l'"ingegno". Si tratta di un mutamento nel modo di intendere l'idea di fortuna che è legato all'affermazione della mentalità mercantile e a una concezione dell'esistenza basata sul rischio, sull'intraprendenza e sulla sfida alla sorte. L'esito di questa lotta fra fortuna e ingegno è imprevedibile e mutevole. In Andreuccio trionfa l'ingegno sulla sorte che inizialmente sembra accanirsi contro di lui. Anche nella novella di ser Ciappelletto (**T10**, p. 442), la sorte avrebbe potuto prendere il sopravvento se Ciappelletto non le avesse contrapposto il suo ingegno. In questa novella Boccaccio, mentre demistifica l'ipocrisia religiosa delle facili santificazioni, evidenzia, attraverso il personaggio di Ciappelletto, anche la forza dell'ingegno umano che può mutare l'avversa fortuna. Con lo stesso sguardo, Boccaccio guarda al protagonista della novella dello stalliere del re Agilulfo (**T11**, p. 450), il quale, malgrado la sua bassa condizione sociale, è in grado di competere con il re Agilulfo e di riscattarsi, attraverso la sua intraprendenza e la sua furbizia, da una situazione difficile, portando la fortuna dalla sua parte. Legata al tema dell'ingegno è anche la novella di Chichibio, che puoi leggere fra i **TESTI D'ACCESSO** (cfr. p. 34).

TESTI

T10

concetti-chiave
- ingegno
- uso strumentale del linguaggio
- le contraddizioni della Chiesa
- relativismo religioso

espansioni digitali
testo originale è possibile leggere il testo originale di Boccaccio

Ser Ciappelletto

Decameron, I, 1

Questa è la prima novella del Decameron *e, come era consuetudine nel Medioevo, l'inizio viene consacrato a Dio. Malgrado ciò la novella è estranea a qualsiasi intento edificante sul piano religioso.*
Si racconta la storia di ser Ciappelletto (o Cepparello) da Prato, un uomo cattivo, disonesto e privo di carità cristiana, il quale, proprio per queste sue caratteristiche, fu scelto da Messer Musciatto Franzesi per l'incarico di riscuotere i suoi crediti in Borgogna. Le leggi del mercato erano infatti spietate e ciniche e Boccaccio nella novella getta luce realisticamente sul comportamento e sugli affari dei mercanti italiani in Francia. Erano d'altronde aspetti ben noti a Boccaccio, visto che il padre stesso era un esponente della borghesia commerciale e finanziaria e che in tale veste l'uomo visse alcuni anni a Parigi per curarvi i propri interessi.
In Borgogna, Cepparello, che era chiamato dai francesi Ciappelletto, si ammalò gravemente e stava per morire. I due usurai fiorentini che lo ospitavano erano fortemente preoccupati per il fatto che Ciappelletto, a causa del suo passato di uomo irreligioso, di impenitente peccatore e bestemmiatore, potesse morire senza i conforti religiosi: questo fatto avrebbe scatenato le ire dei borgognoni contro tutti gli italiani residenti che già non erano molto ben visti. Ciappelletto, che li aveva sentiti parlare di queste loro preoccupazioni, chiese di voler ricevere il sacramento della confessione per risolvere lui il problema. Fece dunque chiamare un frate confessore, conosciuto come «sant'uomo», al quale, con grande abilità, dette una immagine di sé completamente rovesciata; si presentò infatti come modello di ogni virtù cristiana, tanto che il confessore – probabilmente ingenuo e inesperto – credette di avere a che fare con un santo. Ciappelletto morì, vennero celebrati solenni funerali religiosi e venne da tutti considerato un santo. La novella pone così il lettore di fronte al coronamento postumo della beffa di Ciappelletto. Qui riportiamo la versione in italiano moderno che della novella ha fatto lo scrittore Piero Chiara nel 2006 (cfr. **S2**, *p. 406).*

LINGUA: italiano (traduzione di Piero Chiara) **DATAZIONE:** 2006

Alla fine del Medioevo, in Europa e quindi anche in Italia, a garantire la sopravvivenza degli uomini e la loro vita civile era, come sempre, il commercio. Vale a dire gli scambi di merci e di lavoro, le esportazioni e le importazioni, il credito.[1] Più brevemente, la produzione e il consumo.

Tra i protagonisti della economia di quell'epoca ci furono i banchieri e i mercanti, specialmente toscani, che operavano in tutta Europa. Uno di essi, a quanto si racconta, di nome Musciatto Franzesi,[2] dopo aver fatto fortuna in Francia, abbandonati gli affari, si dedicò alla politica e divenne uomo di corte. Creato gentiluomo[3] dal re Filippo il Bello, nel 1301 venne inviato in Italia presso il papa Bonifacio[4] insieme al fratello del re, Carlo detto il Senzaterra.[5]

1. **credito**: le attività finanziarie legate all'anticipazione di denaro da parte di una banca a un privato o a un'impresa dietro garanzia di restituzione.
2. **Musciatto Franzesi**: da *moscia*, forma francese di 'moscia'. Personaggio realmente esistito. Musciatto era il soprannome di Giampaolo Guidi, un contadino di Firenze che si era arricchito in Francia facendo il mercante, prestando denaro a usura e svolgendo il ruolo di tesoriere del re Filippo il Bello.
3. **Creato gentiluomo**: Musciatto Franzesi aveva acquistato prestigio sociale grazie al fatto che si era messo al servizio del re Filippo il Bello (1268-1314).
4. **papa Bonifacio**: si tratta del papa Bonifacio VIII che guidò la chiesa dal 1294 al 1303.
5. **Carlo detto il Senzaterra**: Carlo di Valois, soprannominato Senzaterra per la mancanza di possedimenti propri e per i fallati tentativi di procurarsi un regno.

Prima di mettersi in viaggio per Roma, Musciatto Franzesi provvide ad incaricare persone adatte alla liquidazione dei suoi affari[6] in Francia, ma non trovò nessuno al quale affidare la riscossione di molti crediti che aveva in Borgogna,[7] terra di gente litigiosa e sleale. Gli venne allora in mente un certo ser Cepparello Diotallevi,[8] toscano di Prato, che viveva in Francia e spesso gli capitava in casa.

Cepparello, che i francesi chiamavano Ciappelletto, era notaio ma viveva ai margini della legge servendo imbroglioni e truffatori. Pronto a rogare[9] atti falsi, spergiuro e violento, bestemmiatore e frequentatore di taverne, era sempre disposto a dar mano in ogni malefatta. Aveva avuto parte perfino in omicidi e ferimenti. Schernitore di Dio e dei santi, ladro e farabutto, sconcio bevitore e giocatore di vantaggio,[10] si può dire, senza dilungarci di più, che fosse il peggiore uomo che mai nascesse. Proprio quel che occorreva a Messer Musciatto, che gli diede regolare procura[11] e lo mandò in Borgogna, appoggiandolo presso due fratelli fiorentini che in quelle terre vivevano prestando denaro ad usura.

Ospitato dai due fratelli, Ciappelletto aveva cominciato il suo lavoro, quando cadde gravemente ammalato. Vennero subito chiamati dei medici che fecero di tutto per curarlo, ma senza risultato, perché il suo male era grave e certamente mortale. L'età, gli strapazzi e più che altro gli stravizi, l'avevano così mal ridotto, che nessun medico avrebbe potuto ridargli la salute.

«Cosa dobbiamo fare?» si chiedevano i due fratelli stando in una stanza vicina a quella del malato. «Se lo mandiamo a morire all'ospedale, la gente dirà che siamo delle carogne senza cuore. Se lo teniamo in casa e costui, da quel miscredente che è sempre stato, morirà senza confessarsi e comunicarsi, nessuna chiesa accetterà il suo corpo. Se poi si confessasse, sarebbe ancor peggio, perché sentendo le ignominie delle quali si è coperto, il confessore, inorridito, penserà di aver davanti il diavolo in persona. La voce si spargerà e noi che già siamo malvisti a cagione del nostro mestiere, saremo cacciati dal paese e magari messi a morte a furore di popolo».

Ciappelletto, al quale la malattia, come spesso avviene, aveva reso finissimo l'udito, chiamò a sé i due fratelli.

«Ho sentito tutto» disse. «Quel che temete potrebbe in verità avvenire, ma io troverò modo che non avvenga. Vivendo ho fatto tante ingiurie a Domineddio,[12] che anche se ne farò un'altra in punto di morte non cambierà nulla. Per cui vi prego di farmi venire qualche santo frate, il migliore che si trovi da queste parti, perché voglio confessarmi in modo da sistemare al meglio i fatti vostri e i miei».[13]

Pur non aspettandosi nulla di buono da Ciappelletto, i due chiamarono da un convento vicino un santo frate, che postosi al capezzale del morente, dopo averlo confortato alquanto gli chiese da quanto tempo non si confessasse.

Ciappelletto, che non si era mai confessato in vita sua, rispose:

«Di solito mi confesso due o tre volte la settimana, ma ora, con la malattia, saranno otto giorni che non ho questo beneficio».

«Bravo» disse il frate «è una buona norma la tua. Anche perché così avrai ben poco da dirmi».

6. liquidazione dei suoi affari: sistemazione degli affari e risoluzione dei rapporti commerciali in vista della cessazione di ogni attività.
7. Borgogna: regione della Francia centrale.
8. ser Cepparello Diotallevi: è un personaggio reale, originario di Prato e ancora vivo nel 1304. Come attestano alcuni documenti duecenteschi e un suo libro di conti (tra i più antichi in lingua volgare), egli era attivo in Francia come mercante ed esattore di imposte per conto di Filippo il Bello. Egli era anche in rapporto con i fratelli Franzesi, Biccio e Musciatto, due loschi affaristi.
9. rogare: *stendere, scrivere*.
10. giocatore di vantaggio: *baro*.
11. procura: si tratta di una autorizzazione legale a rappresentarlo e ad agire per suo conto.
12. Domineddio: *Signore Iddio*. Formula che si usa soprattutto nelle invocazioni.
13. in modo...miei: Ciappelletto vuole sistemare le cose in modo che sia creduto un santo, da truffatore quale invece è, e nello stesso tempo i suoi amici non abbiano danno.

«Ma che dite mai!» esclamò Ciappelletto. «Ogni volta io mi confesso di tutti i peccati che ho commesso da quando sono nato».

Il frate lodò una così bella abitudine e cominciò a chiedergli se avesse mai peccato contro la purezza.

«Se non fosse vanagloria» fu la risposta «vi direi che io sono innocente come un bambino appena nato».

«Che tu sia benedetto!» esclamò il frate.

Gli domandò allora se avesse sulla coscienza dei peccati di gola.

«Purtroppo!» disse Ciappelletto. «Perché tre volte per settimana, dopo aver digiunato a pane e acqua, bevo l'acqua con lo stesso gusto che prova un ubriacone nel bere il vino. E anche il pane! Lo mangio troppo volentieri!».

«Figliolo mio» disse il frate. «Questi non sono peccati. Dopo il digiuno è giusto che si mangi e anche che ci si tolga la sete».

«Eh, no, padre mio! Le cose che si fanno in servizio di Dio non debbono dar piacere di nessuna sorte».

«È bene» disse allora il frate «che tu la pensi in questo modo. Sono proprio contento di trovare un cuore tanto puro. Non mi capitava da un gran pezzo. Ma dimmi, hai mai peccato d'avarizia?».

«Padre» rispose Ciappelletto sottovoce «non vorrei che voi, vedendomi in casa di questi usurai, pensaste che io sia della loro specie. Sono venuto qui solo per ammonirli e per distoglierli da quel loro brutto mestiere di prestar denaro tirando il collo alla povera gente. E ci sarei riuscito, se Iddio non mi avesse visitato con questo brutto male.[14] In quanto a me, è vero, sono stato mercante e ho guadagnato, ma, tolto il necessario per vivere, il resto l'ho sempre dato ai poveri».

Non avendo nulla da rimproverargli, il frate passò a domandargli se fosse mai andato in collera.[15]

«E chi potrebbe non adirarsi» sbottò Ciappelletto «vedendo la gente che non osserva i comandamenti di Dio, i giovani che pensano solo a divertirsi, che non vanno in chiesa e seguono le pazzie del mondo invece della legge del Signore?».

«Questa» disse il frate «non è collera. È santa indignazione. Ma non è che ti sia capitato mai di commettere per esempio qualche omicidio o di far violenza a qualcuno, magari solo per difenderti...».

«Ma vi pare, padre, che Dio m'avrebbe sostenuto e protetto per tanti anni se mi fosse passato per il capo anche solo il pensiero di far cose simili?».

«Dimmi allora: hai fatto testimonianze false, hai mai detto male di qualcuno, hai mai sottratto cose altrui?».

«Sì!» esclamò Ciappelletto. «Almeno una di queste cose l'ho fatta. Avevo un vicino, che quando era ubriaco batteva la moglie. Ebbene, ho avvertito i parenti di quella poveretta».

«Dovevi farlo! L'avrei fatto anch'io» disse il frate. «Mi hai detto che sei stato mercante» gli disse poi. «Hai mai ingannato qualche cliente?».

«Gnaffe!»[16] esclamò Ciappelletto. «Avete colto giusto, stavolta! Un cliente, pagandomi del panno[17] che gli avevo venduto, mi aveva dato per sbaglio alcuni soldi in più del dovuto senza che me ne avvedessi. Quando me ne accorsi, cercai quel cliente per restituirgli il suo, ma non lo trovai. Era partito per chissà dove. Diedi allora quei pochi soldi ai poveri».

14. se Iddio...male: *se Dio non mi avesse fatto ammalare.*
15. se...collera: il confessore chiede a Ciappelletto se ha mai commesso peccato d'ira.
16. Gnaffe: *In fede mia.* È interiezione del fiorentino parlato.
17. panno: tessuto da confezione.

«Hai fatto benissimo» disse il frate. «Non potevi comportarti meglio. Sei un buon figliolo e non mi resta che darti la più ampia delle assoluzioni».

«Piano, piano» lo fermò Ciappelletto. «Ho dell'altro da dirvi: una volta ho fatto lavorare un servo a scopar la casa di domenica».

«È tutto qui?».

«Come! Vi pare poco? Non rispettare la domenica, il giorno in cui nostro Signore resuscitò e salì al Cielo? E poi, sentite quest'altra: un giorno che ero in chiesa, stavo così assorto nella preghiera che, venendomi uno sputo, lo lasciai cadere sul pavimento».

Il frate cominciò a ridere. «Noi» disse «che siamo religiosi, se ci viene da sputare, sputiamo. Che diamine!».

«Sputate?» disse Ciappelletto sgranando gli occhi. «Sputate in chiesa? Nella casa di Dio?».

Ciappelletto non se ne voleva persuadere, ma poi tacque e come preso da una nuova angoscia, cominciò a piangere.

Il frate, che lo andava consolando, vedendolo affannato gli chiese se sentisse male in qualche parte. Ma Ciappelletto, alzando gli occhi al cielo, gli fece capire che non si trattava del corpo, ma dell'anima. Non trovava la forza per sgravarsi di un gran peso che aveva sulla coscienza.

«Figliolo» gli disse il frate che finalmente aveva capito «anche se tu avessi sulla coscienza tutti i peccati del mondo, il pentimento che dimostri ti otterrebbe di sicuro la misericordia di Dio».

Senza dargli retta e piangendo sempre più forte, Ciappelletto disse: «Inorridite! Inorridite! Quando ero piccolino, una volta ho ingiuriato mia madre!».

«Non è poi questo gran peccato» lo rassicurò il frate. «Gli uomini bestemmiano continuamente Dio, che è cosa ben più grave. Eppure se si pentono, Dio li perdona. Non vuoi che passi sopra a una mala[18] parola che avrai detto a tua madre? La tua contrizione[19] è tale, che ti perdonerebbe anche se tu fossi uno di quelli che l'hanno messo in croce!».

«La mamma! La mamma!» andava balbettando Ciappelletto. «La mia mamma! Così dolce, così cara! Ho offeso la mia mamma! Se voi non pregherete Dio per me, non sarò mai perdonato!».

«Su, su» disse il frate. «Non dirmi altro, che un bravo uomo come te non l'ho mai trovato. Ecco che io ti assolvo in nome di Dio da ogni peccato e ti benedico per omnia secula secolorum.[20] Ma ora vorrei chiederti qualche cosa d'altro genere: tu certamente guarirai, ma se, Dio non voglia, la tua anima così ben disposta e preparata dovesse salire al Cielo, ti dispiacerebbe venir sepolto nella chiesa del nostro convento?».

«In nessun altro luogo, padre, vorrei avere sepoltura, perché so che voi pregherete sulla mia tomba e poi perché sono stato sempre devoto del vostro Ordine. Portatemi subito il santissimo corpo di Cristo, che io mi possa comunicare. Poi amministratemi l'estrema unzione, che abbia a morire da cristiano anche se sono vissuto da peccatore».

I due fratelli, che avevano origliato dietro la porta, erano esterrefatti.

«Che uomo è questo» si dicevano «se né la vecchiaia, né l'infermità e neppure l'imminenza della morte, può fargli paura?». Ma avendo capito che Ciappelletto aveva veramente accomodato le cose in modo da non recar loro alcuna noia, se ne stimarono più che contenti.

Intanto il frate, andatosene al convento, tornò col Santissimo,[21] comunicò Ciappelletto e gli diede l'estrema unzione. Fece appena in tempo, perché il malato prima di notte spirò.

18. mala: *cattiva.*
19. contrizione: *rimorso, pentimento.*
20. per omnia...seculorum: *per tutti i secoli dei secoli.* Con questa formula terminano molte preghiere in latino.
21. Santissimo: si tratta dell'ostia consacrata.

Il frate corse subito al convento a far suonare le campane e spiegò ai suoi confratelli quale santo uomo era venuto a morire vicino a loro. I confratelli furono d'accordo nel rendere grandi onoranze al defunto e, indossati i piviali,[22] andarono in processione a prenderne il corpo, che deposero davanti all'altare.

Tutto il popolo accorse e il padre che aveva ricevuto la confessione di Ciappelletto, salito sul pergamo,[23] parlò della vita esemplare del morto, dei suoi digiuni, della sua santa ingenuità ed innocenza. Raccontò l'episodio della madre che il poveretto credeva di aver offeso e tuonò: «E voi, maledetti da Dio, bestemmiate per cose da nulla non solo Dio e la Madre sua, ma tutta la corte del paradiso!».

Si sparse tanto la fama della santa vita e della santa morte di Ciappelletto, che cominciò ad accorrer gente al convento anche da lontano. Chi gli baciava le mani, chi i piedi, chi gli strappava i panni di dosso per farne reliquie.

Il giorno appresso Ciappelletto fu seppellito solennemente in un'arca[24] di marmo, alla quale convennero in gran folla i devoti da tutta la Borgogna ad accendergli dei lumi, ad adorarlo e a impetrarne[25] l'intercessione, spesso con buoni risultati, tanto che gli vennero attribuiti vari miracoli e fu tenuto per santo. Tale infatti è la misericordia di Dio, che non solo può redimere all'ultimo momento un delinquente di tal fatta, ma arriva al punto di esaudire chi lo prega anche nel nome di un Ciappelletto, perché chi si rivolge a Lui in buona fede è sempre ascoltato, anche se per umano errore si fa raccomandare da un diavolo invece che da un santo.

G. Boccaccio, *Decamerone, dieci novelle raccontate da Piero Chiara*, a cura di F. Roncoroni, Mondadori, Milano 2006.

22. piviali: sono le vesti che i sacerdoti indossano durante la cerimonia liturgica; esse sono dei mantelli che vengono tenuti sul davanti sul petto con un fermaglio. Il termine viene dal latino *pluviale* = 'mantello da pioggia'.
23. pergamo: *pulpito*.
24. arca: si tratta di un sepolcro monumentale.
25. impetrarne: *supplicarne*.

analisi e interpretazione T10

le forme

La traduzione di Chiara e la struttura della novella La narrazione della vicenda di ser Ciappelletto è racchiusa, nel testo di Boccaccio, fra due considerazioni, una all'inizio e una alla fine, riguardanti il rapporto fra la volontà di Dio e quella degli uomini. Nella versione che fornisce Chiara, viene sacrificata la prima di queste due considerazioni e il testo appare suddiviso in tre parti: 1) all'inizio abbiamo il ritratto di ser Ciappelletto e la descrizione dei costumi dei mercanti e della logica del profitto che ispira tutte le loro scelte; 2) poi abbiamo l'azione, che riguarda la malattia del protagonista e i due dialoghi che accompagnano questo evento (il primo è quello degli usurai preoccupati per le conseguenze della morte di Ciappelletto senza i conforti religiosi, nella cui discussione si inserisce successivamente anche ser Ciappelletto; il secondo dialogo è più lungo ed è quello fra il frate confessore e Ciappelletto che inscena una falsa confessione); 3) infine, abbiamo la conclusione, con i funerali del protagonista e la sua santificazione.

Lo stile Tutto il racconto della parte centrale della novella è costruito secondo i procedimenti dell'antifrasi e della tecnica del rovesciamento. Il lungo ritratto iniziale di ser Ciappelletto ne costituisce l'indispensabile premessa: contrariamente a quanto in genere fa, Boccaccio descrive qui inizialmente il protagonista in modo ampio e particolareggiato, affinché il rovesciamento risulti ben evidente nella confessione-beffa. Non manca l'effetto comico per il lettore che, ben conoscendo il carattere empio del personaggio, assiste alla sua falsa elevazione morale attraverso le parole della sua confessione. D'altronde, anche il personaggio del frate, prima presentato come «santo e savio uomo», è sottoposto a un rovesciamento che ne evidenzia progressivamente la credulità e dabbenaggine. Non solo, tale doppio rovesciamento corrisponde, nella struttura narrativa, a un doppio *climax:* a mano a mano che il racconto avanza, il vizioso Ciappelletto assurge agli altari della santità e della correttezza morale (si veda l'uso poco conveniente e poco rispettoso del "tu" iniziale da parte del frate e il passaggio al "voi" di deferenza nei confronti di ser Ciappelletto); mentre il confessore sant'uomo gradualmente va assumendo l'aspetto del povero peccatore. Quest'ultimo deve ammettere, ad esempio, di sputare abitualmente in chiesa, cosa per cui deve subire – paradossalmente – il rimprovero dell'empio Ciappelletto («e voi fate gran villania...»), che così trasforma il frate da santo in peccatore.

i temi e i motivi

L'aspetto ideologico e morale nella novella di ser Ciappelletto La novella mette in luce il relativismo di fondo che si coglie nel prologo (sacrificato dalla traduzione di Chiara) e nell'epilogo, in cui si sottolinea la separazione tra il livello divino e quello umano: l'uomo non può, con la sola ragione, cogliere una verità che coinvolge anche il piano divino, ma può fare solo ipotesi o congetture, poiché il modo in cui si manifesta la volontà divina gli resta sostanzialmente «occulto». Anche nel racconto, nella figura ambigua del personaggio, troviamo tuttavia traccia di tale relativismo. Ciappelletto, infatti, è un uomo malvagio ed empio e malgrado tutto non manca di una sua grandezza d'ingegno nella recita-confessione con cui beffa il frate. Ma egli non è neanche privo di un qualche senso di gratitudine e di responsabilità nei confronti degli usurai e degli italiani che si trovano in Francia e che potrebbero essere danneggiati dalla sua morte da peccatore.

Questo relativismo costitutivo della novella e soprattutto l'ambiguità del personaggio di ser Ciappelletto hanno favorito lo sviluppo di interpretazioni critiche assai diverse, come quelle opposte di Vittore Branca e Carlo Muscetta (cfr. **S7**, p. 449).

L'ingegno di ser Ciappelletto L'ingegno del protagonista è stato interpretato in modi diversi da parte della critica. Da un lato c'è chi intravede, nella caratterizzazione che Boccaccio fa del personaggio e del suo agire, un duro giudizio morale rivolto alla logica di mercato. Dall'altro c'è chi, al contrario, intravede nel personaggio di Ciappelletto qualcosa di grandioso proprio per il suo coerente cinismo e per il suo ingegno. Boccaccio, secondo questa linea interpretativa, sembra sospendere il giudizio morale, affascinato dall'uso strumentale che il personaggio fa dell'ingegno e del linguaggio.

Franco Citti nel ruolo di Ser Ciappelletto nel film *Il Decameron* di Pier Paolo Pasolini, 1971.

Boccaccio e noi

Il potere del linguaggio ieri e oggi Nella novella di ser Ciappelletto si coglie un elemento di straordinaria attualità nel grande potere che viene riconosciuto alla comunicazione e all'uso ambiguo e strumentale della parola. C'è in Boccaccio e nel *Decameron* l'idea in germe della grande forza del linguaggio ai fini della manipolazione delle coscienze e dell'alterazione della realtà. Attraverso l'uso abile della parola ser Ciappelletto mistifica e rovescia la realtà, facendo credere qualcosa che non è. Egli si appropria del linguaggio religioso e ne esercita l'enorme potere nel colloquio con il frate sant'uomo, fino al punto da far passare quest'ultimo come il vero peccatore. Il linguaggio religioso, come quello politico, è in grado di esercitare un grande potere di persuasione e ser Ciappelletto sembra saperlo bene. Oggi, la gestione strumentale del linguaggio può avvalersi anche del sistema della comunicazione di massa a cui concorrono, nella nostra società, i vari *media* come televisione, giornali, cinema, internet, ecc. Il potere di occultamento e distorsione della verità si è insomma notevolmente accresciuto.

per studiare *guida all'analisi* T10

COMPRENDERE

1 Il racconto nella versione di Piero Chiara si apre con un inquadramento incentrato sulle caratteristiche economiche del tardo Medioevo. Chi erano i protagonisti dell'economia di quell'epoca? A quale categoria apparteneva ser Ciappelletto?

2 Ricostruisci la *fabula* ordinando correttamente le sequenze elencate di seguito.

a. ☐ Ciappelletto è ospitato in Borgogna da due usurai fiorentini
b. ☐ Ciappelletto chiede che gli si mandi un frate che lo confessi
c. ☐ morte e santificazione di Ciappelletto
d. ☐ ritratto di Ciappelletto come uomo malvagio e vizioso
e. ☐ i due fiorentini temono per la propria reputazione
f. ☐ commento del narratore sulla superiore saggezza divina
g. ☐ Ciappelletto si ammala
h. ☐ Musciatto in procinto di andare a Roma affida i suoi affari a Ciappelletto
i. ☐ Ciappelletto con una falsa confessione fa credere al prete di essere un sant'uomo

ANALIZZARE

3 Quale funzione narrativa ha il ritratto dettagliato del protagonista all'inizio della novella?

a disegnare un ritratto comico ed eccessivo per attirare l'interesse del lettore
b condannare i vizi dei notai che trafficavano in Francia
c far conoscere al lettore il personaggio storico
d esaltare il rovesciamento d'immagine che verrà compiuto tramite la confessione

4 Nella sua confessione-beffa l'ingegnoso Ciappelletto attua un rovesciamento della propria immagine agli occhi del frate ingenuo. Domina quindi nel testo la figura retorica detta

a antifrasi   b similitudine   c allegoria   d metonimia

INTERPRETARE E APPROFONDIRE

5 A mano a mano che Ciappelletto cresce nell'immagine di santità, quale atteggiamento assume il frate?

6 Ciappelletto non potrebbe ingannare il santo frate se non fosse tanto abile nel parlare. Attraverso il linguaggio, il protagonista, infatti, fa credere di essere il contrario di quello che è. Prova a riflettere sul potere del linguaggio di alterare o addirittura inventare la realtà – tanto più adesso, nell'era della comunicazione, della televisione, di internet. Che cosa pensi in proposito? Argomenta le tue considerazioni in un breve scritto di circa 20-30 righe.

Storia della lingua

Mercanti e «mercatanti» nel *Decameron*

Quando Boccaccio scrisse il suo *Decameron*, erano passati poco più di quarant'anni dal dibattito sulla possibilità del volgare di diventare lingua letteraria. L'argomento era stato affrontato da Dante nel trattato *De vulgari eloquentia*, scritto in latino, lingua che di fatto ormai non era più parlata, ma costituiva la lingua comune dei dotti d'Europa in mezzo all'analfabetismo dominante nella popolazione. Da allora sono passati più di sette secoli in cui la storia, la società, la tecnica, la letteratura sono state in continua evoluzione e trasformazione, e con esse la nostra lingua.

Il *Decameron* è il testo fondante della letteratura italiana in prosa, non solo per quanto riguarda la varietà dei temi, dei personaggi e dei luoghi, ma anche per la ricchezza delle voci diverse che si intrecciano nella tessitura delle cento novelle tenute insieme dalla cornice (che contiene a sua volta una ulteriore novella). L'opera di Boccaccio costituisce pertanto anche una pietra miliare nella storia della lingua italiana. Per quanto riguarda il lessico, l'insistenza di una parola chiave come 'mercatante' (coi simili 'mercatura', 'mercante' ecc.) rappresenta la registrazione in presa diretta dell'affermarsi dei rapporti economici e sociali basati sul commercio e sul denaro. Vale quindi la pena soffermarsi un poco su questo termine. 'Mercatante' e 'mercante' non sono in realtà parole nuove: vengono rispettivamente dal participio presente dei verbi latini *mercatare* ('fare il mercante' nel latino tardo e popolare) e *mercari* ('commerciare' nel latino classico). Probabilmente il passaggio da 'mercatante' (che è il termine usato da Boccaccio e che noi adesso avvertiamo come letterario) al più diffuso e apparentemente più moderno 'mercante' non è dovuto alla ricerca di una forma più breve, ma – al contrario – ad una ripresa del termine letterario dopo la parabola rinascimentale che vide un ritorno al latino classico come lingua della cultura. È stato proprio durante il Rinascimento, e soprattutto nella Firenze del Quattro e Cinquecento, che sono entrate nella lingua italiana tante parole di derivazione latina direttamente dal latino classico e non – come era stato in epoca medievale – per effetto della naturale evoluzione/corruzione della lingua, dovuta in gran parte alle invasioni barbariche e al sovrapporsi e mescolarsi di sostrati linguistici. Il termine 'mercatante' noi non l'usiamo più, ma è presente nei vocabolari con l'avvertenza che si tratta di un termine letterario (*lett.*): una qualifica aulica ma in realtà indebita, che gli deriva unicamente dall'esser stato privilegiato da Boccaccio a scapito del suo concorrente 'mercante', il quale è in realtà – come s'è detto – termine più autenticamente classico.

Botteghe di diversi artigiani. **Miniatura dal codice** ***De sphaera*****, 1480-1490. Modena, Biblioteca Estense.**

S7 LETTURE CRITICHE

La figura di Ciappelletto secondo Branca e secondo Muscetta

Due critici letterari, Branca e Muscetta, riconoscono alla figura di ser Ciappelletto un particolare valore simbolico e morale, ma le loro posizioni si contrappongono nettamente rispetto al ruolo di questo personaggio e al valore della novella all'interno della struttura del *Decameron*. Branca sottolinea di Ciappelletto l'aspetto della malvagia empietà per dimostrare la tesi della struttura ascensionale del *Decameron*. Secondo lo studioso, l'opera si aprirebbe con una novella di denuncia del male e del peccato, rappresentati da ser Ciappelletto, e si chiuderebbe, con l'ultimo racconto, la novella di Griselda (X, 10), a cui Boccaccio affiderebbe l'opposta esaltazione dei valori cristiani, attraverso la figura di Griselda. Branca pone dunque l'accento sulla parabola di crescita, che dal cattivo Ciappelletto porta alla onesta Griselda, simbolo di rettitudine morale. In base a tale ipotesi, secondo Muscetta, la vicenda di ser Ciappelletto avrebbe implicitamente il valore di una sorta di *exemplum* dantesco. Muscetta sostiene invece che la beffa di ser Ciappelletto, più che un atto di empietà fine a se stesso, vuol essere il rovesciamento ironico della religiosità convenzionale e dell'ipocrisia, implicita nella figura del mercante devoto che pretende di conciliare religiosità e opportunismo mercantile. Più che denuncia dell'empietà attraverso un *exemplum* dantesco, la vicenda di ser Ciappelletto sarebbe, secondo Muscetta, un «lieto *exemplum* alla rovescia», volto a demistificare l'ipocrisia religiosa dei mercanti. Puoi leggere nelle ***espansioni digitali*** le diverse interpretazioni proposte dai due studiosi.

T11 La novella dello stalliere del re Agilulfo

Decameron, III, 2

concetti-chiave
- la democrazia dell'eros
- la democrazia dell'ingegno
- il peso della fortuna nelle vicende umane

La vicenda della novella è ambientata alla corte longobarda di re Agilulfo per le cui notizie storiche Boccaccio poteva avvalersi della Historia Langobardorum *[Storia dei Longobardi] di Paolo Diacono. Il protagonista principale della novella è lo stalliere del re longobardo; si tratta di un giovane di umilissime origini, ma di animo elevato e di grande ingegno. È infatti furbo e assennato. Essendo innamorato della regina Teodolinda, e animato da una forte ambizione sociale, finisce per imitare il re stesso, mettendosi nei suoi panni e sostituendosi a lui nel letto e nell'amore con Teodolinda. L'astuto re Agilulfo, accortosi che qualcuno aveva appena preso il suo posto nel letto della moglie, cerca di scoprire il colpevole andando a verificare, fra tutti i suoi servitori che a quell'ora di notte dovevano dormire, quale avesse il cuore che batteva forte. Trovatolo e non potendolo però vedere in faccia per via del buio della stanza, gli taglia i capelli per poterlo all'indomani riconoscere e punire. Ma lo stalliere reagisce con analoga furbizia e taglia i capelli a tutti gli altri stallieri e domestici, in modo che l'indomani non potesse essere riconosciuto. Quella fra lo stalliere e il re è una vera e propria gara di astuzia che termina in parità: lo stalliere rinuncerà a visitare di notte la regina e il re a punire il traditore.*

LINGUA: italiano **DATAZIONE:** 1349-1351

UN PALLAFRENIERE[1] GIACE CON LA MOGLIE D'AGILULFO RE, DI CHE AGILULFO TACITAMENTE S'ACCORGE; TRUOVALO E TONDALO;[2] IL TONDUTO TUTTI GLI ALTRI TONDE, E COSÌ CAMPA DELLA MALA VENTURA.[3]

[1-10] Essendo giunti alla fine della novella raccontata da Filostrato, la regina della giornata dà la parola a Pampinea. Questa inizia facendo riferimento alla novella appena conclusa e al comportamento poco discreto delle monache che amoreggiano con l'ortolano Masetto. Ora Pampinea afferma che, al contrario, andrà a mostrare la discrezione e la saggezza di re Agilulfo.

[11-31] Agilulfo, re dei longobardi, aveva preso per moglie la bella e saggia Teodolinda, rimasta vedova di Autari, il re longobardo che lo aveva preceduto. Della regina si innamorò uno stalliere di umile

Essendo la fine venuta della novella di Filostrato, della quale erano alcuna volta un poco le donne arrossate[4] e alcuna altra se n'avean riso, piacque alla reina che Pampinea novellando seguisse: la quale con ridente viso incominciando disse:

– Sono alcuni sì poco discreti nel voler pur[5] mostrare di conoscere e di sentire quello che per loro non fa di sapere,[6] che alcuna volta per questo, riprendendo i disaveduti difetti in altrui[7], si credono la lor vergogna scemare[8] là dove essi l'acrescono in infinito: e che ciò sia vero nel suo contrario, mostrandovi l'astuzia d'un forse di minor valore tenuto che Masetto, nel senno d'un valoroso re, vaghe donne, intendo che per me vi sia dimostrato.[9]

Agilulfo, re de' longobardi, sì come i suoi predecessori, in Pavia, città di Lombardia, avevan fatto, fermò il solio[10] del suo regno, avendo presa per moglie Teudelinga, rimasa vedova d'Auttari,[11] re stato similmente de' longobardi: la quale fu bellissima donna, savia e onesta molto ma male avventurata in amadore.[12] E essendo alquanto per la vertù e per lo senno di que-

1. PALLAFRENIERE: *stalliere.*
2. TONDALO: *gli taglia i capelli.*
3. CAMPA...VENTURA: *scampa alla mala fortuna.*
4. **arrossate**: *arrossite.*
5. **pur**: *in ogni modo.*
6. **per...sapere**: *che loro è bene non sappiano.*
7. **riprendendo...altrui**: *rimproverando negli altri i difetti nascosti* (**disaveduti**).
8. **scemare**: *ridurre.*
9. **e che ciò...dimostrato**: *e che questo sia vero, amabili* (**vaghe**) *donne, intendo io dimostrarvi con il caso opposto, con la saggezza di un valoroso re, mostrandovi l'astuzia di una persona ritenuta di minore valore rispetto a Masetto.*
10. **fermò il solio**: *stabilì la reggia.*
11. **Teudelinga...Auttari**: i personaggi di questa novella giungono a Boccaccio attraverso la *Historia Langobardorum* [Storia dei Longobardi] di Paolo Diacono (VIII sec.). Teodolinda era principessa di Baviera, moglie e poi vedova di re Autari. Alla morte del marito, sposa Agilulfo, successore al trono.
12. **male...amadore**: *sfortunata in amore.*

origine, ma intelligente. Pur sapendo della sconvenienza del suo amore, egli riservava molte attenzioni alla regina.

sto re Agilulfo le cose de' longobardi prospere e in quiete, adivenne che un pallafreniere della detta reina, uomo quanto a nazione[13] di vilissima condizione ma per altro da troppo più che da così vil mestiere,[14] e della persona bello e grande così come il re fosse,[15] senza misura della reina s'innamorò. E per ciò che il suo basso stato non gli avea tolto che egli non conoscesse questo suo amore esser fuori d'ogni convenienza,[16] sì come savio[17] a niuna persona il palesava[18] né eziandio a lei[19] con gli occhi ardiva discoprirlo. E quantunque senza alcuna speranza vivesse di dover mai a lei piacere, pur seco si gloriava che in alta parte avesse allogati i suoi pensieri,[20] e, come colui che tutto ardeva in amoroso fuoco, studiosamente[21] faceva, oltre a[22] ogni altro de' suoi compagni, ogni cosa la qual credeva che alla reina dovesse piacere. Per che intervenia[23] che la reina, dovendo cavalcare, più volentieri il pallafreno[24] da costui guardato[25] cavalcava che alcuno altro: il che quando avveniva, costui in grandissima grazia sel reputava[26] e mai dalla staffa non le si partiva, beato tenendosi qualora pure i panni toccar le poteva.

[32-53] Ma lo stalliere, non potendo sopportare il grande desiderio nascosto, più volte aveva pensato che sarebbe stato disposto a morire pur di realizzare il suo desiderio. Pensò dunque di usare l'ingegno per sostituirsi al re in camera da letto della regina. Spiò dunque il sovrano mentre si introduceva nella camera della regina per poter ripetere la stessa cosa.

Ma come noi veggiamo assai sovente avvenire, quando la speranza diventa minore tanto l'amor maggior farsi, così in questo povero pallafreniere avvenia, in tanto che gravissimo gli era il poter comportare[27] il gran disio[28] così nascoso come facea, non essendo da alcuna speranza atato;[29] e più volte seco,[30] da questo amor non potendo disciogliersi, diliberò di morire. E pensando seco del modo, prese per partito[31] di volere questa morte per cosa per la quale apparisse lui morire[32] per l'amore che alla reina aveva portato e portava: e questa cosa propose di voler che tal fosse, che egli in essa tentasse la sua fortuna in potere[33] o tutto o parte aver del suo disidero. Né si fece[34] a voler dir parole alla reina o a voler per lettere far sentire il suo amore, ché sapeva che invano o direbbe o scriverebbe,[35] ma a voler provare se per ingegno[36] con la reina giacer potesse; né altro ingegno né via c'era se non trovar modo come egli in persona del re,[37] il quale sapea che del continuo[38] con lei non giacea, potesse a lei pervenire e nella sua camera entrare. Per che, acciò che vedesse[39] in che maniera e in che abito il re, quando a lei andava, andasse, più volte di notte in una gran sala del palagio del re, la quale in mezzo era tra la camera del re e quella della reina, si nascose: e intra l'altre una notte vide il re uscire della sua camera inviluppato in un gran mantello e aver dall'una mano un torchietto[40] acceso e dall'altra una bacchetta, e andare alla camera della reina e senza dire alcuna cosa percuotere una volta o due l'uscio della camera con quella bacchetta e incontanente[41] essergli aperto e toltogli di mano il torchietto.

13. quanto a nazione: *quanto a origine.*
14. ma per...mestiere: *ma per il resto più nobile e intelligente di quanto convenisse a così umile mestiere.*
15. così...fosse: *così come se fosse il re.*
16. per ciò che...convenienza: *poiché la sua bassa condizione sociale non gli aveva impedito di riconoscere che questo amore era fuori di ogni convenienza.*
17. sì come savio: *da persona saggia.*
18. palesava: *rivelava.*
19. né...lei: *e neppure a lei.*
20. pur...pensieri: *tuttavia era orgoglioso di sé stesso per aver collocato i suoi pensieri d'amore in una donna di così alto rango* (**in alta parte**).
21. studiosamente: *con premura.*
22. oltre a: *più che.*
23. intervenia: *accadeva.*
24. pallafreno: *cavallo.*
25. guardato: *custodito.*
26. in...reputava: *lo considerava un grandissimo favore.*
27. comportare: *sopportare.*
28. disio: *desiderio.*
29. atato: *aiutato.*
30. seco: *tra sé.*
31. prese per partito: *decise.*
32. per...morire: *in modo che apparisse che moriva.*
33. la sua...in potere: *la possibilità di.*
34. si fece: *si diede.*
35. o direbbe o scriverebbe: *avrebbe detto o avrebbe scritto.*
36. per ingegno: *con un'astuzia.*
37. in...re: *fingendosi il re.*
38. del continuo: *continuamente.*
39. acciò che vedesse: *per vedere.*
40. torchietto: *piccola torcia.*
41. incontanente: *subito.*

[54-73] Vista la scena, si procurò ciò che gli serviva per sostituirsi al re e per introdursi in camera della regina al suo posto. Entrato nella camera, imitando il re, lo stalliere si infilò nel letto della regina e dopo che ebbe soddisfatto il suo desiderio tornò di malavoglia nella sua stanza.

La qual cosa veduta, e similmente vedutolo ritornare, pensò di così dover fare egli altressì:[42] e trovato modo d'avere un mantello simile a quello che al re veduto avea e un torchietto e una mazzuola,[43] e prima in una stufa[44] lavatosi bene acciò che non forse l'odor del letame la reina noiasse[45] o la facesse accorgere dello inganno, con queste cose, come usato era, nella gran sala si nascose. E sentendo che già per tutto[46] si dormia[47] e tempo parendogli o di dovere al suo disiderio dare effetto o di far via con alta cagione alla bramata morte,[48] fatto con la pietra e con l'acciaio[49] che seco portato avea un poco di fuoco, il suo torchietto accese e chiuso e avviluppato nel mantello se n'andò all'uscio della camera e due volte il percosse con la bacchetta. La camera da una cameriera tutta sonnacchiosa fu aperta e il lume preso e occultato:[50] laonde[51] egli, senza alcuna cosa dire, dentro alla cortina[52] trapassato e posato il mantello, se n'entrò nel letto nel quale la reina dormiva. Egli disiderosamente in braccio recatalasi,[53] mostrandosi turbato, per ciò che costume del re esser sapea che quando turbato era niuna cosa voleva udire, senza dire alcuna cosa o senza essere a lui detta più volte carnalmente la reina cognobbe.[54] E come che[55] grave gli paresse il partire, pur temendo non[56] la troppo stanza[57] gli fosse cagione di volgere l'avuto diletto in tristizia, si levò e ripreso il suo mantello e il lume, senza alcuna cosa dire, se n'andò e come più tosto poté si tornò al letto suo.

[74-79] Appena lo stalliere fu tornato nel suo letto, il re andò dalla regina per intrattenersi con lei come suo solito. La donna però si meravigliò del fatto che il marito ritornasse da capo con i suoi desideri sessuali.

Nel quale appena ancora esser potea,[58] quando il re, levatosi, alla camera andò della reina, di che ella si maravigliò forte; e essendo egli nel letto entrato e lietamente salutatala, ella, dalla sua letizia preso ardire, disse: «O signor mio, questa che novità è stanotte? voi vi partite pur testé da me[59] e oltre l'usato modo di me avete preso piacere, e così tosto da capo ritornate? Guardate ciò che voi fate».

[80-121] Il re capì che la regina era stata ingannata senza accorgersene. Allora fece finta di nulla, sapendo che era meglio tacere ciò che aveva scoperto in modo che non potesse portargli vergogna o disonore. Volle però scoprire il traditore e andò a controllare chi, fra i servi che dormivano nelle stanze sopra la stalla, avesse il cuore che batteva ancora per l'affanno dell'amore. Il re, messa la mano sul cuore dello stalliere, che faceva finta di dormire, si rese conto che era lui il responsabile, ma, per

Il re, udendo queste parole, subitamente presunse[60] la reina da similitudine[61] di costumi e di persona essere stata ingannata, ma come savio[62] subitamente pensò, poi[63] vide la reina accorta non se ne era[64] né alcuno altro, di non volernela fare accorgere:[65] il che molti sciocchi non avrebbon fatto ma avrebbon detto: «Io non ci fui io: chi fu colui che ci fu? come andò? chi ci venne?» Di che molte cose nate sarebbono,[66] per le quali egli avrebbe a torto contristata la donna e datale materia di disiderare altra volta quello che già sentito avea: e quello che tacendo niuna vergogna gli poteva tornare, parlando s'arebbe vitupero recato.[67]

Risposele adunque il re, più nella mente che nel viso o che nelle parole turbato: «Donna, non vi sembro io uomo da poterci altra volta essere stato e ancora appresso[68] questa tornarci?»

42. **egli altressì**: *anche lui.*
43. **mazzuola**: *piccola mazza.*
44. **stufa**: *bagno caldo.*
45. **noiasse**: *desse fastidio.*
46. **già per tutto**: *dappertutto.*
47. **si dormia**: *dormiva.*
48. **o di...morte**: *o di fare strada alla morte desiderata con così alta ragione.*
49. **acciaio**: *acciarino*, strumento per provocare la scintilla e per accendere l'esca.
50. **occultato**: *nascosto.*
51. **laonde**: *dopo di che.*
52. **cortina**: si tratta delle tende poste intorno al letto.
53. **recatalasi**: *recandosela.*
54. **carnalmente...cognobbe**: *ebbe rapporti sessuali con la regina.*
55. **E come che**: *Benché.*
56. **pur temendo non**: *tuttavia temendo che.*
57. **la troppo stanza**: *il troppo trattenersi.*
58. **Nel quale...potea**: *Nel quale poteva appena essere arrivato.*
59. **voi...me**: *voi siete andato via da me qualche momento fa.*
60. **presunse**: *capì.*
61. **similitudine**: *somiglianza.*
62. **come savio**: *da saggio.*
63. **poi**: *poiché.*
64. **la reina...era**: *che la regina non se ne era accorta.*
65. **di non...accorgere**: *di fare in modo che non se ne accorgesse.*
66. **sarebbono**: *sarebbero.*
67. **e quello...recato**: *e ciò che, tacendo, non poteva recargli vergogna, gli avrebbe procurato disonore se avesse parlato.*
68. **appresso**: *vicino* [: nel tempo].

non svelare a tutti l'accaduto, gli tagliò i capelli da una parte in modo che il giorno seguente avrebbe potuto riconoscerlo, e poi tornò nella sua camera.

A cui la donna rispose: «Signor mio, sì; ma tuttavia io vi priego che voi guardiate alla vostra salute».

Allora il re disse: «E egli mi piace di seguire il vostro consiglio, e questa volta senza darvi più impaccio me ne vo' tornare».

E avendo l'animo già pieno d'ira e di maltalento[69] per quello che vedeva gli era stato fatto, ripreso il suo mantello, s'uscì della camera e pensò di voler chetamente[70] trovare chi questo avesse fatto, imaginando lui della casa dovere essere[71] e, qualunque si fosse, non esser potuto di quella uscire. Preso adunque un picciolissimo lume in una lanternetta, se n'andò in una lunghissima casa[72] che nel suo palagio era sopra le stalle de' cavalli, nella quale quasi tutta la sua famiglia[73] in diversi letti dormiva; e estimando che, qualunque fosse colui che ciò fatto avesse che la donna diceva,[74] non gli fosse potuto ancora il polso e 'l battimento del cuore, per lo durato affanno, potuto riposare,[75] tacitamente, cominciato dall'un de' capi della casa, a tutti cominciò a andar toccando il petto per sapere se gli battesse.

Come che[76] ciascuno altro dormisse forte, colui che con la reina stato era non dormiva ancora; per la qual cosa, vedendo venire il re e avvisandosi[77] ciò che esso cercando andava, forte cominciò a temere, tanto che sopra[78] il battimento della fatica avuta la paura n'agiunse un maggiore; e avvisossi fermamente che, se il re di ciò s'avvedesse, senza indugio il facesse[79] morire. E come che varie cose gli andasser per lo pensiero di doversi fare, pur vedendo il re senza alcuna arme diliberò di far vista[80] di dormire e d'attender quello che il[81] far dovesse. Avendone adunque il re molti cerchi[82] né alcun trovandone il quale giudicasse essere stato desso, pervenne a costui e trovandogli batter forte il cuore seco disse: «Questi è desso».[83] Ma sì come colui che di ciò che fare intendeva niuna cosa voleva che si sentisse,[84] niuna altra cosa gli fece se non che con un paio di forficette,[85] le quali portate avea, gli tondé[86] alquanto dall'una delle parti i capelli, li quali essi a quel tempo portavan lunghissimi, acciò che[87] a quel segnale la mattina seguente il riconoscesse; e questo fatto, si dipartì e tornossi alla camera sua.

[122-139] Lo stalliere allora prese un paio di forbici e tagliò i capelli a tutti i servi che giacevano in quella casa. Il re, il mattino seguente, chiamati i servi e vedendo che tutti erano senza una parte di capelli, pensò tra sé e sé che il colpevole dell'oltraggio, anche se di bassa condizione sociale, era comunque di alto ingegno. Avendo capito che a quel punto per una piccola vendetta avrebbe

Costui, che tutto ciò sentito[88] avea, sì come colui che malizioso[89] era, chiaramente s'avisò[90] perché così segnato era stato: laonde egli senza alcuno aspettar si levò, e trovato un paio di forficette, delle quali per avventura v'erano alcun paio[91] per la stalla per lo servigio de' cavalli, pianamente andando[92] a quanti in quella casa ne giacevano, a tutti in simile maniera sopra l'orecchie tagliò i capelli; e ciò fatto, senza essere stato sentito, se ne tornò a dormire.

Il re, levato[93] la mattina, comandò che avanti che le porti[94] del palagio s'aprissono,[95] tutta la sua famiglia gli venisse davanti; e così fu fatto. Li quali[96] tutti, senza alcuna cosa in capo davanti standogli, esso cominciò

69. maltalento: *rancore.*
70. chetamente: *in segreto.*
71. imaginando...essere: *immaginando che quello dovesse essere qualcuno della casa.*
72. lunghissima casa: *casamento.*
73. famiglia: *servitù.*
74. che ciò...diceva: *che avesse fatto ciò che la donna riferiva.*
75. battimento...riposare: *il battito del cuore e del polso, per il lungo affanno, non gli sarebbe di nuovo potuto divenire tranquillo.*
76. Come che: *Sebbene.*
77. avvisandosi: *accorgendosi.*
78. sopra: *oltre.*
79. il facesse: *lo avrebbe fatto.*
80. far vista: *far finta.*
81. il: *egli.*
82. cerchi: *cercati.*
83. desso: *proprio lui.*
84. niuna...sentisse: *non voleva che se ne sapesse niente.*
85. forficette: *forbicette.*
86. gli tondé: *tagliò.*
87. acciò che: *affinché.*
88. sentito: *capito.*
89. malizioso: *astuto.*
90. s'avisò: *si rese conto.*
91. v'erano alcun paio: *ve n'era un paio.*
92. pianamente andando: *avvicinandosi piano.*
93. levato: *alzatosi.*
94. porti: *porte.*
95. s'aprissono: *s'aprissero.*
96. Li quali: si riferisce ai servitori.

subito una grande vergogna, decise di limitarsi a chiedere che ciò che era stato fatto non avvenisse più.

a guardare per riconoscere il tonduto da lui; e veggendo la maggior parte di loro co' capelli a un medesimo modo tagliati, si maravigliò, e disse seco stesso: «Costui, il quale io vo cercando, quantunque di bassa condizion sia, assai ben mostra d'essere d'alto senno». Poi, veggendo che senza romore[97] non poteva avere quel ch'egli cercava, disposto a non volere per piccola vendetta acquistar gran vergogna, con una sola parola[98] d'amonirlo e di mostrargli che avveduto se ne fosse[99] gli piacque; e a tutti rivolto disse: «Chi 'l fece nol faccia mai più, e andatevi con Dio».

[140-148] Al posto suo, un altro avrebbe sottoposto a tortura e a interrogatorio quei servi e avrebbe scoperto ciò che ognuno dovrebbe cercare di tener nascosto per non aumentare la vergogna e l'offesa alla donna. Tutti i servi rimasero stupiti delle parole del re e non ne compresero il senso, ma quel senso fu chiaro allo stalliere che, essendo saggio, non mise più a rischio la sua vita ripetendo l'azione che aveva compiuto.

Un altro gli avrebbe voluti far collare,[100] martoriare, essaminare e domandare; e ciò faccendo avrebbe scoperto quello che ciascun dee andar cercando di ricoprire, e essendosi scoperto, ancora che[101] intera vendetta n'avesse presa, non iscemata[102] ma molto cresciuta n'avrebbe la sua vergogna e contaminata l'onestà della donna sua. Coloro che quella parola udirono si maravigliarono e lungamente fra sé essaminarono che avesse il re voluto per quella[103] dire, ma niuno ve ne fu che la 'ntendesse se non colui solo a cui toccava. Il quale, sì come savio, mai, vivente il re, non la scoperse,[104] né più la sua vita in sì fatto atto commise alla fortuna.[105]

G. Boccaccio, *Decameron*, a cura di V. Branca, Einaudi, Torino 1992.

97. romore: *scalpore.*
98. con...parola: *in poche parole.*
99. che...fosse: *che se ne era accorto.*
100. collare: *sottoporre alla tortura della colla.* La "colla" era una fune che si faceva scorrere sopra ad una carrucola posta in alto; ad un lato veniva legata la persona con le braccia dietro la schiena, all'altro si faceva tirare la corda per sollevare, a strappi, l'imputato fino ad ottenere la confessione.
101. ancora che: *anche se.*
102. iscemata: *diminuita.*
103. per quella: *con quella [frase].*
104. non la scoperse: *non ne fece rivelazione.*
105. né più...fortuna: *non mise più in pericolo la sua vita ripetendo la stessa azione.*

analisi e interpretazione T11

le forme

La fortuna e l'ingegno La fortuna, come Boccaccio la intende (ossia come "caso" o "sorte"), ha un peso decisivo nelle vicende umane. Essa determina anzitutto la condizione sociale: c'è chi nasce povero, come nel caso dello stalliere protagonista di questa novella; e c'è chi nasce ricco, come nel caso di re Agilulfo. La fortuna ha anche il potere di sottoporre l'individuo a rischi continui: pensiamo a tutti gli accidenti di Andreuccio da Perugia (cfr. **T15**, p. 485), a fatti imprevisti, ma anche a rovesciamenti di sorte o di situazione. In questo caso, la fortuna insieme all'ingegno può capovolgere una situazione. Nel caso dello stalliere, protagonista della novella in questione, la fortuna ha voluto che fosse di umili origini, ma la natura ha fatto sì che fosse astuto e intelligente fino al punto da competere in amore e in furbizia con il re Agilulfo. Come avviene in molte novelle del *Decameron*, la fortuna viene corretta o contenuta grazie alla forza dell'ingegno dei singoli individui. Nel caso dello stalliere di Agilulfo, la sorte gli ha dato umili natali ma non gli ha impedito di essere ingegnoso e intelligente, di possedere la moglie del re e di sottrarsi anche alla punizione.

La democrazia dell'eros e dell'ingegno Questa novella tocca, come avviene anche nella novella di Tancredi e Ghismunda (cfr. **T7**), il tema della democrazia dell'eros. A questo aspetto però qui si associa quello della democrazia dell'ingegno e dell'«industria». Non solo lo stalliere appare sessualmente più prestante del re stesso, ma è proprio Agilulfo a riconoscerne alla fine anche l'«alto senno». La situazione, a ben vedere, è molto simile a quella che si verifica nella novella di Chichibìo e la gru (cfr. **TESTI D'ACCESSO** nel **Capitolo 1**, p. 34): anche qui, alla fine, il padrone apprezzerà il valore della battuta intelligente e spiritosa di un servo, rinunciando a punirlo.

Il significato ideologico della democrazia dell'eros e dell'ingegno Il dibattito critico relativo a questa novella ha sottolineato il significato ideologico che essa assume nell'ambito della democrazia dell'eros. In questa prospettiva, la novella dell'ingegnoso stalliere, che riesce con un abile inganno a introdursi nel letto della regina e a sottrarsi alla vendetta del re, sembra farsi quasi «simbolo del vecchio mondo feudale che cede il passo ad un mondo nuovo, dove anche chi non ha sangue aristocratico nelle vene può farsi strada, se l'ingegno gli dà ala. L'"industria" non solo mette alla pari, anzi rende superiore lo stalliere al proprio sovrano» (M. Alicata).

COMPRENDERE

1 Distingui nel testo di Boccaccio
- a. la rubrica
- b. la parte occupata dalla cornice
- c. l'introduzione alla novella
- d. la novella

2 La Terza giornata, cui appartiene la novella, ha per tema il raggiungimento dell'oggetto del desiderio attraverso l'ingegno, ovvero l'«industria». Qual è il desiderio dello stalliere?

3 In che cosa consiste l'«industria» dello stalliere?

4 Il re e lo stalliere si trovano impegnati in una specie di partita a scacchi. Chi vince?

5 Re Agilulfo, accortosi dell'inganno subito, non si abbandona a una collera violenta perché
- a quanto è avvenuto lo diverte
- b non vuole procurare ulteriore vergogna a sé e alla moglie
- c non è incline alla gelosia
- d preferisce far finta di niente per tornare a dormire

6 La novella ha un esito felice perché
- a un colpo di fortuna interviene, insperatamente, a salvare il palafreniere
- b re Agilulfo non è un carattere iracondo e violento
- c re Agilulfo, dopo aver riflettuto, preferisce perdonare il palafreniere
- d un colpo d'ingegno dello stalliere gli permette di trarsi d'impaccio

ANALIZZARE

7 I due personaggi sono agli antipodi della scala sociale e non si scontrano mai direttamente, tuttavia per alcune caratteristiche si misurano alla pari. Scrivi nella tabella – possibilmente con termini ed espressioni prese dal testo – gli elementi di disuguaglianza e quelli di somiglianza fra i due personaggi.

	Agilulfo	palafreniere	DIVERSO	UGUALE
stato sociale	....	....	☐	☐
corporatura	....	....	☐	☐
sentimenti verso la regina	....	....	☐	☐
comportamento	....	....	☐	☐
luoghi e ambienti in cui si muove il personaggio	....	....	☐	☐
abiti	....	....	☐	☐
ingegno	....	....	☐	☐
saggezza	....	....	☐	☐

8 Anche la fortuna ha un ruolo nella conclusione positiva della vicenda, tant'è che il narratore lo sottolinea con la tipica espressione «per avventura». Dove, in particolare?

INTERPRETARE E APPROFONDIRE

9 Lo stalliere per due volte gioca d'astuzia: la prima quando ....,

e la seconda quando .... Ma è anche definito «savio» (rigo 21, rigo 147).

Perché? ....

....

10 La novella può essere interpretata come esemplare per quanto riguarda il tema della "democraticità", ovvero dell'indipendenza di certi valori umani dallo stato sociale. Lo stalliere infatti può rivaleggiare col re su diversi piani. Quali?

- a nell'eros
- b nella magnanimità
- c nell'intelligenza
- d nell'esercizio del potere

Storia della lingua

Il *Decameron* come fonte di proverbi e modi di dire

La varietà dei personaggi e la ricchezza dei dialoghi rendono il Decameron *una vera miniera di modi di dire popolari registrati per così dire in diretta dal parlato fiorentino. Sentiamo che cosa dice una studiosa della lingua a proposito del linguaggio dei personaggi delle novelle.*

Ad alimentare le componenti lessicali di tipo popolare contribuisce anche la ricchissima fraseologia: una vera miniera di modi di dire, locuzioni, proverbi, buona parte dei quali vengono per la prima volta immessi nel circuito della letteratura volgare. Proprio perché si tratta di elementi attinti per lo più alla sorgente dell'uso vivo, essi riflettono in modo assai eloquente i costumi e la mentalità del mondo dell'epoca. Non a caso alcuni rivelano inequivocabilmente la loro matrice mercantile: *lasciar correr due soldi per ventiquattro denari* II, 2 ('lasciar passare le cose con leggerezza'); *vedersi di tal moneta pagato, quali erano state le derrate vendute* VI, 5 ('vedersi ripagato secondo il merito'); *valere un grosso* VIII, 10 (i *grossi* erano monetine d'argento, l'espressione vale quindi 'avere poco valore'). [...]. Sono ancora i dialoghi ad avvalersi generosamente di questo materiale fraseologico per attingervi vivacità e naturalezza. *Noi abbiamo costui tratto della padella e gittatolo nel fuoco* si dicono fra sé Marchese e Stecchi vedendo Martellino in serio pericolo (II, 1); *rimarrai più sano che pesce* è la promessa che fa maestro Simone a Calandrino (IX, 3), per citare almeno due fra le tante frasi proverbiali che sono giunte fino a noi e di cui il Boccaccio offre la prima attestazione. [...] Ma modi di dire e proverbi entrano spesso anche all'interno della struttura narrativa [...]. Per le sentenze di natura dotta, oltre a quella che apre solennemente il *Proemio*: *Umana cosa è aver compassione degli afflitti*, ricorderemo la frase risolutiva con cui monna Giovanna, in accordo con lo stile elevato di tutto il suo eloquio, giustifica davanti ai fratelli l'amore per Federigo degli Alberighi «io voglio avanti *uomo che abbia bisogno di ricchezza che ricchezza che abbia bisogno d'uomo*» (V, 9).

P. Manni, *Il volgare in Toscana e la lingua dei suoi massimi autori*, in *Storia della lingua italiana*, a cura di F. Bruni, il Mulino, Bologna 2003.

Conclusioni del PERCORSO 3

▶ La fortuna come *imperatrix mundi*

L'immagine della fortuna come "imperatrice del mondo" era diffusa nella cultura medievale e in particolare nel periodo storico che fa da sfondo al *Decameron*, segnato da crisi economiche, da pestilenze, da cattivi raccolti, da instabilità e dunque da un certo senso di precarietà. Al tema carnevalesco della ruota della fortuna – che girando permuta la sorte umana – si associa, infatti, nel concetto di "fortuna" la percezione storica degli imprevisti economici, delle bancarotte dei banchieri fiorentini, che Boccaccio stesso ebbe modo di conoscere da vicino, attraverso le attività finanziarie del padre, socio della Banca dei Bardi.

La ruota della fortuna, 1372. Pavimento del Duomo di Siena.

▶ La fortuna e la natura sono «le due ministre del mondo»

La fortuna e la natura amministrano il mondo, afferma una delle novellatrici, Pampinea (VI, 2). Alla fortuna sono riconducibili, nel *Decameron*, il "caso" e la "sorte", indipendentemente da qualsiasi ordine universale e da giustificazioni di carattere religioso. E tuttavia non manca chi, come Vittore Branca, vede nel concetto di fortuna di Boccaccio una affinità con l'ideologia dantesca che considerava la fortuna come l'esecutrice della volontà divina. In realtà, nelle novelle del *Decameron*, la fortuna appare piuttosto come "caso" o "sorte", come una entità capricciosa e volubile che tende a divenire motore della vicenda umana e soprattutto a porsi come compagna o più spesso come antagonista rispetto alla natura. A quest'ultima si devono le qualità naturali dell'individuo, per cui c'è chi è sciocco, chi astuto, chi vile, chi coraggioso. Alla natura sono da ricondurre anche le pulsioni fondamentali che sono alla base del desiderio, della felicità e dell'amore, per le quali Boccaccio invita al rispetto e alla comprensione. E non mancano i casi in cui natura e fortuna siano in conflitto; o i casi in cui la natura si prenda il compito di correggere la fortuna, come viene teorizzato da Ghismunda (cfr. **T7**) nel suo discorso al padre. D'altronde, sia Guiscardo, l'amante di Ghismunda, sia lo stalliere di re Agilulfo (**T11**) sono stati condizionati negativamente dalla fortuna nel nascere poveri, ma la natura li ha in qualche modo riscattati dalla fortuna avversa, concedendo nel primo caso un animo nobile e nel secondo la virtù dell'ingegno e dell'accortezza individuale. La fortuna crea dunque i condizionamenti e le situazioni in cui agiscono i personaggi, ma poi questi ultimi possono subire o trasformare quella sorte in occasione favorevole seguendo le proprie capacità naturali e il proprio ingegno. Un ingegno astuto e pronto può insomma modificare una "fortuna" negativa o rovesciare completamente la situazione di partenza (come dimostra anche la paradossale "santificazione" di Ciappelletto; cfr. **T10**). Si vede qui come Boccaccio rappresenti ormai un mondo nuovo rispetto a quello medievale.

per fare il punto | autoverifica delle conoscenze

Verifica la correttezza delle tue risposte sulla base dei paragrafi, dei testi o delle schede indicati a corredo di ciascuna domanda.

1 Le due novelle di questo percorso presentano ambienti, personaggi, epoche che non sono di fantasia, ma appartengono alla storia. Qualifica storicamente i personaggi elencati nella tabella accanto. (per l'autoverifica cfr. le **note al margine del testo delle novelle**)

	a quale epoca appartiene?	che cosa sappiamo di lui/lei?
Musciatto Franzesi	....	....
Cepparello (Ciappelletto)	....	....
Agilulfo	....	....
Teudelinga (Teodolinda)	....	....

2 Le due novelle si riferiscono ad epoche lontane tra loro, che Boccaccio disegna in modo realistico. Quali usi, comportamenti, luoghi caratterizzano l'una e l'altra epoca? Collega correttamente gli elementi elencati ai periodi storici cui si riferiscono. (per l'autoverifica, ***controlla il testo delle novelle***)

- **età feudale**
- **età comunale**

- palazzo reale di Pavia
- pontificato di Bonifacio VIII
- attività bancarie
- casamento adibito a servi e stallieri
- attività mercantile
- attività di riscossione di crediti
- usanza dei capelli lunghissimi per gli uomini
- rapporti commerciali tra la Toscana e la Francia

3 Le due novelle ruotano attorno a tre parole chiave: fortuna, natura, ingegno. Definiscile. (per l'autoverifica cfr. **Conclusioni del PERCORSO 3**)

Fortuna ....

Natura ....

Ingegno ....

4 Nella concezione di Boccaccio, la «fortuna» può essere modificata? Rispondi adducendo almeno un esempio dalle novelle lette.

5 Collega correttamente le due novelle ai temi e motivi che le caratterizzano. Attenzione all'intruso. (per l'autoverifica cfr. **riassunti delle novelle**)

- novella di re Agilulfo
- novella di Ser Ciappelletto

- i peccatori impenitenti possono scampare al giudizio di Dio
- una bassa condizione sociale non esclude il possesso dell'ingegno
- esempio della capacità dell'ingegno di svolgere la sorte a vantaggio
- astuzia *vs* astuzia
- astuzia *vs* ingenuità
- i crimini commessi possono scampare al giudizio degli uomini
- scrupolo di non danneggiare l'onore di casa
- scrupolo di non danneggiare gli interessi degli amici
- intraprendenza del mondo mercantile
- magnanimità dei signori feudali

6 Servendoti delle spiegazioni date in questo percorso e degli elementi raccolti dallo studio fino ad ora condotto, rifletti sul concetto laico di fortuna contrapposto a quello religioso di Provvidenza e fissa le diverse definizioni in un breve testo. Puoi riguardare in merito il **Capitolo 1 TESTI D'ACCESSO** (in particolare **TESTI D'ACCESSO 1** *Un libro per i poveri: le sculture del Duomo di Modena* e **TESTI D'ACCESSO 5** *Chichibio e la gru*).

Il *Decameron*

PERCORSI NELL'OPERA 4

Realismo e comicità

Le tappe di questo percorso

Il percorso intende analizzare il carattere realistico e comico della prosa boccacciana. Realismo e comicità tendono spesso a coincidere: poiché il comico privilegia il basso, il corporeo, il materiale, esso è strettamente collegato alle manifestazioni concrete della vita. Boccaccio fa un'ampia panoramica della vita e dei costumi del suo tempo attraverso una commedia sociale in cui agiscono vari tipi, dal mercante al banchiere, all'ecclesiastico, al nobile, al re, allo stalliere. Questo gusto per il realismo, che si esprime particolarmente nel comico, come nel caso della novella di frate Cipolla (**T12**), si accompagna a un atteggiamento di sorridente superiorità, di distacco e anche, spesso, di denuncia e di satira. Fra le molte novelle in cui i due elementi del realismo e della comicità sono particolarmente vivi e pregnanti, quella di Calandrino e l'elitropia (**T13**, p. 446) rappresenta la trasposizione sul piano comico del vecchio tema realistico del villano inurbato visto in un'ottica tipicamente urbana e satirica.

TESTI

T12

Frate Cipolla

Decameron, VI, 10

concetti-chiave
- la parodia e l'abilità linguistica di frate Cipolla
- il realismo e la satira

espansioni digitali
testo originale è possibile leggere il testo originale di Boccaccio

La novella di frate Cipolla è la decima della Sesta giornata (dedicata all'"Efficacia dei motti di spirito o delle argute risposte") ed è narrata da Dioneo. Racconta che frate Cipolla, accompagnato da un rozzo assistente, Guccio Imbratta, vuole mostrare al popolo di Certaldo alcune reliquie, fra cui le penne dell'Arcangelo Gabriele. Alcuni amici di nascosto gli sottraggono però le penne di pappagallo che voleva esibire come reliquia, mettendo al loro posto dei carboni spenti. Accortosene quando ormai si trovava davanti al pubblico, frate Cipolla riesce a rimediare a questa difficile situazione cambiando il contenuto della propria predica e raccontando che i carboni sono quelli che hanno arrostito san Lorenzo. Frate Cipolla mostra una grande capacità istrionesca e una certa abilità nelle trovate linguistiche e nei doppi sensi delle battute. Tutto ciò, oltre a far divertire il lettore, è motivo di compiacimento per il narratore che guarda a questo personaggio con una certa simpatia. Riportiamo qui la novella nella versione in italiano moderno che ne ha fatto lo scrittore Piero Chiara.

LINGUA: italiano (traduzione di Piero Chiara) **DATAZIONE:** 2006

Nel paese di Certaldo, in Val d'Elsa,[1] dove non è mai mancata gente nobile e ricca, usava recarsi ogni anno a raccogliere elemosine un frate di Sant'Antonio[2] il cui nome era frate Cipolla, che in quel paese, famoso per le buone cipolle che vi si coltivano, voleva dire qualche cosa.

Frate Cipolla era un piccoletto, di pelo rosso, ridanciano e allegro: il miglior compagnone che si potesse trovare. Benché ignorante, era così gran parlatore da venir creduto un maestro d'eloquenza, da chi non lo conoscesse. A quasi tutti i certaldesi era compare,[3] avendo tenuto a battesimo e a cresima chissà quanti bambini e avendo fatto da testimone a molti sposalizi. A chi non era compare, era amico, e a tutti gli altri voleva bene, perché era di quelli che amano il prossimo loro quasi come se stessi.

Una domenica, trovandosi a Certaldo per la solita questua,[4] dopo la messa incominciò una predica ai contadini dicendo: «Signori e signore, come voi sapete è vostra buona usanza mandare ogni anno una piccola parte del raccolto ai poveri di Sant'Antonio, che essendo protettore degli animali, preserverà i vostri buoi, asini e porci e anche voi, da malattie e altri guai. Sono stato mandato qui dal mio superiore, proprio per raccogliere i vostri oboli,[5] per cui all'ora di vespro,[6] quando udirete sonare le campanelle, verrete qui fuori, sul sagrato, dove io terrò la predica e vi darò da baciare la croce. Oltre a questo, vi mostrerò una santissima e miracolosissima reliquia che ho portato io stesso dalla Terra Santa. Stupite! Si tratta di una delle penne dell'arcangelo Gabriele, raccolta a Nazaret, nella stanza della Vergine Maria, quando l'arcangelo vi andò per l'Annunciazione».[7]

Fra quelli che ascoltavano la predica vi erano due giovani mattacchioni, il Bragaunta e il Pizzino, che pur essendo amici del frate, decisero di fargli una beffa.

1. **Certaldo, in Val d'Elsa**: è una località in provincia di Firenze. Di quel luogo era la famiglia di Boccaccio e forse lì nacque l'autore del *Decameron*.
2. **un frate di Sant'Antonio**: Sant'Antonio abate è il protettore degli animali ed è vissuto da eremita tra il III e il IV secolo d.C. Nell'epoca di Boccaccio, i frati di sant'Antonio erano conosciuti come imbroglioni e spacciatori di reliquie.
3. **compare**: si tratta del padrino di battesimo, di cresima o del testimone di nozze.
4. **questua**: è la raccolta di elemosine.
5. **oboli**: *offerte*; l'obolo era una piccola moneta.
6. **vespro**: nella liturgia cattolica, era la penultima ora di preghiera, quella del tramonto.
7. **l'Annunciazione**: si riferisce alla vicenda evangelica della visita dell'Arcangelo Gabriele presso Maria di Nazaret per annunciare che avrà come figlio Gesù.

Mentre frate Cipolla pranzava, uno di loro avrebbe tenuto a bada il suo servo, e l'altro, entrato nel locale dove stavano le capaci bisacce del religioso, si sarebbe impossessato della penna dell'arcangelo.

Il servo di frate Cipolla, detto Balena e anche Porcellone[8] tanto era grosso, aveva la peggior fama del mondo. Lo stesso suo padrone usava elencare in rima i suoi difetti:

Tardo
unto come il lardo
bugiardo
Negligente
disubbidiente
maldicente
Trascurato
smemorato
scostumato

Aggiungeva, che il Porcellone, credendosi molto bello, in ogni luogo dove capitava voleva prender moglie e metter su casa.

«Tuttavia» diceva «mi è di grande aiuto, perché grosso e forte com'è, porta le mie bisacce, che spesso sono così pesanti da stroncare un asino».

A costui frate Cipolla aveva affidato la custodia delle bisacce, nella locanda dove avevano preso alloggio. Ma il Balena o Porcellone, invece di guardarle se n'era andato in cucina a motteggiare[9] con le lavapiatti, lasciando aperta la carnera.

I due giovani, vedendolo occupato a raccontar frottole nella cucina, salirono nella stanza del frate e cominciarono a ispezionar le bisacce, in una delle quali trovarono una cassettina. Apertala, vi rinvennero, avvolta in veli di seta, una lunga penna di pappagallo, di color giallo che sfumava nel verde e poi nel turchino. Era certamente quella che il frate intendeva mostrare ai certaldesi durante la predica all'ora di vespro, profittando del fatto che da quelle parti non si erano mai visti pappagalli e altri uccelli esotici.

Tolta la penna dalla cassetta, per non lasciarla vuota, vi misero dei carboni che erano nel camino e la riposero dove l'avevano trovata.

Intanto, in tutto il paese non si parlava d'altro che della penna dell'arcangelo Gabriele che il frate avrebbe mostrato al popolo.

Venuta l'ora di vespro, la folla sul sagrato della chiesa era tale che frate Cipolla, il quale aveva ben mangiato e ben dormito nel pomeriggio, potè sperare in un gran successo e quindi in un'abbondante elemosina. Andò alla chiesa seguito dal Porcellone, che portando in spalla le bisacce andava scuotendo due campanelle per richiamare altra gente alla predica.

Radunato tutto il popolo di Certaldo, il frate cominciò la sua predica. Arrivato che fu al momento di mostrar la penna dell'arcangelo, fece accendere due grossi ceri ai suoi fianchi, si scoprì il capo e messe le mani nella bisaccia, ne trasse fuori la cassettina della reliquia. Posatala su di un tavolino addobbato che aveva dinnanzi, alzò gli occhi al cielo in una muta preghiera, poi sollevò il coperchio e si avvide che la cassetta era piena di carbone.

Frate Cipolla, che era uomo di grandi risorse, non si scompose. Non indugiò a pensare come fosse accaduto il fatto, né a maledire il Porcellone che non aveva ben custodito le bisacce. Richiuse la cassetta e alzati gli occhi al cielo disse: «O Dio, lodata sia sempre la tua potenza».

8. Porcellone: documenti del tempo di Boccaccio attestano l'esistenza di un Guccio Porcellana o Porcelloni, custode dell'Ospedale di San Filippo e abitante nel quartiere di Boccaccio. Era detto così perché evidentemente molto grosso di corporatura e sempre molto sporco.

9. motteggiare: *scherzare*.

Poi, con un serafico[10] sorriso sul volto, rivolgendosi ai contadini che gremivano il sagrato cominciò: «Signori e signore, dovete sapere che, quando ero ancora molto giovane, fui mandato dai miei superiori in Oriente a cercar reliquie. Partito da Venezia, passai per la Grecia, poi per il reame del Garbo, donde a cavallo proseguii per Parione e, passato il Braccio di San Giorgio, arrivai in Truffia e in Buffia, paesi abitati da grandi popoli, traversati i quali, giunsi in terra di Fandonia, dove vivono molti dei nostri frati.[11] Andai più avanti, e arrivai alle montagne dei Baschi[12] e quindi nell'India Pastinaca,[13] dove vidi, com'è vero Dio, volare le persone in aria. Là trovai un grande mercante che vendeva le noci moscate e altre spezie che arrivano anche da noi. Non potendo andare più avanti, presi la strada del ritorno e mi fermai in Terra Santa, presso il venerabile padre Nonmisenti Comepuzzo,[14] gran patriarca di Gerusalemme. Costui, per reverenza all'abito che porto, mi mostrò tutte le sante reliquie che aveva raccolto in tanti anni. C'era un dito dello Spirito Santo, la mascella di Lazzaro,[15] il ciuffo di un serafino, l'unghia di un cherubino, una costola di Abramo e perfino una punta della stella che apparve ai Re Magi. Il patriarca mi donò un dente di Mosè e, in un'ampolletta, il suono delle campane del tempio di Salomone. A tutto questo aggiunse, con grande generosità, una delle penne dell'arcangelo gabriele e alcuni dei carboni coi quali fu bruciato San Lorenzo Martire. Portai tutti quei tesori nel mio convento, dove furono tenuti nascosti in attesa che ogni reliquia venisse verificata ed esprimentata. Ebbene, tutte quelle reliquie fecero dei miracoli, specialmente la penna dell'arcangelo e i carboni di San Lorenzo, reliquie che io porto sempre con me, ora l'una ora l'altra, in due cassette uguali. Venendo qua, avevo pensato di portarvi la cassetta con la penna. Ora, aprendola, mi accorgo che ho portato quella coi carboni. Ma non fu un errore, bensì la volontà di Dio che così ha voluto, forse perché fra due giorni è la festa di San Lorenzo.[16] Ecco quindi che io vi mostrerò i carboni coi quali fu arrostito quel santo martire, per riaccendere nei vostri animi la devozione più viva. Toglietevi i cappucci, avvicinatevi, guardateli coi vostri occhi questi carboni, e sappiate che chiunque ne verrà segnato, potrà star sicuro, anche in caso di incendio, di non bruciare senza accorgersene».[17]

La gente, meravigliata da tanta eloquenza, beveva le parole di frate Cipolla come un assetato beve l'acqua fresca.

Il frate intonò una laude a San Lorenzo, mentre la folla si metteva in fila, perché ognuno voleva essere segnato coi carboni.

Sopra i loro bianchi camicioni e i loro farsetti,[18] frate Cipolla prese allora a tracciar segni di croce coi tizzoni spenti che andava prendendo dalla cassetta.

10. serafico: *sereno*. È "serafico" qualcuno che nell'atteggiamento ricorda la tranquillità, la calma e la pace di un Serafino, uno degli angeli del Paradiso.

11. Partito...frati: qui frate Cipolla mischia nomi di luoghi reali, nomi di luoghi fantastici e nomi di vie di Firenze. Il **reame del Garbo** è Algarvio, un regno dell'Africa settentrionale; **Parione** è un luogo inesistente; **Braccio di San Giorgio** è una via di Firenze; **Truffia** e **Buffia** sono i nomi fantastici dei paesi dei truffatori e dei beffatori e **Fandonia** è il nome del paese delle bugie o fandonie.

12. montagne dei Baschi: i Baschi sono gli abitanti di una zona dei Pirenei, nella Spagna settentrionale, ai confini con la Francia. Nella fantasia di frate Cipolla essa è invece presentata come una lontana regione d'Oriente.

13. Pastinaca: è nome attribuito all'India, mentre in realtà la "**pastinaca**" è una radice commestibile di sapore dolciastro.

14. Nonmisenti Comepuzzo: nel testo di Boccaccio troviamo "NonmiblasmeteSevoipiace" ed è un calco di una espressione francese che significa "Non mi biasimate per favore". Qui Piero Chiara gioca anch'egli sostituendo la definizione di Boccaccio con una che, sia pur sulla falsariga di quella originale, vuol essere forse più scherzosa e comprensibile per i ragazzi, a cui è rivolta la traduzione della novella.

15. la mascella di Lazzaro: qui c'è il riferimento al noto episodio evangelico della morte e resurrezione di Lazzaro e la **mascella** rinvia a un particolare anatomico dello scheletro di un morto.

16. festa di San Lorenzo: la festa di San Lorenzo cade il 10 di agosto.

17. potrà...accorgersene: qui, in modo assurdo e comico, frate Cipolla afferma una cosa ovvia ma caricandola di enfasi retorica tanto che l'ascoltatore la percepisce come straordinaria. Nel testo di Boccaccio troviamo: «chiunque da questi carboni in segno di croce è tocco, tutto quello anno può viver sicuro che fuoco nol cocerà che non si senta»: insomma, "il fuoco si farà sentire", ma l'ascoltatore interpreta ciò come una cosa straordinaria.

18. farsetti: si tratta di giubbetti da uomo, indossati soprattutto dalla povera gente.

«Vedete il miracolo?» diceva. «Per quante croci io tracci, i carboni non si consumano mai, perché quei rimasugli che riporrò nel cofanetto durante la notte torneranno grossi come prima».

I due giovani, che credevano aver beffato il frate portandogli via la penna di pappagallo, assistevano sbalorditi a quel nuovo rito. Quando frate Cipolla, segnando tutti i contadini con grandi croci, arrivò anche a loro, che si erano tenuti per ultimi, vedendoli sorridere capì a chi doveva la sparizione della penna di pappagallo, ma li segnò generosamente, proprio perché capissero d'avergli dato occasione di un vero trionfo.

Finita la cerimonia e raccolta gran quantità di elemosine, frate Cipolla riebbe dai due giovani la penna, con la quale se ne andò in altri paesi a far la gioia di quei credenti che volendo toccar con mano la verità, per sua natura immateriale, finiscono sempre col venir turlupinati.[19]

G. Boccaccio, *Decamerone. Dieci novelle raccontate da Piero Chiara*, a cura di F. Roncoroni, cit.

19. **turlupinati**: *raggirati, imbrogliati.*

analisi e interpretazione T12

le forme

Il discorso di frate Cipolla Il discorso di frate Cipolla è una lunga e dettagliata invenzione retorica e linguistica che assume l'aspetto di una predica. In realtà della predica qui si fa la parodia*, cioè un rifacimento ironico. Nel suo discorso rivolto al pubblico, frate Cipolla gioca su un senso apparente e su un senso reale: ad esempio, nomina una serie di luoghi che corrispondono a quartieri e strade di Firenze ma essi, per il loro nome, producono il senso apparente di luoghi dell'Oriente allora noti per i pellegrinaggi in Terra Santa. Ciò produce fra l'altro una doppia parodia: a quella delle prediche dei padri questuanti, si somma quella dei resoconti di pellegrinaggi in Oriente. Frate Cipolla mente dicendo la verità o dice la verità ma enfatizzandola tanto da far percepire il contrario di quanto afferma, come nel caso in cui dice che chiunque verrà segnato da questi carboni potrà star sicuro di «non bruciare senza accorgersene».

* **Parodia**: imitazione intenzionale di un personaggio, un testo, uno stile in forma ironica per evidenziare la distanza critica dal modello e per attuarne un rovesciamento.

Il realismo e la satira Il realismo e la satira sono gli strumenti attraverso cui Boccaccio presenta un tema molto diffuso nel Trecento, quello dei frati questuanti che spillavano soldi mostrando false reliquie. D'altronde, frate Cipolla appartiene all'ordine di sant'Antonio, condannato nel 1240 da papa Gregorio IX a causa delle truffe operate dai seguaci francesi. Nonostante la comicità del personaggio e la simpatia che Boccaccio manifesta nei suoi confronti, in esso si coglie tuttavia anche un aspetto satirico di denuncia per la corruzione della Chiesa.

Boccaccio e noi

Il culto delle reliquie e l'odierno turismo religioso La vendita delle reliquie, degli oggetti e delle immagini sacre è una pratica che ha accompagnato la storia della Chiesa e dei pellegrinaggi. La conchiglia che doveva attestare il pellegrinaggio a Santiago di Compostela o la palma per i pellegrini di ritorno dalla Terra Santa erano divenuti oggetti da acquistare e vendere lungo la via Francigena o in prossimità dei luoghi sacri, in cui fiorivano mercatini di oggetti e immagini sacre, un po' come succede anche oggi per i *souvenir* religiosi. Nei giorni nostri tale fenomeno si è ampliato con l'aumento del turismo di massa, che ha interessato i luoghi in cui si conservano reliquie e salme di santi o di personalità significative dal punto di vista religioso, non senza speculazioni che talvolta ricordano quelle di frate Cipolla.

COMPRENDERE

1 Sintetizza la novella distinguendo l'antefatto, la predica e la conclusione.

2 La novella fa parte della Sesta giornata, dove si ragiona di chi, trovatosi in difficoltà, «con alcun leggiadro motto o con pronta risposta o avvedimento» si è cavato d'impaccio. Tra i temi elencati – tutti presenti nella novella – quale deve dunque considerarsi quello fondamentale?

- a la decadenza degli ordini religiosi
- b la beffa
- c il commercio delle false reliquie
- d l'abilità di reagire alle difficoltà impreviste

3 Le doti principali che frate Cipolla riesce a mettere in campo in questa situazione sono

- a la cordialità e la capacità di ricevere uno scherzo senza offendersi
- b la capacità di improvvisare e l'abilità nell'invenzione verbale
- c la prontezza d'azione e il coraggio fisico
- d la velocità di ricordare luoghi geografici e l'abilità di mantenere l'attenzione

ANALIZZARE

4 Frate Cipolla è definito attraverso caratteristiche e ambienti precisi che lo rendono un personaggio del tutto realistico. Individua nel testo

a. le caratteristiche somatiche
b. gli aspetti del carattere
c. l'ambiente sociale
d. l'ambiente geografico

5 La novella è ambientata a Certaldo, luogo di origine della famiglia di Boccaccio. Individua nel testo e trascrivi le caratteristiche attribuite al luogo e agli abitanti. Che rappresentazione dà Boccaccio dei suoi concittadini? È realistica o comica, a tuo parere? Oppure entrambe le cose?

INTERPRETARE E APPROFONDIRE

6 Il servo di frate Cipolla, detto Balena o Porcellone (nell'originale si chiama Guccio Balena, o Guccio Imbratta, o Guccio Porco), è un personaggio sul quale si concentra il realismo comico di Boccaccio. Quali sono le sue caratteristiche? E qual è la sua funzione nella storia?

7 Perché Frate Cipolla riesce a trarsi d'impaccio grazie alla sua parlantina?

- a perché la fortuna lo assiste
- b perché i due buontemponi gli restituiscono la penna
- c perché i Certaldesi lo perdonano
- d perché la sua furbizia si misura con la stoltezza degli ascoltatori

8 La novella presenta in modo ironico una realtà comune nel Trecento, quale il commercio delle false reliquie. Boccaccio ci rivela la sua opinione su questa prassi: in che modo smitizza il concetto diffuso di "reliquia"?

9 Se hai letto la novella di ser Ciappelletto, puoi fare il confronto che ti suggeriamo. Entrambe le novelle celebrano la funzione della parola: per quale scopo viene impiegata l'abilità del parlare, nell'uno e nell'altro caso? Ti sembra che l'atteggiamento dell'autore sia lo stesso nei confronti di frate Cipolla e di ser Ciappelletto?

T13

Calandrino e l'elitropia

Decameron, VIII, 3

concetti-chiave
- la doppia beffa
- il virtuosismo linguistico

La novella fa parte di quelle dedicate al tema delle "beffe"; è raccontata da Elissa e vede protagonista Calandrino, un personaggio presente anche in altre novelle di questa stessa giornata. La figura di Calandrino diventerà famosa e sarà presente anche in alcune novelle di Sacchetti, sempre nel Trecento, o nelle Vite *del Vasari. Per il personaggio e le sue caratteristiche, Boccaccio prende ispirazione da un pittore fiorentino realmente esistito e noto per la sua semplicità e goffaggine. In questa novella, Calandrino, dopo un colloquio con Maso del Saggio che gli parla del fantastico paese di Bengodi e della pietra dell'elitropia (la quale, rendendo invisibile chi la possiede, potrebbe permettergli di arricchire), è vittima della beffa di altri due pittori, Bruno e Buffalmacco. Con loro va a cercare l'elitropia nel Mugnone dove i due fingono di non vederlo, facendogli credere di aver trovato la pietra magica. Credendo davvero, con la sua dabbenaggine, di non essere visto dai due amici, Calandrino subisce senza lamentarsi i colpi e i lanci di pietra di questi ultimi. Tornato a casa, è ovviamente visto dalla moglie, che egli allora batte, accusandola di avere interrotto l'incantesimo che lo rendeva invisibile.*

LINGUA: italiano **DATAZIONE: DATAZIONE:** 1349-1351

CALANDRINO,[1] BRUNO[2] E BUFFALMACCO[3] GIÙ PER LO MUGNONE[4] VANNO CERCANDO DI TROVAR L'ELITROPIA,[5] E CALANDRINO SE LA CREDE AVER TROVATA; TORNASI A CASA CARICO DI PIETRE; LA MOGLIE IL PROVERBIA[6] E EGLI TURBATO[7] LA BATTE, E A' SUOI COMPAGNI RACCONTA CIÒ CHE ESSI SANNO MEGLIO DI LUI.[8]

[1-6] Finito il racconto di Panfilo, la regina della giornata dà la parola a Elissa, la quale dice che andrà a raccontare una storia tanto vera quanto piacevole che farà ridere così come ha fatto quella di Panfilo.

Finita la novella di Panfilo, della quale le donne avevano tanto riso che ancora ridono, la reina a Elissa commise che seguitasse;[9] la quale ancora ridendo incominciò:

– Io non so, piacevoli donne, se egli mi si verrà fatto di farvi con una mia novelletta non men vera che piacevole tanto ridere quanto ha fatto Panfilo con la sua: ma io me ne ingegnerò.

[7-17] Nella città di Firenze, dice Elissa, si trovava, non tanto tempo prima, un pittore chiamato Calandrino, un uomo semplice e dal comportamento strano, per il quale era preso in giro da altri due pittori, furbi e intelligenti, Bruno e Buffalmacco. Si trovava a Firenze anche un giovane astuto e burlone che si chiamava Maso

Nella nostra città, la qual sempre di varie maniere e di nuove genti[10] è stata abondevole, fu, ancora non è gran tempo, un dipintore chiamato Calandrino, uom semplice e di nuovi costumi.[11] Il quale il più del tempo con due altri dipintori usava,[12] chiamati l'un Bruno e l'altro Buffalmacco, uomini sollazzevoli molto ma per altro avveduti e sagaci, li quali con Calandrino usavan per ciò che de' modi suoi e della sua simplicità sovente gran festa prendevano. Era similmente allora in Firenze un giovane di maravigliosa piacevolezza in ciascuna cosa che far voleva, astuto e avve-

1. CALANDRINO: è il soprannome di Giannozzo di Perino, un pittore fiorentino conosciuto per la sua ingenuità, per il suo egoismo e per la sua presunzione nel volersi mostrare furbo.
2. BRUNO: si tratta di Bruno di Giovanni, pittore del Trecento.
3. BUFFALAMACCO: il suo vero nome è Bonamico. È pittore fiorentino a cui vengono attribuiti gli affreschi della chiesa di Badia di Firenze e del Duomo di Arezzo, nonché il *Trionfo della Morte* del Camposanto di Pisa. Ha fama di grande burlone.
4. MUGNONE: piccolo fiume della zona di Firenze; è affluente dell'Arno.
5. ELITROPIA: si tratta di un minerale a cui si attribuivano qualità terapeutiche e, secondo una consuetudine viva nel Medioevo, magiche. Nella novella gli viene riconosciuta la proprietà di rendere invisibili.
6. IL PROVERBIA: *lo rimprovera.*
7. TURBATO: *infuriato.*
8. CIÒ...LUI: Bruno e Buffalmacco conoscono meglio ciò che è capitato a Calandrino, essendo loro che hanno organizzato la beffa nei suoi confronti.
9. **commise che seguitasse**: *ordinò che seguitasse.*
10. **di varie...genti**: *di costumi vari e di persone diverse.*
11. **nuovi costumi**: *strani comportamenti.*
12. **usava**: *si intratteneva.*

del Saggio, il quale, venendo a sapere dell'ingenuità di Calandrino, si ripropose di fargli qualche scherzo.

[18-73] Trovato Calandrino un giorno nella chiesa di San Giovanni, Maso del Saggio cominciò a dire di alcune pietre che avrebbero speciali proprietà. Calandrino, udendo ciò, chiese spiegazioni a Maso del Saggio e questi gli parlò di terre straordinarie dai nomi favolosi nelle quali si troverebbero tali pietre. Calandrino, stupito, chiese se vi fossero luoghi vicini in cui reperire quelle pietre dalle proprietà magiche. Maso gli parlò allora della pietra dell'elitropia che aveva la proprietà di rendere invisibile chi la possedeva e si trovava nella zona del Mugnone, un fiume vicino a Firenze.

nevole,[13] chiamato Maso del Saggio,[14] il quale, udendo alcune cose della semplicità di Calandrino, propose di voler prender diletto de' fatti suoi col fargli alcuna beffa o fargli credere alcuna nuova cosa.[15]

E per avventura trovandolo un dì nella chiesa di San Giovanni e vedendolo stare attento a riguardare le dipinture e gl'intagli[16] del tabernaculo il quale è sopra l'altare della detta chiesa, non molto tempo davanti postovi, pensò essergli dato luogo e tempo[17] alla sua intenzione. E informato un suo compagno di ciò che fare intendeva, insieme s'accostarono là dove Calandrino solo si sedeva, e faccendo vista[18] di non vederlo insieme incominciarono a ragionare delle virtù di diverse pietre, delle quali Maso così efficacemente parlava come se stato fosse un solenne e gran lapidario.[19] A' quali ragionamenti Calandrino posta orecchie,[20] e dopo alquanto levatosi in piè, sentendo che non era credenza,[21] si congiunse con loro, il che forte piacque a Maso; il quale, seguendo le sue parole,[22] fu da Calandrin domandato dove queste pietre così virtuose[23] si trovassero. Maso rispose che le più si trovavano in Berlinzone,[24] terra de' baschi,[25] in una contrada che si chiamava Bengodi,[26] nella quale si legano le vigne con le salsicce e avevavisi un'oca a denaio e un papero giunta,[27] e eravi una montagna tutta di formaggio parmigiano grattugiato, sopra la quale stavan genti che niuna altra cosa facevano che far maccheroni[28] e raviuoli e cuocergli in brodo di capponi, e poi gli gittavan quindi[29] giù, e chi più ne pigliava più se n'aveva; e ivi presso correva un fiumicel di vernaccia,[30] della migliore che mai si bevve, senza avervi[31] entro gocciola d'acqua.

«Oh!» disse Calandrino «cotesto è buon paese; ma dimmi, che si fa de' capponi che cuocon coloro?»

Rispose Maso: «Mangiansegli[32] i baschi tutti».

Disse allora Calandrino: «Fostivi tu mai?»

A cui Maso rispose: «Di' tu se io vi fu' mai? Sì vi sono stato così una volta come mille».[33]

Disse allora Calandrino: «E quante miglia ci ha?»

Maso rispose: «Haccene più di millanta,[34] che tutta notte canta».[35]

Disse Calandrino: «Dunque dee egli essere più là che Abruzzi».[36]

«Sì bene», rispose Maso «sì è cavelle».[37]

13. avvenevole: *piacevole.*
14. Maso del Saggio: si tratta di un burlone molto conosciuto che svolgeva la professione del sensale.
15. nuova cosa: *strana cosa.*
16. le dipinture e gl'intagli: si tratta dei bassorilievi di Lippo Benivieni nella chiesa di San Giovanni a Firenze, realizzati nel 1313. Da questo particolare si deduce la collocazione temporale dell'azione della novella.
17. luogo e tempo: *l'occasione.*
18. faccendo vista: *facendo finta.*
19. lapidario: grande esperto di pietre preziose.
20. posta orecchie: *rivolte le orecchie [per ascoltare].*
21. non era credenza: *non vi era segreto* [: nei ragionamenti di Maso del Saggio].
22. seguendo le sue parole: *seguitando il suo discorso.*
23. virtuose: *straordinarie, magiche.*
24. Berlinzone: nome favoloso di paese immaginario frutto di invenzione burlesca, secondo quella tecnica retorica e stilistica che caratterizza anche la predica di frate Cipolla.
25. baschi: i Baschi occupano la zona nord-occidentale della Spagna e quelle confinanti con la Francia.
26. Bengodi: si tratta di un altro toponimo favoloso, formato da "ben" e "godi", che fa pensare al paese della Cuccagna.
27. avevavisi...giunta: *per un denaro vi si poteva avere un'oca e in aggiunta un papero.*
28. maccheroni: *gnocchi.*
29. quindi: *di qui.*
30. vernaccia: vino bianco secco.
31. senza avervi: *senza che ci sia.*
32. Mangiansegli: *Se li mangiano.*
33. una...mille: la risposta è assolutamente equivoca, poiché nell'affermazione, in realtà, si nasconde una negazione. Anche qui viene usata la tecnica tipica del linguaggio burlesco.
34. millanta: ancora un termine equivoco e senza senso, formato da "mille" e da "anta" per analogia con "quaranta", "cinquanta".
35. che...canta: si riproduce qui l'effetto giocoso della filastrocca.
36. più...Abruzzi: *più lontano dell'Abruzzo.* Un luogo che nel Trecento era considerato lontanissimo.
37. cavelle: *nonnulla.*

Calandrino semplice, veggendo Maso dir queste parole con un viso fermo[38] e senza ridere, quella fede vi dava che dar si può a qualunque verità è più manifesta, e così l'aveva per vere; e disse: «Troppo ci è di lungi a' fatti miei:[39] ma se più presso ci fosse, ben ti dico che io vi verrei una volta con esso teco[40] pur per veder fare il tomo a quei maccheroni e tormene una satolla.[41] Ma dimmi, che lieto sie tu,[42] in queste contrade non se ne truova niuna di queste pietre così virtuose?»

A cui Maso rispose: «Sì, due maniere di pietre ci si truovano di grandissima virtù. L'una sono i macigni da Settignano e da Montisci,[43] per vertù de' quali, quando son macine fatti, se ne fa la farina,[44] e per ciò si dice egli in que' paesi di là che da Dio vengon le grazie e da Montisci le macine; ma ècci[45] di questi macigni sì gran quantità, che appo noi[46] è poco prezzata,[47] come appo loro gli smeraldi, de' quali v'ha maggior montagne che Monte Morello,[48] che rilucon di mezzanotte vatti con Dio;[49] e sappi che chi facesse le macine belle e fatte legare in anella prima che elle si forassero[50] e portassele al soldano,[51] n'avrebbe ciò che volesse. L'altra si è una pietra, la quale noi altri lapidarii appelliamo elitropia, pietra di troppo gran vertù, per ciò che qualunque persona la porta sopra di sé, mentre la tiene, non è da alcuna altra persona veduto dove non è».[52]

Allora Calandrin disse: «Gran virtù son queste; ma questa seconda dove si truova?»

A cui Maso rispose che nel Mugnone se ne solevan trovare.

Disse Calandrino: «Di che grossezza è questa pietra? o che colore è il suo?»

Rispose Maso: «Ella è di varie grossezze, ché alcuna n'è più, alcuna meno, ma tutte son di colore quasi come nero».

Calandrino, avendo tutte queste cose seco notate,[53] fatto sembianti d'avere altro a fare, si partì da Maso e seco propose di volere cercare di questa pietra; ma diliberò di non volerlo fare senza saputa[54] di Bruno e di Buffalmacco, li quali spezialissimamente[55] amava. Diessi[56] adunque a cercar di costoro, acciò che senza indugio e prima che alcuno altro n'andassero a cercare,[57] e tutto il rimanente di quella mattina consumò in cercargli.[58] Ultimamente,[59] essendo già l'ora della nona[60] passata, ricordandosi egli che essi lavoravano nel monistero delle donne di Faenza,[61] quantunque il caldo fosse grandissimo, lasciata ogni altra sua faccenda, quasi correndo n'andò a costoro e chiamatigli così disse loro: «Compagni, quando voi vogliate credermi, noi possiamo divenire i più ricchi uomini di Firenze: per ciò che io

[74-124] Calandrino, avendo avuto queste informazioni, si affrettò ad andar via dicendo che doveva finire un dipinto. Andò invece a cercare Bruno e Buffalmacco per raccontare quanto aveva saputo. Cercò di convincerli ad andare a cercare la pietra dell'elitropia così che, trovatala, avrebbero potuto andare davanti ai banchi di coloro che cambiano la moneta e, non visti, avrebbero potuto prendere il denaro. Calandrino disse che le pietre

38. fermo: *serio*; cioè *impassibile*.
39. Troppo...miei: *È troppo lontano per le mie possibilità*.
40. con...teco: *insieme con te*.
41. pur...satolla: *sia pure per vedere rotolare giù quegli gnocchi e farmene una scorpacciata*.
42. che...tu: Calandrino augura felicità a Maso per le informazioni ricevute.
43. Settignano...Montisci: si tratta di due paesi vicini a Firenze in cui si trovano le cave di pietra serena.
44. quando...farina: *quando [i macigni] sono ridotti in forma di macine si usano per fare la farina*.
45. ècci: *c'è*.
46. appo noi: *presso di noi*.
47. prezzata: *apprezzata*.
48. Monte Morello: un colle presso Firenze.
49. vatti con Dio: *non mi far dire altro*.
50. legare...forassero: *fissare all'anella prima ancora che vengano forate*.
51. soldano: *sultano*.
52. qualunque...non è: *chiunque la porta addosso, tenendola in mano, non viene visto da nessuna persona dove non è*. Si noti l'effetto burlesco della frase. Si afferma con una certa enfasi (come fosse un fatto straordinario) qualcosa che è del tutto normale che sia così come viene presentata: nessuno viene infatti visto dove non è presente.
53. seco notate: *fissate nella sua mente*.
54. senza saputa: *all'insaputa*.
55. spezialissimamente: *particolarmente*.
56. Diessi: *Iniziò*.
57. n'andassero a cercare: si riferisce all'elitropia.
58. cercargli: *cercarli*.
59. Ultimamente: *Infine*.
60. l'ora della nona: le tre del pomeriggio.
61. donne di Faenza: le monache del monastero di Faenza.

di elitropia si riconoscevano perché erano di colore quasi nero. I tre si dettero dunque appuntamento alla domenica successiva, quando la gente non lavorava e il sole avrebbe reso più facile riconoscere la pietra dell'elitropia.

ho inteso da uomo degno di fede che in Mugnone si truova una pietra, la qual chi la porta sopra non è veduto da niuna altra persona; per che a me parrebbe che noi senza alcuno indugio, prima che altra persona v'andasse, v'andassimo a cercar. Noi la troverem per certo, per ciò che io la conosco;[62] e trovata che noi l'avremo, che avrem noi a fare altro se non mettercela nella scarsella[63] e andare alle tavole de' cambiatori,[64] le quali sapete che stanno sempre cariche di grossi[65] e di fiorini,[66] e torcene[67] quanti noi ne vorremo? Niuno ci vedrà; e così potremo arricchire subitamente, senza avere tutto dì a schiccherare[68] le mura a modo che fa la lumaca».

Bruno e Buffalmacco, udendo costui, fra se medesimi cominciarono a ridere, e guatando l'un verso l'altro fecer sembianti di maravigliarsi forte e lodarono il consiglio di Calandrino; ma domandò Buffalmacco come questa pietra avesse nome.

A Calandrino, che era di grossa pasta,[69] era già il nome uscito di mente; per che egli rispose: «Che abbiam noi a far del nome poi che noi sappiamo la vertù? A me parrebbe che noi andassomo[70] a cercare senza star più».[71]

«Or ben» disse Bruno «come è ella fatta?»

Calandrin disse: «Egli ne son d'ogni fatta[72] ma tutte son quasi nere; per che a me pare che noi abbiamo a ricogliere tutte quelle che noi vederem nere, tanto che noi ci abbattiamo a essa;[73] e per ciò non perdiam tempo, andiamo».

A cui Bruno disse: «Or t'aspetta»; e volto a Buffalmacco disse: «A me pare che Calandrino dica bene, ma non mi pare che questa sia ora da ciò,[74] per ciò che il sole è alto e dà per lo Mugnone entro[75] e ha tutte le pietre rasciutte, per che tali paion testé[76] bianche, delle pietre che vi sono, che la mattina, anzi che il sole l'abbia rasciutte, paion nere: e oltre a ciò molta gente per diverse cagioni è oggi, che è dì da lavorare, per lo Mugnone, li quali[77] vedendoci si potrebbono indovinare quello che noi andassomo faccendo e forse farlo essi altressì; e potrebbe venire alle mani a loro, e noi avremmo perduto il trotto per l'ambiadura.[78] A me pare, se pare a voi, che questa sia opera da dover far da mattina,[79] che si conoscon meglio le nere dalle bianche, e in dì di festa, che non vi sarà persona che ci vegga».

Buffalmacco lodò il consiglio di Bruno, e Calandrino vi s'accordò: e ordinarono che la domenica mattina vegnente tutti e tre fossero insieme a cercar di questa pietra; ma sopra ogni altra cosa gli pregò Calandrino che essi non dovesser questa cosa con persona del mondo ragionare, per ciò che a lui era stata posta in credenza.[80] E ragionato questo, disse loro ciò che udito avea della contrada di Bengodi, con saramenti[81] affermando che così era. Partito Calandrino da loro, essi quello che intorno a questo avessero a fare ordinarono fra se medesimi.

62. la conosco: *la so riconoscere.*
63. scarsella: tasca che stava appesa alla cintura.
64. tavole de' cambiatori: *banchi dei cambiavalute.*
65. grossi: si tratta di monete d'argento.
66. fiorini: monete d'oro.
67. torcene: *prendercene*; qui sta per *ce ne prendiamo.*
68. schiccherare: *pasticciare.*
69. di grossa pasta: *semplicione.*
70. andassomo: *andassimo.*
71. senza star più: *senza indugiare ancora.*
72. Egli...fatta: *Ce ne sono d'ogni forma.*
73. tanto...essa: *finché ci imbattiamo in essa.*
74. da ciò: *adatta a questo.*
75. dà...entro: *picchia sul greto del Mugnone.*
76. testé: *ora.*
77. li quali: è riferito a "**gente**".
78. perduto...l'ambiadura: l'**ambiadura** è il modo di far camminare il cavallo facendogli muovere contemporaneamente le due zampe dello stesso fianco e impedendogli così di trottare.
79. da mattina: *di mattina.*
80. posta in credenza: *rivelata.*
81. saramenti: *giuramenti.*

[125-174] Arrivata la tanto attesa domenica, Calandrino andò a svegliare i due compagni e con loro andò al Mugnone a cercare la pietra. Egli raccoglieva tutte le pietre scure che vedeva e se le caricava addosso. Arrivata l'ora di pranzo, Bruno e Buffalmacco fecero finta di non vedere più Calandrino e di essere risentiti con lui per il fatto che erano stati abbandonati: evidentemente – dicevano – Calandrino aveva trovato la pietra dell'elitropia e ne voleva i vantaggi solo per sé. Cominciarono così a tirare verso di lui dei sassi, ma Calandrino, convinto di aver trovato davvero la pietra che rendeva invisibili, stava in silenzio e sopportava il dolore dei colpi di pietra che i due compagni gli tiravano dicendo che avrebbero colpito volentieri Calandrino, se fosse stato lì con loro. Accompagnarono dunque Calandrino in città a colpi di pietra e chiesero alle guardie della porta di San Gallo di far finta di non vederlo.

Calandrino con disidero aspettò la domenica mattina: la qual venuta, in sul far del dì si levò. E chiamati i compagni, per la porta a San Gallo[82] usciti e nel Mugnon discesi cominciarono a andare in giù della pietra cercando. Calandrino andava, e come più volenteroso, avanti e prestamente or qua e or là saltando, dovunque alcuna pietra nera vedeva si gittava[83] e quella ricogliendo si metteva in seno. I compagni andavano appresso, e quando una e quando un'altra ne ricoglievano; ma Calandrino non fu guari di via andato,[84] che egli il seno se n'ebbe pieno per che, alzandosi i gheroni[85] della gonnella, che alla analda[86] non era, e faccendo di quegli ampio grembo, bene avendogli alla coreggia[87] attaccati d'ogni parte, non dopo molto gli empié, e similmente, dopo alquanto spazio, fatto del mantello grembo,[88] quello di pietre empié.[89] Per che, veggendo Buffalmacco e Bruno che Calandrino era carico e l'ora del mangiare s'avicinava, secondo l'ordine da sé posto disse Bruno a Buffalmacco: «Calandrino dove è?»

Buffalmacco, che ivi presso sel vedea, volgendosi intorno e or qua e or là riguardando, rispose: «Io non so, ma egli era pur poco fa qui dinanzi da noi».

Disse Bruno: «Ben che fa poco![90] a me par egli esser certo che egli è ora a casa a desinare e noi ha lasciati nel farnetico[91] d'andar cercando le pietre nere giù per lo Mugnone».

«Deh come egli ha ben fatto» disse allor Buffalmacco «d'averci beffati e lasciati qui, poscia che noi fummo sì sciocchi, che noi gli credemmo. Sappi![92] chi sarebbe stato sì stolto, che avesse creduto che in Mugnone si dovesse trovare una così virtuosa pietra, altri che noi?»

Calandrino, queste parole udendo, imaginò che quella pietra alle mani gli fosse venuta e che per la vertù d'essa coloro, ancor che loro fosse presente, nol vedessero. Lieto adunque oltre modo di tal ventura, senza dir loro alcuna cosa, pensò di tornarsi a casa; e volti i passi indietro[93] se ne cominciò a venire.[94]

Vedendo ciò, Buffalmacco disse a Bruno: «Noi che faremo? ché non ce ne andiam noi?».

A cui Bruno rispose: «Andianne; ma giuro a Dio che mai Calandrino non me ne farà più niuna; e se io gli fossi presso come stato sono tutta mattina, io gli darei tale[95] di questo ciotto[96] nelle calcagna, che egli si ricorderebbe forse un mese di questa beffa»; e il dir le parole e l'aprirsi[97] e 'l dar del ciotto nel calcagno a Calandrino fu tutto uno, Calandrino, sentendo il duolo, levò alto il piè e cominciò a soffiare ma pur si tacque e andò oltre.

Buffalmacco, recatosi in mano uno de' codoli[98] che raccolti avea, disse a Bruno: «Deh vedi bel codolo: così giugnesse egli testé nelle reni a Calandrino!» e lasciato andare, gli diè con esso nelle reni una gran percossa; e in brieve in cotal guisa, or con una parola e or con un'altra, su per

82. porta a San Gallo: la porta a nord di Firenze.
83. si gittava: il verbo dà il senso dell'avidità con cui viene compiuta l'azione.
84. non…andato: *non fece molta strada.*
85. gheroni: *lembi.*
86. alla analda: *secondo la moda di Hainaut*. Hainaut era un importante centro tessile dell'Europa del nord.
87. coreggia: *cintura di cuoio.*
88. fatto…grembo: ricavata cioè una sacca legando insieme i lembi del mantello.
89. empié: *riempì.*
90. Ben che fa poco!: *Altro che poco fa!*
91. nel farnetico: *a impazzire.*
92. Sappi!: corrisponde agli odierni imperativi "senti!", "vedi!", ecc.
93. volti…indietro: rivolti i passi verso la strada del ritorno.
94. a venire: *a tornare [a casa].*
95. tale: *talmente.*
96. ciotto: *ciottolo.*
97. l'aprirsi: *allargare le braccia*, per scagliare il ciottolo.
98. codoli: *ciottoli.*

lo Mugnone infino alla porta a San Gallo il vennero lapidando. Quindi, in terra gittate le pietre che ricolte aveano, alquanto con le guardie de' gabellieri[99] si ristettero;[100] le quali, prima da loro informate, faccendo vista di non vedere lasciarono andar Calandrino con le maggior risa del mondo. Il quale senza arrestarsi se ne venne a casa sua, la quale era vicina al Canto alla Macina;[101] e in tanto fu la fortuna piacevole[102] alla beffa, che, mentre Calandrino per lo fiume ne venne e poi per la città, niuna persona gli fece motto, come che pochi ne scontrasse per ciò che quasi a desinare era ciascuno.

[175-188] Calandrino entrò dunque in casa sua tutto carico di pietre e la moglie Tessa, che lo stava aspettando in cima alle scale, lo rimproverò per l'ora tarda e per quel carico che portava in casa. Convinto di aver perduto per strada la pietra magica, oppure che fosse stata la moglie, in quanto donna, a far perdere quella preziosa proprietà alla pietra, cominciò a percuoterla.

Entrossene adunque Calandrino così carico in casa sua. Era per avventura[103] la mogli di lui, la quale ebbe nome monna Tessa,[104] bella e valente donna, in capo della scala: e alquanto turbata della sua lunga dimora,[105] veggendol venire cominciò proverbiando[106] a dire: «Mai, frate, il diavol ti ci reca![107] Ogni gente ha già desinato quando tu torni a desinare».

Il che udendo Calandrino e veggendo che veduto era,[108] pieno di cruccio e di dolore cominciò a gridare: «Oimè, malvagia femina, o eri tu costì? Tu m'hai diserto,[109] ma in fé di Dio io te ne pagherò!» e salito in una sua saletta e quivi scaricate le molte pietre che recate avea, niquitoso[110] corse verso la moglie e presala per le trecce la si gittò[111] a' piedi, e quivi, quanto egli poté menar le braccia e' piedi, tanto le diè[112] per tutta la persona: pugna e calci, senza lasciarle in capo capello o osso adosso che macero[113] non fosse, le diede, niuna cosa valendole il chieder mercé con le mani in croce.

[189-231] Bruno e Buffalmacco, che seguivano Calandrino a distanza, arrivati sotto casa sua, sentirono le grida della donna. Chiamarono Calandrino, il quale li fece salire e raccontò dell'incantesimo rotto, mentre i due compagni gli rimproveravano di averli voluti beffare. Calandrino raccontò di aver percorso tutta la strada dal Mugnone a casa senza essere visto e che era colpa della moglie se l'incanto si era rotto.

Buffalmacco e Bruno, poi che co' guardiani della porta ebbero alquanto riso, con lento passo cominciarono alquanto lontani a seguitar Calandrino; e giunti a piè dell'uscio[114] di lui sentirono la fiera battitura la quale alla moglie dava, e faccendo vista di giugnere pure allora[115] il chiamarono. Calandrino tutto sudato, rosso e affannato si fece alla finestra e pregogli che suso a lui dovessero andare.[116] Essi, mostrandosi alquanto turbati,[117] andaron suso e videro la sala piena di pietre e nell'un de' canti la donna scapigliata, stracciata, tutta livida e rotta nel viso dolorosamente piagnere; e d'altra parte Calandrino, scinto e ansando a guisa d'uom lasso,[118] sedersi.

Dove, come alquanto ebbero riguardato, dissero: «Che è questo, Calandrino? vuoi tu murare,[119] ché noi veggiamo qui tante pietre?» e oltre a questo sugiunsero: «E monna Tessa che ha? E' par che tu l'abbi battuta: che novelle[120] son queste?» Calandrino, faticato dal peso delle pietre e dalla rabbia con la quale la donna aveva battuta e del dolore della ventura[121] la quale perduta gli pareva avere, non poteva raccoglier lo spirito a formare intera la parola alla risposta;[122] per che soprastando,[123]

99. gabellieri: addetti alla riscossione delle tasse.
100. ristettero: *si fermarono*.
101. Canto alla Macina: incrocio di via San Gallo e via Guelfa, dove era murata una macina.
102. piacevole: *favorevole*.
103. per avventura: *per caso*.
104. monna Tessa: il nome deriva da "contessa", frutto del ricordo della famosa contessa Matilde.
105. lunga dimora: *lunga attesa*.
106. proverbiando: *usando un modo di dire popolare* [tipico dei proverbi].
107. Mai...reca!: *Finalmente, fratello, il diavolo ti porta a casa!*
108. veggendo...era: vedendo, cioè, che non era invisibile.
109. diserto: *rovinato*.
110. niquitoso: *furioso*.
111. la si gittò: *se la gettò*.
112. le diè: *la picchiò*.
113. macero: *pesto*.
114. a piè dell'uscio: *davanti alla porta*.
115. pure allora: *proprio in quel momento*.
116. pregogli...andare: *li pregò che su da lui andassero*.
117. turbati: *offesi*, per essere stati abbandonati senza una parola da Calandrino nel Mugnone.
118. scinto...lasso: *con la cintura slacciata e ansante come un uomo affaticato*.
119. murare: *costruire muri*.
120. novelle: *novità*.
121. ventura: *fortuna*.
122. raccoglier...risposta: *riprendere il fiato per rispondere formando parole complete*.
123. per che soprastando: *poiché indugiava* [*nel rispondere*].

Buffalmacco rincominciò: «Calandrino, se tu avevi altra ira,[124] tu non ci dovevi per ciò straziare[125] come fatto hai; ché, poi sodotti[126] ci avesti a cercar teco della pietra preziosa, senza dirci a Dio né a diavolo, a guisa di due becconi[127] nel Mugnon ci lasciasti e venistitene, il che noi abbiamo forte per male; ma per certo questa fia la sezzaia che tu ci farai mai».[128]

A queste parole Calandrino sforzandosi rispose: «Compagni, non vi turbate, l'opera[129] sta altramenti che voi non pensate. Io, sventurato!, aveva quella pietra trovata; e volete udire se io dico il vero? Quando voi primieramente di me domandaste l'un l'altro, io v'era presso a men di diece braccia[130] e veggendo che voi ve ne venavate[131] e non mi vedavate v'entrai innanzi,[132] e continuamente poco innanzi a voi me ne son venuto». E cominciandosi dall'un de' capi infin la fine raccontò loro ciò che essi fatto e detto aveano e mostrò loro il dosso[133] e le calcagna come i ciotti conci gliel'avessero; e poi seguitò: «E dicovi che, entrando alla porta[134] con tutte queste pietre in seno che voi vedete qui, niuna cosa mi fu detta, ché sapete quanto esser sogliano spiacevoli[135] e noiosi que' guardiani a volere ogni cosa vedere; e oltre a questo ho trovati per la via più miei compari e amici, li quali sempre mi soglion far motto e invitarmi a bere, né alcun fu che parola mi dicesse né mezza,[136] sì come quegli che non mi vedeano.[137] Alla fine, giunto qui a casa, questo diavolo di questa femina maladetta mi si parò dinanzi e ebbemi veduto, per ciò che, come voi sapete, le femine fanno perder la vertù a ogni cosa:[138] di che io, che mi poteva dire il più avventurato[139] uom di Firenze, sono rimaso il più sventurato; e per questo l'ho tanto battuta quanto io ho potuto menar le mani e non so a quello che io mi tengo che io non le sego le veni,[140] che maledetta sia l'ora che io prima la vidi e quando ella mai venne in questa casa!» E raccesosi nell'ira si voleva levare[141] per tornare a batterla da capo.

[232-243] Bruno e Buffalmacco, trattenendo a stento le risa, convinsero Calandrino che la donna non aveva colpa, poiché, sapendo che le donne avevano quel potere di far perdere le proprietà alle pietre, lui avrebbe dovuto evitare che la donna gli rivolgesse la parola. Se ciò era successo, significava che Dio lo voleva punire per aver cercato di beffare i suoi compagni. Lasciarono dunque Calandrino nella sua casa piena di pietre, dopo avere a fatica riconciliato la moglie con il marito.

Buffalmacco e Bruno, queste cose udendo, facevan vista di maravigliarsi forte e spesso affermavano[142] quello che Calandrino diceva, e avevano sì gran voglia di ridere, che quasi scoppiavano; ma vedendolo furioso levare per battere un'altra volta la moglie, levatiglisi alla 'ncontro[143] il ritennero, dicendo di queste cose niuna colpa aver la donna ma egli, che sapeva che le femine facevano perdere la vertù alle cose e non l'aveva detto che ella si guardasse d'apparirgli innanzi quel giorno: il quale avvedimento Idio gli aveva tolto[144] o per ciò che la ventura non doveva esser sua o perché egli aveva in animo d'ingannare i suoi compagni, a' quali, come s'avedeva averla trovata, il dovea palesare. E dopo molte parole, non senza gran fatica la dolente donna riconciliata con essolui[145] e lasciandol malinconoso[146] con la casa piena di pietre, si partirono.

G. Boccaccio, *Decameron*, a cura di V. Branca, Einaudi, Torino 1992.

124. altra ira: *altro motivo d'ira.*
125. straziare: *prendere in giro.*
126. sodotti: *sedotti, convinti.*
127. becconi: *bestie stupide.*
128. sezzaia...mai: *l'ultima [beffa] che tu ci farai da ora in poi.*
129. l'opera: *la cosa.*
130. diece braccia: *dieci braccia*, ossia circa cinque metri.
131. venavate: *venivate.*
132. v'entrai innanzi: *mi avviai davanti a voi.*
133. dosso: *la schiena.*
134. alla porta: si tratta della porta di San Gallo.
135. spiacevoli: *seccanti.*
136. né mezza: *neppure mezza.*
137. sì...vedeano: *come se quelli* [: compari e amici] *non mi vedessero.*
138. le femine...ogni cosa: si tratta di un pregiudizio popolare abbastanza diffuso anticamente.
139. avventurato: *fortunato.*
140. non so...veni: *non so perché mi trattengo dal tagliarle le vene.*
141. levare: *alzare.*
142. affermavano: *confermavano.*
143. levatiglisi...'ncontro: *andatigli incontro.*
144. il quale...tolto: *il cui accorgimento Dio non gli aveva concesso di avere.*
145. essolui: *lui.*
146. malinconoso: *triste.*

analisi e interpretazione T13

le forme

La struttura Il racconto si suddivide in tre momenti che corrispondono anche a tre dimensioni spaziali. Il primo spazio è quello di apertura della novella, ossia la chiesa di San Giovanni, in cui Calandrino incontra Maso del Saggio che, con frasi allusive e talora senza senso, che dicono e non dicono o dicono negando, prospetta alla fantasia di Calandrino il paese di Bengodi e le virtù dell'elitropia. Il secondo spazio è quello aperto in cui si consuma la beffa di Bruno e Buffalmacco: questi ultimi infatti, che hanno condotto Calandrino sul Mugnone in cerca della pietra magica, fanno finta di credere alla virtù dell'elitropia e di non vedere più Calandrino. Si assiste al gioco degli inganni con Calandrino che crede di beffare i compagni, mentre è lui ad essere beffato da questi ultimi e dai doganieri che stanno al gioco, lasciandolo passare e fingendo di non vederlo.

Il terzo momento si svolge di nuovo in un interno, in cui è ambientata la scena conclusiva, e cioè a casa di Calandrino, dove si trova la moglie del protagonista, Tessa. Qui si consuma la rabbia di Calandrino nei confronti della moglie, accusata di aver rotto l'incantesimo. Con la stessa forza con cui si era illuso, ora Calandrino indirizza la sua ira nei confronti di Tessa che a stento viene sottratta alle botte del marito da parte di Bruno e Buffalmacco. Questi ultimi dimostrano a Calandrino che ha commesso due errori: poiché sapeva che le donne fanno perdere ogni virtù agli incantesimi, doveva impedire alla moglie di comparirgli davanti; poiché aveva trovato la pietra miracolosa senza dir nulla a loro due, aveva voluto ingannarli e dunque era stato giustamente punito.

Il virtuosismo linguistico di Bruno e Buffalmacco Il gusto dello scherzo di questi due personaggi si sviluppa attraverso il gioco del virtuosismo linguistico utilizzato per mettere alla prova il proprio ingegno e per ridere della inferiorità e della dabbenaggine altrui. Si tratta di una qualità fondamentale nel mondo mercantile, la cui mancanza condanna allo scacco. Bruno e Buffalmacco rappresentano pienamente le nuove qualità dell'uomo borghese, non esente da cinismo e persino da un certo gusto della prevaricazione. D'altronde, al realismo della materia corrisponde nel *Decameron* un realismo linguistico che dà spazio ad un plurilinguismo e ad un pluristilismo che sono alla base del carattere "comico" e "mezzano" dell'opera (cfr. **S8**, p. 475).

Come nella novella di frate Cipolla e nella novella di ser Ciappelletto, anche nella novella di Calandrino e l'elitropia il linguaggio ha il grande potere non solo di esprimere la realtà, ma anche di "creare" la realtà, di rovesciarla, di stravolgerla e di dominarla anche attraverso la nominazione linguistica.

i temi e i motivi

Il gioco delle beffe Si assiste, nella novella, al gioco delle beffe: da un lato Calandrino crede di beffare Bruno e Buffalmacco, dall'altro ne è doppiamente beffato poiché nel finale, oltre tutto, viene giudicato colpevole dell'accaduto, ossia del fatto di aver perso i vantaggi della pietra dell'elitropia per eccesso di egoismo.

Realismo e comicità nel personaggio di Calandrino e di Bruno e Buffalmacco Calandrino rappresenta la realtà del contadino inurbato, guardato con sufficienza dai cittadini. Si assiste, nella novella, al trasferimento sul piano comico della satira contro il villano tipica di un'epoca che vedeva l'affermarsi dei nuovi valori della civiltà borghese, quali l'intelligenza, l'astuzia, l'individualismo, rappresentati qui da Bruno e da Buffalmacco, ma capaci di attrarre anche Calandrino. Anche lui è infatti affascinato dal mito della felicità terrena e della ricchezza, simboleggiate dall'utopia del paese di Bengodi. Come guarda con simpatia all'ingenuità di Calandrino, così Boccaccio guarda con bonarietà anche ai personaggi di Bruno e di Buffalmacco, che rappresentano realisticamente il mondo cittadino, più scaltrito rispetto ai contadini appena inurbati.

per studiare guida all'analisi T13

COMPRENDERE

1 Completa il testo inserendo correttamente i nomi dei personaggi del racconto.

La beffa ai danni di ...., di cui si parla nella novella, è ordita da .... che trova inaspettati aiutanti nei pittori .... e .... A fare le spese dell'inganno e della dabbenaggine di .... è anche ....

2 I personaggi della novella sono storici oppure d'invenzione?

3 Nel sistema dei personaggi viene messo in scena un *topos* della letteratura realistica. Quale?

- a il contrasto tra i giovani e i vecchi
- b il contadino inurbato guardato con superiorità dai cittadini
- c la moglie chiacchierona ed invadente
- d le superstizioni medievali

ANALIZZARE

4 Collega correttamente le fasi del racconto agli spazi.

apertura della novella	Chiesa di San Giovanni
invenzione della burla	Firenze
sviluppo della burla	interno domestico
conclusione	spazio aperto

5 L'ambiente della novella è reso realisticamente attraverso l'indicazione di numerosi toponimi (nomi di luoghi). Qui sotto ne trovi elencati alcuni. Rintracciali nel testo e definiscili con l'aiuto delle note.

Mugnone ....

Settignano ....

Montisci ....

Monte Morello ....

Porta a San Gallo ....

Canto alla Macina ....

6 La beffa ai danni di Calandrino si regge sul virtuosismo linguistico dei burloni che lo prendono di mira. Ad esempio, l'elitropia è detta «pietra di troppo gran vertù, per ciò che qualunque persona la porta sopra di sé, mentre la tiene, non è da alcuna altra persona veduto dove non è» (righi 64-66). Quale sarebbe la virtù dell'elitropia? È straordinaria oppure ovvia?

7 Al rigo 171 si legge: «fu la fortuna piacevole alla beffa». Che cosa significa? Che ruolo ebbe la «fortuna» nella beffa?

INTERPRETARE E APPROFONDIRE

8 Calandrino, nella sua ingenua avidità, è attratto dalla prospettiva di una «contrada di Bengodi» (rigo 122). Una variante del paese del Bengodi è quella del Paese della Cuccagna, un luogo immaginario di ricchezza e delizie dove "chi meno lavora più guadagna". Te ne riportiamo una versione del pittore Bruegel il Vecchio (XVI secolo). Prova a leggere l'immagine e a confrontarla con la descrizione di Bengodi fornita da Boccaccio nella novella: quali analogie e differenze noti?

Bruegel il Vecchio, *Il paese di Cuccagna*, Monaco di Baviera, Alte Pinakothek.

S8 INFORMAZIONI E APPROFONDIMENTI

Ingegno linguistico, plurilinguismo e stile "mezzano" nel *Decameron*

Già nel *Filocolo* Boccaccio aveva distinto tre livelli letterari: quello tragico ed epico, in cui fa rientrare anche la *Commedia* dantesca; quello «mezzano» contraddistinto dalla materia comico-realistica, dalla tematica amorosa e dal destinatario femminile, con riferimento al modello del poeta latino Ovidio; e quello del «fabuloso parlare degli ignoranti», cioè quello delle trascrizioni, in modo semplice e ingenuo, di leggende e di favole. Il *Decameron* rientra nel secondo livello, ed è infatti caratterizzato dallo stile medio e dall'intento realistico e comico. Lo stile medio o mezzano si differenzia nettamente sia dallo stile tragico (alto) che da quello elegiaco (basso), e può articolarsi in forme plurilinguistiche e pluristilistiche, che non sarebbero possibili negli altri due registri. Lo stile medio, inoltre, è il più adatto a esprimere realismo e comicità. Favorisce anche il ricorso al doppio senso del linguaggio (per esempio, per indicare situazioni sessuali) e ai giochi linguistici per alludere al potere del linguaggio non solo di rappresentare la realtà, ma anche di "crearla", di stravolgerla e di rovesciarla linguisticamente, come avviene nella novella di ser Ciappelletto o nella novella di frate Cipolla o ancora nella novella di Calandrino e l'elitropia. Il Trecento è un secolo in cui si registra la piena affermazione della società borghese, la quale presuppone non solo l'"ingegno" economico, sociale e morale, ma anche e soprattutto l'"ingegno" linguistico. L'antica arte dell'"eloquenza" deve confrontarsi nell'epoca di Boccaccio non tanto e non solo con la filosofia, ma soprattutto con la realtà borghese dei mercanti e dei mercati. Chi mercanteggia deve effettuare un'operazione di convincimento che non può prescindere dall'efficacia del linguaggio. Possedere il linguaggio, essere in grado di operare secondo virtuosismi linguistici, significa già al tempo di Boccaccio avere un potere sulla realtà sociale, economica, politica, religiosa. Lo sanno bene i personaggi più realistici che Boccaccio mette in campo: si pensi in ambito religioso a ser Ciappelletto o a frate Cipolla; nell'ambito della socialità cittadina a Chichibìo e a Bruno e Buffalmacco; in ambito femminile a Monna Filippa, a Madonna Filomena, a Ghismunda: quest'ultima riscatta la propria subordinazione morale rispetto al padre attraverso la propria superiorità linguistica evidente nel discorso che gli rivolge. A veder bene, alla "democraticità" dell'ingegno economico o sociale si affianca nel *Decameron* anche una "democraticità" dell'ingegno linguistico.

Conclusioni del PERCORSO 4

L'ingegno nelle novelle di motto e di beffa

L'individualismo borghese, che i mercanti avevano imposto nella società comunale e signorile, appare già a Boccaccio dotato di un suo "naturale" diritto all'esistenza: ne sono un esempio le novelle di motto e di beffa, come quella di Calandrino e l'elitropia (T13), in cui viene messa alla berlina l'ingenuità di Calandrino o quelle in cui ad essere rappresentata è la dabbenaggine bigotta e ipocrita dei mariti, come nel caso delle novelle della Sesta giornata. Anche se la preferenza dell'autore va verso l'impiego dell'ingegno nel senso dell'onestà e della gentilezza, come mostrano soprattutto le novelle della Decima giornata, la prontezza di spirito, le argute risposte, la capacità di salvarsi con un espediente e di sottolineare la stupidità altrui sono per Boccaccio valori strumentali necessari all'individuo per imporsi nel conflitto sociale e per sottrarsi ai condizionamenti della fortuna e della natura. Ma anche quando, come nella novella di Calandrino e l'elitropia, l'impiego dell'ingegno sembra essere fine a sé stesso, giustificato dal puro gusto per la beffa, esso rappresenta comunque i nuovi valori sociali e culturali dell'individualismo borghese del Trecento.

L'affermazione di una concezione borghese della vita

Con il ricorso al realismo della rappresentazione, Boccaccio rende, in molte novelle del *Decameron*, uno spaccato della società del Trecento e della vita delle città, con la loro nuova dinamicità e ricchezza: si pensi, oltre alle novelle di frate Cipolla (**T12**) di Calandrino e l'elitropia, alla novella di Andreuccio da Perugia (cfr. **T15**). In particolare, la città, con Boccaccio, entra nella narrazione come organismo sociale ed economico, in cui si sta affermando una concezione borghese della vita, moderna e dinamica, contrapposta a quella ristretta e ingenua dei villani, come Calandrino.

Il realismo del *Decameron*

Il *Decameron*, con le sue ricostruzioni puntuali di ambienti diversi e di atmosfere multiformi, con il suo plurilinguismo e pluristilismo, rappresenta uno dei massimi esempi di realismo medievale. Sia il tempo, sia lo spazio sono, nel *Decameron*, descritti con precisione. La maggior parte delle novelle narrate sono chiaramente ambientate in un periodo successivo al 1300 e in città prevalentemente toscane, ma non mancano città e luoghi lontani come Napoli, Palermo, Venezia, Amalfi, Gaeta, Genova, Lipari, Ponza, Alessandria, Tunisi, ecc. L'elemento più innovativo del realismo di Boccaccio è l'attenzione rivolta alla vita che si svolge nelle vie e nelle piazze e alla folla, che per la prima volta entra nella narrazione da protagonista. Il realismo di Boccaccio si manifesta anche nella verosimiglianza della rappresentazione dei profili psicologici, si pensi a Calandrino, ma anche linguistici, si pensi al linguaggio di Chichibìo e a quello di Brunetta e alla loro connotazione sociale (cfr. la novella di Chichibìo e la gru, cfr. **TESTI D'ACCESSO**, p. 34). Connessa al realismo, abbiamo in Boccaccio la comicità, sia sul piano della materia, sia su quello dello stile, con il recupero della tradizione classica che identificava stile medio, o comico, e materia bassa. In questo senso possiamo dire che il *Decameron*, oltre che un laboratorio di descrizioni di ambienti, è un laboratorio di stili: il suo pluristilismo (con la mescolanza della retorica medievale con quella classica) e il suo plurilinguismo (con il ricorso al linguaggio nobile o borghese o popolare a seconda delle diverse appartenenze sociali dei vari personaggi) sono strettamente connessi al carattere realistico dell'opera.

per fare il punto — autoverifica delle conoscenze

Verifica la correttezza delle tue risposte sulla base dei paragrafi, dei testi o delle schede indicati a corredo di ciascuna domanda.

1 Quali figure sociali rappresentano i personaggi delle due novelle incontrate in questo percorso?

Personaggi	Figure sociali
Cipolla	
Guccio Porco (il Porcellone)	ecclesiastici
i certaldesi	servi
Calandrino	contadini
Bruno	artigiani
Buffalmacco	mercanti
Maso del Saggio	

2 Collega a ciascun personaggio le voci che lo riguardano. Attenzione: possono esserci voci che si adattano a entrambi.

- frate Cipolla
- Calandrino

- è un contadino inurbato
- è convinto della propria furbizia
- esce dall'esperienza confuso e malconcio
- sfoga violentemente la propria rabbia
- è preso di mira da dei burloni
- riesce a trarre guadagno dalla beffa ordita ai suoi danni
- ha un carattere semplice e credulone
- è di ingegno pronto e vivace

3 Perché nell'epoca dei mercanti comincia ad essere molto importante conoscere i meccanismi del linguaggio? (per l'autoverifica cfr. **S8**)

4 Quali sono le caratteristiche dello stile "medio", tipico del *Decameron*? Individuale tra quelle elencate. (per l'autoverifica cfr. **S8**)

- a può articolarsi in forme pluristilistiche
- b esprime il realismo e la comicità
- c è adatto ad esprimere concetti astratti
- d si adatta ai doppi sensi

5 Nel *Decameron* troviamo la ricostruzione puntuale e realistica di ambienti diversi, specialmente di interni popolati da personaggi vari o da folle. Deduci dalle novelle lette un esempio per ciascuno degli ambienti elencati.

A la chiesa ....

B la locanda ....

C l'interno domestico ....

6 Che valori rappresentano per Boccaccio l'arguzia e la capacità di usare il linguaggio? (per l'autoverifica cfr. **Conclusioni del PERCORSO 4**)

- a sono espressione della cultura e dell'istruzione dell'individuo
- b sono doni della fortuna sui quali non fare affidamento
- c sono strumenti per affermarsi socialmente e sottrarsi al condizionamento della sorte
- d sono virtù appartenenti all'aristocrazia ormai superata

Il *Decameron*

PERCORSI NELL'OPERA 5

Camilleri traduce per noi Boccaccio

Le tappe di questo percorso

Ad integrazione del **PERCORSO 1**, il cui tema conduttore è **L'amore e la donna**, si riporta la novella di Ellisabetta da Messina (**T14**) nella traduzione che Andrea Camilleri ha fatto per questa opera. Allo stesso modo, a completamento del **PERCORSO 2**, dedicato al tema del rapporto fra **Dimensione borghese-mercantile e dimensione cortese**, viene riportata in questo percorso la novella di Andreuccio da Perugia (**T15**, p. 485).
Andrea Camilleri (Porto Empedocle 1925) è uno dei più noti fra gli scrittori italiani viventi. Siciliano, è erede di una grande tradizione letteraria e linguistica, da Pirandello a Sciascia e Bufalino. È autore, fra gli altri, di romanzi storici e di gialli ispirati alla figura del commissario Montalbano. Lo scrittore fa, nelle sue opere, un uso originale e ricercato del siciliano, che diventa elemento strutturante e vivo della narrazione (cfr. **S9**, p. 484). Una tale operazione linguistica Camilleri ha fatto anche con le due novelle di Ellisabetta da Messina e di Andreuccio da Perugia, da lui tradotte appositamente per questo manuale. Esse evidentemente ben si prestano al suo gusto di «sguazzare» nel dialetto. Per entrambe le novelle Camilleri mantiene la lingua originale di Boccaccio solo nelle rubriche, mentre per il resto si serve del «dialetto riveduto» del siciliano e del napoletano. Usa infatti per la novella di Ellisabetta da Messina, la cui vicenda si svolge tutta a Messina, un dialetto siciliano molto vicino a quello già sperimentato dallo scrittore in un suo famoso romanzo storico, *Il Re di Girgenti*, uscito nel 2001. Per la novella di Andreuccio da Perugia, la cui storia è ambientata in una Napoli popolata di siciliani, Camilleri fa un'operazione ancora più suggestiva e complessa con il ricorso, oltre che al siciliano, al dialetto napoletano, prendendo come modello quello usato nel Settecento da Gianbattista Lorenzi (Napoli 1719-1807), poeta e librettista di melodrammi e di opere buffe.

TESTI *espansioni digitali*

T14 Ellisabetta da Messina
Decameron, II, 5 (traduzione di Andrea Camilleri)

videolezione: analisi del testo
a cura di Romano Luperini

T15 Andreuccio da Perugia
Decameron, IV, 5 (traduzione di Andrea Camilleri)

Dario Fo, *La piacevole brigata del* Decameron *di Boccaccio*, 2011.

T14

Ellisabetta da Messina

Decameron, IV, 5

concetti-chiave
- l'amore infelice
- le ragioni del sentimento *vs* le ragioni economiche
- la democrazia dell'eros
- classe borghese e convenzioni sociali

esponsioni digitali

videolezione: analisi del testo
a cura di R. Luperini
[14' 33"]

testo originale
è possibile leggere il testo originale di Boccaccio

Anche la novella di Ellisabetta da Messina, come quella di Tancredi e Ghismunda, fa parte della Quarta giornata; anch'essa è ispirata al tema degli amori infelici ed ha persino lo stesso tema macabro. Insieme al testo originario, in questo caso, viene riportata la versione in siciliano realizzata da Andrea Camilleri. La novella vede protagonista Ellisabetta, la quale fa parte di una famiglia di ricchi mercanti di San Gimignano che si trovano in Sicilia per affari. La donna si innamora di un giovanetto pisano, Lorenzo, che lavora alle dipendenze dei tre fratelli della fanciulla. Questi ultimi, temendo le conseguenze negative che una tale sconveniente relazione avrebbe per i successi dei loro commerci, uccidono il giovane. A Ellisabetta, che non sa spiegarsi la ragione della troppo prolungata assenza di Lorenzo, appare in sogno il giovane che le rivela il luogo in cui è stato seppellito il suo corpo. La giovane vi si reca con una domestica e sottrae la testa al corpo dell'amato, la nasconde dentro un vaso di basilico e la innaffia tutti i giorni con le sue lacrime. I fratelli si accorgono però delle lacrime che ella versa sul vaso di basilico e glielo sottraggono. Allora lei si lascia morire di dolore.

LINGUA: italiano (traduzione di Andrea Camilleri) **DATAZIONE:** 2012

I FRATELLI D'ELLISABETTA UCCIDON L'AMANTE DI LEI: EGLI L'APPARISCE IN SOGNO E MOSTRALE DOVE SIA SOTTERRATO; ELLA OCCULTAMENTE[1] DISSOTTERRA LA TESTA E METTELA IN UN TESTO DI BASILICO,[2] E QUIVI SU PIAGNENDO OGNI DÌ PER UNA GRANDE ORA,[3] I FRATELLI GLIELE[4] TOLGONO, E ELLA SE NE MUORE DI DOLOR POCO APPRESSO.

Finita la novella d'Elissa e alquanto dal re commendata,[5] a Filomena fu imposto che ragionasse: la quale, tutta piena di compassione del misero Gerbino e della sua donna,[6] dopo un pietoso sospiro incominciò:

– Lu mè cunto, amiche care, non sarà di genti di accussì alta condizione come a quella di cui ora ora contò Elisa, ma non sarà lo stisso meno piatuso, e ad arricordarmelo è stato che poco fa si nominò Messina,[7] indove 'nfatti la mè storia capitò.

Ci stavano a Messina tri frati picciotti, mercanti, ristati ricchissimi dopo la morti del loro patre che viniva da San Gimignano;[8] e tinivano 'na soro che di nomi faciva Lisabetta, picciotta beddra assà e seria, alla quali, senza che ce ne fusse ragioni, non avivano ancora attrovato un marito.

Ora bisogna sapiri che 'sti tri frati possidivano un magazzino e che a reggiri in tutto e per tutto 'sto magazzino avivano mittuto un picciotto di Pisa, chiamato Lorenzo, il quali era di bellissimo pirsonali. A Lisabetta, che l'incontrava spisso, capitò che 'sto picciotto accomenzò a piacirle assà assà. Lorenzo si nni addunò e a picca a picca, mentri che abbannunava l'altri sò 'nnamuramenti, principiò a sintirisi attratto da lei e accussì la faccenna annò che, piacennosi all'istisso modo l'uno all'altra, non passò tempo che, pigliate le debite pricauzioni, ficiro quello di cui avivano cchiù desiderio.

E annanno avanti accussì e sempri cchiù abbannunanossi al loro piaciri, ai dù gli vinni d'agiri meno segretamenti, sicchè 'na notti, mentri che Lisabetta caminava verso la cam-

1. OCCULTAMENTE: *di nascosto*.
2. UN TESTO DI BASILICO: *vaso di basilico*. Il **testo** è nel toscano un vaso di terracotta.
3. PER UNA GRANDE ORA: *per molto tempo*.
4. GLIELE: *glielo*.
5. **dal re commendata**: *lodata dal re*. Il **re** della giornata è Filostrato.
6. **del misero...donna**: si tratta dei miseri protagonisti della precedente novella. Gerbino e la sua innamorata, la figlia del re di Tunisia, erano stati uccisi, l'uno dallo zio, re di Sicilia, l'altra dai Saraceni.
7. **Messina**: la città siciliana era stata ricordata nella precedente novella e ciò spinge Filomena a raccontare una novella ambientata in quella città.
8. **San Gimignano**: cittadina del senese, i cui mercanti avevano, nel Duecento e nel Trecento, magazzini e negozi a Messina.

mara indove Lorenzo dormiva, la vitti il cchiù granni dei sò frati, ma senza che lei lo vidisse. Il picciotto, che era di caratteri assennato, a malgrado che quello che aviva viduto l'avissi disturbato assà, arriflittì che la meglio era di non rapriri per il momento vucca e passò tutta la nottata 'nsino alla matina pinsanno e ripinsanno alla faccenna. Po', vinuto il jorno, contò ai sò frati quello che aviva viduto la notti passata e tutti 'nzemmula, dopo averci ragionato a longo, addecisero, al fini di non essiri 'nfamati né loro né la loro soro, di ristarisinni muti facenno finta di non aviri viduto o saputo nenti, fino a quanno non s'appresentava l'occasioni bona con la quali, senza corriri pericolo, si potivano livari dalla facci 'sta vrigogna prima che troppo avanti annasse. E stannosinni fermi nel proposito, ridenno e babbianno con Lorenzo come usavano fari, vinni il jorno che, dicenno che tutti e tri si nni volivano annare fora cità per spassarisilla, si portarono appresso a Lorenzo e arrivati in un loco solitario e sperso, capenno che quello era il momento giusto, ammazzaro a Lorenzo che non sospittava le loro 'ntinzioni, e lo sotterraro senza che nisciuno si nni addunasse. E tornati a Messina ficiro girari la voci d'avirlo fatto annare in un'altra cità a sbrogliari un affare, e la cosa vinni facilmenti criduta pirchì era già capitata altre volti.

William Holman Hunt, *Lisabetta e il vaso di basilico*, 1868. Wilmington, Delaware Art Museum.

Lisabetta, non videnno tornari a Lorenzo, e dato che il ritardo assà l'angustiava, spisso ai sò frati ne spiava nove,[9] e accussì successi che un jorno, avenno troppo 'nsistuto con le dimanne, uno dei sò frati le disse:

«Che veni a diri? Che chiffare hai tu con Lorenzo? Pirchì addimanni di lui tanto spisso? Attenta, che se tu contini, finisce che avrai quella risposta che ti meriti».

La povira picciotta addulorata, scantannosi senza sapiri di cosa, si nni stetti senza cchiù addimannare e spisso la notti a Lorenzo chiamava prigannolo di tornari presto e certe volti a longo si lamentiava per la sò mancanza, sempri 'ntristuta ristanno ad aspittarlo.

Ora capitò che 'na notti, dopo che la picciotta aviva chiangiuto assà per Lorenzo che non tornava, ed essennosi addrummisciuta chiangenno, l'amanti le comparse 'n sonno, giarno[10] 'n facci e tutto arruffato, coi vistiti strazzati e fràcichi e le parse che accussì le diciva:

«O Lisabetta, tu che non fai altro che chiamare a mia e rattristariti della mè longa assenzia e che a mia duni tutta la colpa delle tò lagrime, sappi che io non pozzo cchiù tornari pirchì nell'urtimo jorno che tu mi vidisti coi tò frati loro m'ammazzaro».

E addisegnatole il loco indove che era stato sippelluto, le disse di non chiamarlo e di non aspittarlo cchiù, e scomparse.

La picciotta, arrisbigliatasi e fattasi pirsuasa della virità di quello che s'era insognata, amaramenti chiangì. Po' alla matina susutasi, non avenno cori di diri nenti ai frati sò, fici il proposito di annare nel loco che le era stato ammostrato e di controllari se era vero quello che in sogno aviva viduto. Ottinuto il pirmisso di nesciri fora cità per farisi 'na passiata, 'n compagnia d'una fimmina che era stata cammarera al loro sirvizio e che tutto sapiva

9. ne spiava nove: *chiedeva notizie di lui*.
10. giarno: *pallido*.

di lei, si nni partì prima che potì e arrivata sul loco e livata 'na gran quantità di fogli sicchi, si misi a scavari indove la terra era meno dura e dopo tanticchia attrovò il corpo del sò disgraziato amanti, in nisciuna parti ancora guastato e arrovinato dalla morti. Accussì ottinni la cirtizza della virità del sogno.

Pur essenno la chiù addulurata tra le fimmine, si fici subito pirsuasa che non era tempo di chiangiri, se avissi potuto volanteri tutto il catafero si sarebbe portata appresso per dargli onorata sepoltura, ma capenno che questo non era possibili, con un cuteddro[11] meglio che potì gli tagliò la testa e arrotolatata dintra a 'na mappina, la misi supra le ghinocchia della cammarera, ricummigliò con la terra il resto del corpo, e appresso si nni tornò a la sò casa senza che nisciuno l'avissi viduta.

Po' 'nchiusasi nella sò cammara con la testa dell'amanti, supra di essa accussì a longo e amaramenti chiangì tanto da lavarla con le lagrime e ogni tanto la cummigliava in ogni indove di vasate. Appresso pigliò 'na granni e bella grasta, di quelle dintra alle quali si chianta la majorana o il vasalicò, dintra ci misi la testa fasciata con una pezza priziosa, la inchì tutta di terra e supra ci chiantò 'na poco di piduzzi[12] di un bellissimo vasalicò spiciali.

E con nisciun altra acqua, nemmanco di rosa o d'arancio, l'innaffiava che non fussero le sò stisse lagrime. E aviva pigliato la bitudini d'assittarisi sempri vicina a 'sta grasta, e quanno non potiva sempri alla grasta pinsava pirchì c'era ammucciata la testa di Lorenzo sò e appena che le era possibili tornava vicina alla grasta tanto addisidirata e supra d'issa principiava a chiangiri accussì tanto e a longo che il vasalicò, tutto vagnato dalle lagrime, pariva essiri isso stisso a chiangiri.

Il vasalicò, sia per tutta 'st'attinzioni,[13] sia per la grassizza della terra prodotta dalla testa che dintra vi si sfaciva, addivintò bellissimo e assà sciaurioso, ma la picciotta che continuamenti lo curava vinni notata dai vicini. I quali dissero ai frati, che per parti loro già erano ammaravigliati di come si fusse guastata la biddrizza della soro, tanto che pariva che l'occhi le erano scappati dalla facci:

"Noi nni semo addunati che vostra soro ogni jorno fa accussì e accussì".

Allura i frati, sintenno queste paroli e assicurannosi che erano vere, prima la rimproviraronо 'na poco di volti, ma videnno che non ottinivano nisciun risultato, ammucciuni[14] dalla picciotta ficiro portari via la grasta. Lisabetta, non arritrovannola cchiù, con grannissima 'nsistenza ne spiò ai sò frati e non vidennosela restituiri, senza mai arristarisi di chiangiri, cadì malata, e nent'altro addimannava mentri che era 'nferma se non la grasta. I picciotti, maravigliati assà di 'sto continuo addimannare, volliro vidiri che c'era dintra alla grasta e, livata la terra, vittiro la pezza e dintra 'na testa non ancora conzumata che arriconobbiro per i capilli crespi essiri quella di Lorenzo. Di ciò s'appagnarono assà, scantannosi che la cosa si vinissi a sapiri. Allura sippillero la testa e quatelosamente si nni scapparo da Messina facenno sapiri che l'abbannunavano per sempri e si nni annarono a Napoli.

La picciotta, non arriniscenno a firmare le lagrime e sempri addimannanno la grasta, morse chiangenno e accussì il sò sbinturato amori ebbi fini. Ma dopo un certo tempo, vinuta a canuscenza di tanti 'sta storia, ci fu chi fici quella canzoni che ancora oggi si canta e che principia accussì:

"Cu fu lo malo cristiano
che mi furò la grasta"...[15]

11. cuteddro: *coltello*.
12. piduzzi: *piedini*, cioè 'piantine'. Ellisabetta è qui in preda all'immaginario che le suggerisce l'equivalenza testa-basilico. Facendo crescere il basilico è come se mantenesse in vita l'amato.
13. 'st'attinzioni: è la cura con cui la donna fa crescere il basilico.
14. ammucciuni: *di nascosto*.
15. Cu fu...grasta: *Chi fu l'uomo cattivo che mi derubò dal vaso*. La fanciulla che canta nella canzone popolare, da cui la novella trae spunto, chiede chi è stato a derubarla del vaso, in cui aveva fatto crescere una pianta di basilico. **Grasta** è termine siciliano, corrispondente al toscano 'testo': 'vaso di coccio'.

analisi e interpretazione T14

le forme

La struttura del racconto Il testo si articola attraverso varie sezioni narrative. Si apre con una premessa, a cui seguono lo svolgimento dell'azione e infine la conclusione, in cui viene svelata l'origine della novella da una canzone. L'ampia parte centrale dello svolgimento dell'azione vede l'alternarsi di sequenze secondo blocchi narrativi in cui si avvicendano anche i protagonisti: i fratelli di Ellisabetta e poi quest'ultima e così via. La conclusione della novella avvicina il testo al genere della *razo* provenzale che espone la 'ragione' (*razo* appunto) di una poesia, spiegandone la nascita e gli sviluppi. Anche per la novella di Ellisabetta da Messina se ne spiega l'origine riconducendola ad una canzone di cui si riportano i primi due versi.

Lo schema dei personaggi Nella novella si può riconoscere uno schema binario di contrapposizione fratelli-Ellisabetta a cui corrisponde il contrasto potere-subordinazione. In modo speculare, ai due poli fanno capo rispettivamente i tre fratelli e i tre personaggi subordinati (Ellisabetta, la domestica e Lorenzo). I primi rappresentano il potere economico, sociale e familiare e ubbidiscono all'interesse, alle convenienze e alle apparenze sociali; mentre i secondi rappresentano il potere della natura e dei sentimenti e ubbidiscono a valori autentici e disinteressati della vita.

La traduzione di Camilleri Nella "traduzione" che Camilleri fa della novella di Ellisabetta da Messina vengono mantenute la rubrica e l'introduzione alla vicenda narrata da Filomena, la novellatrice di turno. Sono questi i soli luoghi in cui Camilleri si attiene fedelmente al linguaggio e alla sintassi del racconto, senza operare alcuna traduzione o cambiamento. Camilleri riserva poi a Filomena, la quale racconta in terza persona la storia tragica di Ellisabetta, l'uso del dialetto siciliano, di cui si servono anche uno dei due fratelli della fanciulla e Lorenzo, nei momenti in cui prendono la parola direttamente. A veder bene, dunque, anche Camilleri, come Boccaccio, dà ampio spazio al "plurilinguismo". Egli ci informa, in una sua nota di accompagnamento alla traduzione di questa novella, che il dialetto siciliano da lui usato è molto vicino a quello che aveva già messo in campo nel romanzo storico *Il Re di Girgenti*, uscito nel 2001 (cfr. **S9**, p. 484).

Il tema mitico-simbolico Si può rinvenire un doppio significato simbolico nel motivo del seppellimento della testa nel vaso del basilico e della crescita rigogliosa di quest'ultimo grazie alle lacrime della donna. Da un lato il vaso, con il suo contenuto d'amore, può rinviare al grembo materno e alla sua fertilità. Da un altro questa fertilità, alimentata dal pianto di Ellisabetta, può essere ricondotta al mito antichissimo del pianto di Iside sulle spoglie ricomposte dell'amato Osiride, il quale rinnova la sua vita sotto forma di rigogliosa vegetazione.

espansioni digitali
videolezione: analisi del testo
a cura di Romano Luperini
[DURATA: 14' 33"]

La logica del profitto e la sua attualità Nella novella, così come già in quella che vede protagonista Ghismunda (cfr. **T7**, p. 410), troviamo due dimensioni contrapposte, da un lato quella dell'innocenza, della dignità e della civiltà rappresentate da Ghismunda e da Ellisabetta, le quali rispondono alla logica naturale dell'amore e della passione; dall'altro quella della barbarie, dell'oppressione, della violenza rappresentate dal padre di Ghismunda e dai tre fratelli di Ellisabetta, i quali seguono una logica di dominio basata sul privilegio "di sangue" o "di denaro". Boccaccio rivolge una chiara critica sia al mondo feudale e aristocratico di Tancredi, sia al mondo borghese dei fratelli di Ellisabetta. In una realtà sociale in cui dominano i pregiudizi, l'interesse per il profitto e la speculazione economica, senza rispetto per i sentimenti e per l'autenticità delle passioni, non possono che prevalere la barbarie e la distorsione dei rapporti umani. Si tratta di una lezione che attraverso i secoli giunge fino al lettore d'oggi, che vive in una società in cui la logica economica pervade ogni dimensione delle relazioni umane.

i temi e i motivi

Un confronto con la novella di Ghismunda Oltre a quello dell'amore e a quello della donna, molti altri sono i temi che avvicinano la novella di Ellisabetta a quella di Ghismunda. Fra questi, il motivo macabro: la testa nel vaso di basilico nella novella di Ellisabetta e il cuore dell'amante di Ghismunda nella coppa (a questi, sempre rimanendo nell'ambito della Quarta giornata, si può aggiungere la vicenda del cuore mangiato della novella di Messer Rossiglione); la morte delle due protagoniste come conseguenza della morte dei loro amanti; la democrazia dell'amore che può coinvolgere anche i popolani e i borghesi; la critica ai vecchi e nuovi pregiudizi ideologici rappresentati rispettivamente dal principe Tancredi e dai tre fratelli mercanti; la gelosia quasi incestuosa di padri o fratelli verso le protagoniste delle due novelle; la spregiudicatezza delle due donne che obbediscono con slancio alla passione d'amore; la dipendenza dei maschi (padre di Ghismunda e fratelli di Ellisabetta) dalle convenzioni sociali e dalle apparenze.

per studiare *guida all'analisi* **T14**

COMPRENDERE

1 **Individua nella versione di Camilleri (o sul testo di Boccaccio) le singole sequenze della novella.**

I sequenza: L'ambiente e la situazione di partenza righi ....

II sequenza: L'inizio della relazione di Ellisabetta con Lorenzo righi ....

III sequenza: I fratelli scoprono la relazione e uccidono Lorenzo righi ....

IV sequenza: Lorenzo appare in sogno ad Ellisabetta righi ....

V sequenza: Ellisabetta cerca il cadavere e porta via la testa per seppellirla in un vaso di basilico righi ....

VI sequenza: I fratelli la puniscono di nuovo, le sottraggono il vaso e si trasferiscono righi ....

VII sequenza: Il dolore uccide Ellisabetta righi ....

2 **A quali classi sociali appartengono i personaggi della novella?**

Ellisabetta e i suoi fratelli ....

I soci in affari dei fatelli di Ellisabetta ....

Lorenzo ....

ANALIZZARE

3 **Quali linguaggi usa Camilleri nella sua versione della novella?**

Rubrica e introduzione ....

La narratrice ....

Lorenzo ....

Lisabetta ....

Uno dei fratelli ....

4 **Considera la canzone popolare che chiude la novella.**

Qual esso fu lo malo cristiano,
che mi furò la grasta, et cetera.

Quale parola della canzone riportata da Boccaccio è stata ripresa da Camilleri? La scelta del dialetto siciliano operata da Camilleri trova quindi una motivazione linguistica nel testo originale della novella?

INTERPRETARE E APPROFONDIRE

5 **«acciò che né a loro né alla sirocchia alcuna infamia ne seguisse» (nella trad. di Camilleri: «al fini di non essiri 'nfamati né loro né la loro soro»)*:* questa espressione indica lo scopo per il quale i fratelli decidono di uccidere Lorenzo. Quali aspetti della logica e del mondo mercantile mette in evidenza?**

- a l'amore di Ellisabetta è riprovevole perché vissuto al di fuori del matrimonio e delle regole religiose
- b l'amore di una donna borghese per un povero garzone è uno scandalo che può compromettere gli affari
- c l'amore di Ellisabetta è malvisto dai fratelli perché la ragazza è ancora troppo giovane
- d i fratelli temono che Lorenzo aspiri solo ad impadronirsi della dote di Ellisabetta

6 **Una volta eliminato Lorenzo, i fratelli raggiungono lo scopo di evitare il danno che sarebbe derivato dall'amore della sorella per il giovane? Rispondi citando il passo in cui è contenuta la risposta.**

7 **La novella si basa sull'espediente narrativo della contrapposizione tra la logica dell'amore appassionato di Ellisabetta e la logica commerciale dei fratelli. In questo contrasto si inserisce il motivo macabro del vaso che contiene la testa mozzata dell'amante. Quale significato assume il vaso di basilico che cresce rigoglioso bagnato dalle lacrime di Ellisabetta?**

S9 INFORMAZIONI E APPROFONDIMENTI

Andrea Camilleri e le sue opere

Andrea Camilleri è uno scrittore siciliano, nato a Porto Empedocle nel 1925. È autore di opere teatrali, di romanzi storici e di "gialli". Nel 1948 pubblica sull'«Italia socialista» il primo racconto, *Davide e Golia*, che già mostra l'inclinazione dell'autore per la parodia e per la personale rielaborazione ironica delle fonti storiche da cui prende spunto: nel racconto, diversamente dal testo biblico, Davide ammazza infatti Golia per sbaglio mentre mira a un uccello.
Successivamente, Andrea Camilleri si occupa di regia teatrale e della produzione televisiva delle avventure del commissario Maigret di Simenon: quest'ultimo impegno gli servirà, come lui stesso ammette, per capire «come funzionava il giallo».
A partire dal 1967, con i romanzi *Corso delle cose* e *Le mani avanti*, lo scrittore si cimenta in una forma di scrittura più complessa e nell'uso di una «lingua mista, più inventata che vera» (Nigro): il siciliano mischiato e alternato all'italiano.
Dieci anni dopo, con *Un filo di fumo*, Camilleri inaugura la stagione dei romanzi storici, di cui fanno parte *La strage dimenticata*, *La stagione della caccia*, *La bolla di componenda*, *Il birraio di Preston*, ispirati alla letteratura siciliana, a fatti e documenti di storia che lo scrittore in certi casi si diverte a falsificare. Un'arte, questa, che egli stesso afferma di aver messo in pratica presto, da studente, quando falsificò, dopo un anno di scarso impegno, la sua pagella modificandone i voti.
Nel 1995 Camilleri realizza una prima stesura del romanzo storico *Il Re di Girgenti* (l'edizione definitiva è del 2001). Si tratta di un romanzo importante, che Camilleri definisce «l'opera della sua vita, anche se capita spesso che il libro considerato dal suo autore come la pietra miliare risulti il meno gradito agli studiosi e ai recensori». Camilleri ambienta *Il Re di Girgenti* nei primi decenni del Settecento e prende spunto da un episodio della storia siciliana, nel periodo in cui la Sicilia era sotto i Savoia e in cui erano frequenti rivolte e rivoluzioni. Il protagonista principale è un contadino, Michele Zosimo, il quale durante una insurrezione si autoproclamò re di Girgenti (Agrigento), dichiarando la città regno indipendente. Questo suo regno durò solo sei giorni e, una volta sedata la rivolta, Zosimo venne ucciso.
Per quanto riguarda il linguaggio usato per questo romanzo, Camilleri stesso dice che, attraverso il dialetto, in *Il Re di Girgenti* ha voluto riprodurre la sonorità dello spagnolo del Seicento. È una esperienza linguistica importante, dal momento che ad essa lo scrittore siciliano si è rifatto ultimamente per il rifacimento della novella di Ellisabetta da Messina per questo manuale (cfr. **T14**).
Nel 1996 Camilleri inaugura la fase dei racconti "gialli" in cui sarà centrale la figura del commissario Montalbano; questa nuova stagione narrativa si apre con *Il cane di terracotta* e con *Il ladro di merendine* e prosegue con altre importanti opere, con le quali Camilleri diventa uno degli scrittori più conosciuti e popolari, non solo in Italia, ma in tutto il mondo.

L'attore Luca Zingaretti interpreta il commissario Montalbano, fortunato personaggio di Andrea Camilleri.

T15

Andreuccio da Perugia

Decameron, II, 5

concetti-chiave
- fortuna e ingegno
- l'iniziazione del protagonista
- la compresenza di realismo e fiaba

espansioni digitali

Video Andreuccio da Perugia: l'innocenza perduta (G. Rondolino) [6' 15"]

testo originale
è possibile leggere il testo originale di Boccaccio

*La novella di Andreuccio da Perugia è narrata da Fiammetta ed è ambientata a Napoli, città a cui è legata anche l'omonima protagonista dell'*Elegia di Madonna Fiammetta*. Viene in questo caso riportato, al posto del testo originale della novella di Andreuccio da Perugia, il rifacimento operato da Camilleri, il quale per il linguaggio ricorre, oltre che all'italiano moderno, al napoletano e al siciliano, impiegati nei discorsi diretti.*

La novella racconta di un giovane perugino, ancora inesperto di viaggi e di commercio, che si reca a Napoli per l'acquisto di cavalli. Ingenuamente, lascia intravvedere la sua borsa ben fornita di soldi. È così che una giovane siciliana, che si prostituisce, lo nota e si finge sua sorella (illegittima e perciò – secondo la sua versione – tenuta nascosta dal padre) e lo invita a casa sua. Andreuccio resta a dormire nella casa della donna e durante la notte, recatosi alla latrina, sprofonda in un chiassetto trasformato in letamaio. La donna nel frattempo gli ruba tutti i soldi e lo chiude, puzzolente, fuori di casa. Uscito da questa situazione, il giovane incontra due ladri che lo convincono ad unirsi a loro per derubare il cadavere di un vescovo appena seppellito. Durante il tragitto, la comitiva si ferma presso un pozzo, dentro il quale Andreuccio viene calato affinché possa lavarsi. I complici però sono costretti ad abbandonarlo lì dentro per l'arrivo improvviso di alcune persone. Riemerso grazie al loro aiuto, Andreuccio ritrova i compagni e accetta di calarsi nel sepolcro del vescovo, dove però alla fine viene rinchiuso dai due complici che non vogliono dividere con lui la refurtiva. Andreuccio viene involontariamente liberato da un'altra combriccola di ladri che apre il sepolcro. Alla fine il giovane perugino torna a casa quasi più ricco di quando era partito poiché aveva preso l'anello con rubino del vescovo morto. Il viaggio e le avventure hanno reso Andreuccio più furbo e avveduto: è adesso maturo e può divenire un perfetto mercante.

LINGUA: italiano (traduzione di Andrea Camilleri) **DATAZIONE:** 2012

ANDREUCCIO DA PERUGIA, VENUTO A NAPOLI A COMPERAR CAVALLI, IN UNA NOTTE DA TRE GRAVI ACCIDENTI SOPRAPPRESO, DA TUTTI SCAMPATO, CON UN RUBINO SI TORNA A CASA SUA.

Le pietre trovate[1] da Landolfo (cominciò Fiammetta venuto il suo turno di raccontare) m'hanno fatto tornare alla memoria una storia non meno piena di pericoli di quella narrata da Lauretta; ma da essa differente perché nella sua i fatti accaddero in più anni, mentre nella mia tutto capitò nello spazio di una notte.

C'era, a quanto mi riferirono, un giovane perugino, Andreuccio di Pietro, sensale di cavalli,[2] il quale, avendo saputo che a Napoli c'era un buon mercato, si mise in borsa cinquecento fiorini d'oro e, non essendo mai andato da solo fuori di Perugia, si aggregò ad altri mercanti e se ne partì. Giunse a Napoli una domenica sera al calare del sole e l'indomani mattina, seguendo le indicazioni dell'oste, andò al mercato e vide molti cavalli che gli piacquero assai, e tanti ne contrattò senza riuscire ad accordarsi. Però, per dimostrare che aveva serie intenzioni di comprare, essendo ingenuo e poco cauto, più volte in presenza di chi andava e veniva tirò fuori la borsa coi fiorini. E mentre così continuava a fare, capitò che una giovane e bellissima siciliana, disposta per denaro a compiacere ogni uomo che glielo

1. **pietre trovate**: il riferimento è alla novella precedente di Landolfo Rutolo che si conclude felicemente proprio per il ritrovamento di alcune pietre preziose.

2. **sensale di cavalli**: è un mediatore nelle vendite dei cavalli.

chiedesse, appena vide non vista Andreuccio e la sua borsa, disse tra sé: "Cu starebbi meglio di mia se 'sti dinari addivintassero mè?"[3] e continuò a camminare. Con lei stava una vecchia, anche essa siciliana, la quale, appena vide Andreuccio, lasciata andare la giovane, corse ad abbracciarlo affettuosamente. La giovane, senza dire niente, si mise in disparte a osservare. Andreuccio, riconosciuta la vecchia, le fece una gran festa, e lei, dopo avergli promesso che sarebbe andata a trovarlo nel suo albergo, senza dilungarsi oltre lo lasciò. Andreuccio tornò a mercanteggiare, ma quella mattina non riuscì a combinare.[4] La giovane, che aveva visto sia la ricca borsa d'Andreuccio sia la familiarità della vecchia con lui, col proposito di fare in modo di potersi impadronire di tutto o di parte di quel denaro, incominciò cautamente a domandare alla vecchia chi era quel giovane, da dove veniva, cosa faceva e come mai lo conosceva. E quella ogni cosa le rivelò d'Andreuccio, con tanta ricchezza di particolari che pareva che a raccontare fosse Andreuccio stesso, e le disse che lei a lungo era stata col padre del giovane prima in Sicilia e poi a Perugia e le rivelò anche lo scopo del suo viaggio.

La giovane, pienamente informata della famiglia di lui e dei relativi nomi, stabilì un piano d'azione sottilmente astuto che, giovandosi di ciò che aveva appena appreso, avrebbe pienamente soddisfatto la sua cupidigia. Tornata a casa, mise la vecchia a lavorare tutto il giorno in modo che non potesse andare a trovare Andreuccio e dopo, verso il vespro,[5] mandò all'albergo del giovane una sua servetta, da lei assai bene ammaestrata in questi servizi. La servetta, per caso, trovò sulla porta proprio Andreuccio e di lui stesso gli domandò. Al che il giovane rispose che era lui la persona che cercava. Allora la servetta, tiratolo in disparte, gli disse:

«Signurì, vuje tenite da sapè che 'na bella signora che sta ccà a Napule vulesse parlarvi quanno che più vi è di comodo».[6]

Andreuccio, subito interessatissimo, si convinse di colpo che questa donna doveva essersi innamorata di lui, quasi che a Napoli non si trovassero giovani più belli, e le disse che era già pronto, domandando dove e quando la donna volesse parlargli. La servetta gli rispose:

«Signurì, quanno che vuje vulite, la signora v'aspetta 'a casa».

Immediatamente Andreuccio, senza avvertire nessuno dell'albergo, disse:

«Andate avanti, io vi seguo».

La casa della donna si trovava in un quartiere detto Malpertugio,[7] e quanto fosse onesto questo quartiere lo dimostra il suo nome stesso. Ma Andreuccio, niente di ciò sapendo o sospettando, e credendo di trovarsi in un luogo di gente perbene per incontrare un'onesta donna, entrò nella casa cominciando a salire le scale intanto che la servetta, che lo precedeva, gridava:

«Ccà sta Andreuccio!».

Allora la donna apparve in cima alle scale.

Era ancora assai giovane, alta, di bellissimo viso, vestita e ingioiellata con eleganza. Scesi tre gradini, andò incontro ad Andreuccio con le braccia aperte, poi gliele strinse intorno al collo e restò a lungo così senza parlare, come se ne fosse impedita dalla commozione. Quindi, piangendo, lo baciò in fronte e con voce rotta gli disse:

«O Andriuzzu mè, tu si lu bonovinutu!».[8]

Stupefatto e intontito da quelle tenere carezze, il giovane rispose:

«Signora, siate la bentrovata».

3. **"Cu...mè?"**: "*Chi starebbe meglio di me se questi denari diventassero miei?*". La ragazza essendo siciliana, pensa e parla in siciliano.
4. **combinare**: si dice riferito a operazioni commerciali e di trattative di mercato che presuppongono un accordo di prezzo e di condizioni fra le parti.
5. **vespro**: è la penultima e la più importante fra le ore canoniche dedicate alla preghiera in ambito religioso e monastico.
6. **Signurì...comodo**: la servetta parla in napoletano, come tutti i personaggi che incontreremo per le strade della città.
7. **Malpertugio**: era il nome di un quartiere di Napoli che conduceva, per una scorciatoia attraverso le mura, al mare. Si trattava di un quartiere noto per i traffici e per la malavita.
8. **lu bonovinutu**: *il benvenuto*.

Allora ella lo prese per mano, nel suo appartamento lo fece salire e, sempre senza aprire bocca, con lui entrò nella camera da letto che odorava tutta di rose, di fiori d'arancio e di altri profumi. Là il giovane vide un bellissimo letto con le cortine[9] e sulle stanghe che le reggevano molti abiti appesi, come là si usava, e un po' dovunque tanti ricchi arredi che lo convinsero, ingenuo com'era, d'avere a che fare con una gran dama.

Sedutisi sopra a una cassa ai piedi del letto, lei cominciò a parlare.

«Andriuzzu mè, certa sugnu[10] che tu ti stai ammaravigliannno delle carizze che ti fazzo e delle mè lagrime, come uno che non m'acconosce e mai ha 'ntiso parlari di mia:[11] ma ora ti dico 'na cosa che ti farà ammaravigliari chiossà[12] e cioè che io sugno tò soro.[13] E ti dico macari che, siccome il Signiruzzo m'ha fatto la grazia di farimi vidiri,[14] prima di moriri, a uno dei mè frati[15] e siccome io addisidero di vidirvi a tutti, io non morirò fino a quanno non potrò chiuiri[16] l'occhi acconsolata. E ora ti conto[17] quello che nisciuno mai ti contò. Petru, patri mè e tò,[18] e questo crio[19] che tu lo sai già, a longo si nni stetti[20] 'n Palermo, e per la sò bontà e gintilizza fu, e lo è ancora, voluto beni da quelli che l'accanoscero, e tra questi che assà gli volliro beni, mè matre, che era vidova, fu quella che cchiù l'amò. Tanto che, mittuto da parti lo scanto[21] del patre e dei frati e per lo stisso onori sò, con lui praticò[22] e nascii iu, quella che tu ora vidi davanti a tia. Po', vinuto per Petru il tempo di lassare Palermo e tornarisinni a Perugia, a mia, che ero picciliddra,[23] e a mè matre abbannunò, e da allura mai cchiù, per quanto io ne saccio, s'arricordò né di mia né di mè matre. Ora ti dico che se non fusse stato mè patre, l'aviria rimproverato assà,[24] consideranno la 'ngratitudini ammostrata verso mè matre (e lassamo perdiri l'amori che doviva portari a mia come figlia sò, e certo non figlia di 'na cammarera o d'una fimminazza),[25] la quali mè matre se stissa e le cose sò, senza sapiri chi egli era e sulamenti per amori, consignò nelle sò mano. Ma accussì annò la facenna e le cose fatte mali e passate da tempo sunno cchiù facili a essiri rimprovirate chiuttosto che ripagate. Iddru[26] mi lassò picciliddra a Palermo indove, appena che criscii come mi vidi, mè matre, che era 'na fimmina ricca, mi fici maritare a uno di Girgenti,[27] un gran galantomo, il quali per amuri mè e di mè matre si nni vinni a stari 'n Palermo. E ccà, essenno che era guelfo,[28] accomenzò ad appattarisi col nostro re Carlo.[29] 'St'appattaggio[30] vinni a canuscenzia di re Federigo[31] prima che avissi un qualichi risultato epperciò ci nni dovemmo scappari dalla Sicilia propio quanno io stava per addivintari la cchiù 'mportanti mogliere di nobili cavaleri dell'isola. Pigliate le picca cose[32] che arriniscemmo a pigliari[33] (dico picca considerate le tantissime che possidivamo), lassate le terre e i palazzi, arriparammo ccà, indove 'u re Carlo s'ammostrò verso di nui accussì giniroso che, rimborsatici 'n parti i danni avuti a scascione[34] di lui, nni detti possedimenti e case e passa a mè marito, vali a diri a tò cugnato, un ricco

9. cortine: *tende.*
10. certa sugnu: *certa sono.*
11. come uno...mia: *come una persona* (**uno**) *che non mi conosce* (**m'acconosce**) *e mai ha sentito* (**'ntiso**) *parlare di me.*
12. chiossà: *di più.*
13. sugno...soro: *sono tua* (**tò**) *sorella* (**soro**).
14. farimi vidiri: *farmi vedere.*
15. frati: *fratelli.*
16. chiuiri: *chiudere.*
17. ti conto: *ti racconto.*
18. Petru...tò: *Pietro, padre mio e tuo.*
19. crio: *credo.*
20. si nni stetti: *se ne stette.*
21. lo scanto: nel testo originale di Boccaccio si trova **paura**: qui la presunta sorella di Andreuccio parla della loro comune madre che, messa da parte la paura, per il fatto di andare contro al volere del padre, dei fratelli e del proprio onore, prese a frequentare Pietro.
22. praticò: significa che la donna cominciò a frequentare Pietro.
23. picciliddra: *piccola bambina.*
24. assà: *assai.*
25. fimminazza: *donnaccia, donna di mal costume.*
26. Iddru: *Egli.*
27. Girgenti: si tratta di Agrigento.
28. guelfo: cioè schierato dalla parte degli Angiò.
29. appattarisi...Carlo: nel testo originale di Boccaccio si trova **avere alcuno trattato col nostro re Carlo**, ossia 'fare qualche congiura insieme con il nostro re Carlo'. Il **re Carlo** di cui si parla è Carlo d'Angiò, detto lo Zoppo, che fu cacciato dalla Sicilia durante la guerra dei Vespri e che tentò invano di riconquistarla attraverso congiure.
30. 'St'appattaggio: *Questa congiura.*
31. re Federigo: si tratta di Federico II d'Aragona, re di Sicilia dal 1296, riconosciuto ufficialmente solo nel 1302 con il trattato di Caltabellotta.
32. picca cose: *poche cose.*
33. arriniscemmo a pigliari: *riuscimmo a prendere.*
34. a scascione: *a causa.*

minsili,[35] come tu stisso avrai modo di vidiri. E accussì ora m'attrovo ccà, ringrazianno a 'u Signiruzzu[36] e non a tia che non mi circasti, e ti talio, frati mè duci».[37]

E così dicendo lo riabbracciò e tornò a baciarlo in fronte teneramente piangendo.

Andreuccio, ascoltando questa favola narrata con tanto ordine e coerenza da quella, alla quale in nessun momento era venuta a mancare la parola e mai aveva avuta un'esitazione, si ricordò che era vero che il padre aveva soggiornato a Palermo, e conoscendo da se stesso l'inclinazione che i giovani hanno verso l'amore, e vedendo le tenere lacrime, gli abbracci e i casti baci, pigliò per vero tutto ciò che lei gli disse. E appena la donna ebbe finito, le rispose:

«Signora, non dovete far caso che io mi meravigli, perché è vero che mio padre mai parlò di voi e di vostra madre o, se lo fece, io non ne venni a conoscenza, perciò io niente sapevo di voi, era come se non esistevate. E dunque mi è tanto più caro l'avervi ritrovata come sorella in quanto qui ora sono meno solo. E per la verità voi dovreste essere più cara a un nobiluomo che non a un piccolo mercante quale io sono. Ma, vi prego, spiegatemi una cosa: come mai avete saputo che ero qui?».

La donna rispose così:

«Stamatina mi lo fici sapiri 'na povira fimmina che spisso veni nni mia[38] la quali, a stari a quanto mi contò, a longo stetti con nostro patre prima 'n Palermo e po' a Perugia. E se non era che mi pariva cchiù giusta cosa che tu vinivi ccà nni mia che è la tò casa, iu da tempo saria vinuta a trovariti nell'albergo tò, 'n casa di stranei».[39]

E dette queste parole, cominciò a domandare notizie di tutti i parenti, chiamandoli col loro nome, e Andreuccio, via via che le rispondeva, sempre più andava credendo a quello che invece non avrebbe dovuto credere.

I discorsi erano stati lunghi e inoltre faceva un gran caldo. Allora la donna fece portare confetti e vino greco che diede da bere ad Andreuccio, il quale, dicendo a un certo punto di volersene andare perchè era arrivata l'ora di cena, non solo non ne ebbe da lei il permesso, ma anzi, facendo finta d'apparire assai turbata, quella l'abbracciò e disse:

«Ah mischina[40] di mia che ora accanoscio quanto tu mi voli picca[41] beni! Ma comu? Ti veni ad attrovare con una soro che mai avivi viduta, nella sò casa, ccà, indove dovresti abitare, e 'nveci ti nni voi nesciri per annare a mangiare all'albergo? Talè, voglio che tu mangi con mia. E dato che mè marito non c'è, e la cosa mi pisa, io ti farò onori per quanto è possibili a 'na fimmina».

Al che Andreuccio, non sapendo cosa rispondere, disse:

«Io vi ho cara come si ha cara una sorella, ma se non vado a cena in albergo sarò aspettato tutta la sera e farò una scortesia».

E allora lei:

«Riangrazianno a 'u Sugniruzzo io aio[42] 'n casa chi potrà annare a diri di non aspittariti! Anzi, sarebbi cchiù giusto, cchiù doviroso, se tu mannassi a diri ai tò cumpagni di viniri a mangiare tutti ccà e appresso, se propio ti nni voi annare, vi nni annate tutti 'nzemmula».[43]

Andreuccio rispose che per quella sera non era il caso d'invitare i compagni, ma che per quanto lo riguardava era pronto a restare. Allora la donna, fatto finta di mandare a dire all'albergo di non aspettare Andreuccio, dopo avere parlato con lui ancora un poco, lo fece sedere a tavola dove vennero serviti ottimi piatti. La donna astutamente tirò a lungo la cena, facendola durare fino a notte fonda, e quando si alzarono da tavola e Andreuccio disse di volersene andare, lei replicò che mai l'avrebbe permesso, perché Napoli non era città

35. minsili: *mensile, stipendio.*
36. ringrazianno...Signiruzzu: *ringraziando Dio.*
37. ti talio...duci: *ti vedo* (**talio**), *fratello mio dolce* (**duci**).
38. veni nni mia: nella novella di Boccaccio si trova **meco si ritiene**, ossia 'con me si intrattiene' (cioè 'mi frequenta').
39. 'n casa...stranei: *in casa d'altri* (**di stranei** = 'di stranieri').
40. mischina: *povera.*
41. picca: cfr. nota 32.
42. io aio: *io ho.*
43. tutti 'nzemmula: *tutti insieme.*

da camminarci di notte, soprattutto per un forestiero, e così come aveva fatto per la cena, avrebbe mandato a dire all'albergo di non aspettarlo.

Andreuccio, credendo che la donna l'avrebbe fatto, e in fondo piacendogli di stare con sua sorella, cedette. Dopo cena ripresero i loro discorsi e a lungo s'intrattero fino a quando, essendo passata già una parte della notte, la donna, lasciato a dormire Andreuccio nella sua camera in compagnia di un servitore ragazzino, con le altre donne si ritirò in camera sua.

Grande era il caldo, per cui Andreuccio, rimasto solo, subito si spogliò, posò l'abito in capo al letto e venutogli il naturale bisogno di liberarsi del peso del ventre, domandò al ragazzino dove dovesse andare. Quello gli mostrò una porta vicina a uno degli angoli della camera dicendogli:

«Jate llà».[44]

Entrato dentro, ad Andreuccio venne di mettere il piede sopra a una tavola che era stata schiodata dal travicello che la reggeva, e proprio dalla parte opposta, sicchè la tavola, capovolgendosi, precipitò giù con lui. Ringraziando Dio, non si fece male nella caduta, per quanto fosse stata profonda, ma si venne a trovare completamente imbrattato della lordura che si raccoglieva in quel posto.[45] Che ora vi descriverò perché meglio possiate capire quello che seguirà. In un uno di quei vicoletti stretti che spesso si trovano tra due case, dopo averlo chiuso ai due lati con dei muretti, erano stati infilati dei travicelli da parete a parete e sopra di essi inchiodate alcune tavole che reggevano il posto su cui sedersi per i bisogni. Era stata una di queste tavole a capovolgersi e a farlo cadere.

Ritrovandosi dunque Andreuccio nel fondo del vicoletto assai malconcio, cominciò a chiamare il ragazzino, ma questi, appena che l'aveva sentito cadere, era corso a riferirlo alla donna. La quale, precipitatasi nella sua camera, subito volle vedere se c'erano i vestiti di lui e, trovatili e con essi i denari, perché egli non fidandosi scioccamente se li portava sempre addosso, avendo raggiunto lo scopo per cui da palermitana si era finta sorella di un perugino, di lui più non curandosi, andò di corsa a chiudere la porta dalla quale il giovane era uscito quando cadde.

Andreuccio, visto che il ragazzino non gli rispondeva, cominciò a chiamare più forte, ma non successe niente. Per cui egli, già in sospetto e troppo tardi dell'inganno cominciando ad accorgersi, arrampicatosi sopra un muretto che chiudeva il vicoletto separandolo dalla strada e riuscito a ridiscendere dall'altra parte, andò di corsa al portone di casa che ben conosceva e qui lungamente e sempre invano chiamò e bussò. Allora, chiaramente vedendo la sua rovina, si mise a piangere e cominciò a dire:

«Ahimé sventurato, che in un sol colpo ho perduto cinquecento fiorini e una sorella!».

E dopo essersi ancora un po' lamentato, ricominciò a bussare e a gridare e tanto insistette che molti dei vicini, destatisi e seccati per quel fastidio, si affacciarono. E una delle serve della donna, fingendosi sonnacchiosa, s'affacciò alla finestra e domandò:

«Cu è ca sta facenno tuttu 'stu mutuperio?».[46]

«Ma come?» – disse Andreuccio – «Non mi riconosci? Sono Andreuccio, il fratello della signora Fiordaliso».

Al che quella rispose:

«Se vi siti 'mbriacato, annatevi a corcà.[47] Iu nenti sacciu e nenti vogliu sapiri né d'Andreuccio né di tutte le fissarie che diciti. Jativinni[48] e lassatinni tornari a lu lettu».

«Come?!» – disse Andreuccio – «Non sai quello che dico? Certo che lo sai, ma se anche i parenti di Sicilia sono fatti che si scordano di subito tutto, rendimi almeno i vestiti che li ho lasciati e me ne andrò con Dio».

44. **"Jate llà"**: *"Andate là"*.
45. **in quel posto**: si tratta di un chiassetto [: cortiletto] adibito a latrina.
46. **"Cu...mutuperio?"**: nell'originale di Boccaccio si trova «Chi picchia laggiù?». **mutuperio**: *confusione*.
47. **corcà**: *coricare*.
48. **Jativinni**: *Andatevene*.

Allora la donna, quasi ridendo:

«Mi pari che vui vi stati 'nsunnanno».[49]

E dire questo, tirarsi dentro e chiudere la finestra fu tutt'uno.

Andreuccio, ormai più che certo dell'inganno, convertita l'ira in furore, volle allora ottenere con la forza ciò che non era riuscito ad avere con le parole e, presa una grossa pietra, con essa cominciò a percuotere il portone con maggior forza. A questo punto i vicini, che prima si erano svegliati e alzati, convinti che Andreuccio fosse un importuno che gridava quelle frasi solo per recare fastidio a quella gran buona donna, affacciatisi alla finestre, così come i cani di una contrada si mettono ad abbaiare contro un cane estraneo, cominciarono a gridare:

«E che modo è chisto de venì a chest'ora 'e notte a sfruculià[50] un'onesta femmina!».

«Arrassate e facce durmì! Abbasta co 'ste papocchie!».

«Tu ci appriette![51] Ascioglie,[52] torna a juorno e pe stanotte caglia![53]».

Facendosi forte di tutte queste proteste, uno di casa, un ruffiano della donna, che prima non era stato visto da Andreuccio, si affacciò alla finestra e con voce grossa e imperiosa chiese:

«Chi ce sta abbascio?».

Andreuccio, al sentir quella voce alzò la testa e vide, per quel poco che potè vedere, un tale che sembrava essere un uomo importante, con una gran barba nera e folta, che sbadigliava e si stropicciava gli occhi come se si fosse appena risvegliato da un profondo sonno. Allora, abbastanza intimorito, rispose:

«Io sono un fratello della donna che sta lì dentro».

Ma quello nemmeno aspettò che Andreuccio finisse la risposta, anzi, più rabbioso di prima, disse:

«Io nun saccio chi mi trattiene da venì 'llà abbascio e de te fa 'nu paliatone,[54] piezzo d'anchione,[55] lotano,[56] 'mbriaco, che stanotte nun vuò fa durmì a nisciuno!».

E così dicendo, tornò dentro e chiuse la finestra.

Alcuni vicini, che ben conoscevano quell'uomo, mossi a pietà, dissero ad Andreuccio:

«Per amor di Dio, jatevenne! Quello è capace che stanotte ve scanna 'overamente! Jatevenne, per il bene vuostr'!».

Andreuccio, atterrito dalla voce e dall'aspetto di quell'uomo, e convinto dalle parole dei vicini che gli parevano mossi da carità, disperato per i denari perduti e dolendosi d'aver seguito quella servetta senza sapere dove l'avrebbe condotto, riprese la via dell'albergo. Ma vergognoso per la gran puzza che da lui proveniva, decise di dirigersi verso il mare per lavarsi e perciò, svoltato a sinistra, prese una strada chiamata la Ruga catalana.[57]

E così procedendo, vide a un tratto venire in senso inverso due uomini con una lanterna in mano. Temendo che fosse gente di malaffare, per sfuggir loro cautamente si rifugiò in un casolare che era lì vicino. Ma i due, come se a quello stesso luogo fossero diretti, entrarono nel casolare e qui uno, scaricati a terra certi ferri che teneva in collo, assieme all'altro s'inginocchiò per guardarli, mettendosi tra loro a parlare.

E mentre parlavano, uno disse:

«Ma che schefenzia è? Sento 'nu fieto[58] che nun aggio mai sentuto!».

E così dicendo alzò la lanterna. E i due allora, vedendo il povero Andreuccio, stupefatti domandarono:

49. vi stati 'nsunnanno: *state sognando.*
50. sfruculià: *infastidire.*
51. Tu...appriette!: *Tu ci infastidisci.* Dallo spagnolo *apretar* = 'costringere', 'affliggere'.
52. Ascioglie: *Vattene.*
53. caglia: *fila via.*
54. paliatone: *sfuriata.*
55. piezzo d'anchione: *pezzo di stupido* (**d'anchione**).
56. lotano: *querulo, fastidioso.*
57. Ruga catalana: è la Via Catalana, che collega la zona del porto alla città alta.
58. fieto: *puzzo.*

«Chi è là?».

Andreuccio taceva, ma quelli, avvicinatiglisi col lume, gli domandarono come mai si fosse ridotto tanto sudicio e Andreuccio allora le sue disgrazie raccontò per filo e per segno.

Alla fine i due, immaginando dove tutto questo poteva essere accaduto, dissero come tra sé:

«Forse è succiesso 'a casa 'e Buttafuoco,[59] 'o capo do rione».

E uno dei due, rivolto ad Andreuccio, gli fece:

«Guagliò, e vabbuono[60] che tu hai perduto il denaro tuo, ma devi ringrazià lo stesso Dio pecchene ti fece cadere e perciò non sei potuto rientrà in casa. Se tu non fossi caduto, campa sicuro che appena t'addurmivi saresti stato acciso e avresti perso vita e dinari. Ma è inutile che tu regnolìe.[61] Riavere il dinaro tuo sarebbe come piglià 'na stella dal cielo. E statte accuorto[62] che se ne fai parola, te può capità de venì scannato».

Poi i due, dopo avere parlottato tra loro, gli dissero:

«Nuje tinimme pena de te epperciò, se tu vuoje venì nzemmora co nuje[63] a fa 'na cosa che jammo a ffà, sicuro se nge ntenne[64] e la parte che ti toccherà varrà assai cchiù di quello che hai perso».

Andreuccio, ormai disperato, rispose ch'era pronto.

Quel giorno stesso era stato sepolto l'Arcivescovo di Napoli, Francesco Minutolo,[65] insieme a preziosi ornamenti e con al dito un rubino che valeva assai più di cinquecento fiorini d'oro. E avendogli i due detto che si erano ripromessi di andare a spogliare la sepoltura, Andreuccio, mosso dalla cupidigia più che dal buonsenso, con loro si mise per via.

E andando verso il Duomo e puzzando sempre più Andreuccio, uno dei due domandò:

«Ma nun se po' trovà 'na manera per fallo lavà e fetere 'e meno?».

E l'altro:

«Ccà vicino ce sta 'nu pozzo che tiene 'na carrucola e un secchio granne assaie. Jamme e facemmolo lavà spedito».

Giunti al pozzo, videro che la fune c'era mentre il secchio era stato portato via. Allora decisero di legare con la fune Andreuccio e di calarlo dentro il pozzo in modo che, una volta là sotto si lavasse e dopo aver finito scrollasse la fune per dare il segnale di ritirarlo su.

Ora successe che, appena Andreuccio venne calato nel pozzo, alcune guardie assetate, vuoi per il caldo vuoi perché avevano rincorso qualcuno, si diressero verso quel pozzo per bere. Ma appena i due le videro, subito se ne fuggirono e le guardie non se ne accorsero. Dal fondo del pozzo, già lavato, Andreuccio strattonò la fune. Gli assetati, liberatisi delle armi e di altri impedimenti, credendo di trovare in capo alla fune il secchio stracolmo, cominciarono a tirare. Appena Andreuccio arrivò all'altezza del bordo del pozzo, lasciò la fune e con le mani vi si aggrappò. A tale vista le guardie, travolti dalla paura, lasciarono la fune e cominciarono a scappare a gambe levate. Andreuccio di ciò si meravigliò, ma si tenne ben stretto al bordo perché altrimenti sarebbe di nuovo caduto e stavolta ferendosi gravemente o morendo. Uscito del tutto fuori e viste le armi, che sapeva non appartenere ai suoi compagni, ancor più si meravigliò. Pieno di dubbi, decise di andarsene da lì senza toccare nulla e cominciò a camminare senza una meta precisa. A un tratto s'imbattè nei suoi compagni che tornavano per tirarlo fuori dal pozzo e come lo videro gli domandarono stupiti chi fosse stato a tirarlo su. Andreuccio rispose che non lo sapeva e raccontò loro quello che era avvenuto e quello che aveva trovato vicino al pozzo. Allora i due, capito com'erano andate le cose, gli spiegarono perché se ne erano scappati e chi erano quelli a causa dei quali erano fuggiti.

59. Buttafuoco: Buttafuoco era il capo di una compagnia di malviventi e ruffiani, protettori di prostitute.

60. vabbuono: *ti è andata bene.*

61. regnolìe: *stia a piangere.*

62. accuorto: *attento.*

63. nzemmora co nuje: *insieme con noi.*

64. sicuro...ntenne: *stai sicuro.*

65. Francesco Minutolo: appartenente ad una delle più potenti famiglie del Regno di Napoli, fu arcivescovo della città dal 1288 al 1301.

E senza più altro dire, essendo già molto tardi, si avviarono verso il Duomo. Entrativi dentro senza difficoltà, s'avvicinarono all'arca, che era grande e tutta di marmo, e coi loro ferri sollevarono il pesantissimo coperchio tanto quanto bastava perché uno ci potesse passare, e lo puntellarono.

Fatto questo, uno domandò:

«Chi trase djnto?».[66]

E l'altro:

«Io no».

«E manco io» – disse il primo – «Ce trase Andreuccio».

«Non voglio entrarci» – fece Andreuccio.

Allora i due insieme presero a minacciarlo:

«Nun ce vuò trasì?! Guarda che si nun ce trase, nuje 'sti pali 'e fierro te li dammo 'n capa fino a che nun schiatti».[67]

Andreuccio, impaurito, entrò. E mentre entrava, pensò: «Costoro mi stanno costringendo a entrare per tendermi un tranello. Appena io avrò dato loro ogni cosa, mentre che io mi starò dando da fare per uscire dall'arca,[68] se ne andranno per i fatti loro e io resterò a mani vuote».

E quindi decise che per prima cosa avrebbe messo da parte la roba che gli toccava e ricordandosi dell'anello di cui gli avevano parlato, appena arrivato giù levò l'anello dal dito dell'Arcivescovo e l'infilò nel suo. E poi, dopo avere allungato agli altri il pastorale, la mitria,[69] i guanti e persino la camicia del morto, disse che non c'era più niente. I due ribatterono che doveva esserci l'anello e gli ordinarono di cercarlo da per tutto. Andreuccio, fingendo di stare a cercarlo, la tirò per le lunghe sostenendo che non lo trovava. I due, che erano assai più furbi di lui, continuando a dirgli di guardare bene, al momento opportuno tolsero il puntello che reggeva il coperchio e se ne scapparono, lasciando Andreuccio dentro l'arca. Vedendo questo, come il povero Andreuccio restasse ognuno se lo può immaginare.

Egli tentò più volte con la testa e le spalle di sollevare il coperchio, ma s'affaticava invano. Sicchè alla fine, sopraffatto dall'angoscia, svenne cadendo sopra il cadavere dell'Arcivescovo. Se qualcuno avesse visto la scena, difficilmente avrebbe potuto distinguere il morto dal vivo. Appena riprese i sensi, cominciò a piangere a dirotto, rendendosi conto che per lui non c'erano che due scelte: se gli conveniva morire là dentro di fame e di puzza tra i vermi del cadavere, nel caso che nessuno fosse venuto ad aprire l'arca, o se era meglio morire impiccato come ladro, nel caso che qualcuno, aprendo l'arca, ve l'avesse trovato dentro. E mentre stava a dolersi in questi foschi pensieri, sentì avvicinarsi delle persone che, come ebbe modo di capire, avevano l'intenzione di fare lo stesso di quello che lui e i suoi compagni avevano già fatto. E la paura gli aumentò assai.

Ma quando quelli ebbero puntellato il coperchio dell'arca, nacque la questione su chi dovesse entrare per primo e nessuno lo voleva fare. Dopo aver discusso a lungo, un prete disse:

«Ma che paura avete? Credete che vi mangi? I morti non mangiano gli uomini. Entro io». E detto questo, poggiò il petto sull'orlo dell'arca, si girò con la testa verso l'esterno e ruotò il corpo in modo che le gambe si venissero a trovare dentro. Andreuccio, alzatosi in piedi, afferrò una gamba del prete e fece finta di volerlo tirare giù. Il prete, mandando un grandissimo strillo, si gettò subito fuori dall'arca mentre tutti gli altri, terrorizzati, se ne scappavano, lasciando il coperchio aperto, come se fossero inseguiti da centomila diavoli.

66. **"Chi trase djnto?"**: *"Chi entra dentro?"*.
67. **schiatti**: *muori*.
68. **arca**: *sepolcro*.
69. **mitria**: copricapo indossato nelle funzioni solenni dal papa, dai vescovi e dai cardinali.

Andreuccio, che mai avrebbe sperato tanto, vedendo la via libera, immediatamente venne fuori dall'arca e uscì dalla chiesa per la stessa strada da cui era entrato. Stava venendo il giorno e Andreuccio, con l'anello al dito, si mise a vagabondare finchè non raggiunse la marina e da qui riuscì ad arrivare al suo albergo, dove trovò l'albergatore e i suoi compagni che avevano trascorso la notte in ansia, niente sapendo di lui. Raccontato che ebbe le sue disavventure, l'oste gli consigliò di andarsene subito dalla città, il che Andreuccio fece prima che potè. E così se ne tornò a Perugia da Napoli avendo investito il suo denaro in un anello invece che nei cavalli che era andato a comprare.

analisi e interpretazione T15

le forme

La struttura della novella e il mito della discesa agli inferi La struttura della novella è determinata dagli «accidenti» in cui incorre il protagonista. Questi eventi sono essenzialmente tre: il primo è la caduta nel chiassetto; il secondo è la calata nel pozzo; il terzo è la discesa dentro il sepolcro del vescovo. Tutte e tre queste avventure sono caratterizzate da una "discesa" pericolosa e da una "risalita" salvifica. Vi si può scorgere lo schema di un vero e proprio "racconto di formazione", basato sul "rito di iniziazione" di Andreuccio che ogni volta precipita per poi risorgere rinnovato. Nella tradizione dei riti di iniziazione c'è una discesa agli inferi, un incontro con la degradazione e la morte, a cui segue la rinascita, la quale rappresenta l'ingresso nella vita adulta. La nascita stessa, in termini naturali e biologici, è, d'altronde, un percorso in salita. Andreuccio compie per tre volte la risalita. Essa rappresenta una sorta di "nascita" verso una nuova condizione: da quella di giovane ingenuo e sprovveduto a quella di uomo furbo ed esperto, capace di trarsi d'impaccio nei casi che la sorte gli prepara. La novella, nella sua struttura, può essere dunque letta come un esempio di apprendistato mercantile, ma anche esistenziale del personaggio.

La poetica e lo stile: il realismo di Boccaccio La novella di Andreuccio da Perugia lascia ampio spazio alla dimensione realistica (cfr. **PERCORSO 4**). La descrizione della città di Napoli della metà del Trecento è fatta con grande veridicità storica e con notevole precisione toponomastica. La rappresentazione dei luoghi, dei personaggi e dei dettagli della vita cittadina nei vari momenti della giornata è puntuale e suggestiva: si pensi alla descrizione della bella siciliana, del mercato e della vita notturna, animata da ladri e prostitute.

La traduzione di Andrea Camilleri Il realismo descrittivo caratterizza anche il rifacimento della novella che Camilleri ha scritto per questo manuale. Infatti Camilleri mantiene fede all'impianto dell'originale e si limita, sul piano linguistico, a tradurre in un italiano «ammodernato» i discorsi della narratrice di turno e di Andreuccio. Compie però la scelta di far parlare in siciliano la presunta sorella del protagonista principale e la sua serva e in napoletano alcuni personaggi (la servetta, i popolani, il magnaccia e i due ladri) della Napoli descritta da Boccaccio. La lingua dialettale di Camilleri non è semplice mimesi realistica, ma una vera e propria invenzione letteraria: per esempio, quella napoletana è ricostruita, come lo stesso Camilleri ci informa, fondandosi sui testi di Gianbattista Lorenzi (Napoli 1719-1807), poeta e librettista del Settecento che compone in napoletano settecentesco melodrammi, «commedie per musica», opere buffe.

i temi e i motivi

La fortuna e l'ingegno: espressione di una nuova morale laica La fortuna e l'ingegno sono le due forze che si confrontano nel corso della novella (cfr. **PERCORSO 3** *La "fortuna" e l'"ingegno"*). La fortuna qui corrisponde al "caso" (imprevisto) che rovescia la sorte di Andreuccio ma che, proprio per questa sua imprevedibilità, ha il merito di attivare l'ingegno del protagonista. Si afferma l'idea preumanistica dell'uomo che con il suo ingegno può sottrarsi ai tiri della sorte e del caso, i quali sono sì imprevedibili e incomprensibili, ma non di natura trascendente. Allo stesso modo, l'ingegno (inteso come abilità individuale), l'astuzia, la capacità di trarre profitto dalle situazioni avverse, tipiche del nuovo mondo mercantile, sono ormai espressione di una nuova morale relativistica concentrata sulla dimensione terrena, che prelude al mondo umanistico ormai prossimo.

Boccaccio e noi

Andreuccio, eroe moderno o antimoderno? La lotta che Andreuccio affronta in una società regolata da leggi spietate del mercato e del profitto fa del personaggio un eroe moderno. A prevalere è l'individualismo borghese: il protagonista si trova da solo a combattere contro forze non più magiche o divine, ma economiche. Non meno spietate di quelle del passato, esse sono espressione di un nuovo "dio": il "dio" del denaro, di una società che già prelude, con secoli di anticipo, alla realtà odierna, in cui si assiste alla mercificazione di ogni aspetto della vita, compresi i rapporti umani e i sentimenti. Anche nella novella di Andreuccio da Perugia, a guardar bene, i sentimenti di fratellanza (quelli fra il protagonista e la bella siciliana) sono subordinati al "dio" denaro e lo sono, nella scena della profanazione della tomba del vescovo, anche i sentimenti religiosi e quelli relativi alla morte. Non mancano dunque elementi di attualità e di corrispondenza con una società, la nostra, in cui anche la morte ha perso il diritto al rispetto umano e morale. E tuttavia si potrebbe dare una interpretazione persino antiborghese e antimoderna del protagonista di questa novella. È il caso di Pier Paolo Pasolini che nell'episodio ispirato ad Andreuccio del suo film tratto dal *Decameron* ha esaltato il vitalismo autentico e immediato del personaggio in contrapposizione alla società dei consumi che si andava affermando nel corso degli anni Sessanta del Novecento. Il suo Andreuccio diventa così un eroe antimoderno (cfr. testi **a confronto** ***L'Andreuccio da Perugia di Pier Paolo Pasolini***, p. 496 e **S10**).

per studiare *guida all'analisi* T15

COMPRENDERE

1 Numera gli enunciati seguenti nell'ordine in cui avvengono i fatti.

a. ☐ Andreuccio resta intrappolato in un pozzo
b. ☐ la bella siciliana racconta ad Andreuccio la propria storia
c. ☐ Andreuccio cade nel vicoletto («chiassetto» in Boccaccio)
d. ☐ Andreuccio va a Napoli per comperare cavalli
e. ☐ la servetta («fanticella» in Boccaccio) invita Andreuccio a casa di una bella signora
f. ☐ Andreuccio è costretto a entrare nella tomba dell'arcivescovo
g. ☐ il prete e i suoi complici scappano a gambe levate dalla chiesa
h. ☐ Andreuccio al mercato incontra una vecchia che lo saluta
i. ☐ Andreuccio incontra due ladri

2 Collega correttamente.

	descrizione minuziosa di luoghi e ambienti
dimensione realistica	percorso di formazione del protagonista
dimensione simbolica	le discese e le risalite di Andreuccio
	dialetti parlati dai personaggi

ANALIZZARE

3 Il realismo di Boccaccio consiste nel rappresentare luoghi, ambienti, oggetti che non sono determinanti nell'intreccio, ma servono a far immaginare al lettore il contesto in cui si collocano le vicende. Rileva nel testo alcuni passi in cui è evidente l'interesse ad indugiare su dettagli che servono alla visione realistica dell'ambiente di Napoli.

4 Qui puoi leggere la battuta di uno dei ladri nel volgare toscano di Boccaccio e nel dialetto napoletano elaborato da Camilleri. Sottolinea le espressioni più spiccatamente dialettali che caratterizzano la versione di Camilleri.

BOCCACCIO

E a lui rivolti, disse l'uno: «Buono uomo, come che tu abbi perduti i tuoi denari, tu hai molto a lodare Idio che quel caso ti venne che tu cadesti né potesti poi in casa rientrare: per ciò che, se caduto non fossi, vivi sicuro che, come prima adormentato ti fossi, saresti stato amazzato e co' denari avresti la persona perduta. Ma che giova oggimai di piagnere? Tu ne potresti così riavere un denaio come avere delle stelle del cielo: ucciso ne potrai tu bene essere, se colui sente che tu mai ne facci parola».

CAMILLERI

E uno dei due, rivolto ad Andreuccio, gli fece: «Guagliò, e vabbuono che tu hai perduto il denaro tuo, ma devi ringrazià lo stesso Dio pecchene ti fece cadere e perciò non sei potuto rientrà in casa. Se tu non fossi caduto, campa sicuro che appena t'addurmivi saresti stato acciso e avresti perso vita e dinari. Ma è inutile che tu regnolìe. Riavere il dinaro tuo sarebbe come piglià 'na stella dal cielo. E statte accuorto che se ne fai parola, te può capità de venì scannato».

5 La novella contiene il riferimento ad un personaggio storico che permette di assegnare l'avventura di Andreuccio ad una data precisa. Di chi si tratta?

6 La novella di Andreuccio è un "racconto di formazione" dall'ingenuità all'astuzia. Quali atteggiamenti di Andreuccio ne denunciano l'ingenuità all'inizio della vicenda?

7 Quando finalmente Andreuccio, spinto dalla disperazione, mostra di avere imparato a farsi furbo? Rintraccialo nel testo.

S10 ATTRAVERSO LE DISCIPLINE

Pasolini interpreta Boccaccio

Pier Paolo Pasolini (1922-1975) ha dato del *Decameron* una interpretazione cinematografica che ha messo in risalto l'aspetto vitalistico e naturalistico dell'opera di Boccaccio, quello della beffa erotica e della comicità popolaresca, dell'immediatezza. Pasolini, con il film del *Decameron* (il primo film della «Trilogia della vita», comprendente anche *I racconti di Canterbury* (1972) e *Il fiore delle Mille e una notte*), mette in scena, nel 1971, dieci racconti

di Boccaccio, scegliendone molti fra quelli ad argomento erotico. A questi racconti aggiunge anche quelli di Andreuccio, di Ellisabetta da Messina, di ser Ciappelletto. In particolare, nel racconto di Andreuccio da Perugia Pasolini dà risalto in chiave vitalistico-naturalistica alla vicenda del protagonista e ad alcune scene cruciali, fra cui quella di Andreuccio nel chiassetto (si vedano le immagini tratte dal film). Esalta inoltre l'immediatezza e l'autenticità popolare dei personaggi, anche attraverso il ricorso al dialetto napoletano, che esprime vivacità e genuinità primitive, con una chiara volontà di denuncia della inautenticità della società moderna. Per approfondire la questione cfr. ***espansioni digitali*** **S Pier Paolo Pasolini, *Il Decameron* (1971).**

espansioni digitali

S ATTRAVERSO LE DISCIPLINE
Pier Paolo Pasolini, *Il Decameron* (1971)

testi a confronto

L'Andreuccio da Perugia di Pier Paolo Pasolini

Riportiamo un passaggio della sceneggiatura approntata da Pier Paolo Pasolini per la traduzione filmica della novella di Andreuccio, contenuta nel suo *Decameron*. Leggi il testo e rispondi alle domande che trovi in calce.

Casa della siciliana. Interno. Giorno.

Seduta sul letto la siciliana sta aspettando Andreuccio. Entra Andreuccio.

Andreuccio Ehm, ehm.

Siciliana (*precipitandoglisi incontro*) Andreuccio! Tu sii il benvenuto! (*piange commossa*)

Andreuccio (stupito dalla calorosa accoglienza) 'A signo', che ve devo di'? Voi siete la ben trovata.

Siciliana (prendendolo per mano) Andreuccio, vieni vieni. (*lo porta a sedere su una panca in capo al letto*) Sediamoci qui; accomodati. Oh, Andreuccio. Certo ti meraviglierai di questa mia accoglienza, di come ti abbraccio piangendo e ancor più ti meraviglierai quando ti dirò che tu e io siamo fratello e sorella!

Andreuccio, stupito (e un po' deluso) non sembra eccessivamente convinto di questa inattesa rivelazione.

Siciliana Devi sapere che Pietro, tuo padre, quando soggiornava a Palermo ha conosciuto una ricca vedova che l'amò talmente da sacrificargli il suo onore. Da questo amore nacqui io. (*appare visibilmente commossa*) Nostro padre, poi, ritornò presto a Roma e ci ha lasciato, dimenticandosi completamente di noi. Capisci? Mi ha lasciato bambina come se fossi la figlia di una serva! Così io sono cresciuta con mia madre, nobilissima donna, che mi diede in isposa, ancora fanciulla, a un gentiluomo di Agrigento, Guelfo convinto. (*pausa*) Purtroppo la sua intesa con il Re Carlo è stata scoperta da Re Federico, che ci ha cacciati da Palermo, proprio nel momento in cui io stavo per diventare una delle donne più importanti dell'isola! Per fortuna Carlo ci risarcì in parte dei danni subiti a causa sua e ci diede in piú terre, case e un ottimo stipendio a mio marito, tuo cognato!

Nel frattempo sono entrate le fantesche ad ordinare la tavola, con fiori e frutta in segno di allegria.

Siciliana (sollevata dalla confessione testé fatta) Ecco, così, grazie a Dio, ho potuto incontrarti e conoscerti, caro fratello!

Andreuccio (in maniera accomodante) E va beh! Sono proprio contento d'aver trovato una sorella, tanto piú che so' pure solo! (*filosoficamente*) Che volete fa'? Non tutto il male vien per nuocere! (*sovrapensiero*). Però, papà non ce lo facevo così... Eh bé, ma quando uno è giovane... io capisco...pure io, veramente, ero venuto qui per... (*preferisce lasciar cadere il discorso*) Mah! Insomma, grazie sorella!

P.P. Pasolini, *Trilogia della vita*, a cura di G. Gattei, Cappelli, Bologna 1977.

Ninetto Davoli nel ruolo di Andreuccio da Perugia nel film *Il Decameron* di Pier Paolo Pasolini, 1971.

1 A quale parte del racconto di Boccaccio si riferisce il passo della sceneggiatura?

2 Confronta il testo originale nelle ***espansioni digitali*** e la sceneggiatura: quali differenze noti nella struttura del testo?

3 Quali sono gli elementi tipici di una sceneggiatura teatrale o cinematografica? Distingui nel passo di Pasolini le battute e le didascalie.

4 Ora confronta la sceneggiatura con lo stesso passo nella versione di Camilleri. Che cosa noti a livello linguistico? Che linguaggio parlano i due personaggi nell'uno e nell'altro caso? Si può parlare di un'inversione linguistica tra i personaggi?

Conclusioni del PERCORSO 5

Boccaccio e Camilleri a confronto

Non mancano a veder bene elementi in comune fra i due autori, Boccaccio e Camilleri, così distanti nel tempo. Non è un caso, insomma, che Camilleri abbia rivolto la sua curiosità a Boccaccio e abbia scelto di "tradurre" o rifare le due novelle inserite in questo percorso.
Il gusto di Camilleri per gli ambienti popolari, per le dinamiche sociali e linguistiche, per gli equivoci e i conflitti fra le classi e fra i personaggi e la sua propensione per il comico, per l'intrico, per la beffa possono spiegare il suo interesse per le novelle di Ellisabetta da Messina e di Andreuccio da Perugia. Insomma, l'autore di romanzi storici come *Il Re di Girgenti*, lo studioso dell'opera buffa di Gianbattista Lorenzi, il giallista non possono non trovare nel *Decameron* elementi di condivisione nei giochi linguistici, nel gusto per le beffe, per l'ironia, per l'irriverenza, per l'imprevisto, per il rovesciamento delle situazioni. D'altronde, anche Camilleri come Boccaccio è un curioso osservatore della realtà vista nelle sue pieghe, nelle sue contraddizioni, nei suoi improvvisi cambiamenti, ma anche nella sua vitalità e nella sua varietà.

La novella di Ellisabetta da Messina e gli elementi del genere "giallo"

Non mancano, nella novella di Ellisabetta da Messina (**T14**), ma a veder bene anche in molte altre del *Decameron*, gli elementi tipici del racconto "giallo", di cui Camilleri è autorevole esperto. Abbiamo l'omicidio (di Lorenzo da parte dei fratelli di Ellisabetta), il movente (l'impedimento del rapporto di Ellisabetta con Lorenzo), l'occultamento del cadavere (la terra smossa che contiene il cadavere viene coperta di foglie), la finzione dei fratelli (fanno credere che Lorenzo sia in viaggio per una commissione), la ricerca e il ritrovamento del cadavere, l'elemento macabro (la testa tagliata di Lorenzo), la fuga degli assassini (dei fratelli di Ellisabetta). Si capisce, dunque, come, insieme all'aspetto linguistico, abbia contato, nella scelta di questa novella da parte di Camilleri, anche una materia stimolante dal punto di vista del genere del "giallo".

La novella di Andreuccio da Perugia fra realismo e fiaba

La novella di Andreuccio da Perugia (**T15**) unisce elementi realistici (la precisione di ambientazione, la puntualità storica e topografica) e componenti mitico-simbolici, evidenti nel ricorso a elementi fiabeschi tradizionali: l'allontanamento da casa, la violazione di un divieto (non mostrare i soldi in pubblico), la caduta e la risalita, le prove da superare, il superamento dell'ostacolo, il premio che, come nelle fiabe, è anche in questa novella un anello. Quest'ultimo non ha però, nel nostro caso, poteri magici, ma ha solo quelli commerciali tipici di un mondo che riconosce altre ricchezze e altri tesori rispetto a quelli fiabeschi o epici del passato. Ai valori del mito subentrano quelli economici: l'eroe supera le prove e viene consacrato non come bravo principe o valoroso cavaliere, ma come buon mercante.
Non è difficile scorgere, in questi elementi tipici della fiaba, anche molti degli ingredienti narrativi dei romanzi storici o dei racconti "gialli" di Camilleri: basta pensare, solo per fare un esempio, alle avventure straordinarie e quasi fiabesche di Giosuè Zosimo narrate nel *Re di Girgenti*.

per fare il punto | autoverifica delle conoscenze

Verifica la correttezza delle tue risposte sulla base dei paragrafi, dei testi o delle schede indicati a corredo di ciascuna domanda.

1 Completa la tabella della pagina accanto inserendo correttamente gli enunciati riportati in calce. Attenzione: un elemento è comune ad entrambe le novelle. (per l'autoverifica, fai riferimento alla trama delle due novelle)

novella di Ellisabetta da Messina	novella di Andreuccio da Perugia
....	....
....	....
....	....
....	....
....	....
....	....
....	....

la giovane siciliana è un'approfittatrice – la giovane siciliana è vittima di una tragedia – i fratelli di lei progettano un omicidio – la vecchia serva racconta tutto quello che sa alla padrona – la donna disseppellisce il cadavere – la donna inventa un legame inesistente di parentela – i vicini protestano per il chiasso – la giovane deperisce miseramente – il basilico cresce bellissimo e odoroso – a un certo punto sopravvengono due guardie – i due giovani si innamorano – il contesto della vicenda è l'ambiente mercantile – la novella ha un lieto fine – la vicenda della novella è all'origine di una canzone popolare

2 Le due novelle contengono elementi che appartengono al genere del racconto giallo e della fiaba. Quali elementi della novella di Ellisabetta da Messina sono caratteristici del genere del giallo? (per l'autoverifica degli esercizi 2, 3, 4, cfr. **Conclusioni del PERCORSO 5**)

....

....

....

....

....

3 Quali elementi della novella di Andreuccio da Perugia sono caratteristici del genere della fiaba?

....

....

....

....

....

per fare il punto *autoverifica delle conoscenze*

4 Camilleri, che ha tradotto entrambe le novelle, è un autorevole esperto del genere giallo, dove non mancano gli elementi macabri. Le due novelle di Boccaccio hanno di fatto in comune l'elemento macabro, che è tuttora un espediente diffuso nel genere *thriller*. Da che cosa è rappresentato il macabro, nell'uno e nell'altro caso?

nella novella di Ellisabetta da Messina ....

....

....

nella novella di Andreuccio da Perugia ....

....

....

5 La lingua di Boccaccio è lontana dalla lingua di oggi, anche da quella letteraria. Quale è stata l'operazione linguistica di Camilleri sulle due novelle?

- a ha tradotto interamente le due novelle in dialetto siciliano
- b ha attributo alla narratrice della novella di Ellisabetta il dialetto siciliano, e tradotto in siciliano o in napoletano le parti di dialogo di determinati personaggi di entrambe le novelle
- c si è limitato ad ammodernare l'italiano nelle parti che riguardano la cornice
- d ha tradotto in siciliano o in napoletano tutte le parti dialogate delle due novelle, lasciando inalterato il resto

verifica delle competenze

6 Prendi a modello la sceneggiatura di Pasolini della novella di Andreuccio da Perugia (che trovi nell'esercizio di **TESTI A CONFRONTO**, a p. 496) e prova anche tu a sceneggiare un passo di una delle novelle di questo percorso, scrivendo le battute e le didascalie. Scegli la novella e il passo che preferisci, tenendo però presente una regola fondamentale della sceneggiatura: ogni scena si deve svolgere nello stesso ambiente (interno o esterno), che deve essere indicato all'inizio, come nel modello.

7 Inventa ora tu un racconto, ambientato liberamente nel tempo e nello spazio, mescolando elementi favolosi e avventurosi. Puoi anche indulgere all'espediente dell'*horror*. Anche Boccaccio vi era ricorso! Ricorda: il testo non deve superare la lunghezza di tre colonne di quadernone.

Il *Decameron* dopo Boccaccio e la novella dal Trecento al Cinquecento

Boccaccio modello di stile e di lingua (e le censure morali) Boccaccio è il fondatore del genere novellistico, ed ebbe subito vasto seguito in tutta Europa (cfr. **S11**). Tuttavia continuò a provocare diffidenza la sua predilezione per i temi erotici. Nel Cinquecento, pur essendo innalzato da Pietro Bembo a modello di stile e di lingua per il genere della prosa, il *Decameron* ha suscitato anche turbamenti e censure soprattutto nel periodo della Controriforma. L'opera venne infatti sottoposta, in questo periodo, a due tipi di censura: una linguistica (che mirava a purgare il *Decameron* dei suoi aspetti più parlati e popolari) e una religiosa (che puntava a espungere soprattutto la polemica antiecclesiastica e gli aspetti più "scandalosi"). In un'epoca in cui ormai la stampa ne consentiva un'ampia diffusione, l'opera di Boccaccio uscì addirittura sotto forma di edizione censurata una prima volta nel 1573 e una seconda volta, con ulteriori e più pesanti manomissioni, nel 1582, presso l'editore Giunti.

Non mancarono d'altronde diffidenze e critiche anche nei secoli successivi; è infatti da registrare la sfortuna del *Decameron* nel Seicento e nel Settecento per il rifiuto del classicismo, nel primo caso, e per una certa preoccupazione di ordine morale e civile, nel secondo. Al *Decameron* guarderanno ancora con sospetto Parini, Foscolo e, più tardi, anche De Sanctis.

La rivalutazione moderna Occorre arrivare all'Italia moderna per vedere Boccaccio e il *Decameron* assurgere a modello di vita libera e spregiudicata, tanto che si diffonde l'aggettivo "boccaccesco" per indicare situazioni di erotismo volgare e disinibito. Pirandello prima e Pasolini poi rivaluteranno la dimensione più vitalistica del *Decameron* e gli aspetti della beffa erotica e della comicità, da cui i due autori prenderanno spunto rispettivamente per le *Novelle per un anno* (1922-1936) e per il film *Decameron* (1971) (cfr. **S10**, p. 495).

S11 INFORMAZIONI E APPROFONDIMENTI

I *Racconti di Canterbury* di Geoffrey Chaucer

La fortuna della novella è testimoniata dal successo riscosso dai *Racconti di Canterbury* di Geoffrey Chaucer, uno dei capolavori della letteratura inglese, risalente alla fine del Trecento (probabilmente steso tra il 1386-1387 e il 1400). L'opera, scritta in prosa e in versi dall'andamento narrativo e rimasta incompiuta, è composta da 24 racconti inseriti in una cornice. Protagonisti della cornice sono ventinove pellegrini di diversa estrazione sociale in viaggio verso Canterbury, dov'è sepolto l'Arcivescovo Thomas Becket. L'autore immagina che i viaggiatori s'incontrino in una locanda, il Tabard Inn. Qui, su suggerimento dell'oste, decidono che, per allietare il pellegrinaggio, ciascuno di loro narrerà due racconti a testa nel tragitto di andata e due al ritorno. In questo modo Chaucer recupera l'idea della cornice che dà coesione alle novelle, già utilizzata nel *Decameron* (che però il narratore inglese non conosceva direttamente), rielaborandola in modo originale: se i novellatori di Boccaccio sono immersi in un'atmosfera rarefatta e stilizzata, i pellegrini di Chaucer sono tratteggiati in modo realistico, con finezza psicologica, e rappresentano i diversi ceti sociali dell'Inghilterra del tempo. Inoltre l'ambientazione in viaggio dà alla narrazione una struttura mobile e aperta.

I singoli racconti propongono un variegato repertorio di forme narrative, situazioni e temi diversi. Tra questi spiccano il tema dell'amore (trattato in tutte le sue differenti varianti: si va dall'amore cavalleresco all'amore sensuale) e quello del denaro, spesso legato all'affermazione di una nuova etica borghese.

espansioni digitali

T Geoffrey Chaucer - Prologo della donna di Bath. La sovranità femminile [*I racconti di Canterbury*]

La ripresa di Franco Sacchetti nel Trecento Per quanto riguarda il genere della novellistica, si può dire che il *Decameron* si pose come modello indiscusso di questo genere narrativo. A tale modello fece riferimento in Italia Franco Sacchetti, che nella seconda metà del Trecento scrisse il *Trecentonovelle* (1385), di cui però solo duecentoventidue sono pervenute a noi grazie alla trascrizione dell'autografo fatta da uno studioso del Cinquecento, Vincenzo Borghini. Anche Sacchetti, come Boccaccio, si rivolge a un mondo "mezzano", borghese e popolare e si propone uno scopo edonistico-consolatorio e uno scopo utilitaristico-didattico: vuole anch'egli piacere e insieme ammaestrare.

Matteo Bandello nel Cinquecento Il genere novellistico ebbe poi grande fortuna nel corso del Cinquecento, quando Matteo Bandello scrisse 214 racconti riuniti nei *Quattro libri delle novelle*, usciti fra il 1554 e il 1573. Si tratta di novelle erotiche, tragiche, comiche, orrorose che prendono spunto da episodi storici o da avvenimenti di cronaca.

Per l'esame di Stato

TIPOLOGIA A - Analisi del testo

La novella di Madonna Oretta (*Decameron*, VI, 1)

La novella è la prima della Sesta giornata, dedicata ai motti e alla prontezza di spirito. È una novella molto breve, tutta focalizzata sulla battuta finale: a narrarla è Filomena.
Leggi la novella con attenzione, poi analizzala rispondendo ai quesiti che riproducono le fasi dell'analisi del testo secondo la Tipologia A dell'esame di Stato.

Sì come molte di voi o possono per veduta[1] sapere o possono avere udito, egli non è ancora guari[2] che nella nostra città fu una gentile e costumata donna e ben parlante, il cui valore non meritò che il suo nome si taccia. Fu adunque chiamata madonna Oretta, e fu moglie di messer Geri Spina;[3] la quale per avventura essendo in contado, come noi siamo, e da un luogo ad un altro andando per via di diporto[4] insieme con donne e con cavalieri, li quali a casa sua il dì avuti avea a desinare, ed essendo forse la via lunghetta di là onde si partivano a colà dove tutti a piè d'andare intendevano disse uno de' cavalieri della brigata: «Madonna Oretta, quando voi vogliate, io vi porterò, gran parte della via che ad andare abbiamo, a cavallo,[5] con una delle belle novelle del mondo».

Al quale la donna rispose: «Messere, anzi ve ne priego io molto, e sarammi carissimo».

Messer lo cavaliere, al quale forse non stava meglio la spada allato che 'l novellar nella lingua, udito questo, cominciò una sua novella, la quale nel vero da sé era bellissima; ma egli or tre e quattro e sei volte replicando una medesima parola, e ora indietro tornando, e talvolta dicendo: «Io non dissi bene»; e spesso ne' nomi errando, un per un altro ponendone, fieramente[6] la guastava; senza che egli pessimamente, secondo le qualità delle persone e gli atti che accadevano, proffereva.[7] Di che a madonna Oretta, udendolo, spesse volte veniva un sudore e uno sfinimento

1. **per veduta**: *per aver visto*.
2. **egli non è ancora guari**: *non è passato molto tempo*.
3. **Geri Spina**: un ricco mercante fiorentino, morto tra il 1321 e il 1322.
4. **per via di diporto**: *per fare una passeggiata*.
5. **vi porterò...a cavallo**: fuor di metafora, 'vi allevierò la fatica del cammino'.
6. **fieramente**: *crudelmente*.
7. **senza che egli...proffereva**: senza contare che egli esponeva in modo pessimo in relazione alle caratteristiche dei personaggi e dei fatti che accadevano. Ossia, non adattava lo stile al contenuto.

di cuore, come se inferma fosse stata per terminare;[8] la qual cosa poi che più sofferir non poté, conoscendo che il cavaliere era entrato nel pecoreccio,[9] né era per riuscirne, piacevolmente disse: «Messere, questo vostro cavallo ha troppo duro trotto; per che io vi priego che vi piaccia di pormi a piè».

Il cavaliere, il qual per avventura[10] era molto migliore intenditore che novellatore, inteso il motto, e quello in festa e in gabbo[11] preso, mise mano in[12] altre novelle, e quella che cominciata avea e mai seguita, senza finita[13] lasciò stare.

8. **per terminare**: *sul punto di morire*. È detto in tono ironico.
9. **conoscendo che...nel pecoreccio**: *accorgendosi che il cavaliere si era ormai impantanato*. Il **pecoreccio** è il terreno impastricciato sul quale le pecore hanno passato la notte.
10. **per avventura**: *per fortuna*.
11. **gabbo**: *scherzo*.
12. **mise mano in**: iniziò a raccontare.
13. **senza finita**: *senza concluderla*.

1. **Comprensione del testo**

   Leggi il testo e riassumine il contenuto informativo in non più di 6 righe.

2. **Analisi del testo**

   2.1 Caratterizza lo spazio e l'ambiente in cui si svolge la novella: dove si svolge il fatto narrato?

   2.2 Con quali aggettivi è qualificata Madonna Oretta?

   2.3 Spiega il significato della definizione attribuita al cavaliere «al quale forse non stava meglio la spada allato che 'l novellar nella lingua». A quale attività allude «la spada»? e a quale allude «la lingua»? Ti sembra che ci sia dell'ironia in tale definizione?

   2.4 «io vi porterò, gran parte della via che ad andare abbiamo, a cavallo, con una delle belle novelle del mondo» dice il cavaliere. A che cosa corrisponde il «cavallo»? Come si potrebbe tradurre la metafora nell'italiano moderno? Madonna Oretta si serve della stessa metafora per interrompere il maldestro narratore. Che cosa gli dice, fuor di metafora?

   2.5 Analizza la descrizione del malessere fisico provocato in madonna Oretta dall'inesperto narratore. Quali elementi realistici e umoristici vi rilevi?

   2.6 Al lettore è dato conoscere la «bellissima» novella del cavaliere?

3. **Interpretazione complessiva e approfondimenti**

   3.1 La narratrice Filomena fa esplicito riferimento al fatto che i personaggi della novella si trovano in un «contado» come quello in cui si trovano i novellatori del *Decameron*: tra la novella e la cornice viene quindi a verificarsi una identità. Rintraccia nella novella gli elementi che rispecchiano il modo di vivere e gli ideali di piacevolezza e decoro dei novellatori del *Decameron*.

   3.2 Madonna Oretta è un'ascoltatrice competente. In che modo essa rispecchia il pubblico cui si rivolge Boccaccio?

   3.3 La critica ha rilevato che con questa novella, che si trova in posizione centrale nel libro, Boccaccio ha voluto focalizzare la difficoltà dell'arte del novellare e le competenze che essa richiede, le quali sono appunto quelle che mancano al maldestro cavaliere. Sulla base del testo, individua quindi quelle che per l'autore sono le qualità di chi vuole divertire l'uditorio raccontando delle storie.

CAPITOLO 6 percorsi per generi e temi

Il cavaliere nella *chanson de geste* e nel romanzo cortese

TESTI *espansioni digitali*

La battaglia di Roncisvalle, arazzo del 1475-1500. Londra, Victoria and Albert Museum.

Le tappe di questo percorso

In questo percorso presentiamo una figura centrale nell'immaginario medievale: il cavaliere. Il personaggio del cavaliere assume significati diversi nel passaggio da un genere letterario all'altro, dalla *chanson de geste* al romanzo cortese. Nella *Chanson de Roland* la guerra è esaltata come valore in sé (**T1**, p. 507). La Chiesa cerca di mitigare i costumi dei cavalieri, indirizzando a fin di bene il loro amore per le armi. I cavalieri possono così diventare "soldati di Cristo". Questa cristianizzazione del guerriero, più che disinnescare la violenza, la sposta fuori dalle società europee (**T2**, p. 515).

Un differente processo di "civilizzazione" della violenza è proposto dal romanzo cortese. Anche in questi testi l'etica militare viene subordinata a un ideale superiore; i cavalieri romanzeschi, però, devono attraversare un percorso di affinamento spirituale i cui strumenti sono sia la fede sia l'amore (**T3**, p. 522). Il perfetto cavaliere, come Lancillotto o Tristano, deve essere il più forte e pio dei guerrieri, ma anche il più appassionato, e ligio alle regole, degli amanti (***espansioni digitali*** **T** ***Tristano innamorato***).

1 La *chanson de geste* e il cavaliere cristiano

C'è una continuità tra il modo di vedere il mondo dei nomadi che avevano invaso l'Impero romano e quello dei cavalieri medievali impegnati in guerre territoriali e saccheggi. Per questi uomini la condizione più nobile è quella del guerriero, e tutte le altre forme di esistenza (quella delle donne, dei sacerdoti che non possono prendere le armi o di contadini e borghesi disarmati) sono subalterne e spregevoli. Gli attributi umani più importanti sono perciò quelli che fanno di un uomo un combattente: coraggio, sprezzo della morte e del dolore, fedeltà al proprio gruppo e al proprio comandante. Anche una volta messa al servizio (e dunque sotto il controllo) di un signore feudale, questa etica guerriera degenerava spesso in violenza anarchica (da cui l'immagine di barbarie e brutalità che spesso associamo ai "secoli bui" del Medioevo). Come si potevano moderare i saccheggi e gli eccidi in cui trovavano onore e ricchezze queste masse di nobili-soldati, che riconoscevano nella violenza l'essenza del vero uomo?

Intorno all'anno Mille la Chiesa, che possedeva il controllo quasi totale delle attività culturali (lettura, scrittura e predicazione), intervenne per indirizzare la violenza di questa casta di soldati, proponendo loro un nuovo ideale: il cavaliere deve usare le armi per difendere i deboli e combattere i nemici della religione, cioè gli eretici e gli "infedeli" (i musulmani). San Bernardo, uno dei pensatori più importanti per la definizione dell'idea di Crociata, scriveva a un cavaliere Templare che «un soldato di Cristo [...] non porta la spada inutilmente: è un agente della vendetta di Dio contro i malvagi, e le sue azioni vanno ad onore degli uomini buoni. Quando uccide

S1 INFORMAZIONI E APPROFONDIMENTI

La trama della *Chanson de Roland*

Dopo aver conquistato quasi tutta la Spagna, all'imperatore Carlo Magno non resta che impadronirsi di Saragozza. Carlo vuole inviare un ambasciatore al re pagano Marsilio per imporgli la sottomissione; suo nipote Orlando (Roland), uno dei dodici paladini che fanno parte del consiglio dell'imperatore, gli consiglia di mandare Gano. Questi si convince che Orlando lo odia, e che vuole imporgli quella pericolosa ambasciata per farlo morire. Per vendicarsi, giunto presso il re pagano, Gano gli consiglia di fingere di sottomettersi a Carlo; lui cercherà nel frattempo di creare le condizioni per la vendetta di entrambi. Rientrato presso Carlo, Gano gli suggerisce di mettere Orlando a capo della retroguardia dell'esercito francese, ormai sulla via del ritorno in patria. Quando le truppe francesi si sono divise, Marsilio attacca con truppe soverchianti i ventimila uomini di Orlando presso il passo di Roncisvalle. Nella battaglia i Franchi vengono sterminati. Prima di morire, Orlando suona il suo corno, con il quale avrebbe potuto richiamare Carlo e il grosso dell'esercito fin dall'inizio della battaglia. I Franchi tornano indietro; sul campo trovano solo cadaveri, ma l'onore dei morti è salvo: le truppe saracene hanno dovuto retrocedere. Carlo le insegue fino a Saragozza e s'impadronisce della città. Marsilio muore, la Spagna è sotto il dominio cristiano, Gano viene processato e condannato a morte.

Miniatura che illustra otto episodi della *Chandon de Roland* tratta dalle *Grandes Chroniques de France*. San Pietroburgo, Biblioteca Nazionale Russa.

un malvagio, non è un omicida, ma, per così dire, un "malicida", un vendicatore di Cristo contro chi compie delitti». La Chiesa chiede al guerriero di porre la spada al servizio non solo del suo signore feudale, ma del Signore, cioè di un ideale universale, la religione cristiana. I primi cavalieri della letteratura, gli eroi delle *chansons de geste* ['canzoni delle imprese eroiche'], incarnano questa nuova figura di guerriero (cfr. **S1**). Le canzoni di gesta sono poemi epici in antico francese, che si sviluppano tra l'XI e il XIII secolo, e si organizzano in cicli. Esse non nascono da una tradizione orale e popolare, ma in un ambiente colto. Però sono trasmesse oralmente a un pubblico anche popolare, vengono cantate nelle piazze e nei castelli, e narrano le vicende degli eroi vissuti alla corte di Carlo Magno, impegnati a combattere i musulmani o a difendere il Sacro Romano Impero. Esistono anche cicli sui baroni ribelli, cioè sulle imprese militari di feudatari che contrappongono i loro diritti a quelli dell'imperatore, e intorno al 1200 nascono le prime *chansons* di argomento crociato. Insieme alla poesia provenzale questi poemi epici sono i primi testi letterari di argomento non religioso scritti in volgare. Il capolavoro dell'epica medievale è la *Chanson de Roland* [La canzone di Orlando], composto da 4000 decasillabi. La composizione dell'opera risale a un periodo successivo di tre secoli rispetto alla vicenda che narra: una spedizione di Carlo Magno e dei suoi leggendari Paladini contro i Saraceni spagnoli nel 778. La morte di Orlando, il più valoroso dei paladini, segna il momento di maggiore tensione emotiva e ideologica della vicenda. La narrazione è elementare, avanza per schemi e opposizioni (Cristiani contro Saraceni, ecc.) e, come nella tradizione epica antica, ricorrono spesso le stesse formule e gli stessi moduli.

T1

Prima della battaglia

Chanson de Roland, 1093-1260

concetti-chiave

- un racconto orale
- Orlando e Oliviero
- cristiani e pagani

La Chanson de Roland *è stata scritta intorno al 1100, ma l'episodio che racconta la battaglia di Roncisvalle risale a più di trecento anni prima (778). La distanza cronologica dagli avvenimenti ha trasformato una scaramuccia di scarsa importanza in un episodio leggendario, la cui narrazione diventa cruciale per l'ideologia delle Crociate. Ma l'ideale religioso cui la guerra viene subordinata non ne cancella del tutto il significato profondo: la battaglia cui Orlando e i suoi uomini si apprestano è anche, o forse soprattutto, una grande festa della violenza, un'esaltazione eroica dello splendore e della potenza delle armi. Non è certo per favorire la vittoria della fede che Orlando rinuncia a chiamare Carlo in aiuto, ma per non mostrarsi vile: la difesa dell'onore e la conquista della gloria sono più importanti della stessa vita.*

LINGUA: traduzione dall'originale in lingua d'*oïl* (antico francese) **DATAZIONE:** 1100 ca.

METRO ORIGINARIO: strofe di decasillabi assonanzati.

LXXXVII
Orlando è prode ed Oliviero è saggio,[1]
entrambi sono incredibilmente coraggiosi:
poiché sono armati e a cavallo
per paura della morte non si sottrarranno alla battaglia.[2]

1. **Oliviero è saggio**: Oliviero è cugino di Orlando ed è uno dei dodici paladini, i feudatari di Carlo Magno che fanno parte del suo consiglio ristretto. Orlando è "prode" perché incarna la virtù guerriera assoluta, per la quale non conta tanto il risultato della battaglia quanto il coraggio con cui la si affronta; Oliviero, invece, è "saggio" perché consiglia a Orlando di suonare il corno per chiamare in soccorso l'esercito franco, privilegiando l'utilità militare. Combattere contro una quantità di nemici troppo superiore alle proprie forze è certamente un esempio di grandissimo coraggio: ma la decisione di Orlando provocherà un danno all'esercito, perché lo priverà dei suoi ventimila uomini migliori.

2. **entrambi...battaglia**: Oliviero non è meno coraggioso di Orlando: nonostante disapprovi la sua decisione e sia convinto che li condurrà alla morte, non si sottrae alla battaglia.

T1 Prima della battaglia

Son prodi i conti, nobili le loro parole.
I felloni[3] pagani cavalcano in gran furore.
Disse Oliviero: "Orlando, venite a vedere quanti sono!
Ci sono vicini, ma Carlo è troppo lontano da noi.
Avete sdegnato di suonare l'olifante:[4]
se il re fosse qui non saremmo in pericolo.
Guardate a monte verso i valichi d'Aspra:
potrete vedere la retroguardia, come fa pietà;
chi fa questa, non ne farà più un'altra".
Risponde Orlando: "Non dite enormità!
Maledetto il cuore che s'abbatte!
Rimarremo in campo al nostro posto:
da noi verranno colpi e battaglia!"

LXXXVIII

Quando Orlando vede che ci sarà battaglia,
si fa più fiero che leone o leopardo.
Grida ai Francesi, chiama Oliviero:
"Signor compagno, amico, non parlare così!
L'imperatore, che ci affidò i suoi Franchi,
ne ha radunati qui ventimila tra i quali
non crede vi sia alcun codardo.[5]
Per il proprio signore bisogna soffrire grandi dolori,
sopportare gran freddo e gran caldo:
bisogna anche perdere sangue e carne.
Colpisci con la lancia, io con la spada,
con Durendala,[6] che il sovrano mi donò!
Se muoio chi l'avrà potrà dire
che questa spada appartenne a un nobile vassallo".[7]

LXXXIX

Dall'altra parte c'è l'arcivescovo Turpino.[8]
Sprona il cavallo, sale uno scabro picco;
chiama i Francesi, e fa loro questo discorso:
"Prodi signori, Carlo ci lasciò qui:
dobbiamo morire bene per il nostro re.
Aiutateci a sostenere la cristianità!
Avrete battaglia, ne siete certi,
perché vedete i Saraceni con i vostri occhi.
Confessate le vostre colpe, chiedete perdono a Dio!
Vi assolverò per salvare le vostre anime.
Se morirete, sarete martiri santi,
e avrete i seggi nel più alto Paradiso".
I Francesi smontano, s'inginocchiano,
e l'arcivescovo per Dio li benedice:
come penitenza comanda loro di combattere.

XC

I Franchi si rialzano, si levano in piedi:

3. **felloni**: è un termine dispregiativo (indica il traditore) genericamente attribuito ai nemici (i "pagani", cioè i non cristiani).
4. **olifante**: è il corno che Orlando avrebbe potuto suonare per chiamare rinforzi. La parola 'olifante' indica il materiale di cui è fatto il corno, l'avorio, che si ricava dalle zanne degli elefanti (*olifant* in antico francese).
5. **tra i quali...codardo**: Carlo ha distaccato nella retroguardia i suoi uomini migliori. Richiamarlo indietro, secondo Orlando, significherebbe venir meno a questa fiducia, facendoli apparire codardi.
6. **Durendala**: la spada di Orlando.
7. **Se muoio...vassallo**: chi conquisterà le armi di Orlando avrà il massimo onore, perché Orlando è stato un buon "vassallo", cioè ha servito il suo signore fedelmente, fino alla morte. Più forte e nobile è il nemico, più onore si ricava nell'ucciderlo, ostentando le armi che gli si sono sottratte.
8. **l'arcivescovo Turpino**: Turpino è un vescovo-guerriero, coraggioso e feroce quanto gli altri cavalieri. Uomo di Chiesa, è il principale portavoce dell'ideologia della guerra santa, come si evince dal suo discorso.

sono assolti e liberi dai loro peccati;
l'arcivescovo li ha benedetti in nome di Dio.
Poi son montati sui loro rapidi destrieri:
sono armati come conviene ai cavalieri
e già pronti tutti per il combattimento.
Il conte Orlando si volge ad Oliviero:
"Signor compagno, lo dicevate bene:
Gano ci ha traditi tutti.
In cambio ha avuto oro, denaro, averi.
Che l'imperatore possa ben vendicarci!
Il re Marsilio ci ha comprati:
ma questa merce la dovrà pagare con le spade!"

XCI

Orlando è giunto ai valichi di Spagna
su Vegliantivo, il suo veloce cavallo.
Indossa le sue armi, che gli si adattano bene;
il prode va brandendo la sua lancia,
va roteando contro il cielo la punta,
con un gonfalone [9] bianco legato in cima;
le frange d'oro gli battono fino alle mani.
Il suo corpo è nobile, e il viso chiaro e sorridente.
Il suo compagno lo segue da presso,
e quelli di Francia lo invocano per proteggerli.
Guarda feroce verso i pagani,
benigno e dolce verso i Franchi;
parla loro con parole cortesi:
"Prodi signori, piano, tenete il passo!
Questi pagani van cercando un gran massacro.
Oggi avremo un bottino bello e grande:
nessun re di Francia ne ebbe mai uno simile".
Con queste parole gli eserciti si vanno avvicinando.

XCII

Disse Oliviero: "Non ho cuore di parlare.[10]
Avete sdegnato di suonare il vostro olifante,
e ora non potete più avere Carlo.
Il prode non ne ha colpa, perché non sa niente;
e anche i valorosi che son qui non meritano biasimo.
Via, cavalcate quanto potete!
Signori baroni, tenete il campo!
Per Dio vi prego: siate soltanto attenti
a ferir bene, a dar colpi e a riceverne!
Non ci scordiamo qual è il grido del re".
A queste parole i Francesi gridano.
Chi avesse udito "Mongioia!",[11] potrebbe
ben ricordare che cosa è la prodezza.
Poi cavalcano, Dio, con tanta fierezza!
Danno di sprone per andare più in fretta,

9. gonfalone: *stendardo*, vessillo militare.
10. Non ho cuore di parlare: Oliviero non se la sente di tenere un discorso di incoraggiamento ai Franchi, come hanno fatto Orlando e Turpino.
11. Mongioia!: è il grido di guerra dei Franchi.

vanno a colpire – cos'altro potrebbero fare? –,
ma i Saraceni non hanno affatto paura.
Franchi e pagani, eccoli stretti assieme!

XCIII

Il nipote di Marsilio – si chiama Aelroth –
cavalca per primo davanti all'esercito.
Va insultando i nostri Franchi:
"Francesi felloni, oggi lotterete con noi.
Chi vi avrebbe dovuto difendere vi ha traditi:
il re che vi ha lasciato al valico è un pazzo.
Oggi la dolce Francia perderà la sua gloria,
e Carlo, il grande, il suo braccio destro".
Quando Orlando lo sente, Dio, che dolore ne prova!
Sprona il cavallo, lo slancia a tutta corsa,
va a colpire Aelroth più forte che può.
Gli infrange lo scudo e gli rompe l'usbergo,[12]
gli apre il petto e gli frantuma le ossa,
gli separa dal dorso tutte le vertebre.
Gli getta fuori l'anima con la sua lancia,
gliel'affonda bene, gli scuote il corpo,
con tutta l'asta lo disarciona morto dal suo cavallo,
gli ha spezzato il collo in due.
Ma non tralascerà di dirgli:
"Figlio di uno schiavo, no! Re Carlo non è un folle,
non gli è mai piaciuto essere un traditore.
Lasciarci ai valichi è stata un'azione da prode
e la Francia oggi non perderà la gloria.
Colpite, Franchi! è nostro il primo colpo!
Noi abbiamo ragione, e questi felloni hanno torto!"[13]

XCIV

C'è un duca, di nome Falsarone:
era fratello del re Marsilio.
possedeva le terre di Datan e Abiron.
Non c'è un fellone peggiore sotto il cielo.
Tra i due occhi la sua fronte è larghissima,
la si può misurare un buon mezzo piede.
Prova gran dolore quando vede morto suo nipote,
esce dalla calca, si slancia contro il primo venuto,
e lancia il grido pagano.
Lancia ingiurie contro i Francesi
"Oggi la dolce Francia perderà il suo onore!"
Oliviero lo sente, ne ha grande ira.
Sprona il cavallo con gli speroni dorati,
va a colpirlo come un vero barone.
Gli infrange lo scudo e gli strappa l'usbergo,
gl'infilza nel corpo i lembi del suo gonfalone,
con tutta l'asta l'abbatte dall'arcione, morto.

12. usbergo: *corazza*.
13. ragione...torto: nel Medioevo si affidava spesso alle armi la risoluzione delle contese. Il duello o la battaglia manifestavano il "giudizio di Dio", che concedeva vittoria e sconfitta secondo la ragione e il torto.

Guarda a terra, vede giacere il poltrone;
gli dice parole fiere:
“Vile, non mi curo delle vostre minacce!
Colpite, Franchi, che la vittoria è nostra!”
E getta il grido di Carlo: “Mongioia!”

XCV

C’è un re, di nome Corsablix;
è berbero, di un paese remoto.
Grida agli altri Saraceni:
“Possiamo ben sostenere questa battaglia,
perché ci son ben pochi Franchi.
Non facciamo gran conto di quelli che son qui:
Carlo non potrà salvar la vita a nessuno.
Oggi è il giorno che devono morire”.
L’arcivescovo Turpino l’ha sentito bene:
non c’è uomo sotto il cielo che voglia odiare di più.
Sprona il suo cavallo con gli speroni d’oro fino,
e con gran forza si slancia per colpirlo.
Gli distrugge lo scudo, gli disfa l’usbergo,
gli conficca la sua gran lancia in mezzo al corpo,
ve l’affonda bene, ché lo fa vacillare morto,
con tutta l’asta l’abbatte morto sul cammino.
Guarda a terra, vede il vile giacere:
però non tralascia di parlagli, e gli dice:
“Vile pagano, avete mentito!
Carlo, il mio re, è sempre il nostro protettore;
e i nostri Franchi non desiderano fuggire.
Faremo rimaner qui tutti i vostri compagni.
E vi toccherà subire un’altra morte![14]
Colpite, Franchi! Nessuno scordi il proprio valore!
Questo primo colpo è nostro, grazie a Dio!”
Grida “Mongioia!”, per restare padrone del campo.

La canzone di Orlando, a cura di M. Bensi, Rizzoli, Milano 2005. Traduzione originale.

14. un’altra morte: quella dell’anima, dopo quella del corpo. Non essendo cristiani, i musulmani sono condannati all’inferno.

analisi e interpretazione T1

le forme

Le formule del racconto orale Il testo presenta tracce della sua originaria fruizione orale. Alcuni brani si ripetono quasi identici: le lasse* che raccontano episodi simili usano le stesse frasi e le stesse parole, con poche variazioni. Si veda, per esempio, la struttura delle lasse XCIII-XCV:

1 presentazione del cavaliere nemico;
2 discorso di minaccia o di insulti contro i Franchi;
3 indignazione del cavaliere cristiano;
4 descrizione del combattimento;
5 discorso dell’eroe cristiano al cadavere del nemico per ribadire il suo torto.

* **Lassa**: strofa dell’antica poesia epica medievale. È composta di un numero variabile di decasillabi legati fra loro da un’unica assonanza: a fine verso troviamo sempre la stessa vocale accentata.

Il predominio della paratassi Queste ripetizioni, sia quelle strutturali sia quelle di singole frasi, servono a memorizzare il testo, che veniva ascoltato in esecuzioni accompagnate dalla musica. Una funzione simile aveva la struttura sintattica, che si limita quasi sempre a giustapporre i vari periodi: spesso a un verso corrisponde una frase (1 verso = 1 periodo), che si collega alla precedente o alla successiva per semplice accostamento o coordinazione (“e” o “ma”). I nessi subordinanti, quando ci sono, sono i più elementari (“quando”, “perché”).

Un ritmo avvincente Questa semplicità non impedisce che il racconto sia avvincente, soprattutto grazie al suo ritmo. Se prima della battaglia ogni lassa si concentra su un solo momento (i discorsi dei capitani tra loro e alle truppe, la preghiera dei Franchi), dilatando l'attesa dello scontro e creando *suspense*, nelle ultime tre la narrazione si fa più rapida e varia: all'inizio e alla fine di queste lasse abbiamo sequenze statiche, mentre al centro c'è la concitata descrizione del duello.

i personaggi

Orlando, il «prode» Il personaggio di Orlando porta con sé un paradosso: proprio i valori che la *Chanson* esalta, il coraggio e la lealtà fino alla morte, quei valori che costituiscono il dover essere del guerriero, conducono alla strage. Dare ascolto a Oliviero e suonare il corno sarebbe stata una decisione più saggia: avrebbe permesso di vincere più facilmente e con minori perdite. Chiedere aiuto, però, significava tradire la fiducia di Carlo, che aveva riunito quei ventimila uomini convinto che tra di essi non vi fosse «alcun codardo». Per un eroe come Orlando avere (o mostrare di avere) paura è la massima ignominia: meglio morire tutti, ma mantenendo intatti la fama e l'onore.

Oliviero, il «saggio» Il cugino Oliviero è un eroe di tipo diverso; il suo eroismo consiste nel mantenersi fedele a questi valori anche se sa benissimo che condurranno al disastro. Orlando sembra meno consapevole, o preoccupato, delle conseguenze della propria decisione: è ansioso di attaccare il nemico, l'idea della prossima battaglia lo rende «più fiero che leone o leopardo», lo scontro imminente gli fa «il viso chiaro e sorridente».

L'arcivescovo: guerra necessaria o amore per la guerra? Il terzo personaggio su cui questa sezione della *Chanson* si focalizza, l'arcivescovo Turpino, non è meno entusiasta di Orlando, prima e durante il combattimento. È soprattutto attraverso di lui che la *Chanson* si mostra in sintonia con la predicazione della Crociata. In quanto vescovo, al personaggio spetta il compito di esprimere la natura religiosa della guerra: esorta i Franchi a difendere la cristianità, li assolve dai peccati, promette loro il paradiso e prefigura ai nemici l'inferno. Il suo ruolo viene messo in forte rilievo dalla struttura testuale: a lui spetta il secondo discorso di incoraggiamento alle truppe, dopo quello di Orlando; è lui il terzo cavaliere ad avanzare contro i nemici, dopo Orlando e Oliviero. Ma la natura “santa” di questa battaglia è più presente nei suoi discorsi che nelle sue azioni o in quelle degli altri cavalieri cristiani.

i temi e i motivi

L'identità di cristiani e pagani Un discorso simile vale per i guerrieri musulmani. Nella *Chanson de Roland* la loro fede è genericamente non-cristiana (“pagana”), e non ha nulla dell'Islam storico. La loro organizzazione politica, militare e sociale è pressoché identica a quella dei cristiani: solo l'attributo ricorrente “fellone”, o alcune descrizioni mostruose di guerrieri pagani (cfr. lassa XCV), permettono di distinguere tra gli uni e gli altri. La mentalità che sta alla base della *Chanson de Roland* non considera la possibilità che esistano religioni, culture e visioni del mondo diverse dalla propria.

La scomparsa dell'alterità Orlando, Oliviero, Turpino combattono dunque dei cavalieri che sono una copia speculare di se stessi, alla quale è stato attribuito il segno negativo del “paganesimo”. In effetti, l'autentica “alterità”, la vera realtà alternativa al mondo dei cavalieri, è completamente assente dal poema, ed è quella con cui i guerrieri avevano a che fare tutti i giorni: i non-guerrieri, cioè le donne, i contadini, i mercanti e gli artigiani delle città. Ed era contro questi esseri “inferiori”, perché inadatti all'uso delle armi, che la loro violenza si scatenava con maggior frequenza e con maggior ferocia nella forma del saccheggio e della razzia. Non c'è onore, però, ad attaccare uomini o donne disarmati: perciò questi scompaiono quasi completamente da un poema che intende esaltare il mestiere delle armi (cfr. **S2**, p. 514).

Il Medioevo e noi

Perché il Medioevo ci appare così brutale? La violenza di questi guerrieri è ciò che più ci turba pensando al Medioevo: in quell'epoca sembra essere la norma, mentre noi la percepiamo come l'eccezione a una regola di pace e stabilità. Se riflettiamo, però, possiamo renderci conto che il mondo moderno non è stato meno ricco di guerre e di stragi di civili disarmati; inoltre, quotidianamente telegiornali e giornali ci danno notizia della violenza diffusa nelle nostre società: furti, assassinii, violenze sulle donne e sui bambini. Perché allora il Medioevo ci appare, istintivamente, così brutale e diverso da noi?

Chi controllava la violenza Negli Stati moderni la violenza è controllata dallo Stato e dalle sue istituzioni (l'esercito, la polizia, i servizi segreti). Nel Medioevo, invece, i signori feudali e i monarchi controllavano i guerrieri attraverso legami di tipo personale, e perciò arbitrari. Lo possiamo verificare nel discorso di Aelroth, che suggerisce ai Franchi che è colpa del loro signore se stanno per morire; è vero che Orlando ribadisce la sua lealtà e quella dei suoi uomini, ma è evidente che un vassallo meno fedele avrebbe potuto interpretare la situazione diversamente, e rivoltarsi contro il re che aveva mancato all'impegno di proteggere i suoi vassalli.

La gioia dell'uccidere Inoltre, dal punto di vista di chi la esercita, la violenza cavalleresca ci viene presentata come occasione di gioia, di soddisfazione, di conferma del proprio valore. Negli Stati moderni il monopolio della violenza da parte di istituzioni non personali e burocratiche consente ai singoli individui di provare una relativa innocenza, attribuendo la responsabilità delle proprie azioni a un'istanza superiore, l'apparato statale: l'ha fatto chi ha partecipato ai genocidi del XX secolo, ma lo fanno anche gli agenti di polizia o dei servizi segreti responsabili di assassinii e torture perpetrati al di fuori e contro il sistema giuridico. Ciò significa che il mutamento più profondo, quello che ci rende così estranee alcune caratteristiche dei poemi medievali, è avvenuto nella percezione soggettiva di chi compie stragi, assassinii, torture e saccheggi: ciò che davvero non possiamo più ammettere e che ci sconcerta è che qualcuno ci mostri che dalla violenza si possono ricavare gioia, piacere e una conferma della propria identità.

per studiare guida all'analisi T1

COMPRENDERE

1 **Completa ciascun enunciato scegliendo l'opzione corretta.**

A Orlando è
- a un personaggio leggendario
- b una figura storica

B La battaglia di Roncisvalle è
- a un episodio di scarsa importanza storica
- b un evento cruciale nel conflitto tra Franchi e musulmani

C Il personaggio di Orlando è stato reso leggendario grazie alla sua importanza
- a nella storia
- b nella poesia

D Le *chansons de geste* sono
- a poemi epici
- b drammi teatrali

E Le *chansons de geste* sono state scritte in
- a latino
- b antico francese

F Tra le *chansons de geste*, la *Chanson de Roland* è
- a l'unico esemplare giunto a noi
- b l'esemplare più antico

2 **Nell'imminenza dello scontro a Roncisvalle, perché Orlando non suona il corno?**
- a è sicuro del buon esito della battaglia
- b non vuole dividere il successo con altri drappelli dell'esercito
- c ambisce ad affrontare gli infedeli come un antico martire cristiano
- d non vuole compromettere il proprio onore mostrandosi inadeguato alla fiducia che Carlo ha riposto in lui

3 **Che cosa promette Turpino in premio ai guerrieri che perderanno la vita durante il combattimento?**
- a l'assoluzione per i peccati anche senza confessione
- b la beatitudine eterna
- c la fama
- d la gratitudine di Carlo

T1 Prima della battaglia

4 Con l'aiuto delle note, definisci il significato delle parole chiave del testo.

«prode» ....

«fellone» ....

«olifante» ....

INTERPRETARE E APPROFONDIRE

5 Nella lassa LXXXVIII Orlando definisce i compiti del cavaliere verso il proprio signore. Rintraccia e trascrivi le parole di Orlando.

6 Gli Arabi musulmani vengono presentati

- a come barbari ignoranti e feroci
- b come 'cavalieri' anch'essi, ma rappresentati in negativo in quanto pagani
- c come vigliacchi e incapaci nel mestiere delle armi
- d come indegni di misurarsi con i cavalieri cristiani

7 L'arcivescovo Turpino non solo non si indigna davanti alla violenza della battaglia, ma vi partecipa persino da protagonista. Quale concezione della guerra viene espressa nella *Chanson*?

S2 INFORMAZIONI E APPROFONDIMENTI

L'universo monolitico dei cavalieri

Georges Duby è uno dei più importanti storici del Medioevo. Nel suo libro Guglielmo il Maresciallo. L'avventura di un cavaliere *Duby ricostruisce la storia di un cavaliere vissuto in Inghilterra tra il XII e il XIII secolo. Grazie alla sua abilità militare e politica Guglielmo, un piccolo feudatario di origini nobili, riuscì a diventare uno degli uomini più importanti del regno, signore di un vastissimo territorio. I suoi eredi fecero comporre un poema per raccontare le sue gesta: gli eventi che vi si narrano sono veri, non immaginari come nelle* chansons de geste, *ma la mentalità che la biografia di Guglielmo riflette è la stessa della* Chanson de Roland.

[Le donne] sono, quando si parla di loro, quantità trascurabile. Ma molti uomini non contano gran che di più per il Maresciallo e i suoi amici. Mai un'allusione a quelli, innumerevoli, la cui funzione era di lavorare la terra. Eccetto una volta, di sfuggita, a proposito di ciò che i contadini subivano nelle guerre. Ma badiamo, non per impietosirsi sulla loro sorte, bensì per deplorare gli effetti della loro miseria: quando i poveri, depredati, divorati dai combattimenti, non avendo più nulla, abbandonano i campi e fuggono, i signori sono essi stessi impoveriti. Sono loro che meritano pietà. E neanche si parla, o quasi, di borghesi, perché sono gente da disprezzare: accumulano denaro a spese dei cavalieri che truffano. Ma ciò che sorprende è che i religiosi non compaiano molto più spesso. Si vede, di passaggio, qualche vescovo, non dei più santi né dei più dotti, ma di quelli che, con l'elmo in testa, fanno la guerra coi cavalieri loro fratelli. [...]

Guglielmo visse e operò circondato da guerrieri. Essi popolano tutti i suoi ricordi. Alcuni di loro non erano nobili: i "ribaldi" che si battevano per denaro, a piedi, come conviene agl'inferiori, gente disgustosa, ma di cui si conosceva l'efficacia. Qualcuno se ne intravede nel retroscena dei bisticci. Tuttavia la scena è completamente occupata dai cavalli e dai cavalieri, e tutti questi, eccettuato qualche "sergente", sono di nobile nascita. Agli occhi di colui di cui ci sono descritte le imprese conta solo una parte della specie maschile: i cavalieri; sono costoro i combattenti degni di questo nome, designati da Dio per questa funzione, e la spada che fu loro consegnata solennemente il giorno della vestizione testimonia della loro vocazione.

G. Duby, *Guglielmo il Maresciallo*, Laterza, Roma 1993, pp. 66-67.

T2

concetti-chiave

- il cronachista fedele e l'interprete ispirato
- lo sterminio voluto da Dio

Raimondo d'Aguilers
Il massacro di Gerusalemme
Gesta Francorum qui ceperunt Ierusalem, XX

La distanza storica tra la Chanson de Roland *e gli eventi che racconta fa sì che questo poema ci serva più a capire la prima crociata che i tempi di Carlo Magno. Le* chansons de geste *retrodatano lo spirito della guerra santa a un passato mitico, in cui i valori del presente si sarebbero incarnati nella loro forma più pura (è un fenomeno generale dell'epica: avviene la stessa cosa, per esempio, nell'*Iliade *e nell'*Odissea*). I cavalieri che, a partire dal 1096 (l'anno della prima crociata), si recavano a combattere gli "infedeli" in Palestina intendevano replicare con le loro azioni i modelli eroici delle* chansons *(per una rielaborazione novecentesca di questi modelli cfr.* **S3**, *p. 518**). Nei racconti di cronisti delle Crociate come Raimondo d'Aguilers, testimone della conquista di Gerusalemme nel 1099, percepiamo la stessa atmosfera della poesia epica contemporanea.*

LINGUA: traduzione dall'originale latino **DATAZIONE:** 1100 ca.

Tra i primi entrarono Tancredi e il duca di Lorena,[1] che in quel giorno versò una tal quantità di sangue che a stento lo si crederebbe. Dietro di loro tutti gli altri scalavano le mura, e i saraceni erano ormai sopraffatti. Eppure – incredibile! – per quanto la città fosse a quel punto quasi tutta nelle mani dei Franchi, quelli[2] che stavano dalla parte [dove si era schierato] il conte [di Tolosa][3] continuavano a resistere, e sembrava non dovessero cedere mai. Ma appena i nostri si furono impadroniti delle mura e delle torri della città, allora si sarebbero potute vedere cose stupefacenti: alcuni, ed erano i più fortunati, venivano decapitati; altri venivano spinti a colpi di frecce a saltar giù dalle mura; moltissimi infine bruciavano vivi, contorcendosi e consumandosi nelle fiamme. Per le strade e le piazze si vedevano mucchi di teste, mani e piedi tagliati: uomini e cavalli correvano tra i cadaveri. Ma non abbiamo ancora detto niente. Veniamo al Tempio di Salomone,[4] dove i saraceni celebravano abitualmente le loro solennità religiose. Cosa vi era successo? Se dicessimo la verità nessuno ci crederebbe. Basti soltanto questo: nel Tempio e nel portico di Salomone si cavalcava col sangue all'altezza delle ginocchia e del morso dei cavalli. E fu certo per giusto giudizio divino che a ricevere il loro sangue fosse lo stesso luogo che tanto a lungo aveva sopportato le loro bestemmie contro Dio. Essendo la città piena di cadaveri e di sangue, molti fuggirono alla torre di David[5] e chiesero protezione al conte Raimondo, al quale consegnarono la fortezza.

Ma, conquistata la città, la visione della devozione dei pellegrini di fronte al Sepolcro del Signore ripagava davvero dell'impresa: come gioivano, esultando e cantando al Signore un cantico nuovo! E il loro cuore offriva preghiere di lode, che non poteva esprimere a parole, a Dio vincitore e trionfante.

1. **Tancredi...Lorena**: Tancredi d'Altavilla (1072-1112) era uno dei nobili normanni insediati nel sud Italia. A ventiquattro anni partì per la prima crociata; instaurato il regno di Gerusalemme, fu nominato principe di Galilea e di Antiochia. Duca di Lorena era Goffredo di Buglione (1060 ca.-1100): dopo la conquista della città gli venne conferita la corona del nuovo Regno di Gerusalemme, ma Goffredo rifiutò il titolo di re, preferendo quello di "Difensore del Santo Sepolcro". Il suo regno durò meno di un anno.
2. **quelli**: i difensori di Gerusalemme.
3. **conte [di Tolosa]**: Raimondo IV (1052-1105), uno dei più importanti baroni della prima crociata.
4. **Tempio di Salomone**: nella Bibbia viene attribuita al re Salomone la costruzione del Tempio, il luogo più sacro per l'antico giudaismo, dove erano conservate le tavole della legge. Il Tempio fu distrutto e riedificato più volte: l'ultima ricostruzione risale al re Erode il Grande, a partire dal 20 a.C., mentre l'ultima distruzione fu compiuta dai Romani durante la repressione della rivolta giudaica del 66-70 d.C. Dopo l'occupazione musulmana di Gerusalemme, nell'area delle rovine del Tempio furono costruite le grandi moschee che vi si trovano ancora oggi; il luogo era infatti sacro anche all'Islam perché, secondo la leggenda, Maometto era stato assunto in cielo dalla spianata del Tempio.
5. **torre di David**: ultimo vestigio della fortezza fatta costruire da Erode il Grande a difesa della cittadella di Gerusalemme.

T2 Raimondo d'Aguilers Il massacro di Gerusalemme

Il giorno straordinario, la gioia straordinaria, la nuova e perpetua letizia, lo sforzo fatto nella fatica e nella devozione, esigevano da tutti nuove parole e nuovi canti. Vi dico che questo giorno, che sarà celebre nei secoli dei secoli, trasformò ogni nostro dolore e sofferenza in gioia ed esultanza; vi dico che questo giorno ha segnato la fine dei pagani, il rafforzamento della cristianità, il rinnovamento della nostra fede. «Questo è il giorno che ha fatto il Signore: rallegriamoci ed esultiamo»,[6] e a ragione, poiché in esso il Signore ha fatto risplendere e ha benedetto il suo popolo. In quel giorno il nobile Ademaro,[7] vescovo di Le Puy,apparve a molti in città: e molti giurano di averlo visto salire per primo sulle mura, incitando i compagni e il popolo tutto a seguirlo. [...] Questo 15 luglio verrà celebrato in lode e gloria del nome del Signore che, per le preghiere della sua Chiesa, ha restituito Gerusalemme e la Terrasanta ai figli, come aveva giurato ai nostri padri, nella fede e nella benedizione. Quel giorno cantammo l'uffizio della Resurrezione, perché appunto in quel giorno Colui che per Sua virtù resuscitò dai morti[8] aveva per Sua grazia resuscitato anche noi.

Raimondo d'Aguilers, *Gesta Francorum qui ceperunt Ierusalem*, cap. XX. Traduzione originale.

6. **Questo...esultiamo**: citazione del Salmo 117, 24.
7. **Ademaro**: ambasciatore del Papa, era morto ad Antiochia l'anno precedente. Quello che appare durante la presa di Gerusalemme, dunque, è un fantasma.
8. **Colui...morti**: Gesù.

analisi e interpretazione T2

le forme

La bipartizione del testo Questo brano è diviso in due parti: la prima racconta come i crociati riuscirono a entrare in Gerusalemme e il massacro che fecero dei suoi abitanti; la seconda mostra un quadro completamente diverso, quello dei pellegrini in preghiera nei luoghi della passione e della morte di Cristo.

Il cronista fedele Nella descrizione dell'azione militare Raimondo – che vi ha assistito di persona – è un cronista preciso e attento: possiamo seguire le diverse fasi della penetrazione cristiana nella città e il progressivo ritirarsi dei difensori.

L'interprete ispirato Nella seconda parte del brano il cronista insiste sull'aggettivo «nuovo» e sulla grandezza degli eventi che sta descrivendo: in queste righe si sente l'eco di passi biblici, come i Salmi 32 («Cantate al Signore un canto nuovo, suonate la cetra con arte»), 95 («Cantate al Signore un canto nuovo, cantate al Signore da tutta la terra») e 97 («Cantate al Signore un canto nuovo, perché ha compiuto prodigi»), e soprattutto Apocalisse 21, 1: «Poi vidi un nuovo cielo e una nuova terra». La conquista della città è un evento epocale, come la Risurrezione di Cristo e la sua seconda venuta nel giorno del Giudizio.

i temi e i motivi

Lo sterminio voluto da Dio Il lettore moderno certo prova un brivido di raccapriccio nell'immaginare, seguendo il racconto di Raimondo, cosa significò per gli abitanti di Gerusalemme l'espugnazione della città (tutti coloro che vi si trovavano, musulmani ed ebrei, furono uccisi). Possiamo cogliere una simile reazione di orrore anche nel cronista, soprattutto nella descrizione dell'eccidio compiuto al Tempio di Salomone? La conclusione dell'episodio non lo consente: l'omicidio e la strage hanno una giustificazione religiosa, sono la punizione decisa dall'unico vero Dio – quello dei cristiani – per chi non lo riconosce.

Esiste un'unica religione Come nei poemi epici, infatti, anche Raimondo non può concepire la possibilità che qualcuno aderisca a un altro sistema religioso, perciò per lui i riti che si svolgono nelle moschee sono solo "bestemmie": i musulmani non seguono una religione diversa, ma rifiutano e bestemmiano l'unica vera. Non c'è Islam, ma solo 'anticristianesimo'.

La funzione del *tópos* dell'ineffabilità D'altra parte, quando leggiamo «Ma abbiamo ancora detto poco» oppure «Se dicessimo la verità nessuno ci crederebbe», non dobbiamo pensare che Raimondo stia esprimendo un orrore che sorpassa le sue capacità descrittive. Piuttosto, dobbiamo leggere queste frasi come una figura retorica, la stessa che ritroviamo nella seconda parte del brano: il *tópos* dell'ineffabilità. Non è l'orrore, insomma, a essere inesprimibile, ma la gloria che viene dalla conquista della Città Santa. È questo l'evento inaudito; il massacro dei nemici non è che una tappa per giungere alla descrizione di quel momento di gioia.

per studiare guida all'analisi T2

COMPRENDERE

1 L'autore narra eventi

a a lui contemporanei | b di un passato recente | c di un passato mitico | d inventati

2 I personaggi sono

a fantastici | b storici | c verisimili | d mitologici

3 Collega correttamente.

- prima parte del brano
- seconda parte del brano

- scena di raccolta e preghiera dei pellegrini
- massacro di Gerusalemme

ANALIZZARE

4 Raimondo dimostra la efferatezza dell'eccidio compiuto nel Tempio puntando su un esempio particolarmente cruento. Quale?

5 L'autore celebra la grandezza della conquista di Gerusalemme mediante la citazione testuale di un passo biblico. Quale sentimento viene espresso?

a compassione | b simpatia | c superbia | d esultanza

INTERPRETARE E APPROFONDIRE

6 In che modo Raimondo spiega la crudeltà dello sterminio?

a è l'effetto della mancanza di diplomazia, che avrebbe potuto aggiustare il conflitto pacificamente

b è la punizione decisa dall'unico vero dio, quello cristiano, sugli infedeli

c è conseguenza dolorosa dell'ingiustizia delle guerre di religione

d è la prova della crudeltà dei cristiani

7 Rileggi il passo e sottolinea sul testo le forme con le quali Raimondo d'Aguilers esprime la difficoltà di descrivere l'evento di cui è stato testimone. Nella prima parte del testo, che cosa potrebbe risultare incredibile?

8 Nella seconda parte del testo, che cosa richiede «parole nuove» per essere descritta?

9 L'autore paragona la conquista di Gerusalemme alla Risurrezione di Cristo. Rintraccia il passo. Su quale base fonda il paragone?

testi a confronto

Le crociate viste dagli arabi, di Amin Maalouf

Qui sotto è riportato un passo dello storico Amin Maalouf, tratto dal suo libro *Le crociate viste dagli arabi*, nel quale l'autore alterna il proprio discorso con testimonianze originali di cronisti islamici ed europei (in corsivo). In esso si ripercorre la distruzione di Ma'arra da parte dell'esercito cristiano. L'episodio, avvenuto l'anno prima della conquista di Gerusalmme, non solo fu violento e tragico in sé ma, secondo la testimonianza qui riferita, venne anche macchiato da orribili eccessi come la profanazione della carne dei nemici uccisi.
Leggi il brano poi esegui l'esercizio indicato in calce.

Giunge la sera dell'11 dicembre [1099]. Era molto buio e i Franchi non osavano ancora penetrare in città. I notabili di Ma'arra[1] parlamentarono con Boemondo,[2] nuovo signore di Antiochia, che si trovava a capo degli assedianti. Il capo dei Franchi promise agli abitanti di lasciar loro salva la vita se avessero cessato di combattere e si fossero ritirati abbandonando certi edifici. Fidandosi della sua parola, le famiglie si radunarono nelle loro case e nelle cantine della città e, per tutta la notte, aspettarono tremando di paura. All'alba arrivarono i Franchi: fu una carneficina. *Per tre giorni passarono gli abitanti a fil di spada, uccidendo più di centomila persone e facendo molti prigionieri*[3] [...]. Ma l'orrore non stava tanto nel numero delle vittime quanto nella sorte quasi inimmaginabile che era stata loro riservata. *A Ma'arra, i "nostri" facevano bollire i pagani adulti nelle marmitte, infilavano i bambini negli spiedi e li divoravano dopo averli arrostiti.* Questa confessione del cronista franco Raoul de Caen non sarebbe stata letta dagli abitanti delle località vicine a Ma'arra, ma sino all'ultimo giorno di vita essi avrebbero ricordato ciò che avevano visto e udito. Poiché il ricordo di queste atrocità, diffuso dai poeti locali, come anche dalla tradizione orale, avrebbe scolpito nelle menti un'immagine dei Franchi difficile da cancellare.

Amin Maalouf, *Le crociate viste dagli arabi*, SEI, Torino 1989, pp. 55-56.

1. **Ma'arra**: si tratta di una piccola cittadina della Siria occidentale.
2. **Boemondo**: Boemondo I, noto anche come Boemondo d'Altavilla, fu uno dei signori feudali che partecipò alla prima crociata più per spirito di conquista che in nome della religione cristiana.
3. ***Per tre giorni...prigionieri***: la citazione è da Ibn al-Athir, uno storico vissuto a Mossul, circa un secolo dopo l'invasione franca e la distruzione di Gerusalemme.

Il passo riporta testimonianze orali e scritte su un episodio che riguarda sempre la prima crociata, quella descritta da Raimondo d'Aguilers (**T2**, p. 515). Confronta i due testi.

1 Come viene rappresentata la violenza dei Franchi, nell'uno e nell'altro testo?

2 Nel racconto di Raimondo d'Aguilers, come viene giustificata la crudeltà dei cristiani?

3 Nel passo di Maalouf trovi qualche giustificazione all'operato dei Franchi?

4 Oltre che come gratuità fanatica, come potrebbe spiegarsi (ma non "giustificarsi") l'episodio di cannibalismo qui ricordato?

S3 PASSATO E PRESENTE

Il Signore degli Anelli e l'epica medievale

Tra il 2001 e il 2003 il sogno degli appassionati lettori di J.R.R. Tolkien (1892-1973) è divenuto realtà: Peter Jackson ha dato forma cinematografica al *Signore degli Anelli* (1954-55). Il film è andato incontro allo stesso successo planetario del suo modello letterario, dal quale avevano avuto origine un rinnovato impulso al *fantasy* e nuove forme di aggregazione sociale come i giochi di ruolo. Ma il romanzo di Tolkien si presta a letture più complesse delle mode che ha scatenato.
Professore di Letteratura anglosassone (antico inglese) e studioso di saghe medievali, Tolkien usa le sue conoscenze per creare un mondo immaginario fornito di una propria cosmologia, storia, geografia e lingua: la Terra di Mezzo, che nel *Signore degli Anelli* è funestata da una terribile guerra tra le forze del bene e quelle del male. Forse è stata l'esperienza traumatica della prima guerra mondiale, i cui soldati più che guerrieri erano carne da macello, a far vagheggiare allo scrittore un altro tipo di battaglie, scontri in cui si potessero dispiegare l'eroismo e il coraggio.
Il Signore degli Anelli racconta solo un episodio della storia millenaria di questo mondo fantastico, come l'*Iliade* narra solo un breve frammento

della guerra di Troia. Questa limitazione non è solo temporale, ma coinvolge anche lo sguardo dal cui punto di vista è raccontata la vicenda: le razze eroiche della Terra di Mezzo (elfi, uomini, nani) e la loro storia sanguinosa e sublime sono infatti scoperte un po' per volta dai protagonisti del romanzo, Frodo e i suoi compagni *hobbit*, coinvolti nella guerra loro malgrado. Gli *hobbit* appartengono a una razza isolata e perciò, proprio come noi lettori, ignorano tutto della terra in cui vivono: il loro sguardo è il nostro, gli *hobbit* siamo noi, piccoli uomini di fronte ai favolosi antichi eroi, di cui ignoriamo l'esistenza o, se li scorgiamo, è solo per vederli svanire.

Le figure che animano l'epica tolkieniana, in effetti, sono vive solo quando l'autore conferisce loro dubbi, nostalgia e senso della fine. Aragorn, il guerriero destinato a ereditare il reame di Gondor, il più importante regno della Terra di Mezzo, per tutto il romanzo dubita di sé e del proprio destino; il suo alleato Théoden, re dei Rohirrim, temibili guerrieri modellati sui cavalieri delle *chansons de geste*, ritrova la forza di guidare i suoi uomini solo quando sente approssimarsi la morte, in uno slancio di disperato coraggio. Anche i personaggi femminili sono vivi solo quando riescono a sfuggire agli stereotipi della letteratura medievale: l'amata di Aragorn, la principessa elfica Arwen, è una fedele riproduzione della Signora della poesia e dei romanzi cortesi, e proprio per questo è priva di umanità e di spessore (non è un caso che Jackson ha dovuto modificare e "tradire" maggiormente proprio questo personaggio per adattarlo alla sensibilità del suo pubblico); Èowyn invece, la principessa che freme per unirsi ai guerrieri e rifiuta di stare al proprio posto, cioè a casa, è molto più viva e memorabile. Così Sauron, l'Oscuro Signore che vorrebbe ridurre in schiavitù tutti i popoli della Terra di Mezzo, è un'incarnazione del Male così netta e assoluta da rimanere astratta, mentre a tutto tondo è il suo alleato Saruman, un mago traviato dall'ambizione e da una smania di potere che tutto travolge, anche l'ambiente naturale. Così, benché Tolkien volesse creare una nuova mitologia ispirata a quelle medievali, le virtù e le inquietudini che animano i personaggi della Terra di Mezzo e la grandezza del *Signore degli Anelli* vengono dal nostro tempo.

Frodo e i suoi compagni *hobbit*. *La compagnia dell'anello*, film del 2001, diretto da Peter Jackson.

Saruman. *La compagnia dell'anello*, film del 2001, diretto da Peter Jackson.

Aragorn. *Le due Torri*, film del 2002, diretto da Peter Jackson.

Arwen. *Il ritorno del re*, film del 2003, diretto da Peter Jackson.

invito all'argomentazione

Il Signore degli Anelli, sia nell'originale letterario sia nella versione cinematografica, annovera appassionati di ogni età e in tutto il mondo, e nobilita il genere *fantasy* troppo spesso liquidato come rivolto esclusivamente ad un pubblico infantile. Secondo un'azzeccata definizione, il *fantasy* "è un genere in cui la magia chiede soltanto di essere gustata per il suo carattere meraviglioso". Spiega il concetto, facendo esempi tratti dalle tue letture e dai film che hai visto.

2 Il cavaliere a corte

Intorno al 1150 le corti feudali della Francia del Nord diventano sempre più simili alla "corte" come la intendiamo noi: un luogo in cui non solo si accentra il potere politico, ma si elabora anche la cultura delle classi dominanti (l'arte, la musica, la letteratura, ma anche le mode, il gusto, le buone maniere). Vi si riunivano poeti giunti dalle corti provenzali, dov'era nata la poesia lirica in lingua volgare [cfr. **PERCORSO 2** e **Mappe di storia letteraria**, p. 78], ma anche chierici, destinati a educare i giovani nobili o a servire da scrivani e amministratori, e che spesso erano anche gli autori delle opere di intrattenimento della corte.

In questo mondo sempre più raffinato, la cavalleria continua a essere il modello ideale della vita aristocratica, ma non può più identificarsi solo con l'esercizio delle armi, sia pure messo al servizio della religione. Il cavaliere diventa un uomo di corte, esperto nell'arte della "cortesia", cioè di un ritualizzato corteggiamento delle dame. Questo ideale di vita viene costruito nei romanzi "cortesi", cioè appunto "di corte", che raccontano storie di cavalieri arditi e appassionati, impegnati non più nella guerra ma in singoli duelli, avventure magiche e fantastiche, intrighi d'amore (cfr. **S4** e **S5**). Infatti l'amore e l'avventura sono i due temi fondamentali del romanzo cortese, sempre strettamente intrecciati: per lo più, il cavaliere è spinto dall'amore di una donna a compiere imprese audaci e straordinarie avventure. L'avventura diventa così una prova individuale e costituisce la tappa di una ricerca (*quête*) che è intrapresa da un eroe spesso solitario, ma si carica di un significato universale.

espansioni digitali

S INFORMAZIONI E APPROFONDIMENTI **Tristano e Isotta**

S PASSATO E PRESENTE **Il mito de Graal: da Chrétien a Dan Brown**

S4 INFORMAZIONI E APPROFONDIMENTI

Il romanzo cortese

Il romanzo cortese, detto anche "bretone" perché ambientato tra Bretagna, Irlanda e Inghilterra e ispirato al patrimonio di leggende celtiche che ancora sopravviveva in queste regioni, nasce nelle corti della Francia del Nord intorno al 1150. È ancora scritto in versi, ma una grande differenza lo separa dalla poesia epica e da quella lirica: è il primo genere letterario medievale destinato alla lettura (ad alta voce), e non al canto accompagnato dalla musica.
Il soggetto di queste narrazioni è molto diverso da quello delle *chansons de geste*. I primi romanzi sono ambientati in età classica, e hanno titoli come *Roman d'Alexandre* [Il romanzo di Alessandro], *Roman de Thèbes* [Il romanzo di Tebe], *Roman de Troie* [Il romanzo di Troia]. Naturalmente, non dobbiamo aspettarci qualcosa che somigli ai nostri romanzi storici: le vicende degli antichi eroi vi sono descritte secondo la mentalità e i costumi delle corti medievali. È probabile che il nome del genere derivi da questo primo filone narrativo: "romanzo" significa 'scritto in lingua volgare' invece che in latino, la lingua con la quale fino ad allora era stato trasmesso il patrimonio culturale dell'antichità.

Lancillotto e Ginevra. Miniatura da un manoscritto proveniente dal Nord-est della Francia, 1316. Londra, British Library.

In un secondo momento i romanzi abbandonarono questi soggetti classici per la "materia di Britannia", le storie dei cavalieri riuniti alla Tavola rotonda del favoloso re Artù. Questa corte leggendaria si è trasformata nell'ambientazione prevalente dei romanzi cortesi per opera soprattutto di Chrétien de Troyes (1135 ca.-1190 ca.), vissuto alle corti di Maria di Champagne (centro di irradiazione della poesia provenzale e dell'"amore cortese") e di Filippo d'Alsazia in Fiandra [cfr. Mappe di storia letteraria]. Di lui possediamo cinque romanzi: *Érec ed Énide* (1170 ca.), *Cligès* (1176 ca.), *Ivano o Il cavaliere del Leone* e *Lancillotto o Il cavaliere della carretta* (1177-1181), *Perceval il Gallese o Il racconto del Graal* (1182-90), rimasto incompiuto (cfr. **S5** ***La trama di*** **Perceval il Gallese** ***o*** **Il racconto del Graal**, ***espansioni digitali*** **S**, ***Re Artù al cinema***).

espansioni digitali

S ATTRAVERSO LE DISCIPLINE
Re Artù al cinema

S5 INFORMAZIONI E APPROFONDIMENTI

La trama di *Perceval il Gallese* o *Il racconto del Graal*

Il giovane Perceval vive appartato nella solitaria Foresta Sterile insieme alla madre, la Dama Vedova. Perceval è l'unico figlio che le è rimasto, dopo la morte del marito e degli altri figli, tutti cavalieri: perciò ha deciso di crescerlo in solitudine e di tenergli nascosta l'esistenza della cavalleria.
Ma Perceval un mattino di primavera incontra cinque cavalieri e decide di recarsi alla corte di Artù per diventarlo anche lui. La madre non riesce a trattenerlo, perché non si può contrastare il destino: nonostante la sua rozzezza, Perceval è destinato a diventare "colui che avrà la completa signoria di tutta la cavalleria".
Giunto alla corte di re Artù, il ragazzo, pur ignorando completamente l'arte del duello, sconfigge il Cavaliere Vermiglio e viene ordinato cavaliere; parte allora in cerca di avventure. Viene dapprima ospitato dal nobile Gornemant, che gli insegna come combatte un cavaliere, e, grazie all'istruzione ricevuta, può compiere la sua prima grande impresa: libera da un lungo assedio il castello della bella Biancofiore che, riconoscente, provvede a iniziarlo all'amore.
Ma Perceval riparte quasi subito, perché vuole tornare dalla madre, di cui non ha notizie dal giorno della sua partenza. Lungo il cammino viene ospitato dal Re Pescatore, l'invalido signore della Terra Sterile. Mentre cena con il suo ospite, Perceval si meraviglia di una strana serie di oggetti che vengono trasportati da una camera all'altra – una lancia che sanguina, un graal (cioè un piatto da portata), due candelabri e un tagliere d'argento – come se lì accanto vi fosse qualcun altro a banchettare. Ma teme di apparire indiscreto, e non chiede cosa significhino gli oggetti e a chi vengano portati. In questo modo non compie l'impresa che gli è destinata: se avesse interrogato il Re Pescatore avrebbe guarito lui e la sua terra. Poiché ha fallito la sua missione, il mattino dopo viene cacciato senza troppi complimenti.
Nella foresta incontra una ragazza abbracciata al cadavere del suo amante. È sua cugina, ed è lei a spiegargli il suo errore con il Re Pescatore e a rivelargli che la madre è morta di dolore poco dopo la sua partenza.
Intanto i cavalieri di re Artù sono partiti per cercarlo, ammirati dalle notizie delle sue imprese. Quando Perceval li incontra, racconta loro le sue avventure, e tutti partono alla ricerca del Graal.
A questo punto il romanzo prosegue alternando le vicende di Galvano, nipote di Artù, e quelle di Perceval, che attraversa una fase di smarrimento religioso e poi di pentimento. Non sappiamo però come Chrétien volesse concludere il suo romanzo, rimasto incompiuto, e ignoriamo quale significato attribuiva al banchetto del Re Pescatore.

Perceval incontra i cavalieri; Perceval alla corte di re Artù; il duello con il cavaliere Vermiglio. Pagina da un manoscritto del *Perceval* o *Il racconto del Graal* di Chrétien de Troyes della fine della seconda metà del XIII secolo. Parigi, Bibliothèque Nationale de France.

T3

concetti-chiave
- l'educazione del cavaliere
- l'individualismo dei nuovi valori
- il rapporto con le donne

Chrétien de Troyes
Un giovane ingenuo alla scoperta del mondo cortese
Il racconto del Graal

A differenza di quel che avviene nella chanson de geste, *i cavalieri romanzeschi devono mettere alla prova il proprio valore da soli: non c'è più uno scopo collettivo, una realtà storica nella quale impegnarsi, com'era la guerra santa dell'epica. Gli eroi lasciano la corte di Artù per affrontare un mondo magico e misterioso che offre avventure create appositamente per loro: ognuna è riservata a un solo cavaliere, è il modo attraverso cui il suo destino gli si rivela. I romanzi cortesi sono perciò la prima apparizione nella letteratura occidentale del "romanzo di formazione".* Nel* Perceval *di Chrétien de Troyes questi caratteri sono esasperati dalla natura del protagonista: Perceval è un giovane selvaggio e ignorante, benché destinato a compiere grandi imprese. Lasciando la madre, parte alla scoperta di un mondo che lo affascina, ma rispetto al quale deve ancora imparare tutto.*

* **Romanzo di formazione** (in tedesco *Bildungsroman*): romanzo che rappresenta il percorso di formazione del protagonista, attraverso le diverse fasi della sua vicenda esistenziale, fino al raggiungimento della maturità. Caratterizza la narrativa soprattutto dell'Ottocento.

LINGUA: traduzione dall'originale in lingua d'*oïl* (antico francese) **DATAZIONE:** 1182-1190

Il ragazzo fa poco attenzione a quello che gli dice la madre.[1] "Datemi da mangiare!" fa. "Non so di cosa state parlando, ma andrei molto volentieri dal re che fa i cavalieri, e ci andrò che a qualcuno dispiaccia o no". Sua madre lo trattiene e si occupa di lui, per tutto il tempo che le concede. Gli prepara e aggiusta una camicia di tela grezza e delle brache fatte alla moda del Galles, dove si cuciono insieme, mi pare, brache e calzari; e aveva anche un giubbotto e un cappuccio di cuoio di cervo ben chiuso tutt'intorno. Così lo aveva vestito sua madre. Non si fermò più di tre giorni, ogni preghiera fu inutile. La madre ne ebbe un dolore smisurato, lo bacia, lo abbraccia piangendo e gli dice: "Dolce figlio, che grande dolore provo ora che vi vedo sul punto di partire. Andate alla corte del re, e gli direte di armarvi. Non ci saranno problemi. Lo farà, lo so bene. Ma quando si tratterà di provare a portare le armi, cosa succederà? Come potrete fare quello che non avete mai fatto né avete visto altri fare? In malo modo, temo, di certo. Sarete a mal partito in ogni cosa, non c'è da stupirsi, mi sembra, poiché non si può sapere ciò che non si è imparato. Mentre sarebbe strano che non si imparasse quello che si vede e si sente in continuazione".

"Dolce figlio, voglio darvi un insegnamento a cui per il vostro bene dovete prestare molta attenzione. E se vi piacerà ricordarvene, vi potrà essere di grande aiuto. Fra poco sarete cavaliere, figlio mio, se a Dio piace, e io lo approvo. Se incontrerete da vicino o da lontano una dama[2] che abbia bisogno di aiuto, o una fanciulla[3] in difficoltà, che il vostro aiuto sia loro garantito, se ve lo richiedono, da qui inizia ogni forma di onore. Chi non onora le dame vuol dire che ha perso ogni onore. Mettetevi al servizio di dame e fanciulle, e sarete ovunque onorato; e se mai ne pregaste qualcuna di accettare i vostri servigi, fate bene attenzione a non infastidirla; non fate nulla che possa spiacerle. Da una fanciulla riceve già molto chi la bacia; se vi concede il bacio, vi sconsiglio di fare di più,[4] se volete rinunciarvi per me. Se la

METRO ORIGINALE: versi ottosillabi.

1. **Il ragazzo...la madre**: la madre ha cercato di dissuadere Perceval, affascinato dall'incontro con i cavalieri, dalla decisione di seguirli e diventare uno di loro. Gli ha perciò raccontato la storia della loro famiglia: il padre e i fratelli erano cavalieri, e sono stati tutti uccisi.
2. **dama**: nobildonna sposata.
3. **fanciulla**: vergine, in opposizione alla ***dama***.
4. **vi sconsiglio...di più**: il *surplus* rispetto al bacio che un vero cavaliere non dovrebbe pretendere dalle fanciulle non consenzienti è, naturalmente, il rapporto sessuale.

fanciulla ha un anello al dito, o una borsa alla cintura, se ve lo donasse per amore o perché glielo avete chiesto, mi sembrerebbe cosa buona e bella che voi portaste il suo anello, vi do il permesso di accettarlo, e anche la borsa.[5] Dolce figlio mio, vi voglio dire ancora dell'altro: sia per strada che quando vi fermerete per riposare, non passate troppo tempo con un compagno di cui non abbiate chiesto il nome; cercate di sapere il suo nome, poiché dal nome si conosce l'uomo. Dolce figlio mio, parlate con gli uomini di valore, accompagnatevi a loro: gli uomini di valore non ingannano chi si accompagna a loro. Ma su ogni altra cosa vi voglio raccomandare che andiate in chiesa e al monastero a pregare Nostro Signore perché in questa vita vi dia onore e vi conceda di comportarvi in modo che possiate giungere a una buona fine". "Madre" disse lui, "che cos'è una chiesa?" "È un luogo in cui si serve Colui che ha creato il cielo e la terra e vi ha messo uomini e animali". "E un monastero, che cos'è?" "La stessa cosa: una casa bella e santissima, dove si conservano la reliquie e i tesori della chiesa. E vi si sacrifica il corpo di Gesù Cristo,[6] il santo profeta, cui gli Ebrei hanno inflitto grandi vergogne. Fu tradito e giudicato ingiustamente, e soffrì angoscia di morte per gli uomini e per le donne perché le anime, quando si separavano dal corpo, andavano all'inferno, ma lui poi le ha tirate fuori. Fu legato al palo, battuto e poi crocifisso, e portò la corona di spine. Vi esorto a frequentare il monastero per sentire la messa e il mattutino[7] e per adorare il Signore di cui vi ho parlato". "Bene, d'ora in avanti andrò volentieri in chiesa e al monastero", disse il ragazzo, "Ve lo prometto".

Non c'era più tempo per restare, così prende congedo, e la madre piange, e gli fu subito sellato il cavallo. Era vestito alla moda e secondo i costumi dei Gallesi: calzava dei calzari rustici, e ovunque andasse aveva con sé sempre tre giavellotti.[8] Se li voleva portare, ma sua madre gliene fece lasciare due perché non sembrasse troppo vistosamente uno venuto dal Galles; glieli avrebbe fatti lasciare volentieri tutti e tre, se fosse stato possibile. La madre, che lo amava molto, al momento della partenza lo bacia piangendo, e prega Dio di proteggerlo. "Dolce figlio", dice, "che Dio vi conceda gioia più di quanta ne rimane a me, ovunque andiate". Quando il ragazzo si fu allontanato appena di qualche passo, si voltò indietro e vide sua madre per terra all'ingresso del ponte, dall'altra parte, e giaceva svenuta come se fosse caduta giù morta; ma lui frusta la groppa del cavallo che parte senza esitare e lo porta via al gran galoppo, via nella foresta oscura, e cavalcò dal mattino fino al tramonto. Dormì nella foresta, quella notte, fintanto che non spuntò il giorno chiaro.

Il mattino dopo, al canto degli uccelli, il ragazzo si sveglia e subito sale a cavallo, e ha tanto cavalcato che vede davanti a sé una tenda montata in una bella prateria vicino alla sorgente di un piccolo ruscello. La tenda era superbamente bella; una parte era vermiglia e l'altra era a bande ricamate d'oro; in cima c'era un'aquila dorata. I raggi del sole colpivano l'aquila che brillava di lontano chiara e vermiglia, e tutti i prati rilucevano per la luce che veniva dalla tenda.

Tutt'intorno alla tenda, nello spiazzo, che era il più bello del mondo, c'erano alberi e cespugli e logge[9] fatte alla moda del Galles. Il ragazzo si diresse verso la tenda, e si disse mentre vi andava: "Mio Dio, ecco che qui vedo la tua casa! Farei un errore ora se non entrassi ad adorarvi. Mia madre aveva proprio ragione, quando mi disse che un monastero è la più bella cosa che vi sia,[10] e mi disse anche che non trovassi un monastero senza entrare ad adorare

5. Se la fanciulla...la borsa: è giusto, anzi, doveroso, accettare i doni di una donna come pegno d'amore: significano un impegno di reciproca fedeltà.

6. vi si sacrifica...Cristo: durante la Messa con il rito dell'Eucaristia.

7. mattutino: parte della liturgia delle ore, che scandiva la giornata dei monaci, celebrata all'alba.

8. giavellotti: armi da lancio, costituite da una lancia su cui era montata una punta metallica. Perceval le usa per cacciare nella foresta; con un giavellotto sconfiggerà il suo primo nemico, il Cavaliere Vermiglio. Non è però un'arma degna di un cavaliere.

9. logge: ripari, capanne di frasche.

10. Mia madre...vi sia: Perceval, che conosce solo la sua casa e la foresta, fraintende le parole della madre: di fronte alla tenda, che è evidentemente l'"edificio" più lussuoso che abbia mai visto, si convince di essere arrivato a un monastero.

il Creatore in cui credo. Entrerò a pregarlo, in fede mia, perché mi dia da mangiare, che ne avrei un gran bisogno".[11]

Si dirige allora alla tenda e la trova aperta. Nel mezzo della tenda vede un letto coperto da una trapunta di seta: sul letto, tutta sola, senza nessuna compagnia, giaceva addormentata una fanciulla. Le sue damigelle erano andate a cogliere i fiorellini appena sbocciati per spargerli sul pavimento come facevano sempre. Quando il ragazzo entrò nella tenda, il cavallo battè con le zampe così violentemente che la fanciulla l'udì, si svegliò e si mise a tremare; e il ragazzo, che era un po' sciocco, le disse: "Fanciulla, vi porgo il saluto come mi ha insegnato a fare mia madre. Perché mia madre mi ha detto e insegnato che porgessi il saluto alle fanciulle ovunque le incontrassi".

La fanciulla trema di paura perché il ragazzo le sembra un folle, e pensa di essere molto sconsiderata a farsi trovare così sola. "Ragazzo, gli dice, vai per la tua strada. Vattene, che il mio amico[12] non ti veda qui". "Per niente, anzi, vi bacerò, in fede mia" fa il ragazzo, "a chiunque possa dispiacere, che me lo ha insegnato mia madre". "Non ti bacerò di certo" fa la fanciulla, "se solo posso evitarlo. Vattene, che il mio amico non ti trovi qui, che se ti trova, sei morto". Il ragazzo ha le braccia robuste, così l'abbraccia molto goffamente, che non sapeva farlo in altro modo. Se l'è messa sotto tutta distesa, e lei ha cercato disperatamente di difendersi e di liberarsi per quanto poteva; ma non c'era modo di difendersi e il ragazzo la baciò una volta dopo l'altra, che lei lo volesse o no, per ben venti volte, così almeno dice il racconto, finché vide al suo dito un anello, con uno smeraldo molto puro. "Mia madre" disse, "mi ha anche detto di prendere l'anello dal vostro dito, ma senza fare niente di più. A me l'anello, voglio averlo". "Non ce l'avrai, no, il mio anello" dice la fanciulla, "mettitelo bene in testa, se non me lo strappi dal dito a viva forza". Il ragazzo le prende la mano, le tende a forza il dito, e le ha tolto dal dito l'anello e se lo è messo al suo, e dice: "Fanciulla, ti auguro ogni bene! Me ne andrò del tutto soddisfatto. È molto meglio baciare voi che qualunque delle cameriere in casa di mia madre, che voi non avete la bocca amara".

La fanciulla in lacrime disse al ragazzo: "Ti prego, non portarmi via l'anello, ne subirei terribili conseguenze e tu ne perderesti la vita, presto o tardi, te l'assicuro".[13] Il ragazzo non presta nessuna attenzione a niente di quanto sente, ma poiché era a digiuno, moriva letteralmente di fame. Trova un boccale pieno di vino e vicino una coppa d'argento e vede su un fascio di giunchi una tovaglia bianca tutta nuova. La solleva, e sotto trova tre buoni pasticci freschi di capriolo. Quel cibo non gli dispiacque neanche un po', per la fame che lo fa star male. Fa a pezzi uno dei pasticci e mangia con grande appetito, e versa del vino nella coppa d'argento, un vino bello chiaro, e ne beve spesso a gran sorsi, e dice: "Fanciulla, questi pasticci non andranno certo a male oggi. Venite a mangiarne, sono molto buoni. Ce n'è abbastanza per tutti e due e ne rimarrà ancora uno intero". Ma lei non fa che piangere per quanto lui la preghi e la inviti, e non gli risponde affatto, la fanciulla, anzi, piange sempre più forte. Si torce le mani, e lui mangiò fin che ne ebbe voglia e bevve fintanto che ne ebbe abbastanza. Ricoprì quello che era rimasto. Poi di gran fretta prese congedo e raccomandò a Dio colei a cui il suo saluto non piacque per niente. "Che Dio vi protegga" fa lui, "mia bella amica! Per Dio, non dispiacetevi dell'anello che porto con me, che prima che io venga a morire ve ne ripagherò. Con il vostro permesso, me ne vado". E lei piange e dice che mai lo raccomanderà a Dio, poiché le toccherà per colpa sua una tale vergogna e una tale punizione che nessuna disgraziata ne ha mai subita una uguale, e certo da lui, fin che vive, non avrà alcun soccorso né aiuto. Sappia dunque che l'ha rovinata.

11. Entrerò...bisogno: l'educazione religiosa di Perceval, compiuta affrettatamente dalla madre, non gli consente certo di capire che si possa pregare Dio per motivi diversi dalla richiesta di soddisfare i propri bisogni.
12. amico: *amante*.
13. ne subirei...assicuro: l'anello è un dono concesso come simbolo di fedeltà: non vedendolo più al suo dito l'amante della ragazza potrebbe a ragione ritenere di essere stato tradito, e decidere di vendicarsi.

Rimase lì a piangere. Il suo amico non tardò molto a tornare dal bosco. Vide le tracce del ragazzo che continua la sua strada, e se ne preoccupò, e trovò la sua amica in lacrime, e disse: "Damigella, a giudicare dalle impronte che vedo, credo che un cavaliere sia stato qui". "No, signore, ve l'assicuro, c'è stato invece un ragazzo del Galles, fastidioso, ignorante e sciocco, che ha bevuto il vostro vino fintanto che ne ha avuto voglia, e ha mangiato parte dei vostri tre pasticci". "E per questo, bella, piangete? Se anche avesse mangiato e bevuto tutto quanto, mi sarebbe stato bene". "Ma c'è di più, signore" disse lei, "c'è di mezzo il mio anello, me lo ha tolto e se lo porta via. Avrei preferito essere morta che vederglielo portare via così". A queste parole lui si dispera ed è pieno di angoscia. "In fede mia" dice, "questo è un oltraggio![14] E visto che se lo porta via, ebbene se lo tenga. Ma sono sicuro che c'è stato dell'altro. Se c'è stato dell'altro non nascondermelo". "Signore" disse lei, "mi ha baciata". "Baciata?" "Sì, ve lo sto dicendo, ma lo ha fatto contro la mia volontà". "Anzi, vi è stato bene e vi è anche piaciuto. Certo non lo avete mai respinto" disse lui angosciato dalla gelosia. "Credete forse che non vi conosca? Certo, proprio così, vi conosco molto bene. Non sono così cieco né strabico da non vedere la vostra falsità. Avete preso una brutta strada, vi aspetta un castigo terribile, ché il vostro cavallo non mangerà avena né sarà mai salassato fintanto che mi sarò vendicato; e se mai perderà i ferri,[15] non sarà certo riferrato.[16] Se muore, mi seguirete a piedi e non vi saranno mai cambiati i vestiti di cui siete vestita ora, anzi, mi seguirete a piedi e nuda fintanto che ne[17] avrò presa la testa, non ne prenderò altra vendetta". Poi si è seduto e si è messo a mangiare.

Chrétien de Troyes, *Perceval il Gallese o Il racconto del Graal*; testo tratto da *Il Graal. I testi che hanno fondato la leggenda*, a cura di M. Liborio, Mondadori, Milano 2005.

14. oltraggio: *insulto*.
15. ferri: i ferri che servivano a rinforzare gli zoccoli dei cavalli.
16. riferrato: *ferrato di nuovo*.
17. ne: di Perceval.

analisi e interpretazione T3

le forme

La struttura bipartita del romanzo Il brano è diviso in due parti: nella prima viene raccontato il congedo di Perceval dalla madre, e i consigli che ne riceve; nella seconda il primo incontro del ragazzo con il mondo delle dame e dei cavalieri. La giustapposizione dei due episodi permette all'autore di mostrare l'immaturità di Perceval che, non appena ne ha l'occasione, cerca di mettere in atto i consigli della madre, ma finisce per comportarsi in maniera opposta. Questa divisione corrisponde alla struttura complessiva del romanzo: a una prima parte in cui Perceval compie un errore dopo l'altro corrispondono nella seconda comportamenti corretti, grazie ai quali l'eroe riuscirà, almeno in parte, a rimediare agli errori commessi: incontrerà di nuovo la fanciulla e il suo amante, e sconfiggendo quest'ultimo in duello ristabilirà l'onore della ragazza.

Le tappe dell'educazione Nel discorso della madre sono già enucleate le tappe dell'educazione di Perceval: dovrà imparare il rispetto per le donne e a mettere la sua forza al loro servizio; dovrà distinguere, tra quelli che incontrerà, gli uomini "di valore", nobili e virtuosi, dai quali potrà imparare molto; dovrà portare a compimento la sua carente educazione religiosa. La prima sezione del romanzo mostra invece cosa succede a un giovane che affronta il mondo impreparato: il suo primo incontro con una donna di nobili origini si conclude con una violenza sessuale; Perceval vince il suo primo duello, quello con il Cavaliere Vermiglio, grazie al giavellotto, arma indegna di un cavaliere; per molto tempo; infine, vive ignorando completamente la religione. Solo incontrando tre guide il ragazzo potrà compiere il cammino indicato dalle parole della madre: il nobile Gornemant gli insegnerà come combattere, la bella Biancofiore come amare una (nobil)donna, il vecchio zio eremita lo indurrà al pentimento e alla conversione.

i temi e i motivi

Dalla *chanson* al romanzo: valori collettivi e valori individuali Il percorso di maturazione di Perceval mette bene in luce la differenza tra i cavalieri epici delle *chansons de geste* e quelli romanzeschi. I cavalieri di romanzo sono impegnati in una *quête*, cioè in una "ricerca" di avventure, per mettere alla prova il proprio valore. Essere cavaliere non significa più mettersi al servizio di un compito storico o politico com'era per i paladini di Carlo Magno, impegnati ad assoggettare gli infedeli e a difendere l'Impero. I valori cavallereschi hanno ora una funzione individuale, servono alla realizzazione personale. Perciò non basta più la nobile nascita, com'è quella di Perceval, per garantire il valore personale e un comportamento socialmente corretto: bisogna che le virtù cavalleresche vengano apprese e introiettate.

Come si tratta una donna: dalla realtà all'ideale Abbiamo visto come la Chiesa abbia cercato di mettere sotto controllo la violenza dei cavalieri dandole uno sbocco al di fuori dell'Europa (le Crociate), e mettendola al servizio di scopi di giustizia (difendere i deboli) in patria. Con il romanzo cortese abbiamo un'ulteriore definizione del dover essere del cavaliere: nel discorso della madre di Perceval la prima cosa da imparare è come si trattano le donne della propria classe. L'ingenuità del comportamento del protagonista mette a nudo quale sarebbe stata, senza i freni della morale religiosa e cortese, la sorte di una donna indifesa: la violenza, la rapina, lo stupro. Come ogni precettistica, anche le norme cortesi illuminano la realtà che cercano di regolare. L'educazione erotica impartita nelle corti ha una funzione innanzitutto preventiva. Non dobbiamo però dimenticare che tanto rispetto per le donne altolocate aveva una funzione pratica, era dettato da motivi che non hanno niente a che fare con i nostri "diritti umani" o "diritti delle donne", poiché miravano soprattutto a difendere l'onore delle famiglie nobili, legato al coraggio maschile e alla "virtù", cioè alla segregazione sessuale, femminile.

Quale rapporto con le donne è nascosto dietro il codice cortese? L'"amico" della ragazza, benché educato alle regole della cortesia, non fa una figura migliore dell'ingenuo Perceval. Anche lui segue un copione prestabilito: l'anello mancante significa tradimento, e la ragazza dev'essere punita. Anche lui è sordo alle parole della donna e si limita a seguire quanto è conforme alle regole di società. Nel codice delle corti, insomma, la nobildonna è difesa, rispettata e messa sul piedistallo dell'amor cortese; ma tanto rispetto è volto più al suo "onore", cioè al suo valore agli occhi degli uomini, che alla sua persona, alle sue parole, ai suoi sentimenti.

per studiare guida all'analisi T3

COMPRENDERE

1 **Ripercorri la trama dell'opera inserendo i termini e le espressioni riportate in calce. Attenzione agli intrusi!**

Perceval vive nella Foresta Sterile con .... Un giorno si imbatte in cinque .... e decide di allontanarsi con loro per raggiungere il castello di .... Ordinato qui cavaliere, Perceval parte per seguire il suo destino di avventure. Tra le vicende narrate spiccano l'incontro con il nobile .... che gli insegna a combattere e la passione per .... che provvede a iniziarlo all'amore. Ospitato nel castello del .... per eccesso di discrezione non riesce a portare a termine la propria missione, cioè non riesce a .... Nella seconda parte del romanzo alla storia di Perceval si alternano le vicende di ....

il tutore – liberare la principessa prigioniera di un incantesimo – Carlo Magno – la madre – Galvano – cavalieri – conte Orlando – servitori – Clamadeu – mago Merlino – Gornemant – Re Pescatore – la cugina – Lancillotto – Biancofiore – Isotta – re Artù – guarire l'ospite e la sua terra

ANALIZZARE

2 **Con quale stato d'animo Perceval si avvia a diventare cavaliere? Rintraccialo nel testo e scegli l'aggettivo che lo sintetizza.**

a titubante
b entusiasta
c prudente
d ilare

3 **Perché Perceval incorre in errori tanto grossolani nell'applicare gli insegnamenti della madre?**

a perché crede di essere già sufficientemente esperto per decidere in autonomia
b perché è un ragazzo dall'indole prepotente e aggressiva
c perché è un ragazzo inesperto e selvatico alla sua prima impresa
d perché è spinto dal desiderio inconscio di trasgredire agli insegnamenti materni

INTERPRETARE E APPROFONDIRE

4 Anche se al momento disattesi, gli insegnamenti della madre sono un compendio delle tappe dell'educazione del cavaliere. In che cosa consistono i doveri del cavaliere?

5 Spiega perché *Il racconto del Graal* è un primo esempio di "romanzo di formazione", genere che troverà la espressione più diffusa nell'Ottocento.

S6 LETTURE CRITICHE

Erich Auerbach: la partenza del cavaliere cortese

In questo passo Erich Auerbach cerca di individuare le ragioni del successo del codice di comportamento cortese tra i ceti dominanti dal Medioevo all'età moderna.

Il mondo dell'affermazione cavalleresca è un mondo di avventure, non solo nel senso che troviamo in esso una serie quasi ininterrotta di avventure, ma anche nel senso che in esso non ci s'imbatte in nulla che non sia il palcoscenico o la preparazione dell'avventura; è un mondo fatto apposta per l'affermazione del cavaliere. [...] Un'idealizzazione simile porta molto lontano dall'imitazione della realtà; nel romanzo cavalleresco è taciuto il carattere funzionale, storicamente reale del ceto.[1] Questo genere poetico è ricco di notizie storiche sul costume e in genere sulla vita esteriore, ma non approfondisce la realtà del proprio tempo, nemmeno quella del ceto cavalleresco. Della realtà ritrae soltanto la superficie variopinta, e quando non è superficiale, ha altri argomenti e altri intenti che non la realtà contemporanea. Tuttavia esso contiene un'etica sociale[2] che come tale riuscì a imporsi al mondo reale perché possiede un grande fascino che si basa soprattutto su due qualità che lo distinguono: è assoluto, al di sopra di ogni contingenza terrena, e a colui che gli è soggetto conferisce il senso di appartenere a una comunità di eletti[3] – a una cerchia di solidarietà [...] distanziata dalla gran massa degli uomini. Di conseguenza l'etica feudale, la concezione ideale del cavaliere perfetto, durò a lungo e fu di grandissima efficacia. Le concezioni da lui inseparabili del valore militare, dell'onore, della fedeltà, del rispetto reciproco, dei costumi gentili e del culto della donna, esercitarono il loro fascino ancora su uomini di epoche completamente diverse; strati sociali sorti più tardi, di origine cittadina e borghese accolsero quest'ideale, sebbene sia non soltanto esclusivo ma completamente vuoto di realtà [...]. Ma proprio perché era tanto lontano dalla realtà, si adattò come ideale a qualsiasi situazione, per lo meno finché esistevano ceti dominanti. Così l'ideale cavalleresco sopravvisse a tutte le catastrofi che colpirono il feudalesimo nel corso dei secoli. [...]

Le limitazioni del contenuto [...] sono di carattere sociale; soltanto i cavalieri o uomini di corte sono degni dell'avventura; solo a loro può capitare qualcosa di serio e d'importante; chi non appartiene a questo ceto, può aver soltanto la parte di comparsa, per lo più comica, grottesca o spregiativa. Né nell'antichità né nell'epica eroica dell'alto Medioevo, questa situazione è tanto manifesta[4] come qui, dove si tratta di un isolamento superbo entro una comunità, costituita da un sentimento di solidarietà sociale. Ora, non molto dopo si manifestarono tendenze

1. **il carattere...ceto:** la funzione dei cavalieri nella società feudale.
2. **etica sociale:** un modo di comportarsi, il sistema di valori proprio di una società o di un suo ceto.
3. **eletti:** persone distinte dal volgo.
4. **manifesta:** *evidente*.

che volevano fondare questa solidarietà non sull'origine, bensì sulla persona, sulla nobiltà del carattere e dei costumi. Una traccia se ne trova già nelle opere più importanti della stessa epica di corte che dànno un quadro molto interiorizzato del cavaliere, basato su un'elezione e formazione personale. Poi, quando questi strati culturali di origine cittadina accolsero e trasformarono l'ideale cavalleresco, specialmente in Italia,[5] la concezione del carattere nobile si fece sempre più personale e fu contrapposta spesso in tono polemico al concetto di nobiltà derivante dalla nascita. Con tutto ciò non si fece meno esclusiva; essa conservò sempre l'impronta di una società di eletti, qualche volta perfino di una società segreta; motivi di classe, mistici, politici, sociali, educativi, vi si mescolarono nel modo più vario. Però l'interiorizzazione non comportò affatto un avvicinamento alla realtà, essa fu appunto la ragione per cui i contatti con la realtà del mondo si fecero sempre più fittizi e privi di scopo. Questi due elementi, insiti fin dal principio nell'ideale cortese, determinano il suo rapporto con la realtà; la società cortese dà origine alla distinzione, dominante a lungo in Europa, che tutto ciò che è nobile, grande e importante non abbia nulla a che fare con la realtà comune [...]. In stretto rapporto con tutto quanto è stato esposto, sta la scelta particolare degli argomenti dell'epica cortese, scelta che esercitò a lungo un influsso decisivo sulla poesia europea. Due soltanto sono considerati degni di un cavaliere: gesta d'armi e d'amore.

E. Auerbach, *Mimesis*, Einaudi, Torino 1956, I, pp. 150-154.

5. **questi strati...Italia:** Auerbach si riferisce alla concezione della "gentilezza" dello Stil novo fiorentino (cfr. **PERCORSO 2**).

Conclusioni del percorso

Violenza e cavalleria

In questo percorso abbiamo cercato di ricostruire le origini di una figura letteraria molto importante, quella del cavaliere. La cavalleria medievale è prima di tutto una realtà militare. Per i cavalieri la guerra è una "professione" ma anche il centro dell'esistenza, l'origine del proprio modo di vedere il mondo e perciò anche dei valori considerati positivi. Il guerriero è il vero uomo; la violenza è insieme il suo privilegio e il suo dovere.

Le *chanson de geste*

La prima apparizione letteraria del personaggio del cavaliere porta ancora le tracce di questa idealizzazione primitiva della violenza, che si fonde però con uno dei primi tentativi di porre riparo ai danni sociali causati da queste forze spesso anarchiche. Intorno all'anno Mille la Chiesa è un'istituzione abbastanza organizzata da poter creare e diffondere una nuova serie di valori, che subordinano la violenza militare a uno scopo religioso. Le Crociate ne sono il risultato storico più evidente (cfr. **T2**) e le *chansons de geste* ci mostrano nelle figure dei paladini di Carlo Magno come nuove forme di pensiero possano convivere con altre più arcaiche (cfr. **T1**).

Il romanzo cortese

Un secolo dopo, circa, anche le corti laiche sono in grado di elaborare una cultura propria, distinta da quella ecclesiastica, che si esprime nella poesia lirica e nel romanzo. Come le autorità religiose, anche quelle laiche – i grandi feudatari e i re – hanno il problema di esercitare il proprio potere innanzitutto come egemonia sugli strumenti di offesa e di difesa. I romanzi cortesi propongono così un nuovo modello per il cavaliere: nell'ideale maschile convergono ora, oltre al valore nel combattimento e alla lealtà, anche virtù di pace come la cortesia e l'arte dell'amore (**T3**).

per fare il punto | *autoverifica delle conoscenze*

Verifica la correttezza delle tue risposte sulla base dei paragrafi, dei testi o delle schede indicati a corredo di ciascuna domanda.

1 Scegli le opzioni corrette (per l'autoverifica, cfr. T1 *Introduzione*).

La *Chanson de Roland* fu scritta intorno al ***1100/1200***, all'epoca della ***prima/seconda*** crociata, quando l'Europa era pervasa dallo spirito della guerra santa che contrapponeva il mondo cristiano e il ***mondo romano/mondo musulmano***. In questo clima di sfida tra ***Islam/Ebraismo*** ed Europa cristiana, le gesta che oppongono paladini e infedeli diventarono materia narrativa che diede origine a una lunga tradizione volta a esaltare gli ideali ***evangelici/cavallereschi*** dell'eroismo, della fedeltà, ***del valore militare/dell'ingegno mercantile*** impiegato nella difesa della patria e della fede cristiana.

2 Quale funzione è attribuita alla violenza nella *Chanson de Roland*? (cfr. T1, ***Analisi e interpretazione***)

3 Nel contesto storico e sociale del tempo della *Chanson* (XI-XII secolo) la realtà alternativa al mondo dei cavalieri era rappresentata (per l'autoverifica, cfr. T1, ***Analisi e interpretazione*** e **S3**).

- a dagli uomini di Chiesa
- b dagli ordini monastici
- c dai guerrieri musulmani
- d dai non guerrieri: donne, contadini, mercanti e artigiani

4 Perché la *Chanson de Roland* ebbe tanta presa sul pubblico medievale? Individua le due risposte corrette (cfr. T1, ***Analisi e interpretazione***).

- a perché narrava un evento storico recentissimo
- b perché trovava rispondenza nell'ideologia della prima crociata
- c perché presentava modelli di eroi coerenti con la società cavalleresca del tardo Medioevo
- d perché era considerata una fiaba fantastica

5 Attribuisci le singole opere al genere cui appartengono.

Chanson de Roland	cronaca
Gesta Francorum	romanzo cortese
Il racconto del Graal	epica

6 Individua l'unica affermazione che si riferisce correttamente al romanzo cortese.

- a è una lunga narrazione in prosa
- b è ambientato in Bretagna, Irlanda e Inghilterra
- c nasce nelle corti inglesi intorno al 1150
- d la sua lettura (ad alta voce) era accompagnata dal suono della musica
- e il termine 'romanzo' significa 'scritto in lingua volgare'.

per fare il punto *autoverifica delle conoscenze*

7 Quali caratteristiche distinguono i cavalieri delle *chansons de geste* e i cavalieri dei romanzi cortesi? Collega correttamente generi letterari e caratteristiche.

chanson de geste	impresa collettiva
romanzo cavalleresco	ricerca individuale solitaria
	battaglia contro eretici e infedeli
	incontri con forze magiche e misteriose
	esaltazione della potenza delle armi
	ideali cortesi
	percorso di formazione
	gioia della violenza

8 Definisci il concetto di 'cortesia' così come si viene affermando in Francia nella prima metà del XII secolo. Ora cerca sul vocabolario il significato che riveste oggi lo stesso termine. Quali differenze noti?

verifica delle competenze

9 In riferimento a **T2** ***Il massacro di Gerusalemme***, ti proponiamo di esaminare il materiale iconografico compreso nel **Capitolo 2**, ***Storia, immaginario, letteratura: i concetti-chiave***. Quale quadro, tra quelli presentati e illustrati in quel capitolo, ti sembra riprodurre perfettamente la prospettiva di Raimondo d'Aguilers? Motiva la tua scelta.

Per l'esame di Stato

TIPOLOGIA A - Analisi del testo

Ti proponiamo alcuni versi tratti da *Lancelot* [Lancillotto] o *Le chevalier à la charrette* [Il cavaliere della carretta], un'altra famosa opera di Chrétien de Troyes, corredati di note nelle quali troverai tutte le informazioni necessarie per eseguire l'esercizio.
Leggi il testo e le note con attenzione ed esegui l'esercizio secondo le richieste riportate di seguito.

IL CAVALIERE DELLA CARRETTA

Il cavaliere[1], che cammina,
privo di lancia, s'avvicina
alla carretta[2], e su a sedere
ci vede un nano carrettiere.
Con una lunga verga in mano.
E dice il cavaliere al nano:
"Nano[3], te lo chiedo per Dio:
se hai visto, voglio sapere io,
passar Madama la regina"[4].
Il vigliacco, razza meschina,
non glielo volle raccontare,
ma gli rispose: "Se montare
sulla mia carretta vorrai,
entro domani scoprirai
la regina com'è finita".
[...]
Ma contro Amore[5] c'è Ragione[6]
che al montarvi sopra si oppone,

e gli dà ordine e consiglio
che si guardi dal dar di piglio[7]
a cosa da cui onta tocca.
Non è nel cuore, è sulla bocca
Ragione che osa dir ciò; in cuore
se ne sta chiuso invece Amore,
che comanda pressantemente
di salire immediatamente.
Amore vuole, ed egli monta,
perché non gli importa dell'onta,
perché Amore gli ha così ingiunto.

Les romans de Chrétien de Troyes, traduzione di P.G. Beltrami

1. **Il cavaliere**: è Lancillotto, cavaliere della corte di re Artù, perdutamente innamorato della sua signora, la regina Ginevra, moglie di re Artù. Per lei è disposto a sostenere varie prove ed umiliazioni fino a compromettere la propria rispettabilità. Il romanzo ha inizio con la partenza di Lancillotto alla ricerca di Ginevra.
2. **carretta**: si tratta proprio di un carro. Per comprendere bene l'episodio, tuttavia, occorre sapere che, a quel tempo, la carretta serviva ad esibire pubblicamente i condannati a morte. Salirvi sopra era dunque ritenuto infamante per l'onore di qualunque cavaliere. Poco dopo, infatti, Galvano si rifiuterà fermamente di farlo.
3. **nano**: il nano, nella tradizione cortese, è una figura infamante, segno di sventura: qui è un nano a guidare il carro del boia.
4. **la regina**: è Ginevra.
5. **Amore**: con la lettera maiuscola, ad indicarlo come una potenza superiore alla quale diventa impossibile resistere. Nell'opera la passione di Lancillotto per Ginevra è talmente forte da oltrepassare le stesse regole dell'etica cortese e diventare colpevole.
6. **Ragione**: la 'ragione' di un cavaliere coincideva essenzialmente con la difesa del proprio onore.
7. **dal dar di piglio**: *dall'intraprendere.*

1. Comprensione complessiva

1.1 Riassumi il testo seguendo le indicazioni. A) Definisci chi è il protagonista del brano, B) indica quale impresa ha intrapreso; C) spiega quale onta decide di subire, e D) per quale scopo.

2. Analisi del testo

2.1 Lancillotto si mostra impegnato in una ricerca (l'inchiesta o *quête*). Che cosa lo spinge all'avventura?

2.2 L'avventura qui descritta appartiene ad una tipologia specifica di cavalieri. Quella dei cavalieri delle *chansons de geste* oppure dei cavalieri cortesi?

3. Interpretazione complessiva e approfondimenti

3.1 A quale dei cavalieri incontrati nel percorso potresti paragonare Lancillotto? Da quale altro cavaliere, invece, si mostra lontanissimo?

3.2 Salire sulla carretta del boia rappresenta una prova per Lancillotto. Spiega perché.

3.3 Il superamento di prove è un tema tipico della narrativa cavalleresca. Quale ideologia esprimono i romanzi cortesi?

3.4 Personaggi quali Artù, Ginevra, Lancillotto, Perceval sono tuttora protagonisti di romanzi e film di successo. A che cosa si può attribuire la continuità della loro capacità di catturare lettori e spettatori? Esprimi le tue riflessioni in proposito, anche esprimendo – se credi – il tuo personale giudizio su qualche film o libro pertinente al genere.

TIPOLOGIA D - Tema di ordine generale

Nella *Chanson de Roland* numerosi sono i riferimenti al sacro e anche la guerra è giustificata come un'azione voluta da Dio. Nel Medioevo, infatti, la difesa della cristianità, anche se raggiunta attraverso le armi, nobilita gli uomini. E oggi, nella nostra società, c'è ancora questa concezione della guerra "santa" legittimata da motivi religiosi, oppure la storia ha insegnato agli uomini che non è attraverso la guerra che si può difendere una valore sacro?

CAPITOLO 7 percorsi per generi e temi

La fede e la letteratura religiosa

TESTI

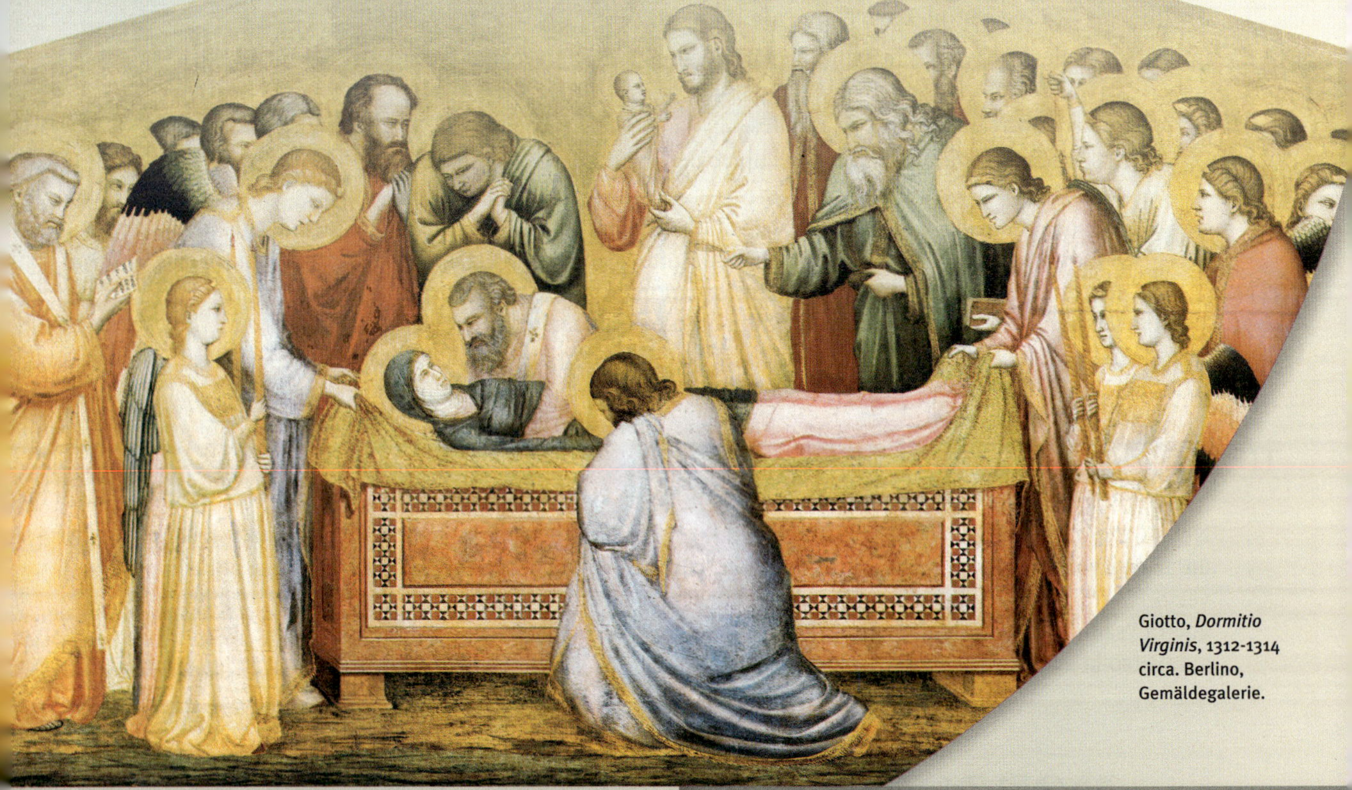

Giotto, *Dormitio Virginis*, 1312-1314 circa. Berlino, Gemäldegalerie.

Le tappe di questo percorso

L'esigenza di una nuova spiritualità è fortemente condizionata, nel XIII secolo, dalla nascita e diffusione di numerosi movimenti popolari o pauperistici* e di ordini mendicanti*, che, reagendo al processo di secolarizzazione del clero e alla corruzione della Chiesa, promuovono un profondo rinnovamento spirituale e il ritorno alla povertà.

La predicazione degli ordini mendicanti, e soprattutto dei francescani e domenicani, svolge anche un'importante azione pastorale con la divulgazione in volgare delle dottrine etiche e teologiche presso il popolo, che ignora il latino, e presso il nuovo ceto borghese e mercantile. Ciò favorisce il passaggio a una cultura religiosa che si sviluppa soprattutto attraverso il volgare, la lingua del popolo e dei ceti emergenti.

La produzione religiosa si concentra, verso la seconda metà del Duecento, soprattutto nel centro Italia. In Umbria si afferma la lauda, un genere poetico che, nato come semplice preghiera all'interno delle confraternite, andò presto assumendo forma letteraria e acquistando progressivamente una struttura dialogata-drammatica (**T1**, p. 543 e **T4**, p. 550). Nella Toscana del Trecento vengono invece volgarizzati, da un originale manoscritto latino, le storie della vita di Francesco d'Assisi (**T2**, p. 541), narrazioni di tono ingenuo e fiabesco volte a trasmettere un'immagine dolce ed ingenua del santo. Di Firenze è Jacopo Passavanti (**T6**, p. 561) predicatore domenicano autore di semplici raccontini moralistici (*exempla*) destinati a indurre gli ascoltatori alla conversione, mentre a Siena nasce e vive santa Caterina (1347-1380), personalità mistica di straordinaria forza e autrice di una serie di lettere che possono essere considerate il primo esempio di scrittura femminile (**T5**, p. 557).

* **Movimenti pauperistici**: si tratta di fenomeni popolari del XIII secolo, tesi a contestare la corruzione del clero e a riproporre un Cristianesimo più spirituale ed evangelico. Alcuni di questi assumono posizioni rigidissime, in qualche caso ereticali o ai limiti dell'ortodossia.

* **Ordini mendicanti**: si tratta di ordini la cui fondazione, autorizzata dalla Chiesa, mirava a contenere e contrastare il diffondersi di movimenti spontanei eretici quale quello dei catari. Questi rischiavano infatti non solo di inquinare la dottrina ortodossa cattolica ma anche di destabilizzare il sistema di potere costituito. Ad accogliere 'lecitamente' le istanze di rinnovamento fondamentali avanzate dal popolo furono soprattutto francescani e domenicani.

1 L'abbraccio tra Dio e il creato: il *Cantico di frate sole* di Francesco d'Assisi

Il *Cantico di frate sole* (o *Laudes creaturarum*) (1224) è riconosciuto come il primo vero testo poetico della letteratura italiana. Dal punto di vista tematico riassume tutti gli elementi fondamentali del pensiero 'rivoluzionario' di Francesco d'Assisi esprimendo una nuova visione dell'uomo e del mondo. Contrapponendosi non solo al pessimismo desolato della concezione altomedievale ma anche all'intransigenza pessimistica di alcuni movimenti ereticali contemporanei come il catarismo, che condannava la natura e la vita terrena, il cantico apre la prospettiva di un rapporto armonioso tra uomo e Dio, e propone una conciliazione tra terra e cielo. Il suo linguaggio sereno e gioioso diffonde l'idea di una fede cristiana lontana da complicazioni intellettualistiche, sentita e vissuta come riscoperta dei valori elementari del Cristianesimo.

VIENE SCRITTA IN TRE MOMENTI DIVERSE

T1

concetti-chiave

▶ visione gioiosa e armonica dell'uomo e del creato

LA LINGUA VOLGARE DERIVA DAL LATINO PARLATO

Francesco d'Assisi
Laudes creaturarum (o *Cantico di frate sole*)

Composto nel 1224, due anni prima della morte, il Cantico *nasce, nelle intenzioni di san Francesco, anche da un'esigenza pratica: lasciare ai confratelli e ai devoti un inno da cantare in lode del Signore. Ciò spiega la semplicità del suo impianto e della sua struttura, incentrati sull'abbraccio fraterno tra uomo e creato. Rivolto alla gente semplice che 'vede' con gli occhi del corpo più che imparare con la mente, il discorso è condotto con immagini comuni e concrete.*

LINGUA: volgare umbro **DATAZIONE:** 1224 ca.

Altissimu, onnipotente, bon Signore,
tue so' le laude, la gloria e l'honore et onne benedictione.

Ad te solo, Altissimo, se konfano,
et nullu homo ène dignu te mentovare.

Laudato sie, mi' Signore, cum tucte le tue creature,
spetialmente messor lo frate sole,
lo qual'è iorno, et allumini noi per lui.

Et ellu è bellu e radiante cum grande splendore:
de te, Altissimo, porta significatione.

Laudato si', mi' Signore, per sora luna e le stelle:
in celu l'ài formate clarite et pretiose et belle.

Laudato si', mi' Signore, per frate vento
et per aere et nubilo et sereno et onne tempo,
per lo quale a le tue creature dài sustentamento.

METRO: strofe di prosa ritmica con versi legati da assonanze e modellati sul ritmo dei Salmi biblici.

1-4 *Altissimo, onnipotente buon Dio, tue sono la lode, la gloria, gli onori e ogni benedizione. Queste si addicono* (**se konfano**) *solamente a te, o Altissimo, e nessun uomo è davvero degno di pronunciare il tuo nome* (**te mentovare**).

5-9 *Sii lodato, mio Dio, insieme a tutte le tue creature, specialmente il signor* (**messor**) *fratello sole, che è la luce del giorno e tu ci illumini grazie a lui. E lui è bello e raggiante con grande splendore. È simbolo e manifestazione di te* (**de te...porta significatione**), *Altissimo.*

10-11 *Sii lodato, mio Dio, nella* (**per**) *sorella luna e nelle stelle. Le hai disposte nel cielo luminose e preziose e belle.*

Il **per** del testo pone alcuni problemi interpretativi potendo assumere valore causale (a causa di) o mediale (attraverso, in). Qui si preferisce la seconda possibilità per i motivi che verranno spiegati nell'Analisi e interpretazione.

12-14 *Sii lodato, mio Dio, in fratello vento e nell'aria e nelle nubi e nel sereno e in ogni tempo, grazie al quale offri il sostentamento alle tue creature.*

Il succedersi dei climi e delle stagioni consente all'agricoltura di provvedere al sostentamento degli uomini.

l'autore e l'opera

Francesco d'Assisi (1180 ca.-1226) nasce all'interno di una famiglia agiata, espressione di quella industriosa borghesia mercantile che aveva saputo affermarsi, nel corso del XII secolo, acquistando prestigio sociale e successo economico. Avviato agli studi e a una esistenza 'normale', vive traumaticamente l'esperienza della guerra e della prigionia. È in questo periodo che matura il bisogno di nuovi valori e la decisione di una vita di umiltà nel rispetto della lezione evangelica. Dopo avere rinunciato all'eredità paterna ed essersi, letteralmente, spogliato di ogni bene, Francesco, presto seguito da numerosi discepoli, stende una "Regola" ispirata al senso dell'amore, della povertà e della letizia, pur nella sofferenza, la cui approvazione formale da parte delle gerarchie ecclesiastiche segnerà la nascita del più importante ordine mendicante del Medioevo. Desideroso di diffondere la parola di Gesù, Francesco si impegna in un fervente apostolato che lo porta fino in Oriente, dal sultano di Babilonia. Tornato da quel viaggio, finisce la propria esistenza in un ritiro eremitico, affaticato per le gravi sofferenze fisiche (è diventato, tra l'altro, pressoché cieco) e addolorato per i seri dissidi sorti all'interno dell'Ordine. Muore nel 1226 e due anni dopo è proclamato santo da papa Gregorio IX.

Raffigurazione di San Francesco d'Assisi di Cimabue, particolare della *Vergine in Maestà, con Bambino, quattro angeli e san Francesco*, 1278-1280. Assisi, Basilica Inferiore di San Francesco.

Laudato si', mi' Signore, per sor'aqua,
la quale è multo utile et humile et pretiosa et casta.

Laudato si', mi' Signore, per frate focu,
per lo quale ennallumini la nocte:
ed ello è bello et iocundo et robustoso et forte.

Laudato si', mi' Signore, per sora nostra matre terra,
la quale ne sustenta et governa,
et produce diversi fructi con coloriti flori et herba.

Laudato si', mi' Signore, per quelli ke perdonano per lo tuo amore
et sostengo infirmitate et tribulatione.

Beati quelli ke 'l sosterrano in pace,
ka da te, Altissimo, sirano incoronati.

Laudato si', mi' Signore, per sora nostra morte corporale,
da la quale nullu homo vivente pò skappare:
guai a·cquelli ke morrano ne le peccata mortali;
beati quelli ke trovarà ne le tue sanctissime voluntati,
ka la morte secunda no 'l farrà male.

Laudate e benedicete mi' Signore et rengratiate
e serviateli cum grande humilitate.

Poeti del Duecento, a cura di G. Contini, Ricciardi, Milano-Napoli 1960, t. I.

15-16 *Sii lodato, mio Dio, in [nostra] sorella acqua, che è molto utile e umile e preziosa e pura.*

17-19 *Sii lodato, mio Dio, in fratello fuoco, grazie al quale illumini la notte: e lui è bello e gioioso e vigoroso e forte.*
— Il sole è personificato.

20-22 *Sii lodato, mio Dio, in nostra sorella [e] madre terra, che ci alimenta e ci nutre, e produce diversi frutti con fiori colorati ed erba.*

23-26 *Sii lodato, mio Dio, in quelli che perdonano in nome del tuo amore e sopportano malattie e sofferenze. Beati quelli che sopporteranno [tutto questo] serenamente, perché saranno premiati da te, Altissimo.*

27-31 *Sii lodato, mio Dio, in nostra sorella morte fisica* (**corporale**), *dalla quale nessun uomo può sfuggire: guai a coloro che moriranno in peccato mortale, beati quelli che la morte troverà mentre sono nel rispetto delle tue santissime volontà* (**ne le tue sanctissime voluntati**), *perché la dannazione eterna* (**la morte secunda**) *non farà loro del male.*
— La morte seconda è quella dell'anima, la morte prima è quella del corpo.

32-33 *Lodate e benedicete il mio Dio e ringraziatelo e servitelo con grande umiltà.*

T1 Francesco d'Assisi *Laudes creaturarum (o Cantico di frate sole)*

analisi e interpretazione T1

i temi e i motivi

Dio padre del creato Contro la concezione medievale, che rifiutava il mondo come regno del peccato e del male, il *Cantico* di san Francesco esprime una religiosità serena basata sull'immagine di Dio artefice della natura e sulla valorizzazione dell'uomo e dei suoi bisogni. Gli elementi sensibili (terra, acqua, aria e fuoco) sono concepiti infatti sia come cose buone in sé, sia per l'utilità che hanno nel creato (leggi, ad esempio, vv. 6-7 «lo frate sole... è iorno, et allumini noi per lui» e il v. 11, in cui le stelle sono definite «clarite» e «belle» ma anche «pretiose» per noi).

Il contenuto ideologico La preghiera rimarca la posizione di centralità del Signore (il termine è presente in ogni strofa, ai vv. 3, 9 e 26 nella forma «Altissimo»), soggetto ultimo della lode che si snoda per l'intero componimento. All'interno di un mondo fondato sulla fratellanza universale (si osservi l'uso sistematico degli epiteti «frate» e «sora»), Dio continua infatti a mantenere la propria indiscussa superiorità gerarchica, poiché ammirare la bellezza della luna o dei fiori significa, in ultima analisi, riconoscere la grandezza di chi li ha creati. A questa intenzione morale corrispondono anche gli ultimi versi del cantico, che hanno sollevato alcuni dubbi interpretativi.

«sora nostra morte corporale» Rispetto alla gioiosità dominante nelle altre strofe – che celebrano una concezione armoniosa dell'intero creato – la conclusione appare, infatti, più cupa. Il riferimento alla morte, agli odi e alla dannazione dei peccatori ha indotto alcuni a vedere una frattura tra la prima e l'ultima parte del *Cantico* e a pensare che Francesco abbia composto questa conclusione quando, malato e prossimo alla fine, aveva ormai perso l'ispirazione originaria. I versi, tuttavia, servono a rendere più chiaro il messaggio sotteso all'intera preghiera, riprendendo, anzi, in modo circolare la formula di apertura (v. 2 «tue so' le laude, la gloria e l'honore et onne benedictione»): come il sole e le stelle, anche l'uomo è solo una creatura di Dio che, al momento della morte, potrà ritornare compiutamente al suo creatore. Non sarà un caso che l'ultima parola della preghiera sia «humilitate» (v. 33): fondamento della spiritualità francescana era proprio il docile adeguamento dell'individuo a tutte le circostanze della vita che, anche quando negative, rientrano nel piano di Dio e debbono essere accettate con serena letizia.

Contro la logica del guadagno e della corruzione Coerentemente poi con l'esistenza del santo, il *Cantico* intende celebrare la semplicità come valore. Negli anni in cui l'affermazione della civiltà comunale comportava il diffondersi di una cultura basata sul guadagno e sull'affermazione personale, Francesco unisce alla lotta contro la corruzione del clero la lotta contro la competitività e l'arrivismo borghesi, assumendo l'ingenuità e la povertà degli emarginati e dei miseri come modello esemplare di vita e di fede.

* ***Cursus***: artificio della prosa latina medievale consistente nel concludere le frasi con gruppi di parole capaci di imprimere alla frase stessa un ritmo musicale ben riconoscibile.

le forme

La funzione anticatara Riguardo all'interpretazione del «per» (vv. 10, 12, 13, 15, 17, 20, 23, 27) la critica ha avanzato alcune ipotesi: può indicare un complemento d'agente (da parte di, corrispondente al *par* francese), un complemento di causa (a causa di), o un complemento di mezzo (attraverso). La seconda e la terza ipotesi sono più convincenti. Comunque sia, l'intenzione dell'autore è sempre di esaltare Dio. Se tuttavia il *Cantico* fosse stato davvero composto polemicamente in funzione anticatara, come molti ritengono, allora sarebbe suggestivo e verosimile propendere per l'ultima ipotesi (Dio sarebbe lodato attraverso le sue creature). Quanto più i catari rifiutavano il mondo come opera malvagia del demonio, tanto più Francesco sosterrebbe che la lode del Signore è massima proprio quando si celebrano la bontà e la bellezza delle sue creature (Dio viene lodato *nelle* sue creature, *attraverso* di esse). La scelta linguistica rafforzerebbe così un'ideologia 'positiva', opposta a ogni visione pessimistica della vita terrena.

L'aspetto formale Se questa interpretazione è valida, ne risulta esaltata la consapevolezza artistica dell'autore. Solo a prima vista il *Cantico* può apparire un testo semplice, ingenuo, privo di teologismi, ripetitivo nei moduli e organizzato in una sintassi elementare. A veder bene, la ricchezza dell'aggettivazione, il sistema di assonanze, le grafie latineggianti (v. 2 «honore»; v. 4 «homo» ecc.) e la presenza del *cursus** rivelano una ricercatezza nascosta. Dunque l'apparente semplicità formale e l'uso stesso del volgare umbro non derivano da sprovvedutezza, ma da una ben precisa scelta sociale e politica: consentire la diffusione di un testo, al quale Francesco affidava un importante significato ideologico, anche presso le classi più umili e incolte.

La musica Alcune fonti biografiche lasciano supporre che Francesco avesse composto una melodia per accompagnare le recite pubbliche della sua preghiera; il *Cantico* sarebbe stato, cioè, intonato dai fedeli con lo sfondo di una base musicale. Nonostante non ci siano pervenute testimonianze di conferma in tal senso, l'ipotesi è verosimile. Integrando le parole del *Cantico* con un ritmo elementare, Francesco avrà inteso rendere più efficace e popolare il proprio messaggio.

San Francesco e noi

Attualità della figura di Francesco d'Assisi

Per la sua capacità di fondere rigore intellettuale e sentimenti, per l'abnegazione con cui seppe realmente mettersi a disposizione dei deboli e degli emarginati, per la coerenza della propria vita refrattaria agli opportunismi e ai compromessi politici, Francesco risultò scomodo alla Chiesa ufficiale del tempo, che vedeva in lui un pericoloso attacco al lusso dell'apparato ecclesiastico. Tuttavia, per gli stessi motivi, egli rappresentò e rappresenta ancora oggi una figura carismatica, e non solo per i cristiani (cfr. **S1**, p. 540).

espansioni digitali

S PASSATO E PRESENTE **Un prete di oggi che cammina con gli ultimi**

per studiare *guida all'analisi* **T1**

COMPRENDERE

1 Il cantico appare diviso in due parti: nella prima sono elencati gli elementi della natura, nella seconda lo sguardo si concentra sull'uomo. Individua il punto di stacco tra le due parti del testo.

2 La lode a Dio si snoda attraverso un elenco di categorie. Quali elementi appartengono al firmamento? Quali designano i quattro elementi della fisica classica?

3 La lode di Dio attraverso gli elementi della natura è incondizionata: le stelle, l'aria, l'acqua, ecc. sono tutti elementi attraverso i quali passa la lode al Creatore. Nella seconda parte, invece, Dio può essere lodato attraverso gli uomini solo se questi ottemperano a certe condizioni: quali sono tali condizioni? Rintracciale nel testo.

4 Qual è il significato dei termini «sora» e «frate» che Francesco attribuisce alle creature, e perfino alla morte?

ANALIZZARE

5 La sintassi del *Cantico* è molto semplice, come si confà ad un testo destinato alla recitazione accompagnata dalla musica. E tuttavia il testo è costruito con sapienza. Quali caratteri della lingua del *Cantico* rivelano che si tratta di un volgare colto e raffinato?

6 Se leggi con attenzione il canto, puoi notare che i diversi elementi naturali sono lodati sia per le loro qualità intrinseche, sia per l'utilità o la bellezza di cui gli uomini possono godere. Rintraccia sul testo per ciascun elemento l'utilità e/o il riferimento nei confronti dell'uomo.

	esempio/i	versi
sole	....	....
luna e stelle		
vento e aria		
acqua	....	....
fuoco		
terra	....	....

T1 Francesco d'Assisi *Laudes creaturarum (o Cantico di frate sole)*

INTERPRETARE E APPROFONDIRE

7 **Francesco fa quindi una distinzione tra gli elementi della natura e l'uomo: in che cosa consiste questa differenza? Scegli la risposta che ti pare più rispondente al testo e conforme a quello che hai imparato sul pensiero del santo.**

a l'uomo è nel cosmo creatura privilegiata, ma proprio per questo ha anche una maggiore responsabilità morale che comporta il dovere del perdono e dell'accettazione serena del dolore

b mentre le creature della natura non hanno alcuna responsabilità morale, l'uomo è fondamentalmente malvagio, e questo lo rende distante da Dio

c soltanto l'uomo è degno di lodare Dio; gli altri elementi del cosmo sono materia inconsapevole e casuale

d l'uomo ha una posizione infima nel creato, e Dio può essere lodato solo attraverso le creature inanimate, che sono esenti dal peccato

8 **Qual è il contenuto ideologico del canto? Scegli la risposta corretta in quanto fondata sui dati del testo.**

a le creature possiedono una loro intrinseca divinità, che le rende simili a Dio

b Dio si nasconde agli uomini, che possono solo limitarsi ad ammirare la bellezza del creato

c Dio è al di sopra delle creature, e ammirare la bellezza degli elementi del creato significa riconoscere la grandezza di chi li ha creati

d non si può lodare Dio se permette sofferenze, tribolazioni, morte

Storia della lingua

Il primo testo poetico in volgare della nostra letteratura: il *Cantico di frate sole*

In Italia la produzione letteraria in volgare comincia con qualche ritardo rispetto ad altre zone dell'Europa. Il primo esempio di testo poetico in volgare è il *Cantico di frate sole* di Francesco d'Assisi, risalente con tutta probabilità al 1224. Il *Cantico* costituisce una straordinaria testimonianza del passaggio dal latino al volgare. Infatti la lingua usata da Francesco riflette una fase storica ancora confusa, in cui il volgare non ha del tutto soppiantato il latino: così elementi caratteristici del latino convivono nel testo con le forme tipiche del volgare umbro. analizziamo alcuni aspetti linguistici del *Cantico*.

La sintassi

La semplicità della sintassi del *Cantico* deriva proprio dal modello biblico. La struttura è lineare, come quella del Salmo 148, con una prevalenza della paratassi, e con qualche caso di ipotassi, che non si spinge peraltro mai oltre al primo grado della subordinazione. Le proposizioni subordinate sono in maggioranza delle semplici relative, per esempio: «Laudato si', mi Signore, per sor'acqua, / *la quale è multo utile et humile et pretiosa et casta*».

La lingua

La scelta del volgare

Francesco d'Assisi era un uomo di cultura che conosceva il latino; lo dimostra il fatto che tutti gli altri suoi scritti che ci sono pervenuti sono in questa lingua. Egli scelse di scrivere il *Cantico* in volgare perché voleva che la lode a Dio fosse comune a tutti i ceti e il canto diffuso anche nelle classi più umili, che non capivano il latino.
Il volgare del *Cantico* è colto e raffinato pur nella sua semplicità, come testimoniano i riferimenti allo stile latino e gli echi biblici.

Dal latino al volgare

Il *Cantico* rappresenta un documento fondamentale per la storia della lingua italiana. Il testo, infatti, fornisce un esempio di come il latino si andava trasformando nei volgari parlati nelle singole regioni italiane.

Il dialetto umbro

Il *Cantico* ci fornisce una traccia di come si parlava nei borghi dell'Umbria intorno alla metà del Duecento. Lo prova, in particolare, la stessa pronuncia delle vocali 'o' e 'u' (**Altissimu**/ *altissimo*), che è caratteristica del dialetto umbro. Caratteristiche della parlata umbra sono anche il mancato rafforzamento della consonante: **konfano**/ *confanno* (v. 3) e l'aggiunta della desinenza *-ne* del verbo essere **ène** (v. 4), al posto di *è*.

Il latino

Il latino resiste ancora nella grafia:

- nella lettera *h* che precede **honore** (v. 2), **homo** (v. 4), **humile** (v. 16), **herba** (v. 22);
- nell'uso del nesso *-ti* seguito da vocale mentre già si pronunciava *-zi*, come **benedictione** (v. 2), **significatione** (v. 9), **pretiose** (v. 11), **pretiosa** (v. 16);
- nei processi non ancora compiuti di assimilazione delle consonanti come in **tucte** (v. 5), **nocte** (v. 18), **fructi** (v. 22);
- in **aqua** e non *acqua* (v. 15);
- nella congiunzione **et** (vv. 2, 7, 11, 13, 16, 19, 22);

e nella fonetica

- nei residui della desinenza latina *-us*: **nullu, dignu, bellu, celu, focu** (vv. 4, 8, 11, 17).

La morfologia

Le preposizioni

Cum (vv. 5, 8). La preposizione latina *cum* diviene la preposizione *con*, già presente nel testo al verso 22. *Cum* può avere diverso significato e introdurre complementi di diversa funzione nel discorso. Al v. 5 significa **"insieme a"** tutte le tue creature. È quindi una premessa al senso stesso del *Cantico*: tutte le creature sono degne di ricevere lodi e di rappresentare Dio. Al v. 8 invece la preposizione *cum* introduce un complemento di mezzo: il sole è bello e radiante 'grazie al' suo splendore.

Per (vv. 10, 12, 13, 14, 15, 17, 18, 20): il significato della preposizione *per* nel testo non è univoco, e le interpretazioni sono diverse. Proviamo a sintetizzarle.

A L'interpretazione più seguita è quella più immediata, che attribuisce a *per* un **valore causale**: il Signore viene lodato **a causa della bellezza delle creature.**

B C'è chi considera *per* come **complemento di agente**: il Signore è lodato **dalle creature.**

C Ma c'è anche chi pensa che *per* vada inteso come **complemento di mezzo**, ossia **attraverso le creature**: il Signore, cioè, è lodato non direttamente, ma attraverso il Creato. Del resto, l'autore stesso dice – al v. 4 – che nessun uomo è degno di nominare Dio: pertanto quest'ultima interpretazione, che afferma che la lode di Dio va compiuta lodando le creature, sembra convincente.

Non si tratta di sottigliezze linguistiche: ognuna delle interpretazioni implica, infatti, aspetti teologici diversi. Va sottolineata, in ogni caso, la profonda diversità, o addirittura la polemica, nei confronti dell'eresia catara, assai diffusa a quel tempo, che vedeva nelle cose del mondo la manifestazione del diavolo, mentre Francesco le considera il mezzo, o la causa, per lodare e ringraziare Dio.

Gli aggettivi

Nel *Cantico* gli aggettivi sono scelti con grandissima cura. Pensiamo ad esempio agli aggettivi che si riferiscono all'acqua: ognuno indica una caratteristica ben precisa, **utile et humile et pretiosa et casta.** Anche la presenza della figura retorica della paronomasia, **utile/ humile**, serve a caricare le parole di espressività e contribuisce al ritmo del testo. **humile** è, fra tutti, l'aggettivo che meglio esprime il messaggio francescano: *humus* in latino significa 'terra', e 'umile' è propriamente 'ciò che è vicino a terra', quindi ben si addice al concetto francescano di povertà.

Il lessico

- **Messor**, *messere* è un termine che indica rispetto e viene rivolto a chi è superiore; probabilmente si rifà al dialetto umbro e sta per la formula **mi' Signore**, che torna più volte nel testo.
- **Frate** e **sora** sono gli appellativi che costituiscono la novità e la particolarità del messaggio del *Cantico*. Indicano che tutte le creature sono sullo stesso piano e sono con l'uomo in comunione di fraternità. I due appellativi inoltre contribuiscono a dare al testo un tono di familiarità gioiosa.
- **Sora nostra matre terra**: la terra come tutte le creature è *sorella*, ma è anche *nostra madre*, perché come ogni madre procura il nutrimento ai suoi figli. 'Madre terra' è peraltro una locuzione legata alla tradizione più popolare ed antica.

S1 ATTRAVERSO LE DISCIPLINE

Francesco al cinema

La figura carismatica di Francesco che ogni uomo, religioso o laico, sente vivere, ancora oggi, dentro di sé è stata oggetto di molte trasposizioni cinematografiche più o meno affidabili dal punto di vista storico. Notissima è la soluzione mèlo* di Franco Zeffirelli (*Fratello sole, sorella luna* del 1972), volta a trasmettere un'immagine del santo patinata e rassicurante, in rispondenza all'iconografia tradizionale del 'poverello'. *Francesco* (1988) di Liliana Cavani (a sua volta rifacimento di una precedente pellicola del 1966) ci mostra invece un uomo sconvolto prima dalla forza mistica della propria conversione e poi dal tentativo della chiesa di ridurre drasticamente la portata rivoluzionaria della sua regola intransigente. Un interessante tentativo di attualizzazione dell'esperienza tutta medievale di San Francesco è venuta recentemente dal film *Cuore sacro* (2005) del regista turco Ferzan Özpetek.

Cuore Sacro mette in scena la storia di una conversione: la protagonista femminile è Irene Ravelli, giovane e ricca donna d'affari, priva di scrupoli morali e sentimentali, che gestisce spietatamente una importante impresa edile di Roma. In seguito ad alcuni eventi (qualche caso fortuito ma, essenzialmente, un viaggio memoriale a ritroso, alla scoperta della propria infanzia) l'arida donna è piano piano indotta a confrontarsi con la sua vera identità.

Grazie anche all'incontro con una bambina, Benny, e con un prete caritatevole, Padre Carras, Irene si avvicina allo sconosciuto e sconvolgente mondo dei poveri e degli emarginati che popolano la città. Ingiustizie così scandalose impongono alla *manager* rampante quesiti e riflessioni profonde da cui prende avvio, nella seconda parte del film, un inarrestabile processo di redenzione. Continuamente in bilico tra misticismo e follia, la nuova Irene è l'esito di un cambiamento profondo, auspicato da Özpetek per l'intera umanità. Per vincere la volgarità e le storture del mondo occorrerebbe anche oggi un rapimento dell'anima, un atto libero, disinteressato e totalizzante come quello di san Francesco, la forza dei gesti netti e abnegati che solo i santi e i folli possiedono.

Una delle citazioni più esplicite della vita di san Francesco presenti nel film di Özpetek è la scena della svestizione in metropolitana. Anche per Irene Ravelli rinunciare fisicamente agli abiti significa riconoscere l'insorgenza della carità, del bisogno di mutare radicalmente stile di vita per mettersi a disposizione degli ultimi.

* **Mèlo**: si dice di un'opera patetica contraddistinta da accentuata teatralità e spiccato sentimentalismo.

[SOPRA] *Fratello sole, sorella luna*, film del 1972 di Franco Zeffirelli.
[A DESTRA] *Cuore sacro*, film del 2005 di Ferzan Özpetek.

2 La produzione agiografica

Scritti alla fine del XIV secolo (1375-1390) *I Fioretti di san Francesco* appartengono ad un clima storico e sociale molto diverso da quello in cui visse Francesco. Il pauperismo radicale del santo, che costituiva una vera e propria rivoluzione morale ma che aveva anche tanto intimorito la Chiesa, era stato gradatamente ridimensionato, ammorbidito e reso più accettabile dal punto di vista ideologico. Di fronte a questa nuova realtà, l'Ordine sentiva evidentemente il bisogno di rievocare l'insegnamento originario del suo fondatore; proliferò così una ricca produzione agiografica. *I Fioretti* sono la più tarda ma anche la più suggestiva ricostruzione della vita del santo. Nel titolo è già chiara la natura antologica dell'opera (*fioretti* = 'florilegio', 'scelta'): i 53 capitoletti sintetizzano infatti le vicende fondamentali della vita del santo rilette in chiave leggendaria per alimentare, nella fantasia delle persone semplici, l'esemplarità cristiana ancora valida e attuale di Francesco. La prosa, limpida e lineare, rispecchia il rigore del messaggio e si adegua alle esigenze di un uditorio di devoti laici.

T2

concetti-chiave

▶ religiosità fraterna, semplice e universale

Anonimo

Come Santo Francesco liberò la città d'Agobbio da un fiero lupo

I Fioretti di san Francesco

Nell'episodio della conversione del lupo l'elemento meraviglioso coincide con il miracoloso mentre Francesco appare il santo dolce e ingenuo dell'agiografia tradizionale. Calata in un contesto quasi fiabesco, la vicenda testimonia un messaggio evangelico di fratellanza universale spontaneo e naturale, lontano da ogni intellettualismo ideologico o religioso, mentre la fede è vissuta come rapporto di comunione gioiosa tra gli uomini, le cose create e Dio. Dalla grazia delicata della rappresentazione deriva una sensazione di 'perfetta letizia' spirituale, di misticismo affabile e domestico.

LINGUA: traduzione dall'originale latino **DATAZIONE:** fine del Trecento

[1-8] Nella città di Gubbio un lupo feroce terrorizza gli abitanti.

Al tempo che santo Francesco dimorava nella città di Agobbio,[1] nel contado d'Agobbio apparì uno lupo grandissimo e terribile e feroce. Il quale non solamente divorava gli animali, ma eziandio[2] gli uomini; in tanto che tutti i cittadini stavano in gran paura, però che[3] spesse volte s'appressava alla città. E tutti andavano armati, quando uscivano della terra,[4] come s'eglino[5] andassero a combattere, e con tutto ciò non si potevano difendere da lui, chi in lui si scontrava solo.[6] E per paura di questo lupo vennono a tanto, che niuno era ardito d'uscire fuori della terra.

[9-23] Francesco decide di affrontarlo. Mentre alcuni

Per la qual cosa santo Francesco, avendo compassione agli uomini della terra, sì volle uscire fuori a[7] questo lupo, benché i cittadini al tutto lo ne

1. **Agobbio**: *Gubbio*.
2. **eziandio**: *anche*.
3. **però che**: *poiché*.
4. **della terra**: *dalla città*.
5. **eglino**: *essi*.
6. **e con...solo**: l'accostamento delle frasi 'a senso' segue l'andamento tipico del parlato.
7. **a**: *verso, per affrontare*.

cittadini lo osservano, gli va incontro e, raggiuntolo, gli ordina di non fare male ad alcuno. Ammansitosi subito, il lupo si getta ai piedi del santo.

sconsigliavano. E facendosi il segno della santa croce, uscì fuori della terra egli co' suoi compagni, tutta la sua confidenzia[8] ponendo in Dio.

E dubitando[9] gli altri d'andare più oltre, santo Francesco prende il cammino inverso il luogo ove era il lupo. Ed ecco che, veggendo molti cittadini, i quali erano venuti a vedere questo miracolo, il detto lupo si fa incontro a santo Francesco, colla bocca aperta, e appressandosi a lui, santo Francesco sì gli fa il segno della croce e chiamalo a sé, e dice così: «Vieni qua, frate lupo, io ti comando dalla parte di Cristo[10] che tu non facci male né a me né a persona».

Mirabile cosa a dire, immantanente che[11] santo Francesco ebbe fatta la croce, il lupo terribile chiuse la bocca e ristette di correre. E fatto il comandamento, venne mansuetamente come uno agnello, e gittòssi a' piedi di santo Francesco a giacere.

[24-42] Francesco propone al lupo un patto: chiede alla bestia di non danneggiare mai più persone o cose; in cambio di questa tregua egli si assicurerà che gli uomini lo nutrano e non lo perseguitino.

Allora santo Francesco gli parla così: «Frate lupo, tu fai molti danni in queste parti, e hai fatti grandissimi malefici,[12] guastando[13] e uccidendo le criature di Dio sanza sua licenzia. E non solamente hai uccise e divorate le bestie, ma hai avuto ardimento d'uccidere e di guastare gli uomini, fatti alla immagine di Dio, per la qual cosa tu se' degno delle forche come ladro e omicida pessimo, e ogni gente grida e mormora di te, e tutta questa terra t'è nimica. Ma io voglio, frate lupo, far pace fra te e costoro, sì che tu non gli offenda più, ed eglino ti perdoneranno ogni offesa passata, e né gli uomini né i cani ti perseguiteranno più».

Detto queste parole, il lupo con atti[14] di corpo e di coda e d'orecchi, e con inchinare di capo, mostrava d'accettare ciò che santo Francesco diceva e di volerlo osservare. Allora santo Francesco disse: «Frate lupo, da poi che ti piace di fare e di tenere questa pace, io ti prometto ch'io ti farò dare le spese continuamente, mentre che tu viverai,[15] dagli uomini di questa terra, sì che tu non patirai più fame, imperò ch' io so bene che per la fame tu hai fatto ogni male. Ma poiché io t'accatterò[16] questa grazia, io voglio, frate lupo, che tu mi prometta che tu non nocerai mai a niuno uomo né a niuno animale. Promettimi tu questo?». E il lupo, con inchinare di capo, fece evidente segnale che prometteva.

[43-50] Il lupo accetta la proposta di Francesco, che chiede dei segnali di conferma. Tra la meraviglia dei presenti, l'animale china il capo e allunga la zampa, come per suggellare il patto, poi segue Francesco in città.

E santo Francesco dice: «Frate lupo, io voglio che tu mi faccia fede di questa promessa, a ciò che io me ne possa fidare». E distendendo santo Francesco la mano per ricevere fede,[17] il lupo levò su il piè dinanzi, e dimesticamente[18] il puose sopra la mano di santo Francesco, dandogli quel segnale di fede che poteva. Allora disse santo Francesco: «Frate lupo, io ti comando nel nome di Gesù Cristo, che tu venga con meco sanza dubitar di nulla, e andiamo a fermare[19] questa pace al nome di Dio». E il lupo, ubbidiente, se ne va con lui come uno agnello mansueto.

[51-62] Qui, davanti al popolo Francesco tiene la sua predica. Il lupo rappresenta un pericolo, è vero, ma sono ancora più terribili

Di che, i cittadini, veggendo questo, forte[20] si maravigliavano. E subitamente questa novità si seppe per tutta la terra; di che, ogni gente, grandi e piccoli, maschi e femmine, giovani e vecchi, traggono alla[21] piazza a vedere

8. confidenzia: *fiducia.*
9. dubitando: *temendo.*
10. dalla parte di Cristo: *in nome di Cristo.*
11. immantanente che: *non appena.*
12. malefici: *misfatti.*
13. guastando: *sbranando.*
14. con atti: *con movimenti.*
15. ti...viverai: *ti farò mantenere per sempre finché vivrai.*
16. t'accatterò: *ti procurerò.*
17. fede: *segno di fedeltà.*
18. dimesticamente: *con fare domestico.*
19. fermare: *concludere.*
20. forte: *molto.*
21. traggono alla: *si riuniscono nella.*

i peccati degli uomini. Ogni presente è dunque chiamato a fare un esame di coscienza e a pentirsi dei propri errori.

il lupo con santo Francesco. Ed essendo ragunato[22] ivi tutto il popolo, lèvasi su santo Francesco e predica loro, dicendo tra l'altre cose come per li peccati Iddio permette cotali pestilenzie; e troppo è più pericolosa la fiamma dello 'nferno, la quale ha a durare eternalmente a' dannati, che non è la rabbia del lupo, il quale non può uccidere se non il corpo; quanto è dunque da temere la bocca dello 'nferno, quando tanta moltitudine tiene in paura e in terrore la bocca d'uno piccolo animale! – Tornate adunque, carissimi, a Dio e fate degna penitenzia de' vostri peccati, e Iddio vi libererà del lupo nel presente, e, nel futuro, dal fuoco eternale.[23]

[63-83] Adesso, davanti ai presenti, il santo e la bestia rinnovano la reciproca promessa. Francesco si assicura che i cittadini siano disposti a nutrire l'animale e che il lupo confermi l'accordo. Di nuovo il lupo allunga la zampa, mentre tutto il popolo, allegro e stupefatto, celebra la grazia di Dio che ha mandato san Francesco a liberarli dal flagello.

E fatta la predica, disse santo Francesco: «Udite, fratelli miei: frate lupo, che è qui dinanzi da voi, ha promesso e fàttomene fede[24] di fare pace con voi e di non offendervi mai in cosa veruna, se voi gli promettete di dargli ogni dì le spese necessarie. E io entro mallevadore[25] per lui, che 'l patto della pace egli osserverà fermamente». Allora il popolo tutto a una voce promìsono di nutricarlo[26] continuamente. E santo Francesco, innanzi a tutto il popolo, disse al lupo: «E tu, frate lupo, prometti d'osservare i patti della pace a costoro, che tu non offenderai né gli animali, né gli uomini, né niuna creatura?». E il lupo, inginocchiandosi e inchinando il capo, e con atti mansueti di corpo e di coda e d'orecchi dimostrava, quanto è possibile di volere osservare loro ogni patto.

Dice santo Francesco: «Io voglio, frate lupo, che, come tu mi desti fede di questa promessa fuori della porta, così qui, dinanzi a tutto il popolo, mi dia fede della tua promessa,e che tu non mi ingannerai della mia malleveria ch'i' ho fatta per te». Allora il lupo, levando il piede ritto, sì lo puose in mano a santo Francesco. Onde, tra di questo atto e degli altri detti di sopra,[27] fu tanta ammirazione e allegrezza in tutto il popolo, sì per la divozione del santo e sì per la novità del miracolo e sì per la pace del lupo, che tutti cominciarono a gridare a cielo,[28] lodando e benedicendo Iddio, il quale avea mandato loro santo Francesco, che per li suoi meriti gli avea liberati dalla bocca della crudele bestia.

[84-90] In seguito all'accaduto, il lupo vive ancora due anni in città, accolto senza paura nelle case degli uomini, nutrito ed accettato benevolmente dai cani, fino a quando muore di vecchiaia.

E poi il detto lupo vivette[29] due anni in Agobbio, ed entravasi dimesticamente per le case a uscio a uscio, sanza fare male a persona[30] e sanza esserne fatto a lui, e fu nutricato cortesemente dalle genti, e andavasi così per la terra e per le case, e giammai niuno cane gli abbaiava dietro. Finalmente, dopo due anni, frate lupo si morì di vecchiaia. Di che li cittadini molto si dolevano, imperò che, veggendolo andare così mansueto per la città, si ricordavano meglio della virtù e santità di santo Francesco. A laude[31] di Cristo. Amen.

Prosatori minori del Trecento, vol. I, *Scrittori di religione*, a cura di G. De Luca, Ricciardi, Milano-Napoli 1954.

22. ragunato: *radunato.*
23. eternale: *eterno.*
24. fàttomene fede: *me l'ha giurato.*
25. mallevadore: *garante.*
26. promìsono di nutricarlo: *promisero di nutrirlo.*
27. tra...sopra: *sia per questo atteggiamento sia per quelli sopra descritti.*
28. gridare a cielo: *invocare il cielo.*
29. vivette: *visse.*
30. a persona: *a nessuno.*
31. A laude: *In lode.*

analisi e interpretazione T2

le forme

Il racconto è articolato in alcuni momenti fondamentali: un'introduzione, nella quale si riassumono gli antefatti della vicenda (presenza del lupo nella città e paura degli abitanti), l'incontro effettivo tra Francesco e l'animale (nel quale il santo comanda alla bestia di non nuocere più, ricevendo segnali di consenso), lo spostamento dei due in città dove, davanti al popolo testimone, Francesco rinnova la predica e, infine, una conclusione che conferma il mantenimento del patto.

i temi, i personaggi, l'ideologia

Francesco Il santo appare caritatevole («avendo compassione agli uomini della terra»), determinato e coraggioso («benché i cittadini al tutto lo ne sconsigliavano»). Armato solo della fede nel Signore («facendosi il segno della santa croce») entra nel bosco e, una volta davanti all'animale, gli parla con autorevolezza e dolcezza nello stesso tempo («Vieni qua, frate lupo, io ti comando...»). I danni provocati dalla bestia possono essere riscattati da un reciproco patto di pace che il Signore offre per intercessione sua al lupo e agli abitanti: se la bestia non offenderà più gli uomini, quelli sapranno perdonare e non la perseguiteranno ancora.

Il lupo L'animale è definito all'inizio grandissimo, terribile e feroce; si fa incontro a Francesco con la bocca aperta, come se fosse pronto a sbranarlo, ma appena è vicino al santo assume subito un atteggiamento pacifico e mansueto («chiuse la bocca e ristette di correre. E fatto il comandamento, venne mansuetamente come uno agnello, e gittòssi a' piedi di santo Francesco a giacere»). Non sarà un caso che il fioretto scelga proprio l'immagine dell'agnello ad indicare il miracoloso addomesticamento. La similitudine sembra infatti confermare che la natura del lupo non è malvagia in sé. L'animale, che nei bestiari medievali – e non solo – rappresentava la rapacità e la smodata avidità (si confronti anche l'apparizione della lupa nel canto I dell'*Inferno* dantesco), toccato dal Signore si ammansisce e dà segno di accogliere la sua grazia («con atti di corpo e di coda e d'orecchi, e con inchinare di capo, mostrava d'accettare ciò che santo Francesco diceva e di volerlo osservare»). In questo senso avviene il riconoscimento e il riscatto di quel mondo terreno e naturale che aveva fatto paura e suscitava rifiuto nell'uomo medievale e che, invece, Francesco d'Assisi celebrava come creazione di Dio.

per studiare *guida all'analisi* T2

COMPRENDERE

1 Con quali caratteristiche viene rappresentato san Francesco? Individua e sottolinea nel testo alcuni termini e/o passaggi significativi.

ANALIZZARE

2 Il testo presenta caratteristiche fiabesche. Individuane alcuni esempi.

3 Sottolinea nel testo tutti i termini (verbi, aggettivi, avverbi) o le espressioni che si riferiscono al lupo prima e dopo l'incontro con Francesco.

4 Quale gesto e quali parole del santo hanno indotto l'animale a mutare il suo atteggiamento?

5 Anche gli abitanti della città minacciata dal lupo mutano di atteggiamento, passando dall'inizio al termine del racconto. In che modo?

INTERPRETARE E APPROFONDIRE

6 La trasformazione del lupo in animale mansueto rappresenta una convinzione profonda nel pensiero del santo d'Assisi. Quale?

- a i lupi sono selvatici e pericolosi e vanno tenuti a distanza dagli uomini
- b il lupo è un animale crudele che solo un essere eccezionale come Francesco può placare
- c Francesco era un uomo ingenuo e avventato, tanto che parlava coi lupi
- d il lupo non è un animale malvagio in sé, come non lo è nessun essere del creato

7 Il racconto di Francesco e il lupo è coerente con la concezione religiosa espressa nel *Cantico di frate sole* (T1)? Motiva la tua risposta.

8 L'immagine del lupo come animale simbolico è molto diffusa, oltre che nella letteratura, nella tradizione popolare e nella cultura dell'immagine. Sapresti fare qualche esempio?

3 La religiosità severa di Jacopone da Todi

La poesia di Jacopone da Todi (1236?-1306) è tutta ispirata a una tensione drammatica profondamente diversa dalla religiosità di Francesco d'Assisi. Manca nella sua poesia un rapporto sereno con la natura; nella tormentata battaglia tra anima e corpo, Jacopone oscilla fra una visione tragica e apocalittica dell'esistenza umana e l'esaltazione di Dio attraverso la lode mistica. Le ragioni di questo squilibrio, solo in parte legate alla sensibilità personale, stanno nel mutato clima storico. Cinquant'anni dopo la morte di Francesco, l'ordine francescano, a cui appartiene Jacopone, è lacerato dai conflitti interni tra spirituali e conventuali*, mentre al soglio pontificio sale Bonifacio VIII, sostenitore di una politica teocratica e ostile perciò ai francescani. Oppostosi coraggiosamente al pontefice, Jacopone viene scomunicato e incarcerato. In questo contesto, in cui era difficile rinvenire ragioni di speranza personale e collettiva, maturano sia la rabbiosa denuncia che Jacopone muove all'arroganza e alla superbia umana sia l'esigenza di una conciliazione e il 'giubilo' del cuore nel momento dell'unione mistica con Dio. Tutto è insomma in lui eccessivo, disarmonico, paradossale. Jacopone è uomo e poeta dei contrasti violenti, degli sbalzi repentini. La radicale negazione del mondo, il rifiuto della vita terrena, l'angoscia per l'incombere del peccato si alternano al momento inebriante della fusione mistica. In entrambi i casi si dà l'annichilimento dell'uomo, l'annullamento della sua dimensione e del suo valore individuale. Sia che invochi su di sé tutti i mali del mondo (rovesciando il tradizionale motivo della richiesta di protezione da quelli), sia che celebri la grandezza del Signore, la lingua di Jacopone si misura con l'ineffabile, raggiungendo una tensione espressiva altissima che a tratti è deformazione grottesca: a tratti urlo, a tratti balbettio.

* **Spirituali** e **conventuali**: la crescita dell'ordine francescano e la sua diffusione in tutta Europa compromisero presto i suoi rivoluzionari fondamenti. Poiché povertà assoluta e vita mendica erano difficilmente attuabili per i più, verso la metà del Duecento si creò una frattura interna all'ordine tra chi era favorevole ad un ammorbidimento delle condizioni di vita (conventuali) e chi sosteneva ad oltranza la Regola rigorosa di san Francesco (spirituali).

T3

Jacopone da Todi
«O Signor, per cortesia»
Laudi, 81

concetti-chiave
- l'invocazione della sofferenza fisica

È uno dei componimenti più cupi e sconvolgenti di Jacopone, nel quale l'autore, rivolgendosi a Dio, invoca per sé tutte le sofferenze fisiche possibili: un catalogo talmente lungo e particolareggiato da costituire quasi l'intero repertorio patologico del tempo. Si tratta di un modo radicale ed eccessivo di disprezzare i beni materiali, di prendere distanza dal mondo e di 'fare penitenza', assumendo su di sé la propria parte di responsabilità per la morte del figlio di Dio.

LINGUA: volgare umbro **DATAZIONE:** dopo il 1268

METRO: lauda sotto forma di ballata sacra composta da quartine di ottonari (anche ipermetri) con rima aaax e xx nella ripresa

O Signor, per cortesia,
manname la malsanìa!

A mme la freve quartana,
la contina e la terzana,
la doppla cotidïana
co la granne ydropesia.

A mme venga mal de dente,
mal de capo e mal de ventre;

1-2 *O Signore, per cortesia, màndami* (**mànname**) *la lebbra* (**la malsanìa**).
La prima malattia invocata da Jacopone è la lebbra, proprio quella, incurabile, che doveva risultare più terribile agli uomini del suo tempo.

3-6 *A me [vengano] la febbre quartana, la continua e la terzana, la doppia quotidiana con la idropisia che gonfia* (**granne** = 'grande').

7-10 *A me venga[no] mal di denti, mal di capo e mal di pancia* (**ventre**); *dolori acuti*

T3 Jacopone da Todi «O Signor, per cortesia»

a lo stomaco dolur' pognenti
e 'n canna la squinanzia.

Mal dell'occhi e doglia de flanco
e la postema al canto manco;

tiseco me ionga enn alto
e d'onne tempo fernosìa.

Aia 'l fecato rescaldato,
la melza grossa e 'l ventr'enflato

e llo polmone sia 'mplagato
cun gran tòssa e parlasia.

A mme venga le fistelle
con migliaia de carvuncilli,

e li granci se sian quelli
che tutto replen ne sia.

A mme venga la podraga
(mal de cóglia sì me agrava),

la bisinteria sia plaga
e le morroite a mme sse dìa.

A mme venga 'l mal de l'asmo,
iongasecce quel del pasmo;

como a can me venga el rasmo,
entro 'n vocca la grancia.

A mme lo morbo caduco
de cadere enn acqua e 'n foco

e ià mai non trovi loco,
che eo afflitto non ce sia.

A mme venga cechetate,
mutezza e sordetate,

la miseria e povertate
e d'onne tempo entrapparìa.

Tanto sia 'l fetor fetente
che non sia null'om vivente,

che non fuga da me dolente,
posto en tanta enfermaria.

En terrebele fossato,
che Riguerci è nomenato,

loco sia abandonato
da onne bona compagnia.

Gelo, grando e tempestate,
fulgure, troni e oscuritate;

e non sia nulla aversitate,
che me non aia en sua bailìa.

Le demonia enfernali
sì mme sian dati a menestrali,

che m'essèrcino en li mali,
ch'e' ho guadagnati a mea follia.

Enfin del mondo a la finita
sì mme duri questa vita

(**pognenti** = 'pungenti') *allo stomaco e l'angina* (**la squinanzia**) *in gola* (**'n canna**).

L'angina è un'infiammazione delle alte vie respiratorie.

11-14 *[Mi vengano] male agli occhi e dolore al fianco e un ascesso* (**la postema**) *al fianco sinistro* (**al canto manco**)*; la tisi* (**tiseco**) *mi colpisca* (**me ionga** = 'mi giunga') *in* (**enn**) *alto* [: ai polmoni] *e il delirio* (**fernosìa** = 'frenesia') *in ogni tempo* (**d'onne tempo**).

15-18 *[Che io] abbia* (**Aia**) *il fegato infiammato* (**rescaldato**)*, la milza grossa e la pancia gonfia* (**'l ventr'enflato**) *e i polmoni siano piagati* (**'mplagato**) *con* (**cun**) *forte tosse* (**gran tòssa**) *e paralisi* (**parlasia**).

19-22 *A me venga[no] le fistole* (**fistelle**) *con migliaia di bubboni* (**carvuncilli**)*, e i cancri* (**li granci**) *siano* (**se sian**) *tali* (**quelli**) *che io ne sia tutto pieno* (**replen**).

23-26 *A me venga la podagra (male ai testicoli* (**còglia** = 'coglioni') *mi tormenti* (**me agrava** = 'mi aggravi') *fortemente* (**sì** = 'così')*, la dissenteria* (**bisinteria**) *sia una piaga e a me si dia[no] le emorroidi* (**le morroite**).

La podagra è una forma di gotta localizzata ai piedi, mentre le emorroidi stanno a rappresentare le malattie più 'basse' e umilianti.

27-30 *A me venga[no] la malattia dell'asma* (**'l mal de l'asmo**)*; ci si aggiunga* (**iongasecce**) *quella* [: malattia] *dell'angina pectoris* (**del pasmo** = 'dello spasmo')*; mi venga la rabbia* (**el rasmo**) *come a un cane, dentro la bocca* (**entro 'n vocca**) *un'ulcera* (**la grancia**).

L'*angina pectoris* indica una crisi cardiaca, mentre il **rasmo** potrebbe indicare anche il 'cimurro' o un più generico 'prurito'.

31-34 *A me venga[no] l'epilessia* (**lo morbo caduco**) *da farmi* (**de**) *cadere in* (**enn**) *acqua e nel fuoco e [io] non trovi giammai* (**ià mai**) *una posizione* (**loco**) *nella quale* (**che**) *io* (**eo**) *non vi* (**ce**) *stia* (**sia**) *con sofferenza* (**afflitto**).

L'epilessia provoca crisi neurologiche che fanno cadere il soggetto per terra.

35-38 *A me venga[no] cecità* (**cechetate**)*, mutezza e sordità, la miseria e la povertà e in ogni* (**d'onne**) *tempo rattrappimento* (**entrapparìa**).

In questi versi Jacopone non si limita ad elencare disturbi fisici, ma invoca su di sé anche una condizione di miseria e di povertà generali. L'auspicio assume il significato di una denuncia profonda nei confronti della ricchezza e del potere della Chiesa contemporanea, comprese alcune correnti degli ordini pauperistici (si vedano i francescani conventuali), facili agli accomodamenti e poco disponibili a seguire fedelmente la lezione del Vangelo.

39-42 *La puzza puzzolente* (**'l fetor fetente**) *sia tanta che non [ci] sia nessun uomo vivente che non fugga da me che soffro* (**dolente**)*, messo* (**posto**) *in così grande* (**en tanta**) *infermità* (**enfermaria**).

Ai mali e alla miseria ora si aggiunge la puzza: Jacopone vuole risultare inavvicinabile per chiunque volesse, eventualmente, soccorrerlo o confortarlo.

43-46 *[Che io] sia abbandonato da ogni buona compagnia lì* (**loco**) *in un* (**en**) *terribile fossato che è chiamato* (**nomenato**) *Riguerci.*

Riguerci è il nome di un fossato che si trovava nei pressi di Todi, alle foci del Tevere. Le fonti ce lo hanno tramandato come un luogo aspro, popolato da animali selvatici, che incuteva paura agli uomini del tempo. Essere gettato lì significa, per Jacopone, aspirare al rifiuto degli uomini e sperare che il proprio corpo sia divorato dalle belve (vedi il lupo al v. 60).

47-50 *[Lì vi siano] gelo, grandine* (**grando**) *e tempesta* (**tempestate**)*, fulmini* (**fulgure** = 'folgore')*, tuoni* (**troni**) *e oscurità; e non [ci] sia nessuna avversità che non mi abbia* (**che me non aia**) *in sua balìa.*

51-54 *I demoni infernali mi siano proprio* (**sì**) *dati come servitori* (**a menestrali** = 'per ministri')*, che mi esercitino* (**m'essèrcino**) *nei mali che io ho ottenuti* (**guadagnati**) *con* (**a**) *la mia malvagità* (**follia**).

55-58 *Fino* (**Enfin**) *alla fine* (**a la finita**) *del mondo continui per me* (**mme duri**) *così questa vita e poi, alla morte*

e poi, a la scivirita,
dura morte me sse dìa.

Allegom'en sseppultura
un ventr'i lupo en voratura

e l'arliquie en cacatura
en espineta e rogarìa.

Li miracul' po' la morte,
chi cce vene aia le scorte

e le deversazioni forte
con terrebel fantasia.

Onn'om che m'ode mentovare
sì sse deia stupefare

e co la croce sé segnare,
che reo escuntro no i sia en via.

Signor meo, non n'è vendetta
tutta la pena ch'e' aio ditta,

ché me creasti en tua diletta
et eo t'ho morto a villania.

Jacopone da Todi, *Laude*, a cura di F. Mancini, Laterza, Roma-Bari 1974.

(**scivirita** = 'separazione'; sottint.: dal corpo) *mi si* (**me sse**) *dia una dura morte*.

59-62 *Mi scelgo come* (**Allegom'en** = 'mi eleggo in') *tomba* (**sseppultura**) *un ventre di lupo che mi ha divorato* (**en voratura**) *e come reliquie* (**l'arliquie en**) *le feci* (**cacatura**) *tra* (**en**) *spine e rovi* (**espineta e rogarìa**).

63-66 *[Come] miracoli dopo la [mia] morte che viene lì* (**cce vene**) *abbia* (**aia**) *compagnia* (**le scorte**) *[di spiriti spaventosi] e tormenti* (**deversazioni**) *violenti* (**forte**) *con terribili allucinazioni* (**terrebel fantasia**).

67-70 *Ogni uomo* (**Onn'om**) *che mi ode nominare* (**mentovare** = 'menzionare') *si deve* (**sse deia**) *impressionare* (**stupefare**) *enormemente* (**sì**) *e farsi il segno della croce perché* (**che**) *[io] non gli* (**i**) *sia un cattivo incontro* (**reo escuntro**) *sulla* (**en**) *via*.

Jacopone non aspira ad alcun riconoscimento, neppure dopo la propria morte. Il concetto di santità non rientra nell'orizzonte del poeta: per lui nessun sacrificio umano potrà riparare al peccato originale e all'uccisione di Gesù Cristo.

71-74 *Mio Signore, tutta la sofferenza* (**pena**) *che io* (**ch'e'**) *ho* (**aio**) *detto non è* (**n'è**) *espiazione* (**vendetta**) *[sufficiente], dato che* (**ché**) *[tu] mi hai creato con il tuo amore* (**en tua diletta**) *e io ti ho ucciso* (**t'ho morto**) *con ingatitudine* (**a villania**).

Al termine 'cortesia', presente nel primo verso del componimento, si contrappone, in questo passaggio conclusivo, il termine 'villania'. Entrambe le espressioni, tipiche della lirica provenzale e della tradizione laica amorosa, vengono da Jacopone risemantizzate all'interno della propria ottica religiosa. L'uomo ha compiuto un gesto orrendo (**villania**) a cui può corrispondere, da parte del Signore, l'unica **cortesia** legittima: un destino di sofferenza e di morte atroci, di cui il poeta vuole essere testimone esemplare. Nella prospettiva ossessiva di Jacopone Dio e l'uomo, sono, nuovamente, due mondi tra loro inavvicinabili.

analisi e interpretazione T3

le forme

La struttura elencativa La lauda è costituita dalla semplice struttura 'a catalogo' dei malanni che Jacopone si augura di ricevere dal Signore. Alla formula iniziale "manname la malsanìa" segue l'insistente anafora del "a mme, a mme venga", con la quale si introducono, fino al v. 38, almeno trenta forme di sofferenza diversa, che coinvolgono tutti gli organi del corpo. A partire dal v. 39 l'autore si augura, poi, di emanare un fetore tremendo e, per questo, di venire abbandonato in un fossato, solo ed esposto alle intemperie, finché i diavoli si impossessino del suo corpo, procurandogli una "dura morte". Successivamente (vv. 59-62) aspira ad essere divorato da un lupo.

La sintassi e la forza espressiva Jacopone fa spesso uso di una sintassi semplice, prevalentemente paratattica. Anche in questo caso la forza del testo consiste soprattutto nella tensione espressiva, nel continuo sforzo di superare i confini normali della lingua. Ribaltando le invocazioni positive della tradizionale liturgia ecclesiastica e delle laude in onore di Dio, l'autore risolve la propria tensione ascetica in un brutale espressionismo lessicale, nell'uso, in questo caso, di un lessico basso e popolaresco (si veda ad esempio il «cacatura» del v. 61) che tocca punte veramente raccapriccianti.

i temi e i motivi

Il male fisico In una società, come quella medievale, dominata dal terrore per il dolore fisico, la preghiera di Jacopone, che si compiace di nominare ogni sorta di malattia nei suoi aspetti più crudi e umilianti, doveva provocare sui lettori un effetto di rottura dirompente. Non si tratta, però, di un'invenzione gratuita: la mortificazione totale del corpo assume per l'autore un significato profondo, legato alla propria denuncia nei confronti della realtà materiale e del mondo contemporaneo. Il disprezzo di sé esprime infatti la disposizione penitenziale di Jacopone, il suo rifiuto per i valori terreni, la propria angoscia per la morte di Cristo. Le sofferenze personali sono, in quest'ottica, l'unico modo per riprodurre le sofferenze del figlio di Dio sulla croce, ed espiare la colpa di tutti gli uomini che se ne sono resi responsabili.

La distanza dal modello francescano Pur inserendosi nel solco della tradizione francescana, Jacopone non condivide più l'interpretazione ottimistica e fiduciosa della natura che caratterizzava san Francesco, e anche il rapporto con la realtà fisica e materiale è molto più problematico e controverso. Ne risulta un'immagine tragica e sfiduciata del mondo, che si traduce in toni aspramente polemici e violenti. Chiuso nella propria angoscia e nelle proprie ossessioni individuali, Jacopone non giunge mai a scoprire un orizzonte rasserenante e positivo. Manca, cioè, la visione armonica del creato: la distanza tra materia e spirito, tra Dio e gli uomini resta insuperabile.

Jacopone e noi

La malattia e la religione oggi e in Jacopone Augurarsi di avere la febbre, la tisi, la gola infiammata, l'ulcera, l'epilessia ecc. sembra inconcepibile e risulta, alla nostra sensibilità, frutto di una disposizione morbosa quasi ridicola. Per noi la salute fisica non ha alcuna correlazione con la purezza dell'animo e non ci appare più come colpevole davanti agli occhi di Dio, bensì, eventualmente, come un dono generoso che Egli ci offre. Sentiamo, inoltre, quasi il dovere di tutelare e curare la nostra persona, perché questo non compromette affatto la nostra fede e il nostro rispetto per la religione. Il disprezzo del corpo assumeva invece, nella mentalità medievale, un ben preciso significato religioso: la pratica dell'autoflagellazione e le punizioni inflitte al corpo rivelavano l'intenzione di mortificare la dimensione terrena dell'uomo, che era vista come maggiore responsabile del peccato e, perciò, dell'allontanamento dalla spiritualità e da Dio. Jacopone, che era vicino alla corrente dei francescani spirituali e guardava con sospetto a ogni forma di cedimento e di corruzione, si spinge oltre. Persino le pratiche ascetiche e di automortificazione sono viste da lui come segno di superbia e di orgoglio, una forma subdola e pretestuosa per raggiungere la santità. Solo Dio può infliggere, infatti, all'uomo una punizione adeguata alle proprie colpe, e questa non può che essere l'annullamento totale. Jacopone era mosso, perciò, da intenzioni drammaticamente serie: l'uccisione di Cristo sulla croce gli appariva un delitto talmente orrendo e inspiegabile da esigere, quanto meno, non solo il sacrificio umile della propria salute bensì, addirittura, quello della sua stessa vita.

per studiare guida all'analisi T3

COMPRENDERE

1 Jacopone rovescia la forma tradizionale della preghiera invocando su di sé una serie di mali fisici. Rintracciali e trascrivili accanto alle strofe sul testo.

2 Per quale motivo Jacopone invoca tante punizioni? Rintraccia la risposta nel testo.

ANALIZZARE

3 Il desiderio di annientamento di Jacopone culmina nel vagheggiamento della morte. Quale fantasia autopunitiva mette in atto il poeta a questo proposito?

4 La lauda si apre con la parola «cortesia» (v. 1) e si chiude con la parola «villania» (v. 74), che sono termini tipici della lirica provenzale e amorosa. Quale significato assumono tali termini all'interno della lirica religiosa di Jacopone?

5 Con effetto sconvolgente, Jacopone ribalta tutti i luoghi del senso comune, ricorrendo ad alcuni espedienti stilistici di sicura efficacia. Individua ed esemplifica i più importanti, compilando la seguente tabella.

espedienti stilistici	esempi
la tecnica dell'elencazione	....
la sintassi paratattica	....
il lessico fortemente espressivo	....

INTERPRETARE E APPROFONDIRE

6 La figura del lupo, presente nel testo di Jacopone ai vv. 59-62, compare anche nel famoso *Fioretto* francescano riportato in questo percorso (cfr. T2). Confronta la diversa rappresentazione e funzione che la figura del lupo assume in ciascuno dei due testi.

Nel *Fioretto* il lupo è rappresentato come ....

e mostra che ....

Nella lauda di Jacopone il lupo è ....

e ha la funzione ....

7 Jacopone esprime un annientamento totale di sé, non solo sul piano fisico, ma anche sul piano intellettuale e morale, e pronuncia una condanna senza appello di tutta la società e della sua epoca. Prova a spiegare il pessimismo di Jacopone facendo riferimento a quello che sai sulle esperienze della sua vita e sui contrasti della sua epoca.

testi a confronto

Laudes creaturarum di Francesco d'Assisi e «*O Signor, per cortesia*» di Jacopone da Todi

In Umbria, nel cuore spirituale dell'Italia, circa mezzo secolo dopo Francesco d'Assisi, nasce a Todi Jacopone: la sua sarà la voce più alta della poesia religiosa medievale. Francescano, Jacopone compone anch'egli delle laudi, sul modello inaugurato dal *Cantico di frate sole*, ma l'equilibrio di Francesco risulta impossibile per Jacopone, che esprime piuttosto tragedia e conflitto. Consideriamo entrambi i testi presenti in questo percorso. Il confronto permetterà di scoprire il diverso rapporto di ciascun poeta con la natura, il mondo, la vita e la morte.

GLI ELEMENTI COMUNI E LE DIFFERENZE

1 Entrambi i testi hanno la forma della lauda, ma la struttura non è identica. Confronta la nota metrica: che cosa noti?

La forma delle laude

Francesco ....

Jacopone ....

2 Entrambe le laudi si rivolgono al Signore. Ma qual è lo scopo dell'invocazione in ciascuna di esse?

La lauda di Francesco ....

La lauda di Jacopone ....

3 La forma linguistica ha degli elementi simili ma anche notevolmente diversi. Confronta la struttura sintattica.

Nella lauda di Francesco ....

Nella lauda di Jacopone ....

4 Mentre Francesco rappresenta una visione gioiosa del rapporto tra l'individuo e la natura, e tra il creato e il creatore, per Jacopone, il desiderio di Dio non è perseguibile in altro modo se non attraverso lo «smisurato» amor divino, che, in quanto tale, è ineffabile. Da qui viene il linguaggio

originalissimo di Jacopone, fatto di una sintassi spezzata e di parole deformate che non hanno nulla di 'popolare' o di rozzo, ma sono il frutto della tensione ad esprimere quello che le parole normali non possono dire. Confronta il lessico dei due autori. Quali differenze noti?

Nella lauda di Francesco ....

Nella lauda di Jacopone ....

5 Tra Francesco e Jacopone intercorre più di mezzo secolo. Quali differenze sai indicare nei contesti storici in cui operano le due personalità, in particolare nel rapporto con le istituzioni della Chiesa?

....

....

....

....

T4

Jacopone da Todi
«Donna de Paradiso»

Laudi, 70

concetti-chiave

- il legame viscerale tra Maria e Gesù
- lo strazio per la morte di Cristo

È la lauda più famosa di Jacopone. La tendenza alla drammatizzazione, tipica della sua poesia, vi si traduce in un vero e proprio dialogo: il testo può, infatti, essere considerato il primo esempio di lauda drammatica (= dialogata). I protagonisti della scena sono Gesù, Maria, un fedele che fa da nunzio (probabilmente lo stesso san Giovanni evangelista), un messaggero e la folla. Nello scambio di battute vengono rievocati e commentati alcuni momenti della passione di Cristo: la cattura, le umiliazioni, la condanna e, infine, la crocifissione.

LINGUA: volgare umbro **DATAZIONE:** dopo il 1268

METRO: lauda sotto forma di ballata costituita da strofe di 4 versi settenari a rima aaab, tranne la prima che è di tre versi (aab).

«Donna de Paradiso,
lo tuo figliolo è preso
Iesù Cristo beato.

Accurre, donna e vide
che la gente l'allide;
credo che lo s'occide,
tanto l'ò flagellato».

«Come essere porria,
che non fece follia,
Cristo, la spene mia,
om l'avesse pigliato?».

«Madonna, ello è traduto,
Iuda sì ll'à venduto;
trenta denar' n'à auto,
fatto n'à gran mercato».

«Soccurri, Madalena,
ionta m'è adosso piena!
Cristo figlio se mena,
como è annunzïato».

«Soccurre, donna, adiuta,
cà 'l tuo figlio se sputa
e la gente lo muta;
òlo dato a Pilato».

1-3 *"O donna del Paradiso [Madonna], tuo figlio Gesù Cristo è stato catturato.*

4-7 *Accorri, donna, guarda come la gente lo percuote* (**allide**)*; credo che lo stiano uccidendo, tanto lo hanno flagellato".*

8-11 *"Come può* (**porria**) *essere, dal momento che Cristo, la mia speranza, non ha fatto nessun male* (**follia**) *che l'abbiano* (**om l'avesse** è impersonale, **om** deriva dal latino *homo* = 'uomo') *catturato* (**pigliato**)*?".*

12-15 *"Madonna, lui è [stato] tradito, Giuda lo ha venduto a questo modo* (**sì**)*; ne ha avuto [in cambio] trenta denari, ne ha fatto un commercio* (**gran mercato**)*".*

16-19 *"Aiuto Maddalena, mi è arrivato addosso* (**ionta**) *un dolore insostenibile* (**piena**)*! Mio figlio Cristo è portato via come era stato annunciato".*

20-23 *"Soccorri[lo], donna, aiuta[lo], perché* (**cà**) *tuo figlio è oggetto di sputi e la gente lo trascina via* (**muta**)*; lo hanno portato* (**òlo dato**) *da Pilato".* **lo muta**: sono possibili tre interpretazioni che trovano tutte riscontro nei Vangeli: 1) lo spostano dal sinedrio di Caifa, dove si trovava, al tribunale di Pilato in un altro luogo; 2) lo scambiano con Barabba; 3) gli cambiano l'abito.

«O Pilato, non fare
el figlio meo tormentare,
ch'eo te pòzzo mustrare
como a ttorto è accusato».

«*Crucifige, crucifige*!
Omo che se fa rege,
secondo la nostra lege
contradice al senato».

«Prego che mm'entennate,
nel meo dolor pensate!
Forsa mo vo mutate
de que avete pensato».

«Traiàn for li latruni,
che sian soi compagnuni;
de spine s'encoroni,
ché rege ss'è clamato!».

«O figlio, figlio, figlio,
figlio, amoroso giglio!
Figlio, chi dà consiglio
al cor me' angustïato?

Figlio occhi iocundi,
figlio, co' non respundi?
Figlio, perché t'ascundi
al petto o' si lattato?».

«Madonna, ecco la croce,
che la gente l'aduce,
ove la vera luce
déi essere levato».

«O croce, e que farai?
El figlio meo torrai?
E que ci aponerai,
che no n'à en sé peccato?».

«Soccurri, plena de doglia,
cà 'l tuo figliol se spoglia;
la gente par che voglia
che sia martirizzato».

«Se i tollit'el vestire,
lassatelme vedere,
com'en crudel firire
tutto l'ò ensanguenato».

«Donna, la man li è presa,
ennella croc'è stesa;
con un bollon l'ò fesa,
tanto lo 'n cci ò ficcato.

L'altra mano se prende,
ennella croce se stende
e lo dolor s'accende,
ch'è plu multiplicato.

Donna, li pè se prènno
e clavellanse al lenno;
onne iontur'aprenno,
tutto l'ò sdenodato».

«Et eo comenzo el corrotto;
figlio, lo meo deporto,
figlio, chi me tt'à morto,
figlio meo dilicato?

Meglio aviriano fatto
ch'el cor m'avesser tratto,
ch'ennella croce è tratto,
stace descilïato!».

«O mamma, o' n'èi venuta?
Mortal me dà' feruta,
cà 'l tuo plagner me stuta,
ch'el veio sì afferato».

24-27 *"O Pilato, non far tormentare mio figlio, perché ti posso dimostrare che è accusato a torto".*
28-31 *"Crocifiggilo, crocifiggilo! Un uomo che si è proclamato re, secondo la nostra legge, va contro il senato".* Anche questo passaggio è ripreso fedelmente dal Vangelo.
32-35 *"Vi prego di ascoltarmi* (**che mm'entennate** = 'che mi intendiate'), *pensate al mio dolore! Forse potete ancora cambiare idea rispetto a quello che avete deciso* (**pensato**)*".*
36-39 *"Andiamo a prendere i ladroni, che siano i suoi degni compagni* (**compagnuni**)*; gli si metta una corona di spine, visto che si è proclamato re!".*
40-47 *"Figlio, figlio, figlio, giglio amoroso! Figlio, chi può consolare* (**dà consiglio al**) *il mio cuore tormentato? Figlio dagli occhi che danno gioia* (**occhi iocundi**)*, figlio perché* (**co'**) *non rispondi? Figlio perché ti sottrai al mio petto che ti ha allattato?".*
48-51 *"Madonna ecco, la gente porta* (**l'aduce**; **l'** = 'la' è pleonastico, tipico della lingua parlata) *la croce sulla quale la vera luce di Cristo deve essere innalzata".*
52-55 *"O croce, e tu che farai? Prenderai* (**torrai**) *mio figlio? E di cosa lo accuserai* (**que ci aponerai**) *visto che* (**che**) *non ha in sé nessun peccato?".*
56-59 *"Soccorrilo, tu che sei piena di dolore* (**doglia**)*, perché tuo figlio viene spogliato; sembra che la gente voglia che venga ucciso* (**martirizzato**)*.*
60-63 *"Se gli togliete i vestiti, lasciatemelo vedere, come nelle aggressioni crudeli* (**en crudel firire** = 'nel ferir[lo] crudelmente') *lo avete* (**l'ò**) *tutto insanguinato".*
64-67 *"Donna, gli viene presa la mano, e viene stesa nella croce: viene trafitta* (**fesa**) *con un chiodo* (**bollon** = 'bullone')*, tanto ce lo hanno* (**lo 'n cci ò**) *conficcato.*
68-71 *Viene presa* (**se prende**) *l'altra mano, viene stesa sulla croce e il dolore diventa bruciante* (**s'accende**) *perché viene ancor più accresciuto* (**plu multiplicato**). **plu** dal latino *plus* = 'più'.
72-75 *Donna, gli vengono presi i piedi e vengono inchiodati* (**clavellanse**) *al legno [della croce]; spaccando* (**aprenno**) *tutte le giunture lo hanno interamente snodato* (**tutto l'ò sdenodato**)*".*
76-83 *"E io comincio il lamento funebre* (**corrotto**)*; figlio, gioia mia* (**lo meo deporto**)*, figlio chi ti ha ucciso, figlio mio dolce* (**dilicato**)*? Avrebbero fatto meglio a strapparmi il cuore, perché [anche quello] è salito* (**tratto**) *sulla croce [e] ci sta straziato* (**descilïato**)*!".*
84-87 *"Mamma, dove sei* (**o' n'èi**) *venuta? Mi dai un colpo mortale* (**feruta**) *perché il tuo pianto mi uccide* (**me stuta**)*, che vedo* (**ch'el veio; el** = il = 'lo', pleonastico) *così angosciato* (**afferato**)*".*

T4 Jacopone da Todi «Donna de Paradiso»

«Figlio, ch'eo m'aio anvito,
figlio, pat'e mmarito!
Figlio, chi tt'à firito?
Figlio, chi tt'à spogliato?».

«Mamma, perché te lagni?
Voglio che tu remagni,
che serve mei compagni,
ch'êl mondo aio aquistato».

«Figlio, questo non dire!
Voglio teco morire,
non me voglio partire
fin che mo 'n m'esc' el fiato.

C'una aiàn sepultura,
figlio de mamma scura,
trovarse en afrantura
mat'e figlio affocato!».

«Mamma col core afflitto,
entro 'n le man' te metto
de Ioanni, meo eletto;
sia to figlio appellato.

Ioanni, èsto mea mate:
tollila en caritate,
àginne pietate,
cà 'l core si à furato».

«Figlio, l'alma t'è 'scita,
figlio de la smarrita,
figlio de la sparita,
figlio attossecato!

Figlio bianco e vermiglio,
figlio senza simiglio,
figlio, e a ccui m'apiglio?
Figlio, pur m'ài lassato!

Figlio bianco e biondo,
figlio volto iocondo,
figlio, perché t'à el mondo,
figlio, cusì sprezzato?

Figlio dolc'e placente,
figlio de la dolente,
figlio àte la gente
mala mente trattato.

Ioanni, figlio novello,
morto s'è 'l tuo fratello.
Ora sento 'l coltello
che fo profitizzato.

Che moga figlio e mate
d'una morte afferrate,
trovarse abraccecate
mat'e figlio impiccato!».

Jacopone da Todi, *Laude*, a cura di F. Mancini, Laterza, Roma-Bari 1973.

89-91 *"Figlio, io ne ho ben ragione* (**ch'eo m'aio anvito** = 'io ne ho invito') *[di disperarmi], figlio, padre e marito mio! Figlio, chi ti ha ferito? Figlio, chi ti ha spogliato?".*

92-95 *"Mamma, perché ti lamenti? Voglio che tu rimanga [in vita] e assista* (**serve**) *i compagni che ho acquistato [stando] al mondo".*

I compagni di Gesù sono i suoi apostoli.

96-99 *"Figlio, non voglio che tu dica così! Voglio morire con te, non voglio allontanarmi di qua finché ancora* (**mo**) *avrò voce* (**fiato**).

Ma **fiato** potrebbe voler indicare anche il 'respiro'. Dunque: finché avrò vita.

100-103 *[Voglio] che abbiamo un'unica* (**una**) *sepoltura, figlio di una mamma infelice* (**scura**), *trovandoci* (**trovarse**) *tutti e due nella stessa sofferenza* (**afrantura**), *madre e figlio ucciso* (**affocato**)*!".*

104-111 *"Mamma dal cuore spezzato, ti lascio* (**metto**) *nelle mani di Giovanni, il mio prediletto; [voglio] che sia chiamato 'tuo figlio'. Giovanni, questa è mia madre: occupatene con amore* (**en caritate**) *e abbi* (**àginne**) *pietà di lei perché le hanno spaccato* (**si à furato** = 'forato') *il cuore!".*

Prima di morire, Cristo affida la madre al discepolo e chiede a lei di trattare Giovanni come se fosse suo figlio. È uno dei passaggi che rispecchiano fedelmente il Vangelo.

112-115 *"Figlio, l'anima è uscita da te, figlio di me che sono smarrita, figlio di me che sono disperata* (**sparita**), *figlio ucciso* (**attossecato**).

116-119 *Figlio bianco e rosso* (**vermiglio**), *figlio senza pari* (**simiglio** = 'somiglianza'), *figlio a chi mi appoggio* (**apiglio**) *ora? Figlio, mi hai davvero* (**pur**) *abbandonato!*

120-123 *Figlio bianco e biondo, figlio dal volto che dà gioia, figlio perché il mondo ti ha tanto* (**cusì**) *disprezzato?*

124-127 *Figlio dolce e bello, figlio di me che sono addolorata, figlio la gente ti ha trattato ingiustamente* (**mala mente**).

128-131 *Giovanni, nuovo figlio [mio], tuo fratello è morto. Ora riconosco* (**sento**) *il colpo* (**'l coltello**, per metonimia) *che era stato* (**fo**) *profetizzato.*

132-135 *Ah, se potessero morire* (**Che moga**) *figlio e madre presi* (**afferrate**) *da una morte sola, trovandosi abbracciati, la madre e il figlio appeso* (**impiccato**)*!".*

analisi e interpretazione T4

i temi, i personaggi

La rielaborazione delle fonti Rispetto alla testimonianza evangelica della Passione, cui pure Jacopone si ispira, al centro della narrazione non c'è il figlio di Dio, ma Maria, una donna straziata dal dolore. Si tratta di un'importante innovazione che mira a connotare in senso più umano e drammatico l'episodio. Fedele alla lezione francescana, l'autore ricerca infatti i segni del divino in un'esperienza tutta concreta e terrena: lo strazio di una madre per la morte del figlio (su trentatré strofe dell'intero componimento, a Cristo sono concesse solo tre battute per un totale di sedici versi, mentre a Maria ben settantasei versi).

Il legame madre-figlio Il dato fondamentale che emerge dal dialogo è proprio il rapporto fisico, quasi viscerale, che lega Maria a Gesù e le impedisce, in questa fase degli avvenimenti, di giudicare la morte di Cristo come salvifica per l'umanità intera. Accantonato, cioè, il livello teologico astratto di quel sacrificio, Jacopone filtra la passione di Gesù attraverso la disperazione umanissima di una donna inconsolabile che vede nell'uomo sulla croce solo il proprio figlio agonizzante. Insistente è, infatti, per tutto il componimento, l'iterazione del termine 'figlio', mentre 'mamma' è il modo in cui Cristo si rivolge direttamente a Maria, sottolineando il loro legame di sangue e di latte ('mamma' deriva infatti dal latino familiare *mamma* = 'mammella').

le forme

La struttura La ricostruzione della Passione avviene in modo semplice, attraverso le tappe più care alla tradizione, proprio per promuovere la devozione e la partecipazione popolare: nella prima parte del testo (vv. 1-84) prevale il dinamismo concitato delle azioni raccontate; nella seconda, invece, il rallentamento del ritmo evidenzia ancora di più la drammaticità dell'azione. La crocifissione e lo strazio del corpo di Cristo sono infatti presentati attraverso un dettagliato resoconto di particolari crudissimi: trafittura di mani e piedi, slogatura e frattura delle giunture e delle ossa (cfr. **S2**, p. 554). Nella parte conclusiva del testo, Gesù affida in custodia a Giovanni la propria madre disperata e inconsolabile; gli ultimi versi della lauda sono infatti un lunghissimo grido straziato di Maria.

Il tono del testo Rispetto alle altre composizioni di Jacopone, di impronta fortemente soggettiva e concentrate sull'angoscia e sullo sdegno personale, questa non esprime sentimenti privati ma tenta la resa oggettiva di una vicenda che ci viene raccontata in 'diretta' dalle voci narranti dei protagonisti. A determinare il crescendo drammatico della scena contribuisce l'andamento del componimento, fondato su uno stile paratattico, frantumato, sull'alternarsi incalzante delle battute, sulla presenza di frasi esclamative con il verbo all'infinito, sull'uso ossessivo dell'anafora, delle iterazioni e dell'asindeto. Come per il cantico di san Francesco, dunque, anche in questo caso non ci troviamo di fronte a un componimento ingenuo ma a una prova sorretta da piena consapevolezza ideologica e letteraria.

per studiare guida all'analisi T4

COMPRENDERE

1 Riassumi il contenuto e gli aspetti formali della lauda rispondendo alle seguenti domande.
- A chi sono i protagonisti?
- B che cosa narra il testo?
- C come appare Gesù?
- D come è rappresentata Maria?
- E qual è la funzione del "testimone" (o "nunzio")?
- F quali scelte formali (linguistiche e stilistiche) sottolineano la tragicità della scena?

2 La novità formale di questa lauda sta nella teatralizzazione del racconto. Suddividi la lauda nelle tre sequenze fondamentali che la compongono: 1) la prima parte in cui intervengono più voci; 2) la seconda parte formata dal dialogo tra Maria e Cristo; 3) la terza parte composta dal monologo lirico di Maria sul figlio morto.

ANALIZZARE

3 Prova a rintracciare nel testo alcuni episodi specifici raccontati nei Vangeli.

4 Quale elemento in particolare caratterizza la narrazione di Jacopone rispetto al testo evangelico?

5 «Figlio» è una parola che si ripete continuamente in questa lauda: ha quindi una funzione e un significato particolari. Quale?

6 Jacopone ricorre ad un linguaggio originale, misto di termini colti e di termini del linguaggio quotidiano. Fai qualche esempio dell'uno e dell'altro caso.

7 Rintraccia nel testo la descrizione della crocifissione di Gesù. Come definiresti tale descrizione? Scegli dalla lista dei seguenti aggettivi quelli che ti sembrano pertinenti e spiega la tua scelta.

realistica – raccapricciante – espressionistica – dettagliata – oggettiva – violenta – cruenta – macabra

INTERPRETARE E APPROFONDIRE

8 **Scegli l'affermazione che spiega correttamente in che senso *«Donna de Paradiso»* è un esempio di lauda drammatica.**

- a perché il suo contenuto (la passione e la morte di Cristo) è un tema altamente drammatico
- b perché il testo è tutto costruito attraverso i dialoghi dei vari protagonisti
- c perché il testo era stato scritto per essere rappresentato nei teatri
- d perché il racconto ha l'intento di commuovere gli ascoltatori

9 **Quale tema è messo in più forte risalto da Jacopone?**

- a il dolore di Giovanni
- b il dolore di Maria
- c il dolore di Cristo
- d la responsabilità del popolo nella condanna di Cristo

10 **Nella lauda sono contenuti elementi di forte contenuto teologico. Qui sotto ne trovi elencati tre. Individua l'intruso.**

- a il testo ha una forte caratterizzazione drammatica
- b la morte di Cristo non è rappresentata astrattamente, ma viene vissuta come condizione estrema del dolore dell'umanità
- c Maria è messa al centro della storia, in quanto è lei il fulcro in cui si legano i due misteri dell'Incarnazione e della Passione
- d nella sua sofferenza di donna innocente, Maria si fonde con Cristo, anch'egli ucciso senza colpa

S2 ATTRAVERSO LE DISCIPLINE

Il tema della Passione

Il tema della Passione trova ampia diffusione, nel corso del Duecento e del Trecento, in ambito colto e popolare; né resta un tema medievale, giacché è destinato a protrarsi fino a tutto il XVII secolo e oltre.
Risale alla tradizione francescana l'impulso a rappresentare l'aspetto umano e la sofferenza nel corpo di Cristo, valorizzando il ruolo della Madonna come *Mater dolorosa* (Madre addolorata).
Questa tematica ispira varie manifestazioni della vita religiosa e culturale: le esperienze mistiche, a partire da san Francesco, basate sulla imitazione della vita di Cristo, i movimenti ascetici penitenziali, come i flagellanti, le laudi e le sacre rappresentazioni. Essa influenza profondamente l'immaginario artistico, trasformando l'iconografia della crocifissione nelle arti figurative.
Fino al X secolo la croce non rappresenta un supplizio, ma ha altri significati simbolici: segno cosmico, incrocio di spazio e tempo, allude simbolicamente all'intera creazione. Il corpo di Cristo non vi appare sofferente, ma sereno nella sua immobile frontalità, talora incoronato e trionfante. Dopo il Mille, con la diffusione dell'arte gotica, in Italia soprattutto con Cimabue e Giotto (XIII sec.) il corpo di Cristo acquista

Giotto, *Compianto sul Cristo morto*, 1303-1305 (particolare). Padova, Cappella degli Scrovegni.

volume e movimento e sulla croce compare un uomo, una vittima. La passione di Cristo da astratto dolore simbolico diventa dramma umano che investe i personaggi che vi assistono e dà un ruolo fondamentale alle figure femminili, Maria e Maddalena.
Non è un caso che nella Basilica di San Francesco in Assisi questo tema sia ampiamente raffigurato. Cimabue è l'artista contemporaneo

considerato più vicino a Jacopone e la sua *Crocifissione* (1277-1280) – purtroppo oggi in pessimo stato – ricorda il poeta umbro per l'espressività carica di energia e di passione che caratterizza la scena. Sempre nella Basilica di San Francesco la *Deposizione* di Pietro Lorenzetti (1320-1322) offre l'esempio estremo di questo cambiamento della sensibilità. La Passione diventa qui una tragedia collettiva.
Il tema della Passione mantiene inalterata la sua carica drammatica anche nel Novecento. Nel film *Il Vangelo secondo Matteo* del 1964 Pasolini dà voce allo scandalo della predicazione e della morte di Gesù. Nel rappresentare la scena della crocifissione, Pier Paolo Pasolini si è ispirato alla lauda drammatica di Jacopone, riprendendone il rapporto profondo tra madre e figlio. Infatti per sottolineare questo aspetto, Pasolini ha offerto il ruolo della Madonna, disperata ai piedi della croce, alla propria madre Susanna Colussi. La donna non era una professionista e, pur timidissima, semplice e molto anziana, seppe rendere con grande intensità lo strazio di quel dolore. La scelta, forse in parte ancora condizionata dall'abitudine neorealistica di attingere gli attori dalla strada, si fondava, tuttavia, in quel caso, su una contingenza particolare. In un'intervista rilasciata alla televisione del tempo, Susanna Colussi disse di essere riuscita ad immedesimarsi nel ruolo ripensando allo strazio realmente provato quando nel 1945 era morto il figlio partigiano, Guido.
Una versione diversa della Passione è invece quella portata in scena da Dario Fo in *Mistero Buffo* (*Commedie*, Einaudi, Torino 1997). Frutto di un lavoro di ricerca sulla tradizione popolare medievale, il testo contamina il tema evangelico con gli umori e le reazioni della povera gente e diventa pretesto di identificazione collettiva con sentimenti umani universali (amore materno e filiale, solidarietà, crudeltà, odio del mondo). Il motivo nuovo portato alla luce è il risentimento della Madonna contro l'angelo Gabriele e l'inganno dell'Annunciazione, protesta che rovescia il dramma religioso in dramma interamente umano con effetti comici e dissacratori.

C. Antoni, *Versioni della Passione*, E.T.S., Pisa 1990.

Cimabue, *Crocifissione*, 1277-1280.
Assisi, Basilica Superiore di San Francesco.

P.P. Pasolini, *Il Vangelo secondo Matteo* (1964).

Pietro Lorenzetti, *Deposizione di Cristo*, 1326-1329.
Assisi, Basilica Inferiore di San Francesco.

4 La voce di una donna: Caterina da Siena

Caterina da Siena (1347-1380) È una delle figure più complesse e inquietanti della nostra letteratura. Percepita precocemente la propria vocazione, Caterina riesce a combinare momento contemplativo e lotta "sul campo", ingaggiando per tutta la vita una battaglia in difesa della Chiesa, contro la corruzione e in nome della riforma morale. Nell'episodio dello 'schiaffo d'Anagni' del 1303 (cfr. **Capitolo 2**, **§ 2**) la donna sa acutamente riconoscere non solo un'offesa ingiuriosa al pontefice, ma il segno inequivocabile della fine del potere e dell'autorevolezza papale. Il rientro definitivo di Gregorio XI a Roma, dopo i settant'anni di cattività avignonese, è in gran parte

l'autrice e l'opera

Caterina Benincasa, nota come Caterina da Siena, nasce nel 1347 in una famiglia modestissima ed è ventiquattresima di 25 fratelli; quando è ancora una bambina entra nell'ordine domenicano delle Mantellate laiche, fa voto di castità, e fino a diciannove anni conduce una vita di penitenza e di isolamento dal mondo chiusa nella propria cameretta. Combatte tutta la vita una battaglia in difesa della semplicità e della povertà della Chiesa, che ha tradito il messaggio evangelico e, nel trasferimento della sede pontificia ad Avignone (dal 1309 al 1377), riconosce ormai la sua totale sottomissione al potere politico. Contrastare la corruzione e la secolarizzazione del clero significa per lei condurre una battaglia contemporaneamente religiosa e politica. Caterina lo fa in modo determinato, viscerale e coraggioso, intervenendo con straordinaria autorevolezza nelle vicende più importanti del proprio tempo. Lungi dal concepirsi isolata dal mondo, e dal confinarsi nella dimensione ristretta del convento, Caterina si impegna attivamente in opere di carità e volontariato, compie numerose missioni diplomatiche in Italia e all'estero. Nelle *Lettere* (1370-1380 circa), 381 missive rivolte a laici ed ecclesiastici, grandi autorità come papi, sovrani e vescovi ma anche a persone umili e semplici, la donna promuove il ritorno della sede papale a Roma, sostiene la necessità di una riforma morale, organizza i preparativi per la crociata e cerca di fortificare la fede degli interlocutori. Lo fa con slancio passionale e in una lingua energica e vibrante, in cui metafore ardite e reminiscenze bibliche si alternano ad espressioni popolaresche; la materialità dell'esistenza è infatti continuamente chiamata in causa per venire ambiguamente negata, o meglio risolta nella tensione ascetica e nell'estasi mistica. Muore nel 1380 all'età di 33 anni ed è proclamata santa nel 1461. Nominata Patrona d'Italia da Papa Pio XII nel 1939, dal 1 ottobre 1999 è anche Compatrona d'Europa.

La casa di Caterina da Siena.

Nella casa di famiglia a Fontebranda, dove abitava prima del 1365 e dell'entrata in convento, Caterina non aveva una stanza solo per sé, ma divideva quella del fratello Stefano, non sposato. Scrive Raimondo da Capua nella *Legenda maior*: «In sua assenza poteva rimanere da sola, mantenendo sempre la porta aperta; di notte, mentre quello dormiva, poteva pregare secondo il voto». A questa stanza non accedevano se non religiosi di grande cultura o quei compagni e compagne laici, una volta mondani, che ora si erano convertiti dietro il suo esempio. Da amici essi erano diventati via via discepoli attenti e fedeli di quella che chiamavano 'mamma' e che dettava loro le sue lettere, stando in ginocchio sul pavimento.

frutto del suo abile e paziente lavoro diplomatico. Lei, giovane di umilissime origini, che aveva imparato a leggere solo a vent'anni, è ricevuta ed ascoltata dalle maggiori autorità politiche e religiose del tempo, cui non esitava a rivolgersi con tono di fermo comando. Non va tuttavia ignorato che di solito Caterina non stende personalmente le proprie lettere. Le indicazioni della Chiesa, che proibiva la scrittura femminile, la costringono a dettarle ad alcuni seguaci che fungevano da segretari. Dal momento poi che il suo carattere forte suscita timore e diffidenza nelle autorità religiose, la Chiesa le affianca un uomo, frate Raimondo da Capua, come consigliere e aiutante. Nonostante sia controllata e mediata da mano maschile, la voce di Caterina rivela tuttavia tutta la propria femminilità; è il genere stesso della lettera, infatti, per natura legato all'esperienza biografica, che permette al suo io di esprimersi.

T5

concetti-chiave

- la denuncia della corruzione ecclesiastica
- il richiamo ai valori del Cristianesimo originario

Caterina da Siena

Lettera a un gran prelato

Epistolario

Non è certo chi sia il destinatario di questa lettera, forse il cardinale di Ostia, in ogni caso un importante religioso al quale Caterina si rivolge angosciata per le condizioni in cui versa la Chiesa. Facendo ricorso al suo abituale stile immaginoso e severo, la donna paragona implicitamente lo strazio dello scisma e la corruzione della Chiesa al supplizio fisico patito da Cristo sulla croce. Il dialogo di una serva (verosimilmente la stessa Caterina) con il figlio di Dio è reso nella sua straordinaria intensità grazie alle modalità teatrali tipiche delle laude drammatiche. Domande, risposte e appelli all'interlocutore si susseguono con frenesia crescente fino a sfociare, in un misto conturbante di trasporto e dolore, nell'estasi mistica della santa.

LINGUA: italiano **DATAZIONE:** 1370-1380 ca.

[1-9] Caterina si rivolge al gran prelato invocando subito, per lui, il desiderio della fame e della sete sante. L'esempio lo ha dato Gesù, che ha preferito alla salvezza del proprio corpo la salvezza spirituale del genere umano.

Al nome di Gesù Crocifisso e di Maria dolce.

Reverendo e carissimo Padre in Cristo Gesù, io Catarina, serva e schiava de' servi di Gesù Cristo crocifisso, scrivo a voi nel prezioso sangue suo, con desiderio di vedervi affamato del cibo della creatura per onore di Dio;[1] imparando dalla prima dolce Verità, che per fame e sete che egli ha della nostra salute, muore.[2] Non pare che questo Agnello immacolato si possa saziare; grida in Croce satollato da obbrobri,[3] e dice che ha sete. Poniamoché[4] corporalmente esso avesse sete, ma maggiore era la sete del santo desiderio che egli aveva della salute delle anime. [...]

[10-42] A questo proposito Caterina riporta un episodio esemplare, il dialogo di una santa serva con Gesù. Alle domande della donna Cristo risponde: non c'è paragone tra le sofferenze corporali e quelle dello spirito. Le prime sono transitorie, le

Questo mi ricordo che il dolce e buono Gesù manifestava una volta ad una serva sua. Vedendo ella in lui la croce del desiderio e la croce del corpo, ella dimandava: "Signore mio dolce, quale ti fu maggior pena, o la pena del corpo, o la pena del desiderio?". Egli rispondeva dolce e benignamente, e diceva: "Figliuola mia, non dubitare; ché io ti fo sicura di questo: che nessuna comparazione si può fare dalla cosa finita alla cosa infinita.

1. cibo...Dio: da subito compare l'immagine del cibo spirituale, del nutrimento dell'anima, l'unico che i servi di Dio debbono desiderare.
2. muore: allo stesso modo l'assenza di quel desiderio nei suoi servi condanna Cristo alla morte per 'fame' e 'sete'.
3. satollato da obbrobri: *sottoposto a strazi*.
4. Poniamoché: *Ammettiamo anche che*.

seconde eterne. Anche dopo la crocifissione lui continua infatti a consumarsi nel desiderio che i suoi figli, cioè la Chiesa, non abbandonino la vera fede.

Così ti pensa che la pena del corpo mi fu finita; ma il santo desiderio non finisce mai.[5] [...] Questa croce m'era a maggior pena[6] che veruna altra pena ch'io portassi mai corporalmente. E però[7] lo spirito mio esultò con grandissima letizia, quando mi vidi condotto all'ultimo;[8] e specialmente nella cena del Giovedì santo.[9] E però dissi: con desiderio ho desiderato di fare questa Pasqua; cioè di fare il sacrificio del corpo mio al Padre. Grandissima letizia e consolazione avevo, perché vedevo apparecchiare il tempo disposto a tormi[10] questa croce del desiderio;[11] cioè che quanto più vidi giugnere a flagelli e a tormenti corporali, tanto mi scemava più la pena. Ché con la pena corporale si cacciava la pena del desiderio; perocché vedevo adempiuto quello che io desideravo". Ella rispondeva e diceva: "O Signor mio dolce, tu dici che questa pena della croce del desiderio ti si partì in Croce. In che modo fu? Or perdesti tu il desiderio di me?".[12] Ed egli diceva: "Figliuola mia dolce, no. Ché morendo in su la Croce, terminò la pena del santo desiderio ad un'ora con la vita; ma non terminò il desiderio e la fame che io ho della salute vostra" [...].

Adunque ben vedete, reverendo padre, che il dolce e buono Gesù amore, egli muore di fame e di sete della[13] salute nostra. Io vi prego per l'amore di Cristo crocefisso che voi vi poniate per obietto la fame di questo Agnello.[14] Questo desidera l'anima mia, di vedervi morire[15] per santo e vero desiderio, cioè che per l'affetto e amore che voi arete all'onore di Dio,[16] salute dell'anime ed esaltazione di santa Chiesa, ho volontà di vedervi tanto crescere questa fame, che sotto questa fame, rimaneste morto. Che, come il Figliuolo di Dio (come detto abbiamo) di fame morì; così voi rimagnate morto a ogni amore proprio di voi medesimo; e a ogni passione sensitiva[17] rimanga morta la volontà e l'appetito; a stati e delizie del mondo, al piacere del secolo, a tutte le pompe sue[18] [...].

[43-70] Caterina arriva alla conclusione del discorso. La Chiesa ha abbandonato da tempo la retta via: superbia, interessi personali e corruzione dilagante hanno stravolto la sua missione spirituale e offendono Dio. È venuto il momento di rinunciare a ogni ambizione terrena e

Ohimè, oimè, disavventurata l'anima mia! Aprite l'occhio e ragguardate la perversità della morte[19] che è venuta nel mondo, e singolarmente[20] nel corpo della santa Chiesa. Oimè, scoppi il cuore e l'anima vostra a vedere tante offese di Dio. Vedete, padre, che 'l lupo infernale ne porta la creatura,[21] le pecorelle che si pascono nel giardino della santa Chiesa; e non si trova chi muova a tragliele di bocca.[22] Li pastori dormono nell'amor proprio di loro medesimi, in una cupidità e immundizia:[23] sono sì ebbri

5. **Così ti pensa...non finisce mai**: Cristo allude al desiderio che il genere umano sia salvo.
6. **m'era a maggior pena**: *mi procurava un tormento maggiore.*
7. **E però**: *Perciò.*
8. **condotto all'ultimo**: *sul punto di morire.*
9. **nella cena del Giovedì santo**: l'ultima cena di Gesù, consumata insieme agli apostoli.
10. **disposto a tormi**: *il momento in cui mi sarei levato.*
11. **questa croce del desiderio**: è sempre il desiderio di dare la propria vita in cambio della redenzione degli uomini.
12. **Or perdesti tu il desiderio di me?**: Caterina chiede come sia potuto avvenire che proprio con il supplizio della croce Cristo abbia posto fine al suo dolore e chiede se adesso egli si disinteressi della salvezza della sua serva.
13. **della**: *per la.*
14. **poniate...Agnello**: Caterina prega il prelato a cui si rivolge di preoccuparsi solo di ciò che Cristo desidera per gli uomini.
15. **morire**: desiderare e perseguire fino in fondo. L'immagine è ovviamente metaforica, ma sappiamo che Caterina non teme l'annullamento terreno.
16. **arete...Dio**: *nutrite nei confronti di Dio.*
17. **sensitiva**: *terrena.*
18. **rimanga morta...pompe sue**: Caterina auspica per il destinatario l'abbandono di ogni ambizione e desiderio mondani.
19. **morte**: è la morte spirituale, quella determinata dalla condizione di peccato in cui versa il genere umano.
20. **singolarmente**: *soprattutto.*
21. **'lupo...creatura**: *il diavolo* (**'lupo infernale**) *ha allontanato le creature da Dio e le trascina all'inferno.* Qui la santa ricorre all'immagine tradizionale del pastore preposto a difendere il gregge dal pericolo del lupo.
22. **a trargliele di bocca**: a Caterina sembra che nessuno intervenga per risanare la situazione di terribile degrado.
23. **Li pastori...immundizia**: gli ecclesiastici concentrati sui propri vizi si sono completamente dimenticati della loro missione spirituale.

di nutrirsi esclusivamente dell'amore per Gesù.

di superbia che dormono e non si sentono, perché veggano[24] che il diavolo, lupo infernale, se ne porti la vita della Grazia in loro e anco quella dei sudditi loro.[...]. Pregovi che facciate sì che non sia detta a voi[25] quella dura parola con riprensione della prima Verità dicendo:[26] "maladetto sia tu che tacesti". Oimè, non più tacere! Gridate con cento migliaia di lingue. Veggo che, per tacere,[27] il mondo è guasto,[28] la Sposa di Cristo[29] è impallidita, toltogli è il colore, perché gli è succhiato il sangue da dosso, cioè che il sangue di Cristo, che è dato per grazia e non per debito,[30] egli sel furano[31] con la superbia, tollendo l'onore che debbe essere di Dio, e dannolo a loro; e si ruba per simonia, vendendo i doni e le grazie che ci sono dati per grazia col prezzo del sangue del Figliuolo di Dio. Oimè! Ch'io muoio, e non posso morire.[32] Non dormite più in negligenzia; adoperate nel tempo presente ciò che si può.[33] Credo che vi verrà altro tempo[34] che anco potrete più adoperare; ma ora pel tempo presente v'invito a spogliare l'anima vostra d'ogni amore proprio, e vestirla di fame e di virtù reale e vera, a onore di Dio e salute dell'anime. Confortatevi in Cristo Gesù dolce amore: ché tosto vedremo apparire i fiori.[35] [...] Non dico più. Permanete nella santa e dolce dilezione di Dio. Annegatevi nel sangue di Cristo crocifisso: ponetevi in croce con Cristo crocifisso; nascondetevi nelle piaghe di Cristo crocifisso. Fatevi bagno nel sangue di Cristo crocifisso. Perdonate, Padre, alla mia presunzione. Gesù dolce, Gesù amore.[36]

Caterina da Siena, *Epistolario*, a cura di U. Meattini, Edizioni Paoline, Roma 1979.

24. perché veggano: *nonostante vedano.*
25. a voi: *anche per voi.*
26. dura parola...dicendo: *quel duro rimprovero che appellandosi alla massima verità di Dio dice.*
27. per tacere: *per colpa di chi ha taciuto [e non si è opposto].*
28. è guasto: *è andato in rovina.*
29. la Sposa di Cristo: è la Chiesa.
30. grazia...debito: Cristo non era obbligato a versare il suo sangue per gli uomini, il suo è stato un dono della Grazia.
31. sel furano: *se ne appropriano* (**furano** = 'rubano').
32. e non posso morire: Caterina è straziata dal dolore e non le è dato neppure il sollievo della morte fisica.
33. adoperate...può: *datevi da fare almeno ora per fare il possibile.*
34. vi verrà altro tempo: Caterina prevede che verranno tempi migliori e più adatti ad operare.
35. i fiori: il risultato del risanamento della Chiesa.
36. Gesù dolce, Gesù amore: è la formula consueta con cui Caterina conclude quasi tutte le sue lettere.

analisi e interpretazione T5

i temi e i motivi

La fame del corpo e dello spirito Tutta la lettera, costruita sull'antitesi anima-corpo, ruota intorno alla metafora del nutrimento. Con la ripetitività incisiva e il linguaggio scandaloso che caratterizza i suoi scritti, Caterina auspica la mortificazione e addirittura la consunzione materiale propria e dei membri della Chiesa in nome della salute spirituale. È la 'lode dell'annientamento', del 'non essere' come condizione dell'essere. Il disprezzo non solo dei piaceri ma anche delle necessità minime legate al mondo (bere e alimentarsi) diventa un modo per espiare la sofferenza di Cristo e soprattutto per raggiungere la purificazione. Sottrarsi alla schiavitù dei bisogni, e dei bisogni primari, rende padroni di sé e dà la forza necessaria per combattere il «lupo infernale». Per questo Caterina auspica insistentemente la 'fame' come desiderio di «virtù reale e vera».

La cattività avignonese Al tempo in cui Caterina scrive, il papato ha spostato la sua sede ad Avignone. Del tutto sottoposto al volere del re di Francia, se non ridotto addirittura a un signorotto feudale o a un avventuriero, il pontefice ha perso ogni potere spirituale e ogni credibilità, contribuendo ad alimentare nel clero e nella gente comune un inaccettabile deterioramento dei costumi, il crollo della devozione e la corruzione della vera fede. Il declino che già Dante aveva temuto e constatato si rivela ora nelle sue conseguenze catastrofiche.

«Non più tacere!» Davanti a questa situazione non è più possibile tacere. Caterina grida il proprio sdegno e invita, anzi ordina,

espansioni digitali

S PASSATO E PRESENTE Anoressia ieri e oggi

al prelato di fare altrettanto. L'immagine finale della sposa di Cristo (la Chiesa) pallida e stremata per le sofferenze che le vengono inflitte suggerisce, per via implicita, il confronto con Caterina 'astinente'. Rinunciare al corpo per la salvezza dell'anima propria e della Chiesa, rinunciare al cibo per placare la fame di Cristo, rinunciare al bere per dissetare chi, versando il proprio sangue, ci ha salvato, languire, in una parola, sulla terra significa impedire che Gesù muoia per desiderio «della salute nostra».

Il sangue Il riferimento al sangue torna insistentemente, e sempre carico di ambiguità, in tutte le pagine della santa. Tra le tante immagini ricorrenti (il giardino, i fiori, il lupo e le pecorelle, il fuoco dell'amore divino), quella del sangue è la più forte e ossessiva, che rinvia all'ardore mistico e caritatevole, ma anche ad un valore sensuale.

le forme

Materialità e spiritualità Nella scrittura della santa le metafore spingono il discorso verso l'esito visionario e mistico ma la concretezza materiale e corporale non va mai perduta. Nella vita Caterina non si sottrasse alla realtà nella quale visse e operò attivamente: allo stesso modo la lingua delle lettere, insieme concreta e visionaria, lontana da ogni convenzionalità, traduce questa doppia dimensione. Così, mentre il corpo veniva castigato e le pulsioni sensuali erano razionalmente represse, mentre il cibo reale veniva rifiutato in nome di un nutrimento esclusivamente spirituale, dalle righe emerge la prepotente fisicità dell'autrice sublimata nella visionarietà mistica. L'ossessiva celebrazione del mistero di Cristo incarnato, del suo sangue e dell' 'unione' con lui è, certamente, l'espressione della fede eroica e dell'alto impegno teologico della santa, ma anche la voce della donna/madre che così implicitamente dà voce al proprio corpo negato.

Audacia virile e umiltà Raggiunti, con la pratica della contemplazione, la distanza dal mondo terreno e il potere di vincerlo, Caterina sente nel finale di non poter essere intimidita da nulla e dispone di un coraggio grandissimo. Dopo essersi scagliata con forza contro un mondo di maschi, Caterina chiede scusa per essersi espressa con tanto vigore e, con l'umiltà della devota, ritrova una dolcezza tutta femminile.

per studiare guida all'analisi T5

COMPRENDERE

1 Completa con i termini corretti, scegliendoli tra quelli che trovi riportati in calce. Attenzione agli intrusi!

Caterina è nata e vissuta a .... in una famiglia di .... origini. Ha sempre combattuto la sua battaglia a sostegno della .... della Chiesa promuovendone la .... e contrastando con .... i vizi e la corruzione degli ecclesiastici. Ha operato a favore del trasferimento del Papato da .... a .... intercedendo presso capi di Stato e pontefici ai quali indirizzava numerose lettere. Nella sua scrittura si mescolano .... e ...., componenti che si alternano e si confondono fino a sfociare nell' .... della santa.

Avignone – rigenerazione morale – presunzione – Firenze – pavidità – nobili – Siena – ricchezza – Parigi – estasi mistica – umili – abbandono affettuoso – pudicizia – Roma – povertà – audacia virile – corruzione – determinazione – premurosa femminilità

2 Nella lettera Caterina si rivolge ad un potente prelato, esprimendo fin dalle prime righe un desiderio che diventa il motivo insistente di tutto il testo. Quale?

ANALIZZARE

3 La lettera è costruita sull'antitesi anima/corpo. Attraverso quale immagine è principalmente rappresentato il corpo?

a il lupo
b il cibo
c la morte
d il Cristo crocifisso

4 Sottolinea nel testo le espressioni significative che si riferiscono alla Chiesa del tempo. Che immagine ne deriva?

5 La forza del linguaggio di Caterina è dirompente. Fai qualche esempio della sua determinazione rintracciando nel testo alcune espressioni esortative e/o imperative rivolte all'alto prelato.

6 Caterina è anche capace di un linguaggio di grande dolcezza quando si riferisce a Cristo. Rintracciane qualche esempio.

INTERPRETARE E APPROFONDIRE

7 Il linguaggio di Caterina è fortemente metaforico. Spiega la seguente metafora: «la Sposa di Cristo è impallidita, toltogli è il colore, perché gli è succhiato il sangue da dosso».

la Sposa di Cristo è ....

il sangue è ....

che cosa significa, fuor di metafora, l'espressione «la Sposa di Cristo ha perso il colore»? ....

....

8 «Vedete, padre, che 'l lupo infernale ne porta la creatura, le pecorelle che si pascono nel giardino della santa Chiesa; e non si trova chi muova a tragliele di bocca» (righi 46-48). Torna anche nelle parole di Caterina la figura del lupo, già vista in altri testi di questo percorso (T2 e T3). Qui la troviamo all'interno di una metafora. Spiegala.

9 In sintesi, qual è l'accusa che Caterina rivolge agli ecclesiastici?

5 La predicazione moraleggiante di Jacopo Passavanti

Lo specchio di vera penitenza, da cui è tratto il testo riportato, raccoglie le prediche che Jacopo Passavanti, domenicano fiorentino, tenne in occasione della Quaresima del 1354 ed alterna alle parti più propriamente didascaliche alcuni *exempla** (quarantotto) destinati a rendere esplicita la lezione morale. L'intera opera vuole mostrare la pericolosità delle tentazioni e indurre alla penitenza presentando il dissidio costante fra la salvezza dell'anima e le esigenze corporali e terrene. Le situazioni che Boccaccio presentava per produrre piacere nel lettore e per intrattenerlo, in Passavanti sono utilizzate a scopi religiosi edificanti. Tutti costruiti su scenari infernali o purgatoriali, i racconti di Passavanti pullulano di dannati e di diavoli, di pene e di tormenti.

* ***Exemplum***: breve ed efficace racconto spesso inserito all'interno di trattati o opere didascaliche con l'intento di esemplificarne il messaggio. Nel tempo va acquistando una relativa autonomia affermandosi come un vero e proprio genere narrativo.

T6

Jacopo Passavanti
La tentazione dell'eremita
Lo specchio di vera penitenza, v, esempio 33

concetti-chiave

- la penitenza come condizione di riscatto dal peccato

Protagonista del racconto è un vecchio monaco colpevole di superbia e presunzione che Dio vuole umiliare per temprarne meglio le virtù. Lo strumento della punizione è offerto da un'apparizione del demonio che si presenta all'eremita sotto forma di "femmina". Il tópos, tipico dell'agiografia e della letteratura medievale, compare qui in una variante parzialmente ottimistica: le pulsioni naturali e la spinta del corpo restano una cosa colpevole che va combattuta, ma, quando capiti di incorrere nell'errore, il sincero pentimento può riscattare dal peccato e garantire la salvezza dell'anima. Il racconto affonda le radici nella realistica conoscenza che Passavanti, abituato ad occuparsi delle anime, aveva delle inclinazioni e delle debolezze umane: prima ancora però che condannare il vizio della lussuria, molto diffusa tra gli uomini di Chiesa, il predicatore vuole mostrare l'efficacia della prova predisposta da Dio e la possibilità del riscatto umano attraverso la penitenza.

LINGUA: italiano **DATAZIONE:** 1354

T6 Jacopo Passavanti La tentazione dell'eremita

[1-6] Nella Vita dei Santi Padri si narra di un monaco anziano e virtuoso che si considerava superbamente al riparo da ogni peccato. Per questo nostro Signore volle impartirgli una lezione di umiltà.

[6-14] Di notte alla cella dell'uomo si presenta una donna spaventata che grida e chiede aiuto e riparo. Il monaco prima apre la finestra poi fa entrare la giovane.

[15-29] Con un gioco di sguardi e atteggiamenti la donna (che in realtà è il demonio inviato per indurlo in tentazione) provoca il vecchio religioso nel quale, via via, si risvegliano prepotentemente i desideri della carne.

[30-35] Quando la volontà del monaco è piegata e quello si accinge a consumare il peccato la donna sparisce lasciando il vecchio scornato e sbeffeggiato da una ridda di diavoli.

[36-40] Dopo avere riconosciuto il peccato ed espresso il suo sincero pentimento, il religioso è, infine, perdonato da Dio.

Leggesi nella Vita de' Santi Padri, che fu uno monaco il quale, essendo stato lungo tempo nel diserto, e stato con molte virtù,[1] ma non avea quella umiltà che dovea; ma come era in grande oppinione della gente ch'egli fusse pieno di molte virtudi, e egli in se medesimo si teneva vie più;[2] a ciò che non si perdesse,[3] permise Iddio che fusse tentato e vinto dal vizio della carne.

Il diavolo si trasfigura in abito femminile, e venne di nottetempo alla cella di costui; e cominciòssi a rammaricare molto dolorosamente della sua disavventura, dicendo come ella era capitata in quel luogo diserto, e la notte scura non la lasciava vedere la via diritta.[4] El freddo era grande; e dimostrava grande trièmito, e la paura delle fiere. E così con lamentevoli voci pregava che no' la lasciasse perire: per solo Iddio,[5] la ricevesse in uno canto[6] della sua cella. Mosso costui a piatede, aperse la finestra, e domandò questa femina-diavolo della fortunosa condizione.[7] Et ella più piangea: onde che l'aperse, e mettela drento,[8] e domandòlla s'ella volesse mangiare.

Dicendo che no,[9] ma mostrava segni di grande freddura, il santo accese il fuoco; e stando al fuoco, e risguardando l'uno l'altro, e stando e sbavigliando,[10] e mostrando i piedi e le gambe, dicendo parole dolci e suave al suo stato,[11] e domandava lui quanto tempo era stato in quello diserto, e per che facea tanta penitenzia. E così sorridendo dicea paroli dolci, e gittava inverso di lui un pudico sguardo, sì come la diabolica natura sapeva acconciare.[12] E così a poco a poco si venìa appressando in verso di lui, e toccando l'aspro mantello e la ruvida cocolla,[13] le mani e le braccia per la lunga etade e grande penitenza vizze e magre e fredde,[14] porgeva le mani infino al petto e alla bianca barba. Avresti veduto quello vecchio male arrivato! la innata concupiscenza, che nella vecchia carne e nelle ossa aride era addormentata, si cominciò a risentire; e la favilla quasi spenta si raccese in fiamma; e le frigide membra si risentirono con oltraggio[so] orgoglio. Il misero, combattuto drento, e di fuori assediato da ogni parte, e non si argomentando da niuna parte,[15] preso e legato s'arrende.

E consentendo a fare il peccato, stese le mani per abbracciare quella diabolica figura; la quale subito sparì, e no' la rivedde più. Rimase costui confuso e scornato; e di subbito vènnono di sopra alla cella sua multitudine di demonii, facendo beffe di lui; dicendo: «O monaco che poco è salivi in cielo,[16] come se' caduto, e rovinato, e vilmente abbattuto! che volesti fare? mai non apparirai[17] più fra gli altri e fra le genti».

Ritornando il monaco in sé, pianse, e fece penitenzia, e confessò il suo peccato, e Iddio gli perdonò. E rimase umiliato, il quale in prima era superbo. La superbia è odiosa a Dio e agl'uomini; infino al cominciamento del mondo fu in odio a Dio la superbia; e niuna cosa dispiace tanto a Dio quanto la testa alta. Dopo il peccato, si debbe la persona umiliare.

— J. Passavanti, *Lo specchio di vera penitenza*, a cura di M. Leonardon, Libreria Editrice Fiorentina, Firenze 1925.

1. **e stato...virtù**: *avendo vissuto secondo virtù.*
2. **in se...più**: *aveva un'altra considerazione di se stesso.*
3. **a ciò...perdesse**: *affinché non perdesse la consapevolezza della sua debolezza umana.*
4. **via diritta**: l'espressione, allegorica, rinvia alla *Commedia* dantesca.
5. **per solo Iddio**: anche solo in nome di Dio.
6. **canto**: *angolo.*
7. **della...condizione**: *riguardo alla sua condizione sfortunata.*
8. **mettela drento**: *la fa entrare.*
9. **Dicendo che no**: *Poiché quella diceva di no.*
10. **sbavigliando**: *sbadigliando.*
11. **al suo stato**: *alla sua condizione di monaco eremita.*
12. **acconciare**: *predisporre.*
13. **cocolla**: il cappuccio tipico del saio.
14. **le mani...fredde**: il corpo del monaco porta i segni della vecchiaia e della vita di digiuno e penitenza.
15. **non si...parte**: *non riuscendo più a ragionare in nessun modo.*
16. **poco...cielo**: *è mancato poco che tu salissi in cielo.*
17. **apparirai**: *avrai il coraggio di farti vedere.*

1

2

3

[1] Coppo di Marcovaldo, *Giudizio Universale* (particolare). Firenze, Battistero di San Giovanni.

Per l'uomo del Medioevo, che ne è ossessionato, il diavolo può assumere aspetti diversi e fantastici grazie alla natura insidiosa e tentatrice. Rappresentato in forma zoomorfa è ora leone, ora serpente, ora orso ora lupo; in forma antropomorfa è generalmente raffigurato o descritto come una creatura mostruosa nuda, nera, cornuta e puzzolente – a volte dotata di ali di pipistrello, di zampe di capro o di zanne di cinghiale – che afferra gli uomini e li ingoia dopo averli maciullati con la bocca. Nel mosaico fiorentino Lucifero ha il petto coperto di folto pelo, la coda che si sdoppia in due teste di serpente e orecchie suine dalle quali escono altri serpenti intenti anch'essi a sbranare i dannati.

[2] Matthias Grünwald, *Tentazioni di Sant'Antonio*. Colmar, Museo di Unterlinden.

Nel quadro di Grünewald (1512-1516) sant'Antonio giace sdraiato a terra sopraffatto dai demoni. Questi hanno tutti l'aspetto di bestie mostruose aggrovigliate tra loro in modo tale che non è chiaro stabilire l'appartenenza di braccia deformi, artigli e zampe. In primo piano spiccano il pennuto che si scaglia sul santo brandendo un bastone, e il gallinaccio corazzato che gli morde la mano. Da notare, sulla sinistra della tela, la figura del malato con il ventre gonfio e il corpo pieno di pustole e disfatto, emblema della condizione di perdizione in cui l'uomo può precipitare. Saranno verosimilmente pronunciate da lui le parole che appaiono sul cartiglio: *Bone Jhesu, ubi eras, quare non affuisti ut sanares vulnera mea?* ('O buon Gesù, dove eri, perché non fosti presente per curare le mie ferite').

[3] Salvador Dalí, *Tentazione di Sant'Antonio*, 1496. Bruxelles, Musée Royaux des Beaux-Arts.

Il quadro dell'artista contemporaneo, ispirato al libro dell'Apocalisse e ad una complessa simbologia, presenta un'inquietante versione moderna delle visioni demoniache dell'eremita. Verso di lui avanzano quattro enormi elefanti blu (l'ultimo distanziato rispetto agli altri) e un cavallo bianco imbizzarrito che, rizzato sulle zampe posteriori, sta per schiacciare il santo. Tutti gli animali hanno esilissime prolunghe al posto delle gambe e trasportano gli emblemi delle tentazioni: una donna nuda dai lunghi capelli biondi scompigliati dal vento che si accarezza sensualmente, un obelisco appoggiato su una gualdrappa dorata, un tempietto cinquecentesco e un altro edificio di forma fallica. Sant'Antonio, confinato nudo in un angolo, si appoggia ad un masso e brandisce il crocifisso.

analisi e interpretazione T6

le forme

La struttura Il racconto si articola in tre momenti fondamentali: una brevissima introduzione (nella quale è evidenziata la superbia del protagonista: «non avea quella umiltà che dovea»), la scena della tentazione (che si snoda in un crescendo sapiente di tensione erotica) e una conclusione edificante che riassume il senso teologico dell'episodio e il suo valore esemplare («Ritornando il monaco in sé, pianse, e fece penitenzia, e confessò il suo peccato»).

i temi

Il demonio-femmina Al povero monaco il demonio appare sotto le spoglie di una donna giovane e sensuale che si offre provocatoriamente all'uomo inducendolo a cadere nel peccato. L'invenzione è senza dubbio funzionale ad alimentare diffidenza e anzi ripugnanza verso il sesso, vissuto non come esigenza naturale del corpo ma come tremendo peccato; pur non essendo, come si è accennato, il nucleo fondante del racconto (mirato piuttosto a punire la superbia immotivata del religioso), proprio questa parte è costruita con una speciale abilità narrativa che sortisce effetti di grande efficacia.

L'irresistibilità dell'eros Descrivendo le varie fasi della tentazione, Passavanti ricostruisce con acume psicologico prima l'inquietudine poi la frenesia crescente del monaco. L'apertura della finestra, per domandare alla «femmina» della sua «fortunosa condizione», è il primo atto, cauto ed esitante, del santo padre, qui ancora mosso da «pietade» e «compassione» per i lamenti queruli della giovane. Quando però la donna-diavolo entra dall'uscio e lamenta freddo, il gesto del monaco, che ravviva il fuoco, anticipa già simbolicamente il ritorno di fiamma nella «vecchia carne addormentata». Presto, infatti, esasperata dagli artifici seduttivi del demonio – sguardi falsamente pudichi, atteggiamenti provocanti del corpo, sfioramenti – la smania dell'eremita cresce e diventa incontenibile. Ma proprio nel momento in cui il misero sta per cedere, la femmina-diavolo svanisce lasciandolo confuso e scornato.

Passavanti e noi

Il diavolo ieri e oggi La presenza del diavolo era, per gli uomini del Medioevo, una realtà quotidiana con cui confrontarsi. I *biblia pauperum*, cioè le immagini dipinte, affrescate o scolpite nelle chiese che illustrano episodi della Bibbia, e i sermoni dei predicatori ricordavano continuamente agli individui che, accanto a Dio, principio di ogni bene, esisteva anche il demonio, simbolo per eccellenza del male. Oggi molte cose sono cambiate: la Chiesa attribuisce ancora credito all'esistenza del diavolo, ma con modalità molto lontane dalle superstizioni del passato. È invece diffuso, nel nostro tempo, il culto di sette sataniche: si tratta di un fenomeno complesso, in parte riconducibile a moda.

per studiare *guida all'analisi* T6

COMPRENDERE

1 **Scegli le opzioni corrette.**

Jacopo Passavanti appartiene all'ordine ***domenicano/benedettino***. La sua opera ***Specchio di vera umiltà/Lo specchio di vera penitenza*** nasce da uno scopo di ***persuasione morale/intrattenimento ameno*** del pubblico. Le parti più dottrinali del testo si alternano a ***laude/exempla*** che costituiscono dei veri e propri esempi di ***horror/tensione mistica*** medievale

ANALIZZARE

2 **Suddividi il testo nelle tre sequenze fondamentali.**

l'introduzione: righi ....

la scena della tentazione: righi ....

la conclusione edificante: righi ....

3 Quali caratteristiche connotano il monaco?

4 Quali caratteristiche ha il diavolo-femmina?

INTERPRETARE E APPROFONDIRE

5 Il peccato da cui Passavanti intende mettere in guardia è la superbia o la lussuria? Motiva la tua scelta facendo riferimenti al testo.

6 A quale altra celebre opera è contemporaneo *Lo specchio* di Passavanti?

- a al *Decameron* di Boccaccio
- b alla *Commedia* di Dante
- c al *Canzoniere* di Petrarca
- d all'*Epistolario* di Caterina da Siena

7 Quale relazione puoi individuare tra le situazioni raccontate da Boccaccio e quelle utilizzate da Passavanti?

8 Qual è il messaggio morale che si evince dal racconto?

- a le tentazioni diaboliche possono presentarsi anche in tarda età
- b le pulsioni naturali possono essere colpevoli, ma l'uomo può riscattarsi attraverso la penitenza
- c è prudente stare in guardia dalle donne, perché il diavolo ama prendere un aspetto femminile
- d nemmeno i monaci sanno resistere alle tentazioni amorose

Conclusioni del percorso

L'esigenza diffusa di una nuova spiritualità

Nel percorso abbiamo visto alcuni esempi indicativi della letteratura religiosa italiana nei secoli XIII e XIV. Alle origini di questa produzione sta la necessità di un nuovo rapporto con la religione, più autentico e sereno, che possa conciliarsi con le nuove istanze culturali e sociali espresse dall'uomo del Duecento ma anche con la lezione evangelica. Gli ordini mendicanti hanno raccolto tali bisogni e guidato un processo di rinnovamento spirituale per riportare la Chiesa alla semplicità e purezza originarie.

San Francesco e il francescanesimo

La figura di Francesco d'Assisi ha incarnato perfettamente queste istanze ed è divenuta esemplare di una spiritualità più intensa e sincera. Il suo rapporto cordiale con la natura e l'atteggiamento di totale accettazione della realtà, in quanto manifestazione di Dio, hanno inciso profondamente sulla mentalità del tempo e ancora oggi rappresentano, per religiosi e laici, un modello di rigore ideale (cfr. **T1** e **T2**).

Un nuovo pessimismo

Nel XIV secolo tuttavia, in concomitanza con l'esaurirsi della spinta di rinnovamento precedente, la religiosità torna ad assumere toni più cupi, esasperati ed improntati all'angoscia esistenziale (cfr. **T3** e **T4**), che si esprimono in un intenso misticismo individuale (**T5**) o in un impegno didascalico volto all'educazione popolare (**T6**).

per fare il punto | autoverifica delle conoscenze

Verifica la correttezza delle tue risposte sulla base dei paragrafi, dei testi o delle schede indicati a corredo di ciascuna domanda.

1 La letteratura religiosa medievale si concentra in particolare in due regioni. Quali? (per l'autoverifica cfr. **Capitolo 7**, *Le tappe di questo percorso*)

a Veneto | b Umbria | c Lazio | d Toscana

2 Che cosa si intende per 'ordine mendicante'? Quali scopi perseguono tali ordini nel Medioevo? (per l'autoverifica cfr. **Capitolo 7**, *Le tappe di questo percorso*)

3 L'ordine francescano, cui apparteneva Jacopone, era (per l'autoverifica cfr. **Capitolo 7**, *Le tappe di questo percorso*)

a un movimento eretico pauperista
b un ordine mendicante autorizzato dalla Chiesa
c un'associazione laica non riconosciuta dalla Chiesa
d un ordine di monaci di clausura

4 Scegli le definizioni che si riferiscono correttamente a Francesco d'Assisi.

a fu non solo una figura religiosa di rilievo ma anche un raffinato intellettuale, teologo e scrittore
b fu sostenitore della Chiesa ufficiale, di cui difese il potere politico e il prestigio sociale
c si ribellò alla Chiesa ufficiale appoggiando la tendenza ereticale dei catari che imponeva una vita di povertà e astinenza
d sostenne il principio della «perfetta letizia» in base al quale tutto ciò che proviene da Dio va accettato e sopportato con animo sereno e fiducioso

5 Collega correttamente.

spirituali	sostengono ad oltranza il rigore ascetico della regola francescana
conventuali	sono favorevoli ad un ammorbidimento delle regole dell'ordine

6 In questo percorso hai imparato alcune parole che appartengono ad una terminologia specifica della letteratura. Verifica la correttezza delle tue conoscenze individuando le definizioni corrette.

1 Che cosa si intende per lauda? (per l'autoverifica cfr. **Capitolo 7**, *Le tappe di questo percorso*)
a una preghiera di lode alla Madonna recitata dai fedeli nelle occasioni liturgiche
b una forma della lirica cortese trasferita nella letteratura religiosa
c una lode del creato inventata da Francesco d'Assisi
d un genere di preghiera nata nelle confraternite umbre, che assunse forma letteraria e poi dialogata

2 Che cos'è la agiografia? (cfr. ***Introduzione*** al § 2)
a la descrizione dei luoghi in cui è vissuto un santo
b la produzione poetica di un santo
c la letteratura religiosa in generale
d la produzione letteraria che riguarda la vite dei santi

3 Che cosa si intende per *exemplum* nella letteratura medievale?
a l'esempio dei castighi che gli ecclesiastici prefiguravano per determinati peccati
b un breve racconto inserito all'interno di un testo didascalico per esemplificarne il messaggio morale
c il racconto della vita esemplare di un santo
d l'insieme dei precetti retorici da seguire come modello nella scrittura in latino

7 Completa la tabella inserendo le espressioni poste in calce nella riga a cui si riferiscono. Fai attenzione ai due intrusi! (per l'autoverifica, fai riferimento alle ***Introduzioni*** e alle ***Analisi*** dei rispettivi testi)

Francesco d'Assisi, *Laudes creaturarum*	....
dai *Fioretti: Come santo Francesco liberò la città d'Agobbio da un fiero lupo*	....
Jacopone da Todi, *«Donna de Paradiso»*	....
Caterina da Siena, *Lettera a un gran prelato*	....
Passavanti, *La tentazione dell'eremita*	....

grida il proprio sdegno contro la corruzione della Chiesa – celebrazione dell'abbraccio fraterno tra Dio, uomini e natura – ricostruzione della passione e morte di Gesù centrata sulla Madonna – glorificazione del ministero papale ed esaltazione della sede avignonese – la morte viene vista come il momento in cui l'uomo tornerà compiutamente al suo creatore – le rinunce e la consunzione del corpo sono al servizio del desiderio di Cristo – il Signore mette alla prova un suo fedele – narrazione fiabesca e atmosfera miracolosa – la natura non è malvagia in sé e un patto di pace del Signore può riscattare il male terreno – condanna ferma e inappellabile della lussuria – crescendo di tensione emotiva e spirituale fino all'estasi mistica – il pentimento sincero dell'uomo riscatta anche il peccato più grave

verifica delle competenze

8 **Nel passo seguente lo scrittore novecentesco Paolo Volponi interpreta il *Cantico delle creature* e la figura di san Francesco come richiami ancora validi e necessari alla fiducia in un mondo giusto, rispettoso della materialità della vita e, insieme, intensamente spirituale. Leggi il brano con attenzione e rispondi alle domande.**

La lezione di san Francesco è sempre attuale, e oggi più attuale che mai. Nel *Cantico delle creature* c'è una scrittura limpida, materiale, ben riferita alle cose; che serve per elencare, prendere, usare, sentire le cose, per sentirsi realmente in piedi sulla Terra [...] Oggi secondo me la sua lezione dovrebbe servire anche a trovare un senso all'economia dell'Universo, un rapporto con la natura, con l'ambiente, non tanto per problemi ecologici, quanto per problemi di filosofia, di esistenza, di presenza umana, di espressione per gli uomini, di possibilità per tutti di intervenire, di lavorare, di rifare il disegno dello sviluppo e di partecipare attivamente tutti, nelle diverse posizioni, alle scelte. San Francesco è un po' l'idea della felicità e della verità nel nuovo, della rivoluzione, del presente possibile. Una rivoluzione fatta cambiando il modo d'agire. D'altra parte, se l'umanità non cambia è destinata a perire presto, a bruciare insieme al suo universo, miseramente. Il mondo ci è sempre più sottratto ed è sempre più lanciato verso un destino di rovina e di inerzia, dove non si ritrova nessun senso.

P. Volponi, *Sperimentalismo e tradizione*, in «Allegoria» n.s., V, 1993, 14, pp. 104-105.

A che cosa intende, a tuo avviso, lo scrittore quando dice che l'uomo dovrebbe "sentirsi realmente in piedi sulla Terra"?

B si può affermare che nelle parole di Volponi si adombra il concetto di 'sviluppo sostenibile'? (Ti ricordiamo che per 'sviluppo sostenibile' si intende una forma di avanzamento dell'economia e della tecnica tale che non per fare il punto | verifica delle competenze

comprometta gli equilibri ecologici futuri della terra. Scopo di chi sostiene lo 'sviluppo sostenibile' è quello di permettere anche alle generazioni future di usufruire della medesima qualità di vita oggi perseguita).

C concordi con il giudizio qui formulato sul sostanziale cinismo del nostro mondo? Sapresti fare qualche esempio di come si manifesta questo disamore per le cose semplici della vita?

D il passo ti sembra improntato a pessimismo o ottimismo? Giustifica la tua risposta.

9 **Un appello ai figli, oggi**

Riportiamo di seguito le strofe più significative di una canzone di Roberto Vecchioni. Leggi il testo (e appena puoi ascoltalo) poi rifletti e rispondi alle domande riportate in calce.

Figlio figlio figlio (2002)

Figlio chi t'insegnerà le stelle
se da questa nave non potrai vederle?
Chi t'indicherà le luci dalla riva?
Figlio, quante volte non si arriva!
Chi t'insegnerà a guardare il cielo
fino a rimanere senza respiro?
A guardare un quadro per ore e ore
fino a avere i brividi dentro il cuore?
Che al di là del torto e la ragione
contano soltanto le persone?
Che non basta premere un bottone
per un'emozione?
Figlio, figlio, figlio,
disperato giglio, giglio, giglio,
luce di purissimo smeriglio,
corro nel tuo cuore e non ti piglio,
dimmi dove ti assomiglio
figlio, figlio, figlio,
soffocato giglio, giglio, giglio,
figlio della rabbia e dell'imbroglio,
figlio della noia e lo sbadiglio,
disperato figlio, figlio, figlio.
Figlio, chi si è preso il tuo domani?
Quelli che hanno il mondo nelle mani.
Figlio, chi ha cambiato il tuo sorriso?
Quelli che oggi vanno in Paradiso.
Chi ti ha messo questo freddo in cuore?
Una madre col suo poco amore.
Chi t'ha mantenuto questo freddo in cuore?
Una madre col suo troppo amore.
Figlio, chi ti ha tolto il sentimento?
Non so di che parli, non lo sento.
Cosa sta passando per la tua mente?
Che non credo a niente.
[...]
Figlio, qui la notte è molto scura,
non sei mica il primo ad aver paura;
non sei mica il solo a nuotare sotto
tutt'e due ci abbiamo il culo rotto;
non ci sono regole molto chiare,
tiro quasi sempre ad indovinare;
figlio, questo nodo ci lega al mondo;
devo dirti no e tu andarmi contro,
tu che hai l'infinito nella mano,
io che rendo nobile il primo piano;
figlio, so che devi colpirmi a morte
e colpire forte.
Figlio, figlio, figlio,
disperato giglio, giglio, giglio,
luce di purissimo smeriglio,
corro nel tuo cuore e non ti piglio,
dimmi dove ti assomiglio
figlio, figlio, figlio,
calpestato giglio, giglio, giglio,
figlio della rabbia e dell'imbroglio,
figlio della noia e lo sbadiglio,
adorato figlio, figlio, figlio.
Dimmi, dimmi, dimmi
cosa ne sarà di te?
Dimmi, dimmi, dimmi
cosa ne sarà di te?
Dimmi, dimmi, dimmi
cosa ne sarà di me?

A in quali versi Vecchioni si rifà a Jacopone da Todi?

B quale differenza fondamentale noti? Il tema della canzone è il medesimo della lauda umbra o il cantautore contemporaneo ha "spostato" l'attenzione su un aspetto moderno del rapporto genitori-figli?

C che cosa dice il padre di questo testo al figlio? Quali sono i rischi per un giovane di oggi?

TIPOLOGIA B - Il saggio breve

Ti proponiamo un esercizio utile per cominciare a prendere confidenza con la Tipologia B dell'esame di Stato. Troverai di seguito alcuni documenti (anche iconografici) che si riferiscono alla letteratura religiosa diffusa in Italia nel XIII e XIV secolo o al contesto sociale del tempo. Leggi bene i testi sottolineando le parole/i passaggi-chiave e appunta le idee sotto forma di sintetiche espressioni (prendi a modello gli enunciati in calce dell'esercizio Per fare il punto, *n. 7). Ora disponi di alcune voci di una possibile scaletta che ordinerai ed integrerai con le tue conoscenze (cfr. questo percorso ma anche il capitolo 2) per costruire un saggio (lungo al massimo una pagina di quadernone, o una cartella di circa 2500 battute) sul seguente argomento di ambito artistico-letterario:* La religiosità medievale tra senso di fratellanza universale, polemica sociale e pessimismo apocalittico.
Assegna un titolo specifico alla tua trattazione.

DOCUMENTO 1

Giotto, *Giudizio Universale* (particolare), affresco databile al 1306 circa. Padova, Cappella degli Scrovegni.

DOCUMENTO 2

Professor Le Goff, com'era il vero san Francesco?

Bisogna situarlo nel fermento religioso e sociale della sua epoca per rendersi conto di come rappresenti un modello ancora attuale per l'umanità. Nel momento in cui si assisteva alla grande diffusione dell'economia monetaria, lui si pose il problema della moralizzazione del denaro. Criticò l'invadenza della gerarchia e si chiese se il sapere non fosse una forma di ricchezza e di potere che bisognava tenere sotto controllo. Allo stesso tempo – e in questo è stato un uomo nuovo – voleva che si apprezzasse si onorasse e si amasse tutto ciò che Dio aveva creato, compresi gli animali e la natura: fu anche un precursore degli ecologisti.

J. Le Goff, Intervista di Serafini, in «Il Resto del Carlino», 16/01/2000.

DOCUMENTO 3

"Sembra di vederla [Caterina da Siena] nella sua casa di Fontebranda attorniata dai suoi discepoli, dettare, estatica, con gli occhi in alto e le braccia in croce, dettare quasi ascoltando una voce interiore. È fuoco che esce dal suo cuore in sussulto. Lei lo vede il destinatario, ne sente la preghiera e l'angoscia con arte finissima, pur dettando concetti generali, da un inciso, una frase, colpisce nel segno. Dall'universale, dalla forza redentiva che la inonda, lei, con facilità stragrande, scende e arriva direttamente al particolare, al destinatario. E non ha riserve per nessuno. Quando si tratta dell'amore di Dio, della verità e di salvaguardare la giustizia è tagliente, come una lama; la sua parola diviene spada e fiamma; la libertà di parola l'ebbe in modo unico, data la sua autorità e la fonte della sua ispirazione. Anche alle più alte autorità non teme di dire la verità uscendo in invettive che ci fanno tremare, abituati come siamo a un altro linguaggio".

P.I. Taurisano, *S. Caterina da Siena, patrona d'Italia*, S.A.S., Alba 1948.

CAPITOLO 8 percorsi per generi e temi

Cronache di città e racconti di viaggi

TESTI *espansioni digitali*

T1 Milano, città ricca e indaffarata
Bonvesin de la Riva, *De magnalibus Mediolani*, XVII sgg. [1288]

T **Bonvesin de la Riva - Il prestigio di Milano è già nel nome** [*De magnalibus Mediolani*, VIII, XII]

T2 Apostrofe ai fiorentini
Dino Compagni, *Cronica delle cose occorrenti ne' tempi suoi*, libro II, capitolo 1 [1310-1312]

T **Dino Compagni - L'invettiva contro i malvagi cittadini** [*Cronica delle cose occorrenti ne' tempi suoi*, libro II, capitolo 22]

T3 Pubblico e scopi del *Milione*
Marco Polo, *Il Milione*, Prologo [1298]

T4 Della provincia d'Ardanda
Marco Polo, *Il Milione*, Capitolo 108 [1298]

T5 Della provincia di Caugigu
Marco Polo, *Il Milione*, Capitolo 112 [1298]

T **Marco Polo - Della grande Ermenia** [*Il Milione*, capitolo 20]
T **Marco Polo - Delle pietre ch'ardono** [*Il Milione*, capitolo 90]

T6 Tra scienza e favola
Ibn Battuta, *I viaggi* [1354-1355]

T **Ibn Battuta - Altre avventure** [*I viaggi*]
T **Armad Ibn Fadlàn - I rus** [*Viaggi di Ibn Fadlàn in Russia*]

La carovana di Marco Polo sulla v della seta. Particolare dell'*Atlan catalano*, 1375 circa. Parigi, Bibliothèque Nationale de Franc

Le tappe di questo percorso

A partire dall'XI secolo si era avviata in Italia come nel resto d'Europa una fase positiva di crescita demografica e di sviluppo economico. Questi fenomeni avevano impresso sviluppo e dinamismo alla compagine sociale, determinando l'elaborazione di valori di vita laici, nuovi rispetto al passato (cfr. **Capitolo 2, § 2**), la rinascita delle città e l'affermazione di un'economia mercantile. In questo nuovo contesto storico la cultura e la letteratura offrono una rappresentazione fedele della nuova etica borghese e mercantile celebrandone con orgoglio le novità senza però tacerne ambiguità e contraddizioni.

Nel nord Italia si afferma una produzione di impronta moraleggiante ben rappresentata da **Bonvesin de la Riva** (**T1**, p. 571), un autore nel quale l'esaltazione compiaciuta della propria patria si accompagna a una celebrazione delle virtù civiche e al rimpianto dell'antica liberalità cortese. **Dino Compagni** si fa invece portavoce di un fiero sdegno nei confronti dei conflitti politici interni alla Toscana e a Firenze (**T2**, p. 576). Nella città dilaniata dagli odi di parte, Compagni, guelfo bianco come Dante, si scaglia contro i concittadini corrotti, colpevoli di aver sostituito agli ideali l'interesse e il tornaconto personali.

Il mercante veneziano **Marco Polo** ci ha lasciato invece testimonianza del lungo viaggio condotto nelle terre lontane e sconosciute dell'Oriente al seguito del padre e dello zio. Arrivato fino in Cina, Polo integra, nel suo racconto 'romanzato', l'esattezza di una testimonianza diretta alla tradizione leggendaria e fiabesca che vedeva le terre estreme del mondo come il luogo delle mostruosità ma anche dei sogni (**T3**, p. 579; **T4**, p. 584; **T5**, p. 585). È interessante notare che, più o meno nello stesso tempo, anche l'espansione musulmana aveva portato le genti d'Oriente a spostarsi per conquistare nuovi territori: se agli occidentali l'Oriente appariva favoloso, ai viaggiatori islamici sembrarono quantomeno esotiche, strane e discutibili le usanze dei popoli incontrati (**T6**, p. 593).

1 Il benessere nella società comunale

Nel *De magnalibus Mediolani* [Le meraviglie di Milano] di Bonvesin de la Riva, del 1288, troviamo un esempio tipico di celebrazione dei *mirabilia urbis* ('aspetti straordinari della città'); si tratta infatti di un'esaltazione storica ed economica della Milano del 1200. L'autore, nato intorno al 1240 e morto nel 1315 circa, un frate laico appartenente al terzo ordine degli Umiliati, e maestro di grammatica a Milano, rivendica con orgoglio campanilistico le proprie origini milanesi. L'opera descrive – in otto capitoli, ciascuno articolato in un numero variabile di paragrafi chiamati «distinzioni» –, spesso realisticamente e con precisione attendibile, il volto di una moderna "società imprenditoriale" nella quale vigono solo operosità e benessere. Delle tensioni e degli aspri scontri sociali, in realtà presenti al tempo di Bonvesin, non vi è alcuna traccia. Coerentemente con l'intento celebrativo professato, l'autore tace infatti i particolari a esso non funzionali.

espansioni digitali

T Bonvesin de la Riva - Il prestigio di Milano è già nel nome [*De magnalibus Mediolani*, capitoli VIII, XII]

T1

concetti-chiave
- l'esaltazione di Milano
- l'orgoglio comunale

Bonvesin de la Riva
Milano, città ricca e indaffarata
De magnalibus Mediolani, XVII sgg.

In questo passo, con puntualità e precisione, Bonvesin passa in rassegna tutte le professioni e le attività commerciali presenti a Milano. Ne deriva un lunghissimo elenco, segno di una città industriosa e attiva, all'avanguardia in ogni settore e capace di offrire opportunità di lavoro e ricchezza a qualsiasi uomo «che non sia una nullità». Scopo dell'autore è offrire "una guida sicura" ai forestieri che affluiscono numerosi, ma anche istruire i propri concittadini ignoranti o distratti e renderli consapevoli di quanto Milano sia degna della loro ammirazione.

LINGUA: traduzione dall'originale latino **DATAZIONE:** 1288

XVII. Vi sono nella sola città centoventi giureconsulti in entrambi i diritti,[1] e il loro collegio, sia per numero che per sapienza, si crede non abbia l'uguale in tutto il mondo. Tutti costoro, pronti a emettere giudizi, accettano volentieri denaro dai litiganti.

XVIII. I notai sono più di millecinquecento; moltissimi tra loro sono ottimi estensori di contratti.

XVIIII. I messi del comune, che la gente chiama servitori, sono sicuramente seicento. [...]

XXI. I periti medici, che vengono chiamati comunemente fisici, sono ventotto.

XXII. I chirurghi delle diverse specialità sono più di centocinquanta. Moltissimi di loro sono eccellenti medici naturalmente, perché continuano a esercitare, per antica tradizione di famiglia, la chirurgia appresa dai loro predecessori. Si crede che non possano avere l'uguale nelle altre città della Lombardia.

XXIII. I professori di grammatica sono otto; ciascuno di essi tiene sotto la propria bacchetta una numerosa scolaresca. Ho effettivamente constatato che essi superano i dottori delle altre città, insegnando la grammatica con grande impegno e diligenza.

1. **entrambi i diritti**: diritto pubblico e diritto privato.

XXIIII. Quattordici sono i dottori espertissimi in canto ambrosiano;[2] da ciò si può dedurre quanto siano numerosi in questa città i chierici.

XXV. I maestri elementari superano il numero di settanta.

XXVI. I copisti, benchè in città non vi sia Studio generale,[3] superano il numero di quaranta. Trascrivendo ogni giorno libri con le loro mani, essi provvedono al pane e alle altre spese.

XXVII. I forni che in città, come si sa dai registri del comune, cuocciono il pane ad uso dei cittadini sono trecento. Ve ne sono anche moltissimi altri esenti,[4] che servono monaci o religiosi di ambo i sessi; penso siano più di cento.

XXVIII. I bottegai, che vendono al minuto un numero incredibile di mercanzie, sono sicuramente più di mille.

XXVIIII. I macellai sono più di quattrocentoquaranta; nei loro macelli vengono vendute in abbondanza ottime carni di ogni tipo di quadrupedi adatti al nostro consumo.

XXX. I pescatori che quasi ogni giorno pescano in abbondanza nei laghi del nostro contado, più di diciotto, pesci di ogni tipo, trote, dentici, capitoni, tinche, temoli,[5] anguille, lamprede, granchi e ogni altro genere infine di pesci grossi o minuti, e che pescano nei fiumi, più di sessanta, e che portano in città pesce pescato nei ruscelli innumerevoli dei monti, assicurano di essere più di quattrocento.

XXXI. Gli albergatori che a pagamento danno albergo a gente che viene di fuori sono circa centocinquanta.

XXXII. I fabbri che attaccano zoccoli di ferro ai quadrupedi sono circa ottanta; da questo si può dedurre l'abbondanza dei cavalieri e dei cavalli. Quanti siano i fabbricanti di selle, di freni, di sproni e di staffe, non sto a dirlo.

XXXIII. I fabbricanti di campanelle di oricalco[6] che, appese al collo dei cavalli, danno un dolce suono e non sappiamo se vengano fabbricate anche altrove, sono più di trenta; ciascuno di loro ha sotto di sé molti collaboratori che lo aiutano nell'arte sua.

Se volessi elencare ordinatamente anche il numero degli artigiani di ogni tipo, dei tessitori di lana, di lino, di cotone, di seta, dei calzolai, dei conciatori di pelli, dei sarti, dei fabbri di ogni genere e così via; e poi dei mercanti che girano ogni parte della terra per i loro mercati e sono parte importante nelle fiere delle altre città; e infine dei merciai ambulanti e dei venditori all'asta: io credo che quanti mi leggono e mi ascoltano ammutolirebbero, per così dire, dallo stupore.

Bonvesin de la Riva, *De magnalibus Mediolani*, trad. di G. Pontiggia, introduzione e note di M. Corti, Bompiani, Milano 1974.

2. canto ambrosiano: forma di preghiera cantata (salmodia) diffusasi a Milano e diventata fondamentale nel rito liturgico promosso da sant'Ambrogio.
3. Studio generale: Università.
4. esenti: che non dipendono dall'autorità comunale.
5. temoli: pesci d'acqua dolce presenti nei fiumi del nord Italia.
6. oricalco: antica lega metallica di rame e zinco usata per realizzare monete o strumenti musicali.

analisi e interpretazione T1

i temi

Un preciso quadro sociale I passi riportati sono un esempio della "contabilità encomiastica" di Bonvesin. Alcuni critici sostengono che la precisione e l'insistenza nell'uso delle cifre nasconderebbe, in realtà, un semplice valore emblematico: "duecento", "diecimila", ecc. varrebbero insomma come 'innumerevoli', 'moltissimi' e via discorrendo. L'ipotesi però non sembra credibile perché più di una volta l'autore sfida chi legge a controllare la veridicità dei dati citando, tra l'altro, le proprie fonti di informazione. La rassegna dettagliata delle professioni e dei mestieri da elenco e dato numerico si fa subito celebrazione del merito di cittadini onesti, laboriosi e competenti che, ciascuno nel proprio ruolo, contribuiscono all'ordine della città e ne garantiscono il funzionamento e il benessere (puoi trovare una lettura critica sull'argomento nelle *espansione digitali* **S** ***'Contabilità' e 'meraviglia' nella Milano del Duecento***).

le forme

Il tono iperbolico A definire l'intento celebrativo di Bonvesin convergono i numerosi superlativi presenti nel testo («eccellenti», «ottimi», «espertissimi»...), e, in generale, tutte le espressioni rafforzative o iperboliche («sicuramente», «non possano avere l'uguale», «effettivamente», «superano», «incredibile», «in abbondanza»...). Taciuti i fatti e i dettagli che potrebbero compromettere la perfezione di Milano, l'autore insiste piuttosto su tutti gli aspetti che rispondono bene al suo scopo encomiastico.

La resistenza del meraviglioso È certo per questo motivo che, come Marco Polo nel suo racconto di viaggi, anche Bonvesin si sente autorizzato a stendere la propria cronaca mescolando referto realistico e immaginazione, esperienza biografica e racconto fantastico, ricreando, in alcuni punti dell'opera, l'atmosfera ideale e di sogno di un lombardo Eldorado.

espansioni digitali

- **S** INFORMAZIONI E APPROFONDIMENTI **Contabilità e meraviglia nella Milano del ducento** (M. Corti)
- **S** ATTRAVERSO LE DISCIPLINE **La Milano di oggi ossessionata dai soldi: *A casa nostra* di Francesca Comencini**

per studiare *guida all'analisi* T1

COMPRENDERE

1 A quale epoca si riferisce il ritratto di Milano composto da Bonvesin?
a fine del XII secolo b prima metà del XIII secolo c fine del XIII secolo d XIV secolo

2 A quali destinatari si rivolge l'autore?
a ai forestieri b ai propri concittadini
c ai propri confratelli laici d ai forestieri e ai concittadini

3 Scegli l'affermazione corretta. Elencando in modo ordinato e rigoroso tutte le professioni esistenti a Milano Bonvesin intende
a evidenziare la estensione geografica e l'architettura urbanistica di Milano
b valorizzare la ricchezza economica e la dignità morale della propria città
c esaltare i lavori "di concetto" a scapito dei mestieri umili e artigianali
d incrementare l'espansione economica dei comuni della Lombardia

ANALIZZARE

4 Per celebrare la città di Milano Bonvesin usa come lingua
a il latino b il volgare toscano c il volgare lombardo d il volgare siciliano

5 Quali attività vengono analizzate da Bonvesin? Fanne l'elenco secondo le categorie indicate.

attività di insegnamento	....
professioni mediche	....
attività connesse con l'amministrazione comunale	....
attività artigiane	....
attività commerciali	....

6 Quali corrispondenze trovi fra le professioni e i mestieri che caratterizzavano la Milano del Duecento e quelli di una metropoli di oggi?

INTERPRETARE E APPROFONDIRE

7 Quando Bonvesin scriveva la sua opera, Milano era, sì, economicamente florida, ma era anche percorsa da lotte furibonde delle quali l'autore non fa parola. La filologa Maria Corti spiega il motivo di questa omissione: «L'intento [di Bonvesin]: offrire uno specchio a coloro che stanno degenerando dai padri. In termini storici più concreti: offrire un quadro della vera operosità e civiltà comunale ai suoi contemporanei che queste realtà stanno distruggendo» (dall'introduzione a Bonvesin de la Riva, *Le meraviglie di Milano*, Bompiani, Milano 1974). L'osservazione della studiosa offre lo spunto per riflettere sul rapporto fra ricchezza e corruzione, che nelle metropoli sembra avere origini antiche. Quale opinione hai in proposito?

2 La cronaca politica di un cittadino fiorentino: Dino Compagni

Dino Compagni, fiorentino di famiglia popolana, vissuto fra la fine del Duecento e l'inizio del Trecento, è un guelfo bianco, impegnato, come Dante, nella difesa appassionata della propria città. In qualità di console e priore, partecipa attivamente alla vita politica del suo tempo militando tra le schiere moderate e rifiutando ogni compromissione con iniziative, pur giuste, che comportino violenza. In occasione della discesa in Italia di Arrigo VII, anch'egli, come Dante, spera in un mutamento decisivo delle sorti del paese. Sull'onda di questo auspicio, poi deluso, mette mano alla sua cronaca. Dopo avere taciuto troppi anni con la scusa di una personale inadeguatezza – dice infatti l'autore nel *Proemio* all'opera – si è infine riproposto di scrivere «i pericolosi advenimenti non prosperevoli» «a utilità di coloro che saranno eredi». La *Cronica delle cose occorrenti ne' tempi suoi* (cfr. ***l'autore e l'opera***) vuole essere dunque non solo una ricostruzione storica degli avvenimenti che hanno travolto Firenze e l'Italia del tempo, ma anche un invito alla sua cittadinanza a partecipare attivamente e consapevolmente alla rigenerazione morale della vita politica collettiva.

l'autore e l'opera

La *Cronica delle cose occorrenti ne' tempi suoi*, scritta da **Dino Compagni** tra la fine del 1310 e l'autunno del 1312, è composta da un *Proemio* e da tre libri. Nel primo si espongono gli antefatti delle lotte politiche tra Guelfi bianchi e neri che occupano, poi, tutto il secondo libro. Nel terzo si illustrano invece le terribili conseguenze di quegli scontri.
Coinvolto in prima persona nelle vicende che narra e di cui avverte tutta l'urgenza, non sempre Compagni si rivela storico attendibile. Alla rigorosa connessione logico-causale degli avvenimenti viene sostituendosi a volte un'associazione stabilita sull'onda del ricordo o di una personale interpretazione. I dati economici risultano trascurati, mentre a episodi taciuti, perché sentiti come poco funzionali al proprio progetto, si aggiunge l'enfatizzazione di altri, magari storicamente meno significativi.
L'opera è in ogni caso degna di nota non solo perché costituisce uno dei primi casi di storiografia laica, ma anche perché si distingue quanto a originalità di impostazione. Nel Medioevo il genere storiografico era infatti appannaggio esclusivo dei monaci, i quali vedevano gli avvenimenti locali solo all'interno di un quadro universale e provvidenziale che non lasciava margine reale all'azione e alle ragioni degli uomini; quanto avveniva nel mondo era cioè

interpretato come un concatenarsi di fatti volti a realizzare il progetto divino. Nell'epoca comunale si era già venuta configurando una moderna concezione della storia che riconduceva i fatti a cause dipendenti esclusivamente dagli uomini; in molte di queste opere, tuttavia, le vicende particolari erano pur sempre inserite in una sorta di cronologia e compendio universale, così che a fatti contemporanei di interesse civile e sociale continuavano a mescolarsi eventi lontani e leggende. Nella *Cronica* di Compagni, invece, pur con le approssimazioni che abbiamo detto, vengono per la prima volta scelti e riferiti solo gli avvenimenti e le vicende cui l'autore può vantare di avere assistito e partecipato direttamente.

T2

concetti-chiave
- lo sdegno per la corruzione politica
- il giudizio impietoso sulla vita civile fiorentina

Dino Compagni
Apostrofe ai fiorentini
Cronica delle cose occorrenti ne' tempi suoi, libro II, capitolo 1

In questa celebre invettiva l'autore si scaglia con violenza principalmente contro i Guelfi neri, colpevoli non solo di numerosi scandali personali ma anche di avere favorito l'entrata in Firenze di Carlo di Valois e la persecuzione feroce della parte bianca.

LINGUA: italiano **DATAZIONE:** 1310-1312

Levatevi, o malvagi cittadini pieni di scandoli,[1] e pigliate il ferro e il fuoco con le vostre mani, e distendete le vostre malizie.[2] Palesate le vostre inique volontà e i pessimi proponimenti, non penate più;[3] andate e mettete in ruina le bellezze della vostra città. Spandete il sangue dei vostri fratelli, spogliatevi della fede e dello amore, nieghi l'uno all'altro aiuto e servizio. Seminate le vostre menzogne, le quali empieranno i granai de' vostri figliuoli.[4] Fate come fe' Silla nella città di Roma, che tutti i mali che esso fece in X ani, Mario in pochi dì li vendicò.[5] Credete voi che la giustizia di Dio sia venuta meno? Pur quella del mondo rende una per una.[6] Guardate a' vostri antichi,[7] se ricevettono merito nelle loro discordie: barattate gli onori ch'eglino accquistorono.[8] Non vi indugiate, miseri: ché più si consuma in un dì nella guerra, che molti anni non si guadagna in pace, e piccola è quella favilla, che a distruzione mena un gran regno.

D. Compagni, *Cronica*, introduzione e note di G. Luzzatto, Einaudi, Torino 1968.

1. **scandoli**: *scandali, discordie.*
2. **distendete...malizie**: *e date libero sfogo alle vostre malvagità.*
3. **non penate più**: *non datevi più pena* (per la fatica di nasconderle). La frase è fortemente ironica.
4. **le quali...figliuoli**: utilizzando la metafora della semina e del raccolto Compagni allude alle disastrose conseguenze che ricadranno sulle generazioni future.
5. **Silla...vendicò**: l'allusione è alle lotte civili che sconvolsero Roma nel I secolo a.C., quando si fronteggiarono Silla, esponente dell'aristocrazia, e Mario, sostenitore del popolo.
6. **Pur...una**: *Anche la giustizia terrena punisce, rispondendo colpo per colpo.*
7. **antichi**: *antenati.*
8. **barattate...acquistorono**: *voi scambiate gli onori acquistati da loro* [con i vostri comportamenti delittuosi].

analisi e interpretazione T2

i temi e l'ideologia

Pathos e carica polemica dell'autore Il primo dato che emerge dal testo è la forte carica di partecipazione emotiva dell'autore alla materia trattata. Non solo il contenuto è violentemente polemico ma la stessa impostazione espressiva, ricorrendo all'antifrasi,* risulta di immediatezza ed efficacia singolari.

* **Antifrasi:** figura retorica che consiste nell'usare una parola o una serie di parole in un senso contrario al loro vero significato.

La forza dell'utopia Continuamente alternante tra resoconto cronachistico e riflessione sentenziosa, tra risentimento personale e indignazione morale, tra la pagina di diario vivo e il progetto di un rinnovamento sociale, l'opera di Compagni mantiene ancora oggi tutta la forza e il fascino di un'utopia di rigenerazione umana.

le forme

Coinvolgimento emotivo del lettore Il testo è ricco di espedienti stilistici e linguistici ispirati alla tradizione oratoria: il fraseggio di stampo biblico («Spandete il sangue» «spogliatevi della fede» «seminate le vostre menzogne»), l'interrogativa retorica («Credete voi»), il ricorso all'esempio della storia antica («Fate come fe' Silla»), il prevalere dell'asindeto («Palesate» «non penate» «andate» «spandete» «spogliatevi») sono artifici volti a rendere incalzante il ritmo dell'invettiva e a suscitare un coinvolgimento emotivo del lettore.

espansioni digitali

T Dino Compagni - L'invettiva contro i malvagi cittadini [*Cronica delle cose occorrenti ne' tempi suoi*, libro II, capitolo 22]

per studiare guida all'analisi T2

COMPRENDERE

1 Nell'*Apostrofe ai fiorentini*, Compagni, che appartiene al partito dei ...., si scaglia principalmente contro i .... accusandoli di ....

2 A quale momento storico e a quali personaggi della Roma repubblicana Compagni fa riferimento nel testo? E perché?

ANALIZZARE

3 Il testo è retoricamente elaborato. Rileva nel testo un esempio per ciascuno dei seguenti procedimenti retorici.

figura retorica	esempio/i	verso/i
1. APOSTROFE	....	....
2. APOSTROFE	....	....
3. INTERROGATIVA RETORICA	....	....
4. METAFORA	....	....
5. SIMILITUDINE	....	....
6. ANAFORA E RIPETIZIONI DI COSTRUTTI SIMILI	....	....

INTERPRETARE E APPROFONDIRE

4 L'autore usa una metafora di origine biblica: «Seminate le vostre menzogne, le quali empieranno i granai de' vostri figliuoli». Qual è il significato della metafora?

- a le discordie determineranno povertà e carestia nella città
- b le azioni criminose resteranno impunite e renderanno ricchi i discendenti dei malvagi
- c la giustizia divina si abbatterà sui colpevoli
- d le conseguenze delle azioni criminose ricadranno sui discendenti

5 In che cosa consiste l'utopia di Dino Compagni?

3 L'epoca dei grandi viaggi e *Il Milione* di Marco Polo

Nel Basso Medioevo si era imposta una mentalità nuova rispetto a quella esclusivamente religiosa e simbolica dell'epoca precedente, più attiva e concreta, bisognosa di esperienze e avventure individuali; la società mercantile, innanzitutto, aveva promosso i contatti con terre e paesi lontani che, prima solo immaginati attraverso i racconti fiabeschi, venivano ora scoperti e conosciuti direttamente. Esperti di rotte alternative a quelle dei pellegrini e dei crociati, i mercanti trovarono facilmente un terreno d'incontro con i popoli stranieri, quantomeno sul piano dell'interesse economico. Via via poi che si allargavano i confini del mondo, aumentava il bisogno di raccogliere e diffondere dati utili per i futuri viaggiatori e commercianti. Ne nacquero molti resoconti, che, pur non risultando sempre affidabili, sono la prova di una vivace curiosità e dell'affermarsi di una nuova visione non preconcetta della realtà; il contatto con abitudini e stili di vita diversi dai propri costringeva infatti l'uomo occidentale a confrontarsi con chi era 'altro' da lui e lo educava al relativismo dei costumi e dei valori e alla tolleranza.

Anche quando le esigenze dei mercanti e il gusto del viaggio e dell'avventura portarono l'uomo europeo ad esplorare nuovi spazi, intorno alle terre d'Oriente restò sempre un alone di mistero, di ignoto, di meraviglioso. La compresenza di una mentalità pratica e di un atteggiamento fantastico è riscontrabile anche nel *Milione* e sembra dovuta alla collaborazione letteraria da cui nasce l'opera, fra Marco Polo e Rustichello da Pisa. Infatti *Il Milione* è il resoconto del viaggio in Oriente che Marco Polo svolse fra il 1271 e il 1295, al seguito del padre e dello zio, mercanti veneziani. Tre anni dopo il suo ritorno, fatto prigioniero dai Genovesi (nella battaglia di Curzola fra Genova e Venezia), in carcere Marco dettò il racconto del suo viaggio ad un altro prigioniero, Rustichello da Pisa, autore di romanzi cavallereschi, che lo mise per iscritto in francese. Nell'opera si incontrano quindi due diversi aspetti della civiltà e della mentalità occidentali: quello pratico di un mercante come Marco Polo e quello fantastico di un autore di romanzi cavallereschi come Rustichello da Pisa.

Il Milione si trova alla confluenza di generi letterari diversi: è una cronaca, ma è anche, e forse soprattutto, un trattato scientifico di geografia e di etnologia; è un romanzo di avventura sul modello di quelli cavallereschi di cui era autore Rustichello da Pisa, ma è anche un manuale di mercatura; è una relazione diplomatica volta a favorire i contatti politici ed economici con l'impero del Gran Khan, ma è anche una relazione religiosa rivolta al papa e intesa a rendere possibile l'evangelizzazione di popoli pagani.

l'autore e l'opera

Nato a Venezia nel 1254 e morto nel 1324, **Marco Polo** visitò l'Oriente tra il 1271 e il 1295, quando accompagnò il padre e lo zio in un viaggio verso la Cina. Ritornato dal suo viaggio, fatto prigioniero dai genovesi durante la guerra tra Genova e Pisa e rinchiuso nel carcere di Genova, Marco Polo dettò nel 1298 il resoconto delle proprie avventure a un compagno di prigione, l'autore di romanzi cavallereschi Rustichello da Pisa. Nell'opera vengono così fondendosi due atteggiamenti ed esigenze diversi: la mentalità pragmatica del mercante Marco Polo, impegnata nel resoconto cronachistico sostanzialmente attendibile, e la dimensione narrativa di Rustico, il letterato poco preoccupato dello scrupolo scientifico e incline, anzi, all'invenzione fantastica. La struttura è infatti organizzata in un *Prologo* e in circa duecento capitoli nei quali la voce narrante, alternando il 'noi' collettivo alla terza persona singolare, descrive tutte le tappe del viaggio di andata e ritorno fatte da Marco. A racconti dettagliati e precisi che oggi colpiscono per la capacità di osservazione di Polo, si aggiungono qua e là descrizioni fantastiche di zone solo immaginate nelle quali

il mercante non si era recato: sono le parti in cui resiste ancora l'immagine mitica e favolosa che l'uomo occidentale aveva dell'Oriente, sognato come terra misteriosa popolata di esseri meravigliosi e mostruosi.
La lingua della stesura originale (poi andata perduta) doveva essere un franco-italiano favorevole a darne ampia diffusione, ma presto circolarono molti volgarizzamenti in veneziano e toscano; allo stesso modo il titolo iniziale (forse *Divisament dou monde*, Descrizione del mondo, o *Le Livre des Merveilles*, Il libro delle meraviglie) venne sostituito dal più famoso ***Il Milione***, derivante da "Emilione", soprannome della famiglia Polo. L'opera di Marco Polo ha conosciuto una straordinaria e duratura fortuna nel tempo. Radicandosi nell'immaginario artistico e letterario dell'Occidente, ha offerto a ogni epoca l'immagine mitica dell'Oriente favoloso e del 'diverso'; riletto infatti, nelle varie epoche, sulla base di momenti storici, ideologie, istanze culturali differenti (cfr. **S2** ***Un rifacimento postmoderno del* Milione: Le città invisibili *di Italo Calvino***), ha mantenuto intatto, ancora oggi, il proprio fascino (cfr. **S3** ***Marco Polo alla corte del Gran Cane***).

Miniatura tratta da Marco Polo, *Devisement du monde o Livre des Merveilles*, manoscritto copiato a Parigi nel 1410-1412 circa. Parigi, Bibliothèque Nationale de France.

T3

Marco Polo
Pubblico e scopi del *Milione*
Il Milione, Prologo

concetti-chiave
- la curiosità di conoscere
- l'utilità dell'opera

Nel prologo, che si desume dal manoscritto 434, conservato nella Bibliothèque Nationale di Parigi, chi scrive non solo ci mette al corrente di alcuni utili dati concreti (come le modalità di stesura e la data di composizione del libro), ma riassume efficacemente lo spirito e il contenuto dell'opera. Nei concetti di 'diversità' e 'meraviglia', insistentemente ripetuti, è compresa infatti tutta la modernità di Marco Polo, che non solo ha saputo porsi verso il mondo con un atteggiamento radicalmente nuovo per i suoi tempi ma che anche oggi, a distanza di secoli, resta prepotentemente attuale come anticipatore della figura del moderno reporter *(cfr.* **S1**, *p. 581**).*

LINGUA: francese; ma il testo è tramandato nella volgarizzazione toscana **DATAZIONE:** 1298 (la volgarizzazione toscana è dell'inizio del Trecento)

Signori imperadori, re e duci e tutte altre genti[1] che volete sapere le diverse generazioni delle genti e le diversità delle regioni del mondo, leggete questo libro dove le troverete[2] tutte le grandissime maraviglie e gran diversitadi delle genti d'Erminia,[3] di Persia e di Tarteria,[4] d'India e di molte altre province. E questo vi conterà il libro ordinatamente siccome messere

1. **Signori...genti:** l'opera si apre con una tipica formula propiziatoria che invita alla lettura un pubblico vario per estrazione sociale e nazionalità.
2. **le troverete:** *vi troverete*.
3. **Erminia**: *Armenia*.
4. **Tarteria**: *Mongolia*.

T3 Marco Polo Pubblico e scopi del *Milione*

Marco Polo, savio e nobile cittadino di Vinegia,[5] le conta in questo libro e egli medesimo le vide. Ma ancora v'ha[6] di quelle cose le quali egli non vide, ma udille[7] da persone degne di fede, e però[8] le cose vedute dirà di veduta e l'altre per udita[9], acciò che 'l nostro libro sia veritieri e sanza niuna menzogna.

Ma io voglio che voi sappiate che poi che Iddio fece Adamo nostro primo padre insino al dì d'oggi, né cristiano, né pagano, saracino o tartero,[10] né niuno uomo di niuna generazione non vide né cercò tante maravigliose cose del mondo come fece messer Marco Polo: però disse infra sé medesimo che troppo sarebbe grande male s'egli non mettesse in iscritto tutte le maraviglie ch'egli ha vedute, perché chi non le sa l'appari per[11] questo libro.

E sì vi dico che egli dimorò in que' paesi bene trentasei anni,[12] lo quale poi stando nella prigione di Genova, fece mettere in iscritto tutte queste cose a messere Rustico da Pisa, lo quale era preso in quelle medesime carcere ne gli anni di Cristo 1298.

M. Polo, *Il Milione*, a cura di R.M. Ruggeri, Olschki, Firenze 1986.

5. **Vinegia**: *Venezia*.
6. **v'ha**: *ci sono, vi compaiono*.
7. **udille**: *le udì*.
8. **però**: *perciò*.
9. **le cose...per udita**: *le cose viste di persona narrerà come viste, le altre* [udite dagli altri] *come udite*. Cioè dirà onestamente quello che ha visto con i propri occhi e quello che gli è stato solo riferito da altri.
10. **tartero**: *tartaro*.
11. **appari per**: *impari per mezzo di*.
12. **trentasei anni**: in realtà gli anni furono ventisei, ma non è strano trovare nel *Milione* qualche numero arrotondato per eccesso.

analisi e interpretazione T3

i temi e l'ideologia

Un libro onesto Nella presentazione il narratore esplicita i due criteri metodologici che presiedono alla stesura dell'opera. Il primo è l'esposizione razionale e ordinata delle cose viste («E questo vi conterà il libro ordinatamente»); il secondo è il rispetto della verità («egli medesimo le vide»). Qualora, invece, vengano riferite informazioni che, pur avute da persone fidate, non sono state verificate di persona, il libro lo segnalerà per scrupolo di onestà ed esattezza («acciò che 'l nostro libro sia veritieri e sanza niuna menzogna»).

Il pubblico del *Milione* I due autori, Rustichello da Pisa e Marco Polo, si rivolgono a sovrani e comandanti («Signori imperadori, re e duci») ma anche a tutte le persone semplici che hanno curiosità di conoscere il mondo. L'opera è così destinata a soddisfare varie necessità: quella di un pubblico aristocratico signorile e cortese, desideroso di rinfrancare lo spirito, quella di una borghesia comunale alla ricerca di notizie utili per le attività commerciali (venne considerato come il primo trattato di scienza geografica), infine il bisogno dei lettori più semplici, cui si promettono narrazioni avventurose e fantastiche («grandissime maraviglie»).

Diversità e meraviglia del mondo Sorretto dalla mentalità del commerciante intento a sfruttare quanto incontra sul proprio cammino, Polo avrà accondisceso volentieri alla dilatazione favolosa della realtà: la seta, le spezie e altri prodotti pregiati sarebbero stati tanto più preziosi quanto più si fosse pensato che venivano da mondi magici e misteriosi. Resta certo, in ogni caso, che il mercante veneziano alimentasse un sincero interesse etnografico e antropologico nei confronti delle popolazioni visitate, i cui usi e costumi vengono descritti con vivace curiosità umana aliena da qualunque prospettiva etnocentrica e giudizio moralistico.

espansioni digitali

T Marco Polo - Delle pietre ch'ardono
[*Il Milione*, libro II, capitolo 90]

T Marco Polo - Della grande Ermenia
[*Il Milione*, libro II, capitolo 20]

per studiare guida all'analisi T3

COMPRENDERE

1 Il Prologo di un'opera contiene di norma: a) il destinatario; b) l'argomento; c) il narratore. Rintraccia nel Prologo del *Milione* l'enunciazione di questi tre punti.

2 Una sola delle seguenti definizioni è pertinente al *Milione*. Quale?

- a è un diario di viaggio
- b è un'opera che deriva da una collaborazione di due autori
- c è un romanzo collettivo d'avventure
- d è il frutto di una rielaborazione di cronache scritte nell'arco di più di due decenni

ANALIZZARE

3 Nel prologo è enunciato il metodo di stesura dell'opera. Rintraccia nel testo i passi che si riferiscono ai tre elementi fondamentali del libro, ovvero

A l'esposizione ordinata delle cose ....

B l'autenticità delle cose narrate ....

C la segnalazione di ciò che non è stato possibile verificare ....

4 Rintraccia nel testo le espressioni che sottolineano la diversità e la meraviglia dell'esperienza di Marco Polo.

....

INTERPRETARE E APPROFONDIRE

5 L'insistenza di Marco Polo sul tema della diversità e della meraviglia delle cose viste testimonia

- a una visione gretta e limitata
- b una volontà di cronaca strettamente oggettiva
- c una mentalità mercantile e moderna
- d una mentalità scientifica

6 Marco Polo dichiara irrinunciabile l'esigenza di mettere per iscritto le cose cha ha visto: perché? Rintraccia la risposta nel testo.

7 Qual è lo scopo del libro?

- a insegnare ai signori e ai potenti come raggiungere luoghi lontani e attraenti
- b aprire ai mercanti del tempo nuove vie al commercio
- c dimostrare agli europei che i popoli dell'Oriente sono barbari ignoranti e rozzi
- d comunicare al maggior numero di lettori possibile la vicenda eccezionale del protagonista-autore

S1 PASSATO E PRESENTE

La curiosità per il mondo ieri e oggi

Marco Polo intraprese il suo viaggio in Oriente mosso essenzialmente da motivi economici. All'alba della società borghese l'obiettivo era scoprire nuove terre che avrebbero potuto garantire materie prime e prodotti utili alla società che andava sviluppandosi. La scoperta dell'altro fu perciò, in tal senso, un effetto collaterale prezioso. Nel suo racconto infatti le osservazioni pratiche del mercante si uniscono alla curiosità "moderna" dell'uomo che scopre nei propri simili analogie e differenze quanto a credenze e costumi di vita. Nei secoli XVIII e XIX e ancor più nel nostro tempo, invece, i viaggi sono andati connotandosi come ricerca consapevole dell''altro' e hanno risposto a un bisogno autentico di conoscenza. Giornalista e scrittore polacco, corrispondente estero e mediatore culturale, **Ryszard Kapuściński** *(1932-2007) ha viaggiato instancabilmente tutta la vita sorretto dalla convinzione che solo l'incontro con gli 'altri', i 'diversi da lui', gli avrebbe permesso di essere veramente se stesso. La raccolta di saggi* L'altro *lascia ai lettori di Kapuściński il testamento spirituale del reporter: «Ogni volta che l'uomo si è incontrato con l'altro, ha sempre avuto davanti a sé tre possibilità di scelta: fargli la guerra, isolarsi dietro a un muro o stabilire un dialogo. [...]*

L'esperienza di tanti anni trascorsi in mezzo agli altri di paesi lontani mi insegna che la benevolenza nei loro confronti è l'unico atteggiamento capace di far vibrare la corda dell'umanità». Nel passo che riportiamo Kapuściński esamina il complesso contesto della globalizzazione contemporanea. In un mondo attraversato ancora da conflitti incessanti e da profonde disuguaglianze, dichiarare la propria distanza (culturale, di razza, di religione) rispetto a qualcuno e addossarsi la responsabilità della differenza altrui è il primo doveroso passo per superare realmente le distanze.

Nel frastuono del mondo postmoderno e nella mescolanza dei linguaggi, questa voce[1] proclamante in modo forte e chiaro valori quali l'identità, il rispetto, l'attenzione e la considerazione per l'altro costituisce un tesoro senza pari. [...] Si tratta di un compito estremamente importante ora che i progressi della comunicazione rendono sempre più presente ed evidente la natura multiculturale del nostro mondo. Multiculturale, in realtà, il nostro pianeta lo è sempre stato: da tempi immemorabili la gente vi ha sempre parlato lingue diverse e ha creduto in diverse divinità; ma i destini del mondo hanno fatto sì che negli ultimi cinque secoli la cultura e la civiltà dominanti siano state quelle europee: quando dicevamo "noi", intendevamo automaticamente *noi tutti*, mentre in realtà si trattava solo di *noi europei*. Oggi viceversa arriva l'epoca in cui l'equazione (una volta ovvia) noi = gli europei, ovvero tutta la gente del mondo, viene messa in discussione dalle trasformazioni storiche in atto. Per effetto di tali trasformazioni sono infatti tornate in vita, pretendendo di sedersi con uguali diritti alla tavola rotonda del mondo, altre e numerose culture, finora sottomesse o emarginate. Culture ambiziose e dinamiche, con un senso fortemente sviluppato del proprio valore. [...] Tischner e gli altri filosofi del dialogo cercano di istillarci una salutare inquietudine, di renderci consapevoli dell'esistenza, o meglio della prossimità dell'altro, della necessità non solo di sentirci responsabili per lui,

1. **questa voce:** sta parlando di padre Józef Tischner (1931-2000), sacerdote e filosofo polacco che ha unito la predicazione alla battaglia di opposizione al regime socialista in nome di un capitalismo etico.

Congo 1964. Fotografia di Ryszard Kapuściński.

Tanzania 1997. Fotografia di Ryszard Kapuściński.

Ciad 1996. Fotografia di Ryszard Kapuściński.

ma anche di riconoscere che tale responsabilità è anche un serio precetto etico. Ci vuole coraggio a sollevare un tema del genere e a incarnarne la dimensione trascendente in un momento in cui nella cultura contemporanea domina la tendenza a segregarsi, a chiudersi nel proprio privato ed egoistico io, in una cerchia accuratamente isolata dove appagare le proprie voglie consumistiche. [...] Arroganza degli uni verso le culture e le religioni degli altri, arcipelaghi di ghetti e di lager sparsi su tutto il pianeta, muri, barriere, fossati, reticolati... Quanti ce ne sono in tutti i continenti! I progressi nelle comunicazioni verificatisi in questi ultimi decenni sono diventati una specie di sfida: da un lato avvicinano gli uomini tra di loro ma, dall'altro, siamo proprio certi che li *avvicinino* veramente? Tra uomo e uomo, tra l'io e l'altro si è inserito un intermediario tecnico: una scintilla elettrica, un impulso elettronico, una rete, un collegamento, un satellite. La parola indù *upanishada* significava "sedere vicini", "stare vicini". L'io comunicava con l'altro non solo attraverso la parola, ma anche attraverso la vicinanza diretta, attraverso lo stare insieme. Un'esperienza che niente è in grado di sostituire. E il paradosso di questa situazione continua ad aumentare.

R. Kapuściński, *L'altro*, Feltrinelli, Milano 2007, pp 57-61, con tagli.

La partenza dei Polo da Venezia nel 1271, pagina da un manoscritto miniato dei *Viaggi di Marco Polo* del XV secolo. Oxford, Bodleian Library.

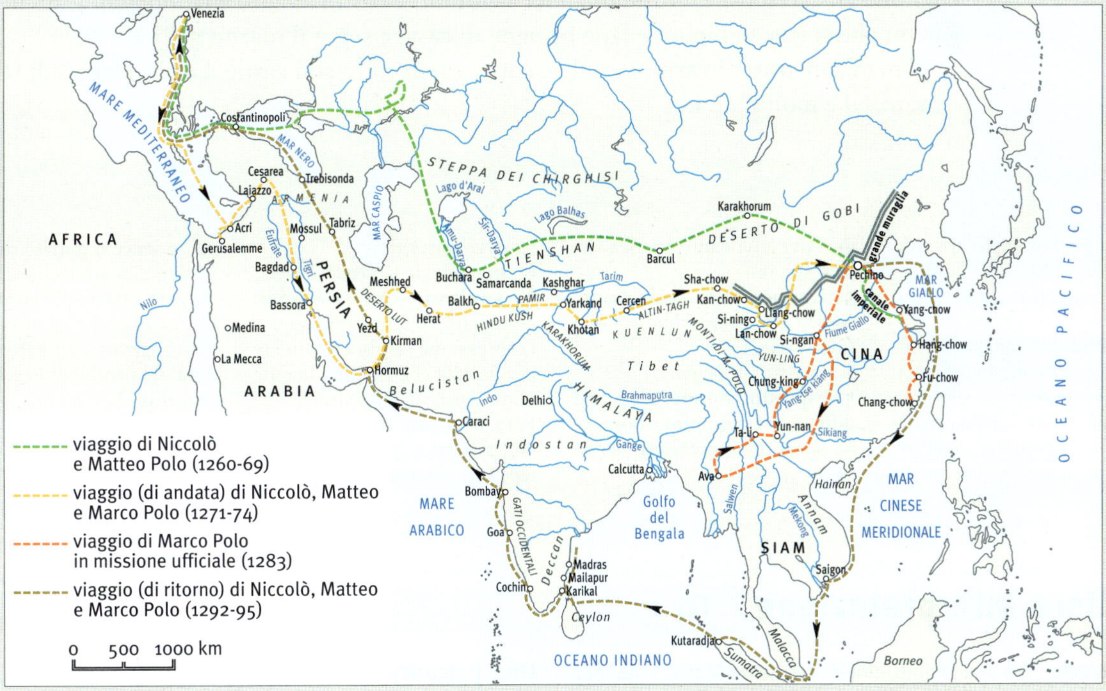

Il padre e lo zio di Marco Polo avevano compiuto un primo viaggio in Oriente fra il 1260 e il 1269. Al secondo viaggio, svoltosi fra il 1271 e il 1295, partecipò anche Marco. Da tempo in ottimi rapporti commerciali con Costantinopoli, Libano e Siria – che fungevano anche da basi d'appoggio per pellegrini e mercanti – i Polo attraversarono l'Armenia e la Persia raggiungendo Afghanistan, Mongolia e Cina.

invito all'argomentazione

Individua nel testo la frase che ti ha colpito di più, cioè quella che a tuo parere è più illuminante riguardo al tema dell'altro. Confrontala poi con le scelte dei tuoi compagni, e discutine insieme a loro.

T4

concetti-chiave

▶ un rito sociale per festeggiare la paternità

Marco Polo
Della provincia d'Ardanda
Il Milione, capitolo 108

Del capitolo 108, uno dei più curiosi dell'opera, si riporta la parte iniziale nella quale Marco Polo descrive un rito sociale di Ardanda. Lì la gravidanza delle donne diventa pretesto per uno strano comportamento maschile: intenzionati a partecipare affettivamente e ad alleviare la fatica delle mogli, a parto avvenuto, i mariti, con la scusa di accudire i bambini, si mettono a letto per quaranta giorni ricevendo amici al capezzale e facendosi servire da mangiare e da bere!

LINGUA: volgarizzamento toscano da un originale franco-italiano **DATAZIONE:** 1298

Quando l'uomo si parte di Caragia[1] e va per ponente cinque giornate, truova una provincia che si chiama Ardanda.[2] E sono idoli, e sono al Gran Cane.[3] La mastra[4] città si chiama Vacian. Questa gente hanno una forma d'oro a tutti i denti, ed a quelli di sopra e a quelli di sotto, sì che tutti i denti paiono d'oro: e questo fanno gli uomeni, ma no le donne.[5] Gli uomeni sono tutti cavalieri,[6] e secondo la loro usanza e' non fanno nulla, salvo ch'andare in oste.[7] Le donne fanno tutte loro bisogne[8] cogli schiavi insieme, ch'egli hanno. E quando alcuna donna ha fatto il fanciullo, lo marito istae nel letto quaranta dì, e leva il fanciullo e governalo; e ciò fanno, perché dicono che la donna ha durato molto affanno del fanciullo a portarlo, e così vogliono che si riposi.[9] E tutti gli amici vegniono a costui al letto e fanno gran festa insieme; e la moglie si leva del letto, e fa le bisogne di casa, e serve il marito nel letto.[10]

E mangiano tutte[11] carne e crude e cotte, e riso cotto con carne. Lo vino fanno di riso con ispezie, ed è molto buono.

M. Polo, *Il Milione*, cit.

1. Caragia: regione corrispondente allo Yunnan, conquistata dai Mongoli tra il 1253 e il 1257.
2. Ardanda: la regione, confinante con Mekong e Birmania, deve il suo nome al «persiano zar-dandan» = 'denti d'oro'. Il perché lo si capisce poche righe sotto, quando Marco Polo descrive una caratteristica dei suoi abitanti.
3. E sono idoli...Gran Cane: *E sono idolatri e ubbidiscono al Gran Cane.*
4. mastra: *principale.*
5. e questo...donne: è la prima differenza tra uomini e donne.
6. sono tutti cavalieri: *vanno in giro a cavallo.*
7. oste: *esercito.*
8. bisogne: *le faccende di casa.*
9. vogliono che si riposi: escludendo il senso ironico che l'espressione sembra assumere per noi ma che verosimilmente non era nelle intenzioni di Marco Polo, bisognerà intendere il verbo 'riposarsi' come 'riposarsi dalla fatica specifica della gestazione'.
10. e serve il marito nel letto: evidentemente accogliere e preparare il pranzo per gli amici del marito è sentita un'incombenza meno gravosa del parto e della cura del bambino; la giustificazione di Marco, però, non può che lasciarci scettici... e sorridenti.
11. tutte: *tutti i tipi.*

analisi e interpretazione T4

La *couvade* La strana abitudine descritta da Marco Polo, per cui il marito prende il posto della moglie nel giaciglio occupandosi del neonato, rimanda alla *couvade* (= 'covata', dal latino *incubare*), un antico rito di compartecipazione e di iniziazione sociale che si riscontra presso varie popolazioni ed è, universalmente, segnalato sin dall'antichità. Con la *couvade*, sostituendosi alla puerpera, il maschio metteva in atto una sorta di identificazione simbolica nella fatica del travaglio e nelle doglie del parto e ciò gli procurava il riconoscimento ufficiale del proprio ruolo paterno da parte dei famigliari e di tutta la tribù.

Uno psicodramma salutare A noi il pensiero di uomini che danzino e facciano strani movimenti per mimare i dolori del travaglio, o che si sdraino nel letto per giorni fingendo di avere partorito, fa sorridere. Eppure questa pratica permetteva, grazie all'allestimento di una sorta di psicodramma, di esprimere liberamente le tante emozioni, oggi spesso compresse, che ruotano intorno alla nascita di un bambino. Preveniva, inoltre, ogni possibile gelosia o timore o scoramento del padre facendolo partecipare attivamente a quanto avveniva e permettendogli di sentirsi sostenuto dal 'gruppo'.

Marco Polo e noi

Dalla *couvade* al congedo per paternità Con l'affermarsi della civiltà urbana e della medicina, il rito della *couvade* scompare. Se, però, una sua possibile modalità di affermazione comportava l'astensione del padre dalla caccia o dalla guerra o da qualunque altra attività, allora anche oggi qualcosa di simile è rimasto, anzi, proprio negli ultimi anni si sta sempre più affermando, per quanto non nell'antica ottica della *couvade* bensì in quella contemporanea delle 'pari opportunità'.

Il congedo per paternità Per permettere infatti alle donne di riprendere il lavoro fuori casa e di non trascurare la propria carriera, la legislazione di molti paesi europei prevede che ad astenersi dall'attività lavorativa, per meglio seguire la crescita dei figli, possa essere non più solo la madre ma anche il padre, che è autorizzato ad assentarsi dal lavoro e a dedicarsi alla cura dei figli per un tempo che va da pochi giorni ad alcune settimane o addirittura mesi. Anche l'Italia, in base all'art. 28 del dlgs 151/2001 (testo unico delle norme a tutela della maternità e paternità), riconosce ai genitori maschi di fruire, in alternativa alle madri, di un periodo di astensione facoltativa.

per studiare *guida all'analisi* T4

COMPRENDERE

1 Scegli le opzioni corrette.

Nella provincia di Ardanda *gli uomini/le donne* hanno l'abitudine di ricoprirsi i denti d'*argento/oro*. I maschi sono abitualmente *agricoltori/soldati*, e non si occupano d'altro che *dell'esercito/della terra*, mentre le donne *lavorano con/sovrintendono agli* schiavi. Ma quando le loro mogli *si ammalano/partoriscono* per solidarietà entrano nel letto e vi restano *trenta/quaranta* giorni, anche se la donna si è ripresa. Durante quel tempo ricevono la visita *dei capi politici/degli amici* e *piangono/fanno festa* insieme a loro, lasciando che la neomamma *si riposi/serva il marito* a letto.

ANALIZZARE

2 Marco Polo presenta l'usanza di Arlanda come un rito curioso oppure come un evento comune? Motiva la risposta con citazioni dal testo.

INTERPRETARE E APPROFONDIRE

3 L'usanza descritta da Marco Polo, per cui il marito, dopo che la moglie ha partorito, prende il suo posto nel letto, rimanda al rito arcaico che gli antropologi definiscono "*couvade*". Di che cosa si tratta?

4 Pensi che la legislazione che in molti paesi europei, compresa l'Italia, prevede che un padre possa astenersi dal lavoro per occuparsi del neonato sia da considerarsi un retaggio dell'antica *couvade*? Oppure ritieni, al contrario, che derivi da una concezione familiare diversa da quella tradizionale?

T5

concetti-chiave

▶ il tatuaggio orientale come abbellimento del corpo

Marco Polo

Della provincia di Caugigu

Il Milione, Capitolo 112

A Caugigu, città ricca governata da un re sfrontatamente lussurioso, uomini e donne hanno l'abitudine di tatuarsi il corpo. Marco Polo osserva ancora una volta la diversità di quei costumi rispetto al modo di vita occidentale senza però indignarsi o formulare giudizi di valore.

LINGUA: volgarizzamento toscano da un originale franco-italiano **DATAZIONE:** 1298

T5 Marco Polo Della provincia di Caugigu

Caugigu[1] è una provincia da levante, che ha re; e' sono idoli[2] e hanno lingua per loro.[3] Egli ubbidiscono al Gran Cane e ogni anno gli fanno tributo. E dicovi che quello re che regnava era sì lussurioso ch'egli teneva bene trecento moglie; e com'egli avea[4] una bella femmina nella contrada, incontanente la pigliava per moglie. Quivi si truova molto oro e care ispezie, ma è molto di lungi dal mare: però non vagliono guari[5] loro mercatanzie. Egli hanno molti leonfanti[6] e altre bestie assai, e vivono di carne e di riso, e 'l vino fanno di riso. I maschi e le femmine si dipingono tutti a uccelli e a bestie e ad aguglie e ad altri divisamenti;[7] e dipingonsi il volto e le mani e 'l corpo e ogni cosa. E questo fanno per gentilezza,[8] e chi più n'ha di queste dipinture, più si tiene[9] gentile e più bello.

Or lasciamo di questo, e dirovvi d'un'altra provincia ch'è chiamata Amu, ch'è verso il levante.

M. Polo, *Il Milione*, cit.

1. **Caugigu**: probabilmente tra la zona di Tonchino (Vietnam settentrionale) e l'attuale Laos.
2. **idoli**: *idolatri*. Indica i seguaci della religione buddista.
3. **e hanno lingua per loro**: *parlano una lingua loro*.
4. **e com'egli avea**: *non appena c'era* (costruzione impersonale).
5. **però non vagliono guari**: *perciò non valgono molto* (perché costa molto trasportarle da un posto così lontano).
6. **leonfanti**: *elefanti*.
7. **si dipingono...divisamenti**: cioè si tatuano tutto il corpo con immagini di bestie, uccelli e aquile. Ma nel testo francese si legge nel modo seguente: *sunt fait con les* ***aguilles*** *en tiel mainere que jamés s'en vont*. ('[tali pitture] sono fatte con gli **aghi**, i modo che mai più vanno via'). **Aguglie** = aquile, potrebbe dunque essere un fraintendimento del traduttore per **aghi**.
8. **gentilezza**: normalmente indica la nobiltà di stirpe ma qui sembra riferirsi piuttosto alla piacevolezza dell'aspetto esteriore.
9. **tiene**: *ritiene*.

analisi e interpretazione T5

i temi e l'ideologia

I popoli idolatri Anche se non si addentra mai in esplicite indagini o giudizi di valore sulle credenze religiose, Marco Polo risulta, anche involontariamente, condizionato dalla sua mentalità occidentale. Così ad esempio, a proposito dei saraceni, dire riassuntivamente che "adorano Malcometto" significa ricalcare la posizione etnocentrica dell'Europa, che vedeva nei costumi del nemico solo bassa superstizione; analogamente Bramanesimo e Buddismo finiscono confusi nell'unica denominazione di 'idolatria'. Marco non si è ancora reso conto del grande moto di espansione del Buddismo dall'India alla Cina. Inevitabilmente Marco Polo, nonostante la sua tolleranza, resta un uomo dell'Occidente.

La lussuria del re La prima parte del capitoletto è dedicata alla descrizione del comportamento licenzioso del sovrano di Caugigu. Nessun abitante, però, ha nulla da eccepire se il suo re integra continuamente il proprio *harem*, né Marco si scandalizza della libertà di cui evidentemente gode. Non è peraltro la prima volta che egli registra, in quei paesi, la diffusione di comportamenti sessuali tanto diversi dai costumi occidentali senza darne una valutazione severa e moralistica. Le donne del Tibet, ad esempio, sono apprezzate dagli uomini solo se hanno avuto numerosi 'rapporti prematrimoniali' (capitolo 103: «Egli è vero che niuno uomo piglierebbe neuna pulcella per moglie per tutto 'l mondo, e dicono che non vagliono nulla s'ella non è costumata con molti uomeni») mentre il Gran Cane soddisfa i propri desideri servendosi di giovani tartare che, in gruppo e con cadenza regolare, entrano nella sua stanza per 'servirlo' (capitolo 73: «Egli è vero che ogni tre dì e tre notti sei di queste donzelle servono lo signore in camera e al letto e a ciò che bisogna, e 'l signore fae di loro quello ch'egli vuole. E di capo di tre dì e di tre notti vegnon l'altre sei donzelle, e cosie vae tutto l'anno di sei in sei donzelle»).

I tatuaggi Dopo le consuete annotazioni economico-etnografiche (abbondanza d'oro, ricchezza di animali, abitudini alimentari), Polo si sofferma su un'usanza tipica del

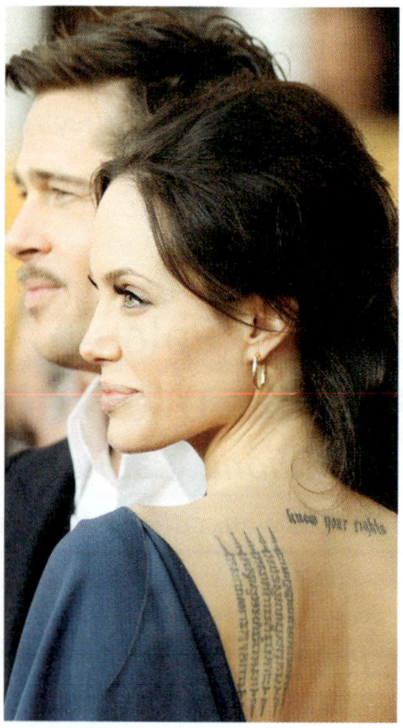

Gli attori Angelina Jolie e Brad Pitt. Los Angeles, 2009.

La pratica del tatuaggio, oggi così diffusa anche tra gli adolescenti, ha origini molto lontane nel tempo e riveste una valenza culturale 'trasversale' nelle diverse parti del mondo. Caricato, presso i popoli antichi e le comunità tribali, di valore religioso, spesso segno di distinzione sociale, il tatuaggio ha assunto, negli anni, significati differenti ora associandosi a classi emarginate, ora diventando emblema di ribellione anticonformistica o gesto romantico, fino a coincidere, al giorno d'oggi, come molti altri fenomeni, con una moda estetizzante.

luogo: la pratica del tatuaggio. Anche in questo caso non fa commenti, per quanto nel mondo medievale e cristiano intervenire in qualunque modo su se stessi significasse alterare colpevolmente quel corpo che Dio aveva scelto per noi. Fu a partire da quest'epoca, però, prima in concomitanza con i viaggi commerciali e poi con le prime scoperte geografiche, che il tatuaggio cominciò a diffondersi in Europa.

per studiare guida all'analisi T5

COMPRENDERE

1 Quali pratiche "strane" sono evidenziate nel racconto di Marco Polo?

ANALIZZARE

2 Individua nel testo la parte in cui Marco Polo descrive l'abitudine degli abitanti di Caugigu di tatuarsi. Ti sembra di scorgere una sfumatura di critica, oppure di meraviglia, oppure semplice curiosità nel modo in cui l'autore racconta un'usanza tanto strana per un occidentale?

3 Nel testo che hai letto c'è anche un'osservazione tipica del mercante. Rintracciala nel testo. Quale riflessione fa Marco Polo?

INTERPRETARE E APPROFONDIRE

4 Quale funzione ha la pratica del tatuaggio per la popolazione di Caugigu?

a risponde a criteri estetici
b è una pratica di guerra
c risponde a criteri religiosi
d è un rito di iniziazione

5 Perché la pratica del tatuaggio era piuttosto eccezionale e, per lo più, proibita nel Medioevo?

6 Oggi i tatuaggi non sono infrequenti: ad esempio, personaggi dello sport e dello spettacolo li esibiscono in quantità. Ti sembra che il loro intento sia simile oppure diverso da quello degli uomini e delle donne orientali descritti da Marco Polo?

S2 PASSATO E PRESENTE

Un rifacimento postmoderno del *Milione*: *Le città invisibili* di Italo Calvino

Nel romanzo **Le città invisibili** *(1972)* ***Italo Calvino*** *riscrive la storia del viaggio di Marco Polo in Cina, ma l'opera, per esplicita intenzione dell'autore, si allontana molto dallo spirito dell'originale. Alla stupita meraviglia di Polo che, tra i primi, si era avviato alla volta di mondi sconosciuti, subentra il senso di finitezza dell'uomo contemporaneo ormai privato della prospettiva di reali nuove scoperte. Nella moderna era industriale e postindustriale la dimensione globale del mercato e del mondo precludono, di fatto, l'esperienza formativa del viaggio, dell'incontro con culture 'altre'. Luoghi e popoli dell'intero pianeta finiscono infatti, almeno nella dimensione materiale, per assomigliarsi. Fingendo che l'imperatore dei Tartari, il Kublai Kan in persona, abbia chiesto al mercante veneziano un resoconto di quanto visto nelle sue terre, Calvino descrive 55 città immaginarie nelle quali reale e irreale, natura e artifici, esseri viventi e stranezze fantastiche, orrori e meraviglie si intrecciano a ricomporre il quadro a dir poco inquietante non solo della città moderna ma della vita stessa dell'uomo contemporaneo. Sempre in bilico tra luce e ombra, caduta e riscatto, fiducia nell'impegno e disperazione nichilistica*, i racconti di Calvino rientrano nella pratica postmoderna* di una scrittura complessa: al tema del labirinto – metafora*

* **Nichilismo**: negazione radicale (latino *nihil* = 'niente') di qualunque valore o ideale, sfiducia totale e distruttiva nel futuro e nella società.
* **Postmoderno**: l'aggettivo indica l'atteggiamento culturale, artistico e letterario, diffusosi in Italia agli inizi degli anni Settanta, che considera superate le certezze scientifiche, filosofiche ed ideologiche dell'età moderna promuovendo l'idea della letteratura come gioco citazionistico e combinatorio.

perfetta del complicato e spesso indecifrabile mondo attuale – si alterna, nelle pagine dello scrittore, un appello alla razionalità, il richiamo alla possibile e doverosa ricerca sul senso della vita.
Qui riportiamo due brani tratti dal libro di Calvino: il primo racconto, dedicato alla città di Perinzia, è particolarmente inquietante, senza dubbio tra quelli che hanno indotto la critica a sottolineare il pessimismo dell'autore; il secondo brano, in corsivo, è la conclusione dell'opera – una conversazione tra Marco Polo e il Kan – nella quale Calvino ribadisce la fiducia nella capacità dell'uomo di sostenere, almeno con la forza della passione, la bellezza e il valore dell'esistenza.

La città e il cielo. 4.

Chiamati a dettare le norme per la fondazione di Perinzia gli astronomi stabilirono il luogo e il giorno secondo la posizione delle stelle, tracciarono le linee incrociate del decumano e del cardo orientate l'una come il corso del sole e l'altra come l'asse attorno a cui ruotano i cieli, divisero la mappa secondo le dodici case dello zodiaco in modo che ogni tempio e ogni quartiere ricevesse il giusto influsso dalle costellazioni opportune, fissarono il punto delle mura in cui aprire le porte, prevedendo che ognuna inquadrasse un'eclisse di luna nei prossimi mille anni. Perinzia – assicurarono – avrebbe rispecchiato l'armonia del firmamento; la ragione della natura e la grazia degli dei avrebbero dato la fortuna ai destini degli abitanti.

Seguendo con esattezza i calcoli degli astronomi, Perinzia fu edificata; genti diverse vennero a popolarla; la prima generazione dei nati a Perinzia prese a crescere tra le sue mura; e questi a loro volta raggiunsero l'età di sposarsi ed avere figli.

Nelle vie e piazze di Perinzia oggi incontri storpi, nani, gobbi, obesi, donne con la barba. Ma il peggio non si vede; urla gutturali si levano dalle cantine e dai granai, dove le famiglie nascondono i figli con tre teste o sei gambe.

Gli astronomi di Perinzia si trovano di fronte a una difficile scelta: o ammettere che tutti i loro calcoli sono sbagliati e le loro cifre non riescono a descrivere il cielo, o rivelare che l'ordine degli dei è proprio quello che si rispecchia nella città dei mostri.

L'atlante del Gran Kan contiene anche le carte delle terre promesse visitate nel pensiero ma non ancora scoperte o fondate. La Nuova Atlantide, Utopia, la Città del Sole, Oceana, Tamoé, Armonia, New-Lanark, Icaria.

Chiese a Marco Kublai: – Tu che esplori intorno e vedi i segni, saprai dirmi verso quale di questi futuri ci spingono i venti propizi.

– Per questi porti non saprei tracciare la rotta sulla carta né fissare la data dell'approdo. Alle volte mi basta uno scorcio che s'apre nel bel mezzo d'un paesaggio incongruo, un affiorare di luci nella nebbia, il dialogo di due passanti che s'incontrano nel viavai, per pensare che partendo di lì metterò assieme pezzo a pezzo la città perfetta, fatta di frammenti mescolati col resto, d'istanti separati da intervalli, di segnali che uno manda e non sa chi li raccoglie. Se ti dico che la città cui tende il mio viaggio è discontinua nello spazio e nel tempo, ora più nuda ora più densa, tu non devi credere che si possa smettere di cercarla. Forse mentre noi parliamo sta affiorando sparsa entro i confini del tuo impero; puoi rintracciarla, ma a quel modo che t'ho detto.

Già il Gran Kan stava sfogliando nel suo atlante le carte delle città che minacciano negli incubi e nelle maledizioni Enoch, Babilonia, Yahoo, Butua, Brave New World.

Dice. –Tutto è inutile, se l'ultimo approdo non può essere che la città infernale, ed è là in fondo che, in una spirale sempre più stretta, ci risucchia la corrente.

E Polo: – L'inferno dei viventi non è qualcosa che sarà; se ce n'è uno, è quello che è già qui, l'inferno che abitiamo tutti i giorni, che formiamo stando insieme. Due modi ci sono per non soffrirne. Il primo riesce facile a molti. Accettare l'inferno e diventarne parte fino al punto di non vederlo più. Il secondo è rischioso ed esige attenzione e apprendimento continui: cercare e saper riconoscere chi e cosa, in mezzo all'inferno, non è inferno, e farlo durare, e dargli spazio.

I. Calvino, *Le città invisibili*, Mondadori, Milano 1999, pp. 144-145 e 163-164.

invito all'argomentazione

Rifletti sulla frase con la quale Calvino ha voluto concludere le sue *Città invisibili*, temperando una concezione pessimistica del mondo con una irriducibile fiducia nelle possibilità umane di dare senso all'esistenza.

> – L'inferno dei viventi non è qualcosa che sarà; se ce n'è uno, è quello che è già qui, l'inferno che abitiamo tutti i giorni, che formiamo stando insieme. Due modi ci sono per non soffrirne. Il primo riesce facile a molti. Accettare l'inferno e diventarne parte fino al punto di non vederlo più. Il secondo è rischioso ed esige attenzione e apprendimento continui: cercare e saper riconoscere chi e cosa, in mezzo all'inferno, non è inferno, e farlo durare, e dargli spazio.

Commenta la frase esponendo le tue opinioni. Come vedi tu «l'inferno dei viventi»? In che cosa potrebbe consistere, in concreto, l'alternativa proposta dallo scrittore: o assuefarsi all'«inferno», oppure applicarsi per saper riconoscere chi e che cosa «non è inferno»?

S3 LETTURE CRITICHE

Marco Polo alla corte del Gran Cane

Nel saggio introduttivo all'edizione dell'opera curata da Daniele Ponchiroli, lo studioso ***Sergio Solmi*** *sintetizza i motivi che fanno del* Milione *un libro magico nel quale aleggia il soffio della vita e della poesia. Enumerazioni, misurazioni e descrizioni, che fanno fede dell'oggettività scientifica della cronaca e dello stato in cui versavano quelle terre lontane, alimentano ancora oggi la meraviglia dei suoi lettori. In particolare nei capitoli dedicati al Gran Cane e alla vita piacevole della sua corte sembra di rinvenire un vero e proprio tesoro documentario, una sintesi laica e terrena della vita del tempo, un frutto prodigiosamente anticipato della futura Rinascenza.*

Si può dire che per secoli la più vera immagine dell'Oriente, al di là dei sogni e delle leggende, al di là delle fantasie convenzionali dei poeti e dei novellatori, sia rimasta, nella concezione degli europei, essenzialmente affidata al *Milione* [...] il tempo ha ormai fatto giustizia dei detrattori[1] di Polo, sebbene non per questo la magia del suo libro si sia spenta. Allo sguardo dello storico, ormai si dimostra chiaramente il passo gigantesco che il veneziano impose alla conoscenza geografica del suo tempo, facendo immensamente retrocedere, almeno nel loro grosso, la folla dei fantasmi e delle illusioni che l'Europa confinava nell'inesplorato Oriente, e sostituendoli con notizie tanto positive[2] da poter essere spesso oggi ancora controllabili [...]. *Il Milione*, nonostante le apparenze, e i tradimenti e mutilazioni delle varie redazioni,[3] non è una congerie di notizie sparse e frammentarie. Non è, ad onta delle modeste intenzioni dell'autore, una semplice, se pur grandiosa "guida dell'Asia". L'esperienza umana di Marco, quale si riflette nella redazione stessa del suo libro, si organizza attorno a un centro: unità di destino e unità di tema letterario, che stabilisce le prospettive profonde del testo oltre l'esteriore frammentarietà. Questo centro d'esperienza vissuta fu per il cuore del grande Impero mongolo, la Corte del Gran Cane, da cui si diramava la poderosa organizzazione, insieme militare e burocratica, che Marco non cessava d'ammirare. Divenuto egli pure, mercè gli incarichi avuti dal Signore dei Tartari, di ambasciatore e di reggitore di città, qualcosa come un funzionario di quella organiz-

1. **detrattori:** si allude a chi riteneva *Il Milione* un'opera fantastica e menzognera.
2. **positive:** *dettagliate, riscontrabili.*
3. **nonostante...redazioni:** *Il Milione* ci è giunto grazie ad una tanto ricca quanto controversa tradizione di ben 130 codici diversi.

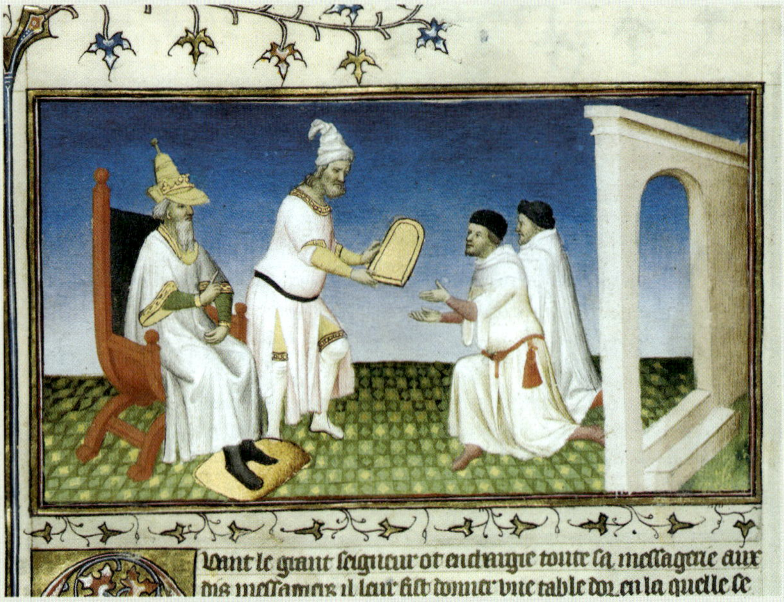

I Polo alla corte del Gran Cane. Miniatura tratta da Marco Polo, *Devisement du monde o Livre des Merveilles*, manoscritto copiato a Parigi nel 1410-1412 circa. Parigi, Bibliothèque Nationale de France.

zazione, essa rappresentò, per così dire, lo schema, il piano razionale precostituito che gli consentì la ricca avventura di vent'anni della sua vita. Come in tutti gli stati essenzialmente fondati sulla forza militare necessaria a tener soggetti popoli di nazionalità diverse su immensi spazi, un sistema di comunicazioni analogo a quello dell'Impero romano, ma assai più vasto e ancora più perfezionato, collegava col centro e fra loro le più lontane regioni, assicurando, attraverso una fitta rete di comandi di tappa e di alloggiamenti, un servizio di corrieri la cui rapidità era ignota all'Europa del tempo, così divisa e spopolata. Aggiungendosi la fortunata circostanza storica di una relativa pacificazione del mondo asiatico sotto il dominio tartaro, fu quella organizzazione a render possibile a un europeo – sia pure attraverso enormi pericoli e disagi, che il racconto, malgrado la reticenza autobiografica, lascia intravedere – una esperienza che, altrimenti irrealizzabile, non cessa tuttavia dal tenere qualcosa di miracoloso: fu essa che ne permise e ne garantì l'ampio giro. Nel centro della gigantesca rete, a Cambaluc, l'odierna Pechino, raggia[4] attraverso le pagine del *Milione* lo splendore della Corte tartara, presso cui la vorace brama di vita dei barbari conquistatori s'era andata qualche poco ammorbidendo sotto l'influenza del raffinato costume della Cina da poco assoggettata. Ed è forse qui, nelle descrizioni ed esaltazioni delle immense feste e cerimonie, del fasto squisito e barbarico dei palazzi cittadini e delle dimore di villeggiatura, delle cacce cui partecipavano migliaia di persone, ed elefanti e cammelli, e in cui ai falchi noti all'Occidente si aggiungevano le aquile, i leoni e i leopardi addomesticati (e vi campeggia indimenticabile, come in un dipinto cinese o in una miniatura persiana, quell'immagine del Gran Cane caracollante sui prati di Ciandu, con un leopardo in groppa al cavallo), che si situa il nucleo centrale della narrazione, e trovan luogo le pagine in cui la vivezza dei ricordi di Marco meglio s'accorda, e direi si confonde, con lo stile dell'estensore[5] adusato[6] alle mirabolanti evocazioni dei libri di cavalleria, al gusto del sovraccarico e del sontuoso [...] perché questo essenzialmente è il *Milione*: l'emozionante documento dell'incontro di un uomo con un mondo.

S. Solmi, *Prefazione*, in M. Polo, *Il Milione*, a cura di D. Ponchiroli, Einaudi, Torino 1981, pp. 183-186.

4. **raggia:** *irraggia.*
5. **estensore:** chi scrive (estende) concretamente il racconto del viaggio, cioè Rustichello.
6. **adusato:** *abituato.*

4 Come gli Arabi vedono gli altri popoli

Gli Arabi: un popolo di viaggiatori Il viaggio è un concetto fondamentale nella storia e nella cultura degli Arabi; forse in virtù delle proprie origini nomadi, essi si erano trasformati naturalmente in mercanti che vedevano nel viaggio la condizione indispensabile per i loro commerci. L'Islam prevedeva infatti una fitta rete di istituzioni a favore di chi doveva spostarsi, fornendo, ad esempio, punti di sosta e rifornimento, scorte armate, attrezzature carovaniere. Peraltro gli stessi mercanti restituivano i favori, contribuendo con le proprie ricchezze allo sviluppo delle città, che riempirono di sfarzosi monumenti e bagni pubblici.

Ambizione di conquista e devozione Anche l'obbligo che ogni credente aveva di compiere il pellegrinaggio alla Mecca manteneva viva la vocazione al vagabondaggio e lo spirito itinerante degli Arabi – ben simboleggiato da Sindbad il marinaio delle *Mille e una notte* – che osavano così spingersi, per devozione ed ambizione in ugual misura, fino agli estremi confini della terra.

Cronaca e invenzione Come i viaggiatori occidentali, mescolando dati reali e leggende tradizionali, mantennero viva l'immagine di un Oriente magico e misterioso, allo stesso modo i viaggiatori arabi non si facevano scrupolo di colorire i loro resoconti: ad animarli era non tanto un senso di rivalità o la consapevolezza esibita della propria superiorità, quanto una sincera ammirazione e curiosità per quei mondi lontani che la forza di antiche radici culturali rendeva tanto refrattari alla conversione religiosa.

Qualche nome, qualche viaggio Nel 921, per ordine del califfo Abbaside al Mùqtadir, parte da Baghdàd, chiamata allora 'città della pace', una spedizione diretta alla città di Bulghàr. Lo scopo è portare ad Almùsh, che reggeva i territori del Volga, aiuti materiali e insegnamenti religiosi. Ahmad Ibn Fadlàn, segretario della missione, ci ha lasciato una relazione che, seppur incompleta, rappresenta un'efficace testimonianza delle difficoltà incontrate nel viaggio e di come gli Arabi vedessero gli altri popoli del "nord islamico" e dell'Europa (cfr. **S4**, p. 592).

Panorama del nord di Baghdad.

Fondata nel 762 d.C. sulle rive del Tigri, scelta come capitale del califfato abbaside, Baghdad, in arabo Madinat as-Salam ('città della pace'), si era sempre più espansa, diventando rapidamente un importante centro commerciale e carovaniero. Al centro dei principali commerci di Oriente e Occidente, era considerata non solo la città più prospera del mondo ma una delle più belle e ricche culturalmente. Vide il proprio apogeo nel IX secolo ma rimase splendida fino al 1400 circa, quando l'invasione dei mongoli diede inizio al suo declino.

La conquista di Baghdad da parte dei Mongoli nel 1258. Illustrazione del XIV secolo. Berlino, Staatsbibliothek.

Ibn Gubayr (1145-1217), poeta andaluso, in seguito ad un'improvvisa crisi religiosa decide di intraprendere il viaggio per la Mecca facendo tappa in Marocco, Sardegna, Sicilia, Creta ed Egitto. Arrivato a Palermo, quando la città beneficia dell'illuminato governo di Guglielmo il Buono, così descrive le donne del posto: «Le donne cristiane di questa città all'aspetto sembrano mussulmane, parlano arabo correttamente, si ammantano e si velano come quelle...».

La figura di viaggiatore arabo più noto resta comunque quella del marocchino Ibn Battuta, che nell'arco di 28 anni (1325-1353), partito da Tangeri quando è poco più che adolescente, percorre centoventimila chilometri attraversando Africa, Medio Oriente, India e Cina. Qualche tempo dopo il suo ritorno, Battuta, per ordine del sultano, detta i propri ricordi a un giovane letterato professionista, Ibn Juzayy. Come già era avvenuto per Marco Polo e Rustichello, la perizia dello scrittore, combinata con l'abilità narrativa di chi ha visitato il mondo, si trasforma in un libro (*Rihla* o *I Viaggi*) la cui ricchezza aneddotica, il realismo descrittivo e l'atmosfera fiabesca inducono a parlare di un 'altro' *Milione*.

espansioni digitali

S INFORMAZIONI E APPROFONDIMENTI **I *mirabilia* d'Occidente**

T Ibn Battuta - Altre avventure [*I viaggi*]

T Ahmad Ibn Fadlàn - I rus [*Viaggio di Ibn Fadiàn in Russia*]

S INFORMAZIONI E APPROFONDIMENTI **Un best seller: *I mangiatori di morte* di Michael Crichton**

S4 INFORMAZIONI E APPROFONDIMENTI

L'Europa "barbara" vista dagli Arabi

Bernard Lewis, *uno tra i maggiori studiosi e storici dell'Islam, si occupa da sempre dei rapporti tra mondo orientale ed Europa cercando di evidenziare relazioni politiche e scambi culturali, analogie e differenze tra le due culture. Dopo avere consultato in lingua originale fonti dirette non facilmente accessibili, nel passo che riportiamo egli sintetizza efficacemente il modo con cui l'Europa, specialmente quella occidentale, era vista dagli Arabi.*

Se tale appariva il mondo islamico visto dall'Europa, come appariva l'Europa agli occhi del mondo islamico? Molto simile, si potrebbe dire, a come l'Africa centrale appariva all'Inghilterra vittoriana. Gli scritti arabi rispecchiano l'immagine di una landa selvaggia, remota e inesplorata, abitata da genti esotiche, pittoresche e alquanto primitive dalle quali non vi era nulla da temere e, meno ancor da imparare. Pochi, intrepidi esploratori provenienti dalla Spagna musulmana e dal Nordafrica si avventurarono negli angoli più sperduti dell'Europa e lasciarono ai posteri il resoconto dei loro viaggi; nei loro scritti avvertiamo la stessa nota di disprezzo lievemente divertito che troviamo a volte nei resoconti dei viaggiatori europei recatisi in Africa e in Asia molti secoli dopo. Naturalmente gli arabi erano consapevoli dell'esistenza di Bisanzio. Conoscevano e rispettavano la civiltà degli antichi greci dell'Ellade e anche, quantunque in misura molto minore, dei greci cristiani di Costantinopoli. Ma non nutrivano alcun rispetto – e per la verità non si vede perché dovessero nutrirne – per l'Europa centrale e occidentale, la cui civiltà in epoca medievale era di un livello notevolmente inferiore, sia sul piano morale che su quello materiale, rispetto alle terre che formavano il nucleo centrale dell'Islam. Tuttavia, malgrado questa visione dell'Europa non bizantina come remota e selvaggia propaggine della barbarie e della miscredenza, al tempo stesso vi era la consapevolezza che gli europei, persino quelli dell'Europa occidentale, non erano dei semplici barbari come gli altri popoli che confinavano con il mondo islamico a oriente e a meridione. Dopo tutto erano seguaci di una religione vera, superata ma pur sempre fondata su un'autentica rivelazione, quindi di gran lunga superiore ai politeisti e agli idolatri che i musulmani incontravano in altre regioni. Al tempo stesso, a differenza di quei politeisti e di quegli idolatri, gli europei non erano disposti a farsi convertire all'Islam, né si mostravano facilmente assimilabili, ma anzi restavano ostinatamente attaccati alla propria fede superata con l'ambizione di farla prevalere sull'Islam.

B. Lewis, *L'Europa e l'Islam*, Laterza, Roma-Bari 2005.

l'autore e l'opera

Ibn Battuta (1304-1368/69) ha 21 anni quando sale a cavallo a Tangeri diretto ai luoghi santi dell'Islam. Appassionato di viaggi, parte da solo, in cerca di maestri giuristi e di uomini devoti ma anche curioso di conoscere nuovi luoghi e nuovi popoli. Compiuto il pellegrinaggio alla Mecca infatti non pensa al ritorno, ma si spinge a Nord-est, verso l'Iraq e la Persia, poi attraversa il mar Nero, passa in Crimea, penetra nella steppa russa, ridiscende a Sud-est nell'odierno Afghanistan per fermarsi qualche tempo solo in India. Quando, 28 anni dopo la partenza, torna in Marocco, ha attraversato, servendosi dei più svariati mezzi di trasporto (cammelli, barche, slitte), l'equivalente di quarantotto stati moderni. I suoi ricordi e appunti sono ricchissimi e aspettano solo di ricevere un'adeguata sistemazione, cui Battuta, letterariamente poco dotato, non è in grado di provvedere. Ci penserà Ibn Juzayy, un giovane studioso di origine andalusa, incaricato dal sultano di stenderne una *rihla*, cioè una "cronaca di viaggio". Come Rustichello, anche Ibn Juzayy inserisce nel testo qualcosa di suo (alcune poesie relative ai luoghi citati, qualche passaggio molto retorico che 'impreziosisce' la schiettezza del resoconto originale). Non abile nella scrittura, Battuta

Una miniatura da un manoscritto persiano che mostra una imbarcazione africana, XIII secolo.

era però un affascinante narratore orale; è lui stesso a dichiararlo quando ricorda con compiacimento come ammaliava gli ascoltatori con il racconto delle sue storie. Nei *Viaggi* Battuta parla di città; descrive monumenti, religioni, riti sociali; spiega dettagliatamente istituzioni islamiche e abitudini culinarie, ma racconta anche di donne con un seno solo, di polli cinesi grandi come struzzi che non possono essere cucinati in un'unica casseruola, di sanguisughe volanti (che si staccano dal corpo solo se si versa loro sopra copioso limone), dell'impronta del piede d'Adamo lunga undici spanne, dei leggendari cinocefali, uomini dall'aspetto simile al nostro ma con il muso di cane (già descritti da Polo nelle isole d'Agama: «E sono come bestie salvatiche; e tutti quegli di questa isola hanno capo di cane, e denti e naso a simiglianza di gran mastino», p. 256, cit.). Come nel caso del *Milione*, ci troviamo di fronte, dunque, non ad una semplice compilazione geografica né ad una guida per i mercanti bensì ad un'opera complessa e variegata. Quanto alle analogie e differenze con Marco Polo, va registrato che le affinità ci sono indubbiamente, per quanto più superficiali di quanto possa sembrare. I viaggiatori, infatti, pur appartenendo a due generazioni diverse (Marco muore un anno prima che Battuta lasci Tangeri) sono sostanzialmente coevi; usufruiscono, negli spostamenti, della tranquillità consentita dalla *pax mongolica*[1] e soggiornano in Cina; gli itinerari coincidono poi in molte parti ed entrambi dettano le loro memorie ad un letterato di professione. La differenza assai significativa, tuttavia, concerne il fatto che, mentre il viaggio di Marco Polo ha posto quest'ultimo a contatto con terre e popoli per lo più non cristiani, Battuta si sposta, praticamente, sempre all'interno del proprio mondo islamico.

1. **pax mongolica**: 'pace mongolica'. L'espressione è usata dagli storici per indicare le condizioni di relativa sicurezza all'interno dell'impero mongolo.

T6

concetti-chiave
- la deformazione favolosa del reale
- le invenzioni popolari e letterarie
- devozione religiosa

Ibn Battuta
Tra scienza e favola
I viaggi

Dai Viaggi *riportiamo alcuni passaggi curiosi che testimoniano la varietà degli interessi di Ibn Battuta e la sua abilità di narratore. Alle parti 'scientifiche', che contengono informazioni precise e documentate, se ne alternano altre in cui prevale il gusto della favola orientale tipica delle* Mille e una notte.

LINGUA: traduzione dall'originale arabo **DATAZIONE:** 1354-1355

La noce di cocco

La palma da cocco – o noce d'India – è un albero fra i più meravigliosi e stravaganti, molto simile alla palma ma con la differenza che una produce noci e l'altra datteri. Il frutto somiglia alla testa di un uomo: come questa sembra avere occhi e bocca e quando è verde, l'interno è una specie di cervello – mentre fuori è ricoperto di fibre che ricordano i capelli. Con queste fibre, tra l'altro, si fanno diversi tipi di cime e di corde: anche quelle usate per unire le assi delle imbarcazioni al posto dei chiodi di ferro. Infine ci sono delle noci di cocco – soprattutto alle Maldive – che di una testa d'uomo hanno anche la grandezza. A tal proposito raccontano che molto tempo fa c'era un sapiente indiano addetto alla cura del re e da lui molto stimato. Egli però non andava per nulla d'accordo con il visir, al punto che un giorno disse al sovrano: "Se si taglia la testa del visir e la s'interra, ne nascerà una palma che darà datteri magnifici, da cui trarranno vantaggio non solo gli indiani ma tutti gli abitanti del pianeta". Il re gli disse: "E se dalla testa del visir non dovesse venire fuori quel che hai detto?" "Allora – disse il sapiente –, farai con la mia testa la stessa cosa che avrai fatto con la sua". Così, su ordine del re, il visir venne decapitato e, avutane la testa, il sapiente le piantò nel cervello un nocciolo di dattero di cui si prese cura finché quello, divenuto un albero, non produsse appunto le suddette noci. Questa storia è falsa, ma l'abbiamo raccontata perché in India è molto diffusa.

La pesca delle perle

Le perle si pescano tra Sīrāf e al-Bahrayn, in una baia dall'acqua stagnante dove [il mare] sembra un grande fiume. In questa baia convergono, nei mesi di aprile e maggio, molte barche con a bordo pescatori di perle e mercanti del Fārs, di al-Bahrayn e di al-Qatīf. Per immergersi, il pescatore indossa sul volto una maschera di guscio di *ghaylam*, cioè di tartaruga, e si stringe sul naso una specie di pinza dello stesso materiale, poi si lega una fune alla cintola e va giú – il tempo di resistenza sott'acqua varia da uno all'altro: alcuni restano un'ora o due, o poco meno. Giunto sul fondo, il pescatore trova le ostriche infisse nella sabbia in mezzo alle pietruzze e staccandole con la mano o con un coltello le ripone in un sacco di cuoio che tiene a tracolla. Quando non ha piú fiato smuove la fune e l'uomo che, sulla barca, ne tiene in mano l'altro capo, lo issa a bordo. Allora gli prendono il sacco, aprono le ostriche e con un coltello staccano i pezzetti di carne dell'interno che, a contatto con l'aria, si induriscono e diventano perle. In ultimo fanno un mucchio delle perle raccolte, grandi e piccole, e il sultano ne preleva un quinto, mentre il resto lo acquistano i mercanti – ma molti pescatori sono indebitati con loro e perciò capita spesso che cedano le perle per saldare in tutto o in parte i propri debiti.

Ibn Battuta, *I viaggi*, a cura di C.M. Tresso, Einaudi, Torino 2006.

analisi e interpretazione T6

i temi e l'ideologia

Le noci dell'India Già Marco Polo, mentre si trovava in Persia meridionale, aveva segnalato le noci di cocco, riferendo, come Battuta, che da quelle si ricavavano corde utilizzate per assemblare le navi indiane: «Le loro navi sono cattive e molto ne pericolono (= 'rischiano di naufragare'), perché non sono confitte con aguti di ferro (= 'chiodi'), ma cucite con filo che si fa della buccia della noce d'India, che si mette in molle (= 'a mollo') nell'acqua e fassi filo come setole: e con questo le cuciono, e non si guasta per l'acqua salata». Mentre però il mercante veneziano proseguiva il racconto aggiungendo particolari relativi alle navi, Battuta risolve la descrizione nella favola.

Dettagli descrittivi e invenzione Estremamente accurati nella parte iniziale, minuziosamente e puntualmente descrittiva, i due passi di Battuta proseguono infatti abbandonando entrambi la veridicità. Il primo presenta una leggenda (quella della testa mozzata del visir), cui – è lo stesso autore a suggerirlo – non bisognerà dare credito; il secondo presenta invece esagerazioni («il tempo di resistenza sott'acqua varia da uno all'altro: alcuni restano un'ora o due, o poco meno») e inesattezze tali («staccano i pezzetti di carne dell'interno che, a contatto con l'aria, si induriscono e diventano perle») da far pensare che Battuta non abbia assistito direttamente alla pesca. Come a volte Marco Polo, insomma, anche Ibn Battuta accosta cose viste di persona ad altre che ha sentito raccontare o ricorre al meraviglioso descrivendo posti favolosi che in realtà non ha mai visitato. Sente però sempre il dovere di avvisare il suo lettore; ecco allora che quando narra l'inverosimile leggenda della noce di cocco aggiunge: «Questa storia è falsa, ma l'abbiamo raccontata perché in India è molto diffusa».

per studiare guida all'analisi T6

COMPRENDERE

1 Quali erano gli scopi del viaggio di Ibn Battuta?

- a portare aiuti materiali e insegnamenti religiosi
- b commerciare con le popolazioni nordiche
- c fare il pellegrinaggio tradizionale alla Mecca
- d visitare paesi lontani per curiosità e studio

ANALIZZARE

2 Ibn Battuta indulge nei suoi resoconti all'elemento meraviglioso e fantastico. Rintraccia nel testo *La noce di cocco* le espressioni volte a suscitare la meraviglia nel lettore.

3 Rintraccia l'aneddoto all'interno del racconto *La noce di cocco*. Quale scopo ha tale aneddoto?

4 Anche nella descrizione della *Pesca delle perle* ci sono elementi fantastici, esagerati, o comunque non verificati dall'autore. Rintracciane qualcuno.

INTERPRETARE E APPROFONDIRE

5 Pur nelle innegabili analogie, tra il viaggio di Marco Polo e quello di Ibn Battuta c'è una differenza fondamentale. Quale?

- a Ibn Battuta fu favorito nel suo viaggio dalle condizioni di relativa sicurezza all'interno dell'impero mongolo
- b Ibn Battuta dettò ad un letterato di professione il resoconto del suo viaggio
- c mentre Marco Polo viaggiò verso Oriente, Ibn Battuta si limitò ad esplorare il mondo occidentale
- d mentre Marco Polo descrive terre e usanze non cristiane, Ibn Battuta riferisce sul proprio mondo islamico

Conclusioni del percorso

La rinascita medievale e lo sviluppo della prosa in volgare

Nel percorso abbiamo visto come l'aumento demografico, lo sviluppo economico e il generale miglioramento nella qualità della vita rispetto all'Alto Medioevo, abbiano impresso alla società del XIII secolo un nuovo dinamismo. In questo periodo si assiste ad una laicizzazione della letteratura e al fiorire di una ricca produzione in prosa in volgare, di volta in volta impegnata in un rendiconto cronachistico del proprio tempo che spazia dalla celebrazione del progresso della città (cfr. T1) alla condanna delle lotte politiche (cfr. T2), al racconto incuriosito e ammirato delle prime esperienze dei viaggi in paesi lontani.

Passione civile e spostamenti nel mondo: cronache e resoconti di viaggio

Nell'Italia comunale urbana va piano piano affermandosi l'etica borghese-mercantile, che valorizza l'impegno politico personale e la capacità di ciascuno di garantirsi ricchezza e benessere. Le numerose cronache cittadine e le relazioni di viaggio stese dagli autori del tempo sono un'efficace testimonianza delle avvenute trasformazioni nel modo di concepire l'esistenza e il ruolo dell'uomo sulla terra. Proprio la curiosità per il mondo circostante e le necessità legate agli affari spingono gli uomini a lasciare la propria città e viaggiare, anche in paesi lontani.
La curiosità di conoscere l'Oriente è uno dei fattori che concorrono a spiegare il successo del *Milione* di Marco Polo, resoconto di un viaggio in Oriente svoltosi tra il 1271 e il 1295, che mescola realtà e fantasia (cfr. **T3**, **T4** e **T5**).

Occidente e Oriente

Nello stesso periodo in cui i mercanti europei si spingono fino ai favolosi territori dell'Oriente, i viaggiatori arabi esplorano l'Occidente e tracciano resoconti non meno fantasiosi delle usanze degli altri popoli (cfr. **T6**). Così Occidente e Oriente cominciano a conoscersi e confrontarsi: è per tutti l'occasione non solo di ampliare le proprie conoscenze geografiche, ma anche di fare una fondamentale esperienza di vita.

per fare il punto | *autoverifica delle conoscenze*

Verifica la correttezza delle tue risposte sulla base dei paragrafi, dei testi o delle schede indicati a corredo di ciascuna domanda.

1 Collega correttamente gli autori coevi alle rispettive città di origine. (cfr. note biografiche)

Bonvesin de la Riva	Venezia
Dino Compagni	Firenze
Marco Polo	Tangeri
Ibn Battuta	Milano

2 Riassumi la biografia di Marco Polo scegliendo le opzioni corrette. (per l'autoverifica, cfr. ***l'autore e l'opera***)

Marco Polo nacque a ***Genova/Venezia*** nel 1254 da una famiglia di viaggiatori. Partì per l'Estremo Oriente nel 1271, a soli 17 anni, insieme con il padre e lo zio, che erano due facoltosi ***mercanti/esploratori*** spinti dalle prospettive ***commerciali/religiose*** che i nuovi contatti con ***il Mediterraneo/l'Oriente*** avrebbero portato. Nell'arco di circa 24 anni Marco Polo, in qualità di ***ambasciatore/ecclesiastico*** al servizio dell'imperatore ***giapponese/cinese*** Gran Kahn, attraversò tutta l'Asia. Tornato in patria, venne fatto prigioniero dai ***Genovesi/Veneziani***, in uno dei tanti conflitti che insanguinarono in quegli anni la vita delle repubbliche marinare d'Italia. Durante ***gli anni/l'anno*** che trascorse in prigione ***scrisse/dettò*** il racconto del suo lungo viaggio. Uscito dal carcere visse a ***Venezia/Genova*** fino alla morte, nel ***1321/1324***.

3 Vero o falso. (per l'autoverifica, cfr. le introduzioni ai brani e ai percorsi)

- **A** Dino Compagni è uno scrittore cinico e pessimista sulle sorti di Firenze V F
- **B** le rotte seguite dai mercanti erano le stesse di quelle seguite dai crociati e dai pellegrini V F
- **C** Marco Polo intraprese il suo viaggio in Oriente mosso principalmente da motivi economici V F

D quando Marco Polo intraprese il suo primo viaggio aveva 17 anni V F

E la stesura originale del *Milione* era in volgare veneziano V F

F Marco Polo e Ibn Battuta ebbero in comune il viaggio e la curiosità per i mondi lontani V F

G Ibn Battuta, diversamente da Marco, scrisse solo sulle cose che riguardavano la sua cultura V F

H Ibn Battuta, come Marco, dettò i propri ricordi a un letterato di professione V F

I nella cultura araba il viaggio costituisce un evento eccezionale V F

L i resoconti degli Arabi rivelano un senso di inferiorità nei confronti dei popoli stranieri V F

Per l'esame di Stato

TIPOLOGIA C - Tema di argomento storico

L'epoca dei grandi viaggi. Marco Polo

Lo storico francese Jacques Le Goff, insigne studioso del Medioevo, traccia il quadro delle ragioni e delle fantasie che spingevano gli uomini del Basso Medioevo ad avventurarsi verso il lontano Oriente. Per l'uomo dell'Occidente medievale, scrive Le Goff, l'India era il mondo del sogno, perché tutto ciò che riguardava l'India era ignoto. Così, l'India era una terra, più immaginata che conosciuta, intorno alla quale si scatenava la fantasia.

> Il primo sogno indiano dell'Occidente medievale è quello di un mondo della ricchezza. Nel contesto indigente della cristianità occidentale [...] l'oceano Indiano sembra traboccare di ricchezze, appare come la sorgente di un fiume di lusso. Sogno legato in particolare alle isole, le innumerevoli "isole fortunate", isole felici e opulente che costituiscono il pregio dell'oceano Indiano, mare disseminato di isole. «In questo mare indiano» dice Marco Polo «vi sono dodicimila settecento isole... Non esiste uomo al mondo che di tutte le isole dell'India, possa raccontare la realtà... È [tutto] il meglio e il fiore dell'India.» Il simbolismo cristiano circonda ancora le isole di un'aureola mistica, poiché essa ne fa l'immagine di santi che serbano intatto il loro tesoro di virtù, vanamente battuti da ogni parte dai flutti delle tentazioni. Isole produttrici delle materie di lusso: metalli preziosi, pietre preziose, legni preziosi, spezie. [Secondo Marco Polo] il regno di Malabar è ricco di tali «grandissime quantità» di perle pescate in mare che il suo re va tutto nudo, coperto solo di perle dalla testa ai piedi, «centoquattro delle più grosse e delle più belle» solo al collo. Isole intere che altro non sono talvolta che oro puro e argento puro, come le isole Crisa e Argira... Di tutte queste isole, la "migliore", cioè la più grande e la più ricca, è Taproban, cioè Ceylon. Orizzonte semireale, semifantastico, in parte commerciale, in parte mentale, legato alla struttura stessa del commercio dell'Occidente medievale, importatore di prodotti preziosi lontani, con le sue risonanze psicologiche. [...] e ancora, sogno dell'ignoto e dell'infinito, e della paura cosmica. In questo senso l'oceano Indiano è il mare infinitum, l'introduzione al mondo delle tempeste, alla terra senza gente di Dante.

J. Le Goff, *L'Occidente medievale e l'oceano Indiano*, in *Tempo della Chiesa e tempo del mercante. E altri saggi sul lavoro e la cultura nel Medioevo*, Einaudi, Torino 1977.

Commenta il passo di Le Goff in base alle tue conoscenze degli autori che vi vengono citati – Marco Polo e Dante – e di altre letture che hai fatto sul tema, esponendo le tue personali riflessioni.

CAPITOLO 9 percorsi per generi e temi

L'amore nella poesia lirica e comica

TESTI *espansioni digitali*

T1 «Per la dolcezza della nuova stagione»
Gugliemo d'Aquitania [fine XI-inizio XII secolo]

T2 «Io m'ag[g]io posto in core a Dio servire»
Giacomo da Lentini [1233-1241]

T3 Contrasto
Cielo d'Alcamo [1231-1250 ca.]

T **Guittone d'Arezzo - «Tuttor ch'io dirò "gioi'" gioiva cosa»**

T4 «Io voglio del ver la mia donna laudare»
Guido Guinizzelli [seconda metà del Duecento]

T5 «Chi è questa che vèn, ch'ong'om la mira»
Guido Cavalcanti [seconda metà del Duecento]

T6 «Perch'i' no spero di tornar giammai»
Guido Cavalcanti [seconda metà del Duecento]

T **Dante Alighieri - «Amor e 'l cor gentil sono una cosa»**
[*Vita nuova*, XX]

T7 «In un boschetto trova' pasturella»
Guido Cavalcanti [seconda metà del Duecento]

T8 «Becchin' amor!» «Che vuo', falso tradito?»
Cecco Angiolieri [fine del Duecento e inizio del Trecento]

T9 «S'i' fosse foco, arderei 'l mondo»
Cecco Angiolieri [fine del Duecento e inizio del Trecento]

T **Folgòre da San Gimignano - «Cortesia cortesia cortesia chiamo»**

T **Anonimo - Memoriali bolognesi**

Il mese di aprile, miniatura tratta da «Les Très Riches Heures du duc de Berry». Chantilly, Musée Condé.

Le tappe di questo percorso

In questo percorso vedremo come vada definendosi, nei temi e nelle forme, la poesia d'amore italiana dal XIII al XIV secolo. Partiremo dalle sue origini fuori dai confini italiani, cioè dalla tradizione francese provenzale (**T1**, p. 603), e ne seguiremo l'affermazione e gli sviluppi attraverso due tappe fondamentali nelle quali si consolidano soluzioni stilistiche e *tópoi* del genere: la Scuola siciliana (**T2**, p. 610 e **T3**, p. 612) e il «dolce stil novo» (**T4**, p. 620; **T5**, p. 623; **T6**, p. 625; **T7**, p. 630). A questa tradizione 'ufficiale', che è stata a lungo, ingiustamente, ritenuta l'unica di valore, accosteremo poi due esempi di stile scherzoso e comico-parodico (**T8**, p. 638; **T9**, p. 641) nel quale i temi e la lingua dei versi d'amore 'seri' vengono ribaltati in senso ironico. Non si pensi però che il tono leggero e scherzoso di questa poesia basti a renderla 'illetterata'. Come tutti i rifacimenti, infatti, essa non solo esige la conoscenza da parte dell'autore del modello che si intende sovvertire, ma è anche essa stessa un'operazione letteraria raffinata.

1 La lirica d'amore provenzale

L'esperienza francese Come la narrativa epica e romanzesca in lingua d'*oïl*, così anche la poesia provenzale in lingua d'*oc* rappresenta un'esperienza culturale e letteraria determinante per la tradizione italiana. Il genere (cfr. **S1**) si afferma infatti in Italia solo dopo la metà del Duecento, in notevole ritardo rispetto ad altre aree europee e fortemente condizionato dalla produzione francese.

In Francia, nel Sud del paese, e precisamente in Provenza, alle corti dei grandi signori feudali, fiorisce tra l'XI e il XIII secolo una ricca produzione ispirata all'ambiente aristocratico e guerriero, in cui si codifica, pur con diverse varianti interne al sistema, una concezione d'amore fortemente ritualizzato e idealizzato.

Il primo "movimento" letterario Il rispetto di criteri comuni, definiti in modo rigoroso nei contenuti e nelle tecniche formali, fa dei trovatori provenzali (cfr. **S2**, p. 602) un gruppo consapevole della propria identità culturale e artistica: per la prima volta, cioè, questi scrittori hanno coscienza del loro ruolo di letterati e perseguono ed elaborano un programma poetico condiviso.

Le forme La poesia è per loro, innanzitutto, esercizio formale. Questo comporta non tanto originalità espressiva quanto conoscenza e capacità di riutilizzo di strumenti retorici già definiti. La lingua è il francese d'*oc*, variante volgare diffusa nel Sud del paese, mentre i generi più praticati sono la canzone (di contenuto nobile), la ballata (caratterizzata dalla presenza di un ritornello), il contrasto (in cui due protagonisti o idee personificate si confrontano su tesi opposte), la pastorella (incontro campestre tra il poeta e una fanciulla semplice), e il sirventese (di argomento e intonazione didattico-moraleggiante).

I temi Tema pressoché esclusivo della lirica provenzale è la sublimazione del desiderio d'amore: nei confronti della sua donna (dal latino *domina* = 'padrona') il poeta si pone sempre in una condizione di totale sudditanza, non pretendendo altro che di mettersi al suo servizio, venerarla e omaggiarla. Raramente il sentimento è corrisposto. La natura stessa di questa esperienza – più concettuale che reale – esclude infatti in partenza la reciprocità, non solo perché la donna è spesso distante dal poeta, lontana nello spazio, ma anche perché la passione sarebbe di natura adulterina. La donna cui il poeta si rivolge è infatti generalmente sposata, e per questo inaccessibile.

L'ipotesi sociologica Nonostante tra i trovatori compaiano anche alcuni potenti aristocratici (cfr. **T1 Gugliemo d'Aquitania, *«Per la dolcezza della nuova stagione»***, p. 603), è possibile interpretare una simile concezione d'amore come la trasposizione, su un piano sentimentale, dei rapporti sociali di sudditanza che legavano il vassallo (appartenente alla nobiltà minore o cavaliere 'povero') al suo signore. Non a caso la donna è chiamata, a volte, dal poeta innamorato *midons*, cioè 'mio signore'. In effetti si tratta spesso di una dama del castello, magari della stessa moglie del feudatario. L'atteggiamento di totale subordinazione del poeta nei suoi confronti suona in ogni caso come una rinnovata richiesta di protezione in cambio dei servigi offerti. Dichiarando nei versi la propria sudditanza all'amata, il poeta-cavaliere riproduce cioè la distanza gerarchica realmente esistente tra lui e il suo signore; la richiesta del patto spirituale con la dama e la tensione a raggiungerlo e mantenerlo con fedeltà è vista anche come riconoscimento del proprio valore da parte del feudatario.

Una poesia laica e mondana Le ragioni, le ambizioni e il repertorio di questa poesia sono, come si vede, del tutto laici e mondani. Le corti di Francia erano infatti diventate, tra l'XI e il XIII secolo, non solo centri di autonomia politica rispetto al centralismo regio ma splendidi luoghi di cultura nei quali veniva elaborato il codice di valori e comportamenti che condizioneranno l'immaginario europeo negli anni a venire, e che saranno per sempre definiti "cortesi" (cfr. **S3**, p. 602 e **S4**, p. 603). Lasciate sole dai mariti impegnati nelle crociate e nelle guerre, le donne del castello esercitano spesso il potere al posto degli uomini. Riscattate dalla demonizzazione che avevano subito nell'Alto Medioevo, esse sembrano farsi in prima persona promotrici di un codice rituale raffinato ed elegante. In questa nuova realtà, alla figura dell'autore-chierico subentra quella dell'autore-cavaliere, mentre la poesia si distanzia da ogni fine religioso per incentrarsi sulla rivalutazione della figura femminile e dell'amore terreno.

espansioni digitali

S INFORMAZIONI E APPROFONDIMENTI
Le *mannequins* della società cortese
(G. Duby)

Un gioco elegante L'amore è inteso come esperienza di alto valore spirituale, capace di nobilitare l'animo di chi lo prova, ma anche come rituale, ossia come repertorio di atteggiamenti costruiti che quasi mai esprimono l'esperienza reale e privata dei soggetti. Donna e poeta sono di fatto sempre due figure astratte, i personaggi di un gioco 'di ruolo' raffinato che non riflette tanto passioni reali quanto le esigenze di intrattenimento della società cortese.

Il primo poeta provenzale fu Guglielmo IX duca d'Aquitania e settimo conte di Poitiers, uno dei maggiori signori feudali del suo tempo, vissuto fra il 1071 e il 1126, organizzatore di due crociate, uomo molto potente e anche – pare – molto criticato per la sua vita amorosa troppo libera. Di lui ci sono rimaste dieci poesie in cui si incontrano temi realistici, sensuali e burleschi, ma anche un'ispirazione cortese volta a cantare la *fin'amor**. Rientra in questo secondo tipo la canzone «*Per la dolcezza della nuova stagione*», una delle più belle poesie medievali e un modello per tutta la lirica provenzale. Tra i poeti successivi si segnalano Raimbaut d'Aurenga, Bernart de Ventadorn, Bertran de Born e Arnaut Daniel.

* **Fin'amor:** è l'amore perfetto e puro esaltato dai trovatori provenzali, sottoposto ad un rigido codice di regole virtuose da rispettare.

S1 INFORMAZIONI E APPROFONDIMENTI

Il genere lirico come istituzione letteraria codificata

Il termine 'lirica' deriva dal mondo greco antico, nel quale la *lyra* era lo strumento usato per accompagnare i versi dei poeti. 'Lirica' era dunque la poesia recitata o cantata con accompagnamento musicale. Rispetto all'epica, che celebrava la dimensione collettiva, la lirica rispecchiava piuttosto la soggettività dell'autore; si trattava comunque di composizioni varie per forme e contenuti (frequente era il tema filosofico-religioso, o politico-civile) che solo successivamente sono venute specializzandosi nell'espressione di sentimenti ed emozioni individuali. Sin dalle sue origini, la lirica si contraddistingue anche per una serie di elementi strutturali (articolazione in strofe e versi), sintattici (periodare complesso, lontano dalla lingua d'uso), lessicali (preziosismi, tecnicismi...) e metrico-stilistici (figure retoriche, ritmo, rime) che costituiscono dei riferimenti obbligati per gli autori. Dai poeti provenzali, attraverso i Siciliani e fino agli stilnovisti, la lirica italiana va fissandosi, intorno al XIII secolo, in temi e forme che diventeranno 'canonici', in quanto ritenuti esemplari e posti a modello per gli scrittori successivi. Il contenuto religioso lascia definitivamente il posto all'esclusività dell'argomento amoroso (e la canzone è la forma metrica più adatta a rappresentarlo), mentre, dal punto di vista linguistico, è il volgare toscano ad affermarsi come strumento privilegiato d'espressione. I poeti d'amore di cui ci interessiamo nel presente percorso e che abbiamo trattato in questo volume si muovono tutti, rigorosamente, all'interno di un codice prefissato. Per molti anni ancora, infatti, la lirica non punterà tanto all'originalità inventiva di forme e temi, quanto alla capacità degli autori di adeguarsi in modo sempre nuovo ai modelli esistenti. La poesia lirica diventa insomma un'istituzione letteraria rigorosamente codificata.

S2 INFORMAZIONI E APPROFONDIMENTI

Trovatori, trovieri, giullari

La parola trovatore traduce il provenzale 'trobador', a sua volta derivato dal verbo *trobar* = 'comporre versi', e indica il poeta provenzale che si esprime in lingua d'*oc*. 'Troviere' (dal francese *trover* o *troveor*) individua invece il poeta della Francia del Nord, che si esprime in lingua d'*oïl*. La radice etimologica di entrambi i termini (latino *tropare* = 'cercare tropi musicali', cioè associare parole e melodie) rimanda ad una caratteristica essenziale di questa produzione. I versi dei poeti – tramandati oralmente e a volte consegnati per l'esecuzione ad un professionista specializzato, il giullare, che li porta di corte in corte – erano solitamente cantati o accompagnati dal suono di strumenti come l'arpa e la viella*. Di questo rapporto tra parole e armonia (peraltro non sempre attribuibili allo stesso autore) resta traccia evidente anche nel termine 'canzone', che individua uno dei componimenti più praticati dalla poesia francese antica, e che ancora oggi indica genericamente un testo associato alla musica (anche in questo caso parolieri, musicisti ed esecutori 'cantanti' non sempre coincidono). La natura delle melodie provenzali giunte fino a noi appare piuttosto semplice ma le testimonianze di cui disponiamo non sempre sono ritenute affidabili. Il livello di competenza in merito richiesto ad autori e copisti medievali era infatti talmente elevato che facilmente sono intervenute, nel corso del tempo, semplificazioni o approssimazioni nelle partiture. L'operazione del *trobar* poteva invece essere, già all'origine, più o meno elaborata, come testimoniano le due maniere principali di composizione: il *trobar leu* (poetare lineare, facile), tipico delle forme più semplici e leggere, e il *trobar clus* (poetare difficile, oscuro).

* **Viella**: strumento simile al violino, a fondo piatto e con cinque corde.

Miniatura tratta dal Codice di Manesse, 1304-1340. Heidelberg, Biblioteca dell'Università.

S3 INFORMAZIONI E APPROFONDIMENTI

L'*amor de lonh*

L'*amor de lonh*, cioè l'"amore da lontano", costituisce uno dei *tópoi* della lirica provenzale, nonché una delle variazioni più raffinate e idealizzate riconducibili al paradigma dell'amor cortese.
In particolare questo tema caratterizza i componimenti del poeta provenzale Jaufre Rudel, signore feudale che nel 1147 prese parte alla seconda crociata. Jaufre Rudel canta il suo "amore da lontano" per una donna mai vista (che nella leggenda creata dai suoi biografi diventa la principessa di Tripoli in Libano), ma nota per la sua grazia e la sua incredibile bellezza.
L'*amor de lonh* porta alle estreme conseguenze il rapporto di distanza e di vassallaggio tra l'innamorato e l'amata codificato dalla società cortese: ora l'amore, per accendersi e mantenersi in vita, non ha neanche bisogno di essere alimentato dalla visione della donna, che diventa una pura immagine mentale, un sogno, un ideale disincarnato e irraggiungibile.

S4 PASSATO E PRESENTE

L'amor cortese ieri e oggi

Divisa tra sublimazione di un costume sociale e raffinata fantasia intellettuale, la teoria della *fin' amor* può apparirci oggi irrimediabilmente superata e lontana, così come appare lontanissima la società che l'ha elaborata a rappresentanza del proprio stile di vita. Le possibilità che il nostro tempo sembra prospettare nell'ambito delle relazioni affettive sono infatti molteplici e diversificate. Tra la disinvoltura massima dei rapporti, implicitamente autorizzata dal *gossip* mediatico, e l'invito della Chiesa alla difesa del matrimonio tradizionale esistono situazioni intermedie in cui amore e rispetto delle regole di convivenza civile coesistono, favorendo nel contempo la libera espressione dei sentimenti e il rispetto delle norme indispensabili per il funzionamento della società. La società moderna è insomma più aperta e libera. Per esempio in alcuni paesi vengono giuridicamente riconosciute le coppie omosessuali (che in Belgio, Olanda e Spagna possono anche contrarre matrimonio). E tuttavia, a ben guardare, qualcosa dell'amor cortese è ancora attuale: da una parte esso promuove l'idea moderna dell'amore come tensione, sfida e valore supremo; dall'altra viene tuttora riconosciuto e attuato il momento del 'corteggiamento' (si noti il termine!) come preliminare per accedere al cuore della persona amata e conquistarlo.

espansioni digitali

S INFORMAZIONI E APPROFONDIMENTI
Le origini del nostro matrimonio
(G. Duby)

invito all'argomentazione

I codici del corteggiamento non sono scomparsi: se mai, sono mutati col trasformarsi della società e dei rapporti tra i sessi. Del resto, il corteggiamento è un momento fondamentale dell'esistenza in tutto il genere animale e comporta riti diversi a seconda delle specie diverse. Tra i giovani di oggi, ti sembra che ci siano dei codici riconoscibili? Oppure credi che la varietà delle culture e delle situazioni non permetta più di identificare elementi comuni nelle nuove generazioni? Prova ad osservare i tuoi coetanei alle prese con l'altro sesso, ed esprimi le tue opinioni in proposito in un testo in forma di articolo giornalistico, dal taglio ironico o comunque accattivante. Lunghezza indicativa: una cartella (circa 2000 battute), ovvero una pagina di quadernone.

T1

Guglielmo d'Aquitania
«Per la dolcezza della nuova stagione»

concetti-chiave

- il legame d'amore come rapporto feudale
- il contrasto tra desiderio e soddisfazione del piacere
- le malelingue degli invidiosi

Autore del testo è Guglielmo d'Aquitania (1071-1126), potente principe francese ma anche primo trovatore di cui ci sia giunto il canzoniere. Il suo componimento, una delle poesie medievali più belle e delicate, è per vari motivi emblematico della lirica provenzale. Vi ritroviamo infatti molti temi che diventeranno topoi *di tutta la poesia trobadorica: la metafora del vincolo feudale per definire il rapporto d'amore, la presenza della natura colta nella pienezza della sua vitalità, il contesto primaverile che rimanda al risveglio dei sensi e alla dolcezza del desiderio, i turbamenti e le inquietudini di chi ama, sempre in balia di entusiasmo e angoscia.*

LINGUA: traduzione in prosa dall'originale in lingua d'*oc* **DATAZIONE:** fine XI-inizio XII secolo

T1 Guglielmo d'Aquitania «Per la dolcezza della nuova stagione»

I. Per la dolcezza della nuova stagione[1] i boschi mettono le foglie e gli uccelli cantano, ciascuno nella sua lingua,[2] secondo la melodia del nuovo canto:[3] dunque è bene che ognuno si volga a ciò che più desidera.[4]

II. Dal luogo che più mi piace[5] non mi arriva né messaggero né messaggio, sicché il mio cuore non dorme né ride, e io non oso farmi avanti finché non sono sicuro che il patto è così come lo voglio.[6]

III. Il nostro amore è come il ramo del biancospino[7] che intirizzisce sull'albero, la notte, nella pioggia e nel gelo, fino all'indomani, quando il sole si diffonde attraverso il verde fogliame sul ramoscello.

IV. Ancora mi ricordo di un mattino quando ponemmo fine alla nostra guerra[8] con un patto, e lei mi offrì un dono così grande: il suo amore fedele e il suo anello. Ancora mi lasci Dio vivere tanto che io possa mettere le mie mani sotto il suo mantello.[9]

V. Io infatti non bado al latino ostile[10] di quanti cercano di separarmi dal mio Buon Vicino;[11] perché io so come vanno le parole, quando si recita una breve formula:[12] che alcuni si vanno vantando dell'amore, e noi ne abbiamo il pezzo e il coltello.[13]

I Trovatori, trad. it. di C. Di Girolamo, Bollati Boringhieri, Torino 1989.

METRO: nell'originale francese canzone formata da cinque *coblas* (strofe) di sei ottosillabi ciascuna con rima AABCBC.
1. **nuova stagione**: si tratta della primavera.
2. **nella sua lingua**: con il cinguettio tipico della propria specie.
3. **nuovo canto**: è il canto rinato dopo la stagione invernale.
4. **si volga a ciò che più desidera**: *si avvicini all'oggetto dei suoi desideri.*
5. **Dal luogo...piace**: *Dalla persona che mi piace di più.* Si tratta ovviamente della donna amata dal poeta che non gli dà notizie di sé.
6. **così come lo voglio**: il poeta pretende che il suo rapporto d'amore rispetti le regole.
7. **biancospino**: il biancospino è un arbusto che fiorisce tra maggio e giugno, in piena stagione primaverile.
8. **guerra**: si tratta di una guerra incruenta, la guerra amorosa, probabilmente il difficile corteggiamento iniziale o un vecchio litigio tra i due conclusosi con una riappacificazione.
9. **sotto il suo mantello**: nell'immagine si sovrappongono l'allusione erotica e il gesto simbolico tipico della cerimonia d'investitura dei cavalieri, durante la quale il signore copriva il vassallo con il proprio mantello per garantirgli la sua protezione.
10. **latino ostile**: *male lingue.*
11. **Buon Vicino**: è il *senhal*, ossia lo pseudonimo dietro il quale si cela il nome dell'amata.
12. **io so...breve formula**: *so quanto [poco] valgono le parole, quando si recita una formula vuota.*
13. **il pezzo e il coltello**: il pezzo e il coltello rimandano ancora alla cerimonia di investitura e ripropongono la metafora feudale. Il senso della frase è: abbiamo tutto quello che ci occorre.

analisi e interpretazione T1

le forme

Tra spontaneità e artificio Letto in traduzione, il testo di Guglielmo d'Aquitania sembra alternare immagini vivaci, ingenue e spontanee, predominanti nella prima parte (strofe I-III), ad altre più oscure e sofisticate che compaiono nella seconda (strofe IV-V). In realtà l'intero componimento è il frutto di un raffinatissimo esercizio stilistico che segue rigorosamente lo schema della canzone provenzale. Nella versione in lingua originale, infatti, ognuna delle cinque strofe ha il medesimo numero di versi ottosillabi ed è strutturata in base a un sistema regolare di rime.

i temi, i motivi e l'ideologia

Il paesaggio ameno e la freschezza della natura Riprendendo un motivo già classico (quello del *locus amoenus*), nella prima strofa si celebra la primavera come momento di ritorno alla vita e di esplosione, in tutti gli esseri animati, dell'energia e del desiderio amoroso. L'attenzione riservata alla natura, celebrata con originale e autentica freschezza anche attraverso l'immagine del biancospino (terza strofa), costituisce uno degli aspetti più innovativi e interessanti della poesia di Guglielmo d'Aquitania. In questo contesto di rinascita e armonia paesaggistica anche il poeta aspira lecitamente a ricongiungersi con l'oggetto del suo desiderio, ossia a conquistare la donna amata.

La sofferenza del poeta Poiché tuttavia (seconda strofa), lei non gli manda più notizie, forse in seguito ad un litigio avvenuto, il suo cuore ha perso ogni voglia di vivere e lui si strugge d'angoscia. All'interno della passione si alternano così momenti euforici e stati depressivi, gioia e scoramento;

pur desiderando infatti sapere, egli non osa esporsi più sfacciatamente, timoroso di superare i limiti imposti dal codice cortese. L'espressione «finché non sono sicuro che il patto è così come lo voglio», introduce nel testo il motivo del servizio d'amore, esplicitato con chiarezza e dovizia di particolari simbolici alla quarta e quinta strofa.

La metafora del vassallaggio Il rapporto tra la donna e l'amante è infatti paragonato ad un patto stipulato nel corso di una cerimonia rituale e sia il dono dell'anello sia la copertura con il mantello, ma anche il 'pezzo' e il coltello, sono immagini che rimandano alla cerimonia d'investitura del cavaliere da parte del signore feudale. L'atteggiamento di rispetto e riguardo del poeta nei confronti della sua signora culmina poi nella strofa finale.

Il motivo degli invidiosi Qui Guglielmo, riprendendo un motivo già presente nella tradizione latina e destinato a diventare ricorrente nella lirica amorosa, sostiene di non tenere in alcun conto le male lingue e gli altrui discorsi, spesso architettati per seminare discordia tra gli amanti. Proprio per celare il nome della donna amata e non farlo conoscere agli invidiosi, ne nasconde l'identità dietro il *senhal** («mio Buon Vicino»).

* **Senhal**: si tratta del nome simbolico con cui i trovatori indicano la donna amata, per lo più di alto rango e sposata. Il fatto che si tratti di espressioni tutte al maschile ci conferma che l'amor cortese ricalcava, anche dal punto di vista linguistico, il modello feudale.

Passione extraconiugale Ad imporre il ricorso a pseudonimi o espressioni simboliche è, per tutti i trovatori, il fatto che l'amore di cui trattano sia normalmente extraconiugale (cfr. **S5**, p. 606) e indirizzato a una donna di alto rango. La necessità di tutelarne onore e rispettabilità induce infatti a indicarla genericamente come 'il loro signore' («midons»), un «Buon Vicino», un «Bel Cavaliere» ecc...

La *fin' amor* La contraddizione tra l'aspirazione del poeta alla soddisfazione concreta del piacere individuale; la volontà di sublimare il proprio desiderio in un sentimento puro, assoluto; infine la costrizione della relazione a un sistema di regole da rispettare rigidamente: sono questi tre gli elementi fondamentali di una concezione d'amore inteso come ideale di vita esclusivo e aristocratico, in opposizione alla villania popolare. Pur essendo esterna al vincolo coniugale, la *fin' amor* unisce insomma passione e onore ed è sentita come fondata su un codice morale altamente virtuoso. Potenzialmente eversivo in quanto adulterino, l'amore cortese finisce così, paradossalmente, con il legittimare culturalmente la gerarchia feudale, rafforzando la comunità aristocratica di cui è espressione.

espansioni digitali

S INFORMAZIONI E APPROFONDIMENTI **Eloisa ad Abelardo: meglio essere amante che moglie**

per studiare *guida all'analisi* T1

COMPRENDERE

1 L'autore della canzone è

a un vassallo
b un potente signore feudale
c un giullare
d un cavaliere di recente investitura

2 Per ognuna delle strofe della poesia individua un titoletto (preferibilmente nominale) che ne sintetizzi il contenuto.

3 Il rapporto tra l'amante e la donna è espresso attraverso una metafora tipicamente medievale. Quale?

a la donna come angelo
b l'amore come arciere
c il poeta come malato d'amore
d l'amore come vassallaggio

ANALIZZARE

4 Individua, sottolinea sul testo e riporta nella tabella i termini o le espressioni che rimandano ai campi semantici della natura e quelli che alludono alla metafora del vassallaggio, o "servizio d'amore". Ricordati, però, che lavori su una traduzione.

la natura	il servizio d'amore
....	....
....	....
....	....

5 La canzone si ricorda soprattutto per l'incanto del verso «Il nostro amore è come il ramo del biancospino». Spiega la similitudine con parole tue.

6 Nel testo sono presenti due immagini contrastanti della natura; individua le strofe in cui si trovano e spiega in quale relazione stanno le due immagini tra loro.

INTERPRETARE E APPROFONDIRE

7 La poesia presenta alcuni elementi che costituiscono dei *tópoi* della produzione lirica cortese: vediamoli attraverso questa serie di esercizi. L'esordio della canzone esalta una stagione che diventerà la stagione privilegiata dell'esperienza amorosa nella letteratura cortese. Di che stagione si tratta?

8 Anche la raffigurazione del poeta che esita a "farsi avanti" costituirà una convenzione topica della produzione posteriore. In quale strofe la si riscontra?

9 Individua la strofe della canzone nella quale l'autore introduce il *topos* degli invidiosi. Quale precetto fondamentale del codice cortese rischiano di infrangere le malelingue?

10 Con quale espediente il poeta intende difendere dalle malelingue l'onore dell'amata?

S5 INFORMAZIONI E APPROFONDIMENTI

I dodici comandamenti d'amore secondo Andrea Cappellano

Tra il 1174 e il 1204 l'ecclesiastico francese ***Andrea Cappellano****, poco più giovane di Guglielmo d'Aquitania, elabora un vero e proprio manifesto teorico della* fin'amor. *Suddiviso in tre libri, il* **De Amore** [L'amore], *scritto in latino, dà l'avvio ad una trattazione 'filosofica' e scientifica dell'argomento amoroso che influenzerà profondamente la Scuola siciliana, lo Stil novo e Dante. Dopo avere ribadito che il rapporto donna-amante riflette il vincolo feudale tra vassallo e signore, e che gentilezza e cortesia non dipendono da nobiltà di sangue ma da purezza e magnanimità di cuore, Cappellano: 1) rivendica all'amore la sua natura passionale e istintiva, legata in primo luogo alla bellezza dell'oggetto amato e, dunque, alla sua vista; 2) prospetta l'inconciliabilità tra amore vero e matrimonio. Nell'obbligatorietà della relazione fra coniugi potranno infatti esistere interesse o affetto ma non v'è posto per il desiderio che, per sua natura, rifugge gli stati di dovere e necessità. Non si creda tuttavia che ciò possa comportare il libertinaggio sfrenato perché, all'opposto, consente ed esige l'unicità ed esclusività del vero amore. Sensualità, erotismo e valori religiosi trovano così, nel* De Amore, *una sintesi singolare perfettamente rispondente ai bisogni della società cortese, rispettosa ancora della Chiesa ma intenzionata anche a far valere la propria visione laica del mondo.*
Nel passo che riportiamo Cappellano puntualizza le regole che debbono presiedere all'esperienza dell'amor cortese, quelle cui si ispirano sia la poesia provenzale sia il romanzo cavalleresco.

E sappi che i dodici comandamenti d'amore sono i seguenti:

I. Fuggi come peste nociva l'avidità e ricerca il suo contrario.[1]

II. Conserva la castità per l'amante.

III. Non cercare volutamente di turbare la donna legata all'amore di un altro.

IV. Non scegliere l'amore di quella donna con la quale il naturale pudore ti impedisce di contrarre nozze.[2]

V. Ricordati di evitare soprattutto le menzogne.

1. **Fuggi...contrario**: Cappellano, pur con qualche ambiguità, esprime una visione del mondo tipicamente nobiliare. In opposizione all'etica del guadagno e all'utilitarismo borghese, il suo trattato esalta così la magnanimità e la generosità, atteggiamenti aristocratici che esprimono la libertà assoluta dal denaro e da ogni convenienza economica.
2. **Non scegliere...nozze**: occorre evitare il corteggiamento di dame legate al poeta da rapporti che renderebbero sconveniente la loro relazione.

VI. Non confidare il tuo amore a troppe persone.[3]

VII. Segui gli insegnamenti delle donne e legati sempre alla cavalleria d'amore.[4]

VIII. Nel dare e nel ricevere piaceri d'amore non deve mancare il senso di pudore.[5]

IX. Non essere maldicente.

X. Non spubblicare gli amanti.[6]

XI. Sii sempre cortese e civile.

XII. Nei piaceri d'amore non sopraffare la volontà dell'amante.[7]

A. Cappellano, *De Amore*, trad. it. di J. Insana, Es, Milano 1992.

3. **Non confidare...persone:** segretezza e discrezione sono fondamentali nel patto d'amore tra dama e cavaliere.
4. **cavalleria d'amore:** generosità, lealtà e devozione sono i tre princìpi su cui si fondano le regole della cavalleria d'amore.
5. **Nel dare...pudore:** nella società cortese corpo e sessualità non vengono rifiutati, sono anzi valorizzati, ma non rappresentano necessariamente il *beneficium* (la ricompensa) che la dama riconosce all'amante. Invece che concedere se stessa, la donna può dare in cambio un saluto, protezione, rispetto e, attraverso tutto ciò, promozione sociale. Al cavaliere spetta dunque di non pretendere nulla sconsideratamente.
6. **Non spubblicare gli amanti:** non rivelare pubblicamente l'identità degli innamorati.
7. **Nei piaceri...amante:** la teorizzazione della *fin'amor* individua con precisione i gradi dell'amor cortese. Le tappe principali sono quattro: 1) la fase iniziale che vedeva il 'cavaliere spasimante'; 2) quella successiva del 'supplicante'; 3) la seguente di 'amante accettato'; 4) l'ultima di 'amante carnale'. Ognuna di queste, tuttavia, conta vari passaggi che partendo dallo sguardo ricambiato potevano arrivare al rapporto completo. Il cavaliere non deve dunque affrettare in nessun modo questi momenti ma sottostare con pazienza ai passaggi obbligati del lungo e complicato rituale di corteggiamento.

2 La lirica siciliana

L'eredità provenzale Il processo di riscatto e di nobilitazione della donna e, più in generale, l'etica laica celebrata dalla poesia provenzale, sono ereditati e imitati da un gruppo di poeti attivi, nella prima metà del XIII secolo, in Sicilia. Costretti a fuggire dalla Francia quando venne scatenata la crociata contro gli albigesi, molti trovatori trovarono infatti riparo, oltre che in altre zone d'Europa e d'Italia, anche in Sicilia.

La corte di Federico II Qui si trovava la corte di Federico II, l'imperatore tedesco che, pur spostando di continuo la sua residenza, sostava spesso a Palermo. Federico II (1194-1250) aveva dato avvio alla formazione di uno stato moderno, basato sulla centralizzazione del potere e su un efficiente apparato burocratico. Federico aveva anche promosso, nel contempo, uno straordinario rinnovamento culturale. Aperto alle influenze arabe, egli, per contrastare il monopolio della cultura ecclesiastica e avallare il proprio disegno di autonomia politica e intellettuale, favorì gli studi di diritto, retorica, scienza, filosofia naturale. Trapiantata su questo terreno fertile, la tradizione della poesia provenzale attecchisce rapidamente e, su sollecitazione dell'imperatore stesso, si trasforma, dando origine a soluzioni espressive nuove e raffinate, nelle quali temi e forme della lirica trobadorica vengono adattate alla specifica situazione locale.

I poeti-funzionari La realtà della *Magna Curia* (grande corte) siciliana è infatti molto diversa da quella delle corti provenzali: non sono più il vincolo feudale e il rapporto vassallatico a regolare i rapporti tra Federico e i suoi dignitari, bensì la condivisione di una vita fastosa e raffinata in cui potere e prestigio culturale e letterario si sostengono reciprocamente. Questo contesto esclude la presenza di figure, come erano i trovatori o i giullari, in cerca di protezione o privilegi, e contempla piuttosto l'esistenza di un ceto di funzionari-dirigenti stipendiati, omogeneo per posizione sociale e professionale, dunque un gruppo coeso che partecipa, insieme al proprio imperatore, all'elaborazione di un comune progetto di politica culturale.

Una 'scuola' Uno degli aspetti più importanti della poesia siciliana è infatti quello di avere dato origine, per la prima volta in Italia, a una 'scuola', cioè a una cerchia ristretta e compatta che ha 'istituzionalizzato' il proprio programma, combinando desiderio di conoscenza e passione poetica in un progetto rivolto all'istruzione e formazione dell'intera classe dirigente.

Differenza tra poesia provenzale e siciliana Le differenze tra poesia provenzale e siciliana sono, di conseguenza, molte.

1. Alla corte di Federico II notai, magistrati, cancellieri e giuristi praticano per diletto una poesia che non ha nulla a che fare con le loro professioni. Diversamente dai trovatori, essi non sono degli artisti specializzati.
2. Forse anche per questo motivo, provenendo cioè da una formazione più giuridica e retorica che non artistico-letteraria, sono inesperti di musica e cessano di comporla (o di farla comporre ad altri) sancendo una separazione tra parole e melodia che costituisce un vero e proprio evento epocale. Da questo momento infatti il genere della lirica si caratterizza come espressione dell'interiorità tutta incentrata su valori propriamente verbali.
3. I versi dei Siciliani sono così destinati, prima che alla recitazione e al canto, alla lettura. La tradizione orale è sostituita dunque dalla pratica della scrittura mentre all'esecuzione collettiva subentra la fruizione individuale e privata.
4. A differenza dei trovatori provenzali, che componevano testi anche vivacemente impegnati, legati alla cronaca o all'esperienza biografica personale, alla corte di Federico II non vi è spazio per posizioni o espressioni politiche che non siano quelle dell'Imperatore. La rinuncia obbligata a ogni argomento civile fa dunque sì che la poesia si separi dalla vita pubblica e si identifichi con l'unico tema possibile, quello dell'amore cortese adattato e rielaborato secondo criteri specifici.

Una nuova concezione d'amore e un nuovo codice poetico La concezione d'amore elaborata dai siciliani si caratterizza per alcuni aspetti specifici.

1. Prescindendo da qualunque legame con le proprie esperienze biografiche, gli autori siciliani si cimentano in una definizione teorica dell'amore che viene studiato grazie a un raffinato processo di introspezione psicologica ma anche attraverso un'analisi di tipo scientifico e razionale.
2. Si raffina, di conseguenza, l'esame dei modi con cui si manifesta l'innamoramento. Gli occhi sono, in questo senso, fondamentali, in quanto quelli dell'uomo vedono la bellezza della donna, mentre quelli della donna colpiscono l'uomo direttamente al cuore, risvegliandone e alimentandone il sentimento d'amore.
3. La figura femminile perde la carica di sensualità che ha in alcuni testi provenzali. Sparita ogni allusione erotica, alle dame reali dei trovatori va subentrando un'immagine stilizzata, astratta, ideale. Celebrata come depositaria di ogni pregio e virtù, la donna dei poeti siciliani è un soggetto etereo, indefinito, una costruzione mentale che ha perso ogni concretezza e che al massimo viene descritta con i "capelli biondi", il "viso piacente"e la "bella figura".

La ricerca formale Attraverso la realizzazione di una lingua e di strutture consapevolmente elaborate e il più possibile omogenee, i Siciliani perseguono la creazione di un modello formale ben riconoscibile e unitario, definendo con precisione il codice di generi e strutture metriche cui attenersi.

La lingua È difficile sapere in quale lingua sia stata effettivamente scritta la lirica siciliana. I testi ci sono infatti pervenuti solo attraverso codici di autori toscani che li hanno, in parte, ritoccati.

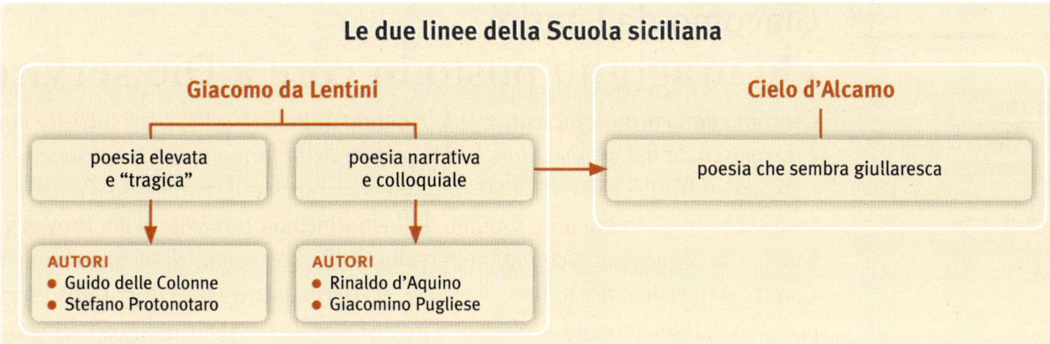

Si può comunque dire che doveva trattarsi di un volgare siciliano illustre, depurato dai tratti dialettali più marcati e localistici, interregionale cioè, e modellato sull'esempio del latino e del provenzale. Si tratta dunque, in buona misura, di una lingua artificiale, estremamente ricercata, ricca di latinismi e gallicismi, che costituisce il primo tentativo italiano di creare un modello letterario "nazionale".

I metri Le forme più praticate dai poeti siciliani sono la canzone (che mantiene il suo stile aulico e aristocratico), la canzonetta (in uno stile medio più discorsivo, aperta a tematiche e toni popolareschi, alternativi alla raffinatezza dell'amore cortese) e il sonetto (cfr. **S6**).

I poeti siciliani L'iniziatore della Scuola siciliana è il notaio Giacomo da Lentini, funzionario imperiale (cfr. **T2**, p. 610). Da lui derivano due tendenze, una tragica, caratterizzata dalla *gravitas* (gravità o solennità) dei due maggiori poeti siciliani dopo Giacomo, e cioè Guido delle Colonne e Stefano Protonotaro, l'altra più narrativa e colloquiale, tendente alla canzonetta popolareggiante, in cui si distinguono Rinaldo d'Aquino e Giacomino Pugliese. Si accosta a questo secondo tipo una produzione che sembra giullaresca, e quindi estranea alla Scuola siciliana vera e propria, la cui massima espressione è il *Contrasto* di Cielo d'Alcamo. Cielo d'Alcamo (o Michele d'Alcamo, essendo Cielo la forma toscana del siciliano Celi = Michele) era probabilmente un giullare della zona di Messina, poi trasferitosi ad Alcamo, paese fra Trapani e Palermo. Il suo *Contrasto* ha una funzione parodica perché mima il linguaggio cortese con intento ironico (cfr. **T3**, p. 612).

S6 INFORMAZIONI E APPROFONDIMENTI

Il sonetto

L'origine del sonetto è stata al centro di un lungo dibattito critico che ha visto opposte la teoria secondo la quale il componimento sarebbe derivato dallo strambotto popolare e quella che ne sostiene la provenienza colta, da una stanza di canzone resasi autonoma. Indipendentemente da questa controversia, è qui importante sottolinearne, a dispetto del nome (dal provenzale *sonet*, che indica una breve poesia musicata), l'origine sicuramente italiana, riconducibile con alta probabilità all'iniziatore e caposcuola siciliano Giacomo da Lentini. Nella tradizione lirica successiva il sonetto si impone subito per le sue alte potenzialità espressive. Costituito da quattro strofe, due quartine e due terzine di endecasillabi variamente rimati, esso appare flessibile, adatto alla riflessione, all'introspezione psicologica, alla descrizione, e capace di esprimere volta a volta, nelle mani dei diversi autori, istanze amorose o intellettuali, classicistiche o moderne. Per un esempio di sonetto, si veda quello di Giacomo da Lentini (cfr. **T2**, p. 610). In questo caso il sistema di rime è ABAB, ABAB, CDC, DCD. Ma i versi delle due quartine e quelli delle due terzine possono rimare fra loro anche in forme diverse da queste.

T2

concetti-chiave
- la compresenza di temi religiosi ed erotici
- l'espressione gioiosa del sentimento d'amore

Giacomo da Lentini
«Io m'ag[g]io posto in core a Dio servire»

Giacomo da Lentini (efficiente e fedele notaio di Federico II), è considerato l'iniziatore e il caposcuola del gruppo, nonché l'inventore della forma metrica del sonetto. I suoi testi, scritti fra il 1233 e il 1241, rappresentano spesso il sentimento d'amore con un tono sereno e gioioso, molto lontano dalla malinconia tormentata dei Provenzali. Quello che segue è un esempio interessante dell'associazione di tema erotico e religioso. Come già avveniva nel romanzo cortese, il riferimento a Dio e al Paradiso serve però, essenzialmente, a sottolineare l'intensità della passione amorosa, a esprimere la beatitudine procurata all'uomo dalla sua donna. Nonostante i riferimenti religiosi, la figura femminile è, qui, ancora valorizzata nella sua piena dimensione terrena, coerentemente con la natura laica e spregiudicata della cultura cortese europea.

LINGUA: volgare siciliano **DATAZIONE:** 1233-1241

Io m'ag[g]io posto in core a Dio servire,
com'io potesse gire in paradiso,
al santo loco ch'ag[g]io audito dire,
u' si mantien sollazzo, gioco e riso.

Sanza mia donna non vi voria gire,
quella c'ha blonda testa e claro viso,
ché sanza lei non poteria gaudere,
estando da la mia donna diviso.

Ma no lo dico a tale intendimento,
perch'io perc[c]ato ci volesse fare;
se non veder lo suo bel portamento

e lo bel viso e 'l morbido sguardare:
ché lo mi teria in gran consolamento,
veg[g]endo la mia donna in ghiora stare.

G. Contini, *Poeti del Duecento*, Ricciardi, Milano-Napoli 1960, t. I.

1-4 *Io mi sono* (**aggio** = 'ho'; come nei dialetti meridionali) *messo* (**posto**) *nel cuore di* (**a**) *servire Dio, così che* (**com'** = 'come') *io possa* (**potesse**) *andare* (**gire**) *in Paradiso, nel luogo santo dove* (**u'** = lat. *ubi* = 'dove'), *come ho sentito dire, durano in eterno* (**si mantien**) *la gioia, il divertimento e l'allegria.*

La terna **sollazzo, gioco e riso**, rinnova in senso ironico e disincantato quella provenzale *valor* ('virtù'), *pretz* ('onore'), e *jovenz* ('fervore'), tipica della *fin'amor* e anticipa i toni di certa poesia comico-realistica toscana (vedi oltre, al § 4).

5-8 *Non vorrei* (**voria**) *andarvi* (**vi...gire**) *senza la mia donna, quella che ha i capelli biondi* (**blonda testa**) *e il viso luminoso* (**claro viso**), *dato che* (**ché**) *senza di lei non potrei* (**poteria**) *essere felice* (**gaudere**: è un latinismo), *stando* (**estando**) *lontano* (**diviso**) *dalla mia donna.*

9-14 *Ma io non lo dico [di volere andare in Paradiso con la mia donna] con questo scopo* (**a tale intendimento**), *perché io voglia* (**volesse**) *commettere peccato con lei; lo dico solo* (**se non**) *per vedere il suo atteggiamento* (**portamento**) *e il bel volto e il dolce sguardo* (**sguardare**)*: perché* (**ché**) *riterrei* (**teria**) *ciò* (**lo**) *per me* (**mi**) *una grande consolazione* (**consolamento**), *stare nella beatitudine* (**in ghiora** = 'in gloria' [di Dio]) *vedendo la mia donna.*

Il tono di Giacomo si fa, nelle due terzine, garbatamente beffardo. Prevenendo le obiezioni scandalizzate dei benpensanti il poeta precisa che, in Paradiso, non vorrebbe commettere peccato con la sua donna e si accontenterebbe di contemplarla. Quanto al **morbido sguardare** va ricordato che nella poesia d'amore medievale gli occhi sono un veicolo fondamentale di piacere. Lo stesso Andrea Cappellano, nel suo trattato *De Amore* (si veda **S4**, p. 606) scrive che la passione nasce già dalla visione: «Quando infatti uno vede una donna che corrisponde al suo amore e che è bella secondo il suo gusto, subito in cuor suo comincia a desiderarla, e quanto più la pensa, tanto più arde d'amore, fino a che non giunge a più pieno pensiero. [...] Dunque la passione innata nasce da visione e pensiero».

analisi e interpretazione T2

le forme

Una struttura semplice e rigorosa Il sonetto consiste in una riflessione argomentativa chiara e piana, scandita perfettamente anche a livello formale. A ognuna delle quattro strofe, infatti, corrisponde un momento definito del discorso; si noti in tal senso l'assenza di *enjambement*, e nel caso delle due quartine la coincidenza tra unità sintattica (periodo) e metrica (strofa).

Lo sviluppo del discorso La riflessione di Giacomo si articola minuziosamente in tre momenti: la comunicazione di una decisione presa (vv. 1-4), una specificazione in merito (vv. 5-8), un'ulteriore precisazione (vv. 9-14). Quest'ultima parte a sua volta comprende: la confutazione di una falsa causa (vv. 9-10), la descrizione della bellezza e nobiltà della donna amata (vv. 11-12) e, infine, a conclusione, la motivazione reale del proposito formulato in apertura (vv. 13-14).

Gli artifici linguistici Il lessico si presenta nel complesso piuttosto semplice, nonostante non manchino termini a inflessione dialettale (v. 1 «m'aggio» = 'ho'), preziosismi come il latinismo «audito» (v. 3) e numerosi provenzalismi: «blonda» e «claro» (v. 6), «intendimento» (v. 9), «portamento» (v. 11), «consolamento» (v. 13). Da segnalare la "rima siciliana"* tra il v. 5 «gire» e il v. 7 «gaudere» (originariamente *gaudiri*) e varie rime ricche* («intendimento» al v. 9, «portamento» al v. 11, «consolamento» al v. 13).

i temi e i motivi

Un *servitium* particolare Il discorso di Giacomo da Lentini si presenta subito come fusione di temi sacri e profani che si alternano ambiguamente per tutto il testo. Nel primo verso il poeta espone il proprio proposito di mettersi a disposizione di Dio. Il *servitium amoris* diventa così apparentemente finalizzato al raggiungimento della beatitudine celeste (v. 2 «paradiso»).

La «corte» del Paradiso Nel resto della quartina, tuttavia, Giacomo corregge subito il tiro indicando il regno dei cieli come un luogo in cui durano eternamente «sollazzo, gioco e riso». Una tale presentazione del Paradiso, come fonte di beatitudine più concreta che spirituale, sembra riprodurre esemplarmente la vita raffinata e gaudente condotta da Federico II e dai suoi dignitari. La materializzazione dell'aldilà ambito da Giacomo si rafforza con la seconda quartina, nella quale l'autore specifica una condizione necessaria perché egli possa godere delle gioie paradisiache: la presenza, accanto a lui, della sua donna.

Descrizione fisica dell'amata Con atteggiamento scherzoso, tra ironia garbata e rischio di blasfemia, il poeta sostiene infatti di non poter stare in nessun modo lontano dalla bella figura della sua amata. Gli unici riferimenti concreti alla donna sono rappresentati dai capelli (v. 6 «blonda testa»), dal viso (v. 6 «claro viso») e dagli occhi (v. 12 «'l morbido sguardare»), ossia da quegli elementi che, diventati topici nelle descrizioni femminili proprio a partire dalla Scuola siciliana, verranno poi definitivamente codificati. Il «portamento», cui si allude al v. 11, invece, non sarà tanto da intendersi come 'postura', tratto del movimento, quanto nel senso astratto di 'comportamento'.

I sensi dell'amore Sono due i termini del testo che rimandano alle sfere sensoriali dell'uomo. Il primo, al v. 3, è «audito», riferito a ciò che Giacomo ha sentito dire da altri sul Paradiso; il secondo, al v. 12, è il «morbido sguardare» della donna che, per esperienza diretta dell'autore, non solo ha scatenato la passione ma continua ad alimentarla.

Spiritualizzazione della donna I pochi tratti menzionati, anche perché ricorrenti sempre identici nei vari testi e autori, non permettono dunque di comporre un ritratto fisico originale. Come tutte le donne dei Siciliani, anche questa è infatti una realtà immateriale che rappresenta per il poeta l'oggetto di una tensione ideale. Pur contraddistinta da tratti di radiosa ed eterea bellezza, pur collocata degnamente, accanto al poeta, in gloria di Dio (v. 14 «in ghiora») questa figura femminile non è ancora la donna-angelo della tradizione poetica successiva. Elegante e chiusa nel suo aristocratico decoro essa non esercita una funzione salvifica per il poeta. Siamo cioè solo all'inizio del processo di spiritualizzazione e divinizzazione che verrà portato a termine dallo Stil novo. Amor sacro e amor profano, cioè, in questo sonetto non coincidono ancora.

* **Rima siciliana**: molte soluzioni linguistiche presenti nei testi originali in siciliano sono andate perdute nel tempo, compromesse dalla loro trascrizione toscana nei codici che hanno diffuso i testi. Per fare un esempio concreto: se *ura* faceva rima con *pintura* e *giri* con *gaudiri*, questo non capita più in seguito agli interventi "normalizzanti" dei copisti che, per rendere comprensibile la lettura a un pubblico anche extraregionale, intervengono sui termini difficili e scrivono *ora* e *gaudere*. *Ora* : *pintura* e *giri* : *gaudere* non costituiscono più una rima perfetta. Agli occhi e alle orecchie dei poeti successivi queste anomalie parvero scelte volute ed essi finirono con l'imitarle, alla stregua di ricercatezze virtuosistiche definite "rime siciliane".

* **Rime ricche**: sono definite "ricche" le rime nelle quali l'identità si estende anche a lettere che precedono la vocale tonica, che vanno cioè al di là dell'ultima porzione della parola accentata. Es.: intendi**m**-ento, porta**m**-ento, consola**m**-ento.

per studiare *guida all'analisi* **T2**

COMPRENDERE

1 Scegli l'affermazione corretta. Nel suo componimento, il poeta dichiara di

- a volersi ritirare dalla vita mondana e dedicarsi a Dio senza riserve
- b volere coltivare un amore non peccaminoso con la sua donna
- c ambire alla salvezza eterna ma di non poterla godere pienamente senza la sua donna
- d volersi sollazzare senza scrupoli finché potrà godere della vita terrena

ANALIZZARE

2 Riporta nella tabella i termini o le espressioni che si riferiscono all'ambito religioso e quelli che alludono all'amore terreno e profano. Quali dei due ambiti risulta prevalente?

ambito religioso/dimensione spirituale	ambito profano/dimensione materiale
....	....
....	....
....	....
....	....
....	....
....	....

3 A quale ambito culturale appartiene la metafora del "servire Dio"?

a religioso
b militare
c amoroso
d feudale

4 La rappresentazione del paradiso come "corte celeste" è modellata su quella terrena. Individua nel testo le parole che designano i piaceri tipici della corte feudale.

5 I caratteri fisici della donna rispettano gli stereotipi della poesia provenzale. Rintracciali nel testo.

6 Nel testo è presente il tema degli occhi, tipico della poesia d'amore medievale. In quale espressione del testo?

INTERPRETARE E APPROFONDIRE

7 La beatitudine del Paradiso di cui parla il poeta rappresenta un processo di elevazione spirituale, oppure è un modo per esprimere la pienezza della gioia amorosa? Esprimi il tuo parere sostenendolo con riferimenti al testo.

T3

concetti-chiave
▶ la parodia dell'amor cortese

Cielo d'Alcamo
Contrasto

È un testo probabilmente composto da Cielo d'Alcamo, un giullare vissuto nei pressi di Messina e di cui non si hanno notizie precise. È stato composto tra il 1231 e il 1250. Rispetto alla contemporanea poesia siciliana Cielo abbandona le forme alte e nobili dell'espressione lirica, offrendone, piuttosto, una gustosa parodia, non priva di tratti dialettali e popolareschi. Nel Contrasto, infatti, il poeta corteggia una donna che inizialmente si mostra altezzosa e disinteressata, salvo poi cedere, abbastanza presto e con passione, all'offerta amorosa. Dei 160 versi complessivi dell'intero componimento riportiamo due blocchi: i vv. 1-70 e 136-160, cioè le prime quattordici e le ultime cinque battute di dialogo.

LINGUA: volgare siciliano **DATAZIONE:** 1231-1250 ca.

«Rosa fresca aulentis[s]ima   ch'apari inver' la state,
le donne ti disiano,   pulzell' e maritate:
tràgemi d'este focora,   se t'este a bolontate;
per te non ajo abento notte e dia,
penzando pur di voi, madonna mia.»

«Se di meve trabàgliti,   follia lo ti fa fare.
Lo mar potresti arompere,   a venti asemenare,
l'abere d'esto secolo   tut[t]o quanto asembrare:
avere me non pòteri a esto monno;
avanti li cavelli m'aritonno.»

«Se li cavelli artón[n]iti,   avanti foss'io morto,
ca'n is[s]i [sì] mi pèrdera   lo solacc[i]o e 'l diporto.
Quando ci passo e véjoti,   rosa fresca de l'orto,
bono conforto dónimi tut[t]ore:
poniamo che s'ajunga il nostro amore.»

«Ke 'l nostro amore ajùngasi,   non boglio m'atalenti:
se ci ti trova pàremo   cogli altri miei parenti,
guarda non t'ar[i]golgano   questi forti cor[r]enti.
Como ti seppe bona la venuta,
consiglio che ti guardi a la partuta.»

«Se i tuoi parenti trova[n]mi,   e che mi pozzon fare?
Una difensa mèt[t]oci   di dumili' agostari:
non mi toc[c]ara pàdreto   per quanto avere ha 'n Bari.
Viva lo 'mperadore, graz[i'] a Deo!
Intendi, bella, quel che ti dico eo?»

«Tu me no lasci vivere   né sera né maitino.
Donna mi so' di pèrperi,   d'auro massamotino.
Se tanto aver donàssemi   quanto ha lo Saladino,
e per ajunta quant'ha lo soldano,
toc[c]are me non pòteri a la mano.»

METRO: strofe di cinque versi: i primi tre sono alessandrini monorimi con il primo emistichio sempre sdrucciolo, i due successivi sono endecasillabi a rima baciata. Lo schema è: AAA, BB.

1-5 *"[O] rosa fresca profumatissima* (**aulentissima**) *che appari verso* (**inver'**) *l'estate, le donne ti desiderano, nubili* (**pulzelle**) *e sposate: tòglimi* (**tràgemi**) *da questi fuochi, se vuoi* (**se t'este a bolontate** = 'se è in tua volontà'); *per te non ho pace* (**abento**) *né notte né giorno, pensando sempre a voi, mia signora".*

Rosa: è una metafora per indicare la bellezza e l'amore.

6-10 *"Se ti tormenti* (**trabàgliti**) *per me te lo fa fare la pazzia. Potresti arare* (**arompere**) *il mare, seminare* (**asemenare**) *ai venti, accumulare* (**asembrare**) *tutta quanta la ricchezza* (**l'abere**) *di questo mondo: non potresti* (**pòteri**) *avermi a questo mondo; piuttosto* (**avanti**) *mi taglio* (**aritonno**) *i capelli".*

La prima risposta della donna sembrerebbe non lasciare adito a dubbi: per nessuna cosa al mondo vuole essere del poeta, neanche se lui facesse per lei le cose più impossibili (si noti ai vv. 7 e 8 la figura retorica dell'*adýnaton*). Piuttosto preferirebbe tagliarsi i capelli, cioè farsi monaca.

11-15 *"Se ti tagli* (**artón[n]iti**) *i capelli, che io sia ucciso prima, perché con essi* (**ca'n is[s]i**) *io perderei la mia gioia* (**solacc[i]o** = 'sollazzo') *e il piacere* (**diporto**). *Quando passo qui* (**ci**) *e ti vedo, fresca rosa del giardino* (**orto**), *mi dai sempre* (**tut[t]ore**) *grande piacere: decidiamo* (**poniamo**) *che il nostro amore si congiunga".*

16-20 *"Non voglio* (**boglio**) *che mi piaccia* (**m'atalenti**) *che il nostro amore si congiunga: se mio padre* (**pàremo**) *con gli altri miei parenti ti trova qui, bada* (**guarda**) *[che] questi forti corridori non ti raggiungano* (**t'ar[i]golgano**). *Come ti piacque il venire* (**la venuta**), *ti consiglio di fare attenzione alla partenza* (**a la partuta**)*".*

Per dissuadere il corteggiatore la donna gli ricorda che ha un padre e dei fratelli intenzionati a difendere il suo onore. Lo consiglia perciò di desistere, se non vuole essere presto inseguito e picchiato.

21-25 *"Se i tuoi parenti mi trovano* (**trova[n]mi**), *e che mi possono fare? Gli assegno* (**mét[t]oci** = 'ci metto') *una multa di duemila augustali* (**agostari**): *tuo padre non mi toccherebbe* (**non mi toc[c]ara**) *per quante ricchezze* (**avere**) *sono* (**ha**) *in Bari. Viva l'imperatore, grazie a Dio! Capisci, bella, quel che io* (**eo**) *ti dico?".*

Per dire che non ha paura della reazione dei parenti della donna il poeta si appella alla legge. Con le Costituzioni di Melfi (1231), infatti, era stata istituita da Federico II la possibilità che una persona aggredita si difendesse pronunciando il nome dell'imperatore. Il persecutore, se avesse poi insistito, sarebbe stato punito con una multa in denaro. Gli augustali sono una moneta, coniata in oro, diffusasi a partire sempre dal 1231.

26-30 *"Tu non mi* (**me no**) *lasci vivere né sera né mattino. Io sono una donna che possiede* (**di**) *monete d'oro* (**pèrperi**) *e oro massamotino. Se mi dessi* (**donàssemi**) *tanta ricchezza* (**aver**) *quanta [ne] ha il Saladino, e in aggiunta quanta [ne] ha il Sultano, non mi potresti toccare sulla* (**a la**) *mano".*

La donna sostiene di essere molto ricca: i suoi parenti non avrebbero, dunque, alcuna difficoltà a pagare una multa. I «pèrperi» sono una moneta preziosa coniata dall'imperatore di Bisanzio. Di oro massamotino, pregiatissimo, erano, invece, le monete usate dai califfi Almoadi, che governavano sull'Africa del Nord e sull'Andalusia. Sia il Saladino che il Sultano sono, qui, riferimenti storici che assumono carattere leggendario, a esemplificare la ricchezza del contemporaneo mondo arabo. Saladino: il famoso Salah-el-Din (morto nel 1193). **Soldano**: il Sultano d'Egitto.

«Molte sono le femine   c'hanno dura la testa,
e l'omo con parabole   l'adimina e amonesta:
tanto intorno procàzzala   fin che·ll' ha in sua podesta.
Femina d'omo non si può tenere:
guàrdati, bella, pur de ripentere.»

«K'eo ne [pur ri]pentésseme?   davanti foss'io aucisa
ca nulla bona femina   per me fosse ripresa!
[A]ersera passàstici,   cor[r]enno a la distesa.
Aquìstati riposa, canzoneri:
le tue parole a me non piac[c]ion gueri.»

«Quante sono le schiantora   che m'ha' mise a lo core,
e solo purpenzànnome   la dia quanno vo fore!
Femina d'esto secolo   tanto non amai ancore
quant'amo teve, rosa invidïata:
ben credo che mi fosti distinata.»

«Se distinata fósseti,   caderia de l'altezze,
ché male messe fòrano   in teve mie bellezze.
Se tut[t]o adivenìssemi,   tagliàrami le trezze,
e consore m'arenno a una magione,
avanti che m'artoc[c]hi 'n la persone.»

«Se tu consore arènneti,   donna col viso cleri,
a lo mostero vènoci   e rènnomi confleri:
per tanta prova vencerti   fàralo volonteri.
Conteco stao la sera e lo maitino:
besogn'è ch'io ti tenga al meo dimino.»

«Boimè tapina misera,   com'ao reo distinato!
Geso Cristo l'altissimo   del tut[t]o m'è airato:
concepìstimi a abàttare   in omo blestiemato.
Cerca la terra ch'este gran[n]e assai,
chiù bella donna di me troverai.»

31-35 *"Le femmine che hanno la testa dura sono molte, e l'uomo con le parole* (**con parabole**) *le domina* (**l'adimina**) *e persuade* (**amonesta**) *tanto la incalza da tutti i lati* (**intorno**) *finché la ha in suo potere* (**podesta**). *La femmina non può fare a meno* (**si...tenere** = 'astenersi') *dell'uomo: sta' attenta, bella, di non doverti pentire* (**pur de ripentere**)*".*

Alla precedente battuta altezzosa della donna il poeta risponde con tono similmente arrogante: se poco sopra l'aveva chiamata «madonna» (v. 5) ora la definisce, con assai meno rispetto, una «femina» (v. 32).

36-40 *"Che io* (**k'eo**) *me ne dovessi pentire? io possa essere piuttosto* (**davanti**) *uccisa che alcuna* (**nulla**) *femmina onesta* (**bona**) *sia rimproverata per causa mia! Tempo fa* (**Aersera**) *sei passato di qua, correndo a più non posso* (**a la distesa**). *Prènditi riposo, canterino* (**canzoneri**)*: a me le tue parole non piacciono affatto* (**gueri**)*".*

Pur ribadendo ancora il proprio rifiuto, la donna assume un tono meno stizzoso e fa appello al senso dell'onore delle femmine perbene.

41-45 *"Quanti sono i dolori* (**le schiantora**) *che mi hai messi* (**mise**) *nel cuore, anche solo pensandoci* (**e solo purpenzànnome**) *il giorno* (**la dia**) *quando esco! Non ho mai* (**ancore** = 'ancora') *amato una femmina di questo mondo tanto quanto amo te* (**teve**), *rosa desiderata* (**invidïata**)*: credo veramente* (**ben**) *che* [tu] *mi fossi destinata".*

Anche il poeta, adesso, si è addolcito e dichiara, in modo più diretto e affettuoso, il suo amore.

46-50 *"Se a te fossi* (**fósseti**) *destinata, cadrei* (**caderia**) *dalla* [mia] *altezza, che sarebbero* (**fòrano**) *sprecate* (**male messe**) *con te le mie bellezze. Se mi succedesse* (**Se...adivenìssemi**) *tutto* [ciò], *mi taglierei* (**tagliàrami**) *le trecce, e mi farei* (**m'arenno** = 'mi rendo') *suora* (**consore**) *in un convento, piuttosto che* (**avanti che**) [tu] *mi tocchi* (**m'artoc[c]hi**) *nel corpo* (**'n la persone**)*".*

51-55 *"Se tu ti fai* (**arènneti**) *suora, donna con il viso luminoso* (**cleri**), *vengo* (**vènoci**) *al convento e mi faccio frate* (**confleri** = 'confratello')*: lo farei volentieri per superare nei tuoi confronti* (**per...vencerti**) *una simile* (**tanta**) *prova. Starei* (**stao** = 'sto') *con te* (**Conteco**) *la sera e il mattino: è necessario che io ti abbia in mio potere* (**al meo dimino**)*".*

Lo scambio di battute continua: alla minaccia della donna di farsi suora il poeta risponde che, in quel caso, lui si farebbe frate: a questo è disposto pur di stare insieme a lei notte e giorno. Lei non gradirà quest'affermazione e accuserà l'uomo di blasfemia.

56-60 *"Ohimè misera infelice* (**tapina**), *che destino* (**distinato**) *crudele ho* (**ao**)*! L'altissimo Gesù Cristo è irato con me fortemente* (**del tutto**)*: mi ha concepita* (**concepìstimi**) *per incontrare* (**a abàttare**) *un uomo sacrilego* (**blestiemato**). *Percorri la terra che è* (**este**) *tanto grande, troverai una donna più* (**chiù**) *bella di me".*

«Cercat'ajo Calabr[ï]a, Toscana e Lombardia,
Puglia, Costantinopoli, Genoa, Pisa e Soria,
Lamagna e Babilonïa [e] tut[t]a Barberia:
donna non [ci] trovai tanto cortese,
per che sovrana di meve te prese.»

«Poi tanto trabagliàsti[ti], fac[c]ioti meo pregheri
che tu vadi adomàn[n]imi a mia mare e a mon peri.
Se dare mi ti degnano, menami a lo mosteri,
e sposami davanti da la jente;
e poi farò le tue comannamente.»

[...]

«Sazzo che m'ami, [e] àmoti di core paladino.
Lèvati suso e vatene, tornaci a lo matino.
Se ciò che dico fàcemi, di bon cor t'amo e fino.
Quisso t'[ad]imprometto sanza faglia:
te' la mia fede che m'hai in tua baglia.»

«Per zo che dici, càrama, neiente non mi movo.
Inanti pren[n]i e scànnami: tolli esto cortel novo.
Esto fatto far pòtesi inanti scalfi un uovo.
Arcompli mi' talento, [a]mica bella,
ché l'arma co lo core mi si 'nfella.»

«Ben sazzo, l'arma dòleti, com'omo ch'ave arsura.
Esto fatto non pòtesi per null'altra misura:
se non ha' le Vangel[ï]e, che mo ti dico 'Jura',
avere me non puoi in tua podesta;
inanti pren[n]i e tagliami la testa.»

61-65 *"Ho percorso Calabria, Toscana e Lombardia, Puglia, Costantinopoli, Genova, Pisa e Siria, Germania* (**Lamagna**) *e Baghdad* (**Babilonïa**) *e tutta l'Africa del Nord* (**Barberia**)*: non vi* ([**ci**]) *ho trovato [nessuna] donna altrettanto squisita* (**cortese**)*, per cui* (**per che**) *ti ho scelta* (**te prese** = 'ti presi') *[come] mia* (**di meve**) *signora* (**sovrana**)*"*.

66-70 *"Dato che* (**Poi tanto**) *ti sei tormentato* (**trabagliàsti[ti]**) *tanto, ti prego* (**fac[c]ioti meo pregheri**) *di andare a richiedermi* (**adomàn[n]imi**) *[in sposa] a mia madre e a mio padre* (**mon peri**)*. Se degnano di darmi [in moglie] a te, conducimi* (**menami**) *in chiesa* (**a lo mosteri**)*, e sposami pubblicamente* (**davanti da la jente**)*; e poi obbedirò* (**farò**) *ai tuoi desideri* (**le tue comannamente**)*"*.

È il primo segno di cedimento della donna, che si arrende ad accettare il corteggiatore purché egli proceda per vie ufficiali e non pretenda da lei alcunché prima di averla sposata in chiesa.

136-140 *"So* (**Sazzo**) *che mi ami e [anche io] ti amo di cuore nobile* (**paladino**)*. Alzati* (**Lèvati**) *e vàttene, ritorna qui* (**tornaci**) *domattina* (**a lo matino**)*. Se fai per me ciò che dico, [allora] ti amo con cuore sicuro* (**bon**) *e fedele* (**fino**)*. Ti prometto* (**t'[ad]imprometto**) *ciò* (**Quisso** = 'questo') *senza dubbio* (**sanza faglia**)*: tieni* (**te'**) *la mia parola* (**fede**)*, dato che* (**che**) *mi hai in tua balìa* (**baglia**)*"*.

Il dialogo è proseguito, nei versi che non abbiamo riportato, per altre quindici battute, durante le quali la schermaglia tra i due procede attraverso toni più scherzosi e distesi. Con le parole della donna ai vv. 136-141 il contrasto sta per avviarsi verso la sua felice conclusione.

141-145 *"Nonostante* (**Per**) *ciò* (**zo**) *che dici, mia cara* (**càrama**)*, non mi muovo affatto* (**neiente**)*. Piuttosto* (**Inanti**) *prendi e scànnami: prendi* (**tolli**) *questo* (**Esto**) *coltello nuovo. Questo fatto si può* (**pòtesi**) *fare prima di cuocere* (**inanti scalfi** = 'prima che scaldi') *un uovo. Compi* (**arcompli**) *il mio desiderio* (**mi' talento**)*, amica bella, perché* (**ché**) *l'anima* (**l'arma** = 'l'alma') *con il cuore mi si intristisce* (**mi si 'nfella**)*"*.

Invitato a tornare l'indomani, il poeta si rifiuta: preferirebbe morire ucciso dalle mani stesse di lei. La sua insistenza, come vedremo, sarà presto premiata.

146-150 *"[Lo] so* (**sazzo**) *bene, l'anima ti fa male* (**dòleti**)*, come a chi ha sete* (**com'omo ch'ave arsura**)*. Questo fatto [: la soddisfazione del desiderio del corteggiatore] non si può [realizzare] in nessun altro modo* (**per null'altra misura**)*: se non hai il Vangelo, affinché* (**che mo**) *ti dica 'Giura* (**Jura**)*', non mi* (**me**) *puoi avere in tuo possesso* (**podesta**)*; piuttosto* (**inanti**) *prendi e tagliami la testa"*.

La donna sta scendendo a più miti consigli: ora non pretende più, prima di concedersi, che lui la sposi, ma si accontenta che egli giuri sul Vangelo di farlo in seguito.

T3 Cielo d'Alcamo Contrasto

«Le Vangel[ï]e, càrama? ch'io le porto in seno:
a lo mostero présile (non ci era lo patrino).
Sovr'esto libro jùroti mai non ti vegno meno.
Arcompli mi' talento in caritate,
ché l'arma me ne sta in sut[t]ilitate.»

«Meo sire, poi juràstimi, eo tut[t]a quanta incenno.
Sono a la tua presenz[ï]a, da voi non mi difenno.
S'eo minespreso àjoti, merzé, a voi m'arenno.
A lo letto ne gimo a la bon'ora,
ché chissa cosa n'è data in ventura.»

G. Contini, *Poeti del Duecento*, Ricciardi, Milano-Napoli 1960.

151-155 *"Il Vangelo, cara mia? Ma io* (**ch'io**) *lo porto in tasca* (**in seno**)*: l'ho preso* (**présile**) *in chiesa* (**a lo mostero**) *(il prete* (**lo patrino**) *non c'era). Su questo* (**Sovr'esto**) *libro ti giuro* (**jùroti**) *di non lasciarti mai* (**mai non ti vegno meno**)*. Compi il mio desiderio per favore* (**in caritate**)*, dato che* (**ché**) *l'anima si sta consumando* (**ne sta in sut[t]ilitate**)*".*

Alla richiesta della donna il poeta si fa trovare pronto e dichiara di avere in tasca una copia del Vangelo. Poco importa se sia vero o no, ed è ininfluente che egli lo abbia, eventualmente, rubato in chiesa. Entrambi hanno 'recitato la propria parte': lei quella della fanciulla onesta che non si concede facilmente al primo venuto, esigendo un impegno formale; lui quello del maschio disposto a vincolare (o a fingere di vincolare) il desiderio sessuale alla stima e al rispetto per l'amante.

156-160 *"Mio signore* (**sire**)*, dal momento che* (**poi**) *mi hai fatto giuramento* (**juràstimi**)*, io* (**eo**) *prendo fuoco* (**incenno** = 'incendio') *tutta quanta. Mi offro a te* (**Sono a la tua presenz[ï]a**)*, non mi difendo [più] da voi. Se io ti ho* (**àjoti**) *maltrattato* (**minespreso** = 'disprezzato')*, [chiedo] perdono* (**merzé**)*, mi arrendo* (**m'arenno**) *a voi. Andiamocene* (**gimo**) *subito* (**a la bon'ora**) *a letto, dato che* (**ché**) *questo fatto* (**chissa cosa**) *ci è* (**n'è**) *assegnato* (**data**) *in sorte* (**in ventura**)*".*

La promessa piuttosto frettolosa dell'uomo è sufficiente a far capitolare la donna che ora, non avendo più motivo di avere riserve, lo elegge a suo signore e non vede l'ora che si consumi il loro incontro amoroso.

analisi e interpretazione T3

le forme

Il genere del contrasto A differenza delle altre poesie siciliane questo testo è steso sotto forma di dialogo. Si tratta dello scambio di battute stuzzicanti tra i due protagonisti: il poeta corteggiatore, intento a ottenere il consenso dell'amata, e la donna, prima intenzionata a rifiutare la proposta, poi accondiscendente e, anzi, appassionata. Il componimento non presenta dunque il carattere di una riflessione contemplativa, fatta a priori o a posteriori dall'autore, ma segue la situazione nel suo svolgersi dinamico, 'in diretta'. Previsto, molto probabilmente, per una recitazione drammatica, il *Contrasto* conserva, anche alla sola lettura, il proprio carattere originale e vivace.

Il linguaggio Modi alti della tradizione cortese e siciliana e lessico basso e popolaresco si mescolano tra loro, lasciando intravedere la propensione a una forma di realismo disinvolto e malizioso. Cielo d'Alcamo conosce bene gli stilemi della poesia seria ma decide di unirli consapevolmente a espressioni e immagini più popolari. Insieme ai motivi dell'amante che non ha pace (v. 4) – o ad altri riferimenti al repertorio della lirica ufficiale (si vedano al v. 64-65 il richiamo al *servitium amoris* e al v. 138 quello alla *fin' amor*) – troviamo così anche modi di dire nuovi, ironici e gustosi, come quelli dei parenti 'corridori' al v. 18, o delle femmine "dalla testa dura" al v. 31, lontanissimi dalla raffinatezza e stilizzazione linguistica degli altri poeti siciliani.

Lo stile Cielo d'Alcamo dimostra la propria cultura anche attraverso l'utilizzo delle *coblas capfinidas* (cioè delle riprese concettuali e lessicali tra le varie strofe) e di molti termini che hanno un'origine francese, sebbene non sempre di derivazione colta (per esempio «asembrare» al v. 8, «amonesta» al v. 32, «cleri» al v. 51, «mon peri» al v. 67). Accanto a queste forme ne compaiono però altre che risalgono al siciliano arcaico o dialettale (si vedano i plurali «focora» e «schiantora» ai vv. 3 e 41, la posposizione del pronome possessivo in «pàremo» e «padrèto» ai vv. 17 e 23, il fonema *b* al posto della *v* in «bolontate», al v. 3 o *nn* al posto di *nd* in «aritonno» al v. 10 ecc.).

i temi e i motivi

Il rapporto uomo-donna Il rapporto che si viene configurando tra i due protagonisti dell'alterco non è quello nobile e sublime della poesia cortese, siciliana o stilnovistica. Dopo che per oltre cento versi ha opposto il suo fermo diniego alla corte del poeta, la donna, con una svolta repentina, cambia idea, e assume addirittura l'iniziativa. Rispetto alla pastorella di Cavalcanti (cfr. **T7**, p. 630), che tratta, con più delicatezza e in modo sublimato, un tema simile, la protagonista del *Contrasto* è non solo soggetto attivo ma prende poeticamente la parola per esprimere i propri pensieri ed esplicitare il suo desiderio sessuale. Convinta dalle parole e dalle promesse del poeta, è lei, infatti, a trascinarlo, con vigore e senza ulteriori indugi, verso il letto.

per studiare *guida all'analisi* **T3**

COMPRENDERE

1 Scegli, tra questi enunciati, quelli che si adattano correttamente al *Contrasto* di Cielo d'Alcamo. Correggi, invece, in modo opportuno quelli che ritieni errati.

- a l'innamorato dichiara di soffrire per amore e di non avere pace né notte né giorno
- b la donna corteggiata non può accogliere le richieste dell'amante perché intende farsi monaca
- c la donna rifiuta le *avances* dell'uomo facendo appello all'onore delle donne perbene
- d in un momento di disperazione anche l'uomo pensa seriamente di dedicarsi alla vita ecclesiastica
- e l'innamorato dichiara di non temere l'ostilità dei parenti di lei
- f la donna minaccia di scannare l'uomo con un coltello
- g l'innamorato si vanta di portare sempre con sé una copia del Vangelo
- h alla fine, a malincuore, la donna cede alle profferte dell'innamorato

ANALIZZARE

2 Rintraccia nel testo e trascrivi qui di seguito tutti i termini con i quali l'amante designa l'amata.

3 Sottolinea sul testo le volte in cui l'amante ricorre alla metafora della rosa. Da quali aggettivi è accompagnato il sostantivo?

4 A quali caratteristiche femminili allude la rosa?

5 La poesia rivela procedimenti retorici raffinati, tra i quali emerge la struttura simmetrica delle strofe, spesso legate tramite la tecnica della ripresa. Individua le *coblas capfinidas* dove la ripresa è costituita dalla ripetizione lessicale.

6 Rileggi i vv. 7 e 8 e rintraccia l'uso della figura dell'*adýnaton* (ovvero gli *adýnata*, pl.). Sapresti dire se sono modi di dire ancora in uso?

INTERPRETARE E APPROFONDIRE

7 La poesia di Cielo d'Alcamo si differenzia dalle altre poesie siciliane. Individua, nel seguente elenco delle caratteristiche del componimento, quelle che costituiscono elementi di differenza e quelli che sono comuni alla poesia provenzale e siciliana.

	elementi di differenza	elementi comuni
la poesia è in forma di dialogo	☐	☐
il poeta si dimostra uomo di cultura che sa usare i procedimenti retorici	☐	☐
è presente il motivo del *servitium amoris*	☐	☐
il poeta mescola gli stilemi della poesia seria a forme popolaresche con intenti realistici e ironici	☐	☐
la figura femminile prende energicamente l'iniziativa	☐	☐
il rapporto uomo-donna è risolto su un piano di sessualità esplicita	☐	☐

8 Il contrasto mette in scena la schermaglia amorosa tra due personaggi dotati di una loro personalità. L'innamorato passa dalle lusinghe all'arroganza, come una specie di bullo di quartiere, la donna si pavoneggia della propria onestà ma si compiace anche di essere corteggiata... Ripercorri il testo e metti in evidenza con titoletti appropriati le varie mosse della strategia dei due interlocutori.

3 Lo Stil novo

I tempi e i luoghi Affermatosi tra la fine del Duecento e gli inizi del Trecento, il «dolce stil novo» (su cui cfr. il **§ 2** del **Capitolo 3**) risolve la contraddizione tra amor sensuale ed etica cristiana che aveva contraddistinto la lirica precedente. Il movimento ha inizio poco dopo la metà del Duecento con Guido Guinizzelli (di cui hai già letto la poesia ***«Al cor gentil rempaira sempre Amore»*** nel **Capitolo 3**, **§ 2**, **T1**, p. 97) a Bologna, la famosa città universitaria, ma presto si sposta a Firenze, una delle città più ricche del tempo. Qui la borghesia, che ambisce alla gestione del potere, va definendo un'idea nuova di nobiltà che, funzionalmente alle esigenze politiche del nuovo ceto emergente, non deriva più dalla discendenza familiare ma dalla gentilezza d'animo. La nobiltà o gentilezza diventa così un'acquisizione culturale indipendente dall'origine sociale.

I rapporti con la tradizione e la novità Questo tema, già presente nella poesia siciliana e ripreso in seguito dall'esperienza siculo-toscana (cfr. **S7**), è infatti centrale nella poetica elaborata dallo Stil novo, che si pone in un duplice rapporto, di continuità e rottura, con la tradizione lirica precedente. In particolare i poeti siculo-toscani rappresentano un momento di necessaria mediazione fra Scuola siciliana e «dolce stil novo». Possiamo riassumere schematicamente gli elementi di novità proposti dagli stilnovisti nei seguenti punti.

1 **La scuola** Il gruppo di poeti che costituisce la scuola (a parte il bolognese Guido Guinizzelli, che può essere ritenuto il fondatore del movimento, si tratta di Dante, Guido Cavalcanti, Lapo Gianni,

S7 INFORMAZIONI E APPROFONDIMENTI

La poesia siculo-toscana

Dopo la battaglia di Benevento (1266), in cui il successore di Federico II, Manfredi, era stato sconfitto da Carlo d'Angiò, la potenza sveva comincia a tramontare e la civiltà letteraria siciliana decade rapidamente. I funzionari di Federico II e di Manfredi avevano intrattenuto frequenti rapporti con il partito ghibellino nei comuni toscani e con la città di Bologna, presso la cui università si erano formati. La lezione della Scuola siciliana viene ripresa da un gruppo di poeti, quasi tutti toscani, che vengono perciò chiamati siculo-toscani. Essi continuano la tradizione siciliana ma anche la rinnovano. La realtà emiliana e toscana, dove questo nuovo modo di poetare si afferma, è molto lontana dalla dimensione cortese dei Siciliani. Le città comunali (Bologna, Arezzo, Pisa, Lucca, Firenze...) sono caratterizzate da autonomia amministrativa, da dinamismo economico e da una situazione politico-sociale spesso conflittuale. Tutto ciò condiziona, negli intellettuali, l'insorgere di una partecipazione spesso appassionata alle vicende civili e di un'esigenza etica forte e combattiva. Per questo motivo la tematica amorosa, esclusiva nella Scuola siciliana, è nuovamente integrata (come già era avvenuto per i trovatori provenzali) da riferimenti alla cronaca, da problematiche morali o, addirittura, da polemiche politiche. È questo il caso di **Guittone d'Arezzo** (nato fra il 1230 e il 1235 e morto nel 1294), il poeta più famoso del gruppo, autore di oltre duecento sonetti e di una cinquantina di canzoni dal tono vivacemente risentito, quando non sdegnato e sarcastico. Denominatori comuni dei suoi versi sono da una parte la propensione alla digressione filosofica e argomentativa (che costituisce un precedente importante per la futura poetica stilnovistica), dall'altra la cifra espressiva oscura ed ermetica, complicata da intonazione retorica e tecnicismi, ispirata al *trobar clus* francese, cui invece lo Stil novo contrapporrà, polemicamente, una maniera più piana e dolce. Quanto al versante formale i poeti siculo-toscani introducono alcune significative innovazioni rispetto alla Scuola siciliana, adottando il loro volgare locale, un toscano 'alto' ma non alieno da dialettalismi, e introducendo una nuova forma metrica, la ballata, destinata ad avere in seguito grande fortuna nella tradizione lirica italiana.

espansioni digitali

T Guittone d'Arezzo - «Tuttor ch'eo dirò "gioi'" gioiva cosa»

Gianni Alfani, Dino Frescobaldi e Cino da Pistoia, tutti toscani, attivi fra il 1280 e il 1330 circa) dispone di una elevatissima consapevolezza teorica, è cosciente, cioè, di rappresentare un movimento moderno rispetto al passato, coeso non solo in virtù dei rapporti privati di amicizia che legano gli autori gli uni agli altri, ma anche per gli interessi colti e letterari che tutti condividono.

2 **Esclusività del tema amoroso** Abbandonato ogni impegno politico-morale, ancora presente nei poeti siculo-toscani, la poesia stilnovistica dichiara infatti la sua esclusiva fedeltà ai dettami d'Amore. Non si tratta tuttavia di una semplice adesione alla tematica sentimentale, bensì dell'elaborazione congiunta di una vera e propria dottrina scientifica e filosofica. La premessa è, come già per gli scrittori siciliani, la teoria del 'cor gentil' e della sua inscindibilità dall'amore; chi si innamora, cioè, mostra la propria gentilezza d'animo, e, d'altra parte, chi dispone di un cuor gentile non può non innamorarsi (cfr. Dante nel sonetto *«Amore e 'l cor gentil sono una cosa»*, che puoi leggere nelle ***espansioni digitali*** e *Inf.* V, v. 100 «Amor, che al cor gentil ratto s'apprende», riportato nel **Capitolo 3**, **T18**, p. 205.

3 **Una concezione scientifico-filosofica dell'amore** In base a questa teorizzazione, l'amore non è più visto come un sentimento laico, per quanto nobilitante, o come un aspetto privato della vita, bensì come una esperienza totalizzante, un valore universale, una tensione verso l'Assoluto e il trascendente. Nello stesso tempo non è più 'accidente' (fatto che può casualmente capitare), ma processo di formazione ed educazione etica cha va perseguito e coltivato. Rispetto alla concezione provenzale o siciliana dell'amore, avviene cioè uno spostamento dal piano individuale a quello universale, dal livello estetico-psicologico a quello religioso.

4 **La donna-angelo** La donna dei poeti stilnovisti, infatti, non è più solo garanzia di elevazione dell'animo, ma strumento per la sua salvezza eterna. Privata di ogni significato erotico-sensuale, la figura femminile si smaterializza a tal punto che della sua persona fisica restano deboli tracce solo nell'incedere "onesto" e nella luminosità del viso. Già metaforicamente definita "angelo" dalla poesia precedente, in virtù della sua straordinaria bellezza, la donna si fa ora 'angelo' nel senso vero della parola. Diventata simbolo della verità trascendente, la 'donna-angelo' con il semplice sguardo e il cenno di 'saluto' (dal latino *salus, salutis* = 'salvezza') assolve la sua funzione di mediatrice tra Dio e l'uomo.

5 **Una pratica della lode** In questo senso la poesia, oltre ad essere indagine filosofica del rapporto tra passione terrena e devozione religiosa, tra Bellezza e Verità, diventa anche contemplazione e lode della creatura celeste, che offre un riscatto non solo al proprio innamorato ma a tutti gli uomini. Non ci sono, cioè, dietro i testi situazioni biografiche reali e concrete riconducibili ai singoli autori; estranei a ogni quotidianità e soggettivismo, i componimenti stilnovistici esprimono valori oggettivi, collettivi e universali.

6 **Il mandato della poesia** L'altissimo compito di elaborare e diffondere questa dottrina filosofica e teologica, che ha risolto l'ambigua contraddizione tra amor sacro e amor profano, spetta proprio alla poesia, che diventa, così, rivendicazione di un'autenticità interiore, ossia della capacità di "ascoltare" e analizzare in profondità l'esperienza amorosa e di tradurla in nobilissimo impegno intellettuale e culturale prima ancora che in esercizio stilistico.

7 **Lo stile "dolce"** Sul versante delle scelte formali, in opposizione alle formulazioni linguistiche oscure e difficili che avevano caratterizzato il *trobar clus*, gli stilnovisti optano per un'espressione meno cifrata, più piana e regolare, per uno stile che, anche nella ricercatezza, rimanga "dolce" e musicale. Alla sintassi ampia, resa necessaria dall'impianto spesso rigorosamente argomentativo, corrispondono, per esempio, scelte lessicali raffinate e soavi.

8 **Le forme** Gli stilnovisti mettono così a punto un codice espressivo comune all'interno del quale la canzone si consolida come forma metrica privilegiata (cfr. **Capitolo 3**, **§ 2**, **S1**, p. 101). La sua architettura ampia per-

espansioni digitali

T Dante Alighieri - «Amore e 'l cor gentil sono una cosa» [*Vita nuova*, XX]

S LETTURE CRITICHE **Come nasce una definizione critica** (F. De Sanctis)

Stil novo

LUOGHI • Bologna (Guinizzelli) • Firenze	**TEMI** • amore come elevazione spirituale • donna-angelo • "gentilezza" come nobiltà d'animo • psicologia e filosofia dell'amore (contenuto dottrinario)	**FORME METRICHE** • canzone • sonetto • ballata (Cavalcanti)
AUTORI PRINCIPALI • Guido Guinizzelli (precursore) • Guido Cavalcanti • Dante Alighieri		**PUBBLICO** • cerchia selezionata e colta composta dalla nobiltà feudale e dalla nuova borghesia urbana
LINGUA • toscano	**STILE** • soavità e limpidezza espressiva	

mette infatti lo svolgimento della riflessione logico-raziocinante e la trascrizione di situazioni rigorosamente selezionate e canonizzate, capaci di riprodurre la fenomenologia amorosa e di rappresentarne le emozioni.

9 **Il pubblico universitario** Indipendentemente da queste scelte stilistiche all'insegna dell'ordine, della compostezza e della proporzione, la poesia stilnovistica prevede che compositori e fruitori abbiano conoscenze teoriche e filosofiche non meno che universitarie. Nata all'interno di una cerchia ristretta di aristocrazia intellettuale, essa è destinata ad un pubblico ugualmente colto e preparato, caratterizzato da quella 'nobiltà' d'animo e d'intelletto che rappresentava, per la borghesia cittadina medievale, uno strumento di riscatto sociale e spirituale dalla vecchia aristocrazia feudale.

T4 Guido Guinizzelli
«Io voglio del ver la mia donna laudare»

concetti-chiave
- lo stile "dolce"
- la lode della donna
- il saluto della donna

Guinizzelli (di cui puoi leggere anche **Capitolo 3**, **§ 2**, **T1**, *p. 97)* *vuole lodare la donna amata, accostando alla sua bellezza tutte le bellezze del creato. La sua nobiltà è tale che, quando passa e saluta qualcuno, questi diventa migliore e non può avere pensieri malvagi.*

LINGUA: italiano **DATAZIONE:** seconda metà del Duecento

Io voglio del ver la mia donna laudare
ed asembrarli la rosa e lo giglio:
più che stella dïana splende e pare,
e ciò ch'è lassù bello a lei somiglio.

Verde river' a lei rasembro e l'âre,
tutti color di fior', giano e vermiglio,
oro ed azzurro e ricche gioi per dare:
medesmo Amor per lei rafina meglio.

METRO: sonetto a rime alternate, secondo lo schema abab, abab; cde, cde.

1-4 *Io voglio lodare* **(laudare)** *la mia donna secondo verità* **(del ver)** *e paragonarle* **(asembrarli)** *la rosa e il* **(lo)** *giglio: appare splendente* **(splende e pare**; *dittologia sinonimica) più che la stella del mattino* **(dïana** = 'del dì') [: Venere], *e paragono* **(somiglio)** *a lei ciò che è bello lassù* [*nel cielo*]. **pare**: il verbo "parere" (= 'apparire') è centrale nella lode dell'amata (e diventerà tra i prediletti del Dante stilnovista), anche per la forza dell'etimologia (dal greco *pháino* = 'mostro', 'mi rivelo'; cfr. 'epifanìa' = 'apparizione miracolosa').

5-8 *Paragono* **(Rasembro)** *a lei una verde campagna* **(river'<a>**; provenzale 'ribiera') *e l'aria* **(âre** = 'aire'), *tutti i colori dei* **(di)** *fiori, giallo* **(giano**; *franc.*) *e rosso* **(vermiglio)**, *oro e lapislazzuli* **(azzurro)** [: una pietra preziosa] *e ricchi gioielli* **(gioi)** *degni di essere donati* **(per dare** = 'da regalo'): *perfino* **(medesmo**; avverbio) *Amore grazie a lei* **(per lei)** *diviene più perfetto* **(rafina meglio)**.

Passa per via adorna, e sì gentile
ch'abassa orgoglio a cui dona salute,
e fa 'l de nostra fé se non la crede;

e no·lle pò apressare om che sia vile;
ancor ve dirò c'ha maggior vertute:
null'om pò mal pensar fin che la vede.

Poeti del Duecento, cit.

9-14 [*La donna amata*] *passa lungo la via* (**per via**) *bella* (**adorna**), *e così* (**sì**) *nobile che piega* (**ch'abassa**) *l'orgoglio a colui al quale* (**a cui**) *dà il saluto* (**dona salute**), *e rende* (**fa**) *costui* (**'l** = *il* = 'lo') *cristiano* (**de nostra fé; de** = 'di'; **fé** = 'fede') *se* [*già*] *non è credente* (**non la crede**); *e non le* (**no·lle**) *si può avvicinare* (**pò appressare**) *chi* (**om** = 'uomo'; impersonale) *sia vile* [: ignobile]; *vi dirò che* [*la mia amata*] *ha un potere* (**vertute**) *ancora maggiore: nessuno* (**null'om**) *può* (**pò**) *avere cattivi pensieri* (**mal pensar**) *finché la vede.*

adorna...gentile: aggettivi finalizzati a esprimere in particolare le qualità del decoro e della bellezza esterni, il primo, e gli intrinseci pregi interiori, il secondo (così «onesta» e «gentile» del sonetto di Dante «*Tanto gentile e tanto onesta pare*»). **dona salute**: il motivo del saluto, già in Guinizzelli di primaria importanza, verrà sviluppato dagli stilnovisti, anche per l'ambivalenza semantica. Il latino *salutem dare* (o *dicere*) vale infatti tanto 'salutare' quanto 'trasmettere la salvezza', così che l'occasione mondana dell'incontro e del saluto si carica di una simbologia originalmente religiosa. Dal versante metafisico e salvifico del saluto derivano le prerogative descritte ai vv. 10-14: indurre umiltà, convertire, respingere ciò che è ignobile, escludere pensieri bassi.

analisi e interpretazione T4

le forme

La suddivisione del testo Il sonetto si può dividere in due parti: le quartine, dopo che il verso iniziale ha esposto l'argomento, celebrano la bellezza della donna, paragonandola alle bellezze naturali; le terzine introducono il tema del saluto, illuminando l'effetto benefico che la nobiltà spirituale della donna ha sugli altri uomini. Nella lode si passa così dal corpo all'anima.

Il «dolce stile» Il sonetto è un buon esempio di quello che Dante definirà il «dolce stile». Anzitutto, Guinizzelli è estraneo alle complicazioni di Guittone: l'argomentazione è piana, metro e sintassi coincidono, la retorica è sobria, il lessico evita parole basse. La musicalità raffinata si affida alle allitterazioni, ricercate ma non pesanti: come quelle in *v* e in *r* del v. 5 («*Ver*de *river*' a lei *ra*sembro a l'*âre*»); o ancora in *r*, con rime interne ai vv. 6-8 («colo*r* di fio*r*'... *oro* ed azz*urro* e *ric*che gioi pe*r* d*are*... Amo*r* pe*r* lei *ra*fina»).

il tema e la poetica

La caratterizzazione della donna: un angelo? La celebrazione della donna nelle quartine si fonda esplicitamente sulla similitudine («asembrarli», v. 2). Gli elementi naturali introdotti quali termini di paragone hanno un valore emblematico più che realistico: per esempio, la «rosa» è citata in quanto regina dei fiori e simbolo di bellezza; mentre il «giglio» richiama con il suo candore un incarnato elegante e la purezza spirituale. Non c'è infatti nessuna volontà di suggerire un paesaggio verosimile: ridotta a un repertorio di bellezze immaginarie, la natura si trasforma in un catalogo di nomi suggestivi. Anche la scena descritta nelle terzine resta piuttosto astratta: assistiamo al passaggio della donna «per via», ma manca ogni accenno alla concreta realtà cittadina. Le qualità della donna sono riassunte in due soli aggettivi: «adorna», riferito alla bellezza esteriore dell'amata, e «gentile», riferito alla sua nobiltà interiore. Le uniche azioni che essa compie sono passare e "donare salute"; eppure sono sufficienti a evidenziare i suoi poteri miracolosi (rendere gli altri umili, convertire i non cristiani, allontanare i malvagi e i pensieri peccaminosi). Ma l'immagine della donna miracolosa resta in Guinizzelli una brillante invenzione poetica, senza caricarsi di quell'esplicito valore teologico che avrà la donna-angelo dantesca (per vedere come il modello della donna-angelo sia stato rielaborato nella poesia del Novecento, cfr. **S8** ***Una donna-angelo del Novecento***).

per studiare guida all'analisi T4

COMPRENDERE

1 Il sonetto può essere diviso in due parti, corrispondenti alle due quartine e alle due terzine. Riassumi in meno di dieci parole il contenuto delle quartine.

2 L'espressione «dona salute» al v. 10 sta per (le risposte corrette possono essere più di una)

- a dispensa la guarigione
- b trasmette la salvezza
- c saluta
- d porge il suo augurio

ANALIZZARE

3 Il verbo "parere" è una parola-chiave della poetica stilnovistica. Sottolinealo nel testo e prova a spiegarne il significato con parole tue.

4 Rintraccia tutte le similitudini presenti nel testo.

INTERPRETARE E APPROFONDIRE

5 Già nel primo verso il poeta annuncia che l'argomento del sonetto è la lode della donna amata. È una donna angelo quella celebrata da Guinizzelli? Quali sono le differenze tra la donna-angelo che fa la sua apparizione nella poesia di Guinizzelli e quella cantata da Dante?

6 Rileggi la poesia più celebre di Guinizzelli, *«Al cor gentil rempaira sempre amore»* (**T1**, **§ 2**, **Capitolo 3**). Puoi individuare delle affinità tematiche e formali tra quella canzone e questo sonetto? Quali?

S8 PASSATO E PRESENTE

Una donna-angelo del Novecento

*Riportiamo una poesia di **Eugenio Montale**, tratta da* Le occasioni *(1939). Il titolo stesso della raccolta rivela la condizione del poeta, teso nella speranza che un'apparizione prodigiosa costituisca l'"occasione" per comprendere il senso dell'esistenza. Questo evento miracoloso coincide con l'apparizione della donna-angelo, Clizia, cui Montale vorrebbe attribuire la funzione salvifica della Beatrice dantesca. La presenza della donna non è però garantita, così come la rivelazione del Valore; a prevalere è, anzi, la sua lontananza, addirittura la sua assenza. E quando la donna si fa finalmente presente, l'occasione salvifica riguarda solo il poeta, mentre gli altri restano insensibili e indifferenti alla sua comparsa (si vedano gli ultimi versi del componimento). La salvezza è diventata un fatto privato e soggettivo, e non riguarda più la sfera religiosa e trascendente.*

Ti libero la fronte dai ghiaccioli
che raccogliesti traversando l'alte
nebulose; hai le penne lacerate
dai cicloni, ti desti a soprassalti.

METRO: due quartine di endecasillabi, variamente legati da raffinate figure foniche (come le rime imperfette «ghiaccioli»: «sole» ai vv. 1-6 e «alte»: «soprassalti» ai vv. 2-4). Di particolare importanza le riprese foniche che incorniciano le due strofe: «Ti»: «soprassalti» (vv. 1-4) e «Mezzodì»: «qui» (con rima interna, vv. 5-8); a rafforzare il moto di protezione e chiusura che proviene anche dal piano semantico del testo.

1-4 *Ti pulisco* (**libero**) *la fronte dai ghiaccioli che vi si sono formati* (**raccogliesti**) *mentre hai attraversato le alte nebulose; hai le penne spezzate* (**lacerate**) *dalle bufere* (**dai cicloni**), *ti svegli bruscamente di tratto in tratto* (**ti desti a soprassalti**). L'allusione alle «penne» e alla traversata miracolosa negli spazi siderali delineano la natura angelica della figura femminile cui il poeta si rivolge qui. **nebulose**: propriamente si tratta di immense formazioni di gas che galleggiano negli spazi intergalattici.

Mezzodì. Allunga nel riquadro il nespolo
l'ombra nera, s'ostina in cielo un sole
freddoloso; e l'altre ombre che scantonano
nel vicolo non sanno che sei qui.

5-8 [È] *mezzogiorno* (**Mezzodì**). *Il nespolo proietta* (**allunga**) *nel riquadro* [*della finestra*] *la* [*sua*] *ombra nera, in cielo resiste a fatica* (**s'ostina**) *un sole che non dà calore* (**un sole freddoloso**); *e gli altri uomini* (**le altre ombre**) *che passano di fretta* (**scantonano**) *nel vicolo* [: fuori della casa] *non sanno che sei qui.* **sole freddoloso**: è possibile scorgere qui un riferimento cifrato al nome vero di Clizia, Irma Brandeis, scindendo "Brandeis" in *brand* (= 'fuoco', in tedesco) ed *eis* (= 'ghiaccio', ancora in tedesco).

invito all'argomentazione

Montale presenta un'immagine rarefatta di donna che giunge all'amato con la fronte coronata di ghiaccioli condensati dal lungo viaggio attraverso le nubi: un'immagine di bellezza che rende nuova la metafora abusata della donna "bella come un angelo". La poesia sta anche in questo, nel trasformare espressioni ovvie in forme nuove e sorprendenti. Tu come rappresenteresti il concetto di "bellezza"? Provaci, anche facendo ricorso – se vuoi – ad espressioni letterarie, a testi di canzoni o altro, in cui hai trovato rappresentato tale concetto, che è universale e personale allo stesso tempo.

T5

Guido Cavalcanti
«Chi è questa che vèn, ch'ogn'om la mira»

concetti-chiave

- dolcezza e perfezione stilistiche
- la perfezione della donna amata
- l'ineffabilità

Nessuna donna al mondo è pari alla donna amata: la sua bellezza suscita in tutti ammirazione e amore. Allo stesso tempo è impossibile descrivere con parole la sua perfezione. La conoscenza del valore della donna può essere tentata solo confrontandosi con il divino. Si tratta di un accostamento comunque insufficiente e parziale, che fa soltanto accrescere l'angoscia e il sentimento di incapacità nel poeta.

LINGUA: italiano **DATAZIONE:** seconda metà del Duecento

SI PUÒ SOLO GUARDARE LA DONNA E NON CI SI PUÒ PARLARE XK È TROPPO DIVINA

METRO: sonetto a rime incrociate, nelle quartine (abba, abba) e rime invertite nelle terzine (cfe, edc).

Chi è questa che vèn, ch'ogn'om la mira,
che fa tremar di chiaritate l'âre
e mena seco Amor, sì che parlare
null'omo pote, ma ciascun sospira?

O Deo, che sembra quando li occhi gira!
dical' Amor, ch'i' non savria contare:
cotanto d'umiltà donna mi pare,
ch'ogn'altra ver' di lei i' la chiam'ira.

Non si poria contar la sua piagenza,
ch'a le' s'inchin' ogni gentil vertute,
e la beltate per sua dea la mostra.

1-4 *Chi è questa che viene, questa* (**la**) *che ognuno guarda ammirato, la quale fa tremare di luminosità* (**chiaritate**) *l'aria* (**l'âre**) *e porta con sé* (**mena seco**) *Amore, così che nessuno* (**null'om**) *può* (**pote**) *parlare, ma ciascuno sospira?* **5-8** *O Dio, che cosa sembra quando gira* [*intorno*] *gli occhi! lo dica Amore, perché io non lo saprei* (**savria**) *raccontare: mi appare a tal punto* (**cotanto**) *donna benevola* (**d'umiltà**) *che io definisco* (**chiam'**) *malvagia* (**ira**) *ogni altra* [*donna*] *rispetto a* (**ver' di**) *lei.* **9-11** *Non si potrebbe tradurre in parole* (**poria contar**) *la sua bellezza* (**piagenza**)*: dato che a lei* [: la donna amata] *si inchina ogni virtù nobile* (**gentil**)*, e la bellezza* (**beltate**) *la indica* (**mostra**) *come* (**per**) *sua dea.*

T5 Guido Cavalcanti «Chi è questa che vèn, ch'ogn'om la mira»

Non fu sì alta già la mente nostra
e non si pose 'n noi tanta salute,
che propiamente n'aviàn canoscenza.

G. Cavalcanti, *Rime*, a cura di D. De Robertis, Einaudi, Torino 1986.

12-14 *La nostra mente* [: capacità intellettiva] *non fu mai* (**già**) *così alta e non fu posta* (**si pose**) [*da Dio*] *in noi tanta perfezione* (**salute** = 'salvezza concessa per grazia divina'), *da poterne avere* (**che...n'aviàn**) *conoscenza in modo adeguato* (**propiamente**).

analisi e interpretazione T5

le forme

Un continuo crescendo Il sonetto presenta un andamento crescente: si parte dall'interrogativo iniziale, lasciato senza risposta, che crea un effetto di sospensione trasognata, per arrivare – appunto in un continuo crescendo – alla dichiarazione di inadeguatezza dell'ultima terzina. E tale inadeguatezza coinvolge per il poeta sia la sfera teologica (la «salute» non sufficientemente concessa dalla grazia divina) che quella conoscitiva; anzi è proprio dal difetto di «salute» che deriva l'impossibilità di avere «propriamente... canoscenza».

Il "dolce stil" di Cavalcanti Cavalcanti usa il sonetto con grande maestria, trasmettendo nella forma tutta la "dolcezza" dei contenuti del testo: c'è coincidenza tra andamento metrico (praticamente ogni verso corrisponde a una frase di senso compiuto), le rime sono gradevoli all'udito, la tessitura fonica è ricca di allitterazioni (per esempio sul suono /k/: «*chi* è questa *che* vèn, *ch*'ogn'om la mira, / *che* fa tremar di *chi*aritate l'âre»).

i temi e i motivi

Un poeta sgomento senza parole I temi del sonetto sono due, strettamente intrecciati: il tema della lode dell'amata e quello della sua natura angelica, quasi divina. Qui il poeta rinuncia alla comparazione della bellezza della donna con il mondo della natura (come aveva fatto Guinizzelli, cfr. **T4**), e procede invece per negazioni: appare qui il motivo dell'ineffabilità, ovvero dell'impossibilità che il poeta ha di esprimere a parole ciò che la donna rappresenta per lui («sì che parlare / null'omo pote», vv. 3-4; «dical' Amor, ch'i' nol savria contare», v. 6; «Non si porria contar la sua piagenza», v. 9; vedi anche l'affermazione finale relativa all'impossibilità di conoscere «propriamente» le qualità della donna). Alla parola, che scopre la propria insufficienza, si sostituisce il sospiro (cfr. v. 4). L'ineffabilità è uno dei temi fondamentali dello Stil novo, e diventerà addirittura fondante nel *Paradiso* dantesco. Ciò che differenzia Cavalcanti dagli altri poeti suoi contemporanei è il modo tragico in cui vive tale disorientamento (a questo proposito cfr. **T2**, **§ 2**, **Capitolo 3**, p. 102): di fronte alla perfezione indicibile della donna, egli prova sgomento e doloroso sentimento d'insufficienza.

per studiare guida all'analisi T5

COMPRENDERE

1 Il sonetto affronta alcuni temi tipici dello Stil novo. Quali sono? (le risposte corrette possono essere più di una)

- a il tema della lontananza della donna
- b il tema del vassallaggio amoroso
- c il tema della lode dell'amata
- d il tema della donna-angelo
- e il tema dell'amore come esperienza dolorosa
- f il tema dell'innamoramento
- g il tema della ineffabilità della bellezza femminile

ANALIZZARE

2 La dolcezza dello stile è perseguita tramite

a il senso raro e prezioso

b la musicalità delle rime e delle allitterazioni

c la ricchezza delle metafore

3 Quali immagini preannunciano nella prima strofa il tema dell'indicibilità della perfezione della donna? Sottolineale nel testo.

4 Nel testo sono presenti numerose negazioni: individuale e prova a spiegare la ragione della loro frequenza.

INTERPRETARE E APPROFONDIRE

5 Da questo sonetto emerge una nuova concezione della donna e dell'amore, differente da quella proposta da Guinizzelli. Quali elementi di novità individui nel testo? Quali sono i tratti peculiari della poetica di Cavalcanti?

l'autore e l'opera

Guido Cavalcanti (1259 circa-1300), nato a Firenze da nobile famiglia, entra a far parte della cerchia dello Stil novo come l'amico Dante, insieme al quale condivide l'impegno nella vita civile della città e la militanza politica tra le file dei Guelfi bianchi. Vittima di scontri di partito, Cavalcanti è condannato all'esilio, ma può tornare in patria pochi mesi prima della morte. Fine studioso e intellettuale, è autore di 52 liriche (sonetti, canzoni, ballate) che rivelano una concezione d'amore più moderna rispetto a quella di Guinizzelli (e di Dante), vicina, pur nel suo pessimismo assoluto, al nostro modo di sentire e vivere i sentimenti. L'amore è concepito infatti non tanto come percorso di conoscenza dottrinale e raffinamento spirituale, quanto come evento irrazionale che l'uomo vive, spesso contraddittoriamente e dolorosamente, nella propria intimità (cfr., a questo proposito, la poesia «*Voi che per li occhi mi passaste 'l core*», T2, p. 102). Eppure anche all'origine di questa formulazione esiste un solido impianto di pensiero fondato proprio su una teoria filosofica, l'averroismo, al tempo molto diffusa negli ambienti universitari bolognesi e fiorentini. Secondo Averroè (1126-1198), uno degli studiosi arabi che contribuì alla diffusione dell'aristotelismo in Occidente, l'uomo è dotato di due anime, una razionale e l'altra sensitiva. Mentre la prima presiede alle facoltà intellettive, la seconda è deputata alla vita interiore del soggetto. È questa ad essere coinvolta durante l'esperienza d'amore che, sfuggendo, così, ad ogni controllo razionale, turba le facoltà vitali del soggetto e lacera la sua interiorità. Lontano dalla funzione spiritualmente nobilitante che assolve negli altri stilnovisti, l'Amore è cioè per Cavalcanti passione totalizzante, estrema, più legata ai sensi che proiettata verso Dio, incapace di condurre alla salvezza del soggetto e, anzi, responsabile della propria autodistruzione.

T6

Guido Cavalcanti
«Perch'i' no spero di tornar giammai»

concetti-chiave

- l'angoscia amorosa
- la nostalgia per la patria lontana
- il sentore della morte che si avvicina

Indipendentemente dal fatto che sia stato composto davvero in prossimità della morte o in un momento di grave malattia fisica o durante l'esperienza traumatica dell'esilio – come a lungo sostenuto da certa critica romantica – il componimento rappresenta una sorta di testamento poetico dell'autore. La solita condizione d'angoscia amorosa in cui versa Cavalcanti, complicata dalla nostalgia per la terra natale, è infatti affidata, come ultimo messaggio, ai propri versi che vengono inviati, insieme a quanto di vitale resta in lui, alla donna lontana. Al contenuto intensamente drammatico risponde, tuttavia, in questo caso, un tono disteso e confidenziale.

LINGUA: italiano **DATAZIONE:** seconda metà del Duecento

T6 Guido Cavalcanti «Perch'i' no spero di tornar giammai»

Perch'i' no spero di tornar giammai,
ballatetta, in Toscana,
va' tu, leggera e piana,
dritt'a la donna mia,
che per sua cortesia
ti farà molto onore.

Tu porterai novelle di sospiri
piene di dogli' e di molta paura;
ma guarda che persona non ti miri
che sia nemica di gentil natura:
ché certo per la mia disaventura
tu saresti contesa,
tanto da lei ripresa
che mi sarebbe angoscia;
dopo la morte, poscia,
pianto e novel dolore.

Tu senti, ballatetta, che la morte
mi stringe sì, che vita m'abbandona;
e senti come 'l cor si sbatte forte
per quel che ciascun spirito ragiona.
Tanto è distrutta già la mia persona,
ch'i' non posso soffrire:
se tu mi vuoi servire,
mena l'anima teco
(molto di ciò ti preco)
quando uscirà del core.

Deh, ballatetta, a la tu' amistate
quest'anima che trema raccomando:
menala teco, nella sua pietate,
a quella bella donna a cu' ti mando.
Deh, ballatetta, dille sospirando,
quando le se' presente:
«Questa vostra servente
vien per istar con voi,
partita da colui
che fu servo d'Amore».

Tu, voce sbigottita e deboletta
ch'esci piangendo de lo cor dolente,
coll'anima e con questa ballatetta
va' ragionando della strutta mente.
Voi troverete una donna piacente,
di sì dolce intelletto
che vi sarà diletto
starle davanti ognora.
Anim', e tu l'adora
sempre, nel su' valore.

G. Cavalcanti, *Rime*, cit.

METRO: ballata mezzana, con ripresa insolitamente ampia, composta da stanze di 10 versi ciascuna (cinque endecasillabi e cinque settenari). La fronte è costituita da quattro endecasillabi (due piedi) a rima alternata, mentre la volta è composta da un endecasillabo e da quattro settenari, come la ripresa. Lo schema di rime è ABAB (fronte), Bccddx (sirma).

1-6 *Dal momento che io* (**Perch'io**) *non spero di tornare mai più* (**giammai**), *[o mia] cara ballata* (**ballatetta**) *in Toscana, vai tu, veloce* (**leggera**) *e affabile* (**piana**) *dritta [senza fare soste] dalla mia donna, che, grazie alla* (**per**) *sua gentilezza d'animo* (**cortesia**), *ti accoglierà con molto onore.*

ballatetta: il diminutivo riveste valore confidenziale e affettivo.

7-16 *Tu porterai [alla mia amata] notizie* (**novelle**) *dei* (**di**) *[miei] sospiri, piene di dolore* (**dogli'** = 'doglia') *e di molta paura; ma sta' attenta che non ti scorga* (**miri**) *qualcuno* (**persona**) *che sia ostile alla gentilezza d'animo* (**gentil natura**)*: perché* (**ché**) *certamente a causa della mia condizione infelice* (**per la mia disaventura**) *tu saresti ostacolata* (**contesa**), *criticata da lui* (**ripresa**: riferito alla persona) *a tal punto che [ciò] mi provocherebbe* (**sarebbe**) *un sentimento d'angoscia; [anche] dopo la morte, poi* (**poscia**), *[me ne deriverebbe] pianto e nuovo* (**novel**) *dolore.*

In alternativa all'interpretazione data si potrebbe ipotizzare che **lei** fosse riferito non alla persona, ma alla donna. In questo caso si potrebbe intendere: saresti rimproverata da lei [in quanto avresti contravvenuto all'obbligo della riservatezza in virtù della quale nessun uomo 'villano' può venire a conoscenza di un amore gentile].

17-26 *Tu senti, [o mia cara] ballata, che la morte mi incalza* (**mi stringe**) *in modo tale* (**sì**) *che la vita m'abbandona; e senti come il cuore si agita* (**si sbatte**) *con forza* (**forte**) *a causa di ciò che afferma* (**ragiona**) *ciascuna [mia] funzione vitale* (**spirito**). *La mia persona è ormai distrutta a tal punto* (**Tanto**) *che io non posso [più] sopportare* (**soffrire**)*: se tu mi vuoi aiutare* (**servire**) *porta* (**mena**) *l'anima con te quando uscirà dal cuore: di questo ti prego molto.*

27-36 *Oh* (**Deh**) *[mia] cara ballata, affido quest'anima che trema alla tua amicizia* (**amistate**)*: portala con te* (**menala teco**), *insieme al suo dolore* (**nella sua pietate**) *da* (**a**) *quella bella donna da cui* (**a cu'** = 'a cui') *ti mando. Oh cara ballata, dille sospirando, quando le sarai davanti* (**quando le se' presente; se'** = 'sei')*: "Questa vostra fedele serva* (**servente**) *è venuta per stare con voi, separatasi da colui che fu servo d'Amore".*

Servente è nello stesso tempo l'anima del poeta e la ballata che la rappresenta.

37-46 *[E] tu, [mia] voce angosciata* (**sbigottita**) *e flebile* (**deboletta**), *che esci piangendo dal* (**de lo**) *[mio] cuore sofferente* (**dolente**), *parla* (**va' ragionando**) *[alla mia donna] insieme con l'anima e con questa cara ballata della mia personalità distrutta* (**strutta mente**). *Voi troverete [ad accoglervi] una donna bella, di carattere* (**intelletto**) *tanto* (**sì**) *disponibile* (**dolce**) *che sarà per voi un piacere starle sempre* (**ognora**) *accanto* (**davanti**). *Anima [mia], anche* (**e**) *tu adorala* (**l'adora**) *sempre per le sue virtù* (**nel su' valore; su'** = 'suo').

Il verbo 'adorare', normalmente usato in ambito religioso, compare qui riferito all'amore profano di Cavalcanti: è l'unico caso attestato nel suo canzoniere.

analisi e interpretazione T6

i temi

Il ritorno negato Nella prima strofa Cavalcanti si rivolge alla ballata comunicandole che non potrà fare rientro mai più (v. 1 «giammai») in Toscana ed inviandola alla propria donna. È possibile attribuire al componimento il valore di un'autentica testimonianza autobiografica e immaginare, per esempio, che Cavalcanti scriva dall'esilio di Sarzana. E tuttavia ciò non solo non è accertato, ma non è necessario.

Un esempio di stilnovismo 'cortese' La nostalgia e il lamento per la lontananza della donna amata era infatti un *topos* tipico della lirica provenzale (*amor de lonh*; cfr. **S3**, p. 602) ed è molto probabile che qui il poeta si limiti a riprenderlo per sperimentare abilmente un codice poetico consolidato. Sembrerebbero confermarlo altri motivi 'cortesi' del testo: la concezione dell'amore come *servitium* (vv. 33 e 36), una definizione molto vaga, astratta della figura femminile che non è angelo bensì, semplicemente, «bella» e «piacente» (v. 30 e v. 41), l'invito al segreto (v. 9), infine la presenza degli invidiosi, gente villana estranea alla nobiltà dei sentimenti, capace di schernire la dolente confessione del poeta ferendone la sensibilità.

Il teatro dei sentimenti Nella terza strofa Cavalcanti procede, come al solito, ad oggettivare e quasi personificare il tumulto dei propri sentimenti; conclusa la battaglia tra «morte» (v. 17) e «vita» (v. 18), il «cor» (vv. 19 e 26), gli spiriti (v. 20) e «l'anima» (v. 24) sono ciò che sopravvive allo sfaldamento della sua «persona» (v. 21). Il 'ragionare' del v. 20 induce ad immaginare, tra l'altro, un vero e proprio contrasto dialettico tra le diverse componenti, meno violento, in apparenza, di un scontro guerresco (cfr. **T2**, **§ 2**, **Capitolo 3**, p. 102), ma non meno lacerante. L'uso del pronome «voi», a conclusione del testo (v. 41), sembra sintetizzare i vari «tu» precedenti (vv. 3, 7, 17, 23, 37, 45) e unificare in un nuovo soggetto collettivo i frammenti sparsi dell'identità del poeta.

La sofferenza del poeta Il contenuto del componimento è perciò ancora la condizione di consunzione psico-fisica dell'autore, qui non più solo determinata dall'atteggiamento ostile della donna, o dalla potenza distruttiva dell'amore, ma anche dalla percezione di una vicinanza – reale o immaginaria poco importa – alla morte.

Una funzione della poesia In questa evenienza Cavalcanti sembra tuttavia ipotizzare una sua possibile sopravvivenza futura: dopo la morte sarà la ballata, depositaria della propria anima, a mantenere eternamente viva (si confronti il «sempre» al v. 46, perfettamente in antitesi al «giammai» del v. 1) la memoria della donna e del poeta che ne ha cantato le virtù.

le forme

La struttura La ballata di Cavalcanti ribalta la tradizionale struttura del genere. Anziché essere confinata nel congedo finale, l'allocuzione al proprio componimento compare sin dall'inizio del testo (vv. 2, 17, 27): la ballata è cioè interlocutrice costante del poeta e destinataria privilegiata delle sue intime confidenze. Nella strofa finale, al contrario, l'autore si rivolge prima alla propria voce (v. 37), poi alla propria anima (v. 45) cui affida il compito di testimoniare il suo messaggio.

Il tono delicato e leggero La caratteristica del testo che colpisce maggiormente è però il suo andamento nostalgico e malinconico, il tono di tenera confidenza con cui il poeta instaura da subito il colloquio con i propri versi (e la propria anima). Rispetto al severo impianto ragionativo, filosofico-scientifico delle canzoni, la ballata si pone, per propria natura, come genere meno impegnato e rigoroso. In questo componimento, poi, l'anafora insistente del diminutivo «ballatetta» – vero e proprio *leit motiv* del testo – consolida, strofa dopo strofa, lo spirito dolcemente affettuoso che la percorre. La tragicità del contenuto viene così risolta in delicatezza espressiva.

La sintassi, il lessico, le rime, il ritmo La ballata è infatti un tipico esempio di «dolce stil novo». Lo confermano la limpidezza delle subordinate, la presenza di vocaboli d'area semantica cortese (v. 5 «cortesia», v. 6 «onore», v. 10 «gentil natura», v. 27 «amistate», v. 33 «servente», v. 41 «donna piacente», v. 43 «diletto», v. 46 «valore») e il ritmo musicale conferito dall'uso sapiente dei versi (distesi endecasillabi alternati a veloci settenari) e delle rime baciate o alternate. Notevole è anche l'*enjambement* finale (vv. 45-46 «l'adora sempre, nel su' valore») che sottolinea il momento particolarmente commovente dell'addio definitivo, conferendogli, nello stesso tempo, un valore di efficace solennità. L'abile dissimulazione di tutti questi tradizionali espedienti formali fa sì però che il testo, che pure contiene un alto livello di artificiosità letteraria, possa essere all'apparenza scambiato con una pagina di confessione autobiografica fresca e immediata e come esempio di spontaneità espressiva.

La ballata e noi

Le ballate oggi Come il termine "canzone", anche "ballata" si è confermato in ambito musicale, dove indica una composizione in cui parole e musica esprimono un testo narrativo semplice e mantengono l'andamento cantilenante di un'opera popolare, pur essendo dense di riflessioni e di emozioni profonde e suggestive. Ballate famose presso il grande pubblico sono, tra le altre, quelle del genovese Fabrizio De Andrè (1940-1999), di Angelo Branduardi (1950), di Roberto Vecchioni (1943). "Ballata" è anche la definizione che il fumettista italiano Hugo Pratt (1927-1995) ha utilizzato per intitolare uno dei suoi racconti più belli e famosi (cfr. **S9** ed ***espansioni digitali*** **S** ***Una ballata del Novecento***).

per studiare guida all'analisi T6

COMPRENDERE

1 Il tema centrale della ballata è

- a l'ostilità della donna amata verso il poeta
- b la sofferenza del poeta nella percezione dell'appressamento della morte
- c la disperazione del poeta in previsione della morte
- d l'esilio del poeta da Firenze

2 Il poeta si rivolge direttamente alla sua donna? Oppure lo fa attraverso un tramite? Quale?

ANALIZZARE

3 Da che tipo di versi è composta la ballata? Di quante stanze è composta? Qual è il ritornello o ripresa?

4 Questa lirica presenta un lessico a prima vista chiaro e comprensibile, tanto più per chi vive in Toscana. Eppure molte delle parole che vi compaiono non hanno più, per noi ora, il medesimo significato che avevano allora. Aiutandoti con il vocabolario, con le note e con quello che hai imparato sul volgare dello Stil novo, completa questa tabella inserendo per ogni termine il significato odierno e quello che aveva nella poesia di Cavalcanti.

parole	significato nell'italiano di oggi	significato nello Stil novo
cortesia	....	....
donna	....	....
sospiro	....	....
gentile	....	....
spirito	....	....
servente	....	....
valore	....	....

5 Nella poesia il motivo del dolore è preponderante: rintraccia i termini che ad esso si riferiscono e trascrivili, oppure sottolineali nel testo.

INTERPRETARE E APPROFONDIRE

6 Individua nel testo le espressioni con le quali il poeta

- a invia la propria ballata al destinatario
- b definisce le persone ostili alla gentilezza d'animo
- c raccomanda la propria anima alla poesia stessa
- d chiede alla poesia di testimoniare la sua personalità distrutta

7 Perché, a tuo parere, pur parlando di dolore, morte, angoscia, la poesia non risulta "angosciosa"?

8 La definizione della qualità della poesia di Cavalcanti è già nel ritornello, che veniva ripetuto ad ogni strofe: «leggera e piana». Prova a spiegare il significato di questi aggettivi, ricorrendo anche ad esempi tratti dalla lirica stessa.

S9 PASSATO E PRESENTE

Una ballata a fumetti

Una ballata del mare salato è la prima storia della lunga saga a fumetti che vede come protagonista Corto Maltese, il marinaio con l'orecchino disegnato da Hugo Pratt. Figura romantica, e archetipica del viaggiatore solitario, protagonista di vicende che si dipanano tra immaginario colto e popolare, Corto Maltese è nomade e avventuriero. Attratto dai paesi lontani, affascinato dalle vecchie leggende e dagli uomini, è la personificazione di una figura d'altri tempi, capace ancora di stabilire un rapporto vero con il mondo e chi lo abita. "Forse – dice di sé Corto – sono il re degli imbecilli, l'ultimo rappresentante di una dinastia completamente estinta che credeva nella generosità e nell'eroismo". Anche nel titolo di questo romanzo a fumetti (progenitore delle attuali *graphic novel*) il termine "ballata" indica una narrazione dolente e nostalgica, capace di far viaggiare il lettore negli esotici Mari del Sud e coinvolgerlo nei sogni e nei segreti di un affascinante "gentiluomo di fortuna".

Hugo Pratt, *Una ballata del mare salato*.

invito all'argomentazione

«Come la bianca ala dell'albatros sul monotono respiro del Pacifico, così, vagabonda per vagare, va la vela del vero marinaio. Ieri come oggi, un giorno qualsiasi di questo gennaio-febbraio del 1915 che vede la fine di "una ballata del mare salato"».
Con queste parole si conclude la *Ballata* che vede protagonista Corto Maltese: sono parole che alludono a nostalgia, lontananza, infinitezza, come si addice appunto al tono di una ballata. Prova a prenderne spunto per scrivere liberamente un testo a tua scelta (un commento, un racconto, una pagina di diario, un'altra ballata). Puoi anche fare riferimento – se vuoi – ad altre ballate che conosci, compresa quella di Cavalcanti.

T7

concetti-chiave
- trasgressione al modello dell'amor cortese
- stilizzazione della natura
- sublimazione dell'incontro sessuale

Guido Cavalcanti
«In un boschetto trova' pasturella»

In alternativa alla concezione dell'Amore come dimensione tragica e distruttiva, Cavalcanti sperimenta, occasionalmente, qualche incontro felice e sereno. Ciò è possibile 1) quando si finge che avvenga con donne di umile condizione; 2) all'interno di un genere letterario specificamente preposto a ciò sin dalla poesia provenzale. È il caso di questa pastorella, la cui atmosfera fresca e leggiadra non deve essere fraintesa come prova della sua spontaneità, poiché risponde, al contrario, ad uno studiato esercizio di genere e stilistico.

LINGUA: italiano **DATAZIONE:** seconda metà del Duecento

In un boschetto trova' pasturella
più che la stella – bella, al mi' parere.

Cavelli avea biondetti e ricciutelli,
e gli occhi pien' d'amor, cera rosata;
con sua verghetta pasturav' agnelli;
[di]scalza, di rugiada era bagnata;
cantava come fosse 'namorata:
er' adornata – di tutto piacere.

D'amor la saluta' imantenente
e domandai s'avesse compagnia;
ed ella mi rispose dolzemente
che sola sola per lo bosco gia,
e disse: «Sacci, quando l'augel pia,
allor disïa – 'l me' cor drudo avere».

Po' che mi disse di sua condizione
e per lo bosco augelli audìo cantare,
fra me stesso diss' i': «Or è stagione
di questa pasturella gio' pigliare».
Merzé le chiesi sol che di basciare
ed abracciar, – se le fosse 'n volere.

Per man mi prese, d'amorosa voglia,
e disse che donato m'avea 'l core;
menòmmi sott'una freschetta foglia,
là dov' i' vidi fior' d'ogni colore;
e tanto vi sentìo gioia e dolzore,
che 'l die d'amore – mi parea vedere.

G. Cavalcanti, *Rime*, cit.

METRO: ballata minore composta da quattro strofe di sei versi endecasillabi. La rima è alternata nei quattro versi della fronte e uguale nei due versi della volta e della ripresa secondo lo schema: AB, AB, BX.

1-2 *In un boschetto incontrai* (**trova'**) *una pastorella, più bella che le stelle, [almeno] a mio parere.*

3-8 *Aveva i capelli biondi e ricci* (**ricciutelli**)*, gli occhi pieni d'amore, il colore* (**cera**) *[della pelle] rosato; pascolava gli agnelli con il suo bastoncino* (**verghetta**)*, era scalza [e] bagnata di rugiada; cantava come se fosse innamorata: era adorna di ogni bellezza* (**di tutto piacere**).

9-14 *La salutai immediatamente* (**imantenente**) *[con parole] d'amore e [le] domandai se avesse compagnia; e lei mi rispose dolcemente che se ne andava* (**gia**) *per il bosco sola sola e disse: "Sappi* (**Sacci**) *che quando gli uccellini [il singolare è per metonimia] cantano* (**pia**)*, allora il mio cuore desidera avere un amante* (**drudo**)*".*

15-20 *Dopo che mi ebbe detto della sua condizione e [dopo che] sentivo* (**audìo**) *cantare gli uccellini nel bosco, dissi tra me e me* (**fra me stesso**)*. "Adesso è il momento* (**Or è stagione**) *di prendere piacere* (**gio'** = 'gioia') *da* (**di**) *questa pastorella". Le chiesi il piacere* (**Merzè**)*, se avesse voluto* (**se le fosse 'n volere**; **n'** = 'in') *solo di baciarla e abbracciarla.*

21-26 *Mi prese per mano, con desiderio amoroso* (**d'amorosa voglia**)*, e disse che mi aveva donato il [suo] cuore; mi portò* (**menòmmi**) *sotto un ombroso* (**freschetta**) *albero fronzuto* (**foglia**)*, là dove vidi fiori di ogni colore; e vi sentivo* (**sentìo**) *tanta gioia e dolcezza, che mi sembrava di vedere il dio* (**'l die**) *d'amore [in persona].*

analisi e interpretazione T7

i temi

Un testo "audace" Rispetto alle liriche fino ad ora incontrate questo testo sembra rappresentare uno scarto significativo nella rappresentazione della figura femminile e nella concezione dell'amore. Ciò che avviene sotto i nostri occhi è, infatti, la consumazione di un vero e proprio rapporto sessuale; certo mancano i dettagli, ma non vi sono dubbi sulla dinamica dei fatti (v. 17 «Or è stagione di questa pasturella gio' pigliare»). Se poi osserviamo che a passare al dunque è la donna (v. 21 «Per man mi prese, d'amorosa voglia»), il tutto ci sembra ancora più rivoluzionario.

Erotismo e iniziativa femminile? Nella poesia d'amore ufficiale, infatti, così come si era andata codificando dalla tradizione provenzale attraverso la Scuola siciliana e lo Stil novo, la dimensione fisica, quando non addirittura esclusa, non era mai troppo evidente. Ritenuta bassa e volgare, la sfera del corpo e delle sue esigenze era infatti relegata all'ambito della produzione comica e popolaresca. Come abbiamo poi visto, la stessa concezione cortese elevava la donna al rango di 'padrona' solo apparentemente, all'interno di un raffinato gioco maschile, e, anzi, una sua iniziativa concreta sarebbe stata impensabile nella realtà. Cosa avviene dunque nel testo di Cavalcanti?

Un esercizio letterario A scanso di equivoci occorre precisare subito che anche in questo caso ci troviamo di fronte ad un esercizio spiccatamente letterario. Non solo non c'è alcun elemento che rimandi ad una situazione realmente vissuta, a un'esperienza biografica del poeta, ma c'è, al contrario, l'adeguamento rigoroso al genere della "pastorella", già diffuso nella poesia provenzale. Di questo Cavalcanti segue scrupolosamente lo schema tipico: il testo si apre infatti con un breve dialogo tra il poeta e una fanciulla semplice – una pastorella, appunto, ma potrebbe anche essere una contadina, in ogni caso una ragazza del popolo – e prosegue con il loro rapporto amoroso.
Si tratta di un incontro leggero, all'insegna della reciproca disponibilità, della spensieratezza e del godimento (v. 11 «ella mi rispose dolzemente»; v. 22 «e disse che donato m'avea 'l core»; v. 25 «e tanto vi sentìo gioia e dolzore»).

Un esperimento di poesia "alta" Pur trasgredendo intenzionalmente alla concezione della *fin' amor*, dunque, la ballata di Cavalcanti resta all'interno della produzione poetica "ufficiale" almeno per due motivi. In primo luogo a unire i due amanti, qui assai lontani per censo, c'è la gentilezza d'animo di entrambi, il loro atteggiarsi reciprocamente cortese (v. 9 «D'amor la saluta' imantenente»; v. 19 «Merzé le chiesi sol che di basciare ed abbracciar, – se le fosse 'n volere»). In secondo luogo il ribaltamento giocoso del modello serio, non problematizza davvero i rapporti di forza che quello sottintendeva, e finisce addirittura con il rafforzarli. Quello che infatti non è lecito in un contesto "perbene" (e in una poesia colta) trova sfogo e legittimità in un altro ambito sociale, un po' meno perbene (e in un altro tipo di poesia, apparentemente un po' meno colta).

Stilizzazione e sublimazione La natura letteraria di questo esperimento è confermata dal fatto che l'incontro fisico tra il poeta e la fanciulla avviene sullo sfondo di un paesaggio completamente idealizzato. La natura e i suoi elementi (il bosco, gli agnelli, gli uccellini, la fresca verzura e i fiori) infatti sono tutti altrettanti elementi tipici del classico *locus amoenus*. Su questo si innestano però, come provocazione scherzosa dell'autore, i discorsi espliciti e le azioni sfrontate dei due protagonisti, che emulano il registro disinvolto tipico della poesia popolare.

Una violenza sublimata? L'intera scena potrebbe essere considerata anche la sublimazione di uno stupro. Quelle libertà che il cavaliere non avrebbe mai potuto prendersi con la moglie del proprio signore o con una dama della sua condizione sociale, diventavano infatti lecite con le donne di ceto inferiore, verso le quali gli uomini erano abituati a comportarsi anche brutalmente. Quanto alla esibita consensualità della fanciulla potrebbe trattarsi, ancora una volta, di un camuffamento 'gentile' richiesto dalle convenzioni poetiche.

le forme

Una ballata Il componimento è una ballata. Rispetto alla canzone la ballata si caratterizzava per l'abbassamento di contenuto e l'alleggerimento dei toni. La presenza della ripresa (vv. 1-2) si abbinava poi bene alla componente musicale, e spesso alla danza. Il risultato era una forma poetica meno impegnativa, apparentemente più popolare (Per avere informazioni dettagliate sulla forma della ballata puoi consultare la scheda nelle ***espansioni digitali*** **S** ***La ballata***).

Il lessico Fa da *pendant* al clima bucolico ed elegiaco del testo il lessico dolce e leggiadro, reso tale dalla presenza dei diminutivi e dei vezzeggiativi tipicamente cavalcantiani: «boschetto» (v. 1); «pasturella» (v. 1 e 18); «biondetti e ricciutelli» (v. 3); «verghetta» (v. 5); «freschetta» (v. 23).

espansioni digitali

S INFORMAZIONI E APPROFONDIMENTI **La ballata**

S PASSATO E PRESENTE
Una ballata del Novecento

per studiare guida all'analisi T7

COMPRENDERE

1 Quale delle seguenti definizioni è pertinente a questa ballata?

- a è un tipico esempio di lirica stilnovista
- b è un'espressione della poesia popolare medievale
- c è il racconto di un'esperienza amorosa realmente vissuta dal poeta
- d è una trasgressione letteraria e consapevole agli schemi dell'amor cortese

2 Quale dei seguenti enunciati riassume correttamente il contenuto della ballata?

- a si narra dell'incontro del poeta con una giovinetta nobile e della felice avventura d'amore tra i due
- b si narra dell'incontro del poeta con una ragazza del popolo e della spensierata avventura d'amore tra i due
- c si narra dell'incontro del poeta con una giovane contadina, costretta a subire suo malgrado le *avances* amorose di lui
- d si narra della strategia di seduzione che una ragazza di umili condizioni mette in atto per conquistare il poeta

ANALIZZARE

3 Il genere della "pastorella" comporta uno schema tipico di elementi canonici: 1) l'ambientazione paesistica, 2) la descrizione della figura femminile, 3) il dialogo fra poeta e donna, 4) la gioia della soddisfazione amorosa. Rintraccia nel testo i versi che contengono tali sequenze.

4 Rintraccia nel testo e trascrivi gli elementi che definiscono l'ambiente nei termini di un classico *locus amoenus*.

5 La "pastorella" di Cavalcanti contiene sia elementi che rovesciano gli schemi dell'amor cortese sia elementi che li confermano. Individua correttamente i campi di appartenenza.

	è aderente ai canoni dell'amor cortese	rovescia i canoni dell'amor cortese
la gentilezza di modi dei due personaggi	☐	☐
il modo di parlare dei due personaggi	☐	☐
l'appartenenza degli amanti a classi sociali diverse	☐	☐
il poeta esprime chiaramente le sue intenzioni di conquista	☐	☐
la donna parla in prima persona	☐	☐
la donna esprime l'«amorosa voglia»	☐	☐
l'incontro d'amore si realizza	☐	☐

6 Individua e sottolinea nel testo tutti i termini e le espressioni che denotano il tono colloquiale, leggero e scherzoso della ballata.

INTERPRETARE E APPROFONDIRE

7 Quale raffigurazione della donna emerge da questa ballata? Ti sembra che la poesia possa rappresentare una emancipazione sociale della donna, oppure finisca per confermare la posizione subordinata della donna rispetto all'uomo? Motiva la tua risposta con riferimenti al testo.

4 La poesia comica

Una tradizione parallela a quella ufficiale Nonostante sia ispirata ad uno spirito scherzoso, la pastorella di Cavalcanti è un esempio di componimento raffinato, che rientra in certo clima goliardico dello Stil novo e non si discosta troppo dai testi canonici. Non manca nel Duecento, però, una ricca produzione, parallela a quella ufficiale, fatta di testi ispirati ad una visione del mondo materialistica, laica e provocatoria (cfr. **S10**, p. 634), molto lontana, almeno nei temi, dal clima di nobiltà spirituale e raffinatezza della tradizione seria.

I precedenti Possiamo trovare le radici di una simile concezione della vita e della letteratura già nell'epoca precedente. Ne sono testimonianza sia la colta poesia goliardica in latino (cfr. **S11**, p. 636) sia la tradizione volgare giullaresca (per un approfondimento sul tema vedi ***espansioni digitali* S *La tradizione giullaresca***), diffuse a partire dal XII secolo ed entrambe incentrate sull'ironica parodia dei modelli, religiosi o laici, al tempo dominanti.

Una convenzionalità al contrario Anche in quei casi tuttavia, come nella poesia comica del Duecento, il rovesciamento dei contenuti, degli schemi e dei linguaggi (parodia) della lirica amorosa era una scelta consapevole, che, comportando l'adozione di una raffinata pratica stilistica, non risultava davvero eversiva. Si tratta, insomma, piuttosto di una forma di ribellione giocosa, di insofferenza ironica esibita nei confronti della produzione ufficiale, ma questa forma di ribellione finisce per diventare, essa stessa, altamente convenzionale.

I luoghi In questo senso è interessante notare che la tradizione comica si diffonde nella stessa Toscana che vede la contemporanea affermazione dello Stil novo. L'elevata poesia filosofica di Guinizzelli, Cavalcanti o Dante, e la deformazione grottesca e caricaturale di Cecco Angiolieri, Rustico Filippi, Folgòre da San Gimignano, autori comici tutti attivi tra la fine del Duecento e gli inizi del Trecento, nascono insomma dallo stesso terreno sociale e culturale.

I bersagli polemici Alla prospettiva idealizzante dello Stil novo si contrappone una concezione della vita e dell'amore molto concreta. Le riflessioni filosofiche e l'indagine psicologica lasciano il posto a quadretti realistici di vita quotidiana mentre l'immagine femminile di dama cortese o di angelo salvifico è sostituita da donne bizzose, inaffidabili, spesso lussuriose e traditrici.

I temi Pur dominante, il tema amoroso non è tuttavia esclusivo. Sempre all'insegna di una dissacrazione sistematica dei motivi seri, al posto della liberalità cortese appare un interesse smodato per il denaro, la lode dell'amata diventa attacco aggressivo, la gentilezza d'animo si fa grettezza e offesa personale. All'interno di un orizzonte tutto laico e mondano i poeti comici sembrano cioè perseguire sentimenti e 'valori' elementari assai poco nobili: il piacere sensuale, il cibo e il vino consumati smodatamente, e il gioco (quelli che in un famoso sonetto Cecco Angiolieri definisce «la donna, la taverna, 'l dado»).

Le forme Anche sul versante linguistico ci troviamo di fronte ad un consapevole rovesciamento dello stile cortese; i personaggi della poesia comica si esprimono infatti con inflessioni dialettali e plebee, in modo rozzo e volgare, adottando una gamma di soluzioni che va dalla battuta allusiva alla esplicita blasfemia, dalla garbata irriverenza alla oscenità più sguaiata.

espansioni digitali

- **T Folgòre da San Gimignano - «Cortesia cortesia cortesia chiamo»**
- **T Anonimo - Memoriali bolognesi**
- **S INFORMAZIONI E APPROFONDIMENTI**
  La tradizione giullaresca

S10 LETTURE CRITICHE

Comico, carnevale e carnevalesco

Lo studioso ***Michail Bachtin*** *è stato tra i primi a interessarsi del comico nel Medioevo e nel Rinascimento europei, e a tentare di individuare le coordinate comuni tra folklore, produzione popolare e letteratura. Riportiamo di seguito alcuni stralci di un famoso saggio nel quale Bachtin si sofferma prima sul fenomeno etnografico e antropologico del carnevale, enucleandone le caratteristiche di fondo, poi sulla ripresa degli stessi motivi da parte della letteratura parodica. A legare folklore e arte sono, secondo l'autore, alcune costanti: 1) la funzione liberatoria del riso; 2) lo sconvolgimento delle gerarchie sociali e di potere come espressione di esigenze egualitarie e democratiche; 3) la profanazione dei valori ufficiali; 4) l'insistenza su elementi materiali e corporei, spesso manifestati nel loro massimo degrado, in opposizione alla censura e/o idealizzazione cui gli stessi sono di norma sottoposti; 5) la mobilità e fluidità delle forme; 6) l'uso libero e spregiudicato del linguaggio che si esprime attraverso polifonie contrastanti e disordinate. Si tratta naturalmente di una festa e un gioco, ossia di elementi non acquisiti definitivamente, che, esauritasi l'occasione, lasceranno il posto al ripristino dell'ordine costituito.*

Il mondo infinito delle forme e delle manifestazioni comiche si opponeva alla cultura ufficiale e al tono serioso della chiesa e del mondo feudale. In tutta la loro varietà, queste forme e fenomeni: divertimenti di piazza di tipo carnevalesco, riti e culti comici particolari, buffoni e stolti, giganti, nani e mostri, giullari di diversa natura e di diverso rango, una letteratura parodica di ogni tipo, ecc., tutte queste forme dunque, possedevano un'unità di stile ed erano parti e particelle della cultura comica popolare, della cultura carnevalesca, unica e indivisibile...

Tutte queste forme di riti e spettacoli organizzati in modo comico erano molto diffuse in tutti i paesi dell'Europa medievale, ma si distinguevano per la loro ricchezza e la loro complessità nei paesi di cultura romanza [...]. Tutte queste forme, organizzate sul principio del *riso*, presentavano una differenza estremamente netta, di principio si potrebbe dire, rispetto alle forme di culto e alle cerimonie ufficiali serie [...]. Esse rivelavano un aspetto completamente diverso del mondo, dell'uomo e dei rapporti umani, marcatamente non ufficiale, esterno alla chiesa e allo stato; sembravano aver edificato accanto al mondo ufficiale *un secondo mondo e una seconda vita*, di cui erano partecipi in misura più o meno grande, tutti gli uomini del Medioevo, e in cui essi *vivevano* in corrispondenza con alcune date particolari. Tutto ciò aveva creato un particolare *dualismo del mondo*,[1] e non sarebbe possibile comprendere né la coscienza culturale del Medioevo, né la cultura del Rinascimento senza tenere in considerazione questo dualismo. [...] Ma quali sono i tratti specifici dei riti e delle forme comiche del Medioevo, e soprattutto qual è la loro natura, cioè il loro modo di essere?...Tutte le forme carnevalesche sono decisamente esterne alla chiesa e alla religione. Appartengono a una sfera del tutto particolare della vita quotidiana [...]. In realtà è la vita stessa, presentata sotto la veste speciale del gioco. [...] Al carnevale non si assiste, ma lo si vive, e lo si vive tutti poiché esso, per definizione è fatto dall'insieme del popolo [...]. Durante il carnevale è la vita stessa che recita, rappresentando – senza palcoscenico, senza ribalta, senza attori, senza spettatori, cioè senza gli attributi specifici di qualsiasi spettacolo teatrale – un'altra forma libera (e piena) di realizzazione, la propria rinascita e il proprio rinnovamento su principi migliori. Qui la forma reale della vita appare nello stesso tempo come la sua forma ideale resuscitata [...]. Il carnevale è la seconda vita del popolo, organizzata sul principio del riso. È la sua *vita di festa*. La festa è il tratto fondamentale di tutte le forme di riti e spettacoli comici nel Medioevo [...]. Il carnevale in opposizione alla festa ufficiale, era il trionfo di una sorta di liberazione temporanea dalla verità dominante e dal regime esistente, l'abolizione provvisoria di tutti i rapporti gerarchici, dei privilegi, delle regole, dei tabù. [...] Questa eliminazione temporanea, ideale e reale, dei rapporti gerarchici fra le persone, creava sulla piazza carnevalesca un tipo speciale di comu-

1. ***dualismo del mondo***: concezione doppia della vita, una seria (quella tradizionale e ufficiale), una opposta (quella comico-carnevalesca).

nicazione, impensabile in tempi normali. Si assisteva all'elaborazione di forme specifiche di linguaggio e di gesti della pubblica piazza, aperte e schiette, che abolivano ogni distanza fra gli individui in comunicazione, libere dalle regole correnti (non carnevalesche) dell'etichetta e della decenza. [...] Nel realismo grottesco (cioè nel sistema di immagini della cultura comica popolare), il principio materiale e corporeo è presentato nel suo aspetto universale, utopico e festoso. Il comico, il sociale e il corporeo sono presentati qui in un'indissolubile unità, come un tutto organico e indivisibile. E questo tutto è gioioso e benefico [...]. È questo il motivo per cui l'elemento corporeo è così grandioso, esagerato, infinito. L'esagerazione viene ad avere in questo caso *un carattere positivo, affermativo*. L'elemento dominante in tutte queste immagini della vita materiale e corporea è la fertilità, la nascita, la crescita in sovrabbondanza [...]. Il tratto caratteristico del realismo grottesco è l'*abbassamento* (*snižanie*) cioè il trasferimento di tutto ciò che è alto, spirituale, ideale ed astratto, sul piano materiale e corporeo, sul piano della terra e del corpo nella loro indissolubile unità. [...] L'abbassamento consiste, in questo caso, nell'avvicinamento alla terra, come principio che assorbe e *nello stesso tempo* dà la vita; abbassando si seppellisce e nello stesso tempo si semina, si muore per nascere in seguito meglio e di più. L'abbassamento significa anche l'iniziazione alla vita dalla parte inferiore del corpo, quella del ventre e degli organi genitali e, di conseguenza, iniziazione ad atti come l'accoppiamento, il concepimento, la gravidanza, il parto, il mangiare voracemente e il soddisfare le necessità corporali. L'abbassamento scava una tomba corporea per una *nuova* nascita.

M. Bachtin, *L'opera di Rabelais e la cultura popolare. Riso, carnevale e festa nella tradizione medievale e rinascimentale*, Einaudi, Torino 1979, pp. 6-26, con tagli.

Il carnevale a Venezia.

Ancora oggi il carnevale è celebrato come momento di festa popolare in cui tutto è lecito, dal travestimento più audace allo scherzo impertinente. Frequentissimi sono la rimozione dei ruoli ordinari, ossia la mistificazione della realtà, la profanazione del sacro, e il rovesciamento delle situazioni. La maschera permette infatti a chi la porta di nascondere la propria identità e di assumerne un'altra, in modo irriverente e provocatorio.

***Il gobbo di Notre Dame*, film d'animazione della Walt Disney, 1996.**

Un momento importante nella visione carnevalesca del mondo è la 'festa dei folli' durante la quale avviene l'incoronazione del re del carnevale. Nella logica di 'rovesciamento' della norma previsto in quell'occasione, sono abolite le gerarchie ufficialmente riconosciute, e a essere incoronato è anzi un uomo qualunque, uno schiavo, un buffone. Lo scherzo dura però il tempo del divertimento, poi tutto ritorna al suo posto perché la ribellione non può in nessun modo raggiungere soluzioni stabili o definitive. È quanto avviene nel cartone animato di Walt Disney *Il gobbo di Notre Dame* (1996), dove Quasimodo, il campanaro della cattedrale storpio e guercio, è scambiato dalla folla per una maschera e acclamato per qualche ora re della festa.

S11 INFORMAZIONI E APPROFONDIMENTI

Un canto d'osteria del X secolo

I goliardi[1] *o* clerici vagantes *(uomini di chiesa girovaghi) del Basso Medioevo sono giovani studenti di religione che intrattengono rapporti difficili con le gerarchie ecclesiastiche poiché, spostandosi per tutta Europa da una università all'altra, conducono un'esistenza irrequieta e assai discutibile dal punto di vista morale. Alla seriosità e rigore predicati dalla Chiesa essi oppongono infatti la propria vita ribelle, condotta all'insegna del divertimento e dei piaceri. Nelle loro composizioni più famose, i* **Carmina Burana**, *esaltano l'amore, il vino, il gioco, scagliandosi con feroci invettive contro l'ipocrisia e la corruzione del clero, o parodiando l'innografia tradizionale e i testi sacri. Il componimento che riportiamo* ***Canto dei bevitori*** *esemplifica molto bene lo spirito cameratesco e da osteria dei* clerici vagantes. *Consiste infatti in un divertente e ritmato elenco dei personaggi più svariati ai quali brindare, che avrà, verosimilmente, accompagnato non poche sbornie della compagnia.*

In taberna quando sumus,
non curamus quid sit humus,
sed ad ludum properamus,
cui semper insudamus.
Quid agatur in taberna,
ibi nummus est pincerna,
hoc est opus ut queratur:
si quid loquar audiatur.
Quidam ludunt, quidam bibunt,
quidam indiscrete vivunt.
Sed in ludo qui morantur
ex his quidam denudantur,
quidam ibi vestiuntur,
quidam saccis induuntur.

Quando siamo alla taverna,
non ci curiamo più del mondo,
ma al giuoco ci affrettiamo,
al quale ognora ci accaniamo.
Che si faccia all'osteria,
dove il soldo fa da coppiere,
questa è cosa da chiedere:
si dia ascolto a ciò che dico.
C'è chi gioca, c'è chi beve,
c'è chi vive senza decenza.
Tra coloro che attengono al giuoco,
c'è chi viene denudato,
chi al contrario si riveste,
chi di sacchi si ricopre.

Charivari, miniatura del *Roman de Fauvel*. Parigi, Bibliothèque Nationale, ca. 1315-20.

Il *charivari* (letteralmente 'baccano, strepito') era una serenata parodistica popolare.

1. **goliardi**: incerta l'etimologia del termine, forse legato al latino *gula* = 'gola', o calco del francese *goliard* = 'seguace di Golia'.

Ibi nullus timet mortem,
sed pro Bacho mittunt sortem.
Primum pro nummata vini:
ex hac bibunt libertini.
Semel bibunt pro captivis,
post hec bibunt ter pro vivis,
quater pro christianis cunctis,
quinquies pro fidelibus defunctis,
sexies pro sororibus vanis,
septies pro militibus silvanis,
octies pro fratribus perversis,
novies pro monachis dispersis,
decies pro navigantibus,
undecies pro discordantibus,
duodecies pro penitentibus,
tredecies pro iter agentibus.
Tam pro papa quam pro rege
bibunt omnes sine lege.
Bibit hera, bibit herus,
bibit miles, bibit clerus,
bibit ille, bibit illa,
bibit servus cum ancilla,
bibit velox, bibit piger,
bibit albus, bibit niger,
bibit constans, bibit vagus,
bibit rudis, bibit magus,
bibit pauper et egrotus,
bibit exul et ignotus,
bibit puer, bibit canus,
bibit presul et decanus,
bibit soror, bibit frater,
bibit anus, bibit mater,
bibit ista, bibit ille,
bibunt centum, bibunt mille.
Parum durant sex nummate
ubi ipsi immoderate
bibunt omnes sine meta,
quamvis bibant mente leta.
Sic nos rodunt omnes gentes,
et sic erimus egentes.
Qui nos rodunt, confundantur
et cum iustis non scribantur.

Poesia latina medievale, a cura di G. Vecchi, Guanda, Parma 1958.

Qui nessuno teme la morte,
ma per Bacco gettano la sorte.
Prima si beve a chi paga il vino,
indi bevono i libertini.
Un bicchiere per i prigionieri,
poi tre bicchieri per i viventi,
quattro per i cristiani tutti,
cinque per i fedeli defunti,
sei per le sorelle leggere,
sette per i cavalieri erranti,
otto per i fratelli traviati,
nove per i monaci vaganti,
dieci per i navigatori,
undici per i litiganti,
dodici per i penitenti,
tredici poi per i partenti.
Sia per il papa che per il re
tutti bevono senza misura.
Beve la signora, beve il signore,
beve il clero, beve il cavaliere,
beve questo, beve quella,
beve il servo con l'ancella,
beve il lesto, beve il pigro,
beve il bianco, beve il negro,
beve il fermo, beve il vago,
beve il rozzo, beve il mago,
beve il povero e il malato,
beve l'esule e l'ignorato,
beve il piccolo e l'anziano,
beve il presule e il decano,
beve la sorella, beve il fratello,
beve la vecchia, beve la madre,
beve questa, beve quello,
bevono cento, bevono mille.
Durano poco sei denari,
quando bevono tutti
senza porsi nessun limite,
anche se bevono con animo gioioso.
Così tutti ci denigrano
e non ci offrono mai nulla.
Chi ci disprezza sia castigato
e non venga ricordato fra quanti [sono onesti.

T8

concetti-chiave
- il ribaltamento dell'amor cortese
- la visione carnevalesca del mondo
- la dimensione materiale dell'esistenza

Cecco Angiolieri
«Becchin' amor!» «Che vuo', falso tradito?»

Dei cento e più sonetti sicuramente attribuibili a Cecco Angiolieri, ne riportiamo uno consistente in un contrasto, svolto in forma parodica, fra il poeta stesso e Becchina, la donna con cui egli intrattiene una relazione d'amore. Privo della furia iconoclasta che caratterizza altre poesie, il testo ci presenta un autore apparentemente mortificato e dimesso, intento a supplicare l'amata tradita di concedergli un'altra possibilità.

LINGUA: volgare toscano volutamente popolaresco **DATAZIONE:** tra fine Duecento e inizio Trecento

«Becchin' amor!» «Che vuo', falso tradito?»
«Che mmi perdoni». «[Tu] non ne se' degno».
«Merzé, per Deo!» «Tu vien' molto gecchito».
«E verrò sempre». «Che saràmi pegno?»

«La buona fé». «Tu·nne se' mal fornito».
«No inver' di te». «Non calmar, ch'i' ne vegno».
«In che fallai?» «Tu·ssa' ch'i' l'abbo udito».
«Dimmel', amor». «Va', che·tti veng' un segno!»

«Vuo' pur ch'i' muoia?» «Anzi mi par mill'anni».
«Tu non di' bene». «Tu m'insegnerai».
«Ed i' morrò». «Omè, che·ttu m'inganni!»

«Die te'l perdoni». «E·cché, non te ne vai?»
«Or potess'io!» «Tegnoti per li panni?»
«Tu tieni 'l cuore». «E terrò co' tuo' guai».

G. Contini, *Poeti del Duecento*, Ricciardi, Milano-Napoli 1960.

METRO: sonetto con schema ABAB, ABAB, CDC, DCD.

1-4 *«Becchina, amore!». «Che cosa vuoi, falso traditore* (**tradito**)*?». «Che tu mi perdoni». «Tu non ne sei degno». «Pietà* (**Merzé**)*, in nome di Dio!». «Tu vieni [da me] molto umile* (**gecchito**)*». «E verrò sempre [in queste condizioni]». «Che cosa mi sarà* (**saràmi**) *garanzia [di questa tua promessa]?».*
Becchina è il diminutivo di Becca, a sua volta riduzione popolare di Domenica. **gecchito**: è un gallicismo. Come vedremo tra poco, Becchina non crede più alle promesse, tante volte tradite, di Cecco e gli chiede una garanzia.

5-8 *«La buona fede* (**fé**)*». «Tu ne sei fornito poco* (**mal**)*». «Non verso* (**inver'**) *di te». «Non [cercare di] calmarmi, che io ne ho appena fatto esperienza* (**ne vegno**)*». «In che cosa ho sbagliato* (**fallai**)*?». Tu sai che io l'ho sentito dire* (**l'abbo udito**)*». «Dimmelo, amore». «Va' [via], che ti venga un accidente* (**segno**)*!».*
abbo: è forma tipicamente toscana. Qui la parola **segno** indica una malattia capace di lasciare un danno fisico che marchia indelebilmente la vittima, rendendola sempre visibile agli occhi degli altri come un reietto.

9-11 *«Vuoi davvero* (**pur**) *che io muoia?». «[Certo], anzi non vedo l'ora* (**mi par mill'anni**)*». «Tu non dici* (**di'**) *bene». «Mi insegnerai tu»!* La battuta di Becchina è, evidentemente, sarcastica. *«E [allora] io ne morirò». «Ahimè, [penso] che tu m'inganni!».*

12-14 *«Dio te lo perdoni». «Ma perché* (**E.cché**) *non te ne vai?». «Magari* (**Or**) *io potessi!». «Ti tengo* (**Tegnoti**) *[forse] per i vestiti* (**panni**)*?». «Tu tieni il [mio] cuore». «E [lo] terrò [ancora] con tuo danno* (**co' tuo' guai**)*».*
tuo': per 'tuoi' è forma frequente dell'antico senese.

l'autore e l'opera

Cecco Angiolieri è il maggior rappresentante del genere comico nella lirica d'amore. Ma vanno ricordati anche l'iniziatore, Rustico Filippi, e soprattutto un coetaneo di Cecco, Folgòre da San Gimignano, più delicato e stilizzato. Cecco Angiolieri, senese, morto forse nel 1312, dotato di un carattere inquieto e spensierato, in eterna lotta con il padre particolarmente avaro, ha scritto oltre cento sonetti, ispirati a un senso, talora persino malinconico, di una impotente insoddisfazione, che si traduce in costante aggressività verso il padre e verso Becchina (la donna amata che rappresenta il rovescio parodico della donna-angelo cara agli stilnovisti).

analisi e interpretazione T8

le forme

Il ribaltamento del genere Il componimento di Cecco Angiolieri conferma la natura colta della tradizione comico-realistica. Alle spalle di questo sonetto c'è infatti la forma seria del contrasto provenzale (come nel *Contrasto* di Cielo d'Alcamo), cui il poeta si ispira consapevolmente, pur riproducendolo, poi, con le caratteristiche varianti della parodia. Nel caso specifico, persa ogni galanteria, il confronto tra i due innamorati si trasforma in un serrato e avvilente battibecco.

La struttura Tutto il testo consiste nel succedersi incalzante delle brevissime battute (due per verso) pronunciate dai protagonisti. L'andamento complessivo è perciò movimentato e vivace, e ricalca la modalità di un concitato dialogo teatrale di cui ci pare di indovinare anche mimica e gestualità. Dopo che lo scontro si è protratto per tredici versi (nei quali ad ogni richiesta del poeta corrisponde il fermo diniego o il sarcasmo della donna) a conclusione del componimento, secondo una tecnica tipica, il contrasto si ricompone. La battuta conclusiva di Becchina (v. 14 «E terrò co' tuo' guai») sembra porsi come ammiccante conciliazione della lite; da notare il «terrò» con cui la donna riprende il «tieni» di Cecco quasi a rinsaldare il patto d'amore che pareva compromesso.

Il tono Lontano dalla furia distruttiva che sa sfoderare in altre occasioni, quando ad esempio maledice la propria povertà o esprime il desiderio rabbioso di incendiare il mondo intero ed uccidere chiunque lo ostacoli nei suoi desideri, qui Cecco sembra adottare il tono supplichevole dell'amante colto in fallo. Ad abbassare il livello del discorso interviene però subito la voce di Becchina, che senza pensare alle belle maniere tiene testa con energia all'uomo e sembra curarsi di lui 'meno che di una paglia tra le dita dei piedi'.

I due registri All'interno del componimento è perciò possibile individuare, sin dall'inizio, due registri espressivi diversi. Da una parte il poeta si serve ancora di formule tipicamente cortesi (vv. 1 e 8 «amor»; v. 3 «Merzé»; v. 5 «buona fé»; v. 14 «cuore») con le quali avanza la richiesta di perdono alla donna e le sue promesse di ravvedimento; dall'altra Becchina, popolana rozza e aggressiva, non teme di difendere le proprie ragioni fino a inveire contro l'amante e maledirlo (v. 8 «Va', che·tti veng'un segno!»). Se il lessico provenzale, in bocca al poeta la cui condotta di vita sguaiata era ben nota, sarà suonato parodico e fuori luogo, tanto più risulta divertito e divertente l'eloquio plebeo di Becchina, che impiega una sintassi 'parlata' e idiomatismi dialettali.

i temi e i motivi

Motivi e figure I motivi e le figure del componimento sono, apparentemente, i medesimi della tradizione seria: la dichiarazione d'amore del poeta-amante che aspira al riconoscimento da parte della donna, la richiesta di compassione per lenire il dolore, la sofferenza legata al sentimento non corrisposto che sembra portare alla morte, la parola data (e qui tradita), la presenza delle male lingue invidiose (che sono all'origine dello screzio della coppia), il dominio totale della donna sul suo cavaliere. Ad essere prepotentemente rinnovata è, invece, in questo caso, la figura femminile.

L'AntiBeatrice Non ci troviamo infatti più di fronte né un'aristocratica castellana, né una figura aerea e idealizzata, né, tantomeno, un angelo salvifico. Becchina, aggressiva e volgare, calata in un mondo di pura materialità, arriva all'opposto a maledire in eterno il poeta, cui è ambiguamente legata solo per la sua avidità economica. Se dunque anche Becchina è sposata, come capitava nella migliore tradizione provenzale, questa caratteristica è più finalizzata a dimostrare la sua vita equivoca e senza freni morali che a celebrarne il disinteresse dei sentimenti.

Cecco Anche Cecco, per parte sua, rivendica in altri sonetti la libertà di condurre un'esistenza all'insegna della sregolatezza e del vizio, ma non è sempre facile, in casi come questi, distinguere quanto di vero e quanto di letterario ci sia in simile atteggiamento (su questo aspetto puoi consultare le ***espansioni digitali* S *Un Cecco dell'antica Grecia: Iponatte***). Una volta chiarito che la poesia comico-realistica, lungi dall'essere spontanea e rozza, nasce invece in ambiente colto, è pur vero che in alcuni autori "maledetti" (e il caso di Cecco Angiolieri sembra rientrare tra questi), ribellismo letterario e di vita potevano sovrapporsi.

espansioni digitali

S INFORMAZIONI E APPROFONDIMENTI **Un Cecco dell'antica Grecia: Ipponatte**

T8 Cecco Angiolieri «Becchin' amor!» «Che vuo', falso tradito?»

per studiare guida all'analisi T8

COMPRENDERE

1 Il componimento ha la forma di sonetto, ma può anche essere incluso nella tipologia del "contrasto" (come il T3). Perché?

- a perché si presenta come un dialogo teatrale
- b perché i due personaggi litigano fra loro
- c perché il linguaggio è in contrasto con quello della poesia stilnovista
- d perché la figura di Becchina è in contrasto con la figura di Beatrice

2 Nella serie seguente, quali enunciati sono pertinenti al sonetto che hai letto?

- a le formule cortesi coesistono con il parlato popolare rozzo
- b è un contrasto tra due cognate
- c è un contrasto tra il poeta e l'amata
- d la forma metrica è un sonetto a rime alternate
- e a ogni strofe corrisponde una battuta
- f a ogni verso corrispondono due battute
- g il cibo appare come motivo di conciliazione
- h la voce narrante è quella di una donna

3 Come tutte le poesie medievali, anche questa è stata tramandata senza un titolo proprio. Attribuisci tu al sonetto di Cecco un titolo che ne riassuma il contenuto.

4 Dal testo si può desumere il motivo della rabbia di Becchina? Se sì, indica quale.

ANALIZZARE

5 Il sonetto presenta un registro linguistico vario. Aiutandoti con le note e il commento al testo, analizza il lessico della poesia e completa la tabella.

termini ed espressioni della tradizione aulica cortese	termini ed espressioni del lessico quotidiano e popolare
....	....
....	....
....	....
....	....
....	....
....	....

6 In questa poesia, il ribaltamento più appariscente della tradizione cortese consiste nel linguaggio della donna, sboccato e violento. Se nello Stil novo la donna con il suo saluto dona, appunto, la "salute" al poeta, qui che cosa augura Becchina al poeta?

INTERPRETARE E APPROFONDIRE

7 Cecco manifesta una concezione d'amore che rovescia quella dello Stil novo, tanto che la sua amata Becchina è stata definita come un'AntiBeatrice. Prova a confrontare la figura di Becchina in questo sonetto con quella di Beatrice nel sonetto *«Tanto gentile e tanto onesta pare»* (**Capitolo 1**, **TESTI DI ACCESSO 3**). Quali sono le caratteristiche contrastanti nelle due donne?

8 La poesia "comica", anche se ha una forte impronta letteraria, documenta tuttavia aspetti concreti della vita comunale, che vengono rappresentati con realismo. Quali informazioni sulla vita senese – o nei comuni toscani – sul finire del Duecento potresti ricavare dal sonetto di Cecco? Quali rapporti si possono individuare tra le persone, e tra uomini e donne? Prova a rifletterci, avvalendoti anche di un po' di fantasia.

T9

Cecco Angiolieri
«S'i' fosse foco, arderei 'l mondo»

concetti-chiave
- l'ostentazione della rabbia
- l'elenco dei desideri impossibili
- l'amore per le belle donne

È il sonetto più celebre di Cecco Angiolieri, quello che ci ha lasciato di lui l'immagine del poeta incendiario e maledetto. Tutto costruito sull'anafora insistente del "se fossi", esso ci mostra un autore che sembra arrabbiato con il mondo intero.

LINGUA: volgare toscano volutamente popolaresco **DATAZIONE:** tra fine Duecento e inizio Trecento

S'i' fosse foco, arderei 'l mondo;
s'i' fosse vento, lo tempesterei;
s'i' fosse acqua, i' l'annegherei;
s'i' fosse Dio, mandereil'en profondo;

s'i' fosse papa, sare' allor giocondo,
ché tutti cristïani imbrigherei;
s'i' fosse 'mperator, sa' che farei?
A tutti mozzarei lo capo a tondo.

S'i fosse morte, andarei da mio padre,
s'i' fosse vita, fuggirei da lui:
similemente farìa da mi' madre.

S'i' fosse Cecco, com'i' sono e fui,
torrei le donne giovani e leggiadre:
e vecchie e laide lasserei altrui.

M. Vitale, *Rimatori comico-realistici del Due e Trecento*, UTET, Torino 1956.

METRO: sonetto con schema ABBA, ABBA, CDC, DCD.

1-8 *Se io fossi* (**S'i' fosse**) *il fuoco, brucerei il mondo; se io fossi il vento, lo colpirei tempestosamente; se io fossi l'acqua io lo farei annegare; se fossi Dio, lo farei sprofondare* (**mandereil'en profondo**)*; se io fossi il papa, allora sarei contento* (**giocondo**)*, perché* (**ché**) *metterei nei guai* (**imbrigherei**) *tutti i cristiani; se io fossi imperatore, sai che farei? Taglierei a tutti la testa* (**lo capo**) *per intero* (**a tondo**).

9-11 *Se io fossi la morte, andrei da mio padre; se io fossi la vita, fuggirei da lui; ugualmente* (**similemente**) *farei* (**farìa**) *nei confronti di* (**da**) *mia madre.*

12-14 *Se io fossi Cecco, come io sono e fui, prenderei* (**torrei**) *le donne giovani e belle* (**leggiadre**)*: e lascerei agli altri* (**altrui**) *le vecchie e brutte.*

analisi e interpretazione T9

le forme

Simmetria e asimmetria Il sonetto è caratterizzato dall'evidente simmetria dovuta alla ripetizione della formula «s'i' fosse» ('se io fossi'), che torna ben nove volte nel componimento: quattro nella prima strofa, due nella seconda, due nella terza, una nella quarta e conclusiva. Tutte le ipotesi formulate dal poeta, tranne l'ultima, sono assurde, e dunque anche le conseguenze che egli si augurerebbe risultano indipendenti dalla sua volontà e non perseguibili. A Cecco rimane, perciò, solo una possibilità: quella di continuare ad essere se stesso («S'i' fosse Cecco, com'i' sono e fui»), uno che sa godersi la vita e trarre piacere dai divertimenti d'amore. In questo senso la simmetria che regola l'intero componimento viene improvvisamente ribaltata: arrivato alla terzina conclusiva il lettore si aspetterebbe un altro sfogo d'ira ma trova, invece, un poeta già consolato della propria, in fondo assai piacevole, condizione. L'asimmetria consiste dunque non solo nel tono più allegro e pacato della strofa finale, ma anche nel fatto che non si tratta di una vera ipotesi, corrispondendo il "se fossi" alla realtà delle cose.

L'origine dotta Il sonetto di Cecco Angiolieri, pur apparendo popolaresco e, anzi, assai diretto e quasi brutale nella sua forza espressiva, nasconde un'origine formale dotta. Si tratta infatti del ribaltamento parodico del *plazér*, un componimento provenzale nel quale l'autore elencava una serie di situazioni legittime e nobili, per lui desiderabili. Cecco si conferma insomma poeta colto, anche quando sembra abbandonarsi allo sfogo più immediato e insano.

i temi e i motivi

Rabbia e insubordinazione Il sonetto di Cecco suona come un'invettiva contro il mondo e l'intero genere umano (vv. 1-8), anche se in seguito egli individua due specifici bersagli polemici: il padre, la madre. Il primo – lo sappiamo da altri componimenti dell'autore – è colpevole di non passargli abbastanza denaro; della seconda non abbiamo altre notizie, ma poco importa. Cecco non intende davvero scagliarsi contro di loro, bensì se ne serve come pretesti per esprimere, con rabbia iperbolica e violenta, la propria insubordinazione alle regole e ai doveri della vita quotidiana. D'altra parte anche la stessa protesta, avanzata con simile forza ma in modo generico e astratto, non mette davvero in discussione le strutture sociali e politiche che sembra contestare. Quello di Cecco appare piuttosto come lo sfogo adolescenziale di chi si scontra con i limiti imposti da chi rappresenta l'autorità o, ancor di più, dalla propria condizione esistenziale.

Accettazione dell'esistente Nell'ultima terzina Cecco spiazza il lettore, pronto invece all'ennesima invettiva. All'impossibilità delle ipotesi prima formulate segue infatti una piacevole certezza: il poeta non è altro che se stesso, ma proprio per questo potrà continuare a godersi le belle donne, lasciando quelle brutte agli altri! Rispetto alle audaci speranze rivoluzionarie espresse nei versi precedenti si tratta certo di un obiettivo più limitato e minimale, ma anche in questa dichiarazione Cecco non rinuncia a esibire, con un'audacia tanto sfrenata da risultare comica e paradossale, la propria spavalderia maschilista.

per studiare guida all'analisi T9

COMPRENDERE

1 Dopo avere letto con attenzione il testo e averne fatto la parafrasi, completa correttamente le espressioni indicando cosa farebbe l'autore. Se Cecco fosse

il fuoco ....

il vento ....

l'acqua ....

Dio ....

il papa ....

l'imperatore ....

la morte ....

la vita ....

Cecco ....

2 Nella vita dell'uomo del Medioevo quale importanza hanno gli elementi e le persone in cui Cecco vorrebbe identificarsi?

3 Cecco si presenta arrabbiato contro tutto e tutti. Solo verso una categoria di persone rivolge la propria simpatia. Quale?

ANALIZZARE

4 Il sonetto è costruito come il ribaltamento di un genere provenzale fondato sull'elenco di una serie di elementi desiderabili. Di quale genere di componimento si tratta?

5 La struttura del sonetto è rigorosa. Sottolinea sul testo la ripetizione della formula «s'i' fosse». Quale figura retorica risulta evidente?

- a antinomia
- b anafora
- c analogia
- d metonimia

6 Nel sonetto di Cecco ricorrono procedimenti tipici della poesia comica, quali l'*adýnaton* (pl. *adýnata*), ossia l'affermazione impossibile, e il *vituperium* (pl. *vituperia*), ossia l'invettiva ingiuriosa. Rintracciali nel testo.

adýnaton ....

vituperium ....

INTERPRETARE E APPROFONDIRE

7 L'effetto di comicità è prodotto dalla interruzione inattesa delle ipotesi iperboliche nell'ultima terzina, dove la figura dell'*adýnaton* viene sostituita dall'affermazione di una certezza. Quale?

8 Alla luce di questo improvviso ribaltamento finale, come interpreti il sonetto? Scegli l'opzione che ritieni più pertinente e motiva la tua scelta.

A è un esempio di estremismo blasfemo che mira a rovesciare le strutture sociali e politiche

B è un abile gioco letterario attraverso il quale Cecco alla fine asserisce che tutto rimane quello che è

Storia della lingua

La diffusione della poesia in volgare toscano

Assai prima della prosa, è stata la poesia a svestirsi dei tratti dialettali che la differenziavano sul territorio della penisola e ad adeguarsi alla lingua dei poeti toscani, che già agli inizi del Trecento rappresentavano i modelli di maggiore prestigio. Se l'Italia era un territorio quanto mai frantumato politicamente (e tale sarebbe rimasto ancora per molti secoli), è però in Italia che già nel Trecento prende avvio un processo di unificazione linguistica che non ha eguali in Europa. Scrive il linguista Paolo Trovato:

Proprio la progressiva toscanizzazione del linguaggio lirico, che si avverte, sia pure con sfasature e resistenze locali, in quasi tutti gli Stati e le città-Stato di cui si compone l'Italia tre e quattrocentesca, costituisce la più antica e suggestiva fase del processo, senza eguali in Europa, di unificazione di un territorio culturalmente e linguisticamente disomogeneo, come l'Italia, sulla base non della parlata della città capitale o della regione egemone (ciò non accadrà da noi se non in tempi molto più recenti), ma nel prestigio della lingua letteraria impiegata da tre scrittori fiorentini trecenteschi di straordinario successo.

P. Trovato, *La lirica del Trecento*, in Brioschi, Di Girolamo, *Manuale di letteratura italiana. Storia per generi e problemi*, vol. I, Bollati Boringhieri, Torino 1993.

I tre scrittori fiorentini cui si fa cenno sono naturalmente Dante, Boccaccio e Petrarca (quest'ultimo fiorentino di lingua, ma non di nascita né di formazione), tuttavia è tutta la linea "toscana" a dettar legge nella poesia. E solo nella poesia, peraltro: perché è appunto la poesia in volgare toscano, e in particolare fiorentino, che sollecita l'emulazione dei poeti sparsi sul territorio italiano, mentre la prosa resterà ancora per molto tempo ancorata a varianti regionali. Né si deve credere che il volgare toscano si sia diffuso esclusivamente dal polo di Firenze. Fu anzi Bologna, città universitaria e nodo di incontro tra poeti di varia provenienza, ad incaricarsi della diffusione del toscano, come testimoniano i cosiddetti *Memoriali bolognesi*. La questione merita un approfondimento. A partire dal 1265 venne resa obbligatoria la trascrizione di tutti gli atti notarili pubblici e privati in registri pubblici (detti appunto *Memoriali*): orbene, i registri che risalgono al periodo 1279-1325 sono particolarmente importanti per la storia della lingua. In questi anni, infatti, alcuni dei notai responsabili della registrazione adottarono la pratica di riempire gli spazi vuoti tra un atto e l'altro copiando testi di poesie volgari, al fine di rendere impossibili aggiunte indebite ai documenti. L'idea si rivelò quanto mai fruttuosa: sono infatti stati conservati in questo modo circa novanta testi di poesie in volgare, tutte fornite di una data quasi certa di trascrizione. I *Memoriali* includono anche liriche di Dante, nonché alcuni versi dell'*Inferno*, che costituiscono la testimonianza più antica del poema. Tutto ciò prova la notorietà di cui la poesia toscana godeva in territorio bolognese. Ma anche nel Veneto gli scambi tra intellettuali favorirono la diffusione della poesia toscana, e in particolare di quella di Dante il quale, per essere stato ospite degli Scaligeri a Verona, fu oggetto di un culto speciale proprio in Veneto fin dagli inizi del Trecento. Le città del Veneto – Padova, Venezia, Treviso – e poi Milano (grazie alla corte dei Visconti, presso la quale fu ospite Petrarca) costituirono anch'esse centri in cui si radicò il gusto per la poesia toscana. Qui le poesie vennero copiate, raccolte in antologie, commentate, e la loro diffusione ebbe conseguenze rilevanti sulla storia della nostra lingua poetica, che prese sempre di più ad adeguarsi alla morfologia fiorentina.

Conclusioni del percorso

In questo percorso abbiamo visto come si è venuta affermando e consolidando, nelle forme e nei temi, la poesia lirica del Medioevo.

La lirica provenzale

È alle corti del Sud della Francia, nel XII secolo, che inizia l'elaborazione di una teoria d'amore destinata a diffondersi anche nel resto d'Europa. Strettamente legata alla società feudale, la *fin'amor* del poeta-cavaliere per la dama ripropone, sublimandolo, il rapporto di lealtà e devozione che lega il vassallo al proprio signore (cfr. **T1**). Si tratta di una relazione extraconiugale, assolutamente gratuita e rispettosa di un rigido codice d'onore comportamentale.

La Scuola siciliana

Trasmigrata a fine Duecento alla corte di Federico II, in Sicilia, la teoria cortese si arricchisce di approfondimenti psicologici e introspettivi. Inscindibile dalla gentilezza d'animo, l'amore è percepito ora come un sentimento altissimo, capace di nobilitare spiritualmente chi lo prova. Mediatrice di questo processo è una figura femminile astratta e stilizzata, che non corrisponde mai a una donna reale ma assolve a un valore simbolico (cfr. **T2**, mentre in **T3** hai letto un componimento che ribalta ironicamente i *tópoi* della poesia siciliana.

Lo Stil novo

Qualche anno dopo, in Toscana, l'eredità siciliana è all'origine di un'altra maniera, religiosa, di concepire l'amore. Si tratta dello Stil novo, una poesia che si specializza esclusivamente nella tematica amorosa. Diventata mediatrice tra l'uomo e Dio, la donna-angelo dei poeti stilnovisti è nello stesso tempo garanzia di salvezza per chiunque possa beneficiare del suo sguardo e del suo saluto, e fonte di tormento e angoscia per chi ne rimanga escluso (cfr. **T4**, **T5**, **T6** e **T7**).

La produzione comico-realistica

A questa produzione si affianca poi, per tutto il XIII secolo, una poesia comico-realistica che ribalta provocatoriamente temi e linguaggi seri. In bilico tra sorriso e oscenità, questa tradizione, tutt'altro che ingenua e illetterata, rappresenta piuttosto l'anima carnevalesca, la cui conoscenza è fondamentale per comprendere il Medioevo nella sua complessità (cfr. **T8** e **T9**).

L'immagine della donna ieri e oggi

La lirica provenzale, i poeti siciliani e stilnovisti, gli stessi autori comico-realistici ci forniscono immagini femminili irrigidite in paradigmi idealizzati o, all'opposto, drasticamente degradati, che non corrispondono a figure dotate di autonomia intellettuale-sentimentale e dignità personale. Ridotte a simboli, fantasmi eterei, apparizioni miracolose, le donne della lirica seria sono la proiezione dei desideri maschili: celebrate nei versi, esse restano confinate nella dimensione della poesia, escluse dalla partecipazione alla vita reale e subordinate a livello sociale. Nella tradizione comica, all'opposto, l'apparente libertà di cui godono le varie "Becchine" conserva forti echi della tradizione misogina medievale. Oggi le cose sembrano molto cambiate e la figura femminile pare essersi riscattata definitivamente da questa condizione di sottomissione sessuale. Eppure, a ben guardare, il bisogno maschile di neutralizzare la donna confinandola in ruoli predefiniti e innocui sopravvive ancora in alcuni modelli che media e società cercano di imporre alla massa: la modella eterea che si offre in passerella agli occhi di chi la guarda e la donna-corpo concentrata sul proprio ruolo di oggetto dell'altrui desiderio ne sono due esempi significativi.

per fare il punto **autoverifica delle conoscenze**

Verifica la correttezza delle tue risposte sulla base dei paragrafi, dei testi o delle schede indicati a corredo di ciascuna domanda.

1 La lirica d'amore provenzale

1 Definisci le parole chiave della cultura cortese. Scegli per ciascuna parola il significato che le compete nell'ambito della cultura cortese. (per l'autoverifica, cfr. l'***Introduzione***, **S2**, **S3**, **T1**)

A cortesia
- a nobiltà di sangue
- b nobiltà d'animo, generosità e devozione
- c galateo delle buone maniere
- d rapporto tra vassallo e signore

B *fin' amor*
- a perfetto amore
- b amore finito
- c corteggiamento
- d innamoramento

C *senhal*
- a segno distintivo
- b pseudonimo che cela il nome dell'amata
- c segnale di approvazione
- d saluto

D trovatore
- a poeta-musico provenzale
- b suonatore che si esibisce nelle piazze
- c poeta che si esibisce durante i pellegrinaggi
- d grammatico di corte

2 Vero o falso. (cfr. l'***Introduzione***, **S1**, **S2**, **S4**)

A la lirica era in origine la poesia recitata con l'accompagnamento musicale V F
B la concezione dell'amor cortese è fondata sulla libertà dell'amore V F
C l'amore cantato dai trovatori è di norma extraconiugale V F
D la concezione dell'amor cortese è fondato su una gerarchia che rispecchia quella feudale V F
E l'amore cantato dai trovatori è sempre gioioso V F
F regola fondamentale dell'amor cortese è la segretezza V F
G la poesia provenzale è successiva all'affermazione della poesia cortese in Italia V F
H i trovatori rappresentano i primi intellettuali europei consapevoli del loro ruolo di letterati V F
I uno dei componimenti più praticati della poesia provenzale è la canzone V F
L i trovatori si esprimevano in lingua d'*oïl* V F
M la poesia provenzale è innanzitutto esercizio formale e riuso di strumenti retorici predefiniti V F
N la poesia è concepita come espressione immediata e originale dei sentimenti V F
O i poeti provenzali si muovono all'interno di un codice di temi rigorosamente fissato V F
P la concezione provenzale dell'amore è una trasposizione simbolica della religione cristiana V F
Q le ragioni e il repertorio delle liriche sono laici e mondani V F
R nella concezione cortese donna e poeta sono, di fatto, figure astratte V F

per fare il punto | *autoverifica delle conoscenze*

3 I temi e i motivi della poesia provenzale sono già presenti fin dalla canzone di Guglielmo d'Aquitania (**T1**): li trovi elencati qui di seguito. Ma c'è un intruso: quale?

a l'esordio paesistico primaverile

b la raffigurazione dell'amata come donna-angelo

c la raffigurazione del poeta come chi esita a farsi avanti

d la designazione dell'amata tramite un *senhal*

verifica delle competenze

4 Riportiamo la canzone *«Quando il rivolo della sorgente»*, di Jaufré Rudel, principe di Blaye, che partecipò alla seconda crociata (1147-1149) e forse morì in Terra Santa. Nelle sue poesie il nobile trovatore canta un amore lontano (*amor de lonh*), dietro il quale si cela, forse, non solo la donna reale di cui si invaghì, ma, come alcuni critici suppongono, una figura ideale quando non addirittura un simbolo di Dio. Leggi il testo ed esegui l'esercizio seguendo le indicazioni. La lirica è tradotta dall'antico *oïl* verso a verso, senza il rispetto di vincoli metrici.

Quando il rivolo della sorgente
illimpidisce, così come suole,
e sboccia la rosa di macchia
e l'usignoletto fra i rami
modula, gorgheggia e fila
il suo dolce canto, e l'affina,
ben è ragione ch'io pure il mio gorgheggi.
Amore di terra lontana,
per voi tutto il cuore mi duole.
E non posso trovarci medicina
se non corro alla sua esca[1]
seguendo il fascino d'un dolce amore
entro un verziere[2] o sotto cortinaggi[3]
con desiata[4] compagna.
Poiché occasione ognora me ne manca[5]
non meraviglio se n'ardo,
ché mai piú bella cristiana
non fu, né Iddio permette che sia,
né giudea, né saracena:
ben si pasce di manna[6] colui
che del suo amore conquista alcun poco.
Di sospirare il mio cuore non cessa
a quella creatura che piú di tutte io amo,
e credo che m'inganna il desío
se la concupiscenza me la toglie,[7]
ché più di spina è pungente
il duolo che con gioia risana,[8]
onde non voglio che mi si compianga.
Senza rotolo di pergamena[9]
invio la composizione, che cantiamo
in semplice lingua volgare,
a don Ugo Bruno,[10] per mezzo di Figlioccio:[11]
mi piace che la gente pittavina[12]
di Berry e di Guyenne
e di Bretagna se ne allieti.

J. Rudel, *«Quando il rivolo della sorgente»*, in AA.VV., *Poesia dell'età cortese*, a cura di A. Roncaglia, Nuova Accademia, Milano 1961.

1. **se non corro alla sua esca**: *se non corro verso l'oggetto del mio desiderio*. L'esca è il boccone agognato dal pesce.
2. **verziere**: *un giardino*, un luogo riparato da occhi indiscreti, fresco e ombroso.
3. **sotto cortinaggi**: *in un letto con le tende* (cortine).
4. **desiata**: *desiderata*.
5. **ognora me ne manca**: *ne manca sempre*.
6. **manna**: è il cibo distribuito miracolosamente da Dio agli Ebrei durante la traversata del deserto del Sinai. Qui sta per 'cibo paradisiaco'.
7. **e credo che...toglie**: il senso del passaggio non è chiaro. Forse il poeta intende: 'credo che il mio desiderio sarà deluso se me la toglierà la passione sensuale di un altro'. Oppure: 'forse il mio desiderio mi ingannerebbe se mi lasciassi trascinare da una passione sensuale'.
8. **ché più...risana**: un altro senso oscuro. Forse: 'il dolore amoroso che viene sanato dalla felicità del possesso punge più di una spina'. Cioè: meglio non raggiungere mai effettivamente l'oggetto del proprio desiderio poiché la soddisfazione piena implicherebbe la fine della tensione amorosa e questo sarebbe più dannoso dello struggimento per la lontananza e la mancanza del proprio bene.
9. **Senza rotolo di pergamena**: Rudel dichiara di non avere trascritto sulla carta i propri versi e conferma la tradizione orale della poesia provenzale.
10. **don Ugo Bruno**: un signore importante, probabilmente della dinastia regnante nella terra di Rudel.
11. **Figlioccio**: traduzione di *«Filhol»*, lo pseudonimo (*senhal*) cela il nome del giullare cui l'autore affida la diffusione di corte in corte del suo componimento.
12. **gente pittavina**: abitanti del Poitou, una regione francese.

Hai notato nel testo altri elementi che hai studiato come caratteristici della poesia provenzale?

5 Scrivi un decalogo (possibilmente dal taglio ironico) in cui esponi le regole che è bene seguire in amore, formalizzandole in "dodici comandamenti" sulla falsariga di Andrea Cappellano (**S5**). Tra i comandamenti moderni può trovare posto anche qualcuno di quelli che si leggono nel trattato di Cappellano.

2 La lirica siciliana

6 Le parole della poesia siciliana. Collega ai termini qui sotto elencati le rispettive definizioni. (per l'autoverifica, cfr. l'*Introduzione*, **S5**)

A sonetto

B canzone

C canzonetta

D *coblas capfinidas*

E rima siciliana

F congedo

1 composizione formata da strofe di versi imparisillabi (generalmente endecasillabi e settenari) distinti in fronte e sirma

2 composizione di taglio più leggero della canzone, di stile piano e lessico medio

3 rima apparentemente imperfetta, che si basa sul sistema fonologico dei poeti siciliani delle origini normalizzato dai copisti

4 composizione formata da due quartine e due terzine di endecasillabi variamente rimati

5 strofe che si agganciano l'una all'altra tramite riprese lessicali

6 strofe conclusiva in cui il poeta si rivolge al proprio componimento prima di inviarlo all'amata

7 Definisci il testo seguente scegliendo le opzioni corrette.

L'eredità della poesia provenzale viene raccolta in Italia da un gruppo di *funzionari/poeti specialisti* che vivono alla corte siciliana di *Federico Barbarossa/Federico II*. A regolare i loro rapporti con il sovrano è la condivisione *di una vita fastosa e raffinata/dei tradizionali vincoli feudali*, grazie alla quale potere e prestigio culturale si sostengono reciprocamente. Per la prima volta assistiamo in Italia a una vera e propria *accademia/scuola* capace di istituzionalizzare il suo programma di educazione *del popolo/della classe dirigente*. Il programma dell'imperatore si basava sulla volontà di *sostenere/contrastare* la cultura ecclesiastica, secondo un disegno che prevedeva *l'autonomia/la dipendenza* politica e intellettuale del suo regno attraverso la promozione degli studi. A tal fine concorreva anche l'incremento dell'attività letteraria, col sostegno della lingua *volgare/latina* e l'introduzione di forme e temi *provenzali/classici*, adattati alla situazione specifica locale.

8 Barra gli enunciati che si riferiscono correttamente alla lirica siciliana. (per l'autoverifica, cfr. l'*Introduzione, Differenze tra poesia provenzale e siciliana; la rima siciliana*)

- a eredita dalla tradizione provenzale la coniugazione di versi e musica
- b la formazione dei suoi autori è essenzialmente tecnico-giuridica
- c la sua trasmissione avviene non più oralmente bensì ricorrendo alla scrittura
- d i suoi temi sono vari: amorosi, religiosi, politici
- e la concezione amorosa è una rappresentazione simbolica del rapporto feudale
- f si approfondisce la definizione della fenomenologia amorosa (sintomi e conseguenze dell'amore)
- g la figura femminile va acquistando sempre più concretezza fisica
- h fondamentale diventa l'uso del *senhal* per criptare il nome della donna amata
- i rispetto alla tradizione provenzale è più spontanea e personale
- l tra le strategie metriche i poeti siciliani inventarono una rima anomala detta appunto "siciliana"
- m alla scuola siciliana, presumibilmente a Giacomo da Lentini, si deve l'invenzione del sonetto
- n tra i poeti di corte va annoverato Cielo d'Alcamo, per la rispondenza del suo *Contrasto* ai canoni della scuola

per fare il punto

verifica delle competenze

9 Motiva in forma scritta almeno due delle affermazioni che hai scelto di barrare nell'esercizio precedente e che ritieni, perciò, correttamente riferibili alla lirica siciliana. I testi non debbono superare le 10 righe di quadernone ciascuno.

3 Lo Stil novo

10 Completa la tabella inserendo nelle rispettive colonne le espressioni corrette. (per l'autoverifica, cfr. §§ 1, 2, 3)

	lirica francese	Scuola siciliana	«dolce stil novo»
i luoghi	....	....	....
gli autori	....	....	....
il pubblico	....	....	....
la concezione dell'amore	....	....	....
l'immagine della donna	....	....	....
la lingua	....	....	....
lo stile	....	....	....
le forme metriche	....	....	....

I luoghi *castelli feudali – città – corte di Federico II di Svevia.*

Gli autori *notai e funzionari della burocrazia – gruppo di giovani legati da amicizia e interessi intellettuali – trovatori e trovieri.*

Il pubblico *aristocrazia feudale che vive nei castelli – pubblico di notabili che vive alla corte imperiale – ceto borghese cittadino che aspira alla propria nobilitazione sociale e spirituale.*

La concezione dell'amore *dottrina filosofica e teologica che risolve l'amore profano nella tensione a Dio – servitium verso la dama concepita come proprio "signore" – elaborazione di una teoria d'amore spiritualizzante e nobilitante.*

L'immagine della donna *soggetto etereo e indefinito, immagine idealizzata – spesso lontana e irraggiungibile, può riscattare l'amante dal suo stato di inferiorità sociale – donna-angelo che con il proprio saluto garantisce la salvezza eterna di chi la incontra.*

La lingua *siciliano illustre – antico francese d'oc e d'oïl – toscano*

Lo stile trobar clus, trobar leu, *– stile elaborato intriso di latinismi e gallicismi – stile dolce ispirato a un ideale di armonia e compostezza.*

Le forme metriche *canzone, canzonetta e sonetto – canzone, sonetto, ballata e pastorella – canzone, ballata, pastorella, sirventese.*

11 La lirica stilnovista inaugurata da Guinizzelli presenta due delle seguenti caratteristiche. Quali? (per l'autoverifica, cfr. **T4**, ***Analisi e interpretazione***)

- a identifica nobiltà di stirpe e nobiltà di animo
- b identifica amore e cuore gentile
- c celebra la figura della donna nell'ambito feudale
- d inventa la donna-angelo

12 Per ciascuna delle alternative proposte qui di seguito, scegli l'opzione corretta.

1. Nella concezione dello Stil novo la nobiltà è
- a un'acquisizione culturale indipendente dalla condizione sociale
- b una conseguenza della discendenza familiare

2. La concezione della gentilezza d'animo
- a è una novità esclusiva dello Stil novo
- b è elaborata dallo Stil novo sulla base dell'esperienza poetica siculo-toscana

3. Il movimento dello Stil novo
- a è espressione della concezione gerarchica tipicamente feudale
- b è espressione della nuova borghesia cittadina

4. La poesia stilnovista
- a esprime temi di impegno politico e morale
- b si concentra esclusivamente sul tema amoroso

5. L'amore nello Stil novo è rappresentato come
- a un processo totalizzante di formazione ed educazione etica
- b un aspetto privato, nobilitante ma accidentale nella vita del poeta

6. Nello Stil novo il compito del poeta è
- a analizzare l'esperienza amorosa e tradurla in impegno intellettuale e poetico
- b esprimere la propria esperienza autobiografica in forme il più possibile realistiche

7. Nello Stil novo la rappresentazione della donna come angelo è
- a un complimento che l'amante rivolge alla donna per la sua bellezza
- b l'espressione della sua funzione di mediatrice tra l'uomo e Dio

per fare il punto

verifica delle competenze

13 Qui di seguito è riportato il testo di una canzone del musicista bolognese Lucio Dalla (1943-2012) intitolata, appunto, *Canzone*. Leggilo (e possibilmente ascolta la canzone), poi rispondi alle domande riportate in calce.

Canzone

Non so aspettarti più di tanto
Ogni minuto mi dà
L'istinto di cucire il tempo
E di portarti di qua
Ho un materasso di parole
Scritte apposta per te
E ti direi spegni la luce
Che il cielo c'è

Star lontano da lei non si vive
Stare senza di lei mi uccide

Testa dura testa di rapa
Vorrei amarti anche qua
Nel cesso di una discoteca
O sopra il tavolo di un bar
O stare nudi in mezzo a un campo
A sentirsi addosso il vento
Io non chiedo più di tanto
Anche se muoio son contento

Star lontano da lei non si vive
Stare senza di lei mi uccide

Canzone cercala se puoi
Dille che non mi perda mai
Va' per le strade e tra la gente
Diglielo veramente

Io i miei occhi dai tuoi occhi
Non li staccherei mai
E adesso anzi me li mangio
Tanto tu non lo sai
Occhi di mare senza scogli
Il mare sbatte su di me
Che ho sempre fatto solo sbagli
Ma uno sbaglio che cos'è

Stare lontano da lei non si vive
Stare senza di lei mi uccide

Canzone cercala se puoi
Dille che non mi lasci mai
Va' per le strade e tra la gente
Diglielo dolcemente

E come lacrime la pioggia
Mi ricorda la tua faccia
Io la vedo in ogni goccia
Che mi cade sulla giacca

Stare lontano da lei non si vive
Stare senza di lei mi uccide

Canzone trovala se puoi
Dille che l'amo e se lo vuoi
Va' per le strade e tra la gente
Diglielo veramente
Non può restare indifferente
E se rimane indifferente
Non è lei.

dall'album *Canzoni*, 1996.

A Quali elementi di analogia e di differenza trovi con le poesie d'amore che hai incontrato in questo percorso? Rifletti in particolare sui punti seguenti

- a chi si rivolge il poeta?
- la donna amata è lontana oppure presente?
- che tipo di amore viene vagheggiato? È un amore idealizzato oppure fisico?
- quali elementi paesistici appaiono nel testo?
- di quale registro stilistico si serve l'autore?

B Prova ad individuare, per ciascun quesito, una poesia o un passo delle poesie studiate su cui impostare il confronto.

4 La poesia comica

14 Cecco Angiolieri viene definito un poeta "comico". Che cosa significa questa parola in riferimento alla letteratura medievale? (per l'autoverifica cfr. **S10**)

- a che fa ridere
- b che ha scritto una commedia
- c che si legge con piacere
- d che presenta uno stile vario e realistico

15 Dove fiorisce la poesia comica? (per l'autoverifica, cfr. **§ 4**)

- a nell'Umbria per reazione al filone della poesia religiosa
- b nel Nord dell'Italia a contatto con la letteratura provenzale
- c nelle campagne della Toscana dove la raffinatezza dello Stil novo non arriva
- d nei comuni della Toscana dove si afferma contemporaneamente lo Stil novo

16 La comicità di Cecco è affidata in particolare a tre elementi tra quelli qui sotto elencati. Quali? (per l'autoverifica, cfr. **T8** e **T9**, *Analisi e interpretazione*)

- a il linguaggio realistico
- b la battuta finale
- c l'introduzione di personaggi buffi
- d la parodia degli schemi stilnovisti

17 Quali sono i temi della poesia comica, nella definizione di Cecco Angiolieri? (per l'autoverifica, cfr. **§ 4**)

18 La donna raffinata della letteratura cortese, la donna angelicata dei poeti stilnovisti, la Becchina di Cecco rispondono tutte a una interpretazione maschile della figura femminile: queste poesie che parlano di donne non sono mai scritte da donne. Prova a riflettere su tale apparente contrasto. Come interpreti la presenza dominante delle figure femminili nella poesia? Scegli l'opzione che ritieni corretta e spiega la tua scelta.

- a la presenza dominante della donna nella lirica è un risarcimento della loro ininfluenza sul piano sociale e politico nel Medioevo
- b la presenza dominante della donna nella lirica è la proiezione nella letteratura dalla condizione subordinata della donna nel Medioevo

verifica delle competenze

19 Nella poesia comica il gusto della trasgressione si manifesta nel rovesciamento dei valori e dei normali rapporti affettivi, e nell'esaltazione della materialità. Raccogli alcuni esempi di tali caratteristiche nei testi che hai letto e possibilmente in altri sonetti di Cecco Angiolieri (puoi trovarli anche on line all'indirizzo http://www.ilpalio.siena.it/Personaggi/SonettiCecco/default.aspx) e confrontali con la coeva lirica stilnovista.

Per l'esame di Stato

TIPOLOGIA A - Analisi del testo

Facendo riferimento alle schede di informazione, alle poesie dello Stil novo lette e commentate in classe, e alle note essenziali al testo che ti sono fornite, analizza e interpreta il componimento di Cavalcanti che leggi qui di seguito. Le richieste sono formulate sulla base della Tipologia A dell'esame di Stato, Analisi del testo: seguile scrupolosamente per prepararti a questo tipo di prova scritta.

Guido Cavalcanti, *«Chi è questa che vèn, ch'ogn'om la mira»*

Chi è questa che vèn, ch'ogn'om la mira,[1]
che fa tremar di chiaritate l'âre,[2]
e mena seco Amor, sì che parlare
null'omo pote, ma ciascun sospira?

O Deo, che sembra quando li occhi gira!
dical'Amor, ch'i' nol savria contare:
cotanto d'umiltà donna mi pare,
ch'ogn'altra ver' di lei i' la chiam'ira.[3]

Non si poria contar la sua piagenza,[4]
ch'a le' s'inchin' ogni gentil vertute,
e la beltate per sua dea la mostra.[5]

Non fu sì alta[6] già la mente nostra
e non si pose 'n noi tanta salute,
che propiamente n'aviàn canoscenza.[7]

1. **Chi...mira**: *Chi è questa [donna] che avanza, che tutti gli uomini si fermano ad ammirarla.*
2. **di chiaritate l'âre**: *l'aria di luminosità.*
3. **ch'ogn'altra...ira**: *che al suo confronto* (**ver' di lei**) *ogni altra mi sembra superba.*
4. **piagenza**: *bellezza.*
5. **e la beltate...mostra**: *la stessa bellezza la indica come sua dea.*
6. **alta**: *profonda.*
7. **che propiamente...canoscenza**: *da poterne avere una conoscenza adeguata.*

1. Comprensione complessiva

1.1 Riassumi il contenuto informativo del testo (max. 10 righe di mezza colonna).

1.2 Sintetizza il contenuto di ogni strofa in un breve titoletto (preferibilmente nominale).

2 Analisi del testo

2.1 Di quale forma metrica si tratta? Individua il sistema delle rime.

2.2 Individua sul testo e riscrivi tutti i termini e le espressioni che ti sembrano tipiche del «dolce stil novo» e della concezione della donna-angelo.

2.3 Individua e trascrivi ora i termini tipicamente cavalcantiani.

2.4 Individua, nella seconda strofa, i due termini posti in forte antitesi.

2.5 Vv. 9, 12, 13 «non». Di quale figura di stile si tratta? Che funzione assolve, a tuo avviso, in questo contesto?

2.6 V. 7 «donna», v. 13 «salute». Spiega bene i significati dei termini nelle loro varie implicazioni.

2.7 Quali sono gli effetti della donna su chi la vede? Rispondi facendo riferimento al testo.

2.8 Ti pare che questo componimento possa essere definito tipicamente cavalcantiano? Motiva la tua risposta.

3. **Interpretazione complessiva e approfondimenti**

Confronta questo testo con altri dello stesso Cavalcanti o di altri poeti stilnovisti, inquadrandolo nel clima storico e socio-culturale cui appartiene.

TIPOLOGIA A - Analisi del testo

Questo sonetto è stato scritto da un poeta contemporaneo, sul modello della poesia amorosa medievale. La poesia fa parte di una raccolta di Roberto Piumini, tutta composta di sonetti, dal titolo *L'amore in forma chiusa*.

Perché in sonetti? Non è cosa trita[1]
cantarti in questo stile medioevale
piuttosto che nella forma scaltrita
di una scrittura nuova e disuguale?[2]

E non sarà che il linguaggio antico
mi porti a far figure un po' datate[3]
e le espressioni che scrivendo dico
sembrino o peggio siano inadeguate?

Non credo, se leggendo ogni sonetto
ti sembrerà che quello che ho detto
siano la mia voce e il vero accento.[4]

Non credo, se ascoltando ogni verso
non avrai dubbi che con te converso
e non con qualche dama del Trecento.

R. Piumini, *L'amore in forma chiusa*, Mondadori, Milano 1997.

1. **cosa trita**: *cosa scontata, di uso corrente*.
2. **una scrittura nuova e disuguale**: è la forma della poesia contemporanea, che spesso si allontana dalla tradizione e, scegliendo l'innovazione, sceglie anche forme diseguali, dove non c'è, ad esempio, la rima (che si fonda invece sul principio di uguaglianza).
3. **figure un po' datate**: figure retoriche, schemi metrici datati, ovvero superati perché troppo legati alla tradizione.
4. **il vero accento**: l'espressione vera del sentimento.

Roberto Piumini è una figura eclettica di scrittore: nato nel 1947 in provincia di Brescia, si è laureato in Pedagogia a Milano; ha fatto diversi mestieri, tra cui l'insegnante, sempre privilegiando i ragazzi come destinatari dei suoi racconti, delle sue poesie e testi teatrali. Scrive anche testi per musica in collaborazione con musicisti italiani e stranieri. Ama dedicarsi alla riscrittura dei testi antichi in forme contemporanee, anche per un pubblico più adulto.

1. **Comprensione complessiva**

Dopo una prima lettura, riassumi il contenuto del testo.

Per l'esame di Stato

2 Analisi del testo

2.1 Soffermati sulla struttura sintattica e gli aspetti stilistici della poesia, l'ordinamento del testo, la suddivisione delle quartine e delle terzine, la presenza delle rime, ecc.

2.2 Individua le caratteristiche del lessico e il registro linguistico (aulico e letterario, oppure quotidiano e discorsivo).

2.3 Spiega il senso delle domande che caratterizzano le due quartine. Sono domande reali o retoriche? A chi sono rivolte, e quale timore esprime il poeta?

2.4 Il poeta contrappone lo «stile medioevale» alla «forma scaltrita» della poesia contemporanea. Spiega la contrapposizione.

2.5 Il poeta sceglie una forma tipicamente medioevale come il sonetto per rivolgersi alla sua amata. Come giustifica questa scelta insolita?

3. Interpretazione complessiva e approfondimenti

Sulla base dell'analisi condotta, proponi la tua interpretazione della poesia e delle intenzioni dell'autore di recuperare una forma antica come il sonetto per parlare d'amore. Approfondisci il discorso sulle basi della tua conoscenza della letteratura italiana delle origini e del peso che tuttora esercita sulla cultura, anche quella meno accademica.

TIPOLOGIA D - Tema di ordine generale

*La letteratura comica rappresenta un filone eccentrico rispetto alla linea dominante, che testimonia il valore antropologico del riso anche in una cultura profondamente legata alla dimensione religiosa com'era quella del Medioevo. Servendoti dei testi letti, oltre che del saggio di Bachtin (***S10***) e delle tue personali osservazioni e conoscenze, prova a riflettere su quali sono i meccanismi che producono il genere "comico", non solo in riferimento al mondo medievale ma anche nel nostro mondo contemporaneo, dove i canali della comunicazione sono dominati da internet e televisione.*

GLOSSARIO

A

ablativo assoluto costrutto sintattico tipico della lingua latina. È formato da un part. e da un sost. grammaticalmente autonomi rispetto alla frase principale e che, in latino, sono in caso ablativo. Nell'italiano letterario l'*a. a.* ha funzione di inciso. P. es. «per ciò che di me altro possa avvenire che quello che della minuta polvere avviene, la quale, *spirante turbo*, o egli di terra non la muove, o se la muove la porta in alto e spesse volte sopra le teste degli uomini [...] la lascia» (BOCCACCIO).

acròstico componimento poetico (e gioco enigmistico) in cui le lettere iniziali della prima parola di ogni verso (o quelle iniziali di ogni parola), lette in verticale, formano un nome o una frase di senso compiuto. L'esempio più illustre di *a.* è l'*Amorosa visione* di Boccaccio: le lettere iniziali di ogni **terzina**, lette di séguito, formano una serie di tre **sonetti** che fungono da **proemio** all'opera.

adynaton (gr. = cosa impossibile) figura retorica che consiste nel rimarcare l'impossibilità di un fatto tramite una **perifrasi** a carattere **iperbolico** e **paradossale**. P. es., «Lo mar potresti arompere, a venti asemenare, / l'abere d'esto secolo tut[t]o quanto asembrare: / avere me non pòteri a esto monno» (CIELO D'ALCAMO).

afèresi fenomeno linguistico per cui si ha la caduta di uno o più suoni all'inizio di una parola. P. es.: "state" per 'estate' e "verno" per 'inverno'.

aforisma (o *aforìsmo*) breve testo o frase dal carattere sentenzioso, spesso **paradossale** e **antifrastico**. L'*a.* enuncia una verità assoluta che di solito non coincide con l'opinione comune.

agiografia genere in cui è narrata la vita esemplare di un santo. Nel Medioevo l'*a.* ha un carattere spiccatamente fantastico e si avvicina ai modi della leggenda.

allegorìa figura retorica per cui un concetto astratto (ideale, morale, religioso, politico) viene espresso attraverso una serie di immagini concrete alle quali l'autore ha attribuito un significato **metaforico**. L'*a.* per **antonomasia** della letteratura italiana è la *Commedia* dantesca (cfr. **figura**), ma un buon es. è anche in Petrarca (*Canz.* CLXXXIX): la nave che solca il mare in tempesta rappresenta la vita umana che si muove tra difficoltà e pericoli; il naufragio è la morte, e il porto la salvezza e la pace (anche in senso religioso).

allitterazione figura retorica che consiste nella ripetizione degli stessi suoni all'inizio di due o più parole contigue o anche all'interno di esse. Può essere impiegata per rafforzare legami semantici tra parole o per crearne di nuovi. P. es.: «a *m*ezza via *c*ome *n*emico ar*m*ato» (PETRARCA).

anacoluto costruzione (che la grammatica normativa giudica scorretta) consistente nel cominciare una frase senza terminarla in modo sintatticamente adeguato, di solito variandone il soggetto dopo un inciso. Fenomeno comune nel parlato (p. es. "*Io*, ieri, *mi capitò* una brutta avventura"), può essere impiegato in letteratura a fini **mimetici** o **espressionistici**. Spesso in Boccaccio si hanno *a.* del tipo: «*Il Saladino*, [...] avendo in diverse guerre e in grandissime sue magnificenze speso tutto il suo tesoro [...], *gli venne* a memoria un ricco giudeo, il cui nome era Melchisedech».

anàfora figura retorica consistente nella ripetizione di una stessa parola (o di più parole) all'inizio di versi o enunciati successivi. P. es.: «*Figlio*, l'alma t'è 'scita,/ *figlio* de la smarrita,/ *figlio* de la sparita,/ *figlio* attossecato!» (JACOPONE).

anagramma figura retorica (e gioco di parole) che consiste nella permutazione (cioè nello scambio reciproco) delle lettere che compongono una parola allo scopo di formarne un'altra di significato diverso. Quattro possibili anagrammi della parola "Roma" sono, p. es., "ramo", "armo", "mora" e "amor".

analessi in linguistica, ripresa di una stessa parola. In narratologia, l'*a.* (o *flashback*) è la rievocazione di un evento passato rispetto al momento in cui si svolge l'azione principale (p. es., nell'*Odissea*, il racconto retrospettivo di Ulisse ai Feaci, che risale fino alla caduta di Troia). È il fenomeno opposto alla **prolessi**.

analogìa procedimento compositivo per cui si sostituiscono ai consueti rapporti logici, sintattici e semantici delle parole altri rapporti basati su somiglianze (anche remote ma percepibili intuitivamente) tanto sul piano del **significato** quanto su quello del **significante** (cfr. anche **simbolismo** e **fonosimbolismo**). Un'*a.* può esplicitarsi in una **metafora** oppure rimanere implicita nel testo.

anàstrofe figura retorica consistente nell'inversione dell'ordine abituale degli elementi del periodo. Riguarda di solito il compl. di specificazione e l'agg. («fue/ *di cherubica luce uno splendore*»: Dante) oppure il compl. ogg. e il verbo. Può essere considerata come una sottospecie dell'**iperbato**.

anticlimax o **climax discendente** consiste in una progressiva discesa di **registro** linguistico o di **stile**, talvolta (ma non necessariamente) con effetti **parodici** e **satirici**. Un es. di *a.* "seria" è «O mia stella, o Fortuna, o Fato, o Morte» (PETRARCA).

antifrasi è la forma più esplicita di **ironia** e consiste nel dire qualcosa intendendo l'esatto contrario di ciò che si dice. L'eliminazione di eventuali ambiguità è sempre garantita dal contesto. Un es. di *a.* ricorrente nella lingua parlata è la frase "Che bella giornata!" per intendere che il tempo è brutto.

antinomìa in filosofia, termine indicante la contraddizione tra due proposizioni (*tesi* e *antitesi*) entrambe dimostrabili come vere.

antìtesi figura retorica consistente nell'accostamento di due parole o frasi di significato opposto. P. es. «*Pace* non trovo, et non ò da far *guerra*;/ e *temo* et *spero*; et *ardo* et son un *ghiaccio*» (PETRARCA).

antonomàsia figura retorica che consiste nella sostituzione a) di un nome comune con un nome proprio (p. es. "imperatore" con «Cesare»: DANTE); b) di un nome proprio con una **perifrasi** che lo caratterizza in termini universalmente noti (p. es. 'Italia' con «il bel paese/ ch'Appennin parte, e 'l mar circonda et l'Alpe»: PETRARCA); c) di un nome proprio con un appellativo che lo identifica in modo inequivocabile (p. es. 'Afrodite' con «Citerea» [cioè 'di Citera', l'isola che accolse Venere dopo la sua nascita]: DANTE).

apòcope (o *troncamento*) caduta della vocale o della sillaba finale di una parola. P. es. "amor" (= amore), "van" (= vanno).

apòdosi nel periodo ipotetico, è la proposizione principale da cui dipende logicamente una subordinata condizionale (detta **protasi**). P. es.: "se oggi non piove, *uscirò a fare quattro passi*".

apòlogo (dal gr. "apòlogos" = racconto) narrazione di tipo **allegorico** con espliciti fini pedagogici, morali o filosofici.

apòstrofe figura retorica che consiste nel rivolgere bruscamente il discorso a un **destinatario** reale o immaginario (presente o assente), in tono sdegnato o commosso. Può essere associato con la **personificazione**. P. es.: «Ahi Pisa, vituperio de le genti/ del bel paese là dove 'l sì suona,/ poi che i vicini a te punir son lenti,/ muovasi la Capraia e la Gorgona,/ e faccian siepe ad Arno in su la foce,/ sì ch'elli annieghi in te ogne persona» (DANTE).

àrea semàntica (o *campo semantico*) insieme strutturato di parole che fanno riferimento a una data area concettuale, la cui unitarietà è accettata intuitivamente dai parlanti di una lingua. P. es., l'insieme dei termini di colore ("rosso", "nero", "blu") o quello delle parole relative alla sfera dei sentimenti ("amore", "amicizia", "affetto", ecc.) formano due distinte *a.s.*

asìndeto figura retorica consistente nella soppressione delle congiunzioni coordinanti (p. es.: "e", "o", "ma") all'interno della frase. L'uso reiterato di queste congiunzioni dà luogo invece al **polisindeto**. Un es. di *a.* è «*Fresco ombroso fiorito* e verde colle» (PETRARCA).

assimilazione fenomeno linguistico che si ha quando un suono (vocalico o consonantico) si adatta (diventa simile) al suono che lo precede o lo segue nel corpo della parola. Nel caso dell'ital. "fatto", dal lat. "factum", si parla di *a.* consonantica *regressiva*, tipica del toscano. Nel romanesco "monno", dal lat. "mundum", l'*a.* consonantica si dice invece *progressiva* e si ritrova solo nei dialetti centro-meridionali.

assonanza identità delle sole vocali della parte finale di due parole, a cominciare dalla vocale **tonica**. P. es.: *sole*: *ponte*.

àtona, sìllaba sillaba non accentata (contrario di **tonica**). Nella parola "sillaba", p. es., "la" e "ba" sono atone.

atto ciascuna delle suddivisioni principali di un'opera teatrale (v. **tragedia** e **commedia**). Si chiama **atto unico** la rappresentazione drammatica costituita da un solo *a.*

àulico (dal lat. "aula" = corte, reggia) agg. riferito a parola o **stile** alto, legato a una tradizione illustre. *A.* deve essere, per Dante, il volgare modello (*De vulgari eloquentia*). **Aulicismo**, di conseguenza, si definisce il termine letterario di tradizione colta, spesso un latinismo o un arcaismo.

autobiografia genere letterario in prosa in cui autore, narratore e personaggio principale sono la stessa persona. Nell'*a.*, diversamente da generi a essa affini come la **memorialistica**, il racconto (di tipo retrospettivo, a differenza del diario) ricopre tendenzialmente l'intera vita dell'individuo, privilegiandone lo sviluppo della personalità rispetto agli avvenimenti esterni che possono entrare a far parte della narrazione.

autògrafo in **filologia** è l'orginale, scritto di proprio pugno dall'autore. P. es., l'unico *a.* pervenutoci del *Decameron* di Boccaccio è il **codice** Hamilton 90 (o B), conservato a Berlino. Di Dante non si conserva nessun *a.*, mentre del *Canzoniere* di Petrarca abbiamo una *a.* (il Vat. lat. 3196) e un **codice**, il Vat. lat. 3195, solo in parte *a.* ma redatto sotto la sorveglianza dell'autore e perciò considerabile a tutti gli effetti come un originale.

avanguàrdia categoria storiografica moderna: in senso proprio si può parlare di *a.* solo a partire dall'Ottocento. Il concetto di *a.* (strettamente collegato a quello di **sperimentalismo**) fa riferimento a un gruppo di scrittori la cui **poetica** e attività creativa si situa consapevolmente in una posizione di rottura nei confronti della tradizione.

B

ballata (o *canzone da ballo*) forma strofica elaborata nel Duecento, originariamente con accompagnamento musicale e destinata alla danza. La struttura della *b.* prevede una **ripresa** (o **ritornello**) e una (o più) **stanze**, ognuna delle quali si divide in almeno due **piedi** e una **volta** (che ha schema identico alla ripresa). Il primo verso della volta rima con l'ultimo verso del secondo piede, e l'ultimo con l'ultimo verso della ripresa. La *b.* si può chiudere con una **replicazione** di forma uguale alla volta o alla ripresa. Tra i diversi tipi di *b.* ricordiamo: a) la **ballata mezzana**, con ripresa di tre versi **endecasillabi** (oppure due endecasillabi più uno o due **settenari**), usata tre volte dal Petrarca nel *Canzoniere* (LV, LIX, CCCXXIV); b) la **ballata minore**, con ripresa di tre versi (p. es. *«In un boschetto trova' pasturella»* di Cavalcanti).

biografìa genere storiografico di origine classica in cui è narrata la vita di un personaggio illustre. Nel Medioevo il genere è ripreso da Petrarca nel *De viris illustribus*. Cfr. anche **agiografia**.

bisìllabo verso di due sillabe, assai raro nella metrica italiana.

bucòlico (o *pastorale*), **gènere** il *g.b.* ha come modello le *Bucoliche* di Virgilio e l'**idillio** greco ed è ambientato nel mondo felice e idealizzato dei pastori (l'Arcadia, simbolo della poesia). In Italia il genere viene coltivato soprattutto nel Quattrocento, tanto in poesia (cfr. **egloga**) quanto nel **romanzo** e, successivamente, anche come forma drammatica. Gli ultimi esempi di *g.b.* si hanno ai primi del Settecento con gli arcadi.

burlesco, gènere genere poetico nato in Toscana a partire dalla seconda metà del XIII sec. con alcuni precedenti nella poesia goliardica latina medievale. Appartiene alla corrente della *poesia giocosa* rappresentata da Rustico Filippi, Forese Donati, Cecco Angiolieri e Folgòre da San Gimignano. La forma tipica del *g.b.* è la **parodia**, inizialmente spesso esercitata nei confronti dello stilnovismo: alla idealizzazione stilnovista della donna, i poeti giocosi contrappongono una concezione sensuale e carnale dell'amore.

C

calligramma componimento poetico in cui la disposizione tipografica dei versi raffigura un oggetto (di solito l'argomento stesso della poesia). Il termine deriva da *Calligrammes*, titolo di una raccolta poetica di Guillaume Apollinaire (1880-1918), ma la tradizione della *poesia figurata* risale all'antichità.

campo semàntico cfr. **area semantica**

cànone per *c.* letterario o estetico si intende l'insieme degli autori e delle opere che, in una data epoca, si ritiene debbano obbligatoriamente far parte delle letture di una persona colta. Il *c.* offre in concreto, agli scrittori, modelli **stilistici** e regole di **genere** da seguire e rispettare.

cantare genere popolare trecentesco in **ottave**, di argomento avventuroso, **epico** o cavalleresco, cantato nelle piazze dai giullari. Il *c.* è spesso anonimo (p. es. *Fiorio e Biancifiore*), ma compongono cantari anche Boccaccio e Pulci.

canterina che si riferisce ai **cantari**.

càntica l'insieme dei canti, rispettivamente, di *Inferno, Purgatorio* e *Paradiso*, ovvero ognuna delle tre parti in cui è divisa la *Commedia* di Dante.

canti carnascialeschi genere poetico-musicale con struttura metrica affine a quella della **ballata**, di contenuto licenzioso e osceno ma a volte anche satirico e politico. I *c.c.* venivano eseguiti a Firenze (tra il XV e il XVI sec.) nel periodo di carnevale. I *trionfi* si distinguono dagli altri *c.c.* perché destinati a essere cantati in cortei di maschere ispirate a personaggi mitologici: l'esempio più famoso di *trionfo* è la Canzona di Bacco (detta anche *Trionfo di Bacco e Arianna*) di Lorenzo de' Medici.

canzone forma metrica derivata dalla **canso**, in origine con accompagnamento musicale. La *c. classica* (o *antica* o *petrarchesca*) è formata da un numero variabile di **stanze** (in genere tra cinque e sette) uguali tra loro per numero di versi, per disposizione dei tipi di verso (che sono, a partire da Petrarca, solo **endecasillabi** e **settenari**) e per schema di **rime**. Le stanze sono formate dalla **fronte** (che può essere divisa o meno in **piedi**) e dalla **sirma**, collegate tra loro dalla **chiave**. La canzone conclude di solito con un **congedo**. Dal Seicento in poi si ha anche la *c. libera* (o *leopardiana*) in cui le **stanze** sono di lunghezza irregolare ed endecasillabi e settenari si alternano secondo uno schema libero e privo di rime obbligatorie.

canzone da ballo cfr. **ballata**.

canzonetta genere poetico-musicale spesso di argomento amoroso e tono popolare. Metricamente, può assumere varie forme, tra cui quelle della **canzone** (ma con struttura semplificata e con versi più brevi dell'**endecasillabo**), del **madrigale** e della **ballata** (soprattutto nel Quattrocento). Un es. di *c.* è «*Meravigliosamente*» di Giacomo da Lentini.

capìtolo forma metrica composta da **terzine** di **endecasillabi** a **rima incatenata** e conclusa da un verso isolato (ABA BCB CDC ... YZY Z). Sono *c.* i canti della *Commedia* di Dante e i *Trionfi* del Petrarca.

catàcresi **metafora** istituzionalizzata ed entrata nell'uso comune: p. es. "il collo della bottiglia".

catarsi nella *Poetica* di Aristotele designa la purificazione delle passioni degli spettatori a opera della **tragedia**.

cesura è la pausa di intonazione (coincidente con un limite di parola) che divide il verso; nell'**endecasillabo**, individua due **emistichi**.

chanson de geste locuzione francese che indica un genere **epico** in versi (di solito **décasyllabes**) in **rima** o **assonanza**, nato in Francia nel XII sec. e diffuso nelle piazze dai giullari. Celebra le imprese (le "gesta") di un eroe nelle guerre nazionali. Un es. è la *Chanson de Roland*.

chiasmo figura retorica consistente nel disporre in modo incrociato, rompendo il normale parallelismo sintattico, i membri corrispondenti di due **sintagmi** o di due proposizioni. P. es.: «Siena mi fé, disfecemi Maremma» (DANTE).

chiave (o *concatenàtio*) nella **stanza** è la **rima** che unisce il primo verso della **sirma** con l'ultimo della **fronte**.

classicismo nella storia letteraria il termine ha due significati: a) il culto di alcuni autori greci e latini in funzione normativa e prescrittiva (come nell'Umanesimo e nel Rinascimento o nel Neoclassicismo settecentesco); b) l'imitazione di scrittori diversi ritenuti esemplari in un dato periodo e rispondenti a determinate caratteristiche estetiche come equilibrio, chiarezza, linearità ecc.

climax (o *gradàtio*) figura retorica che può designare un'**anadiplosi** continuata oppure, nell'accezione moderna, una progressione crescente e graduale di parole o **sintagmi** con generale effetto di amplificazione. Si parla in questo caso più precisamente di *c. ascendente* (per il *c. discendente* cfr. **anticlimax**). P. es.: «e *videmi* e *conobbemi* e *chiamava*» (DANTE). Per analogia il concetto di *c.* può essere esteso anche alla metrica e al ritmo.

còdice in **filologia** è il libro antico manoscritto. Dal lat. "codex" = tronco d'albero, perché in passato si scriveva su tavolette di legno cerate; per **metonimia** il termine è passato a designare il nuovo materiale scrittorio, che è inizialmente pelle di animale e poi carta.

còmico, stile nella **teoria degli stili** medievali, lo *s.c.* o *medio* (contrapposto al **tragico**) privilegia un **registro** medio-basso, contenuti quotidiani e terreni e metri come il **sonetto**. È rivolto a un pubblico vasto che comprende, oltre alle *élites* nobiliari e alto-borghesi, anche i ceti intermedi e gli artigiani. È anche lo stile usato da Dante in molte parti della *Commedia*.

commèdia genere teatrale nato in Grecia intorno al VI sec. a.C. Strutturalmente, al contrario della **tragedia**, è caratterizzato dalla presenza di un inizio triste (o da una situazione incerta per il protagonista) e di finale lieto. Lo **stile** adottato è quello **comico**. Dante definisce il proprio poema «comedìa» proprio perché vi dominerebbe lo stile comico o medio.

comparazione a) figura retorica consistente in un paragone tra due termini ("la mia camera è grande quanto la tua") b) **similitudine** più articolata espressa mediante forme correlative del tipo "come...così", "quale...tale". P. es.: «E *come* quei che con lena affannata/ uscito fuor del pelago a la riva/ si volge a l'acqua perigliosa e guata,/ *così* l'animo mio, c'ancor fuggiva,/ si volse a retro a rimirar lo passo/ che non lasciò già mai persona viva» (DANTE).

concatenazione cfr. **chiave**

congedo (o *commiato*; in prov. *tornada*) **strofa** che di solito chiude la **canzone**. Riproduce in genere la forma della **sirma** o della parte finale della **stanza**, ma può anche avere uno schema proprio.

consonanza identità delle sole consonanti della parte finale di due parole, dopo la vocale **tonica**. P. es.: s*e*me:r*a*mo. Cfr. anche **assonanza**.

contrasto genere poetico di vario metro e contenuto (amoroso, politico o storico) ma sempre strutturato in forma di dialogo. Famoso è il *Contrasto* di Cielo d'Alcamo.

coro nella **tragedia** greca era la parte declamata da un gruppo di attori-danzatori (*coreuti*) che esprimevano il punto di vista della collettività. Nella tragedia moderna (p. es. in quella manzoniana) e nel dramma musicale, il *c.* è invece un brano lirico in cui l'autore esprime il proprio personale stato d'animo nei confronti degli eventi narrati.

crònaca genere medievale basato sull'esposizione cronologica dei fatti storici, riguardanti una città o un'area geografica limitata. Importanti sono le *c.* di Dino Compagni e Giovanni Villani.

D

deaggettivale detto di nome o verbo che deriva da un aggettivo. P. es. "bellezza" e "abbellire", da "bello".

decasìllabo verso di dieci sillabe (se l'**uscita** è **piana**) con accenti di 3ª, 6ª e 9ª nella forma canonica (dal Settecento in poi, p. es. in Manzoni). È usato raramente nella poesia antica, talvolta come variante **anisosillàbica** del **novenario** e dell'**endecasillabo** (p. es. in Jacopone).

décasyllabe verso francese e provenzale di dieci **piedi**. È il metro di molti generi **lirici**, come il *planh* provenzale e la *ballade* in lingua d'oïl, e ha costituito il modello dell'**endecasillabo** italiano. Un es. da Villon: «Je n'ay plus soif, tairie est la fontaine» [Non ho più sete, asciutta è la fontana].

dedicatàrio **neologismo** coniato sul modello di **destinatario**. È la persona a cui è dedicato un testo letterario (una poesia, una **tragedia**, ecc.) e il cui nome figura a volte all'inizio del componimento.

dedicatòria lettera di dedica con cui l'autore invia il proprio testo a un **dedicatario**, spesso allo scopo di assicurarsene la protezione.

denominale parola derivata da un nome preesistente. P. es. "terremotare" e "terremotato" (da "terremoto").

dentali, consonanti nel sistema fonetico italiano, p. es., la [t] (*sorda*) e la [d] (*sonora*).

destinatàrio nel modello comunicativo della **semiotica** di R. Jakobson è la persona a cui è inviato il messaggio. L'*emittente* invia un*messaggio* al *d.* in riferimento a un *contesto* (o *referente*), servendosi di un *contatto*, cioè di un canale fisico. La comunicazione è possibile solo se emittente e destinatario condividono (in tutto o in parte) lo stesso *codice*, cioè lo stesso insieme di convenzioni linguistiche, culturali, ecc.

deverbale neoformazione derivata da un verbo. P. es. "operazione" da "operare".

diacronìa/sincronìa in linguistica, il termine *d.* indica l'evoluzione cronologica di una lingua. Alla linguistica *diacrònica* si oppone quella *sincrònica*, che studia il funzionamento di una lingua in una fase particolare del suo sviluppo.

dialefe fenomeno metrico per cui, all'interno del verso, la vocale di una parola e quella iniziale della parola successiva vengono pronunciate separatamente (cioè con uno **iato**) e devono essere considerate come parti di due differenti sillabe. La *d.* è assai diffusa nel Duecento e in Dante, ma cade in disuso con Petrarca (che in genere preferisce la **sinalefe**). P. es. «*O a*nima cortese mantoana» (DANTE).

diàlogo come genere umanistico, il *d.* è per lo più scritto in latino sul modello ciceroniano (anche se non mancano *d.* in volgare). La sua struttura esprime una nuova concezione della verità intesa come processo al quale compartecipano voci e opinioni diverse. I temi del *d.* spaziano dalla filosofia e dalle arti sino all'economia domestica e all'educazione dei figli (p. es. nei *Libri della famiglia* di L.B. Alberti).

didascàlica (o *didàttica*), **poesia** genere letterario medievale praticato anche in Grecia, in forma di **poemetto** o **capitolo**, a carattere enciclopedico (e in molti casi **allegorico**) e con intenti educativi. Sono es. di *p.d.* il *Tesoretto* di Brunetto Latini e il *Fiore* attribuito a Dante.

diegèsi termine aristotelico (gr. "diégesis" = racconto) con cui la moderna **narratologia** designa la narrazione come fenomeno distinto dalla **mimesi**. Ha carattere diegetico, p. es., l'**epica**, dove il narratore generalmente descrive fatti e situazioni anziché rappresentarli in forma diretta (ripetendo p. es. gesti e discorsi dei vari personaggi).

dièresi nella lettura metrica è il fenomeno opposto alla **sineresi**. Si ha all'interno di parola e consiste nella pronuncia separata di due vocali consecutive che normalmente formerebbero un **dittongo**. P. es.: «faceva tutto rider l'orïente» (DANTE).

disgiuntiva, coordinazione (o *disgiunzione*) tipo di coordinazione ottenuta tramite congiunzioni disgiuntive come "o", "oppure", "ovvero", che stabiliscono un rapporto di esclusione reciproca tra due proposizioni. P. es.: "non so se è uscito oppure è ancora dentro".

dìstico coppia di versi, di solito a **rima baciata**. Il *d. elegiaco* nella metrica latina, è invece la coppia **esametro+pentametro**, usata soprattutto nell'**elegia**. P. es.: «Dívitiás aliús fulvó sibi cóngerat áuro / ét teneát cultí iúgera múlta solí» [Un altro ammassi per sé ricchezze di fulvo oro e si tenga molti iugeri di terreno coltivato] (TIBULLO).

dittologìa sinonìmica contiguità di due vocaboli aventi lo stesso significato. P. es.: «ché per mezzo lo cor me lanciò un dardo/ che d'altre 'n parte lo *taglia e divide*» (GUINIZZELLI).

dittongo unione, all'interno di parola, di due vocali contigue in una sola sillaba. P. es. *tuòno* (*d. ascendente*), *mài* (*d. discendente*).

domanda retòrica domanda che ha in se stessa la propria risposta (essendo, in realtà, un'asserzione che non ammette repliche). P. es.: "Non è forse vero che la scuola è maestra di vita?".

E

ègloga (o *ècloga*) genere poetico, modellato sulle *Bucoliche* di Virgilio (le cui singole parti erano chiamate *eclogae*, cioè 'estratti'), appartenente al più vasto **genere pastorale**. Le forme metriche principali dell'*e.* in italiano sono la **terza rima** e l'**endecasillabo sciolto**.

elegìa genere poetico di origine greco-latina in **distici elegiaci** caratterizzato da toni nostalgici e malinconici e di contenuto amoroso.

elegìaco, stile nella **teoria degli stili** medievale è lo «stile degli sfoghi dolorosi» (DANTE) e richiede l'utilizzo del volgare umile. Corrisponde al *genus humilis* della retorica antica.

ellissi figura retorica per cui si sottintendono uno o più elementi della frase che il contesto permette di ricostruire facilmente. P. es., nell'espressione dantesca «Questo io a lui; ed elli a me» è sottinteso per due volte il verbo "dire".

emistìchio metà di un verso diviso dalla **cesura** in due versi di misura minore.

endecasìllabo verso composto da 11 sillabe (nella forma a **uscita piana**), con accento principale sulla 10ª. Deriva dal **décasyllabe** francese e provenzale ed è il verso più importante della tradizione italiana. L'*e. canonico* è di due tipi: *a maiore* (p. es. «Nel mezzo del cam*mín* | di nostra *ví*ta»: DANTE) con accenti di 6ª e 10ª; *a minore* («Per me si *vá* | ne la città dolénte»: DANTE) se l'accento è di 4ª oltre che di 10ª. Quando è possibile dividere il verso in un **settenario** seguito da un **quinario**, si parla di **cesura** *a maiore*; di cesùra *a minore* quando, viceversa, è possibile dividerlo in un quinario seguito da un settenario. Gli altri accenti sono liberi. Prima della codificazione operata da Dante e soprattutto da Petrarca, però, anche le forme non canoniche erano ammesse, entro una certa misura, in poesia. Si parla di **endecasillabo sciolto** nel caso di composizioni in *e.* senza rime regolari.

endìadi figura retorica consistente nella sostituzione di una singola espressione composta da due membri con due espressioni separate dalla congiunz. (di solito due nomi). P. es.: «O eletti di Dio, li cui soffriri/ *e giustizia e speranza* [= 'speranza di giustizia'] fa men duri,/ drizzate noi verso gli alti saliri» (DANTE).

ènfasi procedimento retorico consistente nel porre in rilievo una o più parole mediante il tono della voce o un gesto, oppure, nello scritto, con il punto esclamativo, il corsivo ecc., per evidenziare un'accezione particolare o un significato **metaforico**. P. es.: "lui sì che è un uomo!".

enjambement in poesia si ha *e.* (termine fr. che può essere tradotto con 'accavallamento') quando la fine di verso separa un nesso sintattico forte, p. es. del tipo agg.+sost.: «ad *immortale / secolo* andò, e fu sensibilmente» (DANTE).

enumerazione (o *elenco*) procedimento retorico comune a vari generi del discorso consistente nell'elencazione di parole o **sintagmi** per via **asindetica** oppure mediante congiunzioni coordinanti. P. es. «Benedetto sia *'l giorno, e 'l mese, et l'anno,/et la stagione, e 'l tempo, et l'ora, e 'l punto,/e 'l bel paese, e 'l loco* ov'io fui giunto/ da' duo begli occhi che legato m'ànno» (PETRARCA).

epìgrafe in senso moderno, iscrizione in lingua latina o in latino letterario e aulico a carattere funebre o commemorativo. È chiamata *e.* anche la citazione da un autore posta all'inizio di un testo (in questa accezione, è sinonimo di *esergo*).

epigramma genere poetico di origine greca, inizialmente impiegato nelle iscrizioni funebri o votive e caratterizzato dall'estrema brevità. Con il poeta latino Marziale (I sec. d.C.) l'*e.* si codifica come genere **satirico**, arguto e tagliente.

epìstola genere letterario di origine classica, sia in prosa che in versi. L'*e.* medievale in latino, praticata anche da Dante e Petrarca, è rigidamente codificata secondo le regole dell'**ars dictandi**.

epìtesi aggiunta non giustificata etimologicamente di una vocale o di un nesso cons.+voc. alla fine della parola. Molto frequente è l'*e.* di "-e" in monosillabi tonici (p. es. «udì*e*» per "udì" in Dante) e di "-ne", in certe parlate centro-meridionali ma anche, a scopi metrici ed eufonici, in poesia. P. es.: «si pò*ne*» [si può] in rima con «persone» e «ragione» (DANTE).

epìteto agg. o sost. riferiti ad altro sost. del quale dichiarano qualità generali per lo più ininfluenti rispetto al contesto immediato della frase. L'*e.* (detto anche *e. esornativo*, cioè 'ornamentale') può ricorrere più volte nello stesso testo e in questo caso serve per identificare e qualificare immediatamente (con una formula stereotipa) un dato personaggio (è un procedimento tipico dell'**èpica**). P. es.: «l'astuto Ulisse» (OMERO).

esàmetro verso greco-latino di sei **piedi** proprio dell'**epica** e della poesia **didascalica**. Unito al **pentametro** forma il **dìstico elegìaco**. Un es. di *e.* latino (con l'indicazione degli accenti per la lettura metrica) è: «Árma virúmque canó | Troiaé qui prímus ab óris» (VIRGILIO).

escatologìa parte della teologia che ha per oggetto il destino ultimo dell'umanità e del mondo. Per il Cristianesimo a questa concezione è associata l'attesa messianica del Cristo nuovamente risorto e del Giudizio finale a opera di Dio.

esergo citazione anteposta al testo vero e proprio (v. **epigrafe**).

espressionismo in senso storico, tendenza artistica e letteraria sorta in Germania agli inizi del Novecento. Per estensione, si dicono di tipo espressionistico quelle forme di rappresentazione antinaturalistica che tendono all'esasperazione dei contrasti (cromatici, sonori, lessicali) e in genere a una marcata deformazione linguistica. In questo senso l'*e.* è una categoria stilistica ed è possibile parlare, p. es., di "*e.* dantesco".

estètica disciplina filosofica che ha come oggetto la bellezza nella natura e nell'arte. Il primo a usare il termine con questo significato è stato A.G. Baumgarten, nel Settecento. È connesso etimologicamente con il gr. "áisthesis" = sensazione.

etimologìa il termine designa sia la disciplina che studia la derivazione di una parola da un'altra più antica (e, spesso, appartenente a un'altra lingua), sia il suo oggetto (l'ètimo, dal gr. "étymon" = vero [significato]). L'etimologia di "parola", a es., è il lat. "parabola(m)" (a sua volta dal gr. "parabolé" = paragone) cioè la 'parola' per **antonomasia**, quella evangelica. Le *e.* medievali sono invece, molto spesso, delle **paretimologie**.

eufemismo attenuazione (per scrupolo morale, sociale o culturale) di un'espressione troppo cruda o realistica mediante la sua sostituzione con un sinonimo o con una **perifrasi** (spesso una **litote**). P. es.: "passare a miglior vita" per 'morire'.

eufonìa accostamento gradevole di suoni. In particolare sono dette *consonanti eufoniche* quelle che si aggiungono alla congiunzione "e" o ad alcune preposizioni per evitare l'incontro con la vocale iniziale della parola successiva (soprattutto quando le due vocali sono uguali). P. es.: "fu costretto *ad* arrendersi". Nell'it. ant. la *cons. eufonica* si può avere anche dopo "che": «E, come que' che*d* allegrezza mena,/ gridò»: A. PUCCI). Le *vocali eufoniche* si aggiungono invece per evitare l'incontro di due consonanti; p. es.: "in Ispagna" (cfr. **prostesi**).

exemplum (lat. = esempio) breve narrazione inserita nelle **agiografie**, nelle prediche o nella **poesia didascalica** allo scopo di fornire un modello di comportamento e un esempio morale a un destinatario di ceto e cultura medio-bassa. Nella sua forma originaria l'*e.* risponde ad alcuni requisiti particolari: deve essere tratto da una *fonte autorevole*; deve avere estensione *breve*; deve essere presentato come *veridico*; il suo significato deve essere *inequivocabile*; deve essere *piacevole*.

èxplicit conclusione; *e.* è abbreviazione di "explicitum est" (lat. = è stato srotolato), che nei papiri indicava che il rotolo era stato svolto sino alla fine. In filologia, indica le parole finali di un testo. Cfr. **incipit**.

F

fàbula (lat. = favola) nella terminologia dei **formalisti** russi, la *f.* è l'insieme dei fatti che costituiscono la narrazione considerati secondo l'ordine cronologico, che il lettore può ricostruire *a posteriori*, p. es. tenendo conto di *flashbacks*, **agnizioni**, ecc. La nozione di *f.* è complementare a quella di **intreccio**: la distinzione è utile per descrivere forme narrative complesse (come il **romanzo** moderno), dove esiste una notevole sfasatura tra lo svolgersi logico-temporale degli eventi e l'ordine in cui essi compaiono nel testo.

facèzia genere letterario umanistico, per lo più in prosa, modellato su esempi greci e latini. Consiste in un motto di spirito salace o in una battuta che rivela l'intelligenza di chi la enuncia. Le *f.* possono essere in latino (Poggio Bracciolini, *Liber facetiarum*) o in volgare (Poliziano, *Detti piacevoli*), anche a carattere popolaresco (*Motti e facezie del Piovano Arlotto*). Il genere continuerà ad avere fortuna fino al Seicento.

farsa genere teatrale a carattere comico e popolaresco nato nel Medioevo come intermezzo da recitarsi durante le **sacre rappresentazioni**. I temi trattati sono il vino, l'amore carnale, i piaceri della vita. In Francia la *farce* è già largamente diffusa nel sec. XIII, mentre i primi esempi di *f.* letteraria in Italia si hanno solo nel XVI sec. (Ruzzante, Sannazaro).

figura nella concezione cristiana medievale un fatto storico è *f.* di un altro (successivo e più importante) quando lo preannuncia, quando cioè può essere interpretato (spesso secondo un procedimento di tipo **allegorico**) come la prefigurazione di un evento che è destinato ad adempiersi nel futuro. La liberazione del popolo ebraico, p. es., è *f.* della Redenzione. Il filologo tedesco E. Auerbach ha messo in luce l'importanza della "concezione figurale" nella *Commedia* dantesca.

figura etimològica (o *gioco etimològico*) ripetizione di una stessa radice **etimologica** (più o meno scientificamente accertata) in parole vicine con effetto di sottolineatura semantica. P. es.: «sfiorata Fiore» [sfiorita Firenze] (GUITTONE D'AREZZO).

filologìa nella sua accezione più ristretta (quella di *critica testuale*), è la disciplina che si occupa di ricostruire il testo così come doveva essere stato licenziato dall'autore. La *f.* studia soprattutto i **codici** (ma anche i testi a stampa) e la loro **tradizione manoscritta**. Il risultato finale del lavoro del filologo è in genere l'**edizione critica** di un testo.

focalizzazione in narratologia indica la *prospettiva* o il *punto di vista* dal quale il narratore considera i fatti narrati e i personaggi. Se il narratore è in grado di vedere fin dentro l'animo dei personaggi (i loro sentimenti, le loro sensazioni, ecc.), allora si parla di racconto a *focalizzazione zero* (o senza focalizzazione): per es., *I promessi sposi* di Manzoni (cfr. anche **narratore onnisciente**). Se il narratore riporta e conosce solo quello che sa il personaggio (e nulla di più), allora si parla di *focalizzazione interna* (che può essere *fissa* se orientata su di un solo personaggio; *variabile* se si sposta di volta in volta su un personaggio diverso, per es. in *Con gli occhi chiusi* di Tozzi; *multipla*, nel caso per es. del romanzo epistolare a più mani). Se il narratore sa meno dei personaggi, non ha la facoltà di vedere dentro di essi e può solo descriverne il comportamento, si parla infine di *focalizzazione esterna* (spesso usata nel romanzo giallo, perché il lettore non scopra subito chi è il colpevole).

fonema è il suono linguistico considerato nel suo aspetto funzionale ed è anche la più piccola unità distintiva della lingua. Questo significa che: a) un *f.* non è ulteriormente scomponibile in unità minori b) in una parola, sostituendo un *f.* con un altro, si ha anche cambiamento di significato (p. es.: la parola "dare" è formata da quattro *f.*,/d/,/a/,/r/,/e/; sostituendo /d/con/m/, si ha "mare", con mutamento semantico).

fonètica/fonologìa la *fonetica* è la scienza che studia i suoni del linguaggio da un punto di vista fisico e sperimentale (i *foni*, segnalati dalle parentesi quadre: [a], [b] ecc.). La *fonologia*, invece, studia i suoni di una lingua in relazione alla loro funzione nella comunicazione linguistica (i **fonemi**, tra barre oblique: /a/,/b/ ecc.).

fonosimbolismo procedimento compositivo (soprattutto poetico) che consiste nel produrre, attraverso una successione di suoni, un significato aggiuntivo rispetto a quello comunicato dal testo. P. es.: «graffia li spirti ed iscoia ed isquatra» (DANTE, *Inf.*, VI, 18): il senso generale di 'cosa tagliente, affilata' è suggerito dalle fricative ([f]), dalle sibilanti ([s]) e dalle vibranti ([r]). Tra Otto e Novecento il *f.* si distanzia dall'**onomatopea** (cui è spesso assimilabile) e dal **mimetismo** e viene inteso dai poeti (p. es. da Pascoli) sempre più spesso come una forma di suggestione sonora di tipo astratto e musicale.

fonte in senso storico-letterario, un testo o un documento che sta all'origine di un'opera letteraria o di una sua parte. Una delle *f.* della *Commedia* di Dante, p. es., è l'*Eneide* di Virgilio. Il rapporto tra l'opera e una sua *f.* è un caso particolare di **intertestualità**.

fronte è la prima parte della **stanza** della **canzone**. Per analogia, anche la prima parte (le due **quartine**) del **sonetto**.

G

gènere letteràrio insieme di opere che condividono determinati elementi *espressivi* (stile, lessico, metrica, ecc.) e di *contenuto* (temi, motivi, ideologia), aventi una *funzione* e un **destinatario** particolari. Le regole compositive di un *g.l.* si trovano spesso codificate nei trattati di **poetica**, ma possono essere ricostruite *a posteriori* dagli storici della letteratura.

glossa nota esplicativa, in senso generico. Nella prassi interpretativa medievale, annotazione a margine o in interlinea del copista, di un lettore o dello stesso autore a testi biblici, letterari e giuridici.

grottesco in senso generale è sinonimo di 'bizzarro' e 'deforme' e, perciò, 'ridicolo'. In accezione più tecnica, designa una forma teatrale nata in Italia negli anni Dieci del Novecento, caratterizzata da situazioni paradossali ed enigmatiche in cui sono denunciate, con sarcasmo e ironia, l'assurdità della condizione umana e le contraddizioni della società.

I

iato si ha *i.* quando due vocali contigue non formano un **dittongo** ma vengono pronunciate separatamente. P. es.: "e allora", "maestro", "riesame".

icàstico nella stilistica letteraria, l'agg. *i.* è impiegato per qualificare un modo di rappresentazione della realtà per mezzo di immagini particolarmente forti, evidenti e incisive. Il termine deriva da gr. "eikàzein" = rappresentare.

idillio (gr. "eidyllion" = piccola immagine) genere poetico greco dal contenuto prevalentemente pastorale. Il suo equivalente latino è l'**egloga**.

idiomatismo particolarità di una determinata lingua o dialetto. Una locuzione idiomatica (o "frase fatta") è un'espressione che non può essere tradotta letteralmente in un'altra lingua (p. es.: "avere un diavolo per capello").

immaginàrio l'insieme degli **archetipi**, dei **simboli**, dei desideri e delle paure che formano l'inconscio collettivo di una società (o dell'umanità in genere), in relazione a un dato periodo storico. Oggetto privilegiato dell'antropologia culturale, la nozione di *i.* ha anche a che fare con la letteratura, che può essere considerata come una formalizzazione delle spinte disordinate provenienti dalla sfera dell'*i.*

impressionismo in senso storico, movimento pittorico nato in Francia nella seconda metà dell'Ottocento. Per estensione, anche in letteratura, qualsiasi procedimento che tende a cogliere impressioni e stati d'animo soggettivi nella loro immediatezza, mediante rapide annotazioni e brevi squarci lirici.

incipit (lat. = inizio) le parole iniziali del testo. Cfr. **explicit**.

inno genere poetico a carattere religioso. Nel Medioevo l'*i.* cristiano in **strofe** metriche e ritmiche destinate al canto celebra Dio e i santi. Dal Settecento, il termine passa a designare anche componimenti a carattere profano (politico, sociale, patriottico). Cfr. **ode**.

intermezzo scena a carattere giocoso, accompagnata da musica e danze, che tra Cinquecento e Seicento veniva rappresentata durante gli intervalli di un'opera seria o di una commedia per svagare gli spettatori. Nel Settecento, benché finalizzato a riempire l'intervallo tra un atto e l'altro dell'opera seria, l'*i.* divenne un **genere** autonomo, ovvero un'opera comica breve a due sole voci (soprano e basso), con accompagnamento di archi e clavicembalo. L'*i.* costituisce le origini dell'opera buffa italiana e francese. Nell'Ottocento il termine *i.* indica anche brevi pezzi pianistici in forma libera.

interrogazione retòrica cfr. **domanda retorica**.

intertestualità è il rapporto che un testo letterario stabilisce con un altro testo anteriore. La nozione di *i.* (introdotta nella teoria letteraria solo negli anni Settanta) comprende una serie di fenomeni noti da sempre (citazione, reminiscenza, allusione, rapporto con le **fonti**) ma li riordina in chiave *dialogica*: l'*i.*, cioè, instaura un dialogo, un confronto che fa uscire il testo dal suo isolamento e lo immette in un discorso a più voci. Si dice *i. interna* quella che riguarda i riferimenti di un autore a un'altra propria opera o fra parti diverse della stessa.

intreccio nel linguaggio dei **formalisti** russi è l'insieme degli eventi narrati secondo l'ordine in cui sono presentati nell'opera, a prescindere dai loro rapporti causali e temporali. Cfr. **fabula**.

invèntio cfr. **retorica**

inversione cfr. **anastrofe**

invettiva in latino tardo *oratio invectiva* è chiamato il discorso aggressivo e violento con cui ci si rivolge a qualcuno per denunciarne il pensiero o la condotta morale. È un procedimento frequente anche nella *Commedia* dantesca (cfr. **apostrofe**). Nell'antichità, l'*i.* era un genere oratorio vero e proprio, spesso anonimo.

ipàllage figura retorica che consiste nel riferire un aggettivo non al sostantivo cui semanticamente è legato ma a un altro sostantivo vicino. P. es.: «io vedea di là da Gade *il varco/folle* d'Ulisse» (DANTE).

ipèrbato figura retorica di tipo sintattico per cui gli elementi della frase che normalmente sarebbero uniti in un **sintagma** sono invece separati. P. es.: «che l'anima col corpo morta fanno» (DANTE).

ipèrbole figura retorica che consiste nell'esagerare la portata di quanto si dice amplificando o riducendo in modo eccessivo il significato dei termini impiegati per rappresentare una data cosa. Due es. dal parlato: "Mi piace *da morire*", "è questione di *un secondo*".

ipèrmetro si dice di un verso che eccede di una o più sillabe la sua misura regolare. P. es.: «en questo loco lassato» (JACOPONE) è un **settenario** *i.* (la sillaba eccedente è la prima: "en").

ipòmetro verso che ha una o più sillabe in meno rispetto alla sua misura regolare. P. es.: «Vale, vale, vale» (JACOPONE) è un **settenario** *i.* perché manca della prima sillaba.

ipotassi (o *subordinazione*) costruzione tipica della lingua scritta caratterizzata dalla successione di proposizioni subordinate disposte in modo gerarchico. L'*i.* è il costrutto della complessità concettuale e dell'argomentazione logica; esprime di solito una presa di posizione esplicita e dichiara un punto di vista preciso. Si contrappone alla **paratassi**.

ironìa figura retorica che consiste nel mascherare il proprio discorso dicendo l'opposto di ciò che si pensa (**antifrasi**) oppure servendosi di una **litote** o di una **reticenza** o di una citazione distorta dal discorso altrui, a scopo derisorio e talvolta sarcastico. P. es.: «A voi che siete ora in Fiorenza dico,/ che ciò ch'è divenuto, par, v'adagia,/ e poi che li Alamanni in casa avete,/ servite i bene, e faitevo mostrare/ le spade lor, con che v'han fesso i visi,/ padri e figliuoli aucisi» (GUITTONE D'AREZZO).

iterazione (o *ripetizione*) procedimento formale riscontrabile in varie figure retoriche (come l'**anadiplosi**, l'**anafora**, l'**epanalessi**, ecc.) e nel linguaggio poetico in genere (p. es. nella **rima**).

K

koinè (gr. "koinè diàlektos" = lingua comune) in senso tecnico, dialetto condiviso da un territorio relativamente ampio; il dialetto di *k.* è un dialetto fortemente contaminato dalla lingua nazionale e in cui sono ridotti al minimo gli **idiotismi**. In senso esteso, *k.* può significare 'comunità linguistica e culturale', e anche 'linguaggio comune o dominante'.

L

làuda (pl. *laudi* o *laude*) genere poetico-musicale duecentesco in latino e poi in volgare, a carattere religioso. È una preghiera cantata in diversi momenti della giornata ma al di fuori della messa vera e propria. Il primo es. di *l.* in volgare sono le *Laudes creaturarum* di san Francesco. Il metro della *l.*, inizialmente vario, diventa quello della **ballata** con Guittone e Jacopone. A partire dal Trecento si ha anche la *l. drammatica* (cioè dialogata) in **ottava rima** o in **polimetro** (verso caratteristico della poesia teatrale), destinata alla recitazione sul sagrato della chiesa.

laudàrio raccolta di **laudi** delle varie confraternite religiose (in particolare quella dei *laudesi*). L'esemplare più antico è il *Laudario cortonese* (ca. 1270-80). In alcuni casi, oltre al testo, sono conservate anche le musiche.

Leitmotiv (ted. = motivo ricorrente) in musica, è il motivo conduttore, cioè il tema (ovvero la melodia) ricorrente associato a un personaggio o a una particolare situazione emotiva. Per estensione, tema o argomento a cui si fa costante riferimento in un'opera letteraria.

lessema la minima unità linguistica con significato autonomo.

lezione in **filologia** si chiama *l.* la forma in cui sono attestati una parola o un passo particolare del testo in un **codice** o in una stampa. P. es. nella *Commedia*, per *Purg.* VI, 111 accanto alla *l.* «com'è oscura» alcuni codici danno «com'è sicura» e «come si cura».

lìquide, consonanti in italiano sono la [r] e la [l], secondo una denominazione tradizionale dei grammatici antichi.

lìrica in Grecia, la *l.* è la poesia cantata con l'accompagnamento della "lira", uno strumento a corde. In generale il termine designa una particolare modalità enunciativa (l'uso della prima pers. sing.) e una particolare tonalità affettiva (l'espressione soggettiva dei sentimenti del poeta). Come **genere** in particolare, nelle lett. **romanze**, e in primo luogo con i provenzali la *l.* si definisce per alcune caratteristiche costanti come l'adozione di certe forme metriche (**canzone**, **ballata**, ecc.) e temi specifici (l'amor cortese, l'idealizzazione della donna) peculiari, oltre che per una suddivisione in diversi sottogeneri (**canso**, **sirventese**, **planh**, **joc partit**, **alba**, ecc.). Nella letteratura italiana il modello del genere *l.* è per almeno tre secoli (dal XIV al XVI) il *Canzoniere* di Petrarca e le sue caratteristiche sono il **monolinguismo**, l'autoreferenzialità, l'assenza di narratività, ecc.

litote figura consistente, nella sua forma più semplice, nell'esprimere un concetto negando il suo contrario. P. es. "non sto male" per 'sto bene'. L'effetto della *l.* può essere quello di attenuare la forza di un'espressione che, enunciata in modo diretto, risulterebbe offensiva per qualcuno (cfr. **eufemismo**) oppure presuntuosa. In altri casi può colorarsi di **ironia** più o meno benevola, come nella frase "non è un genio" per 'è uno stupido'.

locutore in linguistica, è il soggetto che parla e produce enunciati.

locuzione in linguistica, unità lessicale costituita da almeno due parole.

M

madrigale genere poetico-musicale polifonico del Trecento, a carattere **lirico** e di argomento per lo più amoroso. Come forma strettamente metrica, il *m. antico* (o *trecentesco*) è formato da **endecasillabi** (p. es. Petrarca, *Canz.* LII) o **endecasillabi** e **settenari** divisi in **terzine** (da due a cinque), più uno o due **distici** conclusivi (o, più raramente, un verso isolato). Lo schema delle rime è variabile. Il *m. cinquecentesco* ha forma ancora più libera e, in genere, non supera i 12 versi.

mèdio (o *mezzano*), **stile** cfr. **comico, stile**.

melodramma genere teatrale in musica nel quale i personaggi si esprimono mediante il canto. Può avere sia carattere serio che comico (p. es. l'*opera buffa* settecentesca). Il *m.* nasce sul finire del XVI sec. a Firenze dagli *intermedii* [intermezzi] musicali rappresentati tra un atto e l'altro del dramma vero e proprio (che era recitato e non cantato) per alleggerirne la tensione. Il primo *m.* è la *Dafne* di J. Peri su testo di O. Rinuccini (1598). Nell'Ottocento, in Italia, il genere raggiunge la sua massima fioritura con Rossini, Bellini, Donizetti e Verdi.

memorialìstica genere letterario in prosa di tipo autobiografico. Differisce dalla **autobiografia** in senso stretto per la mancanza di un'attenzione esclusiva alla storia della personalità di chi scrive e per una maggiore importanza concessa agli eventi esterni.

metàfora figura retorica che consiste nella sostituzione di una parola (o di un'espressione) con un'altra il cui significato presenta una somiglianza (più o meno evidente) con il significato della prima. Può essere considerata come una **similitudine** abbreviata e priva dell'avverbio di paragone ("come"). La *m.* è usata tanto nel linguaggio quotidiano (p. es. sotto forma di **catacresi**) quanto in quello poetico. Nel secondo caso, in particolare, è possibile avere sia metafore altamente codificate (come «capelli d'oro» per 'capelli biondi come l'oro') il cui riconoscimento è ormai meccanico, sia *m.* d'invenzione, nelle quali la distanza tra espressione letterale ed espressione figurata è tale da rendere più difficile e più stimolante il ritrovamento delle somiglianze. P. es.: in Dante «fonte ond'ogne ver deriva» è *m.* per 'Dio'.

metàtesi fenomeno linguistico per cui due suoni interni ad una parola si scambiano di posto senza mutare il significato della parola stessa. In antico italiano si ha spesso con le semivocali (p. es.: "aira" per 'aria') e con [r] preceduta da consonante ("drento" per 'dentro').

metonìmia (o *metonimìa*) figura retorica consistente nella sostituzione di una parola con un'altra che appartiene a un campo concettuale vicino e interdipendente. In particolare: la *causa* per l'*effetto*: «Ora sento *'l coltello* [la ferita] / che fo profitizzato» (JACOPONE); l'*effetto* per la *causa*: "guadagnarsi da vivere *col sudore della fronte*" (= con fatica); l'*astratto* per il *concreto*: «quello amor paterno» = 'quel padre amoroso' (DANTE); il *contenente* per il *contenuto*: "bere un bicchiere"(= bere il liquido contenuto nel bicchiere), l'*autore* per l'*opera*: "un Picasso"(= un quadro di Picasso); il *materiale* per l'*oggetto*: in poesia, "il ferro"(= la spada).

mètrica quantitativa la metrica classica (greca e latina) si basa, diversamente da quella italiana e romanza, sull'opposizione tra **sillabe lunghe** e **brevi**. L'unione di due o più sillabe forma il **piede**.

mezzano (o *medio*), **stile** cfr. **comico, stile**.

mimèsi (gr. "mímesis" = imitazione) termine opposto e complementare a **diegesi**. Si ha *m.* quando l'autore rappresenta i discorsi di un personaggio riproducendoli in modo diretto, a volte anche secondo caratteristiche stilistiche peculiari. È un procedimento spesso usato da Dante nella *Commedia* ed è proprio dei generi teatrali.

monolinguismo unità di tono, lessico e registro linguistico in un'opera o in un autore. Si contrappone spesso il *m.* (o *unilinguismo*) di Petrarca al **plurilinguismo** di Dante.

monostilismo nozione affine a quella di **monolinguismo**, con un riferimento più marcato alla uniformità, in un'opera o in un autore, di **stili** e **generi letterari**.

N

narràtio (lat. = narrazione; esposizione) nella **retorica** la *n.* indica quella parte dell'orazione, successiva all'**exordium**, in cui venivano esposti all'uditorio i fatti, con un racconto accurato e obiettivo che poteva sia seguire l'ordine naturale in cui si erano svolti, sia partire da un punto ritenuto particolarmente importante.

narratore voce narrante del racconto, non necessariamente identificabile con la persona biograficamente intesa che ha scritto il testo (autore-scrittore). In quanto finzione letteraria, il *n.* può essere assente dal racconto (p. es. Omero) o presente come personaggio della vicenda (p. es. Dante nella *Commedia*). Può d'altra parte essere esterno al racconto, e perciò in grado di giudicare eventi e personaggi, o interno a esso, cioè nascosto in una narrazione guidata dai personaggi: nel primo caso si parla di *narratore onnisciente*, cioè di un *n.* che come un burattinaio guida dall'alto l'azione conoscendone perfettamente lo sviluppo (è il caso dei *Promessi sposi* di A. Manzoni); nel secondo si parla di *impersonalità della narrazione*, cioè di una narrazione in cui il *n.* subisce gli eventi dell'azione come i personaggi, poiché ne sa quanto loro e a volte meno di loro (è il caso p. es. dei *Malavoglia* di G. Verga).

neologismo parola creata in tempi recenti o inserita in una lingua mutuandola da un'altra dall'insieme dei parlanti o da un singolo scrittore. Il *n.* può rispondere a esigenze tecniche, scientifiche, espressive, ecc. ma anche mirare a effetti dissacranti nei confronti di una tradizione letteraria che si vuole trasgredire già a livello linguistico. Dante è autore di molti *n.* (p. es.: "dislagare", "indiarsi", ecc.).

nominale forma stilistica (o sintattica) in cui i nomi (sostantivi, aggettivi, ecc.) prevalgono sui verbi o questi sono del tutto assenti; essa si basa spesso sull'enumerazione, ovvero sul raggruppamento di parole o **sintagmi** coordinati tramite **asindeto** o **polisindeto**.

novella componimento narrativo per lo più in prosa (esiste anche la *n.* in versi), di tono realistico ma a carattere avventuroso o fantastico, spesso con intenti morali o didascalici. Mescolando elementi storico-realistici a spunti favolosi o leggendari, la *n.* anticipa il romanzo moderno. La *novellistica* è sia il genere letterario della *n.* o lo studio sistematico di tale genere, sia l'insieme di *n.* relative a un determinato ambito letterario.

novella in versi tra i principali generi narrativi del Romanticismo italiano (vi si dedicarono tra gli altri Grossi, Tommaseo, Giusti, Padula, Cantù e Prati), la *n.* può avere un metro abbastanza libero, ma spesso assume lo schema dell'**ottava**. Il Medioevo (culla del passato della Nazione) fa spesso da sfondo a vicende d'amore contrastato o tradito.

novenàrio verso di nove sillabe metriche con accento principale sull'ottava. P. es.: «le parolette mie novèlle/ che di fiori fatto han ballàta» (DANTE).

O

ode componimento poetico in stile elevato, diffuso a partire dal Cinquecento. Simile alla **canzone** nella struttura strofica, l'*o.* si distingue in *canzone-ode* (con stanze ridotte rispetto alla **canzone** petrarchesca), *canzone pindarica* (a imitazione della tripartizione di Pindaro – V sec. a. C. – in strofe, antistrofe ed epodo) e *ode-canzonetta* (destinata spesso alla musica).

omofonìa identità fonica tra parole di significato diverso. P. es.: «o cameretta che già fosti un *porto* / [...] / fonte se' or di lagrime nocturne, / che 'l dì celate per vergogna *porto*» (PETRARCA).

omotelèuto identità fonica della terminazione di parole soprattutto se ricorrenti nei luoghi ritmicamente significativi di un testo. Nell'*o.*, a differenza della **rima** (che ne è un tipo), l'identità fonica prescinde dalla vocale **tonica**.

onomatopèa imitazione acustica di un oggetto o di un'azione attraverso il **significante** (p. es.: "cin-cin" = 'brindisi', dal rumore che fanno i calici nell'incontrarsi in segno di augurio).

orazione genere letterario diffusosi nel XV sec., che, nella forma del trattatello filosofico, etico o letterario è finalizzato all'affermazione di una tesi e alla persuasione della sua correttezza. Una famosa *o.* quattrocentesca è quella *Sulla dignità dell'uomo* di Pico della Mirandola.

ossìmoro accostamento di due termini di significato opposto che sembrano escludersi a vicenda. P. es.: «vera mortal Dea» o «cara nemica» (PETRARCA).

ossìtono sinonimo meno comune di **tronco**.

ottava rima strofa composta da otto **endecasillabi** disposti secondo lo schema ABABABCC (nel caso dell'*o. toscana*; l'*o. siciliana* segue invece lo schema ABABABAB), in uso nella poesia discorsiva (epica narrativa, religiosa). È detta anche semplicemente *ottava*.

ottonàrio verso di otto sillabe metriche con accento principale sulla settima. P. es.: «o Signor, per cortesìa» (JACOPONE DA TODI).

ottosìllabo verso francese e provenzale ("octosyllabe") composto da otto sillabe, con accento principale sull'ultima. Usato sia nella poesia lirica che in quella didattico-narrativa, l'*o.* viene ripreso nella metrica italiana antica dal **novenario**.

P

palatale letteralmente, 'che riguarda il palato'. In **fonetica**, si dicono consonanti *p.* quelle articolate tra il palato duro e il dorso della lingua (e che, a seconda del luogo di fonazione – anteriore, mediano o posteriore del palato – si dividono in prepalatali, mediopalatali e postpalatali: *c*asa, *g*atto; *c*irco, *g*iallo; sta*gn*o, a*gl*i; *sc*iare) e vocali *p.* quelle articolate nella parte anteriore della cavità orale (la *e* e la *i*). Per *palatalizzazione* si intende il processo tramite il quale un suono diventa palatale (p. es. la *c* di 'Cicerone' rispetto alla pronuncia 'Kikerone' del lat. repubblicano).

panegìrico discorso solenne ed enfatico pronunciato davanti a un vasto uditorio, durante una cerimonia ufficiale, al fine di celebrare persone o istituzioni. In epoca classica il *p.* si teneva in onore di personaggi illustri, mentre in epoca medievale e moderna per lo più in onore di santi.

paradosso controsenso; affermazione apparentemente assurda che contraddice la logica o il buon senso comune sorprendendo il lettore (o l'ascoltatore). P. es.: «Vergine pura, d'ogni parte intera,/ del tuo parto gentil *figliuola* et *madre*» (PETRARCA).

paràfrasi esposizione dettagliata del contenuto di un testo, soprattutto poetico, utilizzando parole diverse e una forma più semplice rispetto all'originale, al fine di renderne più comprensibile il significato.

parallelismo procedimento stilistico in cui alcuni elementi del discorso (da fonetici a sintattici) vengono disposti parallelamente all'interno di una frase o di un periodo (cfr. p. es. **anafora, polisindeto**).

paratassi rapporto di coordinazione tra proposizioni principali e secondarie, che vengono poste l'una accanto all'altra, all'interno del periodo, senza una relazione di subordinazione. P. es.: «Orlando sente che il suo tempo è finito./ Sta sopra un poggio scosceso, verso Spagna;/ con una mano s'è battuto il petto» (dalla *Chanson de Roland*).

paretimologìa **etimologia** arbitraria, ovvero basata non su fondamenti storici o scientifici, ma su analogie di suono o significato con una parola di uso più frequente (è detta anche *etimologia popolare)*. P. es.: la località «Sanluzzo» in luogo di "Saluzzo" in una **novella** di Boccaccio.

parodìa imitazione intenzionale di qualcosa (un personaggio, un testo, uno stile, ecc.) in forma **ironica**, per evidenziare la distanza critica dal modello e attuarne il rovesciamento. Un esempio di *p.* di un **exemplum** medievale è la **novella** boccaccesca *Nastagio degli Onesti*.

paronomàsia (o *adnominatio*) accostamento di due parole che hanno un suono simile. P. es.: «e son un *ghiaccio*/[...] e *giaccio* in terra» (PETRARCA).

pastiche (fr. = pasticcio; imitazione letteraria, rielaborazione di modelli diversi) giustapposizione di parole appartenenti a registri o codici diversi, perlopiù a fini stranianti e ironico-parodistici.

pastorale in letteratura è un genere (prevalentemente in versi) che si ispira alla vita idealizzata dei pastori, traendo spesso spunto da una vicenda d'amore tra un pastore e una pastorella. Vivo già nel mondo classico greco e latino (p. es. con Teocrito e Virgilio), il genere *p.* viene ripreso in Italia intorno al XV sec. e, attraverso un ampio sviluppo in Europa tra XVI e XVII sec. (soprattutto nella forma del *dramma p.*, ma anche in quella **parodistica** della *farsa rusticale*), culmina – e si estingue – nella poesia settecentesca dell'Arcadia.

pastorella genere letterario medievale, di derivazione franco-provenzale, in forma di **contrasto** amoroso: il dialogo, fatto di vivaci botte e risposte, si svolge durante un incontro campestre tra un cavaliere (identificabile in genere con il poeta) e una pastorella cui questi fa profferte galanti. P. es.: «*In un boschetto trova' pasturella*» di CAVALCANTI.

perìfrasi giro di parole con cui si esprime indirettamente un concetto, o si descrive una persona o un oggetto, al fine di evitare espressioni volgari o dolorose, termini troppo tecnici ecc., o anche al fine di attenuare l'espressione o renderla più solenne. P. es.: «l'amor che move il sole e l'altre stelle» (DANTE), cioè Dio.

peripezìa nell'intreccio della tragedia greca, l'improvviso cambiamento di una situazione nel suo contrario. Più in generale, con il termine *p.* si designano le vicende avventurose vissute dai protagonisti di una narrazione.

personificazione allegòrica (o *prosopopèa*) introduzione nella narrazione di cose inanimate o astratte (p. es. la patria, la gloria, ecc.), o anche di animali o persone morte, come se fossero animate o vive. P. es.: la *p.* di Firenze nella **canzone** «*Ahi lasso, or è stagion de doler tanto*» di GUITTONE D'AREZZO.

piana parola accentata sulla penultima sillaba (p. es.: "casàle", "ritòrno"). Un verso si dice *p.* quando termina con una parola accentata sulla penultima sillaba, e così un testo poetico composto da tali versi.

piede unità di misura della metrica **quantitativa** greco-latina. I *p.* più importanti sono il *giambo*, il *trocheo*, l'*anapesto*, il *dattilo* e lo *spondeo*. Nella metrica italiana indica ciascuna delle due parti nelle quali può essere strutturata la **fronte** della **canzone**.

plazèr (provenz. = piacere) componimento in versi in cui si elencano le cose della vita (o i fatti o le persone) che più danno diletto. Ne è un esempio italiano il **sonetto** di Dante «*Guido, i'vorrei che tu e Lapo ed io*».

pleonasmo espressione sovrabbondante; consiste nell'uso di una o più parole grammaticalmente o concettualmente superflue alla comprensione dell'enunciato. P. es.: «con meco» (PETRARCA), dove «meco» significa 'con me' (dal lat. "mecum").

plurilinguismo mescolanza di lingua e dialetto, di lingue diverse o di differenti registri linguistici (tecnico, gergale, letterario, ecc.) a fini sperimentali o parodistici.

pluristilismo mescolanza in uno stesso testo di registri stilistici diversi.

poema composizione narrativa in versi, di ampia estensione e di stile elevato, generalmente divisa in canti o libri. A seconda dell'argomento, il *p.* si divide nei seguenti generi: **p. allegorico-didattico**, che vuole impartire precetti morali e religiosi (p. es.: la *Commedia* di Dante); **p. didascalico**, che vuole divulgare, secondo le regole dell'enciclopedismo, teorie filosofiche, scientifiche o estetiche (p. es.: il *Roman de la Rose* di G. de Lorris e J. de Meung, il *Tesoretto* di B. Latini o il *Fiore* attribuito a Dante); **p. cavalleresco**, che tratta le gesta eroiche e amorose dei cavalieri, alternando toni epici e non di rado burleschi (il *p.c.*, nato in Francia in epoca medievale, conosce tre cicli diversi: quello *carolingio*, a carattere epico – *Chanson de Roland* –; quello *bretone*, a carattere romanzesco e amoroso – *Roman de Brut*, di Wace, *Lais* di Maria di Francia, ecc. –; e quello *classico*, in cui vengono rielaborate leggende classiche adattandole ai gusti cortesi e cavallereschi – *Roman de Thèbes*, *Roman de Troie*, ecc. –. Una originale ripresa del *p.c.* si ha nel Rinascimento italiano con l'*Orlando innamorato* di Boiardo, il *Morgante* di Pulci, l'*Orlando furioso* di Ariosto e la *Gerusalemme liberata* di Tasso; **p. eroicomico**, che è una **parodia** del *p. cavalleresco*, del quale riprende alcuni **topoi** (eroi, valori cavallereschi, ecc.) degradandoli, oltre che nell'uso di un linguaggio basso, attraverso il loro inserimento in un contesto comico e grottesco. Cfr., p. es., *La secchia rapita* di A. Tassoni.

poemetto componimento in versi simile al **poema**, per contenuto e tono, ma più breve. P. es.: il *p.* l'*Intelligenza* attribuito a Dante.

poesia pastorale cfr. **egloga**

poètica complesso delle idee di un artista, di una tendenza o di una scuola intorno al fare artistico; le forme, i modi, le finalità tenuti esplicitamente o implicitamente presenti come modello. La prima teorizzazione intorno al concetto di *p.* risale all'omonimo trattato del filosofo greco Aristotele (IV sec. a. C.) e giunge fino al Medioevo, attraverso la mediazione dell'*Ars poetica* del poeta latino Orazio (I sec. a. C.), soffermandosi essenzialmente sulle caratteristiche retoriche dell'opera. Solo a partire dal XVIII sec., all'impostazione retorica della *p.* si è affiancata, fino a sostituirla, quella estetica.

polifonìa in campo musicale è l'unione di più voci o strumenti che svolgono contemporaneamente, su base contrappuntistica, il proprio disegno melodico. In narratologia è la pluralità delle voci, cioè la molteplicità dei punti di vista dei personaggi, assunta dal narratore in molti romanzi moderni.

polìptoto figura sintattica per cui una parola, in genere la prima di una frase, viene ripetuta a breve distanza cambiando funzione (ovvero caso, genere, numero, ecc.). P. es.: «e alcuna volta gli era *paruto* migliore il mangiare che non *pareva* a lui che dovesse *parere* a chi digiuna per divozione» (BOCCACCIO).

polisenso come agg.: che ha o assume significati diversi e che è quindi suscettibile di interpretazioni differenti; come sost.: caratteristica del linguaggio poetico in cui una parola o un'espressione possono assumere molteplici significati a seconda del contesto (a differenza del linguaggio scientifico in cui a ogni termine corrisponde un *unico* significato). P. es.: il verbo "salutare" significa in Dante sia 'dare il saluto' che 'trasmettere la salvezza'. Parlando di un testo letterario, s'intende per *polisemìa* la proprietà di un significante di avere più significati, non solo propri ma anche **metaforici**.

polisìllabo parola composta da più sillabe, generalmente da quattro o più.

polisìndeto ripetizione frequente della congiunzione copulativa *e*, a fini espressivi, tra le parole che formano una serie o tra varie proposizioni che formano un periodo. P. es.: «e videmi e conobbemi e chiamava» (DANTE).

preterizione figura retorica per la quale fingendo di tacere una cosa la si dice, attribuendole in questo modo maggiore rilievo. P. es.: «Cesare *taccio* che per ogni piaggia/ fece l'erbe sanguigne/ di lor vene» (PETRARCA).

proèmio parte introduttiva di un'opera e, in particolare, del **poema** (soprattutto epico); si divide in due parti: la **protasi** e l'*invocazione*, in cui il poeta si rivolge agli dèi (in età classica) o ai santi (in età medievale) per ottenere le forze necessarie a scrivere il **poema**. A volte il *p.* comprende anche la *dedica* al mecenate dell'opera o comunque al suo **destinatario**.

prolessi anticipazione nella proposizione principale dell'enunciato di una secondaria (p. es.: "di questo ti prego, di fare silenzio"). In narratologia la *p.* è l'evocazione di un evento futuro rispetto al momento della narrazione.

pròlogo scena iniziale di un'opera, sia epica che teatrale, nella quale vengono esposti gli antefatti dell'azione e se ne illustrano le linee fondamentali.

prosa scrittura che procede diritta, utilizzando cioè l'"a capo" per ragioni non metriche (come nel caso della scrittura in versi) ma concettuali. Legata all'oratoria latina, la *p.* medievale ne ricalca l'andamento ritmico, ovvero la struttura cadenzata, attraverso il **cursus** (**prosa ritmica**); l'andamento ritmico della *p.* è dato anche dal far rimare tra loro le parole finali di due o più frasi (**prosa rimata**). Quando la scrittura in *p.* si concentra piuttosto sulla qualità stilistica che sugli aspetti concettuali e narrativi, si parla di **prosa d'arte**.

prosìmetro componimento in cui si alternano versi e prosa (p. es.: la *Vita nuova* di Dante).

prosopopèa cfr. **personificazione allegorica**

pròtasi parte introduttiva di un **poema** in cui viene dichiarato l'argomento.

pseudònimo nome non corrispondente a quello reale, usato per non rivelare la vera identità.

purismo tendenza linguistica (e letteraria) in cui si vogliono normativamente preservare i caratteri tradizionali di una lingua, rifiutando – in nome della purezza – la contaminazione di forestierismi, neologismi, ecc.

Q

quadrisillabo verso di quattro sillabe metriche con accento principale sulla terza; è detto anche *quaternario*. Per *q.* s'intende tuttavia anche una parola formata da quattro sillabe.

quartina **strofa** di quattro versi, rimati per lo più secondo gli schemi ABBA, ABAB, AABB o AAAA (*q. monorima*); la *q.* può essere sia costituita da quattro versi omogenei all'interno di una strofa più ampia, sia costituire un'unità all'interno di uno schema metrico più complesso (p. es. il **sonetto**).

quantità cfr. **metrica quantitativa**.

quasi rima cfr. **rima**.

quaternàrio cfr. **quadrisillabo**.

quinàrio verso di cinque sillabe metriche con accento principale sulla quarta. P. es.: «– in quel cespùglio –» (SACCHETTI).

R

raddoppiamento fono-sintàttico caratteristica fonetica, diffusa soprattutto in Toscana e nell'Italia centro-meridionale, che prevede il raddoppiamento (solo sonoro, non grafico) della consonante iniziale di una parola in determinati contesti sintattici (p. es. quando preceduta da monosillabi o da vocaboli **tronchi**: "tre (c)case"; "città (v)vecchia").

recitativo tipo di canto che mira a riprodurre la naturalezza del parlato attraverso la riduzione (o l'assenza) della melodia vocale. Si distingue in *r. secco* (voce accompagnata da basso continuo) e *r. accompagnato* (voce accompagnata da più strumenti o dall'orchestra).

refrain (franc. = ritornello) gruppo di pochi versi (in genere da due a quattro, ma anche uno solo) che si ripete prima o dopo ogni **strofa**.

registro specifico livello della lingua dato dall'insieme omogeneo di elementi lessicali, sintattici, stilistici ecc.; la lingua letteraria, per esempio, utilizza un *r.* fortemente formalizzato, lessicalmente ricco e stilisticamente elaborato, mentre quella familiare ne utilizza uno più povero, sia dal punto di vista lessicale che da quello stilistico. Le singole opere letterarie sono spesso caratterizzate da un unico *r.* linguistico (comico-realistico, lirico, tragico, ecc.), ma non poche sono quelle in cui vengono utilizzati contemporaneamente *r.* diversi (p. es. la *Commedia* di Dante).

replicazione ripetizione di una parola all'interno di un periodo, in forma anche variata (p. es. «qual è colui che suo dannaggio *sogna*,/ che *sognando* desidera *sognare*», DANTE) e a breve distanza, con fini espressivi.

reticenza interruzione intenzionale di una frase che lascia al lettore (o all'ascoltatore) il compito di completarne il senso ricostruendo gli elementi sottintesi; può servire a insinuare dubbi, ad attenuare espressioni troppo forti, ad alludere a qualcosa, ecc. P. es.: «Io cominciai: "Frati, i vostri mali..."; / ma più non dissi...» (DANTE).

retòrica arte del parlare e dello scrivere in modo efficace al fine di persuadere un uditorio e ottenerne il consenso; basata su regole codificate nel tempo, la *r.* affonda le radici nell'età classica, quando costituiva la normativa dei discorsi pubblici, e giunge fino alla contemporaneità come eloquenza, cioè tecnica della perfetta espressione.

riassunto forma di accelerazione del racconto in cui il narratore non si sofferma analiticamente a descrivere eventi o personaggi, ma sintetizza in poche pagine o in poche righe ampi lassi di tempo.

ricezione l'atto del ricevere un messaggio; modo di accogliere un'opera da parte del pubblico.

ridondanza ripetizione; abbondanza in un discorso di elementi accessori, ovvero non indispensabili alla sua comprensione ma utili alla comunicazione.

rima identità di suono tra la parte finale di due (o più) parole a partire dalla vocale **tonica** compresa. *R. al mezzo*: tra la parola finale di un verso e una parola posta nel mezzo di un altro verso (per lo più il successivo), generalmente in chiusura del primo **emistichio**; *r. alternata*: tra parole finali di due versi separati fra loro da un altro (ABABAB); *r. baciata*: tra parole finali di due versi consecutivi (AA BB ecc.); *r. equivoca*: tra due parole di uguale suono ma di diverso significato; *r. guittoniana* (o *aretina*): tra *i* ed *e* sia aperta che chiusa e di *u* con *o* sia aperta che chiusa; *r. identica*: di una parola con se stessa; *r. imperfetta*: con identità parziale, come p. es. nelle **assonanze** e **consonanze**, ma anche nella *r. aretina*; *r. incrociata*: tra le parole finali dei due versi estremi e tra quelle dei versi centrali di una **quartina** (ABBA); *r. interna*: che cade non in **punta di verso** ma al suo interno (vedi p. es. la *r. al mezzo*); *r. per l'occhio*: identità grafica e non fonetica tra le parti finali di due versi; *quasi r.*: identità non completa tra le parti finali di due versi (p. es.: *làude*: *cade*); *r. ricca*: identità anche di alcuni suoni precedenti la vocale **tonica**; *r. siciliana*: tra le vocali **toniche** *e* chiusa ed *i* e *o* chiusa con *u*.

ripresa nome del **ritornello** nella **ballata**.

ritornello breve **strofa** introduttiva della **ballata** che si ripete prima di ogni **strofa**.

romanza (o *ballata romàntica*) genere letterario tipico dell'età romantica, a metà tra lirica e narrativa, nato sull'esempio di testi tedeschi e inglesi. Metricamente libera, la *r.* è perlopiù composta da versi lunghi e ritmati (**novenari**, **decasillabi**) e caratterizzata da **rime tronche**.

romanzo (agg.) designa l'insieme delle lingue derivate dal latino (portoghese, spagnolo, catalano, provenzale, ladino, sardo, francese, italiano, rumeno), a seguito della dominazione romana, e le rispettive letterature.

romanzo (sost.) genere narrativo in prosa, diverso per la maggior estensione dalla **novella**, basato su una trama più o meno avventurosa relativa alle vicende realistiche o fantastiche di alcuni personaggi, e classificabile, a seconda dell'argomento, in storico, fantastico, d'amore, poliziesco, psicologico, ecc. L'origine del *r.* è ascrivibile addiritura alle antiche letterature orientali (assiro-babilonese, araba, ecc.), e conosce una prima fioritura europea in epoca ellenistico-romana (primi secoli d.C.: p. es. Longo Sofista e Petronio). Nel Medioevo il *r.*, che è scritto anche in versi, si sviluppa inizialmente in Francia, dove affronta narrazioni legate alla storia classica (*Roman de Troie*), o al mondo cortese e cavalleresco (*Lancelot*). Per *r. cavalleresco* si intende la narrazione delle avventure e degli amori dei cavalieri che dall'epoca francese medievale giunge fino al XVI sec. (p. es. il *Don Chisciotte* di Cervantes); per *r. cortese* si intende un genere nato in Francia intorno al XII sec., legato ai valori e agli ideali della società cortese e rivolto al pubblico aristocratico portatore di quei valori e di quegli ideali; per *r. esotico* si intende un tipo di narrativa, diffusa tra Settecento e Ottocento, in cui viene accolto il recente interesse per il primitivo e per le forme di vita e di civiltà di paesi extraeuropei, soprattutto orientali o tropicali; il *r. di formazione* (ted. *bildungsroman*) è un racconto incentrato sulla vicenda biografica ed esistenziale del protagonista, sulla sua formazione intellettuale, morale e sentimentale attraverso le diverse fasi della vita; per *r. gotico* si intende un genere letterario nato in Inghilterra nel XVIII secolo, ambientato nel Medioevo e ispirato agli aspetti misteriosi e lugubri della realtà; per *r. pastorale* si intende un genere narrativo misto di prosa e versi, di ambientazione rustica e d'argomento **bucolico** (ma di stile alto), che ha nell'*Arcadia* di Sannazzaro il proprio modello (e nell'*Ameto* di Boccaccio un importante precedente) e che si diffonderà soprattutto nel XVI sec. Uno sviluppo eccezionale il *r.* ha poi a partire dal Settecento, soprattutto in Inghilterra e in Francia, al punto da diventare il genere caratteristico della modernità; per *r. picaresco* s'intende un genere narrativo diffusosi in Spagna a partire dalla seconda metà del Cinquecento (con il romanzo, di anonimo, *Lazarillo de Tormes*), avente per oggetto le avventure spesso comiche e crude di personaggi popolareschi perlopiù astuti e imbroglioni (dallo spagnolo "picaro" = furfante). Uno sviluppo eccezionale il *r.* ha poi a partire dal Settecento, soprattutto in Inghilterra e in Francia, al punto da diventare il genere caratteristico della modernità.

rubrica nei codici manoscritti indica i titoli, i sommari o le lettere iniziali (per lo più scritti in rosso); nei libri divisi in capitoli, come p. es. il *Decameron*, la *r.* indica in sintesi il contenuto dei singoli capitoli cui è premessa.

rusticale agg. che designa un tipo di poesia che riguarda gli aspetti e i caratteri della campagna.

S

saga genere in versi e in prosa delle letterature nordiche antiche, sviluppatosi in Islanda tra XII e XIV sec. e diffuso anche nell'ambiente culturale germanico, che narra in un'ottica leggendaria le vicende di un popolo o di importanti famiglie locali (clan) i cui protagonisti incarnano i valori più alti di una data società (la *Saga degli abitanti di Eyr*, la *Saga dei Nibelunghi*, ecc.).

sarcasmo ironia amara e caustica, spesso ispirata da risentimento e aggressività.

sàtira composizione poetica derivata dalla lat. "satura" (= composizione piena, mista di vari elementi), che, con un tono a metà tra il comico e il serio, rappresenta a fini moraleggianti o critici, e con modi ora benevoli ora ironicamente polemici o violentemente aggressivi, personaggi e ambienti della realtà sociale, denunciandone debolezze, vizi, ecc. Nel Medioevo, in particolare, la *s.* ha carattere soprattutto morale, prediligendo il discorso **allegorico** (gli animali come simbolo delle virtù e dei vizi umani), sociale (come nei canti dei goliardi) e politico (oltre che antimonastica o misogina). In età **umanistica** e rinascimentale, la *s.* ha invece interessi prevalentemente letterari (come le *Satire* di L. Ariosto). Per *satira menippea* si intende un testo composto di prosa e versi, di argomento filosofico e morale, inventato dal filosofo greco Menippo di Gadara (IV-III sec. a. C.) e diffuso anche nella latinità del I sec. d. C. (Seneca e Petronio).

scémpia si dice di una consonante semplice, cioè non doppia.

scenario l'insieme delle strutture che delimitano e raffigurano il luogo in cui si svolge un'azione teatrale (fondali, quinte ecc.).

sdrùcciola parola accentata sulla terz'ultima sillaba (p. es.: "màrtire", "càmera"). Un verso si dice *s.* quando termina con una parola accentata sulla penultima sillaba e così un testo poetico composto da tali versi.

semiòtica scienza dei segni volta allo studio di quei sistemi (linguistici, gestuali, simbolici, ecc.) che costituiscono un codice convenzionale di comunicazione. È detta anche *semiologia*.

senàrio verso di sei sillabe metriche con accento principale sulla quinta.

senhal (provenz. = segno; leggi *segnàl*) nome fittizio o riferimento cifrato dietro il quale il trovatore celava la persona (e soprattutto la donna) cui era rivolta la poesia. Tale mascheratura, resa necessaria dall'etica cortese del segreto, viene ripresa anche dalla successiva poesia italiana: p. es. il *s.* «Fioretta» nella **ballata** di Dante «*Per una ghirlandetta*» e, in Petrarca, i s. «l'aura»(= l'aria) o «lauro»(= alloro) in riferimento all'amata Laura.

sestina **strofa** di sei **endecasillabi** rimati secondo lo schema ABABCC, detta anche *sesta rima*. *S.* è detta pure un tipo di **canzone** costituita da sei *s.* più una **terzina**, nelle quali non si ha però lo schema di rime proprio della *s.* ma sei parole-rima che si ripetono in tutte le strofe nel seguente modo: ABCDEF FAEBDC CFDABE ECBFAD DEACFB BDFECA (p. es.: la *s.* «*Al poco giorno e al gran cerchio d'ombra*» di DANTE).

settenàrio verso di sette sillabe metriche con accento principale sulla sesta (spesso alternato all'**endecasillabo**, ne può costituire un **emistichio**). P. es.: «per una ghirlandetta ch'io vidi, mi farà/ sospirare ogni fiore» (DANTE).

significato/significante un segno linguistico (p. es. la parola "pane") è costituito dall'associazione di un *significato* e di un *significante*, ovvero di un elemento concettuale (il *significato*, cioè il concetto di "pane") e uno formale, fonico e grafico (il *significante*, cioè l'insieme dei **fonemi** e dei segni grafici che formano la parola "pane").

sillogismo argomentazione logica definita per la prima volta dal filosofo greco Aristotele (IV sec. a. C.) nei seguenti elementi: A) *presentazione* (di ciò che si deve dimostrare), B1) *premessa maggiore* e B2) *premessa minore* (rispetto a ciò che si deve dimostrare), C) *conclusione* (che deve essere uguale alla *presentazione*). P. es.: A) = "I greci sono mortali"; se "tutti gli uomini sono mortali" (B1) e "i greci sono uomini" (B2), ne consegue che "i greci sono mortali" (C). Per **sillogistico** si intende un ragionamento basato sul *s.*, ma anche un discorso sottile e complesso.

sìmbolo attribuzione immediata e intuitiva di un **significato** a un'immagine; il *s.* stabilisce tra universale e particolare (l'uno colto nell'altro) un rapporto necessario e organico, istantaneo e alogico, implicando perciò la soggettività individuale ed esistenziale piuttosto che, come avviene nell'**allegoria**, quella di una razionalità collettiva.

similitùdine rapporto di somiglianza tra persone o cose diverse, introdotto da *come*, da altri avverbi di paragone ("tale", "simile a", ecc.) o da forme analoghe ("sembra", "pare", ecc.). P. es.: "un uomo forte *come* un leone").

sinalefe fusione all'interno di un verso, per ragioni metriche, tra la vocale finale di una parola e quella iniziale della successiva, per cui nella lettura viene eliminata la prima delle due vocali. È detta anche *elisione metrica*. P. es.: «voi ch'ascoltate in rime sparse il suono» (PETRARCA).

sìncope caduta di uno o più **fonemi** all'interno di una parola con conseguente fusione di due sillabe in una (p. es.: "vienmi" = "vienimi").

sincronìa/diacronìa cfr. **diacronia/sincronia**

sinèddoche come la **metonimia** e la **metafora**, riguarda uno spostamento di significato da un termine a un altro posti in rapporto di contiguità. La *s.* consiste nell'estendere o nel restringere il significato di una parola, e si ottiene indicando la parte per il tutto (p. es.: "il mare è pieno di *vele*" = il mare è pieno di *barche a vela*) o il tutto per la parte (p. es.: "non ci è mai mancato il *pane*" = abbiamo sempre avuto da *mangiare*), il sing. per il plur. (p. es.: "*lo spagnolo* è più passionale dell'*inglese*" = *gli spagnoli* sono più passionali degli *inglesi*) o il plur. per il sing. (p. es.: "occuparsi dei *figli*" = occuparsi del *proprio figlio*), la materia di cui è fatto un oggetto per l'oggetto stesso (p. es.: "legno" = barca).

sinèresi contrazione, all'interno di una parola, di due sillabe in una (p. es.: «quand'era in parte altr'*uom* da quel ch'i' sono», PETRARCA); nella lettura metrica si oppone alla **dieresi**.

sinestesìa forma particolare di **metafora** in cui si associano, nella stessa espressione, voci che si riferiscono ad àmbiti sensoriali diversi (tatto, gusto, vista, olfatto, udito; p. es.: "dolce rumore" – rapporto gusto/udito –; "bel sapore" – rapporto vista/gusto, ecc.).

sinizesi contrazione vocalica. Cfr. **sineresi**.

sinònimo parole diverse nel **significante** ma aventi lo stesso **significato** (p. es.: "busto" "tronco" "torace" "torso"). La **sinonimìa** è pertanto l'identità di significato tra due o più parole o espressioni, a prescindere dal contesto in cui esse vengono utilizzate (p. es.: "quella donna ha un bel viso"; "essere triste in volto").

sintagma gruppo di due o più elementi linguistici (articolo, pronome, aggettivo, verbo, sostantivo, ecc.) che forma in una frase un'unità minima dotata di significato (p. es.: "di corsa", "mal di testa", "andare a scuola", ecc.).

sirma nella **canzone** indica la seconda parte di ciascuna **stanza** (la prima è la **fronte**), normalmente indivisa da Petrarca in poi (*s. indivisa*); fino a Dante la *s.* poteva invece essere strutturata in due **volte**. Nella **ballata** è **sinonimo** di **volta** e nel **sonetto** di **sestina** o **terzina**. È detta anche *coda*.

sonetto forma poetica molto antica probabilmente inventata da Jacopo da Lentini (1210-60) nell'àmbito della Scuola siciliana. Il *s.* è composto da quattordici **endecasillabi** divisi in quattro **strofe**, due **quartine** e due **terzine**. La disposizione delle **rime** segue per lo più lo schema lentiniano ABAB ABAB CDE CDE (o CDC DCD) e quello stilnovistico ABBA ABBA CDC CDC. Per *s. caudato* si intende un *s.* al quale è stata aggiunta una coda di tre versi (un **settenario** – che rima con l'ultimo verso della seconda terzina – e due endecasillabi in **rima baciata**), o anche solo un **distico** di endecasillabi in rima baciata.

Spannung (ted. = tensione) in narratologia, il momento culminante di una narrazione.

sperimentalismo atteggiamento letterario ed artistico volto alla costante ricerca e sperimentazione, a fini espressivi, di stili e tecniche nuove.

stanza le **strofe** di una **canzone** o un componimento poetico di un'unica strofa.

stile espressione propria e caratteristica di ciascun autore, e anche l'insieme degli aspetti formali di un'opera. In accezione più ampia, il termine *s.* indica gli elementi formali e culturali propri di un movimento letterario (il *Dolce stil novo*), di una scuola (la *Scuola siciliana*) o di un'epoca (*stile rinascimentale*).

stilema costruzione formale che ricorrendo nel linguaggio di un autore ne diventa un tratto distintivo (p. es.: «Ed ecco...», espressione usata da Dante nella *Commedia* per indicare improvvisi sviluppi della narrazione); modulo caratteristico, non necessariamente linguistico, di specifici **generi** (letterari, musicali, pittorici, ecc.), di **poetiche** ecc.

stili (**teoria degli**) elaborazione teorica in base alla quale a ogni argomento corrisponde uno **stile** appropriato: quello *umile* (per temi banali e realistici), quello *medio* (per temi pastorali e agresti) e quello *sublime* (per temi filosofici, amorosi ed eroici). Questa rigorosa tripartizione, nata in età classica con le formulazioni di Cicerone e di Orazio, subisce in epoca medievale e in ambito cristiano un rimescolamento dettato dalla necessità di rappresentare artisticamente tutta la realtà in quanto essa ha dignità in tutti le sue componenti: così Dante – che pure distingue tra stile *comico*, *elegiaco* e *tragico* – dà vita nella *Commedia* a una grande mescolanza degli stili tradizionali.

stilìstica (**crìtica**) studio storico-critico dell'opera di un autore attraverso l'analisi dello **stile**, alla luce di una visione sostanzialmente linguistica del prodotto letterario.

stilizzazione termine proprio delle arti figurative che indica la rappresentazione p. es. di una figura secondo uno schema essenziale di linee e colori; per estensione, la *s.* è anche la riduzione, alleggerita e affinata nella forma, di un personaggio o di un ambiente.

strofa (o *strofe*) unità metrica della poesia costituita da uno schema fisso per numero e misura dei versi e per disposizione delle **rime** (vedi anche **stanza**). Da Leopardi in poi (XIX sec.) tale schema diventa libero e la *s.* diventa, più in generale, un gruppo di versi evidenziato come tale anche da semplici segni grafici (lo spazio tipografico).

strutturalismo indirizzo specifico della linguistica che individua nella lingua, attraverso le analisi di F. de Saussure (1857-1913), un sistema in cui ogni elemento acquista valore e significato in relazione agli altri componenti del sistema. In senso più ampio, lo *s.* è una teoria critico-filosofica, sviluppatasi in Francia a partire dagli anni Sessanta del Novecento e applicata a molte discipline (dall'antropologia all'economia, all'estetica, alla psicoanalisi), che studia le varie strutture (antropologiche, economiche, ecc.) analizzando le interazioni tra le parti che le compongono.

sublimazione idealizzazione; in psicoanalisi, è un meccanismo secondo il quale le pulsioni aggressive e gli impulsi primitivi legati alla sfera della sessualità si trasformano in contenuti socialmente accettabili (p. es. le creazioni artistiche).

T

tautologìa proposizione in cui il sogg. e il predicato sono identici nella sostanza ma espressi in termini formalmente diversi; definizione che asserisce ciò che invece dovrebbe spiegare (p. es.: "il triangolo ha tre angoli").

tecnicismo vocabolo (o locuzione) di uso tecnico, ovvero specifico di un determinato ambito.

tempo del racconto è il tempo seguito dalla scrittura, che non ricalca necessariamente con precisione l'ordine cronologico della narrazione (*tempo della storia*) ma procede o lentamente, dilungandosi nella rappresentazione di episodi o nella descrizione di personaggi e paesaggi, o velocemente, riassumendo in poco spazio giorni e addirittura anni (cfr. **riassunto**).

tenzone disputa poetica; il termine, derivato dal provenz. **tenso**, indica un dibattito tra poeti in cui, con vivaci botta e risposta, un poeta propone il tema (la *proposta*, in genere d'argomento amoroso, morale, o letterario) e gli altri (ma anche uno solo) rispondono secondo le proprie convinzioni, utilizzando per lo più lo stesso schema metrico e di rime della *proposta* (*risposta a rime obbligate* o *per le rime*). P. es.: la *T.* fra Dante e Forese. Cfr. anche **contrasto**.

ternàrio cfr. **trisillabo**

terzina **strofa** composta di tre versi (vedi anche **sonetto**). La *t. incatenata* (o *dantesca*), formata da tre **endecasillabi** legati da **rime** secondo lo schema ABA BCB CDC ecc., è diventata uno dei modelli della poesia italiana, soprattutto didascalica e allegorica.

tipo personaggio del quale viene messo in particolare risalto un singolo attributo caratteriale, rendendolo una sorta di stereotipo, di maschera fissa (p. es.: lo snob, il geloso, il burbero, ecc.). Per **tipizzazione** s'intende quindi la riduzione delle caratteristiche individuali di un personaggio a una fondamentale, così da farne un *t.*

tònico dotato di accento. Le vocali o le sillabe su cui cade l'accento all'interno di una parola (o di un verso) sono perciò dette *tòniche*.

tópos (plur. "tópoi"; gr. = luogo) termine che indica genericamente un luogo comune, ovvero un motivo (un'immagine, un concetto, un sentimento) ripreso con una certa frequenza dagli scrittori al punto da diventare una enunciazione convenzionale (p. es.: le ninfe che si lavano a una fonte, la purificazione dell'anima attraverso la discesa agli inferi, l'amore per la donna lontana, la corrispondenza tra amore e primavera ecc.). Nella **retorica**, i *t.* erano degli argomenti prestabiliti utili alla comprensione e all'efficacia persuasiva di un discorso.

tradizione in **filologia** indica l'insieme dei **testimoni** esistenti di un certo testo. La *t. manoscritta* è quella che comprende solo **apografi** copiati a mano (cioè non a stampa).

tragèdia genere teatrale nato nella Grecia classica avente per argomento grandi problematiche interiori dell'uomo, espresse con uno stile elevato e con ricchezza di *pathos*. A carattere inizialmente religioso, con la rappresentazione di un'umanità idealizzata, la *t.* si è poi sviluppata in senso realistico fino ad affrontare – in epoca moderna – i drammi della società borghese. Nelle **poetiche** medievali e in Dante, il termine *t.* si contrappone a **commedia** e indica un componimento in stile alto e d'argomento elevato.

tràgico nelle **poetiche** medievali si intende per stile o genere *t.* quello di tono elevato e sublime avente per modello l'*Eneide* del poeta latino Virgilio (I sec. a. C.); la sua applicazione nel sistema dei **generi** è da riferirsi, secondo Dante, alla **canzone**.

traslato come agg., vale 'trasferito, spostato'; il sost. indica invece uno spostamento di tipo **metaforico**.

trionfi cfr. **canti carnascialeschi**

trisìllabo parola composta di tre sillabe; verso di tre sillabe metriche con accento principale sulla seconda.

trobàr termine provenzale che significa 'comporre versi'. Cfr. anche **trovatore**.

tronca parola accentata sull'ultima sillaba in quanto troncata dell'ultima sillaba nel passaggio dal lat. all'ital.: "virtùtem" = "virtù", "pietàtem" = "pietà"). Un verso si dice *t.* quando termina con una parola accentata sull'ultima sillaba e così un testo poetico composto da tali versi.

troncamento cfr. **apocope**

trovatore il termine deriva dal prov. **trobar** e designa i poeti-musici provenzali o quei poeti che, benché non provenzali, presero questi a modello (p. es. il *t. italiano* Sordello da Goito). Per poesia **trovatòrica** o **trobadòrica** si intende quindi la poesia d'argomento per lo più amoroso tipica dei provenzali o delle scuole italiane che la presero a modello.

U

Umanésimo movimento intellettuale sviluppatosi tra la seconda metà del XIV sec. e il XVI, avente il proprio fine culturale nel recupero filologico dei classici latini e greci e nell'affermazione dei valori terreni dell'individuo.

unità aristotèliche si tratta delle unità di luogo, di tempo, d'azione che, nella descrizione di Aristotele, caratterizzavano la tragedia classica greca. Esse furono interpretate come norma rigorosa da alcuni teorici cinquecenteschi e messe in pratica da molti scrittori teatrali. Le *u. a.* implicano che l'azione teatrale si svolga in un unico luogo, nell'arco di ventiquattr'ore, senza divagazioni dalla trama principale.

uscita di verso parte finale del verso, con riferimento in genere all'ultima parola.

V

variante in **filologia** indica ogni diversa **lezione**, ovvero ogni diversa soluzione espressiva tramandata dai vari **testimoni** rispetto all'originale, generata da errori di trascrizione dei copisti, da loro eventuali fraintendimenti, da ipotesi diverse di ricostruzione del testo in caso di luoghi lacunosi, ecc. Per **variante d'autore** si intende una *v.* dovuta all'autore stesso, cioè una sua correzione o un ripensamento, e presente in fogli, appunti o altro lasciati dall'autore: il *Canzoniere* petrarchesco è p. es. ricchissimo di *v. d'a.*, a causa delle continue revisioni del testo da parte dell'autore.

velare si definiscono *v.* quei fonemi (consonanti e vocali) che si articolano con il dorso della lingua ravvicinato al velo palatino (cioè alla volta del palato che termina con l'ugola): p. es. le consonanti /k/ (*c*asa, *ch*iesa, *q*uesto), /g/ (*g*atto, *gh*isa) ed /n/ (davanti a /k/ e /g/: ba*n*co, ve*n*go), e le vocali /ò/, /ó/ e /u/.

verso libero verso che rompe i tradizionali schemi metrici aprendo la struttura chiusa della strofa e variando liberamente il numero delle sillabe. Teorizzato e usato inizialmente dai simbolisti francesi nel XIX sec., il *v. l.* è usato in Italia a partire dagli **scapigliati** e dalla *metrica barbara* di Carducci: presente poi in tutta la poesia del Novecento (soprattutto sperimentale), esso ha il suo più lucido teorico in G. P. Lucini (1867-1914) e la sua sistematica utilizzazione nei **futuristi**.

visione genere letterario (e devozionale) mediolatino e poi volgare in cui l'autore narra di aver avuto una *v.* del mondo ultraterreno, infernale o celeste, e di aver così conosciuto la dimensione sovrannaturale delle pene e delle beatitudini.

volgarizzamento traduzione in volgare di un'opera latina (o greca) con alcune modifiche rispetto al testo originale per adattarlo al nuovo contesto culturale; il termine si riferisce anche a traduzioni da lingue moderne (p. es. l'antico francese).

volta ciascuna delle due parti in cui può essere strutturata la **sirma**. Cfr. anche **ballata** e **canzone**.

vulgata termine latino ('divulgata') che indica la versione della Bibbia accettata dalla Chiesa cattolica (cioè quella di san Girolamo) o, più in genere, la versione più diffusa di un testo letterario.

Z

zeppa parola inserita in un verso non per esigenze di contenuto o di espressione ma per ragioni puramente metriche, ovvero per far tornare la misura di un verso o per ottenere una **rima**.

zèugma figura retorica in cui due o più termini dipendono da uno stesso verbo, mentre dovrebbero dipendere da due verbi differenti. P. es.: «parlare e lagrimar *vedrai* insieme» (DANTE).

INDICE DEI NOMI

l'indice fa riferimento esclusivamente alla trattazione storico-letteraria

INDICE DEGLI AUTORI

nell'indice sono anche inserite (*in corsivo*)
le opere anonime o di dubbia attribuzione

Webook Prometeo

Ulteriori brani antologici
sono presenti nel webook dell'opera e nel sistema Prometeo